대학연의

리더십을 말하다

상

서울대학교 행정대학원 국가리더십연구센터 국가리더십연구총서 3

대학연의: 리더십을 말하다 상

초판 1쇄 발행 2018년 7월 15일
초판 3쇄 발행 2022년 10월 30일

저 자 진덕수
편집자 김병섭
역주자 정재훈 오항녕 정호훈 김광일

펴낸곳 서울대학교출판문화원
주소 08826 서울 관악구 관악로 1
도서주문 02-889-4424, 02-880-7995
홈페이지 www.snupress.com
페이스북 @snupress1947
인스타그램 @snupress
이메일 snubook@snu.ac.kr
출판등록 제15-3호

ISBN 978-89-521-1731-1 94350
978-89-521-1641-3 (세트)

서울대학교 행정대학원 국가리더십연구센터
국가리더십연구총서 ❸

리더십을 말하다

대학연의 大學衍義

상

진덕수 지음
김병섭 편집 | 정재훈 · 오항녕 · 정호훈 · 김광일 역주

서울대학교출판문화원

머리말

어떻게 하면,
국민들이 바라는 나라를 만들 수 있을까?

어떻게 하면,
전 세계가 부러워하는 국가를 만들 수 있을까?

어떻게 하면,
그런 모범적인 국가를 만들 수 있을까?

서울대학교 행정대학원 국가리더십연구센터는 우리나라가 이러한 '모범국가'[1]로 발전하고 성숙하는 데 기여하기 위해서 2013년 3월 설립되

1 '모범국가'의 건설은 2013년 창설된 서울대학교 국가리더십연구센터의 설립 목적이다. 국민들이 바라는 '나라다운 나라'를 지칭하는 용어로 '이상국가'를 생각할 수 있다. 그런데 이상국가는 첫째, 인류가 꿈꾸는 낙원이라는 의미는 있으나 동시에 실제 존재하지 않는 유토피아(utopia)의 의미가 강하다. 둘째, 실재하는 것을 가정하는 경우에도 시대와 공간을 뛰어넘어 존재하는 이상향의 의미가 강하다. 셋째, 현실에 뿌리를 두지 않고 이상을 지나치게 추구하는 경향이 강하여 디스토피아(dystopia)로 갈 위험성이 있다. 우리가 바라는 '나라다운 나라'는 '동시대를 살아가는 전 세계 사람들이 꿈꾸고 부러워하는 행복국가'이다. 유발 하라리가 『호모데우스』(2017)에서 지적한 것처럼, 과학기술과 생산수단의 변화로 사람의 수명, 건강과 물질적 풍요 등이 시대에 따라 달라지고 이에 따라 바람직한 국가의 모습도 또한 달라진다. 이렇게 바람직한 국가의 모습이 달라지기는 하나 각 시대마다 많은 나라의 국민들로부터 모범으로 여겨지는 국가가

었다. 어떤 조직, 어떤 사회, 어떤 국가의 흥망과 성쇠는 지도자에 달려 있다고 해도 과언이 아니다. 한 나라가 모범국가로 발전하는 과정의 핵심은 국가의 지도자이다. 국가지도자의 비전과 역량에 따라 모범국가로 나아가기도 하고, 형편없는 국가로 머물러 있거나 또는 추락하기도 한다. 그들이 무엇을 시대적 과제로 인지하고 국가의 비전으로 설정하며, 이것을 달성하는 과정에서 어떻게 국민의 지지를 확보하면서 동시에 여러 가지 어려움과 저항을 극복하는지에 따라 모범국가로 나아갈 수도 있고 그렇지 않을 수도 있다. 그것도 한 세대가 아니라 세대를 이어 가면서 국가지도자들이 각 시대의 국가적 과제를 어떻게 설정하고 이를 추진하는지가 중요하다. 다음, 그리고 그다음 세대를 책임지는 국가의 지도자들이 계속해서 보다 나은 국가에 대한 비전을 설계하고 이를 잘 성취할 수 있는 지혜를 가진다면, 우리나라는 그야말로 전 세계가 부러워하는 모범국가로 우뚝 설 수 있을 것이다.

국가리더십연구센터는 바로 그러한 지혜의 원천이 역사에 있다고 보고, 역사 속의 국가의 지도자들이 어떤 국가를 비전으로 설계하였고, 이것을 달성하는 과정에서 여러 가지 어려움과 저항을 어떻게 극복할 수 있었는지를 잘 학습하여 이를 미래의 지도자들에게 전수하고, 그래서 지금부터 70년 뒤, 그리고 그로부터 다시 70년 뒤에는 우리가 광복

있기 마련이다. 실재하지 않는 유토피아가 아니라 세계인으로부터 부러움을 받는 나라이다. 이러한 나라들도 내부적으로 그리고 대외적으로 갈등과 불만이 없는 것은 아니다. 다만 그 문제를 상대적으로 더 잘 해결하여 국민들이 더 많이 행복을 누리는 나라이다. 이러한 나라를 지칭하는 용어로 '모범국가'를 사용하고자 한다. 이와 유사한 개념을 선각자들이 사용한 것을 최근 알게 되었다. 개념에 대한 정의가 되어 있지는 않지만, 이승만 대통령은 '민주적 모범국가'라는 용어를 사용하였고(김광웅, 2017: 47), 박세일 교수(2017)도 국가의 발전 목표로 '세계 모범국가'로 설정하고 있다.

70년 동안 이룩해 왔던 것보다 훨씬 더 많은 발전을 이룩하여 그야말로 전 세계가 부러워하는 모범국가로 우뚝 서는 데 기여하고자 한다.

이를 위한 사업의 하나로 2013년 가을 학기 모범국가를 설계하고 운영한 세종대왕의 리더십을 공부하였다. 세종대왕은 주지하다시피 한글, 국방, 경제, 과학기술 등 광범위한 분야에서 뛰어난 업적을 남긴 그야말로 위대한 성군인데, 백성을 늘 중심에 두고 국정을 민주적으로 운영하면서 이러한 업적을 남긴 것을 학습하였다.

세종대왕은 어떻게 혁신적인 국가의 비전을 설계할 수 있었고 또 어떻게 해서 그 비전을 실현할 수 있었을까? 그의 주위에 뛰어난 학자, 과학자, 장군, 경세가 등이 많이 포진하여 그의 비전을 실현하는 데 이바지하였는데, 세종은 어떻게 그런 사람들을 알아보고 중용하여 그들의 능력을 발휘하게 할 수 있었을까? 변화와 개혁을 하려면 어떤 나라나 저항과 갈등이 있기 마련인데 그것을 어떻게 극복하고 성과를 낼 수 있었을까?

이러한 의문에 대한 답을 찾는 과정에서 얻은 하나의 실마리는 그가 '나라다운 나라'를 만드는 길, 즉 치세(治世)에 관한 학문을 치열하게 했다는 것과 신하들과 학문을 하던 경연에서 핵심적인 교과서로 다루었던 책이 바로 『대학연의』였다는 것이다.

세종대왕뿐만 아니라 조선 태조는 『대학연의』 보기를 좋아하여 밤중에 이르도록 자지 않았으며 그 뒤 조선의 역대 왕들도 『대학연의』를 필독서로 여겼다는 것을 알게 되었다. 때문에 '나라다운 나라'를 이끄는 국가지도자들의 리더십을 이해하고 학습하려면 『대학연의』를 읽고 오늘날에도 여전히 적실성 있는 메시지를 주는지를 파악할 필요가 있었다. 그런데 조선시대에 『대학연의』보다 덜 주목을 받았던 또 다른 제왕학 교재인 『정관정요』는 번역본이 더러 있었으나, 『대학연의』는 그 중요도에도 불구하고 2013년 당시에는 제대로 된 번역본 하나 없었다. 이에 국가리더십연구센터는 모범국가로 이끄는 리더십을 제시하기 위해서 이 책을 번역하기로 결정하였다.

『대학연의』의 번역은 정재훈, 오항녕, 정호훈, 김광일 네 분의 교수가 맡아 주기로 하였고, 각각 차례대로 권1~14, 권15~27, 권28~35, 권36~43을 책임 역주하기로 하였다. 그리고 번역은 규장각한국학연구원 소장 『대학연의』를 교재로 하되, 사고전서에 수록된 『대학연의』를 참고하여 원문을 교감하는 방식으로 진행되었다. 『대학연의』의 초벌 번역이 이루어진 2014년 가을 학기에, 번역을 보다 충실히 하는 차원에서 해당 주제 전문가로부터 논평과 자문을 구하는 세미나를 다

일시	발표자	제목	토론자
2014. 9.18.	정재훈	『대학연의(大學衍義)』 등장의 역사적 배경과 구조	이범학(국민대학교 교수) 김문식(단국대학교 교수)
2014. 9.25.	김광일	왕도와 패도: 『대학연의』 권1~권14의 구조와 내용	강문식(서울대학교 규장각한국학연구원 교수) 장현근(용인대학교 교수)
2014. 10.2.	오항녕	군자(君子)와 소인(小人): 『대학연의』 권15~권24	한형조(한국학중앙연구원) 박홍규(고려대학교 교수)
2014. 10.16.	오항녕	치체(治體)와 민정(民情): 『대학연의』 권25~권27	미야지마 히로시(성균관대학교) 이정철(한국국학진흥원)
2014. 10.23.	정호훈	성의(誠意)와 정심(正心): 『대학연의』 권28~권35	이봉규(인하대학교 교수) 민병희(홍익대학교 교수)
2014. 10.30.	김광일	황후와 환관: 『대학연의』 권36~권40	윤정분(덕성여자대학교 교수) 오수창(서울대학교 교수)
2014. 11.6.	정호훈	세자(世子)와 외척(外戚): 『대학연의』 권41~권43	오종록(성신여자대학교 교수), 김종섭(서울시립대학교 교수)
2014. 11.13.	정재훈	『대학연의(大學衍義)』와 조선	김인호(광운대학교 교수)

음과 같이 개최하였다. 번역팀이 각자 역주를 맡은 부분을 발표하는 것을 원칙으로 하되, 다른 역자가 맡은 부분을 서로 나누어 발표하기도 하였다. 이는 번역팀 상호간 『대학연의』를 바라보는 시각과 내용에 대한 공유를 확대하는 차원에서 시도되었다.

세미나 토론자로 참여하여 귀한 말씀을 해 준 논평자분들께 이 자리를 빌려 깊은 감사의 말씀을 드린다. 세미나에서 유익한 논평이 많이 제시되었는데 이것들 중 반영할 것은 반영하여 2015년 6월 제1차 번역본이 완성되었다. 이 제1차 번역본을 토대로 하여 『대학연의』 전체에 대한 이해를 돕는 포럼이 개최되었다. 2015년 6월 25일에는 '대학연의에 대한 인문학적 이해와 해석'라는 제목으로 정재훈(경북대학교) 교수가, 2015년 7월 2일 '사회과학자의 시각에서 본 대학연의'라는 제목으로 김병섭·임채원(서울대학교) 교수가 각각 발표를 하고 토론이 이어졌다.

이 포럼이 끝나고 난 다음부터 『대학연의』 제1차 번역본을 대상으로, 편집자가 독자의 관점에서 책을 읽고 질의하고 의논하는 과정이 전개되었다. 즉 전공자가 보기에는 이해가 될 수 있는 것이라 해도 편집자와 같은 일반 독자가 읽기에 이해되지 않는 부분은 이해가 안 된다고 하고, 문장을 바꾸면 이해가 좀 더 용이할 것 같은 부분은 또 그대로 의견을 제시하였다. 독자로서 제시된 의견의 수용 여부는 전적으로 번역팀이 결정하였다. 번역팀이 일부 수용한 경우도 있고, 또 편집자가 무지를 깨달은 경우도 있었다. 이러한 소통의 시간이 거의 1년여 소요되었기 때문에 2016년 6월경 이를 마무리하였다.

이 과정에서 저자의 뜻을 원문에 가깝게 번역하는 일과 독자의 가독성을 높이는 일, 이 두 가지의 조화가 결코 쉬운 일이 아니어서 참으로 어렵고도 어려운 일임을 알게 되었다. 책의 본문을 보면 알겠지만, 어느 정도 지식이 있는 사람들은 책의 내용을 보다 더 깊이 있게 연구할 수 있도록 원전을 밝혀 두었고, 책에 등장하는 수많은 사람들과 사건들을 초보자도 쉽게 이해할 수 있도록 주석을 자세히 달아 두었다. 이렇게 어려운 작업을 훌륭하게 해 준 번역팀 네 분 교수님들의 역량과 헌신에 이 자리를 빌려서 정말 깊은 감사를 드리고자 한다.

번역이 완성되고 난 다음, 『대학연의』의 내용을 총괄적으로 소개하는 서론 작업이 시작되었다. 서론 작업은 편집자의 능력 부족으로 많은 시간이 소요되었다. 먼저, 국내에서 출간된 『대학연의』 관련 논문을 거의 빠뜨리지 않고 읽었다. 일단 관련된 논문이 많지 않았다. 있는 논문들도 『대학연의』가 조선에 전달되는 과정에 대한 소개가 많았다. 내용을 소개하는 논문들은 『대학연의』를 일종의 수기(修己) 또는 수신(修身)에 관한 책으로 이해하는 경우가 많았다. 참고문헌을 『대학연의』로 한정하지 않고 『대학』으로 넓혀서 살펴보니, 수기로 이해하는 것에 아쉬움을 느끼는 사람들은, 여기에서 한 걸음 더 나아가, 수기와 치인(治人)의 관계에 관심을 보이고 있었다. 그러나 수기(修己)와 치인(治人)을 통해서 이루고자 하는 바로 그 '나라다운 나라'에 대한 관심을 보인 논문은 찾기가 쉽지 않았다. 그래서 아예, 이상사회, 이상국가, 나라다운 나라, 치세, 난세 등의 단어를 사용하여 광범위하게 논문과 책을 찾았다.

이 과정에서 유학이 그 어떤 학문이나 어떤 선각자보다 치열하고 또 지속적으로 이상사회와 모범국가에 대한 천착을 한 것을 알게 되었다. 특히 『대학』은 '대학의 길이 밝은 덕을 밝히고 백성을 아끼며 지극한 선을 이루는 데 있다[大學之道, 在明明德, 在親民, 在止於至善]' 고 하여, 성인이 되고 지도자가 되어 학문을 하는 까닭이 '지어지선(止於至善)' 즉 지극히 좋은 곳에 머물러 있기 위함이라는 것을 분명하게 하고 있다. 『대학연의』도 그냥 수기에 관한 책이 아니라 이상사회와 모범국가의 모습을 그리고 있는데, 그것을 '평천하(平天下)'라는 개념 속에서 설명하고 있다. 소위 태평성세, 태평성대라는 말로 표현되는 '평천하(平天下)'는 행복국가이다. 국민의 행복은 전쟁과 재난이 없는 평화국가, 사람과 사람 간의 관계가 따뜻하고 사랑스러운 포용국가, 그리고 국민 한 사람 한 사람이 본성에 충실하여 마음이 평안한 나라에서 이루어진다고 한다. 그리고 또 한 사람 한 사람이 본성에 충실하여 도를 실천할 때 사람과 사람 간의 관계가 화평하고 통합이 잘 되며, 또 그러한 상태가 될 때 국가의 힘도 강해지고 진정한 평화를 누릴 수 있다는 것을 보여 준다. 국가, 사회, 개인의 행복과 평화가 서로 분리되어 있는 것이 아니라 밀접히 연계되어 있는 바로 그런 세상을 평천하(平天下)라고 한다. 그리고 이러한 상태가 잠깐이 아니라 오랫동안 유지되는 그런 상태를 일러 지극히 좋은 곳에 '머물러' 있다['止'於至善]고 한다.

『대학연의』는 한 나라를 나라다운 나라, 평천하 또는 지어지선의 상태로 이끄는 리더십을 소개한다. 서양의 수없이 많은 리더십이론은 사람을 다루어 목표 상태로 이끄는 방법과 기예를 소개하는데, 『대학연의』는 그에 앞서 더불어 함께 나라를 끌고 갈 인재를 분별하는 것을 우선적으로 다룬다. 사람을 다루는 것보다 사람을 알아보는 것을 시간적으로 우선하고 중요도 측면에서도 더 많은 비중을 둔다. 군자와 소인, 현자와 불초(不肖)를 알아보고 분별하는 것을 올바른 리더십의 첫째로 보고 이를 강조하고 또 강조하고 있다. 그리고 그다음 천하의 인재를 중용하는 법을 소개한다. 아니 현자를 중용하는 법을 소개하는 것이라기보다는 그렇지 않은 소인이나 불초가 중용되지 않도록 할 것을 강조하고 있다는 하는 것이 정확한 표현이다. 즉 가까운 친인척, 정치적으로 도움을 준 사람, 지근거리에서 밤낮으로 수발하는 비서들이 중용되거나 국정을 좌지우지하면 큰 일 난다고 강조한다. 권력자 주위에 있는 사람들이 어떤 식으로 국정을 파괴하는지 그리고 이를 막기 위해서 어떤 대책을 강구해야 하는지 『대학연의』가 제시하고 있는데, 이를 좀 더 분석적으로 살펴볼 수 있도록 김광일 교수가 쓴 「제가의 요체: 공적 체계를 통한 사적 권력의 억제」라는 논문을 하권 말미에 배치하였다. 끝으로 『대학연의』는 오늘날의 리더십이론에 해당하는 것도 소개하고 있다. 즉, 거래적 리더십, 변혁적 리더십, 섬김의 리더십, 팔로어십, 윤리적 리더십, 진성리더십 등을 모두 소개하고 있다. 『대학연의』가 이 모든 리더십의 과정에 핵심적으로 소개하는 개념은 바로 친민(親民), 즉 사람을 아끼고 사람으로 대하는 것이다.

『대학연의』는 나라다운 나라의 상태, 또 이것으로 이끄는 리더십에 각각 최선의 상태가 있다고 한다. 이러한 최선의 상태로 가려고 노력하는 사람들의 태도를 성의정심이라고 한다. 정성을 다하지 않고 이루어지는 일은 세상에 아무것도 없고, 특히 최선의 상태로 가기 위해서는 지극한 정성이 필요하다는 말이다. 그런데 이러한 성의정심의 상태를 유지하기가 쉽지 않다. 권력을 가지고 경륜이 붙게 되면 교만하고 방자하게 되며, 성과가 나타나고 사람들이 인정하게 되면 게을러지고 방탕하게 된다. 『대학연의』는 따라서 지도자란 늘 두려워하고 겸손하며[崇敬畏], 게으름과 욕심을 삼가는[戒逸欲] 자세를 가질 것을 강력하게 권한다. 즉 밝은 덕을 밝혀서[明明德], 육체가 지시하는 대로 살지 말 것을 권하고 있다고 하겠다.

이상이 『대학연의』를 읽고 배운 것이다. 『대학』이 말하는 명명덕(明明德), 친민(親民), 지어지선(止於至善), 이 세 가지가 서로 분리되어 있는 것도 아니고 어느 하나만 특별히 강조하고 있는 것도 아니라는 것을 『대학연의』는 말하고 있다. 각각의 의미와 그 연계성을 알게 되면서 이 책이 왜 역대 제왕들의 필독서가 되었는지를 깨닫게 되었다. 이들 간의 관계를 중심으로 서론을 작성했으니 관심 있는 분들은 서론과 본문을 함께 읽어 보면 그 연계성을 보다 더 잘 이해할 수 있을 것이다. 또 책이 전하는 핵심적인 메시지를 보다 용이하게 파악할 수 있도록 각 권마다 제일 앞에 한 페이지짜리 요약문을 만들어 두었다. 네 분의 번역자가 각 권을 읽으면서 핵심적인 메시지로 본 것을 요약해서 두었기 때문에 이것을 읽으면 책의 대강을 알 수 있도록 책을 편집하였다. 그리고 또 이 책이 중국과 조선에서 어느 정도 비중을 가지고 읽혔는지를 알 수 있도록 정재훈 교수가 쓴 해제 「중국의 제왕학과 조선의 정치사상: 『대학연의』를 중심으로」를 상권 말미에 붙여 두었다. 본문을 읽고 해제를 읽은 다음 다시 본문을 읽으면 『대학연의』를 조선의 지식인들이 왜 그렇게 비중을 두어서 읽었는지를 알 수 있을 것이다.

끝으로, 책을 완성하는 데 도움을 준 임채원 경희대학교 교수에게 감사를 표하고자 한다. 임교수는 국가리더십연구센터 연구원으로 재직하면서 『대학연의』 관련 세미나와 포럼을 조직하고 진행하는 등의 큰 역할을 수행하였다. 뿐만 아니라 이 책의 표지 배경 그림에 경복궁 사정전의 운룡도를 사용하자는 아이디어를 제공하고 문화재청 경복궁

관리소에 연락하여 직접 이미지를 구해 주는 노고를 아끼지 않았다. 또한 서울대학교출판문화원의 최유식 선생은 『대학연의』에 나오는 방대한 양의 한자 원문과 주석을 일일이 확인하고 또 등장인물을 소개하는 역할을 수행하였다. 두 분에게 특별한 감사를 표하는 바이다.

김병섭

차례

상권

중권

하권

일러두기

1. 이 책의 번역 저본은 규장각한국학연구원 소장 『진서산독서기을집상대학연의(眞西山讀書記乙集上大學衍義)』(奎中505)이다.
2. 사고전서(四庫全書)에 수록된 『진서산독서기을집상대학연의(眞西山讀書記乙集上大學衍義)』를 참고하여 원문을 교감하였다.
3. 번역 저본은 크게 경전(經傳)과 사서(史書)에서 발췌한 본문, 본문에 대한 해설, '신안(臣按)'으로 표시된 진덕수의 의견으로 구성되어 있다. 본문과 해설은 번역문 하단에 원문을 부기하고, 진덕수의 의견은 번역문만 제시하였다.
4. 원문은 읽기 쉽도록 표점하였으며, 한국고전번역원 표점 지침(2013)을 준용하였다.
5. 진덕수의 원주(原註)는 원문의 끝에 모아서 제시하고 번역하되, 불가피하면 번역문의 중간에 —……—로 표시하였다.
6. 번역은 진덕수의 원주(原註)를 최대한 반영하였으며, 그러므로 현재 통용되는 해석과는 차이가 있을 수 있다.
7. 번역문은 한글 쓰기를 원칙으로 하되, 필요하면 한글(한자)로 병기하였다.
8. 책은 『 』, 편장은 「 」으로 표시하였다.
9. 책의 이해를 돕기 위하여, 권별로 간단한 해설을 작성하여 각 권의 첫머리에 붙이고, 상권과 하권 말미에 해제를 실었다.
10. 하권 끝에 진덕수 연보를 싣고, 『대학연의』의 번역과 연구에 필요한 참고문헌을 간단히 제시하였다.
11. 인명·지명·서명·고유명사는 우리나라 한자음을 따랐다.
12. 전한 황제의 연표는 方詩銘, 『中國歷史紀年表』, 上海: 上海人民出版社, 2007에 근거하였다.
13. 참여자들이 책임지고 분담한 업무는 다음과 같다.

    편집 및 서론: 김병섭

    권1~권14 책임 역주: 정재훈

    권15~권27 책임 역주: 오항녕

    권28~권35 책임 역주: 정호훈

    권36~권43 책임 역주: 김광일

서론: 『대학연의』, 모범국가의 리더십을 말하다

김병섭

I. 들어가며

어떻게 하면 국민들이 바라는 나라를 만들 수 있을까?
어떻게 하면 전 세계가 부러워하는 국가를 만들 수 있을까?
어떻게 하면 이런 모범적인 국가를 만들 수 있을까?

이러한 모범국가 건설에 대한 인류의 관심은 수천 년 전부터 지속되어 왔다. 동과 서를 막론하고, 사람들은 자신들이 꿈꾸는 바람직한 사회의 모습을 그리고 그것을 가능하게 하는 국가를 만들고자 하였다.

이러한 이상사회와 국가에 대한 갈망은 국가의 탄압과 파탄, 사회적 갈등, 도덕적 무질서, 개인의 불안과 불행이 심할수록 더욱 컸다. 이것을 우리는 2016년 가을 생생하게 경험하였다. '이게 나라냐'며 시민들이 매주 광장에 나와 분노와 원망을 토해 내었다. '박근혜·최순실 게이트'가 드러나면서 국가와 헌법을 수호해야 할 대통령이 오히려 이것을 망가뜨린 현실 앞에 많은 국민들이 분노와 망연자실, 그야말로 멘붕 상태였다.

물론 최순실의 국정농단만으로 연인원 1,500만 명 이상의 시민이 주말마다 전국 각지의 광장에 모인 것은 아니다. 무엇보다도 세월호가 침몰되어 가는 과정을 전 국민이 생중계로 보고 있는데, 정부가 대응을 우왕좌왕, 엉망진창으로 하여 귀한 생명을 구조하지 못하고 수장시켰다. 대신 책임과 비난을 면하려는 일은 전력을 다하였다. 당시, 북핵과 개성공단 폐쇄로 남북 간의 긴장은 더욱 높아지고, 미·일과 중국의 분쟁 속에서 줄타기는 더욱 위험해지고 있었다. 사드 배치 결정은 해운·조선산업의 위기로 드러난 우리 경제의 어려움을 더욱 가중시켰다. 대기업이 대거 구조조정에 돌입하고, 어떤 기업에서는 '희망'퇴직 연령을 20대로 끌어내렸다. 2017년에 IMF가 다시 오는 것 아니냐는 불안감이 우리 사회를 짓누르고 있었다. 자살률과 존속살해율은 세계 제일이었다. 국민들의 행복 정도도 급격하게 나빠지고 있었다. 우리나라는 2013년 UN 세계행복보고서에 의하면 10점 만점에 6.267점의 행복지수로 조사대상 156개 국가 중에서 41위에 머물렀으나, 2015년 5.984점으로 158개 국가 중 47위, 2016년 5.835점으로 157개국 중에서 58위로 더욱 나빠졌다.(Helliwell et al., 2016) 2015년 6월 24일 공개된 2014년 갤럽-헬쓰웨이스 웰빙지수(Gallup-Healthways Well-Being Index)에 따르면, 우리나라는 2013년의 75위에서 117위로 무려 42단계나 추락한 것으로 나타났다.

이렇게 그렇지 않아도 어려운 외교·안보·경제·사회·문화 등 전 부문에, 최순실의 국정농단이 핵폭탄과 같은 부정적 효과를 미쳤기 때문에 시민들이 광장에 나온 것이다. '국민행복'을 내걸고 유권자의 표를 구한 박근혜 대통령이 국민을 더할 수 없는 불행으로 몰아넣었기 때문에 분노와 원망을 쏟아낸 것이다.

이렇게 있을 수 없는 그리고 있어서도 안 되는 국정 문란으로 제2차 세계대전 이후 정치와 경제 양 측면 모두 발전을 이룩한, 그것도 세계에서 거의 유일하게 이룩한 자랑스러운 우리 대한민국이 이러다

그림 1. 2016년 11월 5일 광화문 광장, 박근혜 퇴진 제2차 촛불집회
자료 출처: 박근혜 정권퇴진 비상국민행동

결딴나는 것 아닌가 하는 두려움이 쓰나미처럼 밀려올 때마다, 시민들은 이상사회와 모범국가를 더욱 간절하게 바라게 되었다. 추위도 눈발도 꺼려하지 않고, 아니 오히려 그 때문에 백성의 목소리가 묻힐까봐 더 기꺼이 나와, 광장에 모인 수백만 명의 시민들은, 1분간 촛불을 끄면서 전대미문의 국치(國恥)를 만들어 낸 앙시앵 레짐(구체제)을 역사에서 사라지게 하고, 새롭게 촛불을 밝히면서 국민이 진정으로 주인이 되고 또 그 주인이 꿈꾸는 나라를 만들 것을 요구하였다. 게다가 그들의 가슴에 맺힌 분노와 원망이 폭발 수준임에도 불구하고 성숙한 시민의식으로 평화와 비폭력적 방법으로 퇴진을 요구하여 명예로운 시민혁명의 본보기를 보여 주어, 보다 나은 나라에 대한 간절함과 함께 그 가능성도 동시에 보여 주었다.

사회가 혼란하고 나라가 엉망일 때, 어떤 사람들은 중국의 죽림칠현(竹林七賢)처럼 속세를 떠나 은둔의 길을 걷기도 하고(박한제, 1994), 또 어떤 사람들은 세상의 판을 뒤집는 꿈을 꾸면서 민란을 일으키기도 하지만(서신혜, 2011), 광장에 모인 사람들은 어느 길도 아닌 제3의 길로 '나라다운 나라'를 만들기를 희망한 것이다. 옛 사람들의 표현대로 한다면 난세 중의 난세를 맞이하여 치세에 대한 갈망을 더욱 간절하게 나타낸 것이다.

그러면, 어떻게 하면 난세(亂世)를 치세(治世)로 만들 수 있는가? 어떻게 하면 우리나라가 독일이나 스위스와 같은 나라가 될 수 있을까? 아니 이들 나라를 뛰어넘어 전 세계가 부러워하는 그런 모범적인 국가를 어떻게 하면 만들 수 있을까?

이러한 질문에 대해서 사람들은 옛날부터 크게 볼 때 두 가지 종류의 대답을 제시하여 왔다. 하나는 제도를 바꾸어서 모범국가를 만들고자 하는 것이고 다른 하나는 사람을 바꾸어서 그것을 실현하고자 하는 것이다.

국가 제도의 중요성을 강조하는 학자들은 『주례(周禮)』를 그 준거로 삼는다. 왕안석(王安石, 1021~1086)의 『주관신의(周官新義)』, 정도전(鄭道傳, 1342~1398)의 『조선경국전(朝鮮經國典)』, 정약용(丁若鏞, 1762~1836)의 『경세유표(經世遺表)』 등이 대표적으로 이 계열에 해당한다.

국가를 운영하는 데 있어 제도보다는 사람의 중요성을 더 강조하는 사상가들은 『대학』을 그 준거로 삼는다. 범조우(范祖禹, 1041~1098)의 『제학(帝學)』, 주희(朱熹, 1130~1200)의 『대학장구』가 이 계열에 포함된다. 우리가 여기서 책으로 번역 소개하려는 진덕수의 『대학연의』

도 여기에 해당한다.

나라다운 나라를 만드는 데 제도가 중요하다. 국민이 뽑지 않은 세습군주가 과연 국민을 위해서 일을 할 것인지 의문이 당연히 생길 수밖에 없기 때문에 인류는 전제군주제가 아니라 민주공화제로 정치체제를 개혁하여 왔다. 그리고 민주공화체제에서도 한 사람이 권력을 자의적으로 행사하는 것을 막기 위해서 견제와 균형을 보장하는 다양한 장치와 제도를 도입하고 있다. 또 차별을 금지하는 법을 만들고, 분쟁을 해결하는 사법제도를 마련하기도 한다. 국민이 주인이 되고 대표가 진정으로 국민의 의사를 대표하도록 하는 제도적 장치가 미비하거나 잘못이 있을 경우에는 또 이를 시정하기도 하고 개혁하기도 한다.

그런데 이러한 제도와 장치에도 불구하고, 이것을 운영하는 사람들, 특히 국가지도자에 의해서 국정이 얼마든지 왜곡될 수 있다. '대통령제' 자체는 제왕적이지 않지만 '대통령'은 제왕적이라는 비판을 받는 것도(함성득, 2017) 이런 이유 때문이다. 선거를 치르고 법이 지배하는 민주적 정치체제가 마련되어 있지만, 국정을 운영하는 엘리트들이 다수를 희생시키면서 자신들의 배를 채우는 나라가 많고 그래서 이들 나라들이 망하는 경우를 오늘날에도 자주 볼 수 있다.(Acemoglu & Robinson, 2012)

무엇보다도 특히 2016년 가을, 우리는 제도보다 사람이 문제라는 것을 똑똑하게 목도하였다. 국민이 뽑은 대통령이 국민은 안중에도 없고 사적 이익을 실현하기 위해서 제도가 보장하는 권력을 남용하는 것을 생생하게 보았다. 행정부 견제를 주된 역할로 하는 입법부는 그 기능이 작동하지 않았다. 국민으로부터 선출 받은 대표라고 하면서 그들 중 일부는 주인인 국민의 이익은 안중에도 없고 오로지 국회의원이 되는 과정에 도움을 준 대통령에게 아부하면서 자신의 이익을 유지하는 것만 혈안이 되었다. 이정현 새누리당 대표는 법을 위반한 박근혜 대통령을 예수로 그리고, 그의 헌법 파괴 행위에 대한 책임을 묻기 위해 제도에 근거하여 탄핵을 요구하는 국민들을 가롯 유다로 표현하는[1] 등 제도에 근거한 인식체계를 보여 주지 못하였다. 국정 농단과 일탈이 생기지 않도록 사전적 및 사후적 통제를 그 목적으로 하여 설립된 각종 사정시스템 가령 검찰, 경찰, 국정원, 감사원, 각 부처 자체감사실도 기능을 하지 못했다. 이들 사정기관들이 국정을 정의롭게 하는 데 기여하는 것이 아니라 거꾸로 비선 실세의 사적 이익 추구를 권력을 이용하여 도와주었다. 사정기관을 총괄하면서 이들로부터 올라오는 백성의 사정과 형편을 잘 살펴서 대통령에게 온전히 전달하는 역할을 부여받은 민정수석은 그 직무를 제대로 수행하지 못하고 민심을 전달하기는커녕 오히려 이를 왜곡시켜 국정 문란과 파탄을 초래하게 하였다. 황교안 국무총리는 대통령이 잘못된 길로 가지 않도록 보좌해야 하는 임무를 방기하고 오히려 2016년 9월 23일 최순실 등 비선 실세의 국정 농단에 대한 의혹 제기를 "불법에 해당하는 유언비어는 의법 조치도 가능한 것"[2]이라고 하여 의혹 제기를 불법으로, 또 그러한 행위에 대한 처벌까지 시사했다.

이것은 모범국가로 가는 길이 제도에도 달려 있지만 제도를 운영하고 방향을 제시하는 사람에게 보다 많이 좌우된다는 것을 보여

1 http://news.joins.com/article/20924196

2 http://news.joins.com/article/20628035

준다.

즉, 올바른 사람이 올바르게 국정을 운영하는 것은 시대를 막론하고 변함없이 필요하고 또 중요하다. 어떤 조직이나 사회, 그리고 국가의 흥망과 성쇠는 지도자에 달려 있다는 것이 사람들의 한결같은 결론이기 때문이다.(Ahlquist & Levi, 2011) 따라서 이상사회 또는 모범국가를 건설하기 위해서는 옛날 전제군주제 시절이나 오늘날 민주공화정 시절이나 가리지 않고 공히 바른 국가리더십이 필요하다. 다시 말해서 국민들이 바라는 나라, 세계의 많은 나라가 부러워하는 그런 모범적인 국가를 건설하려면, 각종 제도나 조직적 장치 등이 당연히 필요하지만, 제대로 된 국가리더십이 또한 너무도 중요하다.

순자(荀子, BC 298?~BC 238?)는 이 점을 우임금과 걸임금을 비교하면서 간결하게 설명하고 있다. 치세와 난세(治亂)가 하늘에 달렸는가? 해와 달의 운행이 우임금 때나 걸임금 때나 차이가 없었지만 우임금 때는 태평성대가 되고 걸임금 때는 난세가 되었다. 치란이 시절에 달렸는가? 우임금 때도 걸임금 때도 모두 봄 여름 가을 겨울이 오고 갔지만 전자의 경우에는 치세가 되고, 후자의 경우에는 난세가 되었다.(순자·한비자, 2005) 치세와 난세는 사람, 즉 치세(治世)는 군자에게서 나오고 난세(亂世)는 소인에게서 나오니 모두 리더십에 달렸다는 말이다.

우리는 한 사람의 어리석은 지도자, 역사는 이를 일러 혼군(昏君), 암군(暗君), 암주(暗主)라고도 하는데, 때문에 나라가 거의 결딴나는 것을 보면서 이를 경험으로 확인하였다. 지도자가 공과 사를 구별하지 못하고, 또 그의 권력 주변에는 날파리들, 가령 공직자, 정치인, 기업인 가리지 않고 서로 밀어주고 당겨 주고 눈감아 주면서 사욕을 추구하는 자들이 늘 붙기 마련인데, 우리의 국가지도자가 이러한 세상사의 이치와 사람을 제대로 알아보지 못하여, 나라가 파탄 날 뻔하였다. 2015년 『교수신문』이 선정한 올해의 사자성어, 혼용무도(昏庸無道)라는 말 그대로, 어리석고 무능한 군주 때문에 나라가 마치 암흑에 뒤덮인 것처럼 온통 어지러웠던 것이다.

그렇다면 난세 아닌 치세, 즉 나라다운 나라로 이끄는 리더십은 어떤 것인가? 국가지도자가 한 나라를 난세에서 벗어나 모범국가로 이끌기 위해서 무엇을 어떻게 준비해야 하는가? 또 그 길은 무엇인가?

공자는 위의 질문에 대해서 「예운(禮運)」편에서 군주가 예(禮)를 실행하는 데 힘을 다하면 그럭저럭 살 만한 세상, 즉 소강사회[3]를 만들 수 있다고 하면서 우임금, 탕임금, 문왕, 무왕, 성왕, 주공을 이러한 리더십의 전형으로 제시하였다. 즉 예로서 의(義)를 밝혀 다른 사람들로부터 신뢰를 얻고, 인(仁)을 모범으로 삼고 겸양을 가르쳐서 백성들이 이를 본받아 지키도록 하면 소강사회를 만들 수 있다는 것이다. 물론 사람들이 잘못을 범하면 그 과실을 밝히고, 모두가 지켜야 할 도리를 지키지 않는 자가 있으면 권세 있는 자라도 그를 내쫓고 백성들도 모두 그를 재앙으로 여기게 되면 소강사회를 이룰 수 있다고 한다.

공자의 이 말을 보다 체계적으로 보다 분명하게 제시한 것이 바로 『대학(大學, *Great Learning*)』이다. 『대학』은 본래 「예운(禮運)」과 함께 『예기(禮記)』의 한 부분으로, 「예운」에서 밝힌 유가철학의 이상인 대동사회를 이루기 위한 방법을 제시하는 책이었다.(정해왕, 2012) 즉,

---

3 소강사회에 대해서는 나중에 평천하 부분에서 보다 자세하게 다룰 것이다.

『대학』은 그 첫 구절을 '대학지도 재명명덕 재친민 재지어지선(大學之道, 在明明德, 在親民, 在止於至善)'이라고 하여 대학의 도가 밝은 덕을 밝히고 백성을 아끼며 지극한 선을 이루는 데 있음을 분명하게 밝히고 있다. 다시 말해서 『대학』은 첫째, 국가지도자가 이끌고 나아가야 할 지극히 선한 상태[止於至善], 즉 이상사회의 모습, 둘째, 그곳을 가기 위해서 사람들을 왜 그리고 어떻게 아껴야[親民] 하는지, 셋째, 그렇게 하기 위해서는 자신이 어떤 사람이 되어야 하는지[明明德] 그 길을 밝히고 있다.

진덕수(眞德秀, 1178~1235)에 의하면, 바로 이 『대학』은 단순히 공자의 이야기를 진술한 것이 아니라, 지나간 과거 역사를 통해서 나라를 태평성대로 이끈 제왕 리더십의 핵심을 기술한 것이다. 그래서 명나라 가정제(嘉靖帝, 1507~1567)도 옛날 천하의 임금 노릇 하는 자들이 치세(治世)를 이룬 데에는 반드시 그 요체가 있었는데 오직 『대학』 한 책만이 바로 이 중요한 길을 제시하고 있다고 하였다.(『대학연의』 서문) 이렇게 『대학』을 근본으로 삼으면 반드시 치세가 이루어지고 이를 어기면 반드시 난세가 되기 때문에 진덕수는 "임금 된 자가 『대학』을 알지 못하면 아니 되고, 신하 된 자도 『대학』을 알지 못하면 아니 된다. 임금이 되어서 『대학』을 알지 못하면 치세의 근원을 맑게 할 수 없고, 신하가 되어서 『대학』을 알지 못하면 임금을 바르게 하는 법을 다할 수 없다."라고 한 바 있다.(『대학연의』 서문)

『대학』이 이렇게 치세의 요체를 밝히고 있기는 하나, 그 내용이 간단하고 추상적이어서, 이해하기가 쉽지 않았다. 그런데 송(宋)나라 유학자 진덕수가 『대학』의 뜻을 헤아리고 넓힌 책 『대학연의(大學衍義)』를 발표하면서 사정이 달라졌다. 역대 제왕의 통치 역사에서 풍부한 사례를 뽑아 『대학』의 각 조목에 배치하고 또 기술(記述)하여 독자들이 『대학』이 이야기하는 바를 알기 쉽게 하였을 뿐만 아니라 이들 사례를 기초로 하여 토론 및 현실 적용을 가능하게 하였다. 말하자면 『대학연의』가 후세 제왕들의 올바른 리더십을 위한 교육 및 학습용 사례를 풍부하게 제공한 것이다.

그래서 송나라 이종(理宗) 원년(1234) 황제에게 진헌되었던 『대학연의』는 그로부터 30년 뒤 송나라 도종(度宗) 5년(1264)에 최초로 진강(進講)되었고, 그리고 그 뒤 원나라에서는 주요 경연과목으로 채택되어 명실 공히 정치 지침서로 자리매김하였다.(김소희, 2007) 이종(理宗)은 『대학연의』를 일러 "임금이 되기 위한 궤범"이라고 하였고, 원나라 무종(武宗, 1281～1311)은 "천하를 다스리는 데 이 책 한 권이면 족하다"고 하였다.(지준호, 2011: 414) 명나라 태조 주원장도 처음 나라를 세우고 궁전을 다 지은 다음 『대학연의』를 궁궐의 담장에 쓰도록 명하여 사람들이 오며 가며 이것을 보도록 하였다.(가정제의 『대학연의』 서문) 이렇게 송나라 원나라 명나라 등 중국에서 대학연의가 제왕학의 교재로 많이 읽혔는데 우리나라의 경우에도 다르지 않았다.

고려 전기에는 대표적인 제왕학 교재로 『정관정요』가 읽혔으나 고려 말 『대학연의』가 소개된 이후에는 그 위상이 확연하게 달라졌다.(김인호, 1998) 조선의 태조는 『대학연의』 보기를 좋아하여 밤중에 이르도록 자지 않았으며[4] 대학연의의 서문과 표를 써서 병풍을 만들기도 하였다.[5] 성군 세종대왕은 즉위 후 조선 개국 최대의 경연 체제

4 『태조실록』 1권, 총서 80번째 기사.

5 『태종실록』 5권, 태종 3년 5월 21일 정유 3번째 기사.

를 구축하였고 그 첫 교재로 『대학연의』를 채택하였다.(조남욱, 2005) 그 뒤 조선의 역대 왕들도 『대학연의』를 필독서로 여겼다. DB 검색을 통해 그 경향을 분명하게 알 수 있는데, 『조선왕조실록』에서 『대학연의』가 480회나 나타나고 있고 『승정원일기』나 『한국문집총간』 등을 포함하는 한국고전 종합DB에서는 1,607회나 나타나고 있다. 또 다른 대표적인 제왕학 교재인 『정관정요』가 『조선왕조실록』에서 46회, 한국고전 종합DB에서 169회 나타나고 있는 것과 비교할 때 어느 정도 비중 있게 『대학연의』가 읽혔는지를 알 수 있다. 『대학연의』가 조선의 국정과 학계에 미친 영향은 본서 상권 마지막 부분에 있는 정재훈 교수의 「중국의 제왕학과 조선의 정치사상: 『대학연의(大學衍義)』를 중심으로」에서 보다 자세하게 다루어지고 있다.

그렇다면, 진덕수의 『대학연의』는 모범국가로 가기 위한 어떤 국가리더십을 제시하고 있는가? 『대학연의』가 말하는 리더십의 구체적인 내용은 책의 본문을 읽으면 알 수 있을 것이기 때문에, 여기서는 필자가 이해한 그 개괄적인 내용을 소개하고자 한다. 이를 위해서 첫째, 책의 전체적인 논리와 그 체계를 파악하고자 한다. 이와 관련하여, 『대학연의』가 『대학』의 삼강령(三綱領)과 팔조목(八條目)의 관계를 어떻게 이해하고 있는지 살펴보고자 한다. 둘째, 『대학연의』가 그리고 있는 이상사회와 모범적인 국가의 모습을 살펴보고자 한다. 이를 위해 진덕수가 별도의 독립된 장으로 다루고 있지는 않지만 '평천하(平天下)'를 어떻게 이해하고 있는지를 해석해 보고자 한다. 셋째, 이러한 모범국가를 실현하기 위해서 국가지도자는 '누구'와 더불어 '어떤' 리더십을 발휘해야 하는지를 살펴보고자 한다. 그리고 넷째, 이를 위해서 지도자 본인이 스스로 자신의 몸을 어떻게 닦아야 하는지를 살펴보고자 한다.

2. 『대학연의』의 논리와 체계

『대학연의』는 『대학』이 그리는 이상사회와 그곳으로 가기 위한 길(道)을 기본으로 하여 그 뜻을 헤아리고 넓힌 책이다. 즉, 이상사회와 모범국가로 이끄는 논리체계는 『대학』을 기초로 하되, 이를 보다 이해하기 용이하도록 각 권마다 제일 먼저 성현(聖賢)의 전훈(典訓), 가령 『시경』·『서경』·『예기』·『주역』·『춘추』·『논어』·『맹자』 등을 앞에 두고, 다음으로 고금(古今)의 역사적 사례나 발자취[史迹]를 두었다. 그다음에는 여러 유학자들이 경전을 풀이하고 역사를 논하여 해설한 것들을 기록하였고, 마지막에는 진덕수 본인의 생각을 덧붙이고 있다.

따라서 『대학연의』의 전체를 이해하기 위해서는 『대학』의 논리체계를 살펴보는 것을 기본적으로 해야 하며, 아울러 진덕수의 『대학』의 논리체계에 대한 이해와 다른 유학자의 그것이 어떤 차이가 있는지를 살펴보는 것이 중요하다.

그래서 먼저 『대학』의 전체를 제시하고 있는 '경(經)'을 소개하고 이것을 『대학연의』가 어떻게 구체화하고 있는지를 차례로 살펴보고자 한다.

> 대학(大學)의 도(道)는 밝은 덕을 밝히고[明明德], 백성을 가까이하며[親民], 지극한 선(善)에 머물러 있는 것[止於至善]이다. 머무름을 안 후에 정함[定]이 있고, 정한 후에 능히 고요함이 있으며, 고요한 후에 능히 편안함이 있고,

편안한 후에 능히 생각함이 있으며, 생각한 후에 능히 얻음이 있다. 사물에는 근본과 말단이 있고 일에는 처음과 끝이 있으니, 먼저 할 것과 나중에 할 것을 알면 도(道)에 가까울 것이다. 옛날에 밝은 덕을 천하에 밝히고자 하는 자는 먼저 그 나라를 다스렸고, 그 나라를 다스리고자 하는 자는 먼저 그 집안을 가지런하게 하였으며, 그 집안을 가지런하게 하려는 자는 먼저 그 몸을 닦았고, 그 몸을 닦고자 한 자는 먼저 그 마음을 바로잡았다. 그 마음을 바르게 하고자 한 자는 먼저 그 뜻을 성실히 했으며, 그 뜻을 성실히 하고자 한 자는 먼저 그 아는 것을 지극히 하였고, 아는 것을 지극히 하는 것은 사물의 이치를 궁구하는 데에 있다. 사물의 이치를 궁구[物格]한 후에 앎이 이루어지고, 앎이 이루어진[知至] 후에 뜻이 성실해지며, 뜻이 성실해진[意誠] 후에 마음이 바르게 되고, 마음이 바르게 된[心正] 후에 몸이 닦여지고, 몸이 닦여진[身修] 후에 집안이 가지런해지고, 집안이 가지런해진[家齊] 후에 나라가 다스려지고, 나라가 다스려진[國治] 후에 천하가 평안하게[天下平] 되는 것이다.[6]

(1) 『대학』은 체(體)와 용(用)의 학문

위 문장에서 보는 바와 같이, "밝은 덕을 천하에 밝히고자 하는 자는 … 사물의 이치를 궁구하는 데에 있다"고 하여, 『대학』의 궁극적인 관심사가 '치국'과 '평천하'이고 이를 위해서는 격물치지가 그 기초가 되어야 함으로 밝히고 있다. 이것은 나라를 다스리는 일과 자기 몸을 닦는 일이 서로 분리되어 있는 일이 아니고 하나로 연결되어 있다는 것을 의미한다. 다시 말해서, 격물(格物)·치지(致知)·성의(誠意)·정심(正

---

6 『大學』, "大學之道, 在明明德, 在親民, 在止於至善. 知止而后有定, 定而后能靜, 靜而后能安, 安而后能慮, 慮而后能得. 物有本末, 事有終始, 知所先後, 卽近道矣. 古之欲明明德於天下者, 先治其國. 欲治其國者, 先齊其家. 欲齊其家者, 先修其身. 欲修其身者, 先正其心. 欲正其心者, 先誠其意. 欲誠其意者, 先致其知, 致知 在格物. 格物而后知至, 知至而后意誠, 意誠而后心正, 心正而后身修, 身修而后家齊, 家齊而后國治, 國治而后天下平."

心)·수신(修身)은 사람의 몸에 달려 있는 것이라고 하여 이를 체(體)라고 하고, 제가(齊家)·치국(治國)·평천하(平天下)는 이를 천하에 적용하는 것이라고 하여 용(用)이라 하는데 『대학』은 체(體)와 용(用)이 분리될 수 없다고 본다.

『대학』의 이러한 전체대용(全體大用) 입장은 학문과 정치를 분리하는 것, 그리고 윤리학, 심리학, 철학 등 자기 수양 관련 학문과 정치학, 행정학 등 국정 운영 관련 학문을 별개의 것으로 생각하는 현대사회의 교육과는 큰 차이가 있다.

(2) 『대학』의 삼강령과 팔조목

체(體)와 용(用)이 이렇게 서로 분리될 수 없다면 이들의 관계, 즉 무엇이 본(本)이고 말(末)이며, 또 선(先)이고 후(後)인가? 위 『대학』의 '경(經)'은 그 관계를 명명덕(明明德)·신민(新民)[7]·지어지선(止於至善)의 차원과 격물(格物)·치지(致知)·성의(誠意)·정심(正心)·수신(修身)·제가(齊家)·치국(治國)·평천하(平天下)의 차원, 두 가지로 나누어서 제시하고 있다. 두 가지 차원에서 각각 체와 용의 관계를 어떻게 이해하고 있는지 그리고 이 두 가지 차원은 서로 어떻게 연결되어 있는지 살펴볼 필요가 있다. 남송대의 주희는 전자를 삼강(三綱)이라고 하고 후자를 팔조목(八條目)으로 분류하는데, 이러한 그의 분류체계를 '주

7 주희는 본래 '親'民으로 되어 있던 것을 '新'民으로 바꾸었다. 백성을 가까이함을 백성을 새롭게 함으로 바꾼 것이다. 훗날 명나라 왕양명은 이것이 잘못되었다고 하면서 원래대로 친민으로 기술하였다.

자학(朱子學)'이라 일컫는다. 이는 그 뒤 보편적인 유학의 관점으로 이해되어, 권근(權近)은 주자의 분류를 토대로 『입학도설(入學圖說)』에서 「대학지도(大學之圖)」를 그렸고 이퇴계는 또 이를 기초로 그림 2와

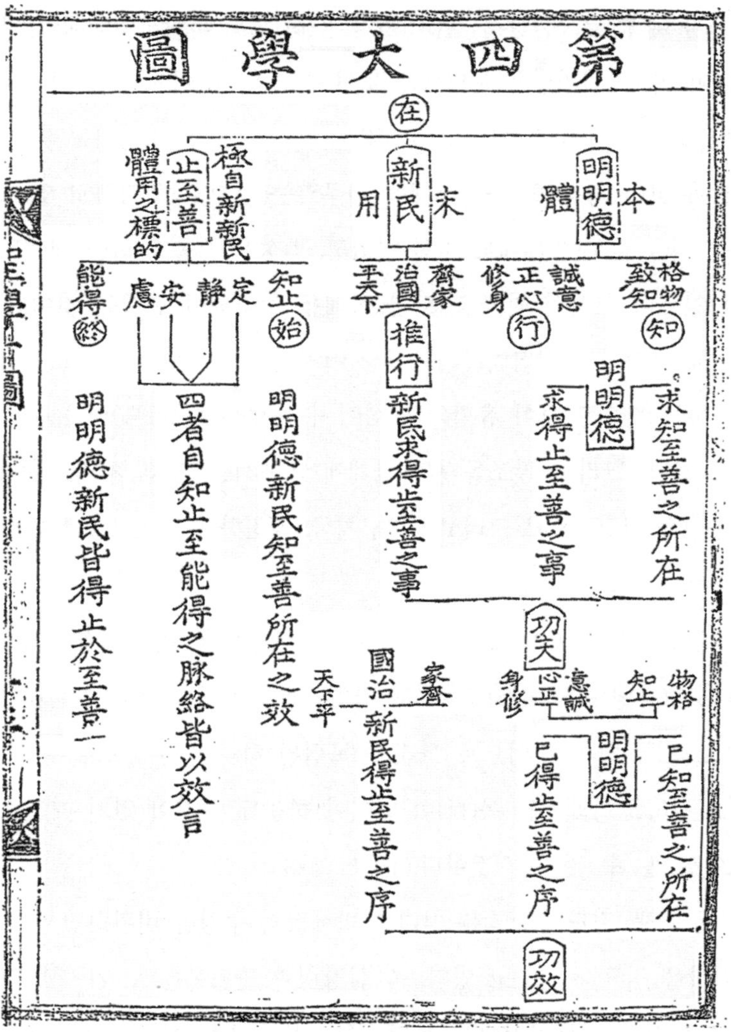

그림 2. 이퇴계의 「대학도」

출처: 금장태(2001: 78).

같은 「대학도(大學圖)」를 그렸는데, 여기에는 삼강팔조목의 관계가 잘 설명되어 있다.

그림 2는 명명덕(明明德), 신민(新民), 지어지선(止於至善)이 삼강(三綱)을 구성하고 있음을 보여 주고 있다. 그런데 실제로는 '명명덕'을 본(本)이자 체(體)로, '신민'을 말(末)이자 용(用)으로 파악하여 『대학』의 본과 말이 이 두 가지임을 분명하게 보여 주고 있다. 이에 반해 지어지선(止於至善)은 본(本)도 아니고 말(末)도 아닌 것으로 표현하고 있다. 대신 본과 말이 각각 최고의 상태에 머무르는 것으로 설명하고 있다. 즉, 밝은 덕을 밝히는 데에도 지선이 있고, 백성을 새롭게 하는 데에도 지선이 있으니 그것의 지극(至極)한 상태를 추구해야 한다는 것이다. 이렇게 세 가지가 병렬적이라기보다 지어지선이 두 가지의 최고 경지를 표현하는 것으로 보아 유학의 핵심이 수기치인(修己治人)임을 분명히 하고 있다. 그리고 팔조목과의 관계에 대해서는 격물, 치지, 성의, 정심, 수신을 명명덕으로 그리고 제가, 치국, 평천하를 신민으로 분류하고 있다.

박세당(朴世堂, 1629~1703)은 그래서 아예 『대학』이 3강령 8조목이 아니고 2강령 8조목이라고 본다. 명명덕과 신민을 지선(至善)의 경지에 이르도록 하는 것이므로 그것을 독립된 하나의 강령으로 볼 수 없고, 또 강(綱) 아래에는 목(目)이 있어야 하는데 그것이 없기 때문에 강(綱)으로 볼 수 없다는 것이다.(강지은, 2007)

이에 반해, 김도일(2014)은 이러한 박세당의 주장을 비판하면서 주희의 입장을 적극 지지하고 있다. 즉 삼강령과 팔조목은 두 가지 방식으로 그 관계가 이루어진다고 본다. 즉 그림 2에서 보는 바와 같이, 명명덕과 신민으로 연결되는 팔조목은 공부(功夫)의 차원이고, 지어지

표 1. 삼강령과 팔조목의 관계

삼강령	팔조목
명명덕(明明德)	격물(格物), 치지(致知), 성의(誠意), 정심(正心), 수신(修身)
친민(親民)[신민(新民)]	제가(齊家), 치국(治國)
지어지선(止於至善)	평천하(平天下)

출처: 최정묵(2011: 7).

선으로 연결되는 팔조목은 공효(功效)의 차원으로 그것이 서로 다르다는 것이다. 지어지선은 지지(知止)와 능득(能得)으로 구성되는데 지지(知止)는 물격(物格)과 지지(知至)에 연결되고 능득은 나머지 의성(意誠), 심정(心正), 신수(身修), 가제(家齊), 국치(國治), 천하평(天下平)에 연결된다는 것이다.

이러한 삼강령과 팔조목의 분류 및 관계는 표 1과 같은 최정묵(2011)의 분류와 상당히 차이가 난다. 최정묵은 만약 지어지선을 명명덕과 신민의 지극한 상태를 표현하는 것이라고 하면 굳이 지어지선을 삼강령의 하나로 할 이유가 없다고 본다. 지어지선이 하나의 강령이 되려면, 명명덕 및 신민과 구별되는 그 무엇이 있어야 하고 또한 그것은 팔조목의 하나와 연계되어야 한다고 본다. 그리고 그것을 평천하로 본다. 천하가 화평한 상태가 바로 지어지선이라는 것이다. 이렇게 지어지선과 평천하 조목을 연계시키면서 이것이 주희의 생각과도 다르지 않음을 강조하고 있다. 평천하의 의미를 천하를 다스림의 대상으로 삼아 그것을 평화롭게 만드는 것이 아니라 각각의 존재가 자기의 그 마땅한 바에 이른 상태를 의미한다고 해석하면 주희의 생각과 차이가 없게 된다는 것이다.

정혜진(2013)도 대학의 삼강령과 팔조목의 관계를 최정묵과 비슷하게 이해하나 설명은 조금 다르다. 먼저, '지어지선'은 명명덕과 신민을 통하여 '인욕의 사사로움이 없이 천리의 표준이 바로 선 경지에 머무는 것[天理之極而無一毫人欲之私也]'을 본다. 그리고 이것은 팔조목의 평천하와 다른 것일 수 없다고 한다. 즉, 명명덕과 신민이 지극한 상태에 있는 것을 지어지선으로 보지 않고 명명덕과 신민을 지어지선에 이르게 하는 기제 또는 독립변수로 보는 것이다. 이렇게 지어지선을 추구해야 할 목표 또는 결과 상태로 보면 팔조목에서는 평천하 이외에 마땅한 것이 없으므로 지어지선을 평천하와 연계시킬 수밖에 없다는 것이다. 그러면서 자연스럽게 평천하를 이상적인 목표 상태로 자리매김하는 것이다. 그 외 '명명덕'을 격물치지와 성의정심으로, '신민'을 제가와 치국으로 보는 것은 마찬가지이다.

이에 비해, 정재두(鄭齋斗, 1649~1736)는 그의 『하곡집(霞谷集)』「대학설(大學說)」에서 삼강령과 팔조목의 관계를 다르게 제시한다. 즉 명명덕의 조목은 성의·정심·수신이고, 친민의 조목은 제가·치국·평천하이며, 지어지선의 조목은 격물·치지라고 말한다.[8] 삼강령과 팔조목은 지어지선으로 귀결되며, 또한 지어지선은 격물치지에 의해 이루어지는 것으로 파악한다. 격물치지란 성의·정심·수신·제가·치국·평천하를 지선에 머무르게 하는 것으로 보는 것이다.

---

8 『霞谷集』(22冊本), 「大學說」: "天下國家者, 其親民之目也, 修身正誠者, 其明德之目也, 致知格物者, 卽又其至善之目也."

(3) 『대학연의』의 논리체계

1) 체(體)와 용(用)의 관계

『대학연의』는 체와 용 중 어느 것도 빠뜨리지 않는 『대학』의 전체대용(全體大用)의 입장을 계승하여, 자기 수양은 물론 이에 머물지 않고 보다 바람직한 세상을 이루어 내는 일에 관심을 보인다. 그래서 『대학연의』 '권13'에서는 체만 있고 용이 없는[有體無用] 노자와 장자의 학문, 그리고 용만 있고 체는 없는[無體有用] 관중(管仲)과 상앙(商鞅)의 학문을 둘 다 이단이라고 신랄하게 비판한다. 즉 자기 몸만 강조하다 보면, 신선방약(神仙方藥)으로 양생(養生)하는 것에만 관심을 가지거나 그렇지 않으면 속세를 등지고 산속에 은거하는 불교(佛敎) 또는 죽림칠현(竹林七賢)이 나타나게 된다고 비판한다. 도(道)를 추구하되, 세상일에 대해서 무관심하여 『대학』의 핵심 과제인 신민(新民)을 하지 않는다는 것이다. 그렇지 않고, 세상 다스리는 것만 강조하다 보면, 신불해·상앙·한비자와 같은 형명학(刑名學)이 발달하여 세상이 참혹하고 은혜가 적어지거나 그렇지 않으면 소진·장의와 같은 종횡학(縱橫學)이 발달하여 변설(辯舌)로써 나라가 어지러워지게 된다고 지적한다. 세상일은 논하지만, 도를 배우지 않아 『대학』의 또 다른 핵심인 '명명덕(明明德)'을 하지 않게 된다는 비판이다.

2) 삼강(三綱), 제왕위치지서(帝王爲治之序), 제왕위학지본(帝王爲學之本)

그러면 『대학연의』는 삼강령과 팔조목에 대해서 어떻게 설명을 하고 있는가? 진덕수는 삼강 팔조목의 관계에 대해서 명시적인 설명을 하고 있지 않다. 대신 『대학연의』 서문에서, 앞에는 두 개의 강(綱)을 두고,

뒤에는 네 개의 목(目)을 두어 『대학』의 의미를 미루어 넓혔다고 하고 있다. 삼강 팔조목이 아니라 이강(二綱) 사조목(四條目)을 두고 있다는 말이다. 두 개의 강은 제왕이 나라를 다스리는 순서[帝王爲治之序]와 제왕이 학문하는 근본[帝王爲學之本]이며, 네 개의 목은 격물치지(格物致知)·성의정심(誠意正心)·수신(修身)·제가(齊家)이다.

진덕수는 『대학연의』 책 전체를 관통하는 벼리[綱]로 제왕위치지서(帝王爲治之序)와 제왕위학지본(帝王爲學之本)을 제시하면서 이를 권1과 권2~4에 배치하여 『대학연의』를 구성하는 두 가지 큰 축이 '위치(爲治)'와 '위학(爲學)'임을 보여 주고 있다. '위치(爲治)'는 신민(新民)으로 그리고 '위학(爲學)'은 명명덕(明明德)으로 연결된다고 볼 때 『대학연의』는 '명명덕'을 본(本)이자 체(體)로, '신민'을 말(末)이자 용(用)으로 파악하는 『대학』의 입장을 그대로 견지한다고 볼 수 있다. 『대학연의』는 또 '지어지선(止於至善)'을 명명덕과 신민의 지극한 상태로 보는 태도를 곳곳에서 나타내고 있다. 가령, "임금의 도(道)로써 말해 보건대 조금이라도 아직 인(仁)에 이르지 못한 게 있다면 머무른다고 말할 수 없고, 인(仁)을 마땅히 해야 함을 알고서도 간혹 나가거나 간혹 들어온다면 또한 머무른다고 말할 수 없다"(『대학연의』, 권6)[9]라는 구절이 이를 잘 보여 주고 있다. 따라서 진덕수는 다른 유학자들과 마찬가지로 유학의 핵심을 수기(修己)와 치인(治人)으로 보고 '지어지선(止於至善)'을 이것들의 지극한 상태로 보고 있음을 알 수 있다.

이렇게 기본적으로는 다른 유학자와 차이가 없지만 다음 몇 가지는 분명하게 다르다. 첫째, 명명덕과 신민이라고 제목을 붙이지 않고

9 이하 『대학연의』는 생략하고 권으로만 표기.

'제왕'의 통치, '제왕'의 학문으로 표기하여 이 책이 제왕들을 위한 '제왕학(帝王學)'임을 분명하게 밝히고 있다. 모범국가를 이끄는 주체를 제왕(帝王)으로 볼 수도 있고, 관료로 볼 수도 있으며 또 사대부(士大夫)나 또는 일반 국민으로 볼 수도 있으나, 진덕수는 이를 제왕으로 보고 있음을 분명하게 제시하고 있는 것이다. 물론 진덕수가 『대학연의』 서문에서 '신하가 되어서 『대학』을 알지 못하면 임금을 바르게 하는 법을 다할 수 없다'고 하여 신하의 도리에 대한 설명이 없는 것은 아니나 주는 역시 제왕이라고 해도 틀린 말이 아니다.

둘째, '신민'이라고 하지 않고 '위치(爲治)'라고 하여 『대학연의』의 기본적인 관심사가 제가(齊家)에 머물지 않고 치국(治國), 평천하(平天下)에 있음을 천명하고 있다. 예를 들어, 권1의 시작을 「요전(堯典)」의 "백성이 덕을 밝히고 만방이 화합하여 백성이 화목하게 되었다[百姓昭明, 協和萬邦, 黎民於變時雍]"로 하여, 이른바 치국평천하(治國平天下)가 목표임을 밝히고 있다. 뿐만 아니라 그 뒤에도 무릇 천하와 국가를 다스리는 아홉 가지 원리[九經]를 말하는 『중용』을 인용하고, 천하와 국가를 말하는 『맹자』를 소개하는 등으로 권1을 기술하여, 세상을 다스리는 것이 기본적인 관심사임을 분명히 하고 있다.

셋째, '위학(爲學)'을 '위치(爲治)' 바로 다음에 배치하여 통치[治]가 학문[學]과 분리되지 않는, 그야말로 전체대용(全體大用) 입장에서 양자를 연결시키려 하고 있다. 즉 "임금이 치세를 하기 원한다면 정성을 다하여 책을 가까이하고 이를 되풀이하여 익히십시오. 그러면 천년 동안 전해 내려오는 성학(聖學)의 원류가 장차 가슴 속에서 환하게 될 것이고, 힘써 권면하고 힘써 행한다면 이제(二帝)·삼왕(三王)의 융성함도 도모할 수 있을 것입니다.”(권2)라고 하여 치세(治世)의 결정요인이 ‘배움[爲學]’에 있음을 지적하고 있다.

『대학연의』의 매력은, 이러한 지적에 그치지 않고, 훌륭한 지도자로 숭앙받는 정도가 그가 제대로 학문을 했는지에 달려 있음을 역사적 사례를 예를 들어 보여 주어, 지도자가 세상의 근본에 대한 배움을 게을리하지 않도록 책을 설계하고 있다는 점이다. 즉, 『대학연의』 권2, 권3, 권4에서 역대 왕들을 배움의 정도에 따라 크게 네 가지 유형으로 나누어 설명하고 있다. 첫 번째 그룹은 요(堯)·순(舜)·우(禹)·탕(湯)·문왕(文王)·무왕(武王), 그리고 상(商)나라 고종(高宗), 주(周)나라 성왕(成王)으로 이들은 배움의 근본을 체득한 왕들이다. 두 번째 그룹은 한나라의 고제·문제·무제·선제로 큰 공적을 남기고 또 배우기를 좋아하였으나 그 배움에 한계가 있는 왕들이다. 세 번째 그룹은 한나라 광무제와 효명제, 효장제와 당나라 태종, 현종, 헌종으로 이들은 모두 배움에 힘쓰기는 하였지만 수신이 충분히 이루어지지 않은 왕들이다. 네 번째 그룹은 한나라 원제(元帝), 위나라 문제(文帝), 당나라 문종(文宗), 후한 영제(靈帝), 진(陳) 후주(後主) 숙보(叔寶), 수나라 양제(煬帝)로 기예(技藝)나 문사(文辭)에 치중하여 세상의 근본에 대한 배움이 부족한 왕들이다. 이러한 분류를 제시하여 자연스럽게 첫 번째 그룹의 제왕들을 모범으로 삼고 배움을 익히도록 책을 배열하고 있다.

3) 강(綱)과 조목(條目)의 관계

『대학연의』는 제왕위치지서(帝王爲治之序) 및 제왕위학지본(帝王爲學之本) 다음에 목(目)에 해당하는 것으로, 격물치지(格物致知)의 요체, 성의정심(誠意正心)의 요체, 수신(修身)의 요체, 제가(齊家)의 요체를 각

표 2. 『대학연의』 목(目)과 내용, 페이지 분량

<table>
<tr><th>권 번호</th><th>목차</th><th>세부 목차</th><th colspan="2">규장각판 대학연의</th><th>비고</th></tr>
<tr><td>1</td><td>제왕이 정치하는 차례[帝王爲治之序]</td><td></td><td rowspan="2">권1 68쪽</td><td rowspan="2"></td><td rowspan="2">강
68쪽
7.9%</td></tr>
<tr><td>2～4</td><td>제왕이 학문하는 근본[帝王爲學之本]</td><td></td></tr>
<tr><td>5～27</td><td>격물치지의 요체
[格物致知之要] 1</td><td>도술을 밝힘[明道術]</td><td>권2 76쪽
권3 73쪽</td><td>17.3%</td><td rowspan="3">격물
치지
431쪽
50%</td></tr>
<tr><td>15～24</td><td>격물치지의 요체
[格物致知之要] 2</td><td>인재를 분별함[辨人才]</td><td>권4 82쪽
권5 75쪽
권6 77쪽</td><td>27.1%</td></tr>
<tr><td>25～27</td><td>격물치지의 요체
[格物致知之要] 3, 4</td><td>정치의 요체를 살핌[審治體]
백성의 실정을 살핌[察民情]</td><td>권7 48쪽</td><td>5.6%</td></tr>
<tr><td>28～34</td><td>성의정심의 요체
[誠意正心之要] 1, 2</td><td>경외함을 높임[崇敬畏]
안일과 욕심을 경계함
[戒逸欲]</td><td>권7 17쪽
권8 69쪽</td><td>10.0%</td><td rowspan="2">성의
정심
수신
153쪽
17.7%</td></tr>
<tr><td>35</td><td>수신의 요체
[修身之要] 1</td><td>언행을 삼감[謹言行]·
위의를 바르게 함[正威儀]</td><td>권9 67쪽</td><td>7.8%</td></tr>
<tr><td>36～43</td><td>제가의 요체
[齊家之要] 1, 2, 3, 4</td><td>배필을 중요하게 여김
[重妃匹]
집안의 다스림을 엄격하게 함[嚴內治]
나라의 후계자를 정함
[定國本]
척속을 교화시킴[敎戚屬]</td><td>권9 14쪽
권10 76쪽
권11 49쪽
권12 71쪽</td><td>24.3%</td><td>제가
210쪽
24.3%</td></tr>
<tr><td>전체</td><td></td><td></td><td colspan="2">862쪽</td><td>100%</td></tr>
</table>

각 설명하고 있다. 표 2에서 보는 바와 같이, 『대학』의 팔조목 중에서 여섯 조목을 다루고 마지막 두 조목인 "치국, 평천하"는 다루고 있지 않다. 이렇게 『대학연의』가 '위치(爲治)'를 강조하고 있으면서도 정작 팔조목 중 이에 해당하는 "치국, 평천하"는 하나의 독립된 권으로 다루

지 않고 오직 '제가'만 제가지요(齊家之要) 1, 2, 3, 4로 나누어 권36에서 권43까지에서 다루고 있다.

이렇게 "치국, 평천하"가 없는 『대학연의』의 책 편집과 관련하여 여러 가지 해석과 논쟁이 나타나고 있다. 첫 번째 설명은 체(體)를 온전하게 해낼 수 있으면, 용(用)은 자연스럽게 발휘할 수 있다고 보기 때문에 이러한 편집을 했다는 것이다. 『대학연의』가 채택하고 있는 삼강령과 팔조목의 선후 관계는 『대학』의 그것과 차이가 없다. '체(體)로부터 말미암아 용(用)에 이른다[由體而用]'고 하기도 하고, '체(體)가 확립되면 용(用)의 지향과 움직임은 이와 연관하여 자연스럽게 규정된다'고도 하여 체(體)가 본(本)이고 선(先)이며 용(用)이 말(末)이고 후(後)임을 분명하게 언급하고 있다. "대개 임금의 몸은 만물이 변화하는 근원이니, 한 마디의 말과 한 번의 행동이라도 그 관계가 가볍지 않다. 정사를 듣고 조회에 임하는 것부터 제사와 잔치를 할 때까지 털끝만큼이라도 소홀하거나 태만해서는 안 된다. 언행(言行)을 삼가고 몸가짐을 예법에 맞게 바르게 하면 천하[四海]가 따를 것이고 온 백성들도 교화될 것이다. 그렇지 않으면 그가 명령하는 것을 어길 것이요 그가 좋아하는 것을 따르지 않을 것이다. … 치국(治國)과 평천하(平天下)까지 언급하지 않은 것은 치국과 평천하 역시 이 도(道)를 따를 뿐이기 때문이다."(가정제의 서문)라는 구절이 이러한 입장을 잘 보여 주고 있다.

진덕수는 또한 천하는 크지만 그것을 다스리는 행위는 눈에 보이는 넓고 먼 공간을 다스리는 것이 아니라 도(道)와 마음[心]을 다스리는 것이라고 한다. 상하사방(上下四方)이 반듯하게 되고 천하가 평안하게 되는 핵심적인 방법은 온 나라 사람들의 마음이 진정으로 원하는 바를 충족시켜 자발적으로 움직이도록 만든다는 것이다.(황금중,

2013) 진덕수는 그래서 제왕위치지서(帝王爲治之序)에서는 요(堯)·순(舜)·우(禹)·탕(湯)·문(文)·무(武)의 치세(治世)가 심(心)·신(身)에서 시작하지 않음이 없다고 하고, 제왕위학지본(帝王爲學之本)에서는 요(堯)·순 (舜)·우(禹)·탕(湯)·문(文)·무(武)의 배움[學]이 또한 심·신에서 시작하지 않음이 없다고 하고 있다. 때문에 혹자(예: 지준호, 2011)는 『대학연의』를 사실상 수양론(修養論)이라고 한다.

두 번째 설명은 진덕수가 '치국'과 '평천하'를 생략한 것은 나름의 이유가 있어 의도적으로 했다는 것이다. 즉, '치국'과 '평천하'를 고의적으로 생략하여, 나라를 잘 다스리기 위해서는 나라 일 그 자체에 몰두할 것이 아니라 자기의 몸과 마음을 다스리는 일에 몰두해야 한다는 것을 환기시키기 위함이라는 것이다. 그리고 또 '치국'과 '평천하'를 잘하기 위한 별도의 독립적인 통치 매뉴얼이 있는 것처럼 말하지만 따지고 들어가면 결국은 체(體)가 근본이고 별도의 매뉴얼이 있는 것이 아니라는 것을 강조하기 위해서 생략했다는 설명도 같은 맥락의 것이다. (오세진, 2013: 74) 그러나 첫 번째와 두 번째 설명은 그런 논리라면 굳이 '제가'는 왜 다루는가 하는 비판을 받는다.

세 번째는 주홍림(朱鴻林, 1985)에 의해서 제시된 것으로, 그는 『대학연의』에서 '제가'만 다루고 '치국, 평천하'를 다루지 않은 이유는 이 책의 독자와 당시의 시대 상황과 관련 있다고 한다. 즉, 이 책의 독자인 송나라 이종(理宗) 황제(1205~1264)가 당시 권력가들에게 둘러싸여 정사를 제대로 행하지 못하고 있어 황제의 진취심을 고취하려고 하다 보니 '성의정심'과 '제가'는 있는데 '치국' '평천하'는 다루지 않게 되었다는 것이다. 남송의 5대 황제인 이종은 본래 송나라 황실의 먼 친척일 뿐이었으나, 당시 실권자인 재상 사미원(史彌遠)의 눈에 띄어 결국 황제가 되는 행운을 얻었다. 사미원이 황후와 결탁하여 후계자로 정해져 있었던 황태자를 밀어내고 자신을 황제로 만들었기 때문에 이종 황제는 즉위 이후 10여 년 간 그의 꼭두각시 노릇을 하였다. 그러다가 즉위 10여 년 뒤부터 친정을 시작했기 때문에 황실을 중심으로 전개되는 정치를 제대로 이해하는 것이 필요하였다는 것이다. 또한 송(宋)대의 군주가 행정의 수반이 아니어서 치국, 평천하에 대한 지식이 필요 없었기 때문이라는 설명도 주홍림은 한다.

네 번째는 '치국'과 '평천하'가 빠진 것이 잘못된 것이라는 비판이다. 단순히 유체이용(由體而用)만으로 '치국'과 '평천하'의 생략을 설명할 수 없다는 것이다. 그 이유 중의 하나는, 체(體)로 말미암아 용(用)에 이르는 것을 인정한다고 하더라도, 체(體)에서 용(用)으로 이어지는 각 단계에 대한 설명이 없으면, 최종적인 상태를 이루는 방법을 모색하기 어렵다는 것이다. 이러한 주장을 하는 대표적인 학자는 명나라의 구준(丘濬, 1420~1495)이다. 그는 『대학연의(大學衍義)』에 '치국'과 '평천하'가 빠져 불충분하다고 여기고, 이를 첨가한 『대학연의보(大學衍義補)』를 저술하였다. 그는 『대학(大學)』이 격물·치지·성의·정심·수신·제가뿐만 아니라 '치국'과 '평천하'를 다루고 있고, 또 이들 팔조목의 단계성을 주장하는데, 그 해설서라고 할 수 있는 『대학연의』가 이를 빠뜨리는 것이 옳지 않다고 한다.

다른 이유는 천하에는 많은 백성과 많은 가정이 있는데, 제왕이 자신의 가정을 다스리는 모범을 보여 많은 가정과 백성을 교화시킬 수는 있으나 천하(天下)라는 공간적 광대함[天下之大]과 만민(萬民)이라는 수량적 무수함[萬民之衆]으로 이들을 모두 교화할 수도 없고 뿐만 아니라 이들 간에 발생하는 분쟁 등은 교화로 해결할 수 없기 때문에 이를 처리하는 다른 방도가 필요하다고 본다. 다시 말해서 '평천하'를 이루기 위해서는 백성을 교화하는 도덕적 힘, 즉 화지지도(化之之道)만으로는 부족하고 정사(政事)를 처리하는 수단 혹은 방도, 즉 처지지방(處之之方)이 함께 필요한데[10] 『대학연의』는 이를 생략하고 있다는 비판이다.(오세진, 2013: 71)

또 다른 이유는 '제가'는 혈연을 기초로 대를 이은 가장이 다스리는 것이라면, '치국'은 이러한 일가(一家)들 사이에 발생할 수밖에 없는 갈등을 세습 아닌 다른 방식에 의해서 선발된 지도자가 다스리는 것이기 때문에 그 경영이 다를 수밖에 없다. 말하자면 가사(家事)나 국사(國事)의 사(事)가 다르고, 그것을 다루는 사람의 선발방식이 다른 것이다. 따라서 이와 같이 이해하면, '치국'을 추가적으로 다루는 것이 필요하다는 설명이다.

(4) 강(綱)과 조목(條目) 관계의 재해석

『대학연의』에 대한 위와 같은 후세 학자들의 논쟁은 이 책에 '치국'과 '평천하'가 없다는 것을 전제로 이루어지고 있다. 『대학연의』는, 표 2의 권 번호와 목차에서 보는 바와 같이, 전체 43권으로 구성되어 있는데, 팔조목 중 '제가'를 끝으로 하고 '치국'과 '평천하'가 없기 때문에 이와 같은 해석은 일견 일리가 있는 것처럼 보인다. 그러나 조금 더 자세히

---

10 『大學衍義補』 권53, "『大學』: 釋治國平天下曰 … 此化之之道爾. 苟有化之之道而無有所以處之之方, 天下之大, 敎之容有所不及, 萬民之衆, 化之容有所不周. 此爲治者所以不可無處之之方也."

살펴보면 이러한 설명은 맞지 않다. 왜 맞지 않는지, 그렇다면 어떻게 이해해야 하는지 등 몇 가지 쟁점을 중심으로 나누어 설명해 보면 다음과 같다.

1) 『대학연의』가 수양론인가?

『대학연의』가 성의정심을 많이 강조하여 수양론에 가깝다고 하는데, 책 전체에서 이것이 차지하는 비중은 그리 많지 않다. 즉 표 2에서 보는 바와 같이, 서울대학교 규장각한국학연구원에서 『대학연의』 전체 43권을 12권으로 묶어서 pdf 파일로 발행하고 있는데, 이것에 의하면 성의정심은 권7에 17쪽 그리고 권8에 69쪽 총 86쪽에서 기술되고 있다. 이것은 책 전체 862쪽의 10.0%에 해당한다. 성의정심수신을 합칠 경우에도 책 전체의 17.7%에 불과하다. 따라서 『대학연의』가 수양론이라고 하는 것은 그 분량을 따져볼 때 적절한 평가가 아니다.

2) 『대학연의』에 '치국'이 없는가?

『대학연의』에 '치국'이 없다는 것도 지나치게 표피적인 해석으로 명백하게 '치국'이라고 볼 수 있는 내용이 많다. 먼저 표 2에서 보는 격물치지의 심치체(審治體)와 찰민정(察民情)이 그것인데, 전자는 정치를 함에 있어 덕(德)을 먼저 하고 형(刑)을 나중에 하며[德刑先後之分], 의(義)를 무겁게 여기고 이(利)는 가볍게 여기는 것[義利重輕之別]을 국정 운영의 방향으로 제시하고 있다. 후자는 왜 백성이 정부의 결정에 따르거나 또는 반발하는지 그 이유[生靈嚮背之由]와 함께 백성들이 무엇을 근심하고 또 즐거워하는지 그 실상[田里戚休之實]을 다루고 있다.

이것이 책 전체의 5.6%를 차지하고 있다.

여기에 국정 운영에는 인사가 만사라고 하는데 이들을 포함할 경우 그 비중은 훨씬 높아진다. 즉, 인재를 분별함[辨人材]은 성현이 사람을 보는 법[聖賢觀人之法], 제왕이 사람을 아는 일[帝王知人之事], 간사한 영웅이 나라를 훔치는 기술[姦雄竊國之術], 간사한 사람이 윗사람을 속이는 실태[憸邪罔上之情]로 구성되어 있는데 이들은 모두 국정을 누구와 함께하며 어떤 사람을 멀리해야 하는지를 이야기하고 있어 국정 운영의 핵심이라고 하지 않을 수 없다. 그런데 이것이 책 전체의 27.1%를 차지하고 있다. 이것과 심치체 등을 합치면 책의 32.7%로 수양론의 17.7%에 비하여 거의 두 배에 이른다.

3) '제가'를 '치국'으로 볼 수 있는가?

'제가'는 평범한 일반국민의 가정을 말하는 것이 아니고 왕조시대 왕가를 다스리는 문제이기 때문에 '치국'의 일부라고 할 수 있는데 이렇게 이해할 경우 책 전체에서 '치국'이 차지하는 비중은 훨씬 더 커진다. 특히 진덕수가 '제가'에 대해 책 전체의 24.3%를 할애하여 다루고 있어 이를 합하면 전체의 57%가 '치국'이라 할 수 있기 때문에 책의 과반 이상이 '치국'이라 해도 틀린 말이 아니다. 정말 '제가'를 '치국'으로 볼 수 있을까? 다음 몇 가지 측면은 『대학연의』의 '제가'를 '치국'으로 볼 수 있는 까닭을 보여 준다.

첫째, '제가'를 '치국'의 수단으로 이해하는 경우이다. '치국'의 목적이 사람이 사람답게 대접받고 또 사람으로 대접하는 그런 사회의 건설로 이해하면, 그런 사회로 가는 길의 핵심은 '제가'에 있다. 나중에 설명하는 대동사회 또는 소강사회에서 살펴보는 것처럼, 유학은 한 사회의 약자인 홀아비·과부·고아·독거노인·장애인 등도 모두 인간적인 생활을 할 수 있고, 사람들이 갈등과 반목 없이 서로 배려하고 화목하며, 군주와 신하, 군주와 백성 간 관계가 서로 돈독하고 화합하는 그런 나라를 모범적인 국가로 설정하고 있다.

그러면 어떻게 하면 이러한 나라를 만들 수 있는가? 그 하나는, 국가경영을 마치 가정을 경영하는 것과 같이 하는 것이다.(권상우, 2014) 군주가 백성 돌보기를 부모가 강보에 싸인 어린아이를 돌보듯 인자하면[慈] 백성들도 어버이 대하듯 군주를 섬기고[孝], 윗사람이 밑의 사람을 동생을 대하듯 아끼면[悌] 밑의 사람도 윗사람을 형을 대하듯 존중하여, 나라가 편안히 잘 다스려지게 된다는 것이다. 가정을 다스리는 것처럼 효(孝)·자(慈)·제(悌)로 국가를 다스리면 국정을 성공적으로 운영할 수 있다는 말이다.

다른 하나는, 효(孝)·자(慈)·제(悌) 이 세 가지가 국가경영을 위해서 반드시 필요하다고 한다면, 그러면 이것을 어떻게 기르고 확대할 것인지가 핵심 과제가 되는데, 이것을 가능하게 하는 것은 가정이라는 것이다. 즉, 가정은 사람이 태어나 부모 형제와 살면서 아끼고 사랑하며 더불어 사는 것을 자연스럽게 배우는 교육 및 학습장소다. 다시 말해서 효(孝)·자(慈)·제(悌)는 수업시간에 수학이나 영어 가르치듯이 가르쳐서 학습되는 것이 아니라 가정생활을 하면서 때로는 서로 싸우기도 하고 때로는 같이 울기도 하며 또 때로는 희생을 하면서 체득하는 것이라는 것이다.

또 다른 하나는, 하나의 국가가 사랑이 충만한 나라가 되려면 최소한 그러한 가정이 있어야 한다는 것이다. 즉 "한 집안이 어질면 온 나라에 인(仁)이 가득하고, 한 집안이 겸양하면 온 나라에 겸양이 일어나며, 한 사람이 욕심이 많아 정도를 벗어나면 온 나라가 어지러워지니"[11] '치국'을 위해서는 '제가'가 이루어져야 하는 것이다. 이러한 설명들은 모두 나라다운 나라를 건설하기 위해서는 '제가'가 필수적 수단이라는 것을 보여 주고 있다.

둘째, 『대학연의』의 '제가'를 '치국'으로 볼 수 있는 보다 중요한 이유는 진덕수가 가(家)를 사적 공간으로 보지 않고 공적 공간으로 보고 있기 때문이다. 한 사람이 배우자를 만나 사랑하고 그 자녀가 대를 잇는 것은 지극히 사적이다. 자기가 좋아하는 사람과 가정을 꾸리면 되는 것이지 이것을 공론의 장에서 다른 사람과 협의해서 결정할 사항은 아니다.

그러나 『대학연의』 '권36'은 제왕은 그 배우자를 정할 때 이렇게 개인적으로 정하면 아니 되고 널리 의논할 것[博議]을 강조하고 있다. 즉, "집정(執政)을 한 명 임용하고 측근을 한 명 발탁하실 때도 반드시 천하의 사람들의 희망에 부응하려 하시는데, 하물며 황후를 세워 천하의 어머니로 삼으실 때는 어떻게 해야 하겠습니까? … 대신들에게 자문을 구하는 것이 가장 중요합니다."라고 하고 있다. 황후는 황제가 편히 쉴 수 있는 공간과 분위기를 제공하기도 하고 또 천하의 어머니 역할을 하기도 하며 또 황제에게 바른 말을 하는 역할도 하기 때문에 황후를 맞이하는 것은 중요한 국가 대사(大事)라는 것이다.

태자를 정하는 것도 마찬가지이다. 세습왕조에서 태자를 정하는 일은 권력의 배분을 공식화하는 국가 대사(大事) 중의 대사이다. 태자가 정해지면 미래의 권력이 정해지는 것이고 이것은 잠재적으로 현재

---

11 『大學章句』「傳文九章」, "一家仁, 一國興仁. 一家讓, 一國興讓. 一人貪戾, 一國作亂."

권력과의 충돌을 야기하게 된다. 따라서 현재의 권력인 군주는 태자 책봉을 서둘러 하지 않으려는 성향을 보인다. 이것은 대통령제 국가에서 현 대통령이 자기 당의 차기 대통령 후보를 빨리 정하지 않으려는 성향과 같다.

그러나 군주가 국가를 성공적으로 이끌기 위해서는 국정과 국민에 대한 이해가 필요하다. 그리고 세상이 돌아가는 이치를 파악하는 데는 많은 시간이 소요된다. 따라서 국가의 지속적 번영을 위해서는 세자의 책봉을 빨리 하여 그가 국정을 위한 준비를 착실히 하는 것이 중요하다. 그래서 『대학연의』 '권41'은 나라의 후계자를 세우는 계획은 마땅히 미리 마련해야 함[建立之計宜蚤]을 강조하고 있다. 그리고 태자를 깨우치고 가르치는 방법을 미리 준비하는 것이 마땅하다고 한다[諭教之法宜豫]. 그리고 또 황후를 정하는 것과 마찬가지로 후계 구도도 또한 여러 신하들과 논의하여 결정할 것을 역설하고 있다.

그래서 미리 후계자를 정하게 되지만, 이렇게 태자를 정해 놓고도 미래의 권력인 태자가 불안요소가 된다고 여기면 현재의 권력은 곧잘 태자의 지위를 박탈하게 된다. 뿐만 아니라 태자는 곧 권력이기 때문에 이 권력 쟁탈전에서 실패한 왕비나 왕손이라 하더라도 권력투쟁을 포기하지는 않는다. 황제로 즉위하기 전에는 지속적으로 권력 투쟁이 전개되기 마련이다. 따라서 세습왕조에서는 태자의 건립과 폐위가 빈번하게 일어나기 쉽다. 그런데 이것은 곧 국정이 불안하다는 것을 의미하므로, 이러한 가능성을 줄이기 위해서 진덕수는 적서(嫡庶)의 구분은 마땅히 명백해야 함[嫡庶之分宜辨]을 주장한다. 그리고 태자를 폐위하고 삭탈하는 잘못은 마땅히 살펴야 함[廢奪之失宜監]을 강조한다. 『대학연의』가 다루는 '제가'는 한 나라의 안정성과 변화가능성을 공히 확보하는 핵심을 다루고 있다고 할 수 있다.

셋째, '제가'를 '치국'으로 보는 또 다른 이유는 황제의 경우 '제가'가 '치국'보다 어렵고 복잡하기 때문이다. 황제가 살고 있는 황가(皇家)는 인(仁)과 의(義), 그리고 공(公)과 사(私)가 서로 치열하게 갈등이 나타나는 곳이다. 황제에게는 처첩(妻妾)이 많은데 이들 중 특별히 사랑하는 여인이 생기게 되면 국가 전체에 손해가 되더라도 이들의 사사로운 이야기를 귀담아 듣게 된다. 예를 들어보면 다음과 같다.

> 한(漢) 고제(高帝)가 진(秦)나라를 주벌하고 항우(項羽)를 멸하였으나 척희(戚姬)와 여의(如意)에 대한 총애를 끊어 낼 수 없었습니다. 당(唐) 태종(太宗)은 고립된 수(隋)나라를 취하고 도적 무리를 물리칠 수는 있었으나 규문(閨門)까지는 덕이 미치지 못한 부끄러움을 도리어 면치 못하였습니다.(권1)

또 황제가 자신의 자녀를 구별하지 않는 것은 물론이고 심지어 자기 형제의 자녀들까지 모두를 똑같이 대하려는 태도는 사람을 사랑으로 대하는 인(仁)의 관점에서 보면 바람직하지만, 이렇게 하면 적장자를 높이지 않는 것이기 때문에 의의 관점에서 보면 옳지 않다. 즉 "만일 마땅히 친해야 할 자를 소원히 대하고, 마땅히 높여야 할 자를 낮춘다면 아첨하고 약삭빠른 간악한 무리들이 이때를 틈타 움직여 나라를 어지럽힐 가능성이 있기 때문이다."(권42)

유가는 흔히 사랑이나 은혜를 공의보다 중시하는 경향이 있는데, 가정을 다스리는 경우 이러한 경향이 더욱 두드러진다. 이것은 황제의 집에서도 일어나기 마련인데, 그렇게 되면 공의가 실현될 수 없기 때문에 이런 갈등이 생길 경우에는 의가 우선되어야 한다고 진덕수는 강조한다. 그러면서 그는 주돈이(周敦頤)의 말, '집안을 다스리는 것은 어렵지만 천하를 다스리는 것은 쉬우니, 집안은 내 몸과 같고 천하는 멀리 있기 때문이다[家難而天下易, 家親而天下疎]'라는 말을 받아서, 천하를 다스리는 것은 모두 공의로만 처리하면 되니까 상대적으로 쉬운 반면, 집안을 다스리는 것은 인과 의, 공과 사가 충돌하기 때문에 어렵다고 주장한다. 성공적인 국정운영은 나라 안의 갈등과 저항을 극복하는 것에 달려 있다고 볼 때 『대학연의』의 '제가'는 '치국'의 핵심을 소개하고 있다고 할 수 있다.

넷째, '제가'를 '치국'으로 보는 마지막 이유는 왕가(王家)가 곧 정부의 핵심이기 때문이다. 『대학연의보』를 쓴 구준은 '제가'를 교화가 이루어지는 장소 정도로 이해하고 있으나 왕가는 그 기능도 있지만 이해관계가 첨예하게 부딪히는 권력의 심장부로 이해하는 것이 적절하다. 오늘날 우리나라 권력의 핵심이 청와대에 있고 이곳에서 국가의 중요한 정책과 인사가 이루어지고 있어 국정을 제대로 알기 위해서는 대통령과 대통령비서실을 이해하는 것이 필수적이다. 박근혜 대통령과 비서실이라는 공식적 조직뿐만 아니라 최순실과 비서관 3인방, 그리고 이들과 연결된 사적 조직이 때로는 상호견제하고 때로는 상부상조하면서 각 부처의 정무직과 공공기관 임원 인사와 정책에 미친 영향력을 생각하면 그 중요성을 쉽게 이해할 수 있다. 각국에서 국가의 운영을 제대로 이해하기 위해서는 정부의 핵심(center of government)을 이해해야 한다(Alessandro et al., 2013)고 하는 것도 같은 맥락이다. 『대학연의』도 같은 맥락에서 '제가'를 다루고 있다. 즉 '제가'에는 배필을 중요하게 여김[重妃匹], 집안의 다스림을 엄격하게 함[嚴內治], 후계자를 정함[定國本], 척속을 교화시킴[敎戚屬] 이 네 가지가 핵심 요점으로 설명되고 있는데, 이것은 오늘날 우리 정부에 대한 이야기로 바꾸어

보면 대통령이 누구를 국정의 파트너로 삼을 것인가? 대통령 비서실과 각부 장관과의 관계를 어떻게 할 것인가? 국정을 누구에게 넘겨줄 것인가? 공식적 조직과 비공식적 조직의 장단점을 어떻게 조화시킬 것인가? 등의 문제로 볼 수 있다. 따라서 『대학연의』는 '제가'에서 국정운영의 핵심을 다루고 있다고 할 수 있다.

4) 『대학연의』에 '평천하'가 없는가?

『대학연의』가 독립된 장을 할애하여 평천하를 설명하고 있지 않지만, 그렇다고 이에 대한 설명이 없는 것은 아니다.

많은 경우 '평천하'는 치국보다 공간적으로 넓은 지역으로 이해된다. 즉 '치국'은 제후(諸侯)가 그 나라[國]를 다스리는 것을 의미하고, '평천하'는 황제가 그 나라를 다스리는 것으로 이해한다. '황제'는 '국'을 넘어서 천하를 지배하는 자로 보기 때문이다.(이삼성, 2014) 이렇게 '평천하'를 이해하면, 앞의 '치국'에서 언급한 바와 같이 『대학연의』는 평천하에 대한 설명을 자세하게 하고 있다고 할 수 있다.

그런데 뒤에서 자세하게 설명하겠지만, 『대학연의』는 '평천하'를 공간적으로 보지 않는다. 진덕수는 『대학연의』에서 부국강병정책으로 보다 넓은 영토를 차지하려는 것, 또는 천하를 평정하려는 것을 권장하지도 않고 이를 '평천하'라고 하지 않는다. 『대학연의』는 평천하를 달성하는 과정에서 나라의 면적이 중요하지 않다고 말한다. "힘으로써 인(仁)을 가장하는 자는 패자[覇]이니 패자는 반드시 큰 나라가 있어야 하나, 덕(德)으로써 인(仁)을 행하는 사람은 왕도를 행하는 자[王]이니, 왕도를 행하는 자는 큰 나라를 필요로 하지 않는다."[12] 그러면서 『대학연의』는 탕왕(湯王)과 문왕(文王)이 70리와 100리의 땅을 가지고서도 천하의 왕 노릇을 할 수 있었고 초(楚)나라가 6,000리의 땅을 가지고서도 그렇게 할 수 없었다는 점을 강조하고 있다. 즉 평천하는 국토의 면적이 중요한 것도 아니고 천하를 무력으로 평정하는 것도 중요한 것이 아니라는 것이다. 오히려 천하의 왕 노릇 하는 데 보다 중요한 것은 임금이 정사를 펼침에 있어서 모두 이치에 부합하면서 그 마음이 항상 인에 있는지 여부라는 것이다.(권10)

이것은 '평천하'의 천하가 공간적이고 영토적인 개념이 아닐 수 있음을 보여 준다. 실제로 중국 관념사를 개척한 진관타오(金觀濤) 등은 '국(國)'과 '천하'를 공간적 영역의 크기로 구분하기도 하지만 그것보다 도덕적 함의가 더 중요한 차이라고 이해한다.(이삼성, 2011 재인용) 가령 우리는 조선 왕조가 끝이 난 경우를 '망국(亡國)'이라고 하지 '망천하(亡天下)'라고 하지 않는다. 그리고 부모가 자식을 굶겨 죽게 하거나 목사가 동성애를 지지하는 경우 이를 세상이 망할 징조라고 하지 나라가 망할 징조라고 하지 않는다. 이렇게 '천하'는 일정한 가치를 공유하는 사회라는 속성이 내포되어 있기 때문에 공간적 영역을 뛰어넘는 도덕적 공동체라고 할 수 있다. 따라서 '평천하'는 공간적 측면에서 세계를 한 국가로 만든다는 의미보다는 인간 공유의 보편적 덕성에 의해서 평화가 보장되는 그런 나라를 지칭하는 것이라 할 수 있다.(조남욱, 2009)

이와 같이 『대학연의』가 '평천하'를 물리적 공간을 뛰어넘어 태평성대 또는 '나라다운 나라'의 의미로 사용하고 있는데 그 이유는 『대학연의』가 출현한 역사적 배경과 관련되어 있다. 앞에서 언급한 바와 같이, 『대학연의』는 『대학』의 뜻을 풀어 넓힌 것이다. 『대학』[13]은 본래

---

12 "孟子曰: 以力假仁者覇, 覇必有大國; 以德行仁者王, 王不待大."(권14)

『예기』의 43번째 편이었는데, 주자에 의해서「경(經)」1장「전(傳)」10장으로 독립된『대학장구(大學章句)』로 재편집되었다. 그리고 앞에서 언급한 바와 같이,『대학』은「예운」에서 밝힌 유가철학의 이상인 대동사회를 이루기 위한 방법을 제시하기 위한 책이었다.(정해왕, 2012) 그렇다면『대학』에 대동사회를 지시하는 부분이 있어야 한다. 대동사회를 지시할 만한 것으로 '평천하' 외 다른 것을 찾을 수 없다. 진덕수는『대학연의』에서 이상사회를 설명하는 부분을 곳곳에서 밝히고 있는데, 이때 '평천하'를 언급하여 설명하는 경우가 많다. 때문에『대학연의』는 평천하를 다루고 있고 이는 이상사회 또는 모범국가의 의미를 내포하고 있다고 볼 수 있다.

(5) 평자가 본『대학연의』논리체계

『대학연의』는 크게 세 가지 즉 모범국가, 치인, 수기 부분으로 구성되어 있다. 이는 국가지도자가 인지해야 할 핵심적인 과제가 위 세 가지이기 때문에 이에 대한 나름의 해답을 가지고 있어야 함을 의미한다.『대학연의』가 제시하는 나름의 해답은 첫째, 국민들이 바라고 꿈꾸는 이상사회와 모범국가는 평천하이다. 둘째, 국가지도자는 이러한 나라를 이룩하기 위해서 군자와 소인을 분별하여, 현자(賢者)는 중용하고 불초(不肖)는 배제하면서, 등용된 현자를 믿고 국정을 맡기는 것이다. 셋째, 어진 사람을 등용하고 정사를 바르게 처리하기 위해서는 반드시 국가지도자 스스로 뜻을 성실하게 하여 그 마음을 바르게 해야 한다.

---

13 이를 일러 고본대학(古本大學)이라고 한다.

이 세 가지 과제와 그 해답을 차례대로 보다 자세히 살펴보고자 한다.

3. 모범국가의 비전, 평천하(平天下)

국민들이 꿈꾸고 바라는 나라다운 나라는 어떤 나라인가? 이를 위해 먼저 선각자들이 그리고 있는 이상사회, 모범국가의 모습을 알아보고, 다음 『대학연의』가 제시하고 있는 그것을 살펴보고자 한다.

(1) 이상사회와 모범국가론

'나라다운 나라'에 대한 사람들의 관심은 인류의 역사만큼 오래되었다. 이를 글로 남긴 사람들 중 서양에서 대표적인 학자는 플라톤(BC 428~348)이다. 그는 이상국가(ideal state)란 정의를 최대한 실현하는 나라, 소수의 사람들이나 어느 한 집단만이 행복을 누리는 것이 아니라 시민 전체가 최대한의 행복을 누리는 나라로 보았다.(김인곤, 2004) 그리고 이상국가를 실현하는 것이 결코 쉬운 것은 아니지만 그렇다고 전혀 불가능한 것도 아니라고 보았다.(Klosko, 1981) 플라톤의 이상국가론은 유럽에만 영향을 미친 것이 아니라 중동국가들에게도 영향을 미쳐, 알 파라비(872~950)는 이상국가를 인간의 궁극적 목표인 행복을 실현하는 국가로 보았다.(하병주, 1984) 1516년에는 토마스 모어(1478~1535)가 이상사회의 모습을 그의 저서 『유토피아』에서 제시하였다. 그리스어로 없다는 뜻의 ou와 장소를 뜻하는 topos를 합쳐 만든 '어느 곳에도 없는 곳', 즉 이상적이기는 하나 실제 존재하기 어려운 그런 사회가 유토피아로, 모어는 이를 소유도 계급도 없는 평등사회, 그래서 사람들이 행복을 누리는 사회로 그리고 있다.(주경철, 2015) 한편 맑스(1818~1883)는 이상사회 아이디어가 환상만 심어 줄 뿐 혁명의 실천을 오도하거나 어렵게 만든다고 보아 이에 대한 논의 자체에 부정적이었고, 암울한 현실을 지양하는 것이 운동의 방향이지 공산사회가 이상이 아니라고 하였다.(서영조, 2002) 그러나 추구하고자 하는 상태가 없이 혁명을 하는 것이 논리적이지 않기 때문에 암묵적으로는 이상사회를 설정하게 된다.(Hodgson, 1995)

동양에서는 노자(老子, BC 605~531)가 『도덕경』에서 소국과민(小國寡民)을 이상적인 나라의 모습으로 제시하였다. 정말 노자가 '나라가 작고 백성이 적은 사회'를 이상사회로 보았는지에 대해서 이론(異論)이 있으나(예: 오상무, 1996), 대체로는 국가의 개인에 대한 억압구조가 사라지고 개인의 자유가 증대되어 국민들이 진정한 행복에 도달하는 그런 사회를 노자가 이상사회로 제시한 것으로 본다.(이규상, 2009) 묵자(墨子, BC 479~381)는 '천하 만민이 모두 남이 아니라 하나의 형제이고 그래서 삶이 평안한 천하무인 안생생(天下無人 安生生)사회'를 이상사회로 제시하였다.(민홍석, 2013) 한편 장자(莊子, BC 369~286)는 '지덕지세(至德之世)'와 '무하유지향(無何有之鄕)'을 이상향(理想鄕)으로 제시하였다. 전자는 성인(聖人)에 의해 무위지치(無爲之治)가 이루어지는 이상사회를, 후자는 '어떤 있는 것이 없는 곳'으로 잘나고 못난 것이 구별되지 않고 어떠한 차별도 존재하지 않으며 일상적 자아로부터의 해방이 가능한 그런 곳을 말한다.(윤지원·김원명, 2014) 그리고 또 도연명(陶淵明, 365~427)은 『도화원기(桃花源記)』에서 서양의 유토피아에 해당하는 이상향 '무릉도원(武陵桃源)'을 제시하였고, 『시경』 「석서(碩鼠)」편은 늘 즐겁고 행복하게 살 수 있는 땅, '낙토(樂土)'를 이상향으로 노래했다. 이외에도 '배를 두드리고 발을 구르며 흥겨워한다'는 고복격양(鼓腹擊壤), '집집마다 상을 줄 만큼 사람들이 모두 어진 세상'이라는 비옥가봉(比屋可封), 태평성대나 '태평성세(太平盛世)' 등 이상사회를 지칭하는 많은 용어가 동양에서 제시되었다.

이렇게 볼 때 동과 서를 불문하고 사람들이 꿈꾸는 이상사회, '나라다운 나라'를 요즘 식으로 한마디로 표현한다면 '행복국가'라고 할 수 있다.(서신혜, 2011; 이기동, 2013; 주경철, 2015) 그리고 모범적인 행복국가, 또는 행복국가의 모범을 모범국가라고 할 수 있다.

이렇게 많은 사람들이 이상사회, 모범국가를 논하고 있지만 이를 가장 체계적으로 그리고 지속적으로 다루고 있는 것은 유학이 아닐까 여겨진다. 유학은 오래전부터 어지러운 세상을 근심하고 이상적인 사회로 나아가는 길에 대한 관심과 처방을 제시하여 왔다. 즉 사람들이 이상사회를 이야기하면서도 그곳에 이르는 길을 제시하지 않는 경우가 많은데, 유학은 이상사회와 함께 그에 이르는 길(道)을 제시하였다. 그리고 그 길을 일회성으로만 제시한 것이 아니라 현실 세계에서 지속적으로 추구하였다.

유학이 제시하는 이상사회는 대동사회(大同社會)이다. 사서오경(四書五經)에서 '대동'에 대한 설명이 나오는 경우는 『서경(書經)』의 「홍범(洪範)」과 『예기(禮記)』 「예운(禮運)」편이다. 공자(孔子, BC 551~BC 479)가 제시하는 대동사회는 후자의 경우로, 그 특징이 다음과 같이 묘사되고 있다.

> 큰 도[大道]가 행해질 때는 천하가 (일부 개인이나 집단의 것이 아니라)

구성원 모두의 것이다. 어진 자와 능력 있는 자를 선발하고, 신의를 가르치며 화목함을 닦는다. 그러므로 사람들이 오직 자기 어버이만을 어버이로 여기지 아니하고, 오직 자기 자식만을 자식으로 여기지 않는다. 노인은 여생을 편히 마칠 수 있게 하고, 젊은이는 일할 곳이 있게 하며, 어린이는 잘 자랄 수 있게 하며, 홀아비·과부·고아·독거노인·장애인들은 모두 돌봄을 받을 수 있게 한다. 남자는 자기의 직분이 있고, 여자는 자기를 맡길 가정이 있다. 재물이 땅바닥에 버려지는 것을 미워하나 자기 것으로 쌓아 두지 아니하며, 일하지 않는 것을 미워하나 반드시 자기만을 위하여 일하지는 않는다. 이런 까닭으로 음모가 막혀 일어나지 아니하며 도둑이나 세상을 어지럽히는 무리들이 생기지 않는다. 그러므로 바깥문이 있어도 닫지 아니하니 이를 일러 대동(大同)이라 한다.[14]

이러한 대동사회 사상은 유학의 한 축을 형성하면서 도통(道統)으로 이어져 내려 왔다. 명대의 왕양명(王陽明, 1472~1528)도 그 도통을 이어받은 사람 중의 하나이다. 다만, 「예운(禮運)」편 당시의 사회가 원시집산적(原始集産的)이고 미분화된 사회였다면, 명대의 사회는 이미 개인의 자율성과 다양성이 훨씬 확대된 사회였기 때문에 이것을 고려한 대동사회를 제시하였다. 즉 사회구성원의 다양성과 온전성, 그리고 이들 간의 평등성과 상보성을 강조하는 유기체적 대동사회관을 제시하였다.(김세정, 2004)

청대의 강유위(康有爲, 1858~1927)는 『대동서(大同書)』에서 세상의 혼란이 아홉 개의 경계에서 비롯되었다고 보고, 이것이 없어져야 모두가 행복한 대동세(大同世)를 만들 수 있다고 한다. 아홉 가지 경계(九界)

---

14 "大道之行也, 天下爲公. 選賢與能, 講信修睦, 故人不獨親其親, 不獨子其子, 使老有所終, 壯有所用, 幼有所長, 矜寡孤獨廢疾者皆有所養. 男有分, 女有歸. 貨惡其棄於地也,不必藏於己. 力惡其不出於身也, 不必爲己. 是故謀閉而不興, 盜竊亂賊而不作, 故外戶而不閉, 是謂大同."

는 국계(國界, 국가의 경계), 급계(級界, 계급의 경계), 종계(種界, 인종의 경계), 형계(形界, 남녀의 구분), 가계(家界, 집안의 경계), 업계(業界, 농·공·상의 재산을 사유물로 하는 경계), 난계(亂界, 不平, 不通, 不同, 불공정한 법의 존재), 유계(類界, 사람과 새, 짐승, 벌레 등 부류의 경계), 고계(苦界, 고통의 세계)를 말하며, 이것이 사라지는 세계가 바로 대동세계라고 말한다.(송영배, 2013)

손문(1866~1925)의 삼민주의도 '천하는 모든 사람들의 것[天下爲公]'이라는 '대동'의 이상을 구체화한 것이며, 그 뒤 마오쩌둥(毛澤東), 덩샤오핑(鄧小平), 장쩌민(江澤民) 등으로 이어지는 사회주의 중국도 대동사회를 지향하는 것으로 나타나고 있다.(이연도, 2012) 한편 중국의 시진핑(習近平) 정부는 건국 100주년이 되는 2049년에는 대동(大同)사회를 실현한다는 국가비전을 제시하고 있다.(『주간조선』 2014.9.29.)

우리나라에서도 권근·심대윤·조광조·이황·이이·유형원·정약용·최한기 등 여러 학자들이 대동사회를 이상사회로 주장하여 왔다.(김성윤, 2004) 그중에서 몇 사람만 그 주장을 간략히 살펴보면 다음과 같다. 먼저 이율곡(李珥, 1536~1584)이 그리는 대동사회는 하늘의 덕을 인간세상에 온전히 실현하는 사회이다. 이는 백성들이 안락한 삶을 살고, 공평한 대우를 받으면서, 인간됨의 의미를 자각하고 사는 사회이다. 이율곡이 이런 것들을 강조한 이유는 백성들이 먹고 사는 것이 해결되어야 낙생안업(樂生安業)이 되고 또 삶의 기초인 경제력이 확보되지 않으면 인간이 도덕적 존재가 되기 어렵다고 생각했기 때문이다. 또한 악을 행하는 사람들은 방자하고 어느 정도 수기(修己)를 한 사람들은 명예를 더럽히지 않으려고 하고 있다고 비판하며, 도덕적인 사회가 대동사회라고 하였다.(이영경, 1997)

유형원(柳馨遠, 1622~1673)은 조선이 왜란과 호란을 겪은 것도 문제이고, 지주들의 대토지 겸병과 농민의 몰락으로 빈부격차가 확대되는 것도 심각한 사회 문제인데, 이의 원인은 토지가 공공의 것이 아니고 사유되어 세습되기 때문으로 보았다. 그래서 『반계수록(磻溪隨錄)』에서 백성의 항산(恒産)을 보장하고 이를 바탕으로 균산(均産)과 균부(均賦)를 실현하며 개인의 수양과 도덕적 자각을 통해 공동체의 화합을 이루는 것을 이상국가의 모습으로 제시하였다.(송양섭, 2013)

최한기(崔漢綺, 1803~1879)는 소외되는 사람 없이 모든 사람이 편안하고 행복하게 사는 세상이 대동사회라고 한다. 분석 수준을 나누어 볼 때, 개인적 수준에서는 한 개인의 몸과 마음이 평안한 상태이며, 사회적 수준에서는 인간관계에서 화목과 평온이 이루어진 상태이고, 국가적 수준에서는 국가가 내우외환을 겪지 않는 상태이며, 그리고 국제적 수준에서는 천하 사람이 모두 형제가 되어 하나의 세계 공동체를 이루는 상태라고 한다.(백준철, 2014)

위에서 살펴본 바와 같이, 조선에도 여러 학자들이 대동사회를 주장하고 그것의 구체적 내용을 제시하였으나, 흥미로운 것은 이것이 공자가 묘사한 대동사회와 다르다는 점이다. 즉, 공자는 대동사회의 전형을 요순시대로 보고 있으나 이율곡이나 유형원 등은 하(夏, BC 21세기~BC 17세기), 상(商, BC 17세기~BC 11세기 중반), 주(周, BC 1050?~BC 256) 삼대(三代)를 전형으로 보고, 삼대지치(三代之治)의 회복을 조선시대 개혁의 표준으로 삼았다.(김성윤, 2004)

왜 이러한 현상이 나타나는지를 이해하려면, 공자가 「예운(禮運)」편에 언급한, 이상적이지는 않지만 그래도 그럭저럭 살 만하고 평안한 사회, 즉 소강(小康)사회의 특징을 살펴볼 필요가 있다.

> 지금은 대도(大道)가 사라지고, 천하가 일가(一家)의 소유가 되었다. 사람들이 모두 자기 어버이만을 어버이로 여기고, 자기 자식만을 자식으로 여기고, 재화와 노동을 자기만을 위해 사용한다. 천자와 제후는 세습하는 일을 예(禮)로 여기며, 성곽과 참호를 견고하게 만든다. 예와 의를 기강으로 삼아, 군주와 신하 간 관계를 바로잡고, 부자 관계를 돈독하게 하며, 형제를 화목하게 하고, 부부 사이를 화합하게 한다. 또 제도를 만들고 밭과 고을을 정하며, 용감한 자와 똑똑한 자를 존숭하고, 공(功)을 자기의 것으로 삼는다. 그러므로 음모가 필요하게 되고 전쟁이 이로 말미암아 일어난다. 우임금·탕왕·문왕·무왕·성왕·주공은 이런 면에서 볼 때 빼어난 분들이다. 이 여섯 군자는 모두 예(禮)를 받드는 데 힘을 다하지 않은 적이 없다. 그리하여 의(義)를 밝히고, 신(信)을 얻으며, (사람들의) 잘못을 밝힌다. 인(仁)을 모범으로 삼고 겸양을 강설하여 백성들에게 상도(常道)가 있음을 보여 준다. 만일 이를 따르지 않는 자가 있으면 권세가 있는 자라도 내쫓고 백성들은 그를 재앙으로 여긴다. 이런 세상을 소강(小康)이라고 한다.[15]

이 설명에서 보는 바와 같이, 대동사회와 소강사회는 몇 가지 중요한 차이점을 볼 수 있다. 첫째, 정치적으로 대동사회에서는 국가지도자가 선양(禪讓)에 의해서 정해지지만 소강사회에서는 천자와 제후가 세습에 의해서 정해진다. 둘째, 경제적으로 대동사회에서는 천하가 공유되지만[天下爲公], 소강사회에서는 천하가 일가(一家)에 의해서 사적으로 소유된다[天下爲家]. 셋째, 사회적으로 대동사회에서는 가정의 경계가 없지만 소강사회에서는 가정이 중심이 되고 신분이 구별된다. 따라서 군주의 지위가 세습되고 사적 소유가 인정된 조선에서는 대동

15 "今大道旣隱, 天下爲家, 各親其親, 各子其子, 貨力爲己, 大人世及以爲禮. 城郭溝池以爲固, 禮義以爲紀. 以正君臣, 以篤父子, 以睦兄弟, 以和夫婦, 以設制度, 以立田里, 以賢勇知, 以功爲己. 故謀用是作, 而兵由此起. 禹湯文武成王周公, 由此其選也. 此六君子者, 未有不謹於禮者也. 以著其義, 以考其信, 著有過, 刑仁講讓, 示民有常. 如有不由此者, 在勢者去, 衆以爲殃, 是謂小康."

사회를 추구할 수도 없었고, 가정을 중심으로 사회공동체를 건설하고자 하였던 유학자들은 가정의 경계를 존중하지 않는 사회를 바람직하게 생각하지도 않았다. 그래서 오히려 3대의 소강사회를 이상사회로 보면서 그 이름만 대동사회로 명명하였기 때문에 조선의 대동사회는 공자의 그것과 차이가 있는 것이다.

문제는 이러한 소강사회의 몇 가지 중요한 특징을 받아들일 경우 그럭저럭 살 만한 평안한 세상을 만들 수 있는가 하는 것이다. 사회가 가정을 단위로 담장을 쌓고 국가가 성벽과 참호를 쌓으면서 각자의 이익을 추구하는 경우, 이로 인해 발생하는 상호간 대립과 분쟁을 막을 수 있는가? 또 한 나라 안에서 사람과 사람 간 신분이 차별적이고, 군주가 전제적 권력을 가지고 있으면서 자신의 사리사욕을 위해 그 권력을 행사하는 경우 국민의 억압과 수탈을 막을 수 있는가? 하는 의문에 부딪힌다.

이 조건하에서는 소강사회가 아니라 그럭저럭 살기도 힘든 세상이 될 수도 있다. 춘추전국시대(春秋戰國時代, BC 770~BC 221)가 바로 이러한 가능성의 대표적인 예이다. 주나라 왕실이 쇠약해짐으로써 중앙집권체제는 무너지고, 전국(戰國)이란 그 이름처럼 각지에서 군웅이 할거하고 제후(諸侯) 간 전쟁이 빈발하였다. 전통문화는 지배력을 상실하고, 사회는 극도의 혼란 속에 빠졌다. 순자(荀子, BC 313~BC 238)는 『순자』 '제20편 악론(第二十篇 樂論)'에서 이러한 사회를 난세(亂世)라고 하고 그 모습을 다음과 같이 묘사하고 있다.

> 난세의 징후는 다음과 같다. 그 옷이 화려하고 그 차림이 여자 같으며 그 풍속이 음란하고 그 뜻이 이익을 추구하며 그 행동이 난잡하고 그 노래와 음악

이 바르지 않으며 그 무늬와 장식이 간사하고 화려하며, 그 생활에 법도가 없고, 죽은 이를 장사지내는 것이 각박하고 가볍다. 예의를 천하게 여기고 용맹을 중하게 여긴다. 가난한 자는 도둑질을 하고 부유한 자는 남을 해친다. 치세(治世)는 이와 반대이다.[16]

사마천(司馬遷, BC 145?~BC 86?)도 춘추전국시기를 나라가 백성을 적대하고 그래서 백성이 나라에 대한 믿음을 거둔 때라고 묘사하면서 이러한 세상을 난세(亂世)라고 하였다.(김영수, 2012) 하휴(何休, 129~182)는 역사를 거란세(據亂世), 승평세(升平世), 태평세(太平世)로 나누는 삼세설을 제기했다. 강유위(康有爲)는 이 분류를 이어받아 앞에서 말한 9가지 경계가 있어 혼란한 세상을 거란세(據亂世)라고 하면서, 여기에서 대동세로 넘어가는 단계에 승평세(昇平世)가 있다고 하여, 대동사회, 소강사회, 난세의 세 가지 분류법을 따랐다.

(2) 『대학』과 『대학연의』가 그리는 모범국가: 평천하

그러면 『대학』과 『대학연의』는 이상사회와 모범국가를 어떻게 그리고 있을까? 공자는 앞에서 살펴본 바와 같이 이상적인 사회로 대동사회를 제시하였고, 『대학』은 국정을 담당하는 지도자가 비전으로 제시해야 할 모범국가의 모습으로 삼강(三綱)의 '지어지선(止於至善)'을 제시하고 있다. 즉 국정운영의 주요과제로 밝은 덕을 밝게 하고[明明德], 백성을 아끼고 새롭게 하는 것[親民, 新民]을 강조하는 한편 이를 통하여

16 "亂世之徵, 其服組, 其容婦, 其俗淫, 其志利, 其行雜, 其聲樂險, 其文章匿而采, 其養生無度, 其送死瘠墨, 賤禮義而貴勇力, 貧則爲盜, 富則爲賊, 治世反是也."

'지극히 선한 상태에 머무르는 것'을 비전으로 제시하고 있다. 그것도 짧은 순간이 아니라 긴 시간에 걸쳐 살 만한 세상이 될 수 있도록, 지극히 선한 상태에 '머무는 것[止]'을 강조하고 있다.[17]

팔조목(八條目) 중에서 이상사회와 모범국가를 지칭하는 것은 '평천하(平天下)'이다. 사람들이 자신이 꿈꾸는 이상적인 사회를 때로는 '천하태평(天下太平)'이라고도 하고(예: 조남욱, 2011; 정혜진, 2013) 또 때로는 태평성세(太平盛世)[18]라고도 하며, 또 때로는 태평천국(太平天國)[19]이라고 이름 짓고 있는데, 이는 모두 '지극히 선한 상태'가 '평천하'와 관련되어 있음을 보여 준다.

이와 같이, 『대학』을 토대로 이상사회와 모범국가를 설명하는 학자들은 그것을 삼강령에서는 '지어지선'으로 팔조목에서는 '평천하'로 설명한다.(예: 김진성, 2006; 서근식, 2008; 이기동, 2013; 최정묵, 2011)

『대학연의』도 '평천하'에 대해서는 그것을 이상사회 또는 모범적인 국가로 이해하는 설명을 한다. 그러나 '지어지선'에 대해서는 설명이 다르다. 즉, 명명덕, 신민(친민), 지어지선의 관계에 대하여, 이상사회인 지어지선의 상태에 도달하기 위해서는 백성을 아끼고 또 새롭게 하는 리더십을 발휘해야 하고, 이러한 리더십을 발휘하기 위해서는 자

---

17 어떤 사람들은 명명덕과 신민이 모두 지극의 상태에 이르게 되면 사방천리 낙토(樂土) 아닌 곳이 없어 백성들이 어디에 살건 모두 살만한 이상적인 국가가 된다(안외순, 2009)고 하여, 지어지선(止於至善)을 이상사회로 가기 위한 수단으로 인식하기도 한다.

18 沈德符, 1619, 『萬曆野獲編』. 「章楓山封事」. http://blog.csdn.net/iammerryz/article/details/8800645.

19 태평천국(1851~1864)은 중국 청나라 말기에 홍수전(洪秀全)이 세운 기독교적인 이념의 신정(神政)국가로, 공자의 대동사상과 기독교의 평등사상을 결합하여 만든 이상적인 나라이다.(곽덕환, 2016)

신의 밝은 덕을 밝히는 것이 필요하다는 식으로 설명을 하지 않는다. 오히려 밝은 덕을 밝히는 데에도 그리고 백성을 새롭게 하는 데에도 그 정도와 수준이 천차만별일 수 있기 때문에 지극(至極)히 명명덕하고 지극히 신민해야 하는 것을 강조하고 있다. 즉, 명명덕(또는 수기)과 신민(치인)이 결코 쉬운 일이 아니기 때문에 이것들이 지선의 상태에 도달하여 유지되기 위해서는 각 개인, 특히 지도자의 치열한 태도와 노력이 필요하다고 한다. 이렇게 지극한 명명덕, 지극한 신민의 상태에 이르도록 노력해야 이상사회 또는 모범국가로 갈 수 있다고 하여 '지어지선'과 모범국가를 다르게 이해하고 있다. 따라서 『대학연의』가 그리는 이상사회 또는 모범국가를 이해하려면 '지어지선'보다는 '평천하'를 살펴보는 것이 적절하다.

그러면 '평천하'는 어떤 상태를 말하는가? 많은 사람들이 태평성세, 천하태평 등을 꿈꾸며 말하지만 과연 이것이 구체적으로 무엇을 의미하는지 그리고 그곳을 어떻게 갈 수 있는지, 이러한 의문에 대해서 답을 제공하는 연구는 많지 않다. '평천하' 자체에 대한 연구가 많지 않고 또 이들이 이해하는 '평천하'의 의미도 서로 다르다. 즉 어떤 사람은 '평천하'를 평화로운 세계로 이해하고 있고(양방주, 2004; 조남욱, 2009), 또 어떤 사람은 사람과 사람 간 공정성으로(소진형, 2015) 또는 사랑과 혈구지도(서근식, 2016)로 이해하고 있으며. 또 어떤 사람은 개인의 행복으로 이해하고 있다.(이기동, 2013) 한편 오석원(1999)과 김철운(2001)은 개인의 행복과 평화로운 세상을 모두 포괄하는 것으로 이해한다. 이것은 최한기(崔漢綺)가 개인적 수준에서는 몸과 마음이 평안한 상태이고, 사회적 수준에서는 인간관계가 화목하고 평온한 상태이며, 국가 간 전쟁이 없고 천하 사람이 모두 형제가 되는 세상을 이상사회로 본 것과 궤를 같이한다.

『대학연의』는 최한기의 설명과 같이 이 세 가지 모두를 포괄하는 것으로 평천하를 설명하고 있다. 물론 『대학연의』는 앞에서 이미 밝힌 바와 같이 하나의 독립된 권에서 평천하를 다루고 있지도 않고 또 이것을 직접적인 연구 질문으로 삼고 있지도 않다. '평천하(平天下)'하고자 하는 자는 먼저 치국(治國)해야 한다'거나 '나라가 다스려진[國治] 이후 천하가 평안해진다[天下平]'는 정도의 진술문이 나타나고 있는 정도이다. '평천하' 또는 '천하평'이라는 단어 자체가 많이 등장하는 것도 아니다. 그러나 그럼에도 불구하고 『대학연의』가 제시하는 '평천하(平天下)' 개념을 파악할 수 없는 것은 아니다.

『대학연의』에는 세 가지 차원, 즉 국가적 차원, 사회적 차원, 개인적 차원의 '평천하' 의미가 나타나고 있다. '평천하'는 국가적 차원에서 국가와 국가 간 평화(平和)를, 사회적 차원에서 개인과 개인 간 화평(和平)을, 개인적 차원에서 개인의 평안(平安)을 의미한다. 말을 조금 바꾸면, 평천하는 첫째, 평화국가, 둘째, 포용국가, 그리고 셋째, 행복국가의 의미를 지니는 것으로 볼 수 있는데, 이들 세 가지는 상호 연결되어 있다. 즉 앞에서 살펴본 바와 같이 이상사회는 곧 국민 모두가 행복한 세상인데, 국민이 행복한 국가는 평화가 전제되지 않거나 또는 국민이 서로 불신하고 갈등하면 이루어지기 어렵고, 국가 간 평화도 국민통합이 이루어지지 않으면 확보하기 어렵기 때문에 이 세 가지는 하나의 유기체와 같이 긴밀하게 연결되어 있다.

왜 이러한 해석이 가능한지, 먼저 행복의 조건을 간단하게 살펴본 다음, 『대학연의』가 제시하는 '평천하'에 대한 세 가지 설명을 보다 구체적으로 살펴보고자 한다.

(3) 행복의 조건: 욕구이론

행복이 무엇인지, 어떻게 하면 행복해질 수 있는지 등의 질문은 오랜 옛날부터 아리스토텔레스 등 선각자들의 관심사였다. 그러나 이를 하나의 학문 영역으로 삼은 사람은 심리학자 매슬로(Maslow, 1908~1970)이다. 그는 프로이트 같은 이전의 심리학자들이 신경증, 불안, 우울 등 인간의 부정적 심리상태에 지나치게 많은 관심을 보인 반면 행복, 자기개발, 동기부여 등 인간의 긍정적 심리상태에 대한 관심은 외면하여 왔다고 비판했다. 그러면서 인간이 보다 더 행복해지고, 보다 더 선해지며, 보다 더 사랑하고, 보다 더 삶이 풍요롭게 되는 방안을 탐구하였다. 그는 인간이 행복을 누리기 위해서 충족되어야 할 기본적인 욕구가 그림 3과 같이 다섯 가지 단계의 계층을 이루고 있다고 말한다. (Maslow, 1987)

첫 번째 단계는 생리적 욕구(physiological needs)로, 인간이 생명체로서 생존을 위해서 필요한, 먹고 숨 쉬고 자며 마시려는 욕구와 성적 욕구이다.

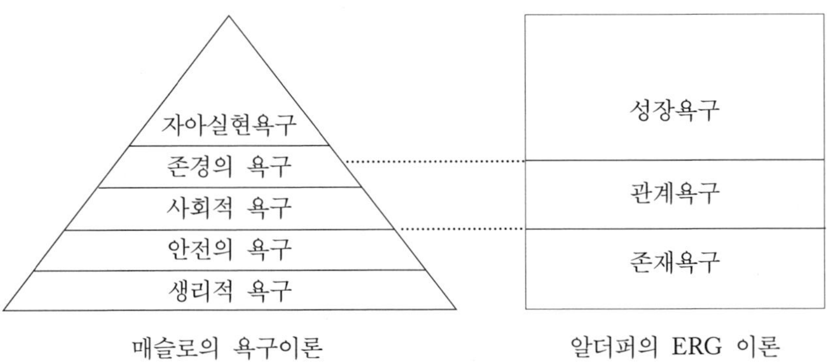

그림 3. 매슬로와 알더퍼의 욕구이론

두 번째 단계는 안전에 대한 욕구(safety needs)로, 주변 환경의 끊임없는 위협 속에서 자신을 지키려는 욕구이다. 전쟁과 재난, 환경오염 등으로부터 자신을 지키는 것뿐만 아니라 경제적, 사회적, 심리적 안전 등도 아울러 포괄하는 욕구이다.

세 번째 단계는 소속감과 사랑에 대한 욕구(belongingness and love needs)로 사회적 욕구라고도 한다. 생존과 안전에 대한 욕구가 충족되면, 인간은 다른 사람과의 관계를 통해서 자기의 존재 의의를 확인하는 사회적 욕구를 갖게 된다. 사랑하고 사랑받는 사람의 범위가 넓을수록 행복감을 보다 많이 느낀다.

네 번째 단계는 존경의 욕구(esteem needs)이다. 사회적 유대감을 통해서도 만족을 느끼지만 이왕이면 그 관계 속에서 보다 많이 인정받고 보다 많이 존경받기를 원한다.

다섯 번째 단계는 자아실현욕구(self-actualization needs)이다. 이는 생리적, 사회적, 존경의 욕구를 넘어서는 것으로, 다른 사람의 판단, 외부의 기준에 의해서가 아니라 자기 자신의 기준을 충족시키려는 욕구이다. 자아실현이란 한 인간으로서 자신이 되고자 하는 상태를 실현하려는 것으로, 행복연구가들은 이러한 상태가 행복의 절정이라고 한다.[20]

이러한 매슬로의 욕구단계설을 Alderfer(1969)는 존재욕구(Existence needs), 관계욕구(Relatedness needs), 성장욕구(Growth needs)의

20 Desiderius Erasmus(1466~1536), 네덜란드 태생의 로마 가톨릭교회 성직자로 종교개혁 운동에 영향을 준 신학자. "The summit of happiness is reached when a person is ready to be what he is."

세 가지 차원으로 축약시켰다. 존재욕구는 매슬로의 생리적 욕구와 안전의 욕구, 관계욕구는 사회적 욕구와 존경의 욕구 일부, 성장욕구는 존경 욕구의 일부와 자아실현의 욕구로 각각 대응된다. 그런데 낮은 단계의 욕구가 충족되어야 그다음 단계의 욕구가 나타난다는 매슬로와 달리 오히려 고차원의 욕구가 부족하면 저차원의 욕구가 강해지고 또 세 가지 차원의 욕구가 동시에 나타날 수도 있다고 알더퍼는 말한다. 알더퍼의 분류가 평천하의 세 가지 차원과 대응시키기가 용이하기 때문에 여기서는 그의 분류를 토대로 하되 설명은 매슬로를 중심으로 하여 진행시키고자 한다.

(4) 국가와 국가 간 평화로운 나라: 평화국가

생리적 욕구와 안전에 대한 욕구가 충족되지 않으면 행복을 말하기 쉽지 않다. 취업을 못하거나 실직을 당한 경우, 미세먼지로 숨을 쉬기 어려운 경우 행복을 어떻게 말할 수 있겠는가? 각종 재난과 전쟁을 겪는 경우는 더욱 그러할 것이다.

『대학연의』는 홍수 등 자연재해가 없는 상태를 '평천하'라고 하고,[21] 전쟁이 없고 평화로운 세상을 또한 '평천하'라고 한다. 아주 옛날인데 세월호와 같은 재난이 없는 사회를 '평천하'라고 한 것이 놀랍다. 그러나 전쟁은 예나 지금이나 국민들을 참혹하게 만들고 행복을 꿈꾸기는커녕 생각조차 할 수 없게 만들기 때문에 특별히 많이 언급하고 있다. 그림 4는 일어나지 않았어야 하는데 지금도 진행되고 있는 전쟁

---

21 "禹抑洪水而天下平."(권13)

그림 4. 전쟁의 참화로 파괴된 삶의 터와 그 터를 떠나 유랑하는 사람들

출처: 왼쪽 상단 사진은 IS 민병대의 집단학살 장면(2014.6.14. AFP/Getty Images/Welayat Salahuddin), 왼쪽 하단 사진은 시리아 내전으로 삶의 터전이 파괴되어 울부짖고 있는 가족(*Seattletimes*, 2015.9.30.), 오른쪽 상단 사진은 완전히 파괴된 이라크 모술의 전경(*The Guardian*, 2017.7.19.), 오른쪽 하단은 언제 뒤집힐지 모르는 보트를 타고 터전을 떠나는 난민들(*Middle East Institute*, 2016.3.16.). UNHCR에 의하면 강요에 의하여 자기 집을 떠나는 난민들의 수가 2014년 제2차 세계대전 이후 처음으로 5천만 명이 넘어섰다고 한다(http://www.mei.edu/node/22555).

의 참화를 생생하게 보여 주고 있다. 살육, 집단학살, 파괴된 도시, 살아 있어도 울부짖는 것 외에는 할 수 있는 것이 없는 가족, 그곳을 탈출해 떠나지만 생명이 담보되지 못하는 난민들. 그곳에 무슨 행복이 있겠는가? 따라서 전쟁을 경험한 또는 그것을 아는 백성들이 꿈꾸는 세상은 무엇보다 평화로운 세상이다.

『대학』의 평천하 사상은 춘추전국시대에 나타났다. 춘추전국시대는 BC 770년 견융의 공격을 받아 주나라가 천도를 한 뒤(동주시대)부터 진(秦)에 의해 중국 최초의 통일 제국이 세워진 BC 221년까지 약 550년간을 말한다. 이 시기는 주나라 시대의 천하 질서가 무너지고 각지의 소국들이 중국을 분점하며 갈등과 전쟁이 심각하게 벌어지던 때이다.

『대학연의』는 평화국가 사상을 보다 상세하게 기술하고 있다. "전쟁으로 땅을 다투면서 죽은 사람들이 들판에 가득하고, 전쟁으로 성을 다투면서 죽은 사람이 성에 가득하며 많은 사람들이 죄도 없이 죽었다."(권12) 따라서 "전쟁을 끝내는 것은 생민의 복이고 어진 사람이 깊이 원하는 바였다."(권26) 이렇게 사람들이 나라와 나라 간 전쟁이 없는 평화로운 세상, 즉 온 천하가 평화로운 세상을 바라니 이를 '평천하'라고 하는 것이다. 맹자는 이렇게 전쟁의 참화로부터 생민(生民)의 목숨을 온전하게 지키는 것은 결코 작은 일이 아니고 대단히 중요한 가치로서 국가지도자가 마땅히 이를 깊이 새겨 경계로 삼아야 할 비전[22]이라고 지적하고 있다.

그렇다면, 『대학연의』는 평화로운 천하를 어떻게 이룩할 수 있다고 하는가? 진덕수는 다음과 같은 『맹자』「양혜왕」을 사례로 하여 그 답을 제시하고 있다.

> 맹자가 제(齊) 선왕(宣王, ?~AD 301)에게 말하길, "왕이 크게 원하는 바를 알겠습니다. 그것은 영토를 넓히고 진(秦)과 초(楚)나라가 조현(朝見)하게 하며 중원을 다스리면서 사방의 이민족을 어루만지고자 하는 것입니다. 전쟁을 통하여 이러한 바람을 실현하고자 한다면 이는 나무에 올라가서 물고기를 찾는 것[緣木求魚]과 같습니다." 이에 왕이 말하길, "이것이 그렇게 심히 어렵습니까?" 맹자

22 "孟子此言, 所以救橫流之禍, 全生民之命者, 其功豈少哉. 爲人君者, 當味斯言, 以自警也."(권12)

가 말하길, "이보다 더 심한 것이 없습니다. 더구나 나무에 올라가 물고기를 찾으려는 것은 그것을 못 얻어도 뒤에 재앙은 없습니다. 그러나 전쟁의 방법으로 원하는 바를 구하려는 것은 아무리 마음과 힘을 다해도 반드시 후환이 있게 됩니다." 왕이 이르기를, "그 까닭을 들어볼 수 있겠습니까?" 맹자가 말하길, "추나라와 초나라가 전쟁을 한다면 왕께서는 누가 승리한다고 생각하십니까?" 왕이 말하길, "초나라 사람들이 이기지요." 맹자가 이르기를, "그렇습니다. 작은 나라가 결코 큰 나라를 대적하지 못하고, 적은 무리가 결코 큰 무리를 대적하지 못하며, 약한 것은 결코 강한 것을 대적하지 못합니다. 지금 중국 안에는 사방 천리가 되는 나라가 아홉이나 있는데, 제나라는 그중의 하나에 불과하니, 그 하나로 여덟을 정복하는 것이 추나라가 초나라를 상대로 싸우는 것과 무슨 차이가 있겠습니까? 어찌하여 근본으로 돌아가지 않으십니까? 왕이 국정을 펼칠 때 인(仁)을 베푼다면 천하의 벼슬하는 자들이 모두 왕의 조정에 서고자 할 것이고, 농사짓는 사람들이 모두 왕의 들판에서 경작하고자 할 것이며, 상인들이 모두 왕의 시장에 물건을 쌓아 두고자 할 것이고, 여행객들이 모두 왕의 길로 다니고 싶어 할 것이며, 천하에 자신의 임금을 미워하는 자들이 모두 왕에게 달려가 하소연하고자 할 것이니, 이와 같다면 누가 그것을 막을 수 있겠습니까?"라고 하였다.[23]

맹자와 제나라 선왕과의 담론을 통하여 진덕수는 평천하의 방법을 소개하고 있다. 첫째, 전쟁으로 평천하를 이룩할 수 없다. 평천하의 건설과 관련하여 하나의 입장은 천하를 평정하는 것이 평화를 보장하는 길이라는 입장이다. 이들은 국가 간 경계는 필연적으로 갈등과 대립을 불가피하게 수반하고, 이는 전쟁으로 이어질 수 있기 때문에 천

---

23 「梁惠王章句上七章」, "然則王之所大欲可知已. 欲辟土地, 朝秦楚, 莅中國, 而撫四夷也. 以若所爲, 求若所欲, 猶緣木而求魚也. 王曰, 若是其甚與. 曰, 殆有甚焉, 緣木求魚, 雖不得魚, 無後災. 以若所爲, 求若所欲, 盡心力而爲之, 後必有災. 曰, 可得聞與. 曰, 鄒人與楚人戰, 則王以爲孰勝. 曰, 楚人勝.曰, 然則小固不可以敵大, 寡固不可以敵衆, 弱固不可以敵强, 海內之地方千里者九齊集有其一, 以一服八何以異於鄒敵楚哉. 蓋亦反其本矣. 今王發政施仁. 使天下仕者, 皆欲立於王之朝, 耕者皆欲耕於王之野, 商賈皆欲藏於王之市, 行旅皆欲出於王之塗, 天下之欲疾其君者, 皆欲赴愬於王. 其若是, 孰能禦之."

하를 평정하여 세계국가를 만들게 되면 전쟁이 없고 평화로운 상태를 건설할 수 있다고 한다. 평화를 위해서 전쟁을 할 수도 있다는 이러한 입장은 서양에서 많이 나타나고 있다. 키케로(Cicero, BC 106~BC 43)는 "평화를 누리려면 전쟁을 해야 한다. 전쟁을 포기하면 결코 평화를 누릴 수 없을 것이다."(Harrer, 1918)라고 하면서 전 세계 땅 끝까지 정복하려는 로마의 활동을 옹호하였다. 중국의 제국론도 이러한 입장이라고 볼 수 있다. 중국을 유일한 보편과 유일한 권력을 담지한 중국 중심의 천하로 만들어 '천하일통(天下一統)'하려는 제국론도(전인갑, 2012), 해석에 따라서 차이가 있을 수 있지만 키케로와 같은 논리로 이해할 수 있다.

그런데 『대학연의』는 이러한 입장을 받아들이지 않는다. 전쟁으로는 평천하는 고사하고, 중원을 다스리면서 사방의 이민족을 어루만지는 것도 연목구어와 같이 어렵다고 한다. 물론 전쟁으로 세계를 제패할 수는 있다. 『대학연의』는 그러나 이렇게 세계를 무력으로 평정하는 것을 '정'천하(定天下)라고 하지 '평'천하라고 하지 않는다. 예를 들어, 『대학연의』 권3은 다음과 같이 말한다.

> 한(漢) 고제(高帝)가 처음 천하를 평정하였을 때, 태중대부 육가(陸賈)가 때때로 나아가서 『시경』과 『서경』을 칭송하자 황제가 말하였다. "내가 말 위에서 천하를 얻었는데 어찌 『시경』과 『서경』을 일삼겠는가?" 그러자 육가가 말하였다. "말 위에서 천하를 얻을 수는 있으나, 어찌 말 위에서 다스릴 수 있겠습니까? 문(文)과 무(武)를 아울러 쓰는 것이 오래가는 방법입니다. 만약 진(秦)나라가 천하를 병합한 다음 인의(仁義)를 닦고, 선대의 성인들을 본받았다면 폐하가 어찌 천하를 소유할 수 있었겠습니까?"

이 문장에서 한 고조가 무력으로 천하를 얻은 것을 '득천하(得天下)'라고 하고, 천하의 지배자가 된 것을 '정천하(定天下)'라고 하지만, 이를 '평천하(平天下)'라고 하지 않는다. 그리고 천하를 말 위에서 다스릴 수 없다고 하여, '득천하'나 '정천하'가 '평천하'로 연결되지 않는 것을 말하고 있다.

둘째, '평천하'는 일정 시점의 평화가 아니다. 무력으로 일정한 시점에서 '정(定)천하' 또는 '득(得)천하'를 할 수는 있지만, 긴 시간에 걸쳐 평천하를 달성하는 것은 어렵다. 천하가 평화로운 시간의 길이가 길어 그것이 오랜 기간 동안 지속되는 상태를 평천하라고 한다. 전쟁은 그것이 진행 중에도 또 그 뒤에도 많은 재앙을 남긴다. 전쟁의 와중에는 많은 사람들이 생명을 잃게 되고, 전쟁이 끝난 다음에는 패한 국가의 백성들이 복수를 꿈꾸어 다시 전쟁의 상태로 돌아가게 된다. 전쟁으로 얻은 천하가 오래가지 못하는 것이다. 끊임없이 전쟁이 지속되고 있는 중동지역이 이를 잘 보여 주고 있다.

『대학연의』도 권9에서 공자의 말을 인용하여 이를 분명하게 밝히고 있다. 즉,

> 도(道)가 아닌 것으로 얻으면 또한 반드시 도가 아닌 것 때문에 잃습니다. 이치를 거스르는 것이 더욱 심해지면 더욱 빨리 잃게 되므로 제후가 천자의 권력을 훔치면 10대에 잃어버리지 않는 경우가 드물고 그 나머지도 혹은 5대, 혹은 3대에 잃어버리지 않는 경우가 드무니 이치로써 말하자면 대개 이와 같습니다. 어찌 삼대(三代)의 융성한 시절처럼 천자에서 가신에 이르기까지 각기 그 분수를 편안하게 여긴다면 수백 년을 지내는 동안 무슨 재앙이 있겠습니까?

이렇게 삼대(三代)의 태평성대 시절과 같이 오랫동안 치세가 이루어지고 긴 시간 동안 평안한 것[長治久安]을 일러 평천하라고 한다.[24]

셋째, 평천하는 백성들에 의해서 천하의 평화가 결정되는 그런 세상이다. 벼슬하려는 자, 농사짓는 사람, 상인, 여행객 등 여러 종류의 사람들이 스스로 그 나라에 와서 백성이 되고 싶어 하는 그런 세상, 그것이 진정한 의미의 평천하라는 것이다. 한두 사람이 아니라 그야말로 백성들이 살고 싶어 하고 많은 나라의 사람들이 부러워하는 그런 나라가 바로 평천하라는 것이다. 즉, 평천하의 판단 주체가 권력자가 아니라 평민이라는 말이다. 이 말은 권력을 가진 자들 또는 패권국가가 곧잘 평화를 이야기하면서 그 실질은 백성을 억압하고 착취하는 경우가 많은데 이를 일러 평천하라고 하지 않는다는 것을 의미한다.

일제가 한국을 침략할 때 내세운 논리도 평화였다. 일본의 이토 히로부미(伊藤博文, 1841~1909)는 서양 제국주의 침략을 아시아인들이 함께 방어하자는 명목으로 극동평화론을 내걸었고, 또 청일전쟁과 노일전쟁을 조선의 독립을 위한 것이라고 명명하였다. 한국인들은 서양 백인들의 제국주의적 침략에 아시아인들이 공동 대응한다는 마음으로 일본과 함께하기도 하였으나, 두 번에 걸친 전쟁의 승리로 조선 영토의 지배권을 확보한 일본의 이토 히로부미는 1905년 11월 15일 을사늑약 체결 직전 고종황제를 만나 다음과 같이 말하였다.

> 그 전승(戰勝)의 결과 귀국(貴國)의 영토를 보전한 것은 사실이 증명하는 바이고 또한 천하의 공론이 모두 인정하는 바로 (중략) 한국의 영토는 이로 인해 보전될 수 있었고 동양평화는 이제 극복되었다. 비록 그렇다고 할지라도 나

---

24 "三代盛時所以長治久安而無後患也."(권26)

> 아가 평화를 항구히 유지하고 동아장래(東亞將來)의 자단(滋端)[25]을 두절(杜絶)하기 위해서는 양국 간의 결합을 일층 견고히 하는 것이 극히 긴요하다고 인정된다.[26]

청일·러일전쟁으로 한국의 영토가 보전되고 동양의 평화가 유지되었으니 이를 항구히 지속하기 위해서 한일합방을 하겠다는 말이다. 말은 평화이지만, 실질은 제국주의적 침략 야욕을 드러낸 것이다. 이것이 바로 이토 히로부미의 극동평화론의 내용이다.(신운용, 2005) 이에 대해 안중근(1910) 의사는 "종래 외국에서 써 오던 수법을 흉내 내고 있는 것으로 약한 나라를 병탄하는 수법이다. 이런 생각으로는 패권을 잡지 못한다"(54쪽)고 비판하면서 "은(殷)나라가 망할 무렵 열국은 주(周)라는 군자를 업어 들여 그로 하여금 패권을 잡게 했다"(56쪽)고 하여 덕에 의한 왕도정치를 강조하였다. 그러면서 안중근은 세계 각국과 국민의 신용과 지지를 얻는 것이 진정한 평화의 길이라는 동양평화론을 제창하였다. 그런데 이러한 동양 평화를 위한 길을 이토 히로부미가 가로막고 있기 때문에 그를 처단하는 것이 동양평화를 도모하는 길이라고 보았다. 『맹자』 및 『대학연의』에서 제시된 바와 같이 평민의 지지와 신뢰에 기초한 평화를 강조하고 있는 것이다.

넷째, 평천하는 이와 같이 왕도정치에 의해서 평화가 실현되는 그런 사회이다.

> 힘으로 사람을 복종시키는 자는 사람들을 복종시키려는 뜻을 가지고 감히 불복할 수 없도록 하고 덕으로 사람을 복종시키는 자는 사람들을 복종시키려는

25 자단은 분쟁의 단서를 의미한다.

26 金正明 編(1964: 23). 신운용(2005: 137)에서 재인용.

> 뜻이 없으나 사람들이 기꺼이 복종하지 않을 수 없도록 한다. 이러한 차이를 가르는 것은 바로 천리(天理)와 인욕(人欲)이요, 왕도와 패술이다. 즉 왕도(王道)와 패술(覇術)을 구별 짓는 것은 덕(德)과 힘(力)으로, 부국강병(富國强兵)으로 천하를 평정하려는 것은 패술이고, 덕(德)을 몸소 행하여 그것을 확대하여 다른 사람에게까지 미치는 것은 왕도이니.(권14)

평천하에 이르는 길은 왕도라고 할 수 있다. 맹자는 이렇게 왕도 정치를 펼치면 다른 나라 백성도 모두 귀의하게 되기 때문에 나라의 대소(大小), 인구의 중과(衆寡), 군사력의 강약(强弱)이 모두 문제가 되지 않는다고 강조한다.

그럼에도 불구하고, 많은 나라의 지도자들은 영토를 넓히고 진(秦)과 초(楚)나라와 같이 큰 나라로부터 조공을 받는 것을 꿈꾸며 부국강병을 추구한다. 전 세계를 지배하는 패권국가의 지도자가 되기를 원하는 것이다. 이에 대해 『대학연의』는 지도자가 인욕(人欲)으로 더 큰 나라를 다스리려고 하면 다른 사람들도 똑같이 그러한 야심을 가지기 때문에 결국은 망하게 된다고 지적한다.

> 만승의 나라[27]에서 그 군주를 시해하는 자는 어김없이 천승을 가진 공경의 집안에서 나오고, 천승의 나라에서 그 군주를 시해하는 자는 어김없이 백승을 가진 (대부의) 집안에서 나온다. 만승의 나라에서 천승을 가지는 것, 그리고 천승의 나라에서 백승을 가지는 것이 많지 않다고 할 수 없지만 의를 뒤로 하고 이익을 앞세우면, 빼앗지 않고는 만족하지 않는 법이다.[28]

---

27 승(乘)은 군사용 수레로, 만승(萬乘)의 나라란 일만 대의 수레를 보유할 수 있는 나라, 즉 큰 제후국이나 천자의 나라를 뜻한다.

28 "孟子見梁惠王. 萬乘之國, 弑其君者, 必千乘之家; 千乘之國, 弑其君者, 必百乘之家. 萬取千焉, 千取百焉, 不爲不多矣, 苟爲後義而先利, 不奪不饜."(권26)

즉, 병거(兵車) 천 대를 갖출 수 있는 천승지국은 제후국으로서 결코 작다고 할 수 없는데 이에 만족하지 않고 병거 일만 대를 갖출 수 있는 만승지국 즉 천자의 나라가 되고 싶어 하고, 병거 백 대를 갖출 수 있는 대부도 천승지국에서 그 영향력이 결코 작지 않으나 제후가 되고 싶어 하니 전쟁이 끝없이 일어난다는 것이다. 『대학연의』는 이를 경험적 증거로서 뒷받침하고 있는데, 국가지도자가 인욕을 추구하면 군신, 부자, 형제가 모두 오직 이익만을 좇게 되어 서로가 서로를 죽이니 춘추시대에 시해당한 군주가 36명이 되었다고 한다.(권26) 따라서 평화로운 나라를 건설하는 첩경은 바로 천리를 따르고, 왕도를 걸으며, 힘으로 세상을 지배하려는 욕심을 버리는 것이다.

다섯째, 이러한 주장에 대해서는 반론이 제기된다. 즉 약소국이 과연 주체적으로 평화를 추구할 수 있는가 하는 비판이다. 앞의 『맹자』 「양혜왕」도 이 점을 인지하고 있다. 즉 추나라가 초나라를 이길 수 없고, 작은 나라가 큰 나라를 대적하지 못하며, 약한 것이 강한 것을 당할 수 없다는 것이다. 강대국과 약소국이 서로 평화롭게 지내는 것이 바람직하지만, 강대국이 침략하는 경우 약소국은 이를 막아낼 수 없기 때문에 평화를 위해서는 부국강병을 추구하지 않을 수 없다는 것이다.

그렇지만 『맹자』 「양혜왕」이 제시하는 반전은 작지만 결속력과 응집력이 강한 나라가 비록 크다고 하더라도 분열과 갈등이 많은 나라를 능히 이길 수 있다는 점이다. 이른바 '도우는 자가 많아 극에 이르면, 천하가 순종하고[多助之至, 天下順之], 도우는 자가 적어 극에 이르면 친척조차도 배반하는[寡助之至, 親戚畔之]' 것이 세상의 이치라는 것이다. 그래서 『대학연의』는 외적(外賊)을 물리치는 근본적인 계책은

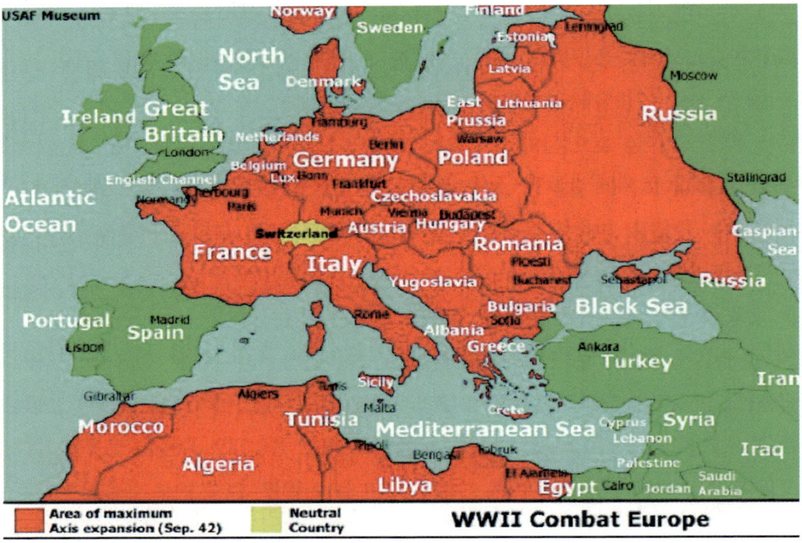

그림 5. 제2차 세계대전의 유럽 상황(1942년 9월 기준)
출처: USAF Museum.

반드시 민심을 단결시키는 것이라고 강조한다. 민심의 향배(向背)에 따라 천명(天命)이 떠나느냐 머무느냐가 달려 있으니 민심을 단결시키지 않고서 위망(危亡)을 모면하려는 것은 어려운 일이라는 것이다.

공포정치와 정권안보 위주의 정책으로 백성을 끊임없이 탈북하게 만드는 북한정권이 '걸'과 '주'와 같다면, 스위스는 아주 작은 나라에 불과하지만 결속력으로 그림 5에서 보는 바와 같이 제2차 세계대전 중 주변 유럽 국가가 모두 나치에 의해서 점령되는 가운데서도 독립을 유지하였다. 스위스가 독일의 침공을 받지 않고 중립국의 위치를 유지할 수 있었던 것은 지리적(알프스 산), 역사적(1815년 이후 지속된 중립국 위상), 경제적(은행) 측면의 여러 가지 요인들로 설명이 되고 있지만 강한 결속력(solidarity)과 응집력(cohesion)도 또한 중요한 요인으로 평가되고 있다.(Swiss Federal Department of Defence, Civil Protection and Sports,

2004) 다양한 문화와 언어, 이질적인 종교 때문에 내부 분열과 대립의 가능성이 상존하고 있지만 그 때문에 더욱 결속력과 응집력을 강화하는 정책을 펼쳐 나치의 지배를 벗어날 수 있었다는 것이다.

우리나라는 지형적인 특수성 때문에 강대국의 영향을 받지 않을 수 없고 실제로 수천 년 역사 동안 여러 차례 외세의 침입으로 질곡과 회한의 세월을 견뎌 왔다. 작금의 사정도 크게 다르지 않다. 새로운 강대국으로 그 영향력을 확대하려는 중국과 이를 봉쇄하려는 미국 사이에서 누구와도 확실하게 손잡을 수도 그렇다고 등질 수도 없는 딜레마에 빠져 평화를 위협받고 있다. 열강이 대결하는 이런 상황에서는 어느 한쪽에 줄서는 사대외교도 또 중립외교나 균형외교도 우리의 안보와 평화를 지켜 주지 못한다는 것이 한반도 분할의 역사이다. 자강 없는 그 어떤 노력도 한반도의 분단을 막지 못했다. 이에 반해 임진왜란 시기 명나라와 일본의 한반도 분할 회담을 막고 국토를 보전한 것은 이순신을 중심으로 한 자강이었다.(김병섭, 2015)

이런 역사적 경험을 근거로 볼 때 열강의 분쟁 속에서 한반도의 평화와 번영을 추구하기 위해서는 자강이 너무도 중요하고, 또 자강을 위해서는 공동체 구성원들의 결속력과 응집력을 강화하는 것이 중요하다. 평화를 사랑하면서도 다른 나라에게 무시와 멸시를 당하지 않는 방법은 강한 결속력을 가지는 것이다. 남과 남, 남과 북이 하나로 뭉쳐서 결속력을 가지는 것이 중요하다. 그런데도 이를 위한 노력은 치열하게 하지 않고 그저 남한의 극우 세력만 대변하여 북한의 극좌와 적대적으로 공생하면서 한반도를 여전히 아프게 한 경우가 많았다.(한완상, 2013) 다른 나라에서 벼슬하려는 자, 농사짓는 사람, 상인, 여행객 등이 찾아오게 하지는 못할망정 그 나라 백성들도 다 화합하지 못하는 나라가 과연 천하의 왕 노릇을 할 수 있겠는가? 『대학연의』는 국가지도자 또는 그렇게 되려는 사람들에게 이를 묻고 또 꾸짖고 있다.

(5) 사람과 사람 간 관계가 화평한 사회: 포용국가

앞에서 우리는 재난과 전쟁 없는 평화로운 세상이 국민행복의 첫 번째 필수 조건임을 살펴보았다. 그리고 이러한 평화국가로 가는 길이 패권국가가 아니라 왕도국가의 길임을 보았다. 왕도국가는 국민의 강한 결속력을 통해서 국력을 신장시키고 평화를 유지하는 나라이다. 결속력은 국민들이 서로를 믿고 포용하며 국민통합을 이룰 때 강해진다. 국민통합은 정치적 안정의 조건이며 경제적 성장을 위한 기초로 작동한다. 이는 경험적 연구로 뒷받침되고 있다. 사회갈등이 10% 감소할 경우 1인당 GDP는 1.43～1.46% 증가하는 효과가 있고(정영호·고숙자, 2014), 우리나라의 사회적 갈등 수준이 OECD 평균 수준으로 개선되면 실질 GDP는 0.2%p 정도 추가 상승하는 것으로 예상된다.(이부형, 2016) 반대로 패권국가와 이를 위한 부국강병 정책은 나라와 나라 간의 관계뿐만 아니라 한 나라 안의 사람과 사람 간에도 경쟁과 갈등을 강조하게 된다. 국론이 분열되고 갈등이 심각한 나라가 강한 나라가 있을 수 없다.

사람들이 서로 사랑하고 믿고 의지하는 공동체가 있는 것은 매슬로(Maslow)의 사랑과 소속감의 욕구, 그리고 알더퍼(Alderfer)의 관계욕구를 충족시켜 행복감을 증진시킨다. 사람은 사회적 동물로 다른 사람을 사랑하고 배려하며 화평한 관계를 유지하면 행복해지지만, 다른 사

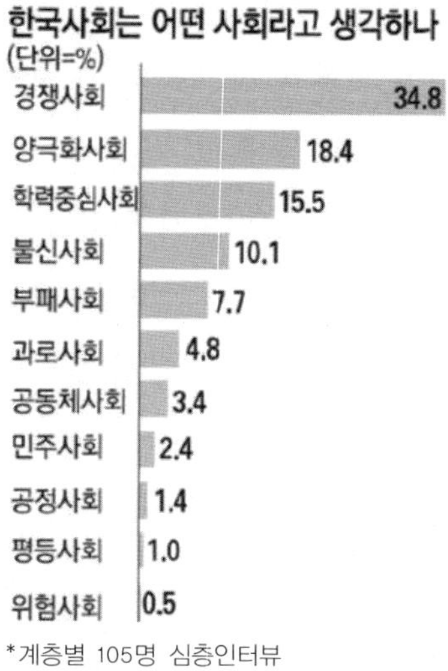

그림 6. 한국사회는 어떤 사회라고 생각하나?
그림 출처: 『매일경제』 2016.2.25.

람을 증오하고 미워하며 갈등 관계가 형성되면 불행해진다. 국민이 서로 하나가 되고 포용하여 사회가 통합되면 국민 개개인의 행복이 증진되는 것이다. 말하자면, 국민행복을 위한 첫 번째 조건인 평화는 국민행복의 두 번째 조건인 사랑과 소속감, 국민통합을 토대로 이루어지는 것이다.

그런데 우리나라는 그동안 성공적으로 경제의 발전을 이룩하여 왔지만 사회통합, 국민통합에 많은 문제를 드러내고 있다. 김문조 등(2015)이 국민대통합위원회 측 의뢰를 받아 작성한 「한국형 사회 갈등 실태 진단」 연구보고서에 의하면 한국 사회는 그림 6에서 보는 바와 같이 경쟁사회, 양극화 사회, 학력중심사회, 불신사회, 부패사회, 과로사회 등의 순으로 인식되고 있다. 경제성장을 위한 경쟁 지향으로 불안과 과로, 그리고 피로가 심각하고, 성장의 결과로 생긴 빈부격차로 인한 위화감과 불만이 극에 달하여 분노사회를 넘어 원한사회가 되고 있는데, 그 과정이 또한 공정하지 못하고 속칭 '빽'이 없으면 되는 것이 없는 불공정 부패 불신사회라고 인식한다는 진단이다.

그런데 이러한 진단조차도 집단에 따라서 전혀 다르게 인식할 수 있을 정도로 갈등이 심각한 것이 우리 사회의 현실이다. 삼성경제연구소에 의하면 OECD 회원국 중 터키에 이어 두 번째로 갈등이 심각한 나라이며, 사회갈등으로 인한 경제적 손실은 최대 246조 원에 달한 것으로 조사되었다.(박준, 2013) 정영호·고숙자(2014)도 같은 연구결과를 보고하고 있다. 즉, 2009년 우리나라의 사회갈등지수는 OECD 28개 국가 중에 4위였고, 2010년에는 OECD 25개 국가 중에 5위, 2011년에는 OECD 24개 국가 중에 5위에 이른 것으로 나타났다.

이렇게 집단 간 갈등 양상이 사회 기반을 무너뜨릴 수 있을 만큼 위험수위에 다다랐다는 진단이 지속적으로 이어져 왔기 때문에 역대 정부는 '100% 대한민국', '국민대통합위원회', '통합정부' 등 통합국가를 계속하여 추진하여 왔던 것이다. 그럼에도 불구하고 보건사회연구원이 2016년 조사 발표한 사회통합지수에 의하면, 우리나라의 사회통합 수준은 지난 20년 동안 OECD 회원국 가운데 최하위권에 머무르고 있는 것으로 나타났다.(정해식 외, 2016) 따라서 국민통합을 제고하는 것이 중요한 국가적 과제이자 방향이 되고 있다. 그중에서도 '사회적 포용' 항목은 1995~2015년 사이에 5년 주기로 5차례 측정한 모두 OECD 30개 회원국 중 최하위를 차지하여 특히 개선의 노력이 많이 필요한 것으로 나타났다.

그러면 어떻게 하면 통합국가를 만들 수 있을까? 『대학연의』의 이 질문에 대한 답은 권1에서 총괄적으로 제시되고 있다.

『대학연의』 권1은 『서경』 「요전(堯典)」의 "(요임금이) 큰 덕(德)을 능히 밝히시어 구족(九族)[29]을 친애하니 구족이 이윽고 화목해지고 백성[30]을 고루 밝히셨다. 백성이 덕을 밝혀 만방이 화합하니 만민[黎民]이 아름답게 변하여 이에 화평하게 되었다."[31]로 시작하고 있다.

그리고 이를 다음과 같이 풀이하고 있다. 즉 '큰 덕을 밝힘[明峻德]'이라는 것은 몸을 닦는 일이고, '구족을 친애함[親九族]'이라는 것은 가정을 가지런히 하는 일로 이른바 수신제가(修身齊家)를 의미한다. '구족이 이윽고 화목해지고, 백성을 고루 밝힘[九族既睦, 平章百姓]'은 이른바 가정이 가지런하게 되고 나라가 다스려지는 것[齊家治國]이다. '백성이 덕을 밝혀 만방이 화합하니 만민이 아름답게 변하여 화평하게 됨[百姓昭明, 協和萬邦, 黎民於變時雍]'은 이른바 나라가 다스려지고 천하가 평화로운 것[治國平天下]을 의미한다고 한다.

이 해석을 조금 더 부연하여 살펴보면, 평천하(平天下)는 백성이 아름답게 변하여 이에 서로가 화평한 상태[雍]를 말한다. 옹(雍)은 화(和)를 의미하고, 화(和)는 화합·화목·화해·조화·중화·평화·화평 등의 의미를 포함하는데, 본고에서는 옹(雍)을 화평으로 번역하고자 한다. 그 이유의 하나는 그 앞의 문장에서 화목[睦]과 화합(協和)이 사용되고 있고 이것들이 작동한 결과가 옹(雍)이기 때문에 전자와 구별되는 다

---

29 고조로부터 증조·할아버지·아버지·자기·아들·손자·증손·현손까지의 직계친족을 말한다.

30 여기 백성은 기내(畿內)에 살고 있는 사람들을 말하며, 기내는 천자(天子)의 왕성(王城)에서 500리 이내(以內)의 지역(地域)으로서, 천자(天子)의 직할지를 가리킨다. 옛 부족사회에서 성씨(姓氏)를 가진 사람은 족장계층을 의미한다.

31 『서경』 「堯典」, "克明峻德, 以親九族. 九族既睦, 平章百姓. 百姓昭明, 協和萬邦, 黎民於變時雍."

른 개념으로 번역할 필요가 있기 때문이다. 다른 이유는 유교의 화(和)는 사람들의 세상과 사물에 대한 인식과 처방이 서로 다르다는 것을 기본적으로 전제하면서도 서로에 대한 이해와 배려를 통하여 이러한 차이를 극복하고 진정으로 하나가 되는 상태, 즉 '화이부동(和而不同)'을 말하기 때문이다. 천하 만민들이 교화되지 않은 사람이 없으며 아름다워지지 않은 풍속이 없어서 화락해짐이 봄과 같고, 아름다운 사람이 되어 서로 간 갈등이 없고 화해(和解)가 이루어지며, 서로 멀어져 있다가 사이가 좋아진 화해(和諧)의 상태, 이러한 상태를 일러 화평이라고 할 수 있기 때문이다.

『대학연의』는 이렇게 사람들의 관계가 화평한 통합국가를 평천하라고 하면서, 그에 이르는 길이 두 가지 즉 인(仁)과 의(義)의 길이라고 한다.

평천하(平天下)의 첫 번째 길은 인(仁)이다. "이른바 평천하는 그 나라를 다스리는 데 달려 있으니, 임금이 노인을 노인으로 대접하면 사람들의 효심이 일어나고[孝], 임금이 어른을 어른으로 대접하면 사람들의 공경심이 일어나며[弟], 임금이 고아를 불쌍하게 여기면 사람들이 그들을 저버리지 않는다[慈]. 이러므로 군자는 혈구의 도[絜矩之道]가 있어야 하는 것이다.[32]

위 문장은 평천하가 '혈구지도'에 달려 있음을 지적하고 있다. 혈구지도란 "윗사람에게 싫었던 것으로 아랫사람에게 시키지 말고, 아랫사람에게 싫었던 것으로 윗사람을 섬기지 말며, 앞사람에게 싫었던 것

32 『大學集註章句大全』, "所謂平天下, 在治其國者. 上老老而民興孝, 上長長而民興弟, 上恤孤而民不倍. 是以君子有絜矩之道也."

으로 뒷사람을 이끌지 말며, 뒷사람에게 싫었던 것으로 앞사람을 따르지 말며, 오른쪽 사람에게 싫었던 것을 왼쪽 사람에게 주고받지 말며, 왼쪽에게서 싫었던 것을 오른쪽에게 주고받지 말 것이니, 이것을 일러 말하는 것이다.[33] 또 달리 설명하면, "윗사람이 자기에게 무례하게 대하는 것을 원하지 않는 것처럼 반드시 아랫사람의 마음을 헤아려서 자신도 역시 감히 무례하게 아랫사람을 부리지 말며, 아랫사람이 자신에게 불충(不忠)하는 것을 원하지 않는 것처럼 반드시 윗사람의 마음을 헤아려서 자신도 역시 불충하게 윗사람을 섬기지 않는 것을 말한다."[34]

혈구지도는 서(恕)와 상통한다. '서'는 여(如)와 심(心)의 합성자로서 '저 사람의 마음도 내 마음 같으려니'하고 헤아리는 것이다. 공자는 자공(子貢)이 종신토록 행해야 할 것 '한 글자'를 물었을 때도 바로 이 서(恕)를 꼽으면서 "자기가 하고 싶지 않는 것을 다른 사람에게 시키지 말고"[35] 또 "자기가 서고자 하면 남을 세워 주고, 자신이 이루고자 하면 다른 사람이 이룩하게 해 주라"[36]고 하여 혈구지도의 소극적 측면과 적극적 측면을 공히 강조하였다. 이렇게 다른 사람의 존재를 인정하고 존중하며 배려하면 자연스럽게 개인과 개인, 집단과 집단 간 갈등이 줄어들고 모두 다 함께 행복한 세상을 만들 수 있게 된다는 것이다.

---

33 『大學集註章句大全』, "所惡於上 毋以使下 所惡於下 毋以事上 所惡於前 毋以先後 所惡於後 毋以從前 所惡於右 毋以交於左 所惡於左 毋以交於右 此之謂絜矩之道."

34 『大學集註章句大全』, "如不欲上之無禮於我 則必以此度下之心 而亦不敢以此無禮使之 不欲下之不忠於我 則必以此度上之心 而亦不敢以此不忠事之."

35 『論語』「衛靈公」篇, "子貢問曰: 有一言可以終身行之者乎? 子曰: 其恕乎. 己所不欲, 勿施於人."

36 『論語』「雍也」篇, "己欲立而立人, 己欲達而達人."

이러한 혈구지도의 관계에서 특히 강조하는 것은 힘이 없고 약한 사람들이다. 평천하는 늙은 홀아비·홀어미·고아·자식 없는 노인[鰥寡孤獨]이 한 사람이라도 그 생을 영위하지 못함이 없도록 하고, 종기[痒]와 묵은 병[痾], 질병[疾]과 고통[痛] 가운데 있는 사람을 자신의 몸과 같이 여기는 것을 말한다. 복지국가, 포용국가가 평천하라는 말이다. OECD국가 중 최하위를 면하지 못하고 있는 우리나라의 포용국가 수준을 개선하기 위해서도 혈구지도의 정신이 필요하다.

이렇게 사람과 사람 간의 관계를 원활하게 하는 핵심은 상대방의 입장에서 생각하고 행동하는 것인데, 그렇다면 상대방이 나에게 기대하는 역할을 이해하는 것이 필요하다. 『대학연의』는 때문에 각자의 역할을 규정하는 인간관계의 망을 제시하고 있다. 즉, 그 관계망을 오상(五常), 즉 부자(父子), 군신(君臣), 부부(夫婦), 장유(長幼), 붕우(朋友)로 정의하고 각각의 관계를 규정짓는 윤리인 오륜, 즉 부자유친(父子有親)·군신유의(君臣有義)·부부유별(夫婦有別)·장유유서(長幼有序)·붕우유신(朋友有信)을 권6부터 권10까지 다섯 권에 나누어 길게 설명하고 있다. 이와 같이, 사람들이 살아가면서 관계를 맺을 수밖에 없는 경우를 최소 다섯 가지로 정리한 다음, "임금이 되어서는 인(仁)에 머물고, 신하가 되어서는 경(敬)에 머물고, 자식이 되어서는 효(孝)에 머물고, 아버지가 되어서는 자애[慈]에 머물고, 나라 사람들과 함께 사귐에 있어서는 믿음[信]에 머무르는 것"이 바로 혈구지도의 태도라고 설명한다. 이렇게 사람마다 친한 이를 친하게 하고 어른을 어른으로 섬긴다면 천하가 평안해질 것이기 때문에, 화평사회 통합국가로 가는 길이 어려운 길이 아닌데, 맹자의 말처럼, 사람들은 도(道)가 가까이 있음에도 먼 곳에서 구하려고 하고, 일이 쉬운 데에 있음에도 어려운

곳에서 구하려 한다.[37]

『대학연의』는 또 화평한 사회 통합국가를 위한 공간적 순서를 제시한다. 즉 천하 만민이 화평한 상태가 되기 위해서는 먼저 백성이 화합하는 것이 필요하다고 한다. 백성은 상고시대에는 벼슬하는 사람을 의미했으나 진덕수는 이들을 기내(畿內)에 살고 있는 사람들이라고 설명한다. 기내(畿內)는 천자가 살고 있는 궁전과 가까운 곳으로 기내 백성은 여기에 살고 있는 사람, 즉 천자의 친족 또는 천자의 신하들과 그 가족들을 의미한다. 이에 반해 여민(黎民)은 검수(黔首)와 동의어로 사용되는데, '黎'와 '黔'은 둘 다 '검다'는 뜻으로 관(冠)을 쓰지 않은, 검은 머리 그대로의 평민을 의미한다. '黎'는 또 많다는 뜻과 무리라는 의미를 지니고 있어서 중민(衆民) 또는 여서(黎庶)와 동의어로 사용되기도 한다. 따라서 평민을 포함한 천하 만민이 화평한 상태가 되기 위해서는 백성들, 즉 한 나라의 지배층 또는 천자와 가까운 나라의 사람들이 먼저 화합해야 한다고 할 수 있다.

그리고 또 한 나라의 백성들이 화합하기 위해서는 백성들도 스스로 깨어서 덕이 있는 사람이 되어야 한다는 것을 강조한다. 군주가 스스로 그 덕을 밝히는 것[克明峻德]과 같이 백성들도 역시 그 덕을 밝히는 것[百姓昭明]이 필요하다. 말하자면, 사람을 사랑하고 만물을 이롭게 하는 것[愛人利物]은 인(仁)의 용(用)으로, 이것이 가능하기 위해서는 모든 사람들에게 인(仁)의 체(體) 즉 자기를 이기고 예로 돌아가는 것[克己復禮]이 전제되어야 한다는 것이다.

평천하의 두 번째 길은 의(義)이다. 『대학연의』가 천하의 평화[天

---

37 『孟子』「離婁上」, "道在邇, 而求諸遠, 事在易而求之難. 人人親其親, 長其長, 而天下平."

下之平]를 논하면서 “나라는 의(義)를 이로움[利]으로 여기며, 이익[利]을 이로움[利]으로 삼지 않는다.”[38]라는 『대학』 마지막 장을 소개하여, 평천하의 길이 의(義)의 길임을 보여 준다. 그리고 그 의(義)의 길은 사적인 이익을 추구하지 않는 길임을 보여 준다. 사람들은 의(義)와 이(利)는 둘 다 가지고 있기 때문에, 비록 요순(堯舜)이라도 백성들이 이익을 바라는 마음을 없애지 못한다. 그러나 이익을 바라는 사람이 의를 좋아하는 사람을 이길 수 없게 할 수는 있다. 반대로 비록 걸주(桀紂)라도 백성들이 의를 좋아하는 마음을 없애지 못한다. 그러나 의를 좋아하는 사람이 이익을 좋아하는 사람을 이기지 못하게 할 수는 있다. 그러므로 의(義)가 이를 이기는 경우에는 다스려지는 세상[治世]이 되고, 이(利)가 의를 이기는 경우에는 어지러운 세상[亂世]이 된다. 따라서 국가지도자가 일을 하면서 공공(公共)을 위해 마음을 쓰면 사람들이 반드시 즐거워하여 이에 따르고, 사사로이 자기 자신만을 위해 마음을 쓰면 사람들이 반드시 거부하며 배반할 것이라고 경고를 한다.

의(義)는 공정성을 의미한다. 『상서(尙書)』 「홍범(洪範)」은 왕이 목표로 삼아야 할 삶의 표준[極], 즉 황극(皇極)을 제시하고 있다. 여기서 왕이 표준으로 삼아야 할 것으로 의(義)가 제시되고 있는데 이 왕의 의[王之義]는 치우침이 없고[無偏] 기울어짐이 없는[無陂] 것이다. 편(偏)은 중립적이지 않음[不中]을 의미하고, 파(陂)는 평등하지 않음[不平]을 의미한다. 이러한 왕의 도[王之道]를 따르려면 사사로이 좋아하는 것을 만들지 말아야 하며, 왕의 길[王之路]을 따르려면 사사로이

38 “『大學』末章論天下之平曰, 國以義爲利而不以利爲利.”(권26)

미워하는 것을 만들지 않아야 한다.[39] 사욕이 아니면 치우침도 기울어짐도 없을 텐데 그렇지 않기 때문에 편파적이 되고 불평등이 생긴다는 것이다. 즉, "대개 편파(偏陂)적이고 악을 좋아하는 것은 이미 사욕이 마음에서 생겨난 것이고, 치우쳐 공평하지 않는[偏黨] 것과 상도에 반하고 공정하지 않는[反側] 것은 사욕이 일에 나타난 것이다."[40]

따라서 사욕을 버리고 무편(無偏)하고 무당(無黨)할 필요가 있다. 즉, 편(偏)은 불중(不中)이고 당(黨)은 불공(不公)이라 중립적이고 공평할 필요가 있다. 그러면 왕의 도가 한없이 넓고 오래 지속되고, 또 무당(無黨)하고 무편(無偏)하면 왕의 도가 순탄할 것이라고 한다. 또 무반무칙(無反無側)하면, 즉 반(反)은 반상(反常)이고, 측(側)은 불평(不平)이라, 상도에 반하지 않고 불공정하지 않으면, 왕의 도가 바르고 곧을 것[正直]이니, 사람들이 그러한 표준을 제시하는 왕의 나라로 모이고 돌아올 것이라고 한다.[41] 말하자면 공정한 세상에 사람들이 모이고 반칙 없는 나라여야 국민통합과 포용국가가 이루어진다는 것이다.

이렇게 무편(無偏)하고 무당(無黨)한 것을 달리 표현하면 중(中)이라고 할 수 있다. 즉 정이(程頤)는 "치우치지 않음[不偏]이 중(中)이고, 바뀌지 않음[不易]이 용(庸)이다."라고 하였다. 또 주희(朱熹)는 "중은 치우치지도 않고 기울지도 않으며, 지나치거나 모자람이 없음을 말하고 용(庸)은 일상적이고 변하지 않는 것[平常]"을 말한다고 한다. 진덕

---

39 "「洪範」: 皇建其有極, 無偏無陂, 遵王之義. 無有作好, 遵王之道. 無有作惡, 遵王之路." (권11)

40 "蓋偏陂好惡者, 已私之生于心者也. 偏黨反側者, 已私之見于事者也."(권11)

41 "無偏無黨, 王道蕩蕩. 無黨無偏, 王道平平. 無反無側, 王道正直. 會其有極, 歸其有極." (권11)

수는 "치우치지도 않고 기울지도 않음[不偏不倚]은 마치 사방 어느 곳에도 치우치지 않은 지점에 서 있는 것과 같으니, 마음[心]의 본체[體]이며 땅[地]의 중앙[中]이고, 지나치거나 모자람이 없음[無過不及]은 마치 길을 걸음에 앞서지도 않고 뒤서지도 않는 것이니, 이치[理]의 마땅함[當]이며 일[事]의 중도[中]이다."[42]라고 한다.

이와 같이, 중(中)이 곧 황극이자, 의(義)이기 때문에, 『대학연의』는 「전(傳)」을 인용하여 '공평하면 밝음이 생기고, 치우치면 어둠이 생긴다[公生明, 偏生闇].'고 한 번 더 강조한다. 그래서 '외롭거나 홀로된 자를 학대하지 말아야' 하지만 동시에 '높은 지위를 가진 이를 두려워하지 말라'고도 한다. '사람 중에 재능이 있고 잘 하려고 하는 뜻이 있는 자가 국정에 참여하도록 하면 나라가 번성할 것이다.'라고 한다. 그리고 이것은 그야말로 빈부귀천을 가리지 않고 모든 백성을 동등하게 보고 똑같이 사랑하는[一視同仁] 그런 세상으로 그렇게 되면 무릇 재능 있는 자가 모두 선(善)에 나아가게 되고 그러면 인재가 많아져서 나라가 흥해진다고 한다.[43]

(6) 한 사람 한 사람이 평안한 나라: 행복국가

평천하의 세 번째 측면은 한 사람 한 사람의 마음이 행복한 상태이다. 앞에서 우리는 전쟁이 없는 평화국가, 재난이 없는 안전사회가 국민행

---

42 "蓋不偏不倚, 猶立而不近四旁, 心之體地之中也. 無過不及, 猶行而不先不後, 理之當事之中也."(권11)

43 "其曰, 無虐煢獨而畏高明, 人之有能有爲, 使羞其行, 而邦其昌云者, 則謂君之於民一視同仁. 凡有才能, 皆使進善則 人材衆多, 而國賴以興也."(권11)

복의 첫 번째 조건임을 보았다. 그리고 사람과 사람 간의 관계가 갈등이 없고 서로 사랑하고 존중하는 포용국가가 국민행복의 두 번째 조건임을 또한 보았다.

개인수준에서 행복의 조건으로 많이 강조되고 있는 것은 소득이다. 소득이 늘어날수록 행복이 늘어나는 것은 아니라는 소위 이스털린의 역설(The Easterlin Paradox) 때문에 행복연구가 활발해지기는 했지만 소득이 행복에 미치는 영향은 결코 줄어든 것이 아니다. 절대적인 소득에서 상대적인 소득, 다시 말해 불평등의 문제로 관심이 옮겨 가고 있기는 하지만, 여전히 소득은 행복에 영향을 미치는 중요한 요인임을 부정할 수 없다.(Ball & Chernova, 2008) 소득이 증가하는 정도만큼은 아니지만 소득이 늘어나면 그래도 행복이 지속적으로 증가한다는 반론과 논쟁이 계속되고 있다.(Easterlin, 1974; Easterlin, 2001; Hagerty & Veenhoven, 2003; Veenhoven, 1991)

『대학연의』도 소득의 중요성을 강조한다. '부유하기를 원하지 않는 이가 없는 것이 인지상정이기 때문에 삼왕은 백성들이 넉넉하여 곤궁하지 않게 하였다.'고 하고(권27), "재물이 떨어지면 원망을 하고, 힘이 떨어지면 원한을 품는다."[44]고도 한다. 또 "반드시 천하의 춥고 배고픔을 마치 자기가 춥고 배고프게 만든 것처럼 생각해야 한다"고 하기도 한다.(권27) 그래서 "세금을 가볍게 하여서 농부들로 하여금 즐겁게 밭을 갈게 하고, 자릿세를 줄여서 상인들로 하여금 시장에 즐겁게 저장하게 하라"(권14)고도 하고 "가혹하게 세금을 걷지 말라"(권27)고도 한다.

---

44 "『春秋傳』曰: 財盡則怨, 力盡則懟."(권27)

이와 같이 소득이 행복의 중요한 결정요인이 되는 까닭은 보다 많은 소득은 사람들이 추구하려는 욕구의 실현 가능성을 높여 주기 때문이다. 그러나 보다 많은 또는 보다 좋은 물질을 소비하려는 욕구는 끝이 없어 이의 실현이 어려울 뿐만 아니라, 오히려 불만과 걱정이 생길 수도 있다. 물질적 풍요의 추구는 경쟁의 심화와 빈부격차의 확대, 생태계의 파괴 및 자원의 고갈 등의 문제를 야기하여 인간의 삶을 왜곡시키는 문제를 양산하게 된다. 그래서 『대학연의』는 "부귀(富貴)는 믿을 만한 것이 못 되고 오히려 근심을 이끌어 내는 것이다."(권2)라고 말한다. 오히려 좋은 술과 맛있는 음식은 마음을 어지럽히는 강렬한 독이고, 음란한 소리와 아름다운 여색은 본성을 해치는 도끼날이 된다고 한다. 인심(人心)은 날카로운 칼날과 사나운 말과 같아 위태롭기 그지없기 때문에 물욕(物欲)을 따르지 말라고 한다. 공영달(孔穎達)이 "인심은 온갖 근심의 주역이다[人心惟萬慮之主]"라고 한 말이 틀린 말이 아니다.

『대학연의』는 따라서 욕구의 충족보다는 근심걱정이 없고 마음이 편안한 상태에서 행복을 느낄 수 있다고 한다. 그러한 상태를 '편안한 집[安宅]'이라고 한다. 편안하다는 것은 억지로 하지 않고 자연스럽게 이루어질 때 나타나는 마음의 상태인데, 이것은 사람이 사람의 본성대로 할 때 나타난다.[45] 그런데 사람의 본성[性]이란 본래 지극히 선한 것이기 때문에 선하게 생각하고 행동하는 것이 본성을 거스르지 않는 것이고, 또 그것이 행복으로 이어지게 한다는 것이다.

다른 말로 하면, 사람의 선한 본성을 밖으로 드러낸 것이 도(道)라

45 "安安, 與所勉强之意, 言其德性之美, 出乎自然, 不待用力, 所謂性之者也."(권1)

고 할 수 있는데, 이 때문에 도(道)는 곧 본성이라고 할 수 있다. 본성[性]이 체(體)라면 도(道)는 용(用)으로, 그 실체는 하나이다. 그러므로 본성을 따라서 도(道)를 실현하는 것이 행복에의 길이다.[46]

『대학연의』는 이에 대한 보다 구체적인 설명도 제시하고 있다. "하늘이 명한 성(性)은 인의예지(仁義禮智)일 뿐이다. 인(仁)의 본성을 따르면 부자간의 친함으로부터 백성을 사랑하고 만물을 아끼는 데에 이르기까지 모두가 도(道)다. 의(義)의 본성을 따르면 군신 간의 구분으로부터 어른을 공경하고 어진 이를 높이는 데에 이르기까지 또한 도(道)다. 예(禮)의 본성을 따르면 공경(恭敬)하고 사양(辭讓)하는 절문(節文)이 모두 도(道)다. 지(智)의 본성을 따르면 옳고 그름, 사악함과 올바름[是非邪正]의 분별이 또한 도(道)다."[47] 따라서 이러한 인의예지(仁義禮智)에 따른 행동이 사람을 편안하게 하고 또 그래서 사람을 행복하게 만든다. 매슬로의 욕구5단계설로 풀이하면, 사람들이 자기 자신의 본성을 가장 잘 실현할(self-actualization) 수 있을 때 그때가 진정한 행복을 느낄 수 있게 된다고 할 수 있다.

그럼에도 불구하고, "사람은 욕심[欲]이 있어 측은한 마음이 나타났다가도 잔인한 마음이 그것을 빼앗고, 사양하는 마음이 나타났다가도 탐욕스런 마음이 거기에 섞이고, 악을 부끄러워하는 마음이 나타났다가도 구차한 마음이 거기에 섞이고, 시비를 분별하는 마음이 나타났

---

46 "性本至善, 因而敎焉是之謂順, 若其本惡, 而强敎以善, 則是逆之, 而非順之也. 觀若之一言則人性之善可知矣猷者道也. 道卽性也. 以體而言則曰性以用而言則曰道, 其實一也. 順其性使安其道非君不能."(권5)

47 "天命之性仁義禮智而已, 循其仁之性則自父子之親以至於仁民愛物皆道也. 循其義之性則自君臣之分以至於敬長尊親亦道也. 循其禮之性則恭敬辭遜之節文皆道也. 循其智之性則是非邪正之分別亦道也."(권5)

다가도 어둡고 망령된 마음이 그것을 해치는"[48] 경우가 있으니 그때 마음이 편하지 않게 되는 것이다. 그러므로 인간의 본성을 따라서 도를 실현하는 것이 개인의 행복을 실현하는 방법이라는 것이다. 진정한 행복으로 보통 소개되는 '유다이모니아(eudaimonia)'가 '잘(well)'이라는 의미의 "eu"와 '진정한 나(true self)'라는 의미의 "daimon"이 합쳐진 말임을 감안하면(오은영, 2017), 결국 동서양 모두 진정한 행복은 자신의 본성에 따라 도를 실현하는 것에서 얻어지는 것이라고 할 수 있다.

『대학연의』는 장식의 말을 인용하여, 이렇게 본성을 따라 도를 행하는 것이 개인의 행복을 인도하기도 하지만 동시에 사회와 국가의 평화도 보장해 주고 번영도 실현해 주는 길이라고 한다. 즉, "인이라는 것은 번영에 뜻을 둔 것은 아니지만, 인이라는 것이 본디 번영이다. 인이 자신에게 있으면 마음이 조화롭고 기가 평안하여 덕성이 높아지고 난폭함과 교만함이 멀어진다. 인이 집에 있으면 부자가 서로를 제 몸같이 여기고 형제가 화목하며 부부간 의가 좋고 나이든 사람과 젊은 사람 간에 질서가 있게 된다. 그것을 나라에 미루어 행하면 나라가 다스려지고, 그것을 천하에 베풀면 천하가 평안하여 가는 곳마다 영화롭지 않음이 없게 된다."[49]라고 하여, 본성을 따라 도를 행하는 것이 평천하(平天下)에 이르는 길임을 밝히고 있다.

지금까지 우리는 모범국가는 행복국가이고, 국민의 행복은 전쟁

48 "故惻隱之發而殘忍奪之, 辭遜之發而貪冒雜之, 羞惡之發而苟且間之, 是非之發而昏妄賊之."(권5)

49 "張栻曰, 仁者非有意於榮, 仁者固榮也, 在身則, 心和而氣平, 德性尊而暴慢遠, 在家則, 父子親, 兄弟睦, 夫婦義, 長幼序, 推之于國而國治, 施之于天下而天下平, 無往而不榮也."(권12)

과 재난이 없는 평화국가, 사람과 사람 간의 관계가 따뜻하고 사랑스러운 포용국가, 그리고 국민 한 사람 한 사람이 본성에 충실하여 마음이 평안한 나라에서 이루어진다는 것을 보았다. 그리고 또 한 사람 한 사람이 본성에 충실할 때가 사람과 사람 간의 관계가 화평하고 통합이 잘 되며, 또 그러한 상태가 될 때 국가의 힘도 강해지고 진정한 평화를 누릴 수 있다는 것을 보았다. 국가, 사회, 개인의 행복과 평화가 서로 분리되어 있는 것이 아니라 밀접히 연계되어 있음을 보았다. 바로 그런 세상을 평천하(平天下)라고 하는 것이다.

4. 모범국가를 이끄는 리더십

지금까지 나라다운 나라, 모범국가는 국민이 행복한 국가임을 알아보았다. 그러면 어떻게 하면 행복국가를 만들 수 있을까? 『서경』은 "아름답다. 사람을 아는 것, 그리고 백성을 평안하게 하는 것"[50]이라고 노래하여 국민을 평안하게 하고 행복하게 만드는 길이 사람을 아는 것에 있음을 지적한다. 또 앞에서 이미 살펴본 바와 같이, 『대학』은 지어지선(止於至善)에 가기 위해서 사람을 아껴야[親民] 한다고 설파한다. 고전 중의 고전인 『서경』과 『대학』이 공히 모범국가를 가는 길이 사람에게 달렸다고 하고 있다. 사람을 아는 것, 그리고 사람을 아끼는 것이 모범국가로 가는 관건이라는 것이다. 『대학연의』도 같은 입장을 보이면서, 인재를 아는 법 그리고 사람을 다루는 법 이 두 가지를 아주

50 『書經』「虞書·皐陶謨」, "都. 在知人在安民."

자세하게 소개하고 있다.

(1) 인재의 중요성

인재의 중요성을 지적하는 표현은 차고 넘친다. Collins(2001)는 좋은 기업을 넘어 위대한 회사를 만드는 것은 기술도 상품도 아니라 적합한 사람을 확보하고 붙들어 두는 것이라고 한다. Smart & Street(2008)는 '무엇(What)'에 관한 것보다 중요한 것은 '누구(Who)'에 관한 결정이라고 하면서, 가령 연봉 1억인 직원 한 사람을 잘못 채용하면 회사는 15억 원의 손실을 입는다고 한다. 당 태종은 "수백만 백성을 얻는 것이 한 사람의 현명한 인재를 얻는 것만 못하다"[51]고 한다.

『대학연의』도 "인사(人事)가 바르면 바른 기운이 응하고 인사가 바르지 않으면 사악한 기운이 응하여, 재이(災異)가 발생한다."(권1) "사람을 등용하는 일은 곧 정치를 바로 세우는 근본이고, 정사가 잘 되고 못 되는 것은 사람을 잘 쓰고 못씀에 달려 있다."(권2) "술은 누룩이 아니면 만들 수 없고 국은 소금에 절인 매실이 아니면 맛을 낼 수 없듯이, 임금은 현자의 경계와 보필이 아니면 그 덕이 나아갈 수 없다."(권3) 등의 표현을 사용하여 한결같이 인사의 중요성을 지적하고 있다.

『대학연의』는 또 위와 같은 표현을 입증하는 증거로 무수히 많은 사례를 소개하고 있다. 가령, 탕왕(湯王)은 이윤(伊尹)을 신하로 삼았기 때문에 힘들이지 않고 왕이 되었다. 환공(桓公)은 관중(管仲)을 신하로 삼았기 때문에 힘들이지 않고 패자가 되었다. 박근혜 대통령의 비극도

---

51 "得數百萬緡, 不如得一賢才."(권26)

인사 참사로 비롯되었으니 또 다른 입증 사례라고 하겠다. '어떻게 골라도 이런 사람만 고를까'라는 비판이 대통령의 제1호 인사부터 제기되어 그 뒤로도 지속되었다. 수첩인사, 불통인사, 비선인사가 끝까지 문제가 되었으니 정권이 무너지지 않았으면 오히려 이상한 일이었다.

그러면 어떻게 하면 바른 인사를 할 수 있을까? 이와 관련하여, 춘추시대 제(齊)나라의 재상 안자(晏子)는 세 가지 착안 사항을 제시하고 있다. "나라에 상서롭지 못한 세 가지가 있다. 인재가 있는데도 몰라보는 것이 그 첫째이고, 알고도 기용하지 않는 것이 그 둘째이며, 기용하고도 맡기지 않는 것이 그 셋째이다."[52] 인사의 이러한 세 가지 사항을 차례로 살펴보고자 한다.

(2) 인재를 분별하는 법

바른 인사의 첫 번째는 인재를 알아보는 것이다. 인재를 아는 것이 이렇게 국가 또는 정권의 흥망성쇠를 결정할 정도로 중요하기 때문에 『대학연의』는 변인재(辨人才)라고 하여 인재를 분별하는 법을 자세하게 소개하고 있다. 먼저, 요즘 식으로 표현할 경우 인재분별 이론에 해당하는 것으로 권15의 '성현이 사람을 살피는 방법[聖賢觀人之法]'을 소개한다. 그다음 권16 '제왕이 사람을 알아보는 일[帝王知人之事]'은 이들 이론을 역대 제왕들의 실제 인사 사례에 적용하여 본 것이다. 이 두 권은 국가지도자가 함께 일할 인재를 알아보고 분별하는 방법을

52 『晏子春秋』「諫下十」, "晏子曰: "國有三不祥, 是不與焉. 夫有賢而不知, 一不祥; 知而不用, 二不祥; 用而不任, 三不祥也."

알려 주고 있다.

이에 반해 그다음 권17 '간웅이 나라를 훔치는 술수[姦雄竊國之術]'와 권18~24의 '간사한 자가 임금을 속이는 실상[邪罔上之情]'은 간신이 어떤 사람들인지, 그리고 이들이 어떻게 나라와 군주를 망치게 하는지를 자세히 소개하여, 국가지도자가 피해야 할 신하를 알아보고 분별하는 방법을 알려 주고 있다. 『대학연의』는 이들 간신을 크게 다섯 가지로 나누어 소개하고 있는데, 군주의 나라를 훔쳐 자기 나라로 만드는 간웅(姦雄), 군주를 속여 자신의 사익을 추구하는 간신(姦臣), 다른 사람을 무고하고 헐뜯는 참신(讒臣), 아첨으로 총애를 구하는 영행지신(佞幸之臣), 재물을 긁어모아 신임을 사는 취렴지신(聚斂之臣)이 그것이다. 이들 간신편을 읽어 보면, 첫째, 얼굴에 간신이라고 써 놓은 사람이 없고, 둘째, 능력도 뛰어나고 또 치열하게 노력하는 인물들이며, 셋째, 주위에 지지 세력이 많이 포진되어 있기 때문에 간신으로 인지하기가 결코 쉽지 않다는 것을 알 수 있다.

그렇기 때문에 더욱 인재를 분별하는 것이 국가지도자의 중요한 덕목과 과제가 된다. 『대학연의』는 이와 관련하여, 인재를 분별하는 기준과 관찰하는 방법을 소개하고 있다.

1) 인재를 분별하는 기준

『대학연의』가 인재를 분별하는 기준은 간단하다. "사람을 알아보는 것은 진실로 쉬운 일이 아니다. 그러나 결국 덕으로 그것을 판단할 수밖에 없다. 덕이 있으면 군자가 되고, 덕이 없으면 소인이 되니, 이것이 지인의 요체이다."[53] 이렇게 결론을 내린다. 이는 요즘 공직 인사에서 강조하는 전문성 인사와는 거리가 먼 기준이다. 자리에는 수행해야 할 직무가 있고, 직무를 수행하는 데는 전문성이 필요하기 때문에 자리가 요구하는 전문성을 갖춘 인재를 분별해야 한다는 것이 요즘의 공직 인사 원칙이다. 현대의 이러한 적소적재(適所適材) 인사원칙에 대해서 『대학연의』는 "재능을 기준으로 사람을 논하면서 여러 덕행은 돌아보지 않았기 때문에 재주만 있고 덕이 없는 소인이 등용된 적이 있었으니, 그러고도 일을 그르치지 않은 경우가 드물었다."[54]라고 비판한다.

공직 일반을 대상으로 생각하면 전문성 중심의 인사원칙이 타당해 보이지만 장차관 등 정무직 인사의 경우에는 요즈음도 국정철학의 공유 여부와 함께 도덕성 검증을 하는 것을 감안하면, 덕을 분별기준으로 삼는 것은 대신 등 고위직 인사의 경우에는 당연하다 하겠다. 특히 고위직이 자신의 사적 이익을 추구하면 국가와 정권이 파멸을 맞을 수도 있기 때문에 더욱 그러하다.

① 군자와 소인의 분별기준

『대학연의』는 그래서 공자, 배도(裵度), 장준(張浚), 이덕유(李德裕) 등등의 현자의 말을 빌려 군자와 소인을 분별할 수 있는 여러 가지 점검 포인트를 제시하고 있는데 간략하게 그 요점만 열거하면 다음과 같다.

먼저 군자와 소인을 분별하는 기준은 자기 자신의 사적 이익을 추구하는지 아니면 공공의 이익을 추구하는지의 여부이다.

ⓐ군자는 의(義)에서 깨닫고 소인은 이(利)에서 깨닫는다. 군자의 마음

53 "皐陶則曰 知人誠非易事然亦不過以德求之, 而已有德則爲君子, 無德則爲小人. 此知人之要也."(권15)

54 "或以材能取人而不稽諸德行, 故有才無德之小人, 得以自售. 其不敗事者, 幾希."(권15)

은 오직 의가 있는지를 알고자 하기 때문에 의에 대해 보는 것이 분명하나, 소인의 마음은 오직 이익이 있는지를 알고자 하기 때문에 이익에 대해서는 두루 환하지 않은 데가 없다.

ⓑ군자는 자기 몸에 사사로움이 끼어들지 못하게 하고 천하 백성으로 내 마음의 방향을 삼는다고 서슴없이 말할 수 있고, 소인은 모의하여 구하고자 하는 계책은 매우 치밀하지만 천하 백성의 이익과 손해를 나 몰라라 한다.

ⓒ군자는 도리를 행하는 데 뜻을 두고 이름을 구하지 않으나 명성이 스스로 찾아오고, 소인은 이익을 얻는 데 뜻을 두고 헛된 아름다움을 도둑질하며 뜬구름 같은 명예를 구한다.

ⓓ군자는 관직에 나아갈 것을 어려워하고 물러나는 것을 쉽게 생각하나, 소인은 관직을 탐내어 무슨 짓이라도 마다하지 않고 멸시를 당해도 염치를 모른다.

ⓔ군자는 섬기기는 쉬워도 기쁘게 하기는 어려우니, 도(道)로 하지 않으면 기쁘게 하여도 기뻐하지 않으며 사람을 부릴 때는 그릇에 맞게 한다. 소인은 섬기기는 어려워도 기쁘게 하기는 쉬우니, 도에 맞지 않더라도 기쁘게 해 주면 기뻐하며, 사람을 부릴 때는 다 잘하기를 요구한다.

ⓕ군자는 덕을 늘 생각하고 소인은 땅을 늘 생각하며, 군자는 늘 법을 생각하고 소인은 늘 혜택을 생각한다.

ⓖ군자는 위로 통달하고, 소인은 아래로 통달한다.

또 다음 문장에서 볼 수 있는 바와 같이 자신의 이익을 위해서는 다른 사람의 조그마한 잘못도 들추어내고 또 붕당을 짓기도 하는 사람은 소인이고, 반대로 다른 사람이 잘되기를 바라고 또 덕을 함께 하되 이익을 위한 패거리는 짓지 않는 것이 군자이다.

ⓗ군자는 다른 사람의 아름다움을 이루어 주고 다른 사람의 더러움을 이루지 않으니, 소인은 이와 반대이다.

ⓘ남의 좋은 일을 말하는 것을 즐겨 하고 남의 나쁜 점을 말하기 싫어하면 이는 군자이며, 남에게 좋은 점이 있으면 반드시 아직 완전하지 못한 데를 공격하여 이를 가리고 남의 잘못이 있으면 마치 지극한 보물을 얻은 것처럼 크게 기뻐하면서 이곳저곳에서 끌어들이고 올바르지 않은 것에 근거하여 이를 반드시 임금 앞에서 개진하려고 하면 이는 소인이다.

ⓙ군자는 조화롭게 어울리지만 반드시 같기를 요구하지는 않고, 소인은 반드시 같기를 요구하지만 조화롭게 어울리지는 못한다.

ⓚ군자는 어울리되 패거리를 짓지 않고, 소인은 패거리를 짓되 어울리지 않는다.

ⓛ올바른 사람은 송백(松柏)처럼 홀로 우뚝 서서 기대지 않지만, 사악한 사람은 넝쿨과 같아서 다른 사물에 붙지 않으면 스스로 일어날 수 없다. 그러므로 올바른 사람은 한 마음으로 임금을 섬기지만, 사악한 인간은 다투어 붕당을 만든다.

ⓜ군자의 무리는 덕을 함께하고, 소인의 무리는 악을 함께한다. 사람들은 비슷한 유의 사람들끼리 모이게 되어 있어 군자도 함께하는 무리가 있게 마련이나 덕으로 그것을 함께하지만 소인은 악으로 함께한다.[55]

---

55 "德裕所謂, 邪人競爲朋黨, 獨不思君子其無同類矣乎. 我以朋黨譏小人, 則小人亦將以朋

ⓝ군자는 자신에게서 찾고, 소인은 남에게서 찾는다.

또 그 사람의 태도를 보고서도 군자와 소인 여부를 구별할 수 있는데 너그럽고 겸손한 사람이 군자이고 반대의 사람이 소인이다.

ⓞ군자는 편안하며 너그럽고, 소인은 늘 조바심을 한다.

ⓟ군자는 태연하나 교만하지 않고, 소인은 교만하되 태연하지 않다.

ⓠ군자는 작은 일로서 그를 알 수 없으나 큰일을 맡을 수 있고, 소인은 큰일을 맡을 수 없으나 작은 일로 그를 알 수 있다.

② 구덕론: 덕의 크기에 대한 분별

『대학연의』는 덕의 존재 여부를 중심으로 군자와 소인을 분별할 뿐만 아니라 군자의 경우는 그 덕의 크기를 구별하는 기준을 또한 제시하고 있다. 고요(皐陶)가 제시한 '구덕(九德)'[56]론이 바로 그것인데 구덕은 다음에 보는 바와 같이 서로 대립적인 특성을 지니고 있다. 고위직으로 올라갈수록 서로 충돌하는 가치의 조화가 필요하기 때문에 이렇게 서로 대립적인 특성을 제시한 것은 고위직을 분별할 때 특히 유익하다 하겠다. 어느 하나가 지나쳐 치우치거나 또 어느 하나가 모자라 부족하지 않도록 중용을 지키는 것이 고위직의 경우에는 특히 중요하다.

ⓐ너그러우면서도 장엄함[寬而栗]. 도량이 크고 관대하여 사람을 대할

黨議我矣. 必如裴度曰, 君子之徒同德, 小人之徒同惡, 則爲得之. 此德裕之所以不及度也."(권16)

56 고요의 구덕(九德)에 대한 국내의 번역은 단어 그 하나하나의 번역으로 이루어져 그 뜻을 파악하기가 쉽지 않다. 그래서 『상서정의(尙書正義)』, 『근사록집해(近思錄集解)』 등을 참조하여 필자가 이해할 수 있는 수준까지 설명을 보다 자세하게 하였다.

때 너그러우나, 이것이 지나치면 사람들이 자기들 마음대로 하려고 하고 또 나태하기 쉬우니 엄격하고 엄숙하여 그런 상태에 이르지 않는 경우이다. 고위직에 있는 사람이 백성이나 고객 또는 부하 등 다수를 대하는 과정에서 볼 수 있는 덕이다.

ⓑ부드러우면서도 꼿꼿함[柔而立]. 자기를 버리고 남을 따른다[舍己從人]고 한 순임금의 이야기처럼 다른 사람의 이야기를 들을 때는 수양버들이 바람에 나부끼는 것처럼 부드러우나 일에 관한 한 자신의 주관이 뚜렷하여 흔들리지 않는 경우를 말한다. 일을 결정하는 과정에서 다른 사람의 이야기를 경청하는 것과 관련된 덕이다.

ⓒ삼가면서도 공손함[愿而恭]. 몸가짐이나 언행을 삼가고 조심하면 그것은 고집스럽게 여겨지기도 하나 행동으로 드러난 태도를 공손하게 하는 것을 말한다. 공(恭)은 외면에 나타나고 경(敬)은 마음속에 지키는 것이다.

ⓓ뛰어나면서도 공경함[亂而敬]. 난(亂)은 흐르는 물을 가로질러 건너는 것을 말하니, 재주가 보통사람보다 뛰어나서 나라를 다스릴 수 있는 능력이 있음을 말한다. 이렇게 뛰어난 능력을 보유하면 교만하기 쉬우나 하늘과 사람을 공경하고 경외하여 교만에 이르지 않는 것을 말한다.

ⓔ온순하면서도 과단성이 있음[擾而毅]. 온순하면 유연하고 현실적응을 잘하나 이것이 지나치면 우유부단의 위험이 있는데 그렇지 않고 과단성도 있는 경우를 말한다.

ⓕ곧으면서도 따뜻함[直而溫]. 바르고 강직한 자는 대쪽 같으니 이것이 지나치면 까칠하다는 평을 받기 쉬우나 그렇지 않고 온화하여 정이 가는 경우로, 자신에게는 강직하나 남의 잘못을 들추어내는

[詳] 지경에는 이르지 않는 경우를 예로 들 수 있다.

ⓖ간략하면서도 자세함[簡而廉]. 이것은 두 가지로 해석이 가능하다. 하나는 간략하고 도량이 클 경우 이것이 지나치면 법도가 서지 않을 위험이 있으나 그렇지 않고 법도[廉隅]를 지키는 경우이다. 다른 하나는 일을 간략하게 처리하는 것이 지나치면 일의 디테일을 소홀히 하기 쉽다. 넓게 보면서도 자세히 보고 크게 보면서도 동시에 세심하게 살피는 것으로 망원경으로도 보고 현미경으로도 보는 경우와 같다. 일종의 혼합주사모형(mixed scanning model)과 같은 성향을 말한다.

ⓗ굳세면서도 독실함[剛而塞]. 굳센[剛健] 자는 과단성이 있어 그것이 지나치면 다른 사람을 상하게 할 염려가 있으나 그렇지 않고 진실하여 돈후(篤厚)한 관계를 유지할 수 있는 경우를 말한다. 사자는 용맹하여 아무도 자신에게 덤빌 수 없으나 동시에 아무도 그에게 가까이 가려고도 하지 않아 외롭다. 사자와 같이 강하면서도 사람들과의 관계도 돈독한 경우를 말한다.

ⓘ용맹스러우면서 의로움[彊而義]. 강(彊)한 자는 혈기가 넘치는 자로, 그 혈기가 지나치면 사나움에 이를 수 있으니, 그렇게 되지 않도록 의로운 상태를 유지하는 것을 말한다.

이와 같이 구덕은 각각 두 가지 덕목이 교차되어 있어서 한 가지 덕목이 지나칠 경우의 취약점을 보완하고 있는지를 살펴보도록 하고 있다. 사람이란 것이 너그러울 수도 있고 부드러울 수도 있으며 강직할 수도 있고 용맹스러울 수도 있으나 다 그 한쪽으로 특성이 발휘되지 너그러우면서 동시에 위엄이 있고, 부드러우면서 동시에 꼿꼿하기가 쉽지 않은 것이다. 따라서 이렇게 어느 한쪽으로 치우치지 않는 덕목을 하나라도 지니기가 쉽지 않으므로, 고요(皐陶)는 이 중에 세 가지만 갖춰도 대부가 될 수 있고, 여섯 가지를 지니면 제후가 될 수 있다고 말한다. 말하자면 보다 높은 자리, 보다 큰 규모의 조직이나 국가를 경영하려면 충돌되는 가치를 보다 많이 관리할 수 있는 능력이 필요하다는 것이다. 『서경』「요전(堯典)」에서 말하는 '극명준덕(克明峻德)'의 큰 덕[俊德]이란 바로 구덕을 의미하는 것으로 국가지도자는 모름지기 구덕을 가지도록 다듬고 다듬어야 한다는 말이다.

그런데 덕이 있다는 것은 오래도록 변하지 않는 것을 전제로 한다. 만약 어떤 사람이 애를 써 잠시 동안 너그러우면서 동시에 위엄이 있는 행동을 한다고 가정할 경우, 이것을 덕이 있다고 할 수 있느냐 하는 것이다. 『대학연의』는 오랫동안 지속할 수 없다면 덕이 있다고 말할 수 없다고 단정한다. 덕이 있는 사람은 '한결같이 변치 않는 것[常而不變]'을 귀하게 여기니, "사람이 되어 항상성(恒常性)이 없으면 무당이나 의원도 될 수 없다"고 한다. 한결같은 사람이 군자가 되고 그렇지 않는 사람은 소인이 되니, 항상성 여부가 인재를 분별하는 또 하나의 요체인 것이다.

2) 인재를 관찰하는 방법

위와 같이 덕이 군자와 소인을 구별 짓는 기준이라면, 그 덕의 존재 여부 또는 크기는 어떻게 알 수 있는가? 『대학연의』는 덕을 말할 때는 반드시 일을 가지고 판단해야 한다고 주장한다. 대개 덕이란 일의 근본이고, 일이란 덕을 베푸는 행위이니, 일을 보지 않고 말로만 덕이 있다고 이야기하는 것은 빈말이라고 하면서 이것이 인재를 분별하는 또 다른 요체라고 강조한다. 이것을 좀 더 자세하게 설명하면 다음과 같다.

① 말로 판단하되, 그것만으로 인재를 분별하지 말라

공자는 "말을 알지 못하면 사람을 알 수 없다"[57]고 하여, 사람을 알아보는 요체 중의 하나가 그 사람의 말을 아는 것이라고 한다. 『주역(周易)』은 말을 아는 방법을 제시하는데, "장차 배반할 자는 그 말을 부끄러워하고 마음속으로 의심하는 자는 그 말이 흩어진다. 길한 사람의 말은 적고 조급한 사람의 말은 많다. 착한 것을 무함하는 사람은 그 말이 들떠 있고, 자신이 지키는 바를 잃은 자는 그 말이 비굴하다. 이것이 말을 통하여 사람을 살피는 방법이다."[58]라고 한다.

그러나 말로만 인재를 분별해서는 안 된다. 그 이유는 첫째 공자가 이야기한 것처럼, 사람의 말로 듣는 것과 그 행실이 일치하지 않기 때문이다. 둘째, 군자는 그 말이 굳고 반듯하여[剛正] 흔들림이 없고 아부하거나 자랑하지 않으나, 소인은 말을 잘 꾸며대고 또 절절하게 눈가와 얼굴에서 군주의 의도를 엿보기 때문에 말로만 들으면 소인을 선택할 가능성이 많기 때문이다. 셋째 모함하고 헐뜯기를 잘하는 사람은 다른 사람의 잘못과 죄를 이리저리 잘 짜 맞추어, 마치 비단기술자가 비단을 만들 듯 정교하게 짜 맞추기 때문이다.

그래서 옛날 성현들은 '말만 잘하는 입이 나라를 뒤엎는다[利口覆

---

57 "子曰: 不知言, 無以知人也."(권15)

58 "『周易』「大傳」曰: 將叛者其辭慙, 中心疑者其辭枝, 吉人之辭寡, 躁人之辭多, 誣善之人其辭游, 失其守者其辭詘, 此因言觀人之法也."(권15)

邦]'고 싫어하였고, 공자는 말하기를 "말을 듣기 좋게 하고 얼굴빛을 잘 꾸미는 사람치고 인(仁)한 경우가 적다"[59]고 한 것이다. 역사도 이 말을 뒷받침하고 있는데, 가령 한나라를 안정시킨 사람은 바로 재주가 둔하고 변통이 없었던 주발(周勃)이었고, 한나라 왕실에 화를 끼친 것은 얼굴빛을 꾸미고 아첨하였던 동현(董賢) 같은 자였다.

② 행실을 살피되, 그 근원도 따져보라

사람을 살필 때 또 해야 할 일은 그 사람이 지난 시절에 어떤 행실을 보였는지를 살피는 것이다. 긴 인생의 중요한 순간순간에 각각 어떤 행실을 했는지를 살펴보는 것이 그 사람이 어떤 사람인지 알 수 있는 첩경이기 때문이다.

이와 관련하여, 이극(李克)은 재상을 선임하고자 할 때 다음 다섯 가지 행실을 살펴보라고 권한다. 즉 "평소에는 그가 가까이하는 사람을 보고, 부유할 때는 그가 베풀어 주는 것을 보며, 높은 자리에 있을 때는 그가 천거하는 사람을 보고, 어려울 때는 그가 하지 않는 것을 보며, 가난할 때는 취하지 않는 것을 보라"[60]는 것이다. 『대학연의』는 이를 받아 "평소에 함부로 친히 하지 않아서 친히 하는 사람은 반드시 현명할 것이고, 부유해도 함부로 주지 않아서 주는 것이 반드시 합당할 것이며, 높은 벼슬에 올랐을 때 함부로 천거하지 않아서 천거 받은 사람이 반드시 선할 것이고, 곤궁할 때 의롭지 않은 일을 하지 않고 가난해도 의롭지 않은 재물을 취하지 않으니, 이 다섯 가지를 겸하는

---

59 "子曰: 巧言令色, 鮮矣仁."(권15)

60 "居視其所親, 富視其所與, 達視其所擧, 窮視其所不爲, 貧視其所不取."(권15)

것은 군자가 아니면 할 수 없기 때문에 대신이나 재상의 직임을 마땅히 감당할 수 있다."[61]라고 하면서 이것이 사람을 관찰하는 요체라고 한다.

공자(孔子)는 한걸음 더 나아가 말하기를, 인재를 분별할 때는 "그 사람이 하는 행동을 잘 보고[視], 그렇게 하는 이유를 살피고[觀], 그것을 편안히 여기는지를 자세히 살피라[察]"[62]고 하였다. 어떤 행동 또는 결과가 우연히 이루어졌을 수도 있어 행동의 동기를 살펴보는 것이 중요하다는 것이다. 조직을 보다 바람직한 상태로 개혁을 하려다 조직에 손해를 끼칠 수도 있고, 중장기적으로 볼 때 해서는 안 되는 일인 줄 알면서도 어떤 일을 추진하여 재임기간에 성과를 낼 수도 있다. 나타난 결과만 보면 전자의 사람을 버리고 후자를 중용해야 하지만, 그 행동의 이유를 안다면 오히려 전자를 중용하고 후자의 사람을 버려야 한다. 따라서 행동의 동기가 전체의 의(義)를 위한 것인지, 아니면 사적인 이(利)를 위한 것인지 살펴보아야 한다.

그런데 그 이유가 선하다고 하더라도 그 마음이 편안하지 않은 경우도 있다. 진실로 자신이 좋아하는 것이 아니고 또 자기 마음이 편안한 것이 아니라면 그 행동과 동기는 언제든지 뒤집어질 수 있다. 자리가 그것을 흔들 수 있고, 경제적 인센티브가 그것을 바꿀 수 있으며, 또 물리적 압력이 또 그것을 뒤집을 수 있다. 그러면 특정한 정책이나 제도의 지속가능성은 확보하기 어렵다. 자신의 소신에 반하나 자리 때

61 "居而不妄親所親者必賢, 富而不妄與所與者必當, 達而不妄擧所擧者必善, 雖窮困而不爲非義之事, 雖貧匱而不取非義之財. 兼此五者, 非君子不能故可以當大臣宰相之任."(권15)

62 "子曰: 視其所以(所以所爲也). 觀其所由(所由所從也). 察其所安(所安所樂也)."(권15)

문에 4대강 사업을 지지한 환경부 고위관리 또는 자신의 세계관과 다르나 청와대의 압력 때문에 교과서 국정화를 추진한 교육부 고위관리는 특정 정권에서는 그 사업을 추진하려는 동기도 있고 행동도 그렇게 나타나나 정권이 바뀌면 손바닥 뒤집듯 사업을 바꾸어 버리니 그야말로 항상성(恒常性)을 확보할 수가 없다. 하나회를 숙청하여 대한민국의 문민화에 큰 공을 세운 국방부장관이 이를 오히려 부끄러워하거나 말하기를 꺼려한다면 이는 자신의 일을 편안히 생각하지 않은 것이라고 할 수 있다. 따라서 옛날 성현들은 사람을 분별할 때 밖으로 드러난 행동 또는 결과와 함께 그것의 동기와 또 그 일을 즐거워하고 좋아하는지를 살펴보라고 한 것이다.

③ 다면평가를 하되, 그것을 맹신하지 말라

사람을 살피는 좋은 방법 중의 또 하나는 그 사람을 다른 사람들이 어떻게 인식하고 있는지를 알아보는 것이다. 고위직 인사를 할 때 주위의 평판을 듣거나 또는 다면평가를 하는 것과 같다. 이 방법이 인재를 분별하는 핵심 기제임에 틀림없지만, 공자는 이것을 인정하면서도 맹신하지 말고 한 번 더 점검을 할 것을 요구하고 있다. 공자는 자공(子貢)이 "고을 사람들이 모두 좋아하면 그 사람을 등용해도 좋습니까?"라고 물어도 "아직 안 된다"고 하였고, 또 "고을 사람들이 모두 미워하면 그 사람을 떨어뜨려도 됩니까?"라고 해도 "아직 안 된다"고 하였다. "고을 사람 중에 선한 사람이 좋아하고 선하지 않은 사람이 미워하는 것만 못하다."라고 하였다.

모든 사람이 두루 다 좋아한다면 그 사람은 조직이나 나라를 위해서 욕을 얻어먹더라도 마땅히 해야 할 일을 하지 않거나 사람들에게 좋은 게 좋은 것이라고 뇌동(雷同)하거나 아니면 명예를 구한 자일 가능성이 있기 때문이다. 또 사람들이 두루 다 미워한다면 이는 그 사회를 지배하고 있는 권력관계나 담론을 혁파하려는 사람일 가능성이 있는데, 그런 사람을 중용하지 않는 것은 개혁을 추진하지 않는다는 것을 의미할 수 있기 때문이다. 말하자면, 도(道)를 어기면서 얻은 칭찬이나 옳은 일을 하려다가 얻은 비방이 세상에는 얼마든지 있을 수 있으므로 어느 경우에 해당하는지 자세히 살피지 않을 수 없다는 것이다.

『대학연의』는 이와 관련하여 진번(陳蕃)이나 이응(李膺)의 무리에 대해 천하가 그의 현명함을 칭찬하지만, 중상시(中常侍)는 서로 끌어모은 패거리[鉤黨]에 불과하다고 비판하였고, 배도(裴度)의 사람됨은 천하가 그의 공훈과 덕을 추앙하였지만, '팔관십육자(八關十六子)'의 무리가 온갖 수단으로 그를 비판하였음을 예로 들면서, 꼭 필요한 인재라도 선하지 않은 자들이 집단으로 미워할 수 있다는 것을 보여 주고 있다. 또 해로운 인재라도 선하지 않은 자들이 집단으로 중용을 권할 수도 있기 때문에, 여러 사람의 평판을 듣도록 노력하되, 정말 선한 인재인지 아닌지를 한 번 더 직접 점검할 것을 강조하고 있다.

④ 관찰할 때, 간접증거를 찾아보라

인사의 당사자를 직접 알아보는 것은 쉽지 않을 수 있다. 그 사람이 특정한 자리에 올라가기까지 행실과 좋은 평판을 관리하는 노력을 할 때 더욱 그러하다. 그래서 『대학연의』가 강조하고 있는 것은 일종의 간접증거법이다. 맹자(孟子)가 말하는 인재분별법의 하나는 "가까운 신하를 관찰할 때는 누구의 주인이 되는가를 보고, 먼 신하를 관찰할 때는 누구를 주인으로 삼는지 보라"[63]는 것이다. 사람은 사회적 동물로 유유상종하기 마련이므로, 자신의 집에 찾아오는 손님이 어떤 사람인가를 보면 또 어떤 주인의 집에 머물고자 하는지를 보게 되면 그 사람을 알 수 있다는 것이다. 간사한 자는 어떻게든 권력에 빌붙어 자리를 차지하려고 하기 때문에 권신(權臣)이 일을 전횡하면 권신에게 붙고, 근신(近臣)이 뜻을 얻으면 근신에게 붙으며, 비빈(妃嬪)이 총애를 받으면 비빈에서 붙어서 못하는 짓 없이 비루하게 굴고 천하게 굽실거리기 때문에 그가 가까이하는 사람들의 면면을 보면 그 사람을 알 수 있다는 것이다.

3) 인재를 기용하는 법

바른 인사의 두 번째는 인재를 알면 그를 중용하는 것이다. 『대학연의』는 구덕 중에 하나만 가지고 있는 경우에도 이들 각각의 특성을 파악하여 관리하고 있다가 각각 장점에 따라 일을 맡기는 것이 지도자의 역할이라고 강조한다. 다시 말하면, 덕이 없는 소인도 전문성에 따라서 임용할 수 있다. 그러나 덕이 없는 소인을 고위직에 앉히면 아니 된다. 덕의 크기에 따라서 고위직의 직급이 달라져야 한다. 이렇게 요약할 수 있으니 많은 사람의 특성을 파악하고 이를 적소에 임명하는 인사권자의 역할이 중요하다는 말이다.

이렇게 광범위한 인재 풀을 만들어 이들을 적소에 배치하는 것을 기본적인 인사원칙으로 하면서도 『대학연의』의 보다 많은 논의는 이분법적으로 현자를 중용하고 간신을 배제하는 것에 초점을 맞추어 이루어지고 있다. 그 이유는 첫째, 국가의 고위직이 못나고 어리석은 자,

---

63 "孟子曰: 聞, 觀近臣, 以其所爲主, 觀遠臣, 以其所主."(권15)

즉 불초(不肖)를 위한 자리가 아니고 현자의 자리이기 때문이다. "대개 자리[位]라는 것은 하늘이 준 자리이니 현자를 머물게 하는 것이요, 직(職)이라는 것은 하늘이 준 직책이니 현자에게 명한 것이요, 녹(祿)이라는 것은 하늘이 준 녹이니 현자를 봉양하는 것이다. 이 세 가지는 모두 하늘이 현인을 대우하는 것으로 이는 백성을 다스리게 하려는 것이다."[64]

둘째, 현자를 중용하는 것이 이상사회와 모범국가를 이끄는 핵심적인 방법이기 때문이다. "'정사를 일으켜 인을 시행하는[發政施仁]' 까닭은 백성을 보호하고 평안하게 하기 위함인데, 이를 위한 실질적인 방법은 바로 현자(賢者)를 기용하여 이들로 하여금 조정에서 즐겁게 벼슬하게 하는 것에 불과하다."[65] "나라에 정치가 제대로 행해지지 않아 선한 자를 등용하지 않으면, 신하는 군주를 배신하고, 첩부(妾婦)는 그 남편을 올라 탈 것이며, 소인은 군자를 능멸하고, 이적은 중국을 침범하게 될 것이다."[66] 등의 표현이 여기에 해당한다.

『대학연의』는 이렇게 "현자를 기용하면 반드시 치세가 이루어지고 불초를 기용하면 반드시 난세가 이루어지는 것이 필연적 이치이니"[67] "현자를 기용하는 데 두 마음을 품지 말고, 사악한 자를 제거함에 머뭇거리지 말라[任賢勿貳,去邪勿疑]"고 한다. 그러나 역사를 뒤돌아보면, "훌륭한 인재임을 알면서도 등용하지 않고, 나쁜 자임을 알면서도

---

64 "蓋位者天位所以處賢者也. 職者天職所以命賢者也. 祿者天祿所以養賢者也. 三者皆天所以待賢人, 使治天民者也."(권10)

65 "發政施仁而下則告宣王以保民之實也. 其目不過於任賢使士樂仕於朝."(권14)

66 "若國無政不用善, 臣子背君父, 妾婦乘其夫, 小人陵君子, 夷狄侵中國."(권29)

67 "若是任賢必治, 任不肖必亂, 必然之道也."(권18)

내치지 않는 경우가 있는데, 군주라면 이를 깊게 경계해야 한다."[68]라고 한다.

그렇다면 어떻게 하는 것이 현자를 기용하는 것일까? 그 방법은 무엇인가? 『대학연의』는 인재를 분별하는 법에 대해서는 권15부터 권24까지 독립된 권을 만들어 질문도 하고 답도 제시하고 있지만 인재 등용과 관련하여서는 질문도 하지 않고 또 답도 별도로 제시하지 않는다. 인재의 분별과 인재의 등용이 서로 독립적이라고 하면서도 현자(賢者)를 어떤 자리에 어떻게 등용할지에 대한 구체적인 설명이 없다.

그 대신 권36부터 권43까지의 「제가(齊家)」편에서 국정운영의 주요한 파트너와 세력을 어떻게 보임할지에 대하여 자세한 설명을 하고 있다. 즉 배필과 태자 그리고 내신을 어떻게 구성하는 것이 좋은지, 그리고 외척을 어떻게 대해야 하는지를 소개하고 있다. 요즘 식으로 표현하면, 대통령의 영부인, 차기 대통령 후보, 청와대 비서진, 그리고 대통령의 친인척을 각각 어떻게 구성하고 또 어떻게 대해야 하는지에 관한 설명을 하고 있다.

이렇게 책을 구성한 것은 첫째, 이들이 차지하는 자리 또는 차지하려는 자리가 정권과 국가의 흥망성쇠를 결정하는 매우 중요한 자리이고 둘째, 황제를 등에 업은 세력이 날뛰게 되면 이 자리에 현자(賢者)를 중용하기가 어렵다고 이해하였기 때문이다. 『대학연의』가 인용하고 있는 『역경(易經)』의 "소인의 길이 늘어나면, 군자의 길이 사라진다."[69]라는 말이나, 가연지(賈捐之)의 "후궁(後宮)에 아름다운 여인들이

---

68 "是故知善而不能用，知惡而不能去，人主之深戒也."(권43)

69 "易之否: 小人道長，君子道消."(권39)

많으면 현자가 은둔하여 보이지 않고, 아첨하는 사람들이 기용되면 바른 말을 하는 사람들이 입을 닫는다."[70]라는 말이 모두 이러한 해석을 가능하게 한다. 말하자면 국가의 핵심적인 중직(重職)에 현자(賢者)를 중용해야만 국가가 발전할 수 있는데, 그것을 어렵게 하는 요인을 어떻게 하면 해소할 수 있을지 그 방안을 논의하고 있다고 할 수 있다.

① 배필

『대학연의』는 국정운영에서 공식적인 국가지도자에만 초점을 맞추는 것이 아니라 그의 배필이 차지하는 역할이 크다고 보고 이것을 가능한 한 공식화 할 것을 강조한다. 먼저, 국정 운영에서 배필이 차지하는 중요성을 역사적 사례를 들어 소개한다. 즉, 옛날 황제(黃帝)부터 시작하여 오제(五帝) 삼대(三代), 순(舜)임금, 우임금, 성탕(成湯)으로 이어지는 계보를 설명하면서 배필의 중요성을 강조한 다음, "삼대(三代)가 흥할 적에는 모두 현명한 후비(后妃)가 있었고, 망할 적에는 모두 요녀[嬖女]가 있었다. 하(夏)가 흥하게 된 것은 도산(塗山) 때문이고, 망하게 된 것은 말희(妺喜) 때문이다. 상(商)이 흥하게 된 것은 유융(有娀) 때문이고, 망하게 된 것은 달기(妲己) 때문이다. 주(周)가 흥하게 된 것은 강원(姜嫄) 때문이고, 망하게 된 것은 포사(褒姒) 때문이다. 이것은 모두 성현(聖賢)들이 기록한 것으로 『시경』과 『서경』에 실려 있는 바이니, 후세에까지 내려오며 오래도록 귀감이 되고 있다."[71]라고 하여 배

---

70 "賈捐之所謂: 後宮盛色則賢者隱微, 佞人用事則諍臣杜口."(권1)

71 "所謂女德者臣聞, 三代之興皆有賢妃. 其亾也皆有嬖女. 夏之興也以塗山, 其亾也以末喜. 商之興也以有娀, 其亾也以妲己. 周之興也以姜嫄, 其亾也以褒姒, 此皆聖賢所紀, 詩書所載. 垂之後世以爲永鑑者."(권36)

필의 중요성을 다시 한번 더 확인한다.

이렇게 배필에 따라서 국가의 운명이 달라지는 것은 이들이 군주의 가장 가까운 곳에서 가장 편하게 군주를 비판하고 또 올바른 길을 제시할 수 있기 때문이다. 그래서 『대학연의』는 어진 후비와 바른 여인들이 군주에게 권계를 했던 방법 중 훌륭한 사례를 뽑아 소개하면서, “바로잡고 경계하는 비빈의 의견을 경청할[賴規警之益]” 것을 강조하고 있다.

그러면서도 또 다른 한편으로는 『예기(禮記)』 「곡례(曲禮)」의 “밖의 말이 문지방 안으로 들어오지 않게 하며, 안의 말이 문지방 밖으로 나가지 않게 한다.”[72]라고 하여 배필이 국정에 참여하는 것을 부정적으로 본다. 이렇게 한편으로는 실제 정치에 간여하지 않으면서 또 다른 한편으로는 유가적 이념에 바탕을 두고 군주를 비판하고 설득하는 서로 모순된 역할을 수행해야 하기 때문에 황후의 자리는 현자(賢者)가 아니면 하기 어려운 역할이다.

바로 이런 이유 때문에 『대학연의』는 배필을 군주의 뜻대로 정할 것이 아니라 공론화하고 또 널리 의논할 것을 주장한다. 고금에 미모가 출중하여 간택된 황후가 한둘이 아니고, 가기(歌妓)였다가 황후가 되기도 하고 노래를 부르다가 황후가 되기도 하며, 또 친분 때문에 선발되기도 하였는데 이런 방식은 모두 적절한 방식이 아니라는 것이다. 또 “황제 집안의 일로서 다른 사람들이 참견할 수 없다.”라고 말하는 사람이 있으나, 천자는 사해가 모두 자신의 집안이니, 대신들이 집안 사람으로 참여하지 못할 이유가 없고 또 집정(執政)을 한 명 임용하고

72 “「曲禮」曰: 外言不入於梱, 內言不出於梱.”(권38)

측근을 한 명 발탁할 때도 반드시 천하의 사람들의 희망에 부응하려 하는데, 하물며 천하의 어머니를 모시는 데 그냥 결정하고 통지만 하는 것은 아니라고 주장한다. 따라서 대신들에게 자문을 구하고 널리 의견을 구할 것을 강조한다.

요즘 대통령제 국가에서 실제 대통령의 배우자를 이렇게 정할 수는 없다. 그러나 배우자가 이러한 역할을 인지하고 수행하도록 학습하고 노력하는 것은 중요하다. 또 이와 달리, 정치적 측면에서 대통령의 배필 역할을 할 자리가 어떤 자리인지 생각해 볼 수 있다. 가령 그것이 비서실장이면, 그 자리에 앉힐 현자(賢者)는 널리 의논할 만하다.

『대학연의』는 또 후비와 후궁의 역할과 위상을 명확하게 하지 않으면 국가적 혼란이 발생할 수 있다고 경고한다. 공식적인 비서관이 있는데, 최순실과 같은 비선이 작동하는 것이 바로 이런 경우가 아닌가 여겨진다.

② 태자

태자를 정하는 것이 국정에서 어떤 의미가 있는지에 대해서는 앞의 제2장에서 이미 설명한 바 있다. 국가지도자의 가장 중요한 일 중의 하나는 후계자를 잘 정하는 것이다. 나라 일이라는 것이 한 사람의 지도자에 의해서 결판이 나는 경우보다는 대를 이어 추진되는 경우가 많기 때문이다.

한(漢) 문제(文帝)는 후계자를 정하는 방식과 관련하여, 제후왕들과 종실곤제, 그리고 공신들까지 포함하는 인재 풀 중에서 덕이 있는 자를 추천하여 후계자를 정하는 것을 선호하였다.(권41) 이러한 후계자 선정 방식은 특정 시기 특정 사회에서 가장 덕이 있는 자로 정한다는 명분이 있으나 그 사람이 누구인지에 대한 의견이 갈려 갈등이 생길 가능성이 있고 또 전임자와 후임자 간 나라와 사회에 대한 시각이 상이하여 국정의 지속성을 담보하기 어려운 문제가 있다. 『대학연의』는 그래서 국가의 지속성을 위해서는 적장자 세습제가 필요하다고 주장한다.

그런데 적장자로 세습하는 체제는 태자가 과연 다른 지도자들에 비해 국정을 담당할 수 있는 역량과 태도를 보다 많이 가지고 있는지에 의문이 제기되기 때문에, 이들을 교육하는 것이 중요한 과제가 된다. "군주가 신하를 통제하고 백성들을 다스리는 방법을 잘 알면 모든 신하들이 경외의 마음으로 복종을 할 것이고, 말을 듣고 일을 시키는 방법을 알면 속이거나 숨기지 않을 것이며, 만민을 안전하고 잘 살게 해주는 방법을 알면 국민들이 모두 따를 것이고, 충효로써 윗사람을 섬기는 방법을 알면 신하들도 그런 행동을 할 준비가 갖추어질 것이니, 이 네 가지는 황태자에게 급하게 가르쳐야 할 것이라 생각하는"[73] 것이다.

이러한 역량과 태도를 함양하는 방법으로 『대학연의』는 반드시 예악으로 세자를 가르칠 것을 권하고 있다. "예(禮)는 사람들의 공경심을 불러일으키는데, 공경심이 생기면 오만한 마음이 사그라진다. 음악은 사람들의 어울리는 마음을 불러일으키는데, 어울리는 마음이 생겨나면 모진 마음이 사라진다. 덕성을 훈도하고 기질을 변화시키는 데에

73 "故人主知所以臨制臣下而治其衆, 則羣臣畏服矣; 知所以聽言授事, 則不欺蔽矣; 知所以安利萬民, 則海內必從矣; 知所以忠孝事上, 則臣子之行備矣. 此四者, 臣竊爲皇太子急之."(권41)

이보다 오묘한 것이 없다."[74] 이런 교육은 보다 어린 시절부터 시작하는 것이 효과가 있기 때문에 '나라의 후계자를 세우는 계획은 마땅히 미리 마련해야 하고[建立之計宜蚤]' 또 '태자를 깨우치고 가르치는 방법은 마땅히 미리 준비해야 하는 것[諭教之法宜豫]'이다.

국정을 담당하기에 충분할 정도의 현자(賢者)가 되도록 교육하는 이런 시스템은 오늘날의 우리 정치가 배워야 할 부분이다. 정치지도자로 나가려는 사람들이 과연 어떤 나라가 나라다운 나라인지, 옳고 그른 것이 도대체 무엇인지를 아는가? 하늘과 백성을 두려워하고 동시에 다른 사람을 사랑하고 배려하는 그런 마음과 태도를 가지도록 교육을 받은 적이 있는가? 그리고 또 정권마다 이전 정부의 정책을 뒤집는 우리 정치의 풍토는 국정의 지속성이란 가치를 얼마나 깊이 있게 여기는지 의심스럽다. 국가지도자가 되려는 사람들이 깊이 새겨 보아야 할 대목이고 제도적 개혁이 이루어져야 할 부분이다.

③ 내신

『대학연의』는 앞에서 본 바와 같이, "소인의 길이 늘어나면, 군자의 길이 사라진다." "현자를 기용하면 반드시 치세가 이루어지고 불초를 기용하면 반드시 난세가 이루어진다."라고 하여 군자와 현자(賢者)를 중용하고 소인과 불초(不肖)를 배제할 것을 강조하는데, 후자의 대표적인 예로 내신(內臣) 즉 환관을 지목한다.

『대학연의』가 이렇게 환관이라는 집단 자체를 소인으로 분류하는

74 "禮所以起人之敬心, 敬心生則慢心窒矣. 樂所以感人之和心, 和心生則戾心消矣. 其薰陶德性變化氣質莫妙於此者."(권41)

이유는 여러 가지가 있다. 첫째, "환관들은 양기가 제거되어 굳건하지 못하고 음험하게 쉽게 낯빛을 바꾸니, 총애를 받으면 위를 존중하지 않고 무섭게 대하면 원한을 품는다. 권력을 빌려 주면 전횡하고, 재앙이 닥치면 달려와 가까워지려 하며, 형세가 풀리면 서로 공격하고, 위급하면 하나로 뭉치니, 이는 소인들이 항상 하는 짓거리이다."[75]

둘째, 이들이 인사를 전횡하여 국정을 농단하였다. 내신의 자녀들은 권력을 쥐고 쉽게 청탁을 할 수 있기 때문에 관직에 오르는 것이 제한이 있었으나 이들의 권력이 확대된 이후에는 그 제한이 사라졌다. 친척들도 영광스런 관직에 올라 방자하기가 무엇으로도 막을 수 없었다. 같은 무리는 살갑게 대하고 사적으로 인연이 있는 자만을 등용하여, 안으로는 도성을 채우고 밖으로는 여러 지방에 포진하게 하였다. 이들에게 몸을 낮추어 아부하면 영광과 혜택이 삼족(三族)에 이르렀지만, 그 뜻을 거스르며 올곧게 행동하면 오종(五宗)을 주멸하였으니, 나라의 기강이 크게 어지러워졌다.

셋째, 이렇게 "훌륭한 자와 어리석은 자가 뒤집어지고 등용할 자와 쫓아낼 자가 뒤바뀌었으며, 못난 자가 변경을 지키고 탐욕스런 자가 백성을 다스리니, 원망의 기운이 함께 일어나 음양이 조화를 잃게 되었다."[76] 천하는 곤궁한 지경에 빠지고 백성들은 배를 주리게 되었다. 대신, 도성과 주변의 일급주택, 고급정원, 비옥한 토지 가운데 내신들이 점유한 것이 반 정도나 되었다. 다음 장균(張鈞)이 쓴 상소문은

75 "跡其殘氣不剛, 柔情易遷, 褻則無上, 怖則生怨, 借之權則專, 爲禍則迫而近, 緩相攻, 急相一, 此小人常勢也."(권40)

76 "顚倒賢愚, 貿易遷舉. 疲駑守境, 貪殘牧民. 怨氣並作, 陰陽失和."(권39)

이러한 현상을 잘 보여 주고 있다. “장각이 병사들을 모아 반란을 일으키자 만백성이 기꺼이 그에 호응하는 근본적인 원인은 모두 십상시(十常侍)들에 있습니다. 십상시들은 자신의 형제, 자제, 사돈, 빈객들이 주(州)와 군(郡)을 차지하게 하여, 백성들의 고혈을 빼앗아 재산을 불리고 있습니다. 원통한 백성들이 하소연할 곳조차 없자 한데 모여 도적이 된 것입니다. 마땅히 십상시를 참수하여 그 머리를 남교(南郊)에 걸어두어 백성들에게 용서를 구해야 합니다.”[77]

넷째, 환관들이 이렇게 국정을 농단할 수 있게 된 것은 최고 권력자가 그들을 신임하여 그들에게 권력을 빌려 주었기 때문인데, 바로 그 권력자를 망하게 하였다. “밤낮으로 천자를 시봉하니, 친근하게 대하면 자중하지 않았고 익숙하게 대하면 두려워하지 않았다. 그리하여 어리석은 군주는 총애하다 속아 넘어가고 영명한 군주는 소홀히 대하다 화를 입었다.”[78]

모든 환관이 다 이렇게 국정을 농단한 것은 아니었다. 권39 ‘내신이 충성스럽고 신중할 때 생기는 복[內臣忠謹之福]’은 비서라는 자신의 정체성을 깊게 인식하고 그 직분을 넘어 공적 영역에 영향을 끼치지 않는 이상적인 환관의 사례를 보여 주고 있다.

또 환관이 처음부터 이렇게 권력이 막강한 것도 아니었다. 『대학연의』는 환관이 어떻게 그 규모가 성장하고 그 권력이 확대되었는지 이에 관한 역사를 자세하게 설명하고 있는데, 간략하게 소개하면 다

77 “郎中張鈞上書曰, 竊唯張角所以能興兵作亂, 萬民所以樂附之者, 其源皆由十常侍多放, 父兄, 子弟, 婚親, 賓客, 典據州郡, 辜榷財利, 侵掠百姓, 百姓之寃, 無所告訴, 故聚爲盜賊. 宜斬十常侍, 縣頭南郊, 以謝百姓.”(권39)

78 “又日夕, 侍天子, 狎則無威, 習則不疑. 故昏君蔽於所昵, 英主禍生所忽.”(권40)

음과 같다. 대체로 환관의 관직은 선진시기 때부터 존재하여 『시경(詩經)』이나 『서경(書經)』에도 나와 있지만, 단지 궁중의 수위를 보거나 내외의 말을 통하게 하는 역할 정도였다. 제(齊)나라 환공(桓公) 시절, 내신(內臣)이 군사 기밀을 유출한 것이 군사(軍事)와 정사(政事)에 관여하게 된 시초였다. 후한(後漢)의 화제(和帝)가 외척인 두헌(竇憲) 형제의 전횡을 막는 데 공을 세운 환관 정중(鄭衆)과 더불어 정사를 의논하였으니 이것이 내신이 정사에 간여하게 되는 시작점이다. 그래도 한나라 때 환관들은 군권을 장악하지 못했는데, 당나라 덕종(德宗) 때부터 호위부대인 좌우 신책군(神策軍)을 위시하여 병권(兵權)을 장악하기 시작하였고 그 결과 영향력이 무소불위가 되었다. 내외 신료들이 따르고 위아래 모두 숨을 죽여 두려워하였다. 이들이 조금만 움직여도 산과 바다를 움직였으며 숨만 쉬어도 서리가 내렸다. 또 종래 외신(外臣)은 물론 내신(內臣)의 경우에도 관료들이 일정부분 차지하고 있었는데, 이것이 나중에는 반대가 되어 환관들이 내신은 물론 외신(外臣)의 자리까지 차지하는 형국이 되었다. 심지어는 한갓 환관에 불과한 자가 재상에 임명되고 상보(尙父)로 존중받는 위치에 오르기도 하였다.

환관의 이러한 농단에 대해서 선비들과 관료들이 비판을 지속하였고 또 최고권력자들이 이러한 사정을 인지하지 못한 것도 아닌데 왜 계속되었던 것일까? 『대학연의』는 구양수(歐陽脩)의 글을 사용하여 이에 대한 설명을 하고 있다. "대체로 환관들은 그 하는 일이 군주 가까이에서 밤낮으로 시중드는 것으로, 마음 씀씀이도 한결같고 잘 참으며, 작은 배려로 남의 마음에 쏙 들게 하고 작은 신뢰로 남의 마음을 사로잡는다. 그리하여 군주가 그를 신뢰하고 친하게 대하도록 한다.

군주의 그에 대한 신뢰를 확인한 후, 화(禍)와 복(福)으로 위협하여 정권을 장악한다. 비록 조정에 충성스런 신하와 훌륭한 선비들이 있어도, 군주는 그들이 자신을 떠나 멀리 있어 같이 기거하고 식사를 하는 환관들보다 못하다 여기고 앞뒤 좌우에서 가까이 지내는 환관들을 믿을 만하다고 여긴다. 그래서 앞뒤 좌우에서 모시는 사람들은 날로 더욱 친해지고 충성스런 신하와 훌륭한 선비들은 날로 더욱 멀어지니, 군주의 위세는 더욱 약해지고, 위세가 약해지면 화를 두려워하는 마음이 날로 더욱 절실해진다. 정권을 잡은 자들이 날로 더욱 견고해지니, 군주의 안위가 그들의 희노(喜怒)에서 나오고 재앙과 우환이 궁궐 장막에 잠복해 있는 셈이다. 이전에 이른바 믿을 만하다고 여긴 자들이 지금은 오히려 걱정거리가 되었다. 걱정이 깊어진 후에야 그것을 깨달아, 그동안 소원했던 신하들과 더불어 좌우에 가깝게 지내던 이들을 내치려 하나, 천천히 진행하면 화를 길러서 화가 더욱 깊어지고 급하게 진행하면 군주를 끼고 인질로 삼는다. 비록 성인의 지혜가 있다 하더라도 함께 도모할 수 없고, 도모하더라도 실행할 수 없으며, 실행하더라도 성공하지 못하며, 가장 심한 경우는 모두 다쳐 둘 다 패배하는 것이다. 그리하여 크게는 나라가 망하고, 그다음은 자신의 몸을 잃는다. 힘세고 약삭빠른 자들이 그것을 기화로 일어나 환관 종족들을 척결하여 모두 죽이고 천하의 사람들에게 쾌감을 선사한 다음에야 멈춘다. 이것이 이전 역사에 실린 환관들의 재앙으로 이와 같은 경우가 한두 번 있었던 것이 아니다."[79] 환관의 권력이 강해지고 또

79 "歐陽修曰: 蓋其用事也近而習, 其爲心也專以忍, 能以小善中人之意. 小信固人之心, 使人主心信而親之, 待其已信, 然後懼以禍福而把持之. 雖有忠臣碩士列於朝廷, 而人主以

지속되는 이유에 대하여 더 이상의 추가적인 설명이 필요하지 않는 명문장이다.

우리도 박근혜 대통령의 가장 큰 신임을 받고 가장 가까이에서 또 가장 빈번하게 습관적으로 만나면서 보좌를 했던 문고리 3인방이 최순실과 함께 국정을 농단한 경험을 하였기 때문에, 역사가 말하는 내신(內臣)의 폐해를 이해하기 용이하고 또 그래서 옛 성현이 제시하는 내신관리의 교훈을 새길 필요성이 커졌다. 박근혜 정부 시절, 왜 그렇게 이해되지 않는 인사가 반복적으로 일어날까 의아해하는 사람들이 많았었는데, 누구는 치안분야를, 또 누구는 금융 분야를, 또 누구는 문화 분야를 맡아서 인사를 좌지우지했다는 설이[80] 뒤늦게 밝혀지면서 그 까닭을 알게 되었다. 청와대의 공식적 인사시스템도 작동하지 않고, 인사혁신처를 중심으로 하는 내각의 인사시스템도 작동하지 않았기 때문에 박근혜 대통령이 파멸의 길로 들어서게 된 것이다. 현자(賢者)를 중용하기 위해서는 내신(內臣)에 의한 비공식적 인사가 아니라 공적 인사시스템에 의한 공식적 인사가 이루어져야 한다는 것을 역사는 분명히 말해 주고 있다.

『대학연의』는 또 다른 중요한 메시지를 우리에게 주고 있다. 내신이 국정을 주도해서는 안 된다는 것이다. 국정은 외신(外臣)이 중심이

爲去已疎遠, 不若起居飮食前後左右之親爲可恃也. 故前後左右者日益親, 則忠臣碩士日益疎, 而人主之勢日益孤. 勢孤則懼禍之心日益切, 而把持者日益牢. 安危出其喜怒, 禍患伏於帷闥, 則嚮之所謂可恃者, 乃所以爲患也. 患已深而覺之, 欲與疎遠之臣圖左右之, 親近, 緩之則養禍而益深, 急之則挾人主以爲質. 雖有聖智不能與謀, 謀之而不可爲, 爲之而不可成, 至其甚, 則俱傷而兩敗. 故其大者亡國, 其次亡身, 而使姦豪得借以爲資而起, 至抉其種類, 盡殺以快天下之心而後已. 此前史所載宦者之禍, 常如此者非一世也."(권40)

80 http://www.nocutnews.co.kr/news/4686408#csidx413b6e55687508fbc23c59450119f60.

되어야 한다. 청와대의 비서관들을 옛 왕조시대의 환관과 그대로 동일시하는 것은, 가령 정치적 책임성 확보 장치 등을 고려할 때 분명히 문제이지만, 그럼에도 불구하고 비서는 비서의 역할에 충실해야 한다. 국정이 대통령과 국무총리, 그리고 각부 장관으로 구성되어 있는 내각을 중심으로 운영되어야 공무원들의 적극적 동참과 실행이 가능하다. 환관론이 우리에게 제시하는 분명한 메시지는 대통령과 가까이 있는 거리 정도가 권력의 크기를 결정하는 나라는 바른 나라가 아니고, 맡은 바 직무를 가장 현명하게 수행할 수 있는 자 즉 현자(賢者)가 국정을 운영하는 나라가 바른 나라라는 말이다.

④ 외척

『대학연의』는 앞에서 본 군자와 소인, 현자(賢者)와 불초(不肖)의 분류 중에서 소인과 불초에 해당하는 또 다른 집단으로 외척을 지목한다. 환관이 권력을 확대해 가는 과정이나 외척이 권력을 확장해 가는 과정이 별반 차이가 없다. 전자는 군주의 신임이 그 출발이고 후자는 군주의 배필이 그 출발점으로 다를 뿐이다. 둘 다 최고권력자에게 의지하여 자리를 차지하고 권력을 행사하는 것이므로 바람직하지 않다는 것이 『대학연의』의 입장이다.

물론 왕조체제에서 어린 나이에 태자가 되고 또 군주가 되기까지 또 군주가 되어서 권력을 공고화할 때까지 태후의 집안인 외척은 새로운 군주에게 든든한 정치적 지지기반으로서의 역할을 한다. 즉 "구족(九族)은 군주의 병풍이자 기둥이니, 친한 이를 친하게 여기고[親親], 반드시 그들에게 사랑을 베풀되 그 은혜가 고르게 미치도록 해야 한다." 그러나 또 다른 한편으로 "여러 현인은 또 군주의 날개이니 어진 이를 어질게 여기고[賢賢] 반드시 그들을 권하고 격려하여 즐거이 군주를 돕게 해야 한다."[81] 이와 같이 친인척은 사랑의 대상이기는 하나 군주를 돕는 자가 아니기 때문에 친인척을 현자가 가야 할 자리에 중용하면 안 되는 것이다.

그런데도 친인척을 지나치게 중용하면, '하늘 끝까지 올라간 용은 후회함이 있다[亢龍有悔]'는 말처럼, 황후에게도 또 외척에게도 큰 피해가 발생할 수 있기 때문에 그 역할을 매우 조심스럽게 해야 한다. 『대학연의』에 의하면, "서한(西漢)의 외척 가운데 그 권력과 총애로 인해 패가망신한 자가 열에 여섯이지만, 후한(後漢)에서 당(唐)나라까지는 외척 가운데 그 끝을 지키지 못한 자가 매우 많다."(권43)라고 한다.

외척이 정사에 관여하고 조정 권력을 좌우하는 것은 아름다운 경우가 아니기 때문에 현재 우리나라의 경우에도 대통령의 친인척 관리를 엄격하게 하도록 되어 있다. 정부수립 이후 짧은 역사 속에서도 대통령의 형, 아들, 그리고 친인척들이 국정을 문란하게 한 역사가 여러 번 있었기 때문에 이들에 대한 관리는 당연하다 하겠다. 그런데 지금 우리의 정치 상황에서 친인척 못지않게 관리해야 할 대상은 정치적 지지집단이 아닌가 여겨진다. 대통령이 되는 길에 도움을 주었다는 단지 그 이유 하나만으로 자리를 요구하며 날뛰는 소인들이 많이 있다. 이런 소인과 불초들이 득세를 하면 현자는 점점 더 멀어지게 된다.

---

81 "九族吾之屛翰也, 必有以篤叙之, 使均被其恩.. 衆賢吾之羽翼也. 必有以勸勵之, 使樂爲吾助."(권1)

4) 인재를 다루는 법

바른 인사의 세 번째는 등용한 인재를 다루는 것이다. 앞에서 살펴본 바와 같이, 안자(晏子)는 인재를 기용했으면 믿고 맡겨야 한다고 주장한다. 그런데 『대학연의』는 사람을 다루는 것과 관련하여 이것뿐만 아니라 훨씬 더 많은 방법을 제시하고 있다. 오늘날 소개되고 있는 주요한 리더십 이론을 거의 다 다루고 있다고 해도 과언이 아니다.

리더십(leadership)이란 사람들로 하여금 리더가 원하는 것을 하게 할 수 있는 능력으로 정의할 수 있는데(Eisenhower, 1954),[82] 이 말은 리더십이 일(원하는 것), 팔로어(부하), 그리고 리더(지도자) 세 가지로 구성되어 있음을 알 수 있다. 이들 세 가지 중 어느 부분을 강조하느냐에 따라 리더십이론이 달라진다. 일에 초점을 둔 이론은 변혁적 리더십이론(transformational leadership)이고, 부하에 초점을 둔 것은 섬김의 리더십(servant leadership)과 팔로어십(followership)이며, 리더 본인에게 초점을 둔 이론은 윤리적 리더십(ethical leadership)과 진성리더십(authentic leadership)이다.

① 거래적 리더십

이들 이론들의 출발이 되는 것은 거래적 리더십(transactional leadership)으로(Bass, 1996), 이는 지도자가 원하는 것을 사람들이 하도록 하게 하려면 사람들이 원하는 것을 제공해야 한다는 일종의 거래관계로 리

82 "leadership is the art of getting someone else to do something that you want done," Remarks at the Annual Conference of the Society for Personnel Administration, May 12, 1954.

더십을 이해하는 이론이다. 『대학연의』는 이러한 거래적 리더십을 많이 소개하고 있다. 그중에서도 핵심으로 소개하는 것은 『중용(中庸)』의 구경이다. 즉 무릇 천하와 국가를 다스리는 데에 구경(九經)이 있으니, 이는 몸을 닦음[修身]·어진 사람을 높임[尊賢]·친한 이를 가까이함[親親]·대신을 공경함[敬大臣]·신하를 내 몸과 같이 여김[體群臣]·여러 백성들을 사랑함[字庶民]·장인들을 오게 함[來百工]·먼 곳에서 오는 사람을 따뜻하게 대함[柔遠人]·제후들을 품어 줌[懷諸侯] 등 아홉 가지이다. 자기 몸을 닦는 것을 제외한 나머지 8가지는 모두 서로 다른 처지에 있는 사람들이 각각 바라고 원하는 것을 제공하는 것이 나라를 제대로 다스리는 요체라는 것이다.

좀 더 구체적으로 살펴보면, 현인(賢人)은 재물을 천하게 여기고 덕을 귀하게 여기기 때문에 그에 맞게 대접하는 것이 필요하고, 선비[士]는 진실한 믿음과 후한 녹봉을 원하므로 이를 제공하는 것이 원하는 일을 하게 할 수 있는 방법이다. 또 매일 살펴보고 달마다 시험하여 성과에 걸맞은 녹봉을 주는 것이 장인들을 다루는 방법이다. 또 "덕에 힘쓰는 자는 반드시 관직으로 힘쓰게 하고, 공을 세우기에 힘쓰는 자는 반드시 상을 내려 힘쓰게 한다."[83]거나, "공이 있는데 상을 내리지 않으면 착한 일을 하면서 그 희망을 잃게 되고, 간사한데 힐책하지 않으면 나쁜 짓을 하면서 그 흉악함을 마음대로 하게 된다."[84]라는 표현도 거래적 리더십의 한 단면을 보여 주고 있다.

83 "以勉於德者必勉之以官, 勉於功者必勉之以賞."(권31)

84 "夫有功不賞, 爲善失其望, 姦回不詰, 爲惡肆其凶."(권43)

② 변혁적 리더십

변혁적 리더십(Transformational leadership)이론은 지도자가 하고자 하는 일에 초점을 두는 이론이다. 사람들은 일반적으로 볼 때 규정이나 지시 등 시켜서 어떤 일을 하는 경우보다 금전적 보상과 같이 자신이 필요한 것을 구하기 위해서 어떤 일을 하는 경우가 더 열성적이나, 이것보다도 가치나 보람이 있는 어떤 일을 하는 경우 더욱더 열성적이다. 변혁적 리더십(Transformational leadership)은 지도자가 자신이 이끌고 있는 조직이나 사회 또는 국가의 미래 비전을 제시하고 구성원들이 그것을 자신들의 목표 또는 보람 있는 일로 삼아 그 성취를 위해서 열과 성을 다하도록 하는 것이 성공적인 리더십의 요체라고 한다. (Burns, 1978; Bass, 1985)

지도자가 비전으로 구성원들의 공감을 얻는 것이 중요한 또 다른 이유는 비전을 공유하는 사람들이 많을수록 대결과 갈등보다는 공유와 통합이 이루어질 가능성이 많기 때문이다. 특히 국가공동체는 구성원 간 세상을 바라보는 관점이 서로 다르고 이해관계가 일치하지 않는 경우가 많아 이의 통합이 중요한데 이것은 가치와 문화로 가능하기 때문이다. 게다가 지도자가 대를 이어 비전을 연속적으로 제시할 수 있으면 그 사회나 국가는 보다 바람직한 방향으로 변화를 지속할 수 있기 때문이다. 한 나라가 전 세계의 모범적인 국가로 자리매김하기 위해서는 지도자들이 대를 이어 지속적으로 바람직한 상태로의 변화를 제시하는 것이 필요하기 때문이다.

『대학연의』는 지도자가 제시할 만한 모범국가의 비전으로 평천하를 소개하고 있는데, 이는 앞에서 이미 살펴본 바 있기 때문에 여기서는 설명을 약하고자 한다.

③ 섬김의 리더십(servant leadership)과 팔로어십(followership)

부하들로 하여금 지도자가 원하는 것을 하게 하는 방법은 부하들을 믿고 신뢰하는 것이다. 『대학연의』는 믿고 신뢰하는 정도에 따라 크게 세 가지로 나누어 리더십을 소개하고 있다.

첫째, 지도자가 부하를 다룰 때는 예[君使臣之禮]로서 다루어야 한다는 예(禮)의 리더십이다. 부하들에 대한 신뢰가 그리 커지 않다고 하더라도 사람을 예로서 대하는 것과 그렇지 않는 것에 따라서 그 부하가 일에 임하는 태도가 달라지기 때문이다. 그런데 진(秦)나라 이후에 임금은 높이고 신하는 낮추는[尊君卑臣] 것을 예(禮)로 생각하는 경향이 많아졌다고 한탄하면서, 신하를 예로서 대할 것을 권장하고 있다. 특히 "군주가 신하에 대해서 이름과 직위로 그를 우롱하기에 충분하고, 봉록과 이익으로 그를 고무시키기에 충분하다고 하면서, 신하가 임금에게 구하는 것은 없을 수 없지만 임금은 신하에게 의지하지 않아도 된다."[85]라고 거만하게 구는 것은 크게 잘못되었다고 비판한다. 그러면서, 부하가 원하는 것 못지않게 그것을 제공하는 예의와 절차의 중요성을 강조한다.

또 "군주가 신하 보기를 자기 손과 발같이 하면 신하는 군주 대하기를 자기의 배나 심장같이 하고, 군주가 신하 보기를 개와 말같이 하면 신하는 군주 대하기를 지나가는 사람같이 여기고, 군주가 신하 보기를 흙이나 풀같이 여긴다면 신하는 군주를 도적이나 원수같이 여길 것이다."[86]라는 맹자의 말을 사용하여, 예로서 부하를 다루는 것의 중

85 "是君之於臣直謂, 名位足以牢籠之, 祿利足以鼓舞之. 臣不能無求于我, 而我可以無藉于臣."(권9)

요성을 다시 한번 확인하고 있다.

둘째, 부하를 믿고 아예 그에게 일을 맡기는 섬김의 리더십이다. 안자(晏子)가 말한, 인재를 기용해 놓고 맡기지 않는 것이 나라의 상서롭지 못한 일 중의 하나라는 말이 여기에 해당한다. '군주가 작은 일까지 직접 하면 고굉(股肱)[87]도 태만해져서 만사가 무너질 것이고,[88] 신하가 즐겁게 일을 하면 군주도 흥하고 백관도 빛난다'[89]고 하여 믿을 만하다고 여겨 인재를 기용하였으면 그에게 일을 맡기라고 강조한다. 이는 '아무것도 하지 않고 다스린다'는 노자의 무위이치(無爲而治) 리더십과 맥을 같이한다. 아무것도 하지 않고 다스린다는 것은 가만히 있는 것이 아니라 필요한 인재들을 적재적소에 임명하고 그리고 그에게 일을 할 수 있도록 권한을 위임하는 리더십이다. 보통 일이 잘 풀리면 사람들은 모두 자기가 한 것이라고 한다. 사람들이 그렇게 말을 하더라도 나라가 잘 돌아가면 그것으로 아름다운 것이다. 그래서 노자는 "가장 훌륭한 지도자는 밑의 사람들이 그가 있다는 것만 알 뿐이다. 그다음의 지도자는 아랫사람들이 친하게 여길 뿐만 아니라 그를 늘 칭송한다. 그다음의 지도자는 아랫사람이 두려워한다. 그다음의 지도자는 아랫사람이 아예 그를 경멸하고 욕한다."[90]라고 한 것이다. 섬김의 리더십(Servant Leadership)란 이와 같이 부하들이 알아서 맡은 바

---

86 "君之視臣如手足, 則臣視君如腹心. 君之視臣如犬馬, 則臣視君如國人. 君之視臣如草芥, 則臣視君如寇讐."(권9)

87 다리와 팔, 곧 임금이 믿고 의지할 수 있는 신하라는 뜻이다.

88 "「益稷」: 元首叢脞哉, 股肱惰哉, 萬事墮哉."(권9)

89 "「益稷」: 股肱喜哉, 元首起哉, 百工熙哉."(권9)

90 『道德經』 17章, "太上 下知有之. 其次 親而譽之. 其次 畏之. 其次 侮之."

임무를 잘 수행하도록 하고, 그렇게 부하가 성공하고 성장할 수 있도록 만드는 리더십을 말한다.

셋째, 부하가 아예 일의 주도자로서의 역할을 하도록 하게 하는 팔로어십이다. Kelley(1988)에 의하면, 조직목표 달성의 80～90%가 팔로어, 나머지 10～20%만이 리더에 의해서 결정된다고 한다. 따라서 조직의 성공에 보다 중요한 사람은 부하들이기 때문에 부하들이 리더로서 책임감을 느끼고 업무를 추진하는 것이 대단히 중요하다. 그래서 부하들을 보다 많이 신뢰하고 보다 많은 권한을 위임하려는 리더십이론이 팔로어십(followership)이다.

『대학연의』는 팔로어십의 단계를 넘어 책임리더십(responsible leadership)을 제창한다. 즉, 부하들이 자신은 물론 군주가 바른 지도자로서의 역할을 수행하도록 하는 책임도 있다고 한다. "군주가 잘하는 것이 있으면 그것을 받들어 따라서 그로 하여금 더욱 잘하는 방향으로 나아가게 하고, 군주가 잘못하는 것이 있으면 그것을 바로잡아 그로 하여금 그 잘못이 은연중에 사라지게 한다."[91] 이것이 군주를 지극히 사랑하는 것이다. 군주가 잘못된 길을 가려고 할 때 이를 직접적으로 간언하여 군주의 얼굴을 붉어지게 하는 것을 권한다. 공자가 말하는 "속이지 말고 그 안색을 범하라[勿欺也, 而犯之]"는 말이 바로 이것이다. 맹자(孟子)가 "임금에게 어려운 일을 구하는 것을 공(恭)이라 말하고, 훌륭한 도[善道]를 말하여 사심(邪心)을 막는 것을 경(敬)이라 말하고, 우리 임금은 불가능하다고 여기는 것을 해침[賊]이라"[92] 말하는 것

91 "有善焉, 承順之, 使之益進於善. 有惡焉, 正救之, 使之潛銷其惡."(권10)

92 『孟子』「離婁章句上」, "孟子曰: 責難於君謂之恭, 陳善閉邪謂之敬, 吾君不能謂之賊."

도 같은 이야기이다. 대통령의 부하이기는 하나, 국정의 책임을 나누어지고 있는 고위직이 깊이 간직해야 할 말이다.

④ 윤리적 리더십과 진성리더십

윤리적 리더십(ethical leadership)과 진성리더십(authentic leadership)은 리더 자신이 바로 서지 않고서는 부하들이 그 사람을 신뢰하지 않고 또 말을 듣지 않을 것이라고 한다. 말하자면 리더 자신의 윤리성과 진정성이 부하들이 어떤 일을 하게 하는 데 큰 영향을 미친다는 말이다.

윤리적 리더십(ethical leadership)은 엔론(Enron), 월드컴(World Com) 등과 같은 거대기업들이 리더의 윤리적인 문제로 인해 무너짐에 따라 더 많은 관심을 받게 된 이론으로(Brown & Treviño, 2006), 본인이 윤리적이고 조직도 윤리적으로 되게 만드는 리더십을 말한다. 부정과 부패, 비리를 저지른 사람이 이끄는 조직이 과연 올바를 성과를 낼 수 있겠는가? 『대학연의』는 그것이 어렵다고 본다. 그래서 "사람들을 선한 용도로 사용하고자 할 때는 자신이 먼저 선해야 하고 자신이 선하지 않으면 고쳐서라도 선해지도록 노력하라."[93]라고 한다. "군주가 어질면 어질지 않음이 없고, 군주가 의로우면 의롭지 않음이 없고, 군주가 바르면 바르지 않음이 없으니, 한 번 군주가 바르면 나라가 안정되기"[94]에 윤리적 리더십이 중요하다고 한다.

진성리더십(authentic leadership)은 부하들을 움직이게 하는 것은 지도자의 진정성이라고 본다. 이러한 진정성은 지도자가 자기 자신에

93 "用人之善由已之善, 已有不善則改而從善."(권31)

94 "孟子曰: 君仁莫不仁, 君義莫不義, 君正莫不正, 一正君而國定矣."(권10)

게 어느 정도 진실한가에 달려 있기 때문에, 진성리더십은 진정리더십, 진정성 리더십, 진실리더십 등 다양하게 명명되고 있다.(정예지 등, 2012) 이름은 이렇게 다양하지만 그 핵심은 "정성과 공경을 다하는데 인심이 불복한 적이 없고, 정성과 공경이 없는데 사람들의 마음이 복종한 적도 없다. 이러한 이치는 땅이 멀고 가까운 것과 상관없고, 중화나 오랑캐 할 것 없이 사람이라면 이 마음은 동일하다."[95]라고 할 수 있기 때문에 사람을 다룰 때는 진정성을 보이라는 말이다.

그러면, 지도자의 진정성을 보여 줄 수 있는 기제는 무엇인가? 『대학연의』는 권35 「수신의 요체 1」에서 그것을 말과 행동이라고 한다. "말과 행동은 군자의 추기(樞機)이다. 추기가 발하는 것이 영욕(榮辱)을 주재한다. 말과 행동은 군자가 천지를 움직이는 근거이니, 어찌 삼가지 아니할 수 있겠는가?"[96]라고 하여, 말과 행동은 그것이 어떻게 나타나는지에 따라 영화도 되고 치욕도 된다고 한다. 공자가, "말이 진실하고 미쁘며 행실이 독실하고 경건하면 멀리 오랑캐 나라에서도 행함이 통할 수 있지만, 말이 진실하지도 미쁘지도 않으며 행실이 독실하지도 경건하지도 않으면 자기 고향에서도 행함이 통하겠는가?"[97]라고 말한 것처럼, 말과 행동이 어떻게 발현되는지에 따라 영광스러운 결과를 가져올 수도 있고 반대로 치욕스러운 상태를 맞이할 수도 있다. 또 군주의 말과 행동은 아무리 비밀스럽게 하더라도 드러나게 마련이고,

---

95 "蓋地無遠近同此一理.人無夷夏同此一心.未有誠敬而人不心服者也. 未有不誠不敬而能使人心服者也."(권35)

96 "『易大傳』: … 言行, 君子之樞機, 樞機之發, 榮辱之主也. 言行, 君子之所以動天地也, 可不愼乎?"(권35)

97 "子曰: 言忠信, 行篤敬, 雖蠻貊之邦, 行矣. 言不忠信, 行不篤敬, 雖州里, 行乎哉?"(권35)

아무리 멀리 있는 곳에서도 알려지기 마련이므로, 삼가지 않으면 안 된다고 한다.

진성리더십은 또 '말과 행동이 일치하는 것'을 강조한다. 그렇지 않으면 부하들이 지도자를 진정성이 있다고 보지 않을 것이기 때문이다.(Goffee & Jones, 2005) 그런데 말을 먼저 할 경우 그 말을 실천하지 못하여 말과 행동이 일치하지 않을 가능성이 많다. 그런데 말보다 행동을 먼저 하게 되면 말이 헛되지 않게 된다. 따라서 말을 너무 많이 하거나 앞서서 하는 일이 없도록 해야 한다. 특히 말이 혀에서 나오면 빠른 말[馬]도 그것을 따라잡을 수 없기 때문에 정말 경계를 하지 않을 수 없다.

『대학연의』는 사람들에게 보여 주어야 할 것으로 또 다른 것으로 위의(威儀)를 들고 있다. "위엄이 있어 두려워할 만한 것을 일러 '위(威)'이라 하니, 이것은 한갓 엄하고 사나운 것을 일삼는 것이 아니다. 의관을 바르게 하고 시선을 높이 두어 의젓한 모습을 사람들이 보고서 경외(敬畏)하는 것, 이것을 위(威)라고 한다. 법도가 있어 본받을 만한 것을 '의(儀)'라고 하니, '의'는 한갓 용모를 꾸미는 것이 아니다. 몸가짐과 일 처리가 예법에 맞지 않음이 없는 것, 이것을 일러 의(儀)라고 한다."[98]

진성리더십은 이와 같이, 지도자가 부하들에게 바른 말과 행동 그리고 위의(威儀)를 통하여 자신의 진정성을 보이는 것인데, 이것이 자신의 본성과 괴리되면 부하들이 언젠가는 드러난 것이 진정성이 없다

98 "有威而可畏之謂威, 威非徒事嚴猛, 而已正衣冠, 尊瞻視儼然人望而畏之, 夫是之謂威. 儀非徒事容飾, 而已動容周旋莫不中禮, 夫是之謂儀."(권35)

는 것을 알게 될 것이다. 따라서 진성리더십의 또 다른 주요 요소는 자기의 본성을 알고 이것이 인욕에 흔들리지 않도록 통제하는 것이다. 진성(Authenticity)이 그리스어로 '너 자신을 알라(Know Thyself)'라는 의미가 있고 또 그리스어 'authento'가 "완전한 권력을 가지는 것(to have full power)"을 의미한다고 볼 때(Gardner et al., 2011), 진성리더십이란 자기 자신에게 솔직하고 자신의 본성을 통제할 수 있는 리더십을(the master of his or her own domain) 말한다고 할 수 있다.(Kernis & Goldman, 2006) 다시 말하면, 가짜 자신(fake self)이 아니라 진짜 자신(genuine self)을 잘 드러내어 사람들이 스스로 복종하게 만드는 리더십이라고 하겠다.

이렇게 볼 때 윤리적 리더십과 진성리더십은, 특히 진성리더십은 수기(修己)의 리더십이라고 할 수 있다. 이 수기의 리더십과 나머지 리더십, 즉 거래적 리더십과 섬김의 리더십, 팔로어십 등과의 관계에 대해서 서양의 이론들은 별 관심을 보이지 않았으나, 유학자들은 오랫동안 관심을 가지고 논쟁을 하여 왔다. 다시 말해서 수기(修己)와 치인(治人)의 관계에 대하여, 진성리더십은 수기(修己)를 하면 치인(治人)은 자연스럽게 실현된다고 본다. 유학자 중 이러한 입장을 제시하는 학자는 맹자로, 그는 "자기를 바르게 하면 외물이 바르게 된다[正己而物正]"[99]고 말한다.

이에 반해 정약용은 수기를 한다고 해서 치인이 자연스럽게 이루어진다는 보장이 없고 또 치인(治人)이 보다 더 중요하기 때문에 치인을 위한 노력을 수기와 별도로 해야 한다고 본다. 즉 '자기를 바르게

---

99 『孟子』「盡心上」, "有大人者 正己而物正者也."

해서 외물을 바르게 한다[正己以正物]'는 것이다.(김광민, 2016) 정약용이 이러한 주장을 하게 된 것은 조선이 당시의 시대적 문제를 해결하는 데 관심을 보이지 않고 윤리적 이슈에만 관심을 집중하고 있었기 때문에 조선 사회의 개혁을 도모하기 위해서였다.(박병련, 1999)

이러한 수기와 치인 관계는 유학의 핵심주제이기 때문에 많은 사람들이 이들의 관계, 즉 선과 후(수기→치인, 치인→수기) 및 경(輕)과 중(重)(수기가 重한지 아니면 치인이 重한지)에 대해서 관심을 보여 왔다. 즉 철학(예: 김영우, 2014; 신창호, 2009; 윤사순, 2012; 이경무, 2004; 이기동, 1997; 지준호, 2014), 정치학(예: 배병삼, 1997; 전낙희, 1990), 교육학(예: 박정원, 2008; 신춘호, 2015) 등 여러 학문분야에서 이들의 관계에 관심을 보여 왔다.

『대학연의』는 이에 대해 먼저 치인의 목적을 강조한다. 수기만 강조하는 것이 아니라 제가(齊家), 치국(治國), 평천하(平天下)도 다루어 나라다운 나라에 대한 끊임없는 관심을 보이고 있다. 다음 치인의 대상이 되는 사물 즉 제가(齊家), 치국(治國), 평천하(平天下)에만 관심을 보이는 것이 아니라 그야말로 그 물(物)의 주체가 되는 사람을 다루는 방법도 소개하고 있다. 거래적 리더십, 변혁적 리더십, 섬김의 리더십, 팔로어십, 책임리더십 등 사람을 다루는 다양한 방법을 또한 소개하고 있다. 그리고 마지막으로 바르지 못한 지도자가 과연 사회문제를 제대로 인식하고 이를 해결할 수 있는지 의문이 들기 때문에(이기동, 1997; 이두찬, 2005) 수기에 대해서도 강조를 빠뜨리지 않고 있다.

5) 바른 인사의 길은 자신을 밝히는 것

지금까지 바른 인사를 위한 세 가지 사항을 살펴보았다. 인재를 분별하는 법, 인재를 기용하는 법, 그리고 인재를 다루는 법 세 가지를 알아

보았다. 그런데 이 세 가지 부분을 학습하여 깨우쳤다고 해서 바른 인사가 바로 되는 것은 아니다.

첫째, 사람을 알기 어렵다는 이야기는 『대학연의』 곳곳에서 나타나고 있다. "사람을 알기 어려움을 깊이 탄식하며 쉽게 생각하지 않았다. 사람을 알아보는 것이 진실로 쉬운 일이 아니다."라는 표현을 곳곳에서 볼 수 있다. 올바른 사람은 간사한 사람을 가리켜 사악하다고 하고, 간사한 사람도 올바른 사람을 가리켜 사악하다고 하니, 군주가 누구의 말이 맞는지 판단하기 매우 어렵다. 『대학연의』는 사람을 알아보는 것이 어려운 사례를 많이 들고 있는데, 그중에 하나만 인용하면 다음과 같다. "덕종은 사람을 알아보는 명석함에 가장 떨어지는 임금이었기 때문에 노기(盧杞)에 대해서는 그의 간사함을 깨닫지 못하였고 강공보(姜公輔)에 대해서는 그가 정직을 판다고 의심하였다. 이성(李晟)의 공훈과 육지(陸贄)의 충성에 대해서는 소원하게 배척하여 물리쳐 폐기시켰으며, 배연령(裴延齡)은 거짓을 일삼고 위거모(韋渠牟)는 조급하고 졸렬함에도 불구하고 친하고 신뢰하여 의지하고 맡겼다. 말 잘하는 것을 충성이라고 여기고 정직함을 미쳤다고 여긴 것이 이보다 심한 적이 없었다."라고 예시하고 있다.(권16)

따라서 국가지도자가 사람을 제대로 알려면, 반드시 스스로 사사로운 마음을 제거하는 데서부터 시작해야 한다. 지도자 자신이 덕이 있지 않으면 사람을 제대로 알아보기 어렵다.

둘째, 사람을 등용하는 것도 마찬가지이다. 대개 정사가 잘되고 못되는 것은 사람을 잘 쓰고 못씀에 말미암는 것임을 모르는 지도자들이 얼마나 될까? 그럼에도 불구하고 등용과 폐기가 바뀌기도 하고 또 자리가 바뀌는 경우가 드물지 않는 것은 인사권자의 마음에 정해진

주관이 없어서 시비(是非)와 사정(邪正)이 흐릿해지기 때문이다. 인사권자의 판단을 흐리게 하는 요소는 많다. "혹은 뛰어난 역량[勇力]으로, 혹은 뛰어난 언변[辨口]으로, 혹은 알랑거리며 아첨하는 것[諂諛]으로, 혹은 간사하고 남을 속이는 재주[奸詐]로, 혹은 욕망을 즐기게 하는 것[嗜欲]으로써 한 자리를 두고 몰려들어 공격해서 각각 자기들이 쓰이기를 구한다. 인사권자가 조금 느슨해져 그 하나라도 받아들이면 곧 위태롭고 망하게 되니, 이것이 그 어려운 까닭이다."[100]

특히 국가지도자가 자기의 뜻에 동조하는 사람을 좋아하고 다른 의견을 가진 사람을 싫어하는 마음을 갖게 되면, 사사로운 의도가 작동하여 현신과 간신을 구별하여 기용하기 어려워진다. "이익은 지혜를 흐리게 만들기도"[101] 하고, 또 "겨가 날려 눈에 들어가면 천지의 위치가 바뀌기도"[102] 하니 그래서 곧잘 충신을 버리고 간신을 기용하기 십상이다. 장구령(張九齡)과 이임보(李林甫)의 충(忠)과 사(邪)를 뒤바뀌어 등용한 것이 그 하나의 예이다. 배도(裴度)는 충직해서 임금으로부터 멀어졌고, 이봉길(李逢吉)은 참소와 아첨으로 기용되었고, 황보박(皇甫鎛)과 정이(程异)는 뇌물로 자리를 차지하게 되었으니 이것이 사(邪)와 정(正)을 분별하지 않은 또 다른 예이다.(권4) 따라서 국가지도자가 반드시 그 마음을 바르게 하여, 아첨에 현혹되지 않고 이익에 흔들리지 않은 뒤에야 신하들의 간사함과 바름을 판단할 수 있다.

셋째, 사람을 등용해도 그 사람을 다루는 것이 또한 쉽지 않다.

---

100 "太宗嘗曰: 人主惟有一心, 而攻之者甚衆. 或以勇力, 或以辨口, 或以諂諛, 或以奸詐, 或以嗜欲, 輻輳攻之, 各求自售. 人主少懈而受其一, 則危亡隨之, 此其所以難也."(권4)

101 『史記』「平原君虞卿列傳」, "利令智昏."(권16)

102 "傳曰, 播糠眯目天地爲之易位."(권16)

특히 사람의 말을 가려서 듣는 것이 쉽지 않다. 옛날부터 위태하고 어지러운 세상에서도 충성스러운 말이 없지 않았다. 조이(祖伊)가 일찍이 주(紂)임금에게 간언하였고, 소목공(召穆公)이 일찍이 여왕(厲王)에게 간언하였고, 이사(李斯)가 일찍이 이세(二世) 황제에게 간언하였다. 그러나 세 임금이 모두 간언을 듣지 않아서 위아래가 뒤집어지고 어그러졌다. 반대로 한나라 무제(武帝)가 오랑캐를 물리친 것은 전천추(田千秋)의 말을 들을 수 있었기 때문이고, 당나라 덕종(德宗)이 도읍을 옮기고 망하는 데에 이르지 않았던 것은 육지(陸贄)의 말을 들을 수 있었기 때문이다.(권12)

그런데 사람의 말을 듣는 것이 쉽지 않은 이유는 사람을 너무 믿어서도 안 되고 너무 불신해서도 안 되기 때문이다. 많은 사람들이 어진 이를 구하는 데에 노력하고 그래서 찾았으면 '맡기고 의심하지 말라'고 한다. 그러나 '한 사람만을 신임하고, 그쪽 이야기만 치우쳐 듣게 되면 그로 인한 국가의 화가 이루 다 말할 수 없다'고도 한다.(권1) 사람을 믿고 일을 맡기는 것도 말처럼 그렇게 간단하지가 않다.

그러면 어떻게 하면 사람을 알아보고 현자를 중용하며 직언과 간언을 구별할 수 있게 될까? "마음은 물이 그러한 것과 같으니, 그것을 휘저어 흐려지면 산악을 비출 수 없고, 깊고 맑아 일렁이지 않으면 터럭조차도 환히 비추어 볼 수 있다. 오직 지극히 공적이어야 천하의 사사로움을 볼 수 있고, 오직 지극히 발라야[正] 천하의 사악함[邪]을 볼 수 있으며, 오직 지극히 고요하여야 천하의 움직임을 볼 수 있다."[103]

---

103 "心猶水, 然撓而濁之不見山嶽, 淵澄弗動毛髮燭焉. 惟至公可以見天下之私, 惟至正可以見天下之邪, 惟至靜可以見天下之動."(권2)

따라서 모든 관리를 임명하고 사람을 다루는 일에는, 반드시 마음을 편안하게 하는 것[宅心]을 우선해야 한다. 맹자(孟子)는 이를 보다 직접적으로 말한다. "인사의 잘못을 꾸짖는 것으로 부족하고, 정사의 잘못을 비판하는 것으로도 부족하다. 오직 대인이어야 임금의 나쁜 마음을 바로잡을 수 있으니, 임금이 인(仁)하면 인(仁)하지 않음이 없고, 임금이 의로우면 의롭지 않음이 없고, 임금이 바르면 바르지 않음이 없으니, 한 번 임금의 마음을 바로잡으면 나라가 안정된다."[104]라고 하였다.

말하자면, 사람을 아는 길과 사람을 중용하는 길, 그리고 사람을 다루는 길은 바로 자신을 밝히는 길인 것이다. 때문에 군주의 마음을 바르게 하는[正心] 학문이 없어서는 안 된다. 이것이 바로 『대학연의』가 성의정심을 길게 설명하는 이유이기도 하다.

5. 자신을 닦는 길, 성의정심

지금까지 국민이 바라는 나라가 어떤 나라인지, 그리고 그러한 나라를 만들기 위해서 국가지도자가 어떤 사람과 함께 어떤 리더십을 발휘해야 하는지를 살펴보았다. 그런데 우임금은 이 두 가지 일, 즉 지인(知人)과 안민(安民)을 요임금도 어렵게 여겼다고 한다. 사람을 알면 그 사람에게 알맞은 관직을 맡길 수 있고, 백성을 편안하게 하면 백성들

104 "孟子曰: 人不足與適也. 政不足間也. 惟大人爲能格君心之非. 君仁莫不仁, 君義莫不義, 君正莫不正. 一正君而國定矣."(권10)

이 그 은혜를 잊지 않는데, 수기가 되지 않으면 사람을 알기 어렵고 백성을 편안하게 하기 어렵기 때문이다. 공자는 또 "수기하여 백성을 편안하게 하는 것을 요순(堯舜)도 근심으로 여겼다."[105]라고 한다. 진실로 보는 것이 밝아지고 듣는 것이 총명해지면, 사람을 분별하고 백성을 편안하게 할 수 있을 텐데 수기가 쉽지 않으니 '수기하여 백성을 편안하게 하는 것[修己以安百姓]'이 어렵다고 하는 것이다.

그러면 어떻게 해야 수기를 할 수 있는가? 『대학연의』는 수기(修己)의 방법으로 성의정심을 제시한다. 그래서 왜 그리고 무엇이 성의정심인지를 먼저 살펴보고, 다음 성의정심을 다하기 위해서 왜 숭경외(崇敬畏)와 계일욕(戒逸欲)이 필요한지를 차례를 설명하고자 한다. 마지막으로 숭경외와 계일욕을 유지하기 위한 규경잠계를 소개하고자 한다.

(1) 왜 그리고 무엇이 정심인가?

어진 사람을 등용하고 정사를 바르게 처리하기 위해서는 '반드시 뜻을 성실하게 하여 그 마음을 바르게 해야 한다[必誠意以正其心]'. 일심(一心)이 바르면서 만사(萬事)가 바르지 않은 경우가 없고, 그릇된 마음으로 일을 제대로 처리할 수 없기 때문이다. 따라서 『대학연의』는 성의정심(誠意正心)을 올바른 국가지도자가 되기 위한 핵심기제로 제시한다. 즉, 성의정심을 국가지도자가 가야 할 길의 뿌리로[吾道源流之正] 인식하고, 네 가지 목(目) 중의 하나로 성의정심지요(誠意正心之要)를

105 "修己以安百姓, 堯舜其猶病諸!"(28권)

제시하여 자세하게 설명하고 있다.

그러면 무엇이 정심인가? 『대학연의』는 '정심'에 대해서도 언급을 하고 있으나 이것보다는 '도심(道心)'을 주로 이야기한다. '정심(正心)'을 책의 곳곳에서 언급하면서도 자세한 설명은 하지 않으나 '도심(道心)'은 권2에서 집중적으로 설명을 하고 있다.

마음[心]은 보통 허령지각(虛靈知覺)이라고 하는데, 만지고 느낄 수 있는 물리적 형체가 아니기 때문에 마음을 허령이라 한다. 그러나 지극히 영명하여 모든 사물을 꿰뚫어 보고 이치를 깨달을 수 있게 하는 지각을 가지기 때문에 허령지각이라 한다. 마음은 허령이기 때문에, 그 자체로 좋은 마음과 나쁜 마음이 있는 것은 아니나, 지각(知覺)에 따라 인심(人心)과 도심(道心)으로 나누어진다.

인심은 형체와 기질의 사사로움에서 생기고, 도심은 성명(性命)의 올바름에서 근원한다. "형체와 기질[形氣]이 사사롭다는 것은 성색취미(聲色臭味)의 욕구를 가리켜 말하고, 성명(性命)이 올바르다는 것은 인의예지(仁義禮智)의 이치를 가리켜 말한다. 궁실에서 편안함을 바라고 선물과 의복이 아름답기를 바라며 비빈(妃嬪)들과 교합하기를 힘쓰고 여흥과 사냥을 즐기는 것은 인심(人心)이 드러난 것이고, 좋은 술과 맛있는 음식이 마음을 어지럽히는 강렬한 독이 된다는 것을 알아서 그것을 물리칠 바를 생각하고 음란한 소리와 아름다운 여색이 본성을 해치는 도끼날이 된다는 것을 알아 그것을 멀리할 바를 생각하는 것은 도심(道心)이 드러난 것이다."[106]

---

106 "形氣之私者指聲色臭味之欲而言也. 性命之正者指仁義禮智之理而言也. 聲色臭味之欲皆發於氣所謂人心也. 仁義禮智之理皆根於性所謂道心也 … 宮室之欲其安, 膳服之欲其

인심은 귀·눈·입·코·사지(四肢)의 지배를 받는 것으로 이것의 노예가 되면 마침내 짐승이 되고 만다. 사람들이 인심을 위주로 하고 제재하지 않으면 물욕(物欲)이 날마다 늘어나 걸주(桀紂)와 크게 차이가 나지 않게 된다. 이에 반해 도심을 위주로 하고 없어지지 않게 한다면 이의(理義)가 날마다 채워져서 요순(堯舜)과 멀지 않게 된다.

인심은 날카로운 칼날과 사나운 말과 같이, 쉽게 제어하고 부리기 어렵기 때문에 이를 위태롭다[危]고 한다. 반면 도심은 성질상 매우 미묘한 것이어서, 마음의 깊은 곳을 잘 살피지 않으면 그것이 잘 드러나지 않는다. 마치 불이 처음 타오르는 것과 같고 샘이 처음 시작하는 것과 같아서 충만하고 폭넓은 상태에 이른 것이 아니기 때문에 이를 인지하기 어려워 은미하다[微]고 한다.

사람들은 군자든 소인이든 이 두 가지 마음을 모두 가지고 있는데, 이렇게 서로 섞여 있는 경우 그것을 다스리지 아니하면 위태로운 것은 더욱 위태로워지고 은미한 것은 더욱 은미해진다. 인심은 인욕에 흐르기가 쉬우므로, 도심이 인심을 이기기가 어렵다. 사람들은 이를 일러 천리(天理)의 공(公)이 인욕(人欲)의 사(私)를 끝내 이길 수 없다고 한다. 따라서 도심이 항상 한 몸의 주인이 되고 인심이 매번 도심의 명령을 주의 깊게 들어서 위태로운 것은 사라지게 하고 은미한 것은 드러나게 하는 것이 필요하다.

이렇게 두 가지 마음이 서로 섞이지 않고 도심이 오로지 한 사람을 지배하는 그런 순수한 상태를 정(精)이라고 하고 사람의 마음이

美, 與夫妃嬪侍御之奉, 觀逸游田之樂. 此人心之發也. 知旨酒厚味爲迷心之鴆毒思所以卻之, 知淫聲美色爲伐性之斧斤思所以遠之, 此道心之發也."(권2)

오로지 도심 하나로만 되어 있는 상태를 일(一)이라고 하는데, 이 때문에 오랜 옛날 『서경』은 “인심은 위태하고 도심은 은미하니, 오직 순수하고 오로지 하나가 되어 진실로 그 중(中)을 잡으라.”[107]라고 한 것이다.

이렇게 볼 때 도심이 곧 정심(正心)이라고 할 수 있다. 이렇게 오직 순수하고 오로지 하나인 유정유일(惟精惟一)의 상태로 가기 위해서는, 어떤 마음이 성색취미(聲色臭味) 때문에 발현한 것임을 안다면 힘써 열심히 다스려 그것이 자라나지 못하게 하고, 어떤 마음이 인의예지(仁義禮智) 때문에 발현한 것임을 안다면 한 뜻으로 지켜 간직하여 변하거나 옮겨 가지 못하게 해야 한다. 이런 것이 가능하기 위해서는 두 가지가 필요하다. 하나는 어떤 것이 발현하는지를 아는 것이고 다른 하나는 발현하는 것을 억제 또는 장려하는 것이다.

먼저, 염려(念慮)가 싹터 움직이는 시초를 인지하는 것이 중요하다. 이러한 시초를 기(幾)라고 하는데, 이 미세한 움직임의 시초 즉 기미(幾微)를 살피지 않으면 희로애락(喜怒哀樂)이 때때로 절도(節度)를 잃어버리기 쉽다.

다음, 인심을 억제하고 도심은 유지하는 것이 필요하다. 이렇게 마음을 다스리는 것이 편안하고 문제가 없는 때를 강(康)이라고 하는데, 이 마음의 평강이 잘 유지되도록 경계하지 않으면 놀면서 마음껏 즐기고 무례하고 거만한 것이 방자하게 된다.

이렇게 미세한 것에도 그 시초를 알 수 있고, 또 인욕을 통제하여 평강을 유지할 수 있으면, 마음이 도심의 상태에서 편안히 머물 수 있

---

107 『書經』 「虞書·大虞謨」, “人心惟危 道心惟微 惟精惟一 允執厥中.”(권2)

게 된다. 이를 일러, '안여지(安汝止)'라고 한다. 이는 '그 마음이 그치는 곳에서 편안하라'[108]는 뜻도 되고, '마음이 편안히 머무는 곳'[109]의 의미도 된다. 전자는 인욕을 멈추고 그쳐야 하는 것을 편안하게 생각하라는 의미이다. 노자 『도덕경(道德經)』의 "족함을 알면 욕되지 않고, 그침을 알면 위험하지 않다[知足不辱, 知止不殆]"는 말과 같다. 후자는 '사람의 본성 그대로의 상태가 편안한 상태이므로 그곳에 머물라'는 의미이다. 그래서 옛날부터 성인들은 마음을 기르는 중요한 방법으로 '기강(幾康)' 또는 '안여지(安汝止)'를 강조하여 왔던 것이다. 가령, 우임금이 "마음이 그치는 곳에서 편안히, 오직 기미를 살피고 오직 평강하라"[110]고 하는 말이 대표적이다.

이러한 '기강(幾康)' 또는 '안여지(安汝止)'를 유지하는 데 필요한 것은 삼갈 신(愼)이다. "비록 보이지 않고 들리지 않는 가운데 있다 하더라도 반드시 삼가고 두려워하여 감히 게으르지 않으면 설사 사사로운 욕심이 나오더라도 밖에서 시행될 곳이 없고, 들어가더라도 마음에 쌓아둘 곳이 없어서 저절로 장차 없어지고 소멸되어서 나의 병이 될 수가 없다."[111] 다시 말해서 인심을 억제하고 도심 한 가지가 순수하게 작동하는 마음가짐을 가질 수 있도록 하기 위해서는 '삼가고 두려워하며 감히 게으르지 않는 것'이 필요하다. 삼가 두려워하는 것은 숭경외(崇敬畏)이고, 감히 게으르지 않는 것은 계일욕(戒逸欲)이다. 따라서 도

108 "安汝止者謂安其心之所止也."(권2)

109 『詩經』「商頌」, "邦畿千里, 惟民所止, 又心之所安爲止."

110 "「益稷」 禹曰: 安汝止, 惟幾惟康."(권2)

111 "雖其不睹不聞之間亦必戒愼恐懼而不敢懈則, 凡所謂私欲者出而無所施于外, 入而無所藏于中, 自將消磨泯滅, 不得以爲吾之病."(권12)

심 또는 정심으로 가는 두 가지 길은 숭경외와 계일욕이라고 할 수 있는 것이다.

(2) 왜 그리고 무엇이 성의인가?

마음을 바르게 하려면 반드시 뜻을 성(誠)하게 하라[必誠意以正其心]고 하는데, 그러면 성(誠)이란 무엇인가? 진덕수는 이것을 읽는 사람이 각자 글의 뜻이 가리키는 것을 따라서 찾으면 그 뜻[義]을 얻게 될 것이라고 하여 사람마다 해석이 달라질 수 있다고 본다. 그러나 대부분의 설명은 주희의 그것을 기초로 하고 있다. 주희는 "성(誠)이라는 말은 진실[實]일 따름이다."[112]라고 하기도 하고, "진실하고 거짓됨이 없는 것으로 천리의 본연"[113]이라고도 한다. 봄·여름·가을·겨울과 낮·밤·어둠·밝음은 아직 한순간의 오차도 없으며, 천하 만물의 넓고 좁은 것, 크고 작은 것, 나는 새와 헤엄치는 물고기, 동물과 식물 등이 역시 제각기 바른 성명(性命)을 얻어 태어나니, 일찍이 한 털끝만큼의 착오도 없다. 이것이 바로 천리(天理)를 중심으로 보는 경우의 성실하여 거짓됨이 없는 사례이다.

사람으로 치면, 그 본성[性]을 다하는 것이 성(誠)이다. "사람의 본성[性]을 다한다는 것은 부자(父子) 간에 친함이 있고 군신(君臣) 간에 의(義)가 있고 형제간에 사랑이 있는데 이것들을 하나라도 다하지 않음이 없는 것"[114]을 말한다.

---

112 "朱熹曰: 誠之爲言實."(권12)

113 "朱熹曰: 誠者眞實無妄之謂天理之本然也."(권12)

114 "唯天下至誠爲能盡其性, 能盡其性則能盡人之性, … 盡巳之性, 如在父子則親, 在君臣則

진덕수는 사람의 본성을 좀 더 구체적으로 설명한다. 천하에 사람들이 공통적으로 지켜야 할 도, 이를 보통 달도(達道)라고 하는데, 이것에는 다섯 가지 즉 군신(君臣)·부자(父子)·부부(夫婦)·형제[昆弟]·친구[朋友] 사이에 지켜야 할 도가 있다. 또 이것을 지키는데 세 가지 덕이 있으니, 지(知)·인(仁)·용(勇)이다. 이 세 가지도 천하에서 공통적으로 인정되는 덕이니 이를 달덕(達德)이라고 한다.

그런데 이러한 달도(達道)에 대한 지식[知]이 충분하지 못하면 임금이 마땅히 해야 하는 인(仁)과 신하가 마땅히 해야 하는 경(敬)과 자식이 마땅히 해야 하는 효(孝)와 어버이가 마땅히 해야 하는 자애[慈]에 대해 어두워질 것이다. 그러나 이것에 대한 지식이 있다고 하더라도 그것을 제대로 지키지 않거나 또는 하는 척만 한다면 그러한 '덕'은 올바른 '덕'이라고 할 수 없다. 따라서 지(知)·인(仁)·용(勇), 이 세 가지가 모두 진실하고 거짓됨이 없는 것을 일러 '성(誠)'이라고 한다.

말하자면, '성(誠)'이란 어떤 행동이나 결정을 하는 경우에 그 각각에 존재하는 하나의 최선의 상태를 말한다. 가장 좋은 상태를 의미하기 때문에 그것이 둘일 수가 없다. 한 가지 생각의 진실한 것[實]이 '성'이며, 한 가지 일의 진실한 것[實]이 또한 '성'이며, 한 가지 행동의 진실한 것[實]이 또한 '성'이다.[115] 주희는 이를 보다 직접적으로 말한다. "천하의 이치가 하나면 순(純)하고 둘이면 섞이는[雜] 것인데, 순(純)하면 성(誠)하고 섞이면[雜] 거짓 된다."[116]라고 한다. 가령, "마땅히

義, 在兄弟則愛, 之類已無一之不盡."(권12)

115 "一念之實亦誠也, 一事之實亦誠也, 一行之實亦誠也."(권12)

116 "一則純二則雜, 純則誠, 雜則妄, 此常物之大情也."(권12)

측은지심이 일어날 때 남을 해치려는 마음이 섞이는 것은 인(仁)을 행하는 것이 성(誠)스럽지 못한 것이고, 마땅히 수오지심이 일어날 때 탐욕스러움과 어리석음이 섞이는 것은 의(義)를 행하는 것이 성(誠)스럽지 못한 것이다. 인(仁)하면 안팎이 모두 '인'하여서 한 털끝만큼도 '인'하지 않음이 없으며, 의(義)를 하면 안팎이 모두 의롭게 되어서 한 털끝만큼도 의롭지 못함이 없는 경우가 '성'이다."[117]

이렇게 어떤 판단을 할 때 마땅히 추구해야 할 가치 하나만 고려하는 것이 아니라 자신의 사적 이익과 욕망을 추구한다든지, 마땅히 천하의 인재를 등용해야 함에도 불구하고 사적 연고나 이익을 동시에 고려한다든지 하는 것은 선과 악이 뒤섞이고, 사악함과 올바름이 뒤섞이는 것이니, 오로지 마땅히 고려해야 할 공적 가치 하나만을 추구하는 성(誠)이 중요하다.

그런데 처음에는 공적 가치를 판단의 기준으로 삼다가 그것이 중간에 끊긴다면 그것을 또 '성'이라고 하기 어렵다. 가령, 3개월 동안 행하는 바가 모두 진실하였으나 3개월 후에는 진실하지 않다거나, 하루나 한 달에 한 번 인(仁)에 이르는 것을 "성(誠)이라고 하기 어렵다. 이렇게 일을 처리하게 되면 바람직한 결과를 도출하는 것도 또한 어렵다. 그래서 '성(誠)은 물(物)의 마침[終]과 시작[始]이다."라고 하는 것이고, 또 "성이 없으면 물이 없기 때문에 군자는 성을 귀하게 여기는 것이다."[118]

---

117 "是以當其惻隱之發而忮害雜之則所以爲仁者有不實矣. 當其羞惡之發而貪昧雜之則所以爲義者有不實矣 … 仁則表裏皆仁而無一毫之不仁, 義則表裏皆義而無一毫之不義, 其爲德也."(권12)

118 "誠者, 物之終始, 不誠無物. 是故君子誠之爲貴."(권12)

또 하나의 경우에만 최선을 다하고 다른 경우에는 그렇지 않는 것도 또한 바람직한 결과 상태를 도출하기 어렵기 때문에 사람과 사람, 사람과 물 모두에 최선을 다하는 것이 필요하다. 마음의 성실함이 없으면서 그 '물'의 성실함이 있는 경우는 없기 때문에 정자(程子)가 말한 "머리끝에서 발끝까지[徹頭徹尾]"[119]라는 말이 이러한 이치를 표현한 것이다. 또 주희가 "하나라도 성실하지 않으면 구경(九經)도 모두 허문(虛文)이 된다."라는 것도 같은 말이다.[120]

바로 이런 여러 가지 까닭으로 순임금은 '오직 하나다[惟一]'라고 했고, 이윤은 '한결같이 한다[克一]'라고 했고, 『중용』은 '행해야 할 것은 하나다'라고 한 것이다.[121] 또 정이천은 '마음을 하나로 집중하고 밖의 일들에 흐트러지지 말라'는 의미의 주일무적(主一無適)을 강조했고, 또 역대 지도자들은 '순수하고 한결같으며 중심을 지키는' 정일집중(精一執中)을 제시한 것이다.

이상 설명한 성(誠)이 하늘의 도(道)라면, '성하려는[誠之]' 것은 사람의 '도'이다. '성하려는' 것은 아직 진실하고 거짓 없는 상태가 아니므로 진실하고 거짓 없는 상태가 되고자 하는 것이니, 사람이 당연히 해야 할 일이다. 진덕수의 설명에 의하면, "'성하려는[誠之]' 것은 좋은 것[善]을 택하여 고집스럽게 이를 실현하려는 것이다. 선(善)이 무엇인지를 널리 배우며[博學], 자세히 물으며[審問], 신중히 생각하며[愼思], 밝게 분별하며[明辨], 독실하게 행하는[篤行] 것이다. 배우지 않으면

---

119 "程子所謂徹頭徹尾者蓋如此也."(권12)

120 "熹又曰, 一者誠也, 一不誠則九者皆爲虛文矣."(권1)

121 "故舜曰, 惟一, 伊尹曰, 克一, 中庸曰, 行之者一."(권1)

몰라도 배우기로 한 경우 능하지 못하면 그만두지 아니한다. 묻지 않으면 몰라도 묻기로 한 경우 알지 못하면 그만두지 아니한다. 생각하지 않으면 몰라도 생각하기로 한 경우 얻지 못하면 그만두지 아니한다. 분별하지 않으면 몰라도 분별하기로 한 경우 밝히지 않으면 그만두지 아니한다. 행하지 않으면 몰라도 행하기로 한 경우 독실하지 못하면 그만두지 아니한다. 남이 한 번에 잘하면 나는 백 번을 하며 남이 열 번에 잘하면 나는 천 번을 하니, 과연 이 '도'에 능하게 될 것이다. 비록 어리석더라도 반드시 명철해지고 비록 유약하다 하더라도 반드시 강해질 것이다."(권12)

『대학연의』는 이와 같이 '성(誠)'과 '성하려는[誠之]' 것을 구별하고, 바른 마음[正心]과 '성(誠)'의 상태를 가질 수 있도록 '성하려는[誠之]' 자세가 필요하다고 한다. 이러한 노력의 일환으로 제시하고 있는 것이 바로 숭경외(崇敬畏)와 계일욕(戒逸欲)이다.

(3) 왜 그리고 무엇이 숭경외인가?

『대학연의』는 뜻을 성실히 하는 것[意誠]과 마음을 바르게 하는 것[心正]의 가운데에 '경(敬)'이 있다고 한다. "경하면 어질고 경하지 않으면 사욕(私欲)이 해쳐 어질지 않게 되며, 경하면 정성을 다하게 되고 경하지 않으면 사사로운 욕심이 뒤섞여 정성을 다하지 않게 된다. 정성을 말하고 인(仁)을 말하면서 힘을 쓸 곳이 어디인가? 오직 경일 뿐이다."[122]라고 하여, 경외를 숭상할 것[崇敬畏]을 강조한다.

---

122 "敬則仁, 不敬則私欲賊之而不仁矣. 敬則誠, 不敬則私欲雜之而不誠矣. 曰誠曰仁何所用

『대학연의』가 이렇게 숭경외(崇敬畏)를 강조하는 이유는 한 나라가 흥하고 망하는 것, 성하고 쇠하는 것은 '경'의 덕[敬德]에 달려 있다고 보기 때문이다. 『대학연의』는 이러한 주장을 역사적 사례를 근거로 제시하고 있다. 즉 요임금·순임금·우임금·탕왕·문왕·무왕은 천하의 대성(大聖)이며, 묘(苗)·호(扈)·상(商)·신(辛)은 천하의 대악(大惡)인데, 대성과 대악을 구별 짓는 것은 오로지 경(敬)과 불경(不敬)에 달려 있다는 것이다. 보다 구체적으로 『대학연의』는 성인으로 평가받는 지도자들이 '경'의 덕[敬德]을 지니고 있었음을 반복적으로 소개하고 있다. 즉, 요(堯)임금은 "몸을 삼가고, 이치에 밝고, 문장이 빛나고, 사려가 깊었다." "진실로 공경하고 진실로 겸양하였다."[123] 순임금은 "온화하고 공손하며 신실하고 독실하였다."[124] 우임금은 "내가 경의 덕을 솔선하니, 나의 행함을 아무도 어기지 않았다."[125] 탕왕은 "경을 숭상하는 것이 날로 발전하였다."[126] 문왕은 "아름답게도, 경을 계속 넓혔도다."[127]라고 하고 있다. 이에 비해, 최악으로 평가받는 지도자들은 '경'의 덕[敬德]이 없었음을 또한 반복적으로 소개하고 있다. 묘(苗)는 "혼미하여 공손하지 않고 오만하게 스스로를 현명하다고 여겼다."[128] 주(紂)는 오상(五常)을 업신여기고, 태만하게 공경하지 않으면서, "천명(天命)이 자기에게 있다"고 하고 "경(敬)은 행할 것이 못 된다"고 했

力,惟敬."(권28)

123 "「堯典」曰: 欽明文思." 又曰: "允恭克讓."(권28)

124 "「舜典」曰: 溫恭允塞."(권28)

125 "「禹貢」曰: 祗台德先, 不距朕行."(권28)

126 "『詩』「商頌」曰: 湯降不遲, 聖敬日躋."(권28)

127 "「大雅」曰: 穆穆文王, 於緝熙敬止."(권28)

128 『書經』「虞書·大禹謨」, "禹之征苗曰昏迷不恭侮慢自賢."

다.[129] 지도자들을 평가할 때 사용되는 한자는 흠(欽)·공(恭)·양(讓)·지(祗)·경(敬) 등으로 다양하지만, 그 뜻은 공통적으로 경(敬)의 의미를 지니고 있어, 경의 존재 여부가 좋은 지도자 여부를 결정짓는 요인이라고 할 수 있는 것이다.

『대학연의』는 권28과 권29에서 '숭경외(崇敬畏)의 대상으로 모두 다섯 가지를 들고 있다. 즉, 수기지경(修己之敬), 사천지경(事天之敬), 우재지경(遇災之敬), 임민지경(臨民之敬), 치사지경(治事之敬)이 그것이다. 그런데 이 다섯 가지가 같은 비중으로 다루어지고 있지도 않고, 또 경의 의미가 같은 것도 아니다. 이 경(敬)은 보통 공경으로 번역되고 있지만 경건, 경외, 공손 등으로 번역하는 것이 오히려 그 뜻을 전달하는데 더욱 적절할 수도 있기 때문에, 총론적으로는 그냥 경(敬)이라고 하고, 경우에 따라서 적절히 구별하여 그 용어를 사용하고자 한다. 또 사천지경(事天之敬)과 우재지경(遇災之敬)은 둘 다 하늘에 관한 것이고, 치사지경(治事之敬)도 같이 묶어서 설명이 가능하기 때문에 함께 설명하고자 한다. 『대학연의』의 제목 및 순서 그대로가 아니라 그가 말하고자 하는 바를 재정리, 재해석해서 설명하면 다음과 같다.

1) 공손하라

사람들은 지위가 올라갈수록 교만하기 쉽다. 다른 사람보다 아는 것이 많고 책임감도 커지기 때문이다. 위로 올라갈수록 여러 곳으로부터 많은 정보를 듣고 또 밑의 사람들이 생각하지 못하는 점에 대해서도 판

---

129 『書經』「泰誓下」, "武王之數紂曰, 狎侮五常, 荒怠弗敬. 謂已有天命謂敬不足行."

단의 요소로 고려할 수 있기 때문에 상대적으로 밑의 사람들보다 아는 것이 더 많아지게 된다. 때문에 자신의 판단이 옳다고 여길 가능성이 많아진다.

게다가 권좌에 오른 초기에는 두려워하기도 하고 조심하기도 하고 현자를 구하기도 하나 그 기간이 길어지면서 정사에 익숙해지고 경험과 지식이 많아지면 자만에 빠질 가능성이 많아진다. 특히 국정운영 과정에서 성공의 경험이 쌓이게 되면 자신감이 생겨 더욱 교만해질 가능성이 커진다. 황제나 대통령은 다른 사람과 비교할 수 없는 강력한 권력을 가지고 있는 만큼 다른 사람들보다 많은 것을 성취할 가능성이 크고 따라서 성공의 경험이 또한 많을 가능성이 있기 때문에 더욱 그러하다. 여기에 바른 말을 하는 신하가 멀어지고 간사하고 아첨하는 신하가 가까이 있게 되면 더욱 교만에 빠지게 된다. 그래서 초기에는 현명하였으나 후반에는 어두워지는 경우가 많다.

이와 같이, 높은 지위에 올라갈수록 그의 판단이 미치는 영향이 크기 때문에 한 가지 결정이라도 최선의 결정이 되도록 성의와 정심을 다해야 하나, 실상은 오히려 그 반대로 성의정심을 다하지 않을 가능성이 많아진다. 따라서 높은 자리에 오를수록, 성공의 경험이 쌓일수록, 더욱 공손하고 더욱 겸손해야 하는 것이다. 『대학연의』는 그래서 가장 먼저 수기지경(修己之敬)을 이야기하면서 요(堯)임금이 몸을 삼가고 진실로 겸양한 것, 순임금이 온화하고 공손한 것을 강조하였으며, 또 "군자가 엄숙하고 경건하면 날로 강해지고, 안일하고 방자하면 날로 약해진다."[130]라고 한 것이다. 이것은 모두 공손함[恭]을 귀하

130 "「表記」曰: 君子莊敬日彊, 安肆日偸."(권28)

게 여기는 것을 말하니, 수기지경의 '경'은 공손이라 할 수 있다.

2) 하늘을 두려워하라

두려움이란 일이 어떻게 될지 몰라서 불안하고 걱정하는 것을 말한다. 우리는 하늘이 우리에게 밝은 지혜를 명할 것인지, 길과 흉의 어느 길을 허락할 것인지, 오랜 시간의 통치를 명할 것인지 알지 못한다. 그래서 『대학연의』는 사천지경(事天之敬), 즉 국가의 흥망과 정권의 지속을 위해서 국가지도자가 해야 할 일은 하늘의 영원한 명을 비는 것이라고 말한다.(28권)

하늘을 두려워하고 공경하면 천명(天命)이 모이고, 반대로 교만하고 불경(不敬)하면 천명이 떠나간다. 한 번 정권을 잡으면 천명이 자신에게 모인 것이라고 생각하나, 천명이 유지되는 것은 다른 차원이다. "하늘은 믿기 어렵다. 천명은 늘 그대로가 아니다. 덕을 늘 그대로 지니면 그 지위를 보존하고 덕을 늘 그대로 지니지 않으면 구주(九州)라도 망할 것이다."[131] 개인만 아니고 나라도 망한다는 것이고 작은 나라뿐만 아니라 큰 나라도 망할 수 있는데, 오늘 착하면 하늘이 복을 내리고 내일 음란하면 하늘이 재앙을 내리니 하늘은 참으로 믿기 어렵다는 말이다. 말을 바꾸어 보면, "하늘은 친애하는 사람이 없고 공경하는 자를 친애하며, 백성은 항상 마음에 두는 사람이 없고 어진 사람을 마음에 두며, 귀신은 항상 흠향함이 없고 정성스러운 자에게 흠향하니, 천위(天位)란 참으로 어려운 자리이다."[132]

---

131 "「咸有一德」曰: 嗚呼. 天難諶, 命靡常. 常厥德, 保厥位. 厥德匪常, 九有以亡."(권28)

132 "伊尹申誥于王曰: 嗚呼. 惟天無親, 克敬惟親. 民罔常懷, 懷于有仁. 鬼神無常享, 享于克

그런데도 한번 정권을 잡은 국가지도자들은 그렇게 생각하지 않는 경향이 많다. 정권을 잡은 것은 과거의 일인데도, 하늘이 여전히 자신을 사랑하고 또 백성이 여전히 자신을 지지해 주고 있다고 생각하는 것 같다. 특히 박근혜 전 대통령과 같이, 늘 자신을 지지하는 백성들이 일정하게 있어 선거 때마다 승리한 선거의 여왕이 된 경험이 있으면 더욱 그런 착각을 하기 쉽다. 옛 성현의 말씀처럼, 백성은 변함없이 항상 마음에 두고 지지하는 사람들이 아니라는 것을 알았으면 소위 친박(親朴), 진박(眞朴)을 이야기하고 공천파동을 만들어 자신을 파멸의 길로 이끌지는 않았을 것이다. 자신의 재임기간을 탄핵으로 중단하지 않으려면, 자신이 존경하는 아버지의 영예를 더럽히지 않으려면, 자기가 신봉하는 정권을 끊어지지 않게 하려면, 한 국가의 명운이 결딴나게 하지 않으려면 "네 몸에서 멈추게 하지 말지어다[無遏爾躬]" 한 구절을 새기고, 두려워 온 몸을 떨었어야[133] 할 것이다. 천명을 받은 것은 끝없는 아름다움이지만 또한 끝없는 근심이니,[134] '무알이궁(無遏爾躬)', 정권을 잡은 사람들이 심각하게 새겨들어야 할 말이다.

천명이 끊어지지 않게 하려면, 하늘의 뜻을 새기는 것이 중요하다. 자신의 행동이 조금이라도 하늘의 뜻[天意]을 거슬리는 것은 아닌지 그래서 밝은 명이 떠나가는 것은 아닌지 두려워하여 아주 짧은 순간이라도 끊어지지 않게 하려고 노력해야 한다.

『대학연의』는 '치사지경(治事之敬)'에서 일을 할 때도 늘 하늘의

誠. 天位艱哉."(권28)

133 "讀毋遏爾躬之一語,至今猶使人凜然震懼."(권28)

134 "惟王受命無疆惟休(休美也) 亦無疆惟恤(恤憂也)."(권28)

뜻을 생각하라고 한다. 즉, 천신(天神)·지기(地祇), 사직(社稷)·종묘(宗廟) 등 국정의 그 어느 부분을 다룰 때에도 경건하게 일을 처리하지 않음이 없도록 할 것을 강조한다. 형벌을 내릴 때나, 교화를 펼칠 때, 전례를 베풀 때나, 12목(牧)에게 질문할 때 한결같이 '경(敬)'이라 하지 않으면 '인(寅)'이라 하고, 인이라 하지 않으면 경이라 하고, 또 아침 일찍 일어나고 밤늦게 잠이 들며 분주히 움직이니, 이것은 모두 하늘의 위엄을 두려워하는 것이고, 또 하늘의 천명을 보존하는 길인 것이다.

천명을 보존하는 길은 또 하늘 뜻의 자그마한 변화도 놓치지 않는 것이다. 그래서 순임금은 "때마다 삼가고, 기미마다 삼가라[惟時惟幾]"고 한다. 어느 한 때라도 경계하지 않음이 없고 어느 미세한 변화에도 경계하지 않음이 없어야 함을 말한다. 잠깐이라도 경외(敬畏)하는 마음을 가지지 못한다면 게으르고 해이한 것이 저절로 일어나고, 아주 작은 기미를 살피지 못한다면 재앙과 난리가 저절로 생기기 때문이다.

『대학연의』는 이 부분을 '재이를 당했을 때 행하는 경[遇災之敬]'에서 보다 구체적으로 설명하고 있다. 홍수나 가뭄 등과 같은 자연 재해, 일식과 월식 등과 같은 이상 현상은 하늘이 우호적으로 보내는 일종의 경고이기 때문에 지도자가 이것을 알아차리고 자신의 잘못을 고치면 복을 받는다. 그러나 이것들을 두려워하지 않고 가벼이 여기거나 속이고자 한다면 흉한 재앙을 받는다고 한다. 다시 말해서, "국가에 장차 도를 잃는 사태가 생길 것 같으면 하늘이 먼저 재해를 내어 견고(譴告)한다. 그래도 자성할 줄 모르면 또 괴이한 일을 내어 경고하고 두려워하도록 한다. 그래도 변함없이 변고를 알지 못한다면, 드디어

해를 입히거나 망하게 한다."[135]

이와 같이 재이는 그것을 어떻게 대응하는지에 따라서 화가 되기도 하고 또 복이 되기도 하니, 맹자가 "화와 복은 스스로 구하지 않는 것이 없다."[136]라고 한 것이다.

『대학연의』는 이것을 구체적인 예를 들어 소개하고 있다. 순임금 때의 홍수, 상나라 박(亳) 땅의 이상한 일, 꿩이 솥의 귀에서 운 일, 선왕(宣王) 때의 가뭄, 유왕(幽王) 때의 서리와 일식, 송나라 별의 위치, 원제 때의 일식과 지진 등을 사례가 그것이다.

홍수가 요임금 때 일어났었지만 순임금이 권력을 물려받을 때에도 그 재해가 그치지 않자 순임금은 스스로 '이것은 하늘이 나에게 경고를 내리는 것이다'고 했다. 성탕(成湯)은 가뭄이 나자 다음과 같은 여섯 가지 일로 자신을 경책하였다. 곧, "정사(政事)에 절도가 없었던가? 백성들을 괴롭혔던가? 궁실을 호화롭게 지었던가? 여자가 정사를 어지럽힌 경우가 많았던가? 뇌물이 성행했던가? 참소하는 사람들이 번창했던가? 어떻게 이렇게 심하게 비가 내리지 않는가?"[137]라고 자신을 돌이켜 자책하였다. 공자는 빠른 우레와 맹렬한 바람이 일면 반드시 낯빛을 바꾸었다. 옛 임금들은 일식과 성변과 같은 일이 생기면 반드시 반찬의 수를 줄이고 음악을 거두어 들였으며, 혹 자신의 허물을 책망하고 사태를 안정시킬 수 있는 말을 구했다. 송나라 경공(景公)은

135 "國家將有失道之敗天迺先出災害以譴告之, 不知自省又出怪異以警懼之, 尙不知變而傷敗迺至以此見天心之."(권29)

136 "孟子曰禍福無不自己求之者."(권29)

137 "成湯憂旱亦以六事自責曰政不節與使人疾與何以不雨至此極也. 宮室崇與女謁盛與何以不雨至此極也. 苞苴行與讒夫昌與何以不雨至此極也."(권29)

화성이 제 위치가 아닌 다른 곳에 자리를 차지하는 괴이한 일이 생기자 이를 걱정했다. 이에 신하가 그러한 일이 발생한 책임을 한 번은 재상에게, 또 한 번은 백성에게, 그리고 또 다른 한 번은 시절에 떠넘기는 것을 제안하였으나 모두 거절하고 군주다운 말을 세 번이나 하였다. 모두 다 하늘을 두려워하기 때문에 나타나는 반응이다. 사천지경(事天之敬)과 우재지경(遇災之敬)의 '경'은 경외, 두려움의 뜻이 주가 된다.

3) 백성을 공경하라

『대학연의』가 제시하는 네 번째 '경'은 '백성을 대하는 공경[臨民之敬]'이다. 여기서 사용되는 '경'은 앞의 하늘에 대한 것과 마찬가지로 공경, 두려움, 경외 등의 의미를 지니나, 『대학연의』가 백성을 두려움의 대상을 넘어 존경하고 공경해야 할 대상임을 강조하는 것으로 보이기 때문에 '공경하라'고 번역한다.

『대학연의』는 백성과 군주와의 관계를 첫째 서로 수평적이고 보완적인 관계로 제시한다. 군주와 백성의 관계는 하늘과 땅, 그리고 몸과 마음의 관계로 본다. 서로가 바탕이 되고, 서로 친히 하여 가까이할 수 있으며 낮추어 멀리할 수 없는 관계로 본다.

둘째, 백성을 군주보다 더 귀중한 존재로 여긴다. 백성은 나라의 근본이니 근본이 튼튼해야 나라가 평안하다.[138] 나라에 백성이 존재하는 것은 나무에 뿌리가 있는 것과 같다. 뿌리가 흔들리면 나무가 뽑히게 되고, 백성이 떠나면 나라가 위태로워진다. 이러한 언명들은 모두

138 "「五子之歌」, 民惟邦本, 本固邦寧."(권29)

백성과 군주의 수직적 관계를 보여 주는 것들인데, 맹자는 "백성은 귀하고 사직은 그다음이며, 군주는 가볍다."[139]라고 하여 그 서열적 관계를 직접적으로 밝히고 있다.

셋째, 백성들의 지혜가 군주보다 낫다고 본다. 보통 남자 보통 여자는 마치 아는 것이 없는 듯하여, 한 사람씩 개별적으로 들으면 어리석어 보이지만, 그들이 합하여 말하는 것을 들어 보면 성인의 이야기와 같다.[140] 여러 사람의 지려(智慮)는 일종의 집단지성으로 성인이라 하더라도 더할 수 없다는 것이다. 그런데 자신의 지혜만 믿고 백성을 어리석다고 소홀히 대하는 잘못을 범할 수 있겠는가? '백성들은 가까이하되 얕잡아 보아서는 안 된다.'[141] 우임금은 집단지성에서 한 걸음 더 나아가 "어리석은 남자 어리석은 여자 한 사람도 나를 이길 수 있다."[142]라고 하여 백성 개개인의 지혜를 존중하고 자신은 낮추는 태도를 보인다. 왜 위대한 우임금[大禹]이라고 하는지 알게 해 주는 면이다.

넷째, 백성은 군주에게 참으로 두렵고 무서운 존재이다. 백성은 물이고 군주는 배[君舟民水]로, 물은 배를 뜨게도 하지만 배를 뒤집을 수도 있다. 역사적 사례도 많지만, 2016년 광장에 모인 시민들이 박근혜 대통령을 탄핵한 것은 백성이 군주를 뒤집어엎을 수 있다는 것을 생생하게 보여 준다. 이렇게 백성은 두려운 존재이기 때문에, 군주는 "수많은 백성들을 대할 때 썩은 새끼줄로 여섯 마리 말을 몰 듯 조심하

139 "孟子曰, 民爲貴, 社稷次之, 君爲輕."(권29)

140 "匹夫匹婦若無所知, 然離而聽之則愚, 合而聽之則聖"(권29)

141 "「五子之歌」 民可近, 不可下."(권29)

142 "「五子之歌」 愚夫愚婦, 一能勝予."(권29)

그림 7. 천자의 수레

출처: 중국 서안 섬서역사박물관에서 필자가 찍은 사진. 사진은 네 마리 말이 모는 마차로 제후용이며, 천자는 여섯 마리가 끈다.

니, 임금이 된 자 어찌 백성을 공경하지 않을 수 있겠는가?"[143] 천자의 수레는, 그림 7과 같이, 여섯 마리 말이 끌고 가는데, 이때 여섯 고삐로 통제를 한다. "수레는 말에 의지하고 말은 고삐에 의지하니, 이것은 군주가 백성에게 의지하는 것과 같다. 썩은 줄로 말을 몰게 되면 반드시 위태롭게 되고, 도가 아닌 것으로 백성들을 대하면 백성들은 반드시 떠나니, 군주는 항상 스스로를 보호하지 못할까 두려워하는 것이다."(권29)

"백성들이 가지는 원한과 분노의 감정은 그 시작이 매우 미미하더

143 "「五子之歌」: 予臨兆民, 懍乎若朽索之馭六馬, 爲人上者, 奈何不敬."(권29)

라도 그것이 극에 이르면 제어할 수가 없다. 아직 분노가 형체를 이루기 전에는 제어하는 것이 용이하나 이미 드러난 분노를 벗어나는 것은 어려우니",[144] 국가지도자들은 따라서 심히 두려운 마음으로 그들을 공경하고 그들과 크게 화합하여 아름다운 세상을 만들어야 한다. 그것도 바로 지금 아름다운 세상이 되도록 노력을 해야 한다. 감히 나중에 하겠다는 생각을 하여 곤욕을 치르는 일이 없어야 할 것이다.[145]

4) 혼자 있을 때 삼가라

사람은 참으로 영묘하여 털 오라기처럼 미미한 것이라 할지라도 도심이 아니라는 것을 스스로 깨닫게 된다. 마음과 몸에서 사악하고 거짓된 것이 올라탐을 쉽게 느끼게 된다. 그러나 여러 사람이 함께 있는 공개된 장소에서 인욕을 발산하는 것이 쉽지 않다. 오히려 삼가고 경건하는 것이 쉽다. 더구나 시중드는 사람들이 둘러서 있는 상황에서는 부끄러워할 만한 일을 하지 않는 것이 큰 자랑은 아니다.

그러나 혼자 있을 때는 삼가고 두려워하는 것이 어려운 것이 사람의 일상적인 모습이다. 그래서 『중용(中庸)』은 "군자는 그 볼 수 없는 것을 조심하고 삼가며 그 들리지 않는 것을 두려워하고 염려한다. 숨어 있는 것보다 뚜렷한 것은 없으며 미묘한 것보다 현저한 것은 없다. 그러므로 군자는 그 혼자 있을 때 삼간다."[146]라고 한다. "조용하고 어두운 마음과 작고 미묘한 일들은 비록 형적이 드러나지 않더라도, 기

---

144 "民情之怨忿其端甚微, 其極至於不可禦, 圖於未形則易, 捄於已著則難."(권29)

145 "其丕能諴于小民, 今休. 王不敢後用顧畏于民碞."(권29)

146 『中庸』 第一章, "君子戒愼乎其所不睹, 恐懼乎其所不聞. 莫顯乎隱, 莫顯乎微, 故君子愼其獨也."

미만 있어도 이미 움직여, 사람들은 모르지만 자신은 그것을 안다. 그러므로 천하의 일 가운데 뚜렷하고 분명하게 드러나는 것으로 이보다 더한 것은 없다. 때문에 군자는 항상 경계하고 두려워하거니와 혼자 있을 때 더욱더 소홀히 하지 않으니, 인욕이 장차 싹 터는 것을 막고 은미한 마음에서 넘쳐나 도를 멀리 떠나는 일이 생기지 않도록 하기 위해서이다."[147]

중용을 해석한 여러 유학자들은 한결같이 '계구(戒懼)'와 '근독(謹篤)'에 대해 이를 하나로 이해했지만, 주희는 이를 둘로 나누었고, 『대학연의』도 같은 입장을 보이고 있다. 즉 볼 수도 없고 들리지도 않는 것은 내가 보지 못하고 듣지 못하는 것이고, 독(獨)이란 다른 사람이 보지도 듣지도 못하는 것으로 혼자만이 아는 것도 삼가는 것이 인욕이 발현되지 않도록 하는 상책이라는 말이다. 자신의 마음속에서 작은 인욕(人欲)이 싹터 도(道)로부터 자신이 멀어져 가는 것을 자기 자신만이 아는 경우 이를 막는 방법으로 신독(愼獨)을 강조하고 있는 것이다.

(4) 왜 그리고 무엇이 계일욕인가?

성의정심으로 가는 두 번째 길은 계일욕(戒逸欲)이다. 숭경외가 주로 도심(道心)을 생성 및 유지하는 것에 초점을 맞춘 것이라고 한다면 계

147 "幽暗之中細, 微之事跡, 雖未形而, 幾則已動, 人雖不知而已獨知之, 則是天下之事無有著見明顯而過於此者. 是以君子旣常戒懼而於此尤不敢忽焉. 所以遏人欲於將萌而不使滋長於隱微之中以至離道之遠也."(권29)

일욕은 인심(人心)을 억제 및 통제하는 것에 초점을 맞춘 것이라고 할 수 있다. "대개 치세와 난세의 근원은 국가지도자 한 마음에 달려 있는데, 그 마음을 바르게 하는[正心] 길은 법도를 지키고 안일함과 즐거움에 사로잡히지 않는 것이다."[148] 계일욕을 하는 이유는 "경건함[敬]이 나태함을 이기면 길(吉)하고, 나태함이 경건함을 이기면 멸(滅)하며, 의로움이 욕심을 이기면 순조롭고, 욕심이 의로움을 이기면 흉(凶)하게 된다. 무릇 일이란 힘쓰지 않으면 잘못되고, 경건하지 않으면 바르게 되지 않는다. 잘못되면 멸망하여 사라지고, 경건하면 만세토록 이어질 것이기"[149] 때문이다.

『대학연의』가 계일욕(戒逸欲)에서 강조하여 주장하는 것을 정리하면 다음과 같다. 첫째, 계일욕이 특히 중요한 시기는 정치가 안정된 시기이다. "정치가 안정되고 근심걱정이 없는 시기는 오히려 두려워할지언정 이를 자랑스럽게 생각해서는 안 된다. 정치가 안정된 시기에 잃기 쉬운 것은 법도이고 빠지기 쉬운 것은 안일함과 즐거움이기 때문이다."[150]라고 강조하여 말한다. 나라를 다스리는 사람은 반드시 근심하고 근면하여 평안을 지속할 수 있도록 도모해야 한다. 그래서 맹자는 "국가가 한가한 이 시간에 정치와 사법제도를 밝게 개혁한다면 비록 대국이라 하더라도 반드시 경외할 것이다."[151]라고 하였고, 공자는 "지금 국가가 한가한 이때에 미쳐 즐기고 태만하며 오만한 짓을 하니,

---

148 "蓋治亂之源在人主之一心, 能守法度不縱逸樂則其心正矣."(권31)

149 "『禮記』曰: 敬勝怠者吉, 怠勝敬者滅. 義勝欲者從, 欲勝義者凶. 凡事不强則枉, 弗敬則不正. 枉者滅廢, 敬者萬世."(권2)

150 "治安無虞之世可畏而不可恃也. 夫治安之世, 易失者法度,易縱者逸樂."(권31)

151 "孟子曰, "國家閒暇, 及是時, 明其政刑, 雖大國必畏之矣."(권31)

이것은 스스로 화를 구하는 것이다."[152]라고 하였다.

둘째, 안일 그 자체는 인정하지만 그것이 과한 경우가 문제라고 본다. "관람(觀覽)을 하면서 안목을 넓히고, 안일(安逸)로 그 몸을 쉬게 하며, 놀이[遊豫]를 즐기면서 풍속을 살피고, 사냥[田獵]으로 무술과 장비를 훈련하는 것, 이러한 것들이 인군에게 없을 수 없다. 다만 지나쳐서는 안 되는 것이니, 지나치면 인욕이 거리낌 없이 일어나 점차 난망(亂亡)의 상태로 젖어들기 때문이다."[153]

게다가 안일에는 돈이 들기 때문에 적절한 정도의 안일이 중요하다. 관광이나 놀이나 모두 이를 즐기는 데 비용이 든다. 황제나 고관들이 이를 즐기는 데 필요한 경비를 위해서 백성들은 공물이나 세금을 바친다. 백성들이 정상적으로 바치는 조세 및 공물을 유정지공(惟正之供)이라 하는데, 이것을 넘어 마구잡이로 징수하는 횡렴(橫斂)은 금해야 한다. 『대학연의』는 한가로이 사냥하고 유람하는 것이 횡렴의 근원이기 때문에 이것들을 금지해야 하고, 대신 그 필요성이 인정되는 가령 세상 물정을 파악하고 군사훈련을 하는 것 등의 경우에만 국가재정으로 부담하는 것이 필요하다는 입장을 보이고 있다. 즉 "관람(觀覽), 안일(安逸), 놀이[遊豫], 사냥[田獵], 이 네 가지에 빠질 경우 사치스런 비용에 한도가 없으므로 그 추세상 어쩔 수 없이 횡렴하게 된다. 이 네 가지를 보편적 규정에 맞는 용도로 그 씀씀이를 줄이게 되면 자연 온 백성이 정상적으로 바치는 공물과 세금에 그 지출

152 "孔子曰: 今國家閒暇及是時般樂怠傲, 是自求禍也."(권31)

153 "觀覽以舒其目, 安逸以休其身, 遊豫以省風俗, 田獵以習武備, 此人君所不能無也. 特不可過而已過則人欲肆而浸入于亂亡矣."(권31)

을 맞추게 될 것이다."[154]라고 한다. 오늘날 국회의원과 지방의회의원을 포함한 공직자들의 해외 시찰에 대해서도 공히 적용될 수 있는 지적이라 하겠다.

셋째, 어느 정도의 필요성에도 불구하고 안일을 경계하는 이유는 한 번 안일에 빠지면 점차 그것에 빠지기 쉽기 때문이다. "처음 즐거움에 탐닉하는 사람은 매번 스스로를 용서하며 말하기를 '나는 오늘만 즐거움에 탐닉한다. 하루 즐긴다고 얼마나 해가 될까' 한다. 이 마음이 한번 흘러넘치게 되면 하루가 이틀 되고, 이틀이 죽는 날까지 이어지고 다시 돌이킬 수 없음을 모른다. 그러므로 주공은 그 뿌리부터 미리 막아 두려고 '감히 오늘만 즐거움에 탐닉한다'며 안일에 빠지지 않도록 경계를 한 것이다."[155]

넷째, 일욕을 삼가는 또 다른 이유는 성과를 내기 위함이다. "삼가함[謹]은 오만함[熳]의 반대이고 부지런함[勤]은 게으름[怠]의 반대이다. 국가지도자가 삼가되 방만하지 않고 부지런하되 게으르지 않으면, 그의 일을 마무리할 수 있을 것이다. 행동이 거듭되면 덕이 되고, 미세한 것이 쌓이면 거대한 것이 된다. 한 행동이 공경스럽지 못하면 온전한 덕에 허물이 되고, 미세한 것을 조금이라도 소홀히 하면 거대한 것이 이루어지지 않는다. 또 산으로 비유하면 아홉 길이나 높이 쌓은 공도 한 삼태기가 부족하면 이룰 수 없다."(권31)

다섯째, 일반 백성들은 태평성세를 주장할 수 있지만 국가지도자

---

154 "淫于四者侈費無度其勢不得不橫斂. 四者旣省用有常經自應以萬民惟正之供也."(권31)

155 "人之始耽樂者, 每自恕, 曰吾惟今日耽樂, 一日放逸所害幾何. 抑不知是心一流則自一日而至于二日自二日至于終身不反也. 故周公先塞其源, 戒之以無敢皇暇曰今日耽樂."(권31)

는 한결같이 무일(無逸)해야 한다. "군자는 스스로 강하고자 쉬지 않는다. 무일이란 하늘의 덕[天德]이자 또한 군주의 덕이다. 군자는 무일을 처소로 삼는다. 보통 사람들은 때때로 부지런히 일하기도 하고 또 때때로 게으름을 피우기도 한다. 무일의 때가 있으나 잠깐 그러할 뿐 오랫동안 그렇게 하지 못하니, 무일에 거처하는 것이 아니다. 오직 군자만이 무일을 처소로 하니, 고기가 물에서 살고 맹수가 숲에서 사는 것과 같다. 간혹 사모하여 그렇게 하고자 하기도 하고, 또 간혹 권면을 받아 그렇게 행하기도 하는 것은 이 모두 무일을 처소로 하는 것이 아니다. 하늘의 굳센 운행으로 쉬지 않는 것과 비교해 보면, 이것은 판이하게 다르다."[156]

이상은 『대학연의』가 계일욕(戒逸欲)에 관한 총론으로 제시한 것이다. 다음은 계일욕의 각론에 해당하는 것으로, 이 부분의 핵심적인 메시지는 당나라 장온고(張蘊古)가 쓴 「대보잠(大寶箴)」이다. 즉, "즐거움은 끝까지 다해서는 안 될 것이니 즐거움이 극단으로 이르면 슬픔을 낳는다. 욕망이 바라는 대로 좇을 수는 없으니, 욕망을 좇으면 재앙을 낳는다."[157] 사람들이 자연스럽게 찾게 되는 욕망으로 술과 여색, 사치와 재물, 그리고 사냥과 명예욕 등을 다루고 있는데 그 자세한 내용은 본문을 보도록 하고 여기서는 한 문단씩만 간략하게 언급하는 것으로 소개를 그치고자 한다.

---

156 "臣按呂祖謙曰君子以自强不息. 無逸者天德也亦君德也. 君子所其無逸者. 凡人乍勤乍惰蓋亦有無逸之時, 然能暫而不能居非所其無逸者也. 惟君子以無逸爲所如魚之於水獸之於林有不可離者焉. 或慕而爲之或勉而行之皆非所其無逸. 其視乾健不息之體猶二物也."(권31)

157 "唐太宗時 張蘊古上大寶箴曰, 樂不可極樂極生哀, 欲不可縱縱欲成災."(권31)

첫째, 술에 빠지지 말라[沉湎之戒]. 술에 빠지게 되면 마음과 뜻이 혼란스럽게 되므로 비록 죽음이 눈앞에 있다 하더라도 또한 두려워할 줄을 모른다. 무일하고자 한다면 술에 빠져서는 안 되며, 술에 빠지게 된다면 무일할 수 없다.

둘째, 황음에 빠지지 말라[荒淫之戒]. 사람들은 변경의 도둑만 있는 줄 알지 궁궐 속에 도둑이 있는 줄은 모른다. 튼튼한 갑옷과 날카로운 병기로 무장하고, 맹수처럼 날쌔게 움직이는 존재가 변경의 도적이라면, 용모를 꾸미고 요염하게 화장하여 여우처럼 아첨하며 악독하게 유혹하는 것은 궁궐의 도적이다. 변경의 도적은 우리를 외부에서 흔드니 피부 거죽의 질환이나, 궁궐의 도적은 우리의 내부에서 도적질하니 몸통 속의 재앙이다. 피부 거죽의 질환을 다스리는 것은 쉽지만, 몸통 속의 재앙을 제거하는 것은 어렵다.

셋째, 사치를 하지 말라[奢侈之戒]. 백성의 재물을 탕진하면 원망이 생기고, 백성의 힘을 탕진하면 원한이 생긴다. 대들보와 기둥에 비단옷을 입히면 백성들은 거친 베옷조차 입을 수 없고, 연못을 술로 채우면 땅에는 목말라 죽는 백성들이 생기며, 마구간의 말에게 곡식을 먹이면 백성들은 굶주리게 된다.

넷째, 오늘날에도 술이나 이성 문제로 유망한 지도자가 낙마하는 경우가 종종 있고, 재정의 문제는 늘 중요한 국가적 과제이기 때문에 계일욕에서 제시하는 훈계는 여전히 새겨들을 만하다. 그런데 『대학연의』가 강조하지 않고 언급만 한 문장, 즉 "도를 어기며 백성으로부터 칭찬을 구하지 말고, 백성의 뜻과 어긋나게 자신의 욕심을 쫓지 말라"[158]는 요즈음 특히 새겨볼 만하다. 백성의 뜻을 어기고 자신의 욕심을 추구하는 것은 당연히 금기시되는 것이지만, 도를 어기며 백성으로부터 칭찬을 구하지 말라는 말은 표 때문에 공동체의 가치를 곧잘 훼손하는 요즘의 정치인들이 깊이 새겨야 할 말이다.

(5) 규경잠계

지금까지 성의정심으로 가는 두 가지 길, 즉 숭경외(崇敬畏)와 계일욕(戒逸欲)을 살펴보았다. 두 가지는 인심을 억제하고 도심을 활성화하기 위한 방법이다. 인심과 도심 이 두 가지 마음은 서로 일종의 트레이드오프 관계로서 하나가 승하면 다른 하나가 약해지는 그런 관계이다. 그런데 이 도심과 인심의 구성비율이 사람에 따라서도 다르지만 한 사람의 경우에도 때에 따라 다르다. 이것은 도심을 다잡아 보존하는 것 즉 조존(操存)의 필요성을 제시한다. 공자는 "마음이라는 것은 잡아두면 여기 있고[操則存] 놓아 버리면 없어지는 것으로서, 나가고 들어오는 것이 일정한 때가 없으며, 어디로 향할지 종잡을 수가 없다."[159]라고 하여 조존의 필요성을 처음으로 제기하였다.

맹자(孟子)는 이를 산에 있는 나무를 예로 들어 설명하고 있다. 산에 나무가 울창하더라도 도끼와 자귀로 이를 베어 버리면 민둥산이 되니 아름다울 수가 없다. 그러나 낮과 밤으로 부는 바람과 비와 이슬이 싹을 돋아나게 하니 다시 또 산이 푸르러진다. 그런데 소와 양이 와서 풀을 먹고 밟으면 또 푸르럼이 사라지게 된다. 그러나 민둥산이 산의 본성이라고 할 수 없다. 맹자는 도심 대신 양심이라는 단어를 사

158 "『書』益曰: 罔違道, 以干百姓之譽. 罔咈百姓, 以從己之欲."(권31)

159 "操則存舍則亡, 出入無時莫知其鄕."(권29)

용하면서 양심도 이와 같아 한 밤이 지나고 새벽이 되면 아름답게 확장되고 밤에는 도끼로 찍는 것과 같은 일들이 전개되어 줄어들게 된다고 한다. 날이 샐 즈음 외물과 접촉하기 이전, 기가 청명할 때에는 그래도 양심을 찾아볼 수 있지만, 낮에 착하지 못한 소행이 뒤따르면 그 양심이 소멸된다는 것이다. 따라서 진실로 잘 기르면 자라나지 않을 물(物)이 없고 진실로 기르기를 잘못하면 소멸되지 않을 물(物)이 없다.

그래서 훌륭한 국가지도자가 되려는 사람들은 때와 장소를 가리지 않고 도심을 기를 수 있는 장치들을 마련하고 활용하였다. 그것이 바로 규경잠계(規警箴戒)이다. 『대학연의』는 규경잠계로 기물(器物)을 이용하는 방법과 충신(忠臣)·현사(賢士)의 도움을 받는 방법 두 가지를 소개하고 있다.

고대 국가지도자들은 일상적으로 접하는 기물에 경계로 삼을 만한 말을 적어 이를 보면서 마음을 다잡아 보존하고자 하였다. 아침저녁으로 자신을 씻는 그릇에 새기기도 하고[盤銘], 좌석의 네 끄트머리에 새기기도 하며, 거울에 새기기도 하였다[鑑銘]. 또 쟁반에 새기기도 하였고[盤銘], 기둥이나[楹銘]이나 창문에[牖銘] 새기기도 하였다. 또 때로는 검에 새기기도 하고[劍銘] 창에 새기기도 하였다[矛銘]. "사람에게 빠져 죽느니 차라리 못에 빠져 죽어라. 못에 빠지면 헤엄이라도 칠 수 있으나, 사람에게 빠지면 구할 수가 없다."라는 등의 명귀가 본문에 많이 소개되어 있다. 옛날 성현들은 또 그림을 그려 규경잠계를 새기기도 하고, 그림 8과 같이 의기(欹器)를 사용하기도 하였다. 의기는 안이 비면 기울고, 반이 차면 똑바르게 되고, 가득 차면 엎어지는 기물로 국가지도자가 '중(中)'을 지키도록 하기 위해서 만들

그림 8. 의기(欹器)

어진 기물이다.

충신(忠臣) 현사(賢士)의 도움을 받는 방법은 군주의 좌우에 항상 바른 마음을 진언하는 직책을 두고 군주가 가는 곳이면 그곳이 어디이든 잠규의 말을 들을 수 있게 하는 것이다. 옛날 충신과 현자의 자리를 많이 만들어 좌우에 세운 까닭은 모두 인군(人君)의 마음을 바로잡기 위해서였다. 조정에 삼공을 둔 것은 교훈을 말하고 덕의를 펼치도록 하기 위함이고, 학교에 삼로를 둔 것은 덕을 가르치고 말을 구하기 위한 것이다. 사관을 두어 기록[書]을 주관하게 하고, 복서를 관장하는 자는 길흉으로서 왕에게 간언하도록 하였으며, 나이든 소경[瞽矇之叟]은 시가로서 왕에게 간언하도록 하였다. 모두 다 국가지도자의 바른 마음을 잡아 보존하도록 하기 위함이었다.

6. 맺는말

지금까지 『대학연의』가 말하고자 하는 바를 평자의 입장에서 정리하고 해석하여 보았다. 진덕수의 『대학연의』를 가능한 한 제대로 이해하고 바르게 전달하려고 노력하였으나 아직 많이 멀었다는 생각을 스스로 지울 수가 없다. 그나마 평자의 전공과 가까운 치체(治體)와 민정(民情)은 이번 서론에서는 거의 소개도 하지 못했다. 역자들이 주석까지 달면서 『대학연의』의 메시지를 제대로 전달하려고 노력하였으니 본문을 직접 읽고 리더십의 줄기와 함께 자세하고 은미한 부분까지 깨우치는 즐거움을 누리기를 기대한다. 이 과정에서 필자가 배운 것을 정리하면 다음과 같다.

첫째, 국가지도자는 삼강령의 어느 하나도 소홀히 하면 안 된다. 즉, 『대학』 첫 구절 '대학지도 재명명덕 재친민 재지어지선(大學之道, 在明明德, 在親民, 在止於至善)'이 제시하는 바와 같이, 국민들이 바라고 꿈꾸는 모범국가, 이러한 나라를 이룩하기 위해서 인재를 분별하고 중용하며 맡기는 것, 그리고 이를 실현하기 위해서 스스로 바른 사람이 되는 것, 이 세 가지를 늘 유념해야 한다. 어떤 사람은 수기(修己)만 강조하고, 또 어떤 사람은 수기치인(修己治人)만 강조하지만, 국가지도자는 이 세 가지 중 어느 하나라도 소홀히 해서는 아니 된다. 국가지도자라고 하면서 미래의 비전이 없는 사람도 문제이고 또 비전만 제시하고 이것을 실현하는 사람을 기용하는 것과 이들 인재에 어떤 일을 맡기고 또 어떤 일을 통제할 것인지에 대한 지혜가 없는 사람도 문제이다. 국가에 대한 비전은 없고 오로지 이익을 기준으로 이당 저당 옮겨다니는 철새도 많고, 입만 열면 국민과 국가를 팔지만 사심으로 가득한 정치지도자도 많다. 수기도 당연히 해야 하고, 치인도 마땅히 할 줄 알아야 하고, 세상의 변화와 미래 비전도 설계할 줄 알아야지 그 어느 하나 소홀히 할 일이 아니다. 『대학연의』도 그 어느 하나 소홀히 다루고 있지 않다.

둘째, 국가지도자는 배움을 멈추어서는 아니 된다. 『대학연의』는 격물치지를 강조한다. 그리고 격물치지와 8조목의 나머지의 관계도 기존의 학자들과 다르게 설명하고 있다. 모범국가인 평천하의 상태에 도달하기 위해서는 치인(治人) 즉 치국과 제가를 잘해야 하고, 또 이것들을 잘하기 위해서는 수신과 성의정심을 다해야 한다. 그런데 평천하를 이룩하기 위해서는 어떤 상태가 평천하의 상태이고 왜 그것이 중요한지 세상의 이치를 깨달을 필요가 있다. 즉 격물치지(格物致知)가 필요하다. 치국과 제가도 마찬가지로 이를 제대로 실현하기 위해서는 어떤 인물이 바른 사람인지, 어떤 리더십이 적절한지 등에 대한 격물치지가 중요하다. 『대학연의』가 격물치지지요 2, 3, 4에서 치인에 대한 설명을 하고 있고, 격물치지지요 1에서 평천하를 다루고 있는 이유는 바로 이 때문이다. 어떤 것이 뜻을 다하고[誠意] 바른 마음[正心]인지 격물치지하는 것도 같은 이유이다.

이렇게 보면 『대학연의』는 기존의 다른 학자들의 삼강령 팔조목의 관계에 대한 이해와 차이가 있다. 대체로 많은 학자들이 격물·치지·성의·정심·수신을 명명덕의 조목으로, 제가·치국·평천하(또는 제가·치국)를 신민의 조목으로 보는 것과 달리, 『대학연의』는 격물치지를 성의·정심·수신·제가·치국·평천하를 지선에 머물게 하는 인지적 전제 조건으로 이해하고 있다. 왜 『대학연의』가 격물치지를 강조하였는지 보다 자세한 이유는 본문에서 살펴볼 수 있겠지만, 공과 사를 구별하지 못하고 산업사회와 정보사회의 차이를 깨닫지 못한 국가지도자가 독재적 국정운영 방식을 민주화 시기에 그대로 적용하다 발생한 박근혜 정부의 실패는 세상을 정확하게 진단하고 이해하는 것, 즉 왜 국가지도자가 격물치지 즉 배움을 게을리하면 안 되는지를 잘 보여주고 있다.

셋째, 국가지도자는 시간의 길이를 길게 가져야 한다. 국민들이 바라고 꿈꾸는 나라는 하루 이틀에 만들어지는 그런 나라가 아니다. 짧은 시간의 평화, 잠깐 동안의 행복은 『대학연의』가 생각하는 평화와 행복이 아니다. 『대학연의』는 긴 시간의 평화와 사랑, 그리고 행복을 평천하라고 한다. 이것은 모범국가를 한 사람의 지도자로 이룩할 수 없다는 것을 의미한다. 지도자들이 대를 이어 가며 지속적으로 관심과 애정을 가져야만 가능한 나라라는 것을 말한다. 따라서 '나라다운 나라'의 의미와 특성에 대한 대를 잇는 연구와 학습이 필요하다.

인사도 마찬가지이다. 하루 이틀 덕이 있다고 군자라고 할 수 없다. 사람이 덕이 있다는 것은 항상성을 전제로 한다. 사람을 분별할 때는 그 사람의 지나간 행실을 살펴보아야 한다. 특정한 행위의 결과뿐만 아니라 그 동기까지 파악하려면 결국 사람을 길게 살펴볼 수밖에 없다. 사람을 믿고 맡기는 것도 짧은 시간의 경험을 토대로 하면 현자와 불초가 바뀔 위험이 크다.

수신(修身)도 마찬가지이다. 아침에 부지런하다가도 저녁에 게을러지며, 잠깐 열심히 하다가 조금 뒤에 쉰다면 이것이 무슨 유익이 있으며, 이것을 수신이라 할 수 있겠는가? 오늘이나 내일이나, 이곳이나 저곳이나 변함없이 경건하고 한결같이 공손해야 수신이라고 할 수 있을 것이다.

『대학연의』는 그래서 '사영(思永)'이라는 단어를 특별히 사용하면서, 매사를 멀고 길게 보면서 쉬지 않고 할 것을 강조하고 있다.

넷째, 평자는 『대학연의』를 국가지도자를 중심에 두고 해석 및 정리를 하였다. 이 서론의 제목을 '대학연의: 모범국가의 리더십을 말하다'라고 한 것도 이런 이유 때문이다. 그러나 『대학연의』를 '국가'지도자의 관점에서만 보아야 하는 것은 아니다. 어떤 인재를 기용하느냐에 따라서 한 나라가 영향을 받는 것은 당연하지만 그것이 나타나는 데 어느 정도 시간이 소요된다. 그러나 기업은 인재 채용의 결과가 훨씬 더 분명하고 훨씬 더 빨리 나타날 가능성이 많다. 또 이익을 중심으로 만들어진 조직이기 때문에 자기 사익을 추구하는 다양한 형태의 사람 즉, 간웅(姦雄), 간신(姦臣), 참신(讒臣), 영행지신(佞幸之臣), 취렴지신(聚斂之臣)과 같은 사람들이 나타날 가능성이 더 많다. 게다가 공적 논의 과정이 아무래도 국가에 비해서 덜 투명하고 덜 개방적이기 때문에 배우자, 후계자, 내신, 외척의 문제가 드러날 가능성도 또한 많다. 따라서 『대학연의』를 국가지도자가 아니라 민간부문 특히 기업부문의 지도자를 중심에 두고 해석하고 정리할 수도 있다. 평자가 『대학연의』를 '국가'지도자에 관한 논의로 보았지만 독자에 따라서는 민간부문 지도자에 대한 논의로 해석할 수도 있기 때문에 그 가능성을 열어 두고자, 책의 제목은 『대학연의: 리더십을 말하다』로 하였다.

다섯째, 『대학연의』를 또 국가'지도자'의 관점에서만 보아야 하는 것도 아니다. 앞에서 인사의 중요성과 그 방법을 살펴보았는데 제왕이나 대통령 등 국가의 최고지도자에게만 이것이 해당하는 것은 아니다. 정당은 어떤 사람을 공천하는지에 따라서 당의 운명이 달라진다.

부하들은 어떤 상사를 모시는가에 따라서 그의 앞날이 좌우된다. 국민들은 어떤 사람을 지도자로 선출하는지에 따라 그들의 삶의 질(Quality of Life)이 결정된다. 현자(賢者)가 국정을 맡을 수 있도록 국민들이 인재를 분별하는 법, 인재를 선출하는 법, 그리고 맡기는 법 등에 대한 안목이 생겨야 한다. 물론 현재의 선거 제도하에서는 국민들이 아무리 안목을 가져도 불초가 선출될 수 있는 그런 구조이기 때문에 선거관련 법령을 개정하는 권한을 중앙선거관리위원회에 맡기는 등의 근본적 제도개혁이 필요하기는 하나, 민주 정체에서 현자를 분별하고 기용하는 주체는 국가'지도자'뿐만 아니라 '일반국민'도 해당된다는 것을 인지할 필요가 있다. 재상정치나 군신공치(君臣共治)는 역대 어느 왕조에서도 실천된 적이 없는 이상에 불과하였지만, 지금은 군(君)에서 신(臣)으로 그리고 군신(君臣)에서 일반시민으로, 선출직이 정책결정권을 독점하는 단계에서 선출직과 임명직 관료와 시민들이 함께 협치(協治)하는 단계로 그리고 이제 이것도 넘어 시민이 직접 국정운영을 주도하는 단계까지 논의되는 거대한 정치권력의 변화 과정에 있기 때문에(Klijn & Skelcher, 2007), 더욱 국가지도자뿐만 아니라 국가의 모든 주체가 『대학연의』의 메시지를 학습하고 비판하며 또 적용할 필요가 있다. 그래야 국민들이 바라고 꿈꾸는 나라다운 나라, 모범국가를 한 걸음이라도 더 빨리 이룩할 수 있다.

『대학연의』 중간에 부친 황제의 서문[御製重刊大學衍義序]

짐(朕)[1]이 생각건대 옛날 천하의 임금 노릇 하는 자들이 도(道)를 일으키고 다스림을 이루는 데에 반드시 그 요체가 있었으니, 이를 따라하면 집안을 가지런히 하고, 나라를 다스리며 천하를 평안하게 할 수 있는 것이다. 오직 『대학』 한 책만이 바로 옛 사람들이 몸을 닦고 천하를 다스리는 중요한 길을 제시하고 있는데, 송(宋)나라 유학자 진덕수(眞德秀)가 대학의 뜻을 헤아려 넓히고 대강(大綱)을 세우고 조목을 나열하여 본말(本末)을 갖추었으니, 참으로 후세의 임금들에게 본보기로 삼을 만하다.

삼가 생각건대 우리 태조(太祖) 고황제(高皇帝)[2]께서 처음 나라를 정하고 궁전을 다 지으시고는, 곧 유신(儒臣)에게 『대학연의』의 내용을 담장에 쓰도록 명하시어, 우리에게 그림 대신에 보도록 하셨다.[3]

---

1 이 서문은 명나라 가정제(嘉靖帝)가 쓴 것이다. 가정제(1507~1567, 재위 1522~1567)의 이름은 주후총(朱厚熜)이며, 헌종(憲宗)의 손자이고, 흥헌왕(興獻王) 주우원(朱祐杬)의 아들이다. 정덕(正德) 16년(1521) 대신들의 상의를 거쳐 무종(武宗)의 종제(從弟)라는 신분으로 황위를 계승하였다. 다음 해 가정(嘉靖)으로 연호를 고쳤다.

2 1328~1398. 이름은 주원장(朱元璋)이다. 명나라의 개국 황제(재위 1368~1398)로, 호주(濠洲, 현재 안휘성) 종리(鐘離) 사람이다. 재위하는 동안 엄격하고 탐욕스러우며 조급하여 원람(寃濫)이 많았다. 여러 차례 대옥(大獄)을 일으켰고, 호유용(胡惟庸)과 남옥(藍玉) 사건 때는 관련되어 죽은 사람만 수만 명에 이르렀다. 개국공신 대부분이 비참한 최후를 맞았고, 문인 학사로 문자옥(文字獄)에 걸려 죽은 이가 상당수에 달하였다.

우리 태종(太宗) 문황제(文皇帝)[4]께서는 북경으로 천도하였다. 짐은 그의 종친[宗人]으로서 스스로 돌아보건대 어리석으나 하늘과 땅, 조상들의 도움으로 황형(皇兄) 무종(武宗)의 명으로 대통(大統)을 이었다. 비록 궁전의 담장에 적힌 것을 볼 수는 없었지만,[5] 가르침[訓章]은 모두 보존되어 보책(寶冊)에 실려 있으니 황조께서 내리신 교훈을 간절히 여김을 깊이 생각하여 감히 게을리하여 잊을 수 없다. 번저(藩邸, 임금에 오르기 전에 머무는 집)에 머물 즈음에는 황고(皇考)[6]가 대면하여

---

3 유신에게 명해 그림 대신에 『대학연의』의 내용을 담장에 쓰게 하였다는 것은 바로 과거 『대학연의』와 관련된 역사적 사건을 기록한 것이다. 여기에서 그림 대신에 대학연의 내용을 담장에 쓰게 하여 결국 자신도 늘 보고, 나중에 후대 황제들도 보게 하려는 뜻이 여기에 들어 있다. 이렇게 담에 쓰는 이유는 '갱장(羹墻)'이라는 용어에서 유래한다. 갱장이란 경모(敬慕)하고 추념(追念)함을 이르는 말로서 『후한서(後漢書)』「이고전(李固傳)」에 "옛날 요(堯)임금이 죽은 뒤에 순(舜)임금이 3년 동안 사모하여, 앉았을 적에는 요임금이 담장[墻]에서 보이고, 밥 먹을 적에는 요임금이 국[羹]에서 보였다."라고 한 데서 유래하였다.

4 1360~1424. 태조 홍무제(洪武帝) 주원장의 넷째 아들이며 묘호는 태종(太宗)이다. 후에 성조(成祖)로 개칭하였으며, 연호에 따라 영락제(永樂帝)라 일컬어졌다. 처음에는 연왕(燕王)으로 봉해졌으나, 홍무제가 죽은 뒤 적손(嫡孫)인 건문제(建文帝)가 즉위하여 삭봉책(削封策)을 취하자 1399년에 거병(擧兵)하였다. 남경을 함락하여 황제의 제위에 올랐다. 1421년 북평으로 수도를 옮겨 북경이라 고쳤으며, 주변지역을 대규모로 정벌하여 명나라 국경을 확보하였다. 내정 면에서는 문화정책에 『영락대전(永樂大典)』(1408) 외에 『사서대전(四書大全)』, 『오경대전(五經大全)』, 『성리대전(性理大全)』을 편찬하여 양명학이 국가교학으로서의 지위를 굳혔다.

5 1421년 영락제가 북경으로 수도를 옮겨서 가정제는 홍무제가 남긴 담벼락의 『대학연의』를 볼 수 없었다.

6 여기서 말하는 황고는 가정제의 아버지인 홍헌왕(興獻王) 주우원(朱祐杬)을 말한다. 즉위한 뒤 홍헌왕(興獻王)의 존칭에 대해 상의할 때 신하들이 예교(禮敎)에 따라 당연히 효종(孝宗)을 황고(皇考)로 하고 본래의 생부는 숙부로 해야 한다고 말하였다. 이에 화를 내며 부모를 바꾸어서는 안 된다고 말하였다. 원년부터 3년(1524)까지는 중의를 따라 생부모를 홍헌제후(興獻帝后)라 하여 황(皇)자를 붙이지 않았지만, 결국 높여 황고라 하였다.

가르침을 주셨고, 점차 장성해서는 곧 각(閣)에 나가서 독서하기를 명하시고, 또 강관(講官)을 따라 『대학연의』를 강론하고 풀이할 것을 명하셨다. 그러면서 (황고가) 말씀하시기를 "이 책은 사람에게 매우 도움이 되니 너는 나의 말을 따라 힘껏 배움에 나아가라. 배움은 사람을 저버리지 않으니, 그 배움의 효과는 오로지 하느냐 하지 않느냐에 달려 있을 뿐이다."라고 하셨으니, 짐이 절하고 조아리며 가르침을 받았다. 불행히 하늘이 재앙을 내려 아버님께서 돌아가셨는데, 그 말씀이 아직 귓가에 생생하여 그리운 마음이 그치지 않는다.

근래에 내각(內閣) 보신(輔臣)들이 이 책을 진강하기를 청하여 특별히 5월 13일에 비로소 경연 날에 강관에게 돌아가면서 강독을 할 것을 명하여 짐의 학문에 바탕으로 삼게 하였다.

대저 진씨[眞德秀]가 이 책을 편찬함에 먼저 제왕이 정치하는 차례[帝王爲治之序]를 썼으니 대개 총괄하여 말한 것이다. 다음으로는 요(堯)·순(舜) 이하 여러 임금들의 학문을 논하였으니, 대저 배우면 마음과 뜻이 통하고 밝아져서 사물(事物)을 분석함에 통달하지 않는 바가 없으니, 그러므로 배움에 힘쓰는 것이 임금의 첫 번째 일이다.

격물치지의 요체[格物致知之要]를 논함에서는 먼저 도술(道術)을 밝혀[明道術] 천리(天理)와 인륜(人倫)에 근본으로 삼았다. 이치[理]가 밝아지면 인욕(人欲)이 사라지고 윤리가 바로 서면 강상(綱常)이 올바르게 되니, 이단(異端)의 차이와 왕도·패술[王霸]의 다름을 분별할 필요가 없는 것이다. 다음으로 인재를 분별함[辨人才]은 성현(聖賢)들이 사람을 보는 법과 제왕들이 사람을 아는 법을 방법으로 삼고자 한 것이니, 군자·소인이 도(道)를 같이하지 않음과 충성스럽고 강직한 사람들과 간사하고 아첨하는 사람들이 같은 부류가 아님을 환하게 알게 되는 것이다. 다음으로 정치의 요체를 살핌[審治體]은 예악(禮樂)과 형정(刑政)의 차례를 밝히는 것이고, 백성의 실정을 살핌[察民情]은 위로하는지 침학하는지 향배[撫虐向背]의 기미를 밝히는 것이다.

성의(誠意)·정심(正心)의 요체에서는 경외함을 높임[崇敬畏]·안일과 욕심을 경계함[戒逸欲]을 논하여 상세한 내용으로 삼았다. 수신(修身)의 요체에서는 언행을 삼감[謹言行]·위의를 바르게 함[正威儀]을 주된 내용으로 삼았다. 제가(齊家)의 요체에서는 이른바 배필을 중요하게 여김[重妃匹]·집안의 다스림을 엄격하게 함[嚴內治]·나라의 후계자를 정함[定國本]·척속을 교화시킴[教戚屬] 등 갖추지 않은 것이 없다.

총괄하여 말하면 모두 수신(修身)에 근본을 두니, 격물(格物)·치지(致知)·성의(誠意)·정심(正心)이 모두 그 몸을 닦는 것이다. 몸이 닦여진다면 교화는 집안에서 완성될 것이다. 그러나 그중에서도 언행을 삼감[謹言行]·위의를 바르게 함[正威儀], 이 두 말이 더욱더 절실하다.

대개 임금의 몸은 만물이 변화하는 근원이니, 한 마디의 말과 한 번의 행동에서 그와 관계되는 것이 가볍지 않다. 정사를 다스리고 조회에 나가는 것부터 제사와 잔치를 할 때까지 털끝만큼이라도 소홀하거나 태만해서는 안 된다. 언행(言行)을 삼가고 예법에 맞게 몸가짐을 바르게 하면 천하[四海]가 따를 것이고 온 백성들이 교화될 것이다. 그렇지 않으면 명령하는 것이 (백성들이) 좋아하는 것에 반대되어 그들이 따르지 않을 것이다.

그러나 언행을 거짓으로 할 수 없고, 위의(威儀)를 속이거나 꾸밀 수 없으니, 그 요체는 뜻에 정성을 다하고 마음을 바르게 하여 몸을 스스로 닦는 데에 달려 있을 뿐이다. 아! 진서산(眞西山)이 이 책을 찬술하여 후세에 천하에서 임금 노릇 하는 자들에게 바라는 것이 어려운 것이 아니구나! 그 치국(治國)과 평천하(平天下)까지 언급하지 않은 것은 치국과 평천하 역시 이 도(道)를 따를 뿐이기 때문이다.

짐의 덕(德)이 미치지 못하여 이 책을 봄에 마음이 슬퍼지니, 아래로는 백성을 일으키는 것부터 위로는 큰 하늘의 밝은 명[昊天明命]에 이르기까지 진실로 『대학』에 마음을 두지 않는다면 임금의 도리로 마땅히 행하여야 할 바를 다하지 못할 것이다. 이것은 군사(君師)의 지위에 부끄러울 뿐만이 아니라, 하늘을 저버리고 조종(祖宗)을 저버리는 일이 아니겠는가?

이 책을 읽으면 전대(前代)의 정치에서 잘 다스려지거나 어지러워지는 까닭이 모두 배우거나 배우지 않음에 비롯할 뿐임을 알 것이다. 배운다면, 성현(聖賢)의 도(道)와 다스리는 본말(本末)의 순서가 손바닥을 가리키는 것과 같아서 몸이 닦여지고 집안이 가지런해지는 효과와 나라가 잘 다스려지고 천하가 화평해지는 효험을 얻지 못한 적이 없었다.

만일 배우지 않는다면 욕망은 무성해지고 이치는 미미해져서 무릇 자신과 집안과 나라와 천하에 온갖 해로움이 있더라도 경계하고 그칠 바를 알지 못하여, 위급하고 망하는 형세에서 벗어날 수 있는 자가 없을 것이다. 아! 이 도(道)는 요(堯)임금·순(舜)임금·우(禹)임금·탕(湯)왕·문(文)왕·무(武)왕의 도(道)이니, 공자(孔子)가 사사롭게 한 말도 아니요, 진덕수가 근거 없이 주장한 것도 아니다.

짐이 이 책을 보니 그 판본이 정밀하지 못하여 특별히 사례감(司禮監)[7]에게 중간(重刊)하여 후세에 남길 것을 명하였다. 서각(書刻)이 볼

---

7 명나라 환관의 관서다.

만하니 이 책을 읽는 사람들이 싫증나지는 않을 것이다. 간행됨에 책머리에 서문을 써서 짐이 힘써 권장하고 배움을 지향하는 뜻을 펼치노라.

가정 6년(1527) 6월 초하루 아침에 서문(序文)을 쓰다.

『대학연의』 서문[眞西山讀書記乙集上大學衍義序]

신이 『대학(大學)』을 읽기 시작하면서 격물(格物, 사물을 탐구함)·치지(致知, 앎을 이룸)·성의(誠意, 뜻을 정성스럽게 함)·정심(正心, 마음을 바르게 함)·수신(修身, 자신을 닦음)·제가(齊家, 집안을 잘 다스림)로부터 치국(治國, 나라를 잘 다스림)·평천하(平天下, 천하를 화평하게 함)까지를 보니, 그 본말(本末)에는 순서가 있고 그 선후(先後)에는 질서가 있었습니다.

그래서 일찍이 이 책을 넘기면서 "임금 된 자는 『대학』을 알지 않으면 안 되고, 신하 된 자도 『대학』을 알지 않으면 안 된다. 임금이 되어서 『대학』을 알지 못하면 다스리는 근원을 맑게 할 수 없고, 신하가 되어서 『대학』을 알지 못하면 임금을 바르게 하는 법을 다할 수 없다."라고 여러 번 감탄하였습니다.

이미 또한 고찰하여 살펴보니, 옛 제왕이 다스릴 때에 자기 자신에게 근본을 두지 않고서 천하에 통달한 경우는 없었습니다. 그런 후에야 이 책에서 진술한 것이 진실로 여러 성인들이 마음으로 전한 중요한 내용이며, 공자가 사사롭게 말한 것이 아님을 알았습니다. 삼대(三代) 이후로 이 학문이 전해 내려오지 않아서 비록 그 책은 보존되었지만 대개 『예기(禮記)』 안에 전(傳)의 항목으로 기록되어 전해져 내려올 뿐이었습니다. 다스림을 구하는 사람은 혹시라도 그것을 생각하지 못하였고, 다스림을 말하는 자 역시 그에 걸맞은 임금을 기대하지 못하였습니다.

오직 당(唐)나라의 한유(韓愈)[1]와 이고(李翺)[2]만이 일찍부터 그 주장을 제기하여 「원도(原道)」와 「복성서(復性書)」에서 거론하였고, 관직에 나아가서 이전에 언급되지 않은 것을 논의하였습니다. 대개 진(秦)·한(漢) 이후부터 이 책을 존경하고 믿는 사람이 오직 한유와 이고뿐이지만, 그들도 역시 이것이 성학(聖學)의 연원이며 치도(治道)의 근본이 되는 것은 알지 못하였으니, 하물며 그 나머지 사람들은 말할 것이 있겠습니까!

신이 일찍이 망령되이 『대학』이라는 책에 대해 천하에서 임금 노릇 하는 자의 율령(律令)과 격례(格例)라고 여겼습니다. 이를 근본으로 삼으면 반드시 잘 다스려지고 어기면 반드시 어지러워지니, 최근의 대유(大儒) 주희(朱熹)[3]는 일찍이 『대학장구(大學章句)』와 『대학혹문(大

---

1 768~824. 당나라 하남(河南) 하양(河陽) 사람이다. 자는 퇴지(退之), 창려선생(昌黎先生)으로도 불렸다. 사문박사(四門博士)를 거쳐 이부시랑(吏部侍郎)과 경조윤(京兆尹)까지 두루 관직을 역임하였다. 유가의 사상을 존중하고 도교와 불교를 배격하였으며, 송나라 이후 도학(道學)의 선구자가 되었다. 저서에 『창려선생집(昌黎先生集)』 40권과 『외집(外集)』 10권, 『유문(遺文)』 1권 등이 있다.

2 772~841. 자는 습지(習之), 시호는 문공(文公)이고, 농서(隴西) 출생이다. 스승 한유(韓愈)를 따라 고문(古文)을 배웠다. 스승 한유는 불교를 배척하였지만, 그는 불교사상을 채택하여 심성(心性) 문제에 대한 새로운 이해를 보였다. 「복성서(復性書)」는 한유의 「원성(原性)」과 더불어 인간의 본성을 논한 것으로 송대(宋代) 성리학의 선구가 되었다. 그 밖에 『이문공집(李文公集)』 18권이 있다.

3 1130~1200. 송나라 휘주(徽州) 무원(婺源) 사람이다. 자는 원회(元晦) 또는 중회(仲晦)이고, 호는 회암(晦庵)과 회옹(晦翁) 등이다. 존칭하여 주자(朱子)라 한다. 불교와 노자의 학문에도 흥미를 가졌지만, 24살 때 이동(李侗)을 만나 사숙하면서 유학에 복귀하여 그의 정통을 계승하게 되었다. 정호(程顥)와 정이(程頤)의 학문을 계승하고 주돈이(周敦頤)와 장재(張載) 등의 학설을 차용하여 북송 이래 이학을 집대성하였다. 백록동서원(白鹿洞書院)과 악록서원(岳麓書院)에서 50여 년 동안 강학하였다. 그 학파를 민학(閩學) 또는 고정학파(考亭學派), 정주학파(程朱學派)라 부르는데, 한탁주(韓侂胄)

學或問)』을 완성하여 그 뜻을 분석하였습니다.

영황(寧皇)[4] 초기에 경연에 입시하여, 또한 일찍이 이 책을 강론하였습니다. 잘 다스리기를 바라는 임금이 조금이라도 그 책을 취하여 익히고 그것을 풀이한다면 무릇 제왕(帝王)이 다스리는 순서와 학문하는 근본이 마음속에 분명하게 드러날 것입니다. 신이 외람되게도 이 책이 도움이 된다고 생각하였기 때문에, 경전 205자를 인용하여 이 편에 실었습니다. 그리고 먼저 「요전(堯典)」[5]·「고요모(皐陶謨)」[6]·「이훈(伊訓)」[7]과 「사제시(思齊詩)」[8]·「가인괘(家人卦)」[9]는 이전 성인(聖人)의 법도가 이것과 다르지 않음을 보인 것이고, 이어서 자사(子思)[10]·맹자(孟子)[11]·순황(荀況)[12]·동중서(董仲舒)[13]·양웅(揚雄)[14]·주돈이

에 의해 위학(僞學)이라 하여 금지 처분을 받기도 하였다. 저서에 『사서장구집주(四書章句集注)』, 『이락연원록(伊洛淵源錄)』, 『명신언행록(名臣言行錄)』, 『자치통감강목(資治通鑑綱目)』, 『시집전(詩集傳)』, 『초사집주(楚辭集注)』 등이 있다. 이후 후세 학자들이 『주자어류(朱子語類)』와 『주문공문집(朱文公文集)』을 정리하였다.

4 1168~1224. 남송(南宋)의 영종(寧宗)으로 본명은 조확(趙擴)이다. 남송 제3대 황제 광종(光宗)의 둘째 아들이다. 1194년 광종이 재상 조여우(趙汝愚)·한탁주(韓侂胄) 등과 고종(高宗)의 황후 오(吳)씨에 의해 퇴위 당하자 제4대 황제 영종으로 즉위하였다.

5 『서경(書經)』「우서(虞書)」의 편명(篇名)으로, 요(堯)임금의 이야기다.

6 『서경(書經)』「우서(虞書)」의 편명(篇名)으로, 순(舜)임금의 신하인 고요(皐陶)가 순임금 앞에서 우(禹)와 함께 문답한 내용이다.

7 『서경(書經)』「상서(商書)」의 편명(篇名)으로, 재상 이윤(伊尹)이 은퇴를 결심하면서 왕 태갑(太甲)에게 올린 글이다.

8 『시경(詩經)』「대아(大雅)」의 편명(篇名)으로, 문왕(文王)과 후비(后妃)들의 덕을 찬미한 노래다.

9 『주역』 64괘 중 37번째 괘명이다. 가인괘는 『대학(大學)』에서 '제가(齊家)', 즉 집안을 다스리는 방도에 관하여 설명하는 괘이다.

10 BC 483~BC 402. 전국시대 노(魯)나라 추읍(郰邑) 사람이다. 이름은 급(伋)이고, 자사는 자(字)다. 공자(孔子)의 손자이고, 사서(四書)의 하나인 『중용(中庸)』의 저자로 알려져 있다. 주로 노나라에 살면서 증자(曾子)의 학문을 배워 유학의 전승에 힘썼고, 노(魯) 목공(穆公)의 스승을 지냈다. 성(誠)과 중용(中庸)을 학문의 요체로 삼았고, 나중

(周敦頤)[15]의 주장은 이후 현자(賢者)들의 의론(議論)이 여기에서 벗어날 수 없음을 보인 것입니다.—이상 '제왕이 정치하는 차례[帝王爲治之序]'를

에 술성(述聖)으로 추존되었다. 맹자(孟子)는 그의 재전제자(再傳弟子)이며, 공자에서 증자, 자사, 맹자로 이어지는 이 학통은 송학(宋學)에서 특히 존중되었다.

11 BC 372?~BC 289? 이름은 맹가(孟軻), 자는 자여(子輿)이며, 전국시대 추(鄒)나라 사람이다. 공자의 뒤를 이어 유가사상을 정립한 사람으로, 노(魯)나라 공족(公族)인 맹손씨(孟孫氏)의 후예다. 제(齊)나라와 송(宋)·등(滕)·위(魏)나라 등을 다니며 당시의 제후들에게 왕도(王道)와 인정(仁政)을 설파하였으며, 민귀군경(民貴君輕)을 주장하였다. 성선설(性善說)과 혁명론(革命論)을 내세워 어지러운 시대를 바로잡으려고 하였지만 뜻을 이루지 못하였다. 말년에 제자 공손추(公孫丑)·만장(萬章) 등과 함께 『맹자』 7편을 저술하였다.

12 BC 298?~BC 238? 전국시대 말기 조(趙)나라 사람이다. 성은 순(荀)이고, 이름은 황(況)이며, 순경(荀卿) 또는 손경자(孫卿子) 등으로 존칭된다. BC 238년 춘신군이 암살되자 벼슬에서 물러나 그곳에서 문인교육과 저술에 전념하며 여생을 마쳤다. 현존하는 『순자』 20권 32편은 유향(劉向)이 당시 있었던 322편을 편집하여 『손경신서(孫卿新書)』 32편으로 편찬한 것을, 당나라 양량(楊倞)이 순서를 바꾸고 주를 붙여 『손경자(孫卿子)』라 하였고, 나중에 간단히 『순자』라 불리게 된 것이다.

13 BC 179~BC 104. 전한 신도(信都) 광천(廣川) 사람이다. 경제(景帝) 때 박사(博士)가 되었다. 무제(武帝) 때 현량대책(賢良對策)으로 백가(百家)를 몰아내고 유술(儒術)만을 존중할 것을 주장하였는데, 무제가 받아들여 이후 2천 년 동안 유학(儒學)이 정통 학술로 자리하는 계기를 만들었다. 저서에 『동자문집(董子文集)』과 『춘추번로(春秋繁露)』 등이 있다.

14 BC 53~AD 18. 전한 촉군(蜀郡, 사천성) 성도(成都) 사람이고. 자는 자운(子雲)이다. 40여 살 때 성제(成帝)의 여행을 수행하며 쓴 「감천부(甘泉賦)」와 「하동부(河東賦)」, 「우렵부(羽獵賦)」, 「장양부(長楊賦)」 등이 있다. 각 지방의 언어를 집성한 『방언(方言)』과 『역경(易經)』에 기본을 둔 철학서 『태현경(太玄經)』, 『논어』의 문체를 모방한 『법언(法言)』, 『훈찬편(訓纂篇)』 등을 저술하였다.

15 1017~1073. 북송 도주(道州) 영도(營道, 호남성 도현(道縣)) 사람이다. 본명은 돈실(敦實)이었지만 영종(英宗)의 이름 때문에 '돈이'로 고쳤다. 자는 무숙(茂叔)이고, 호는 염계(濂溪)이며, 시호는 원공(元公)이다. 나중에는 여산(廬山) 연화봉(蓮花峰) 아래 집을 정하였다. 『주역』에 정통하였고, 명리(名理)를 논하기 좋아하였으며, 무극(無極)과 태극(太極), 이기(理氣), 심성명(心性命) 등의 철학 범주를 제안하는 등 도학(道學)을 창시한 사람이 되었다. 정호(程顥)·정이(程頤)·소옹(邵雍)·장재(張載)와 함께 '북송오자(北宋五子)' 중 한 사람이다. 저서에 『태극도설(太極圖說)』과 『통서(通書)』 등이 있으며, 청나라 사람이 편찬한 『주자전서(周子全書)』가 있다.

논하였습니다.—

요(堯)임금[16]·순(舜)임금[17]·우(禹)임금[18]·탕(湯)왕[19]·문왕(文王)[20]·

---

16 전설상의 원고(遠古)시대 제왕이고, 이름은 방훈(放勳)이다. 처음에 도(陶)에서 살다가 나중에 당(唐)으로 옮겨 살아 도당씨(陶唐氏)로 불리며, 역사에서는 당요(唐堯)라 부른다. 관청을 설치해 시령(時令)을 관장하게 하고 역법(曆法)을 정하였다고 한다. 곤(鯀)에게 명령해 홍수를 다스리게 하였지만 성공하지 못하였다. 사악(四嶽)에 물어보아 순(舜)을 선발하고 후계자로 정하였다. 순의 행실을 3년 동안 지켜보다가 순에게 섭정(攝政)하게 하였다. 요가 죽은 뒤 순이 자리를 이었다.

17 우(虞) 또는 유우(有虞)라 불리고, 이름은 중화(重華)다. 『사기(史記)』에 의하면, 순이 어린 나이에 어머니가 죽자 아버지 고수(瞽瞍)가 후처를 얻었는데, 순은 계모와 이복동생 상(象)의 미움을 사 여러 가지 방법으로 살해당할 뻔한 사건들을 슬기롭게 극복하며 효행의 도를 다하였다. 당시 요임금은 순의 평판을 듣고 자신의 두 딸인 아황(娥皇)과 여영(女英)을 순에게 출가시켜 등용하였다. 요가 죽자 순은 요의 아들 단주(丹朱)를 즉위시키려 하였으나 천하의 인심이 순에게 기울어졌기 때문에 마침내 순이 제위에 올랐다. 요와 마찬가지로 순이 통치하였던 치세에도 태평성대를 누렸으며 치수사업을 성공시켜 홍수 피해를 막았다. 순에게는 상균(商均)이라는 아들이 있었는데 현명하지 못해 아들에게 제위를 물려주지 않고 치수사업에 공적이 큰 우(禹)에게 이양하였다. 그 후 순은 지방을 순행하다가 병을 얻어 죽었다고 한다.

18 중국 전설상의 하(夏) 왕조의 시조다. 성은 사(姒)씨고, 이름은 문명(文命)이다. 『사기(史記)』 하본기(夏本記)에 따르면, 전욱(顓頊)의 손자이며 곤(鯀)의 아들이다. 요(堯)임금의 치세에 대홍수가 발생하여 순(舜)이 그에게 치수(治水)를 명령하였다. 13년 동안의 치수 사업에 성공해 천하를 9주(州)로 나누고 공부(貢賦)를 정하였다. 순이 죽자 제위를 계승하였는데, 나라 이름을 하(夏)로 고치고 안읍(安邑)에 도읍하였다. 치세(治世) 10년 만에 회계(會稽)에서 죽자 제후(諸侯)의 추대로 아들 계(啓)가 천자가 되었는데, 이때부터 천자 자리를 세습화하여 하 왕조가 시작되었다.

19 상나라를 창건한 왕이다. 이름은 이(履) 또는 천을(天乙), 태을(太乙)이고, 탕은 자인데, 성탕(成湯)이라고도 한다. 당시 하(夏)나라 걸왕(桀王)이 학정(虐政)을 하자 제후들 대부분이 유덕(有德)한 성탕에게 복종하게 되었다. 탕왕은 현상(賢相) 이윤(伊尹) 등의 도움을 받아 걸왕을 유융(有娀)과 명조(鳴條)에서 격파하고 패사(敗死)시켰다. 그리고 박(亳)에 도읍하여 국호를 상(商)이라 정하여, 제도와 전례(典禮)를 정비하였다.

20 주(周)나라의 첫 번째 임금이다. 성(姓)은 희(姬)씨고, 이름은 창(昌)이다. 고공단보(古公亶父)의 손자이자 무왕(武王)의 아버지이고, 계력(季歷)의 아들이다. 섬서성 기산(岐山)에서 장안(長安) 부근 풍읍(豊邑)으로 도읍을 옮겼다. 현인(賢人)과 인재를 널리 받아들여 동해의 여상(呂尙)과 초인(楚人) 자웅(鬻熊), 고죽국(孤竹國)의 백이(伯夷)·숙

무왕(武王)[21]의 학문은 이 학문과 일치합니다. 상(商)나라의 고종(高宗)[22], 주(周)나라의 성왕(成王)[23]의 학문은 여기에 비교적 가까운 것입니다. 한(漢)·당(唐)의 현명한 임금들이 말하는 학문이라는 것은 이미 이 학문에서 어그러지지 않았다고는 할 수 없습니다. 그리고 한나라 효원제(孝元帝)[24] 이하 여러 임금의 학문은 기예(技藝)에 치중하거나 문사(文辭)에 치중하여 이 학문에서 크게 어긋났습니다.—이상 제왕이 학문하는 근본[帝王爲學之本]을 논하였습니다.—

제(叔齊), 은신(殷臣) 신갑(辛甲) 등이 찾아왔다. 50년 동안 재위하였다. 덕으로 만민(萬民)을 다스려 제후와 천하의 백성들이 모두 그를 따랐다고 한다.

21 서주(西周)의 국군(國君)이고, 성은 희(姬)이고, 이름은 발(發)이다. 문왕(文王)의 아들로 서백(西伯)의 직위를 이었다. 목야(牧野) 전투에서 대승을 거두어 주 왕조를 건설하였다. 호(鎬)를 도읍으로 정하고, 제후들에게 분봉(分封)하였다. 상나라를 멸망시킨 지 2년 뒤에 죽었다.

22 상나라의 20대 국군(國君)이다. 소을(小乙)의 아들이고, 묘호는 고종(高宗)이다. 『사기(史記)』에 따르면 철저하게 현명한 재상에게 정치를 맡겼다고 한다. 탕왕(湯王)을 제사할 때 꿩이 정(鼎)의 귀에 올라가서 우는 이상한 일이 발생하자 현신(賢臣) 조기(祖己)의 충고를 받아들여 정치를 고치고 덕을 행하여 온 나라를 기쁘게 하였다는 등 재상과 신하를 존중하고 신뢰한 것으로 유명하다. 부열(傅說)을 얻어 재상으로 삼아 대치(大治)를 이루었다. 귀방(鬼方)과 3년 동안 전투를 벌여 물리쳤다.

23 BC 11세기 무렵의 사람으로 이름은 송(誦)이며, 무왕(武王)의 아들이다. 무왕이 죽었을 때 성왕이 어렸으므로 무왕의 아우 주공(周公) 단(旦)이 섭정(攝政)이 되었다. 이를 계기로 상나라 왕족 무경(武庚)과 무왕의 아우인 관(管)·채(蔡) 형제의 반란이 일어났다. 주공은 이를 진압하고 다시 성왕과 함께 동이(東夷)로 원정하였다. 주공은 섭정 7년에 성왕에게 정사를 넘겨주었다. 미자(微子) 계(啓)를 송(宋)나라에, 강숙(康叔)을 위(衛)나라에 봉하는 등 기초를 다지고, 주공 단과 소공(召公) 석(奭)의 보좌를 받아 치세에 힘썼다.

24 BC 75~BC 33. 이름은 유석(劉奭)이고, 전한의 제8대 황제이며, 선제(宣帝)의 맏아들이다. 성격이 부드럽고 어질어 유학(儒學)을 좋아하였다. 즉위한 뒤 소망지(蕭望之)와 공우(貢禹), 설광덕(薛廣德) 등 유생을 기용해 승상(丞相)으로 삼았다. 그러나 외척 허씨(許氏)와 사씨(史氏), 환관 홍공(弘恭)과 석현(石顯) 등을 등용해서 환관과 외척이 번갈아 정권을 장악하는 정국을 만들었다. 통치하는 동안 부역과 세금이 번거롭고 가중되었으며, 변방이 불안하고 백성들이 흩어지는 등 정치가 부패하였다.

지난 수천 년 사이에 나라가 잘 다스려지거나 어지러워지고, 나라가 보존되거나 망하는 것이 모두 여기에서 나왔으므로 신은 단연코 이것이 천하에서 임금 노릇 하는 자들의 율령(律令)과 격례(格例)라고 생각합니다. 비록 그러하나 임금의 배움은 반드시 그 요점을 안후에야 힘쓸 곳이 있는 것입니다. 대개 도술(道術)을 밝히고[明道術], 인재를 분별하며[辨人材], 정치의 요체를 살피고[審治體], 백성의 실정을 살핌[察民情]은 임금이 '격물치지(格物致知)'하는 요점입니다.—'도술을 밝힘[明道術]'의 항목은 네 가지가 있으니, 천성과 인심의 선함[天性人心之善]·천리와 인륜에 대한 바른 태도[天理人倫之正]·우리 도와 이단의 분별[吾道異端之分]·왕도와 패술의 다름[王道覇術之異]입니다. '인재를 분별함[辨人材]'의 항목 역시 네 가지가 있으니, 성현이 사람을 살피는 방법[聖賢觀人之法]·제왕이 사람을 알아보는 일[帝王知人之事]·간웅이 나라를 훔치는 술수[姦雄竊國之術]·간사한 자가 임금을 속이는 실상[憸邪罔上之情]입니다. '정치의 요체를 살핌[審治體]'의 항목은 두 가지가 있으니, 덕치와 형정의 선후 구분[德刑先後之分]·의리를 중히 여기고 이익을 가볍게 여기는 분별[義利重輕之別]입니다. '백성의 실정을 살핌[察民情]'의 항목 역시 두 가지가 있으니, 백성이 지지하거나 등지는 이유[生靈嚮背之由]·농촌의 슬픔과 기쁨의 실제[田里戚休之實]입니다.—

경외(敬畏)함을 높이고[崇敬畏], 안일과 욕심을 경계하는 것[戒逸欲]은 '성의정심(誠意正心)'의 요점입니다.—'경외함을 높임[崇敬畏]'의 항목은 여섯 가지[25]가 있으니, 자신의 몸을 닦는 공경[修己之敬]·하늘을 섬기는 공경[事天之敬]·백성을 대하는 공경[臨民之敬]·일과 연관된 공경[治事之敬]·조존 성찰의 공

25 권29 첫머리에 '재이를 겪을 때 행하는 공경[遇災之敬]'이 하나 더 언급되어 있어 일곱 가지라고 해야 옳다.

효[操存省察之功]·규경 잠계의 도움[規儆箴誡之助]입니다. '안일과 욕심을 경계함[戒逸欲]'의 항목은 다섯 가지가 있으니, 술에 빠지는 것을 경계함[沈湎之戒]·황음에 대해 경계함[荒淫之戒]·편안하고 즐겁게 노는 것에 대해 경계함[盤游之戒]·사치를 경계함[奢侈之戒]인데, 총론을 먼저 둔 것은 네 가지의 허물을 아울러 경계하기 위한 까닭입니다.—

언행을 삼감[謹言行], 위의를 바르게 함[正威儀]은 '수신(修身)'의 요점입니다.—두 가지 일에 해당하는 세부항목은 없습니다.—

배필을 중요하게 여김[重妃匹], 집안의 다스림을 엄격하게 함[嚴內治], 나라의 후계자를 정함[定國本], 척속을 교화시킴[教戚屬]은 '제가(齊家)'의 요점입니다.—'배필을 중요하게 여김[重妃匹]'의 항목에는 네 가지가 있으니, 비빈을 선정하는 원칙을 신중하게 세움[謹選立之道]·비빈의 바로잡고 경계하는 의견을 경청함[賴規儆之益]·정실과 첩의 구분을 명확하게 함[明嫡媵之辨]·황후를 쉽게 폐위하고 삭탈하는 잘못을 멈춤[懲廢奪之失]입니다. '집안의 다스림을 엄격하게 함[嚴內治]'의 항목에는 네 가지가 있으니, 궁정의 내외를 구분함[宮闈內外之分], 후비의 국정 참여를 경계함[宮闈預政之戒], 내신이 충성스럽고 신중할 때 생기는 복[內臣忠謹之福], 내신이 정치에 간여할 때 생기는 재앙[內臣預政之禍]입니다. '나라의 후계자를 정함[定國本]'의 항목에는 네 가지가 있으니, 나라의 후계자를 세우는 계획은 마땅히 미리 마련해야 함[建立之戒宜蚤], 태자를 깨우치고 가르치는 방법은 마땅히 미리 준비해야 함[諭教之法宜豫], 적서의 구분은 마땅히 명백해야 함[嫡庶之分宜辨], 폐위하고 삭탈하는 잘못은 마땅히 살펴야 함[廢奪之失宜監]입니다. '척속을 교화시킴[教戚屬]'의 항목에는 두 가지가 있으니, 외가가 겸손하고 근신할 때 복이 생김[外家謙謹之福], 외가가 교만할 때 화가 있음[外家驕溢之禍]입니다.—

이 네 가지의 도(道)를 터득한다면, 치국(治國)과 평천하(平天下)

가 그 가운데에서 실현될 것입니다.

매 항목마다 성현의 훌륭한 가르침을 먼저 제시하고, 옛날의 사적(事蹟)도 참고하였으니, 취해야 할 것과 버려야 할 것의 본보기를 아주 환하게 볼 수 있습니다. (신이) 예전에 이영전(邇英殿)[26]에 들어가서 일찍이 여기에 뜻을 두었습니다. 근래에 세상에서 물러나 집에만 있어서 아무 일도 없었기에, 비로소 경전을 반복하여 읽고 그것을 모아 엮었습니다. 초야에서 변변치 못한 충성으로 아침저녁으로 탐구하여 얻은 바가 오직 이것인데, 책 상자에 깊이 보관하여 때를 기다리다가 바칩니다. 이 책의 내용은 모두 『대학』을 근본으로 하였습니다. 앞에서는 두 개의 강(綱, 제왕위치(帝王爲治)·제왕위학(帝王爲學))을 나열하고, 뒤에는 네 개의 목(目, 격물치지(格物致知)·성의정심(誠意正心)·수신(修身)·제가(齊家))으로 나눈 것은 『대학』의 의미를 미루어 넓힌 것입니다. 그러므로 제목을 『대학연의(大學衍義)』라 하였습니다.

신 진덕수(眞德秀)[27]는 삼가 서문을 짓습니다.

---

26 송(宋)나라 학사원(學士院)의 다른 이름이다. 주로 시강(侍講)을 주관하였는데, 이로 인해 집현전이나 규장각을 지칭하기도 한다. 이영(邇英)·이영원(邇英院)·이영각(邇英閣) 등으로 불리기도 하였다.

27 1178~1235. 송나라 건녕부(建寧府) 포성(浦城) 사람이다. 자는 경원(景元) 또는 희원(希元)인데, 나중에 경희(景希)로 고쳐 불렀다. 호는 서산(西山)이고, 시호는 문충(文忠)이다. 영종(寧宗) 경원(慶元) 5년(1199) 진사(進士)가 되고, 개희(開禧) 원년(1205) 박학굉사과(博學宏詞科)에 합격하였다. 이종(理宗) 때 예부시랑(禮部侍郎)에 발탁되어 직학사원(直學士院)에 올랐다. 사미원(史彌遠)의 탄핵을 받고 파직되었지만, 나중에 천주(泉州)와 복주(福州)의 지주(知州)를 지냈다. 단평(端平) 원년(1234) 입조하여 호부상서(戶部尙書)에 오르고, 한림학사(翰林學士)와 지제고(知制誥)가 되었다. 다음 해 참지정사(參知政事)에 이르렀는데 얼마 뒤 죽었다. 시정(時政)에 대해 자주 건의하였고, 주소(奏疏)는 수십만 자에 이르렀다. 주자학파(朱子學派)의 학자로, 『대학연의(大學衍義)』는 『대학장구(大學章句)』에 비견한다는 평을 들었다. 경원당금(慶元黨禁) 이후 정주(程朱)의 이학(理學)이 다시 성행하는 데 공헌한 바가 컸다. 그 밖의 저서에

『당서고의(唐書考疑)』와 『독서기(讀書記)』, 『문장정종(文章正宗)』, 『서산갑을고(西山甲乙稿)』, 『서산문집(西山文集)』 등이 있다.

상서성차자(尙書省箚子)[1]

중봉대부(中奉大夫)에 새로 임명된 권호부상서(權戶部尙書)[2] 진덕수(眞德秀)가 차자(箚子)로 아뢰옵니다.

신이 듣기로 성인의 도(道)에는 체(體)와 용(用)이 있다고 합니다. 한 몸에 근본하는 것은 체(體)이고, 천하에 통달하는 것은 용(用)입니다. 요(堯)임금·순(舜)임금·삼왕(三王, 우임금·탕왕·무왕)의 다스림과 육경(六經)·『논어(論語)』·『맹자(孟子)』의 가르침이 여기에서 벗어나지 않는데, 『대학(大學)』 한 책만이 체(體)에서 말미암아 쓰여서 본말(本末)과 선후(先後)가 더욱 분명하고 또 갖추어져 있습니다. 그러므로 선대의 유학자[3]가 "지금 옛 사람들이 공부하는 차례를 알 수 있는 것은 오직 이 『대학(大學)』 한 편의 존재에 힘입었고, 『논어』와 『맹자』는 그 다음이 된다."라고 말하였습니다.[4] 이른바 격물(格物)·치지(致知)·성의(誠意)·정심(正心)·수신(修身)은 체(體)이고, 제가(齊家)·치국(治國)·평

1 사고전서본에는 '대학연의차자(大學衍義箚子)'로 되어 있다. 차자(箚子)는 송나라 때 처음 등장한 간단한 양식의 공문서다. 차자는 윗사람에게 올리는 상행(上行)과 아랫사람에게 보내는 하행(下行)으로 구분되지만 여기에서는 상행과 하행이 같이 들어 있다.

2 진덕수는 소정(紹定) 5년(1232)에 호부상서에 제수되었다. 권(權)은 임시임용이라는 접두어였지만 원우(元祐) 연간에 규정을 바꾸어 급사중(給事中), 중서사인(中書舍人), 대제(待制) 이상 역임하지 않은 사람이 상서(尙書)나 시랑(侍郞)에 임용될 때는 관직명 앞에 권(權)을 모두 붙였다.

3 선대의 유학자는 정이(程頤)를 가리킨다.

4 『대학장구(大學章句)』 서문(序文)에 나온다.

천하(平天下)는 용(用)입니다. 임금의 배움은 반드시 이로써 근거를 삼은 이후에 체(體)와 용(用)의 전체를 묵묵히 이해할 수 있을 것입니다.

삼가 생각건대 폐하께서는 상(商)나라 고종(高宗)[5]이 겸허한 마음을 가지고 배움에 힘쓰는 것을 가지셨고,[6] 주(周)나라 성왕(成王)[7]의 빛나고 빛나는 학문을 지니셨습니다. 즉위하신 이후 하루라도 유생들을 가까이하지 않으신 적이 없었고, 하루라도 도의(道義)를 강론하고 닦지 않으신 적이 없었으니, 예로부터 배우기를 좋아한 임금으로 폐하보다 더한 경우는 없었습니다.

신이 예전에 임금께서 즉위 초에 강독하는 자리의 말석에서 모실 적에 『대학』의 조목을 따라 경사(經史)를 붙이고 자료를 모아 편집하여 책을 만들어 한가하실 적에 보실 수 있도록 하려다가 갑자기 조정을 떠나게 되면서 뜻을 이루지 못하였습니다.

그러나 신이 임금을 사랑하고 나라를 걱정하는 일념은 비록 시

---

5 이름은 무정(武丁)으로, 상의 제20대 임금이다. 『사기(史記)』에 따르면 재상감을 구하지 못하자 3년 동안 정령(政令)을 선포하지 않는 등 철저하게 현명한 재상에게 정치를 맡기고자 하였다. 결국 부열(傅說)을 얻어 재상으로 삼아 대치(大治)를 이루었다.

6 부열(傅說)이 상나라 고종에게 "배움은 뜻을 겸손하게 해야 하니, 힘써서 때로 민첩하게 하면 그 닦여짐이 있을 것이다."라고 하였다. 『서경(書經)』「열명 하(說命下)」에 나온다.

7 서주(西周)의 국군(國君)으로 성은 희(姬)씨고, 이름은 송(誦)이다. 무왕(武王)의 아들이다. 어릴 때 즉위하여 숙부 주공(周公) 단(旦)이 섭정하였다. 이때 은(殷)나라의 왕족 무경녹보(武庚祿父)와 무왕의 동생 관숙(管叔), 채숙(蔡叔) 형제가 반란을 일으키자, 이를 진압하고 다시 동이(東夷)로 원정하였다고 한다. 귀환한 뒤 하남(河南)의 낙읍(洛邑)에 새로 동도(東都)를 정하고, 동방제국 지배의 중심으로 주공을 그곳에 있게 하였다. 미자(微子) 계(啓)를 송나라에, 강숙(康叔)을 위(衛)나라에 봉하는 등 국가의 기초를 다지고, 주공 단과 소공(召公) 석(奭)의 보좌를 받아 치세에 힘써 강왕(康王) 시대에 이르는 주나라의 태평성대를 실현하였다. 동도를 경영하고 욕겹(郟鄏)에 정(鼎)을 두는 등 주나라 왕실의 통치 기반을 다졌다.

골에 있으면서도 조금도 잊은 적이 없습니다. 한가롭게 살면서 일이 없을 적에 이전에 하려고 하였으나 아직 완성하지 못한 것을 가지고 아침저녁으로 엮고 편집하여 『대학연의(大學衍義)』라고 제목을 붙였습니다.

먼저 제왕이 정치하는 순서[帝王爲治之序]에서는 요(堯)임금·순(舜)임금·우(禹)임금·탕왕·문왕·무왕의 다스림이 모두 몸과 마음으로부터 비롯되지 않음이 없음을 드러내었습니다. 다음으로 제왕이 학문하는 근본[帝王爲學之本]에서는 요(堯)임금·순(舜)임금·우(禹)임금·탕왕·문왕·무왕의 학문이 또한 몸과 마음으로부터 비롯되지 않음이 없음을 드러내었습니다. 이것이 이른바 강(綱)입니다.

도술을 밝힘[明道術], 인재를 분별함[辨人材], 정치의 요체를 살핌[審治體], 백성의 실정을 살핌[察民情]을 제일 앞에 둔 것은 격물치지(格物致知)의 요체이기 때문입니다. 그다음으로 경외함을 높임[崇敬畏], 안일과 욕심을 경계함[戒逸欲]을 둔 것은 성의정심(誠意正心)의 요체이기 때문입니다. 그다음으로 언행을 삼감[謹言行], 위의를 바르게 함[正威儀]을 둔 것은 수신(修身)의 요체이기 때문입니다. 그다음으로 배필을 중요하게 여김[重妃匹], 집안의 다스림을 엄격하게 함[嚴內治], 나라의 후계자를 정함[定國本], 척속을 교화시킴[教戚屬]을 둔 것은 제가(齊家)의 요체이기 때문입니다. 이것이 이른바 목(目)입니다.

목(目)에는 안에 또 세부조목이 있습니다. 매 목(目)마다 먼저 성현(聖賢)의 전훈(典訓)을 두고, 다음으로 고금(古今)의 사적(史迹)을 두었으며, 여러 유학자들이 경전을 풀이하고 역사를 논하여 해설한 것들을 기록하였고, 신의 어리석은 한 가지 견해를 또한 조심스럽게 덧붙였습니다. 비록 그 차례에 법도가 없고 논의에 취할 점이 없습니다만,

임금께서 마땅히 알아야 할 이치와 마땅히 행하여야 할 일을 대강이나마 여기에서 볼 수 있습니다.

폐하께서 처음으로 친정(親政)하실 적에 신의 책이 마침 완성되었는데, 43권 22질입니다. (신이) 함부로 소대(召對)를 통해 어리석음을 무릅쓰고 아뢰었으니, 삼가 바라건대 성스럽고 자애로우신 폐하께서는 신이 일념으로 독실하게 폐하만 사랑함을 살피시고 신이 10년간 부지런히 쌓은 공력을 불쌍히 여기시어, 특별히 슬기로운 뜻을 내리시어 신이 이 책을 올리게끔 허락하여 주십시오. 폐하께서 정사를 살피시고 남는 때와 강독하시고 남는 시간에 살펴보아 주시면 체용(體用)을 배우는 데 아주 작은 보탬이 없지는 않을 것이니, 그러므로 이 책을 가지고 성상(聖上)께 올립니다.

9월 14일 삼성(三省)[8]이 함께 성지(聖旨)를 받들었으니, (주상이) "신속히 올리도록 하라" 하셨다.

위의 차자(箚子)는 새로 임명된 권호부상서(權戶部尙書) 진덕수(眞德秀)에게 보낸다.

단평(端平) 원년(1234) 9월 15일

8 삼성(三省)은 중서성(中書省), 문하성(門下省), 상서성(尙書省)을 말한다.

『대학연의』를 올리는 표문[進大學衍義表]

신 진덕수가 아뢰옵니다. 9월 15일 「상서성차자(尙書省箚子)」는 신이 글로써 아뢴 것으로, 제가 편찬한 『대학연의』를 폐하께 진상할 수 있도록 청원을 올린 것입니다. 삼가 생각건대 이 책[汗竹, 대학연의]을 짓는 데에 비록 노력하였지만 심오한 성인(聖人)의 경전에 무슨 보탬이 되겠습니까? 미천한 노력[食芹][1]을 바치고자 하였는데, 외람되게 황제의 따뜻한 말씀을 받으니 십 년 동안 지은 시간이 하루아침에 행운을 만나게 되어 기쁘기 그지없습니다. 신 진덕수는 매우 황공하여 머리를 조아립니다.

생각건대 『대학』은 여덟 조목의 가르침을 말하였는데, 이는 임금이 만세의 법도를 세우기 위한 것입니다. 먼저 격물치지(格物致知)를 말하여 이치를 궁구하는 것이 곧 마음을 바르게 하는 근본임을 보여 주었고, 그 원리를 제가(齊家)·치국(治國)에 적용해서 자신을 닦음[修己]이 사물에 이르는 근원이 됨을 보여 주었습니다.

증자(曾子)가 전한 것이 오직 그 종통(宗統)을 얻었고, 정씨(程氏, 정호(程顥)·정이(程頤)) 이래로 그 뜻이 크게 밝혀졌습니다. 사유(師儒, 스승이 될 만한 큰 유학자)들이 연이어 나와서 『대학장구』가 밝게 드리워졌고 신이 조금이라도 느끼는 바가 있어서, 늦게나마 뜻을 알게 되니 연

1 『열자(列子)』「양주(楊朱)」에 나온다.

원이 오래되었다고 할 만합니다. 진실로 동쪽 노(魯)나라에서 사람을 가르치는 은미한 말이고, 강(綱)과 목(目)이 눈부시게 훌륭하니 곧 임금이 백성을 대하는 가장 중요한 방법이라 하겠습니다.

(신이) 지난번 외람되이 논사(論思)하는 직위에서 시종(侍從)하였을 때에 마침 간사하고 아첨하는 무리가 장악한 시대를 당하여, 장차 황제의 총명(聰明)이 넓어질 것을 염두에 두고 오직 경술(經術)에 힘썼던 것입니다. 우리 임금의 마음이 대낮같이 밝아져서 천하의 이치에 낱낱이 통달하게 되면, 비록 공공(共工)[2]과 환두(驩兜)[3]가 요임금의 조정에 뒤섞여 나오더라도 어찌 도깨비[魑魅]가 우임금의 솥에서 도망갈 수 있겠습니까?[4]

(신이) 변변치 못함을 헤아리지 않고 힘써 엮어 지었는데, 갑자기 세 번의 참소[三至之讒][5]와 같은 모함을 당하여 다만 궁궐만 그리워하

---

2 요(堯)임금의 때의 악인(惡人)이다. 공사(工師)를 맡았고, 환두(驩兜), 삼묘(三苗), 곤(鯀) 등과 함께 사흉(四凶)으로 불렸다. 순(舜)임금이 유주(幽州)로 유배를 보냈다. 일설에는 소호씨(少昊氏)의 못난 아들로, 신의를 저버리고 충성을 무너뜨리며 악언(惡言)을 숭상하여 사람들이 그를 궁기(窮奇)라 불렀다고 한다.

3 요임금 때의 악인(惡人)이다. 이때의 악인으로 공공(共工), 환두, 삼묘(三苗), 곤(鯀) 등 네 사람이 있었는데, 순임금에 의해 각각 유주(幽州)와 숭산(崇山)으로 내쫓겼다. 일반적으로 악인이나 소인(小人)의 무리를 가리킨다. 공공(共工)과 함께 공환(共驩) 또는 공두(共兜)라고도 불린다.

4 옛날 우임금이 훌륭한 덕으로 다스리고 있을 때에 먼 곳에 있는 나라들에게 그곳의 형상을 그려서 바치게 하고 구주의 쇠도 바치게 하였다. 이것으로 솥을 주조하고 그 위에 각지의 풍물을 새겨 백성들이 신령스러운 것과 요사스러운 것을 파악하게 되었다. 따라서 백성들은 강이나 호수, 산림에 들어가더라도 도깨비를 만나지 않게 되었던 것을 가리킨다.

5 삼지투저(三至投杼)의 준말로, 참언(讒言)이라도 여러 번 들으면 믿게 된다는 말이다. 옛날 증자(曾子)가 비(費) 땅에서 살 때, 그와 이름이 같은 사람이 있었는데, 그가 살인을 저지르자 누군가가 증자의 어머니에게 증자가 사람을 죽였다고 하였지만 증자의 어머니는 이를 믿지 않다가, 세 번째 듣고는 비로소 아들이 사람을 죽인 줄 알고 베

게 되었습니다. 이미 내던져져 한가롭고 할 일이 없으니[6] 극진한 뜻으로 연구에 정진하면서 초야에서도 임금을 잊지 않고 매양 임금에게 보답하는 것에 정성을 다하고자 창틀과 담장에 모두 붓을 두고 평생을 부지런히 글을 썼습니다.

먼저 성현의 성명(性命)과 도덕(道德)의 말씀을 추려 내고, 널리 고금(古今)의 치란(治亂)·안위(安危)의 행적을 모아서 반드시 그 요체를 끄집어내어 모두 이 책에 모았습니다. 무릇 여러 선배 선생들이 강구해서 밝힌 것을 대략 모두 묶고, 군자와 소인의 사정과 행태를 더욱 극명하게 드러내니, 높은 산과 깊은 바다에 비교해 본다면 티끌만한 약간의 보완을 하였다고 할 수 있습니다.

이에 대개 삼가 황제 폐하께서는 하늘과 땅이 크게 변함을 만나서 일취월장(日就月將)하시어 그 마음을 빛내시니 그 명(命)을 일으켜 완성하게 하시고, 시종일관 배움을 전범으로 삼으시니 뜻을 겸손히 하여 상종(商宗)[7]에게 가까워지기를 매우 힘쓰시어 장차 절차탁마(切磋琢磨)하여 스스로 닦는 것을 돈독하게 하시고, 정하고 고요하고 편안하고 생각해서 얻을 수 있는 데[能得]에 나아가시어 일은 근본과 말단을 밝히고자 하시며, 이치는 정밀함과 거친 데에서 꿰뚫기를 기약하시고 있습니다. 이때 신이 마침 미숙하나마 책을 엮어서 한가로운 휴식[淸燕]을 더럽힘을 무릅씁니다. 그 그쳐야 할 바에 그쳐서 원컨대 더욱 지극

짜던 북[杼]을 던지고 달아났다고 한다. 『전국책(戰國策)』에 나온다.

6 일 없이 두어짐이니 중히 등용되지 못함을 말한다[置於閑散職位. 謂不被重用].

7 중국 상(商)나라 중종(中宗)의 약칭으로, 곧 상나라의 제9대 임금인 태무(太戊)다. 상종은 20대에 즉위한 후, 3년간 정사를 재상에게 맡기고 국풍(國風)을 살폈으며 뒤에 현신(賢臣) 부열(傅說)을 재야에서 얻어 정치를 행하여 천하의 환호를 받았다. 어진 사람을 등용하여 나라를 다스린 임금의 대명사로 널리 쓰인다.

한 선(善)의 공(功)을 더하시고, 새롭게 하고 또 새롭게 하시어 다시 이를 미루어 백성을 새롭게 하는 교화를 일으키십시오.[8]

신이 황제의 위엄을 범하여, 몹시 황공한 마음을 견딜 수 없습니다. 신이 지은 『대학연의』 43권에 목록을 더하여 모두 23질을 이루었으니, 황금빛 비단에 여러 겹으로 싸서 삼가 표문에다 덧붙여 올려 아뢰옵니다. 신 덕수 황공하게 머리 조아리며 삼가 아뢰옵니다.

단평(端平) 원년(元年,) 10월일, 한림학사(翰林學士) 중봉대부(中奉大夫) 지제고(知制誥)[9] 겸시독(兼侍讀) 포성현(浦城縣) 개국자식읍오백호(開國子食邑五百戶) 사자금어대(賜紫金魚袋) 신 진덕수(眞德秀)는 표문을 올립니다.

8 『대학』 경문(經文)에 나온다.

9 임금의 잘못을 깨우치는 간관으로 조령(詔令)을 초안하는 직책이다.

중서문하성 시정기방에 올리는 신장[中書門下省時政記房申狀][1]

한림학사(翰林學士) 중봉대부(中奉大夫) 지제고(知制誥) 겸시독(兼侍讀) 진덕수(眞德秀)는 조대(照對)합니다.

신은 9월 13일 은혜를 입어 대궐 안에서 인견(引見)하여 일을 아뢰고, 신이 지은 『대학연의』 1책을 장차 올리고자 하여 옥음(玉音)을 직접 마주하여 듣고 윤허를 받았습니다. 이어 상서성차자[省箚]에 성지(聖旨)를 받들 것을 갖추니 신속히 올리라고 하셨습니다. 드디어 10월 2일에 표(表)를 갖추어 통진사(通進司)[2]에 올렸습니다. 다음날 후전(後殿)에 모여 강론하실 적에 삼가 성유(聖諭)를 내리시기를 "경이 올린 『대학연의』 한 책은 다스리는 방법에 보탬이 되니 짐이 아침저녁으로 살펴보겠다."라고 하시니, 신은 전(殿)을 내려가서 절하고 사례하며 물러났습니다.

또 이번 달 14일에는 돌아가면서 『대학장구』 강독을 마치시고 문득 성훈(聖訓)을 내리시기를 "경이 올린 『대학연의』를 함께 취하여 오늘 읽겠다."라고 하셨습니다. 신이 사사로이 생각하기를 지난번에 올린 본은 이미 궁중[禁中]에 들였으니, 반드시 강연소(講筵所)[3]로 하여

1 신장(申狀)은 관리나 백성이 자신의 사정을 사실대로 적어 해당 관서에 올리는 문서나 또는 그러한 행위를 말한다.

2 송나라의 관료 기구로, 공문서의 접수 및 명령의 반포를 관할하는 은대사(銀臺司)·통진사(通進司)·발칙사(發敕司) 중의 하나다.

금 별도로 베끼게 한 이후에 강독할 수 있기 때문에 "아직 갖추지 못하였습니다."라고 대답하였습니다. 성훈(聖訓)의 말씀에 "이미 여기에 있다."라고 하시니, 곧 내시들이 원래 올렸던 제1·2질을 받들어 앞에다가 두는 것을 보았습니다. 제가 아뢰기를 "신이 지어 편집한 책은 어리석고 비루한 식견에서 나왔으니 어찌 위로 성학(聖學)에 보탬이 되기에 충분하겠습니까? 겸하여 신의 처음 뜻은 바로 한가로이 쉴 때를 대비하고자 한 것이나, 지금 외람되이 황제의 은혜를 입어 강독하게 하시니 신은 매우 감격하여 두려움을 이길 수 없습니다."라 하고 재배하고 공경히 사례하며 마쳤습니다.

『대학연의』 서문의 강독을 마치고 아뢰기를 "신의 이 서문은 소정(紹定) 2년(1229)에 완성하였으나 이른바 시일을 기다려 올리는 것은 폐하께서 친정(親政)하시기를 기다려 올리려고 한 것입니다. 만일 권력을 휘두르는 신하[4]가 아직 있어서 폐하께서 아직 큰 정사를 직접 보시기 전이라면 신이 비록 올리려고 하여도 어디를 통해 을야지람(乙夜之覽)[5]에 전달할 수 있겠습니까? 지금 무슨 행운으로 갖추어져 강독할 수 있게 되어 폐하께서 기쁜 얼굴로 받아들여 주시니 모름지기 펼쳐 아뢰는 것입니다."

---

3 송나라에서 경연(經筵)을 진강(進講)하던 기구 또는 장소를 말한다.

4 여기서는 사미원(史彌遠)을 가리킨다. 그는 1207년 송(宋) 영종(寧宗)의 묵인 하에 한탁주(韓侂冑)를 죽여 그의 머리를 금나라에 넘겨주고 강화를 성사시켰다. 영종이 죽자 조서를 고쳐 이종(理宗)을 옹립하고 9년 동안 재상으로 있으면서 정권을 장악하였다.

5 을야지람(乙夜之覽)은 임금이 취침하기 전에 하는 독서를 말한다. 을야(乙夜)는 이경(二更), 곧 밤 10시 무렵이다. 임금은 갑야(甲夜, 밤 8시경)에 정사(政事)를 마치고 취침 전에 어서(御書)를 보는데, 임금의 학문을 중요시하고 강조하였던 유교적 전통에서 낮에는 정무에 바쁜 임금이 을야의 시간에 독서함에서 유래하였다. 을람(乙覽) 또는 을야람(乙夜覽)이라고도 한다.

이상은 중서문하성 시정기방(中書門下省時政記房)·중서문하후성 추밀원장 성어시정기방(中書門下後省樞密院掌聖語時政記房)이 삼가 갖추어 올린 것입니다. 엎드려 조회하실 것을 바라노니, 삼가 문서를 올립니다.

단평(端平) 원년(1234) 10월 일 한림학사(翰林學士) 중봉대부(中奉大夫) 지제고(知制誥) 겸시독(兼侍讀) 진덕수(眞德秀) 장(狀)

제왕이 정치하는 차례
[帝王爲治之序]

대학연의 권1

대학연의 권1

권1은 '제왕이 정치하는 차례[帝王爲治之序]'에 대해 서술하였다. 요임금과 순임금의 예를 가장 먼저 들어서 요임금이 먼저 자신의 덕을 밝히고 이것을 하나하나 가정과 나라, 천하에 적용한 것을 말하였다. 이러한 과정은 『대학』과 『중용』에서 말하는 팔조목과 구경(九經)에서도 동일하게 강조한 내용임을 말하였고, 맹자도 동의하였음을 지적하였다.

그런데 맹자 이후에는 이러한 원리를 적용하여 경지에 다다른 사람이 없다고 하였다. 임금의 한 마음에 따라 인사가 바르게 되거나 반대로 바르게 되지 않을 수 있기 때문에 임금이 마음을 바로 가져야 함을 역설하였다. 왜냐하면 천하의 근본은 조정이고, 조정의 근본은 임금이며, 임금의 근본은 마음이기 때문이다.

또 주돈이의 말을 인용하여 천하를 다스리는 근본은 자신에 있지만 천하를 다스리는 법칙은 가정에 있다고 하였다. 특히 부인을 다스리는 것이 중요함을 지적하였는데, 이에 대해 진덕수는 한 고조가 진나라를 정벌하고 항우를 죽였음에도 불구하고 척희(戚姬)와 여의(如意)에 대한 총애를 끊지 못하였음을 지적하였다. 한(漢)과 당(唐)의 임금들이 삼대의 임금에 비해 제대로 다스릴 수 없는 이유가 바로 여기에 있다고 보았다.

진덕수는 제왕이 다스림을 하는 순서에서 가장 중요한 것이 곧 제왕이 자신의 덕을 밝히고, 이를 위해 마음을 다스리는 것이 그 출발점임을 분명하게 제시하여 논의의 출발로 삼았던 것이다.

「요전(堯典)」에서 말하였다.[1]

“옛 임금 요를 생각하니 [‘방훈(放勳)’[2]이라는 이름처럼] 그 공이 커서 미치지 않는 곳이 없어, 공경하고 이치에 밝고 문장이 빛나고 사려가 깊은 것에 편안하고 편안하며, 진실로 공손하고 진실로 겸양하여 사방을 밝혀 천지에 이르렀다. 큰 덕(德)을 밝혀서 구족(九族)[3]을 친애하니 구족이 이윽고 화목해지고, 백성을 고루 밝히니 백성이 덕을 밝히며, 만방을 화합하게 하니 백성[黎民]이 아름답게 변하여 화목하게 되었다.”

「堯典」, “曰若稽古帝堯, 曰放勳, 欽明文思, 安安, 允恭克讓, 光被四表, 格于上下. 克明俊德, 以親九族. 九族旣睦, 平章百姓. 百姓昭明, 協和萬邦, 黎民於變時雍.”

—(「요전(堯典)」은) 「우서(虞書)」의 편명이다. 전(典)은 떳떳함[常]이다. 왈약(曰若)은 발어사(發語詞)이니, 왈(曰)자는 월(粵)·월(越)과 통용한다. 계(稽)는 상고함[考]이니, 옛날 요임금의 일 등을 상고함을 말한 것이다. 방(放)은 이름[至]이고, 또 넓고 크다는 뜻이니 ‘사해에 이른다[放乎四海]’[4]의 이름[放]과 같다. 훈(勳)은 공로[功]다. 흠(欽)은 공경함[敬]이다. 사(思)는 거성(去聲)이다. 윤(允)은 믿음[信]이다. 극(克)은 능함[能]이다. 피(被)는 미침[及]이다. 사표(四表)는 사방의 밖[四外]이다. 격(格)은 이름[至]이다. 상(上)은 하늘[天]이다. 하(下)는 땅[地]이다. 명(明)은 밝힘[明之]이다. 준(俊)은 큼[大]

---

1 『서경』「우서(虞書) 요전(堯典)」에 나온다.

2 방훈은 요임금의 이름이다. 『사기』「요본기」에 방훈을 요임금의 이름으로 기록하였다.

3 고조에서 현손까지의 동종 친족을 아울러 이르는 말이다. 자신을 중심으로 직계촌은 위로 4대, 아래로 4대 현손까지이며, 방계촌은 형제·종형제·재종형제·삼종형제가 포함된다.

4 『맹자』「이루 하(離婁下)」에 나온다. 맹자가 “근원 있는 물이 용솟음쳐 흘러 밤낮을 그치지 않아 구덩이가 가득 찬 뒤에 나아가 사해에 이르니, 행실에 근본이 있는 자가 이와 같다. 이것을 취한 것이다.”라고 말하였다.

이다. 이(以)는 씀[用]이다. 구족(九族)은 고조(高祖)부터 현손(玄孫)까지의 친족이다. 기(旣)는 이미[已]다. 목(睦)은 화목[和輯]이다. 평(平)은 고름[均]이다. 장(章)은 밝음[明]이다. 백성(百姓)은 기내(畿內)의 백성[民]이다. 소(昭)도 역시 밝음[明]이다. 협(協)은 합함[合]이다. 어(於)는 아름다움[美]이다. 변(變)은 변화함[化]이다. 시(時)는 이것[是]이다. 옹(雍)은 화목[和]이다.—

신은 이렇게 생각합니다. 이 장의 요지는 요임금의 공덕(功德)과 그 다스림의 행하는 차례입니다. 천지가 개벽한 이후 복희(伏羲)[5]·신농(神農)[6]·황제(黃帝)[7] 등 여러 성인들이 모두 백성들에게 공(功)을 세웠는데, 요임금의 공이 더욱 컸습니다. 그러므로 '방훈(放勳, 공을 넓고 크게 이루었다)'이라 하였습니다. 공자조차도 마땅히 요임금을 칭송하여 '위대하구나, 그 이룬 공이여!'라고 하였습니다.[8]

---

5 중국 고대 전설상의 임금이다. 『역』의 8괘를 만들었으며, 그물을 발명하여 고기 잡는 법과 사냥을 가르쳤다. 복희(伏羲)와 신농(神農)은 수인(燧人)과 함께 삼황(三皇)으로 불린다. 복희(伏戲, 伏犧)·복희(宓羲)·포희(庖犧)·복희(虙犧)·포희(炮犧) 등으로 쓰기도 한다. 몸은 뱀과 같고 머리는 사람의 머리를 하고 있어서 해·달과 같은 큰 성덕을 베풀었다 하여 대호(大昊) 또는 대공(大空)이라고도 한다.

6 중국 고대 전설상의 임금이다. 신농씨는 화덕(火德)을 가지고 있었기 때문에 염제(炎帝)라 하였는데, 나무를 잘라 구부려서 뇌사(耒耜)를 만들어 백성에게 농경을 가르쳤으며, 백초(百草)를 맛보아 약초를 찾아내 병을 치료하였고, 팔괘(八卦)를 겹쳐 육십사효(六十四爻)의 점(占)을 보는 점술을 고안해 냈고, 시장을 세워 백성들에게 교역을 가르쳤다고 한다.

7 중국 고대 전설상의 임금이다. 성은 공손(公孫) 또는 희수(姬水)에 살아서 희(姬)라 하였으며, 헌원의 언덕에서 살아서 헌원씨(軒轅氏)라고도 한다. 염제(炎帝) 때 제후들 사이에 분쟁이 일어나자 병사들에게 무기 사용법을 가르쳐 판천(阪泉) 들에서 함귀(咸歸)를 물리쳐 해결하였고, 배와 수레를 고안하여 교통을 편리하게 하였다. 당시 지남거(指南車)를 만들어 탁록(涿鹿)의 벌판에서 치우(蚩尤)를 쳐서 평정하자, 제후들이 천자로 받들어 신농씨(神農氏)의 뒤를 이었다. 토덕(土德)의 서기(瑞氣)가 있다고 해서 황제(黃帝)로 일컬어진다. 세상 사람들에게 집을 짓고 배와 수레를 만드는 법과, 양잠과 직면(織綿)을 가르쳤고, 간지법(干支法)·역산(曆算)·문자를 발명하고, 음률을 제정하였다고 한다.

'몸을 삼가고 이치에 밝고 문장이 빛나고 생각이 깊은 것[欽明文思]'은 요임금의 덕입니다. 흠(欽)은 삼가지 않음이 없는 것이고, 명(明)은 밝히지 않음이 없는 것이며, 문(文)은 뛰어난 시문을 발현하는 것이고, 사(思)는 사물을 헤아리고 판단함이 깊고 큰 것입니다. '편안하고 편안함[安安]'은 억지로 시키는 뜻이 없는 것으로 그 덕성의 아름다움은 자연에서 나와 힘쓰기를 기다리지 않는 것이니, 이른바 본성대로 하는 자[性之者]입니다.

'진실로 공경하고 진실로 겸양함[允恭克讓]'은 요임금의 행실입니다. 공(恭)은 꾸며서 하는 것이 아니므로 '윤공(允恭)'이라 하였습니다. 양(讓)은 억지로 하는 것이 아니므로 '극양(克讓)'이라 하니, 이른바 편안하게 그것을 행하는 것입니다. 안에 쌓인 것이 깊고 두터워지면 밖으로 드러나서 밝게 빛나므로 사방을 덮을 수 있고 천지에도 이르러 비추니, 이것이 이른바 제왕[帝者]의 덕(德)입니다.

'진실로 큰 덕을 밝힘[克明俊德]'은 그 큰 덕을 밝힐 수 있는 것을 말합니다. '흠명문사(欽明文思)'라는 것은 여러 가지 덕의 조목이고, 대덕(大德)은 그 전체의 이름입니다. '큰 덕을 밝힘[明俊德]'이라는 것은 몸을 닦는 일이고, '구족을 친애함[親九族]'이라는 것은 가정을 가지런히 하는 일로 이른바 수신제가(修身齊家)를 의미합니다.

'구족이 이윽고 화목해지고, 백성을 고루 밝힘[九族旣睦, 平章百姓]'은 이른바 가정이 가지런하게 되고 나라가 다스려지는 것[齊家治國]입니다. '백성이 덕을 밝히며, 만방을 화합하게 하니 백성이

8 『논어(論語)』「태백(泰伯)」에 나온다.

변하여 화목하게 됨[百姓昭明, 協和萬邦, 黎民於變時雍]'은 이른바 나라가 다스려지고 천하가 평안해지는 것입니다. 명(明)은 (사물을) 분명히 밝힘을 말하는 것이니, 소명(昭明)의 지극함입니다. 화(和)는 화합하는 것을 말하는 것이니, 협화(協和)는 화합이 지극한 것입니다. '아름답게 변하였다'라는 것은 모든 백성들이 변화하고 모든 풍속도 아름답게 되어 세상은 봄날과 같이 화목해진 것을 말하니, 이것이 바로 제왕 된 자의 다스림입니다.

먼저 말한 '극명준덕(克明俊德)'은 요임금이 스스로 그 덕을 밝힐 수 있음을 일컬은 것이고, 다음에 말한 '백성소명(百姓昭明)'은 백성 역시 그 덕을 밝히는 것을 말한 것입니다. 덕이라는 것은 사람이 똑같이 얻을 수 있는 바이니, 본래 지혜 있는 자와 어리석은 자의 차이는 없습니다. 무릇 백성들은 기질과 품성에 국한되어서 사욕에 가려지기 때문에 그 덕(德)을 스스로 밝힐 수가 없습니다. 반드시 신성한 임금이 밝은 덕을 천하에 번성하게 한 것에 힘입은 이후에 각자 그 처음의 본성을 회복합니다. 백성의 덕(德)의 밝아짐은 임금의 덕(德)이 먼저 밝아지는 것에 말미암습니다.

대체로 오제(五帝)의 다스림은 요임금보다 성대한 것이 없었지만, 이는 요임금이 그 기본을 '극명준덕'에 두었기 때문입니다. 『대학(大學)』에서는 밝은 덕을 밝히는 것[明明德]을 백성을 새롭게 하는[新民] 단서로 삼았습니다. 그래서 「요전(堯典)」이 『대학』의 근원이라 할 수 있습니다.

「고요모(皐陶謨)」에서 말하였다.[9]

“삼가 그 몸을 닦아 생각을 길게 하며, 구족(九族)을 돈독히 하면서도 차등을 두고, 여러 현인이 힘써 도우면 가까운 곳에서 먼 곳에 미침이 여기에 있다.”

『皐陶謨』曰: “愼厥身脩, 思永. 惇叙九族, 庶明勵翼. 邇可遠, 在玆.”

—(「고요모(皐陶謨)」) 역시 「우서」의 편명이다. 고요(皐陶)는 순의 성신(聖臣)이다. 모(謨)는 그가 올린 계책이다. 신(愼)은 공경하고 삼감[敬謹]이다. 궐(厥)은 그[其]이다. 영(永)은 길게 함[長]이다. 돈(惇)은 두터움[厚]이다. 서(叙)는 차등[次]이다. 서명(庶明)은 여러 현인들[衆賢]을 말한다. 여(勵)는 힘씀[勉]이다. 익(翼)은 도움(輔)이다. 이(邇)는 가까움[近]이다. 가원(可遠)은 미루어 먼 곳까지 미칠 수 있음[可推而及遠]을 말한다. 자(玆)는 이것[此]이다.—

신은 이렇게 생각합니다. 고요(皐陶)가 순임금을 위해 계책을 올릴 때 다른 일이 아니라 먼저 삼가서 그 몸을 닦는 것을 말하였습니다. 대개 임금의 한 몸은 진실로 천하 국가의 근본이니, 삼간다[謹]는 한 마디가 또한 수신의 근본입니다.

‘생각을 길게 함[思永]’이라는 것은 그것을 멀고 길게 하면서 쉬지 않고 하는 것을 바람이니, 임금이 된 자가 자신을 닦아야 한다는 것을 누가 알지 못하겠습니까? 하지만 마음을 한 번 놓으면 잠깐은 할 수 있으나 오랫동안 반드시 그러할 수는 없습니다. 항상 생각함에 그 삼가려는 것은 오늘도 이와 같고 내일도 역시 이와 같아서,

9 『서경』 「우서(虞書)·고요모(皐陶謨)」에 나온다.

가는 곳마다 이와 같지 않음이 없어진 연후에 그것을 영원[永]이라 고 할 수 있습니다. 그렇지 않으면 아침에 부지런하다가도 저녁에 게을러지며 잠깐 시작하였다가도 갑자기 쉬니, 과연 무엇이 유익하겠습니까? 후세의 임금들이 처음은 있더라도 끝이 드문 것은 '사영(思永)'의 뜻을 알지 못하였기 때문입니다. 삼간다면 항상 공경하고 소홀함이 없을 것이고, 생각한다면 언제나 보존하여 놓지 않을 것이니, 수신(修身)의 도(道)가 여기에 갖추어질 것입니다.

그런 후에 친한 이를 친히 여기고[親親] 어진 이를 어질게 여기는[賢賢] 이 두 가지로 그것을 이어갑니다. 구족(九族)은 나의 울타리이니 반드시 그들에게 돈독히 하되 차등을 두어 그 은혜를 고르게 해야 합니다. 여러 현인은 나를 보좌하는 이들이니 반드시 그들을 권하고 격려하여 즐거이 나를 돕게 해야 합니다. 자신을 근본으로 삼고서 구족과 여러 현인에게 또한 각각 그 도(道)를 다하게 한다면 집안으로부터 나라로 넓힐 수 있고 나라에서 천하로 넓힐 수 있으니, 그 도(道)가 여기에 있을 뿐입니다. 『중용(中庸)』 '구경(九經)'의 차례 역시 이것을 따랐습니다.[10]

---

10 『중용(中庸)』 20장에 나온다. "무릇 천하와 국가를 다스림에 아홉 가지 떳떳한 법이 있으니, 몸을 닦음과 어진 이를 높임과 친척을 친히 함과 대신을 공경함과 여러 신하들을 자기 몸과 같이 여김과 여러 백성들을 자식처럼 사랑함과 백공들을 오게 함과 먼 곳의 사람을 회유함과 제후들을 은혜롭게 하는 것이다.[凡爲天下國家, 有九經曰, 修身也, 尊賢也, 親親也, 敬大臣也, 體群臣也, 子庶民也, 來百工也, 柔遠人也, 懷諸侯也.]"라고 하였다.

이윤(伊尹)[11]이 지은 「이훈(伊訓)」에서 말하였다.[12]

"지금 왕께서 그 덕(德)을 이으려 하신다면 즉위하는 처음에 달려 있지 않음이 없습니다. 사랑을 시작함에 오직 어버이로부터 하며 공경을 시작함에 오직 어른으로부터 하여서, 집안과 나라에서 시작하여 천하[四海]에서 마치소서."

伊尹作『伊訓』曰: "今王嗣厥德, 罔不在初, 立愛惟親, 立敬惟長, 始于家邦, 終于四海."

―(「이훈(伊訓)」은) 「상서(商書)」의 편명이다. 이윤은 탕왕의 성상(聖相)이니 탕왕의 손자 태갑(太甲)이 즉위하자 또 재상이 되어 그를 도왔다. 사(嗣)는 이음[繼]이다. 금왕(今王)은 태갑을 가리키니 성탕의 덕(德)을 이음을 말한다. 초(初)는 즉위한 처음을 말한다.―

신은 이렇게 생각합니다. 이것은 곧 제가(齊家)·치국(治國)·평천하(平天下)의 차례입니다. 탕왕[成湯][13]이 대개 몸소 행하셨기 때

---

11 상(商)나라 사람으로 이름이 이(伊)고, 윤(尹)은 관직 이름이다. 일명 지(摯)라고도 한다. 노예였다가 유신씨(有莘氏)의 딸이 시집갈 때 잉신(媵臣)으로 따라갔다가 탕(湯)왕의 인정을 받아 등용되었다. 하(夏)나라를 멸하고 상나라를 건국하는 데 큰 공을 세워서 재상이 되었다. 탕왕이 죽은 뒤 외병(外丙)과 중임(仲壬) 두 임금을 보좌하였다. 태갑(太甲)이 왕위에 올라 정사를 돌보지 않고 탕왕의 법을 따르지 않자 그를 동(桐)으로 축출하고 잠깐 섭정하다가 태갑이 잘못을 뉘우치자 다시 왕위에 올렸다.

12 『서경』 「이훈(伊訓)」에 나온다.

13 상나라를 창건한 왕으로, 탕왕이다. 이름은 이(履) 또는 천을(天乙), 태을(太乙)이고, 탕은 자이다. 하(夏)나라 걸왕(桀王)이 학정(虐政)을 하자 제후 대부분이 유덕(有德)한 성탕에게 복종하게 되었다. 걸왕은 성탕을 하대(夏臺)에 유폐시켜 죽이려 하였지만, 돈을 받고 용서하였다. 탕왕은 이윤(伊尹) 등의 도움을 받아 걸왕을 유융(有娀)과 명조(鳴條)에서 격파하고 패사(敗死)시켰다. 그리고 박(亳)에 도읍하여 국호를 상(商)이라

문에 이윤이 그것을 가지고 태갑(太甲)[14]을 가르쳤습니다. 탕왕의 덕(德)을 잇고자 하는 것은 마땅히 즉위의 처음에 달려 있으니, 처음을 삼가지 않으면 끝까지 마칠 수 있는 자는 있지 않습니다.

덕(德)이란 것은 무엇입니까? 어버이를 사랑하고 어른을 공경함이 그것입니다. 임금이 천하에 대하여 마땅히 사랑하지 않음이 없으나 사랑을 한다면 어버이로부터 시작하고, 마땅히 공경하지 않음이 없으나 공경을 한다면 어른으로부터 시작하니, 두 가지는 사랑과 공경의 근본입니다. 근본이 이미 세워지면 집안과 나라로부터 천하에 이르기까지, (모두) 내가 사랑하고 공경하는 가운데에 있지 않은 것이 없습니다. 만약 그 근본이 없으면서도 거슬러서 시행한다면 그 사랑은 잘못된 덕(德)이 될 것이요, 그 공경은 잘못된 예(禮)가 될 것이니 어찌 선왕(先王)께서 정치를 하였던 도(道)이겠습니까?

『시경(詩經)』「사제(思齊)」 2장에서 말하였다.[15]

정하여, 제도와 전례(典禮)를 정비하였다.

14 상나라 제3대 임금인 태종(太宗)의 이름으로 성탕(成湯)의 손자이고, 태정(太丁)의 아들이다. 중임(仲壬)을 이어 즉위하였다. 즉위한 뒤 법을 어기고 방탕하고 포악하게 생활하여 이윤(伊尹)에 의해 쫓겨났다. 3년 뒤 자신의 잘못을 반성하자 이윤이 다시 복위시켰다. 일설에는 이윤이 태갑을 내쫓고 왕위에 올랐는데, 7년 뒤에 몰래 들어와 이윤을 죽이고 다시 등극하였다고도 한다. 복위한 뒤 정치에 힘써 제후들이 상나라로 귀의하였고, 백성들도 안정을 되찾았다.

15 『시경』「대아(大雅)·사제(思齊)」에 나온다. "종묘의 선공(先公)들에게 순히 하시니, 신이 이에 원망함이 없고, 신이 이에 애통함이 없음은 과처에게 모범이 되시어, 형제에 이르고 집과 나라를 다스리셨기 때문이다.[惠于宗公, 神罔時怨, 神罔時恫, 刑于寡妻, 至于兄弟, 以御于家邦.]"라고 하였다.

“(문왕이 성인이 된 것은) 과처(寡妻)[16]에게 모범이 되어, 형제에 이르고, 가정과 나라를 다스렸기 때문이다.”

『詩』「思齊」之二章: “刑于寡妻, 至于兄弟, 以御于家邦.”

—「사제(思齊)」는 「대아(大雅)」의 편명이다. 형(刑)은 본보기[儀刑]의 형(刑)이다. 과처(寡妻)는 적처(嫡妻)다. 어(御)는 다스림[治]이다.—

신은 이렇게 생각합니다. 이 시의 서문에 “문왕(文王)이 성인이 된 까닭이다.”라고 말하였고,[17] 그 해설에 “문왕에게 대대로 현명한 왕비의 도움이 있었기 때문에 그 성스러운 덕(德)을 이룰 수 있었다.”라고 언급되어 있습니다. 그러나 후비(后妃)가 어질게 된 까닭은 역시 문왕이 몸소 교화한 데에 비롯한 것입니다. 그러므로 시인이 노래하기를 “과처에게 모범이 되신다.”라고 하였으니, 문왕의 덕이 규문(閨門)에 본보기가 됨을 말한 것입니다. 규문이 바르게 되면 다음으로 형제에게 미치고, 집안과 나라를 다스리는 데에도 바르지 않음이 없으니, 그 근본은 모두 문왕 자신으로부터 시작된 것입니다.

맹자(孟子)가 이 시를 인용하여 제(齊)나라의 왕에게 분명하게 “이 마음을 들어서 저기에 적용하였을 뿐임을 말한 것입니다.”라고

16 과처(寡妻)는 정식으로 혼인하여 맞은 아내를 일컫는 말이다. 적처(嫡妻)·정실(正室)·적실(嫡室)·정처(正妻)·본처(本妻)라고도 한다. 여기서는 문왕의 후비인 태사(太姒)를 뜻한다.

17 “모시(毛詩) 서문에 사제는 문왕이 성인이 되신 까닭이다[毛序思齊文王所以聖也]”라고 하였다. 모시(毛詩)는 『시경』의 별칭으로 노(魯)나라의 모형(毛亨)과 조(趙)나라의 모장(毛萇)이 『시경』을 주석하였기에 쓰는 말이다.

말하였으니,[18] 문왕이 사람마다 교화시킨 것이 아니라 여기에서 내 자신을 닦으니 그 효험이 저기에서 저절로 드러난 것입니다. 그러므로 그 당시에 안으로는 후비(后妃)가 몸소 검소하고 절약하는 덕이 있고 음흉하고 남몰래 알현하려는 마음이 없으며, 왕자[公子][19]는 모두 신의가 두터우며 공주[王姬] 역시 삼가고 화목하니, 교화가 집안에서 행해지는 것입니다. 중림(中林)의 무부(武夫)들은 덕을 좋아하지 않은 이가 없고,[20] 여분(汝墳)의 부인(婦人)들은 지아비에게 바름을 권면하니,[21] 교화가 나라에서 행해진 것입니다. 「요전(堯典)」의 말을 보건대 '같은 법칙에서 나오는 것과 같다[若出一揆]'라고 하니, 이는 제왕의 도(道)가 같기 때문입니다.

『주역(周易)』「가인(家人)」 단전(彖傳)에서 말하였다.[22]

"가인괘(家人卦)에서 여자는 안에서 바른 자리가 있고, 남자는 밖에서 바른 자리가 있다. 남녀가 바름은 하늘과 땅의 대의(大

---

18 『맹자』「양혜왕 상(梁惠王上)」에 나온다.

19 진나라가 통일하기 이전에는 제후의 아들을 공자(公子)라고 지칭하였다. 그렇지만 여기에서는 문왕의 아들을 지칭하기 때문에 왕자로 번역하였다.

20 숲속[林中]을 말한다. 『시경』「토저(兎罝)」에 "정돈된 토끼 그물이여, 숲속 가운데에 쳤도다. 굳세고 굳센 무부(武夫)여, 공후(公侯)의 복심(腹心)이로다."라고 하였다.

21 옛 여수(汝水)의 강둑을 말한다. 『시경』「여분(汝墳)」에 "저 여수(汝水)의 제방을 따라 가지의 줄기를 베노라. 군자를 보지 못한지라 허전하여 거듭 굶주린 듯하노라."라고 하였다.

22 『주역』「가인(家人)」에 나온다.

義)이다. 가인괘(家人卦)에는 엄군(嚴君)[23]이 있으니 부모를 말한다. 아버지가 아버지답고, 자식이 자식답고, 형이 형답고, 아우가 아우답고, 지아비가 지아비답고, 아내가 아내다우니 집안의 도(道)가 바른 것이다. 집안을 바르게 하여야 천하가 안정된다."

또 상전(象傳)에서 말하였다.

"바람이 불에서 나오는 것처럼 (세상을 움직이게 하는 힘은) 가정이다. 군자는 말을 함에 물(物)이 있고, 행하는 것에 항상성[恒]이 있다. 상구(上九)에 위엄이 있으면 길하다."

상전(象傳)에서 말하였다.

"위엄이 있어 길하다고 한 것은 자신에게 돌이키는 것을 말한다."

『易』「家人」彖曰: "家人, 女正位乎內, 男正位乎外. 男女正, 天地之大義也. 家人有嚴君焉, 父母之謂也. 父父, 子子, 兄兄, 弟弟, 夫夫, 婦婦而家道正. 正家而天下定矣." 象曰: "風自火出, 「家人」君子以言有物而行有恒. 上九威如吉." 象曰: "威如之吉, 反身之謂也."

—(『역(易)』은) 『주역(周易)』이다. (가인(家人)은) 괘(卦)의 명칭이다. (단전(彖傳)은) 공자의 말이다. 엄(嚴)은 지위가 높음[尊]이다. 군(君)은 우두머리[長]다. (상전(象傳)은) 또 공자의 말이다. 괘의 형상[體]이 이(離)가 아래이고 손(巽)이 위다. 이(離)는 불[火]이다. 손(巽)은 바람[風]이다.—

신은 이렇게 생각합니다. 「가인(家人)」 한 괘는 모두 집안을 다스리는 도(道)를 말하였습니다. 이(二)는 음효(陰爻)로서 내괘(內

23 엄하게 길러주는 아버지, 즉 자신의 아버지를 이르는 말이다.

卦) 가운데에 있으니 여자가 안에서 바른 자리에 있는 상(象)입니다. 오(五)는 양효(陽爻)로서 외괘(外卦) 가운데에 있으니, 남자가 밖에서 바른 자리에 있는 상(象)입니다.

옛날에 궁궐[宮室]을 지음에 안과 밖을 분별하여 남자는 밖에 있으면서 궁궐 밖[閫外]의 일을 담당하였고, 여자는 안에 있으면서 궁궐 안[閫內]의 일을 담당하였습니다. 각자 맡은 바가 있으니 서로 침범하고 어지럽히지 않았습니다. 사(士)·서인(庶人)으로부터 위에 이르기까지 모두 그러하니, 임금의 집이 기준이 되기에 더욱 중요합니다.

그러므로 『예기(禮記)』에 "천자(天子)는 남교(男教)를 다스리고 후(后)는 여순(女順)을 다스린다. 천자(天子)는 외치(外治)를 다스리고, 후(后)는 내직(內職)을 다스린다."라고 하니,[24] 옛날에 남녀와 내외를 분별함에 그 엄함이 이와 같았으니 어찌 사사로운 뜻으로 다스리겠습니까?

하늘은 양(陽)이어서 건(健)이 되니 위에서 낳아 주고 덮어 줌[生覆]을 맡았고, 땅은 음(陰)이어서 순(順)이 되니 아래에서 형성하여 실음[形載]을 맡으니, 이것이 천지의 바른 이치입니다.[25] 남자는 강하고 굳셈으로써 덕(德)을 삼으니 그 직분은 결단하고 제어하는 것이고, 여자는 부드럽고 순함으로써 덕(德)을 삼으니 그 직분은 받

---

24 『예기(禮記)』「혼의(昏義)」에 나온다.

25 『열자(列子)』「천서(天瑞)」에 "천지는 온전한 공이 있는 것이 아니며, 성인은 온전한 능력이 있는 것이 아니며, 만물은 온전한 쓰임이 있는 것이 아니다. 그러므로 하늘의 직분은 낳아 주고 덮어 줌이고, 땅의 직분은 형성하여 싣는 것이고, 성인의 직분은 교화하는 것이고, 만물의 직분은 마땅한 곳에 쓰이는 것이다.[天地無全功, 聖人無全能, 萬物無全用. 故天職生覆, 地職形載, 聖職教化, 物職所宜.]"라고 하였다.

들고 잇는 것입니다. 남녀가 각기 그 바름을 얻으면 하늘과 땅의 이치에 부합할 것이고, 한번 그 바름을 잃으면 하늘과 땅의 이치에 어그러질 것입니다.

집안을 다스리는 것은 엄숙(嚴肅)을 근본으로 삼습니다. 부모라는 것은 한 집안의 임금이니, 엄하다면 집안의 다스림[家政]이 일어나고 엄하지 않다면 집안의 다스림[家政]이 무너집니다. 그러나 이른바 엄하다는 것은 사나움을 이르는 것이 아닙니다. 아버지는 아버지의 도리를 다하고, 자식은 자식의 도리를 다하여 그것을 형제·부부에게 미루어 그 도리를 다하지 않음이 없는 것입니다. 위아래가 엄숙해져서 혹 조금의 어지러움도 없으니, 이와 같다면 집안의 도(道)가 바르게 됩니다. 임금의 집안이 바르게 되면 천하에 그것을 미루어 바르지 않은 것이 없으므로, 집안을 바르게 하면 천하가 안정됩니다.

風火家人卦 { 巽卦 ☴ / 離火 ☲ }

괘체(卦體)의 안은 이(離)이고 밖은 손(巽)이므로, 바람은 불에서 나온다고 말하였습니다.(위 그림 참조) 군자는 이 괘(卦)의 상(象)을 보고 천하의 일이 안으로부터 말미암아 나가지 않음이 없음을 압니다. 집안과 나라로써 말한다면 나라의 잘 다스려짐과 어지러움은 집안으로부터 나오고, 자신과 집안으로써 말한다면 집안이 바르거나 바르지 않음은 자신으로부터 나오는 것입니다. 그러므로 나라를 다스리는 것은 집안을 바르게 하는 데에 있고, 집안을 바르게 하는 것은 또 자신을 반성하는 데에 있으니, 내 몸의 언행을 한결같이 삼가지 않으면 그 집안에는 법도가 없게 되는 것입니다. 그러므로 말함에는 반드시 물(物)이 있으니, 물(物)은 그 실체[實]가 있음을 말한 것입니다. 행함에는 상(常)이 있으니 상(常)은 떳떳한 법도[常度]가 있음을 말한 것입니다. 언행을 반드시 삼가면 내 몸이 닦여질 것이고, 그것을 집안과 나라에 적용하면 하지 못할 것은 없습니다.

상구(上九) 한 효(爻)에서는 집안을 다스리는 도리가 위엄이 엄하면 길하다고 다시 말하였습니다. 후세에 그 본래의 뜻을 모르고 혹 사나움[猛暴]으로 위세를 삼아 자신을 다스림이 엄하지 않으면서 위세로써 다른 사람에게 미쳐 그들을 복종시킬 수 있는 자는 없다는 것을 알지 못할까 봐 성인이 염려하였기 때문에 자신에게 되돌아보아라[反身]고 말한 것입니다. 임금이 스스로 자신에게 되돌아보고자 하여 한 마디의 말과 한 번의 행동이 늠름하여 구차하지 않으니, 이것이 이른바 위엄이 있다는 것입니다. 단전(彖傳)과 상전(象傳)을 합쳐서 본다면 집안은 천하의 근본이고 자신은 또 집안의 근본이니, 결단코 바꾸어서는 안 되는 것이 있습니다.

『대학(大學)』에서 말하였다.[26]

"대학(大學)의 도(道)는 밝은 덕을 밝히는 데에 있으며, 백성

26 『대학(大學)』 경문(經文)에 나온다.

을 새롭게 하는 데에 있으며, 지극한 선(善)에 이르러 머무름에 있는 것이다. 머무름을 안 후에 정함[定]이 있으니, 정한 후에 고요함이 있으며, 고요한 후에 편안할 수 있고, 편안한 후에 생각할 수 있으며, 생각한 후에 얻을 수 있다. 사물에는 근본과 말단이 있고 일에는 처음과 끝이 있으니, 먼저 할 것과 나중에 할 것을 알면 도(道)에 가까울 것이다.

옛날에 밝은 덕을 천하에 밝히고자 한 자는 먼저 그 나라를 다스렸고, 그 나라를 다스리고자 한 자는 먼저 그 집안을 가지런하게 하였고, 그 집안을 가지런하게 한 자는 먼저 그 몸을 닦았으며, 그 몸을 닦고자 한 자는 먼저 그 마음을 바로잡았고, 그 마음을 바르게 하고자 한 자는 먼저 그 뜻을 성실히 하였으며, 그 뜻을 성실히 하고자 한 자는 먼저 그 앎을 이루었으니, 앎을 이루는 것은 사물의 이치를 궁구하는 데에 있다. 사물의 이치를 궁구한 후에 앎이 이루어지고, 앎이 이루어진 후에 뜻이 성실해지고, 뜻이 성실해진 후에 마음이 바르게 되고, 마음이 바르게 된 후에 몸이 닦여지고, 몸이 닦여진 후에 집안이 가지런해지고, 집안이 가지런해진 후에 나라가 다스려지고, 나라가 다스려진 후에 천하가 평정되는 것이다. 임금으로부터 백성에 이르기까지 한결같이 모두 자신의 몸을 닦는 것을 근본으로 삼는다. 그 근본이 어지러우면서 말단이 다스려지는 경우는 없으며, 그 두터이 해야 할 데에 얇게 하고 그 얇게 해야 할 데에 두터이 하는 사람은 있지 않다."

『大學』: "大學之道, 在明明德, 在親民, 在止於至善. 知止而后有定, 定而后能靜, 靜而后能安, 安而后能慮, 慮而后能得. 物有本末, 事有終始, 知所先後, 卽近道矣. 古之欲明明德於天下者, 先治其國. 欲治其國者, 先齊其家. 欲齊其家者, 先修其身. 欲修其身者, 先正其心. 欲正其心者, 先誠其意. 欲誠其意者, 先致其知, 致知在格物. 格物而后知至, 知至而后意誠, 意誠而后心正, 心正而后身修, 身修而后家齊, 家齊而后國治, 國治而后天下平. 自天下以至於庶人, 壹是皆以修身爲本, 其本亂而末治者否矣. 其所厚者薄, 而其所薄者厚, 未之有也."

—(『대학(大學)』은) 『예기(禮記)』의 편명이다. 친(親)은 마땅히 신(新)으로 써야 한다. 치(治)는 평성(平聲)이다.—

신은 이렇게 생각합니다. 「요전(堯典)」 등의 여러 글에서 모두 자신으로부터 천하에 미루어 넓힌다고 하였습니다. 먼저 격물(格物)·치지(致知)·성의(誠意)·정심(正心)을 한 이후에 그다음으로 자신의 몸을 닦는 데에 이른 것은 『대학』에서 비롯되었습니다. 이전의 성인들이 아직 말하지 않았던 속내를 밝혀서 학자들에게 따라 들어갈 길을 보여 주었으니 그 공(功)이 큽니다.

『중용(中庸)』에서 말하였다.[27]

"무릇 천하와 국가를 다스리는 데에 구경(九經, 아홉 가지 원칙)이 있으니, 몸을 닦음[修身]·어진 사람을 높임[尊賢]·친한 이를

27 『중용장구(中庸章句)』 20장에 나온다.

가까이함[親親]·대신을 공경함[敬大臣]·여러 신하들을 자기 몸과 같이 여김[體群臣]·여러 백성들을 사랑함[字庶民]·백공들을 오게 함[來百工]·먼 곳에 있는 사람을 회유함[柔遠人]·제후들을 품어 줌[懷諸侯]이다.

몸을 닦으면 도(道)가 확립되고, 어진 사람을 높이면 미혹되지 않고, 친척을 가까이하면 백숙(伯叔)과 형제들이 원망하지 않고, 대신을 공경하면 현혹되지 않고, 여러 신하들을 아끼면 선비들의 보답하는 예(禮)가 무거워지고, 여러 백성들을 사랑하면 백성들이 따르게 되고, 백공(百工)들을 오게 하면 재정이 풍족해지고, 먼 곳에 있는 사람을 회유하면 사방이 귀의(歸依)하고, 제후들을 생각해 주면 천하가 그를 경외한다.

깨끗이 재계하고 옷을 잘 갖춰 입어 예(禮)가 아니면 움직이지 않음은 수신(修身)하는 방법이다. 참소하는 이를 제거하고 이성[色]을 멀리하며 재물을 천하게 여기고 덕을 귀하게 여기는 것은 현인(賢人)을 권장하는 방법이다. 그 지위를 높여 주고 녹봉을 두터이 주며 좋아함과 싫어함을 같이하는 것은 친친(親親)을 권장하는 방법이다. 관원을 풍부하게 하고 유능한 사람을 임명하는 것은 대신(大臣)을 권장하는 방법이다. 진실한 믿음과 후한 녹봉은 선비[士]를 권장하는 방법이다. 때에 맞추어 부역을 시키고 세금을 적게 거두는 것은 백성(百姓)들을 권장하는 방법이다. 매일 살펴보고 달마다 시험하여 일에 걸맞은 녹봉을 주는 것이 백공(百工)들을 권장하는 방법이다. 가는 사람을 막지 않고 오는 사람을 맞이하며 잘하는 사람을 아름답게 여기고 능력이 없는 사람을 불쌍하게 여기는 것은 먼 곳에 있는 사람들[遠人]을 회유하는 방법이다. 끊어진 세(世)를 이어 주고 없어진 나라를 일으키며, 난리를 다스리고 위급한 것을 구원해 주며, 적당한 때에 조빙(朝聘)하게 하고 후하게 보내 주고 박하게 받는 것이 제후들을 품어 주는[懷諸侯] 방법이다. 무릇 천하와 국가를 다스림에 구경(九經)이 있으니, 이것을 행하는 것은 모두 똑같다."

『中庸』: "凡爲天下國家有九經, 曰修身也, 尊賢也, 親親也, 敬大臣也, 體群臣也, 子庶民也, 來百工也, 柔遠人也, 懷諸侯也. 修身則道立, 尊賢則不惑, 親親則諸父、昆弟不怨, 敬大臣則不眩, 體群臣則士之報禮重, 子庶民則百姓勸, 來百工則財用足, 柔遠人則四方歸之, 懷諸侯則天下畏之. 齊明盛服, 非禮不動, 所以修身也. 去讒遠色, 賤貨而貴德, 所以勸賢也. 尊其位, 重其祿, 同其好惡, 所以勸親親也. 官盛任使, 所以勸大臣也. 忠信重祿, 所以勸士也. 時使薄斂, 所以勸百姓也. 日省月試, 旣稟稱事, 所以勸百工也. 送往迎來, 嘉善而矜不能, 所以柔遠人也. 繼絶世, 擧廢國, 治亂持危, 朝聘以時, 厚往而薄來, 所以懷諸侯也. 凡爲天下國家有九經, 所以行之者一也."

—(『중용(中庸)』 역시) 『예기(禮記)』의 편명이다. 공자(孔子)의 손자 자사(子思)가 지은 것이다. 자사의 이름은 급(伋)이며, 증자(曾子)의 문인이다. 경(經)은 경위(經緯)의 경(經)이다. 존(尊)은 공경함[敬]과 같다. (친친(親親)에서) 앞[上]의 친(親)자는 친목(親睦)을 말하며, 뒤[下]의 친(親)자는 내외의 종족을 말한다. 체(體)는 상대방의 입장에서 가엾게 여김이 자신에게 하는 것과 같음을 말한다. 서(庶)는 무리(衆)이니, 그 백성을 자식처럼 본다는 말이다. 래(來)는 불러서 온다는 것[招來]의 내(來)와 같다. 유(柔)는 어루만져 부드럽게 하는 것[撫柔]의 유(柔)를 말한다. 회(懷)는 생각함[念]과 같다. 제부(諸父)는 백부(伯父)와 숙부(叔父)를 말한다. 곤(昆)은 형(兄)이다. 현(眩)은 미혹됨[惑]이다. 기(旣)는 녹봉[餼]으로 읽는다.—

선대의 유학자 여대림(呂大臨)[28]이 말하였다.[29]

"천하와 국가의 근본은 자신에게 달려 있기 때문에, 몸을 닦음[修身]이 구경(九經)의 근본이 된다. 그런데 반드시 스승과 친하고 벗과 친한 연후에 수신(修身)하는 도(道)가 진전되기 때문에 어진 사람을 높임[尊賢]이 그다음이다. 도(道)가 나아가는 것은 자신의 집보다 앞섬이 없기 때문에 친한 이를 가까이함[親親]이 그다음이다. 집에서부터 시작하여 조정에 미치기 때문에 대신을 공경함[敬大臣]과 여러 신하들을 자기 몸과 같이 여김[體群臣]이 그다음이다. 조정에서부터 그 나라에까지 미치기 때문에 여러 백성들을 자식처럼 돌봄[字庶民]과 백공들을 오게 함[來百工]이 그다음이다. 그 나라에서부터 천하에까지 미치기 때문에 먼 곳에서 오는 사람을 부드럽게 대함[柔遠人]과 제후들을 품어 줌[懷諸侯]이 그다음이다. 이것은 구경(九經)의 순서다. 여러 신하들 보기를 나의 몸과 같이 여기고 백성 보기를 나의 자식과 같이 여기는 것은 신하를 보는 것과 백성을 보는 것의 구별이다."

先儒呂大臨曰: "天下國家之本在身, 故修身爲九經之本. 然必親師友[30]然後, 修身之道進, 故尊賢次之. 道之所進, 莫先其家, 故親親次之. 由家以及朝廷, 故敬大臣、體群臣次之. 由朝廷以及其國, 故子庶民、來百工次之. 由其國以及天下, 故柔遠人、懷諸侯次之. 此九經之序也. 視群

28 1040~1092. 북송 경조(京兆) 남전(藍田, 섬서성) 사람으로 자는 여숙(與叔), 여대균(呂大鈞)의 동생이다. 처음에 장재(張載)에게 배웠고 나중에 정이(程頤)에게 배웠는데, 사좌량(謝良佐)·유조(游酢)·양시(楊時)와 함께 '정문사선생(程門四先生)'으로 일컬어졌다. 육경(六經)에 정통하였고, 특히 『예기(禮記)』에 밝았다.

29 『중용장구(中庸章句)』 20장에 나온다.

30 사고전서본과 『중용장구(中庸章句)』에는 이 뒤에 '取'가 있다.

臣, 猶吾一體; 視百姓, 猶吾子, 此視臣視民之別也."

주희(朱熹)가 말하였다.

"수신도립(修身道立) 이하의 말은 구경(九經)의 효과를 말한 것이다. 도가 확립된다는 것은 도가 자신에게 이루어져서 백성들에게 모범이 될 수 있는 것을 말하니, 이른바 '그 표준을 세운다[建其有極]'가 이것이다.[31] 불혹(不惑)은 이치에 의심이 없음을 이르고, 불현(不眩)은 일처리에 있어 헷갈려 하지 않음을 이른다. 대신을 공경한 것은 온전히 일을 믿고 맡기는 것으로 소인배 신하들은 그 사이에 낄 수 없으니, 일에 임할 때에 현혹되지 않는다는 것이다. 많은 장인들이 와서 일을 나누고 생산물을 유통하며, 농업과 상업[末]이 서로 도와서 재용이 풍족해진다. 먼 곳에서 오는 사람을 부드럽게 대하면, 천하의 나그네가 모두 기뻐하여 그 길로 나오기를 원하므로 사방에서 귀의할 것이다. 제후를 품어 주면 덕(德)이 베풀어진 것이 넓어지고 위엄으로 제어되는 범위가 넓어지기 때문에 '천하가 경외한다'라고 말한 것이다."[32]

朱熹曰: "修身道立以下, 言九經之效也. 道立, 謂道成於己而可爲民表, 所謂'建其有極', 是也. 不惑, 謂不疑於理; 不眩, 謂不迷於事. 敬大臣則信任專, 而小臣不得以間之, 故臨事而不眩也. 來百工, 則通功易事, 農

31 『서경(書經)』「홍범(洪範)」에 나온다.

32 『중용장구(中庸章句)』 20장에 나온다.

末相資，故財用足；柔遠人，則天下之旅，皆悅而願，出於其塗，故四方歸. 懷諸侯，則德之所施者，博而威之所制者廣矣，故曰天下畏之.”

(『중용혹문(中庸或問)』에서 말하였다.) 혹자가 물었다.

“구경(九經)의 내용은 무엇입니까?”

주희가 대답하였다.

“내면이 오로지 하나에 마음을 쓰지 않으면 바깥을 제어할 수 없고, 바깥이 반듯하지 않으면 내면을 함양할 수 없다. 고요할 때 마음을 보존하지 않으면 근본을 세울 수 없고, 마음이 동(動)할 때 살피지 않으면 사사로운 마음을 이길 수 없다. (마음을) 가지런하고 밝게 하며, (밖으로는) 깨끗이 재계하고 옷을 잘 갖춰 입어서 예가 아니면 움직이지 않는다면 안팎으로 모두 함양되어 움직일 때나 고요할 때나 어긋남이 없을 것이니, 수신(修身)의 요체가 되는 까닭이다.

참소하거나 사악한 말을 믿으면 어진 사람을 임용하는 데에 오로지 마음을 쓰지 못하게 되고, 재물과 여색을 좇으면 어진 이를 좋아하는 마음이 돈독할 수 없다. 가연지(賈捐之)[33]의 말에 의하면, ‘후궁(後宮)에 아름다운 여인들이 많으면 어

---

33 한(漢)나라 사람으로 자는 군방(君房)이다. 전한(前漢) 말기의 관직자로, 유명한 정치가이자 시인인 가의(賈誼)의 증손자다. 원제(元帝) 때 주애(珠厓)의 반란을 제압하였다. 그는 황제에게 여러 번 조언하였으나 황제는 그의 말을 무시하였고, 양흥(楊興)의 지원으로 다시 관직에 진출하려고 하였지만 이루지 못하였다.

진 사람들이 은거하게 되고, 아첨하는 사람들이 기용되면 바른 말을 하는 사람들이 입을 닫게 된다'고 하니, 이는 저울대의 가늠처럼 이쪽이 무거우면 저쪽이 가볍다는 이치가 진실로 그러한 것이다. 그러므로 참소하는 사람을 물리치고 여색을 멀리하며 재물을 가벼이 여겨서 한결같이 덕을 귀하게 여기는 것이, 현명한 사람을 권장하는 도(道)가 되는 까닭이다.

친척을 귀하게 하고 싶고 사랑하는 자에게는 부를 누리게 해 주고 싶고 형제와 인척(姻戚)은 서로 멀리 떨어지지 않기를 원한다. 그러므로 지위를 높여 주고 녹봉을 많이 주며 그들이 좋아하고 싫어하는 일을 함께하는 것이 바로 친척을 친하게 하는 데에 내가 권장하는 방법이다.

대신(大臣)이 자질구레한 일을 몸소 하지는 않는 것은 도(道)로써 임금을 섬기는 것이 스스로 책임을 다하는 것이기 때문이다. 그러므로 관속(官屬)들을 많이 두어 마음대로 부리게 하는 것이 대신을 권장하는 방법이다.

그 정성을 다하여 사사로운 일까지 걱정해 준다면 선비들은 위로 부모를 섬기고 아래로 처자를 기르는 데 걱정이 없게 되어 기꺼이 일을 하게 될 것이다. 그러므로 진심으로 믿고 녹을 많이 주는 것이 선비를 권장하는 방법이다.

사람의 마음은 누구나 안일하고 싶지 않은 경우가 없고 또 부유하고 싶지 않은 경우가 없다. 그러므로 때에 맞추어 백성을 부리고 세금을 적게 거둬들이는 것이 백성을 권장하는 방법이다.

매일 살펴보고 한 달에 한 번 시험하여 그들의 능력을 평가해서 공로에 맞게 녹봉을 나누어 주어서 그들의 노고를 보상한다면 법도를 따르지 않고 음란과 기교를 일삼는 이들은 용납될 수 없을 것이며, 게으른 자는 노력하고 능력 있는 자는 더욱 힘쓰게 될 것이다. 그들을 위하여 부절(符節)[34]을 주면서 떠나는 사람을 전송하고 찾아오는 사람을 풍부한 물자로 맞이하며, 능력에 따라서 일자리를 주어 그들의 선(善)은 가상히 여기고, 그들이 하고 싶지 않은 일을 억지로 시키지 않으며, 그들의 무능함을 감싸 준다면 천하를 떠도는 이들이 기쁜 마음으로 도탄(塗炭)에서 벗어나기를 원하게 될 것이다.

후손이 없는 자는 후손을 이어 주고,—주나라 무왕이 하나라와 상나라의 후손을 세워 준 것과 같다.— 이미 멸망한 나라는 다시 책봉하여 주며,—제나라 환공이 위나라를 봉해 준 것과 같다.— 그들의 혼란을 다스려서 상하가 서로 편안하도록 하며, 그들의 위태로움을 붙들어 주어 크고 작은 나라들이 서로 보살피게 하며, 조회는 때에 맞추어서 시행하되 그 힘을 지나치게 쓰지 않도록 하고, 공물의 하사는 법도가 있어 그들의 재물을 다하지 않도록 한다면, 천하 제후들은 모두 다 그 힘을 다하여 울타리가 되어 왕실을 지키고 배반하는 마음이 없을 것이다.

무릇 이 구경(九經, 아홉 가지 원칙)은 그 일이 모두 같지는

---

34 돌이나 대나무·옥 등으로 만든 부신이다. 옛날에는 사신(使臣)이 가지고 다니던 물건으로 둘로 갈라 하나는 조정에 두고 하나는 본인이 가지고 신표로 쓰다가 후일 서로 맞추어 보아서 증거로 삼았다.

않지만 그 실상을 총괄하여 보면 '몸을 닦음[修身]·현명한 사람을 존경함[尊賢]·친한 이를 가까이함[親親]' 세 가지에서 벗어나지 않을 뿐이다. 대신을 공경함[敬大臣]·여러 신하들을 자기 몸과 같이 여김[體群臣]은 존현(尊賢)으로부터 점차 줄여 적용하는 것이다. 여러 백성들을 자식처럼 사랑함[字庶民]·많은 장인들을 오게 함[來百工]·먼 곳에서 오는 사람을 따뜻하게 대함[柔遠人]·제후들을 품어 줌[懷諸侯]은 친친(親親)으로부터 점차 줄여 적용하는 것이다. 심지어 어진 이를 높이고[尊賢] 친척을 친하게 하는[親親] 방법도 역시 수신이 된 이후이니 그러한 이후에 각각 그 이치에 합당하여 어그러짐이 없을 따름이다."

或問: "九經之說, 奈何?" 朱熹曰: "不一其內, 則無以制其外; 不齊其外, 則無以養其中. 靜而不存, 則無以立其本; 動而不察, 則無以勝其私. 故齊明盛服, 非禮不動, 則內外交養, 而動靜不違, 所以爲脩身之要也. 信讒邪, 則任賢不專; 徇貨色, 則好賢不篤. 賈捐之所謂'後宮盛色, 則賢者隱處; 佞人用事, 則諍臣杜口', 蓋持衡之勢, 此重則彼輕, 理固然也. 故去讒遠色賤貨, 而一於貴德, 所以爲勸賢之道也. 親之欲其貴, 愛之欲其富, 兄弟婚姻欲其無相遠, 故尊位重祿, 同其好惡, 所以爲勸親親之道也. 大臣不親細事, 則以道事君者, 得以自盡, 故官屬衆盛, 足任使令, 所以爲勸大臣之道也. 盡其誠而恤其私, 則士無仰事俯育之累, 而樂趨事功, 故忠信重祿, 所以爲勸士之道也. 人情莫不欲逸, 亦莫不欲富, 故時使薄斂, 所以爲勸百姓之道也. 日省月試以程其能, 餼稟稱事以償其勞, 則不信度作淫巧者無所容, 惰者勉而能者勸矣. 爲之授節以送其往, 待以委積以迎其來, 因能授任以嘉其善, 不强其所不欲, 以矜其不能, 則天下之旅, 皆悅而願出於塗矣. 無後者續之, 已滅者封之, 治其亂使上下相安, 持其危使大小相恤, 朝聘有時而不勞其力, 貢賜有度而不匱其財, 則天下諸侯, 皆竭其力, 以蕃衛王室, 而無倍畔之心矣. 凡此九經, 其事不同, 然總其實不出乎脩身，尊賢親親而已．敬大臣、體羣臣，則自尊賢之等而推之也．子庶民、來百工、柔遠人、懷諸侯，則自親親之殺而推之也．至於所以尊賢而親親，亦曰脩身之至，然後有以各當其理而無所悖耳.”

혹자가 물었다.

“친한 이를 가까이하면서도 그들에게 관직을 주어 일을 맡기는 데 대해 말하지 않은 것은 무엇 때문입니까?”

주희가 말하였다.

“이는 친친(親親)과 존현(尊賢)을 병행하면서도 서로 어긋남이 없는 도이기 때문이다. 만일 친척을 가까이한다는 이유로 그들이 어질고 어질지 않음을 살피지도 않은 채 가볍게 벼슬을 주었다가 불행하게 그 일을 감당하지 못하는 경우가 생기게 되었을 때 곧 그의 잘못을 들어 문책한다면 친척으로서의 은혜가 손상되고, 문책하지 않는다면 국법을 어기는 상황이 된다.

이 때문에 그가 부귀를 누리도록 하고 그와 친하게 지내고 그에게 후하게 하면서도 일을 맡기지 않은 것은 그를 친히 하고 사랑하면서도 그를 온전히 보전해 주려는 배려 때문이다. 만일 친척으로서 어진 인품을 지녔다면 대신의 지위에 두어 그를 높이고 공경할 일이지 어찌 다만 부귀를 누리게 하는 데 그치겠는가? 관숙(管叔)[35]·채숙(蔡叔)[36]에게 상나라를 감독

35 서주(西周) 때 사람이다. 성은 희(姬)고, 이름은 선(鮮)이다. 문왕(文王)의 셋째 아들이

하도록 한 것을 살펴보면 주공은 그 잘못을 면하기 어렵다. 그러나 그들을 처벌한 이후에 오직 강숙(康叔)[37]·담계(聃季)[38]만이 서로 힘을 합하여 왕실을 보좌하였고 오숙(五叔)[39]은 토지를 소유하되 관직이 없었던 사실을 살펴보면 성인의 뜻을 또한 알 수 있다."

혹자가 물었다.

"대신을 신임하여 이간질이 끼어들 틈이 없으므로 일을 맡기는 데에는 헷갈리지 않습니다. (이것은) 대신이 어질다면 가능하겠지만, 혹시 불행히도 조고(趙高)[40]·주이(朱异)[41]·우세

자 주공(周公) 단(旦)의 형이며, 무왕(武王)의 동생이다. 무왕이 상나라를 멸하고 동생들을 봉하였을 때 채(蔡)에 봉해진 숙도(叔度)와 함께 관(管)에 봉해졌다. 상나라 주왕(紂王)의 아들 무경(武庚)을 보좌하여 하남(河南)을 다스렸다. 무왕이 죽자 성왕(成王)이 제위를 이었고, 나이가 어려 주공 단이 섭정하였다. 채숙·무경과 함께 동이(東夷)와 연합하여 반란을 일으켰으나, 주공이 동정(東征)하자 함께 죽음을 당하였다.

36 서주 때 사람이다. 문왕의 다섯째 아들이고, 이름은 도(度)다. 무왕의 동생이고, 채(蔡)에 봉해졌다. 무왕이 죽자 성왕(成王) 대신 주공 단(旦)이 섭정을 하였는데, 관숙(管叔)·무강(武康)과 함께 연합하여 주왕의 아들 무경을 받들어 모반하였다가 쫓겨나 죽었다. 나중에 성왕이 그의 아들 호(胡)를 채에 봉하였는데, 채나라의 시조가 되었다.

37 주나라 문왕의 아들로 무왕의 동생이다.

38 주나라 문왕의 아들로 무왕의 동생이다.

39 주 무왕의 동모제(同母弟) 8명 중 주공·강숙·담계 이외에 벼슬하지 못한 다섯 명이다. 관숙 선(鮮)·채숙 도(度)·성숙 무(武)·곽숙 처(處)·모숙 담(聃)을 말한다. 주공은 태재(大宰), 강숙은 사구, 담계는 사공이 되었다.

40 진(秦)나라의 환관이다. 시황제(始皇帝)가 순시 중 사망하자 승상 이사(李斯)와 함께 유소를 위조하여 시황제의 장남인 부소(扶蘇)와 장군 몽염(蒙恬)을 죽이고 막내 호해(胡亥)를 이세 황제(二世皇帝)로 앉혔다. 이후 이사마저 죽이고 권력을 농단하였다. 그 후 전국에서 반란이 일어났는데, 반란군이 수도로 쳐들어오자 이세를 죽이고 부소의 아들인 자영(子嬰)을 황제로 세우려다가 자영에게 도리어 살해되었다.

41 중국 남조 양(梁)나라 사람으로 자는 언화(彦和)다. 양(梁) 무제(武帝)는 그를 총애한 나머지 후경(侯景)이 수도로 공격해 오는데도 알지 못하다가 폐위되었다.

기(虞世基)[42]·이임보(李林甫)[43] 등의 무리가 있다면, 추양(鄒陽)[44]이 말한 '한쪽의 말을 들으면 간신을 낳고, 한 사람이 모든 것을 맡으면 어지러움이 일어난다'라는 말과, 범저(范雎)[45]가 말한 '어진 이를 시기하고 능력 있는 이를 미워하며, 아랫사람을 누르고 윗사람을 속여서 그 사사로운 욕심을 채워도 임금이 깨닫지 못한다.'라는 말을 또한 어떻게 염려하지 않을 수 있겠습니까?"

주희가 대답하였다.

"그렇지 않다. 저들이 이 지경에 이른 까닭은 바로 구경(九經)의 뜻을 알지 못하였기 때문이다. 그들로 하여금 이 뜻에 밝게 하고 수신을 근본으로 삼게 한다면, 진실로 보는 것이 밝아지고 듣는 것이 총명해져서 현명한지 그렇지 않은지 속일 수 없는 것이다. 존현(尊賢)을 우선할 수 있게 한다면 대신으로 임명하는 자들 중에 반드시 이와 같은 사람들이 섞이지

---

42 수(隋)나라 사람으로 호는 무세(懋世)다. 양제(煬帝) 때에 재상이 되어 정국을 주도하였다. 전국 각지에서 반란이 일어나는 데에도 간언을 하지 않다가 결국 수나라의 멸망을 초래하였다.

43 당(唐)나라 현종(玄宗) 때의 재상이다. 현종 후기에 정국을 주도하였는데, 자신이 정국을 좌지우지하기 위해 현종이 향락에 빠지는 것을 방치하였다. 당시 정적을 제거할 때 한껏 치켜 올려주다가 배후에서 공격하였기 때문에 세간에서는 그를 가리켜 구밀복검(口蜜腹劍)이라 하였다.

44 한(漢)나라 경제(景帝) 때의 사람이다. 양효왕(梁孝王)을 섬겼는데, 양승(羊勝)과 공손궤(公孫詭)의 참소를 받고 옥에 갇혔으나 글을 올려 풀려났다.

45 전국시대 위(魏)나라의 변설가(辨說家)로 범차(范且) 또는 범수(范睢)라고도 한다. 위상(魏相) 위제(魏齊)를 위해 일하다가 모함으로 쫓겨난 후 진(秦)나라에 가서 상국(相國)을 지냈다. 원교근공(遠交近攻) 정책을 제안하였는데, 이것은 후에 진나라가 육국(六國)을 통일하게 되는 기초가 되었다.

않았을 것이다. 불행히 혹시 그것에 실수가 있더라도 곧바로 합당한 사람을 구하여 그를 대체할 수 있을 것이다. 어찌 그들이 간사하여 나라를 망칠 수 있음을 알고도, 도리어 대신의 지위에 그대로 두어 그들에게 임시로 문서를 받드는 일을 직책으로 삼게 하고 또 (반대로) 소신(小臣)들이 규찰한다고 해서 그들을 막을 수 있겠는가?

대체로 어진 이를 구하는 데에 노력하고 합당한 사람을 얻으면 편안해하며, 맡기면 의심하지 않고 의심하면 맡기지 않는다. 이것이 옛날의 성군(聖君)과 현명한 재상이 진실한 뜻으로 서로 마음이 맞아서 의심이 없는 것이니, 양쪽이 그 도(道)를 다하여 정대광명(正大光明)한 업(業)을 함께 이룰 수 있었던 것이다.

만일 그렇지 않으면 장차 아마도 윗사람은 신하에 대해 시기하고 막고 두려워하고 방비하는 마음이 더욱 많아져서 그 어지러움은 더욱 심해지고, 아랫사람은 속이고 감추는 것이 더욱 정교하여져서 그 해로움은 더욱 심해질 것이다. 불행하게도 신하의 간사함이 통하게 되면 그 화는 진실로 이루 다 말할 수 없을 것이다. 행여나 임금의 권위가 높더라도 이른바 '한쪽만 치우쳐 듣고, 어느 한 사람만을 신임하고, 아랫사람을 부리고 윗사람을 속이는 간악한 일'이 장차 대신에게 있지 않더라도 좌우의 가까운 신하에게 있을 것이다. 그 국가의 화가 되는 것은 이루 다 말할 수 없을 것이니, 아! 위태롭구나!"[46]

曰: "親親而不言任之以事者, 何也?" 曰: "此親親、尊賢並行, 不悖之道也. 苟以親親之故, 不問賢否而輕屬任之, 不幸而或不勝焉, 治之則傷恩, 不治則廢法, 是以富之貴之, 親之厚之, 而不曰任之以事, 是乃所以親愛而保全之也. 若親而賢, 則自當置之大臣之位, 而尊之敬之矣, 豈但富貴之而已哉! 觀於管、蔡監商, 而周公不免於有過, 及其致辟之後, 則惟康叔、聃季相與夾輔王室, 而五叔者有土而無官焉, 則聖人之意, 亦可見矣." 曰: "信任大臣而無以間之, 故臨事而不眩. 使大臣而賢也則可, 其或不幸而有趙高、朱异、虞世基、李林甫之徒焉, 則鄒陽所謂'偏聽生姦, 獨任成亂', 范睢所謂'妬賢疾能, 御下蔽上, 以成其私而主不覺悟'者, 亦安得而不慮邪?" 曰: "不然也. 彼其所以至此, 正坐不知九經之義而然耳. 使其明於此義而以脩身爲本, 則固視明聽聰, 而不可欺以賢否矣. 能以尊賢爲先, 則所置以爲大臣者, 必不雜以如是之人矣. 不幸而或失之, 則亦亟求其人以易之而已. 豈有知其能爲姦以敗國, 顧猶置之大臣之位, 使之姑以奉行文書爲職業, 而又恃小臣之察以防之哉? 夫勞於求賢, 而逸於得人, 任則不疑, 而疑則不任. 此古之聖君賢相, 所以誠意交孚, 兩盡其道, 而有以共成正大光明之業也. 如其不然, 將恐上之所以猜防畏備者愈密, 而其爲眩愈甚; 下之所以欺罔蒙蔽者愈巧, 而其爲害愈深. 不幸而臣之姦遂, 則其禍固有不可勝言者, 幸而主之威勝, 則夫所謂'偏聽獨任, 御下蔽上之姦', 將不在於大臣, 而在於左右. 其爲國家之禍, 尤有不可勝言者矣. 嗚呼, 危哉!"

주희가 또 말하였다.[47]

"한 가지 방법이라는 것은 성실함을 말한다. 하나라도 성실하지 않으면 구경(九經)도 모두 쓸모없는 문장이 된다."

46 『중용혹문(中庸或文)』에 나온다.

47 『중용장구집주(中庸章句集註)』에 나온다.

熹又曰: "一者, 誠也. 一不誠則九者皆爲虛文矣."

신은 이렇게 생각합니다. 구경의 설은 주희가 그것을 다 말하였습니다. 어떤 사람들이 『대학』에서는 성의(誠意)·정심(正心)을 말한 이후에 수신(修身)을 말하였고, 『중용』에서는 구경의 차례는 곧 수신으로부터 시작된다고 하였으니, 무엇 때문이겠습니까? 말하자면 재계하여 옷을 차려입고, 예가 아니면 움직이지 않으니, 이것이 이른바 경(敬)입니다. 경(敬)하면 뜻이 성실해지는 것[意誠]과 마음을 바르게 하는 것[心正]이 그 가운데에 있습니다. 주희가 일(一)을 성(誠)으로 여긴 것은 무엇 때문이겠습니까? 말하자면 천하의 이치가 하나면 순(純)하고 둘이면 잡(雜)한데, 순(純)하면 성실해지고 잡(雜)하면 망령됩니다. 몸을 닦는 것이 하나가 아니면 선과 악이 뒤섞이게 되고, 어진 사람을 존경하는 것이 하나가 아니면 사악함과 올바름이 뒤섞이게 됩니다. 둘이 아니고 뒤섞이지 않는 것이, 성실함이 아니라면 어떻게 가능하겠습니까? 그런 까닭으로 순임금은 '오직 하나다.'라고 하였고, 이윤은 '한결같이 한다.'라고 하였고, 『중용』에서는 '그것을 행하게 하는 것은 하나다.'라고 하였습니다.

맹자가 말하였다.[48]

---

48 『맹자(孟子)』「이루 상(離婁上)」에 나온다.

"사람들이 항상 말하는 것이 있으니 모두 천하(天下)와 국가[國]와 가정[家]을 말한다. 천하의 근본은 국가에 달려 있고, 국가의 근본은 가정에 달려 있고, 가정의 근본은 자신에게 달려 있다."

孟子曰: "人有恒言, 皆曰天下國家. 天下之本在國, 國之本在家, 家之本在身."

신은 이렇게 생각합니다. 맹자는 "천하와 국가와 가정은 곧 세상 사람들이 항상 말하는 단어지만, 국가는 바로 천하의 근본이고 가정은 바로 국가의 근본이며 자신이 또 가정의 근본이 되는 것을 알지 못한다."라고 하였으니, 그 말은 그래서 순서가 있습니다. 근본은 나무의 뿌리와 같은 것으로 뿌리가 튼튼한 이후에야 가지와 잎이 무성해집니다. 다스림의 본말 또한 이와 같습니다. 그러나 『대학』에서는 마음을 말하고 『맹자』에서는 마음을 말하지 않은 것은 대개 성의(誠意)와 정심(正心)은 모두 수신(修身)의 일이니, 자신으로 말한다면 마음은 그 가운데 있습니다.

맹자가 말하였다.[49]

"도(道)가 가까이 있어도 먼 곳에서 구하려고 하고, 일이 쉬운 데에 있어도 어려운 곳에서 구하려 한다. 사람마다 친한 이를 친하게 하고 어른을 어른으로 섬긴다면, 천하가 평안해질 것이다."

49 『맹자(孟子)』 「이루 상(離婁上)」에 나온다.

孟子曰: “道在邇而求諸遠, 事在易而求之難. 人人親其親, 長其長, 而天下平.”

—이(邇)는 가까움이다.—

신은 이렇게 생각합니다. 전국시대에 도를 배우는 자는 가까운 곳에서 구하지 않고 먼 곳에서 구하여, 요순의 도가 어른의 뒤에서 천천히 가는 것과 다르지 않고 인의(仁義)의 실상이 친척을 존중하고 어른에게 공경으로 대하는 것 사이에 있음을 알지 못하였습니다. 일을 도모하는 자는 쉬운 것에서 구하지 않고 어려운 곳에서 구하니, (제나라 왕이) 토지를 넓히고 진(秦)나라와 초(楚)나라로부터 조회를 받는 것이 나무 위에 올라가서 물고기를 잡으려는 것[緣木求魚]보다 매우 더 어려운 것을 알지 못하였습니다.[50] 우리 집안 어른을 어른으로 대우하고 우리 집안 어린이를 사랑한다면, 천하를 손바닥처럼 움직일 수 있을 것입니다. 그러므로 맹자가 당시의 임금들에게 간절히 고하여서 자기 자신에게 돌이켜 구하게 하려고 한 것이지 천하에 효과를 바라지는 않았습니다.

대개 임금이 그 친한 이를 친하게 한다면 사람들도 그 친한 이를 친하게 하지 않음이 없고, 그 어른을 어른으로 대우한다면 사람들도 그 어른을 어른으로 대우하지 않음이 없을 것입니다. 온 천하의 사람들이 각각 친한 이를 친하게 여기고 각각 어른을 어른으로 대우한다면, 순하고 화목하여 서로 정다워 하는 풍속이 행해지

50 『맹자(孟子)』 「양혜왕 상(梁惠王上)」에 나온다.

고 어그러지고 다투고 서로 침범하는 습속은 그칠 것이니, 천하에 평안하지 않은 자가 있겠습니까? 이 또한 한 집안에서 말미암아 천하에 도달한다는 뜻입니다.

어떤 이가 국가를 다스리는 것을 청하여 묻자 순자(荀子)[51]가 답하였다.[52]

“몸을 닦는다는 것은 들었지만, 국가를 닦는다는 것은 일찍이 듣지 못하였다. 임금은 쟁반이니 쟁반이 둥글면 물도 둥글게 된다. 임금은 사발이니 사발이 모나면 물도 모나게 된다. 임금은 수원이니 수원이 맑으면 흘러 내려가는 물도 맑게 되고, 수원이 탁하면 흘러 내려가는 물도 탁하게 된다.”

荀子: “請問爲國?” 曰: “聞脩身矣; 未聞脩國也. 君者槃也; 槃圓而水圓. 君者盂也; 盂方而水方. 君者源也, 源淸則流淸; 源濁則流濁.”

—순자의 이름은 황(況)이다.—

신은 이렇게 생각합니다. 순황(荀況)의 뜻은 임금의 몸을 바르

---

51 BC 298?~BC 238? 전국시대(戰國時代) 유가 사상가로 이름은 황(況)이다. 공자의 사상 중에서 특히 예(禮)를 강조하여 발전시켰다. 맹자의 성선설(性善說)에 반대하여, 악한 본성을 예(禮)를 통해 변화시켜 선하게 만들어야 한다는 성악설(性惡說)을 주장하였다. 순자는 한(漢)대에는 정통적인 유가의 인물로 여겨졌으나, 송(宋)대 이후 성리학이 성악설이 비판받으면서 정통 유학의 계보에서 배제되었다. 『순자』 20권이 있다.

52 『순자(荀子)』 「군도(君道)」에 나온다.

게 하면 신민(臣民)도 또한 바르게 되는 것이어서 이와 같이 비유한 것이 많으니, 또한 의미가 있습니다.

동중서(董仲舒)[53]가 말하였다.[54]

"임금이 된 자는 마음을 바르게 하여 조정을 바르게 하며, 조정을 바르게 하여 백관을 바르게 하며, 백관을 바르게 하여 만민을 바르게 하며, 만민을 바르게 하여 사방을 바르게 한다. 사방이 바르게 되면 가까운 곳이나 먼 곳이나 한결같이 바르지 않은 곳이 없어서 사악한 기운으로 그 사이에서 이간질하는 사람이 없을 것이다. 이 때문에 음양이 조화로워져서 비바람이 때에 맞춰 오며, 온 생명이 조화로워져서 만민(萬民)이 자라난다."

董仲舒曰: "爲人君者, 正心以正朝廷, 正朝廷以正百官, 正百官以正萬民, 正萬民以正四方. 四方正, 遠近莫敢不一於正, 而亡有邪氣奸其間者. 是以陰陽和而風雨時, 群生和而萬民殖."

—한(漢) 무제(武帝) 때 사람이니, 건원(建元) 초에 『현량(賢良)』이라는 대책문을 올렸다. 간(奸)은 범함[犯]이다.—

53 BC 179~BC 104. 전한 신도(信都) 광천(廣川) 사람이다. 무제(武帝) 때 현량대책(賢良對策)으로 백가(百家)를 몰아내고 유술(儒術)만을 존중할 것을 주장하였는데, 무제가 받아들여 유학(儒學)이 정통 학술로 자리 잡는 계기를 만들었다. 저서에 『동자문집(董子文集)』과 『춘추번로(春秋繁露)』 등이 있다.

54 『전한서』 권56 「동중서전」에 나온다.

신은 이렇게 생각합니다. 동중서의 논의와 관련하여 맹자 이후로 아직까지 그러한 경지에 도달한 자는 없었습니다. 대개 조정은 천하의 근본이고, 임금은 조정의 근본이며, 마음은 또 임금의 근본입니다. 임금이 그 마음을 바르게 하여 고요히 맑고 밝아져서 사물에 미혹되지 않는다면 호령(號令)하는 것이 선하지 않음이 없을 것이니[55] 조정이 바르게 될 것입니다. 조정이 바르게 된다면 현명함과 어리석음을 구별할 수 있어서 군자와 소인이 서로 자리를 바꾸지 않으니 백관이 바르게 될 것입니다. 이로부터 이하는 다만 원리를 들어 적용할 뿐입니다. 하늘이 사람에게 줄 때에는 본래 같은 하나의 기운이어서 인사(人事)가 바르면 바른 기운이 응하니, 이것이 선하고 상서로운 기운이 모이는 까닭입니다. 인사가 바르지 않다면 사악한 기운이 응하니, 이것이 재이(災異)가 발생하는 까닭입니다. 그 근본은 임금의 한 마음에 있을 따름입니다. 아! 삼가지 않을 수 있겠습니까!

양자(揚子)[56]에게 어떤 이가 큼[大]을 물으니 작다[小]고 대답하였

55 『서경(書經)』「주서(周書)·경명(冏命)」에 나온다. "옛날 문왕·무왕이 총명하고 공경하며 성스러우셨는데 작고 큰 신하들이 모두 충량(忠良)을 생각하며, 모시는 복종(僕從)들이 올바른 사람이 아닌 이가 없었다. 그리하여 아침저녁으로 군주를 받들어 순종하고 보필하였으므로, 출입하고 기거함에 공경하지 않음이 없으며 호령을 냄에 선하지 않음이 없으니, 백성들이 공경하여 순종하며 온 나라가 모두 아름다웠다."라고 하였다.

56 BC 53～AD 18. 전한 촉군(蜀郡) 성도(成都) 사람으로 이름은 웅(雄)이고 자는 자운(子雲)이다. 선배인 사마상여(司馬相如)의 작품을 통해 배운 문장력을 인정받아, 성제

고, 멂[遠]을 물으니 가깝다[邇]라고 대답하니, 깨닫지 못하였다.[57] (양자가) 반문하였다.

"천하(天下)가 비록 크지만 다스리는 것은 도(道)에 달려 있으니 역시 작지 않은가? 사해(四海)가 비록 멀지만 그것을 다스리는 것은 마음[心]에 달려 있으니 또한 가깝지 않은가?"

揚子: "或問大? 曰小. 問遠? 曰邇. 未達. 曰: 天下雖大, 治之在道, 不亦小乎? 四海雖遠, 治之在心, 不亦邇乎?"

—(양자의) 이름은 웅(雄)이고, 자는 자운(子雲)이니, 한(漢) 성제(成帝)와 애제(哀帝) 연간의 큰 유학자다. 『법언(法言)』을 저술하였다.—

신은 이렇게 생각합니다. 도(道)는 곧 이치[理]입니다. 천하가 비록 크더라도 이 하나의 이치는 같습니다. 임금이 행하는 바는 이치를 따른다면 잘 다스려지고, 이치를 거스른다면 어지러워집니다. 그러므로 다스리는 것은 도(道)에 달려 있다고 말하였습니다.

사해(四海)가 비록 멀더라도 이 하나의 마음은 같습니다. 임금이 마음을 바르게 한다면 잘 다스려지고, 마음을 바르게 하지 않는다면 어지러워질 것이므로, 다스리는 것은 마음에 달려 있다고 말한 것입니다. 하나의 이치가 만사(萬事)를 꿰뚫을 수 있으니 큰 것을 다스리더라도 작은 것에 있지 않겠습니까? 한 마음이 만물을 주

(成帝) 때 궁정문인의 한 사람이 되었다. 학자로서 각 지방의 언어를 집성한 『방언(方言)』과 『역경(易經)』에 기본을 둔 철학서 『태현경(太玄經)』, 『논어』의 문체를 모방한 『법언(法言)』·『훈찬편(訓纂篇)』 등을 저술하였다.

57 『법언』 권13에 나온다.

관하니 먼 곳을 다스리더라도 가까운 데에 있지 않겠습니까?

주돈이(周敦頤)가 말하였다.[58]

"천하를 다스리는 데에는 근본이 있으니 자신[身]을 말한다. 천하를 다스리는 데에는 법칙이 있으니 가정[家]을 말한다. 근본은 반드시 바르게 해야 하니 근본을 바르게 하는 방법[端本]은 마음을 성실하게 하는 것[誠心]일 뿐이다. 마음이 성실하면 반드시 선해지고, 마음이 선하면 조화롭고 친해질 뿐이다. 집안을 다스리는 것은 어렵지만 천하를 다스리는 것은 쉬우니, 집안은 친하고 천하는 멀리 있기 때문이다.

집안사람들이 떠나는 것은 반드시 부인에게서 일어나므로 규괘(睽卦)[59]는 가인괘(家人卦)의 다음이니, 두 여자가 함께 살지만 뜻이 합치되지는 않기 때문이다. 요임금이 두 딸을 바르게 하여 위예(嬀汭)에 내려 보내신 것은 '순임금에게 선위할 만한가? 내 이를 시험하겠다.'라고 하신 것이니, 이는 천하를 다스릴 수 있는지를 집안에서 살펴보시고 집안을 다스릴 수 있는지를 그 자신[身]에게서 살펴보셨을 뿐이다.

---

58 『근사록(近思錄)』 권8 「치도(治道)」에 나온다.

59 규(睽)는 서로 바라보는 눈이 순하지 못한 상태, 즉 반목·질시하는 것을 의미한다. 여기에서부터 '서로 어긋나고 상이함'이라는 의미가 파생되었다. 괘상은 불이 위로 타오르고 연못의 물은 아래로 흐르는 형상으로서, 서로 상반되는 성향을 보여 준다[兌下離上]. 또한 중녀(中女, 離卦)와 소녀(少女, 兌卦)가 한집에 살면서 뜻이 달라 서로 질시하는 모순과 갈등의 상황이다.

자신이 바르게 됨[身端]은 마음이 성실함[心誠]을 말한다. 마음을 성실히 함은 그 선(善)하지 않은 행동을 돌이켜 보는 것일 뿐이다. 선하지 않은 행동은 망령됨[妄]이다. 망령됨을 돌이켜 본다면 망령됨이 없을 것이고, 망령됨이 없어진다면 성실할 것이다. 그러므로 무망괘(無妄卦)[60] 다음이 복괘(復卦)[61]이니, 무망괘(無妄卦)의 상전(象傳)에 이르기를, '선왕이 성하여 때에 맞게 만물을 기른다.'라 하였으니, 심오하구나!"

周敦頤曰: "治天下有本, 身之謂也. 治天下有則, 家之謂也. 本必端, 端本, 誠心而已矣. 則必善, 善則, 和親而已矣. 家難而天下易, 家親而天下踈. 家人離必起於婦人, 故「睽」次「家人」以二女同居而志不同行也. 堯所以釐降二女于嬀汭, 舜可禪乎? 吾玆試矣. 是治天下觀于家, 治家觀于身而已矣. 身端, 心誠之謂也. 誠心, 復其不善之動而已矣. 不善之動, 妄也. 妄復則無妄矣, 無妄則誠焉. 故「無妄」次「復」, 而曰: '先王以茂對時育萬物.' 深哉!"

—주돈이(周敦頤)의 자는 무숙(茂叔)이니 도주(道州) 영도(營道) 사람이다. 본조(송나라)의 희녕(熙寧)·원풍(元豐) 연간에 낭관으로 감사가 되었고, 『태극도설(太極圖說)』·『통서(通書)』를 저술하여 공맹의 은미한 뜻을 드러내었다. 측(則)은 표준[準]과 같다. 단(端)은 바름[正]이다. 성(誠)은 성실함[實]이다. 친(親)은 부자(父子)·형제(兄弟)·부부(夫婦)의 무리이다. 화(和)는 화목함[睦]이다. 규(睽)와 가인(家人)은 『주역』의 괘이름이다. 규괘(睽卦)는 태(兌)가 아래고, 이(離)가 위다. 태(兌)는 소녀(少女)다. 이(離)는 중녀(中女)다.

---

60 망(妄)은 진실의 반대로 거짓을 뜻한다. 무망(無妄)은 거짓이 없는 것이니, 도리(道理)의 자연(自然)적인 것을 의미한다. 괘상은 건괘(乾卦)와 진괘(震卦)가 겹쳐져 있는 형상이다[震下乾上].

61 복(復)은 돌아온다는 뜻인데, 본래 상태로 회복됨을 의미한다. 괘상은 곤괘(坤卦)와 진괘(震卦)가 겹쳐져 있는 형상이다[乾下艮上]. 우레가 땅속에서 움직이기 시작함을 상징하며, 위에 쌓인 음(陰)의 기운 속에서 한 줄기 양(陽)의 기운이 새롭게 나오고 있는 상태를 보이고 있어 발전과 번영을 뜻한다.

두 여자가 함께 사나 뜻이 다르니 그러므로 등지고 어그러지는 상이다. 이(釐)는 다스림[理]이다. 강(降)은 내려감[下]이다. 위(嬀)와 예(汭)는 물 이름이니, 순임금이 살던 곳이다. 복(復)은 돌이킴[反]이다. 무망(無妄)과 복(復)은 또한 둘 다 괘의 이름이다.—

신은 이렇게 생각합니다. 주돈이의 말은 지난날 성인(聖人)들의 실상과 부합합니다. 대개 마음이 성실하지 못하다면 사사로운 뜻과 간사한 생각이 어지럽게 섞여 일어나 자신을 닦으려고 하지만 가능하겠습니까? 친족과 화목하지 않다면 규문(閨門)이 무너지며 정의(情意)가 멀어지고 끊어질 것이니 집안을 바르게 하려고 하지만 가능하겠습니까? 집안을 다스리는 어려움이 나라를 다스리는 것보다 심하게 어려운 것은, 가문 안에서는 은혜를 숭상함이 쉽게 의리를 가리기 때문입니다. 세상 사람들이 진실로 밖을 다스리는 데에는 힘쓰지만, 집안에서는 혹 처첩(妻妾)의 사사로운 정(情)에 익숙해지고 혹 골육간의 사랑에 이끌리게 되어 올바르게 스스로 단속할 수 있는 자는 매우 드무니 임금의 경우는 이보다 더 심합니다.

한(漢) 고제(高帝)가 진(秦)나라를 주벌하고 항우(項羽)를 멸하였으나 척희(戚姬)[62]와 여의(如意)[63]에 대한 총애를 끊어 낼 수 없었

62 ?~BC 194? 전한 제음(濟陰) 도정(陶定) 사람이다. 한(漢) 고조(高祖)가 총애하던 부인으로, 조왕(趙王) 여의(如意)를 낳았다. 고조가 태자를 폐하고 조왕을 세워 태자로 삼으려고 하였는데, 여후(呂后)가 장양(張良)의 계책을 써서 상산사호(商山四皓)를 불러 태자의 빈객으로 삼으니, 결국 태자를 바꾸지 않게 되었다. 고조가 죽자 여후가 조왕 여의를 짐살(鴆殺)하고 척희를 투옥시킨 뒤 수족(手足)을 모두 자르고, 눈알을 뽑고, 귀에 뜨거운 김을 불어넣었으며, 벙어리 약을 먹여 측소(厠所)에 던져두고 인체(人彘, 인간돼지)라 불렀다.

63 한 고조가 총애하던 척희(戚姬)의 소생이다. 고조가 태자를 폐하고 여의를 태자로 삼으려 하였으나, 여후(呂后)가 장양의 계책을 써서 태자가 되지 못하였다. 고조가 죽자 여후가 짐독(鴆毒)으로 암살하였다.

습니다. 당(唐) 태종(太宗)은 고립된 수(隋)나라를 취하고 도적 무리를 물리칠 수 있었으나 규문(閨門)까지는 덕이 미치지 못한 부끄러움을 도리어 면치 못하였습니다. 소원하다면 공도(公道)가 쉽게 행하여지고 친하다면 사사로운 정[私情]에 쉽게 빠지니 이것이 어려운 까닭입니다. 그 어려운 것을 먼저 하지 않고서도 그 쉬운 것을 할 수 있는 자는 없습니다.

한(漢)·당(唐)의 임금들이 근본을 세우고 법칙을 만든 것이 이미 이와 같으니 천하를 다스림이 삼대(三代)에 미치지 못하는 것이 어찌 괴이하겠습니까? 여자는 음유(陰柔)의 본성을 가지고 있어서 시기하고 음험하지 않은 사람이 드뭅니다. 그러므로 두 여자가 함께 살면 시기와 이간질이 쉽게 생겨나니, 요임금이 순임금을 시험하기 위해 꼭 두 딸을 내려 보낸 것은 두 여자를 다스릴 수 있다면 천하도 다스릴 수 있기 때문입니다. 순임금 자신이 바른데다가 가정을 다스리는 것도 이와 같으므로 요임금이 천하를 선위하면서도 의심하지 않은 것입니다.

자신이 바르게 되는 것은 그 마음의 성실함에 달려 있으니, 성실함[誠]은 다름이 아니라 불선(不善)의 싹이 마음에서 자라나면 빨리 그것을 돌이켜 볼 따름입니다. 성실함[誠]은 천리(天理)의 참됨이고, 망령됨[妄]은 인위(人爲)의 거짓이니 망령됨을 제거하면 성실함을 보존할 수 있습니다. 성실함[誠]이 보존된다면 자신이 바르게 되고 자신이 바르게 된다면 집안이 다스려지니, 이를 천하에 적용하는 것은 손바닥을 움직이는 것과 같습니다. 주돈이의 말은 뜻이 깊군요!

제왕이 학문하는 근본
[帝王爲學之本]

대학연의 권2~4

대학연의 권2

권2~4는 권1에 이어서 제왕이 학문하는 근본[帝王爲學之本]에 대해 논하였다. 그중에서 권2는 구체적으로 요임금·순임금·우임금·탕왕·문왕·무왕의 학문[堯舜禹湯文武之學]을 예로 들었다. 진덕수는 흔히 요·순은 태어나면서부터 성인인데 굳이 배움에 대해 말하는 이유에 대해, 태어나면서부터 알 수 있는 것은 의리일 뿐이며 자신과 남을 다스리는 방법은 배움을 통해 가능하다고 하였다.

그래서 순임금이 '정일집중(精一執中)'으로 우임금에게, 우임금은 '안지기강(安止幾康)'으로 순임금에게 아뢴 사례, 탕왕의 좌상인 중훼가 성탕에게 배움을 권고한 사례, 문왕이 마음을 안정하여 사람을 등용하고 정치를 바로 세운 사례, 무왕이 기자(箕子)에게 「홍범(洪範)」을 묻고, 태공(太公)에게 「단서(丹書)」를 물은 사례 등이 모두 배움에 해당한다고 하였다.

진덕수는 상나라 이전에는 배움이라는 말이 없었지만 『서경(書經)』에 실린 내용에서 모두 여러 성인이 마음을 전하고 얼굴을 맞대어 명한 것과 군신 사이에 서로 가르치고 고한 것이 배움이 아닌 것이 없다고 보았다. 요·순·우·탕·문·무와 같은 임금은 유교 정치에서 더 이상 말할 필요가 없는 성군임에도 불구하고 이들이 서로에게 권면하거나 스승에 해당하는 신하들에게 배움을 멈추지 않고, 이를 힘써 행하려고 노력한 점은 제왕이 학문을 해야 하는 이유가 된다고 보았던 것이다.

이와 같이 하면 이제(二帝)·삼왕(三王)의 이상정치도 실현이 가능함을 말하고 있는 것이다.

요임금·순임금·우임금·탕왕·문왕·무왕의 학문 [堯舜禹湯文武之學]

「대우모(大禹謨)」에서 순(舜)임금이 말하였다.[1]

"오너라, 우(禹)여! 인심(人心)은 오직 위태롭고, 도심(道心)은 오직 은미하니, 오직 순수하게 하고 오직 마음을 한결같이 하여야 진실로 그 중(中)을 잡을 수 있다."

「大禹謨」: 帝曰: "來禹! 人心惟危, 道心惟微, 惟精惟一, 允執厥中."

—(「대우모(大禹謨)」는) 「우서(虞書)」의 편명이니, 대우(大禹)가 말한 꾀와 책략을 기록한 것이다. 이것은 순임금이 우임금에게 명한 말씀이다.—

주희(朱熹)가 말하였다.

"상고시대에 성인이 하늘을 계승하고 표준[極]을 세움으로 도통(道統)의 전통이 스스로 내려왔다. 경서(經書)에 나타나는 '진실로 그 중(中)을 잡아라[允執厥中]'라는 말은 요(堯)임금이 순(舜)임금에게 전한 것이다. '인심(人心)은 오직 위태롭고, 도심(道心)은 오직 은미하니, 오직 순수하게 하고 오직 한결같이 하여야 진실로 그 중(中)을 잡을 수 있다'는 말은 순임금이 우(禹)임금에게 전한 것이다. 요임금의 한 마디는 뜻이

1 『서경』 「우서(虞書)·대우모(大禹謨)」에 나온다.

완전하지만 순임금이 다시 세 마디를 더한 것은, 대저 요임금의 한 마디를 반드시 이와 같이 한 후에야 그 경지[允集厥中]에 가까워질 수 있음을 밝힌 것이다.

대저 마음의 허령지각(虛靈知覺)[2]은 하나일 뿐이지만 인심(人心)과 도심(道心)이 차이가 있는 까닭은, 어떤 것은 형체와 기질의 사사로움에서 생기고 어떤 것은 성명(性命)의 올바름에서 근원하기 때문이다. 지각(知覺)한 것이 같지 않기 때문에 혹은 위태로워서 불안하고, 혹은 은미해서 보기 어려울 뿐이다. 그러나 이 형체를 가지고 있지 않은 사람이 없으므로 비록 지혜가 뛰어나더라도 인심(人心)이 없을 수 없고, 그리고 또 본성을 가지고 있지 않은 사람이 없으므로 비록 아주 어리석고 못나더라도 도심(道心)이 없을 수 없다.

이 두 가지가 마음 사이에 섞여 있어서 다스릴 바를 알지 못하면 위태로운 것은 더욱 위태로워지고 은미한 것은 더욱 은미해지니, 천리(天理)의 공(公)은 인욕(人欲)의 사(私)를 끝내 이길 수 없다. 순수하면[精] 이 두 가지 사이를 살펴서 섞이지 않을 것이고, 한결같으면[一] 본심(本心)의 올바름을 지켜서 나뉘지 못할 것이다. 이것에 종사하여 조금도 끊어지지 않는다면 도심(道心)은 항상 한 몸의 주인이 되고 인심(人心)은 매번 명령을 주의 깊게 들을 것이니, 위태로운 것은 편안하게 되고 은미한 것은 드러나게 되어, 움직임과 고요함[動靜]과 말

2 마음은 형체는 없으나 지극히 영명하여 모든 사물을 꿰뚫어보고 이치를 깨달을 수 있음을 말한 것이다.

함과 행함[云爲]이 스스로 지나치거나 미치지 못함의 차이가 없게 될 것이다.

대저 요임금·순임금·우임금은 천하의 큰 성인이시며, 천하를 서로 이어 전하는 것은 천하의 큰일이다. 천하의 큰 성인으로서 천하의 큰일을 행하되, 천하를 주고받을 때에 간곡하게 타이르고 경계함이 이 말에 불과하니, 천하의 이치가 어찌 여기에 더 보탤 것이 있겠는가!"[3]

朱熹曰: "上古聖神, 繼天立極, 而道統之傳, 有自來矣. 其見於經則'允執其中'者, 堯之所以授舜也. '人心惟危, 道心惟微, 惟精惟一, 允執厥中'者, 舜之所以授禹也. 堯之一言, 至矣盡矣, 而舜復益之以三言者, 則所以明夫堯之一言, 必如是而后, 可庶幾也. 夫心之虛靈知覺, 一而已矣. 而以爲有人心、道心之異者, 以其或生於刑氣之私, 或原於性命之正. 而所以爲知覺者不同, 是以或危殆而不安, 或微妙而難見爾. 然人莫不有是形, 故雖上智不能無人心; 亦莫不有是性, 故雖下愚不能無道心. 二者雜於方寸之間, 而不知所以治之, 則危者愈危, 微者愈微, 而天理之公, 卒無以勝人欲之私矣. 精則察夫二者之間而不雜也, 一則守其本心之正而不離也. 從事於斯, 無少間斷, 則道心常爲一身之主, 而人心每聽命焉, 則危者安、微者著, 而動靜云爲, 自無過不及之差矣. 夫堯、舜、禹, 天下之大聖也. 以天下相傳, 天下之大事也. 以天下之大聖, 行天下之大事, 而授受之際, 丁寧告戒, 不過如此, 則天下之理, 豈有以加於此哉!"

신은 이렇게 생각합니다. '인심유위(人心惟危)' 이하 16자는 곧 요임금·순임금·우임금이 전수해 준 심법(心法)이니, 만세토록 성학(聖學)의 연원입니다. 임금이 요순을 배우고자 한다면 또한 이것을

---

3 『중용장구(中庸章句)』 서문에 나온다.

배우면 됩니다. 선대의 유학자가 경전의 뜻을 해석한 것이 비록 많지만, 오직 주희의 말만이 가장 정확합니다.

대저 형체와 기질이 사사롭다는 것은 성색취미(聲色臭味, 듣기 좋은 음악·아름다운 여색·좋은 냄새·맛있는 음식)의 욕구를 가리켜 말한 것이고, 성명(性命)이 올바르다는 것은 인의예지(仁義禮智)의 이치를 가리켜 말한 것입니다. 성색취미의 욕구는 모두 기(氣)에서 나오니 이른바 인심(人心)이고, 인의예지의 이치는 모두 성(性)에서 근원하니 이른바 도심(道心)입니다.

지금 임금 자신에게 한정하여 말한다면, 궁실에서는 편안함을 바라고 음식과 의복은 맛있고 아름답기를 바라며, 무릇 비빈(妃嬪)과 시종의 받듦과 경치를 구경하고 사냥하는 즐거움은 인심(人心)이 드러난 것입니다. 이 마음을 위주로 하고서 제재하지 않으면 물욕(物欲)이 날마다 늘어나 걸주(桀紂)[4]와의 거리가 멀지 않을 것입니다.

부귀(富貴)를 믿어서는 안 되는 것을 알아 근심과 부지런함으로 자신을 이끌며, 교만과 사치를 제멋대로 해서는 안 되는 것을 알아서 공손함과 검소함으로 절제합니다. 좋은 술과 맛있는 음식이 마음을 어지럽히는 강렬한 독이 된다는 것을 알아서 그것을 물리칠 바를 생각하며, 음란한 소리와 아름다운 여색이 본성을 해치는 도끼날이 된다는 것을 알아 그것을 멀리할 바를 생각하니, 이것이 도심(道心)이 드러난 것입니다. 이 마음을 주로 하여 없어지지 않게

4 하(夏)나라의 걸왕(桀王)과 상(商)나라의 주왕(紂王)을 가리키는 말로, 천하의 폭군을 비유적으로 이르는 말이다.

한다면 이의(理義)가 날마다 채워져서 요순(堯舜)과 멀지 않을 것입니다.

그러나 인심이 드러나는 것은 날카로운 칼날과 사나운 말과 같으니, 아직 쉽게 제어하고 부릴 수 없기에 위태롭다[危]고 하였습니다. 도심이 드러나는 것은 불이 처음 타오르는 것과 샘물이 처음 나오는 것과 같으니, 아직 쉽게 채우고 넓힐 수 없기에 은미하다[微]고 하였습니다. 오직 평소에 엄숙하고 공손함을 스스로 지키고 한 가지 생각이 일어나는 바를 살펴서, 성색취미(聲色臭味) 때문에 발현한 것임을 안다면 힘써 열심히 다스려 그것이 늘어나지 못하게 하고, 인의예지(仁義禮智) 때문에 발현한 것임을 안다면 한 뜻으로 지켜 간직하여 변하거나 옮겨 가지 못하게 해야 합니다. 대저 이와 같이 하면 이의(理義)가 항상 보존되고 물욕(物欲)이 물러나 따르니, 이로써 온갖 변화를 주고받음에 가는 곳마다 중(中)이 아님이 없습니다.

대개 중(中)에서 주로 하는 것을 도심(道心)이라고 하고, 용(用)에서 드러나는 것을 중도(中道)라고 하니, 본래 두 가지 일이 아닙니다. 요·순을 배우려고 하는 사람은 오직 여기에 힘써야 할 것입니다!

「익직(益稷)」에서 말하였다.[5]

---

5 『서경』「우서(虞書)·익직(益稷)」에 나온다.

"우(禹)가 '아름답구나! 임금님이시여. 재위하는 동안에 삼가소서.'라고 말하니, 순임금이 '그렇게 하겠다.'라고 말하였다. 우가 '마음이 머무는 곳에서 편안히 하여 기미를 살피시고 편안히 할 것을 생각하시며, 그 보필하는 신하가 정직하면 오직 움직이는 대로 크게 호응하며 뜻을 기다릴 것이니, 상제(上帝)에게서 밝게 받으시면 하늘이 거듭 명을 내려 아름답게 하실 것입니다.'라고 말하였다."

「益稷」 "禹曰: '都帝, 愼, 乃在位.' 帝曰: '兪.' 禹曰: '安汝止, 惟幾惟康. 其弼直, 惟動丕應徯志. 以昭受上帝, 天其申命用休.'"

―(「익직(益稷)」) 역시 「우서(虞書)」의 편명이다. 도(都)는 아름다움[美]이다. 유(兪)는 그러함[然]이다. 기(幾)는 기미(幾微)이다. 강(康)은 편안함[安]이다. 비(丕)는 큼[大]이다. 혜(徯)는 기다림[待]이다. 신(申)은 거듭[重]이다. 휴(休)는 아름다움[美]이다.―

신은 이렇게 생각합니다. 우임금은 이미 삼가라는 한 마디 말로써 순임금에게 경계하였지만 다만 그 뜻을 전하는 데 충분하지 못한 것 같아서 또한 세 마디 말로 나누어서 부언 설명하였습니다. 안여지(安汝止)라는 것은 그 마음이 머무는 바에서 편안하라는 말입니다. 사람의 한 마음은 고요한 후에 움직일 수 있고 정(定)한 후에 응할 수 있으니, 만약 닭 우는 소리에도 뒤숭숭하고 어수선하다면 장차 사물에 이끌리는 데에 정신이 없을 것이니, 또 어찌 만물을 마음대로 하겠습니까?

선대의 유학자가 말하기를 "마음[心]은 사람에게는 북극성[北辰]과 같은 것이다."[6]라고 하였습니다. 북극성은 오직 자기 자리에 있으므로 이십팔수(二十八宿)[7]의 기준[綱維]이 될 수 있습니다. 마음은 오직 머무는 곳이 편안하므로 모든 일의 가운데 축[樞紐]이 될 수 있습니다. 그러나 항상 편안하려고 한다면 도(道)가 있어야 합니다.

기미[幾]는 생각이 싹터 움직이는 시초이고, 편안함[康]은 다스림이 편안하고 문제가 없는 때입니다. 기미(幾微)를 살피지 않으면 희로애락(喜怒哀樂)이 때때로 절도(節度)를 잃어버리고, 치안(治安)이 잘 되도록 경계하지 않으면 놀면서 마음껏 즐기고 무례하고 거만한 것이 때때로 간혹 방자하게 됩니다. 이와 같다면 그치는 바에서 편안하려고 하여도 가능하겠습니까? 안지(安止)라고 하고 기강(幾康)이라고 한 것은 성인이 마음을 기르는 중요한 방법입니다. 마음을 기를 수 있다면 그 지위에 있을 때에 삼갈 수 있는 것입니다.

또한 반드시 보필하는 신하들이 정직하다면 안팎에서 서로 돕고 길러주어 불안할 때가 없을 것이니, 오직 사람만이 응하는 것이 아니라 하늘도 역시 그에 응할 것입니다. 순임금은 '정일집중(精一執中)'으로 우임금에게 말하였고, 우임금은 다시 '안지기강(安止幾康)'으로 순임금에게 아뢰니, 힘쓴 것이 다른 듯하지만 결국 근본은 진실로 같습니다. 순임금과 우임금의 학문을 알려고 하는 사람은 (이 둘을) 합하여 잘 음미하는 것이 좋습니다.

---

6 송나라 초기 유학자인 손석(孫奭)이 쓴 『맹자주소(孟子注疏)』 권13 「진심장구 상(盡心章句上)」에 나오는 내용이다.

7 하늘의 적도를 따라 그 남북에 있는 별들을 28개의 구역으로 구분하여 부른 이름이다.

「중훼지고(仲虺之誥)」에서 말하였다.[8]

"덕(德)이 날마다 새로워지면 만방이 마음으로 귀의하고 뜻이 자만하면 구족(九族)이 흩어질 것이니, 왕께서는 힘써 큰 덕을 밝히시어 백성들에게 중도(中道)를 세우십시오. 의로써 일을 제재하고 예로써 마음을 제재하셔야 후손들에게 넉넉함을 드리울 것입니다. 제가 듣기로 '스스로 스승을 얻을 수 있는 자는 왕이 되고, 남들이 자기보다 못하다고 여기는 자는 망한다. 묻기를 좋아하면 (덕업이) 넉넉해지고, 자신의 지혜만을 사용하면 (덕업이) 적어진다.'라고 하였습니다."

「仲虺之誥」曰: "德日新, 萬邦惟懷. 志自滿, 九族乃離. 王懋昭大德, 建中于民. 以義制事, 以禮制心, 垂裕後昆." 予聞曰: "能自得師者王, 謂人莫己若者亡. 好問則裕, 自用則小."

—(「중훼지고」는) 「상서(商書)」의 편명이다. 중훼(仲虺)는 탕왕의 좌상(左相)으로 이 책을 지어서 성탕(成湯)에게 고하였다. 회(懷)는 마음이 돌아오는 것을 말한다. 지(志)는 마음이 보존되는 바이다. 만(滿)은 교만함[驕盈]이다. 이(離)는 흩어짐[散]이다. 건(建)은 세움이다. 중은 지나치거나 미치지 못함이 없음[無過不及]을 이른다. 제(制)는 재제(裁制)이다.—

신은 이렇게 생각합니다. 이것은 중훼가 탕왕을 권면하는 말이니, 그 몸과 마음에 그 공(功)을 쓰고자 한 것입니다. 덕을 몸에 닦아서 날마다 새로워져서 그치지 않는다면 만방이 마음으로 귀의

---

8 『서경』 「상서(商書)·중훼지고(仲虺之誥)」에 나온다.

하니 이른바 '돕는 자가 지극히 많아지면 천하가 순종한다[多助之至, 天下順之]'는 말입니다. 마음에 보존된 바가 교만하고 자족하면 구족이 이내 흩어지니 이른바 '돕는 자가 지극히 적어지면 친척조차도 배반한다[寡助之至, 親戚畔之]'는 말입니다.[9]

'일신(日新)'은 날마다 나아가는 것으로 요·순이 항상 조심하며 이루려던 일입니다. '자만(自滿)'은 날마다 게을러지는 것으로 후세의 임금들이 끝맺지 못하였던 일입니다. 잘 다스려짐과 어지러움의 나누어지는 것이 여기에 있을 따름입니다. '힘써 큰 덕을 밝힌다[懋昭大德]'는 것은 이른바 '그 덕을 날마다 새롭게 한다[日新其德]'는 것입니다.[10] 힘쓴다는 것[懋]은 항상 힘써 밝히고자 하는 것이고 이 마음을 늘 밝게 하고자 하는 것이니, 이 마음을 항상 힘쓰지 않음이 없다면 그 덕은 늘 밝지 않음이 없습니다. 힘쓴다는 한 마디가 바로 그 핵심[機栝][11]입니다. 『대학』에 인용한 탕왕의 「반명(盤銘)」은 곧 그 일입니다.[12] 힘써 대덕을 밝히는 것은 수신(修身)의 일이니, 『대학』에서 말한 '밝은 덕을 밝힌다[明明德]'는 것입니다. 백성들에게 중(中)을 세우는 것은 몸소 사람을 거느리는 일이니, 『대학』에서 말한 '백성을 새롭게 한다[新民]'는 것입니다.

---

9 『맹자』「공손추 상(公孫丑上)」에 나온다.

10 『주역』「대축」에 나온다.

11 혹은 기괄(機括)이다. 쇠뇌의 시위를 걸어 화살을 쏘는 장치인 노아(弩牙)와 전괄(箭栝)을 말한다. 원래 기(機)는 활 양 끝의 활시위를 거는 곳이고, 괄(栝)은 화살 끝으로 활시위를 받는 곳을 말한다. 사물의 중요한 작동 혹은 민첩하게 기선을 잡는 것을 의미하는 것으로 사용된다. 『장자(莊子)』「제물론(齊物論)」에 나온다.

12 탕왕의 반명(盤銘)에 이르기를 "진실로 어느 날에 새로워졌거든 나날이 새롭게 하고 또 날로 새롭게 하라.[湯之盤銘曰: "苟日新, 日日新, 又日新."]"하였다.

중(中)은 백성 본성[民性]의 근본입니다. 그러나 오직 사물에 따라 달라지므로 그 바름을 잃어버립니다. 성인이 한 몸으로 백성의 표준이 되어 바라보고 따라오게 해서 모두 그 중(中)으로 귀의하게 하니 이것이 이른바 '백성에게 중(中)을 세우는 것[建中于民]'입니다. 그러나 그 방법이 어찌 다른 곳에 있겠습니까? 의(義)로써 일을 제어하고 예(禮)로써 마음을 제어하는 데에 있을 뿐입니다.

대개 세상일은 수없이 많은 갈래가 있어서 적절하게 처리하는 것이 쉽지 않으니, 당연한 이치로써 그것을 헤아리면 그 조치가 적절하여 한 가지 일도 중(中)이 아님이 없습니다. 마찬가지로 마음에는 만 가지 생각이 있어서 꼭 붙들어 잡는 것이 쉽지 않으니, 안으로는 경(敬)을 주로 하여 보고 듣고 말하고 행동하는 데에 감히 멋대로 하지 않으면 행동거지가 예(禮)에 맞아서 한 가지 생각도 중(中)이 아님이 없습니다. 임금 자신[王者]의 중(中)은 곧 백성이 말미암는 바의 중(中)입니다.

대저 임금이 후세에 모범이 되는 까닭은 의(義)와 예(禮)일 뿐입니다. 도(道)가 몸에 갖추어져 빠뜨림이 없게 된다면 후세에 모범이 되어 영향을 끼치게 됩니다. 그러나 반드시 자신의 선(善)만을 믿지 않고 다른 사람의 선(善)을 도움으로 삼으면 흥할 수 있고, 이와 반대로 하면 위태로워져서 망하는 길입니다. 마음을 비우고 묻기를 좋아하면 천하의 선(善)이 모두 나에게 돌아오니, (그 선이) 어찌 넉넉하지 않겠습니까? 자기만을 믿고 자임(自任)한다면 자기 한 사람의 선(善)을 몇 사람과 함께하겠습니까? (그 선이) 어찌 작지 않겠습니까?

성탕(成湯)은 성인인데도 중훼(仲虺)가 배우라고 권면하여 간

곡하고 절실함이 이와 같았으니, 후세의 임금이 그 말을 깊이 음미하지 않을 수 있겠습니까?

이윤이 「함유일덕(咸有一德, 모두가 지녀야 할 올바른 덕)」을 지어서 말하였다.[13]

"저는 몸소 탕왕과 함께 한 가지 덕(德)을 가지게 되었습니다."

또 말하였다.

"덕(德)이 오직 한결같으면 움직이는 데 길하지 않음이 없고, 덕(德)이 한결같지 않으면 움직이는 데 흉하지 않음이 없습니다."

또 말하였다.

"처음과 끝이 오직 한가지이면 때에 맞게 날마다 새로워집니다."

또 말하였다.

"덕(德)은 일정한 법이 없으니 선(善)을 위주로 법을 삼으며, 선(善)은 일정한 주인이 없고, 한결같음에 부합합니다."

伊尹作「咸有一德」曰: "惟尹躬暨湯, 咸有一德." 又曰: "德惟一, 動罔不吉; 德二三, 動罔不凶." 又曰: "終始惟一, 時乃日新." 又曰: "德無常師, 主善爲師. 善無常主, 協于克一."

—(이윤은) 또한 『서경』의 편명으로 이것을 지어서 태갑에게 고하였다. 궁(躬)은 몸[身]이다. 기(暨)는 함께[及]이다. 함(咸)은 모두[皆]이다. 협(協)은 합함[合]이다.—

13 『서경』「상서(商書)·함유일덕(咸有一德)」에 나온다.

신은 이렇게 생각합니다. 맹자가 "탕왕과 이윤의 관계는 배웠다가 그 이후에 신하로 삼았다."라고 하였고, 또 말하기를 "탕왕과 무왕은 몸소 실천하였다."[14]라고 하였습니다. 그렇다면 성탕의 성스러움은 모두 배움으로부터 들어간 것이고, 그가 한 가지 덕을 가질 수 있었던 까닭은 이윤이 힘써 보좌하였기 때문입니다. 이윤은 이러한 경지에 이르렀고 또한 이것을 예로 들어 태갑에게 고하였습니다. 그 한 가지는 무엇이겠습니까? 순수하며 섞이지 않고, 항상 행하며 쉬지 않음을 말하는 것입니다.

길흉(吉凶)은 선과 악의 반응이니 사람이 지니고 있는 덕입니다. 선을 순수하게 하여서 항상 행할 수 있다면 행동에 길하지 않음이 없을 것입니다. 선을 순수하게 하지 못하여 인욕이 거기에 섞이고, 선을 일정하게 하지 못하여 인욕이 끼어들면 한결같지 않은 것이니 행동에 흉하지 않음이 없습니다. 『역(易)』에서는 "매일 새로워지는 것을 성덕(盛德)[日新之謂盛德]"이라 하였고,[15] 선대의 유학자가 말하기를 "사람의 배움은 하루라도 나아가지 않으면 매일 후퇴한다.[人之學不日進則日退]"라고 하였습니다.[16] 그러므로 덕(德)은 매일 새롭게 하지 않으면 안 됩니다.

매일 새로워지지 않으면 폐해가 한 가지가 아닙니다. 처음에는

14 『맹자』「진심 상(盡心上)」에 나온다.

15 『주역』「계사 상전(繫辭上傳)」 5장에 나온다.

16 정이(程頤)가 말하기를 "군자의 학문은 반드시 날로 새로워야 한다. 날로 새로운 자는 날로 진전하고 날로 새롭지 못한 자는 반드시 날로 후퇴하니, 진전하지도 않고 후퇴하지도 않는 자는 있지 않다. 아직 성인의 도는 진전하고 후퇴하는 바가 없으니, 이는 나아간 바가 극에 도달하였기 때문이다."라고 하였다. 『근사록』 권2 「위학(爲學)」에 나온다.

근면하지만 끝내는 게으르고, 처음에는 경(敬)을 행하지만 끝내는 방자해지니, 한 번 나가고 한 번 들어가는 마음으로 간혹 일으키고 간혹 그친다면 덕(德)이 무엇으로부터 새로워지겠습니까? 종시토록 항상 한결같으면서 변하지 않으면 덕(德)이 매일 새로워집니다.

그러나 덕에는 정해진 이름이 없어 흉(凶)도 있고 길(吉)도 있으니 장차 어떤 것을 골라서 기준으로 삼겠습니까? 요컨대 마땅히 그 선을 주로 해서 기준으로 삼으니 선(善)은 그 덕(德)이고 불선(不善)은 덕이 아닙니다. 선은 정해진 형체가 없으니 장차 어떤 것을 골라서 주로 하겠습니까? 요컨대 한결같음에 부합하는 것으로 주를 삼아야 하니, 한결같음은 바로 그 선(善)이지만 한결같지 못한 것은 선이 아닙니다.

천하의 이치는 무릇 한결같음에서 나오는 것이니 선하지 않음이 없습니다. 만약 우물에 들어가는 갓난아이를 갑자기 보면 측은한 마음이 일어나니, 이때에는 다른 생각이 섞이지 않으므로 한결같아서 선(善)입니다. 잠깐이라도 서로 사귀려고 하거나 명예를 구하려는 마음이 있으면 오직 한결같은 것이 아니니 선(善)이 아닙니다.[17] 그러므로 덕을 살피는 것은 선을 위주로 하고, 선을 고르는 것은 또한 한결같음을 위주로 합니다.

태갑이 잘못을 후회하고 선해진 뒤에도 이윤이 그가 선(善)을 선택하는 것이 정밀하지 않고 덕(德)을 고집하는 것을 정(定)하지 않아서 다른 날로 미룰까 염려하였으므로 특별히 일덕(一德)의 글을 지어서 바치니, 정밀한 요체는 이 몇 마디 말보다 간절한 것이

17 자세한 내용이 『맹자』 「등문공 상」에 나온다.

없습니다.

오호라! '유정유일(惟精惟一)'은 순임금이 장차 양위한 뒤에 우임금에게 말한 것이고, '함유일덕(咸有一德)'은 이윤이 장차 사직하고 돌아간 뒤에 태갑에게 고한 것입니다. 이와 같이 간곡한 뜻을 덧붙였으니 임금 된 자가 이 말을 음미하지 않을 수 있겠습니까?

주공이 지은 「입정(立政)」에서 말하였다.[18]

"문왕이 그 마음을 안정시키시어[19] 상사(常事)와 사목인(司牧人) 자리를 세우시되 능히 준걸스런 자와 덕이 있는 자로 임명하셨다."

周公作「立政」: "文王惟克厥宅心, 乃克立玆, 常事司牧人, 以克俊有德."

—(「입정(立政)」은) 「주서(周書)」의 편명이다. 주공이 이 책을 지어 성왕에게 경계하였다. 택심(宅心)은 그 마음을 편안하게 하는 것을 말한다.—

신은 이렇게 생각합니다. 문왕의 '그 마음을 안정시키다[宅厥心]'는 바로 우임금[大禹]이 말한 '네 마음이 편안한 곳에 머물러라[安汝止]'는 뜻과 같습니다.[20] 요순 이래로 여러 성인들이 서로 전한

---

18 『서경(書經)』 「주서(周書)·입정(立政)」에 나온다.

19 『서경』에서는 '문왕이 삼택(三宅)의 마음을 잘 이해하고 믿어 주다[文王惟克厥宅心]'라고 하였는데, 진덕수는 '문왕이 그 마음을 안정시키다[文王之宅厥心]'라고 보았다. 여기서는 진덕수의 의견을 따른다.

20 『서경(書經)』 「익직(益稷)」에 나온다.

것이 한결같이 여기에서 비롯하였습니다. 성왕이 정사를 시작할 적에, 주공은 그가 문왕이 통치하던 법은 알지만 문왕이 마음을 다스린 법은 알지 못할까 두려워하였으므로 이 책을 지었습니다. 「입정(立政)」으로 제목을 삼고 진술한 바가 모두 관리를 임명하고 사람을 쓰는 일이니, 반드시 마음을 안정시키는 것[宅心]으로 우선해야 합니다.

대개 사람을 등용하는 일은 곧 정치를 바로 세우는 근본이고, 마음을 안정시킨 것[宅心]은 또 사람을 등용하는 근본입니다. 대개 정사가 다스려지는 여부는 사람을 잘 쓰고 못 씀에서 비롯되니, 임금 된 자가 누가 그것을 모르겠습니까? 그러나 등용하거나 내치면서 지위를 바꾸지 않는 경우가 드문 것은 마음에 주로 정해진 바가 없어서 시비(是非)와 사정(邪正)이 흐릿해지기 때문입니다.

문왕은 그 마음을 편안하게 할 수 있었으므로 상사(常事)와 사목인(司牧人)을 세울 수 있었고, 모두 현명하면서 덕이 있는 사람을 임명할 수 있었습니다. 마음은 물이 그러한 것과 같으니, 그것을 휘저어 흐려지면 산악을 비출 수 없고, 깊고 맑아 일렁이지 않으면 터럭조차도 환히 비추어 볼 수 있습니다.

오직 지극히 공(公)하여야 천하의 사사로움[私]을 볼 수 있고, 오직 지극히 발라야[正] 천하의 사악함[邪]을 볼 수 있으며, 오직 지극히 고요하여야 천하의 움직임을 볼 수 있습니다. 문왕이 사람을 등용하는 바가 모두 적당하였던 것은 그가 마음을 편안히 하는 택심(宅心)이 가능하였기 때문입니다.

문왕은 태어나면서부터 아는 성인이기에 배움에 일삼을 바가 없는 듯하지만 그 이른바 택심(宅心)할 수 있었던 것이 곧 문왕의 배움입니다. 그러나 "그 마음을 택함에 능하다[克宅厥心]"라 하지 않고 "그 택심에 능하다[克厥宅心]"라고 한 것은, 또 「고요모(皐陶謨)」에 "그 몸을 삼가고 닦는다[愼脩厥身]"라 하지 않고 "그 몸을 닦음을 삼간다[愼厥脩身]"라 한 것과 같습니다. 경전을 읽는 자들이 자구(字句)에 얽매여 본래의 의미를 놓쳐서야 되겠습니까?

「홍범(洪範)」에서 말하였다.[21]

"13년에 왕이 기자(箕子)를 방문하였다. 왕이 이에 말하였다. '아!—감탄사다.— 하늘이 묵묵히 하민(下民)을 올리고 거처하는 것을 도와 화합하게 하시니, 나는 그 떳떳한 인륜이 펴지게 된 이유를 알지 못한다.'

기자가 이에 말하였다. '제가 들으니 옛날에 곤(鯀)이 홍수를 막다가 오행을 어지럽게 해 놓으니 상제(上帝)가 진노하여 홍범구주(洪範九疇)를 내려 주지 않아 떳떳한 인륜이 무너지게 되었습니다. 곤이 귀양 가서 죽고 우(禹)가 뒤이어 일어나자 하늘이 홍범구주를 우에게 내려 주니 떳떳한 인륜이 펴지게 되었습니다.

첫 번째는 오행(五行)이고, 다음 두 번째는 경(敬)에는 오사(五事)를 쓰는 것이고, 다음 세 번째는 농사에 팔정(八政)을 쓰는 것이고, 다음 네 번째는 합함에 오기(五紀)를 쓰는 것이고, 다음 다섯 번째는 세움에 황극(皇極)을 쓰는 것이고, 다음 여섯 번째는 다스

21 『서경(書經)』「주서(周書)·홍범(洪範)」에 나온다.

림에 삼덕(三德)을 쓰는 것이고, 다음 일곱 번째는 밝힘에 계의(稽疑)를 쓰는 것이고, 다음 여덟 번째는 생각함에 서징(庶徵)을 쓰는 것이고, 다음 아홉 번째는 바람[嚮]에 오복(五福)을 쓰는 것이고, 두려워함에 육극(六極)을 쓰는 것입니다.'"

「洪範」: "惟十有三祀, 王訪于箕子, 王乃言曰: '嗚呼! 惟天陰騭下民, 相協厥居, 我不知其彝倫攸叙.' 箕子乃言曰: '我聞在昔, 鯀陻洪水, 汨陳其五行. 帝乃震怒, 不畀洪範九疇, 彝倫攸斁. 鯀則殛死, 禹乃嗣興. 天乃錫禹洪範九疇, 彝倫攸叙. 初一曰五行, 次二曰敬用五事, 次三曰農用八政, 次四曰協用五紀, 次五曰建用皇極, 次六曰乂用三德, 次七曰明用稽疑, 次八曰念用庶徵, 次九曰嚮用五福, 威用六極.'"

—「홍범(洪範)」은 「주서」의 편명이다. 홍(洪)은 큼[大]이다. 범(範)은 법으로 천하를 다스리는 큰 법을 말한다. 무왕 즉위 13년을 말한다. 상(商)나라에서는 사(祀)라 하였고, 주(周)나라에서는 연(年)이라 하였는데, 기자의 뜻은 주나라의 신하가 되지 않는 것이어서 그러므로 이에 사(祀)라고 칭하였다. 기자는 은(殷)나라의 부사(父師)다. 무왕이 은나라를 이기고 주(紂)를 죽이고는 주의 아들 무경(武庚)을 세웠는데 기자가 돌아가면서 그를 방문하였다. (기자(箕子)에서) 기(箕)는 나라다. 자(子)는 작위다. 음(陰)은 묵묵함[默]이다. 즐(騭)은 오름[升]이다.[22] 상(相)은 도움[助]이다. 협(協)은 합함[合]이다. 이(彝)는 떳떳함[常]이다. 윤(倫)은 이치[理]다. 유(攸)는 바[所]이다. 서(叙)는 차례[次]다. 곤(鯤)은 우(禹)의 아버지다. 인(陻)은 막음[塞]이다. 골(汨)은 어지러움[亂]이다. 진(陳)은 나열함[列]이다. 제(帝)는 곧 하늘[天]이니 주재(主宰)함을 이름이다. 진(震)은 움직임[動]이다. 비(畀)는 줌[與]이다. 주(疇)는 무리[類]다. 두(斁)는 무너짐[敗]이다. 곤(鯀)이 9년간 치수를 하였으나 공을 들인 것이 이루어지지 않아 순이 우산(羽山)으로 귀양을 보냈는데 죽었다. 우(禹)는 곤의 아들이다. 순이 그를 등용하여 곤을 대신하였다. 사(嗣)는 이음[繼]이다. 흥(興)은 일어남[起]이다. 석(錫)은 역시 줌[與]이다. 오행은 첫째, 물[水], 둘째, 불[火], 셋째, 나무[木], 넷째, 쇠[金], 다섯째, 흙[土]이다. 그것이

22 진덕수는 즐(騭)을 오름[升]으로 보았는데, 『서경집전』에서는 즐(騭)을 정함[定]으로 보았다. 송대 소식의 『서전』 이후로 승(升)이라는 주석을 취하는 경우도 많이 있다.

천지(天地) 사이에서 흘러 다니기 때문에 행(行)이라 한 것이다. 오사(五事)는 첫째, 모습[貌], 둘째, 말[言], 셋째, 봄[視], 넷째, 들음[聽]이고, 다섯째, 생각함[思]이다. 팔정(八政)은 첫째, 먹는 것[食], 둘째, 재물[貨], 셋째, 제사[祀], 넷째, 사공(司空)[23], 다섯째, 사도(司徒)[24], 여섯째, 사구(司寇)[25], 일곱째, 손님[賓], 여덟째, 군사[師]다. 사(師)는 군사다. 농(農)은 두터움이다. 오기(五紀)는 첫째, 해[歲], 둘째, 달[月], 셋째, 날[日], 넷째, 성신(星辰), 다섯째, 역수(歷數)다. 협(協)은 합함[合]이다. 사람으로 하늘을 점쳐 합하고자 하는 것이다. 건(建)은 세움[立]이다. 황(皇)은 임금[君]이다. 극(極)은 지극함[至]이다. 위에다가 극을 세워 사람이 바라보고 그것을 좇게 하니, 그러므로 건용(建用)이라고 말한다. 삼덕(三德)은 첫째, 정직(正直), 둘째, 강극(剛克), 셋째, 유극(柔克)이니, 사람을 다스리는 도에 이 세 가지를 사용한다. 그러므로 예용(乂用)이라 말한다. 점치는 사람을 가려 세우는 것은 의혹됨을 헤아려 결정하는 것이니, 그러므로 명용(明用)이라 말한다. 비 옴[雨]과 볕 남[暘]과 더움[燠]과 추움[寒]과 바람[風]과 때맞춰 함[時]이다. 징(徵)은 증험[驗]이다. 염(念)은 항상 생각하여 여기에 있음을 말한다. 오복(五福)은 첫째, 장수[壽], 둘째, 부유함[富], 셋째, 건강[康寧], 넷째, 덕을 좋아함[攸好德], 다섯째, 명을 다하고 죽음[考終命]이다. 유호덕(攸好德)은 좋아하는 것이 선(善)이다. 고종명(考終命)은 바름을 얻고 죽는 것이다. 향(嚮)은 사모함[慕]이다. 육극(六極)은 첫째, 흉함[凶]과 단절(短折), 둘째, 질병[疾], 셋째, 우환[憂], 넷째, 가난함[貧], 다섯째, 악함[惡], 여섯째, 나약함[弱]이다. 흉함과 단절은 바로 장수와 고종명(考終命)의 반대다. 질병과 우환은 바로 강녕(康寧)의 반대다. 악함과 나약함은 바로 유호덕(攸好德)의 반대다. 육극(六極)의 극은 궁극(窮極)을 말하니 황극(皇極)의 뜻과는 같지 않다. 위(威)는 두려움[畏]과 같다.—

신은 이렇게 생각합니다. 무왕이 상나라를 정복한 초기에 다른 일에 겨를이 없었지만 먼저 떳떳한 인륜[彝倫]의 순서로서 망한 나라의 신하 기자를 찾았습니다. 찾았다라고 말한 것은 감히 부른

---

23 고대 중국에서 토지와 민사(民事)를 맡아 보던 관직으로 사마(司馬), 사도와 더불어 삼공(三公)의 하나다.

24 순임금 대에는 교육을 주관하였으나, 주대에는 호구와 전토(田土), 재화도 아울러 담당하였다. 삼공의 하나다.

25 고대 중국에서 형정을 맡아보던 관직이다.

것이 아니라 가서 방문한 것입니다. 이륜(彝倫)이라는 것은 천하를 다스리는 떳떳한 이치입니다. 선후와 본말은 각각 저절로 그러한 이치가 있기에 사람이 한 것이 아니니, 곧 하늘이 설정한 것입니다.

하늘이 백성에 대하여 이미 선(善)에 묵묵히 간여하였고, 또 그 거처에 적합하도록 도와주었는데, 그러나 군사(君師)[26]로서 다스리고 가르치는 책임은 무왕[我]에게 있다는 것입니다. 무왕[我]이 이에 '떳떳한 이치의 순서를 알지 못하였다.'라고 하니, 이것 때문에 기자에게 물은 까닭입니다.

요임금이 홍수를 근심하여 곤(鯀)으로 하여금 그것을 다스리게 하였습니다. 곤이 물의 본성대로 잘 인도하지 못하고, 다만 제방으로 그것을 막았는데 그 기세가 격렬하여 물이 곧 본성을 잃고 이에 불과 나무와 쇠와 흙이 따라서 혼란하고 어지러워졌습니다. 대개 물은 오행(五行)의 첫 번째로 한 번 어지러워지면 오행이 모두 어지러워집니다. 오행은 하늘의 도(道)입니다. 곤이 혼란하게 하여 어지럽게 한 것은 바로 하늘을 거스른 것입니다. 그러므로 하늘이 위엄과 노여움을 보여서 대법구주(大法九疇, 홍범구주)를 주지 않았습니다. 곤이 귀양 가서 죽고 우(禹)가 계승하여 일어났습니다. 산을 따라 물길을 통하게 하니 가서 할일이 없었고, 수재(水災)가 평정되니 하늘이 곧 대법구주를 그에게 주었습니다.

등에 글이 쓰인 신비한 거북이가 낙수(洛水)에서 나왔으니, 거북이에 쓰인 것은 숫자[數]일 뿐이었습니다. 우임금[大禹]은 성인

26 『상서』에서 유래한 말로 하·은·주 삼대에는 군주가 통치하는 동시에 가르친다는 의미로 사용되었다. 즉 정치지도자인 동시에 학문지도자라는 뜻이다.

으로 마음이 하늘과 통하여 그 숫자를 보고서 그 이치를 알아 그것으로 인하여 차례로 구류(九類)로 삼았으니 지금의 구주(九疇)가 이것입니다. 처음 하나에서 아홉까지 이르니, 곧 이른바 이륜(彛倫)입니다.

오행(五行)이라는 것은 하늘이 낳은 것으로 사람에게서 길러지는 것입니다. 그 기(氣)는 하늘에서 움직이며 쉬지 않고, 그 재(材)는 세상에서 사용되어 없어지지 않고, 그 이치는 사람에게 주어져 오상(五常)이 되었습니다. 천도(天道)로써 말하면 이보다 큰 것이 없기 때문에 구주의 머리에 둔 것입니다.

오사(五事)라는 것은 하늘이 부여하여 사람에게 갖추어진 것입니다. 얼굴이 공손하고, 말하는 것이 순조롭고, 보는 것이 밝고, 듣는 것을 가려듣고, 생각하는 것이 슬기로운 것은 모두 성(性)이 본래 가지고 있는 것입니다. 반드시 경(敬)으로 그것을 사용한다면 그 본연의 성(性)을 보존할 수 있습니다. 경(敬)으로 그것을 사용하지 않으면 얼굴이 반드시 거만해지고, 말하는 것이 반드시 어그러지며, 보고 듣는 것이 어둡고 또 막히게 되며, 생각하는 것이 거칠고 또 얕아서 본연의 성(性)을 잃게 됩니다. 이 다섯 가지[五事]는 몸을 다스리고 마음을 다스리는 요체입니다. 사람의 일로 말하면 이보다 절실한 것이 없으니, 그러므로 오행의 다음에 둔 것입니다.

몸과 마음이 이미 다스려진 후에야 베풀 수 있는 정치가 있습니다. 식화(食貨)는 백성의 근본이니 옷[衣]과 음식[食]이 이미 충족됨에 그 근본을 잊을 수 없으므로 제사가 있게 됩니다. 사공(司空, 토지와 민사를 맡은 관리)은 백성들에게 거주할 곳을 주어 그 편안함을 얻게 하고, 또한 사도(司徒, 교육을 맡은 관리)의 가르침을 두었으며,

가르쳐서 따르지 않는 자에게는 또한 사구(司寇, 형벌을 맡은 관리)의 형벌을 두었습니다. 먼 곳에서 온 사람을 예(禮)로써 대접하고, 천하에 군사로써 위엄을 떨치니, 무릇 이것은 모두 민생을 두텁게 하는 방법이므로 '농사[農]에 팔정(八政)을 쓴다'고 한 것입니다.

민정(民政)이 시행되고 나면 하늘[欽天]을 공경하여 백성에게 책력을 반포하는 일을 미루어서는 안 됩니다. 이에 세월(歲月)·일시(日時)·성신(星辰)·역수(曆數)의 기준으로 이어서 천체의 운행을 관측하고 점으로 징험하여 반드시 하늘에 부합하는지를 구하니, 그러므로 '(하늘의 운행에) 합함[協]에 오기(五紀)를 쓴다'라고 한 것입니다.

황(皇)은 임금을 일컫는 것입니다. 극(極)은 지극하다는 뜻이며 표준을 가리켜 말하는 것이니, 중앙에 자리하여 사방에서 취하여 본받는 바입니다. 그러므로 임금의 지위에 있는 사람은 자기 몸에서부터 모든 일에 이르기까지 다 지극해지지 않음이 없는 후에야 백성들의 표준[極]이 될 수 있습니다. 건(建)은 여기에 세워도 저기에 드러나는 것을 이르니, 그러므로 '세움[建]에 황극(皇極)을 쓴다'라고 한 것입니다.

정직(正直)과 강(剛)과 유(柔)를 베푸는 경우는 또한 반드시 다스려지는 때인가 아닌가를 살펴야 하며, 풍속이 강한지 약한지를 따라야 합니다. 임금은 마땅히 권력을 잡아야 하니 위엄(威嚴)과 복(福)을 아랫사람에게 옮기지 말아야 하며, 신하는 마땅히 법을 따라야 하니 마음대로 하여 윗사람에게 참람 되는 행동이 없어야 합니다. 다스림을 행하는 방법은 이것을 넘을 수는 없으니, 그러므로 '다스림[乂]에 삼덕(三德)을 쓴다'라고 한 것입니다.

나라에 큰 일이 있으면 반드시 먼저 자신에게서 자세히 생각한 이후에 다른 사람에게 그것을 물어야 합니다. 다른 사람이 해결할 수 없으면 또 점을 쳐서 물어 하늘에게 그것을 해결하게 합니다. 하늘과 사람이 서로 참여하여 일에 지나친 거동이 없는 것이 그 표준[極]을 보존하여 잃지 않는 것이니, 그러므로 '밝힘[明]에 계의(稽疑)를 쓴다'라고 한 것입니다.

오사(五事)를 얻고 잃음은 표준[極]이 세워지거나 세워지지 않는 것에 달려 있는데, 그렇지 않으면 무엇을 통해 그것을 증명하겠습니까? 하늘에서 관찰할 따름입니다. 비옴[雨]과 볕남[暘]과 더움[燠]과 추움[寒]과 바람[風]이 모두 때에 맞으면 표준이 세워진 증거입니다. 다섯 가지가 항상 있으면서 절기에 맞지 않으면 표준이 세워지지 않은 증거입니다. 하늘과 사람이 서로 호응함이 마치 그림자나 메아리와 같으니 임금이 마땅히 마음속으로 생각하여 세심히 살펴야 합니다. 그러므로 '생각함[念]에 서징(庶徵)을 쓴다'라고 한 것입니다.

황극이 세워지면 온 세상 사람들이 모두 그 혜택을 입고 오복이 그것에 응합니다. 그러므로 요순의 백성들은 어질고 장수하지 않는 자가 없었습니다. 이것이 임금이 마땅히 향하고 사모하여야 할 것이니, 그러므로 '바람[嚮]에 오복(五福)을 쓴다'라고 한 것입니다.

황극이 세워지지 않으면 온 세상 사람들이 그 화를 입어 육극이 그에 따르니, 그러므로 걸주의 백성들은 비루하고 요절하지 않은 자가 없었습니다. 이것이 임금이 마땅히 무서워하고 두려워할 것이니 그런 까닭으로 '두려워함에 육극(六極)을 쓴다'라고 말한 것입니다.

홍범구주(洪範九疇)는 65글자가 있을 뿐이지만, 하늘의 도리와 인간의 일에 해당되지 않음이 없습니다. 그 근본을 찾아보면 모두 임금의 한 몸으로부터 시작하는 것입니다. 이것이 무왕의 질문과 기자의 대답이 만세의 귀감[蓍龜]이 되는 까닭입니다.

『예기(禮記)』「천조편(踐阼篇)」에서 말하였다.[27] 무왕이 즉위하신 지 사흘째에 스승 상보(上父, 강태공(姜太公))[28]를 불러 물었다.

"황제(黃帝)·전욱(顓頊)[29]의 도(道)가 보존되어 있습니까?"

상보가 대답하였다.

"「단서(丹書)」[30]에 있습니다. 왕께서 그것을 듣고자 하신다면 재계하셔야 합니다."

---

27 『대대례(大戴禮)』「무왕천조(武王踐阼)」에 나온다.

28 본명은 강상(姜尙)이다. 그의 선조가 여(呂)나라에 봉하여졌으므로 여상(呂尙)이라 불렸고, 태공망(太公望)이라고도 불렀지만 강태공(姜太公)이라는 이름으로 알려져 있다. 주나라 문왕(文王)의 초빙을 받아 그의 스승이 되었고, 무왕(武王)을 도와 상(商)나라 주왕(紂王)을 멸망시켜 천하를 평정하였으며, 그 공으로 제(齊)나라 제후에 봉해져 그 시조가 되었다.

29 전설에 나오는 중국의 다섯 성군인 오제(五帝) 가운데 한 사람이다. 황제(黃帝)의 손자이고, 창의(昌意)의 아들이며, 우임금의 할아버지라고도 하는데, 천하를 잘 다스려 명군(明君)으로 이름이 높다. 10살 때 소호(少昊)를 보좌하였고, 20살 때 제위에 올라 고양씨(高陽氏)로 불렀다. 제구(帝丘)에 살았다. 소호 때 구려(九黎)가 덕을 어지럽혀 민간의 신들이 뒤섞이게 되었다. 그가 제위를 이어 중(重)을 남정(南正)에 임명해 하늘을 맡아 신을 속하게 하고, 여(黎)에게 화정(火正)을 맡겨 땅을 다스려 백성들이 속하게 해 신과 사람이 서로 침해하지 못하게 하니, 이를 '절지천통(絶地天通)'이라고 불렀다. 78년 동안 재위하였다고 한다.

30 붉은 참새가 물고 왔다는 상고(上古)의 도(道)를 적은 글이다. 주(周) 무왕(武王)이 등극한 후에 상보(尙父)에게 상고시대 임금인 황제(黃帝)·전욱(顓頊)의 도(道)가 남아 있는지를 물었는데, 이때 상보는 그것이 「단서(丹書)」에 적혀 있다고 대답하였다.

재계한 지 사흘째에 왕이 현단복을 입고 면류관을 쓰니, 상보도 또한 현단복을 입고 면류관을 쓰고서 책을 받들고 들어갔다. 왕이 동쪽을 향하여 서니, 상보는 서쪽을 향하여 책의 내용을 말하였다.[31]

"경(敬)함이 태만함을 이기면 길(吉)하고, 태만함이 경(敬)함을 이기면 멸(滅)합니다. 의로움이 욕심을 이기면 따르고, 욕심이 의로움을 이기면 흉(凶)합니다. 무릇 일에 힘쓰지 않으면 잘못되고, 경(敬)을 하지 않는다면 바르게 되지 않습니다. 잘못됨[枉]은 멸하고 폐해지는 것이고, 경(敬)은 만세토록 이어지는 것입니다."

왕이 책의 내용을 듣고는 두려워하여 경계하는 말을 지어 용좌(龍座)의 네 모퉁이에다가 새기고, 책상·거울·세숫대야·기둥·지팡이·요대·신발·잔과 제기·문과 들창·검과 활과 창에도 새겼다.

『禮』「踐阼篇」: 武王踐阼三日, 召師尙父而問焉曰: "黃帝、顓帝之道存乎?" 曰: "在「丹書」. 王欲聞之, 則齊矣!" 齊三日, 王端冕, 師尙父亦端冕, 奉書而入. 王東面而立, 師尙父西面, 道書之言曰: "敬勝怠者吉, 怠勝敬者滅. 義勝欲者從, 欲勝義者凶. 凡事不强則枉, 弗敬則不正. 枉者滅廢, 敬者萬世." 王聞書之言, 惕若恐懼, 而爲戒書, 於席之四端爲銘焉, 於几、於鑑、於盥盤、於楹、於杖、於帶、於履屨、於觴豆、於戶牖、於劍弓矛爲銘焉.

---

31 왕이 남면을 하지 않고 동면한 것은 선왕의 도를 이야기하면서 감히 남면할 수 없어서이다. 『대대례(大戴禮)』에 "상보가 현단복을 입고 면류관을 쓰고는 책을 받들고 들어가 병풍을 등지고 섰다. 왕이 당에서 내려와 남면하여 서니 상보가 말하기를 '선왕의 도는 북면(北面)하지 않습니다.'라고 하니, 이에 왕이 돌아서서 동면(東面)을 하고 상보는 서면(西面)을 하였다."라고 하였다.

—(「천조편」은) 『대대례(大戴禮)』[32]의 편명이다. 조(阼)는 임금의 섬돌이니, 임금이 즉위하는 것을 일러 섬돌을 밟는다[踐阼]라고 한다. (상보(上父)는) 곧 태공망이다.—

신은 이렇게 생각합니다. 무왕(武王)이 처음 상(商)나라를 이기시고는 기자(箕子)에게 「홍범(洪範)」을 물으셨고, 또 처음 즉위하시고는 태공(太公)에게 「단서(丹書)」를 물으시니, 도(道)를 듣는 일이 시급하였다고 말할 만합니다. 그러나 태공망(太公望)이 고한 것은 경(敬)과 의(義), 두 말에서 벗어나지 않았습니다.

경(敬)하면 온갖 선이 모두 세워지고, 태만하면 온갖 선이 모두 폐해집니다. 의로우면 이치가 주가 되고, 욕심을 부린다면 물(物)이 주가 되니, 길흉(吉凶)과 존망(存亡)이 나누어지는 까닭입니다.

상고(上古)시대의 성인(聖人)은 이미 이것을 지극히 삼갔습니다. 무왕이 그것을 듣고 두려워하여 스스로 경계하는 글로써 기물(器物)에 새겼으니, 이를 잠시라도 보존하지 못하여 태만함과 욕심이 그 틈을 타고 들어올까 봐 두려워하였기 때문입니다.

그 후에 공자가 『주역(周易)』을 해설하면서 「곤괘(坤卦)」 육이(六二)에 이르기를 "경(敬)으로써 안을 곧게 하고, 의(義)로써 밖을 방정하게 한다.[敬以直內, 義以方外]"라고 하였고, 선대의 유학자가 그것을 풀이하기를 "경(敬)이 확립되어 안이 곧아지고, 의(義)가 나타나 밖이 방정해진다.[敬立以內直, 義形以方外]"라고 하였습니다.[33]

---

32 대덕이 공자(孔子)의 72제자(弟子)가 말한 예(禮)에 관한 설을 모은 책이다. 주(周)·진(秦)·한(漢)대의 여러 예설(禮設)을 수집하여 214편에 달하였으나 번잡하고 중복되는 것이 많아 대덕이 이를 85편으로 정리하였다. 그 후에 대성(戴聖)이 다시 49편의 『소대례』를 내었으며, 그중에 39편이 현존하고 있다.

대개 경(敬)하면 이 마음의 사사롭고 간사한 잘못이 없어지니 안이 곧아지는 까닭입니다. 의로우면 사물마다 각기 그 분수에 마땅하니 밖이 방정해지는 까닭입니다. 황제(黃帝)로부터 무왕까지, 무왕으로부터 공자까지 그 모두가 하나의 도(道)입니다!

이상은 '요임금·순임금·우임금·탕왕·문왕·무왕의 학문[堯舜禹湯文武之學]'을 서술하였습니다.

어떤 이가 요·순 이하는 모두 태어나면서부터 아는 성인인데, 지금 배움으로써 말하는 것은 어떤 이유인지 물었습니다. 태어나면서부터 알 수 있는 것은 의리(義理)의 근원일 뿐입니다. 자신을 다스리고 남을 다스리는 방법은 진실로 배움을 기다리지 않을 수 없습니다. 흔히 '요임금·순임금·우임금·탕왕도 스승을 두지 않음이 없다'라고 하였습니다.

『논어(論語)』를 살펴보면 신의가 있고 옛것을 좋아함은 공자가 스스로를 인정한 것입니다. 배우고 강론하지 않음은 공자가 일찍이 근심한 것입니다. 또 이르기를 "나는 태어나면서부터 아는 자는 아니지만 옛것을 좋아하여 민첩하게 그것을 구한다."라고 하였고,[34] 또 이르기를 "열 집밖에 없는 읍에 반드시 충성스럽고 신의가 있는 자는 있어도 나만큼 배우기를 좋아하지는 못할 것이다."라고 하였습니다.[35] 비록 태어나면서부터 아는 성인이라도 배움을 일삼지 않

33 『이천역전(伊川易傳)』 권1에 나온다.

34 『논어』 「술이(述而)」에 나온다.

은 사람은 없습니다.

그러나 상(商)나라 이전에는 배움이라는 말이 없었지만, 『서경(書經)』에 실린 내용을 살펴보면 여러 성인이 마음을 전하고 대면하여 명한 것과 군신 사이에 서로 가르치고 고한 것이 배움이 아닌 것이 없습니다. 잘 다스리기를 원하는 임금이 정성스럽게 모든 책을 가까이하여 나아가 익숙하게 되풀이한다면 천년 동안 전해진 성학(聖學)의 원류가 장차 가슴 속에서 환하게 될 것이고, 힘써 권면하고 힘써 행한다면 이제(二帝)·삼왕(三王)의 융성함도 도모하여 미칠 수 있을 것입니다. 지금 특별히 그 큰 요점을 뽑아 이 편에 저술하여 배움에는 근본이 있음을 나타내었습니다.

---

35 『논어』「공야장(公冶長)」에 나온다.

대학연의 권3

권3은 권2의 '제왕이 학문하는 근본[帝王爲學之本]'에 이어 '상나라 고종과 주나라 성왕의 학문[商高宗周成王之學]', '한나라 고제·문제·무제·선제의 학문[漢高文武宣之學]'에 대해 논하였다. 요임금·순임금·우임금·탕왕·문왕·무왕보다는 못하지만 상나라의 고종과 주나라의 성왕은 배움의 근본을 체득한 임금이었다고 보았다. 고종이 감반(甘盤)을 잃었지만 부열(傅說)을 얻어서 스승으로 삼았고, 주나라 성왕 역시 여러 신하들이 경계하는 말을 따라 배움에 힘씀이 이에 해당하는 사례다.

그러나 한나라의 고제·문제·무제·선제의 학문[漢高文武宣之學]은 앞서의 임금들과는 구분이 될 정도의 한계가 있었던 점을 지적하였다. 고제의 경우 문(文)과 무(武)를 병용하라는 등의 육가(陸賈)의 조언 대신 삼대를 계승할 수 있는 내용을 가르쳐 줄 선생을 초빙하여 이를 따라야 하였음에도 하지 못하였음을 비판하였다. 문제(文帝) 역시 가의(賈誼)에게 귀신의 본질을 물었으나 제대로 대답하지 못한 사례, 무제(武帝)가 동중서(董仲舒)의 말을 쓰지 못한 사례, 무제가 묻기만 하고 실행하지 않은 사례, 무제가 채의(蔡義)를 불러 『시경』을 해설하고 아들에게도 보냈지만 제대로 뜻을 알지 못한 사례, 선제가 유학을 좋아하였음에도 불구하고, 이를 실제에 적용하지 못한 사례 등을 문제로 삼았다. 한나라의 고제나 문제, 무제, 선제는 대체로 현실에서 큰 공적을 남긴 임금이고, 또 재능이 있으면서 배우기를 좋아한 임금이었음에도 불구하고 삼대의 임금들에 비해서는 그 배움에 한계가 있음을 지적하여 비교하였다.

상나라 고종과 주나라 성왕의 학문[商高宗周成王之學]

『서경(書經)』「열명(說命)」[1]에서 왕이 말하였다.[2]

"이리 오너라, 부열(傅說)[3]아! 나 소자(小子)가 옛날에 감반(甘盤)[4]에게 배웠는데, 이윽고 황야에 은거하며 하(河)[5]에 들어가 살았고, 하(河)에서 박(亳)[6]으로 가서, 그 끝에 미쳐서는 드러나지 않았다.

너는 짐의 뜻을 이끌어 내어서 만약 술과 단술을 만들면 네가 누룩과 엿기름이 되며, 만약 간을 맞추어 국을 만들면 네가 소금과 매실이 되어야 한다. 너에게 나를 닦게 하는 것을 맡기니 나를 버리지 마라. 내가 너의 가르침에 힘쓸 것이다."

부열이 말하였다.

"왕이여! 사람이 많은 것을 듣는다면 하는 일을 잘 이룰 것이고, 옛 가르침을 배운다면 얻는 것이 있을 것입니다. 옛 법을 본

---

1 『서경(書經)』「상서(商書)」의 편명(篇名)으로 상(商)나라의 고종(高宗)인 무정(武丁)과 당시의 현명한 재상인 부열(傅說)이 주고받은 명(命)과 고(誥)가 담겨져 있어 후세의 군주들에게 치도(治道)의 모범이 되었다.

2 『서경(書經)』「상서(商書)·열명(說命)」에 나온다.

3 중국 상나라 고종 때의 재상이다. 토목 공사의 일꾼이었는데, 당시의 재상으로 등용되어 중흥의 대업을 이루었다.

4 상나라의 임금 고종 때의 현신(賢臣)이다. 고종이 즉위하기 전에 그에게 글을 배운 일이 있었다. 나중에 즉위해 등용해서 정승으로 삼았다는 고사가 있어 사제(師弟) 관계를 말할 때 자주 등장한다.

5 황하를 말한다.

6 상나라의 도읍이다.

받지 않고도 일을 오랫동안 계속할 수 있다는 말은 제가 들어보지 못하였습니다.

오직 배움은 뜻을 겸손히 하는 것이니, 오로지 시의(時宜)에 민첩하게 대처한다면, 그 닦여짐이 저절로 이루어질 것입니다. 독실하게 믿어 이것을 깊이 생각하다 보면 도(道)가 그 몸에 쌓일 것입니다.

오직 가르침은 배움의 반입니다. 처음부터 끝까지 항상 배움을 생각한다면 그 덕이 알지 못하는 사이에 닦여질 것입니다.

선왕이 이루어 놓은 법을 살펴보시어 영원토록 잘못이 없게 하십시오. 제가 왕을 공경히 받들어서 뛰어난 인재들을 널리 불러 여러 지위에 올리도록 하겠습니다."

『書』「說命」: 王曰: "來汝說! 台小子舊學于甘盤, 旣乃遯于荒野, 人宅于河, 自河徂亳, 暨厥終罔顯. 爾惟訓于朕志. 若作酒醴, 爾惟麴糵. 若作和羹, 爾惟塩梅. 爾交修予, 罔予棄, 予惟克邁乃訓." 說曰: "王! 人求多聞, 時惟建事. 學于古訓, 乃有獲. 事不師古, 以克永世, 匪說攸聞. 惟學, 遜志務時敏. 厥修乃來, 允懷于玆, 道積于厥躬. 惟斅學半, 念終始典于學. 厥德修罔覺, 監于先王成憲, 其永無愆, 惟說式克欽承, 旁招俊乂, 列于庶位."

—「열명(說命)」은 「상서(商書)」의 편명이다. 열(說)은 부열(傅說)이다. 부암(傅巖)의 들판에서 성을 쌓고 있었는데, 고종이 꿈에서 그를 얻어 세워 재상으로 삼았으며, 「열명(說命)」 두 편을 지었다. 태(台)는 나[予]이다. 소자(小子)는 고종을 겸손히 일컫는 것이다. 감반(甘盤)은 상나라의 어진 신하다. 둔(遯)은 숨음[隱]이다. 조(徂)는 감[往]이다. 하(河)와 박(亳)은 모두 지명이다. 기(暨)는 미침[及]이다. 망(罔)은 없음[無]이다. 현(顯)은 밝음[明]이다. 훈(訓)은 가르침[教]이다. 매(邁)는 행함[行]이다. 내(乃)는 너[汝]이다. 건(建)은 세움[立]이다. 획(獲)은 얻음[得]이다. 사(師)는 본받음[法]이다. 극(克)은 할 수 있다[能]이고 영(永)은 오래[長]이다. 비(匪)는 아님[非]이다. 손(遜)은 겸손하다[謙抑]이다. 무(務)는 오로지 힘씀[專力]이다. 민(敏)은 빠름[速]이다. 윤(允)은 진실로[信]

이다. 회(懷)는 생각함[念]이다. 자(茲)는 이것[此]이다. 적(積)은 모음[聚]이다. 궐(厥)은 그것[其]이다. 궁(躬)은 자신[身]이다. 효(斅)는 가르침[敎]이다. 전(典)은 항상[常]이다. 망(罔)은 없음[無]이다. 각(覺)은 앎[知]과 같다. 감(監)은 봄[視]이다. 선왕(先王)은 성탕(成湯)을 말한다. 헌(憲)은 법(法)이다. 영(永)은 오래[長]이고 건(愆)은 잘못[過]이다. 식(式)은 씀[用]이다. 극(克)은 능함[能]이다. 흠(欽)은 공경함[敬]이다. 승(承)은 받듬[奉]이다. 방(旁)은 널리[廣]이다. 준(俊)은 어짐[賢]이다. 예(乂)는 사람을 다스리는 재주를 말한다. 서(庶)는 많음[衆]이다. 위(位)는 관직(職)이다.—

신은 이렇게 생각합니다. 고종이 태자 시절에 감반에게 배웠습니다. 학문을 아직 크게 이루지 못하였는데, 감반은 황야로 돌아가 은둔하다가 하(河)에서 박(亳) 땅으로 갔기에 죽은 곳을 알지 못하였습니다. 고종은 감반을 잃은 이후로 배울 곳이 없어서 망연자실하였습니다.

부열을 얻게 되니, 마침내 감반의 업을 계승하도록 명하였습니다. '너는 오직 짐의 뜻을 키우는 데에 힘쓰라'며 부열에게 마음을 바로잡게 하는 일을 기대한 것입니다. 술은 누룩이 없으면 만들 수 없고 국은 소금과 매실이 아니면 조화로울 수 없으며, 임금은 현자의 도움이 없으면 그 덕이 나아갈 수 없습니다.

'너에게 나를 닦게 하는 것을 맡기니 나를 버리지 마라. 내가 너의 가르침을 행할 것이다.'라고 한 것에서 고종이 부열에게 바람이 이와 같이 간절하니 부열이 그 말을 잊을 수 있었겠습니까?

왕이시여. 많은 사람들 가운데 견문이 넓은 사람을 구하는 까닭은 이런 사람이 오직 일을 만들 수 있기 때문입니다. 배움은 반드시 일에서 시행한 후에 유용한 학문이 되는데, 그렇지 않다면 들은 바가 비록 많더라도 과연 무엇을 할 수 있겠습니까? 옛 가르침은 옛날 선대 성왕(聖王)의 가르침이니, 『서경』의 전(典)과 모(謨)[7]가 이것입니다. 배움은 반드시 옛 가르침에서 구한 후에 얻을 수 있으니, 만약 옛 성인의 글이 아닌 것을 읽는다면 어찌 이익이 있겠습니까? 얻는다는 것은 자신에게서 얻는 것입니다. 배움은 반드시 스스로 얻은 후에 공(功)이 되니, 그렇지 않으면 도(道)는 도(道)대로, 나는 나대로 하여 오히려 배운 적이 없는 것과 같습니다.

임금이 일을 할 때 마땅히 옛 사람을 스승으로 삼으니, 만약 자기의 뜻으로 자임하고 옛 사람을 스승으로 삼지 않고서도 길이 다스리고 오랫동안 안정시킬 수 있는 경우는 이치에 없습니다. 또한 배움의 요체는 오직 겸손한 뜻과 시의에 민첩함을 말할 수 있습니다. 겸손한 뜻은 그 마음을 낮추는 것으로 비록 있더라도 마치 없는 듯 하는 것이고, 시의에 민첩한 것은 때에 맞추어 닦아서 날마다 새로워지고 또 새로워지는 것입니다.

무릇 사람이 배우는 데에 해가 되는 경우는 교만하고 태만할 때일 뿐입니다. 교만하면 자신의 뜻이 가득 차서 선(善)이 들어갈 수 없습니다. 태만하면 자신의 뜻이 게을러져서 공(功)을 진전시킬 수 없습니다. 겸손하면 교만하지 않고 민첩하면 게으르지 않습니다. 닦은 도(道)는 저절로 장차 끊임없이 흘러나오니 우물의 샘과 같아 길어낼수록 더욱 생겨납니다.

대저 사람이 누가 이것을 알지 못하겠습니까마는 그러나 체(體)가 성실치 못하다면 비록 얻더라도 쉽게 잃을 수 있습니다. 오

7 『서경(書經)』의 「요전(堯傳)」, 「순전(舜傳)」, 「대우모(大禹謨)」, 「고요모(皐陶謨)」, 「익직(益稷)」의 각 편을 통틀어 이르는 말이다.

직 믿음이 깊고 생각이 돈독해진 후에 도(道)가 그 몸에 쌓이게 됩니다. 쌓음[積]은 선을 쌓는다는 것[積善]의 쌓음과 같습니다. 오늘 하나의 이치[理]를 이루면 내일 또 하나의 이치를 이루고, 오늘 하나의 선(善)에 나아가면 내일 또 하나의 선에 나아가니, 오랫동안 유지하고 바꾸지 않는다면 도(道)가 그 몸에 쌓입니다. 몸은 곧 도(道)이고 도(道)는 곧 몸이니, 사이에 틈이 없습니다. 그리고 가르침과 배움이 각각 그 절반을 차지하니 자신이 가르치는 것도 거의 절반이 될 수 있음을 말하였습니다. 고종은 여기에 더욱 마땅히 스스로 힘썼습니다. 반드시 한 생각이 시종일관 배움에 늘 있어서 조금도 끊어지지 않은 후에 덕(德)이 닦이는 바가 있으니, 그리 되고서도 왜 그렇게 되었는지를 알지 못하였습니다. '종시(終始)'라 말하고 '시종(始終)'이라고 말하지 않은 것은 배움에 그치는 법은 없기 때문입니다.[8]

위에서는 도가 쌓인다고 말하고 아래에서는 덕이 닦여진다고 말한 것은, 이치로써 말한다면 이것을 도(道)라 이르고 얻는 바로써 말한다면 이것을 덕(德)이라 이르니 (도와 덕은) 두 가지가 아닙니다. 부열이 배움을 행하는 방법을 논한 것이 지극합니다.

오히려 고종이 그 법을 알지 못할까 염려되어, 또한 성탕(成湯)[9]으로써 모범을 삼을 것을 권면하였습니다. 성탕은 이미 성인인

8 종시(終始)는 계속 반복되는 현상을 뜻하며, 시종(始終)은 끝을 맺어 버려 연속성이 결여된다는 것을 의미한다.

9 상나라의 초대 왕으로 본명은 이(履) 또는 천을(天乙)이다. 하(夏)의 걸왕(傑王)이 포악하여 제후들이 덕망이 있는 탕을 섬기게 되자, 드디어 군사를 이끌고 하를 멸망시켜 걸왕을 남소(南巢)로 추방하였다.

데도 덕에 오히려 부끄러움이 있을까 두려워하였고, 잘못이 있으면 반드시 고치고 주저하지 않았습니다. 만약 그 성법(成法)을 살필 수 있다면 어찌 잘못이 있을 수 있겠습니까?

임금의 덕이 이미 닦여진 이후에 대신을 해당하는 관직에 등용할 수 있고, 현명하거나 능력 있는 사람을 초빙하여 여러 벼슬을 줄 수 있으니, 부열을 삼가 받들어 계승하지 않을 수 있겠습니까? '학(學, 배움)'이라는 한 글자는 이전에는 아직 경전에서 보지 못하다가 고종이 부열과 함께 처음 그것을 말하여 드디어 만년토록 오래된 성학(聖學)의 근원을 열었으니, 그 공이 역시 큽니다!

『시경』「경지(敬之)」에서 말하였다.[10]

"이 못난 소자는
비록 총명하지 않지만
일취월장(日就月將)하여
배움이 광명(光明)까지 계속 넓어짐이 있을 것이니,
맡은 일을 도와 나에게 덕행을 보여 주오."

「敬之」: "維予小子, 不聰敬止. 日就月將, 學有緝熙于光明, 佛時仔肩, 示我顯德行."

—여러 신하들이 성왕(成王)을 경계한 시다. 취(就)는 이룸[成]이다. 장(將)은 큼[大]이

10 『시경(詩經)』「주송(周頌)·경지(敬之)」에 나온다.

다. 즙(緝)은 계속함[續]이다. 희(熙)는 넓음[廣]이다. 불(佛)의 음은 필(弼)이니 도움[輔]이다. 시(時)는 이것[是]이다. 자(仔)는 맡김[任]이다. 견(肩)은 도움[負]이다.—

신은 이렇게 생각합니다. 성왕(成王)[11] 즉위 초에 여러 신하들이 경계를 올리되 첫머리에 '경(敬)하소서. 경(敬)하소서.'라고 말을 하니, 성왕이 말하기를 "나 소자는 총명하지 않아 아직 경(敬)할 수 없다. 바야흐로 날마다 나아가는 바가 있고 달마다 진보하는 바가 있으니, 그 도(道)는 어디서 유래하였는가? 오직 배움일 뿐이다. 대개 배우면 계속해서 빛나는 광명(光明)의 공이 있는 것이다. 무릇 사람의 본성은 본래 스스로 빛나고 밝으니, 『대학』에서 이른바 '명덕(明德)'이 바로 이것이다. 오직 배우는 힘을 이어가지 못한다면 이 때문에 본연의 광명이 날로 어리석고 어둡게 된다. 지금 마땅히 배움에 종사하여 부공(婦功)[12]의 길쌈이 계속 이어져서 끊어지지 않

11 중국 주나라 2대 왕이다. 이름은 송(誦)이며, 주 무왕(武王)의 아들이다. 무왕이 죽었을 때 성왕이 어렸으므로 무왕의 아우 주공(周公) 단(旦)이 섭정(攝政)하였다. 이를 계기로 상(商)나라의 왕족 무경(武庚)과 무왕의 아우인 관(管)·채(蔡) 형제의 반란이 일어났다. 주공은 이를 진압하고 성왕과 함께 동이(東夷)로 원정하였다고 한다. 성왕은 하남[河南]의 낙읍(洛邑)에 새로 동도(東都)를 정하고, 주공을 그곳에 있게 하였다. 주공은 섭정 7년에 성왕에게 정사를 넘겨주었다고 한다. 성왕은 미자(微子) 계(啓)를 송(宋)나라에, 강숙(康叔)을 위(衛)나라에 봉하였고, 주공 단과 소공(召公) 석(奭)의 보좌를 받으면서 치세에 힘썼으므로, 그로부터 강왕(康王) 시대에 걸쳐서 주나라의 성시(盛時)를 실현하였다고 한다.

12 여성의 네 가지 덕 중의 하나다. 소혜왕후(昭惠王后)가 간행한 『내훈(內訓)』에는 '부덕(婦德)'이란 "재질이나 총명보다 맑고 조용하며 절개를 지키고, 행동을 바르게 처신하며 부끄러움을 알아 움직임과 멈춤에 법도가 있는 것[不必才明絶異也 淸閑貞節 守節整齊 行己有恥 動靜有法 是謂婦德]"이며, '부언(婦言)'은 "구변이 좋아서 이익을 도모하는 것이 아니라, 나쁜 말과 남이 싫어하는 말을 입 밖에 내지 않음으로써 다른 사람에게 불쾌감을 주지 않는 것[不必辨口利辭也 擇辭而說 不道惡語 時然後言 不厭於人 是謂婦言]"이라 하였다. '부용(婦容)'은 "얼굴 꾸밈보다 먼지와 때를 씻고 의복이나 치장을

는 것과 같이 나의 본성의 광명도 넓히는 것이다. 그러나 나를 보필하여 이 직임을 감당할 수 있게 하는 것은 여러 신하들의 책임이다. 원하건대 나에게 밝디 밝은 덕행을 보여 주어 환하게 힘을 쓰는 방법을 알려 주어라."라고 하였습니다.

이것은 성왕이, 배움이 진전하기 어려움을 염려하여 여러 신하들이 이와 같이 하기를 바란 것입니다. 덕(德)이라는 것은 행함의 근본이고, 행한다는 것은 덕(德)의 발현입니다. 성왕의 배움은 오직 그 본성의 광명을 채우고, 그 자신이 몸소 덕행으로 진전시키려고 한 것입니다. 어찌 후세에 외물(外物)에 힘쓰는 자들과 비교할 수 있겠습니까!

이상은 '상나라 고종과 주나라 성왕의 학문[商高宗周成王之學]'을 서술하였습니다.

신은 이렇게 생각합니다. 두 임금은 처음에는 성인의 자질은 아니었으나 오직 배움의 근본을 알았습니다. 그러므로 자신을 극복하고 도(道)를 따라갈 수 있어서 마침내 상(商)나라와 주(周)나라의 훌륭한 임금이 되었습니다. 후세에는 아직 이에 미치는 사람은 없으니, 배움에 다른 사람들보다 공(功)을 두었음이 이와 같습니다!

청결히 하며 수시로 목욕을 하여 몸을 더럽히지 않는 것[不必顔色美麗也 盥浣塵穢 服飾鮮潔 沐浴以時 身不垢辱 是謂婦容]"이며, '부공(婦功)'은 "재주보다 길쌈에 전념하며 쓸데없는 놀이를 즐기지 말고 주식(酒食)을 깨끗하게 만들어 손님 받듦을 잘하는 데 있다.[不必工巧過人也 專心紡績 不好戲笑 潔齊酒食 以奉賓客 是謂婦功]"라고 하였다.

한나라 고제·문제·무제·선제의 학문[漢高文武宣之學]

한(漢) 고제(高帝)가 처음 천하를 평정하셨을 때, 태중대부 육가(陸賈)[13]가 때때로 나아가서 『시경』과 『서경』을 칭송하자 황제가 말하였다.[14]

"내가 말 위에서 천하를 얻었는데 어찌 『시경』과 『서경』을 일삼겠는가?"

그러자 육가가 답하였다.

"말 위에서 천하를 얻을 수는 있으나, 어찌 말 위에서 다스릴 수 있겠습니까? 문(文)과 무(武)를 아울러 쓰는 것이 오래가는 방법입니다. 만약 진(秦)나라가 천하를 병합한 다음 인의(仁義)를 닦고, 선대의 성인들을 본받았다면 폐하가 어찌 천하를 소유할 수 있었겠습니까?"

황제가 부끄러운 낯빛으로 육가에게 말하였다.

"시험 삼아 나를 위해서 진(秦)나라가 천하를 잃어버린 까닭과 내가 천하를 얻은 까닭과 옛 나라들의 흥망에 대해 서술해 보아라."

육가가 바로 존망(存亡)의 증거를 대략 서술해서 열두 편을

---

13 BC 240?~BC 170? 전한 초기 초(楚) 사람으로, 고조(高祖) 유방(劉邦)을 좇아 천하를 통일하는 데 크게 공헌하였다. 사신으로 남월(南越)에 가서 남월왕 조타(趙佗)로 하여금 칭신(稱臣)하도록 하였다. 돌아와 태중대부(太中大夫)에 임명되었다. 『신어』는 12편으로 구성되었는데 덕에 의한 왕도정치를 존중하고, 힘에 의한 패도정치를 배격하여 정치의 요체는 수신(修身)에 있다고 주장하였다.

14 『전한서(前漢書)』 권43 「역육주유숙손전(酈陸朱劉叔孫傳)」에 나온다.

지어 매번 한 편씩 아뢸 때마다 황제가 칭찬하지 않은 적이 없었다. 그 책을 『신어(新語)』라고 하였다.

漢高帝初定天下, 太中大夫陸賈時時前稱說『詩』、『書』. 帝曰: "乃公居馬上得之. 安事『詩』、『書』?" 賈曰: "馬上得之, 寧可以馬上治之乎? 文武竝用, 長久之術也. 鄕使秦已并天下, 修仁義, 法先聖, 陛下安得而有之?" 帝有慙色, 謂賈曰: "試爲我著秦所以失天下, 吾所以得之者, 及古成敗之國." 賈乃粗述存亡之徵, 凡著十二篇, 每奏一篇, 帝未嘗不稱善. 稱其書曰『新語』.

—내공(乃公)은 황제가 자신을 칭하는 말이다.—

선대의 유학자 호굉(胡宏)[15]이 말하였다.

"육가(陸賈)의 대답은 마땅히 이러해야 한다. '폐하가 천하를 얻은 것은 말 위에서의 힘이 전부가 아닙니다. 대개 폐하는 본래 관대하고 덕망이 있는 사람이어서 회왕(懷王)[16]의 입관하라는 명을 받고 천하를 위해서 남은 적을 제거하셨습니다. 지나가는 길에 노략질을 없애시고, 항복한 진나라의 왕 자영(子嬰)[17]을 용서하시며, 재물을 취한 바가 없고 부녀를 탐

15 1106~1161. 남송 건녕(建寧) 숭안(崇安, 복건성) 사람으로 자는 중인(仲仁)이고, 호는 오봉(五峰)이다. 호안국(胡安國)의 아들이고, 남송 호상학파(湖湘學派)의 개창자다. 어린 시절 양시(楊時)와 후중량(侯仲良)에게 배웠다. 아버지의 이학사상(理學思想)을 계승하여 도학 진흥을 평생의 임무로 여겼다. 형산(衡山) 아래에서 20여 년을 지냈는데, 장식(張栻)이 사사하였다. 이(理)를 우주의 본체로 본 정주학파와 심(心)을 우주의 본체로 본 육구연파(陸九淵派)와는 달리, 성(性)을 우주의 본체로 보았다. 저서에 『지언(知言)』과 『오봉집(五峰集)』, 『황왕대기(皇王大紀)』 등이 있다.

16 초(楚)나라 의제(義帝)를 말한다.

한 바가 없으셨으며 약법삼장(約法三章)[18]을 시행하셨습니다. 부로(父老)들이 오직 폐하께서 진(秦)나라 왕이 되지 못할까 염려하였으니, 거의 삼대(三代, 夏殷周)가 천하의 인(仁)을 얻은 것에 가깝습니다.

항왕(項王)[19]이 약속을 저버려서 폐하가 촉한의 왕이 되셨습니다. 폐하가 인내해서 나라를 이루고 소하(蕭何)[20]를 기용해서 재상으로 삼으며, 백성을 잘 길러서 현인들을 오게 하시고 파촉(巴蜀)[21]의 사람들을 등용하여 삼진(三秦)[22]을 다시 평정하셨습니다. 항우가 의제(義帝)를 죽이자 폐하께서는 온

---

17 ?~BC 206. 진나라 이세 황제인 호해를 살해한 환관 조고가 추대한 진왕(秦王)이다. 환관 조고는 호해의 조카인 자영을 추대하면서 황제의 호칭을 폐지하고 진왕의 호칭을 사용하도록 하였다. 자신의 아들 둘과 함께 환관 조고를 칼로 찔러 죽였다. 진왕이 된 지 46일 만에 유방의 군대가 수도 함양 가까이 진격해 오자, 옥새를 바치고 투항하였다. BC 206년 뒤늦게 함양에 들어온 항우의 손에 왕실 자제 및 귀족들과 함께 살해되었다.

18 한(漢)나라 고조가 진(秦)나라를 멸하고, 백성과 약속한 세 가지 법규다. 그 내용은 살인을 한 사람은 사형에 처하고, 남을 해친 자 및 도둑질한 자는 엄벌하며, 진나라 법은 폐한다는 것 등이다.

19 BC 232~BC 202. 항우(項羽)로 진나라 말기에 유방(劉邦)과 진나라를 멸망시키고 중국을 차지하기 위해 다툰 무장이다. 진나라가 혼란에 빠지자 봉기하여 진군을 도처에서 무찌르고 관중으로 들어갔다. 진을 멸망시킨 뒤 서초 패왕이라 칭하였으나 해하에서 한왕 유방에게 패배하자 자살하였다.

20 ?~BC 193. 한(漢) 고조 때의 명재상(名宰相)이다. 장양(張良)·한신(韓信)·조참(曹參)과 함께 고조의 공신(功臣) 중의 한 사람으로 재상 때에 진의 법률을 버리고 『율구장(律九章)』을 만들었다.

21 사천(四川) 지방의 옛 이름이다.

22 중국의 관중(關中)을 달리 이르는 말로 오늘날의 섬서성(陝西省) 일대를 가리킨다. 항우가 진나라로 쳐들어가서 관중을 셋으로 나누고, 장감(章邯)을 옹왕(雍王)으로, 사마흔(司馬欣)을 새왕(塞王)으로, 동예(董翳)를 적왕(翟王)으로 봉하여 한때 진나라가 세 나라로 나누어졌는데, 이후 이 지역을 뜻하는 말로 사용되었다.

군대가 상복(喪服)을 입도록 하고, 제후들에게 알려서 그를 치셨으니, 거의 삼대(三代)가 천하의 의(義)를 실현한 것에 가깝습니다. 자기가 옳다고 고집하지 않으셨고 뛰어난 지략이 많으시며 영웅심도 가지시어 장양(張良)[23]을 스승으로 삼고 진평(陳平)[24]에게 중책을 맡기고 한신(韓信)[25]을 장수로 삼으시니, 거의 요임금·순임금·우임금·탕왕·문왕·무왕이 사람을 알아보는 명철함에 가깝습니다.

백성을 어루만지시고 병졸 가운데에 불행하게 죽은 이를 의복과 이불로 염해서 그의 집으로 돌려보내도록 명하시니, 거의 요임금·순임금·우임금·탕왕·문왕·무왕이 홀아비와 과

---

23 ?~BC 186. 전한(前漢) 창업(創業)의 공신(功臣)으로 자는 자방(子房)이다. 유방(劉邦)의 모신(謀臣)으로 공을 세우고 유후(留侯)에 책봉(冊封)되었다. 소하(蕭何)·한신(韓信)과 함께 한(漢)나라 창업(創業)의 삼걸(三傑)이라 불렸다.

24 ?~BC 178. 전한의 정치가(政治家)로 하남(河南) 사람이다. 황로(黃老)의 술(術)을 배워 한나라 고조를 섬겼다. 공(功)으로 혜제(惠帝) 때 좌승상이 되어 주발(周勃)과 여씨(呂氏) 일족을 죽여 한실(漢室) 부흥에 공을 이루었다.

25 ?~BC 196. 전한 초기 회음(淮陰) 사람이다. 진(秦) 이세(二世) 2년(BC 208) 항량(項梁)과 항우를 따라 낭중(郎中)이 되었지만 중용되지 못하였다. 한왕(漢王) 유방에게 망명하여 소하(蕭何)에게 인정을 받아 그의 추천으로 대장군(大將軍)에 올랐다. 유방에게 동쪽으로 향해 천하를 도모할 것을 건의하고, 군대를 이끌고 위(魏)와 대(代)를 격파한 뒤 연(燕)을 함락시키고 제(齊)를 취하였다. 한나라 4년(BC 203) 상국(相國)에 임명되고, 다음 해 제왕(齊王)이 되었다. 이어 유방과 함께 해하(垓下)에서 항우를 포위해 죽였다. 전한이 성립되자 초왕(楚王)이 되고, 하비(下邳)에 도읍을 정하였다. 그러나 한제국(漢帝國)의 권력이 확립되자 차차 밀려나, 누군가 그가 모반을 꾀한다고 고발하니 한(漢) 고조(高祖, 劉邦)가 운몽(雲夢)으로 외유(外遊)를 나온 것처럼 꾸며 체포하고 6년(BC 201) 회음후(淮陰侯)로 강등되었다. 고조 10년(BC 197) 진희(陳豨)가 반란을 일으키자 몰래 내통하여 호응하려고 하였는데 사인(舍人)이 그가 병사를 일으켜 여후(呂后)와 태자(太子)를 습격하려 한다고 고발해 버렸다. 여후와 상국 소하의 계략에 걸려 장락궁(長樂宮)으로 유인당한 뒤 살해되었다.

부를 불쌍히 여기고 고아와 자식 없는 늙은이들을 돌보는 정치에 가깝습니다. 이 몇 가지가 폐하가 천하를 얻은 까닭입니다.

지금 천하는 이미 평정되었으니 원하건대 폐하께서는 숙손통(叔孫通)[26]을 물리치시고 노(魯)나라의 두 선생을 초빙해서 장양, 상산사호(商山四皓)[27] 및 신과 같은 자와 더불어 삼대(三代)의 마땅함을 계승해야 하는 까닭을 함께 논의해서 한 시대의 대전(大典)을 정하여 천하를 행복하게 하고 만세토록 이끄십시오.'

만약 육가(陸賈)가 이렇게 대답하여 한 고조가 그 말을 채택하였다면, 반드시 육궁(六宮)[28]에는 서열[制]이 있고 적서(嫡庶)는 분별[辨]이 있으며, 자제(子弟)를 가르치고 기르는 데에 법도가 있고 후(后)·부인(夫人)·빈(嬪)·부(婦)가 각각 자기 자리를 얻었을 것이다. 어찌 척 부인이 인체(人彘)가 되며, 조왕(趙王) 여의(如意)·회양왕(淮陽王) 우(友)·양왕(梁王) 회(恢)가 모두 제 명에 죽지 못하였겠는가?[29] 또 어찌 심이기(審食其)[30]

26 ?~BC 194? 전한(前漢) 설현(薛縣) 출신의 유생으로 호는 직사군(稷嗣君)이다. 한나라의 고조를 섬겨 조의(朝儀)를 제정(制定)하였다. 혜제(惠帝) 때, 봉상경(奉常卿)으로서 종묘(宗廟) 등의 의법(儀法)을 정하고, 태자(太子) 태부(太傅)가 되었다.

27 진시황(秦始皇) 때에 난리를 피하여 섬서성(陝西省) 상산(商山)에 들어가서 숨은 네 사람으로 동원공, 기리계, 하황공, 각리 선생을 말한다.

28 중국의 궁궐제도에서 황후(皇后)의 궁정(宮庭)과 부인(夫人) 이하(以下)의 다섯 궁실(宮室)을 뜻한다.

29 전한 고조 유방의 황후인 여후(呂后)는 한신(韓信)과 팽월(彭越) 등 이성(異姓) 왕들을 살해하는 일을 배후에서 조종하였다. 또 고조가 죽은 뒤 아들 혜제(惠帝)가 즉위하자 척부인(戚夫人)을 학살하고 조왕(趙王) 여의(如意)를 독살하였다. 혜제가 죽자 조정에 앉아 유방의 옛 신하들을 배척하고 동족(同族)들을 제후에 봉해 군사력을 장악하는

가 궁실을 더럽히고 어지럽히며, 여씨(呂氏)가 심지어 친족을 다 죽이고 후세에 대대로 외척의 화가 있었겠는가?

그렇게 하였다면, 반드시 나라를 제어하는 데에는 법도를 두어서 형왕(荊王) 가(賈)·초왕(楚王) 교(交)·대왕(代王) 희(喜)·제왕(齊王) 비(肥)에게는 수십 개의 현도 봉하지 않아야 하였으며, 복희(伏羲)·신농(神農)·황제(黃帝)·요(堯)임금·순(舜)임금·우(禹)임금·탕(湯)왕·문(文)왕·무(武)왕과 고요(皐陶)·이윤(伊尹)·부열(傅說)·주공(周公)·여상(呂尚)의 후예들은 혈식(血食)[31]을 얻도록 하였어야 하였다.

그렇게 하였다면 분명히 대신을 대우하여 소상국(蕭相國, 소하)을 옥에 가두지 않았을 것이며,[32] 경포(黥布)·진희(陳豨)·노관(盧綰)·한왕(韓王) 신(信)이 배반하지 않았을 것이다.

그렇게 하였다면, 진(秦)나라의 선례를 답습하지 않았을 것이고 반드시 임금을 높이고 신하를 억눌렀을 것이다. 조정에서 도(道)에 맞게 예(禮)를 정하였으면, 겸손함으로 지존의

등 전횡을 부리다가 집정 8년 만에 죽었다. 그녀의 사후 여씨 일족들이 난을 일으키려다 주발(周勃)과 진평(陳平)에 의해 모두 주살(誅殺)되었다. 특히 유방의 총비(寵妃) 척부인의 수족(手足)을 자르고 변소에 가두어 놓고 '인체(人彘)'라 부르는 등 만행을 자행하였다.

30 ?~BC 177. 전한 초의 정치가로 패(沛) 사람이다. 개국공신으로 벽양후(辟陽侯)에 봉해졌다. 유방이 패공(沛公)이 되었을 때, 유방의 형 유희(劉喜)와 함께 유방의 아버지 유태공(劉太公)을 보좌하였다.

31 피 묻은 산짐승을 잡아 제사(祭祀)를 지낸 데서 나라의 의식(儀式)으로 제사(祭祀)를 지냄을 말한다.

32 소하가 장안(長安)의 토지 부족을 해결하기 위해 상림원(上林苑)의 빈 땅을 개방하여 농사짓게 하고 가축을 기르게 하였다가 정위(廷尉)의 조사를 받고 하옥되었는데, 왕위위(王衛尉)의 간언으로 석방된 일이 있다.

권위는 빛이 나고[33] 하늘은 강하지만 오만하지 않을 것이다.[34] 그리고 신하의 도(道)는 위로 행해져서 천지가 순탄하고 생육하는 교태(交泰)에 이르게 되며, 대신에게 천하를 맡길 수 있고, 6척의 어린 임금[孤主]을 부탁할 수 있었을 것이다.

그렇게 하였다면, 반드시 제후를 봉하여 세워서 울타리와 담장으로 삼음으로써 나라의 뿌리가 깊고 튼튼해져 기울어지거나 뽑히지 않는 법이니 중국(中國)과 사이(四夷)의 구분이 바르게 될 수 있었을 것이고, 흉노를 두려워해서 그들과 화친함으로써 머리와 발이 뒤집어지는 지경에 이르지 않았을 것이다.

그렇게 하였다면, 반드시 정전제(井田制)를 회복하여 후세에 30분의 1에는 미치지 못하더라도 (20분의 1만 내는) 오랑캐의 세법[貊道]에는 가까워짐으로써 부자들은 땅의 경계가 서로 이어져서 참람하게 공후(公侯)에 가깝게 되고 백성들은 농토를 잃고 더욱 가난해져 원망하고 고통스러워하는 데에는 이르지 않았을 것이다.

그렇게 하였다면, 반드시 시중드는 이들은 바른 사람으로 삼아서 병이 있을 때 환관을 베고 눕지 않았을 것이며, 천하를 버릴 때에(죽을 때) 공경대부가 유언[顧命]을 받고 부인과 내시가 참여할 수 없어 그 임종이 크게 바르게 되었을 것이다."[35]

---

33 『주역』「겸괘」에 "겸(謙)은 높고 빛나며 낮되 넘을 수가 없으니, 군자의 끝마침이다. [謙; 尊而光; 卑而不可逾, 君子之終也.]"라고 하였다.

34 『주역』「건괘」에 나온다.

先儒胡宏曰: "賈之對宜曰: '陛下之得天下, 非專馬上之力也. 蓋陛下本以寬大長者, 受懷王入關之命, 爲天下除殘賊. 所過亡鹵掠, 赦秦降王子嬰, 財物無所取, 婦女無所幸, 約法三章. 父老唯恐陛下不爲秦王, 庶幾三代得天下之仁. 項王負約, 王陛下於蜀漢. 陛下忍而就國, 用蕭何爲相, 養其民以致賢人, 收用巴蜀還定三秦. 項羽賊殺義帝, 陛下擧軍縞素, 告諸侯而伐之, 庶幾三代取天下之義. 不齷齪自用, 多大略, 得英雄心, 師張良、任陳平、將韓信, 庶幾堯、舜、禹、湯、文、武知人之明. 鎭撫百姓, 下令軍士, 不幸死者, 更[36]爲衣衾棺斂, 轉送其家, 庶幾堯、舜、禹、湯、文、武哀鰥寡恤孤獨之政. 此數者陛下所以得天下也. 今天下已定, 願陛下退叔孫通, 聘魯二生, 使與張良、四皓及如臣者, 共論所以承三代之宜, 定一代大典, 以幸天下, 以詔萬世.' 使陸賈有是對, 而漢祖用其言, 則必六宮有制, 適庶有辨, 教養子弟有法, 后、夫人、嬪、婦, 各得其所矣. 又安有戚夫人爲人彘, 趙王如意、淮陽王友、梁王恢之皆不得其死哉? 又安有審食其瀆亂宮闈之醜, 而呂氏至於族滅後世世有外戚之禍哉? 則必制國有法, 荊王賈、楚王交、代王喜、齊王肥不封數十縣, 而伏羲、神農、皇帝、堯、舜、禹、湯、文、武, 及皐陶、伊、傅、周、呂之裔得血食矣. 則必體貌大臣, 蕭相國不繫獄, 黥布、陳豨、盧綰、韓王信, 不背叛矣. 則必不襲秦故, 尊君抑臣, 而朝廷之上制禮以道, 謙尊而光, 乾剛不亢, 臣道上行, 致天地於交泰, 而大臣可以托天下, 委六尺之孤矣. 則必封建諸侯, 藩垣屛翰, 根深蔕固, 難於傾拔, 可以正中國、四夷之分, 不至畏匈奴, 與之和親, 而首足倒置矣. 則必復井田之制, 不至後世三十稅一, 近於貊道, 富者田連阡陌, 僭擬公侯, 而貧民寃苦失職矣. 則必侍御僕從罔匪正人, 有疾病不枕宦者臥, 臨棄天下, 公卿大夫受顧命, 婦寺不得與, 而大正其終矣."

신은 이렇게 생각합니다. 호굉의 논의는 당시의 잘못에 매우

35 『지언(知言)』 권5에 나온다.

36 저본에는 '吏'로 되어 있지만 저본의 현토대로 하면 해석이 되지 않으므로 산동우의출판사본에 근거하여 '更'으로 바로잡았다.

적절하였습니다. 대개 육가(陸賈)가 비록 인의를 닦고 선대 성인을 모범으로 삼으라고 말하였으나, 그가 진술한 바는 진나라와 한나라 사이의 일에 지나지 않았습니다. 어찌 훌륭한 제왕으로 그 임금[漢高祖]을 변화시킬 수 있겠습니까? 이 점이 호굉에게 몹시 애석한 이유입니다.

한(漢) 문제(文帝) 때에 가의(賈誼)[37]가 장사왕의 스승이 되었더니 1년 여 만에 문제가 가의를 그리워해서 불렀다.[38] 이르러 들어가 뵐 적에 왕이 마침 제사를 지내려고[受釐] 선실(宣室)에 앉아 있었다. 임금이 귀신이 감응하는 일 때문에 귀신의 본질을 물었다. 가의가 그러한 까닭을 다 말하였는데, 자정에 이르니 문제와 가까이 앉게 되었다. (문제가) 파하면서 말하였다.

"내가 오래도록 가 선생[賈誼]을 만나지 못해서 스스로를 낫다고 여겼는데 지금 보니 미치지 못한다."

漢文帝時, 賈誼爲長沙王傳. 歲餘, 文帝思誼, 徵之. 至, 入見, 上方受釐, 坐宣室, 上因感鬼神事, 而問鬼神之本, 誼具道所以然之故, 至夜半, 文帝前席. 旣罷, 曰: "吾久不見賈生, 自以爲過之, 今不及也."

---

37 BC 201~BC 169. 전한(前漢) 문제(文帝) 때의 학자·정치가다. 유학과 오행설에 기초를 한 새로운 제도(制度)의 시행을 주장하였으나 원로(元老) 대신들의 미움을 사 좌천되었다가 요절하였다. 『좌씨전훈고(左氏傳訓詁)』, 『신서(新書)』, 『복조부(鵩鳥賦)』 등이 있다.

38 『전한서(前漢書)』 권48 「가의전(賈誼傳)」에 나온다.

—징(徵)은 부름[召]이다. 희(釐)는 복[福]이다. 선실(宣室)은 전각의 명칭이다. 옛날에 군신이 모두 바닥에 자리하고 앉았으므로 앉은 것이 오래될수록 서로 가까워지니, 다가앉은 것이다.—

신은 이렇게 생각합니다. 문제(文帝)가 가의(賈誼)에게 묻는 것이 귀신의 본질에까지 이르렀으니, 귀신이라는 것은 무엇입니까? 음양의 조화를 말합니다. 황제의 질문이 여기까지 이른 것은 궁리지학(窮理之學)에 뜻을 둔 것입니다! 가의가 그러한 까닭을 다 말하였는데 황제가 그를 위하여 다가앉으니, 그것은 반드시 마음에 깊이 느낀 바가 있는 것입니다. 사관[史臣]이 기록하지 못한 것이 애석합니다. 그러나 귀신의 일은 지극히 말하기 어려워서 공자의 문하에서는 오직 계로(季路)[39]가 귀(鬼)를 섬기는 것을 물었고,[40] 재아(宰我)[41]가 귀신(鬼神)을 물었고,[42] 그 밖에 문인(門人)과 고제(高弟)는 대체로 인(仁)을 묻고 효(孝)를 묻고 정치[政]를 물었을 뿐입니다.

대개 이승과 저승은 두 가지로 이루어져 있으나 그 이치는 근원이 하나이므로 인의(仁義)를 알면 음양(陰陽)을 알고, 본성을 다할 수 있으면 명(命)에 이를 수 있습니다. 가의의 대답 역시 이러한 경지에 미칠 수 있었습니다. 그 후에 신원평(新垣平)[43]이 속임수를

39 공자(孔子)의 제자(弟子)다. 성은 중(仲), 이름은 유(由), 자는 자로(子路)다.

40 『논어(論語)』「선진(先進)」에 나온다.

41 자(字)는 자아(子我)이고 이름은 예(豫)로 노(魯)나라 사람이다. 특히 어학에 뛰어나, 제(齊)나라의 임묘 대부(臨苗大夫)가 되었다. 낮잠을 자다가 공자(孔子)에게 꾸지람을 듣던 것이 『논어(論語)』에 보인다. 언어에 뛰어나다고 자공(子貢)과 아울러 일컬어진다.

42 『예기(禮記)』「제의(祭義)」에 나온다.

43 한(漢) 문제(文帝) 때의 방사로, 문제 16년(BC 164)에 보기(寶氣)로 문제를 현혹하였다가 그다음 해에 죽었다.

써서 상서를 올려 황제가 미혹되니 이것은 귀신의 정상을 알지 못한 것입니다. 황제는 이치를 궁구하려는 마음이 있었으나 가의는 이치에 부합하는 학문이 없었기 때문에 군덕(君德)의 성취가 마침내 옛날에 비해 부끄러움이 있습니다. 아! 애석할 만합니다!

무제가 즉위하여 어질고 착하고 문학이 뛰어난 선비를 뽑는데, 무제가 말하였다.[44]

"짐이 큰 도(道)의 요체와 지극한 논의의 극치를 듣고자 한다."

그러자 동중서(董仲舒)[45]가 대답하였다.

"학문(學問)에 힘쓰시면 견문이 넓어져서 지식이 더욱 밝아지고, 도(道)를 행하는 데 힘쓰시면 덕이 날로 일어나 크게 공효가 있을 것입니다."

武帝卽位, 擧賢良文學之士. 制曰: "朕欲聞大道之要, 至論之極." 董仲舒對曰: "彊勉學問, 則聞見博而知益明; 彊勉行道, 則德日起而大有功."

---

44 『전한서(前漢書)』 권56 「동중서전(董仲舒傳)」에 나온다.

45 BC 176?~BC 104. 전한 신도(信都) 광천(廣川) 사람이다. 젊어서 『춘추공양전(春秋公羊傳)』을 공부하였다. 경제(景帝) 때 박사(博士)가 되었다. 무제(武帝) 때 현량대책(賢良對策)으로 백가(百家)를 몰아내고 유술(儒術)만을 존중할 것을 주장하였는데, 무제가 받아들여 이후 2천 년 동안 유학(儒學)이 정통 학술로 자리하는 계기를 만들었다. 학문은 유학을 중심으로 하면서도 음양오행(陰陽五行)과 천인감응(天人感應)이 같은 신학적 체계를 갖추고 있었다. 천도(天道)와 인사(人事)가 서로 부응한다고 하여 군신(君臣)과 부자(父子), 부부(夫婦)의 도도 모두 천의(天意)에서 나온다고 하면서 "하늘이 바뀌지 않으면 도도 바뀌지 않는다.[天不變 道亦不變]"라고 주장하였다. 저서에 『동자문집(董子文集)』과 『춘추번로(春秋繁露)』 등이 있다.

신은 이렇게 생각합니다. 학문(學問)에 힘쓴다는 것은 앎을 지극히 하는 일[致知]입니다. 도(道)를 행하는 데에 힘쓴다는 것은 행(行)에 힘쓰는 일입니다. 『중용』에서는 "널리 그것을 배우며, 자세하게 그것을 물으며, 신중하게 그것을 생각하며, 밝게 그것을 분별하고, 독실하게 그것을 행하라."라고 하였습니다. 배우고 묻고 생각하고 분별함은 모두 구하여 아는 것이고, 독실하게 행하는 것은 바로 그것을 행하는 것입니다.

(『중용』에) 또 "다른 사람이 한 번에 할 수 있어도 나는 그것을 백 번 하고, 다른 사람이 열 번에 할 수 있어도 나는 그것을 천 번 한다."라고 한 것은 매우 힘쓰는 것을 말하니, 동중서의 학문이 대개 여기에서 볼 만한 것이 있었으나 무제가 쓸 수 없었으니 애석합니다!

(동중서가) 또 말하였다.[46]

"증자가 '자신이 들은 것을 존중하면 식견이 높아지고, 자신이 아는 것을 행하면 크게 이루게 된다.'라고 말하였습니다. 식견이 높아지는 것과 크게 이루게 되는 것은 다른 데에 있는 것이 아니라 그 뜻을 더하는(전일하는) 데 있을 뿐입니다. 원하건대 폐하께서는 안으로 정성을 베풀고 그것을 지극히 행한다면 삼왕(三王)과 어찌 다르겠습니까?"

又曰: "曾子曰: '尊其所聞, 則高明矣; 行其所知, 則光大矣.' 高明光大, 不在

---

46 『전한서(漢書)』 권56 「동중서전(董仲舒傳)」에 나온다.

乎它, 在乎加之意而已. 願陛下設誠於內而致行之, 則三王何異哉?"

신은 이렇게 생각합니다. 무제는 도에 대하여 다만 들을 뿐 존중하지 않았고 다만 알 뿐 행하지 않았으니, 이것이 그 병폐를 얻는 근본이니 동중서는 그것을 경계하였습니다. 높은 식견은 지식으로써 말한 것이고, 크게 성함은 사업(事業)으로써 말한 것입니다. 옛날의 성왕(聖王)은 들은 것이 있으면 반드시 존중하였지 헛되이 듣기만 한 것은 아니었고, 아는 것이 있으면 반드시 행하였지 헛되이 알기만 한 것은 아니었습니다. 그러므로 그 지식을 채우면 식견이 높고 밝아지고 여러 사업(事業)을 보면 바로 크게 융성해지니, 그것은 도(道)를 구하는 정성이 있기 때문입니다. 무제로 하여금 그 말을 써서 안으로는 정성을 베풀고 그것을 지극히 행하여 다만 형식적으로 도(道)를 듣는 것이 아니라 반드시 실제로 도(道)를 실천한다면 그 도달할 경지를 어찌 헤아릴 수 있겠습니까!

(동중서가) 또 말하였다.[47]

"요임금은 제후 가운데에서 일어났고 순임금은 깊은 산에서 일어났는데, 하루아침에 드러난 것이 아니라 대개 점차 그것을 이루었습니다. 말이 자기에게서 나오면 막을 수 없고, 행동이 자

47 『전한서(前漢書)』 권56 「동중서전(董仲舒傳)」에 나온다.

신에게서 일어나면 가릴 수 없습니다. 언행은 군자가 천지를 움직이게 하는 바이니, 그러므로 작은 것이라도 최선을 다하면 크게 되고, 은미한 것이라도 삼가면 드러납니다. 『시경』에서 '문왕께서는 조심하는 마음으로 근신하였다.'[48]라고 하였습니다. 그러므로 요임금은 항상 조심하여 날마다 그 도를 행하였고, 순임금은 항상 조심하여 날마다 그 효를 다하였으니, 선(善)이 쌓여서 이름이 드러나고 덕(德)이 드러나서 몸이 존중받습니다. 몸에 선(善)이 쌓이는 것은 날이 지날수록 더욱 유익하여도 사람들은 알지 못하는 것과 같고, 몸에 악(惡)이 쌓이는 것은 불이 몸을 태워도 사람들이 보지 못하는 것과 같습니다."

又曰: "堯發乎諸侯, 舜興乎深山, 非一日而顯也, 蓋有漸以致之. 言出於己, 不可塞也; 行發於身, 不可掩也. 言行, 君子之所以動天地也. 故盡小者大, 謹微者著. 『詩』云: '惟此文王, 小心翼翼.' 故堯兢兢日行其道, 而舜業業日致其孝, 善積而名顯, 德章而身尊, 積善在身, 猶日長加益而人不知也; 積惡在身, 猶火銷膏而人不見也."

신은 이렇게 생각합니다. 서한(西漢)의 유학자는 오직 동중서만 있을 뿐이니, 그의 학문은 공자와 맹자를 그대로 이었기 때문에 그 임금에게는 반드시 요순(堯舜)으로써 고하였습니다. 대개 『맹자』 일곱 편 이후로 이것을 언급한 경우는 없었습니다. 무제로 하여금 곁에서 보필하는 지위에 동중서를 세우게 한다면, 반드시 이제(二帝)와 삼왕(三王)의 도(道)를 날마다 앞에서 말하며

48 『시경(詩經)』「대아(大雅)·대명(大明)」에 나온다.

허물을 다스리고 잘못을 고쳐 그릇된 마음을 바로잡을 수 있을 것이니, 어찌 사치와 음란함에 빠지는 잘못과 이적(夷狄)에게 군사를 허비하는 화가 있었겠습니까? 또 어찌 간사한 신하의 참소에 미혹됨과 무고의 옥사가 일어나서 부자간에 사이가 멀어지고 궁궐 안에 피가 흐르는 변고에 이르렀겠습니까? 그러므로 세 가지 원칙[三策] 가운데 가장 절실한 말을 뽑아 여기에 기록하여서 무제는 비록 배움에는 뜻을 두었으나 실제로는 배우는 이유를 알지 못하였으니, 애석할 만합니다!

예관(倪寬)이 무제를 보고 경학(經學)을 이야기하니 무제가 말하였다.[49]

"나는 처음에는 『상서(尙書)』를 질박한 학문[樸學]으로 여겨 좋아하지 않았다. 예관의 이야기를 들으니 과연 볼 만하다고 판단되니, 이에 예관에게 한 편을 묻겠다."

倪寬見武帝, 語經學. 上曰: "吾始以『尙書』爲樸學, 弗好. 及聞寬說可觀, 乃從寬問一篇."

신은 이렇게 생각합니다. 전모(典謨)[50]·훈고(訓誥)[51]·서명(誓

49 『전한서(前漢書)』 권88 「유림전(儒林傳)」에 나온다.

50 전모(典謨)는 『서경(書經)』 우서(虞書)의 「요전(堯典)」·「순전(舜典)」과 「대우모(大禹謨)」·「고요모(皐陶謨)」 등을 말한다.

51 훈고(訓誥)는 곧 「상서(商書)」의 「이훈(伊訓)」·「태갑훈(太甲訓)」 등을 말한다.

命)[52]의 문장 백여 편은 모두 임금의 본보기가 될 만한 규범입니다. 무제는 처음에 박학(樸學)으로 여겨 좋아하지 않아서 이미 그것을 놓쳤습니다. 예관의 설을 듣고는 볼만하다고 하였으나, 또 한 편을 묻는 것에 그쳤으니, 이는 좋아하지 않았기 때문입니다. 그러나 성인의 경전에 쌓인 것은 끝이 없어서 들어가는 바를 따르면 모두 반드시 얻음이 있을 것입니다. 백 편의 책은 갖추지 않은 것이 없으니 무제로 하여금 그 한편이라도 과연 일찍이 깊이 완미하여 가슴에 새긴다면 자신을 닦고 남을 다스리는 것도 또한 쓰는 데에 남음이 있을 것입니다. 그러나 무제가 일을 행하는 것이 하나라도 책과 합치되는 것을 보지 못하였으니, 이 역시 다만 묻기만 하였을 뿐이지 과연 무슨 유익함이 있겠습니까!

무제(武帝)가 한영(韓嬰)[53]이 정리한 『시경』에 능통한 자를 구하였는데, 채의(蔡義)[54]를 불렀다.[55] 임금이 채의를 불러서 『시경』에

52 서명(誓命)은 「주서(周書)」의 「태서(泰誓)」 상·중·하 3편을 말한다.

53 한생(韓生)이라고 한다. 전한 연(燕) 사람이다. 문제(文帝) 때 박사(博士)를, 경제(景帝) 때 상산왕(常山王) 유순(劉舜)의 태부(太傅)를 지냈다. 한시학(韓詩學)의 개창자로, 『시경』과 『주역』을 깊이 연구하였다. 저서에 『한시내전(韓詩內傳)』과 『한시외전(韓詩外傳)』이 있었지만, 남송 이후부터 『한시외전』만 전한다.

54 BC 150년 이전~BC 71. 하내군 온현 사람이다. 칙명이 있어 한시를 지을 수 있는 이를 찾을 적에 채의가 부름을 받아 임관을 기다렸으나, 아무리 기다려도 배알할 기회가 오지 않자 상소문을 바쳐 "소신은 산동의 시골 사람으로 소행과 재능, 용모 등이 보통 사람에 미치지 못합니다. 그런데도 인륜을 버리지 못하는 것은 옛 스승에게 도리를 듣고, 경학에 스스로 의탁함 때문입니다. 원컨대 한가로운 기회에 어전에서 온축을

대해 해설하는 것을 보고 매우 기뻐하고는 발탁하여 광록대부급사중(光祿大夫給事中)으로 삼고 소제(昭帝)에게도 내려 보내었다.

武帝詔求能爲韓嬰『詩』者, 徵蔡義. 上召見, 說『詩』, 甚悅之, 擢爲光祿大夫給事中, 進授昭帝.

신은 이렇게 생각합니다. 무제는 채의가 『시경』을 해설한 것을 기뻐하고는 불러서 스스로 가까이하였고, 또 채의를 그 아들에게도 보냈으니 뜻이 또한 아름답습니다. 그러나 뜻을 강설한 것이 과연 시인이 의미한 것을 제대로 얻었는지는 알지 못하겠습니다.

대저 『시경』 300편은 「관저(關雎)」편을 첫 번째 수로 삼았으니 풍속을 교화하는 근원을 중요하게 여긴 것입니다. 한 무제가 위후(衛后)[56]를 노래 잘한다 하여 나오게 하고, 이부인(李夫人)[57]을 가무(歌舞)로써 나오게 한 것은 큰 근본이 이와 같으니 다른 것은 알 만합니다. 그러므로 사치를 부리고 욕심을 다 이루려 한다면 「원앙(鴛鴦)」[58]의 뜻이 아닙니다. 부세를 무겁게 하고 제멋대로 거둔다면

피력하게 해 주시기 바라옵니다."라고 하였다. 무제는 채의를 불러 『시경』을 강의케 하고 매우 기뻐하였다. 광록대부급사중이 되어 소제에게도 강의하였다.

55 『전한서(前漢書)』 권66 「공손유차왕양채진정전(公孫劉車王楊蔡陳鄭傳)」에 나온다.

56 『전한서(前漢書)』 「외척전(外戚傳)」에 나온다.

57 전한 중산(中山) 사람이다. 이연년(李延年)의 누이로, 아름답고 춤을 잘 춰 한(漢) 무제(武帝)의 총애를 받았다. 평양주(平陽主)가 이연년에게 누이가 있다는 말을 듣고 불러 만났는데, 미모와 춤 솜씨를 보고 총애하게 되어 창읍애왕(昌邑哀王)을 낳았다. 일찍 죽자 황제가 그녀의 모습을 그림으로 그려 감천궁(甘泉宮)에 걸어두고 항상 그리워하였다. 『전한서(漢書)』 권97 상(上) 「외척전(外戚傳)」 효무이부인(孝武李夫人)조에 나온다.

58 「원앙(鴛鴦)」은 유왕(幽王)을 풍자한 시이니, 옛날의 명왕(明王)은 만물을 사귐에 도(道)가 있고 스스로를 봉양함에 절제가 있음을 생각한 것이다.

「석서(碩鼠)」[59]의 경계에 어두운 것입니다. 하늘의 가뭄을 봉토(封土)를 말리기 위한 것이라 여기신다면,[60] 어찌 「운한(雲漢)」[61]의 두려워하고 경계함이 있는 것이겠습니까? 참언을 수용하고 태자를 죽이는 것은 「청승(青蠅)」[62]의 망극함을 살피지 않은 것입니다.

공자가 "시 300편을 외워도 정사(政事)에 통달하지 못하면 비록 많이 외었다 하더라도 또한 어디에 쓰겠는가?"라고 하였으니,[63] 무제(武帝)가 그 경우에 가깝습니다.

선제(宣帝)[64]는 재주가 뛰어나고 학문을 좋아하여 18세에 『시경』·

59 「석서(碩鼠)」는 과중하게 세금을 거두는 것을 풍자한 시다. 국인(國人)들이 그 군주가 과중하게 세금을 거두어 백성들을 잠식하여 정사를 닦지 않고 탐욕을 부리며 사람들을 두려워하게 하여 큰 쥐와 같음을 풍자한 것이다.

60 여름에 가뭄이 들어 공손경이 효무제에게 "황제께서 제단을 쌓을 때마다 가뭄이 들었는데, 이렇게 3년 동안 가물었습니다."라고 여쭈자 천자는 조서를 내려서 "하늘이 가뭄을 내린 것은 제단을 쌓은 진흙을 마르게 하려는 뜻이 아니겠는가? 이에 특별히 명하노니 천하 백성들은 영성(靈星)에 경건히 제사를 지내도록 하라."라고 하였다. 『사기』 「효무본기」에 나온다.

61 모서(毛序)에 이르기를 "「운한(雲漢)」은 잉숙(仍叔)이 선왕(宣王)을 찬미한 시다. 선왕(宣王)이 여왕(厲王)의 포학한 정사의 뒤를 이어 안으로는 난을 평정하려는 뜻을 두었고, 재앙을 만나 두려워하여 잠시도 몸을 편안히 하지 않고 행실을 닦아 재앙을 사라지게 하려고 하니, 천하 사람들이 왕의 교화가 행해지고 백성들이 걱정해줌을 받게 된 것을 기뻐하였다. 그러므로 이 시를 지은 것이다."라고 하였다.

62 「청승(青蠅)」은 왕이 참언을 듣기 좋아하므로 참언을 파리[青蠅]의 나는 소리에 비유하고 왕에게 듣지 말라고 경계한 시다.

63 『논어』 「자로」에 나온다.

64 BC 91~BC 49. 이름은 유순(劉詢)으로 전한의 제7대 황제다. 할아버지 여태자(戾太子) 유거(劉據)가 무고(巫蠱)의 일에 걸려 자살하고 부모가 모두 해를 당하자 민간에서

『논어』·『효경』을 스승에게 배웠다.[65]

宣帝高材好學, 年十八師受『詩』、『論語』、『孝經』.

원강(元康) 원년(65)에 조서를 내리며 말하였다.[66]

"짐[宣帝]이 육예(六藝)에 밝지 않아 큰 도(道)에 밝지 않으니 이 때문에 음양(陰陽)과 풍우(風雨)가 때에 맞지 않았다. 널리 관리와 백성들 중에 그 몸을 닦고 바르게 하며, 문학(文學)에 통달하고 선왕의 술(術)에 밝으며, 그 뜻을 설명할 수 있는 자 두 사람을 천거하라."

元康元年, 詔曰: "朕不明六藝, 鬱於大道, 是以陰陽風雨未時. 其博擧吏民, 厥身修正, 通文學, 明於先王之術, 宣究其意者二人."

—(육예(六藝)는) 『시(詩)』·『서(書)』·『예(禮)』·『악(樂)』·『역(易)』·『춘추(春秋)』를 말한다. 울(鬱)은 밝지 않음이다. 큰 도[大道]는 선왕(先王)의 도(道)를 말한다. 선(宣)은 통달함[通]이다. 구(究)는 궁리함[窮]이다.—

길러졌다. 이 때문에 민심의 동정을 잘 알았다. 소제(昭帝)가 죽자 곽광(霍光)이 창읍왕(昌邑王) 유하(劉賀)를 영입하였지만 얼마 뒤 황음(荒淫)하다는 이유로 폐위하고 그를 맞아 옹립하였다. 즉위한 뒤 통치에 마음을 쏟아 현능(賢能)한 사람을 기용하고 이치(吏治)를 중시하여 패도(霸道)와 왕도(王道)를 적절하게 사용해 명실상부한 정치를 꾀하였다. 25년 동안 재위하였다.

65 『전한서(前漢書)』 권8 「선제기(宣帝紀)」에 나온다.

66 『전한서(前漢書)』 권8 「선제기(宣帝紀)」에 나온다.

효원제(孝元帝)[67]는 태자시절에 유순하고 어질며 유학을 좋아하였는데, 선제(宣帝)가 법관[文法吏]을 많이 등용하여 구속된 신민[繩下]들을 형법으로 조사하는 것을 보았다.[68] 일찍이 모시고 잔치를 할 적에 조용히 말하였다.

"폐하께서 형벌을 고집하심이 너무나도 심하시니, 마땅히 유생들을 등용하여야 합니다."

황제가 불쾌한 얼굴로 말하였다.

"한(漢)나라의 황실에서 제도를 둔 이후부터 패술(覇術)로써 근본을 삼고 왕도(王道)를 섞었으니, 어찌 순전히 덕화(德化)와 교화(敎化)에 맡겨서 주(周)나라의 정사를 쓰겠는가? 또한 세속의 유학자들은 시의(時宜)에 통달하지 못하여 옛것만을 옳다고 여기고 지금의 것은 그르다고 여기는 것을 좋아하여 사람들이 겉모습과 실상에 어둡게 되고 지킬 바를 알지 못하게 하니, 어찌 맡기기에 충분하겠는가?"

이내 탄식하며 말하였다.

"우리 집안을 어지럽힐 자는 태자다."

---

67 BC 75~BC 33. 이름은 유석(劉奭)으로 전한의 제8대 황제이자 선제(宣帝)의 맏아들이다. 성격이 부드럽고 어질어 유학(儒學)을 좋아하였다. 일찍이 선제 때 형벌이 너무 엄격하자 유생(儒生)을 등용할 것을 건의하였다. 즉위한 뒤 소망지(蕭望之)와 공우(貢禹), 설광덕(薛廣德) 등 유생을 기용해 승상(丞相)으로 삼았다. 또 외척 허씨(許氏)와 사씨(史氏), 환관 홍공(弘恭)과 석현(石顯) 등을 등용해서 환관과 외척이 번갈아 정권을 장악하는 정국을 만들었다. 통치하는 동안 부역과 세금이 번거롭고 가중되었으며, 변방이 불안하고 백성들은 유리하는 등 정치가 날마다 부패 일로를 치달았다. 재예(材藝)가 많았고, 사서(史書)에도 밝았으며, 음률에도 정통하였다. 재위 기간은 16년이다.

68 『전한서(前漢書)』 권9 「원제기(元帝紀)」에 나온다.

孝元帝爲太子, 柔仁好儒. 見上所用多文灋吏, 以刑名繩下. 嘗侍燕, 從容焉: "陛下持刑太深, 宜用儒生." 帝作色曰: "漢家自有制度, 本以覇、王道雜之, 奈何純任德教, 用周政乎? 且俗儒不達時宜, 好是古非今, 使人眩於名實, 不知所守, 何足委任?" 乃歎曰: "亂我家者, 太子也."

—형(刑)은 형법(刑法)이다. 명(名)은 이름난 집안의 부류들의 겉모습과 실상을 상고하여 궁구함이다. 승(繩)은 묶음[束]이다.—

신은 이렇게 생각합니다. 선제(宣帝)의 조서에는 음양과 풍우가 때에 맞지 않은 것이 육예(六藝)에 밝지 못하여 큰 도에 어둡기 때문이라고 하였습니다. 대개 임금이 경전에 밝지 못하고 도를 알지 못한다면 마음을 바르게 하여 몸을 닦을 수 없습니다. 하나의 생각이 순수하지 못하고, 하나의 행동이 그 중도(中道)를 잃은 것이 모두 음양의 조화를 범하기에 충분한 것입니다. 그러므로 「홍범(洪範)」에서 비옴[雨]·볕남[暘]·더움[燠]·추움[寒]·바람[風]이 때에 맞춰 옴은 엄숙함[肅]·조리 있음[乂]·지혜로움[哲]·헤아림[謀]·성스러움[聖]에 호응한 것이고, 다섯 가지가 때에 맞지 않게 옴은 미침[狂]·참람함[僭]·게으름[豫]·급박함[急]·우매함[蒙]에 호응한 것입니다.

임금의 한 마음은 천지와 더불어 흐르고 유통하여 선악(善惡)과 길흉(吉凶)의 조짐이 심하게 영향을 미치는 것이 대개 이와 같은데도 후세의 임금들 가운데 혹시라도 아는 자가 드물지만, 선제만이 유독 그것을 알았으니 탁월하게 볼 만한 점이 있다고 이를 만합니다. 그러나 천거한 관리와 백성들 중에 '그 몸이 닦여지고 바르며, 문학에 통달하고 선왕의 술(術)에 밝은 사람'은 적막하여 들은 적이 없습니다.

대저 몸을 바르게 하고 도(道)를 밝히는 선비는 진실로 세상에 드물게 있지만, 선제가 과연 진실로 그들을 구하였다면 어찌 한 두 사람의 비슷한 자들이 나와서 선제에게 등용되지 않겠습니까? 당시를 공정하게 살펴보면 유일하게 왕길(王吉)[69]만이 거칠게나마 만세토록 장구한 계책을 세우고자 하여 융성하였던 삼대(三代)의 현명한 임금을 거론하였지만 선제는 이를 우활(迂闊)한 것으로 보았습니다. 만약 자사(子思)나 맹자(孟子)로 하여금 그때에 태어나 인의(仁義)를 실현하는 데에 애쓰고 공리(功利)에는 급급하지 않게 하더라도 황제와는 심하게 맞지 않음[枘鑿][70]이 될 것입니다. 그러므로 몸을 바르게 하고 도를 밝히는 선비들이 이 뜻을 엿보아 기꺼이 황제를 위하여 출사하겠습니까?

대저 덕(德)으로써 인(仁)을 행하는 것은 왕도(王道)이고, 힘으로써 인(仁)을 빌리는 것은 패술(覇術)이니, 그 도(道)를 행하는 것은 흑백의 색과 청탁의 흐름이 다른 것처럼 섞일 수 없는 것입니다. 섞인다면 흑색과 탁함이 끝내 이기는 것입니다. 선제가 이에 패술과 왕도를 섞은 것으로써 한(漢) 왕실의 제도로 삼은 것이 옳은 것

---

69 ?~BC 48. 전한 낭야(琅邪) 고우(皐虞, 산동성 제성(諸城)) 사람. 자는 자양(子陽)이다. 오경(五經)에 정통하였다. 창읍왕이 음란한 행동으로 위기에 빠졌을 때 그가 간언하여 죽음에서 구하였다. 선제(宣帝) 때 익주자사(益州刺使)와 박사(博士), 간대부(諫大夫)가 되었다. 글을 올려 시정의 득실을 논하였지만 황제가 현실과는 어긋난다고 여겨 채택되지 않았다. 나중에 병으로 귀향하였다. 원제(元帝)가 즉위하자 다시 간대부로 불렸는데, 경사(京師)에 닿기도 전에 죽었다. 춘추추씨학(春秋騶氏學)과 양씨역학(梁氏易學)에 능하였고, 『시경(詩經)』과 『논어(論語)』를 가르쳤다. 그의 학문은 아들 왕준(王駿)이 계승하였다.

70 둥근 장부는 네모진 구멍에 들어가 맞지 않는다는 뜻으로 쌍방의 사물이 서로 맞지 않음을 말한다.

입니까?

또 선제는 일찍이 『논어』를 배웠습니다. 『논어』에서 말하기를 “정치[政]로써 인도하고 형벌로써 가지런히 한다면 백성들이 (형벌을) 면하려고만 하고는 부끄러워하지 않을 것이고, 덕(德)으로써 인도하고 예로써 가지런히 한다면 부끄러워하면서 또 바로잡을 것입니다.”라고 하였습니다.[71] 또 말하기를 “그대가 정치를 행함에 어찌하여 죽임을 쓰는가?”라고 하였으니,[72] 공자(孔子)의 뜻은 바로 임금이 오로지 덕교(德敎)만을 시행하게 하고자 한 것입니다.

또 일찍이 학관(學官)에다 『서경』·『춘추』를 돌에 새겨 세웠습니다. 공자가 『서경』을 정함에 문왕(文王)·무왕(武王)·성왕(成王)·강왕(康王)의 정사를 기록하여 후세의 모범으로 삼았고, 『춘추』에서 왕도(王道)를 높이고 패술(霸術)을 물리치니, 공자의 뜻이 바로 임금이 주나라의 정치만을 오로지 쓰게 하고자 한 것입니다.

선제가 “덕교(德敎)에 맡길 수 없고, 주나라의 정치는 쓸 수 없다.”라고 말하셨으니, 이는 『논어』를 배울 필요도 없고, 『서경』과 『춘추』를 새긴 돌을 학관에 세울 필요도 없다는 뜻입니다.

세속의 유학자들이 옛것만을 옳다 하고 지금을 그르다 하는 것은 진실로 쓸 필요는 없겠지만, 참된 유학자[眞儒]를 구하여 그들을 등용하는 것은 마땅하지 않겠습니까? 세속의 유학자들이 시의(時宜)에 통달하지 못하다고 하여 유학자들 중 실무에 능통한 자들까지 모조리 버린다면 이는 목이 메는 것 때문에 음식을 먹지

71 『논어』「위정(爲政)」에 나온다.

72 『논어』「안연(顔淵)」에 나온다.

않는 것과 같습니다. 재능이 높고 배우기를 좋아하는 군주이면서도 인재를 택하는 방법이 이와 같으니, 이런 방법으로 힘써서 정치를 행한다면 비록 한때의 다스림은 이룰 수 있다 하더라도 환관을 주공(周公)과 소공(召公)으로 대신 삼고, 법률을 『시경』과 『서경』으로 대신 삼아 끝내는 훗날에 닥칠 화(禍)의 기반이 되는 것을 면치 못할 것입니다. 애석합니다!

이상은 '한나라 고제·문제·무제·선제의 학문[漢高文武宣之學]'을 서술하였다.

대학연의 권4

권4는 권2·3의 '제왕이 학문하는 근본[帝王爲學之本]'에 이어 '한나라 광무제·명제·장제와 당나라 세 황제의 학문[漢光武明章唐三宗之學]'과 '한·위·진·수·당나라 여러 임금들의 학문[漢魏陳隋唐數君之學]'에 대해 논하였다.

한나라 광무제와 효명제, 효장제와 당나라 태종, 현종은 모두 배움에 힘쓰기는 하였지만 충분하지 않았기에 삼대의 제왕과 같을 수는 없다고 하였다. 광무제는 배움이 최소한에 그쳤고, 효명제는 공손함과 너그러움을 잃었으며, 효장제 역시 배운 것이 장구(章句)에 그친 문제가 있었다고 보았다. 당나라 태종에 대해서는 그의 배움에 대한 열정을 높게 평가할 수 있음에도 불구하고 전대(前代)의 득실 정도를 파악하는 데에 그쳤고, 기욕(嗜慾)에 빠지는 잘못을 저질렀음을 비판하였다. 현종 역시 문(文)을 숭상하였음에도 불구하고 그 한계가 분명하였음을 비판하였다.

또 한나라의 원제(元帝)가 문장과 음률에 빠진 것과, 위나라 문제(文帝) 역시 서(書)·논(論)·시(詩)·부(賦)를 짓는 것에 힘쓴 것과, 후위의 태조가 책만 모으기에 힘쓴 것과, 당 문종(文宗)이 책읽기만 즐긴 것과, 후한 영제(靈帝)가 부(賦)를 짓고 전서(篆書)를 쓰는 것에 빠진 것과, 진(陳) 후주(後主) 숙보(叔寶)와 수나라 양제(煬帝)가 군신들과 친압하거나 군신들이 서로 이기기를 다투어 망한 것을 비판하였다.

이들 임금들은 모두 배움이나 문장, 서예 등을 열심히 하였으나 실제 다스림에 도움이 되는 것에는 한계가 있음을 지적하여 임금이 사장(詞章)과 기예(技藝)에 빠지지 말 것을 경계하였다.

한나라 광무제·명제·장제와 당나라 세 황제의 학문 [漢光武明章唐三宗之學]

광무제(光武帝)[1]는 『상서(尙書)』를 받고서 큰 뜻에 통달하셨다. 환영(桓榮)[2]을 불러들여 해설하게 하고 매우 좋아하였다.[3] 매번 조회에서 항상 환영에게 경전의 뜻을 아뢰도록 하니 황제가 칭찬하였다. 황제는 매일 아침에 조정에 나아가 정사를 보았고, 해질녘에 파하였다. 자주 공경(公卿)·낭장(郎將)[4]을 불러 경전의 이치를 강론하였고 한밤중이 되어서야 잠자리에 들었다.

황태자는 황제가 열심히 일하고 태만하지 않은 것을 보고 기회를 살펴 간하였다.

---

1 BC 6~AD 57. 이름은 유수(劉秀)이다. 남양(南陽) 채양(蔡陽) 사람으로, 후한의 초대 황제(재위, 25~57)이다. 자는 문숙(文叔)이고, 고조(高祖) 유방(劉邦)의 9세손이다. 건무(建武) 원년(25) 제위에 올라 낙양(洛陽)에 도읍을 정하였으며, 36년에 천하를 완전히 통일하였다. 조정에서는 상서(尙書)의 직권을 강화하고, 지방에서는 군권(軍權)을 장악한 도위(徒尉)를 폐지하는 등 중앙집권을 강화시켰다. 유학을 장려하고, 명분과 절의를 존중하였고, 선비를 우대하는 등 후한의 예교주의적(禮敎主義的)인 정치 방침을 확립하였다.

2 BC 17?~AD 59. 후한 패군(沛郡) 용항(龍亢) 사람이고, 자는 춘경(春卿)이다. 젊어서 『구양상서(歐陽尙書)』를 익혔고, 박사 주보(朱普)를 사사하여 상서구양씨학(尙書歐陽氏學)을 배웠다. 스승의 『상서』가 너무 번다하다 여겨 대폭 줄이고 이를 『환군대태상장구(桓君大太常章句)』라 불렀다. 광무제(光武帝)가 『상서』를 강독하게 하였고, 의랑(議郎)에 임명하였고, 태자소부(太子少傅)를 거쳐 태상(太常)을 지냈다. 광무제는 조회 때마다 그에게 경서(經書)에 대해 아뢰게 하였다. 명제(明帝)가 즉위하자 그를 스승의 예로 모시면서 오경(五更)에 임명하고, 관내후(關內侯)에 봉하였다.

3 『후한서』 권1 「광무제기(光武帝紀)」에 나온다.

4 진나라 때부터 설치한 궁궐 숙위를 담당한 관직으로 오관중랑장(五官中郎將), 좌중랑장(左中郎將), 우중랑장(右中郎將) 등으로 구성되었다.

"폐하께서는 우(禹)임금과 탕(湯)임금의 명철함이 있으시지만 황로(黃老)[5]의 본성을 수양하는 복을 잃어버리셨으니, 원하건대 정신을 보호하고 아끼시어 편안하고 한가롭게 스스로 편안하게 지내소서."

그러자 황제가 말하였다.

"내 스스로 이를 즐기니 피로하지 않다."

光武受『尙書』, 通大義, 召桓榮入說, 甚善之. 每朝會, 輒令榮敷奏經義, 帝稱善. 帝每旦[6]視朝, 日仄乃罷. 數引公卿、郞、將講論經理, 夜分乃寐. 皇太子見帝勤勞不怠, 承間諫曰: "陛下有禹湯之明, 而失黃老養性之福, 願頤愛精神, 優游自寧." 帝曰: "我自樂此, 不爲疲也."

—『동관기(東觀記)』에 "『상서』는 여강(廬江)[7]의 (대부) 허자위(許子威)에게 받았는데, 대의(大義)를 간략하게 열거하여 세상의 일을 배웠다. 태자는 현종(顯宗)이다.—

신은 이렇게 생각합니다. 광무제는 일찍 유생이 되었고, 즉위하여서는 부지런히 경술(經術)에 힘쓰는 것이 또한 이와 같았으니, 마땅히 빼앗겼던 옛것을 찾아 몸소 태평성대를 이루었습니다. 하(夏)나라의 소강(少康)[8]·주(周)나라의 선왕(宣王)[9]과 비교해 본다면

---

5 황제(黃帝)와 노자(老子)다.

6 저본에는 '朝'로 되어 있지만 조선 태조 이성계의 이름 '단(旦)'을 피휘한 것이므로 원래대로 '旦'으로 바로잡았다.

7 중국 안휘성(安徽省) 소호(巢湖)에 있는 현이다.

8 하(夏)나라 제6대 국군(國君)이다. 상(相)의 아들이고, 저(杼)의 아버지다. 한착(寒浞)이 사람을 보내 상을 살해한 뒤 상의 비(妃)가 달아나 소강을 낳았다. 하나라의 유신(遺臣) 미(靡)가 나중에 병사를 이끌고 한착을 죽이고 소강을 세워 국군으로 삼았다. 역사에서는 소강중흥(少康中興)이라 부른다.

거의 비슷합니다. 애석하게도 그때 유신들의 도움은 장구만 읊조리는 복담(伏湛)[10]과 후패(侯霸)[11] 같은 무리와 비슷하여서 옛 사람들의 마음을 바로잡는 일에는 밝지 못하였기 때문입니다.

그러므로 재위 30여 년 간 비록 잘못한 일은 드물었으나, 죄가 없는데도 정후(正后)를 폐하고 태자를 바꾸었으니 형가(刑家)[12]의 뜻에 비추어보아 부끄러움이 있었고, 직간한다고 하여 대신을 죽였으니 순리대로 간언을 따르는 아름다움과는 괴리가 있습니다.

대개 배운 것이 아직 선(善)을 밝히고 몸을 성실하게 하는 경지에 이르지 못하였기 때문에 부자(父子)·부부(夫婦)·군신(君臣) 사이에 한스러워할 만한 것이 없을 수 없습니다. 성학(聖學)이 밝지 않아 비록 광무제와 같이 세상에서 보기 드문 자질을 가졌더라도 마침내 제왕의 융성함을 따라갈 수 없었습니다. 그렇다면 임금이 배

---

9 ?～BC 782. 성은 희(姬)씨고, 이름은 정(靜, 靖)이며, 여왕(厲王)의 아들이다. 여왕이 나라 사람들에 의해 쫓겨났을 때 소공(召公)의 호가(虎家)에 숨어 있다가 여왕이 죽자 귀국하여 즉위하였다. 소목공(召穆公)과 방숙(方叔), 윤길보, 중산보(仲山甫) 등에게 안팎의 정치를 맡기자 왕의 교화(教化)가 크게 일어나 주나라 초기의 성대한 모습을 회복하였다고 한다.

10 ?～37. 후한 낭야(琅邪) 동무(東武) 사람이고, 자는 혜공(惠公)이다. 아버지 복리(伏理)에게 『제시(齊詩)』를 전수받아 당대의 명유(名儒)가 되었다. 성제(成帝) 때 박사제자(博士弟子)가 되었고, 신망(新莽) 때 수의(繡衣)로 법을 집행하였다. 후한 광무제(光武帝) 때 부름을 받아 상서(尚書)에 임명되었고, 사직(司直)과 대사도(大司徒)를 지낸 뒤 양도후(陽都侯)에 봉해졌다.

11 ?～37. 자가 군방(君房)이며 하남 밀현 사람이다. 왕망 때 회평태윤이 되었는데, 고을을 잘 다스려 이름을 알렸다. 광무제가 후패를 불렀는데, 노인과 어린애를 가리지 않고 서로 이끌면서 울면서 사신의 수레를 가로막고 길에 누워 후패를 1년 동안 더 유임시켜 주기를 청하였다고 한다.

12 형명가와 같은 말로서, 법으로써 나라를 다스리는 벼리를 삼는 학문을 하였던 춘추시대 제자백가의 하나다.

움에 힘씀에 최소한만 해서야 되겠습니까?

현종(顯宗) 효명제(孝明帝)[13]는 10살 때 『춘추(春秋)』에 통달하였으니 광무제가 기특하게 여겼다.[14] 황태자가 되어서는 박사 환영(桓榮)을 스승으로 섬기고 『상서(尙書)』를 배워 통달하였다. 즉위하여서는 스승의 예로 높였다. 임금이 수레를 타고 일찍이 태상부(太常府)[15]에 행차할 때면 환영을 동쪽을 향해 앉게 하고 안석과 지팡이를 베풀었다. 백관 및 환영의 문생 수백 명을 모아 천자가 친히 스스로 서책을 들고서 매번 말함에 번번이 '태사(太師)[16]가 여기에 있다'라고 하였다. 그것이 끝나고 태관(太官)의 제기[供具]를 모두 내려주었다.

그 후에 삼옹(三雍)[17]이 완성되자 환영을 오경(五更)[18]으로 삼

13 28~75. 이름은 유장(劉莊)이고, 광무제(光武帝)·음황후(陰皇后)의 넷째 아들이다. 환영(桓榮)에게 사사(師事)하여 『춘추(春秋)』와 『상서(尙書)』에 통달하였다. 즉위 뒤 유학자를 고관에 임명하여 예교주의(禮敎主義)에 힘쓰고 빈민구제, 농업진흥, 조부(租賦)·형여자(刑餘者)의 감면에 힘쓰는 등 내정충실을 꾀하였다. 또 소당강(燒當羌)을 토벌하고 북흉노를 격퇴하는 등 외정에도 관심이 컸다. 반초(班超)에게 서역제국을 귀순시켜, 서역도호(西域都護)·무기교위(戊己校尉)를 부활시켰다.

14 『후한서』 권2 「명제기(明帝紀)」에 나온다.

15 제사를 담당하는 관청이다.

16 군주를 가까이에서 보필하는 벼슬이다. 이 벼슬은 이미 서주(西周) 시대부터 있었으며, 육경(六卿)의 우두머리로서 태부(太傅) 및 태보(太保)와 더불어 '삼공(三公)'으로 칭해지는 영예로운 직함이다.

17 주(周)나라 때 예(禮)를 행하던 궁전으로 명당(明堂), 벽옹(辟雍), 영대(靈臺)가 있다.

18 중국 주(周)나라 천자의 스승으로, 다섯 가지의 일, 즉 모(貌)·음(音)·시(視)·청(聽)·사

았다. 매번 대사례(大射禮)나 양로례(養老禮)가 끝난 후에 효명제가 항상 환영과 제자들을 이끌고 당에 올라 경전을 가지고 스스로 해설하였다. 조서에서 말하였다.

"삼로(三老)[19] 이궁(李躬)은 나이가 많고 학문이 명철하며, 오경(五更) 환영은 짐에게 『상서』를 전수해 주었다. 『시경(詩經)』에

'덕은 보답하지 않을 수 없고,

말은 답하지 않을 수 없다'[20]

라고 하니, 환영에게 관내후(關內侯)의 벼슬을 내린다."

顯宗孝明帝十歲通『春秋』, 光武奇之. 旣爲皇太子, 師事博士桓榮, 學通『尙書』. 及卽位, 尊以師禮. 乘輿嘗幸太常府, 令榮坐東面, 設几杖, 會百官及榮門生數百人, 天子親自執業, 每言輒曰'大師在是'. 旣罷, 悉以太官供具賜之. 後, 三雍成, 拜榮爲五更. 每大射養老禮畢, 帝輒引榮及弟子升堂, 執經自爲下說. 詔曰: "三老李躬, 年耆學明. 五更桓榮, 授朕『尙書』. 『詩』曰: '無德不報, 無言不酬.' 其賜榮爵關內侯."

—삼옹(三雍)은 명당(明堂)·영대(靈臺)·벽옹(辟雍)을 말한다. 경(更)은 나이가 많고 덕이 높은 사람에게 다시 일을 주는 것이다. 하어(下語)는 강설(講說)함을 말한다.—

신은 이렇게 생각합니다. 선대의 유학자 호인(胡寅)[21]이 "효명

(思)를 아는 자를 말한다. 『예기(禮記)』의 악기편(樂記篇)에 '삼로와 오경을 태학에서 먹인다[食三老五更於大學]'라고 되어 있어, 오경은 국가적으로 존대하는 현로(賢老)를 지칭하는 말로 쓰였다.

19 중국 한(漢)나라 때에 마을의 교화(敎化)를 맡아 보던 사람이다.

20 『시경(詩經)』「대아(大雅)」 억편(抑篇)에는 '無言不酬 無德不報'라고 『대학연의』와는 반대로 나온다.

21 1098~1156. 송나라 건녕(建寧) 숭안(崇安) 사람이다. 자는 명중(明仲)이고, 학자들은

제가 스승을 섬긴 뜻이 수천 년간 드문 아름다움이니 임금의 높은 성취라고 할 만합니다. 아쉽게도 환영이 전수한 경전은 문장의 장구에만 전념한 것이니 공자가 자신을 닦고 천하를 다스리는 깊고 미묘한 속뜻은 알지 못하였습니다. 그러므로 그 임금의 덕업(德業)이 이와 같은 데서 그쳤습니다."라고 말하니, 이 말이 적합합니다.

또한 신은 가만히 생각하니, 배움이라는 것은 성정(性情)을 다스리는 것이라 말씀드립니다. 전한(前漢)의 명유(名儒) 광형(匡衡)[22]이 "본성을 다스리는 도(道)는 반드시 자신의 남는 것을 살피고 그 부족한 것을 힘쓰는 것이므로 총명하고 소통하는 사람은 지나치게 살피는 것을 경계하고, 듣고 보는 것이 적은 사람은 막혀 가려지는 것을 경계하고, 용맹스럽고 굳세고 강한 사람은 지나친 사나움을 경계하고, 자애롭고 온화한 사람은 결단이 없는 것을 경계하고, 고요하고 편안한 사람은 때에 뒤처지는 것을 경계하고, 마음이 호방한 사람은 놓치거나 잊음을 경계한다."라고 하였습니다.[23] 효명제와는 같은 사람이 어찌 마땅히 경계할 바가 없겠습니까?

치당선생(致堂先生)이라 불렸다. 호안국(胡安國)의 조카이며, 휘종(徽宗) 선화(宣和) 3년(1121) 진사(進士)가 되었다. 흠종(欽宗) 정강(靖康) 초에 교서랑(校書郎)이 되고, 좨주(祭酒) 양시(楊時)에게 공부하였다. 관직은 예부시랑겸직학사원(禮部侍郎兼直學士院)까지 올랐다. 진회(秦檜)가 정권을 잡자 몹시 꺼려하여 조정을 비방하고 폄하하였다는 이유로 파직되어 신주(新州)에 안치되었다. 진회가 죽은 뒤 복직하였다. 시호는 문충(文忠)이다. 저서에 『논어상설(論語詳說)』과 『독사관견(讀史管見)』, 『비연집(斐然集)』이 있다.

22 전한 동해(東海) 승(承) 사람이다. 자는 치규(稚圭)다. 후창(後蒼)을 좇아 『제시(齊詩)』를 배웠고, 문학에 능하였으며 『시(詩)』에 정통하였다. 육경(六經) 외에도 『논어』와 『효경』을 숭상하였다. 사단(師丹)과 복리(伏理), 만창(滿昌) 등에게 학문을 전수하여 광씨제시학(匡氏齊詩學)을 개창하였다.

23 『전한서(前漢書)』 권81에 나온다.

전해 내려오는 황제의 본성[性]을 좁게 살펴서 귀와 눈을 은밀하게 드러내는 것으로써 총명을 삼는 것을 좋아하여 공경대신(公卿大臣)은 자주 비방과 헐뜯음을 당하였고, 근신(近臣)과 상서(尙書)는 끌어내림을 당하는 데에까지 이르렀습니다.

효명제는 일찍이 스승에게 『서경(書經)』을 전수받았는데, 『서경』에서는 요(堯)임금을 '진실로 공손하다[允恭]'[24]라고 칭하였고, 순(舜)임금을 '온화하고 공손하다[溫恭]'[25]라고 칭하였고, 문왕(文王)을 '아름답고 부드럽고 굳세고 공손하다[徽柔懿恭]'[26]라고 칭하였으니, 이것은 모두 공손함[恭]을 귀하게 여기는 것입니다.

'백성을 너그러움으로 다스린다[御衆以寬]'[27]라고 말하였고, 또한 '그 마음이 너그럽고 넓다[寬綽厥心]'[28]고 말하였으니, 이것은 또한 너그러움[寬]을 귀하게 여기는 것입니다. 효명제는 이 두 가지를 모두 잃어버렸습니다.

이미 사람을 용납하는 법도가 없고, 또한 백성을 대우하는 예를 잃어버렸으니, 그렇다면 또한 무엇이 배움보다 귀하다고 하겠습니까?

선대의 유학자가 말하기를 "이 책을 읽지 않아도 이 사람이고, 이 책을 읽어도 역시 이 사람이라면 잘못 읽은 것이다."[29]라고 하였습니다. 이것이 대개 현종을 말하는 것입니다!

24 『서경(書經)』「요전(堯典)」에 나온다.
25 『서경(書經)』「순전(舜典)」에 나온다.
26 『서경(書經)』「무일(無逸)」에 나온다.
27 『서경(書經)』「대우모(大禹謨)」에 나온다.
28 『서경(書經)』「무일(無逸)」에 나온다.
29 정이(程頤)의 말이다.

숙종(肅宗) 효장제(孝章帝)[30]는 어릴 때부터 관용이 있고 유술(儒術)을 좋아하였다.[31] 그가 태자일 적에는 장포(張酺)에게 배웠다. 원화(元和) 2년(85) 동쪽으로 순행하였는데, 장포는 동군태수(東郡太守)였다. 황제가 동군(東郡)으로 행차하여 장포 및 문생과 이서들을 뜰에 모이게 하고는 먼저 제자의 의례(儀禮)를 갖추어 장포에게 『상서(尙書)』 한 편을 강론하게 하신 후에 군신(君臣)의 예를 닦았다.

肅宗孝章帝少寬容, 好儒術. 其爲太子也, 受學於張酺. 元和二年東巡, 酺爲東郡太守, 帝幸東郡, 引酺及門生、掾吏會庭中, 先備弟子之儀, 使酺講『尙書』一篇, 然後修君臣之禮.

신은 이렇게 생각합니다. 장제가 경전을 높이고 스승을 섬긴 뜻이 이전 사람들보다 부끄럽지 않고, 또한 현종의 매우 엄격함을 경계하여 일에서는 너그럽고 후함을 따랐고, 모후(母后)를 효로써 받들며 친척[同姓]을 은혜로써 대접하였습니다. 모든 백성을 은혜롭게 길러서 가혹한 법령을 제거하니 후에 논의하는 사람들이 장자(長者)라고 칭하였습니다. 비록 그 하늘이 내려준 자질[天資]도 아름다우나 또한 그 배움에 힘입은 것입니다.

---

30 57~88. 이름은 유달(劉炟), 묘호는 숙종(肅宗)이다. 정식 시호는 효장황제(孝章皇帝)이다. 후한의 제2대 황제 명제(明帝)의 아들로 태어났다. 재위기간은 75~88년이다. 세금을 감면하고 유교를 진흥시켰으며, 정부 지출을 줄임으로써 문화를 발달시켰다. 명제에 이어 후한의 황금 시기를 이루었다고 한다.

31 『후한서』 권3 「장제기(章帝紀)」에 나온다.

애석하게도 그때에 장포와 같은 사신(師臣)이 비록 바탕이 바르고 의(義)를 지켜서 자주 간언하여 바로잡았더라도 그 배운 것이 장구(章句)의 일에 불과하였습니다. 하물며 또한 엄격함 때문에 꺼림을 당하여서 좌우에 오래 있을 수 없었습니다. 그러므로 덕을 보완하여 아름다움을 이른 것이 이 정도에서 그쳤을 뿐입니다. 본기(本紀)를 살펴보니 재위는 겨우 13년이요, 나이는 33세에 그쳤으니, 어찌 편안하지 말라는 경계[無逸之戒]를 또한 혹시라도 소홀할 수 있었겠습니까? 애석합니다!

당 태종은 몸소 활집[櫜]과 화살통[鞬]을 차고 다니고 바람에 갓끈을 날리며 전쟁터를 누볐다.[32] 그러나 경술(經術)에 대한 온전한 뜻을 두었으니, 곧 왕부에 문학관(文學館)을 열고, 명유(名儒) 18명을 불러 학사로 삼아 함께 천하의 일을 의논하였다. 즉위하여서는 전(殿)의 왼쪽에 홍문관(弘文館)을 세우고 모든 내학사(內學士)를 다 불러들여서 번갈아 숙직하고 쉬게 하였다. 정사를 하는 사이에 함께 고금(古今)을 토론하고 전왕(前王)이 성공하고 실패한 이유를 논하여 간혹 해가 지고 밤이 지나더라도 조금도 게으르지 않았다.

唐太宗身屬櫜鞬, 風纚露沐, 然銳情經術. 卽王府開文學館, 召名儒十八人爲學士, 與議天下事. 旣卽位, 殿左置弘文館, 悉引內學士番宿更休. 聽朝之

32 『신당서』 권198 「유학열전 상(儒學列傳上)」에 나온다.

間, 則與討古今, 道前王所以成敗, 或日昃夜艾, 未嘗少怠.

신은 이렇게 생각합니다. 후세 임금 가운데 배움을 좋아하는 사람이 당 태종만한 이가 없습니다. 전쟁이 끝나지 않았을 때에 이미 경술(經術)에 뜻을 두어 명유(名儒)를 불러 학사로 삼아 학문을 배우고 단련하니, 이것은 삼대 이래로 없는 일입니다.

즉위한 후에 전(殿)의 옆에 홍문관을 설치하여 내학사를 불러서 번갈아 숙직하고 쉬게 하였습니다. 정사를 하는 틈에 고금(古今)을 토론하고 성패(成敗)를 논하여, 간혹 해가 지고 밤이 지나도록 조금도 게으르지 않았습니다. 이것은 또한 삼대 이래로 없는 일입니다.

그러므로 육지(陸贄)[33]가 덕종(德宗)[34]에게 그 일을 들어 고하였으니, (신하들의) 의견이 농사가 힘들다고 하면 (태종은) 힘써서 따랐고, (신하들의) 의견이 백성들이 고통을 당한다고 하면 (태종은) 조세와 부역을 쉬게 할 것을 의논시켰으니 이것이 정관의 치세[貞觀之治][35]를 이룬 까닭입니다.

---

33 754～805. 당나라 소주(蘇州) 가흥(嘉興) 사람이다. 자는 경여(敬輿)다. 대종(代宗) 대력(大曆) 6년(771) 진사(進士)가 되고, 박학홍사과(博學鴻詞科)에 올랐고, 덕종(德宗)이 즉위하자 한림학사가 되었다. 건중(建中) 4년(783) 주체(朱泚)가 반란을 일으키자 덕종을 따라 봉천(奉天)으로 달아나 조서(詔書)를 지었는데, 문장이 간절하였다. 저서에 『육씨집험방(陸氏集驗方)』 50권이 있고, 『시문별집(詩文別集)』 15권이 있었지만 전하지 않는다. 『한원집(翰苑集)』 등도 있다.

34 742～805. 이름은 이괄(李适)이며, 대종(代宗)의 장자다. 재위기간은 779～805년이다. 안사(安史)의 난 때 천하병마총수로서 사조의(史朝義)를 토벌하고 764년에 황태자가 되었다. 779년 황제로 즉위하였고, 그 이듬해 재상 양염(楊炎)의 의견을 받아들여 종래의 조용조제(租庸調制)를 폐지하고 양세법(兩稅法)을 시행하여 재정충실을 꾀하였다.

35 당(唐)나라 태종(太宗) 이세민(李世民)의 치세(626～649)다. 수나라 말기 전국적인 동

우리 왕조 열성(列聖)들의 전성기에는 명유(名儒)를 잘 골라 뽑아 경연에서 둘러앉아 모시고 이영전(邇英殿)[36]과 숭정전(崇政殿)으로 불러서 (명유에게) 가르침을 구하며 궐 안에서 밤 당직을 하다가도 불시에 불러 소대(召對)하시니, 성학(聖學)이 빛나고 슬기롭고 총명함이 열려 넓어지는 것이 정관의 치[貞觀之治]와 비교해서 실로 같은 경우입니다.

무릇 낮에 방문하는 것만으로 충분한데, 또한 반드시 야대(夜對)까지 더하는 것은 어째서입니까? 임금의 한 마음을 공격하는 것이 매우 많으니 특히 음악과 여색이 더욱 사람을 유혹에 빠뜨립니다.

낮에는 편전[便朝, 일상적인 정사를 보는 곳]에서 정사를 볼 때 관료들이 엄숙히 정렬하여 정론을 크게 말하는 것이 바퀴살이 바퀴통에 모이듯 임금 앞에 집중되니 임금이 자기 마음을 지키는 것이 쉽습니다. 그러나 깊은 궁궐에서 한밤중에 만나는 자들은 환관의 무리가 아니면 곧 임금의 첩들이니, 분잡하고 화려하고 성하고 아름다움이 잡스럽게 눈을 현혹시키고, 기묘한 재주와 음란함은 모두 충분히 마음을 방탕하게 하니 자신을 건사하고 수양하기가 어렵습니다. 이것이 야대(夜對)의 이로움이니 낮에 만나는 것보다 더욱 중요한 까닭입니다!

란과 백성의 피폐 가운데 굳건히 일어서서, 당나라의 국초(國礎)를 확립하여 중앙집권을 강화하였다. 율령체제의 정비에 따라 학교·과거도 발달하였다. 안으로 방현령(房玄齡)·두여회(杜如晦)·위징(魏徵) 등의 명신들이 문치(文治)를 도왔으며, 밖으로는 돌궐을 제압하고, 토번(吐番)을 회유하여 국위를 널리 떨쳤다.

36 송나라의 관서인 학사원(學士院)의 다른 이름이다. 이곳에서는 주로 시강(侍講)을 주관하였는데, 이로 인하여 집현전이나 규장각을 지칭하기도 하였다. 이영(邇英)·이영원(邇英院)·이영각(邇英閣) 등으로 불리기도 하였다.

임금[聖明]께서 윗자리에 계시니 만일 제왕의 사업(事業)에 뜻을 두신다면 정관지치(貞觀之治)의 모범[規摹]과 우리 조종의 가법(家法)을 회복하지 않으면 안 됩니다.

태종(太宗)이 일찍이 가까이서 모시는 신하들에게 말하였다.[37]

"양(梁) 무제(武帝)[38]는 오직 불교(佛敎)의 교리[苦空][39]를 말하였고, 양(梁) 원제(元帝)[40]는 북주(北周)의 군사에게 둘러싸이자

---

37 『자치통감』 권192 「당기(唐紀)」에 나온다.

38 464~549. 이름은 소연(蕭衍)이다. 남조 양나라의 초대 황제(재위 502~549)이다. 남난릉(南蘭陵) 사람으로, 자는 숙달(叔達)이며, 소자는 연아(練兒)고, 묘호는 고조(高祖)다. 즉위한 뒤 유학(儒學)을 중흥시키고 백가보(百家譜)를 개정하면서 방목(謗木)을 설치하고 공헌(貢獻)을 폐지하는 등 괄목할 만한 정치를 펼쳤다. 나중에는 사족(士族)을 중용하고 불교를 신봉하여 사원을 대대적으로 건축하는 한편 세 번이나 동태사(同泰寺)에 몸을 바쳤다. 치세는 50년에 이르는데, 전반은 정치에 정진하였지만 후반에는 불교신앙이 정치 면에도 나타났다. 불교사상사의 황금시대를 이루었지만 조금씩 파국의 징조를 보이기 시작하였다. 저서도 대단히 많았지만 모두 없어지고 지금은 명나라 때 편집된 『양무제어제집(梁武帝御製集)』이 있다.

39 불교 교리의 기본은 '제행무상(諸行無常)', '일체개고(一切皆苦)', '제법무아(諸法無我)', '열반적정(涅槃寂靜)'으로 요약된다. 즉, 모든 현상은 무상하며 변화를 계속하는데, 이는 고통을 가져온다. 또 모든 현상은 모든 자아도 자기의 소유물도 아니기에 자유롭게 될 수 없다. 무아(無我)는 무상(無常)과 결부시켜 영원불변한 실체[我]가 없다고 해석되어, 공(空)과 같은 개념이다. 열반은 구체적으로는 고뇌를 일으키는 근원인 욕망, 집착의 불꽃이 진화해서 적정, 청량한 상태로 설명된다.

40 508~554. 이름이 소역(蕭繹)이다. 자는 세성(世誠)이고, 소자(小字)는 칠부(七符)다. 남조 양(梁) 무제(武帝)의 일곱 번째 아들이다. 승성(承聖) 3년(554) 서위의 군대가 공격해 오는데도 용광전(龍光殿)에서 『노자』를 강독하였는데, 백관들은 군복을 입고 들었다. 위나라 군대가 도착해도 시부(詩賦) 읊기를 그치지 않았다. 성이 함락되자 위나라 사람에게 살해되었다. 3년 동안 재위하였고, 묘호는 세조(世祖)다. 원래 문집이 있었지만 없어졌고, 지금은 『금루자(金樓子)』와 『양원제집(梁元帝集)』 편집본만 남아 있다.

오히려 『노자』를 강하였으니, 이는 충분히 경계할 만하다. 짐이 좋아하는 바는 오직 요임금·순임금·주공·공자의 도(道)이니, 이는 새가 날개가 있는 것과 같고 물고기가 물에 있는 것과 같으니 잠시도 없을 수 없다."

太宗嘗謂侍臣曰: "梁武帝惟談苦空, 元帝爲周師所圍, 猶講『老子』, 此深足爲戒. 朕所好者, 惟堯舜周孔之道, 如鳥之有翼, 魚之有水, 不可暫無耳."

신은 이렇게 생각합니다. 태종이 소씨(蕭氏) 양(梁)나라의 실책을 거울로 깊이 삼아서 노자와 석가의 두 설을 취하지 않으시고, 오직 요임금·순임금·주공·공자의 도(道)를 좋아하시니, 택할 것을 안다고 말할 만합니다.

그러나 종신토록 행한 바가 부끄럽지 않을 수 없었던 것은 그 배움을 즐기는 것은 비록 돈독하지만 강론하는 것이 전대(前代)의 득실(得失)에 지나지 않았습니다. 또 세 성인이 전수한 미묘한 뜻과 육경(六經)의 지극한 다스림을 이루는 법에 대해서는 들어본 적이 없습니다. 그 친한 이들이 비록 한 시대의 명유지만 간사하고 아첨하는 소인이 또한 그 옆에 있으니 어찌 '불시자견(佛時仔肩)'의 이로움[41]이 있겠습니까? 그러므로 명목으로는 이전의 성인을 바라고 흠

41 『시경(詩經)』「주송(周頌)」의 '경지(敬之)'에 나오는 말로, 끝없이 노력하면 날마다 달마다 발전해 나아간다는 뜻이다. 시에 "이 못난 소자는 비록 총명하지 않지만[維予小子 不聰敬止], 날로 달로 나아가 학문이 광명에 이를 것이니[日就月將 學有緝熙于光明], 맡은 일을 도와 나에게 덕행을 보여 주오[佛時仔肩 示我顯德行]."라고 하였다. 이 시에서 중국 주(周)나라의 제2대 성왕(成王)은 스스로 총명하지 못하나 부지런히 배워 익히면 날로 달로 발전해 나아가 학문이 광명에 이를 것이므로 신하들이 서로 도와

모하지만 도(道)에서는 진실로 깨달음이 없었습니다. 그 또한 유감스러울 만한 일입니다.

태종이 일찍이 말하였다.[42]

"임금이 오직 한 마음을 가져도 (그 마음을) 공격하는 것이 매우 많다. 혹은 뛰어난 역량[勇力]으로, 혹은 명백한 논리[辨口]로, 혹은 알랑거리며 아첨하는 것[諂諛]으로, 혹은 간사하고 남을 속이는 재주[姦詐]로, 혹은 욕망을 즐기는 것[嗜欲]으로써 몰려들어[輻輳][43] 공격해서 각각 자기들이 쓰이기를 구한다. 임금이 조금 게을러져서 그 하나라도 받아들이면 곧 위태롭고 망하게 되니, 이것이 그 어려운 까닭이다."

太宗嘗曰: "人主惟有一心, 而攻之者甚衆. 或以勇力, 或以辯口, 或以諂諛, 或以姦詐, 或以嗜欲, 輻湊攻之, 各求自售. 人主少懈而受其一, 則危亡隨之, 此其所以難也."

신은 이렇게 생각합니다. 진한(秦漢) 이후에 현명한 왕이라고 불리는 이들 가운데 몸을 닦고 허물이 적은 이는 간혹 있었으나, 이 마음에 일삼는 것을 알아서 간사하고 아첨한 자들이 그 틈을

어질고 착한 행실을 드러내 보여 달라고 하였다.

42 『자치통감』 권196 「당기(唐紀)」에 나온다.

43 수레바퀴의 살이 바퀴통에 모이듯 한다는 뜻으로, 한곳으로 많이 몰려듦을 이르는 말이다.

탈까 봐 두려워하는 이는 태종만한 이가 없었습니다. 오직 그 가운데에 주로 하는 것이 있으므로 봉덕이(封德彛)[44]·우문사(宇文士)[45]·권만기(權萬紀)[46]의 무리들이 모두 미혹시킬 수 없었습니다.

그러나 여러 가지가 골고루 쉬이 들어오지만 기욕(嗜欲)이 가장 심하였습니다. 옛날 선대 성왕(聖王)이 오직 이것을 두려워하였으므로 "집에서 무리지어 음란하게 노는 것[朋淫於家]"은 우(禹)임금이 순(舜)임금에게 경계한 바입니다.[47] "겨를이 있다고 하여 '오늘만 탐하고 즐긴다'고 말씀하지 마십시오[無皇耽樂]"라고 한 것은 주공(周公)이 성왕(成王)에게 경계한 바입니다.[48]

---

44 당(唐) 태종(太宗) 때 사람이다. 태종이 처음 치국의 방침을 세울 때 여러 신하와 의논하니 위징(魏徵)은 인의(仁義)로, 봉덕이는 형법으로 정치하기를 주장하였다. 태종이 인의로써 정치하여 천하가 태평하게 되니 "지금 천하가 이렇게 태평한 것은 위징의 힘인데, 봉덕이는 이미 죽어 그에게 오늘의 태평을 보도록 하지 못함이 한이로다."라고 하였다.

45 ?~642. 당나라 장안(長安) 사람이다. 자는 인인(仁人)이고, 우문술(宇文述)의 셋째 아들이다. 수(隋) 문제(文帝) 개황(開皇) 말에 신성현공(新城縣公)에 올랐으며, 양제(煬帝)의 사위다. 나중에 당나라로 귀순하여 왕세충(王世充) 등을 토벌하는 데에 따라갔고, 영국공(郢國公)으로 진작(進爵)되었다. 태종 때 중서령(中書令)에 오르고, 검교양주도독(檢校涼州都督)을 거쳐 포주자사(蒲州刺史)를 지냈는데, 정치가 관대하고 간결하였다.

46 당(唐) 태종 때 사람이다. 정관 10년(636) 선주(宣州)와 요주(饒州)에서 은광(銀鑛)을 채굴할 것을 상소하였으나 태종은 자신이 이익을 좋아하지 않는다며 권만기를 삭탈관작하였다.

47 『서경』「익직(益稷)」에 나온다. 그 본문에 "단주(丹朱)처럼 오만하게 하지 마십시오. 태만하게 노는 것을 좋아하며 오만함과 포악함을 행하며 밤낮없이 쉬지 않고 계속하며 물이 없는 데서 배를 끌고 다니며 소인과 붕당하여 집안에서 음란하여 그 대를 끊어 버렸습니다."라고 하였다.

48 『서경』「무일(無逸)」에 나온다. 그 본문에 "겨를이 있다고 '오늘만 탐하고 즐긴다'고 말씀하지 마십시오. 이는 백성들이 본받을 바가 아니며, 하늘이 순하게 여기는 바가 아닙니다. 세상 사람들이 임금의 잘못을 크게 본받을 것이니, 은왕(殷王) 수(受)가 헤매고 어지러웠던 것과 같이 해서 주덕(酒德)에 빠지지 마소서."라고 하였다.

태종이 간사하고 아첨하는 무리를 엄하게 막아 낼 수 있었으나 욕구를 즐기려는 함정에서는 벗어날 수 없어서 규방에는 부끄러운 일이 많았습니다. 또 무재인(武才人)[49]의 아첨하는 미혹이 마침내 훗날 임금의 자리가 옮겨지고 종지(宗支)가 끊어지는 재앙의 기반이 되었습니다. 대개 하늘로부터 받은 자질이 고매하여 여러 공격의 근원을 알 수 있었는데도 배움이 얕아서 가장 심한 해로움을 이길 수 없었던 것이므로 (태종은) 지혜가 상당하였어도 인(仁)을 지킬 수는 없었습니다. 근래에 유생이 「심잠(心箴)」을 지어서 말하였습니다.[50]

"아득하고 아득한 천지는 굽어보고 우러러봄에 끝이 없도다.
사람이 그 사이에 작게 몸을 두고 있으니
이 작은 몸은 비교하면 태창(太倉)의 한 낟알에 불과한데
참여하여 삼재(三才)가 됨은 오직 마음 때문이네.
예나 지금이나 누가 이 마음이 없겠는가마는

---

49 624~705. 무후(武后)로 당나라 제3대 황제 고종(高宗)의 황후다. 이름은 조(曌)고, 병주(幷州) 문수(文水) 사람이다. 14살 때 태종(太宗)의 후궁이 되었고 황제가 죽자 비구니가 되었는데, 고종의 눈에 띄게 되어 다시 총애를 받았다. 그 후 간계를 써서 황후 왕씨(王氏)를 모함하여 쫓아내고 영휘(永徽) 6년(655) 황후가 되었다. 몇 년 뒤 고종의 건강을 핑계로 스스로 정무를 맡아보며 독재 권력을 휘둘렀고, 홍도(弘道) 원년(683) 고종이 죽자 자신의 아들 중종(中宗)과 예종(睿宗)을 차례로 즉위시켰다. 천수(天授) 원년(690) 스스로 성신황제(聖神皇帝)라 칭하며 나라 이름도 주(周)로 고치고 16년 동안 재위하였다. 신룡(神龍) 원년(705) 재상 장간지(張柬之) 등의 주장대로 중종에게 황위를 선양(禪讓)하였고, 그해 병에 걸려 죽었다. 시호는 측천황후(則天皇后)다.

50 범준(1102~1151)의 「심잠(心箴)」에 나온다. 범준은 남송 무주(婺州) 난계(蘭溪) 사람으로 자는 무명(茂明)이고, 호는 향계(香溪)다. 학문적 성향은 심학(心學)이 중심이었는데, '존심양성(存心養性)'과 '신독(愼獨)', '지치지회(知恥知悔)'를 강조하였다. 저서에 『향계집(香溪集)』이 있는데, 주희(朱熹)가 그 가운데 실린 「심잠」을 대단히 존중하였다.

마음이 형체에 사역을 당하여 마침내 짐승이 되고 마네.

입과 귀와 눈과 수족과 동정이

마음의 빈틈을 파고들어 마음의 병이 되네.

한 마음의 은미함을 여러 욕심들이 공격하니,

그 보존된 것이 아! 얼마 되지 않는구나.

군자(君子)는 성(誠)을 보존하여 잘 생각하고 잘 삼가[敬]하니,

천군(天君)이 태연하여

백체(百體)가 명령을 따르도다."

심잠(心箴)은 비록 평범한 말이지만 마음을 바르게 하는 학문에서는 매우 간절하므로 기록하였습니다.

현종(玄宗) 명황제(明皇帝)가 개원(開元) 연간에 재상에게 말하였다.[51]

"짐이 매양 독서하여 의심되고 막히는 바가 있어도 질문할 데가 없다. 유학자를 가려 뽑아 안에 들어와서 시독(侍讀)하게 하라."

노회신(盧懷愼)[52]이 태상경(太常卿) 마회소(馬懷素)[53]를 천거

51 『자치통감』 권211 「당기(唐紀)」에 나온다.

52 ?~716. 당나라 활주(滑州) 영창(靈昌) 사람이다. 조적(祖籍)은 유주(幽州) 범양(范陽)이다. 청렴하고 영리를 좇지 않았으며, 복식이나 기물에도 금옥 장식을 전혀 하지 않았다. 받은 봉록도 그때마다 나눠 주어 집안에 남겨 두지 않아 처자들마저 궁핍하게 살았다. 시호는 문성(文成)이다.

53 당나라 윤주(潤州) 단도(丹徒) 사람으로 자는 유백(惟白)이다. 젊어서 이선(李善)에게

하여서 이에 좌산기상시(左散騎常侍)로 삼아 저무량(褚無量)[54]과 함께 번갈아 가며 시독하게 하였다. 매양 합문에 이르러 견여(肩輿)를 타고 나오게 하였으며, 혹은 별관에 있으면서 길이 멀면 궁중에서 그 소식을 듣고 말을 타고 친히 가서 맞이하여 사부(師傅)의 예로 대우하였다.

玄宗明皇帝開元中謂宰相曰: "朕每讀書, 有所疑滯, 無終質問. 可選儒學之士, 使入內侍讀." 盧懷愼薦太常卿馬懷素. 乃以懷素爲左散騎常侍, 與褚無量更日侍讀. 每至閤門, 令乘肩輿以進. 或在別館道遠, 聽於宮中, 乘馬親送迎之, 待以師傅之禮.

개원 연간에 여정서원(麗正書院)을 두고 문학지사(文學之士)를 모아서 책을 쓰게 하거나 시강하게 하였으며 장열(張說)[55]로 하여금 수서사(修書使)를 삼아서 총괄하게 하였고, 유사(有司)에게 공급을 넉넉하고 후하게 하도록 하였다.[56] 중서사인(中書舍人) 육견(陸堅)[57]

배워 경사(經史)에 박통(博通)하였다. 현종(玄宗) 개원(開元) 초에 호부시랑(戶部侍郎)이 되고, 상산현공(常山縣公)에 봉해졌다. 세 번 비서감(秘書監)으로 옮겼고, 소문관학사(昭文館學士)를 겸하였다. 나이 60살에 죽었다. 시호는 문(文)이다.

54 645(646)~719(720). 당나라 항주(杭州) 염관(鹽官) 사람으로 자는 홍도(弘度)다. 명경(明經)으로 발탁되어 국자사업(國子司業)과 수문관학사(修文館學士)를 지냈다. 심자정(沈子正)에게 수학하였으며, 삼례(三禮)에 정통하였다. 현종이 즉위하자 좌산기상시(左散騎常侍) 겸 국자좨주(國子祭酒)가 되고, 서국공(舒國公)에 봉해졌다. 시호는 문(文)이다.

55 667~731. 당나라 하남(河南) 낙양(洛陽) 출신으로 선조는 범양(范陽) 사람이고, 하동(河東)에 살았다. 중종(中宗) 때 황문시랑(黃門侍郎)이 되었고, 예종(睿宗) 때 동중서문하평장사(同中書門下平章事)가 되어 태자 이융기(李隆基)에게 국사를 감독하게 할 것을 주청하였다. 문사(文辭)에 뛰어나 조정의 중요한 문건이 대개 그의 손에서 나왔다. 시호는 문정(文貞)이다.

이 나라에는 유익한 바가 없고 다만 비용만을 소모한다며 그것을 파하자고 아뢰려고 하였다. 이에 장열이 말하였다.

"예로부터 제왕이 국가에 일이 없을 때에 궁실을 높이고 음악과 여색[聲色]을 넓히지 않음이 없었습니다. 지금 천자께서 홀로 유학자들을 불러들여 예우하시고 전적(典籍)을 발휘하시니, 유익한 바가 크고 손실된 바가 적습니다. 육견의 말을 어찌 내치지 않으십니까?"

황제가 그것을 듣고 장열을 중하게 여기고 육견을 박하게 대우하였다.

開元中, 置麗正書院, 聚文學之士或修書, 或侍講, 以張說爲修書使, 以總之, 有司供給優厚. 中書舍人陸堅以爲無益於國, 從爲糜費, 欲奏罷之. 張說曰: "自古帝王於國家無事之時, 莫不崇宮室、廣聲色, 今天子獨延禮文儒, 發揮典籍, 所益者大所損者微陸子之言何不達也?" 帝聞之, 中說而薄堅.

신은 이렇게 생각합니다. 명황(明皇)이 처음 다스릴 적에 배움을 좋아하고 문(文)을 숭상하여 그 성대함이 이와 같으니, 훌륭하다고 말할 만합니다.

만약 당시에 유학의 정도(正道)를 지키는 참된 선비 한 사람을 얻어 임금을 도와 천하를 조화롭게 하는 지위에 두고, 매일 요순(堯舜)과 삼왕(三王)의 도(道)와 육경(六經)과 공맹(孔孟)의 말로 앞에서 그것을 아뢰게 하면, 반드시 격물하여 그 앎을 지극히 하

---

56 『자치통감』 권212 「당기(唐紀)」에 나온다.

57 당나라 현종 때 낙양 사람으로 본명은 우제(友悌)다. 서법에 뛰어났다.

니, 시비와 사정의 분별이 환하게 밝혀져 미혹됨이 없어 장구령(張九齡)과 이임보(李林甫)의 충성됨과 사악함이 뒤바뀌어 등용하고 내쳐짐에는 이르지 않았을 것입니다.

또 반드시 뜻을 성실하게 하여 그 마음을 바르게 하니, 음악과 여색·재물의 꾀임에도 확고하게 넘어가지 않아서 혜비(惠妃)·태진(太眞)의 아양과 왕공(王鉷)·우문융(宇文融)의 수탈이 심해지지 않을 것입니다.

또 반드시 몸을 닦아 그 집을 바르게 할 것이니 부자·부부의 윤리와 조정·궁궐의 정치에 각각 그 도(道)가 실천되면 어찌 참소를 믿어 세 왕자를 폐위하고 죽이는 화가 있었겠으며, 또 어찌 안녹산(安祿山)이 궁위(宮闈)를 업신여기고 어지럽히는 추악함이 있었겠습니까?

어찌 장열의 무리가 문장과 글씨로 나아가는 데에 불과하였겠으며, 저무량(褚無量)·마회소(馬懷素) 역시 장구만 외는 유학자에 불과하였겠습니까? 황제가 비록 배움에 뜻이 있으나 강독해서 깨우쳐 알게 하는 것이 겨우 이와 같으니, 이 때문에 문물의 성대함이 개원 연간에 극에 달하였으나 황제의 마음은 이미 편안함에 빠져서 여자와 소인이 안팎에서 교대로 부추겨 근본이 날마다 잠식됩니다. 그 화란을 없애고자 하였으나 할 수 있었겠습니까? 그러므로 임금의 배움은 진실로 성왕(聖王)으로 스승을 삼으며, 몸과 마음을 위주로 삼는 것을 알지 못한다면 그 유익함을 보지 못할 것입니다.

헌종[58]이 전분(典墳)[59]에 뜻을 두시고, 언제나 전대의 흥망(興亡)과 득실(得失)을 살펴보고, 모두 그 말을 여러 번 반복하였다.[60] 또 정관·개원 연간의 『실록』을 읽고, 태종이 지은 『금경서(金鏡書)』·『제범(帝範)』과 현종이 지은 『개원훈계(開元訓戒)』를 보고, 황제[憲宗]가 채집한 『상서(尙書)』·『춘추(春秋)』·『사기(史記)』·『한서(漢書)』 등의 책에서 군신들이 행한 일 가운데 귀감이 될 만한 것을 모아 14편으로 완성하였다. 그 조목은 임금과 신하의 도(道)가 합함[君臣道合], 사정(邪正)을 분별함[辨邪正], 권신(權臣)과 행신(倖臣)을 경계함[戒權倖], 은미한 행실을 경계함[戒微行], 현명한 신하에게 맡김[任賢臣], 충직한 간언을 받아들임[納忠諫], 정벌을 삼감[愼征伐], 형법을 엄중히 함[重刑法], 사치와 교만함을 제거함[去奢泰], 절약과 검소를 숭상함[崇節儉], 충직을 권장함[奬忠直], 덕정을 닦음[修德政], 사냥에 대해 간함[諫畋獵], 공로 있는 신하와 현명한 신하를 녹훈함[錄勳賢]이다. 상하권으로 나누어서 그 제목을 『전대군신사적(前代君臣事跡)』이라 하였다. 그 책을 병풍에다 베

---

58 당나라의 황제(재위 805~820)로 본명은 순(淳)이다. 순종(順宗)의 일곱 번째 아들이다. 정원(貞元) 21년(805) 태자가 되고, 그해 8월 즉위하였다. 관료 조직을 개혁하고 강회(江淮)의 재부(財賦)를 정돈하면서 월권과 반란을 제압하려고 하였다. 번진(藩鎭)이 발호하였던 국면도 잠시 소강상태에 들어가 당나라 조정의 위명(威名)이 회복되었다. 만년에 금단(金丹)을 먹고 조급증에 빠져 결국 환관 진홍지(陳弘志) 등에게 모살(謀殺)당하였다. 15년 동안 재위하였다. 시호는 성신장무효황제(聖神章武孝皇帝)다.

59 삼분 오전(三墳五典)의 준말이다. 이는 삼황오제(三皇五帝)의 글을 말하는 것으로, 전(典)은 소호(少昊)·전욱(顓頊)·제곡(帝嚳)·제요(帝堯)·제순(帝舜)의 5전(五典)을 말하고, 분(墳)은 복희(伏羲)·신농(神農)·황제(黃帝)의 3분(三墳)을 말한다.

60 『구당서』 권72 「열전」 제22에 나온다.

껴 써서 앉은 자리의 오른쪽에 펼쳐 두었다.

憲宗留意典墳, 每覽前代興亡得失之事, 皆三復其言. 又讀貞觀、開元『實錄』, 見太宗撰『金鏡書』及『帝範』, 玄宗撰『開元訓誡』, 帝遂採『尙書』、『春秋』、『史』、『漢』等書君臣行事可爲龜鏡者集成十四篇: 曰君臣道合, 曰辨邪正, 曰戒權倖, 曰戒微行, 曰任賢臣, 曰納忠諫, 曰瑾征伐, 曰重刑法, 曰去奢泰, 曰崇節儉, 曰奬忠直, 曰修德政, 曰諫畋獵, 曰錄勳賢, 分爲上下卷目, 曰『前代君臣事跡』, 以其書寫於屛風, 列之座右.

신은 이렇게 생각합니다. 헌종이 경적(經籍)의 뜻을 완미하고 그 일을 모아서 귀감으로 삼으니 뜻이 아름답습니다. 채주(蔡州)를 평정하고 난 후에 교만과 사치가 갑자기 나타났습니다. 배도(裵度)[61]가 충직해서 멀어졌고, 이봉길(李逢吉)[62]은 참소와 아첨으로 기용되었고, 황보박(皇甫鎛)[63]과 정이(程异)[64]는 넉넉한 재물로 나아가게 하였으니 이것은 사(邪)와 정(正)을 분별하지 않은 것이고 현신에게 맡기지 않은 것이며, 충직한 간언을 받아들이지 않은 것이고, 훈현(勳賢)을 녹훈하지 않은 것입니다.

---

61 765~839. 당나라 하동(河東) 문희(聞喜) 사람이고 자는 중립(中立)이다. 덕종(德宗) 정원(貞元) 5년(789) 진사에 올랐다. 헌종(憲宗) 원화(元和) 때 사봉원외랑(司封員外郎)과 중서사인(中書舍人), 어사중승(御史中丞)을 지냈고, 번진(藩鎭)을 없앨 것을 강력하게 주장하였다. 절도사를 억압하고, 환관에 대해서도 강경책을 취하여 헌종과 목종, 경종(敬宗), 문종의 4조에 걸쳐 활약하였다.

62 758~835. 당나라 농서(隴西) 적도(狄道, 지금 감숙성 임조현(臨洮縣)) 사람이고 자는 허주(虛舟)다. 이현도(李玄道)의 증손이다.

63 환관 토돌승최(吐突承璀)와 결탁하여 재상의 지위에 올랐다.

64 ?~819. 자(字)는 사거(師擧)로 장안 사람이다. 당 헌종 시절의 동중서문하평장사를 역임하였다.

토목공사가 많아지면 절검(節儉)과는 반대가 되고, 세금을 지나치게 많이 거두면 덕정(德政)과는 거리가 있습니다. 무릇 이른바 14개의 조목은 한 가지도 어그러지지 않은 것이 없으니, 그 까닭은 무엇입니까? 대개 안에 있으면서 만사(萬事)를 제어하는 것은 마음이니, 옛날 선대의 성왕(聖王)은 반드시 여기에 힘을 썼습니다. 그러므로 일심(一心)이 바르면서 만사가 바르지 않은 경우는 없습니다.

헌종이 과거의 성공과 실패의 자취를 거울로 삼아야 함을 알았지만 옛 사람이 말한 『대학』의 근원은 알지 못하였습니다. 번진(藩鎭)[65]을 다 평정하지 않을 때에도 오히려 억지로 채찍질하여 독려하다가 하루아침에 공을 세우니 거만하고 스스로 방자해졌습니다. 해결해야 할 문제가 비록 있었으나 (황제의) 생각이 이미 다른 곳으로 옮겨져서 보는 것이 쓸모없는 것이 되었으니 그 마음을 다스리지 않은 까닭입니다.

당시의 군신들 가운데에 배게(裴垍)만이 마음을 바르게 하는 설을 올릴 수 있었으나 마음이 바르게 되는 까닭에는 역시 미치지 못하여서 다만 그 강령(綱領)만을 아뢸 뿐 힘을 써야 할 곳은 말하지 않았습니다. 이는 사람을 극기복례(克己復禮)로써 가르치고서도 보고 듣고 말하고 행동하는 조목은 말하지 않은 것과 같으니, 그것

---

65 당나라 때의 절도사(節度使)를 말한다. 당나라·오대(五代)의 군직(軍職)으로 부병제(府兵制)가 흐트러진 8세기 초에 북방 민족의 침입을 막기 위하여 변경의 요지에 둔 군단의 사령관이다. 안녹산(安綠山)의 난 이후에는 나라 안의 요지에도 두어, 군정(軍政)뿐만 아니라 민정·재정(財政)까지도 겸하게 되어 강력하고 큰 권한을 가졌다. 송나라 초기에 폐지하였다.

이 유익할 수 있겠습니까? 그러므로 신하된 자가 『대학』을 알지 못하면, 마땅한 도(道)로 그 임금을 이끌 수 없습니다.

이상은 '한나라 광무제·명제·장제와 당나라 세 황제의 학문[漢光武明章唐三宗之學]'을 말하였습니다.

한·위·진·수·당나라 여러 임금들의 학문 [漢魏陳隋唐數君之學]

한나라 원제는 재능과 기예가 많아서 글쓰기를 잘하며, 거문고와 비파를 잘 타고, 퉁소를 잘 불며, 스스로 곡조를 만들어 노랫소리를 입혔는데 음을 나눈 것이 절도에 맞아서 오묘한 것이 극에 이르렀다.[66] 어려서 유학을 좋아하더니 즉위해서는 유생들을 등용하여 정치를 맡겨서 공우(貢禹)[67]·설광덕(薛廣德)[68]·위현성(韋玄

66 『전한서(前漢書)』 권9 「원제기(元帝紀)」 제9에 나온다.

67 BC 124~BC 44. 전한 낭야(琅邪) 사람으로 자는 소옹(少翁)이다. 선제(宣帝) 때 명경결행(明經潔行)으로 명성을 얻어 박사(博士)가 되었다. 여러 차례 상서하여 궁중의 사치에 대해 건의하고 요역(徭役)을 줄일 것과 어질고 유능한 사람을 기용할 것, 창악(倡樂)을 없애고 상업을 경시할 것 등을 주청하였다. 동중서(董仲舒)의 제자 영공(嬴公)에게 『춘추공양전(春秋公羊傳)』을 배웠고, 나중에는 영공의 제자인 휴맹(眭孟)을 사사하였다. 저서에 청나라 왕인준(王仁俊)이 편집한 『춘추공양공씨의(春秋公羊貢氏義)』가 『옥함산방집일서』 속편에 수록되어 있다.

68 전한 패군(沛郡) 상현(相縣) 사람으로 자는 장경(長卿)이다. 대승(戴勝), 대사(戴舍) 등에게 『노시(魯詩)』를 가르쳤다. 선제(宣帝) 때 소망지(蕭望之)의 천거로 경학박사(經學博士)가 되고, 일찍이 석거각(石渠閣) 회의에 참여하였다. 간의대부(諫議大夫)와 장신소부(長信少府), 어사대부(御史大夫) 등을 역임하였다. 사람됨이 온아하고 침착하였는데,

成)[69]·광형(匡衡)이 번갈아 재상이 되었다. 그러나 임금이 문장의 뜻에만 얽매여 우유부단(優游不斷)하니 효선제(孝宣帝)의 위업이 쇠퇴하였다.

漢元帝多才藝, 善史書, 鼓琴瑟, 吹洞簫, 自度曲, 被歌聲, 分判節度, 窮極幼眇, 小而好儒, 及卽位, 徵用儒生, 委之以政, 貢、薛、韋、匡迭爲宰相. 而上牽制文義, 優游不斷, 孝宣之業衰焉.

신은 이렇게 생각합니다. 임금의 배움은 자신을 닦고 남을 다스리는 것에 불과할 뿐입니다. 원제(元帝)는 이 두 가지에 일찍이 뜻을 기울이지 않았습니다. 그리고 좋아하는 것은 문장[筆札]과 음율(音律)에 관계된 일인지라 가령 정묘함이 극에 이르더라도 서리[胥史]의 작은 능력과 공고(工瞽)의 변변치 못한 재주에 불과하니 이것이 어떻게 임금의 큰 도이겠습니까?

옛날에 안연(顔淵)이 나라를 다스리는 방법을 물었는데 공자가 정나라 음악[鄭聲]을 추방하라고 말하였습니다.[70] 지금 황제가 좋아하는 것은 퉁소를 잘 불며 스스로 노래를 짓는 것이니, 바로 이른바 '정(鄭)나라 음악'입니다. 선대의 유학자가 "그 음이 슬프고 애처로워서 사람들로 하여금 그 뜻을 오랫동안 정체하게 하여 몹시 게으르고

삼공(三公)에 올라서도 직언으로 간쟁(諫爭)하여, 결국 나중에 사직하고 귀향하였다.

69 ?~BC 36. 전한 노국(魯國) 추현(鄒縣, 산동성) 사람으로 자는 소옹(少翁)이고, 위현(韋賢)의 막내아들이다. 젊어서부터 학문을 좋아하였고, 항상 겸손하였다. 선제의 명으로 제유(諸儒)들과 석거각(石渠閣)에서 오경(五經)의 동이(同異)를 의논하였다. 경학에 밝아 원제(元帝)가 즉위하자 소부(少府)가 되고, 태자태부(太子太傅)를 거쳐 어사대부(御史大夫)까지 올랐다.

70 『논어』「위령공(衛靈公)」에 나온다.

교만하고 음란하게 할 수 있는 것이 모두 여기에서 나왔다."라고 하였습니다.[71] 원제(元帝)의 자질은 본래 강직하고 명석하지 않았는데, 또 좋아하는 것으로 거듭하여 그 의지와 기개가 무너지고 쓰러지는 것이 날로 더욱 심해졌으니, 어찌 신속하게 일어나는 이치가 있겠습니까? 마땅히 그 문장의 뜻에만 이끌리고 구속되어 우유부단하니 끝내 한(漢)나라 왕실에 화가 미치는 단서가 되었습니다.

위(魏)나라 문제(文帝)는 비록 전쟁 중에 있더라도 손에서 책을 놓지 않았다.[72] 어려서는 『시경(詩經)』·『논어(論語)』을 암송하였고, 어른이 되어서는 오경(五經)을 갖추어 섭렵하였고, 『사기(史記)』·『한서(漢書)』 제자백가의 말을 모조리 다 보았으며, 지은 서(書)·논(論)·시(詩)·부(賦)가 무릇 60편이다.

魏文帝雖在軍旅, 手不釋卷. 小誦詩論, 及長, 備歷『五經』、『史』、『漢』諸子百家之言靡不畢覽, 所著書論詩賦凡六十篇.

사신(史臣) 진수가 말하였다.[73]

"문제의 타고난 자질과 글재주는 붓을 들면 문장이 되고, 널리 듣고 잘 기억하며 재주와 기예를 겸하여 갖추었습니다. 만약

71 장재(張載)의 말이다. 『근사록』 권12에 나온다.

72 『태평어람』 권93 「황왕부(皇王部)」 18 위태조무황제(魏太祖武皇帝)조에 나온다.

73 『삼국지(三國志)』 「위지(魏志)」 권2 문제(文帝)조에 나온다.

넓고 큰 도량을 더하여 공평한 정성에 힘쓰고, 뜻에 힘쓰고 도를 보존하며 덕스러운 마음을 넓히면, 바로 옛날의 현명한 군주가 어찌 멀리 있겠습니까?"

史臣陳壽曰: "文帝天資文藻, 下筆成章, 博問彊識, 才藝兼該. 若加之曠大之度, 勵以公平之誠, 邁志存道, 克廣德心, 則古之賢主何遠之有?"

—위나라 무제 조조의 아들이다.—

신은 이렇게 생각합니다. 문제가 태자일 적에는 왕찬(王粲)[74]·완우(阮瑀)[75] 등 당대의 문사 여러 인물들과 더불어 교유하니 건안칠자(建安七子)라고 불렸습니다. 문제 및 왕찬 등이 문장을 지은 것이 지금까지 모두 있으니 그 화려함은 진실로 그러한 점이 있지만,

---

74 177~217. 후한 말기 산양(山陽) 고평(高平) 사람으로 자는 중선(仲宣)이고, 귀족 집안에서 태어났다. 초평(初平) 원년(190) 헌제(獻帝)가 동탁(董卓)의 강요에 못 이겨 장안(長安)으로 천도하였을 때 배종(陪從)하였다. 얼마 후 동탁이 암살되어 장안이 혼란에 빠지자 형주(荊州)로 몸을 피해 유표(劉表)에게 의지하였다. 건안(建安) 18년(208) 유표가 죽자 그의 아들 유종(劉琮)을 설득하여 조조(曹操)에게 귀순시키고 자신도 승상연(丞相椽)이 되어 관내후(關內侯)의 작위를 받았다. 건안칠자(建安七子)의 한 사람이자 대표적 시인으로, 표현력이 풍부하고 유려하면서도 애수에 찬 시를 남겼는데, 「종군시(從軍詩)」 5수와 「칠애시(七哀詩)」 3수, 「등루부(登樓賦)」가 유명하다. 저서에 『왕시중집(王侍中集)』이 있다.

75 165?~212. 후한 말기 진류(陳留) 울지(尉氏) 사람으로 건안칠자의 한 사람이고, 자는 원유(元瑜)다. 어려서 채옹(蔡邕)에게 수학하였다. 음률에 정통하였으며 거문고를 잘 탔다. 헌제(獻帝) 건안시기에 조조의 사공군모좨주(司空軍謀祭酒)가 되었고 기실(記室)을 관장하여 서찰과 격문(檄文), 공문 등을 기초하였으며, 나중에 창조연속(倉曹椽屬)이 되었다. 원래 5권의 문집이 있었지만 없어졌고, 명나라 사람이 『완원유집(阮元瑜集)』을 편집하였다. 장(章), 표(表), 서기(書記)를 잘 지었으며 진림(陳琳)과 더불어 유명하였다. 당시 군국(軍國)의 서찰과 격문은 대부분 이 두 사람의 손에서 나왔다.

풍아(風雅)와 전고(典誥)의 관점에서 본다면 죄인입니다.

광대한 도량[曠大之度], 공평한 정성[公平之誠], 뜻에 힘쓰고 도를 보존함[邁志存道], 덕스런 마음을 넓히는 것[克廣德心]은 모두 임금이 마땅히 힘써야 할 것이나 문제가 제위를 이어받아서는 기뻐하는 안색(顔色)을 보이고, 부모의 상(喪)을 당해서는 잔치를 즐기고 슬퍼하지 않았으며, 동기간의 은혜에 야박하고 총애하지 않는 부인을 죽였으며, 좋아하는 것은 멀리서도 구하고 사사로운 감정으로 간관(諫官)을 죽이니, 이것은 마땅히 힘써야 할 곳에 힘쓸 것을 알지 못하는 것입니다. 서(書)·논(論)·시(詩)·부(賦)는 문사의 변변치 못한 재주일 뿐이니, 임금이 마땅히 힘쓸 바가 아닙니다. 그러나 오만하게도 스스로 자랑하여 자기만 못하다고 말하며 식견과 도량이 이와 같으니 그 사관(史官)이 비웃은 것이 마땅합니다!

후위(後魏)의 왕인 규(珪)[76]가 박사 이선(李先)에게 물었다.[77]

"천하의 어떤 물건이 사람에게 유익하고 더 지혜롭게 만들

---

76 371~409. 탁발규(拓跋珪)다. 북위(北魏)의 초대 황제(재위 386~409)로 묘호는 태조(太祖)이고, 시호는 도무제(道武帝)다. 전진(前秦)이 비수(淝水) 전투에서 동진(東晉)에 패해 국세가 쇠약해지자 이 틈을 타 우천(牛川)에서 옛 탁발부 선비족을 규합하여 탁발부 대왕(代王)의 지위에 올랐고, 이어서 성락(盛樂)에 도읍을 정하고 국호를 위(魏)라 고쳤다(386). 중국식의 국가 체제를 채용하여 예교(禮敎)와 관제(官制)를 정비하고, 한인(漢人) 명사를 임용하여 신국도(新國都) 평성(平城, 대동(大同))을 경영하였다. 황시(皇始) 원년(396) 황제라 칭하고 군림하였지만, 만년에 가서 광폭해져 둘째 아들 탁발소(拓跋紹)에게 살해되었다.

77 『자치통감』 권111에 나온다.

겠습니까?"

(이선이) 대답하였다.

"서적만한 것이 없습니다."

규(珪)가 물었다.

"서적이 얼마나 있습니까? 어떻게 하면 모을 수 있습니까?"

(이선이) 대답하였다.

"문자가 만들어진 이래 세월이 흐를수록 더욱 많아졌으니 지금은 다 헤아릴 수 없습니다. 만일 임금께서 좋아하신다면 어찌 모으지 못하는 것을 근심하겠습니까?"

규(珪)가 드디어 군현에 명을 내려 대대적으로 서적을 찾아서 평성(平城)으로 다 보내게 하였다.

後魏王珪問博士李先曰: "天下何物可以益人神智?" 對曰: "莫若書籍." 珪曰: "書籍有幾? 如何可集?" 對曰: "自書契以來, 世有滋益, 至今不可勝計. 苟人主所好, 何憂不集?" 珪遂命郡縣大索書籍, 悉送平城.

신은 이렇게 생각합니다. 『대학』의 도(道)는 치지(致知)를 처음으로 삼으니, 바로 총명해져서 지식을 발현하고자 한 것입니다. 위왕(魏王) 규(珪)는 오랑캐의 임금으로 처음에는 배운 적이 없었는데도 "사람에게 유익하고 더 지혜롭게 만들겠습니까?"라는 질문을 하였으니 절실한 물음이라고 할 만합니다. 이선(李先)이 "서적만한 것이 없습니다."라고 한 대답도 역시 좋은 대답이라고 할 만합니다.

그러나 "문자가 만들어진 이래 세월이 흐를수록 더욱 많아졌으며, 임금께서 좋아하시니 어찌 모으지 못함을 근심하겠습니까?"라고 대답하였으니 매우 잘못된 것입니다. 고금의 서적들이 비록 많으나 그 군덕(君德)과 치도(治道)에 절실한 것은 육경(六經)뿐이고 또 『논어』·『맹자』뿐이니, 육경(六經)의 큰 뜻은 임금이 모두 마땅히 들어야 하는 것입니다. 그러나 천자는 하루에도 살펴야 할 정무가 너무 많으니 두루 읽고 널리 통달해야 할 방법이 없습니다. 진실로 오로지 (육경의) 한두 가지만을 정밀히 하고서 『논어』·『맹자』·『대학』·『중용』의 책을 겸하여 힘을 다하며, 그 사이에 유신(儒臣)에게 명하여 역대(歷代) 왕조의 득실(得失)을 아뢰게 한다면 총명해져서 지식을 발현하는 것이 또한 어찌 적겠습니까?

애석하게도 이선(李先)은 평범하고 비루한 유생이고 지혜도 여기에 미치지 못하였으며, 다만 후위의 왕에게 책을 모으는 것이 훌륭하다고만 하였고 책에서는 얻을 것이 없다고 하였습니다. 신선(神仙)을 구하고, 형벌(刑罰)을 남발하고, 음악과 여색[聲色]을 탐닉하여 마침내 무도(無道)함으로 그 몸을 해쳤습니다. 비록 도서(圖書)가 산처럼 쌓였으나 과연 만에 하나라도 무슨 보탬이 되겠습니까?

당(唐) 문종(文宗)[78]은 성품이 검소하여 정사를 보던 틈에 오직 글

78 809~840. 이름은 이앙(李昻)이다. 당나라의 황제(재위 826~840)로 목종(穆宗)의 둘째 아들이고, 경종(敬宗)의 동생이다. 경종 보력(寶曆) 2년(826) 환관 왕수징(王守澄) 등이 옹립하여 제위에 올랐다. 처음에는 올바른 정치를 하고자 고민하여 궁녀 3천 명을 출궁(出宮)시키고, 오방응견(五坊鷹犬)을 방출하며, 불필요한 관료 1,200여 명을 내보내 정치가 청명하다는 소리를 들었다. 나중에 환관이 정권을 쥐고 흔들자 이훈(李訓)과 정주(鄭注) 등을 등용하여 감로사변(甘露事變)을 발동시켜 환관들을 모두 죽일 계

쓰기[書]와 역사[史]로써 스스로 즐거움을 삼았고, 음악과 놀이와 사냥에는 뜻을 둔 적이 없었다.[79]

唐文宗性儉素, 聽朝之暇, 惟以書史自娛. 聲樂遊畋, 未嘗留意.

신은 이렇게 생각합니다. 문종은 배움을 좋아하는 임금이라고 말할 만하나 끝내 재앙과 패란(敗亂)의 지경에서 (나라를) 구원해 내지는 못하였습니다. 『주역』에서 이르기를 "군자는 옛 사람이 남겨놓은 말과 행동을 많이 알아 자신의 덕을 기른다"[80]라고 하였으니, 문종에게 이 뜻을 알게 하였다면 건건(乾健)[81]을 완미하여 그 강함을 기르고 이려(離麗)[82]를 체득하여 그 총명함을 길렀을 것입니다. 그리고 강하고 총명해지면 위복(威福)의 권세를 반드시 거두어 쥘 수 있고 군자와 소인을 구분함에 반드시 그 구별에 명백해질 수 있을 것입니다. 어찌 나약하여 서지 못하고 남의 말을 듣고 적임자가 아닌 사람을 등용하여서 내시[閹寺]의 세력이 더욱 커지게 하여 주(周) 난왕(赧王)과 한(漢) 헌제(獻帝)[83]에 스스로 비교됨을 받아들이는 데에 이른 것입니까?[84] 그 서사(書史)에서 털끝만큼

획을 세웠다. 그러나 일이 실패하여 이훈과 정주 등은 피살되고, 황제 역시 연금되었다. 14년 동안 재위하였고, 시호는 원성소헌황제(元聖昭獻皇帝)다.

79 『자치통감』 권244 「당기」 60 문종원성소헌효황제 상지하(文宗元聖昭獻孝皇帝上之下) 조에 나온다.

80 『주역』 「대축괘(大畜卦)」에 나온다.

81 『주역』 「건괘(乾卦)」에 나온다.

82 『주역』 「이괘(離卦)」에 나온다.

83 이들은 권신(權臣)에게 휘둘려 나라를 멸망에 이르게 한 무능한 군주를 뜻한다.

84 당나라 문종 대는 환관들이 대부분의 권력을 장악하였는데, 그 내용은 다음과 같다.

의 얻음도 없었으니 바르게 앉아서 스스로 (오락거리로) 즐기기만 하였기 때문일 것입니다. 책을 좋아하면서도 그것으로써 쓸데없는 이야기나 삼고 긴 하루를 소비한다면 문종과 같은 사람이 되지 못할 이는 드물 것입니다.

후한(後漢)의 영제(靈帝)[85]가 문학을 좋아하여 스스로 『황희편(皇羲篇)』 50장을 지었다.[86] 여러 유생들 중에 문부를 잘 짓는 자들을 불러서 아울러 홍도문(鴻都門) 아래에서 기다려 짓게 하고 뒤에 척독(尺牘)을 만들고 조전(鳥篆, 전서)을 잘 쓰는 자들을 모두 불러 모으니, 마침내 수십여 명에 이르렀다. 시중좨주(侍中祭酒) 악송

"개성 4년에 …… 주지(周墀)가 말하기를 '신은 앎이 부족하나 천하가 폐하를 요순임금이라고 합니다.'라고 하였다. 문종이 '주나라의 난왕과 한나라의 헌제와 비교하여 누가 더 나은가?'라고 묻자, 주지가 황공하고 놀라며 '폐하의 덕(德)은 주나라의 성왕·강왕, 한나라의 문제·경제에도 비교할 것이 아닌데, 어찌 스스로 두 임금에게 견주십니까?'라고 말하였다. 문제가 '주나라의 난왕과 한나라의 헌제는 강한 신하들에게 제어를 받은 자들이다. 지금 짐은 환관[家奴]에게 제어를 받으니 그들보다 못한 지경이다.'라고 말하면서 눈물을 흘렸다. 주지도 땅에 엎드려 눈물을 흘렸다. 후에 조정을 회복하지 못하고 죽음에 이르렀다." 『신당서』 권207 「열전」 제132 환자 상(宦者上)조에 나온다.

85 156～189. 중국 후한(後漢)의 제12대 황제로 이름은 유굉(劉宏)이다. 해독정후(解瀆亭侯) 유장과 동 태후의 아들이다. 당숙인 제11대 황제인 환제(桓帝) 유지(劉志)가 슬하에 자식이 없자 후계자로 지목되어 13세의 나이로 168년에 제위에 올랐다. 시호는 효령황제(孝靈皇帝)다. 즉위하였을 때 환관 십상시(十常侍)들이 황제의 귀와 눈을 막고 국정을 멋대로 처리하여 곳곳에서 반란의 조짐이 보였다. 결국 184년에 황건적의 난이 발발하였다. 얼마 안 가서 이 반란은 진정되었으나 어머니 동 태후와 부인 하 황후(何皇后), 하 황후 오빠 대장군 하진(何進) 간의 암투에 휘말리다가 사망하였다. 영제의 재위기간이 끝남과 동시에 군웅할거시대가 열리게 되고 삼국시대로 이어졌다.

86 『후한서』 권90 하(下) 「채옹열전(蔡邕列傳)」 제50 하(下)에 나온다.

(欒松)과 가획(賈獲)이 권세를 쫓지 않는 무리들을 많이 끌어들여서 그 사이에 두고 기쁘게 마을의 작은 일들까지 아뢰게 하니, 황제가 매우 기뻐하고 특별한 지위로[不次之位]로 대우하였다.

後漢靈帝好文學, 自造『皇羲篇』五十章. 因引諸生能爲文賦者, 竝待制鴻道門下, 後諸爲尺牘及工書鳥篆者皆加引召, 遂至數十人. 侍中祭酒樂松、賈護, 多引無行趣勢之徒置其間, 熹陳閭里小事, 帝甚悅之, 待以不次之位.

신은 이렇게 생각합니다. 사부(詞賦)를 짓는 작은 재주를 양웅(揚雄)은 조충전각(雕蟲篆刻)[87]에 비교하였으니, 장부도 또한 부끄러워하는 일인데 하물며 임금이겠습니까? 부(賦)도 오히려 쓸모없거늘 하물며 전서(篆書)를 쓰는 말단의 기예이겠습니까! 영제가 학문을 좋아한다고 이름이 났으나 취한 바가 이것뿐입니다.

대체로 임금은 좋아하는 바를 경솔하게 가질 수 없으니 좋아하는 바가 한번 형체를 드러내면 아랫사람들이 반드시 그 의지를 엿볼 것입니다.

그러므로 부(賦)를 짓고 전서(篆書)를 쓰는 것은 또한 소인들이 출세하기 위하여 하는 것인데 하물며 다른 것이겠습니까? 오직 마음이 경술(經術)에서 노닐고 담박[恬澹]하여 욕심이 적다면 간사한 자들이 엿볼 수 없을 것입니다. 영제는 어둡고 어지러운 임금인지라 족히 논할 것도 없지만 다만 후세에 귀감은 될 만합니다.

---

87 조충전각은 고전 문학 비평에서 유래된 말로 글을 지을 때 문장의 수식에만 치우치는 기교를 일컫는다. 학문, 문장, 기예 등이 의미 없고 보잘것없는 것일 때 이를 폄하하는 의미로 쓰기도 한다. 중국의 전한(前漢) 말 양웅(揚雄)이 한부(漢賦)에 대해 전개한 비평에서 등장하는 용어다.

진(陳) 후주(後主) 숙보(叔寶)[88]가 궁인들 중에 문학이 있는 자로써 여학사(女學士)를 삼았더니 복야(僕射) 강총(江總)[89]이 비록 재보(宰輔)가 되었으나 정무를 가까이하지 않고, 날마다 상서(尙書) 공범(孔範)[90] 등 십여 인과 함께 임금을 모시고 뒤뜰에서 연회를 하니, 그들을 일러 압객(狎客)이라 불렀다.[91]

임금이 매번 술을 마심에 여러 비빈과 여학사를 시켜서 압객

---

88 553~604. 진숙보(陳叔寶)는 자는 원수(元秀)고, 소자(小字)는 황노(黃奴)다. 남조 진나라 선제(宣帝)의 맏아들로, 진나라의 마지막 군주다. 재위할 때 궁실을 크게 짓고 종일 총비(寵妃) 사신(詞臣)들과 연회를 열면서 정치는 등한시하였다. 염사(艶詞)를 짓고 새로운 음률을 입히면서 「옥수후정화(玉樹後庭花)」와 「임춘락(臨春樂)」 등과 같은 곡을 지었다. 스스로 장강(長江)이 견고한 것을 믿어 수나라의 대군이 남하하였을 때도 술을 마시고 시를 짓는 일을 멈추지 않았다. 수나라 군대가 건강(建康)으로 돌입하자 포로로 잡혀 장안(長安)으로 압송되었는데, 그래도 시주(詩酒)를 그치지 않아 수(隋) 문제(文帝)가 "정말 배알도 없다.[全無心肝]"라고 말하였다. 낙양(洛陽)에서 병사하였다. 저서에 명나라 사람이 편집한 『진후주집(陳後主集)』이 있다.

89 519~594. 남조 진(陳)나라 제양(齊陽) 고성(考城) 사람으로 자는 총지(總持)고, 강부(江紑)의 아들이다. 학문에 열중해 문채가 있었고, 양(梁) 무제(武帝)의 칭송을 들었다. 진(陳) 후주(後主)가 즉위하자 상서령(尙書令)이 되었다. 그러나 정무는 돌보지 않고 후주와 함께 후원에서 연회에만 골몰하면서 염정시를 써내 압객(狎客)으로 불렸다. 수나라 때 상개부(上開府)직에 있다가 강도(江都)에서 죽었다. 세칭 강령(江令)으로 불린다. 문집 30권이 있었지만 없어졌고, 명나라 때 만들어진 『강령군집(江令君集)』이 전한다.

90 남조 진(陳)나라 회계(會稽) 산음(山陰) 사람으로 자는 법언(法言)이다. 어릴 때부터 학문을 좋아해서 경서와 역사서를 두루 섭렵하였다. 진(陳) 후주(後主)가 즉위하자 도관상서(都官尙書)가 되었다. 강총(江總) 등과 함께 압객(狎客)으로 대우받았다. 후주가 자신의 잘못에 대해 따지는 것을 싫어하는 줄 알고 적당히 말치레를 하여 칭찬과 찬양을 아끼지 않았다. 그때 공 귀인(孔貴人)이 총애를 독차지하고 있었는데, 그녀와 형매(兄妹) 관계를 맺었다. 신임이 더욱 두터워지자 황제까지 좌우하게 되어 조정의 신하들이 모두 그를 두려워하였다. 진나라가 망한 뒤 수(隋) 문제(文帝)가 간첨(奸諂) 네 죄인 가운데 한 사람으로 지목해 원방(遠方)으로 추방시켰다.

91 『자치통감』 권176 「진기(陳紀)」 10에 나온다.

(狎客)과 함께 시를 지어서 서로 주고 답하며 그중에 더욱 아름답고 고운 것을 골라 새로운 곡조를 붙이고, 군신들이 술을 즐기고 노래하여서 저녁부터 아침에 이르기를 날마다 일상으로 하였다. 그 후에 수(隋)나라가 진(陳)나라를 치고 숙보를 사로잡아 돌아갔을 때, 수 문제를 따라서 (숙보더러) 술을 마시고 시를 짓게 하였다. 그가 나가자 문제가 그를 흘겨보며 말하였다.

"시를 짓는 공이 어찌 시사(時事)를 편하게 할 것을 생각하는 것만 하겠는가?"

陳後主叔寶以宮人有文學者爲女學士. 僕射江總[92]雖爲宰輔, 不親政務, 日與尙書孔範等十餘人侍上遊宴後庭, 謂之'狎客'. 上每飮酒, 使諸妃嬪及女學士與狎客共賦詩, 互相贈答, 采其尤豔麗者被以新聲, 君臣酣歌, 自夕達旦[93], 日以爲常. 其後隋伐陳, 護叔寶以歸, 從隋文帝飮, 賦詩. 及出, 帝目之曰: "以作詩之功, 何如思安時事乎?"

수(隋) 양제(煬帝)[94]가 문장을 잘 지어서 남들이 그보다 잘하는 사

92 저본에는 '摠'으로 되어 있으나 사고전서본에 근거하여 '總'으로 바로잡았다.

93 저본에는 '朝'로 되어 있지만 조선 태조 이성계의 이름 '단(旦)'을 피휘한 것이므로 원래대로 '旦'으로 바로잡았다.

94 수나라의 제2대 황제(재위 604~618)로 이름은 양광(楊廣)이고, 연호는 대업(大業)이며, 수 문제의 둘째 아들이다. 개황(開皇) 2년(582) 진왕(晉王)에 봉해지고, 9년(589) 군대를 이끌고 가 진(陳)나라를 멸망시켰다. 인수(仁壽) 4년(604) 아버지의 병이 중해지자 살해하고 제위에 올랐다. 즉위한 뒤 만리장성을 수축하였고, 낙양에 동경(東京)을 조영하였으며, 남북을 연결하는 대운하를 완성하는 등 큰 토목공사를 자주 벌였고, 서원(西苑)을 조성하고 이궁(離宮)을 건설하는 등 백성에게 과중한 부담을 주었다. 대업(大業) 9년(613) 고구려에 2차 침공을 하다가 양현감(楊玄感)의 반란이 일어나 철수

람이 나오기를 바라지 않았다.[95] 설도형(薛道衡)[96]이 죽음에 황제가 말하였다.

"다시 제비집의 흙이 떨어진다고 할 수 있는가?"[97]

왕주(王胄)[98]가 죽자 황제가 그의 좋은 구절을 외고 말하였다.

"'뜰 안의 풀은 사람이 없어도 여전히 푸르다[庭草無人隨意綠]'라 하였으니, 다시 이러한 구절을 지을 수 있겠는가?"

재주와 학문을 자부하고 매번 천하의 선비들을 교만히 여겨서 모시는 신하들에게 말하였다.

"천하 사람들이 모두 짐이 차례가 돌아옴에 은혜를 입어 사해를 소유하였다고 하지만, 설령 짐이 사대부와 함께 뛰어남을 겨루었더라도 또한 마땅히 천자(天子)가 되었을 것이다."

하였다. 단순한 폭군만은 아니어서 대업례(大業禮)와 대업율령(大業律令)의 정비와 대운하의 완성 같은 업적을 남기기도 하였다. 만년에 사치스런 생활이 극에 달해 백성들의 원망은 높아 갔고, 전국에서 군웅들이 봉기하였다. 나중에 강도(江都)를 남순(南巡)하다가 신하 우문화급(宇文化及)에게 살해되었다. 14년 동안 재위하였다.

95 『자치통감』 권182 「수기(隋紀)」 10에 나온다.

96 540~609. 수나라 하동(河東) 분음(汾陰) 사람으로 자는 현경(玄卿)이고, 설효통(薛孝通)의 아들이다. 시문을 잘 지었고, 문장과 재능으로 당시 이름이 높았다. 양제(煬帝)가 즉위하자 『고조문황제송(高祖文皇帝頌)』을 올렸는데, 지난 왕조를 찬미하여 현 왕조를 헐뜯는 뜻이 숨어 있다고 하여 몹시 미워하였다. 규정(閨情)에 관한 시와 변새시(邊塞詩)를 많이 썼다. 저서에 후세 사람이 편집한 『설사례집(薛司隸集)』이 있다.

97 「석석염(昔昔鹽)」 가운데 '날이 밝기도 전에 거미줄 치고, 빈 대들보에 제비집의 흙이 떨어진다[暗牖懸蛛網, 空梁落燕泥]'라는 2구(二句)가 있는데, 수 양제는 그의 시에 대해 질투한 나머지 설도형이 처형될 때에 '너는 아직도 빈 대들보의 제비집의 흙이 떨어진다고 할 수 있는가[彬還能空梁落燕泥梨]?'하고 물었다고 하는데, 사실이 아닐 것이다. 어쨌든 「석석염(昔昔鹽)」의 '석석(昔昔)'은 '다다(多多)'이며, '염(鹽)'은 '염(艶)'으로 바로 '야야곡(夜夜曲)'이란 뜻인데, 규원시(閨怨詩)로 남조의 시풍을 띠고 있다.

98 558~613. 자는 승기(承基)이고, 낭야(琅琊) 임기인(臨沂人)이다.

隋煬帝善屬文, 不欲人出其右. 薛道衡死, 帝曰: "更能作'空梁落燕泥'否?" 王冑死, 帝誦其佳句曰: "庭草無人隨意綠", 復能作此語邪? 自負才學, 每驕天下之士. 嘗謂侍臣曰: "天下皆謂朕承藉緖餘而有四海, 設令朕與士大夫高選, 亦當爲天子矣."

신은 이렇게 생각합니다. 진(陳)나라와 수(隋)나라의 두 임금이 사장(詞章)과 기예(技藝)에 뛰어나다고 알려졌으나, 한 사람은 이로 인하여 군신들이 서로 친압하였고 한 사람은 이로 인하여 군신들이 서로 이기기를 다투어서 망하고 어지러워지는 데에 이르렀습니다. 그렇다면 제왕이 사장(詞章)을 모두 마땅히 지어야 할 바가 아닙니다!

우제(虞帝)의 칙천(勅天)의 노래[99]와 우임금[大禹]의 후삭(朽索)의 가르침[100]과 성탕(成湯)의 관형(官刑)의 제도[101]는 비록 문장을

99 천명(天命)을 계칙한다는 순(舜)임금의 노래다. 『서경』「익직(益稷)」에 순임금이 노래를 지어 말하기를 "하늘의 명을 삼갈진대 때마다 삼가고 기미마다 삼가야 한다[勅天之命, 惟時惟幾]"라고 하였다. 주자는 이 구절을 설명하기를 "천명(天命)이 무상(無常)하여 다스려지고 혼란함[理亂]과 편안하고 위태로움[安危]이 서로 따르고 숨어 있으니, 지금 비록 다스림이 안정되고 공이 이루어지며 예(禮)가 갖추어지고 악(樂)이 화하나, 잠시라도 삼가고 두려워하는 마음을 두지 않으면 게으름[怠荒]이 이로 말미암아 일어나게 되고 털끝만치라도 살피지 않으면 재앙과 근심[禍患]이 이로 말미암아 일어나니 경계하지 않을 없다."라고 하였다.

100 후삭은 썩은 새끼를 말한다. 『서경(書經)』「하서(夏書)·오자지가(五子之歌)」에 "태강(太康, 하(夏)나라 제3대 임금. 제2대 계(啓)의 아들)이 임금 자리에 있으면서 직분을 다하지 않아서 …… 오자(五子, 계의 다섯 아들로 곧 태강의 아우들)가 다 원망하고, 대우(大禹)의 경계를 서술하여 노래를 지었다. 그 첫째에 이르기를 '황조(皇祖, 대우)가 가르침을 두시니 …… <내가 백성을 다스리되 위태롭게 여기기를 마치 썩은 새끼로 육마(六馬, 임금의 수레를 끄는 여섯 마리의 말)를 어거하듯이 하나니, 윗사람으로서 어찌 공경하지 않을 수 있겠는가?> …….' 하였다." 하였다.

101 관형은 백관(百官)을 뜻한다. 『서경(書經)』「하서(夏書)·윤정(胤征)」에 "중강(仲康, 하나라 제4대 임금. 태강의 아우)이 천자가 되어 윤후(胤侯)에게 육사(六師, 천자의 군사)를

짓는 데에 뜻을 둔 것은 아니지만, 빛나고 낭랑하여 이후 천 년 동안 빛났으니 이것이 임금이 마땅히 본받아야 할 것입니다.

『대풍(大風)』에서 편안함에도 위태로움을 잊지 않는 것은 오히려 영민한 임금이 멀리 내다보는 근심을 볼 수 있고, 『금경(金鏡)』[102]에서 현자에게 맡기고 불초한 자를 제거하라는 것은 또한 자손에게 비춰 보이기 충분한 것입니다. 오히려 모두 무언가를 하려고 지은 것이니, 옛날의 제왕들과 비교해 보면 그다음 정도에 해당하지만 만일 문장을 짓거나 조직하여 문사와 하루 동안의 장점을 다투는 것과 같은 것은 진실로 부끄러울 뿐입니다. 하물며 음란하고 비루한 것이 진(陳)나라와 수(隋)나라의 임금 같은 경우이겠습니까? 신이 그러므로 이를 지어서 임금으로서 사장(詞章)과 기예(技藝)에 마음이 빠진 자들을 경계로 삼은 것입니다.

이상은 '한·위·진·수·당나라 여러 임금들의 학문[漢魏陳隋唐數君之學]'을 서술하였습니다.

맡도록 명하였는데, 희화(羲和)가 제 직무를 버리고 제 고을에 돌아가서 술에 빠져 문란하므로 윤후가 왕명을 받들어 가서 쳤다. 윤후가 무리에게 고하기를 '아아, 내 무리야! 성조(聖祖, 대우)가 모훈(謨訓)을 두셨는데 명백히 징험(徵驗)이 있으니 이것으로 안정하고 보전해야 한다. …… 추인(遒人)이 목탁(木鐸, 정교(政敎)를 펼 때에 쳐서 소리내어 무리를 경계하는 물건)을 치며 길을 두루 다니면서 <관사는 서로 규정(規正)하며 백공(百工)은 기예(技藝)를 집행하며 간(諫)하라. 혹 공경하지 않는다면 나라에 상형(常刑)이 있으므로 그 벌을 받으리라.>…….' 하였다."라고 하였다.

102 당 태종이 지은 글이다.

격물치지의 요체 1
[格物致知之要一]

도술을 밝힘[明道術]

대학연의 권5~14

대학연의 권5

권5~14까지 10권은 '격물치지의 요체[格物致知之要]' 가운데 '도술을 밝힘[明道術]'에 해당하는 부분이다. 권1~4까지의 내용이 제왕이 다스리는 순서와 공부하는 근본에 해당하는 강(綱)이라면, 권5 이하는 목(目)에 해당하는 내용이다.

격물치지의 요체의 첫 번째는 '천성과 인심의 선함[天性人心之善]'에 해당하는 내용이다. 이는 권6~10의 오륜(五倫)에 해당하는 내용의 전제가 되는 것으로 천성과 인심이 모두 선하다는 성선설(性善說)의 관점에서 논리를 전개하고 있다.

임금이 마땅히 알아야 하는 것이 한두 가지가 아니지만 가장 먼저 알아야 할 것이 본성이 선하다는 점을 가장 먼저 지적하였다. 임금 자신과 사람의 본성이 선하다는 점을 알아야만 도를 행하여 요순과 같은 임금이 되고, 백성들도 요순 때의 백성과 같이 만들 수 있다고 본 것이다.

그럼에도 불구하고 이와 같이 하지 않고 순자의 성악설(性惡說)과 같은 사설(邪說)을 믿어서 천하를 어지럽힌 것은 모두 하늘과 사람의 본성이 선하다는 점을 믿지 못해서 그렇게 되었음을 지적하였다. 천지의 지극한 선을 가진 성을 받아서 이를 따르게 만든다면 혹 기(氣)가 같지 않아서 문제가 되는 것도 돌이킬 수 있다고 보았다. 그렇게 할 수 있는 방법으로 진덕수는 '간사함을 막고 성(誠)을 보존함[閑邪存誠]'과, '자신을 이겨서 예를 회복함[克己復禮]'을 제시하였다. 하늘과 사람의 본성을 선하고 통하는 것으로 본 성리학의 기본적인 철학을 보여 준 것이다.

천성과 인심의 선함[天性人心之善]

「탕고(湯誥)」에서 말하였다.[1]

"오직 훌륭하신 상제(上帝)께서 백성에게 치우침 없는 덕(德)을 내려 주어 늘 한결같은 성(性)을 따르니, 그 도(道)를 편안하게 할 수 있는 이는 오직 임금이시다."

「湯誥」曰: "惟皇上帝, 降衷于下民. 若有恒性, 克綏厥猷惟后."

—(「탕고(湯誥)」는) 「상서(商書)」의 편명이다. 성탕(成湯)이 지었는데, 이것은 만방에게 알리는 것이다. 황(皇)은 큼[大]이다. 상제(上帝)는 곧 하늘[天]이다. 강(降)은 내림[下]이다. 약(若)은 따름[順]이다. 항(恒)은 떳떳함[常]이다. 극(克)은 능함[能]이다. 수(綏)는 편안함[安]이다. 궐(厥)은 그것[其]이다. 유(猷)는 도(道)이다. 후(后)는 임금[君]이다.—

신은 이렇게 생각합니다. 성탕(成湯)[2]의 이 말은 군사(君師)의 직분을 알았다고 할 만합니다. 대개 하늘이 사람에게 지극히 선한 본성을 줄 수 있으나 그로 하여금 그 본성을 온전하게 할 수는 없습니다. 사람으로 하여금 그 본성을 온전하게끔 하는 것이 군사(君師)의 임무입니다. 한(漢)나라 유학자들은 충(衷)으로써 선(善)을 삼았으니, 신은 충(衷)은 곧 중(中)이라고 생각합니다.

하늘이 사람을 내심에 각기 인의예지(仁義禮智)의 덕으로써 부

---

1 『서경(書經)』 「상서(商書)·탕고(湯誥)」에 나온다.

2 중국 고대 은나라의 초대 왕인 탕왕(湯王)이다. 본명은 이(履) 또는 천을(天乙)이다. 하(夏)나라의 걸왕(傑王)을 몰아내고 은나라를 세웠다.

여해 주지 않음이 없어 마음[中] 속에서 혼연(渾然)하여 한 쪽으로 치우친 바가 없으니 이것이 이른바 충(衷)입니다. 하늘로부터 내려온 것으로 말한다면 충(衷)이고 사람으로부터 받은 것으로 말한다면 성(性)이니, 이것은 두 가지가 아닙니다.

그러나 하늘이 사람에게 내려 주는 것이 처음에는 슬기로움과 어리석음의 차이는 없지만, 사람이 하늘에게 받은 것은 맑음[淸]과 탁함[濁], 순수함[純]과 섞임[駁]이 그 받은 바에 따라서 같지 않음이 있습니다. 반드시 (요순과 같은) 군사(君師)가 나타남에 힘입어 떳떳한 본성을 따라서 그것을 펼쳐 나아가야 합니다. 순임금이 오전(五典)[3]을 엮은 것과, 주(周)나라의 육덕(六德)·육행(六行)의 가르침[4]이 모두 그 일입니다.

본성[性]은 본래 지극히 선한지라 그것에 따라서 가르치니, 이를 일러 순(順)이라고 합니다. 만약 그 본래의 악을 선으로써 억지로 가르친다면 이것은 그것을 거스르는 것이지 따르는 것이 아닙니다. 따름[若]이라는 한 마디 말을 살펴본다면 인성(人性)의 선함을 알 수 있습니다. 유(猷)라는 것은 도(道)이니, 도(道)는 곧 본성입니다. 체(體)로써 말한다면 본성[性]이고, 용(用)으로써 말한다면 도(道)이니, 그 실체는 하나입니다. 그 본성을 따라서 그 도(道)에 편안하게 하는 것은 임금이 아니면 할 수 없습니다.

---

3 사람이 지켜야 할 다섯 가지의 떳떳한 도리(道理)다. 부자(父子) 사이의 친애(親愛), 군신(君臣) 사이의 의리(義理), 부부(夫婦) 사이의 분별(分別), 장유(長幼) 사이의 차서(次序), 붕우(朋友) 사이의 신의(信義)이다.

4 육덕은 사람이 지켜야 할 여섯 가지 덕으로, 지(智)·인(仁)·성(聖)·의(義)·충(忠)·화(和)이다. 육행(六行)은 여섯 가지 행실로, 효(孝)·우(友)·목(睦)·인(仁)·임(任)·휼(恤)이다. 『주례(周禮)』「대사도(大司徒)」에 나온다.

무엇을 편안하다고 하겠습니까? 아버지는 자애로움[慈]에서 편안하며 아들은 효(孝)에서 편안하니, 그것이 자연스러워서 바꿀 수 없고 그것이 당연하여서 그칠 수 없음을 안 후에야 편안함이 됩니다. 성탕(成湯)은 천하를 가진 처음에 곧 이것으로써 자임하니, 신이 그러므로 '(성탕이) 군사(君師)의 직임을 안다고 말할 만하다'고 말하였습니다. 그 후에 '지니고 있는 떳떳한 본성을 마음에서 받아들인다[秉彜受中]'는 말이 서로 이어져서 발현하여 공자(孔子)와 맹자(孟子)에 이르러서 성선(聖善)의 이치가 더욱 밝아졌지만, 만세(萬世) 성학(聖學)의 근원이 열린 것은 성탕(成湯)으로부터 시작되었습니다. 아! 성스럽습니다!

『시경(詩經)』「증민(烝民)」에서 말하였다.[5]

"하늘이 많은 백성을 내시니 만물이 있으면 법이 있도다. 사람들이 마음에 떳떳한 본성을 가지고 있는지라 이 아름다운 덕을 좋아한다."

『詩』「烝民」曰: "天生烝民, 有物有則, 民之秉彜, 好是懿德."

—(『시경(詩經)』「증민(烝民)」은) 윤길보(尹吉甫)[6]가 지은 것이니, 이는 주(周) 선왕(宣

5 『시경(詩經)』「대아(大雅)·증민(蒸民)」에 나온다.

6 주(周) 선왕(宣王) 때 대신이었다. 성은 혜(兮)씨고, 이름은 갑(甲)이며, 자는 백길보(伯吉父)다. 윤(尹)은 벼슬 이름이다. 선왕 때 험윤(玁狁)이 침략하여 괴롭히자 그에게 명해 군사를 이끌고 반격하게 하였는데, 험윤을 태원(太原)까지 추격하였다가 돌아왔다.

王)을 찬미한 것이다. 증(烝)은 많음[衆]이다. 칙(則)은 법(法)이다. 병(秉)은 잡음[執]이다. 이(彛)는 항상[常]이다. 의(懿)는 아름다움[美]이다.—

신은 이렇게 생각합니다. 『역(易)』에서 '형이상(形而上)을 도(道)라 하고, 형이하(形而下)를 기(器)라 한다'[7]라고 말하였습니다. 도(道)라는 것은 이(理)이고, 기(器)라는 것은 물(物)입니다. 상세함[精]과 조잡함[粗]의 분별은 진실로 같지 않습니다. 그러나 이(理)는 일찍이 물(物)의 가운데에 떨어진 적이 없으니, 이것을 안다면 '만물이 있고 법칙도 있다'는 말을 알 수 있습니다.

대개 하늘과 땅 사이에 가득 찬 것이 물(物)이 아닌 것이 없으니, 사람[人] 역시 물(物)이고, 일[事] 역시 물(物)입니다. 이 물(物)이 있다면 이 이치[理]를 갖추니, 이것이 이른바 법칙[則]입니다. 사람의 경우로 말하자면, 눈으로 보고 귀로 듣는 것과 같은 것은 물(物)이고, 보는 것이 밝고 듣는 것이 총명한 것은 곧 법칙[則]입니다. 군신(君臣)·부자(父子)·부부(夫婦)·장유(長幼)는 물(物)이고, 임금의 인자함[仁]·신하의 공경[敬]·자식의 효도[孝]·아버지의 자애로움[慈]·부부의 구별[別]·장유의 순서[序]는 곧 법칙[則]입니다.

칙(則)이라는 것은, 준칙(準則)을 말하니 한번 정해지면 바꿀 수 없습니다. 옛 사람들이 말한 규(規)·구(矩)·준(準)·승(繩)·형(衡)을 다섯 가지 법칙[五則][8]이라고 말한 것은, 모난 것[方]과 둥근 것

훌륭한 재상의 전형으로 손꼽힌다.

7 『주역(周易)』「계사(繫辭)」에 나온다.

8 원을 그리는 규(規), 사각형을 그리는 구(矩), 수평(水平)으로 평평함을 재는 준(準), 길이를 재는 줄인 승(繩), 저울대인 형(衡)이다. 그중 규구(規矩)는 법이란 의미로 통치

[圓], 평평한 것[平]과 똑바른 것[直], 가벼운 것[輕]과 무거운 것[重]이 모두 하늘이 낸 일정한 법(法)이기 때문입니다.

대저 물(物)에 이 법칙[則]이 있는 까닭은 하늘이 실로 그것을 만들었기 때문이니 사람은 다만 법칙[則]을 따를 뿐입니다. 만약 보는 것은 본래 밝은데, 보아도 밝지 않으면 이것은 그 법칙[則]을 잃은 것이고, 듣는다는 것도 본래 귀가 밝은 것을 전제로 하는데, 들어도 귀가 밝지 않으면 그 법칙을 잃어버리는 것과 같습니다. 따라서 임금은 마땅히 어질어야 하니 임금이면서 어질지 않으면 이것도 그 법칙을 잃은 것이고, 신하는 마땅히 공경해야 하니 신하이면서 공경하지 않으면 이것도 그 법칙을 잃은 것입니다.

그러나 이것은 (예를 든) 일의 법칙[則] 중 한 가지일 뿐이니, 만약 사람이 되고서도 사람이 되는 이치를 온전히 행할 수 없으면 이는 그 사람 되는 법칙을 잃어버려 사람이 아닙니다.

떳떳한데도 잡으라고[秉] 말한 것은 무슨 까닭입니까? 혼연한 하나의 이치가 내 마음에 갖추어져서 옮기거나 빼앗을 수 없는 것이 꽉 잡고 있는 것과 같으니, 오직 이것을 소유한 것입니다.

그러므로 미덕(美德)의 좋음을 알지 못하는 사람은 없으니, 인의(仁義)와 충효(忠孝)는 이른바 '미덕(美德)'입니다. 사람이 현명함과 어리석음의 구별 없이 그것을 좋아하지 않는 경우는 없습니다. 어질지 않고, 의롭지 않고, 충성하지 않고, 효도하지 않는 것은 이른바 '악덕(惡德)'이니, 사람이 현명함과 어리석음의 구별 없이 그것을 미워하지 않는 경우는 없습니다. 여기에서 살펴본다면 본성[性]

의 상징이었다.

의 선함을 알 수 있습니다. 마땅히 다시 뒷부분의 맹자의 말과 합쳐서 살펴보아야 합니다.

유강공(劉康公)[9]이 말하였다.[10]

"백성은 천지의 중(中)을 받아서 태어나니 이른바 명(命)이다."

劉康公曰: "民受天地之中以生, 所謂命也."

신은 이렇게 생각합니다. 유강공이 말한 중(中)이라는 것은 곧 성탕(成湯)이 말한 충(衷)이니, 대개 천지자연의 이치는 사람이 그것을 얻어서 태어나는 것이므로, 이것이 이른바 천명(天命)의 본성[性]입니다.

『주역(周易)』에서 말하였다.[11]

"음양(陰陽)이 번갈아 운행하는 것을 도(道)라 하는데, 이를 잇는 것이 선(善)이요, 이를 완성하는 것이 성(性)이다."

『易』曰: "一陰一陽之謂道, 繼之者善也, 成之者性也."

---

9 춘추시대 주(周) 정왕(定王)의 아우다.

10 『좌전(左傳)』 성공(成公) 13년조에 나온다.

11 『주역(周易)』 「계사(繫辭)」에 나온다.

신은 이렇게 생각합니다. 정이(程頤)[12]가 말하기를 "음양은 기(氣)이고, 음양의 원리는 도(道)다."라고 하였습니다.[13] 주희 역시 말하기를 "음양이 서로 운행하는 것은 기(氣)이고, 그 이(理)는 이른바 도(道)다."라고 하였습니다.[14]

대개 음(陰)과 양(陽) 두 기운이 천지 사이에 흘러 다녀서 왕래하고 순환하여 끊임없이 쉬지 않으니, 이것은 무엇이 그것으로 하여금 그렇게 한 것입니까? 바로 이(理)입니다. 이(理)는 기(氣)와 함께 서로 떨어진 적이 없어서 이어지고 이어져 나옴이 지극한 선(善)이 아님이 없고, 그것이 완성되어 사람에게 있으면 본성[性]입니다. 리[理]는 선하지 않음이 없으니 본성[性]에 어찌 선하지 않음이 있겠습니까? 본성이 선하다는 이치는 비록 맹자에 이르러 더욱 명백해졌으나 그 근원은 진실로 여기에서 나왔습니다.

『주역』「건괘(乾卦)·문언(文言)」에서 말하였다.[15]

"원(元)이라는 것은 선(善)의 으뜸[長]이요, 형(亨)이라는 것은 아름다움[嘉]의 모임[會]이요, 이(利)라는 것은 의(義)의 조화

---

12 1033~1107. 낙양(洛陽) 출신의 송(宋)나라 유학자의 한 사람으로, 주돈이(周敦頤)의 제자다. 18세에 태학(太學)에서 '안자호학(顏子好學)'을 논한 것으로 유명하다. 사서(四書)를 유학을 연구하는 표지(標指)로 삼고, 육경에 통달하였으며, 궁리(窮理)를 학문의 본위로 삼았다.

13 『이정유서(二程遺書)』 권15에 나온다.

14 『주역(周易)』「계사(繫辭)」에 나온다.

15 『주역(周易)』「건괘(乾卦)·문언(文言)」에 나온다.

로움[和]이요, 정(貞)이라는 것은 일[事]의 근간[幹]이다. 군자가 인(仁)을 체득함이 남의 우두머리가 될 만하며, 모임을 아름답게 함이 예(禮)에 합할 만하며, 물(物)을 이롭게 함이 의(義)에 조화시킬 만하며, 견고함을 바르게 함이 일을 바르게 할 만하니, 군자는 이 네 가지 덕을 행하는 자다. 그러므로 건(乾)은 원(元)하고, 형(亨)하고, 이(利)하고, 정(貞)하다 한 것이다."

「乾、文言」曰: "元者, 善之長也. 亨者, 嘉之會也. 利者, 義之和也. 貞者, 事之幹也. 君子體仁足以長人, 嘉會足以合禮, 利物足以和義, 貞固足以幹事. 君子行此四德者, 故曰乾, 元、亨、利、貞."

—공자가 지은 것이다. 원(元)은 큼[大]이고, 처음[始]이다. 형(亨)은 통함[通]이다. 가(嘉)는 아름다움[美]이다. 이(利)는 마땅함[宜]이다. 정(貞)은 바르고 곧음[正固]이다.—

주희가 말하였다.

"원(元)이라는 것은 물(物)을 낳는 처음[始]이니, 천지의 덕(德)이 이보다 앞선 것이 없다. 그러므로 계절로는 봄이 되고 사람에게는 인(仁)이 되어서 모든 선(善)의 으뜸이 된다. 형(亨)이라는 것은 물(物)을 낳는 통함[通]이니, 물(物)이 이에 이름에 아름답지 않음이 없다. 그러므로 계절로는 여름이 되고 사람에게는 예(禮)가 되어서 모든 아름다움의 모임이 된다. 이(利)라는 것은 물(物)을 낳는 이룸[遂]이니, 물(物)이 각기 마땅함을 얻어 서로 방해하지 않는다. 그러므로 계절로는 가을이 되고 사람에게는 의(義)가 되어서 그 분수의 조화를 얻는다.

정(貞)이라는 것은 물(物)을 낳는 완성[成]이니, 실리(實理)가 갖추어져서 이르는 곳마다 각각 충분하다. 그러므로 계절로는 겨울이 되고 사람에게는 지(智)가 되어서 모든 일의 근간이 된다. 간(幹)은 나무의 몸통이니 가지와 잎이 의지하여 서는 것이다. 무릇 이것은 하늘의 덕이 저절로 그러함이다."

또 말하였다.

"인(仁)으로써 체(體)를 삼으면 어느 한 물(物)도 사랑하는 가운데 있지 않음이 없으므로 사람의 우두머리가 되기에 충분한 것이요, 그 모이는 바를 아름답게 하면 예(禮)에 합하지 않음이 없고, 물(物)로 하여금 각각 그 이로운 바를 얻게 하면 의(義)가 조화되지 않음이 없다. 정고(貞固)라는 것은 정(貞)이 있는 곳을 알아 굳게 지키는 것이니, 이른바 '알고서는 버리지 말라'는 것이다. 그러므로 일의 근간이 되기에 충분하다. 무릇 이것은 사람의 일의 당연함이다."

또 말하였다.

"건(乾)의 네 가지 덕에서, 원(元)이 가장 중요하고, 정(貞)이 다음이니, 원(元)이 아니면 생겨남[生]이 없고, 정(貞)이 아니면 마침[終]이 없다. 마침[終]이 아니면 시작할 수 없고, 시작하지 않으면 완성하여 마칠 수 없다. 이와 같이 순환하여 무궁하니 이른바 '종시(終始)를 크게 밝힘'이다."

또 말하였다.

"군자의 지극한 굳셈이 아니면 이것을 행할 수 없다. 그러므로 '건(乾)은 원(元)하고, 형(亨)하고, 이(利)하고, 정(貞)하다'라고 한 것이다."

朱熹曰: "元者, 生物之始, 天地之德, 莫先乎此. 故於時爲春, 於人則爲仁, 而衆善之長也. 亨者, 生物之通, 物至於此, 莫不嘉美. 故於時爲夏, 於人則爲禮, 而衆美之會也. 利者, 生物之遂, 物各得宜, 不相妨害. 故於時爲秋, 於人則爲義, 而得其分之和. 貞者, 生物之成, 實理具備, 隨在各足. 故於時爲冬, 在人則爲智, 而爲衆事之幹. 幹, 木之身, 枝葉所依而立也. 凡此天德之自然也." 又曰: "以仁爲體, 則無一物不在所愛之中, 故足以長人. 嘉其所會, 則無不合禮. 使物各得其所利, 則義無不和. 貞固者, 知貞之所在而固守之, 所謂'知而勿去'者也, 故足以爲事之幹. 凡此人事之當然也." 又曰: "乾四德, 元最重, 貞次之. 非元, 無以生; 非貞, 無以終. 非終無以爲始, 不始則不能成終. 如此循環無窮, 所謂'大明終始'也." 又曰: "非君子之至健, 無以行此, 故曰乾, 元、亨、利、貞."

—원형(元亨)은 발현하는 것이므로 통(通)이라 하고, 이정(利貞)은 거두는 것이므로 복(復)이라고 한다. 정고(貞固)가 지혜가 되는 까닭은 오직 앎이 밝기 때문에 지킴이 견고한 것이다. 지혜가 겨울과 짝하는 이유는 의(義)가 밖에서 발현하고 지(智)가 안에서 저장되기 때문이다.—

신은 이렇게 생각합니다. 네 가지 덕[四德]의 설명을 주희가 다 하였습니다. 세상에서 이치에 어두운 자들이 모두 '하늘과 사람은 두 가지'라고 말하니, 지금 이 조목으로 살펴보건대 사람과 하늘이 일찍이 하나가 아닌 적이 없었습니다. 대개 하늘에 있는 것은 원형이정(元亨利貞)이고 사람에게 있는 것은 인의예지(仁義禮智)입니다. 원형이정(元亨利貞)은 이(理)요 생장수장(生長收藏)은 기(氣)이니, 이 이(理)가 있으면 이 기(氣)가 있습니다. 인의예지(仁義禮智)는 성(性)이요 측은(惻隱)·수오(羞惡)·사양(辭讓)·시비(是非)는 정(情)이니 이 성(性)이 있으면 이 정(情)이 있습니다. 하늘과 사람의 도(道)는 꼭 맞음이 이와 같으니, 또 어찌 둘이었겠습니까?

그러나 하늘은 마음이 없지만 사람은 욕(欲)이 있습니다. 하늘은 오직 그 마음이 없으므로 원(元)하면서 형(亨)하고, 형(亨)하면서 이(利)하고, 이(利)하면서 정(貞)하고, 정(貞)하면서 또 원(元)하여서 통하고 반복되며 순환하여 잠시도 끊어진 적이 없으니 아! 지극히 맑은 명(命)이 영원히 항상 새롭습니다.

사람은 오직 그 욕(欲)이 있으므로 측은(惻隱)한 마음이 나타났다가도 잔인(殘忍)한 마음이 그것을 빼앗고, 사양(辭讓)하는 마음이 나타났다가도 탐모(貪冒)하는 마음이 거기에 섞이고, 부끄러워하는 마음이 나타났다가도 구차(苟且)한 마음이 거기에 섞이고, 시비(是非)를 분별하는 마음이 나타났다가도 혼망(昏忘)한 마음이 그것을 해치니, 이것이 바로 하늘과는 서로 같지 않습니다.

배우는 사람들이 마땅히 하늘에 이 덕(德)이 있음을 알고, 나 또한 이 덕(德)을 소유하여 사욕(私欲)을 막아 제거하고 바른 본성을 지키고 기른다면, 나의 일신(一身) 전체가 모두 인(仁)하여서 이어서 닿는 곳마다 반응하여 불쌍히 여겨 슬퍼하지 않음이 없으니 곧 봄에는 생의(生意)가 가득차서 만물[物物]이 기뻐하는 것입니다. 나의 모든 행동이 예(禮)에 맞지 않음이 없어서 헤아릴 수 없는 온갖 종류의 예가 찬란히 밝게 갖추니 곧 여름에는 생의(生意)가 번성하여 만물이 아름다운 것입니다. 내가 물(物)을 이롭게 한다는 것이 모두 의(義)에 합하니 곧 가을에는 생의가 열매를 맺어 온갖 보화가 그 본성을 이루는 것입니다. 내가 곧고 견고하게 지키는 것이 충분히 만사의 근본이 되니 곧 겨울에는 생의가 숨어서 조화가 이로부터 말미암아 나오는 것입니다. 사람과 하늘이 과연 두 가지이겠습니까?

하물며 임금은 하늘의 덕(德)을 소유하고 또 하늘의 지위에 있으니, 선(善)의 단서가 싹트고 움직이는 것은 원(元)이고, 선(善)의 단서가 발하여 이르는 것은 형(亨)이고, 미루어 물(物)을 윤택하게 하여 각각으로 하여금 그 제자리를 얻게 하는 것은 이(利)이고, 마음이 이미 물(物)에 두루 미쳐서 돌아가 적연(寂然)하게 되는 것은 정(貞)입니다. 비록 하루 사이의 찰나와 한순간의 생각에도 네 가지가 있지 않음이 없습니다. 그러나 덕은 비록 본래 있어도 강건하지 않으면 행할 수 없습니다. 대저 오직 자강불식(自强不息)하여 하늘과 함께 움직여서 인욕이 그 사이에 끼어들지 않은 후에야 만물이 종시(終始)토록 하늘과 함께 공을 같이하는 것이니 의리의 근원이 이보다 큰 것이 없습니다. 오직 성명(聖明)께서 마음에 완미하소서!

『중용(中庸)』에서 말하였다.[16]

"하늘이 명한 것을 성(性)이라 하고, 성(性)을 따르는 것을 도(道)라 하고, 도(道)를 닦는 것을 교(敎)라 한다."

『中庸』曰: "天命之謂性, 率性之謂道, 修道之謂敎."

주희가 말하였다.[17]

---

16 『중용(中庸)』 1장에 나온다.

17 『중용장구(中庸章句)』에 나온다.

"명(命)은 영(令)과 같고, 성(性)은 곧 이(理)다. 하늘이 음양(陰陽)·오행(五行)으로 만물을 화생하여 기(氣)로써 형체를 이루고 이(理) 또한 부여하니 명령(命令)함과 같다. 이에 사람과 물(物)이 태어남에 각각 부여받은 바의 이(理)를 얻어서 건순(健順)[18]·오상(五常)[19]의 덕(德)을 삼으니, 이른바 성(性)이다. 솔(率)은 따름[循]이고, 도(道)는 길[路]과 같다. 사람과 물(物)이 각각 그 성(性)의 저절로 그러함을 따르면 일상생활을 하는 사이에 각각 마땅히 행하여야 할 길이 있지 않음이 없으니, 이것이 이른바 도(道)라는 것이다. 수(修)는 일정한 단계에 따라 조절함[品節]이다. 성(性)과 도(道)는 비록 같으나 기품(氣稟)이 혹 다르기 때문에 지나치거나 미치지 못한 차이가 없을 수 없다. 성인이 사람과 물(物)의 마땅히 행하여야 할 것에 따라 품절(品節)하여 천하에 법으로 삼은 것을 일러 교(教)라 하니, 예악(禮樂)·형정(刑政)과 같은 것이 이것이다. 대개 사람이 사람 되는 이유와, 도(道)가 도 되는 이유와, 성인이 가르치는 이유에서 그 근원을 찾아보건대 하나라도 하늘에서 비롯하여 나에게 갖추어지지 않음이 없다. 배우는 사람이 그것을 안다면 배움에 대하여 힘쓸 바를 알아서 스스로 그칠 수 없을 것이다."

朱熹曰: "命, 猶令也; 性, 卽理也. 天以陰陽五行, 化生萬物, 氣以成形,

---

18 건(健)은 굳세며, 순(順)은 곤(坤)과 같다.

19 사람이 지켜야 할 다섯 가지의 도리, 즉 인(仁)·의(義)·예(禮)·지(智)·신(信)이다. 또는 오륜(五倫), 즉 부의(父義)·모자(母慈)·형우(兄友)·제공(弟恭)·자효(子孝)다.

而理亦賦焉, 猶命令也. 於是人物之生, 因各得其所賦之理, 以爲健順、五常之德, 所謂性也. 率, 循也; 道, 猶路也. 人物各循其性之自然, 則其日用事物之間, 莫不各有當行之路, 是則所謂道也. 修, 品節之也. 性、道雖同, 而氣稟或異, 故不能無過不及之差. 聖人因人物之當行者而品節之, 以爲法於天下, 則謂之教, 若禮樂、刑政是也. 蓋人之所以爲人、道之所以爲道、聖人之所以爲教, 原其所自, 無一不本之天而備於我. 學者知之, 則其於學, 知所用力, 而自不能已矣."

신은 이렇게 생각합니다. 사람의 오상(五常)은 하늘의 오행(五行)에서 비롯됩니다. 오행(五行)이 하늘에서 움직임에, 사람이 그것을 얻어 성(性)으로 삼습니다. 목인(木仁)·화예(火禮)·금의(金義)·수지(水智)·토신(土信)은 각기 그 근본이 되는 바가 있으므로 예로부터 성(性)이라고 말하는 것은 오상(五常)뿐이라 할 수 있습니다.

주희가 건순(健順)을 더한 것은 어째서입니까? 대개 양(陽)의 성질은 굳센[健] 것이라서 목화(木火)가 여기에 속하니, 사람에게는 인(仁)과 예(禮)가 됩니다. 음(陰)의 성질은 따르는[順] 것이라서 금수(金水)가 여기에 속하니, 사람에게는 의(義)와 지(智)가 됩니다. 토(土)는 두 가지 기운이 화합하는 것이고, 신(信) 또한 건순(健順)을 겸합니다.

그러므로 주돈이(周敦頤)가 "오행(五行)은 하나의 음양(陰陽)이다."라고 말하였습니다. 음양(陰陽)이 오행(五行)의 밖에 있지 않으니, 건순(健順) 또한 어찌 오상(五常)의 밖에 있겠습니까?

어떤 이가 『중용(中庸)』 첫 장의 뜻을 묻자 주희가 대답하였다.

"하늘이 만물에 부여하여 스스로 그칠 수 없는 것은 명(命)이고, 사람[吾]이 이 명(命)을 얻어 태어나서 본체[體]를 온전히 하지 않음이 없는 것은 성(性)이라 한다. 그러므로 명(命)으로 그것을 말하자면 원형이정(元亨利貞)이니, 사시(四時)·오행(五行)·서류(庶類)·만화(萬化)가 모두 이로 말미암아 나오지 않음이 없다. 성(性)으로 말하면 인의예지(仁義禮智)이니, 사단(四端)·오전(五典)·만사(萬事)·만물(萬物)의 이치가 모두 그 사이에서 합쳐지지 않음이 없다. 대개 하늘에 있느냐 사람에게 있느냐에 따라서 비록 성명(性命)의 구분이 있으나 그 이치는 하나가 아니었던 적이 없고, 사람에게 있느냐 물(物)에 있느냐에 따라서 비록 기품(氣稟)의 차이가 있으나 그 이치는 같지 않은 적이 없다."

또 말하였다.

"하늘이 명한 성(性)은 인의예지(仁義禮智)일 뿐이다. 인(仁)의 본성을 따르면 부자간의 친함으로부터 백성을 사랑하고 만물을 아끼는 데에 이르기까지 모두 도(道)다. 의(義)의 본성을 따르면 임금과 신하 사이의 구분으로부터 어른을 공경하고 어진 이를 높이는 데에 이르기까지 또한 도(道)다. 예(禮)의 본성을 따르면 공경(恭敬)하고 사양(辭讓)하는 절문(節文, 사리에 따른 조리(條理))이 모두 도(道)다. 지(智)의 본성을 따르면 시비사정(是非邪正)의 분별이 또한 도(道)다.

이른바 성(性)은 한 가지 이치라도 갖추어지지 않음이 없으므로, 도(道)가 밖에서 구하기를 기다리지 않고서도 갖추어지지 않음이 없는 것이다. 이른바 성(性)은 한 가지 물(物)이라도 얻지 않음이 없으므로 이른바 도(道)가 인위(人爲)를 빌리지 않고서도 두루 통하지 않는 바가 없는 것이다."

또 말하였다.

"하늘에서 명한 성(性)과 성(性)을 따르는 도(道)는 모두 이치가 저절로 그러하니, 사람[人]과 만물[物]이 함께 얻은 것이다. 사람이 비록 형기(形氣)의 바름을 얻었다고 하더라도 청탁(淸濁)과 후박(厚薄)의 기품(氣稟)에는 또한 다르지 않을 수 없다. 이 때문에 어질거나 지혜로운 자는 간혹 지나친 잘못을 범하고, 어리석고 어질지 못한 자는 이르지 못하는 잘못을 범하여 이것을 얻은 자는 또한 혹 저것을 잃어버리지 않을 수 없다. 오직 성인의 마음은 청명(淸明)하고 순수(純粹)하여 천리(天理)가 혼연하니 이지러지거나 부족한 것이 없다. 그러므로 그 도가 있는 바를 따라서 품절(品節)과 방범(防範)을 마련하여 천하에 가르침을 세워서 지나치거나 이르지 못한 자로 하여금 중(中)을 취할 수 있도록 한 것이다.

대개 그 친함과 친하지 아니함을 분별하여 그들로 하여금 각각 그들의 정(情)을 다하게 하면 인(仁)의 가르침이 정립될 것이고, 귀천(貴賤)의 등급을 분별하여 그들로 하여금 각각 그들의 분수를 다하게 하면 의(義)의 가르침이 행해질 것이다. 제도(制度)와 문물[文爲]을 마련하여 그들로 하여금 지켜서 잃지 않도록 한다면 예의 가르침을 얻을 것이고, 개도(開導, 깨우쳐 이끎)와 금지(禁止)를 마련하여 그들로 하여금 분별하여 어긋나지 않게 한다면 지(智)의 가르침이 밝아질 것이다. 그러나 또한 사람이 하늘에게 얻은 것에서 벗어나 억지로 하게 하는 것은 결코 아니다."

或問『中庸』首章之義. 朱熹曰: "天之所以賦予萬物, 而不能自已者, 命也. 吾之得乎是命以生, 而莫非全體者, 性也. 故以命言之, 則曰元亨利貞, 而四時、五行、庶類、萬化, 莫不由是而出; 以性言之, 則曰仁義禮智, 而四端、五典、萬事、萬物之理, 莫不統於其間. 蓋在天在人, 雖有性命之分, 而其理則未嘗不一; 在人在物, 雖有氣稟之異, 而其理則未嘗不同." 又曰: "天命之性, 仁義禮智而已. 循其仁之性, 則自父子之親, 以至於仁民、愛物, 皆道也; 循其義之性, 則自君臣之分, 以至於敬長、尊賢, 亦道也. 循其禮之性, 則恭敬、辭讓之節文, 皆道也; 循其智之性, 則是非、邪正之分別, 亦道也. 蓋所謂性者, 無一理之不具, 故所謂道者, 不待外求而無所不備; 所謂性者, 無一物之不得, 故所謂道者, 不假人爲而無所不周." 又曰: "天命之性、率性之道, 皆理之自然, 而人物之所同得者也. 人雖得其形氣之正, 然其淸濁、厚薄之稟, 亦有不能不異者. 是以賢智者, 或失之過; 愚不肖者, 或失之不及, 而得於此者, 亦或不能無失於彼. 惟聖人之心, 淸明純粹, 天理渾然, 無所虧闕. 故能因其道之所在, 而爲之品節防範, 以立敎於天下, 使夫過不及者, 有以取中焉. 蓋有以辨其親踈之殺, 而使之各盡其情, 則仁之爲敎立矣; 有以別其貴賤之等, 而使之各盡其分, 則義之爲敎行矣. 爲之制度文爲, 使之有以守而不失, 則禮之爲敎得矣; 爲之開導禁止, 使之有以別而不差, 則智之爲敎明矣. 然亦未始外乎人之得乎天者, 彊爲之也."

신은 이렇게 생각합니다. 자사(子思)가 말한 '하늘이 명한 본성[天命之性]'은 곧 탕왕(湯王)의 이른바 '한 쪽으로 치우침 없는 덕[降

衷]'입니다. 그[子思]가 말한 '성을 따르는 도[率性之道]'와 '도를 닦는 가르침[修道之教]'은 곧 탕왕의 이른바 '그 도를 편안하게 할 수 있는 이는 오직 임금이시다[克綏厥猷惟后]'입니다. 이전의 성인(聖人)과 후대의 현인(賢人)이 거듭 서로 말하여 밝힘이 한 입에서 나온 것과 같고, 주희는 성(性)을 논하여 말하기를 '인(仁)·의(義)·예(禮)·지(智)'라 하고, 그가 도(道)와 교(教)를 논한 것도 또한 반드시 '인의예지(仁義禮智)'라고 하였습니다. 그 불교와 노자의 학문을 보면 공적(空寂)으로 성(性)을 삼았고 허무(虛無)로 도(道)를 삼았으며, 관중(管仲)[20]과 상앙(商鞅)[21]의 무리는 형명(刑名)과 공리(功利)로 가르침[教]을 삼았습니다. 누가 참되고 누가 망령되며, 누가 옳고 누가 그른지 분별하지 않아도 명백합니다.

등(滕) 문공(文公)[22]이 세자일 때 초(楚)나라로 가는 길에 송(宋)나

20 ?~BC 645. 춘추시대 제(齊)나라 사람이다. 이름은 이오(夷吾)이고, 자는 중(仲)이다. 처음에 공자(公子) 규(糾)를 섬겼다가 제(齊) 양공(襄公)이 피살되자 투옥되었다. 그때 포숙아가 관중을 추천하자, 환공이 발탁하여 경(卿)에 올랐다. 군사력을 강화하고, 상업과 수공업의 육성을 통하여 부국강병을 꾀하였다. 대외적으로는 제후와 아홉 번 회맹(會盟)하여 환공이 제후의 신뢰를 얻게 하였고, 초(楚)나라를 누르려고 하였다.

21 ?~BC 338. 위(衛)나라 공족 출신이라 위앙 또는 공손앙이라고도 불린다. 진나라로 망명하여 두 차례의 변법을 성공시켜 약소국 진나라를 강대국으로 만들었고, 그 공으로 상 지역 15개 읍을 봉지로 받아 제후 반열에 올랐다. 그러나 개혁을 위한 엄격하고도 공적인 법집행이 태자와 보수집단의 거센 반발을 불러 진 효공이 죽자마자 역모의 모함에 걸려 사지가 찢기고 가족이 참살당하는 비참한 최후를 맞았다.

22 춘추전국시대 등나라의 군주다. 성은 희(姬)이고, 시조인 착숙(錯叔)은 주공의 14번째 아들이다. 맹자는 등나라와 그의 정치를 칭찬하였다.

라를 지나다가 맹자를 만났다.[23] 맹자가 성선(性善)을 말하는데, 반드시 요순을 (예로) 들어 말하였다. 세자가 초나라에서 돌아오다가 다시 맹자를 만났다. 맹자가 말하였다.

"세자께서는 나의 말을 의심하십니까? 대저 도(道)란 하나일 뿐입니다. 성간(成覵)이 제나라 경공(景公)에게 '저 사람도 대장부고, 나도 대장부입니다. 내가 어찌 저 사람을 두려워하겠습니까?'라고 말하였습니다. 안연(顔淵)은 '순임금은 어떤 사람이며, 나는 어떤 사람인가? 훌륭한 일을 하는 사람은 역시 이와 같다.'라고 말하였습니다. 공명의(公明儀)는 '문왕(文王)은 나의 스승이다. 주공이 어찌 나를 속이겠는가?'라고 말하였습니다. 지금 등나라의 긴 곳을 잘라내어 짧은 곳에 보태면 대체로 50리 정도이니, 아직도 좋은 나라가 될 수 있습니다. 『서경(書經)』에 이르기를 '만약 약이 어지럽지 않으면 그 병이 낫지 않는다.'[24]라고 하였습니다."

滕文公爲世子, 將之楚, 過宋, 而見孟子. 孟子道性善, 言必稱堯舜. 世子自楚反, 復見孟子. 孟子曰: "世子疑吾言乎? 夫道, 一而已矣." 成覵謂齊景公曰: "彼, 丈夫也; 我, 丈夫也. 吾何畏彼哉?" 顔淵曰: "舜, 何人也? 予, 何人也? 有爲者亦若是." 公明儀曰: "文王, 我師也. 周公豈欺我哉!" 今滕絶長補短, 將五十里也, 猶可以爲善國. 『書』曰: "若藥不瞑眩, 厥疾不瘳."

—등(滕)은 나라 이름이다. 문공(文公)은 정공(定公)의 세자다. 도(道)는 말함[言]이다. 반(反)은 되돌아옴[還]이다. 성간(成覵)은 제나라 사람이다. 경공은 제나라 임금이다. 안연은 공자의 제자로 이름은 회(回)이다. (공명의는) 증자(曾子)의 제자다. 『서경』「열명(說命)」편의 말이다. 명현(瞑眩)은 혼미함과 같다. 독한 약으로 병을 다스리므로, 혼

---

23 『맹자』「등문공 상(滕文公上)」에 나온다.

24 『서경』「상서(商書)·열명 상(說命上)」에 나온다.

미한 뒤에 낫는다. 추(瘳)는 병이 나음[愈]이다.—

정이(程頤)가 말하였다.

“성(性)은 곧 이(理)이니, 천하의 이치는 그 근원을 찾아보면 선(善)이 아닌 것이 없다. 희로애락(喜怒哀樂)이 발현하지 않으면 어찌 일찍이 선이 아니겠는가? 발현하여 절도에 맞으면 곧 가서 선하지 않음이 없고 발현하여 절도에 맞지 않으면 그 후에 선하지 않게 된다. 그러므로 무릇 선악(善惡)을 말함에 모두 선한 것을 먼저 하고 악한 것을 나중에 한다. 길흉(吉凶)을 말함에 모두 길한 것을 먼저 하고 흉한 것을 나중에 한다. 시비(是非)를 말함에 모두 옳은 것을 먼저 하고 그른 것을 나중에 한다.”

程頤曰: “性, 卽理也. 天下之理, 原其所自, 未有不善. 喜怒哀樂未發, 何嘗不善? 發而中節, 卽無往而不善; 發不中節, 然後爲不善. 故凡言善惡, 皆先善而後惡; 言吉凶, 皆先吉而後凶; 言是非, 皆先是而後非.”

주희가 말하였다.[25]

“성(性)이라는 것은 사람이 하늘에서 부여받아 생긴 이치[理]이다. 혼연하고 지극히 선하여 일찍이 악(惡)이 없으니, 사람들과 요순(堯舜)은 처음에는 조금도 다를 것이 없다. 다만

25 『맹자집주』 「등문공 상(滕文公上)」에 나온다.

보통 사람들은 사사로운 욕심[私欲]에 흘러 들어가 그것을 잃고, 요순은 사사로운 욕심으로 인한 가려짐이 없어서 그 성을 채울 수 있었을 뿐이다. 그러므로 맹자는 세자와 말할 때 매번 성선(性善)을 말하는 데에 반드시 요순을 거론하여 밝히니 그가 인의(仁義)를 알려고 할 때는 밖에서 구할 겨를이 없는 것이지만, 성인은 배워서 도달할 수 있으니 힘쓰는 데에 게으르지 않게 하고자 한 것이다."

또 말하였다.

"당시의 사람들은 본성이 본래 선하다는 것을 알지 못하여 성현을 노력해서 이를 수 없다고 여겼다. 그러므로 세자는 맹자의 말에 의심이 없을 수 없었고, 그래서 다시 와서 뵙기를 원하였다. 대개 아마도 별도로 실생활에 가깝고 쉽게 행할 수 있는 말이 있을까 해서였다. 맹자가 그것을 알고 말하기를 '대저 도는 하나일 뿐이다'라고 하였다. 고금(古今)의 성(聖)과 우(愚)가 본래 하나의 성(性)과 같다고 밝힌 것이니, 앞에서 말한 것으로 이미 다하여 다시 다른 말이 없었던 것이다."

또 말하였다.

"맹자는 이미 세자에게 도(道)는 두 가지가 아님을 말하였고, 다시 성간(成覸) 등 세 사람의 말을 인용하여 그것을 밝혔다. 세자가 독실하게 믿어 힘써서 행하여서 마땅히 다시 다른 설을 구하지 않을 것을 바란 것이다."

또 말하였다.

"등나라는 비록 작으나 오히려 잘 다스리기에 충분하니,

다만 쉽다고 안주하여서 스스로 잘하지 못하면 악을 제거하고 선을 행하는 데에 부족할까 봐 염려한 것뿐이다. 맹자가 성(性)을 말한 것이 여기에서 처음 드러나고, 「고자(告子)」편에 상세히 갖추어져 있다. 그러나 조용히 알고 널리 통하게 한다면 7편 가운데 이 뜻이 아닌 것이 없다. 옛 성현이 발현하지 않은 것을 넓히는 데는 성현의 문하에 공이 있으니, 정자의 말이 믿을 만하다."

朱熹曰: "性者, 人所稟於天, 以生之理也. 渾然至善, 未嘗有惡, 人與堯舜, 初無少異. 但衆人汨於私欲而失之, 堯舜則無私欲之蔽而能充其性爾. 故孟子與世子言, 每道性善, 而必稱堯舜以實之, 欲其知仁義不假外求, 聖人可學而至, 而不懈於用力也." 又曰: "時人不知性之本善, 而以聖賢爲不可企及. 故世子於孟子之言, 不能無疑, 而復來求見. 蓋恐別有卑近易行之說也. 孟子知之, 故告之曰 '夫道, 一而已矣', 以明古今聖愚本同一性, 前言已盡, 無復它說也." 又曰: "孟子旣告世子, 以道無二致, 而復引成覸等三言以明之, 欲世子篤信力行, 不當復求異說也." 又曰: "滕國雖小, 猶足爲治, 但恐安於卑近, 不能自克, 則不足以去惡而爲善爾. 孟子言性, 始見於此, 而詳具於「告子」之篇. 然默識而旁通之, 則七篇之中, 無非此意, 其所以擴前聖之未發, 而有功於聖人之門, 程子之言信矣."

신은 이렇게 생각합니다. 성선설(性善說)은 정이와 주희가 다 말하였습니다. 그들이 '성(性)은 곧 이(理)'라고 말한 것은 바로 예로부터 성현이 아직 말하지 않은 바이니, 만세토록 성(性)을 말하는 표준입니다. 주희가 '7편 가운데 이 뜻이 아닌 것이 없다'고 말한 것은 인의(仁義)와 사단(四端)을 말한 것이 대개 그 큰 것이라고 한 것과 같습니다. 심지어 제(齊)나라 왕이 소를 아낀 것으로 인해 그에게 왕도 정치를 행하기를 권한 것은 역시 그 본성[性]이 선(善)하다는 것으로 인하여 도(道)로 이끈 것입니다. 이것을 미루어 본다면 다른 것을 알 수 있을 것입니다.

맹자가 말하였다.[26]

"사람은 모두 차마 다른 사람에게 하지 못하는 마음이 있다. 선왕은 차마 다른 사람에게 하지 못하는 마음이 있어 차마 다른 사람에게 하지 못하는 정치가 있었다. 차마 다른 사람에게 하지 못하는 마음으로 차마 다른 사람에게 하지 못하는 정치를 행하면 천하를 다스리는 것은 손바닥 위에서 움직일 수 있다. 사람이 모두 차마 다른 사람에게 하지 못하는 마음이 있다고 말하는 이유는 지금 어떤 사람이 언뜻 어린아이가 우물로 빠져 들어가는 것을 보고 모두 놀라서 측은한 마음[惻隱之心]을 갖게 되는데, 어린아이의 부모와 서로 사귀려는 이유도 아니며 마을의 친구들에게 명예를 구하는 이유도 아니며, 나쁜 소문이 일어날까 그러는 것도 아니다. 이것을 말미암아 본다면 측은한 마음[惻隱之心]이 없으면 사람이 아니고, 부끄러워하고 미워하는 마음[羞惡之心]이 없으면 사람이 아니며, 사양하는 마음[辭讓之心]이 없으면 사람이아니고, 옳고 그름을 가리는 마음[是非之心]이 없으면 사람이 아니

26 『맹자』「공손추 상(公孫丑上)」에 나온다.

다. 측은한 마음은 인(仁)의 단서이고, 부끄러워하고 미워하는 마음은 의(義)의 단서이며, 사양하는 마음은 예(禮)의 단서이고, 옳고 그름을 가리는 마음은 지(智)의 단서다. 사람마다 이 네 가지 단서[四端]가 있는 것은 사람마다 사지[四體]가 있는 것과 같다. 이 네 가지 단서가 있으면서 스스로 할 수 없다고 말하는 자는 스스로를 해치는 자이고, 그 임금이 할 수 없다고 말하는 자는 그 임금을 해치는 자다. 무릇 나에게 네 가지 단서가 있어 모두 넓혀 그것을 채우는 것을 안다면 마치 불이 처음 타오르고 샘이 처음 나오는 것과 같으니, 만일 채울 수 있으면 천하를 보호할 수 있고 만일 채우지 못하면 부모도 섬길 수 없다."

孟子曰: "人皆有不忍人之心, 先王有不忍人之心, 斯有不忍人之政矣. 以不忍人之心, 行不忍人之政, 治天下, 可運之掌上. 所以謂人皆有不忍人之心者, 今人乍見孺子將入於井, 皆有怵惕惻隱之心, 非所以內交於孺子之父母也, 非所以要譽於鄕黨朋友也, 非惡其聲而然也. 由是觀之, 無惻隱之心, 非人也; 無羞惡之心, 非人也; 無辭讓之心, 非人也; 無是非之心, 非人也. 惻隱之心, 仁之端也; 羞惡之心, 義之端也; 辭讓之心, 禮之端也; 是非之心, 智之端也. 人之有是四端也, 猶其有四體也. 有是四端而自謂不能者, 自賊者也. 謂其君不能者, 賊其君者也. 凡有四端於我者, 知皆擴而充之矣. 若火之始然, 泉之始達. 苟能充之, 足以保四海; 苟不充之, 不足以事父母."

—출척(怵惕)은 놀라서 움직이는 모양이다. 측(惻)은 그것을 상처 내어 끊는 것이다. 은(隱)은 그 아픈 것이 심한 것이다. 내(內)는 맺는 것이다. 요(要)는 구하는 것이다. 성(聲)은 이름나는 것이다. 수(羞)는 자신이 선하지 않은 것을 부끄러워하는 것이다. 오(惡)는 다른 사람이 선하지 않은 것을 미워하는 것이다. 사(辭)는 풀어서 내 몸에서 떠나게 하는 것이다. 양(讓)은 밀어서 다른 사람에게 주는 것이다. 시(是)는 그 선함을 알고 옳다고 여기는 것이고, 비(非)는 그 악함을 알고 그르다고 여기는 것이다.—

주희가 말하였다.

“하늘이 물(物)을 낳음에 각각 하나의 성(性)을 부여하니, 성은 물을 소유한 것이 아니라 다만 혼연히 한 가지 이치가 나에게 있는 것일 뿐이다. 그러므로 성이 체(體)가 되는 까닭은 또한 오직 인(仁)·의(義)·예(禮)·지(智)·신(信) 다섯 가지이니, 천하의 이치는 여기에서 벗어나지 않는다. 다섯 가지 가운데 이른바 신(信)은 진실하고 망령되지 않은 이치다. 인의예지(仁義禮智)는 모두 진실하고 망령되지 않기 때문에 신은 말할 필요가 없다.

인·의·예·지 네 가지가 중(中)에서 각각 분별이 있어서 구분하지 않을 수 없으니, 대개 인(仁)은 바로 온화하고 자애로운 이치이고. 의(義)는 바로 마음을 결단하고 제재하여 잘라서 나누는 이치이며, 예(禮)는 공경하고 알맞게 하는 이치이고, 지(智)는 옳고 그름을 구별하는 이치다. 무릇 이 네 가지가 사람의 마음에 갖추어지니, 바로 성(性)의 본체다. 바야흐로 그 발하지 않음에 막연하여 볼 수 있는 형상이 없다가 그 발현하여서 사용되면 인은 측은히 하는 것이 되고, 의는 부끄러워하고 미워하는[羞惡] 것이 되고, 예는 공경하는 것이 되고, 지(智)는 옳고 그름을 가리는[是非] 것이 되니, 이른바 정(情)이다. 단서라고 말한 것은 오히려 물(物)이 가운데에 있어서 볼 수 없는 것이었다가 반드시 그 단서가 밖으로 드러난 이후에 얻어서 찾을 수 있는 것이다. 성(性)의 이치는 비록 형체는 없으나 단서가 발현하면 증명할 수 있다.

그러므로 그 측은함으로 말미암아 반드시 그 인(仁)이 있음을 알 수 있고, 그 부끄러워하고 미워하는 것으로 말미암아 반드시 그 의(義)가 있는 것을 알 수 있고, 그 공경하는 것으로 말미암아 반드시 그 예(禮)가 있는 것을 알 수 있고, 그 옳고 그름을 가리는 것으로 말미암아 반드시 그 지(智)가 있는 것을 알 수 있다. 설령 본래 안에 이러한 이치가 없다면 어찌하여 밖에 이러한 단서가 있겠는가? 밖에 이러한 단서가 있기 때문에 반드시 이러한 이치가 안에 있음을 알아서 속일 수 없다.

인·의·예·지를 이미 알면 경계가 분명해지고, 또 모름지기 네 가지 가운데에 인의(仁義)가 곧 문정(門庭)과 대립하는 것을 알아야 한다. 대개 인은 어진 것이고, 예는 바로 인이 드러난 것이다. 의는 의로운 것이고, 지는 의가 감추어진 것이다. (이는) 봄·여름·가을·겨울과 같아서 비록 네 가지의 때가 되나 그것의 실제는 하나의 음(陰)과 하나의 양(陽)에 불과할 뿐이다. 봄과 여름은 모두 양에 속하고, 가을과 겨울은 모두 음에 속한다. 그러므로 하늘을 세우는 도를 말하면 음과 양을 말하고, 땅에 세우는 도를 말하면 부드러움[柔]과 굳셈[剛]을 말하고, 사람을 세우는 도를 말하면 인과 의를 말한다.

인과 의는 비록 마주 서서 두 개를 이루나 인은 낳고 낳는 뜻이 진실로 네 가지 가운데를 관통하여 돌아 흐르는 것이다. 그러므로 인(仁)이라는 것은 인의 본체이고, 예(禮)라는 것은 인의 규정이고, 의(義)라는 것은 인의 결단이고, 지(智)라는 것은 인의 분별이다. 바로 봄의 생기(生氣)가 사철에 꿰뚫어

통하는 것과 같으니 봄은 바로 봄의 생기가 나타나는 것이고, 여름은 바로 봄의 자람이고, 가을은 바로 봄의 거둠이고, 겨울은 바로 봄의 감춤이다.

그러므로 정자(程子)가 '네 가지 덕의 근원은 오상(五常)의 인(仁)과 같으니, 치우쳐 말하면 바로 한 가지 일이고, 하나로 말하면 바로 네 가지를 포함한다.'라고 말한 것이 바로 이것이다. 네 가지에서 두 가지가 되고 두 가지에서 하나가 되니, 바로 그것을 통하여 근본이 있고, 그것을 모아서 근원이 있으니, 천지의 이치는 본래 그러한 것이다."

朱熹曰: "天地生物, 各付一性. 性非有物, 只是渾然一理之在我者耳. 故性之所以爲體, 亦惟仁義禮智信五者, 天下之理無出於此. 五者之中, 所謂信者, 眞實無妄之理也. 仁義禮智, 皆眞實無妄, 故信不必言. 仁義禮智四者於中, 各有分別, 不可不辨. 蓋仁是溫和、慈愛之理, 義是斷制、裁割之理, 禮則恭敬、撙節之理, 智則分別、是非之理. 凡此四者, 具於人心, 乃性之本體. 方其未發, 漠然無形象之可見. 及其發而爲用, 則仁者爲惻隱, 義者爲羞惡, 禮者爲恭敬, 智者爲是非, 所謂情也. 曰端云者, 猶有物在中而不可見, 必因其端緖發見於外, 然後可得而尋. 性之理雖無形, 而端緖之發則可驗. 故由其惻隱, 所以必知其有仁; 由其羞惡, 所以必知其有義; 由其恭敬, 所以必知其有禮; 由其是非, 所以必知其有智. 使其本無是理於內, 則何以有是端於外? 所以有是端於外, 必知其有是理在內而不可誣也. 仁義禮智, 旣見得界限分明, 又須知四者之中, 仁義是對立門庭. 蓋仁, 仁也, 而禮則仁之著; 義, 義也, 而智則義之藏. 猶春夏秋冬, 雖爲四時, 其實不過一陰一陽而已. 春夏皆陽之屬, 秋冬皆陰之屬也. 故曰立天之道, 曰陰與陽; 立地之道, 曰柔與剛; 立人之道, 曰仁與義. 仁義雖對立而成兩, 然仁則生生之意, 實貫通周流乎四者之中. 故仁者, 仁之本體; 禮者, 仁之節文; 義者, 仁之斷制; 智者, 仁之分別. 正如春之生氣貫徹四時, 春則春之生, 夏則春之長, 秋則春之收, 冬則春之藏. 故程子曰

'四德之元, 猶五常之仁, 偏言則一事, 專言則包四者', 正謂此也. 自四而兩, 自兩而一, 則統之有宗, 會之有元, 天地之理固然也."

신은 이렇게 생각합니다. 주희의 네 가지 단서[四端]에 관한 설은 대개 선대의 유학자[맹자]가 발현하지 않은 것이지만, 차마 다른 사람에게 하지 못하는 마음을 논한 것에 이르러서는 바로 천지가 물(物)을 낳는 것으로 마음을 삼고 태어난 물이 각각 천지가 물(物)을 낳는 마음을 얻음으로 인하여 마음으로 삼습니다. 사람들이 모두 차마 다른 사람에게 하지 못하는 마음을 가지게 된 까닭입니다. 지극하구나. 그 말이여!

대개 천지의 조화는 다름이 아니라 지어 만드는 것이고 오직 물(物)을 낳는 것으로 일[事]을 삼으니, 봄·여름·가을·겨울이 고금을 왕래하는 것을 살펴봄에 생장하는 뜻이[生意] 움직여 어찌 일찍이 한번이라도 쉬어서 끊어짐이 있겠습니까? 천지의 마음을 여기에서 볼 수 있습니다. 만물의 낳음은 이미 천지가 낳게 하려는 뜻으로부터 나왔습니다. 그러므로 물건마다 모두 이러한 이치가 갖추어졌으니, 어찌 하물며 사람은 만물의 영장(靈長)이라 모두 차마 다른 사람에게 하지 못하는 마음이 있는 것이 마땅함에서랴! 그러나 사람이 이러한 마음이 있어도 사사로운 욕심이 그 사이에서 끊기 때문에 쓰임에 이르지 못할 수 있습니다. 오직 성인만이 본래 마음을 온전히 체득하여 사사로운 욕심이 섞이지 않으니 어진 마음을 가지고 있다면 곧 이 어진 정치가 있는 것이라서 저절로 흘러나와 다시 막힘이 없습니다. 천하가 비록 크나 이 마음으로써 움직이면 남음이 있습니다.

맹자가 사람들이 스스로 믿을 수 없음을 염려하여 발현한 것 가운데 가장 적절한 것을 지적하여 깨닫게 하니, 대개 어린아이가 아는 것이 없어서 장차 우물로 빠져 들어가는데 언뜻 그것을 본 사람이 현명하고 어리석음과 관계없이 모두 불쌍히 여겨 슬퍼하고 괴로워하는 마음이 있게 됩니다. 바야흐로 이 마음이 갑자기 발현될 때 이것으로 서로 사귀려고 하는 것이 아니고 이것으로 명예를 얻으려고 하는 것도 아니고, 또 어질지 않다는 오명을 피하려고 하는 것도 아닙니다. 미처 어찌할 수도 없는 사이에 알맞게 배려하는 것도 없고 거짓으로 꾸미는 것도 없으나 천기(天機)가 저절로 움직인 것이니, 이것이 이른바 진심(眞心)입니다. 타고난 모습을 사람으로 받았음에 누가 이러한 마음이 없겠습니까? 진실로 이러한 마음이 없다면 바로 사람이 아닙니다. 그러나 이른바 없다는 것은 어찌 본래 그러한 것이겠습니까? 사사로운 욕심이 가리고 막아 그 본래의 참됨을 잃은 것일 뿐입니다. 맹자가 처음으로 측은지심을 말하시고 여기에 이르러 수오(羞惡)·사양(辭讓)·시비(是非)를 겸하여 말한 것은 대개 인(仁)이 모든 선의 으뜸이 되기 때문입니다. 측은해하는 마음이 있으면 바로 세 가지가 그것을 따릅니다. 측은함이 보존되지 않으면 세 가지를 역시 어찌 가질 수 있겠습니까? 대저 사지(四肢)는 사람이 반드시 가지고 있는 것이고, 네 가지 단서 역시 그러하나, 우매한 자들이 자세히 살피지 않고 스스로 할 수 없다고 하니, 이는 그 몸을 해치는 것입니다. 또 우리 임금은 할 수 없다고 말하니 이는 그 임금을 해치는 것입니다. 해침[賊]은 인(仁)을 해치고 의(義)를 해친다는 뜻의 해침이니 재난의 심함을 말합니다. 그러나 인(仁)·의(義)·예(禮)·지(智)는 그 역량은 매우 크지만 단서는 아주 작으니 만일 그 단서를 미루어 넓히지 않으면 어떻게 그 역량을 가득 채우겠습니까?

반드시 그 발현하는 것이 작지만 따라서 더하고 펼치고 넓혀서 인욕으로 하여금 장애되는 바가 없게 한다면 하늘의 이치가 흐르고 움직여서 처음 타오르는 불을 끌어다 밝게 빛나게 하는 것과 처음 샘솟는 물을 흐르게 하여 널리 퍼지게 하는 것과 같습니다.

인·의·예·지가 거의 그 본연의 양에 가깝게 가득 채우면 이루 다 쓸 수 없습니다. 만일 그렇게 하지 않아 하늘의 이치가 바야흐로 싹틈에 인욕이 막는다면 이것은 겨우 그렇게 한 것이 갑자기 그치고 바야흐로 도달하려는 것이 따라 막히게 되고, 욕심으로 더욱 가려져서 단서는 더욱 작아지니 비록 차마 다른 사람에게 하지 못하는 마음이 있어도 반드시 차마 다른 사람에게 하지 못하는 정치는 없게 됩니다.

대저 네 가지 단서[四端]가 사람에게 있는 것이 한 가지라서 그것을 채운다면 천하[四海]를 보호하는 데도 충분하고, 채우지 못하면 부모를 섬기기에도 부족합니다. 이 때문에 제왕의 다스림은 천하를 밝게 감싸서 온 나라[海隅]를 크게 덮습니다. 그러나 후세의 임금이 혹은 천하의 큰 것으로써 그 부모의 마음을 기쁘게 하지 못하고, 혹은 음악과 여색을 좋아함으로써 참소와 간사함을 믿어 심지어 그 배우자를 내쫓고 그 아들을 죽이니, 이 사단을 같이하여도 채움과 채우지 못한 것의 차이일 따름입니다.

이 장의 요점은 본래 마음의 바름을 알아서 미루어 넓히는 공력을 더하는 것에 있으니, 심지어 천하를 보호하는 것에서도 저절로 그렇게 되는 효험입니다. 사단(四端)의 논의는 비록 맹자에게서 먼저 나왔으나 그 계통과 규율은 주희에 이르러서 크게 밝아졌으니, 오직 임금께서 푹 빠져서 깊이 익히시고 힘써 행하신다면 천하가 크게 다행일 것입니다.

고자(告子)가 말하였다.[27]

"성(性)은 버들[杞柳]과 같고 의(義)는 나무로 만든 그릇[桮棬]과 같으니 인성(人性)으로써 인의(仁義)를 행하는 것은 버들로써 나무그릇을 만드는 것과 같습니다."

맹자(孟子)가 말하였다.

"그대는 버들의 본성을 따라서 나무 그릇을 만들 수 있는가? 장차 버들을 해친 이후에 나무그릇을 만들 것이니, 만일 장차 버들을 해쳐서 나무그릇을 만든다면 또한 장차 사람을 해쳐서 인의를 행하게 될 것이다. 천하 사람들을 이끌고 인의를 해치게 하는 것은 반드시 그대의 말일 것이다!"

告子曰: "性猶杞柳也, 義猶桮棬也, 以人性爲仁義, 猶以杞柳爲桮棬." 孟子曰: "子能順杞柳之性而以爲桮棬乎? 將戕賊杞柳而後以爲桮棬也. 如將戕賊杞柳而以爲桮棬, 則亦將戕賊人以爲仁義, 與率天下之人而禍仁義者, 必子之言夫!"

—고자(告子)는 이름이 불해(不害)이니, 맹자의 제자다. 기(杞)와 류(柳)는 두 가지 나무

27 『맹자』「고자 상(告子上)」에 나온다.

이름이다. 배권(桮棬)은 마시는 그릇[飮器]이다. 장(戕)은 침[伐]이다. 적(賊)은 해침[害]이다. 솔(率)은 말을 몸[驅]와 같다.—

신은 이렇게 생각합니다. 고자(告子)의 말은 대개 인성(人性)에는 본래 인의(仁義)가 없어서 반드시 힘을 써서 억지로 하는 것이, 버들이 본래 나무그릇이 아니어서 반드시 바로잡은 이후에 이룰 수 있는 것과 같다고 하였습니다. 아! 어찌 이리도 이치에 어두운 것입니까? 대저 인의는 곧 성(性)입니다. 고자가 이에 말하기를 '인성(人性)으로써 인의를 행한다'라고 하니, 이와 같다면 본성은 본성대로이고 인의는 인의대로이니 괜찮겠습니까?

대저 버들로써 나무 그릇을 만들려면 반드시 베고 꺾어야 이룰 수 있습니다. 사람이 인의를 행함은 곧 본성의 고유한 바이기에 어린아이가 모두 어버이를 사랑함을 아니 이른바 인(仁)이고, 성장함에 모두 형을 공경함을 아니 이른바 의(義)와 같습니다. 어찌 억지로 바로잡는 것이겠습니까? 고자의 말대로 행한다면 세상의 사람들이 반드시 '인의는 사람을 해치는 물(物)이다'라고 하여 장차 두려워하고 꺼려서 기꺼이 행하려고 하지 않을 것입니다. 이것은 천하를 몰아서 인의를 해치는 것이요, 그 재앙은 장차 이루 다 헤아릴 수 없으니, 이것이 맹자가 변론하지 않을 수 없는 까닭입니다.

고자(告子)가 말하였다.[28]

"성(性)은 여울물과 같습니다. 동쪽으로 터놓으면 동쪽으로 흐르고 서쪽으로 터놓으면 서쪽으로 흐르니, 인성(人性)이 선(善)과 불선(不善)에 나누어져 있지 않음은 물이 동서(東西)의 구분이 없는 것과 같습니다."

맹자(孟子)가 말하였다.

"물은 동서의 구분이 없지만 아래 위로도 구분이 없는가? 인성의 선함은 물이 아래로 내려가는 것과 같으니, 사람은 선하지 않음이 없고 물은 아래로 흐르지 않음이 없다. 지금 저 물을 쳐서 튀어 오르게 하면 이마를 지나게 할 수 있으며 부딪쳐서 흘러가게 하면 산에 있게 할 수 있지만, 이것이 어찌 물의 본성이겠는가? 그 형세가 그렇게 만든 것이다. 사람이 불선을 행하게 하는 것도 그 본성은 또한 이와 같다."

告子曰: "性猶湍水也, 決諸東方則東流, 決諸西方則西流. 人性之無分於善不善也, 猶水之無分於東西也." 孟子曰: "水信無分於東西, 無分於上下乎? 人性之善也, 猶水之就下也. 人無有不善, 水無有不下. 今夫水搏而躍之, 可使過顙, 激而行之, 可使在山, 是豈水之性哉? 其勢則然也. 人之可使爲不善, 其性亦猶是也."

—상(顙)은 이마[額]이다.—

신은 이렇게 생각합니다. 고자(告子)가 든 버들[杞柳]의 비유는 이미 맹자가 배척한 것입니다. 그래서 또 그 말을 조금 바꾸어 여울물[湍水]에 비유하였으니 대개 이전의 설명은 오로지 인성(人性)을

28 『맹자』「고자 상(告子上)」에 나온다.

가리켜 악이 된다고 한 것이고, 여기에 이르러서도 또 선이 될 수도 있으며 악이 될 수도 있다고 하여 물[水]을 빌려 그것을 밝혔으니, 물의 본성이 일찍이 아래로 내려가지 않은 적이 없음은 알지 못한 것입니다. 비록 그것을 쳐서 이마를 지나가게 하며 부딪쳐서 산에 있게 하여서 잠시 그 본성(本性)을 거스를 수는 있으나, 끝내 그 본성을 회복하지 못하게 할 수는 없습니다.

사람들 중에 불선(不善)을 하는 자는 본디 있지만, 그가 그러한 까닭은 때때로 물욕(物欲)에 꼬임을 당하고 이해(利害)에 옮겨지는 바이지 본래 그러한 본성[性]은 아닙니다. 그러므로 비록 매우 어리석고 무지한 사람일지라도 나쁘고 거스르는 짓을 꾸짖으며 도적질을 물리친다면 얼굴빛이 변하지 않는 자는 드물고, 심지어 갓난아이가 우물에 들어가는 것을 보고서는 또한 놀라서 그 아이를 구하지 않는 사람은 없습니다.

주희(朱熹)가 "성(性)은 본래 선하므로 그것을 따르면 불선(不善)함이 없다. 성(性)은 본래 악이 없으므로 반대로 한 이후에 악이 된다. 본래 정해진 본체가 없어서 하지 못하는 바가 없는 것은 아니다."라고 말하니, 이 말이 극진합니다.

공도자(公都子)가 말하였다.[29]

"고자(告子)께서 말하기를 '본성[性]에는 선(善)도 없고 불선

29 『맹자』「고자 상(告子上)」에 나온다.

(不善)도 없다'라고 하고, 어떤 이는 말하기를 '본성은 선을 할 수도 있으며 불선을 할 수도 있으니, 이 때문에 문왕(文王)과 무왕(武王)이 일어나면 백성들이 선을 좋아하고, 유왕(幽王)과 여왕(厲王)이 일어나면 백성들이 사나움을 좋아한다'라고 하였습니다. 또 어떤 이는 말하기를 '성(性)이 선한 자도 있으며 성이 불선(不善)한 자도 있으니, 이 때문에 요(堯)가 임금이 되고도 상(象)이 있으며, 고수(瞽瞍)[30]가 아버지가 되고도 순(舜)이 있으며, 주(紂)가 형의 아들로서 또한 임금이 되었지만 미자(微子) 계(啓)와 왕자 비간(比干)이 있다.'라고 합니다. 지금 '성이 선하다'라고 하시니 그렇다면 저들은 모두 그릇된 것입니까?"

맹자가 말하였다.

"만약 그 성(性)으로 말하자면 선하다고 할 수 있으니, 이것이 이른바 선이다. 불선을 하는 것으로 말하면 타고난 재질의 죄가 아니다. 측은지심(惻隱之心)을 사람이 모두 가지고 있으며, 수오지심(羞惡之心)을 사람이 모두 가지고 있으며, 공경지심(恭敬之心)을 사람이 모두 가지고 있으며, 시비지심(是非之心)을 사람이 모두 가지고 있으니, 측은지심은 인(仁)이요 수오지심은 의(義)요 공경지심은 예(禮)요 시비지심은 지(智)니, 인의예지는 밖으로부터 나를 녹여 들어오는 것이 아니고, 내가 본래 소유하고 있는 것이지만 생각하지 못할 뿐이다. 그러므로 말하기를 '구하면 그것을 얻고 버리면 그것을 잃는다'라고 하니, 혹은 선악의 차이가

30 자식을 죽도록 고생시키고 괴롭힌 나쁜 아버지의 대표적 인물로, 순의 아버지다.

서로 배가 되고 다섯 배가 되어 계산할 수 없는 것은 그 재질을 다하지 못하였기 때문이다. 『시경(詩經)』에 이르기를

'하늘이 많은 백성을 내시니
만물이 있으면 법이 있도다.
사람들이 마음에 떳떳한 본성을 가지고 있는지라
이 아름다운 덕을 좋아한다'

라고 하였는데, 공자가 말하기를 '이 시를 지은 자 역시 그 도를 아는구나! 그러므로 물(物)이 있으면 반드시 법칙이 있고, 백성들이 떳떳한 본성을 가지고 있으므로 이 아름다운 덕을 좋아한다' 라고 하였다."

公都子曰: "告子曰性無善無不善, 或曰性可以爲善, 可以爲不善, 是故文、武興則民好善, 幽、厲興則民好暴, 或曰有性善、有性不善, 是故以堯爲君而有象, 以瞽瞍爲父而有舜, 以紂爲兄之子, 且以爲君而有微子啓王子比干, 今曰性善, 然則彼皆非與?" 孟子曰: "乃若其情, 則可以爲善矣, 乃所謂善也. 若夫爲不善, 非才其罪也. 惻隱之心, 人皆有之; 羞惡之心, 人皆有之; 恭敬之心, 人皆有之; 是非之心, 人皆有之. 惻隱之心, 仁也; 羞惡之心, 義也; 恭敬之心, 禮也; 是非之心, 智也. 仁義禮智, 非由外鑠我也, 我固有之也, 弗思耳矣. 故曰: 求則得之, 舍則失之. 或相倍蓰而無算者, 不能盡其才者也. 『詩』曰: '天生蒸民, 有物有則, 民之秉夷, 好是懿德.' 孔子曰: '爲此詩者, 其知道乎!' 故有物必有則, 民之秉夷也, 故好是懿德."

—(공도자(公都子)는) 고자(告子)의 제자다. 문무(文武)는 주(周)나라의 문왕(文王)과 무왕(武王)을 말한다. 유려(幽厲)는 주(周)나라의 여왕(厲王)과 유왕(幽王)을 말한다. 상(象)은 순(舜)의 아우이고, 요(堯)의 신하다. 고수(瞽瞍)는 순(舜)의 아버지다. 미자(微子)·비간(比干)은 모두 주왕(紂王)의 숙부이면서 신하가 된다. 배(倍)는 한 곱절이다. 사(蓰)는 다섯 곱절이다. 산(算)은 셈[數]이다. 이(夷)는 떳떳함[彝]과 통용한다.—

주희(朱熹)가 말하였다.

"정(情)은 성(性)의 움직임이다. 사람의 정(情)은 본래 다만 선이 될 수는 있으나 악이 될 수는 없으니, 성(性)의 본디 선함을 알 수 있다."

또 말하였다.

"재(才)는 재질(材質)과 같으니 사람의 할 수 있음이다. 사람이 이 성(性)을 가지고 있으면 이 재질[才]도 가지고 있으니, 본성이 이미 선하다면 재질도 또한 선하다. 사람이 불선(不善)을 행함은 바로 물욕(物欲)에 빠져서 그러한 것이니, 그 재질[才]은 죄가 아니다."

또 말하였다.

"물(物)이 있으면 반드시 법칙[則]이 있으니, 이목(耳目)이 있으면 총명의 덕이 있고 아버지가 있으면 자효(慈孝)의 마음이 있는 것과 같으니, 이것이 백성이 가지고 있는 떳떳한 본성이다. 그러므로 사람의 정(情)이 이 아름다운 덕(德)을 좋아하지 않음이 없는 것이다. 이로써 그것을 살펴본다면 인성(人性)의 선을 볼 수 있고, 공도자(公都子)가 물은 세 가지의 설을 모두 변론하지 않아도 됨은 분명하다."

朱熹曰: "情者, 性之動也. 人之情, 本但可以爲善, 而不可以爲惡, 則性之本善可知矣." 又曰: "才, 猶材質, 人之能也. 人有是性則有是才, 性旣善則才亦善. 人之爲不善, 乃物欲陷溺而然, 非其才之罪也." 又曰: "有物必有法. 如有耳目則有聰明之德, 有父子則有慈孝之心, 是民所秉執之常性也. 故人之情, 無不好此懿德者. 以此觀之, 則人性之善可見, 而公都子所問之三說, 皆不辯而明矣."

신은 이렇게 생각합니다. 공도자는 고자(告子)에게 배운 자입니다. 그러므로 본성이 선하다는 것을 그르다고 여겨 세 가지의 설을 제시하여 맹자를 물리쳤거늘, 맹자는 변론에 참여하지 않으시고 오직 본성[性]의 발현을 말하였는데, 대개 이른바 본성은 인(仁)·의(義)·예(禮)·지(智)일 뿐입니다.

그러나 아직 발현하기 전에는 볼 수 있는 조짐(兆朕)이 없다가 오직 성(性)이 물(物)에 감응해 움직여 측은(惻隱)함이 되고, 수오(羞惡)함이 되고, 공경(恭敬)함이 되고, 시비(是非)함이 된 연후에야 성의 근본을 알 수 있습니다. 대개 네 가지는 정(情)이지만 그 근본은 성입니다. 그 성의 선함을 말미암기 때문에 발현하여 정이 되는 것이 또한 선하니, 정의 선함을 인하여 성의 선함을 알 수 있습니다.

대저 선(善)은 성(性)이나 선을 행할 수 있는 것은 재질[才]입니다. 성은 본체[體]로써 말한 것이고, 재질[才]은 쓰임[用]으로써 말한 것입니다. 재질[才]은 본래 선이 될 수는 있지만 악이 될 수는 없습니다. 지금 심지어 불선이 되는 것이 어찌 재질[才]의 죄이겠습니까? (물욕에) 빠져서 그러하게 된 것입니다.

대저 네 가지의 마음을 사람마다 모두 소유하고 있는 것은 그들이 인의예지의 본성을 갖추고 있기 때문입니다. 녹임[鑠]은 불로 쇠를 녹이는 것이니 불로 쇠를 녹이는 것은 밖으로부터 안으로 이르는 것입니다. 하지만 성(性)은 내가 본래 가지고 있기 때문에 밖으로부터 오는 것이 아니니, 오직 사람이 생각하지 않고 구하지 않음을 근심할 뿐입니다.

대저 물(物)이 구하여도 얻을 수 없는 것은 밖에 있기 때문입니다. 성(性)은 구하는 것이 나에게 있으니, 어찌 얻을 수 없는 것이 있겠습니까? 본래 그러한 재질[才]은 처음에는 한정된 도량이 없으니 천하의 선을 다하여서도 할 수 없는 것이 없습니다. 지금 선악(善惡)이 서로 거리가 먼 것은 그 재질[才]을 다하지 않았기 때문입니다. 생각함[思]을 말하고 구함[求]을 말하고서 또 다함[盡]을 말하니, 이것이 맹자가 사람들에게 공(功)을 쓰는 지극한 요체를 가르친 것입니다. 「증민(蒸民)」의 시(詩)는 그 말이 이미 앞부분에서 나왔으니, 합하여 그것을 살펴보는 것이 좋을 것입니다.

조교(曹交)가 물었다.[31]

"사람이 모두 요(堯)임금이나 순(舜)임금이 될 수 있다 하니, 정말 그러합니까?"

맹자(孟子)가 말하였다.

"그러하다."

(조교가 말하였다.)

"제가 듣기로 문왕은 키가 10척이요, 탕왕은 9척이라 하는데, 지금 저는 9척 4촌이나 크지만 곡식을 먹을 뿐이니 어찌하면 좋겠습니까?"

맹자가 말하였다.

"어찌 여기에 달려 있겠는가? 또한 자신이 바라는 사람처럼

31 『맹자』「고자 하(告子下)」에 나온다.

그것을 하면 된다. 여기에 어떤 사람이 있는데, 오리새끼 한 마리조차 감당할 수 없다면 힘이 없는 사람이 될 것이고, 이제 백 근(百斤)을 든다고 한다면 힘이 있는 사람이 될 것이다. 그렇다면 오획(烏獲)이 들던 짐을 든다면 이 또한 오획이 될 뿐이다. 사람이 어찌 이기지 못함을 걱정하는가? 하지 않았을 뿐인 것이다.

천천히 걸어서 어른[長者]보다 뒤에 가는 것을 공경한다고 이르고 빨리 걸어서 어른보다 앞서 가는 것을 공경하지 않는다고 이르니, 천천히 걸어가는 것이 어찌 사람들이 능히 할 수 없는 것이겠는가? 자신이 하지 않았을 뿐이니, 요순(堯舜)의 도(道)는 효제(孝弟)일 뿐이다.

그대가 요(堯)임금이 입던 옷을 입으며 요임금의 말씀을 외우며 요임금의 행실을 따라한다면 요임금이 될 것이고, 그대가 걸왕(桀王)이 입던 옷을 입으며 걸왕의 말을 외우며 걸왕의 행실을 따라한다면 걸왕이 될 것이다."

조교가 말하였다.

"제가 추(鄒)나라 군주를 뵈면 관사(館舍)를 빌릴 수 있을 것이니, 여기에 머물면서 문하에서 수업하기를 원합니다."

그러자 맹자가 말하였다.

"도(道)는 대로(大路)와 같으니, 어찌 알기 어렵겠는가? 사람들이 (구할 수 있음에도) 구하지 않는 것이 병폐일 뿐이니, 그대가 돌아가 찾는다면 또 다른 스승이 있을 것이다."

曹交問曰: "人皆可以爲堯舜, 有諸?" 孟子曰: "然." 交: "聞文王十尺, 湯九尺. 今交九尺四寸以長, 食粟而已. 如之何則可?" 曰: "奚有於是, 亦爲之而已矣. 有人於此, 力不能勝一匹雛, 則爲無力人矣. 今日擧百鈞[32], 則爲有力人矣.

然則擧烏獲之任, 是亦爲烏獲而已矣, 夫人豈以不勝爲患哉? 弗爲耳. 徐行, 後長者謂之弟; 疾行, 先長者謂之不弟. 夫徐行者, 豈人所不能哉? 所不爲也. 堯舜之道, 弟孝而已矣. 子服堯之服, 誦堯之言, 行堯之行, 是堯而已矣. 子服桀之服, 誦桀之言, 行桀之行, 是桀而已矣." 曰: "交得見於鄒君, 可以假館, 願留而受業於門." 曰: "夫道, 若大路然. 豈難知哉? 人病不求耳. 子歸而求之, 有餘師."

—조교(曹交)는 조나라 임금[曹君]의 아우다. 승(勝)은 견디다[堪]이다. 필(匹)은 오리이니, 오리의 새끼다. 120근을 균(鈞)이라 한다. 100균은 12,000근이다. 오획(烏獲)은 옛날에 힘이 센 사람이다. 추(鄒)는 나라 이름이다. 맹자는 추나라 사람이다. 조교는 이때 역시 추나라에 있었다.—

신은 이렇게 생각합니다. '사람이 모두 요순이 될 수 있다'는 것은 혹은 고어(古語)이거나, 혹은 맹자(孟子)가 일찍이 말한 것인 듯합니다. 조교(曹交)가 의심하여 물었는데, 맹자가 '그러하다[然]'라고 말한 것은 그것이 반드시 그러한 것임을 밝힌 것입니다. 조교가 이에 형체는 뛰어나나 재능이 부족한 것으로 스스로 만족하니, 대저 성인이 성스럽게 된 까닭이 어찌 형체를 말하는 것이겠습니까? 사람이 모두 이 본성을 가졌기 때문에 모두 요순이 될 수 있으니 오직 그 행하지 않음을 근심할 뿐입니다.

또 무거운 것을 지는 것으로 비유하니, 오획(烏獲)이 들던 짐을 감당할 수 있다면 이 또한 오획이니 만약 요순의 일을 행할 수 있다면 어찌 요순이 아니겠습니까? 힘의 강약은 한계가 있는 것이므로 감당하지 못하는 근심은 있지만, 본성의 선함은 한계가 있었던 적

32 저본에서는 '斤'으로 되어 있으나 조선시대 선조(宣祖)의 피휘(避諱)이므로 바로잡았다.

이 없으니 어찌 감당하지 못하는 것으로 근심을 삼겠습니까?

또 천천히 걷는 것과 빨리 가는 것으로 밝혔습니다. 대저 장유(長幼)의 차례는 하늘이 진실로 그것을 만들었으니, 천천히 걸으며 어른보다 뒤에 가는 것은 이치의 당연함을 따르는 것이므로 그것을 공손함[弟]이라고 말합니다. 빨리 걸으며 어른보다 앞서 가는 것은 이치를 거스르니, 공손함이 아닙니다. 대저 천천히 가는 것은 지극히 쉬우니 어찌 사람이 할 수 없는 것이겠습니까? 그 때문에 하지 않아서 공손하지 못한 죄의 함정에 빠지니 이로써 생각해 본다면, 무릇 이치상 마땅히 해야 하는 것을 하지 못하는 것은 없으니 그 선(善)과 불선(不善)의 구분은 오직 행함과 행하지 않음에 달려 있을 뿐입니다.

세상에서 요순(堯舜)이 종종 잘못이 지나치게 높다고 말하므로 맹자가 다만 한 마디의 말로써 단언하여 '효제일 뿐이다'라고 하였으니 그것이 여기에 그침을 말한 것입니다. 대저 어려서 어버이를 사랑하며 장성하여 형을 공경하는 것은 인성의 같은 것이니, 요순이 되는 것은 이 본성[性]을 다할 수 있을 뿐입니다.

맹자는 또 조교가 끝내 그 어려움을 의심할까 봐 두려워하여 또 '요(堯)임금이 입던 옷을 입으며 요임금의 말씀을 외우며 요임금의 행실을 행한다면 요임금이 될 것이오.'라고 말하니, 그 행함이 이르지 않음이 없음을 말한 것입니다.

조교가 수업받기를 청하였으나 또 도(道)를 고한 것은 사람이 함께 말미암는 바이니, 천자가 다니는 길[九軌]이 평탄하여 보기 쉬운 것과 같습니다. 근심하는 것은 사람이 그것을 구하지 않는 것일 뿐이니, 돌아가 어버이를 섬기고 어른을 공경하는 사이에 그것을 구한다면 참된 본성이 처하는 곳마다 발로(發露)하여 스승은 여기에 있을 것이라고 하였습니다. 그가 남에게 보인 바가 이와 같이 매우 간절한데도, 세상 사람들이 오히려 본성[性]을 불선하다고 여겨서 자포자기(自暴自棄)인 상태를 편안히 여기니 어찌 거듭 탄식할 만하지 않겠습니까?

맹자가 말하였다.[33]

"사람들이 배우지 않고도 능한 것은 양능(良能)이요, 생각하지 않고도 아는 것은 양지(良知)이다. 어린아이가 그 부모를 사랑할 줄 모르는 사람은 없으며, 장성하여서는 그 형을 공경할 줄 모르는 사람은 없다. 부모를 친애함은 인(仁)이요 어른을 공경함은 의(義)이니, 이는 다름이 아니라 온 천하에 공통되기 때문이다."

孟子曰: "人之所不學而能者, 其良能也; 所不慮而知者, 其良知也. 孩提之童, 無不知愛其親者; 及其長也, 無不知敬其兄也. 親親, 仁也; 敬長, 義也. 無他, 達之天下也."

신은 이렇게 생각합니다. 양(良)은 본연의 선(善)을 말합니다. 선은 본성에서 나왔으므로 본연의 능함[能]은 배우기를 기다리지 않아도 능한 것이고, 본연의 앎[知]은 생각하기를 기다리지 않아도 아는 것입니다. 사람이 어릴 적에 부모를 사랑하는 것과 장성하여

33 『맹자』「진심 상(盡心上)」에 나온다.

서 형을 공경하는 것을 살펴본다면 알 수 있습니다. 부모를 친애하는 마음이 천하에 통하니 곧 이른바 인(仁)이요, 어른을 공경하는 마음이 천하에 통하니 곧 이른바 의(義)입니다. 그렇다면 인의(仁義)가 어찌 효제(孝弟)의 밖에서 나왔겠습니까? 이 이치를 맹자가 여러 번 말하였는데 그가 천하후세를 위하여 염려한 것이 간절합니다.

이상은 '천성과 인심의 선함[天性人心之善]'을 논하였습니다.

어떤 이가 "이것으로써 임금이 앎을 지극히 하는[致知] 첫 번째로 삼은 것은 어째서인가?"라고 물으니, 대답하기를 "임금이 도(道)에 대하여 마땅히 알아야 하는 것이 하나가 아니지만, 본성이 선하다는 것이 더욱 가장 중요합니다. 대개 자기 본성이 선함을 알지 못한다면 자신이 요순(堯舜)이 될 수 있음을 알지 못하고, 사람의 본성이 선함을 알지 못한다면 사람이 요순이 될 수 있음을 알지 못하는 것입니다. 그러므로 맹자(孟子)가 등(滕)나라 세자(世子)의 견해와 조교(曹交)의 질문에 모두 이것으로써 답하였습니다.

그 도를 거의 행할 수 있어서 임금이 요순과 같은 임금이 되게 할 수 있고, 백성들도 요순의 백성이 되게 할 수 있었는데, 불행히 사악한 학설이 분분하고 바른 이치가 쇠하고 사라져서 당시의 임금들은 그 말을 높이고 믿을 수 있는 자가 없었습니다. 얼마 지나지 않아 순경(荀卿)이 나와서 성악(性惡)의 설을 제창하였고, 이에 이사(李斯)[34]가 거기에 근본을 두고 진(秦)나라의 재상이 되어 선왕의

34 ?~BC 208. 전국시대 말기 초(楚)나라 사람이다. 순자(荀子)에게 배웠다. 진(秦)나라의

예교를 없애고 한결같이 준엄한 법과 형벌로 천하를 해롭게 하였으니, 사람의 본성이 악하다고 여겼기 때문입니다. 한 마디의 잘못된 말이 재앙으로 흘러 이 지경에 이르니 어찌 슬프지 않겠습니까?"라고 하였습니다.

어떤 이가 "본성은 본래 선하나, 천하에서 선을 행하는 자를 구해 보면 얼마 없는 것은 어째서인가?"라고 묻는다면 "이것은 기질(氣質)이 다른 것이지 본성의 죄는 아닙니다."라고 대답할 수 있습니다. 선대의 유학자 장재(張載)[35]가 일찍이 그것을 말하였는데, '형체가 생겨난 이후에 기질(氣質)의 성(性)이 있으니, 선(善)으로 돌이킨다면 천지(天地)의 성(性)이 보존된다'라고 하였습니다.

대개 하늘이 사람에게 준 바가 순수하고 지극한 선의 이치가 아님이 없으니, 이것이 이른바 천지의 성(性)입니다. 사람이 그것을 받는다면 때를 만난 바의 기(氣)가 같지 않아서 혹 맑고 순하며, 혹은 흐리고 조잡하므로 그 본성이 또한 따르면서도 다르니 이것이 이른바 기질의 성입니다. 천지(天地)의 성은 선하지 않음이 없고, 기질의 성은 선도 있고 불선도 있습니다. 그러나 만약 그것을 돌이

승상 여불위(呂不韋)에게 발탁되었고, 진시황 26년 천하를 통일하자 승상(丞相)에 올랐다. 시황제가 죽은 뒤 환관 조고(趙高)와 공모하여 조서를 고쳐 막내아들 호해(胡亥)를 황제로 옹립하고 시황제의 맏아들 부소(扶蘇)와 장군 몽염(蒙恬)을 자살하게 하였다. 조고의 참소로 투옥되어 요참형(腰斬刑)에 처해졌고, 삼족(三族)이 죽임을 당하였다.

35 1020~1077. 북송(北宋) 사람이다. 자는 자후(子厚)이고, 호는 횡거선생(橫渠先生)이며, 시호는 명공(明公)이다. 송나라 이학(理學)을 창시한 오현(五賢) 가운데 한 사람이다. 정호(程顥)·정이(程頤) 형제와 함께 『주역』을 강론하였고, 신유학의 기초를 세웠다. 기일원론(氣一元論)은 왕정상(王廷相)·왕부지(王夫之)·대진(戴震) 등에 의해 발전되었고, 인성론(人性論)은 주희(朱熹)에 의해 발전되었다. 저서에 『정몽(正蒙)』과 『횡거역설(橫渠易說)』, 『경학이굴(經學理窟)』, 『장자전서(張子全書)』가 있다.

킬 수 있다면 비록 불선한 자라 하더라도 회복하여 선해질 수 있습니다.

(또) "그렇다면 그것을 돌이키는 도는 어떤 것입니까?"라고 묻는다면 "자기를 다스리는 것을 말미암아 말한다면 배움이 있고, 남을 다스리는 것으로 말한다면 가르침이 있습니다. '간사함을 막고 성(誠)을 보존함[閑邪存誠]'과, '자신을 이겨서 예를 회복함[克己復禮]'은 자신을 다스리는 배움이니, 배움의 공이 지극하다면 자신의 선을 회복할 수 있습니다. '도덕으로 예를 가지런히 함[道德齊禮]'과 '밝은 인륜으로 풍속을 바르게 함[明倫正俗]'은 남을 다스리는 가르침이니, 가르침의 공이 지극하다면 남의 선을 회복할 수 있습니다." 라고 대답할 수 있습니다.

만약 자기의 본성으로써 불선을 행하고 성인의 도로써 그 자신을 다스리지 못한다면 이는 스스로를 포기하는 것이오, 남의 본성으로써 불선을 행하고 성인의 도로써 그 백성을 다스리지 못한다면 이는 천하를 포기하는 것입니다. 그러므로 그 말에 매인 것이 이와 같으니 오직 성명(聖明)께서는 더욱 힘쓰십시오.

대학연의 권6

권6은 '격물치지의 요체[格物致知之要]' 가운데 '도술을 밝힘[明道術]'에서 천리와 인륜에 대한 바른 태도를 논하였다. 그중에서도 오륜의 서문에 해당하는 내용과 사람의 효에 대해 구체적으로 서술하였다.

오륜의 서문에 해당하는 내용에서는 임금의 인(仁)·신하의 경(敬)·자식의 효(孝)·아버지의 자애[慈]·나라 사람들과 사귐의 믿음[信]을 오륜으로 설정하여 이 가운데 임금의 인이 근본이 된다고 하였다. 그리고 맹자의 말을 인용하여 인륜의 도를 확인하고 있다. 사람의 효에 대해서는 『효경』과 『논어』 등을 인용하여 효가 천리와 인륜의 바름 가운데서도 첫 번째가 되는 근거를 자세하게 제시하였다. 그리고 천자의 효에서부터 제후, 대부의 효를 제시하였다.

효는 위와 아래에서 공통되게 실현되어야 할 원리이지만, 그중에서도 임금의 효는 표준이 되며 귀감이 되는 점에서 각별하게 강조하였다. 조상의 업을 계승하는 것, 살아계실 때나 돌아가셨을 때나 한결같이 섬기는 것, 부모의 마음을 본받는 것, 봉양만이 아니라 공경하는 것, 얼굴빛을 온화하게 하는 것, 보이지 않는 곳에서도 경계하는 것, 낯빛을 부드럽게 하는 것, 미리 부모의 뜻을 받드는 것, 부모의 허물을 부드럽게 간하는 것, 부모의 상에 삼년상을 치르는 것, 부모의 뜻을 돌아가신 후에 3년 동안 고치지 않는 것, 제사를 정성스럽게 지내는 것, 언동과 거조를 조심하는 것 등 효를 행하는 구체적인 방법과 사례를 제시하였다.

천리와 인륜에 대한 바른 태도 1[天理人倫之正一]

—겸하여 다섯 가지의 큰 인륜을 말함[象言五者大倫]—

『대학(大學)』에서 말하였다.[1]

"임금이 되어서는 인(仁)에 머물고, 신하가 되어서는 경(敬)에 머물고, 자식이 되어서는 효(孝)에 머물고, 아버지가 되어서는 자애[慈]에 머물고, 나라 사람들과 함께 사귐에 있어서는 믿음[信]에 머물렀다."

『大學』: "爲人君, 止於仁; 爲人臣, 止於敬; 爲人子, 止於孝; 爲人父, 止於慈; 與國人交, 止於信."

—(『대학(大學)』은) 『예기(禮記)』의 편명이다.—

신은 이렇게 생각합니다. 『대학』의 도(道)는 지극한 선[至善]에 머무르는 데에 있습니다. 임금이 되고 신하가 되어서 나라 사람들과 함께 사귐에는 각각 마땅히 머물러야 할 바가 있습니다. 머무르다[止]라고 한 것은 반드시 여기에 이르러서 옮기지 않음을 말합니다. 임금의 도(道)로써 말해 보건대 조금이라도 아직 인(仁)에 이르지 못한 게 있다면 머무른다고 말할 수 없고, 인(仁)을 마땅히 해야 함을 알고서도 간혹 나가거나 간혹 들어온다면 또한 머무른다고 말할 수 없으니, 무엇을 인(仁)이라고 말하는 것입니까?

---

1 『대학(大學)』 경문해설[傳] 3장 지어지선(止於至善)에 나온다.

자기를 이기고 예를 회복하는 것[克己復禮]은 인(仁)의 체(體)이고, 사람을 사랑하고 사물(事物)을 이롭게 하는 것[愛人利物]은 인(仁)의 용(用)입니다. 임금이 된 자는 안으로는 반드시 물욕(物欲)의 사사로움을 제거하여서 보고 듣고 말하고 행동함[視聽言動]이 하나라도 예(禮)에 부합하지 않음이 없도록 해야 합니다. 밖으로는 반드시 백성과 사물을 사랑하는 것을 넓혀서 늙은 홀아비·홀어미·고아·늙어서 자식 없는 사람[鰥寡孤獨]이 한 사람이라도 그 생을 다하지 못함이 없도록 해야 하니, 이것이 이른바 인(仁)입니다.

반드시 이 체(體)가 있은 후에 그 용(用)이 행해집니다. 그러므로 성인이 인(仁)을 논함에 자기를 이기는 것보다 앞서는 것은 없습니다. 임금은 천하(天下)의 백성과 만물의 주인이니, 종기[痒]와 묵은 병[痾], 질병[疾]과 고통[痛] 가운데 어느 것이 (임금과) 한 몸이 아니겠습니까? 그러므로 임금의 도(道)는 반드시 인(仁)에서 주로 행하되 인(仁)을 행하는 것에서는 반드시 그 지극함을 다해야 하니, 이른바 '지극히 선한 경지에 머무름[止於至善]'입니다.

예로부터 제왕들 가운데에 오직 요순(堯舜)만이 지극한 인(仁)을 행하였다고 일컬어지는 것은 체(體)와 용(用)의 온전함을 겸하여 가늘고 아주 작은 틈이 전혀 없기 때문입니다. 만약 송(宋) 양공(襄公)이 늙은이를 사로잡지 않는 것을 인(仁)이라 여기고,[2] 양(梁) 혜

---

2 송(宋) 양공(襄公, ?~BC 637)은 춘추시대 송나라의 왕이다. 이름은 자부(玆父)이고, 환공(桓公)의 아들이다. 초나라가 정나라를 구하기 위해 송나라와 전쟁을 할 때, 양공은 초나라 군대가 강을 건너고 대열을 정비할 때까지 기다렸다가 싸워서 결국 패하였다. 양공은 "군자는 다친 사람을 다시 다치게 하지 않으며 반백의 늙은이를 사로잡지 않는다.[君子不重傷 不擒二毛]"라고 하였다. 『춘추좌전(春秋左傳)』 희공(僖公) 22년에 나온다.

왕(惠王)이 백성을 옮기고 곡식을 옮기는 것을 인(仁)이라고 여겼으니,[3] 이것은 특히 구차한 작은 선(善)일 뿐입니다. 그것을 지극하다고 말할 수 있겠으며, 그것이 갑자기 인(仁)에 머무른다고 할 수 있겠습니까?

이것으로써 미루어 보면 신하의 경(敬)·자식의 효(孝)·아버지의 자애[慈]·나라 사람들과 사귐의 믿음[信]을 모두 지극함을 다하는 것으로써 마땅히 머물러야 할 경지로 삼았습니다. 만약 대저 겉으로만 공손한 것을 경이라 여기고, 명령을 따르는 것을 효라 여기고, 악을 조장하는 것을 자애롭다고 여기고, 얕은 보살핌을 믿음으로 여겨서 '여기[仁]에 머무른다.'라고 말한다면, 감히 신이 아는 바의 인(仁)이 아닙니다.

안자(晏子)[4]가 말하였다.[5]

3 양(梁) 혜왕(惠王)은 전국시대 위(魏)나라의 왕이다. 말년에 서쪽의 진(秦)나라가 상앙의 부국강병책으로 강성해져 위협하자 수도를 대량(지금의 개봉)으로 옮기고 양(梁)나라라고 하였다. 양 혜왕이 백성을 옮기고 곡식을 옮김으로써 백성을 위하는 정치를 한다고 하자, 맹자는 전쟁을 예로 들면서 오십 보 도망가는 것과 백 보 도망가는 것은 같은 것이라고 하면서 왕도로써 백성을 다스려야 할 것을 말하였다. 『맹자(孟子)』「양혜왕 상(梁惠王上)」에 나온다.

4 ?~BC 500. 춘추시대 제(齊)나라 사람으로 이름은 영(嬰)이고, 자는 평중(平仲)이다. 영공(靈公)과 장공(莊公), 경공(景公) 세 군주를 섬기면서 재상을 지냈다. 『안자춘추(晏子春秋)』는 그의 저서로 전해지는데, 후세 사람들이 그의 언행을 모아 편찬한 것이다.

5 『안자춘추(晏子春秋)』「경공문후세숙장천유제자안자대이전씨(景公問后世孰將踐有齊者晏子對以田氏)」 15에 나온다.

"임금은 명령하고 신하는 공손하며, 아버지는 자애롭고 자식은 효도하며, 형은 사랑하고 아우는 공경하며, 남편은 온화하고 아내는 유순하며, 시어머니는 자애롭고 며느리는 공손히 따르는 것이 예(禮)다. 임금은 명령하되 어긋나지 않으며, 신하는 공손하되 두 마음을 품지 않으며, 아버지는 자애롭되 가르치며, 자식은 효도하되 경계하며, 형은 사랑하되 벗과 같이 하며, 동생은 공경하되 순종하며, 남편은 온화하되 의로우며, 아내는 유순하되 바르며, 시어머니는 자애롭되 따르며, 며느리는 공손하게 듣되 매우 정성스럽게 따르는 것이 예(禮)의 좋은 일이다."

晏子曰: "君令臣共, 父慈子孝, 兄愛弟敬, 夫和妻柔, 姑慈婦聽, 禮也. 君令而不違, 臣共而不貳, 父慈而敎, 子孝而箴, 兄愛而友, 弟敬而順, 夫和而義, 妻柔而正, 姑慈而從, 婦聽而婉, 禮之善物也."

—안자는 이름은 영(嬰)이고 자(字)는 평중(平仲)이며, 제(齊)나라 경공(景公)의 대부(大夫)다. 물(物)은 일[事]과 같다.—

신은 이렇게 생각합니다. '군령신공(君令臣共)' 이하는 모두 예의 마땅함입니다. 그러나 임금은 명령을 내리는 것을 직분으로 삼으나, 요체가 반드시 이치에 어긋나지 않는 이후에 사람들의 마음이 복종하여 명령을 반드시 행하니, 그렇지 않으면 말은 어그러져서 나갔다가 또한 어그러져 들어오기 때문에[6] 명령이 잘 시행되는 것을 보지 못하였습니다.

6 『대학(大學)』에 나온다.

신하가 임금을 섬김에 공경[恭]을 근본으로 삼으나 반드시 충성하고 두 마음을 가지지 않은 후에야 그것이 귀해지니, 그렇지 않으면 밖으로는 임금을 섬기는 예가 있으면서 안으로는 윗사람을 업신여기는 마음이 있는 것이니, 공경이 잘 실현되는 것을 보지 못하였습니다.

아버지가 자애롭되 가르칠 수 없다면 그 자식이 잘못되고, 자식이 효도하되 경계할 수 없다면 아버지가 불의에 빠집니다. 형이 아우를 사랑하고 또 반드시 학문을 갈고 닦는 유익함이 있어서 마치 친구가 서로 돕는 것과 같으니, 그렇지 않으면 의(義)가 은혜를 가리기 때문에 그 잘못이 사랑을 헛되게 합니다. 아우는 형을 공경하고, 반드시 또한 온화하고 순종하는 아름다움이 있어서 정과 뜻이 서로 친하여 틈이 없도록 해야 하는데 그렇지 않으면 예가 지나쳐서 도리어 사이가 멀어지게 되니 그 잘못이 공경함을 헛되게 합니다.

남편이 아내에 대하여 화합[和協]을 귀하게 여기나 만일 의(義)를 알지 못한다면 사랑에 빠져서 그 굳셈[剛]을 잃어버리기 때문에 남편의 도가 아닙니다. 아내는 남편에 대하여 부드럽고 온순하게 대하는 것을 귀하게 여기나 만일 올바름을 따르지 않는다면 기쁨을 탐하여 음란함으로 번져 가게 되니 아내의 도가 아닙니다.

임금과 신하 이하는 모두 두 가지 덕이 서로 돕지만, 오직 시어머니가 며느리에 대해서는 한결같이 자애로우면서 따르고, 며느리가 시어머니에 대해서는 한결같이 순종하고 지극하게 하니, 대개 며느리와 시어머니가 함께 함은 오로지 온화하고 유순함을 주로 하고 강경함을 취하지 않습니다. 그러므로 앞의 네 경우와는 다르지 않을 수 없습니다.

‘예(禮)의 좋은 일’이라는 것은 여덟 가지의 예(禮)가 일을 하는 데에 좋게 됨을 말합니다. 그렇지 않으면 그 치우침을 얻어 서로 돕는 아름다움이 없으니, 그 좋음을 얻을 수 있겠습니까? 안자(晏子)의 말은 위아래가 고르게 마땅히 알아야 할 바이므로 기록합니다.

맹자(孟子)가 말하였다.[7]

“사람에게는 도(道)가 있기에 배부르게 먹고 따뜻하게 옷을 입으며 편안하게 살지만, 배우지 않는다면 짐승과 가깝다. 성인이 이를 근심하여 설(契)[8]을 사도(司徒)[9]로 삼아 인륜을 가르치게 하였으니, 부자(父子) 사이에는 친함[親]이 있고, 군신(君臣) 사이에는 의리[義]가 있고, 부부(夫婦) 사이에는 분별[別]이 있고, 장유 사이에는 서열[序]이 있고, 친구 사이에는 믿음[信]이 있다.”

孟子曰: “人之有道也. 飽食煖衣, 逸居而無教, 則近於禽獸. 聖人有憂之, 使

---

7 『맹자(孟子)』「등문공 상(滕文公上)」에 나온다.

8 상나라의 시조로 전해지는 전설상의 인물이다. 건(乾)으로 쓰기도 한다. 황제(黃帝)의 증손으로, 제곡(帝嚳)의 두 번째 부인인 간적(簡狄)이 현조(玄鳥, 제비)의 알을 삼키고 설을 낳았다고 하여 현왕(玄王)이라고도 한다. 우(禹)임금의 치수(治水)를 도와준 공이 있어 순임금은 설에게 사도(司徒)라는 벼슬을 주어 백성을 다스리게 하고, 상(商)에 봉하여 자(子)라는 성(姓)을 주었으므로 은나라를 자성(子姓)의 나라라고도 한다. 설의 정치로 백성은 평화를 되찾았고, 성탕(成湯) 시대에 상나라는 하(夏)나라를 멸하고 천하를 통일하였다.

9 고대 중국에서 호구·논밭·재화·교육에 관한 일을 맡아보던 관리다.

契爲司徒, 教以人倫: 父子有親, 君臣有義, 夫婦有別, 長幼有序, 朋友有信."

—성인은 순(舜)임금, 설(契)은 신하의 이름을 말한다. 사도(司徒)는 가르침을 주관하는 관리다.—

신은 이렇게 생각합니다. 「순전(舜典)」에서 황제(순임금)가 설(契)에게 탄식하며 "백성은 서로 친하게 지내지 않으며 다섯 가지 윤리는 순조롭지 않다. 너를 사도에 임명하니 다섯 가지 가르침을 널리 펴되 너그럽게 적용하라."[10]라고 하셨습니다.

『춘추좌전(春秋左傳)』에서 역시 말하였습니다. "순(舜)임금은 팔원(八元)[11]을 등용하여 사방에 오교(五教)를 펴지게 하시니, 아버지가 의롭고, 어머니가 자애롭고, 형이 우애가 있고, 아우가 공손하고, 자식이 효도합니다."[12] 맹자가 말한 것은 곧 이 일입니다. 순임금의 시대에 이미 후직(后稷)[13]에게 명하여 백성들에게 농사짓는 법을 가르치시니, 오곡(五穀)이 드디어 여물어 백성을 기르는 생업이

---

10 『서경(書經)』「우서(虞書)·순전(舜典)」에 나온다.

11 요순(堯舜)시대에 가장 선량한 신하로 고신씨(高辛氏)의 여덟 명의 제자를 말한다. 요임금과 순임금을 보좌하며 태평스러운 정치를 펼쳤는데, 백분(伯奮)·중감(仲堪)·숙헌(叔獻)·계중(季仲)·백호(伯虎)·중웅(仲熊)·숙표(叔豹)·계리(季貍)이다.

12 『춘추좌전(春秋左傳)』 문공(文公) 18년에 나온다.

13 주 왕조(周王朝)의 전설적 시조다. 농경신(農耕神)으로, 오곡(五穀)의 신이기도 하다. 성(姓)은 희(姬)씨고, 이름은 기(棄)다. 『사기(史記)』 주본기(周本記)에 따르면 유태씨(有邰氏)의 딸로 제곡(帝嚳)의 아내가 된 강원(姜原)이 거인의 발자국을 밟고 잉태하여 아들을 낳았다[감생설화(感生說話)]고 한다. 그것이 불길하다 하여 세 번이나 버렸지만 그때마다 구조되었다[기자설화(棄子說話)]고 한다. 나중에 요제(堯帝)의 농관(農官)이 되고 태(邰, 섬서성 무공현(武功縣) 부근)에 책봉되어 후직이 되었다.

있게 하였습니다. 기르지만 가르치지 않는다면 백성들이 의를 알지 못하는지라 또 어찌 짐승과 구별하겠습니까?

사람에게 도(道)가 있다는 것은 각각 지니고 있는 떳떳한 본성이 있음을 말합니다. 부자의 친함과 군신의 의리와 부부의 분별과 장유의 차례와 친구의 믿음은 모두 인간의 본성이 저절로 가지고 있는 것이니, 순임금이 관리에게 명하여 가르침을 편 것은 그 가지고 있는 것을 따라서 그들을 인도하였을 뿐이요, 없는 것으로 억지로 한 것은 아닙니다.

경전(經傳)에서 인륜(人倫)의 도(道)에 대해 논한 것은 하나가 아니지만, 각각 한 마디로써 그 요점을 다한 것은 아직 맹자와 같은 이가 없으니, 아! 아름답습니다!

—오품(五品)은 즉 다섯 가지 큰 윤리[五倫]다.—

한(漢)의 『백호통의(白虎通義)』[14]에서 말하였다.[15]

"삼강(三綱)은 무엇을 말하는 것인가? 군신(君臣), 부자(父子), 부부(夫婦)를 말한다. 육기(六紀)는 무엇을 말하는 것인가? 여러 아버지[諸父], 형제(兄弟), 친척[族人], 여러 장인[諸舅], 스승

---

14 후한(後漢)시대 반고(班固, 32~92)가 편찬한 경서(經書)이며, 4권으로 되어 있고, 『백호통덕론(白虎通德論)』이라고도 한다. 후한의 장제(章帝)가 79년에 북궁(北宮) 백호관(白虎觀)에 여러 유학자를 모아, 유교 경서에 관한 해석이 학자에 따라 다른 점에 대해 토론하게 하고 그때 나온 각종 의견을 절충하여 정리시켜 『백호통덕론』을 편찬하였는데, 이것을 바탕으로 반고가 칙령(勅令)을 받아 편찬하였다.

15 『백호통의(白虎通義)』 「삼강육기(三綱六紀)」에 나온다.

과 어른[師長], 친구[朋友]를 말한다. 그러므로 임금은 신하의 벼리요, 아버지는 자식의 벼리요, 남편은 아내의 벼리가 된다. 강기(綱紀)란 무엇인가? 강(綱)은 펼침[張]을 말하고, 기(紀)는 바르게 함[理]을 말한다. 큰 것은 강(綱)이고, 작은 것은 기(紀)이니, 위아래를 펼쳐 바르게 하면 사람의 도리가 바로잡아지고 가지런해진다. 사람은 모두 오상(五常)[16]의 본성을 지니고 있고 친애(親愛)하는 마음이 있다. 이 때문에 강기만화(綱紀萬化)라는 것은 그물[羅網]에 벼리[綱紀]가 있어서 만 가지 그물코가 펼쳐지는 것 같다."

漢『白虎通義』: "三綱者何謂也? 謂君臣、父子、夫婦也. 六紀者何謂也? 謂諸父、兄弟、族人、諸舅、師長、朋友也. 故君爲臣綱, 父爲子綱, 夫爲妻綱. 何謂綱紀? 綱者張也, 紀者理也. 大者爲綱, 小者爲紀. 所以張理上下, 整齊人道也. 人皆懷五常之性, 有親愛之心, 是以綱紀萬化, 若羅網之有綱紀而萬目張也."

—(『백호통의(白虎通義)』는) 장제(章帝) 때 오경(五經)의 같고 다름을 백호전(白虎殿)에서 논하여서 이 책을 지었다.—

신은 이렇게 생각합니다. 삼강(三綱)이라는 말은 여기에서 처음 보이니, 한(漢)나라 유학자의 말이 아니라 예부터 전해 오는 말입니다. 대개 천하의 일은 많으나, 성인(聖人)이 그것을 다스리는 바에는 그 요체가 있습니다. 오직 먼저 그 근본을 바로 할 뿐이니,

---

16 오륜(五倫), 오교(五敎)를 말하는 것으로, 부자유친(父子有親)·군신유의(君臣有義)·부부유별(夫婦有別)·장유유서(長幼有序)·붕우유신(朋友有信)을 말한다.

근본이란 무엇입니까? 인륜(人倫)이 바로 이것입니다.

그러므로 삼강(三綱)이 바르면 육기(六紀)가 바르고, 육기(六紀)가 바르면 만사가 모두 바르니, 오직 그물을 드는 것은 그 벼리[綱紀]를 끌어서 뭇 그물코가 다 펼쳐지는 것과 같습니다. 만약 강기(綱紀)가 바르지 않으면 비록 일마다 조정하는 것이 헝클어진 실을 바로잡는 것과 같더라도 바로잡을 수 있겠습니까?

삼강(三綱)으로 말하면 임금은 신하의 벼리가 되니[君爲臣綱], 임금이 바르면 신하 역시 바릅니다. 아버지는 자식의 벼리가 되니[父爲子綱], 아버지가 바르면 자식 역시 바릅니다. 남편은 아내의 벼리가 되니[夫爲妻綱], 남편이 바르면 아내 역시 바릅니다. 그러므로 임금 된 자는 반드시 자신을 바르게 하여 그 신하를 거느리며, 아버지 된 자는 반드시 자신을 바르게 하여 그 자식을 다스리며, 남편 된 자는 반드시 자신을 바르게 하여 그 아내를 이끄니, 이와 같다면 삼강이 바르게 됩니다.

예로부터 지금까지 삼강(三綱)이 위에서 바르게 되고서 천하가 불안한 경우는 있지 않았으며, 또한 삼강(三綱)이 위에서 어지러워지고서 천하가 위태롭지 않은 경우는 있지 않았으니, 천하를 잘 다스리려고 하는 자는 또한 이것을 자세히 살펴야 합니다.

이상 '천리와 인륜에 대한 바른 태도 1[天理人倫之正一]' 중에서 '겸하여 다섯 가지의 큰 인륜을 말함[象言五者大倫]'을 서술하였습니다.

천자의 효를 오로지 말함[專言天子之孝]

『효경』에서 말하였다.[17]

"어버이를 사랑하는 자는 감히 남을 미워하지 않고, 어버이를 공경하는 자는 감히 남에게 오만하지 않으니, 사랑과 공경을 어버이 섬기는 데에 다하면 덕교(德敎)가 백성에게 더해질 것이니 이것이 천자(天子)의 효(孝)다."

『孝經』: "愛親者不敢惡於人, 敬親者不敢慢於人. 愛敬盡於事親, 而德敎加於百姓, 此天子之孝."

신은 이렇게 생각합니다. 효(孝)가 효답게 되는 것은 사랑[愛]과 공경[敬], 두 가지를 벗어나지 않을 뿐입니다. 어버이를 사랑하는 마음을 미루어 남을 사랑하면서 싫어하고 미워하는 바가 없으며, 어버이를 공경하는 마음을 미루어 남을 공경하면서 오만하고 쉽게 여기는 바가 없으면 천하의 사람들이 모두 나의 사랑과 공경 가운데에 있습니다. 사랑과 공경을 어버이를 섬기는 데에 다하는 것은 남이 본받기를 구하는 것이 아니라 위에서 몸소 행하여 덕교(德敎)가 아래에까지 저절로 드러나서 천하의 사람들이 모두 그 부모를 사랑하고 공경하지 않음이 없게 하는 것이니, 그 지킴을 요약하지 않겠으며 그 베풂을 어찌 넓히지 않겠습니까? 그러므로 이것이 천자(天子)의 효라고 말하는 것입니다.

17 『효경(孝經)』「천자장(天子章)」에 나온다.

공자(孔子)가 말하였다.[18]

"옛날에 훌륭한 왕은 효로 천하를 다스려서 감히 작은 나라의 신하도 내버려두지 않았는데 하물며 공후백자남(公侯伯子男)이겠는가? 그러므로 만국의 환심을 얻어서 그 선왕(先王)을 섬기시니라.—이것은 천자의 효를 말한다.—

나라를 다스리는 자는 감히 과부와 홀아비도 업신여기지 못하였는데 하물며 사민(士民)이겠는가? 그러므로 백성의 환심을 얻어서 그 선군(先君)을 섬기느니라.—이것은 제후의 효를 말한다.—

가정을 다스리는 자는 감히 신첩도 잃어버리지 않는데 하물며 처자이겠는가? 그러므로 사람의 환심을 얻어서 그 어버이를 섬기느니라.—이것은 대부의 효를 말한다.—

대저 그러므로 태어나면 어버이가 그것을 편안히 여기고 제사를 지내면 귀신이 그것을 흠향하니, 이로써 천하가 화평하여 재해가 생기지 않으며 화란이 일어나지 않는다. 훌륭한 임금이 효로써 천하를 다스리는 것이 이와 같으니, 『시경』에서

'(천자가) 덕행으로 깨달음이 있으면
사방의 제후들이 따라한다.'[19]

라고 하였다."

子曰: "昔者明王之以孝治天下也, 不敢遺小國之臣, 而況於公侯伯子男乎? 故得萬國之懽心, 以事其先王. 治國者不敢侮於鰥寡, 而況於士民乎? 故得

18 『효경(孝經)』「효치장(孝治章)」에 나온다.

19 『시경』「대아」에 나온다.

百姓之懽心, 以事其先君. 治家者不敢失於臣妾, 而況於妻子乎? 故得人之懽心, 以事其親. 夫然故生則親安之, 祭則鬼享之, 是以天下和平, 災害不生, 禍亂不作. 故明王之以孝治天下也, 如此. 『詩』曰: '有覺德行, 四國順之.'"

—재해(災害)는 수해와 가뭄과 기근 등을 말한다. 화란(禍亂)은 전란[甲兵]과 외침[寇戎]를 말한다.—

신은 이렇게 생각합니다. 이 장은 또한 어버이를 사랑하는 마음을 미루어 남을 사랑한다는 뜻이니, 남을 사랑할 수 있으면 남도 또한 그를 사랑합니다. 그러므로 천자가 곧 만국의 환심을 얻고 제후와 대부가 각기 그 신민의 환심을 얻으니, 사람들의 마음이 기쁘면 어버이의 마음도 또한 그것을 기쁨으로 여겨서 봉양하면 어버이가 편안하게 여기고 제사 지내면 귀신이 흠향하니 이승과 저승이 두 가지가 아닙니다.

그 효과는 천하가 화평해서 재이와 화란이 일어나지 않으니 대개 사람이 조화로우면 천지의 조화가 또한 호응합니다. 그 처음에 어버이를 사랑하는 마음을 미루어서 남에게 미치고, 끝내는 남을 사랑하는 복을 누려 어버이에게 미치니, 이른바 효로써 천하를 다스림이 이와 같습니다.

후세의 임금은 대개 그 백성을 사납게 대하여 원망이 맺히게 하고 재앙이 쌓이게 하여 심지어 그 어버이가 위태로워져서 종묘에까지 미치게 되니 그런 후에 성인의 말씀이 참으로 백세의 귀감이 됨을 알았습니다.

공자가 말하였다.[20]

“옛날에 훌륭한 임금이 아버지를 효로써 섬기므로 하늘을 섬김이 밝고, 어머니를 효로써 섬기므로 땅을 섬김이 드러나고, 장유(長幼)가 순하므로 상하가 다스려지니, 천지가 밝고 드러나면 신명이 밝으니라. 그러므로 비록 천자(天子)라도 반드시 높여야 할 바가 있으니 아버지가 있음을 말한 것이요, 반드시 우선해야 할 바가 있으니 형이 있음을 말한 것이다.

종묘에 경(敬)을 다하는 것은 어버이를 잊지 않음이고, 수신을 삼가 행하는 것은 우선해야 할 바를 욕보일까 두려워함이니, 종묘에 경을 다하면 귀신이 드러난다. 효제(孝弟)의 지극함은 귀신과 신명에 통하며 사해에 밝혀져서 통하지 않는 바가 없음이니라.”

子曰: “昔者明王事父孝故事天明, 事母孝, 故事地察. 長幼順, 故上下治. 天地明察, 神明彰矣. 故雖天子必有尊也, 言有父也; 必有先也, 言有兄也. 宗廟致敬, 不忘親也; 修身愼行, 恐辱先也; 宗廟致敬, 鬼神著矣. 孝悌之至, 通於神明, 光于四海, 無所不通.”

—찰(察)은 드러남[著]이다. 창(彰)은 또한 밝음[明]이다.—

신은 이렇게 생각합니다. 부모는 자식의 천지이고, 천지는 사람의 부모이니 그 실체는 하나입니다. 그러므로 아버지를 효로써 섬기면 하늘을 섬기는 이치가 밝아지고, 어머니를 효로써 섬기면

20 『효경(孝經)』「감응장(感應章)」에 나온다.

땅을 섬기는 이치가 드러납니다.

'밝고 드러남[明察]'이라는 것은 환하게 드러나서 마음에 밝게 깨달음을 말합니다. 무릇 '아버지가 나를 낳고 어머니가 나를 기르신다[父兮生我母兮育我]'는 것은 이른바 자식의 천지(天地)입니다. '크구나! 하늘의 원(元)이여, 만물이 건원을 바탕으로 하여 비롯되고, 지극하구나! 땅의 원(元)이여 만물이 곤원을 바탕으로 하여 생겨난다[大哉乾元萬物者始至哉坤元萬物資生]'는 것은 이른바 사람의 부모입니다. 부모를 섬기는 도리는 다름이 아니라 나에게 부여한 바를 온전히 하는 것일 뿐입니다.

그러므로 악정자(樂正子) 춘(春)이 말하기를 "하늘이 낳은 바와 땅이 기른 바에 오직 사람이 크니, 부모가 온전하게 낳아서 자식이 온전하게 돌아가면 효(孝)라고 할 만하다. 그 몸을 이지러지게 하지 않으며 그 몸을 욕되게 하지 않으면 온전하다고 할 만하다. 그러므로 한 번 발을 듦에 감히 부모를 잊지 않으며, 한번 말을 내뱉음에 감히 부모를 잊지 않는다."라고 하니, 사람의 효는 이보다 큰 것이 있지 않습니다. 그렇다면 천지를 섬기는 도가 또한 어찌 이것과 다름이 있겠습니까?

대저 사람이 이 몸이 있으면 이 마음이 있고 이 마음이 있으면 이 본성이 있으니 이는 천지가 나에게 부여한 바인 것입니다. 오상(五常)과 온갖 선이 본래 모두 갖추어져 있으니 조금이라도 어그러짐이 있으면 이는 그 부여한 바를 업신여기는 것입니다.

그러므로 맹자(孟子)가 말하기를 "그 마음을 보존하는 것과 그 본성을 기르는 것은 하늘을 섬기는 바이다."라고 하였습니다. 성탕(成湯)이 이 하늘의 밝은 명을 돌아보라[顧諟天地明命]고 한 것은 바로 잠깐이라도 보존되지 않으면 하늘을 섬기는 바가 아님을 두려워한 것입니다. 문왕(文王)의 오르내리심이 상제의 좌우에 있는 것[21]은 반걸음이라도 혹 어그러진다면 하늘을 섬기는 바가 아님을 두려워한 것입니다. 이것을 살펴본다면 부모를 섬김과 천지를 섬김이 어찌 두 가지 도리가 있겠습니까?

천지(天地)의 도(道)에서 묘해서 잴 수 없는 것을 신(神)이라 하고, 드러나서 속일 수 없는 것을 명(明)이라 합니다. 내가 하늘을 섬김에 밝게 하며 땅을 섬김에 드러난다면 천지신명(天地神明)이 감림(監臨)하여 위에 있는 것이 밝게 드러나 가릴 수 없을 것이니 곧 아래 문장의 '신명에 통한다[通乎神命]'는 뜻입니다.

장유(長幼)는 형제를 가리켜 말한 것입니다. 공자가 이미 효(孝)를 말하고 또 겸해서 제(弟)를 말하시므로 비록 천자가 귀하다고 하지만 높이는 바가 아버지이고 먼저 한 바가 형이라고 하셨습니다. 그러나 '종묘치경(宗廟致敬)'으로부터 이하는 즉 오직 효를 말할 뿐이고, 제까지 미치지 않았습니다. 대개 효제(孝弟)는 하나의 마음이라 효가 이미 지극하면 제 또한 지극합니다. 하늘과 사람이 한 가지 이치인지라 신명에 통하면 즉 사해(四海)는 밝아집니다. 이는 대개 효제의 지극한 공을 미루어 말한 것이니 임금이 된 자가 마땅히 매우 본받아야 할 바입니다.

이상 '천자의 효를 오로지 말함[專言天子之孝]'이었습니다.

---

21 『시경(詩經)』「대아(大雅)·문왕(文王)」에 나온다.

천리와 인륜에 대한 바른 태도 1[天理人倫之正一]
—사람의 효를 통틀어 말함[通言人之孝]—

『역(易)』「고괘(蠱卦)」에서 말하였다.[22]

"초육(初六)은 아버지의 일을 주관함이니, (훌륭한) 아들이 있으면 아버지가 허물이 없고, 위태로워야 끝내 길하다."

상전(象傳)에서 말하였다.

"아버지의 일을 주관하는 것은 아버지의 일을 잇는 뜻이다."

『易』「蠱」: "初六, 幹父之蠱, 有子, 考無咎, 厲, 終吉." 象曰: "幹父之蠱, 意承考也."

—(「고괘」는) 괘이름이다. 초효(初爻)는 음획이다. 고(蠱)는 일[事]이다. 그 글자는 벌레에서 왔고 그릇에서 온 것이다. 벌레가 그릇을 갉아먹어서 패하여 무너지는 상이다. 그러므로 일을 다스리는 것을 고(蠱)를 다스리는 것으로 삼았다.—

신은 이렇게 생각합니다. 정이(程頤)의 전(傳)에서 "아들이 아버지의 일을 주관하는 방법은 그 일을 감당할 수 있으면 훌륭한 아들을 둔 것이 되고 아버지가 허물이 없음이 된다. 그렇지 않으면 아버지의 누가 된다. 그러므로 반드시 두려워하고 조심하면 끝내 길함을 얻는 것이다."라고 하였습니다. 신의 생각으로 『역(易)』의 이 구절은 비록 자식 된 도리를 통틀어 말한 것이나 그 임금에게 조상의 업을 계승하는 것은 주관하는 일 가운데 특히 큰 것입니다.

---

22 『주역(周易)』 18번째 「산풍고(山風蠱)」에 나온다.

진실로 간혹 공경하고 두려워하는 마음을 잊고 업신여기고 소홀히 여기는 뜻이 싹트면 끝내 흉함을 알 수 있습니다.

당(唐)나라의 현종(玄宗)·헌종(憲宗)과 같이 처음에는 맑고 밝아서 제업(帝業)을 중흥시켜 조상을 빛나게 하였다가 그 후에 뜻이 게을러져서 교만하게 되어 점점 끝을 잘 맺을 수 없었으니 길한 것이 반대되어 흉한 것이 되었습니다. 길흉(吉凶)의 나뉨은 공경하고 업신여기는 차이에서 말미암았으니, 소홀히 할 수 있겠습니까?

『주역(周易)』「고괘(蠱卦)」에서 말하였다.

"구이(九二)는 어머니의 일을 주관함이니 곧아서는 안 된다."

상전(象傳)에서 말하였다.

"어머니의 일을 주관함은 중도(中道)를 얻은 것이다."

"九二幹母之蠱, 不可貞."『象』曰: "幹母之蠱, 得中道也."

신은 이렇게 생각합니다. 정이(程頤)의 전(傳)에서 "아들은 어머니에 대해서 마땅히 부드럽고 공손함으로 어머니를 보필하고 인도하여 의(義)에 맞도록 하니, 순종하지 못하여 일을 망치는 데에 이른다면 자식의 죄다. 조용히 받들어 순종함에 어찌 방법이 없겠는가? 부인의 경우는 음유(陰柔)하다는 것을 알 수 있으니, 만약 자신의 강양(剛陽)한 도(道)를 펴서 갑자기 바로잡아서 은혜를 상하게 하면 해되는 바가 크다. 또한 (자식의 뜻이) 어찌 들어갈 수 있겠는가? 몸을 굽히고 뜻을 낮추며 공손하고 순하게 받들어 몸을 바로하고 일은 다스려지게 할 뿐이다. 그러므로 정고(貞固)하여 그 강고한 도(道)를 다해서는 안 되니 이와 같음이 바로 중도(中道)다."라고 하였습니다. 신의 생각으로는 임금이 모후(母后)를 섬김에 더욱 이 뜻을 알지 않을 수 없습니다.

맹의자(孟懿子)가 효를 묻자, 공자(孔子)가 말하였다.[23]

"어김이 없어야 한다."

번지(樊遲)가 수레를 몰고 있는데, 공자가 말하였다.

"맹손이 나에게 효를 묻기에, 내가 '어김이 없어야 한다.'고 대답하였다."

번지가 물었다.

"무슨 말씀이십니까?"

공자가 대답하였다.

"살아 계실 적에는 예로 섬기고, 돌아가시면 예로 장사 지내고, 예로 제사 지내는 것이다."

孟懿子問孝. 子曰: "無違." 樊遲御, 子告之曰: "孟孫問孝於我, 我對曰無違." 樊遲曰: "何謂也?" 子曰: "生, 事之以禮; 死, 葬之以禮, 祭之以禮."

—(맹)의자는 노나라의 대부 중손하기(仲孫何忌)이다. (번)지는 공자의 제자다.—

23 『논어(論語)』 「위정(爲政)」에 나온다.

신은 이렇게 생각합니다. 주희의 설에 '살아 계실 적에 섬기고, 장사 지내고 제사 지내는 것에 부모를 섬기는 처음과 끝이 갖추어져 있다. 예(禮)는 이치[理]의 절문(節文, 사리에 따라 정한 조리(條理))이다. 사람이 부모를 섬김에 처음부터 끝까지 예에 한결같고 구차하지 않는다면 그 부모를 높임이 지극하다.'라고 하였습니다. 신은 일찍이 그 설을 부연하여 밤에는 (잠자리를) 정리하고 이른 아침에는 문안을 드리며, 겨울에는 따뜻하게 해드리고 여름에는 시원하게 해드리며, 나갈 때는 고하고 돌아오면 뵙고, 기운을 가라앉혀 부드러운 목소리로 입으신 옷이 따뜻한지 차가운지를 물어보며, 병에 걸려서 가려우면 공경히 안마해 드리며, 출입할 적에는 혹 먼저가거나 혹 뒤따라가면서 공경히 부축해 드리며, 음식을 드시면 원하는 바를 여쭈어 공경히 그것을 올리며, 명하는 것이 있으시면 응하여 대답하고 공손히 대하며, 몸가짐을 삼가고 재계하며, 오르고 내려가고 출입할 적에는 공손히 절하며, 감히 딸꾹질, 트림, 재채기, 기침, 하품, 기지개, 비스듬히 서거나, 기대서거나, 곁눈질로 보지 않아야 하며, 감히 침을 뱉거나 코를 풀지 않아야 하니, 이것이 살아계실 적에 섬기는 예(禮)입니다.

상을 당하면 3일째에 염을 하는데, 무릇 시신에 사용하는 것은 반드시 정성스럽고 반드시 믿을 만하게 하며, 3개월째에 장사를 지내는데, 무릇 관에 사용하는 것은 반드시 정성스럽고 반드시 믿을 만하게 하니, 이것이 죽어서 장사 지내는 예입니다.

때가 되어 장차 제사를 지낼 적에 군자는 재계하여 그 부정한 물건을 막으며, 그 즐기려는 욕망을 그치며, 귀로는 음악을 듣지 않습니다. 마음은 구차한 생각을 하지 않고 반드시 도(道)에 의지하며, 손발을 구차하게 움직이지 않고 반드시 예(禮)에 의거합니다.

7일 동안 산재(散齊)[24]하여 안정시키고, 3일 동안 치재(致齊)[25]하여 삼가니 재(齊)는 깨끗하고 밝은 것[精明]의 지극함입니다. 그런 후에 신명을 접할 수 있으니, 이것이 제사의 예입니다.

천자에서 서인(庶人)에 이르기까지 그 사물의 차등[隆殺]은 있으나, 예(禮)를 시행하는 데에는 조금이라도 다하지 않음을 용납할 수 없습니다. 그러므로 『효경』에서 "군자가 부모를 섬김에 함께 있을 때는 그 공경을 다하고, 봉양할 때는 그 즐거움을 다하고, 병이 들면 그 근심을 다하고, 상을 당해서는 그 슬픔을 다하고, 제사에는 그 엄격함을 다하니, 다섯 가지가 갖추어진 후에 부모를 섬길 수 있다."라고 하였습니다. 다섯 가지의 이름은 같지 않으나, 예의 마땅히 해야 하는 것은 하나입니다. 『논어』·『효경』은 모두 성인이 직접 쓴 것으로 무릇 자식 된 자가 이 말을 조금이라도 어긴다면 그가 천지 사이에 설 수 있겠습니까? 그러므로 합하여 써 둔 것입니다.

맹무백(孟武伯)이 효를 묻자, 공자가 대답하였다.[26]

"부모는 오직 그 (자식이) 병들까만을 근심하신다."

孟武伯問孝. 子曰: "父母唯其疾之憂."

---

24 산만한 것을 정제하는 것, 제사 지내기 10일 전부터 술을 마신다거나 여색을 가까이하는 등의 부정한 일을 경계하여 심신을 깨끗하게 유지하는 것이다.

25 제사를 앞두고 3일 동안 재계를 지극히 하는 것이다.

26 『논어』「위정」에 나온다.

신은 이렇게 생각합니다. 선대의 유학자가 말하기를[27] "무백의 사람됨은 반드시 근심할 만한 일이 많은 자다. 그러므로 공자께서 이것으로 그에게 말해서 그 부모의 마음을 본받아 스스로 사랑하는 까닭을 알게 하고자 한 것이다."라고 하였습니다.

신의 생각으로는 이것이 비록 부모가 모두 살아 계신 자를 말한 것이나 불행하게도 끝내 봉양하지 못한 경우도 이것을 잊을 수 있겠습니까? 대개 부모가 나를 낳음에 나에게 바라는 것이 어떤 것이겠습니까? 다만 몸을 삼가고 스스로를 사랑하지 못하여 병에 걸린다면 부모가 남긴 것을 업신여기고 부모가 나에게 바란 바를 저버린 것이 아니겠습니까?

사(士)·서인(庶人)부터 그 이상은 모두 마땅히 알아야 하는 바이나 임금의 한 몸은 종묘사직이 의탁하는 바이므로 그 책임이 더욱 무거운데 그 혈기를 흔들고 어지럽히며 그 수명을 해치는 것은 더욱 한 가지 단서만이 아닙니다. 그러므로 한(漢) 문제(文帝)가 일찍이 산벼랑을 달려 내려오려고 하자 원앙(袁盎)[28]이 "폐하께서 설령 스스로 가볍게 여기시나 고제와 태후는 어떠하시겠습니까?"라고 하였는데, 이 말은 경계하기에 충분합니다.

임금이 된 자가 만일 공자의 말을 체득하여 병이 될 만한 것을 반드시 삼가고 경계한다면 거의 불효를 한다는 책망은 면할 수 있을 것입니다.

27 선대의 유학자는 북송(北宋)의 정호(程顥)를 말한다. 이 내용은 『논어집주』 「위정」 제8장의 주(註)에 나온다.

28 ?~BC 148. 전한 초(楚)나라 사람으로 자는 사(絲)고, 원앙(爰盎)이라고도 불린다.

자유(子游)가 효(孝)를 묻자 공자가 말하였다.[29]

"지금 효라는 것은 잘 봉양하는 것만을 일컫는다. 개와 말조차도 모두 잘 길러주는데, 공경하지 않으면 무엇으로 분별하겠는가?"

子游問孝. 子曰: "今之孝者, 是謂能養. 至於犬馬, 皆能有養, 不敬, 何以別乎?"

신은 이렇게 생각합니다. 부모는 지극히 중요한 것이고, 개와 말은 지극히 가벼운 것입니다. 공자가 지극히 가벼운 것으로 지극히 중요한 것을 깨우치시니, 세상 사람들이 봉양을 효로 여기는 것을 깊이 경계하는 이유입니다. 자유는 공자 문하의 고제(高弟)이니, 마땅히 이와 같은 데에는 이르지 않았으나, 하나의 작은 생각에 약간이나마 잘 봉양한 것으로 만족한다면 이미 불경한 상태에 떨어진 것입니다. 반드시 가벼이 소홀히 하거나 쉽게 업신여기는 것이 아니더라도 훗날 불경(不敬)이라고 일컬어질 것입니다. 그러므로 『예기』에서도 "봉양은 할 수 있으나, 공경은 어렵다."라고 하였습니다.

자하(子夏)가 효(孝)를 묻자, 공자가 말하였다.[30]

"얼굴빛을 온화하게 하는 것은 어려우니 일이 있으면 자제

29 『논어』「위정」에 나온다.

30 『논어』「위정」에 나온다.

(子弟)가 그 수고로움을 대신하고, 술과 음식이 있으면 먼저 잡숫게 하는 것이 일찍이 효(孝)라고 할 수 있지 않겠는가?"

子夏問孝. 子曰: "色難. 有事, 弟子服其勞; 有酒食, 先生饌. 曾是以爲孝乎?"

—선생(先生)은 부형을 말하니, 자기보다 먼저 태어난 자다.—

신은 이렇게 생각합니다. 이것은 부모를 순종하고 따르는 낯빛을 짓는 것이 어렵다는 것을 말합니다. 심지어 수고로움을 대신하고 봉양을 잘하는 일은 다만 말단일 뿐입니다. 대개 부모의 안색에 슬픈 기색이 있거나 편안한 기색이 있으면 자식 된 자는 마땅히 깊게 보고 고요히 살펴야 합니다. 그 안색이 온화하면 그 마음이 즐겁기에 진실로 스스로 위로할 수 있지만, 만약 그 안색이 평소와 조금이라도 다른 점이 있으면 조마조마하고 두려워하여서 스스로 반성하고 스스로 책망하지 않을 수 있겠습니까? 상서로운 구름과 단비는 하늘의 기쁨이고, 맹렬한 우레와 바람은 하늘의 노함이기에 하늘을 잘 섬기고자 하는 자는 반드시 이것을 잘 살펴야 합니다. 부모라는 존재는 아들의 천지(天地)인데 부모를 살피는 데에 삼가지 않을 수 있겠습니까? 이것을 안 이후에 '얼굴빛을 온화하게 하는 것이 어렵다[色難]'의 뜻을 알 수 있습니다.

『예기』에서 말하였다.[31]

"자식 된 자는 소리가 없는 곳에서도 듣고, 형태가 없는 곳에서도 본다."

『禮記』: "爲人子者, 聽於無聲, 視於無形."

신은 이렇게 생각합니다. 이것은 보이지 않는 곳에서 경계하고 삼가며, 들리지 않는 곳에서 두려워한다는 뜻입니다. 대개 효자의 마음은 조금의 차이와 잠시의 실수도 두려워합니다. 그러므로 그 깊게 보고 고요히 살피는 것이 이와 같음에 이르니, 부모를 섬기는 데에 정성스럽지 아니하면 이와 같이 할 수 있겠습니까?

효자 가운데 (부모를) 깊이 사랑하는 자는 반드시 온화한 기운[和氣]이 있고, 온화한 기운이 있는 자는 반드시 부드러운 안색[愉色]이 있고, 부드러운 안색이 있는 자는 반드시 아름다운 용모[婉容]가 있다.[32] 근엄하고 위세가 있고 지나치게 공경하거나 삼가는 것은 부모를 섬기는 것이 아니다.

孝子之有深愛者必有和氣, 有和氣者必有愉色, 有愉色者必有婉容. 嚴威儼恪, 非所以事親也.

31 『예기(禮記)』「곡례 상(曲禮上)」에 나온다.

32 『예기』「제의(祭義)」에 나온다.

신은 이렇게 생각합니다. 사랑이 마음속에 뿌리내려진 것이 깊어진 후에 기운[氣]에서 시작하고 안색[色]에서 움직이고 용모[容]에서 드러나는 것이 이와 같으니, 거짓으로 할 수 있는 것이 아닙니다. 엄하고 위엄이 있음과 엄숙하고 삼감은 윗자리에 있으면서 아랫사람을 대하는 태도이니, 부모에게 그렇게 한다면 사납습니다. 그러므로 부모를 섬기는 것이 아니라고 하였습니다.

어진 사람이 부모를 섬기는 것은 하늘을 섬기는 것과 같고, (어진 사람이) 하늘을 섬기는 것은 부모를 섬기는 것과 같다.[33]

仁人之事親也如事天, 事天如事親.

신은 이렇게 생각합니다. 이것은 『효경』의 분명하게 살핀다[明察]의 뜻과 대략 같습니다. 선대의 유학자 장재(張載)는 『서명(西銘)』을 지어 곧 부모를 섬김으로 하늘을 섬기는 도리를 밝혔습니다. 그 대략은 이와 같습니다. '하늘이 이 이치를 나에게 준 것이 지극히 선하지 않은 것이 없거늘 내가 그것을 어그러뜨리면 곧 하늘이 준 재주를 망친 자다. 사람의 형상을 갖추고서 사람의 본성[性]을 다 할 수 있으면 바로 하늘을 잘 닮은 자다. 길(吉)·흉(凶)·화(禍)·복(福)이 옴에 마땅히 그 바름을 따라서 받으니, 하늘이 나에게 복과

33 『예기(禮記)』「애공문(哀公問)」에 나온다.

은택을 준 것은 나를 사사로이 여겨서가 아니다. 내가 선의 자질로 삼은 것은 곧 그 책임을 두텁게 하는 바이니, 부모를 섬기는 것에 비유한다면 부모가 그를 사랑하시거든 기뻐서 잊지 않는 것이다. 하늘이 나를 근심하고 걱정하는 것은 나를 위태롭게 하려는 것이 아니라 장차 그 심지(心志)를 어지럽히는 것을 떨쳐내서 그 할 수 없는 바를 더해 준 것이니, 부모를 섬기는 것에 비유한다면 부모가 나를 미워하시거든 두려워하나 원망하지 않는 것이다. 이것으로 미루어 보면 부모는 곧 하늘이고 하늘은 곧 부모이니, 그 섬기는 것이 어찌 두 가지이겠는가!'라고 하였습니다. 대저 부모를 섬기는 것이 하늘과 같은 것은 효자의 일인데도 공자가 인이라고 하셨으니 대개 효가 지극하다면 인이 되는 것입니다. 장재의 논의는 그 정밀하고 자세한 것이 지극합니다. 신은 잠시 그 대강을 이와 같이 들었으니 반드시 그 뜻을 깊이 궁구(窮究)하고자 한다면 스스로 마땅히 책을 온전하게 다 읽고 익숙하도록 반복하여야 합니다.

공명의(公明儀)가 증자에게 물었다.[34]

"선생께서는 효도하였다고 할 수 있습니까?"

증자가 말하였다.

"군자가 말하는 효도라는 것은 미리 생각하여 뜻을 받들어서 부모를 도에 이끄는 것이다. 나는 봉양만 하였을 뿐인데 어찌

34 『예기(禮記)』「제의(祭義)」에 나온다.

효도라고 하겠는가?"

公明儀問於曾子曰: "夫子可以爲孝乎?" 曾子曰: "君子之所謂孝也者, 先意承志, 諭父母於道. 參, 直養而已! 安能爲孝乎?"

신은 이렇게 생각합니다. 부모의 뜻이 드러나지 않아도 그것을 먼저 맞이할 수 있으며, 부모의 뜻이 이미 드러나서 그 이후에 그것을 계승할 수 있는 것은 효와 사랑이 깊어서 부모의 마음으로써 자신의 마음을 삼는 경우가 아니라면 할 수 없습니다. 깨우친다는 것은 잘 말하여서 깨우치게 하는 것을 말합니다. 자식 된 자가 평소에 이치로써 그 부모에게 잘 말하여 깨우치게 하여 허물이 없는 지경에 두는 것이 신하가 임금을 섬김에 그 그릇된 마음을 바로잡아서 마땅한 도리에 인도하는 것과 같습니다. 허물이 있은 이후에 간하는 것과 비교해 보건대 공이 백배입니다. 그러므로 증자가 오히려 그것을 어렵게 여겼습니다.

—역(逆)은 맞이함[迎]과 같다.—

부모에게 허물이 있으면 기운을 가라앉히고 얼굴빛을 기쁘게 하여 말소리를 부드럽게 하여 간하고, 간해도 만약 받아들이지 않으면 공경을 일으키고 효(孝)를 일으켜서 기뻐하면 다시 간해야 한다.[35] 기뻐하지 않아 부모가 고을[州閭鄕黨]에 죄인이 되게 하기보다는 차라리 충분히 간해야 한다. 부모가 노하여 기뻐하지 않고 매질하여 피가 흘러도 감히 미워하고 원망하지 않으며, 공경을 일으키고 효(孝)를 일으켜야 한다.

父母有過, 下氣怡色, 柔聲以諫, 諫若不入, 起敬起孝. 說則復諫, 不說, 與其得罪於州閭鄕黨, 寧孰諫. 父母怒, 不說而[36]撻之流血, 不敢疾怨, 起敬起孝.

—숙(孰)은 곧 익숙함[熟]이다.—

신은 이렇게 생각합니다. 기(起)는 두려워하여 일어난다는 뜻이고, 숙(孰)은 반복하여 충분히 하게 함을 말합니다. 간하지 않으면 이는 그 부모를 불의에 빠뜨리고 고을에 죄인이 됩니다. 지위에 따라 위쪽으로 살펴보면, 제후(諸侯)이면서 간하지 않으면 그 부모는 국인(國人)에게 죄인이 되고, 천자(天子)이면서 간하지 않으면 그 부모는 천하(天下)에게 죄인이 됩니다. 이 때문에 차라리 충분히 간하는 것입니다.

노하여 매질하여도 감히 원망하지 않는데 하물며 이보다 아래에 있는 자들이겠습니까? 간하여 받아들이지 않으면 공경하고 효도하며, 간하여서 노하더라도 역시 공경하고 효도하니, 공경하고 효도하는 것밖에 어찌 다른 생각이 있겠으며, 어찌 한 순간이라도 잊겠습니까?

이 설은 이미 성인이 『논어』에 써 놓았으니, "부모를 섬기되

35 『예기(禮記)』「내칙(內則)」에 나온다.

36 저본에는 '不說而'가 없지만 「내칙(內則)」에는 원래 있다. 넣어서 해석하는 것이 의미에 절실하기에 추가하였다.

은미하게 간해야 하니, 부모의 뜻이 내 말을 따르지 않음을 보더라도 더욱 공경하고 어기지 않으며, 수고로워도 원망하지 않아야 한다."라고 하였으므로,[37] 부모를 잘 섬긴다는 것은 마땅히 두 책을 합하여 생각해야 합니다.

부모가 병이 있어서 약을 드시면 자식은 먼저 그것을 맛본다. 삼대 동안 의원을 한 집이 아니면 그 약을 먹지 않는다.[38]

親有疾, 飮藥, 子先嘗之. 醫不三世, 不服其藥.

신은 이렇게 생각합니다. 『춘추』에 허(許)나라 세자 지(止)가 그 임금 매(買)를 시해하였다고 쓰여 있습니다. 『전』에는 "허나라 도공(悼公)이 학질에 걸려 세자 지(止)의 약을 마시고 죽었다."라고 하였습니다.[39] 『서』에 "그 임금을 시해한 것은 지(止)가 약을 맛보지 않아서이다."라고 하였습니다. 선대의 유학자 호안국(胡安國)은 "공자의 삼가는 바가 세 가지인데, 병들었을 때가 그 하나다. 계강자가 약을 올리자 알지 못하여서 감히 맛보지 않았으니, 그 몸을 공경하고 삼감이 이와 같은데 임금과 아버지에게 소홀할 수 있겠는가?"라고 하였습니다.[40] 지(止)가 의원을 가리지 않고 그 약을 가벼이 쓰고,

37 『논어(論語)』「이인(里仁)」에 나온다.
38 『예기(禮記)』「곡례 하(曲禮下)」에 나온다.
39 『춘추좌전(春秋左傳)』 소공(昭公) 19년조에 나온다.
40 『춘추호전부록찬소(春秋胡傳附錄纂疏)』 권25에 나온다.

약을 먼저 맛보지 않아 임금에 잘못 올리니, 이것은 임금과 아버지를 소홀히 여긴 마음이 있어서 삼가지 않은 것입니다. 이는 임금을 찬탈하고 시해할 싹이고, 불길한 조짐[堅氷之漸][41]이라서 『춘추』에서 삼간 것입니다. 그러므로 큰 악으로 더하여 사면을 얻지 못하였으니, 이것이 『춘추』의 기미에서 악을 제거하는 뜻입니다. 그렇다면 병환이 있는 부모를 모시는 자는 어찌 허나라 지(止)를 경계로 삼지 않겠습니까?

공자가 말하였다.[42]

"효자는 부모의 상에 곡하되 지나치게 슬퍼하지 않고, 예는 꾸미지 않고, 말은 지나치게 화려하지 않고, 아름다운 옷을 입어도 편히 여기지 않고, 음악을 들어도 즐기지 않고, 맛있는 음식을 먹어도 달게 여기지 않으니, 이것이 슬퍼하고 서러워하는 모습이다. 3일이 지나서 먹는 것은 백성에게 죽음으로써 삶을 손상시키지 않고 야위어서 본성을 잃지 않게 함을 가르치는 것이니, 이것이 성인의 정치다. 초상이 3년을 넘기지 않는 것은 백성에게 끝이 있음을 보이는 것이니 관곽과 옷과 이불을 만들어 장사 지내며, 제기[簠簋]를 진설하여 그것을 슬퍼하고 서러워하며, 가슴을 치며

41 서리가 내리면 단단한 얼음이 어는 시기가 이른다는 뜻으로 일의 조짐을 보고 미리 그 화를 경계하라는 말이다. 『주역』의 곤괘(坤卦)에, "서리를 밟으면 단단한 얼음이 어는 때가 이를 것이다.[履霜堅氷至]"에서 나온 말이다.

42 『효경(孝經)』 「상친장(喪親章)」에 나온다.

통곡하면서 슬픔으로 보내며, 그 묘소를 가려서 편안히 안치하며, 종묘를 만들어 귀신이 흠향하게 하며, 봄가을로 제사 지내고 때때로 그를 그리워하니, (이렇게 하여) 백성을 살리는 근본을 다하고 죽고 사는 의리가 갖추어지며 효자가 부모를 섬김이 끝마쳐진다."

子曰: "孝子之喪親也, 哭不偯, 禮無容, 言不文, 服美不安, 聞樂不樂, 食旨不甘, 此哀慽之情也. 三日而食, 教民無以死傷生, 毁不滅性, 此聖人之政也. 喪不過三年, 示民有終也. 爲之棺槨, 衣衾而擧之; 陳其簠簋, 而哀慽之; 擗踊哭泣, 哀以送之; 卜其宅兆, 而安厝之; 爲之宗廟, 以鬼享之; 春秋祭祀, 以時思之. 生民之本盡矣, 死生之義備矣, 孝子之事親終矣."

—기운이 다하면 쉬고, 소리 내되 간절하게 하지 않음이다.—

신은 이렇게 생각합니다. 경전에서 부모의 상을 말함에 오직 이것이 대략을 갖추어 놓은 것입니다. 초상을 치르는 자는 마땅히 깊게 체득해야 합니다.

공자가 말하였다.[43]

"자식이 태어난 지 3년이 되어서야 부모의 품속을 벗어날 수 있으니, 삼년상(三年喪)은 천하에 통용되는 상례(喪禮)다."

子曰: "子生三年, 然後免於父母之懷. 夫三年之喪, 天下之通喪也."

---

43 『논어』「양화(陽貨)」에 나온다.

『중용』에서 말하였다.[44]

"기년상(期年喪)은 대부(大夫)에까지 이르고, 삼년상(三年喪)은 천하에까지 이르렀으니, 부모의 상은 귀천(貴賤)에 관계없이 똑같다."

中庸曰: "期之喪, 達乎大夫. 三年之喪, 達乎天子. 父母之喪無貴賤, 一也."

—기(期)는 1년간 입는 상복이다. 왕공이 기한을 막았다. 그러므로 대부에까지 이른다고 말하였다.—

등(滕) 정공(定公)이 죽자 세자가 연우(然友)에게 말하였다.[45]

"옛날에 맹자(孟子)가 일찍이 나와 함께 송(宋)나라에서 이야기를 나누었던 것을 내 마음에서 끝내 잊지 못하였는데, 이제 불행히 대고(大故)를 당하였으니, 내 그대로 하여금 맹자에게 물어본 뒤에 일을 행하려고 하노라."

연우가 추(鄒)에 가서 맹자에게 물어보자, 맹자가 말하였다.

"또한 좋지 않은가? 친상(親喪)은 본디 스스로 다하는 것이니, 증자(曾子)께서 말씀하시기를 '살아서는 예(禮)로써 섬기며, 죽어서는 예로써 장례 지내며, 예로써 제사 지내면 효(孝)라고 이를 만하다'라고 하셨다. 제후의 예는 내가 아직 배우지 않았지만 들은 적이 있으니, 삼년상(三年喪)에 자소(齊疏)의 상복을 입으며 미음

44 『중용』 18장에 나온다.

45 『맹자』「등문공 상(滕文公上)」에 나온다.

과 죽을 먹는 것은 천자(天子)로부터 서인(庶人)에 이르기까지 삼대(三代)가 공통이었다."

연우가 보고하여 삼년상을 하기로 정하자, 부형(父兄)과 백관(百官)이 모두 하려고 하지 않으면서 말하였다.

"우리의 종주국인 노(魯)나라 선군(先君)께서도 이것을 행하지 않으셨고 우리 선군께서도 또한 행하지 않으셨으니, 지금 이것을 뒤집는 것은 불가합니다. 또 옛 기록에 '상례와 제례는 선조를 따른다'라고 하였으니, 이것은 우리들이 전수받은 바가 있기 때문입니다."

세자가 연우에게 말하였다.

"내 지난날에 일찍이 학문을 하지 않았고 말 타기와 칼 쓰기를 좋아하였는데, 지금 부형과 백관들이 나를 만족스럽게 여기지 않으니 큰일에 예(禮)를 다하지 못할까 염려스럽다. 그대는 나를 위하여 맹자에게 다시 물어보라."

연우가 다시 추(鄒)에 가서 맹자에게 묻자, 맹자가 말하였다.

"그러하겠다. 다른 것을 가지고 찾을 것이 없다. 공자께서 말씀하시기를 '임금이 죽으면 총재(冢宰)에게 명령을 듣는다. 죽을 먹고 얼굴이 짙은 흑색이 되어 자리에 나아가 곡(哭)을 하면 백관(百官)과 유사(有司)들이 감히 슬퍼하지 않는 이가 없는 것은 윗사람이 솔선수범을 하기 때문이다. 위에서 좋아함이 있으면 아래에는 반드시 그보다 더 심함이 있는 것이다. 군자(君子)의 덕(德)은 바람이요 소인(小人)의 덕(德)은 풀이니, 풀 위에 바람이 가해지면 반드시 그리로 쏠린다'[46]라고 하셨으니, 이것은 세자에게 달려 있는 것이다."

연우가 보고하자, 세자가 말하였다.

"그렇다. 이것은 진실로 나에게 달려 있다."

그 뒤로 5개월 동안 여막(廬幕)에 거처하면서 명령을 하거나 교계(敎戒)[47]가 있지 않았다. 이에 백관과 친척들이 다 예(禮)를 안다고 말하였다. 장례 때에 사방에서 와서 구경하였는데 얼굴빛이 슬프고 울기를 애처롭게 하니, 조문하는 자들이 크게 기뻐하였다.

滕定公薨, 世子謂然曰: "昔者, 孟子嘗與我言於宋, 於心終不忘. 今也不幸至於大, 故吾欲使子問於孟子, 然後行事." 然友之鄒, 問於孟子. 孟子曰: "不亦善乎! 親喪, 固所自盡也. 曾子曰: '生, 事之以禮; 死葬之以禮; 祭之以禮, 可謂孝矣.' 諸侯之禮, 吾未之學也. 雖然, 吾嘗聞之矣. 三年之喪, 齊疏之服, 飦粥之食. 自天子達於庶人, 三代共之." 然友反命, 定爲三年之喪, 父兄百官皆不欲, 曰: "吾宗國魯先君莫之行, 吾先君亦莫之行也. 至於子之身而反之, 不可." 且志曰: "喪祭從先祖, 曰吾有所受之也." 謂然友曰: "吾他日未嘗學問, 好馳馬試劒. 今也父兄百官不我足也, 恐其不能盡於大事, 子爲我問孟子." 然友復之鄒, 問孟子. 孟子曰: "然, 不可以他求者也. 孔子曰: '君薨, 聽於冢宰. 歠粥, 面深墨, 卽位而哭, 百官有司, 莫敢不哀先之也. 上有好者, 下必有深焉者矣. 君子之德, 風也; 小人之德, 草也. 草尙之風, 必偃.' 是在世子." 然友反命. 世子曰: "然, 是誠在我." 五月居廬, 未有命戒百官族人, 可謂曰知. 及至葬, 四方來觀之, 顔色之戚, 哭泣之哀, 弔者大悅.

---

46 『논어』「안연(顔淵)」 제12장에 나온다.

47 한문 산문 문체의 하나다. 청(淸)나라 학자 요내(姚鼐)는 『고문사류찬(古文辭類纂)』에서 산문의 문체(文體)를 크게 13가지로 분류하였다. 그중 조령류(詔令類)에 속한다. 조령류는 『상서(尙書)』의 서(誓), 고(誥)에서 기원한 것으로 군주가 신하에게 내리는 글이다. 조책(詔策), 명령(命令), 제고(制誥), 유칙(諭勅), 교계(敎戒), 새서(璽書), 격이(檄移), 노포(露布), 비판(批判), 권계(券契) 등이 여기에 포함된다.

—정공(定公)은 등(滕)나라 임금이다. 세자는 정공의 아들이니, 이가 문공(文公)이 된다. 연우는 그 사부다. 자(齊)는 옷의 아랫단을 꿰맨 것이니, 꿰매지 않은 것을 참최(斬衰)라 하고 꿰맨 것을 자최(齊衰)라고 한다. 소(疏)는 거침[麤]이니, 거친 삼베[麤布]를 말한다. 전(飦)은 미음[糜]이다. 상례에 3일이 되어야 비로소 죽을 먹고, 장례를 지내고서야 거친 밥을 먹는다. 이는 문공이 말한 것이다. 총재(冢宰)는 육관(六官)의 우두머리이니, 임금이 죽고 자식이 정사를 다스릴 수 없으면 총재로써 국사를 대신하게 한다. 상(尙)은 상(上)과 통한다. 언(偃)은 엎드림[伏]이다.—

신은 이렇게 생각합니다. 삼년상은 당(唐)·우(虞)·삼대(三代)로부터 고친 적이 없었는데, 춘추시대에 와서 이 예(禮)가 해이해지고 무너졌습니다. 이에 재여(宰予)가 상기를 줄이자고 하였으나 공자께서 그의 인(仁)하지 못함을 꾸짖으셨습니다. 자사(子思)가 『중용』을 지어 또 말하기를 "기년상(朞年喪) 이하부터는 귀천의 다름은 있어도 부모의 상은 똑같이 할 뿐이다."라고 하였습니다.

바야흐로 등(滕) 문공(文公)이 맹자의 말을 써서 그 예(禮)를 행하려고 할 적에는 부형(父兄)과 백관(百官)이 떠들썩하게 다투다가, 많은 의견을 어기고 행하는 데에 이르러서는 또 예를 안다고 여기니 어째서이겠습니까? 대개 '행할 수 없다'고 여긴 것은 상례(常禮)를 뛰어넘으면서 옛것을 인습하는 비루한 견해이나, '예를 안다'고 여긴 것은 떳떳함을 지니고 있고 덕을 좋아하는 양심이 있기 때문입니다.

대저 그 덕에 보답하려고 하는데 하늘과 같이 끝이 없어서 비록 종시토록 상(喪)을 지내고자 하여도 무궁한 슬픔을 펴기에는 부족하였습니다. 그러나 그것을 3년에 그치는 것은 특별히 성인께서 적당한 제도를 세워서 지나치지 못하게 할 뿐이었습니다. 세대가 내려가면서 가르침을 잃어 비록 동쪽 노(魯)나라 문공(文公)[48]·헌공(獻公)[49]의 나라에서도 오히려 행할 수 없었으니, 어찌 등(滕)나라의 부형들이 괴이한 것이겠습니까? 그러나 등 문공이 한결같이 스스로 솔선수범하여 갑자기 깨달았으니, 천리(天理)가 인심(人心)에 있는 것을 진실로 없애는 것은 불가한 것입니다.

한(漢) 문제(文帝)가 뜻에 따라 옛것을 바꾸어 비로소 역월(易月)의 제도를 만들었습니다.[50] 그러나 그 유조(遺詔)를 자세히 살펴보건대 대개 이서(吏胥)와 백성을 위하여 만든 것인데, 경제(景帝)는 왕위를 이을 임금이기 때문에 무릅쓰고 그 형식을 써서 스스로 삼년의 제도를 짧게 하였으니 어찌 만세의 죄인이 아니겠습니까? 그 후에 진(晉) 무제(武帝)가 옛 제도를 회복하고자 하였으나 여러 신하들의 간사한 말에 막혔습니다. 유독 후위(後魏)의 효문제(孝文帝)만이 결단하여 의심하지 않았으니, 효문제는 오랑캐의 임금이면서도 오히려 이를 행할 수 있었는데 중국이면서 이것만 못할 수 있겠습니까? 신이 그러므로 성현의 말씀을 갖추어 나열하여 후세에 상고함이 있게 하는 것입니다.

공자가 말하였다.[51]

---

48 ?~BC 609. 춘추시대 노나라의 국군(國君)으로 이름은 흥(興)이고, 희공(僖公)의 아들이다.

49 춘추시대 노나라의 국군(國君)으로 이름은 구(具)이다.

50 상례(喪禮)를 빨리 끝내기 위하여 달수를 날수로 바꾸어 계산하여 상례를 치르던 제도이다. 예를 들어 삼년상인 경우 한 달을 하루로 환산하여 27일 동안 복(服)을 입는 것을 말한다.

51 『논어』「학이」에 나온다.

"아버지가 살아 계실 때에는 그 뜻을 살피고, 아버지가 돌아가시면 그 행동을 살필 것이니, 3년 동안 아버지의 도(道)를 고치지 않아야 효라고 이를 만하다."

子曰: "父在, 觀其志; 父沒, 觀其行. 三年無改於父之道, 可謂孝矣."

신은 이렇게 생각합니다. 선대의 유학자의 말에 '아버지가 살아계실 때에는 그 뜻을 살펴서 그것을 받들어 잇고, 아버지가 돌아가심에 그 행동을 살펴서 그것을 잇고, 또 반드시 3년 동안 아버지의 도를 고치지 않은 이후에야 효라고 한다'[52]라고 하니, 아버지의 도 가운데 좋은 것은 마땅히 종신토록 지켜야 하고 좋지 않은 것은 마땅히 빨리 고쳐야 하니, 어떻게 3년 동안 기다리겠습니까? 생각건대 그 이른바 '3년 동안 고치지 말라'는 것은 반드시 마땅히 고쳐야 하나 아직은 고치지 않아도 되는 것입니다. 그러므로 차마 갑자기 고치지 않을 뿐입니다.

만약 사리(事理)의 경중을 따지지도 않고 슬퍼하고 마음속으로 친애하는 가운데에 아직 고치지 않아도 될 것을 고쳐서 삼가고 중히 여기는 마음을 회복할 수 없다면, 일에는 반드시 유익함이 없고 효(孝)에는 크게 이지러짐이 있습니다.

공자의 말은 대개 반드시 행위를 한 뒤에야 드러나는 것입니다. 자식 된 자가 이런 경우에 처하면 그 만나는 상황에 따라 의(義)

52 논어의 구절에 선대의 유학자가 부연 설명한 것이다[南軒曰舊說以爲父在能觀其志而承順之, 父沒觀其行而繼述之, 此說文理爲順按, 二先生之說不同姑兩存之]. 선대의 유학자는 송나라 때의 유학자 장식(張栻, 1133~1180)을 말한다.

로써 조정함이 옳습니다. 임금으로써 말해 보건대 무왕(武王)은 문왕(文王)의 뜻을 이어 종신토록 고치지 않은 자이고, 선왕(宣王)은 여왕(厲王)의 사나움을 이었으니 3년을 기다리지도 않고 고친 자입니다. 만약 계승할 만한 것이 비록 문왕만 못해서 마땅히 고쳐야 하는데도 또 여왕과 같지 않았으니 이것이 공자의 이른바 3년 동안 고치지 않은 경우입니다. 27개월의 기간은 달리는 번개와 같이 빠르니, 자식이 이에 오직 추모하는 정성을 다하고 우선 고쳐야 하는 자취는 잠시 접어 두는 것이 또한 좋지 않겠습니까? 신이 그러므로 그것을 미루어 밝혀서 선대 성인의 속뜻을 넓힌 것입니다.

증자(曾子)가 말하였다.[53]

"초상을 삼가서 치르고 멀리 돌아가신 분을 추모하면 백성의 덕(德)이 후한 데로 돌아갈 것이다."

曾子曰: "愼終追遠, 民德歸厚矣."

신은 이렇게 생각합니다. 선대의 유학자가 "신종(愼終)은 상례에 그 예를 다하는 것이오, 추원(追遠)은 제례에 그 정성을 다하는 것"[54]이라고 하니, 윗사람의 행하는 것이 이미 두터워서 백성들이 또한 따라서 두터운 데로 귀의하는 것입니다. 그러므로 『대학』에서

53 『논어』「학이(學而)」에 나온다.

54 『논어집주』에서 주자가 풀이한 말이다.

말하기를 "한 집안이 인(仁)을 하면 한 나라가 인(仁)을 일으키고, 한 집안이 겸양[讓]하면 한 나라가 겸양을 일으킨다"라고 하니, 그 기미가 이와 같습니다.

『예기』에서 말하였다.[55]

"서리와 이슬이 내렸을 때 군자는 그것을 밟으면서 반드시 슬퍼하는 마음이 생기는데 오한을 느껴서 그런 것이 아니며, 봄비와 이슬에 젖었을 때 군자가 그것을 밟으면서 반드시 슬퍼하였던 것은 마치 죽은 부모를 보는 듯한 마음이 들었기 때문이다."

『禮記』曰: "霜露旣降, 君子履之, 必有悽愴之心, 非其寒之謂也. 春雨露旣濡, 君子履之, 必有怵惕之心, 如將見之."

—애연(僾然)은 희미하게 드러나는 모양이다.—

신은 이렇게 생각합니다. 효자는 한 번도 그 부모를 생각하지 않은 적이 없습니다. 그러므로 서리와 이슬이 내리는 것으로 인하여 감응하고 비와 이슬에 젖는 것으로 인하여 감응하니, 마치 죽은 부모를 보는 듯하였기 때문입니다. 이것이 정성[誠]의 지극함이고, 효(孝)의 지극함입니다.

55 『예기(禮記)』「제의(祭義)」에 나온다.

마음속으로 치재(致齊)를 하고, 겉으로 산재(散齊)를 한다.[56] 재계하는 날에는 그 기거하던 모습을 생각하며, 그 웃음과 말을 생각하며, 그 뜻을 생각하며, 그 즐거워하는 바를 생각하며, 그 좋아하는 바를 생각하여서 재계한 지 3일째에 바로 그 재계한 바를 볼 수 있다.

제사를 지내는 날에 방에 들어가서 어렴풋하게 반드시 그 자리에 계신 것을 본 듯하며, 돌아 문을 나옴에 숙연하게 반드시 그 목소리가 들리는 듯하며, 문을 나와 들음에 뚜렷하게 반드시 그 탄식하는 소리가 있는 듯하다.

이 때문에 선왕의 효는 낯빛을 눈에서 잊지 말며, 목소리를 귀에서 끊지 말며, 마음과 뜻, 즐기고 하고자 하신 것을 마음에서 잊지 않아서 사랑을 다하면 계시는 듯하고 정성을 다하면 드러내시니, 드러내고 보존함을 마음에서 잊지 않는다. 대저 어찌 공경하지 않을 수 있겠는가? 군자가 태어나면 공경하고 봉양하며, 죽으면 공경하고 흠향하니 종신토록 욕되지 않음을 생각한다.

致齊於內, 散齊於外. 齊之日, 思其居處, 思其笑語, 思其志意, 思其所樂, 思其所嗜. 齊三日, 乃見其所爲齊者. 祭之日, 入室, 僾然必有見乎其位. 周還出戶, 肅然必有聞乎其容聲. 出戶而聽, 愾然必有聞乎其嘆息之聲. 是故先王之孝也, 色不忘乎目, 聲不絶乎耳, 心志嗜欲不忘乎心. 致愛則存, 致慤則著. 著存不忘乎心. 夫安得不敬乎? 君子生則敬養, 死則敬享, 思終身弗辱也.

56 『예기(禮記)』「제의(祭義)」에 나온다.

신은 이렇게 생각합니다. 이 장은 자식 된 자가 부모를 그리워함을 형용(形容)하는 묘함을 다하였다고 이를 만합니다. 정성과 효가 지극하지 않다면 어찌 여기에 이를 수 있겠습니까?

정이(程頤)가 말하기를 "'그 기거하던 모습을 생각하고 그 웃음과 말을 생각한다'는 것은 효자가 평상시에 부모를 그리워하는 마음이지 재계한 것이 아니다. 재계는 생각함이 있음을 용납하지 않으니, 생각함이 있으면 재계가 아니다."[57]라고 하였습니다. 재계라는 것은 침착하게 순일하여야 바야흐로 귀신과 더불어 접할 수 있으니, 대개 재(齊)와 계(戒)는 다릅니다. 이레 동안 경계함[戒]에 늠연히 공경하고 두려워하여 생각함이 있어도 용납하지만, 사흘 동안 재계[齊]함에 이른다면 침착하게 순일하여 생각하는 바가 없으니, 이것이 재계[齊]와 경계[戒]의 구분입니다.

'사랑을 다하면 계시는 듯하고 정성을 다하면 드러내시다'는 것은 대개 사모함이 지극하여서 근엄하게 계시는 듯 하고 정성이 지극하여서 환하게 드러남이 있으니, 이것이 귀신(鬼神)의 일정한 이치입니다. 그것을 공경하지 않을 수 있겠습니까? 공경하면 계시고, 공경하지 않으면 없습니다. 그러므로 부모가 계실 적에 반드시 공경[敬]으로 봉양하고 부모가 돌아가시면 또한 공경으로 제사 지내니, 부모가 계시고 안 계시고는 다름이 있지만 효자의 공경은 같습니다. 대저 이와 같다면 종신토록 그 부모를 욕되게 하지는 않을 것입니다.

---

57 주희가 편찬한 『이정유사(二程遺事)』의 권18에 나온다. 저본에서의 원문은 "思其居處 思其笑語 此孝子平日思親之心 非齊也. 齊不容有思 有思非齊也"이다.

문왕이 제사를 지낼 때에는 돌아가신 분을 살아 계실 때처럼 기렸으며, 돌아가신 분을 그리워하여 살고 싶지 않은 듯한 모습을 보였다. 기일(忌日)에는 반드시 슬퍼하시며, 부모님의 휘를 말할 때는 부모를 앞에서 보는 듯 하였으니, 그 제사가 충실했던 것이다.[58]

文王之祭也, 事死者如事生, 思死者如不欲生. 忌日必哀, 稱諱如見親, 祀之忠也.

군자는 종신토록 챙겨야 하는 상(喪)이 있으니, 기일(忌日)을 말한다.[59] 그러므로 기일(忌日)에는 즐거워하지 않는다.

君子有終身之喪, 忌日之謂也, 故忌日不樂.

신은 이렇게 생각합니다. 기일(忌日)의 명칭이 비로소 여기에서 드러났습니다. 부모의 상례(喪禮)는 비록 오래되었으나 기일(忌日)에 이르면 반드시 초상을 치르는 예(禮)로써 여기[忌日]에 처하여 내 몸이 마친 이후에 그치니,[60] 옛 성왕(聖王) 가운데 이 도(道)를 다할 수 있었던 자는 아마도 오직 문왕(文王)일 것입니다!

58 『예기(禮記)』「제의(祭義)」에 나온다.

59 『예기(禮記)』「제의(祭義)」에 나온다.

60 『예기(禮記)』「단궁(檀弓)」에 나온다.

부모가 사랑하는 것을 역시 사랑하고, 부모가 공경하는 것을 역시 공경해야 한다. 개와 말도 그러할진대, 하물며 사람에 있어서야 어떻겠는가?[61]

父母之所愛亦愛之, 父母之所敬亦敬之, 犬馬盡然, 而況於人乎!

신은 이렇게 생각합니다. 효자의 사랑하고 공경하는 마음은 이르지 않는 바가 없습니다. 그러므로 무릇 부모의 사랑하고 공경하는 것을 비록 천한 개와 말이라도 또한 사랑하고 공경하는데, 하물며 사람이겠습니까? 우선 그 가까운 것은 들어 말해 보건대 만약 형과 아우는 내 부모가 사랑하는 바이니 내가 그를 사랑하지 않을 수 있겠습니까? 만약 박하게 대한다면 이는 내 부모를 박하게 대하는 것입니다. 어버이와 현자는 내 부모가 공경하는 바이니 내가 그들을 공경하지 않을 수 있겠습니까? 만약 업신여긴다면 내 부모를 업신여기는 것입니다. 비슷한 것들을 미루어 진전시켜 본다면 모두 그러하지 않은 것이 없습니다.

진(晉) 무제(武帝)[62]가 풍담(馮紞)[63]의 참소에 미혹되어 태후(太

61 『예기(禮記)』「내칙(內則)」에 나온다.

62 236~290. 이름은 사마염(司馬炎)으로 진나라의 황제(재위 266~290)이고, 사마소(司馬昭)의 아들이다. 종실(宗室) 사람들을 두루 제후에 봉하고 사족(士族) 문벌제도를 강화시키는 한편 새로 만든 율령(律令)을 반포하고 제도를 제정하면서 관품(官品)의 등급과 점전(占田) 수량 등을 정하였다. 만년에는 일락(佚樂)에 빠져 멍청한 아들 사마충(司馬衷)을 태자로 삼는 등 죽은 뒤에 벌어질 화근을 양성하였다. 묘호는 세조(世祖)다.

63 풍회의 동생으로 진(晉) 무제(武帝)의 총애를 받았다.

后)의 간절한 말을 생각하지 않아서 제왕(齊王) 유(攸)[64]를 소홀히 하였으며, 당(唐) 고종(高宗)이 무씨(武氏)의 총애에 빠져서 태종(太宗)께서 후사를 부탁한 명(命)은 생각하지 않고 장손무기(長孫無忌)[65]를 죽였으니, 두 임금과 같은 자는 모두 예경(禮經)의 죄인입니다.

공자(孔子)가 말하였다.[66]

"몸[身]이라는 것은 부모에서 갈라져 나온 것이니 감히 조심해야 하지 않겠는가? 몸을 조심히 보존하지 못한다면 부모를 상하게 하는 것과 같다."

孔子曰: "身也者, 親之枝也, 敢不敬與? 不能敬其身, 是傷其親."

---

64 248~283. 이름은 사마유(司馬攸)이니, 사마소(司馬昭)의 둘째 아들이다. 현인(賢人)을 좋아하고 시사(施捨)와 전적(典籍)을 즐기고 글을 잘 하였으나 특히 척독문(尺牘文)에 통달, 세상 사람들의 모범이 되었다. 위(魏)나라에 벼슬하여 위장군(衛將軍)이 되었으며, 그의 형 무제(武帝)가 나라를 세우자 제왕(齊王)에 봉해지고, 276년에 사공(司空)이 되었다. 무제 만년 분원(憤怨)으로 발병하여 죽였다.

65 ?~659. 당나라 초기 하남(河南) 낙양(洛陽) 사람으로 자는 보기(輔機)다. 장손성(長孫晟)의 아들이고, 태종 장손후(長孫后)의 오빠다. 경사(經史)를 널리 섭렵하여 일찍이 『수서(隋書)』의 여러 지(志)를 편찬하였다. 고조 무덕(武德) 9년(626) 이세민(李世民)의 제위 찬탈에 공로가 있었고, 나중에 조국공(趙國公)에 봉해졌다. 정관(貞觀) 말에 황명을 받들어 고종(高宗)을 옹립하였다. 다시 황명으로 율학(律學)을 전공한 관리들과 함께 『당률』의 조목을 해석하여 『당률소의(唐律疏義)』를 편찬하였다. 무측천(武則天)을 황후로 삼으려는 고종의 뜻에 반대하다 검주(黔州)로 추방되었고, 이후 목매어 자살하였다.

66 『예기(禮記)』「애공문(哀公問)」에 나온다.

증자(曾子)가 말하였다.[67]

“몸[身]이라는 것은 물려주신 신체[體]다. 부모께서 물려주신 신체를 사용함에 있어 감히 조심하지 않을 수 있겠는가?”

曾子曰: “身也者, 父母之遺體也. 行父母之遺體, 敢不敬乎?”

신은 이렇게 생각합니다. 『논어』에 증자의 말을 기록하기를 ‘전전긍긍(戰戰兢兢)하여 깊은 연못에 임한 듯하며 얇은 얼음을 밟은 듯하다’라고 하였으니,[68] 바로 이 뜻입니다.

『예기(禮記)』에서 말하였다.[69]

“효자가 옥을 잡은 듯하며, 가득 찬 그릇을 받드는 듯하며, 매우 삼가고 조심스럽게 하여[洞洞屬屬] 견딜 수 없는 듯하며, 장차 잃을 것 같이 한다.”

『禮記』曰: “孝子如執玉, 如奉盈, 洞洞屬屬燭然, 如弗勝, 如將失之.”

—영(盈)은 가득함[滿]이다. 동동(洞洞)은 공허하여 다른 생각이 없는 것이다. 촉촉(燭燭)은 서로 이어짐이다.—

---

67 『예기(禮記)』「제의(祭義)」에 나온다.

68 『논어(論語)』「태백(泰伯)」에 나온다.

69 『예기(禮記)』「제의(祭義)」에 나온다.

신은 이렇게 생각합니다. 자식의 몸은 부모에게서 나와 한 몸[體]에 비롯하여 나누어졌으니, 가지가 줄기에서 나온 것과 같습니다. 그 가지를 해친다면 그 줄기를 해치는 것과 같으니, 몸가짐을 삼가지 않는다면 어찌 자신의 부모를 상하게 하지 못하겠습니까? 그러므로 증자(曾子)가 전전긍긍(戰戰兢兢)하여 그 몸을 맞추시니, 대개 공경히 남기신 몸을 받들어서 감히 조금도 업신여기지 않은 것입니다.

무릇 자식 된 자가 모두 마땅히 그리해야 하는 바이고 임금의 몸은 더욱 소중하니 조종의 기업(基業)이 자신에게 의탁하며 묘우(廟祐)의 신령이 자신에게 의지한다면 하나의 언동과 하나의 거조를 소홀히 할 수 있겠습니까? 증자의 "못에 임하고 얼음을 밟는다"는 말과 『예기』의 "옥을 잡고 가득한 것을 받든다"는 비유를 마땅히 깊게 체득해야 합니다.

맹자가 말하였다.[70]

"섬기는 일 중에 무엇이 큼이 되는가? 부모를 섬김이 큼이 된다. 지키는 일 중에 무엇이 큼이 되는가? 몸을 지킴이 큼이 된다. 부모를 섬기는 것은 섬김의 근본이고, 몸을 지키는 것은 지킴의 근본이다. 그 몸을 잃지 않고 그 부모를 잘 섬긴 자는 있지만, 그 몸을 잃고서 그 어버이를 잘 섬긴 자는 있지 않다."

---

70 『맹자(孟子)』「이루 상(離婁上)」에 나온다.

孟子曰: "事孰爲大? 事親爲大. 守孰爲大? 守身爲大. 事親, 事之本也. 守身, 守之本也. 不失其身而能事其親者, 吾聞之矣, 失其身而能事其親者, 吾未之聞也."

증자가 말하였다.[71]

"수목(樹木)은 때에 맞게 벌하며, 금수(禽獸)를 때에 맞춰 죽이니, 선생님[夫子]께서 '한 나무를 베고, 한 짐승을 죽임을 그 때에 맞춰 하지 않음은 효가 아니다'라고 하셨다."

曾子曰: "樹木以時伐焉, 禽獸以時殺焉. 夫子曰: '斷一樹, 殺一獸, 不以其時, 非孝也.'"

신은 이렇게 생각합니다. 인(仁)과 효(孝)는 근원이 같으므로 효자는 반드시 인하고 인한 자는 반드시 효성스럽습니다. 나무를 제멋대로 베지 않으며 짐승을 제멋대로 죽이지 않음이 인이며 또한 효(孝)이니, 만약 베고 죽임을 때에 맞춰 하지 않는다면 이는 인한 마음이 없는 것입니다. 어찌 인하지 않음이 있고서 효를 잘 한다고 하겠습니까?

무왕(武王)이 주왕(紂王)의 죄를 하나하나 꾸짖으며 말하기를 "사납게 천물(天物)을 다하였다."라고 하였습니다.[72] 임금은 천하의

71 『예기(禮記)』「제의(祭義)」에 나온다.

72 『서경(書經)』「주서(周書)·무성(武成)」에 나온다.

봉양함을 누리니, 만일 사치하고 욕심내는 마음을 따라서 사물을 씀에 절제가 없다면 이는 이른바 사납게 다한다[暴殄]는 것이며, 이는 이른바 불효(不孝)입니다. 사물도 오히려 이와 같은데 하물며 골육지친(骨肉之親)과 백성들에게 그 친히 하고 인자함이 또한 마땅히 어찌 같겠습니까?

진 이세황제(二世皇帝)는 동성(同姓)을 소홀히 여기고 꺼려서 육공자(六公子)가 두(杜)에서 죽었고,[73] 한(漢) 무제(武帝)는 한 마리의 말로써 군사를 일으켜서 만 리 밖까지 뼈를 드러내었으니 그 한 그루의 나무와 한 마리의 짐승도 이미 많지 않겠습니까? 이 또한 불효가 더욱 심한 것입니다. 신은 그러므로 그 말을 미루어서 증자(曾子)가 말한 그 이상의 뜻을 넓혔습니다.

이상 '천리와 인륜에 대한 바른 태도 1[天理人倫之正一]' 중에서 '사람의 효를 통틀어 말함[通言人之孝]'을 서술하였습니다.

73 공자 고는 도망치려고 준비하다가 전 가족이 몰살당할 것이 두려워 상소를 써서 진시황을 따라 순장하게 해 달라고 하였고, 호해는 그의 요구를 들어주었다. 『자치통감』에 나온다.

대학연의 권7

권7은 권6에 이어서 '천리와 인륜에 대한 바른 태도' 가운데 제왕이 부모를 섬기는 효에 대해서 자세하게 논하였다. 우선 제왕으로서 효를 실천한 대표적 인물로 순임금을 들어 그가 효를 실천한 사례를 자세하게 언급하였다. 순임금은 자신이 처한 상황이 매우 어려운데도 오랫동안 정성을 들여서 부모를 기쁘게 하여 모범을 보였고, 그가 가진 모든 것보다 효를 중요하게 생각하였기에 진정한 효를 이룰 수 있다고 하였다.

순임금의 효는 다른 이와 비교할 수 없기에 크다고 하였고, 무왕과 주공의 효도 통달하였다고 할 정도라고 보았다. 그러나 한나라 고조와 당 태종의 효도는 아버지를 자랑하려는 뜻이 있거나 부자형제 간에 부끄러운 일이 있어서 한계가 있는 것으로 여겼다. 심지어 당 현종의 경우는 아들 숙종과의 관계에서 결국 이보국이라는 간신에 의해 부자 관계가 파탄에 이른 경우다. 특히 숙종 역시 간신의 계략을 미리 막지 못하고, 결국 이보국의 함정에 빠져서 부모를 섬기는 뜻을 저버렸기에 경계하지 않을 수 없는 사례로 보았다. 진덕수의 말을 참고하면 결국 제왕의 효는 개인의 효이면서도 나라를 안정시키는 사회적인 효를 실현할 때 임금 개인의 효도도 실현이 될 수 있는 것으로 본 것이다. 순임금의 효가 단지 개인의 불행을 극복한 차원의 효에서 멈추지 않고 천하가 안정되는 근원이 되는 효를 실현한 것으로 보았고, 이후 문왕, 무왕, 주공의 효 역시 마찬가지였다. 당 태종의 경우 한계가 있지만 평가할 만하다고 보았으며 당 숙종의 경우 반면교사의 대상으로 평가하였다.

천리와 인륜에 대한 바른 태도 2[天理人倫之正二]

—제왕이 부모를 섬기는 효[帝王事親之孝]—

「요전(堯典)」에서 말하였다.[1]

"어느 비천한 홀아비가 있는데, 우순(虞舜)이라고 합니다. 아버지는 완악하고, 어머니는 어리석으며, 상(象)은 교만한데, 효도로써 화합하고 끊임없이 다스려서 간악함에는 이르지 않았습니다."

「堯典」曰: "有鰥在下, 曰虞舜. 父頑, 母嚚, 象傲. 克諧以孝, 烝烝乂, 不格姦."

—환(鰥)은 아내가 없음을 이른다. 재하(在下)는 비천(卑賤)함을 말한다. 우(虞)는 씨(氏)이고, 순(舜)은 이름이다. 아버지는 고수(瞽瞍)이니, 마음이 덕의(德義)의 도리를 배우지 못해서 완악하였다. 어머니는 고수(瞽瞍)의 후처로, 순(舜)의 계모다. 입으로 충신(忠信)의 도리를 말하지 않으니 어리석었다. 상(象)은 순(舜)의 배다른 아우 이름이다. 오(傲)는 교만함[慢]이니 우애가 없음이다. 해(諧)는 화합[和]이다. 증(烝)은 나아감[進]이다. 예(乂)는 다스림[治]이다. 간(姦)은 악함[惡]이다. 『사기(史記)』에는 다음과 같이 나온다. 순(舜)의 아버지 고수(瞽瞍)는 눈이 멀었고, 순(舜)의 어머니는 돌아가셨다. 고수(瞽瞍)는 다시 아내를 맞이하여 상(象)을 낳았는데, 상(象)은 교만하였다. 고수(瞽瞍)는 후처가 낳은 아들을 사랑하여, 항상 순(舜)을 죽이기를 원하였다. 순(舜)이 피하여 도망을 다녔고, 작은 잘못이라도 있으면 곧 벌을 받았다. (그러나 순은) 아버지와 계모를 잘 섬겼고, 동생과 날마다 독실하고 삼가하였다.—

신은 이렇게 생각합니다. 순은 자기 한 몸으로 완악한 아버지, 어리석은 어머니, 교만한 아우 사이에서 효로써 조화롭게 하여 그

1 『서경(書經)』「우서(虞書)·요전(堯典)」에 나온다.

선이 날마다 나아가게 하고 악이 없어지게 하였습니다. 지극한 정성이 쌓이는 것이 찌는 듯한 무더위를 물을 뿌려 점차 식히는 것이 아니라면 어떻게 이런 경우가 있겠습니까?

선대의 유학자 증공(曾鞏)[2]이 『시경(詩經)』의 '김이 나도록 푹 찐다[蒸之浮浮]'[3]는 말을 인용하여 그 뜻을 비유하였으니, 이르기를 "시루에 불을 때어 불이 그 아래에서 불타게 하여 그 기(氣)가 서로 이어졌기 때문에 위로 통할 수 있으니, 순(舜)이 오랫동안 정성을 들여서 아버지를 감동시킴이 역시 이와 같습니다."라고 하였습니다. 그 설명이 적절합니다.

순임금이 처음 역산(歷山)에서 밭을 갈 때, 매일 하늘을 향해 소리 내어 우시며, 부모의 죄악을 스스로 짊어지고 맡으시며, 고수(瞽瞍)를 공경하게 섬기시며 조심하고 삼가고 송구해하니 고수(瞽瞍)도 또한 믿고 따르게 되었다.[4]

帝初於歷山, 往于田, 日號泣于旻天, 于父母負罪引慝, 祗載見瞽瞍, 夔夔齊慄, 瞽亦允若.

---

2 1019~1083. 증역점(曾易占)의 아들로 송나라 건창군(建昌軍) 남풍(南豊) 사람이다. 자는 자고(子固)이고, 남풍선생(南豊先生)으로도 불린다. 당송팔대가(唐宋八大家)의 한 사람으로, 산문에 뛰어났다. 『전국책』과 『설원(說苑)』, 『신서(新序)』, 『열녀전(列女傳)』 등의 전적을 교정하였고, 저서로는 『금석록(金石錄)』 5백 권과 시문집 『원풍유고(元豊類稿)』가 있다. 시호는 문정(文定)이다.

3 『시경(詩經)』 「대아(大雅)·생민(生民)」에 나온다.

4 『서경(書經)』 「우서(虞書)·대우모(大禹謨)」에 나온다.

—(역산(歷山)은) 산 이름으로 순임금이 미천할 적에 경작한 곳이다. 민(旻)은 하늘[閔]이다. 특(慝)은 악함[惡]이다. 지(祗)는 공경함[敬]이다. 재(載)는 섬김[事]이다. 제(齊)는 씩씩하고 공경스러움[莊敬]이다. 율(慄)은 두려워 떠는 것[戰栗]이다. 기기(夔夔)는 씩씩하고 공경스러움[莊敬]과 두려워 떠는 것[戰栗]의 모습이다. 윤(允)은 믿음[信]이다. 약(若)은 따름[順]이다.—

신은 이렇게 생각합니다. 순(舜)은 부모에게 마음을 얻지 못하였기 때문에 하늘을 향해 소리 내어 울고 자기 한 몸으로 그 죄를 짊어져서 감히 부모의 죄로 여기지 않으시고, 스스로 그 악함을 떠맡아서 감히 부모의 악으로 여기지 않으셨습니다. 효에 대한 정성이 이와 같으니, 마땅히 끝내는 감동(感動)시킬 수 있었습니다.

맹자(孟子)가 말하였다.[5]

"천하가 크게 기뻐하면서 장차 자기에게 돌아오려고 하는 때에, 천하가 기뻐하며 자기에게 돌아오려는 것을 마치 풀이나 지푸라기처럼 여긴 이는 오직 순임금뿐이었다. 부모의 마음을 얻지 못한다면 사람이라 할 수 없고, 부모에게 순종하지 못한다면 자식이라 할 수 없다. 순임금이 부모를 섬기는 도리를 다하자 그의 아버지 고수(瞽瞍)가 기뻐하였고, 고수가 기뻐하게 되자 천하가 감화되며, 고수가 기뻐하게 되자 천하의 아비와 자식들이 다 안정되었으니, 이것을 큰 효라 이른다."

---

5 『맹자(孟子)』「이루 상(離婁上)」에 나온다.

孟子曰: “天下大悅而將歸己, 視天下悅而歸己猶草芥也, 惟舜爲然. 不得乎親不可以爲人, 不順乎親不可以爲子. 舜盡事親之道, 而瞽瞍底豫, 瞽瞍底豫而天下化, 瞽瞍底豫而天下之爲父子者, 定此之謂大孝.”

—저(底)는 이름[致]이다. 예(豫)는 기쁨[順]이다.—

신은 이렇게 생각합니다. 순임금이 처한 상황은 참으로 섬기기 어려운 부모를 만난 것이었습니다. 그러나 오랫동안 정성을 들이고 감동시켜 그들을 기쁘게 하였는데, 하물며 고수(瞽瞍)만 못한 자들이겠습니까? 그러므로 고수가 기뻐하니 천하의 자식 된 자들이 모두 섬길 수 없는 부모는 없다는 것을 알아서 각각 효도하는 것을 권면하니, 이것이 이른바 천하가 감화되었다고 하는 것입니다.

옛날에 예장(豫章) 나종언(羅從彦)[6]이 이에 대해 논하기를, “다만 천하에 옳지 않은 부모는 없다.”라고 하였고, 간의(諫議) 진관(陳瓘)[7]은 이 말을 듣고 옳게 여기며 “오직 이와 같이 한 이후에야 천하의 아비와 자식들이 안정되니, 저 신하가 그 임금을 시해하고 자식이 그 부모를 시해함은 항상 그 옳지 못한 점이 있음을 보는 데에서 시작될 뿐이다.”라고 말하였습니다.

---

6 1072~1135. 송나라 검주(劍州) 검포(劍浦, 복건성 南平) 사람으로 자는 중소(仲素)이고, 호는 예장(豫章)이며, 시호는 문질(文質)이다. 양시, 이동(李侗)과 함께 ‘남검삼선생(南劍三先生)’으로 불렸다. 양시의 학문을 계승하여 이동에게 전하였고, 이동은 다시 주희에게 전하였다.

7 1057~1124. 송나라 남검주(南劍州) 사현(沙縣) 사람으로 자는 형중(瑩中)이고, 호는 요옹(了翁) 또는 요재(了齋), 요당(了堂)이며, 시호는 충숙(忠肅)이다. 유안세(劉安世)의 학문을 종주로 하고, 사마광(司馬光), 소옹(邵雍), 이정(二程)의 학문도 사숙하였다.

아! 자신을 죄주면서 그 부모가 그릇되지 않다고 하는 것은 어진 사람[仁人]과 효자(孝子)의 마음입니다. 부모를 원망하면서 자신에게 돌이켜 반성하지 않는 것은 나라를 어지럽히는 신하와 불효하는 자식[亂臣賊子]의 뜻입니다. 뒷날에 섬기기 어려운 부모를 섬기는 사람은 반드시 순임금을 본받아야 합니다.

만장(萬章)[8]이 물었다.[9]

"순(舜)이 밭에 나가서 하늘을 우러러 보고 울부짖었다는데 무엇 때문에 그렇게 울부짖었습니까?"

맹자가 말하였다.

"원망과 사모함 때문이다."

만장이 말하였다.

"부모가 사랑하시거든 기뻐하고 잊지 않으며, 부모가 미워하거든 노력하고 원망하지 않아야 하는데, 그렇다면 순임금은 원망하신 것입니까?"

(맹자가) 말하였다.

"장식(長息)[10]이 공명고(公明高)[11]에게 묻기를 '순임금이 밭에

---

8 전국시대 제(齊)나라 사람으로 맹자(孟子)의 제자다. 『맹자(孟子)』에 그가 맹자에게 도(道)를 묻고 대화한 기록이 나온다.

9 『맹자(孟子)』「만장 상(萬章上)」에 나온다.

10 공명고의 제자다.

11 춘추시대 때 사람이다. 일찍이 전손자막(顓孫子莫)에게 군자(君子)의 예에 대해 물었다. 전손자막이 설명하였지만 이해를 하지 못하고 그 뜻을 증자(曾子)에게 물으니, 증

간 이유는 제가 이미 가르침을 들었거니와 하늘을 우러러 부르짖어 울었다는 것과 부모에게 부르짖어 울었다는 것은 제가 알지 못하겠습니다.' 하니 공명고가 '이것은 네가 알 수 있는 바가 아니다.'라고 말하였다. 대저 공명고는 '효자의 마음이 이처럼 걱정이 없을 수는 없다. 나는 힘을 다해 밭을 갈아 공손히 자식 된 직분을 다할 뿐이니, 부모께서 나를 사랑하지 않는 것은 나에게 무슨 죄가 있어서인가'라고 여긴 것이다.

요임금이 아홉 아들과 두 딸로 하여금 백관과 소와 양과 창고를 갖추어 밭이랑 가운데서 순임금을 섬기게 하니 천하의 선비 중에 찾아가는 자가 많았다. 요임금이 장차 천하를 살펴보아 임금 자리를 물려주려 하였는데, (순임금은) 부모에게 사랑받지 못하여 마치 돌아갈 데가 없는 곤궁한 사람과도 같았다.

천하의 선비가 (자신을) 기뻐하는 것은 사람들이 원하는 바인데 (순임금이 이를 가졌으나) 근심을 풀기에는 부족하였으며, 여색을 좋아함은 사람들이 원하는 바인데 요임금의 두 딸을 아내로 삼았으나 근심을 풀기에는 부족하였으며, 부유함은 사람들이 원하는 바인데 부유함으로는 천하를 소유하는 부를 가졌으나 근심을 풀기에는 부족하였으며, 고귀함은 사람들이 원하는 바인데 천자가 될 만한 고귀함을 가졌으나 근심을 풀기에는 부족하였다. 사람들이 기뻐함과 아름다운 여인을 좋아함과 부유함과 고귀함에도 충분히 근심을 풀 수가 없었고, 오직 부모의 마음을 편안하

자가 상세하게 일러주었다고 한다. 증자의 제자다.

게 하는 것만이 자기의 근심을 풀 수가 있었다.

사람들이 어릴 때에는 부모를 사모하다가 여색을 알게 되면 젊고 예쁜 여인을 사모하게 되고, 아내와 자식을 두게 되면 아내와 자식을 사모하게 되고, 벼슬을 하면 주군을 사모하게 되고, 주군에게 신임을 얻지 못하면 가슴속에 열병이 나게 되는데, 큰 효자는 종신토록 부모를 사모하니 쉰 살이 되어서도 부모를 사모하는 사람은 내가 순임금에게서 보았다."

萬章問曰: "舜往于田, 號泣于旻天. 何爲其號泣也?" 孟子曰: "怨慕也." 萬章曰: "父母愛之, 喜而不忘. 父母惡之, 勞而不怨. 然則舜怨乎?" 曰: 長息問於公明高曰: <舜往于田, 則吾旣得聞命矣. 號泣于旻天, 于父母則吾不知矣.> 公明高曰: <是非爾所知也.> 夫公明高以孝子之心, 爲不若是恝. 我竭力耕田, 共爲子職而已矣. 父母之不我愛, 於我何哉? 帝使其子九男二女, 百官牛羊倉廩備, 以事舜於畎畝之中, 天下之士多就之者, 帝將胥天下而遷之焉. 爲不順於父母, 如窮人無所歸. 天下之士悅之, 人之所欲也, 而不足以解憂. 好色, 人之所欲, 妻帝之二女, 而不足以解憂. 富, 人之所欲, 富有天下而不足以解憂. 貴, 人之所欲, 貴爲天子而不足以解憂. 人悅之、好色、富、貴無足以解憂者, 惟順於父母, 可以解憂. 人少, 則慕父母; 知好色, 則慕少艾; 有妻子, 則慕妻子; 仕則慕君, 不得於君則熱中. 大孝終身慕父母, 五十而慕者, 予於大舜見之矣."

—장식은 공명고의 제자다. 공명고는 증자의 제자다. 개(恝)는 걱정 근심이 없는 모양이다. 애(艾)는 아름다움[美好]이다 열중(熱中)은 속을 태우면서 애를 쓰는 것이다.—

신은 이렇게 생각합니다. 맹자는 순임금의 마음을 알았다고 말할 만합니다. 대개 그것이 부족할 경우 천하에서 욕심나게 하는 것을 살펴보면 모두 나 자신 밖에 있는 외물(外物)일 뿐입니다. 성인은 그것을 뜬 구름 같이 보아서 얻고 잃음과 오고 감을 개의치 않으시니, 오직 부모의 마음을 편하게 하지 못하면 자신의 큰 죄로 여기고 감히 자신을 용서하지 않으셨습니다. 사람들이 순임금의 원망을 원망하는 것으로 알았는데, 오직 맹자만이 그 원망함이 사모하기 때문이라는 것을 알았습니다. 사모한다는 말은 사랑이 깊은 것과 그리워함이 절실함을 말합니다. 50세에 노쇠해지기 시작하니 『예기(禮記)』에서 말하는 '몸을 훼손하지 않게 해야 하는 때'이나,[12] 순임금은 이때에도 오히려 사모하였습니다. 성인의 순수하게 효성스러운 마음은 늙어서도 약해지지 않았습니다. 양웅(揚雄)[13]이 또한 말하기를 '부모를 섬기는 데에 스스로 부족함을 아는 자는 순임금이구나!'라고 하였습니다. 대개 순임금은 오로지 그 부모의 마음을 편안하게 하였으나 그 마음은 항상 부족한 듯하였으니, 이것이 종신토록 사모하는 이유입니다.

『예기(禮記)』에서 말하였다.[14]

---

12 『예기』 「잡기 상」에 나온다.

13 BC 53~AD 18. 전한 촉군(蜀郡) 성도(成都) 사람으로 자는 자운(子雲)이다. 사부(辭賦)에 뛰어났다. 성제(成帝) 때 궁정문인이 되어, 성제의 여행에 수행하며 「감천부(甘泉賦)」과 「하동부(河東賦)」, 「우렵부(羽獵賦)」, 「장양부(長楊賦)」 등을 썼다. 저술로 각 지방의 언어를 집성한 『방언(方言)』과 『역경(易經)』에 기본을 둔 철학서인 『태현경(太玄經)』, 『논어』의 문체를 모방한 『법언(法言)』, 『훈찬편(訓纂篇)』 등이 있다.

14 『중용(中庸)』 17장에 나온다. 『중용(中庸)』은 『예기(禮記)』의 편명으로, 이후 별도의 책을 이루었다.

"공자가 말하기를 '순임금은 대효이신저! 덕으로는 성인이 되시고, 존귀함으로는 천자가 되시고, 부유함으로는 사해의 안을 소유하시고, 종묘가 흠향하시며, 자손들이 그것을 보존하시니라. 그러므로 대덕은 반드시 그 지위를 얻으며, 반드시 그 녹을 얻으며, 반드시 그 명성을 얻으며, 반드시 그 장수를 얻는다. 그러므로 하늘이 만물을 만들 때에 반드시 그 재질에 따라서 도탑게 한다. 그러므로 심은 것을 북돋우고 기울어진 것을 뒤집는다. 『시경(詩經)』에 이르기를 '아름답고 착한 군자가 훌륭한 덕을 밝히고 또 밝히네. 백성들에게 잘하고 신하에게도 잘하니 하늘에서 녹(祿)을 받도다. 하늘이 보우하고 천명을 내리시며 거듭 복을 주시도다[嘉樂君子, 憲憲令德. 宜民宜人, 受祿于天. 保祐命之, 自天申之.]라고 하니, 그러므로 큰 덕은 반드시 천명을 받는다.'라고 하였다."

『禮記』: 子曰: "舜其大孝也與! 德爲聖人, 尊爲天子, 富有四海之內, 宗廟饗之, 子孫保之. 故大德必得其位, 必得其祿, 必得其名, 必得其壽. 故天之生物, 必因其材而篤焉. 故栽者培之, 傾者覆之. 『詩』曰: '嘉樂君子, 憲憲令德. 宜民宜人, 受祿于天. 保祐命之, 自天申之.' 故大德者必受命."

—자손(子孫)은 우사(虞思)와 진(陳) 호공(胡公)의 무리를 말하는 것으로 삼대(三代)의 제후다. 재(材)는 재질[質]이다. 독(篤)은 두터움[厚]이다. 재(栽)는 심음[植]이다. 배(培)는 북돋움[養]이다. 『시경』「대아(大雅) 가락(假樂)」이다. 헌(憲)은 『시경』에 현(顯)이라고 쓰여 있다. 신(申)은 거듭[重]이다.—

신은 이렇게 생각합니다. 순임금이 성인의 덕으로 천자의 지위에 계시어서 그 복록이 위로는 종묘에 이르고 아래로는 자손에게 미쳤으니 이것이 큰 효가 되는 까닭입니다. 그러나 순임금이 알았던 바는 효뿐입니다. 복록[祿]·지위[位]·명성[名]·장수[壽]와 같은 것은 하늘이 실로 명하는 것이니, 순임금이 그것을 얻는 데에 마음을 두신 것은 아닙니다. 공자가 하늘이 순임금을 돌봄이 이와 같기 때문에 '하늘이 만물을 만들 때에 반드시 그 재질에 따라서 도탑게 하셨으니, 그 근본이 견고한 것을 비와 이슬이 그것을 북돋우고, 그 근본이 기울어진 것을 바람과 서리가 뒤집으니, 그 북돋아 주는 것이 은혜를 베푸는 것이 아니요, 그 뒤집어 주는 것이 그것을 해치는 것은 아니다. 모두 스스로 취하였을 뿐이다.'라고 말하였습니다. 또 『시경(詩經)』을 인용해서 그것을 밝혀 대덕(大德)이 반드시 천명(天命)을 받음을 드러내시니, 순임금이 덕으로는 성인이 되고, 존귀함으로는 천자가 되고, 종묘에서 흠향하고 자손이 그것을 보존한 연후에 대효가 되는 것을 아셨습니다. 하나라와 상나라의 후대 임금들이 그 덕을 공경하지 않아서 종통이 뒤집어지고 제사가 끊어지는 지경에 이르게 되었던 것에서 그 불효함을 알만 합니다.

공자(孔子)가 말하였다.[15]

"무왕이 태왕(大王)·왕계(王季)·문왕의 대업을 이어받아 한 번 융복(戎服, 군복)을 입고 천하를 소유하였는데, 존귀함으로는 천자가 되고 부유함으로는 사해의 안을 소유하며 종묘의 제사를 흠향하고 자손을 보존하였다. 무왕이 말년에 천명을 받으시자 주

15 『중용』 18장에 나온다.

공이 문왕과 무왕의 덕을 이루어 태왕(大王)·왕계(王季)를 왕으로 추존하고 위로는 선공(先公)을 천자의 예로 제사 지냈다."

子曰: "武王纘大王、王季、文王之緖, 壹戎衣而有天下, 尊爲天子, 富有四海之內, 宗廟饗之, 子孫保之. 武王末受命, 周公成文、武之禮, 追王大王、王季, 上祀先公以天子之禮."

—태왕(大王)은 왕계(王季)의 아버지다. 왕계는 문왕의 아버지다. 융의(戎衣)는 갑주(甲冑: 갑옷과 투구)의 종류이니, 한번 융의를 입고서 주(紂)임금을 정벌하여 곧 천하를 소유한 것을 말한다. 말(末)은 노년을 일컫는 것으로 무왕이 천하를 소유하였을 때는 이미 노년이었다. 선공(先公)은 후직(后稷)·공유(公劉)이다.—

공자(孔子)가 말하였다.[16]

"무왕·주공은 만인이 인정하는 효자이시다! 대저 효는 사람(부모)의 뜻을 잘 계승하며 사람의 일을 잘 전술(傳述)하는 것이다. 봄과 가을에 그 조상의 사당을 수리하며, 그 제기를 진설해 놓으며, 그 의상을 펼쳐 놓으며, 그 제철의 음식을 올리며, 그 자리를 밟는다. 그 예를 행하며 그 음악을 연주하며, 그 존경하시던 바를 공경하며, 그 친애하시던 바를 사랑하며, 막 돌아가신 이를 섬기는 것을 살아 있을 때와 같이 하고 이미 돌아가신 이를 섬기는 것을 현재 있는 듯 하는 것이 효의 지극함이다."

子曰: "武王、周公其達孝矣乎! 夫孝者, 善繼人之志, 善述人之事者也. 春秋修其祖廟, 陳其宗器, 設其裳衣, 薦其時食, 踐其位, 行其禮, 奏其樂, 敬其所

---

16 『중용』 19장에 나온다.

尊，愛其所親，事死如事生，事亡如事存，孝之至也."

—달(達)은 공통(共通)이다. 천하의 사람들이 그의 효를 공통으로 말하였다. (조묘(祖廟)는) 조종(祖宗)의 묘(廟)다. (종기(宗器)는) 선대에 소장한 중요한 기물로 주나라의 적인(赤刀)·천구(天球) 등의 종류다. (상의(裳衣)는) 선조가 남긴 의복으로 제사 때 그것을 펼쳐 시동(尸童)에게 준다. 사계절[四時]의 음식은 각각 그에 해당하는 음식이 있다.—

신은 이렇게 생각합니다. 이 장은 무왕·주공을 칭송한 것으로 역시 앞장에서 순임금을 칭송한 것과 같습니다. 대저 임금이 되어서는 조종(祖宗)을 빛내고 후사를 남기는 것을 효로 삼습니다. 주나라는 태왕(大王)부터 실제로 상(商)나라를 공격하기 시작하였고, 문왕에 이르러 천하의 삼분의 이를 가졌고, 무왕이 드디어 그것을 이루었습니다. 몸소 융복을 입고 독부(獨夫, 인심을 잃어 남의 도움을 받지 못하게 된 자) 수(受)[17]를 베고 천하를 소유하니 이것이 무왕이 뜻을 이어 일을 행한 것[繼志述事]입니다.

주공이 태왕(大王)·왕계(王季)를 왕으로 추존하고 선공(先公)을 천자의 예로 제사 지내고, 또 예를 제정하고 음악을 만들어 대대로 자손으로 하여금 종묘의 제사를 받들어 계승하여 막 돌아가신 이를 섬기는 것을 살아 있을 때와 같이 하고 이미 돌아가신 이를 섬기는 것을 지금 계신 듯하니, 이것이 주공이 뜻을 이어 일을 행한 것입니다.

순임금의 효는 하늘이 이름붙일 수 없는 것이기 때문에 '크다

17 은(殷)나라 주(紂)왕을 말한다.

[大]'고 하고, 무왕·주공의 효는 천하에 일컬을 만한 다른 말이 없기 때문에 '통달하였다[達]'라고 합니다. 후세에 효로써 다스리는 데에 뜻을 둔 임금은 마땅히 순임금[大舜]·문왕·무왕·주공의 일을 모두 합하여 고찰해야 합니다.

무릇 순임금[大舜]은 고수(瞽瞍)를 아버지로 두어서 인륜이 무너지는 변고를 당하였고, 문왕은 왕계(王季)를 아버지로 두어서 인륜이 떳떳한 상황에 놓여 있었습니다. 순임금과 문왕은 처한 상황이 달랐으나 그 마음은 바로 하나입니다. 순임금으로 하여금 문왕의 때를 만나게 한다면 반드시 떳떳함에 처하는 도리를 다할 수 있을 것이고, 문왕으로 하여금 순임금의 때를 만나게 한다면 변고를 처리하는 방법을 다할 수 있을 것이니, 이른바 처지를 바꾸어도 모두 그러할 것입니다.

뜻을 이어 일을 행한 것에 이르러서는 마땅히 굳게 지켜야 할 것을 굳게 지키는 것이 뜻을 이어 행한 것이고, 마땅히 변통해야 하는 것을 변통하는 것 이 역시 뜻을 이어 행한 것입니다. 무릇 이것은 모두 임금이 마땅히 알아야 할 것이므로 신이 그 이야기를 미루어 넓혀 『중용』에서 말하는 것 이상의 의미로 넓혔습니다.

문왕이 세자가 되어 왕계에게 문안드리기를 날마다 세 번 하였다.[18] 닭이 처음 울면 의복을 갖추어 침실 문 밖에 이르러 숙직하

18 『예기(禮記)』「문왕세자(文王世子)」에 나온다.

는 내수(內豎)에게 "오늘 안부가 어떠하신가?"라 물어서, 내수가 "편안하십니다."라고 대답하면, 문왕이 이에 기뻐하였다. 한낮이 되면 또 이르러 역시 그것(아침)과 같이 하였다. 저녁이 되면 또 이르러 역시 그것과 같이 하였다. 그 편하지 못할 때가 있어 내수가 문왕에게 고하면 문왕은 안색이 근심스러워져 어디를 가도 신을 바로 신지 못하였다. 왕계가 입맛을 회복한[腹膳] 연후에야 또 처음처럼 하였다.

음식을 올리면 반드시 차갑고 따뜻한 정도를 자세히 살펴보고 식사를 마치면 입에 맞는 반찬을 물었다. 식사를 맡은 관리에게 "남은 것을 또 들이지 말라"고 명령하여, "알겠습니다."라고 대답을 들은 연후에야 물러났다. 무왕이 그대로 따라 그것을 행하여 감히 더하지 않았다. 문왕이 병이 나면 무왕은 관대(冠帶)도 벗지 않고 봉양하였다. 문왕이 밥을 한 번 잡수시면 역시 무왕도 한 번 들고, 문왕이 재차 잡수시면 역시 무왕도 재차 들어 열이틀 동안 하니 문왕의 병이 나았다.

文王爲世子, 朝於王季, 日三. 鷄初鳴而衣服, 至於寢門外, 問內豎之御者曰: "今日安否? 何如?" 內豎曰: "安." 文王乃喜. 及日中. 又至, 亦如之. 及莫又至, 亦如之. 其有不安節, 則內豎以告文王, 文王色憂, 行不能正履. 王季腹膳, 然後亦復初. 食上, 必在視寒煖之節, 食下, 問所膳. 命膳宰曰: "末有原." 應曰: "諾." 然后退. 武王帥而行之, 不敢有加焉, 文王有疾, 武王不脫, 冠帶而養. 文王一飯亦一飯, 文王再飯亦再飯, 旬有二日乃間.

—내수(內豎)는 품계가 낮은 신하의 일종으로 안팎에 명령을 알리는 것을 맡았다. 어(御)는 지금의 하급관리가 숙직하는 것과 같다. 재(在)는 살핌[察]이다. (문소선(問小膳)은) 먹은 것을 묻는 것이다. 말(末)은 말라[勿]와 같다. 원(原)은 재차[再]다. 이미 올린

것을 다시 올리지 말라는 것이다. 설(說)은 벗음[脫]과 같다. 간(間)은 병이 나음[瘳]과 같다.—

신은 이렇게 생각합니다. 문왕·무왕 두 성인의 부모를 섬기는 효가 이와 같으니 참으로 만세토록 제왕의 모범입니다. 그러므로 『서전(書傳)』·『예기(禮記)』에 그 일을 기술하여 세자가 기록으로 삼았습니다. 한나라 문제가 대왕(代王)일 때 태후가 병이 들자 옷을 벗지 않고 눈을 붙인 것이 삼 년이고 약을 입으로 맛보지 않으면 올리지 않았으니, 대개 그 타고난 자질이 아름답습니다. 그러므로 거의 성왕(聖王)의 효도에 가까울 수 있었으니, 문제 역시 어집니다.

한(漢) 고조(高祖)가 조서에서 말하였다.[19]

"사람의 지친(至親, 지극히 친한 사이) 가운데 부자보다 더 친한 경우는 없다. 그러므로 아버지가 천하를 소유함에 아들에게 물려주고, 아들이 천하를 소유함에 아버지를 존경하니 이것은 사람 된 도리의 극치다. 옛날에 천하가 큰 난리에 빠져 군사가 한꺼번에 일어나고 만백성이 고통과 재난을 당하여, 짐이 친히 갑옷을 입고 무기를 잡아 사나운 난리를 평정하고 제후를 세우고 군사를 그치고 백성을 쉬게 하여 천하가 크게 안정되었으니, 이것은 모두 태공(太公)의 교훈이었다. 왕·후(侯)·경(卿)·대부(大夫)가

19 『전한서(前漢書)』 권1 하(下) 「고제기(高帝紀)」에 나온다.

이미 짐을 존경하여 황제라 하는데, 태공께서는 아직 존호가 없으니 지금 태공께 태상황을 존호로 올린다."

9년에 회남왕(淮南王)·양왕(梁王)·조왕(趙王)·초왕(楚王)이 (그 해에 만든) 미앙궁(未央宮)에서 조회할 적에 전각의 앞에 술자리를 벌이고 황제가 태상황의 장수[壽]를 빌며 옥으로 된 잔을 올리면서 말하였다.

"당초에 대인(大人, 태상황)께서 제가 무뢰한(無賴漢)이라 생업을 다스리지 못하고 유중(劉仲, 한 고조의 둘째 형)처럼 부지런하지 않다고 여겼는데, 지금 내가 이룬 업적을 유중과 비교하면 누가 더 많습니까?"

그러자 전상(殿上)의 군신들이 모두 만세를 외치며 크게 웃고 즐거워하였다.

漢高帝詔曰: "人之至親, 莫親於父母, 故父有天下傳歸於子, 子有天下尊歸於父, 此人道之極也. 前日天下大亂, 兵革並起, 萬民苦殃, 朕親被堅執銳, 平暴亂, 立諸侯, 偃兵息民, 天下大安. 此皆太公之敎訓. 王侯卿大夫, 已尊朕爲皇帝, 而太公未有號, 今上尊太公爲太上皇." 九年, 淮南王、梁王、趙王、楚王朝未央宫, 置酒前殿, 上奉玉巵爲太上皇壽曰: "始大人常以臣無賴, 不能治產業, 不如仲力, 今某之業所就, 孰如仲多?" 殿上羣臣皆稱萬世, 大笑爲樂.

—태공은 고조(高祖)의 아버지다. 뢰(賴)는 이로움[利]이다. (무뢰(無賴)는) 집안에 이익이 되지 않는 사람이다. 중(仲)은 고조의 형이다. 역(力)은 부지런함[勤]이다.—

당(唐) 태종(太宗) 정관 3년에 돌리가한(突利可汗)이 입조(入朝)하여 황제가 시신(侍臣, 임금을 가까이에서 모시는 신하)에게 말하였다.[20]

"지난날에 태상황이 백성의 일로 돌궐에 신하라 칭하여 짐이 항상 마음이 아팠다. 지금 선우(單于)가 머리를 조아려 두 번 절하니[稽顙] 거의 지난날의 치욕을 씻을 수 있었도다."

4년에 이정(李靖)[21]이 힐리가한(頡利可汗)을 사로잡아 헌상하니 상황(上皇)이 그것을 듣고 탄식하여 말하였다.

"한 고조는 백등산(白登山)에서 곤궁을 당하고도 보복하지 못하였는데, 지금 나의 아들은 돌궐을 멸망시켰으니 내가 나라를 맡길 만한 인물을 얻었다. 다시 무엇을 걱정하겠는가?"

상황이 능연각(凌煙閣)[22]에 술자리를 차릴 것을 명하고, 술이 거나하게 취하자 황제가 일어나 춤추고 공경이 번갈아 일어나 장수를 축원하였다.

唐太宗貞觀三年, 突利可汗入朝, 上謂侍臣曰: "往者太上皇以百姓之故稱臣於突厥, 朕嘗痛心. 今單于稽顙, 庶幾可雪前恥." 四年, 李靖擒頡利可汗以獻, 上皇聞之, 歎曰: "漢高祖困白登, 不能報, 今我子能滅突厥, 吾託付得人, 復何憂哉?" 上皇命置酒凌煙閣, 酒酣, 上起舞, 公卿迭起爲壽.

신은 이렇게 생각합니다. 한나라 고조가 아버지에게 존호를 올리고, 당나라 태종이 아버지의 부끄러움을 씻은 것은 효도라고 할 수 있습니다. 안타까운 것은 고조의 미앙궁 연회에서 수없이 공

---

20 『자치통감(資治通鑑)』 권193 「당기(唐紀)」에 나온다.

21 ?~649. 당나라 능연각 24공신 중 한 명으로 자는 약사(藥師)다. 당 태종 휘하에서 돌궐과 토욕혼을 정벌하는 등 많은 전공을 세웠다. 시호는 경무(景武)다.

22 당나라 태종 때에 건설한 누각으로 공신 24명의 초상을 걸어놓았다. 이들을 '능연각 공신'이라고 부른다.

업(功業)을 스스로 자랑하여 그 아버지를 자랑하려는 뜻이 있었습니다. 또 태종이 처음 일어났을 때 오랑캐의 도움을 받은 것으로 인해 그들의 신하가 되어 그 사나운 태도를 조장하였으니, 이후의 설욕이 전날의 잘못을 속죄하는 데에 겨우 족할 뿐입니다. 하물며 그 부자형제 간에 부끄러운 덕이 많으니, 뛰어난 공적이 비록 많으나 아름다움이 끝내 티를 가릴 수는 없었습니다.

태종(太宗)이 일찍이 가까운 신하들에게 말하였다.

"나는 오늘이 생일이다. 세속에서는 모두가 즐거워하는데 짐(朕)에게는 오히려 이것이 서글프고 유감이구나. 지금 임금이 천하에 군림하고 부유하여 사해(四海)를 소유하나 부모의 품 안에서 얼굴 뵙기를 원하는 것은 영원토록 얻을 수 없으니, 이것은 자로(子路)가 더 이상 쌀을 짊어질 수 없어 품은 한[負米之恨]이다.[23] 『시경』에 이르기를

'슬프고 슬픈 우리 부모님!
나를 낳으시느라 몹시 수고하셨도다'[24]

23 공자의 제자 자로는 가난하여 매일 남의 쌀을 등짐으로 지고 100리 바깥까지 날라서 그 품삯으로 부모님을 봉양하였다. 이후 부모님이 돌아가시자 슬퍼하며 공자에게 말하기를, "제가 옛날 부모님을 모실 때, 가난해서 질경이와 콩깍지를 먹었습니다. 그러다가 우연히 부모님을 위해 100리 밖에서 쌀을 구해 어깨에 메고 온 적이 있었습니다. 그때는 정말 기뻤습니다. 이제 부모님은 돌아가시고 저는 초나라에 벼슬하여 만 섬의 곡식을 쌓아 놓고 먹고 있습니다. 그렇지만 백 리 밖에서 쌀을 지고 올 때의 그 기쁨을 다시 맛볼 수가 없어서 너무 슬픕니다."라고 하였다. 『공자가어(孔子家語)』「치사(致思)」에 나온다.

라 하니, 어찌 수고로운 날들을 잔치와 즐거움으로 대체할 수 있겠는가?"

이내 자주 우시니, 좌우가 모두 슬퍼하였다.

太宗嘗謂近臣曰: "吾今日生日, 世俗皆爲樂, 在朕翻成傷感. 今君臨天下, 富有四海, 而欲承顔膝下, 永不可得, 此子路有負米之恨也. 『詩』云: '哀哀父母, 生我劬勞.' 奈何以劬勞之日更爲宴樂乎?" 因泣數行下, 左右皆悲.

명황(明皇, 당 현종) 개원(開元) 연간에 생일을 기념하여 화악루(花萼樓)[25]에서 백관들에게 잔치를 열고, 매해 8월 5일을 천추절(千秋節)로 삼아서 천하에 반포하여 모두 잔치를 즐기게 하고, 이윽고 토지신[社] 제사를 천추절(千秋節)로 옮겨 지내게 하였다.[26]

明皇開元中, 以生日宴百官於花萼樓. 每歲八月五日爲千秋節, 布於天下, 咸令宴樂, 尋又移社就千秋節.

신은 이렇게 생각합니다. 범조우(范祖禹)가 말하기를 "태종이 생일에 잔치를 열고 즐기지 않은 것은 부모가 수고로웠던 날이기 때문이다. 원건요(源乾曜)[27] 등은 임금의 생일을 명절로 삼고 또 토

24 『시경(詩經)』 「소아(小雅)·삼아(蓼莪)」에 나온다.

25 당(唐) 현종(玄宗)이 즉위하기 전에 있던 곳인 흥경궁(興慶宮) 서남쪽에 세운 누각이다. 현판(懸板)에 글쓰기를 '화악상휘지루(花萼相輝之樓)'라고 하였는데, 즉 꽃받침이 서로 빛나는 누각, 곧 형제 우애의 누각이라는 것이다. 이는 『시경』 「소아(小雅)·상체지화(常棣之華)」에서 뜻을 취하였다.

26 『자치통감(資治通鑑)』 권213 「당기(唐紀)」에 나온다.

지신[社] 제사를 옮겨 천추절에 지내게 하였다. 명절이라는 것은 음양(陰陽)의 기운이 지극한 시기이기 때문에 마음대로 만들 수 없고, 토지신[社] 제사는 국가의 대사(大祀)이기 때문에 마음대로 옮길 수 없다. 명황이 국가를 운영한 지 이미 오래되어 교만한 마음이 점점 생겨났는데, 원건요(源乾曜)와 장열(張說)[28]이 의(義)로써 임금을 바로잡을 수 없어 매번 아첨하고 아양을 떨면서 맞췄으니, 그들을 명신(名臣)이라고 할 수 있겠는가?"라고 하였습니다.

신은 생각하기를 태종이 어버이를 그리워하는 것은 참된 정성에서 발현한 것이니, 이제까지 그 글을 읽은 독자들은 오히려 감동하고 슬퍼하였습니다. 명황(당 현종)과 군신은 위는 교만하고 아래는 아첨하니 크게 잔치를 베풀고 절(節)의 이름을 새로 만들었는데, 후세에 이어져서 드디어 고전(古典)이 되었습니다. 신하된 자들이 이로써 그 임금을 높이는 것으로 삼았으니 진실로 이미 지엽적인 것이고, 그 임금이 또한 따라서 그 어버이를 잊었으니 옳은 것이겠습니까? 근래에는 사대부들이 또 그 임금을 높이는 것으로 유능한 신하[用事之臣]를 높인다고 하면서 선물하는 보물과 칭송하는 노래가 임금의 생일에 비교하여도 위태로울 정도로 매우 지나치니, 또

---

27 ?~731. 당나라 상주(相州) 사람으로, 중종과 예종 대에 관직을 역임하다 현종 개원 연간에 재상이 되었다. 개원 17년(729)에 장열과 함께 현종의 45세 생일을 기념하여 천추절(千秋節)로 삼기를 주청하였다.

28 667~731. 당나라 하남(河南) 낙양(洛陽) 사람으로 자는 도제(道濟) 또는 열지(說之)다. 현종(玄宗) 개원(開元) 연간에 중서령(中書令) 및 삭방군절도사(朔方軍節度使) 등을 역임하고, 연국공(燕國公)에 봉해졌다. 문사(文辭)에 뛰어나 허국공(許國公) 소정(蘇頲)과 함께 연허대수필(燕許大手筆)로 불렸다. 후에 이임보(李林甫)에게 견제를 받아 재상에서 파직되었다.

한 어찌 옳겠습니까? 태종의 정성을 본받고 개원 연간의 잘못을 거울로 삼아서 신하들이 사사로이 사귀고 재물을 탐하는 것의 근원을 막는 것은 반드시 성군으로부터 비롯됩니다.

숙종(肅宗) 상원(上元) 원년(元年)에 양 수도[장안(長安)과 낙양(洛陽)]를 평정하였고, 촉나라에서 상황(上皇)을 맞이하여 수도로 돌아가서 흥경궁(興慶宮)에 계시게 하였다.[29] 임금은 때때로 협성(夾城)에서 가서 거하였고 상황이 또한 그 즈음에 대명궁(大明宮)에 이르렀다. 내시 이보국(李輔國)[30]은 비록 갑자기 출세하여 일을 담당하였으나 본래 미천하여서 상황의 좌우 신하들이 대부분 이보국을 가볍게 여겼으니 이보국이 그것을 한스럽게 여겼다. 또 뛰어난 공을 세워 총애를 견고하게 하려고 이에 임금에게 아뢰었다.

"상황이 흥경궁에 계실 때 날마다 바깥사람들과 교통하시고 진현례(陳玄禮)[31]와 고역사(高力士)[32]가 폐하께 이롭지 않은 일을

29 『자치통감(資治通鑑)』 권221 「당기(唐紀)」에 나온다.

30 705~763. 당나라 때의 환관으로 본명은 정충(靜忠)이다. 처음에는 고역사(高力士)를 섬기다가 나중에 동궁(東宮, 후의 숙종(肅宗))의 시중을 들었다. 양국충(楊國忠)을 주살하는 데에 참여하였다. 숙종 즉위 후에는 원수부행군사마(元帥府行軍司馬)에 발탁되고, 호국(護國)이란 이름을 하사받았는데, 나중에 보국으로 이름을 고쳤다. 지덕(至德) 연간에 성국공(郕國公)에 봉해지고, 대종(代宗) 즉위 후에는 상부(尙父)로 받들어지며 박릉군왕(博陵郡王)에 봉해졌다. 이후 횡포가 심해지자 대종이 자객을 보내 살해하였다. 태부(太傅)에 추증되었고, 시호는 추(醜)다.

31 당(唐) 현종(玄宗) 때의 장군이다. 현종이 안녹산(安祿山)의 난을 피해 서울에서 100여 리 떨어진 마외파(馬嵬坡)에 도착하였을 때, 양국충(楊國忠)과 양 귀비(楊貴妃)를 죽여야 한다고 주장하여 사사(賜死)토록 하였다.

도모하고 있습니다."

임금이 울면서 말하였다.

"성황(聖皇, 상황)이 자애롭고 인자하시니 어찌 이들을 용납하시겠는가?"

(그러자 이보국이) 대답하였다.

"상황께서는 본디 이러한 뜻이 없으나 그 소인배들을 어찌하겠습니까? 폐하께서는 마땅히 사직을 위하여 난이 아직 싹트지 않을 때부터 없애야 하니 어찌 필부의 효만을 따를 수 있겠습니까? 또 흥경궁의 담장은 얕아서 드러나니 지존께서 마땅히 거처해야 할 곳이 아니요, 대내궁(大內宮)은 매우 엄하니 받들어 맞이하여 그곳에 거하시게 한다면 저곳과 무엇이 다르겠습니까? 또 소인들이 성청(聖聽)을 현혹시키는 것을 막아 끊을 수 있으니, 이와 같이 한다면 상황께서 만세의 편안함을 누리시고 폐하께서는 삼조(三朝)[33]의 즐거움이 있을 것이니, 무엇이 해가 되겠습니까?"

임금이 듣지 않으셨다.

흥경궁에는 이전에 말 300필이 있었는데, 이보국이 칙서를 고쳐 그것을 취하니 겨우 10필만이 남았다. 상황(上皇)이 고역사

---

32 684~762. 본명(本名)은 풍원일(馮元一)으로 고주(高州) 양덕(良德) 출신이다. 698년에 환관이 되었고, 환관(宦官) 고연복(高延福)의 양자(養子)가 되어 고역사(高力士)로 개명하였다. 이후 현종(玄宗)이 임치왕(臨淄王)이던 시절부터 심복(心腹)이 되었고, 현종이 즉위한 후에는 권세(權勢)를 누렸다. 숙종(肅宗)이 즉위하자 이보국의 탄핵을 받아 무주(巫州)로 유배되었다가 현종이 죽은 뒤에 사면되었다. 그러나 현종의 죽음을 듣고 7일 동안 음식을 끊고 슬퍼하다가 죽었다.

33 삼대(三代)의 조정을 말한다.

(高力士)에게 말하였다.

"내 아이가 이보국에게 미혹되어서 끝까지 효도할 수 없게 되었구나."

이보국이 또 육군(六軍, 정호를 맡은 금위군)의 장군과 군사에게 명하기를, 울부짖으면서 머리를 조아려 상황을 맞이하여 서내(西內, 태극궁)에 거하도록 청하게 하였다. 임금이 울면서 응하지 않았다.

이보국이 드디어 '상황을 맞이하여 서내에서 즐기도록 하라'는 것이 황제의 말이라고 사칭하였다. 상황이 현무문에 이르러자 이보국이 사생(射生) 500기를 거느리고는 칼날을 드러내고 길을 막고 말하였다.

"황제께서 흥경궁이 낮고 좁아서 상황을 맞이하여 서내(西內)에 옮겨 거하시도록 하셨습니다."

상황이 놀라서 말에서 거의 떨어질 뻔하였다. 결국 서내(西內)로 가서 감로전(甘露殿)에 거처하였다. 머물러 시위하는 병사들이 겨우 늙은이 수십이고, 진현례 등 옛 궁인들은 모두 좌우에 머물지 못하도록 하였다. 이보국이 육군대장(六軍大將)과 더불어 황제를 알현하고 죄를 청하였는데, 황제가 여러 장수들에게 가까이 가서 그들을 위로하면서 말하였다.

"경들이 소인에게 현혹될까 봐 두려워하여 은미한 것을 막아 점점 커지는 것을 방비하여 사직을 편안하게 하였으니 무엇이 두려워할 바이겠는가?"

고역사는 무주(巫州)로 유배시키고 진현례는 벼슬을 그만둘 것을 명하였다. 상황이 매일 기뻐하지 않았고 맵고 냄새나는 채소[茹葷]를 드시지 않으시고 곡기를 물리쳐 점점 병이 들었다. 황제가 처음에는 오히려 가서 문안하시다가 이윽고 황제 역시 병이 있자 다만 사람을 보내어 문안하였다. 그 후에 황제가 점점 후회하고 이보국을 미워하여 그를 죽이고자 하였는데, 그가 병권을 가진 것이 두려워서 끝내 미처 결단할 수가 없었다.

肅宗上元元年, 平兩京, 迎上皇自蜀歸京師, 居興慶宮. 上時自夾城往起居, 上皇亦間至大明宮. 內侍李輔國素微賤, 雖暴貴用事, 上皇左右多輕輔國, 輔國意恨, 且欲立奇功以固寵, 乃言於上曰: "上皇居興慶宮, 日與外人交通, 陳玄禮、高力士謀不利於陛下." 上泣曰: "聖皇慈仁, 豈容有此." 對曰: "上皇固無此意, 其如羣小何? 陛下當爲社稷大計消亂未萌, 豈得徇匹夫之孝? 且興慶垣墉淺露, 非至尊所宜居. 大內深嚴, 奉迎居之, 與彼何殊? 又得杜絶小人熒惑聖聽. 如此, 上皇亨萬歲之安, 陛下有三朝之樂, 庸何傷乎?" 上不聽. 興慶宮先有馬三百匹, 輔國矯敕取之, 纔留十匹. 上皇謂高力士曰: "吾兒爲輔國所惑, 不得終孝矣!" 輔國又令六軍將士號泣叩頭, 請迎上皇居西內, 上泣不應. 輔國遂矯稱上語, 迎上皇遊西內, 至玄武門, 輔國將射生五百騎, 露刃遮道曰: "皇帝以興慶宮湫隘, 迎上皇遷居西內." 上皇驚, 幾墜, 遂如西內, 居甘露殿, 所留侍衛兵纔尪[34]老數十人. 陳玄禮等及舊宮人皆不得留左右. 輔國與六軍大將見上請罪, 上迫於諸將, 乃勞之曰: "卿等恐小人熒惑, 防微杜漸, 以寧社稷, 何所懼也!" 高力士流巫州, 陳玄禮勅致仕. 上皇日以不豫, 因不茹葷, 辟穀, 浸以成疾. 上初猶往問安, 旣而上亦有疾, 但遣人起居. 其後上稍悔悟, 惡輔國, 欲誅之, 畏其握兵, 意猶豫不能決.

—(진현례(陳玄禮)는) 상황의 시위대장이다. (고역사(高力士)는) 내시로 오랫동안 상황을 섬겼다.—

34 산동우의출판사본에서는 '尪' 대신에 '尫'로 되어 있다.

(숙종) 2년 5월이다. 처음에 이보국이 장후(張后, 숙종의 왕후)와 같이 도모하여 서내로 상황을 옮기게 하였다.[35] 이날 단오에 산인(山人) 이당(李唐)이 황제를 뵐 적에 황제가 마침 공주를 껴안고 있으면서 이당에게 말하였다.

"짐이 아기가 귀여워서 그런 것이니, (아기를 안고 당을 맞이하는 것을) 경은 괴이해하지 말라."

(이당이) 대답하였다.

"태상황이 폐하를 그리워하여 보고자 함을 헤아려보면 또한 폐하께서 공주를 귀여워하는 것과 같습니다."

임금이 줄줄 눈물을 흘리며 울었으나, 장후가 두려워서 오히려 감히 서내에 이르지 못하였다. 다음 해에 보응(寶應)으로 연호를 고쳤다. 4월[建巳][36]에 상황이 붕어하였다.

二年五月. 初李輔國與張后同謀遷上皇於西內. 是日端午, 山人李唐見上, 上方抱幼女, 謂唐曰: "朕念之, 卿勿怪也." 對曰: "太上皇思見陛下計, 亦如陛下之念公主也." 上泫然泣下, 然畏張后, 尙不敢詣西內. 明年改元寶應, 建巳月, 上皇崩.

신은 이렇게 생각합니다. 숙종이 장안을 평정함에 상황이 촉

35 『자치통감(資治通鑑)』 권222 「당기(唐紀)」에 나온다.

36 음력 4월을 말한다. 초저녁에 북두칠성(北斗七星)의 자루[柄]가, 12신(辰)의 위치를 가리키는 방향에 따라 달수[月數]가 바뀌는데, 이에 따라 정월(正月)은 건인월(建寅月), 2월은 건묘월(建卯月), 3월은 건진월(建辰月), 4월은 건사월(建巳月), 5월은 건오월(建午月) 등으로 불린다.

땅에서 도성(都城)으로 돌아와 "짐이 50세에 태평천자가 되었으되 아직 귀해지지는 못하였더니, 지금 천자의 아버지가 되었으니 이에 귀할 뿐이다."라고 말하였습니다. 이것이 원결(元結)[37]의 송(頌)에 이른바 '종묘는 다시 평안해지고, 두 성군은 재회의 기쁨을 누리셨도다[宗廟再女二聖重懽]'인 것입니다.[38] 어찌 성대하지 않겠습니까? 다만 내시가 병권을 쥐어서 망령되이 참소하고 이간질하여서 핍박하고 옮기는 꾀를 내었으니, 그렇게 된 이유는 숙종이 유약하고 결단력이 없었기 때문입니다. 그러므로 장후와 이보국이 그를 협박하니 천자의 귀함으로도 그 아버지를 보호할 수 없어서 (아버지가) 억울하고 근심하게 하여 드디어 병이 걸렸으니, 숙종의 죄가 하늘에까지 이르렀습니다.

그가 어릴 적 동궁에 있을 때에는 본래 효로써 이름이 났으니, 만일 순수하고 본질적인[純乾] 덕(德)을 닦는 데 힘쓰고 부드러운 방법[柔道]에 끌리는 것을 끊어 버려서 이보국이 진언하는 때에 분발하고 위엄으로 결단하여, 여러 장수들을 밝게 깨우치고 그 부자를 이간질하는 죄를 물리쳐서 그를 잡아 죽이고, 서궁으로 가기를 명하여 엎드려 잘못을 사과하였다면 두 황제는 기뻐서 조화로운 기운이 가득 찼을 것입니다. 저 조아지사(爪牙之士)[39]들은 이보국에

---

37 723~772. 당나라 하남(河南) 노산(魯山) 사람으로 자는 차산(次山)이고, 자칭 낭사(浪士)라 하였다. 호는 의간자(猗玕子) 또는 만랑(漫郎), 만수(漫叟), 오수(聱叟) 등을 썼다. 현종(玄宗) 천보(天寶) 13년(754) 진사에 급제하였다. 숙종(肅宗) 건원(建元) 2년(759)에 우금오병조참군(右金吾兵曹參軍)이 되어 안사의 난 진압에 공을 세웠다.

38 이 구절은 원결이 당나라의 중흥을 칭송한 「대당중흥송(大唐中興頌)」에 있다.

39 발톱이나 어금니 같은 선비라는 뜻으로, 발톱과 어금니가 짐승의 생존에 있어서 중요하듯이 국가를 다스리는 데 꼭 필요한 선비를 일컫는다.

게 협박당한 것에 불과할 뿐입니다.

누군들 부자(父子)간의 정이 없겠습니까? 만약 타일러 훈계하고 간절함을 밝혔다면 반드시 장수들이 마음을 돌이켜 후회하고 깨달을 것이니, 누가 기꺼이 어질고 효성스러운 천자를 버리고 패역스러운 내시를 따랐겠습니까? 황제는 그럼에도 불구하고 사리를 알아듣도록 타이르는 바가 없이 잠자코 있으면서 다만 눈물을 드리울 뿐이었습니다. 장군과 선비들이 황제를 뵙고서도 말하지 않고, 마음속에 꼭 생각하고 있는 진실을 반드시 이야기하지 말아야지 한 것은 아니었으나 입으로 드러내려고 하지 않았습니다. 이것이 이보국의 계책이 행해질 수 있었던 이유입니다.

대저 간사하고 불충한 신하는 사람의 골육 사이를 갈라놓음에 이해(利害)로써 그 임금을 미혹하고, 의심하게 하여 마음을 움직여서 머뭇머뭇 돌아보고 생각하게 하여 스스로를 지키는 계책을 만들고자 한 연후에 그 함정에 떨어뜨리니, 숙종이 협박하여 옮기자는 청을 힘써 물리치지 못한 것은 또한 이보국의 진달하는 바가 그 의심하는 정, 의정(疑情)을 움직였기 때문입니다. 의심이 싹트면 두려워하는 마음이 일어나고, 자신을 지키려는 생각이 이기면 어버이를 사랑하는 뜻이 약해지니, 숙종의 죄가 바로 이것에 연관됩니다. 아! 경계로 삼을 만합니다.

이상 '천리와 인륜에 대한 바른 태도 2[天理人倫之正二]' 중에서 '제왕이 부모를 섬기는 효[帝王事親之孝]'를 논하였습니다.

대학연의 권8

권8은 '격물치지의 요체[格物致知之要]' 가운데 '도술을 밝힘[明道術]'에서 천리와 인륜에 대한 바른 태도를 논하였다. 그중에서도 장유의 순서에 대해 자세하게 논하였다. 장유는 주로 형제간의 우애를 다루고 있는데 이 역시 앞서 제왕의 효가 단순히 부모자식 간의 문제만이 아니듯이 형제의 우애 역시 왕위와 관련된 것이 주를 이룬다. 순임금은 형인 상(象)이 자신을 죽이려고 하였지만 오히려 형제의 의를 지극하게 하였음을 예로 들었다.

하지만 진덕수는 왕계(王季)의 경우 순과 비슷하게 본디 그러한 마음을 따른 것이지만 한나라 현종(顯宗)과 당나라 현종(玄宗)은 의도하는 바가 있어서 그러하였던 것으로 차별을 두어 평가하였다. 또 정(鄭)나라 무공(武公)이나 한나라 효문제(孝文帝)의 경우에는 동생의 방자함을 그대로 두어 오히려 죽음에 이르게 하였던 경우이므로 동생들에게 부드럽게 대하는 것이 최선이 아님을 지적하였다. 당 태종의 경우에도 형제의 정에서 천리를 구현하지는 못하였다고 하였다. 다만 당 현종의 형인 이성기(李成器)의 경우 우애하는 마음이 천성을 온전히 실현한 경우여서 형제 사이에 우애를 참소하는 말이 들어올 틈이 없다고 하였다. 그럼에도 불구하고 현종이 말년에 양 귀비의 참소를 듣고 태자 등을 서인으로 만들고 죽인 것은 이러한 형제간의 마음을 넓히지 못한 것 때문이라고 하였다.

제왕의 효와 마찬가지로 형제간의 장유(長幼)는 곧 그저 사이좋게 지내는 것에서 그치지 않고 천성을 잘 발현하여 나라를 잘 다스리고, 형제의 목숨까지 잘 보전함에서 실현된다고 본 것이다.

천리와 인륜에 대한 바른 태도[天理人倫之正]

—장유의 순서[長幼之序]—

『맹자(孟子)』에, 만장(萬章)[1]이 말하였다.[2]

"부모가 순(舜)에게 곡식 창고를 고치게 해 놓고서 사다리를 치워 버리고, 고수(瞽瞍)가 곡식 창고에 불을 질렀습니다. 또 우물을 파게 해 놓고서는 순이 나오는 데 덮어 버렸습니다. 상(象)이 말하기를 '도군(都君, 순)을 덮어 버리는 꾀를 냄은 모두 내 공적이다. 소와 양과 곡식 창고는 부모의 것이고, 방패와 창은 내 것이고, 거문고와 활도 내 것이고, 두 형수는 내 잠자리를 돌보게 하련다.'라고 하였습니다.

상(象)이 가서 순의 궁궐에 들어가니, 순이 평상 위에 앉아서 거문고를 타고 있었습니다. 상이 말하기를 '임금님이 그립고 궁금하고 답답하여 왔습니다.'라 하고 부끄럽고 창피해하였습니다. 순이 '이제부터는 이곳의 여러 신하들을 너는 나와 함께 다스리자.'라고 하셨는데, 순은 상이 자기를 죽이려 한 것을 몰랐겠습니까?"

(맹자가) 말하였다.

"어찌 모르겠느냐. 상(象)이 근심하면 (그도) 또한 근심하시고, 상이 기뻐하면 (그도) 또한 기뻐하셨다."

---

1 전국시대 제(齊)나라 사람이고, 맹자(孟子)의 제자다.

2 『맹자(孟子)』「만장 상(萬章上)」에 나온다.

(만장이) 말하였다.

"그렇다면 순(舜)께서 거짓으로 기뻐하신 것입니까?"

(맹자가) 말하였다.

"아니다. 그가 형을 사랑하는 도(道)로써 왔다고 하였기 때문에 진실로 믿고 그것을 기뻐하신 것이다. 어찌 거짓으로 기뻐하셨겠는가?"

『孟子』: 萬章曰: "父母使舜完廩, 損階, 瞽瞍焚廩. 使浚井, 出, 從而揜之. 象曰: '謨蓋都君咸我績, 牛羊父母, 倉廩父母, 干戈朕, 琴朕, 弤朕, 二嫂使治朕棲.' 象往入舜宮, 舜在牀琴. 象曰: '鬱陶思君爾.' 忸怩. 舜曰: '惟玆臣庶, 汝其于予治.' 不識舜不知象之將殺己與?" 曰: "奚而不知也! 象憂亦憂, 象喜亦喜." 曰: "然則舜僞喜者與?" 曰: "否. 彼以愛兄之道來, 故誠信而喜之, 奚僞焉?"

—완(完)은 고침[治]이다. 연계(損階)는 그 사다리를 제거함을 말한다. 엄(揜)은 덮음[蓋]이다. 『사기(史記)』에서 말하였다. 순(舜)에게 창고에 올라가 지붕을 수리하게 하고는 고수(瞽瞍)가 아래에서 불을 질러 창고를 태워 버렸다. 순은 두 개의 삿갓으로 막고 뛰어내려 죽음을 면하였다. 그 후 또 순에게 우물을 파게 하였는데, 순은 우물을 파면서 밖으로 나올 수 있는 비밀 구멍을 함께 팠다. 순이 깊은 곳으로 들어가자 고수와 상(象)은 흙을 부어서 우물을 메워 버렸는데, 순은 몰래 파 놓은 구멍을 통해 나와서 도망쳤다. 모(謨)는 꾀[謀]이다. 개[蓋]는 우물을 덮음[蓋井]이다. 순이 머무른 곳은 3년이면 도읍을 이루었기 때문에 도군(都君)이라고 불려졌다. 함(咸)은 모두[皆]이다. 적(績)은 공(功)이다. 상은 순이 이미 도망간 것을 알지 못하였기 때문에, 순을 죽인 것으로써 자기의 공으로 삼으려고 하였다. 이것(소, 양, 창고)으로써 부모에게 (공을) 돌렸다. 짐(朕)은 나[我]이니, 옛날에는 임금과 신하가 통칭(通稱)하였다. 저(弤)는 조각이 된 활[雕弓]이다. 두 형수는 요(堯)임금의 두 딸이다. 서(棲)는 평상[床]이다. 울도(鬱陶)는 맺힌 원한[菀結]과 같다. 뉴니(忸怩)는 부끄러워하는 안색[慙色]이다. 신서(臣庶)는 그 백관(百官)을 말한다. 순(舜)은 그가 와서 만난 것을 기뻐하였기 때문에 그와 함께 백관을 다스리자고 말한 것이다.—

신은 이렇게 생각합니다. 상(象)이 순(舜)을 죽이려고 하는 증거가 매우 명백하니, 순이 어찌 그것을 몰랐겠습니까? 그러나 그가 근심하는 것을 보면 함께 근심하시고 그가 기뻐하는 것을 보면 함께 기뻐하시어 그 가운데에 조금의 울분도 없으시니, 후세에 골육(骨肉)의 사이에 약간의 의심하는 구석이 있으면 모든 가능성을 차단하여 오직 일찍 차단하지 못하고 빨리 제거하지 못함을 두려워하였습니다. 이 경지에 이른 이후에 성인의 마음이 하늘과 도량이 같음을 알 수 있습니다.

세상의 유학자들은 요[帝堯]가 임금의 자리에 있으면서 두 딸을 순[虞]에게 시집 보내셨으니, 상(象)이 순(舜)을 죽일 리는 없다고 여겨 『맹자(孟子)』의 내용을 의심하였습니다. (그러나 세상 사람들은) 맹자가 대순(大舜)의 마음을 특별히 논하고 있다는 점을 알지 못하였기 때문입니다. 설령 상(象)이 순을 죽이려고 한 일이 있다 하더라도 대순을 이와 같이 처리하였을 것입니다. 어찌 반드시 진실로 그러한 일이 있었겠습니까?

만장(萬章)이 물었다.[3]

"상(象)이 날마다 순(舜)을 죽이려고 일삼았는데, (순이) 천자(天子)의 자리에 올라서는 그를 추방하셨다니, 어찌된 일입니까?"

맹자(孟子)가 말하였다.

---

3 『맹자(孟子)』「만장 상(萬章上)」에 나온다.

"(그를) 제후로 봉하였는데, 어떤 이가 추방하였다고 말한 것이다."

만장(萬章)이 말하였다.

"순(舜)이 공공(共工)[4]을 유주(幽州)[5]에 유배 보내고, 환두(驩兜)[6]를 숭산(崇山)[7]으로 추방하고, 삼묘(三苗)[8]를 삼위(三危)[9]에서 죽이고, 곤(鯀)[10]을 우산(羽山)[11]에서 죽였습니다. 네 사람을 처벌하자 천하가 모두 복종한 것은 어질지 않은 사람을 죽였기 때문입니다. 상(象)은 매우 어질지 않는데도 유비(有庳)[12]의 제후로 봉하셨으니, 유비(有庳)의 사람들은 무슨 죄입니까? 어진 사람도 진실로 이와 같습니까? 다른 사람은 죽이면서 동생은 제후에 봉하는군요."

(맹자가) 말하였다.

---

4 요(堯)임금의 신하다. 공사(工師)를 맡았고, 환두(驩兜), 삼묘(三苗), 곤(鯀) 등과 함께 사흉(四凶)으로 불렸다. 순(舜)임금이 유주(幽州)로 유배를 보냈다. 그를 궁기(窮奇)라고도 불렀다고 한다.

5 한(漢)시대에 지금의 하북성(河北省)에 두었던 주이다.

6 요(堯)임금 때의 악인(惡人)이었다. 공환(共驩)으로도 불린다.

7 중국 하남성(河南省) 정주(鄭州)의 남서쪽에 있는 명산이다.

8 요순(堯舜)시대에 강(江)·회(淮)·형주(荊州)에 자리 잡고 있었던 만족(蠻族)의 이름이다.

9 사방(四方)의 맨 끝에 있다는 산이다. 감숙성(甘肅省) 돈황현(敦煌縣) 남쪽에 있는 삼위산을 가리킨다.

10 『설문(說文)』에서는 곤이 물고기의 이름으로 되어 있지만, 『서경(書經)』과 『사기(史記)』에는 하(夏)나라 우임금의 아버지로 요임금의 명령을 받고 홍수를 다스리려고 하였으나 실패하여, 순임금에 의해 우산(羽山)으로 추방당하여 죽은 것으로 되어 있다. 『좌씨전(左氏傳)』에 의하면 곤은 죽어서 그 혼(魂)이 황웅(黃熊)이 되어 우연(羽淵)에 가라앉았다고 한다.

11 지금의 강소(江蘇) 동해현(東海縣)과 산동(山東) 임술현(臨沭縣)의 경계에 있는 산이다.

12 고대 하나라 때의 나라 이름이다. 순임금이 그 아우 상(象)을 이 나라에 봉하였다. 유비(有庳)는 비허(鼻墟)라 하는데 옛터가 지금의 호남성 도현(道縣) 북쪽에 있다.

"어진 사람이 동생을 대함에 노여움을 마음속에 간직하지 않고 원한을 품지 않으며 다만 그를 친히 여기고 사랑할 따름이다. 친하면 그를 귀하게 하고 싶고, 사랑하면 그를 부유하게 하고 싶은 것이니 그를 유비(有庳)의 제후로 봉한 것은 그를 부귀(富貴)하게 한 것이다. 자신은 천자(天子)가 되면서 동생은 필부(匹夫)가 된다면, 친히 여기고 사랑한다고 말할 수 있겠는가?"

만장(萬章)이 물었다.

"감히 묻겠습니다. 어떤 사람은 '추방하였다'고 하는데, 이것은 무엇 때문입니까?"

맹자(孟子)가 말하였다.

"상(象)이 그 나라에서 정사를 직접 다스리지 못하게 하고, 천자(天子)가 관리(官吏)를 시켜서 그 나라를 대신 다스리고 그 세금을 바치게 하였으므로 이것을 추방하였다고 말하는 것이다. (상이) 어찌 저 백성들에게 포악하게 할 수 있었겠는가? 비록 그러하나 항상 그가 보고 싶었기 때문에 자주 그를 오게 하였던 것이다. 조공 바칠 날이 멀었는데도 정사(政事)로 유비(有庳)의 임금을 만났다고 하니, 이를 두고 하는 말이다."

萬章問曰: "象日以殺舜爲事, 立爲天子則放之, 何也?" 孟子曰: "封之也, 或曰放焉." 萬章曰: "舜流共工於幽州, 放驩兜於崇山, 殺三苗於三危, 殛鯀於羽山, 四罪而天下咸服, 誅不仁也. 象至不仁, 封之有庳, 有庳之人奚罪焉? 仁人固如是乎? 在他人則誅之, 在弟則封之." 曰: "仁人之於弟也, 不藏怒焉, 不宿怨焉, 親愛之而已矣. 親之欲其貴也, 愛之欲其富也. 封之有庳, 富貴之也. 身爲天子, 弟爲匹夫, 可謂親愛之乎?" "敢問或曰放者, 何謂也?" 曰: "象不得有爲於其國, 天子使吏治其國, 而納其貢稅焉, 故謂之放. 豈得暴彼民哉? 雖然, 欲常常而見之, 故源源而來. 不及貢, 以政接於有庳, 此之謂也."

—방(放)은 버려둠[置]과 같으니, 지금 말로 유배[安置]와 같다. (유비(有庳)는) 국명(國名)이다.—

신은 이렇게 생각합니다. 성인(聖人)은 공의(公義)로써 사은(私恩)을 폐하지 않았기 때문에 상(象)의 악함에도 불구하고 부귀(富貴)를 주지 않을 수 없었습니다. 또한 사은으로써 공의를 폐하지 않았기 때문에 그로 하여금 그 나라에서 정사를 다스려 그 백성들에게 포악하게 할 수 없게 하시니, 순(舜)이 상에 대하여 인(仁)을 지극하게 하고 의(義)를 다하였습니다.[13]

『시경(詩經)』「황의(皇矣)」의 3장에서 말하였다.[14]

"이 왕계(王季)[15]께서 마음이 우애로워
그 형님과 우애롭게 지내고 그 경사를 돈독히 하여
영광을 형에게 주시니 받으신 복을 잃지 않으셔서
마침내 온 세상을 소유하셨도다."

『詩』「皇矣」之三章: "維此王季, 因心則友, 則友其兄, 則篤其慶, 載錫之光,

---

13 오역(吳棫)은 『맹자』의 이 장을 설명하면서 "성인은 공의(公義)로써 사은(私恩)을 폐하지 않고 또한 사은으로 공의를 해치지 않음을 말씀하였으니, 순(舜)이 상(象)에 대하여 인(仁)이 지극하고 의(義)를 다하신 것이다."라고 하였는데, 진덕수가 이에 부연하여 설명한 것이다. 오역의 말은 『맹자집주』「만장 상(萬章上)」에 나온다.

14 『시경(詩經)』「대아(大雅)·황의(皇矣)」에 나온다.

15 고공단보(古公亶父)의 막내아들이며 문왕 창(昌)의 아버지다. 태백(太伯)과 우중(虞仲)이라는 두 형이 있었으나, 뛰어난 인덕(人德)을 인정받아 고공단보의 후계자가 되었다. 아들 창(昌)과 손자인 무왕 발(發)에 이르러 주 왕조를 세웠다.

受祿無喪, 奄有四方."

—(「황의(皇矣)」는) 「대아(大雅)」의 편명이다. 형은 태백(泰伯)[16]을 말하니 왕계(王季)에게 나라를 양보한 자다. 독(篤)은 두터움[厚]이다. 석(錫)은 줌[予]이다. 상(喪)은 잃음[亡]이다. 엄(奄)은 큼[大]이다. 태백(泰伯)은 왕계(王季)가 문왕(文王)을 낳은 것을 보고, 천명(天命)이 반드시 왕계에게 있다는 것을 알았기 때문에 떠나서 오(吳)에 이르렀다. 태왕(太王)이 죽어도 돌아오지 않았다. 이후에 나라가 왕계에게 전해지니 주(周)나라의 도가 크게 흥하였다.—

신은 이렇게 생각합니다. 왕계(王季)가 태백에게 우애로웠던 것이 대개 그 마음이 본디 그러함을 따른 것이니, (태백이) 자신에게 지위를 양위한 이후에 우애로워진 것은 아닙니다. 형제의 지극한 정은 천성(天性)에서 나왔으니, 어찌 해야 할 바가 있어서 그렇게 하는 것이겠습니까? 만약 태백이 나라를 양위하는 일이 있지 않았더라도 왕계가 그와 우애로웠던 것이 또한 이와 같았을 것입니다.

대저 왕계의 우애는 형을 섬기는 도리를 다함에 불과하니, 어찌 복(福)을 구하는 데에 마음을 두었겠습니까? 집 안에서 공경하고 순종하고 편안하고 넉넉함은 진실로 상서로움을 낳고 복을 내리는 기초입니다. 그러므로 경사스러움을 두텁게 하여 영광을 형에게 주어서 하늘의 녹(祿)을 받아 천하를 소유하게 되시니, 하늘의 보답과

---

16 상(商)나라 때 사람이다. 성은 희(姬)씨고, 주(周)나라 고공단보(古公亶父)의 큰아들이다. 자기 대신 동생 계력(季歷)에게 지위를 넘기려는 아버지의 뜻을 알아채고 동생 중옹(仲雍)과 함께 강남(江南)으로 달아나 스스로 구오(句吳)라 불렀다. 태백이 아들 없이 죽자 동생 중옹이 부족의 수령이 되어 뒷날 오(吳)나라의 개창자가 되었다. 일설에는 우(虞)에 나라를 세웠다고도 한다.

베풂이 또한 밝은 것입니다.

후대에 한(漢) 현종(顯宗)[17]은 동해왕(東海王) 유강(劉彊)[18]이 자기의 지위를 사양하여서 그와 우애로웠고, 당(唐) 명황(明皇, 玄宗)[19]은 송왕(宋王) 성기(成器)[20]가 자기의 지위를 사양하여서 그와 우애로웠습니다. 그 우애가 비록 같으나 우애로웠던 까닭은 다릅니다. 대개 왕계(王季)의 마음은 목적하는 바가 없이 그러하였던 것이고, 현종(顯宗)과 명황(明皇)의 마음은 목적하는 바가 있어서 그러한 것입니다. 이것이 천리(天理)와 인욕(人欲)이 구분되어 한(漢)나라와 당(唐)나라의 다스림이 주(周)나라의 번성함보다 못한 이유입니다.

---

17 28~75. 한(漢) 명제(明帝, 재위 57~75) 유장(劉莊)이다. 광무제(光武帝)의 넷째 아들로, 형의 태자 자리를 물려받았다. 중국에 처음으로 불교가 전파되도록 하였으며, 『춘추(春秋)』와 『상서(尙書)』에 통달하였고, 빈민 구제와 농업 진흥, 조세 및 형여자(刑餘者)의 감면에 주력하는 등 내치(內治)에 충실하였다. 황하(黃河)를 정리하고 제방을 쌓도록 하였다. 형벌을 좋아해 법령이 엄격하고 냉혹하였고, 유술(儒術)을 좋아해 직접 벽옹(辟雍)에 나가 경서를 강독하였다.

18 광무제의 맏아들로 처음에는 태자가 되었으나, 스스로 태자 자리에서 물러나서 동생 유장(劉莊)이 태자를 물려받았다. 번국(藩國)으로 물러나서 동해왕(東海王)이 되었다.

19 당 현종(재위 712~756)이다. 현종은 초기에 정치를 잘해 개원(開元)과 천보(天寶) 시대 수십 년의 태평천하를 구가하였다. 그러나 노년에는 정치를 등한시하고, 도교(道敎)에 빠져 막대한 국비를 소비하였으며, 양 귀비(楊貴妃)를 궁내(宮內)로 끌어들이고, 권신 이임보(李林甫)가 국정을 대신 맡았다. 천보 14년(755) 안녹산(安祿山)의 난이 일어나 사천(四川)으로 피난 가는 도중에 양 귀비는 병사에게 살해되었다. 이듬해 아들 숙종(肅宗)에게 양위하고 상황(上皇)이 되었는데, 장안(長安)으로 돌아온 뒤 죽었다.

20 당 예종(睿宗)의 맏아들로 이름은 이헌(李憲)이고, 나중에 양황제(讓皇帝)로 추숭되었다. 황제가 되지 못하였고 자신의 셋째 동생 이융기(李隆基)가 당(唐) 현종(玄宗)으로 황위를 이었다.

(『시경(詩經)』) 「상체(常棣)」는 형제끼리 함께 즐거워하는 것이다.[21] 관숙(管叔)[22]과 채숙(蔡叔)[23]이 도(道)를 잃어버림을 근심하여 「상체(常棣)」편을 지었다. 1장에서

"산의 앵두꽃 활짝 피어 꽃송이가 울긋불긋하구나.

무릇 지금 세상사람 중에 형제보다 더 좋은 것은 없구나."

2장에서

"죽음과 상례의 두려운 일에 형제가 서로 생각한다."

3장에서

"척령(脊令)[24]이 언덕에 있으니 형제가 위급한 일을 당한다."

4장에서

"집안에서는 형제끼리 다투더라도 밖에서는 함께 막아낸다네."

라고 하였다.

「常棣」, 燕兄弟也. 閔管、蔡之失道, 故作「常棣」焉. 其一章曰: "常棣之華, 鄂

---

21 『시경(詩經)』「소아(小雅)·상체(常棣)」에 나온다.

22 ?~BC 114. 서주(西周) 때의 사람이다. 성은 희(姬)고, 이름은 선(鮮)이다. 문왕(文王)의 셋째 아들이자 주공(周公 단(旦)의 형이며, 무왕(武王)의 동생이다. 무왕이 은(殷)나라를 멸하고 동생들을 봉하였을 때 채(蔡)에 봉해진 숙도(叔度)와 함께 관(管)에 봉해졌다. 은나라 주왕(紂王)의 아들 무경(武庚)을 보좌하여 하남(河南)을 다스렸다. 채숙, 무경과 함께 반란을 일으켰지만 함께 죽음을 당하였다.

23 서주(西周) 때의 사람이다. 문왕(文王)의 다섯째 아들이고, 이름은 도(度)다. 무왕(武王)의 동생이고, 채(蔡)에 봉해졌다. 관숙(管叔), 무강(武康)과 함께 연합하여 주왕(紂王)의 아들 무경(武庚)을 받들어 모반하였다가 주공에게 쫓겨나 죽었다. 나중에 성왕이 그의 아들 호(胡)를 채에 봉하였는데, 채나라의 시조가 되었다.

24 금조(禽鳥)의 하나로 할미새다. 『시경(詩經)』「소아(小雅)·상체(常棣)」의 모전(毛傳)에 이 새는 날 때에 울고 들까불면서 큰일이 난 듯이 날아다니므로, 형제에게 어려운 일이 생겼음을 비유한다고 한다.

不韡韡. 凡今之人, 莫如兄弟." 二章曰: "死喪之威, 兄弟孔懷." 三章曰: "脊令在原, 兄弟急難." 四章曰: "兄弟鬩于牆, 外禦其務."

—(「상체(常棣)」는) 「소아(小雅)」의 편명이다. 관숙(管叔)과 채숙(蔡叔)은 모두 문왕(文王)[25]의 아들이다. 관숙(管叔)은 주공(周公)의 형이고, 채숙(蔡叔)은 주공(周公)의 동생이다. 무왕(武王)[26]은 무경(武庚)[27]을 은(殷)의 제후로 봉하고, 관숙과 채숙에게 그를 감시하도록 하였다. 무왕이 죽자 관숙과 채숙은 무경의 반란에 협력하였고, 주공은 성왕을 도와서 그들을 죽였다. 상체(常棣)는 산앵두나무[棣]이니 지금의 활짝 핀 오얏꽃[郁李花]이다. 악(鄂)은 서로 힘을 다해 받드는 것이니 그러므로 형제를 비유한다. 위위(韡韡)는 밝게 빛나는 모습이다. 척령(脊令)은 할미새[雝渠]이니, 날 때는 울고 걸을 때는 몸을 흔드니, 처음과 끝이 잘 이어 통한다. 형제가 위급한 일을 당할 때에 서로 구해 주는 것을 비유하니, 그 서로 응함이 이와 같다. 혁(鬩)은 다툼[狠]이다. 어(禦)는 업신여김[務侮]을 금함[禁]이다. 형제는 비록 안에서는 다투더라도 밖에서는 함께 방어한다.—

신은 이렇게 생각합니다. 주공(周公)이 두 숙부인 관숙과 채숙

25 성(姓)은 희(姬)이고 이름은 창(昌)이다. 상나라 왕조의 말기에 주나라 제후국의 군주 계력(季歷)과 상나라에서 시집온 태임(太任)과의 사이에서 태어난 아들이다. 태공망(太公望)으로 불리는 현상(賢相)의 도움을 받아 더욱 덕치(德治)에 힘썼는데 후에 그 실력이 인정되어 상 왕조로부터 서방 제후의 패자(霸者)로 서백(西伯)의 칭호를 사용하도록 허락받았다.

26 ?~BC 1043. 성(姓)은 희(姬)이고 이름은 발(發)이다. 상나라를 정벌하였고, 아버지인 희창(姬昌)에게 문왕(文王)이라는 시호(諡號)를 부여하였다. 또한 상(商)의 유민(遺民)을 통제하기 위해 주왕(紂王)의 아들인 무경(武庚)을 상의 수도였던 은(殷)에 머무르게 하였다. 그리고 이를 통제하기 위해 그 주위에 자신의 아우 3명을 분봉(分封)하였다. 무왕은 주(周)를 건국한 지 3년 만에 병사하였다.

27 상나라 마지막 임금인 주왕의 아들이다. 상이 멸망한 뒤 주(周) 무왕(武王)은 무경에게 상의 도읍인 은(殷)을 다스리게 하였다. 성왕(成王) 때에 무왕의 형제들인 관숙(管叔)과 채숙(蔡叔), 곽숙(霍叔)은 무경과 연합하여 반란을 일으켰는데, 이를 '삼감(三監)의 난(亂)'이라고 한다. 무경은 주살되었으며, 관숙도 처형되었다. 채숙은 유배되었고, 곽숙은 모든 지위에서 물러났다.

에게 은(殷)을 감시하게 하였는데, 두 숙부는 은(殷)으로써 배반하였습니다. 공(公)은 이윽고 하늘의 토벌을 받들어 행하였습니다. 만약 다른 사람이 이러한 경우에 처한다면 반드시 또한 동성(同姓)을 미워하여 오직 멀어지고 물리치는 것을 빨리 하지 못할까 봐 두려워하였을 것입니다. 그러나 공은 이 시를 지어서 '형제가 함께 즐거워하여 바야흐로 결속을 반복하는 것을 산의 앵두꽃이 활짝 피어서 서로 의지하며 할미새가 머리와 꼬리가 서로 응한 것과 같아서, 비록 문과 담장 안에서는 성내고 다투더라도 밖에서 업신여김이 당한다면 힘을 합쳐 그것을 막아야 한다'고 하였습니다. 창연히 가엾고 측은하게 여기는 지극한 정(情)과 온연히 돈독하면서 차례가 있는 깊은 은혜가 실제로 나타나니, 그 후에 주나라가 종실을 강하게 하는 도움[宗强之助]에 대대로 힘입어서, 왕실의 세력이 반석처럼 안정되어 비록 변고를 겪더라도 그 근본은 흔들리지 않았습니다. 양왕(襄王)[28]이 정(鄭)나라에 노하여 오랑캐의 군사로서 정나라를 정벌하려고 하니, 그 신하 부진(富辰)[29]이 간하기를 "형제 사이에 비록 사소한 분노가 있더라도 혈육의 정을 끊을 수 없습니다. 지금 천자께서 사소한 분노를 참지 못하여 정나라와의 친함을 버리시니, 장차 어떻게 되겠습니까?"라고 하였습니다.[30] 양왕이 따르지 않아 과연 오랑캐의

---

28 ?~BC 619. 춘추시대 주(周)나라의 국군(國君)이다. 성은 희(姬)씨고, 이름은 정(鄭)이며, 혜왕(惠王)의 아들이다. 재위 3년 동생 숙대(叔帶)가 융적(戎狄)과 함께 왕성을 공격하였으나, 숙대는 제(齊)나라로 달아났다. 양왕이 적녀(狄女)를 왕후로 삼았다가, 재위 16년 적후(狄后)를 쫓아내자 적인(狄人)들이 주나라로 쳐들어와서 정(鄭)나라로 달아났다. 숙대가 들어와 왕이 되고, 양왕이 쫓아낸 적후를 맞이하여 온(溫)에 살았다. 다음해 진(晉) 문공(文公)이 숙대를 죽이고, 양왕을 다시 주나라로 보냈다.

29 ?~BC 636. 주(周) 양왕(襄王) 때의 대부(大夫)였다.

화를 불렀습니다. 아! 후세의 왕이 형제의 서로 바라는 정성을 알고자 한다면 이 시를 깊이 음미하지 않을 수 있겠습니까?

「행위(行葦)」는 충후(忠厚)함을 읊은 시다. 1장에서 말하였다.[31]

"무성하게 자란 길가의 갈대를 소나 양이 밟지 않는다면
단단히 자라고 타고난 형체를 갖추어서
그 잎이 부드럽고 윤택하리라.
정답고 가까운 형제를 멀리하지 않고 함께 가깝게 지낸다."

「行葦」, 忠厚也. 其一章曰: "敦音團彼行葦, 牛羊勿踐履, 方苞方體, 維葉泥泥, 戚戚兄弟, 莫遠具爾."

—「대아」의 편명이다. 돈(敦)은 모여 있는 모양이다. 행(行)은 길[道]이다. 위(葦)는 갈대 종류[蘆類]이다. 물(勿)은 경계하고[戒] 그치게 하는[止] 말이다. 포(苞)는 단단함[韡]이다. 체(體)는 형체를 이룸[成形]이다. (泥泥는) 잎이 처음 자라나매 부드럽고 윤택한 모양이다. 척척(戚戚)은 속으로 서로 가까움[內相親]이다. 막(莫)은 없음[無]이다. 구(具)는 함께[俱]이다.—

신은 이렇게 생각합니다. 선대의 유학자 여조겸(呂祖謙)[32]이

30 『춘추좌전(春秋左傳)』 희공(僖公) 24년조에 나온다.

31 『시경』「대아(大雅)·행위(行葦)」에 나온다. 『모시(毛詩)』 서(序)에 "「행위(行葦)」는 충후(忠厚)함을 읊은 시다. 주나라 왕실이 충후하여 인덕(仁德)이 초목에게까지 미쳤다. 그러므로 안으로 구족(九族)을 화목하게 하고 밖으로 황구(黃耈)를 높이고 섬겨, 노인을 봉양하고 좋은 말씀을 해 달라고 간청하여 복록을 이룬 것이다."라고 하였다.

32 1137~1181. 남송 무주(婺州) 금화(金華) 사람이다. 조적(祖籍)은 수주(壽州)이고, 자

말하기를 "저 길가의 갈대가 무성하게 자라나서 그 잎이 부드럽고 윤택하나 소와 양이 밟지 못하게 할 수 있는가? 가까운[戚戚] 형제를 멀어지게 하고 친근하지 않게 할 수 있는가? (형제간) 충직하고 인정이 두터운 뜻[忠厚之意]은 말 밖으로 풍기어 드러난다. 모씨는 '척척(戚戚)'을 속으로 서로 친하다고 하니 오직 깊이 체득한 자만이 그것을 알 수 있다."라고 하였습니다.[33] 신은 여조겸의 설명이 좋다고 생각합니다. 임금으로 하여금 이 장의 뜻을 깊이 체득하게 할 수 있다면 비록 하나의 풀과 하나의 나무라도 또한 감히 꺾는 것을 가볍게 여기지 않을 것인데 하물며 골육의 형제를 멋대로 죽이겠습니까? 이 시의 2장 이하는 모두 형제가 함께 즐거워하는 일[燕樂]을 말하니, 반드시 이 마음을 근본으로 삼은 연후에 '연락(燕樂)'이 헛된 글이 되지 않으므로 그렇지 않으면 알 수 있는 바가 아닙니다.

「각궁(角弓)」은 부형(父兄)들이 유왕(幽王)을 풍자한 시다.[34] 구족(九族)을 가까이하지 않고 참소하고 아첨을 좋아하여 형제가 서로 원망하였기 때문에 이 시를 지었다.[35] (그 시에) 말하였다.

는 백공(伯恭)이며, 호는 동래선생(東萊先生)이다. 임지기(林之奇)와 왕응진(汪應辰) 등에게 사사하였으며, 주희(朱熹), 장식(張栻) 등과 사귀며 폭넓은 학식을 갖추었다. 저서에 『여씨가숙독시기(呂氏家塾讀詩記)』 32권과 『동래선생좌씨박의(東萊先生左氏博議)』 25권, 『여동래선생문집(呂東萊先生文集)』 40권, 『역대제도상설(歷代制度詳說)』 등이 있으며, 주희와의 공저(共著)인 『근사록(近思錄)』은 특히 유명하다.

33 『여씨가숙독시기(呂氏家塾讀詩記)』 권26에 나온다.

34 『시경』 「소아(小雅)·각궁(角弓)」에 나온다.

"조화로운 각궁이여 휘날리어 뒤집어졌도다.
형제들과 인척들은 서로 멀리하지 말지어다.
네가 멀리하면 백성들이 서로 그렇게 하며,
네가 가르치면 백성들이 서로 본받으리라.
훌륭한 형제들은 너그럽게 여유가 있거늘,
좋지 못한 형제들은 서로 병폐가 되도다.
선량하지 못한 백성은 서로 상대방을 원망하느니라.
작위를 받고 사양하지 않으니
끝내 이 망함에 이르게 되느니라."

「角弓」, 父兄刺幽王也. 親九族而好讒佞, 骨肉相怨, 故作是詩也. 騂騂角弓, 翩其反矣. 兄弟婚姻, 無胥遠矣. 爾之遠矣, 民胥然矣. 爾之敎矣, 民胥傚矣. 此令兄弟, 綽綽有裕. 不令兄弟, 交相爲瘉. 民之無良, 相怨一方. 受爵不讓, 至于已斯亡.

—『소아(小雅)』의 편명이다. 골육(骨肉)은 족친(族親)을 말하니, 그 부조(父祖)의 윗세대로부터 함께 혈기를 받아 태어나니, 뼈와 살점이 서로 붙은 것과 같다. 성성(騂騂)은 조리(調利)다. 편(翩)은 뒤집어진 모양이다. 원(遠)은 소원함[疎遠]이다. 서(胥)는 모두[皆]이다. 효(傚)는 본뜸[倣]이다. 영(令)은 좋음[善]이다. 작(綽)은 너그러움[寬]이다. 유(裕)는 넉넉함[饒]이다. 불령(不令)은 좋지 못함[不善]이다. 유(瘉)는 병폐[病]다.—

신은 이렇게 생각합니다. 선대의 유학자의 논의에 "활의 특징은 그 본체가 왕래하여 당기면 안으로 향해서 오고, 놓으면 밖으로 반대로 나간다."라고 하니,[36] 골육지친(骨肉之親)이 친하면 붙고, 소원하

---

35 『모시(毛詩)』 서(序)에 나온다.

36 『여씨가숙독시기(呂氏家塾讀詩記)』 권26에 '구양씨(區陽氏)의 말'이라고 나온다.

면 떨어지는 것은 또한 각궁이 휘날리어 돌아나가는 것과 같습니다. 그렇다면 형제와 인척[婚姻]을 서로 소원하게 할 수 있겠습니까?

대저 임금은 풍속과 교화의 근본이므로 "네가 그 친척과 멀어지면 백성 또한 모두 그러할 것이고, 너의 가르침이 이와 같으면 백성이 또한 모두 그것을 본받을 것이다."라고 하였습니다. '너[爾]'는 유왕(幽王)을 가리켜 하는 말입니다. 사람의 본성이 진실로 선(善)에는 돈독하지만 잘 교화하는 것으로 바뀌지는 않습니다. 그러나 바뀌지 않는 경우는 적고 바뀌는 경우는 많으니, 그러므로 반드시 형제관계를 좋게 한 후에 너그럽고 넉넉하게 되어 변하지 않을 수 있습니다.

좋지 않은 형제관계는 본래부터 스스로 가볍게 여기고 미워하기 때문에 임금께서 또한 그들을 가르치더라도 서로 병폐가 되던 것이 마땅히 더욱 심해질 것입니다.

이에 백성들 가운데에 그 양심을 잃어버린 자는 비록 작고 미미한 일이나 또한 서로 원망하고 한스러워 합니다. 일방(一方)은 일사(一事)와 같습니다. 오로지 이익을 얻고자 하여 그 작위를 받은 자는 다시 미루거나 양보하는 뜻이 없고 심지어 다투고 빼앗다가 망하게 되니 모두 위로부터의 교화 때문입니다. 후세의 임금이 진실로 「각궁」의 풍자를 경계한다면 형제의 친함에 그 은혜로운 뜻을 두터이 하지 않을 수 있겠습니까?

「갈류(葛藟)」는 왕족(王族)이 평왕(平王)[37]을 풍자한 시다.[38] 주(周)

나라 왕실이 도가 쇠퇴하자 구족(九族)을 버렸기 때문이었다.[39]

1장에서

"끊어지지 않는 칡덩굴이여,

하수(河水)의 가에 있도다.

끝내 형제를 멀리한지라, 타인을 아버지라 이르노라.

타인을 아버지라 이르나, 또한 나를 돌아보지 않도다."

2장에서

"끝내 형제를 멀리한지라, 타인을 어머니라 이르노라."

3장에서

"끝내 형제를 멀리한지라, 타인을 형이라 이르노라."

라고 하였다.

「葛藟」, 王族刺平王也. 周室道衰, 棄其九族焉. 其一章曰: "緜緜葛藟, 在河之滸. 終遠兄弟, 謂他人父. 謂他人父, 亦莫我顧." 二章曰: "終遠兄弟, 謂他人母." 三章曰: "終遠兄弟, 謂他人昆."

—『시경(詩經)』「왕풍(王風)」의 편명이다. 주(周) 평왕(平王)은 동쪽으로 천도한 임금이다. 면면(緜緜)은 길게 늘어선[延長] 모양이다. 갈대와 등나무[葛藟] 두 물건은 산곡간

---

37 BC 781~BC 720. 춘추시대 주나라의 임금으로 성은 희(姬)씨고, 이름은 의구(宜臼) 또는 의구(宜咎)다. 유왕(幽王)의 태자(太子)로, 어머니는 신후(申后)다. 유왕이 포사(褒姒)가 낳은 아들 백복(伯服, 또는 백반(伯盤))을 태자로 삼으려고 하자 신(申)으로 달아났다. 외할아버지 신후(申侯)가 증(繒), 견융(犬戎)과 연합하여 유왕을 살해하니, 이로써 서주(西周)는 멸망하였다. 제후들이 신후의 뜻을 좇아 의구를 왕으로 세우고 낙읍(洛邑)으로 도읍을 옮긴 뒤 진(晉)나라와 정(鄭)나라 등의 보좌를 받아 나라를 세우니, 이것이 동주(東周)다.

38 『시경』「왕풍(王風)·갈류(葛藟)」에 나온다.

39 『모시(毛詩)』 서(序)에 나온다.

에서 나는데 지금 황하[河]의 가에 있으니 그 본성에 맞지 않는다. 곤(昆)은 형이다.—

「체두(杕杜)」는 시절을 풍자한 시다.[40] 군주가 그 종족(宗族)을 친애하지 못하여 골육지친(骨肉之親)이 흩어져서 홀로 거처하고 형제가 없어서 장차 곡옥(曲沃)에게 겸병 당하게 되었다. (그 시에)

"우뚝 선 팥배나무여, 그 잎이 무성하고 무성하도다.
홀로 가기를 외로이 하니, 어찌 타인이 없으리오?
내 형제만 못하니라.
아 길 가는 사람들은 어찌 도와주지 않는가?
사람이 형제가 없거늘 어찌 도와주지 않는가?"
2장에서
"어찌 타인이 없으리오마는 나의 동성만 못하니라."

라고 하였다.

「杕杜」 刺時也. 君不能親其宗族, 骨肉離散, 獨居而無兄弟, 將爲沃所幷爾. "有杕之杜, 其葉湑湑. 獨行踽踽, 豈無他人? 不如我同父. 嗟行之人, 胡不比焉? 人無兄弟, 胡不佽焉?" 二章曰: "豈無它人? 不如我同姓."

—『시경(詩經)』「진풍(晉風)」의 편명이다.[41] 진나라 소공을 풍자하였다. 옥(沃)은 곡옥이다. 체(杕)는 특별하게 난 모양이다. 두(杜)는 붉은 팥배나무[赤棠]다. 서서(湑湑)는 윤택함[潤澤]이다. 우우(踽踽)는 친한 바가 없음이다. 비(比)는 친함[親]이다. 차(佽)는 도움[助]이다. 그 후에 과연 소공이 진나라 사람에게 살해되고 곡옥(曲沃) 무공(武公)이 진(晉)에 웅거해서 제후가 되었다.—

40 『시경(詩經)』「당풍(唐風)·체두(杕杜)」에 나온다.

41 「체두(杕杜)」는 『시경(詩經)』·「당풍(唐風)」에 나온다.

신은 이렇게 생각합니다. 「각궁(角弓)」·「갈류(葛藟)」·「체두(杕杜)」 세 시는 정확히 「상체(常棣)」와 「행위(行葦)」의 반대입니다. 주(周) 유왕(幽王)이 구족을 친하게 여기지 않는데 백성이 또한 더욱 그것을 본받으니, 이른바 '위에서 좋아함이 있으면 아래에서 반드시 이보다 심함이 있다[上有好者, 下必有甚焉者也.]'는 것입니다.[42] 그러므로 시인은 그것을 풍자하여 말하기를 "네가 만약 이와 같으면 백성들이 장차 다투어 혼란스럽고 망하게 될 것이다."라고 하였습니다.

평왕(平王)이 그 형제를 멀리해서 타인을 아버지나 형처럼 여기게 되니, 이른바 '그 친척을 사랑하지 않고 타인을 사랑하는 것[不愛其親而愛他人者]'입니다.[43] 그러므로 시인이 그것을 깨우쳐서 말하기를 "친해야 할 사람을 멀리하며 그 멀리해야 할 사람을 친하게 지내니, 사람들이 또한 장차 나를 돌아보지 않을 것이다."라고 하였습니다.

진(晉) 소공(昭公)[44]이 홀로 살면서 형제가 없으니, 이른바 '돕는 자가 적은 것이 지극하면 친척조차도 배반한다[寡助之至, 親戚畔之]'입니다.[45] 그러므로 시인이 풍자해서 말하기를 "사람이 형제가 없으면 어찌 도를 행하는 사람과 서로 친하고 가까이하지 않겠

---

42 『맹자』「등문공 상(滕文公上)」에 나온다.

43 『효경』「성치장(聖治章)」에 나온다. 공자는 그 친척을 사랑하지 않고 타인을 사랑하는 것을 패덕(悖德)이라고 하였다.

44 ?~BC 526. 춘추시대 진나라의 임금으로 이름은 이(夷)고, 평공(平公)의 아들이다. 재위하는 중에 진나라의 육경(六卿, 韓·趙·魏·范·中行·智氏) 등이 강해지고 공실(公室)은 약화되었다. 6년 동안 재위하였다.

45 『맹자』「공손추 하(公孫丑下)」에 나온다.

으며, 어찌 다른 사람에게 구하여 서로 돕지 않겠는가?"라고 하였습니다.

이 세 시를 가지고 「상체(常棣)」·「행위(行葦)」와 함께 참고하여 완미한다면 성왕(成王)과 주공(周公)이 흥한 이유, 유왕(幽王)과 평왕(平王)이 붕괴한 이유, 진(晉) 소공(昭公)이 멸망한 이유를 모두 환하게 알 수 있을 것입니다.

『춘추전(春秋傳)』에서 말하였다.

"(노(魯)) 은공(隱公) 원년, 처음에 정(鄭)나라 무공(武公)—정(鄭)은 나라 이름이고 무(武)는 시호다.—이 신(申)나라에서 아내를 맞이하였으니 무강(武姜, 姜氏)이다.—무(武)는 시호이고, 강(姜)은 성이다.—(무강이) 장공(莊公)과 공숙(共叔) 단(段)을 낳았다. 장공은 비몽사몽간에 태어나 강씨를 놀라게 하니, 그러므로 이름을 오생(寤生)이라 하였다. 마침내 (무강이) 그[장공]를 미워하고 공숙 단을 사랑하여 그[공숙 단]를 세자로 세우려고 자주 무공에게 청하였는데 무공이 허락하지 않았다. 장공이 즉위하자 (무강이) 공숙 단을 위해 제읍(制邑)을 (주기를) 요청하였다.—강씨가 그렇게 하기를 청하였고 제(制)는 읍의 이름이다.— 장공이 '제읍은 험한 고을이라서 괵숙(虢叔)이 (그곳에서) 죽었으니, 다른 고을을 청하시면 명을 따르겠습니다.'라고 말하였다. (무강이) 경읍(京邑)을 청하니 그곳에 살도록 하여 (공숙 단)을 경성태숙(京城太叔)이라 불렀다.

제중(祭仲)이 말하기를 '(국도(國都) 이외의) 도성(都城)이 백치(白雉)가 넘으면 나라에 해가 됩니다. 선왕(先王)의 제도에 대도(大都)는 국도(國都)의 3분의 1, 중도(中都)는 5분의 1, 소도(小都)는 9분의 1을 넘지 못하게 하였습니다. 지금 경읍(京邑)은 법도에 맞지 않으니, 선왕의 제도가 아닙니다. 임금께서 장차 감당할 수 없을 것입니다.'라고 하였다. 이에 장공이 '어머니 강씨가 그렇게 하시기를 바라니 어찌 해가 된다고 피하겠는가?'라고 말하였다. 제중이 대답하기를 '강씨가 어찌 만족함이 있겠습니까? 일찍 조치를 취하여 뻗어 나가지 못하게 하는 것만 못하니, 뻗어 나가면 도모하기 어렵습니다. 뻗어 나간 풀도 오히려 제거할 수 없는데 하물며 임금의 은총을 받는 동생이겠습니까?'라고 하였다. 장공이 '불의(不義)를 많이 행하면 반드시 스스로 무너질 것이니 그대는 우선 기다려라.'라고 말하였다.

이윽고 태숙(太叔, 공숙 단)이 서쪽 변방과 북쪽 변방에 명하여 정나라와 경읍 양쪽에 소속시켜 자신의 통치도 받게 하였다. 공자(公子) 여(呂)가 말하기를 '나라에 두 임금을 감당할 수 없으니, 임금께서는 장차 어떻게 하시겠습니까? 태숙에게 주려고 하신다면 신은 그를 임금으로 섬기기를 청할 것이며, 만약 주지 않으시려거든 그를 제거하여 백성들이 다른 마음이 생기지 않도록 하십시오.'라고 하였다. 장공이 '그럴 필요 없다. 장차 스스로 화가 미칠 것이다.'라고 말하였다.

태숙이 또 양쪽에 속하였던 땅을 자신의 읍으로 삼고 늠연읍(廩延邑)까지 확장하였다. 공자 여[子封]가 말하기를 '(버려두면) 땅이 넓어져 장차 많은 백성을 얻게 될 것입니다.'라고 하였다.

장공이 말하기를 '신하로서 임금에게 의리를 다하지 않았고, 형에게 친애하지 않았으니 땅이 아무리 넓어도 장차 붕괴될 것이다.'라고 하였다.—임금에게 의롭지 않고, 형에게 친하지 않고, 백성들이 따르지 않으니 비록 토지가 넓어도 반드시 기울어진다.—

태숙이 성곽을 쌓고 백성을 모으며 갑옷과 무기를 수선하고 보병과 병거(兵車)를 갖추어 장차 정나라를 기습하려고 하였다. 무강[夫人]이 장차 문을 열어 주려고 하였는데, 장공이 그 시기를 듣고 '할 만하다'라 하고는 공자 여[子封]에게 명하여 병거 200승(乘)을 거느리고 경읍(京邑)을 공격하게 하였다. 경읍의 사람들이 태숙(太叔) 단(段)을 배반하니—경(京)읍의 사람들이 그를 배신한 것이다.—단이 언(鄢)—역시 읍명이다.—으로 들어갔다. 장공이 언을 공격하자 태숙이 공(共)—역시 읍명이다.—으로 달아났다.

『춘추(春秋, 書)』에 '정백(鄭伯)이 언(鄢)에서 단(段)을 이겼다[克].'라 하였다.[46]—공자가 『춘추(春秋)』에 쓴 것을 말한다.— 이는 단이 동생답지 못하였기 때문에 '동생'라고 말하지 않았고, 두 임금이 서로 싸운 것 같았기 때문에 '이겼다[克]'라고 한 것이다. 장공을 정백(鄭伯, 장공)이라고 칭한 것은 (동생을) 잘못 가르친 것을 기롱한 것이다."[47]

『곡량전(穀梁傳)』에서 말하였다.[48]

"단(段)은 동생인데 동생[弟]이라고 말하지 않았고, 공자(公

46 『춘추』 노 은공(魯隱公) 원년(元年)에 나온다.

47 『춘추좌전(春秋左傳)』 노 은공(魯隱公) 원년(元年)에 나온다.

48 『춘추곡량전(春秋穀梁傳)』 권1 노 은공(魯隱公) 원년(元年) 5월에 나온다.

子)인데도 공자라고 말하지 않았으니, 그를 폄하한 것이다. 단이 자제(子弟)의 도리를 잃어버렸기 때문에 단(段)을 천하게 여기고 정백(鄭伯)을 꾸짖으니, 왜 정백을 꾸짖었는가? 정백이 마음을 쓰고 우려만 하다가 결국 동생을 죽게 만들었기 때문이다."

『春秋傳』: "隱元年, 初, 鄭武公, 娶于申, 曰武姜. 生莊公及共叔段. 莊公寤生, 驚姜氏, 故名曰寤生, 遂惡之, 愛共叔段, 欲立之. 亟請於武公, 公弗許. 及莊公卽位, 爲之請制. 公曰: '制, 巖邑也.' 虢叔死焉, 佗邑惟命. 請京, 使居之, 謂之京城大叔. 祭仲曰: '都城過百雉, 國之害也. 先王之制大都不過參國之一, 中五之一, 小九之一. 今京不度, 非制也, 君將不堪.' 公曰: '姜氏欲之, 焉避害?' 對曰: '姜氏何厭之有? 不如早爲之所, 無使滋蔓. 蔓, 難圖也. 蔓草猶不可除, 況君之寵弟乎?' 公曰: '多行不義必自斃, 子姑待之.' 旣而大叔命西鄙、北鄙貳於己. 公子呂曰: '國之不堪貳, 君將若之何? 欲與大叔, 臣請事之. 若弗與, 則請除之, 無生民心.' 公曰: '無庸, 將自及.' 大叔又收貳以爲己邑. 至于廩延, 子封曰: '厚將得衆.' 公曰: '不義不暱, 厚將崩.' 大叔完聚, 繕甲兵, 具卒乘, 將襲鄭, 夫人將啓之. 公聞其期, 曰: '可矣.' 命子封帥車二百乘以伐京. 京叛大叔段, 段入于鄢, 公伐諸鄢. 大叔出奔共. 書曰: '鄭伯克段于鄢.' 段不弟, 故不言弟. 如二君, 故曰克. 稱鄭伯, 譏失敎也." 『穀梁傳』曰: "段, 弟也, 而弗謂弟; 公, 子也, 而弗謂公子, 貶之也. 段失子弟之道矣, 賤段而甚鄭伯也. 何甚乎? 鄭伯甚. 鄭伯之處心積慮成於殺也."

―(신(申)은) 나라 이름이다. 공(共)은 읍(邑)이다. 숙(叔)은 자(字)이고, 단(段)은 이름이다. 잠에서 깨는 가운데 태어나서 그것을 이름으로 하였다. 엄(巖)은 험한[險] 것이다. 괵숙(虢叔)은 옛날에 괵나라의 임금이었다. 제(制)는 곧 괵나라의 읍으로 괵숙은 험한 지형만 믿다가 죽었다. 경(京)은 역시 읍 이름이다. (제중은) 정나라 대부(大夫)다. 옛날에 자제(子弟)의 읍으로 봉해진 곳을 일컬어 도(都)라고 하였고, 성의 높이를 도(堵)라고 하였고, 3도(堵)를 치(雉)라고 하였고 1치(雉)의 담장은 길이가 3장(丈)이고 높이가 1장(丈)이다. 국성(國城)을 셋으로 나누었는데 그 가운데 하나다. (부도(不度)는) 법도에 맞지 않음이다. 폐(斃)는 죽음[殞]이다. 비(鄙)는 정나라 변방의 읍이다. 이(貳)는 두 군데에 속하는 것을 일컫는다. (공자 여(呂)는) 정나라 대부(大夫)다. 국읍(國邑)은 두

군데에 속할 수 없음을 말한다. 숙(叔)이 오랫동안 제거되지 않으니 나라 사람들이 다른 마음이 생긴 것을 말한다. 제거하는 방법을 쓰지 않으면 화가 장차 자신에게 미친다는 것을 말한다. 이전에 두 군데에 속하였던 것을 지금은 모두 취하여서 자신의 읍으로 삼았다. (늠연(廩延)은) 읍 이름이니, 침략한 땅이 더욱 많아졌음을 말한다. 자봉(子封)은 공자 여(呂)의 자(字)다. 후(厚)는 토지가 넓음을 말한다. 닐(暱)은 친함[親]이다. 성곽을 완성하고 인민(人民)을 모으는 것이다. 보병을 졸(卒)이라 하고 수레[車]를 승(乘)이라 한다. 습(襲)은 준비되지 않은 것을 덮치는 것이다. 계(啓)는 엶[開]이니 그 옴[來]을 열어 인도하는 것을 말한다. 옛날에 병거(兵車) 1승(乘)에 갑사(甲士) 3인 보졸(步卒) 72인이 있었다.—

신은 이렇게 생각합니다. 선대의 유학자 호안국(胡安國)은 "병사를 쓰는 것은 큰일이다. 반드시 군신이 함께 의논한 뒤에 움직였다면 마땅히 나라에 걸맞을 것이고, 공자(公子) 여(呂)에게 명하여 주수(主帥)로 삼았다면 마땅히 장수에 걸맞은 것이며, 병거 2백 승을 내었다면 마땅히 군대에 걸맞은 것이다. 세 가지를 모두 말하지 않고 오로지 정백(鄭伯)을 지목하였으니, 이것은 정백(鄭伯)에게 죄를 돌린 것이다."라고 말하였습니다.[49]

대저 임금의 친척은 장래가 없기에, 공숙(共叔) 단(段)이 장차 동생으로서 형을 찬탈하고, 신하로서 임금을 공격한 것은 반드시 죽어야 하는 죄입니다. 그러나 장공은 다만 그 어머니를 이기지 못하였을 뿐인데 어찌 공숙 단을 풀어 주었고, 장공에게도 옮겨서 법을 집행함에 이와 같이 경중을 잃었습니까?

강씨는 무공이 살아 있을 때 일찍이 공숙 단을 세우려고 하였습니다. 무공이 이미 죽자 (정백이 즉위하였는데) 강씨가 국군의 적

49 『춘추호전부록찬소(春秋胡傳附錄纂疏)』 권1에 나온다.

모(嫡母)로서 안에서 주장하고, 공숙 단이 총애 받는 동생인데다가 많은 재주가 있다 하여 밖에 두도록 하였는데 나라 사람들이 또 기뻐하여 그에게 귀부하니 그것이 마침내 장차 자기와 마찰을 일으켜 후환이 될 것을 두려워하였기 때문입니다. 그러므로 공숙 단에게 대읍을 주었지만 다스리지만 못하게 하고 도(道)를 잃어버리게 하여 어지러워진 이후에 반역을 이유로 그들을 토벌하니, 국인들이 감히 따르지 않았습니다. 강씨는 감히 주장하지 못하였고 태숙은 왕적(王籍)에서 버림을 당하여 다시 부모의 나라에 살지 못하니, 이것이 정백(鄭伯)의 뜻입니다.

국왕의 정치는 선(善)으로 사람을 길러 그 하는 바를 미루어 백성으로 하여금 인(仁)에서 흥하고 훔치지 않게 하는 것입니다. 하물며 악(惡)으로 천륜(天倫)을 길러 죄에 빠지게 하고 그것으로 인하여 죽이는 것이겠습니까! 『춘추(春秋)』의 지극히 은미한 내용을 미루어 보아 먼저 그 뜻을 정의하여 인심을 바로잡아 천하가 공(公)이 되고 사(私)로써 어지럽힐 수 없음을 보인 것입니다.

그 후 장공이 죽고 얼마 지나지 않아 적자(嫡子)가 달아나고 서자(庶子)가 서서 공자(公子)가 서로 싸우고 전쟁이 그치지 않으니,[50] 그 재앙이 참혹합니다. 난이 처음에 생기는 것은 선하지 않은 조그마한 생각에서 일어나니 나라를 소유한 자가 반드시 천리(天理)를 따르고 사욕(私欲)으로 그것을 멸해서는 안 되는 이유입니다.

---

50 『춘추좌전』 노 환공(魯桓公)조에 나온다. 정 장공이 죽자 제중(祭仲)이 소공(昭公) 홀(忽)을 세웠다. 즉위한 뒤 송(宋) 장공(莊公)이 제중을 유인해 잡아 제중을 협박하여 여공(厲公) 돌(突)을 다시 세우도록 하자 위(衛)나라로 달아났다. 나중에 국내에서 일어난 갈등 때문에 여공 돌이 역(櫟)으로 가자 제중이 다시 소공 홀을 맞이해 복위시켰다.

한(漢) 효문제(孝文帝)가 처음 즉위하였을 적에 (동생인) 회남왕(淮南王) 유장(劉長)[51]이 스스로 '가장 친하다'라고 하면서 오만하고 방자하게 수없이 법을 지키지 않아도 임금이 너그러이 그를 용서하였다.[52] 효문제 3년에 입조(入朝)하였는데 심하게 방자하여 임금을 따라 원유(苑囿)에 들어가서 사냥하고, 임금과 함께 수레를 타고 항상 임금에게 대형(大兄)이라 하였다.

귀국한 뒤에 더욱 방자하여 한나라 법을 쓰지 않다가 6년에 모반을 일으켜 일이 발각되었는데, 이에 사신을 보내 유장을 불러 장안에 이르게 하였다. 승상(丞相) 장창(張蒼) 등이 모여 유장이 범한 것이 역적에 해당되어 마땅히 기시형(棄市刑, 죄인의 시체를 길거리에 버리던 형벌)에 처해야 한다고 아뢰니, 신하들이 법대로 죄를 논의하기를 청하였다. 그러자 황제가 말하였다.

"짐은 차마 왕을 법대로 다스릴 수 없으니 열후(列侯) 및 이천석 이상의 (녹을 받는) 관리와 함께 의논하라."

열후와 이천석 이상의 신하 영(嬰) 등이 의논하여 모두 말하였다.

"마땅히 법대로 처리하기를 의논하였습니다."

황제가 말하였다.

"유장의 죽을죄는 사면하고 폐하여 왕으로는 삼지 말라."

51 회남왕(淮南王) 영포(英布)가 반란을 일으켰고, 유장은 영포를 대신하여 회남왕에 봉해졌다. 유장은 어려서 생모를 잃고 여후와 혜제(惠帝)와 가까이 지냈기 때문에, 형제들이 숙청당한 여후의 치세 때에도 난을 피할 수 있었다.

52 『전한서(前漢書)』 권44 「회남형산제북왕전(淮南衡山濟北王傳)」에 나온다.

유사(有司)가 상소하여 촉(蜀) 엄도(嚴道)현 공우(邛郵)에 유배 보내고, 이에 함께 모의한 자를 모두 베기를 청하였다. 이에 유장을 수레에 태워 보내고 각 현(縣)에게 차례로 옮기게 하였다. 원앙(爰盎)이 간언하였다.

"임금께서 평소에 회남왕이 교만하게 하고 엄한 스승을 두지 않았기 때문에 이 지경에 이르렀습니다. 또 회남왕의 기질이 강하니 지금 갑자기 그를 크게 꺾으면 신은 그가 안개와 이슬 속의 길에서 죽어서 폐하께서 동생을 죽였다는 오명을 들을까 두려우니, 어찌하면 좋겠습니까?"

임금이 말하였다.

"나는 다만 그를 특별히 좀 고생시키고자 할 뿐이었으니, 지금 그것을 되돌릴 것이다."

유장이 시종에게 말하였다.

"나는 교만하여 과오를 듣지 못하였기 때문에 여기에 이르렀다."

그런 후 음식을 먹지 않고 죽었다. 각 현(縣)에서 옮기는 자가 수레를 봉한 것을 감히 열지 못하였다가 옹(雍) 땅에 이르러서 옹의 현령이 수레를 열어 그의 죽음을 보고하였다. 임금이 비통하여 곡하면서 원앙에게 말하였다.

"내가 공의 말을 따르지 않아서 마침내 회남왕을 죽였구나."

원앙이 말하였다.

"폐하께서 회남왕을 옮긴 것은 그 뜻을 고통스럽게 하여서 그로 하여금 잘못을 고치도록 한 것인데, 유사(有司)가 제대로 지키지 못하여 병들어 죽었습니다."

이에 임금이 곧 마음이 풀려 반문하였다.

"장차 어떻게 해야 하는가?"

원앙이 답변하였다.

"승상과 어사(御史)의 목을 베어 천하에 사죄하면 좋겠습니다."

이에 임금이 곧 승상과 어사로 하여금 여러 현에서 봉한 것을 열어 식사를 주지 않은 자들을 체포하고 모두 기시형에 처하도록 하였다. 또한 열후의 예로써 회남왕을 옹에서 장사 지내고, 묘지기[守冢] 30가(家)를 두었고, 후에 유장의 아들 네 명을 후(侯)에 봉하였다.

백성들이 노래를 지었는데 회남왕을 칭송하였다.

"한 척의 베도 오히려 꿰맬 수 있고, 한 말의 곡식도 오히려 찧을 수 있는데, 형제 두 사람은 서로를 용납하지 못하네."

임금이 그것을 듣고 말하였다.

"옛날에 요임금과 순임금은 골육(骨肉)을 추방하였고, 주공은 관숙(管叔)과 채숙(蔡叔)을 죽였는데도 천하에서 성인이라고 칭한 것은 사사로움으로써 공을 해치지 않은 것이니, 천하에서 어찌 내가 회남의 땅을 탐하였다고 여기겠는가?"

이에 시호를 추증하여 여왕(厲王)으로 하고, (묘지를) 제후의 의례와 같이 원(園)을 두었다. 16년에 효문제가 회남왕이 법을 폐하고 역적질을 해서 스스로 나라를 잃고 일찍 죽은 것을 안타까워하여 왕의 세 아들을 회남 옛 땅의 왕으로 세웠다.

漢孝文初卽位, 淮南王長自以爲最親, 驕蹇, 數不奉法, 上寬赦之. 三年入朝,甚橫. 從上入苑獵, 與上同輦, 常謂上大兄. 歸國益恣, 不用漢法, 六年謀反, 事覺, 迺使使召至長安. 丞相張蒼等雜奏長所犯不軌, 當棄市, 臣請論如法. 制曰: “朕不忍治法於王, 其與列侯吏二千石議.” 列侯吏二千石臣嬰等議, 皆曰: “宜論如法.” 制曰: “其赦長死罪, 廢勿王.” 有司奏請處蜀嚴道邛郵, 於是盡誅所與謀者. 迺遣長, 載以輜車, 令縣次傳. 爰盎諫曰: “上素驕淮南王, 不爲置嚴相傳, 以故至此. 且淮南王爲人剛, 今暴摧折之, 臣恐其逢霧露道死, 陛下有殺弟之名, 奈何?” 上曰: “吾特苦之耳, 今復之.” 長謂侍者曰: “吾以驕不聞過, 故至此.” 迺不食而死. 縣傳者不敢發車封, 至雍, 雍令發之, 以死聞. 上悲哭, 謂爰盎曰: “吾不用公言, 卒亡淮南王.” 盎曰: “陛下遷淮南王, 欲以苦其志, 使改過, 有司宿衛不謹, 故病死.” 於是上迺解曰: “將奈何?” 曰: “斬丞相御史, 以謝天下, 迺可.” 上卽令丞相、御史逮諸縣不發封餽侍者, 皆棄市. 以列侯葬淮南王於雍, 置守冢三十家, 後封長子四人爲侯. 民有作歌, 歌淮南王曰: “一尺布, 尙可縫. 一斗粟, 尙可舂. 兄弟二人, 不相容.” 上聞之曰: “昔堯舜放逐骨肉, 周公殺、管蔡, 天下稱聖, 不以私害公. 天下豈以爲我貪淮南地邪?” 迺追謚爲厲王, 置園如諸侯儀. 十六年, 上憐淮南王廢法不軌, 自使失國早夭, 立王三子王淮南故地.

—(회남왕 장은) 고제의 작은 아들이고, 효문제의 아우다. 곤(鯀)과 공공(共工)은 모두 요임금과 같은 성이다.—

신은 이렇게 생각합니다. 회남왕 유장의 죽음은 문제(文帝)의 뜻이 아니었습니다. 바야흐로 승상과 어사가 그 죄를 조목별로 아뢰어서 법대로 논의하기를 청하매, 다시 열후 및 이천석 이상의 관리와 의논하도록 내리자 또 법대로 논의하기를 청하였습니다. 이에 처음에는 보호하지 못하여 폐하고 왕으로 삼지 않고 또 촉(蜀) 땅으로 옮겼으니, 그 과오를 스스로 고쳐 생각하게 하려고 하였을 뿐입니다. 어찌 그를 죽이려는 뜻이 있었겠습니까?

그가 이미 죽음에 불쌍히 여겨 슬퍼하고 이읍고 봉한 것을 열지 않은 관리를 죽였고, 또 예(禮)로써 그를 장사 지내고 묘지기를 두고 그 여러 아들을 다 열후로 봉하였습니다. 그 후에 베와 곡식의 노래를 듣고 비록 스스로 천하에 부끄러움이 없다는 것을 알지만 오히려 시호를 내리고 원(園)을 제후의 의례(儀禮)와 같이 설치하였으니 황제가 이에 친한 이를 친하게 하는 도리를 다하였다고 말할 만합니다. 비록 그러하나 황제가 회남왕에 대해서는 과실이 없다고는 할 수 없습니다.

『역(易)』에 "송아지의 곡(牿, 쇠뿔에 가로댄 나무)은 크게 길하다."라고 하였으니,[53] 송아지가 뿔이 아직 길지 않을 때 그것을 바로잡으면 힘을 쓰기가 쉽다는 것을 말한 것입니다. 바야흐로 유장이 제멋대로 열후를 죽여서 진실로 이미 포악하고 오만하여 제어하기 어렵게 되었습니다. 황제가 이때에 마땅히 관리로 하여금 그 나라를 다스리게 하고 (유장은) 장안에 머무르게 하고는 명유(名儒)로서 경학에 통달하여 행실이 바른 자를 선발하여 아침저녁으로 모시고 선왕(先王)의 교훈이 되는 글로써 그를 이끌고 한 나라의 밝은 법으로 그를 위압하여, 다행이 고쳐짐이 있으면 다시 나라를 맡기고, 그렇지 않으면 혹은 작은 지방에 옮기거나 혹은 통후(通侯)로 강등하면 유장이 반드시 뉘우치고 보답하여 생각하는 데에 스스로 돌이키는 바가 있을 것입니다. 황제가 이미 사면하여 형벌을 가하지 않

53 『주역(周易)』「대축괘(大畜卦)」 육사(六四)의 효사(爻辭)이다. 송아지에게 곡(牿)을 장치하면 그 결과는 길(吉)하다는 내용으로, 이는 어떤 사건의 계기가 될 수 있는 문제점을 미연에 방지하면 좋은 결과가 온다는 것을 비유한 말로 쓰인다.

고 또 타이르고 꾸짖은 바가 있다고는 듣지 못하고, 곧 그를 귀국시켜서 이에 더욱 교만하고 방자하게 하였으니, 이는 유장을 악(惡)에 빠뜨린 것입니다. 그 후에 가생(賈生)의 간언을 따르지 않고서 그의 여러 아들들을 과하게 왕으로 삼으니 또한 잘못한 것입니다.

대개 유장은 죄가 없이 죽은 것은 아닙니다. 황제가 진실로 그를 불쌍히 여겼는데 그 아들을 열후로 삼아 또 제사를 받들게 하는 데에 충분합니다. 한의 열후는 그 조세를 낼 뿐 아니라 그 힘이 난을 일으킬 수는 없으나 곧 회남의 땅을 나누어 그 세 아들을 다 왕으로 삼았으니, 왕 노릇을 하면 땅이 넓고 백성이 많아 그 권세가 난을 일으킬 수 있습니다. 바로 가의가 이른바 '원수 된 자를 제멋대로 하게 두면 한 나라를 위태롭게 하는 바탕이 되기에 충분하다'라고 하였고, 마침내 뒤이은 회남과 형산(衡山)의 화(禍)[54]를 초래하였으니, 이것은 실수 중에서도 또 중대한 실수입니다. 순임금이 상(象)에게 인의(仁義)가 둘 다 지극하였던 것과 비교해 본다면 어떻습니까? 신은 그러므로 후세의 불행 가운데 친척의 변에 해당하는 경우는 오직 순임금을 모범으로 삼아야 한다고 생각합니다.—(효문제) 3년의 입조에 벽양후(辟陽侯) 심이기(審食其)를 살해하였다.—

54 회남왕 유장은 문제 때 역모에 연루되어 사사되었다. 그의 아들 중 유안(劉安)은 회남왕의 작위를 이었고, 유사(劉賜)는 형산왕이 되었는데, 무제 연간에 형제가 역모에 연루되어 모두 사사되었다.

당(唐) 태종(太宗) 정관(貞觀) 10년(636)에 모두 태종의 아우들인 여러 왕과 형왕(荊王) 이원경(李元景) 등이 번국으로 갔다. 임금이 그들과 이별하며 말하였다.[55]

"형제의 정은 어찌 항상 서로 함께 있고 싶어 하지 않겠는가? 다만 천하의 중요함으로 떨어질 수밖에 없다. 여러 아들들은 오히려 다시 있을 수 있으나 형제는 다시 얻을 수 없다."

인하여 눈물을 흘리며 목메어 우는데 그치지 못하였다.

唐太宗貞觀十年, 諸王、荊王元景等皆太宗弟也, 之藩. 上與之別曰: "兄弟之情, 豈不欲常相共處邪? 但以天下之重, 不得不爾. 諸子尙可復有, 兄弟不可復得." 因流涕嗚咽不能已.

신은 이렇게 생각합니다. 태종은 아마도 은소지사(隱巢之事)[56]에 느낀 점이 있어 이 말을 하였을 것입니다. 형제의 정(情)은 비록 불행하게 이해(利害)에 얽매이기도 해서 간혹 때때로 잊혀지기도 하나, 천리(天理)의 진리는 끝내 가릴 수 없는 것입니다. 때문에 만일 이러한 마음을 발현하게 할 수 있고 천리(天理)가 잠들지 않는

55 『자치통감(資治通鑑)』 권194 「당기(唐紀)」 10에 나온다.

56 고조(高祖) 재위 시에 이세민(李世民, 태종)의 공명(功名)이 날로 성하므로 세민의 동복형인 태자 이건성(李建成)이 동복아우인 이원길(李元吉)과 함께 꾀하여 이세민을 제거하려 하였다. 세민이 이를 알고 군사를 거느리고 현무문(玄武門)에 숨어 기다렸는데, 건성·원길이 들어오다가 변고가 있는 것을 깨닫고 돌아가려 하였으나, 세민이 따라가 이들을 쏘아 죽였다. 현무문의 사변 이후 하북 지역에 있던 이건성과 이권길의 잔여세력이 그들의 죽음을 애도하며 거점을 숨기고 이세민에게 반란을 획책한 일을 일컫는다. 『신당서(新唐書)』 권97 「위징전(魏徵傳)」에 나온다.

것을 알 수 있다면 일에는 반드시 충실해야 할 것이 있다는 것을 볼 수 있을 것입니다. 애석하게도 태종은 이것을 할 수 없는 것이었습니다.

맹자가 "사단(四端)이 있는 사람은 그것 모두를 넓히고 충실하게 할 줄을 안다."라고 하였습니다.[57] 태종이 여러 왕들과 이별할 때 매우 그리워하는 것은 이른바 '측은해하는 마음[惻隱之心]'이나 그것을 다른 방법으로 확충하는 방법을 알지 못하였으니, 이것이 한스러워할 만한 일입니다!

당(唐) 명황제(明皇帝)는 본래 우애가 있어 처음에 즉위하여 긴 베개와 큰 이불을 만들어 형제와 함께 잠을 잤다.[58] 정치를 행하는 여가에 여러 왕들을 따라 많이 노닐었다. 궁중에 있을 때에 무릎 꿇고 하는 절[拜跪]을 가인례(家人禮)[59]와 같이하였고, 음식을 먹고 자는 일상을 서로 함께하였다. 대궐에 다섯 개의 장막을 설치하여 여러 왕들과 번갈아 그곳에 머물면서 '오왕장(五王帳)'이라 하였다. 송왕(宋王) 이성기(李成器)는 더욱 정중하여 의논이 시정(時政)에 미쳤던 적이 없었고, 사람들과 더불어 서로 사귀어 황제

57 『맹자』「공손추 상(公孫丑上)」에 나온다.

58 『자치통감』 권211 「당기(唐紀)」 27에 나온다.

59 존속을 존중하여 임금이라도 부형의 아래에 가게 하는 예다. 공조례(公朝禮)는 임금을 존중하여 비록 제부(諸父)라도 신하로서 행하는 예다. 이때 친부(親父)는 신하로 삼지 못한다.

가 더욱 믿어 그를 중하게 여겼다. 그러므로 참소하여 이간질하는 말이 들어올 데가 없었다.

唐明皇帝素友愛, 初卽位, 爲長枕大被, 與兄弟同寢. 聽朝之暇, 多從諸王游. 在禁中, 拜跪如家人禮, 飮食起居相與同之. 於殿中說五幄, 與諸王更處其中, 謂之"五王帳". 宋王成器尤恭謹, 未嘗議及時政, 與人交結, 帝愈信重之. 故讒間之言無自而入.

—송왕(宋王) 이성기(李成器)는 본래 명황(明皇)의 형으로 먼저 이미 태자로 세워졌고, 명황은 임치왕(臨淄王)이 되었다. 내란을 평정하고 성기가 마침내 힘써 세자 자리[儲位]를 사양하니 예종(睿宗)이 그것을 허락하여 임치왕을 태자로 세웠다.—

신은 이렇게 생각합니다. 범조우(范祖禹)가 말하기를 "문왕이 왕계(王季)에게 효도하였기 때문에 형제간에 우애가 있었다. 태사(太姒)[60]와 화목하였기 때문에 자손 대대로 사랑하여 그 가정과 나라에 미침으로써 금수와 초목에 이르기까지 혜택을 입지 못한 곳이 없으니, 이 마음을 미루었을 뿐이다. 선왕(先王)이 효도하면서 우애롭지 않고, 우애로우면서 자애롭지 않은 것은 없다. 심지어 후세의 제왕으로 혹은 여기에는 능한데, 저기에는 능하지 못한 것은 무엇 때문인가. 그 재주가 성현이 되는 것에 부족한 것이 아니라 자기의 마음을 들어 다른 데에 더하지 못한 것일 뿐이니, 명황(明皇)이 번왕(藩王)으로서 공(功)이 있어, 이성기(李成器)가 적장자이지만 (세자) 자리를 사양하여 그것을 줄 수 있었으니, 그러므로 명황의 마음이 형제에게 돈독하였다.

---

60 문왕의 아내이고, 태임(太任)은 문왕의 어머니이다.

대개 성기(成器)의 행동은 그 우애하는 마음을 기르는 것이 있었으니, 이 때문에 그 천성(天性)을 온전히 하여서 참소하고 이간질하는 말이 들어올 수가 없었다. 아! 진실로 이 마음을 채우면 인(仁)을 이루 다 쓸 수도 없을 것이다. 심지어 부모가 되어서는 참소로써 그 아들을 죽이고, 남편이 되어서는 편애로써 그 처를 내쫓고, 임금이 되어서는 죄가 아닌 것으로써 그 신하를 죽였으니, 이는 모두 그 마음[類]을 충족시킬 수 없었기 때문이다. 진실로 그 마음[類]을 충족시킬 수 없으면 선을 행함이 어찌 이익을 탐하는 마음에서 나오지 않겠는가!"라고 하였습니다.—개원(開元) 말년에 명황(明皇)이 무 혜비(武惠妃, 양 귀비)의 참소로써 폐태자 영(瑛)·악왕(鄂王) 요(瑤)·광왕(光王) 거(琚)를 모두 서인(庶人)으로 만들고, 이윽고 사사(賜死)하였다. 명황(明皇)이 무 혜비를 사랑하여 왕 황후(王皇后)를 폐하였다. 명황(明皇)이 어사(御史) 주자량(周子諒)을 죽였다.—

이상 '천리와 인륜에 대한 바른 태도[天理人倫之正]' 중 '장유의 순서[長幼之序]'를 논하였습니다.

대학연의 권9

권9 역시 권8에 이어 '도술을 밝힘[明道術]'에서 천리와 인륜에 대한 바른 태도를 논하는 내용 가운데 부부의 분별과 임금이 신하를 다루는 예에 대해 논하였다. 부부의 분별에서는 『예기』를 인용하여 임금의 혼인이 지극히 중요함을 지적하였고, 아내의 도는 신하의 도와 마찬가지로 음이므로 양을 도와야 한다고 하였다. 거꾸로 부인에게 제재를 받은 수나라 문제(文帝)의 경우는 자신이 바르지 않기 때문에 그리 되었다고 하면서 아내는 남편을 따라야 하는 중요성을 지적하였다.

이어서 임금과 신하의 도는 매우 어려운 관계임을 지적하고 우선 임금은 신하에 비해 강건함을 목표로 힘써야 한다고 하였다. 그렇지 않으면 역사적으로 춘추시대처럼 거꾸로 제후가 천자의 권한을 가질 수밖에 없음을 지적하면서도 임금과 신하 사이에 사귐이 필요하다고 하였다. 임금과 신하가 교제함에 임금은 신하를 공경으로 대하고 신하는 임금을 성심으로 섬기는 것을 제시하였다.

다만 임금이 신하를 다루는 예에서 임금은 신하를 예로써 후하게 베풀어야 하니, 노인에게는 노인에게 맞는 예를, 공후(公侯)를 대우할 때는 그에 맞게 대접한 사례를 역사적으로 들었다.

그러나 진(秦)나라 이후에 임금을 높이고 신하를 낮추는 예가 매우 심해져서 상하의 정이 어그러져 망하는 지경에 이르렀음을 지적하였다. 신하를 예로써 부리는 것은 곧 나라를 흥하게 하거나 망하게 하는 가장 중요한 요소이므로 임금은 신하를 예로써 부리지 않을 수 없다고 하였다.

천리와 인륜에 대한 바른 태도 3[天理人倫之正三]
—부부의 분별[夫婦之別]—

『예기(禮記)』에서, 공자가 애공(哀公)[1]을 모실 적에 애공이 말하였다.[2]

"감히 묻겠습니다. 사람의 도[人道]는 무엇을 크게 여깁니까?"

(공자가) 대답하였다.

"옛날에 정사를 행하는[爲政] 방법에서는 사람을 사랑함[愛人]을 크게 여기고, 사람을 사랑하는 방법에서는 예(禮)를 크게 여기고, 예를 다스리는 방법에서는 경(敬)을 크게 여깁니다. 경(敬)이 지극한 것으로는 대혼(大昏, 제왕의 혼례)을 크게 여깁니다. 대혼(大昏)은 이미 지극하기 때문에 면복을 입고 친히 맞이함은 상대를 친히 하는 것이니, 친히 한다는 것은 가깝게 지낸다는 것입니다. 이 때문에 군자는 경(敬)을 일으켜 친히 하니, 경(敬)을 버린다면 이는 친한 이를 버리는 것입니다. 사랑하지 않으면 친하지 않고 경(敬)하지 않으면 바르지 않으니, 사랑[愛]과 경(敬)은

---

1 ?~BC 468. 중국 춘추시대 노나라 왕(재위 BC 494~BC 468)이며 정공(定公)의 아들이다. 노나라는 약한 나라로, 국내적으로는 삼환(三桓)이라고 하는 공족3가(公族三家)의 세력이 강하였고, 대외적으로는 오(吳)·제(齊)나라의 공격으로 국력을 펴지 못하였다. 공자가 위(衛)나라에서 노나라로 돌아와서 그에게 좋은 방책을 권하였으나 듣지 않았다. 월(越)나라의 도움으로 삼환씨를 제거하려다 오히려 왕위에서 쫓겨나 유산지(有山氏)에서 죽었다.

2 『예기(禮記)』「애공문(哀公問)」에 나온다. 같은 내용이 『대대예기(大戴禮記)』「애공문어문자(哀公問於孔子)」에도 나타난다.

그 정사의 근본일 것입니다!"

애공이 물었다.

"면복을 입고 친히 맞이하는 것은 (예를) 너무 중하게 여기는 것이 아닙니까?"

공자가 근심스러운 얼굴로 대답하였다.

"두 가지 성(姓)의 좋음을 합하여 선대 성군(聖君)의 뒤를 이어서 천지(天地)·종묘(宗廟)·사직(社稷)의 주인으로 삼으니, 임금께서는 어찌 너무 중하다고 말씀하십니까? 천지가 합하지 않으면 만물이 생겨나지 않으니, 대혼은 만세토록 이어지는 것입니다. 임금은 어찌 너무 중하다고 말씀하십니까?"

『禮記』: 孔子侍坐於哀公. 哀公曰: "敢問人道誰爲大?" 對曰: "古之爲政, 愛人爲大. 所以治愛人. 禮爲大, 所以治禮. 敬爲大, 敬之至矣. 大昏爲大, 大昏既至, 冕而親迎, 親之也. 親之也者, 親之也. 是故君子興敬爲親, 捨敬是遺親也. 弗愛不親, 弗敬不正. 愛與敬, 其政之本與." 公曰: "冕而親迎, 不已重乎?" 孔子愀然作色而對曰: "合二姓之好, 以繼先聖之後, 以爲天地宗廟社稷之主, 君何謂已重乎? 天地不合, 萬物不生. 大昏, 萬世之嗣也, 君何謂已重乎?"

—대혼(大昏)은 임금의 혼례(昏禮)다.—

하늘과 땅이 합한 이후에 만물이 일어난다.[3] 혼례(昏禮)는 만세(萬世)의 시작이니, 이성(異姓)으로부터 취함은 혼인이 분별을 분명

3 『예기(禮記)』「교특생(郊特生)」에 나온다. 저본에서는 앞부분과 연결되어 있지만 출전의 편명이 달라서 편의상 구분하였다.

하게 하는 것이다.

天地合而后萬物興焉. 夫昏禮, 萬世之始也. 取於異姓, 所以附遠厚別也.

『역(易)』에 말하였다.[4]

"그 근본을 바르게 함에 만물이 다스려지고, 조금이라도 잃어버림에 어긋남이 천 리를 간다."

그러므로 군자는 처음을 삼간다. 『춘추(春秋)』의 「원(元)」과 『시경』의 「관저(關雎)」와 『예』의 「관혼(冠昏)」과 『역』의 「건곤(乾坤)」은 모두 처음을 삼가고 끝마침을 조심하라고 할 뿐이다.

『易』曰: "正其本, 萬物理. 失之毫釐, 繆以千里. 故君子愼始也." 『春秋』之「元」, 『詩』之「關雎」, 『禮』之「冠昏」, 『易』之「乾坤」, 皆愼始敬終云爾.

—(원(元)은) 원년이라고 쓴 것을 말한다. 원(元)이라는 것은 처음[始]이다.—

신은 이렇게 생각합니다. 『예전(禮傳, 예기)』의 각 조항이 모두 혼인(昏姻)의 예를 말하니, 무릇 사람이 모두 마땅히 알아야 하는 것입니다. 하물며 임금이 지존의 지위에 있으면서 그 배우자를 택하는 것은, 장차 선대 성군(聖君)의 뒤를 이어서 천지·종묘·사직의 주인이 되는 것이니, 공자의 말을 음미하여서 거듭 삼가는 뜻을 다하지 않을 수 있겠습니까?

---

4 『대대예기(大戴禮記)』 「보부(保傅)」에 나온다.

『역(易)』「곤괘(坤卦)」 문언(文言)에서 말하였다.[5]

"음(陰)은 비록 아름다움이 있으나, 이를 머금어 왕사(王事)에 종사하여 감히 이루지 말아야 한다.[6] 이것이 땅의 도(道)이며 아내의 도(道)이며 신하의 도(道)이니, 땅의 도(道)는 이룸[成]이 없고 대신하여 끝마침[終]이 있는 것이다."

『易』「坤」文言曰: "陰, 雖有美; 含之以從王事; 弗敢成也. 地道也; 妻道也; 臣道也, 地道無成, 而代有終也."

신은 이렇게 생각합니다. 양(陽)은 하늘의 도(道)이며, 남편의 도이며, 임금의 도입니다. 음은 땅의 도이며, 아내의 도이며, 신하의 도입니다. 그러므로 하늘의 도에서는 건(乾)이 시작하게 하고 곤(坤)이 낳게 하니, 양(陽)은 한 해의 공(功)을 주로 하고 음(陰)은 양을 도와서 한 해를 이룹니다.

사람의 도에서는 남편이 한 가정의 일을 주관하고 아내는 그것을 돕습니다. 천자는 천하의 일을 주관하며 제후는 한 나라의 일을 주관하고 후(后)와 부인들이 그것을 돕습니다. 임금과 신하의 관계 또한 그러하니, 아내와 신하가 비록 잘하고 아름다운 것이 있으나 머금고 그것을 가려서 그 일에 종사하고도 감히 그 공을 주장하지 않으니, 또한 땅의 도가 하늘을 대신하여 만물을 끝마치고 공을 이

---

5 『역(易)』「곤괘(坤卦)」에 나온다.

6 『주역』「곤괘(坤卦)·문언전(文言傳)」에 나오는 말로 곤괘(坤卦) 상전(象傳)의 의미를 거듭 밝힌 부분이다. 『주역주소(周易註疏)』에서는 건괘와 곤괘의 덕이 크기 때문에 문식(文飾)의 의미를 부여해 「문언전」을 지었다고 설명하고 있다.

루고는 하늘에게 돌리는 것과 같습니다.

이 뜻을 자세히 완미한다면 부인된 자가 집안의 권세를 제멋대로 할 수 있겠으며, 신하 된 자가 나라의 권세를 제멋대로 할 수 있겠습니까? 『서경(書經)』에 일컫기를 '암탉이 새벽에 울면 집안이 쓸쓸해진다[牝鷄之晨惟家之索].'[7]라고 하고, 또 일컫기를 '신하이면서 복과 위엄을 일으키고 맛있는 음식을 먹는다면 가정에 해가 되며 나라가 흉해진다'[8]라고 하니, 그 뜻이 하나입니다. 아! 경계하지 않을 수 있겠습니까?

(『역』) 「소축(小畜)」 구삼(九三)에서 말하였다.[9]

"수레의 바퀴통이 빠지며, 부부가 반목하도다."

상전(象傳)에서 말하였다.

"'부부간에 반목함'은 집안을 바로잡지 못하기 때문이다."

「小畜」九三: "輿說輻, 夫妻反目." 象曰: "夫妻反目, 不能正室也."

—(소축(小畜)은) 괘 이름이다. 축은 그침[止]이다.—

신은 이렇게 생각합니다. 정이(程頤)가 말하기를 "삼(三)은 양효(陽爻)로서 자리가 알맞음을 얻지 못하였고 사(四)와 매우 가까이

7 『서경(書經)』「주서(周書)·목서(牧誓)」에 나온다.

8 『서경(書經)』「주서(周書)·홍범(洪範)」에 나온다.

9 『주역(周易)』「소축괘(小畜卦)」에 나온다.

있다. 음양(陰陽)의 정(情)이 서로 구하고 또 가까이 있으면서 알맞지[中] 않으니, 음(陰)에게 저지당하는 것이다. 그러므로 전전하지 못하니, 수레가 바퀴살이 빠져서 갈 수 없는 것과 같다. 음은 양(陽)에게 제재 당하는 것인데 지금 도리어 양을 제재하니, 부부간에 반목하는 것과 같다. 반목은 눈을 부릅뜨고 서로 보는 것이니, 부인이 남편에게 순종하지 않고 도리어 제재한다. 남편이 남편으로서의 도를 잃지 않고서 아내가 남편을 제재하는 경우는 있지 않다. 삼이 스스로 처하기를 도리대로 하지 못하므로 사가 제재하여 나오지 못하게 하니 남편이 집안을 바로잡지 못하기 때문에 반목하는 것과 같다."라고 하였습니다.

신이 예로부터 유약하고 우매한 임금을 살펴보건대, 당(唐) 고종(高宗)[10]이 무씨(武氏)[11]에게 제재를 받은 것은 괴이하지 않는데, 수(隋) 문제(文帝)[12]가 창업의 군주이면서 또한 독고씨(獨孤氏)[13]에

---

10 이름은 이치(李治)이며, 당나라의 황제(재위 649~683)이다. 자는 위선(爲善)이고, 태종의 아홉 번째 아들이다. 즉위한 뒤 태종의 옛 제도를 많이 계승하였다. 서돌궐(西突厥)을 평정하였고, 고구려를 공격하였다. 나중에 왕 황후(王皇后)를 폐하고 무측천(武則天)을 황후에 임명하였다. 34년 동안 재위하였고, 시호는 천황대제(天皇大帝)다.

11 624~705. 당나라 제3대 황제 고종(高宗)의 황후다. 이름은 조(曌)이고, 병주(并州) 문수(文水) 사람이다. 14살 때 태종(太宗)의 후궁이 되었고, 황제가 죽자 비구니가 되었지만 고종이 다시 불러 총애를 받았다. 그 후 황후 왕씨(王氏)를 모함하여 쫓아내고 영휘(永徽) 6년(655) 황후가 되었다. 홍도(弘道) 원년(683) 고종이 죽자 자신의 아들 중종(中宗)과 예종(睿宗)을 차례로 즉위시키고, 이경업(李敬業)과 당나라의 황족 등을 무력으로 탄압하였다. 천수(天授) 원년(690) 스스로 성신황제(聖神皇帝)라 칭하며 나라 이름도 주(周)로 고치고 16년 동안 재위하였다. 신룡(神龍) 원년(705) 장간지(張柬之) 등의 건의로 중종에게 황위를 선양(禪讓)하였고, 그해 죽었다. 시호는 측천황후(則天皇后)다.

12 541~604. 수나라의 초대 황제(재위 581~604)로 이름은 양견(楊堅)이고, 묘호는 고조(高祖)다. 후한의 학자 양진(楊震)의 자손으로, 수국공(隋國公) 양충(楊忠)의 아들이다. 북주(北周) 정제(靜帝)의 선양을 받아 수나라를 세우고 장안(長安)을 수도로 정하여

게 제재를 받은 것은 어째서이겠습니까? 스스로 처한 곳이 바르지 않기 때문일 뿐입니다. 스스로 바르지 않은 곳에 처하면 그 후에 아내에게 제재당하니, 정이(程頤)의 말이 영원토록 귀감이 될 만합니다.

(『역』)「귀매(歸妹)」에서 단(彖)이 말하였다.[14]

"시집가는 것은 천지의 대의(大義)이다. 하늘과 땅이 사귀지 않으면 만물이 일어나지 못하니, 귀매는 사람의 끝과 처음이다. 움직여 기뻐함으로써 시집가는 것이 소녀이니, 가서 흉함은 자리가 마땅하지 않기 때문이요 이로운 바가 없음은 유(柔)가 강(剛)을 업신여기기 때문이다."

「歸妹」彖曰: "歸妹, 天地之大義也. 天地不交, 而萬物不興. 歸妹, 人之終始也. 說以動; 所歸妹也. 征凶, 位不當也. 無攸利, 柔乘剛也."

—(귀매(歸妹)는) 괘 이름이다. 매(妹)는 소녀(少女)를 일컬음이다. 귀(歸)는 시집감[嫁]

대흥성(大興城)이라 하였다. 개황(開皇) 7년(587) 후량(後梁)을 멸망시키고, 2년 뒤 진(陳)나라를 멸망시켜 서진(西晉) 말년 이후 3백여 년에 걸친 분열을 마감하고 천하통일을 이루었다.

13 543~602. 문헌황후 독고씨(文獻皇后 獨孤氏)이며, 수나라 최초의 황후다. 원래 이름은 독고가라(獨孤伽羅)이다. 양견은 독고씨의 질투심 때문에 후궁을 셋 이상 두지 못하였고, 첩을 총애하는 대신들에게 벌을 내리거나 파직시킬 것을 권하기도 하였다. 또한 아들들이 첩을 두는 것도 싫어하였다. 양용은 독고씨의 말을 듣지 않았으나 차남 양광은 어머니의 비위를 잘 맞추었고 잘 처신하여 마침내 양견에게 건의하여 태자를 폐출시키고 양광을 태자로 세웠다. 영안궁에서 한질로 사망하였다.

14 『주역(周易)』「귀매괘(歸妹卦)」에 나온다.

이다. 이 괘는 진상태하(震上兌下)이다. 진(震)은 큰 남자이고 태(兌)는 작은 여자다. 그러므로 귀매(歸妹)는 시집가는 것을 말한다.—

신은 이렇게 생각합니다. 귀매(歸妹)의 괘 모양은 큰 남자가 위에 있고 작은 여자가 아래에 있으니, 그 바름을 얻은 것과 같습니다. 그러나 진(震)은 움직임[動]이요 태(兌)는 기뻐함[說]이기 때문에, 그러므로 정이가 말하기를 "기뻐함[說]으로써 움직이면 바름을 잃지 않음이 없다."라고 하였습니다.

또 말하기를 "남녀에게는 높고 낮음의 차례가 있으며, 부부에게는 부르고 따르는 예(禮)가 있으니,[15] 이것이 떳떳한 이치다. 만일 떳떳하고 바른 이치를 따르지 않고, 감정을 따르고 욕심을 제멋대로 하여서 오직 기쁨만을 따라 움직인다면 부부는 더럽고 어지러워져서 남편은 욕심에 이끌려 그 강함을 잃어버리고 아내는 기쁨에 익숙하여 그 순종함을 잃어버린다. 「귀매」에서 '승강(乘剛)'과 같은 것이 이것이니 흉하여 가서 이로운 바가 없다.

대저 음양(陰陽)의 배합(配合)과 남녀(男女)의 교우(交遇)는 이치의 떳떳함이지만 욕심을 따르고 방자한 대로 흘러서 의리에서 말미암지 않는다면 방자함과 간사함이 이르지 못하는 바가 없어서 몸을 해치고 덕을 무너뜨리니 어찌 사람의 이치이겠는가? 귀매(歸妹)가 흉한 이유다."라고 하였습니다.

신이 생각하기로, 탄다[乘]는 것은 업신여기고 뛰어넘음을 말

15 이는 부창부수(夫唱婦隨)이니, 남편이 주장하고 아내가 잘 따르는 것이 부부의 도리라는 말이다.

하니, 부드러움[柔]이 굳셈[剛]을 뛰어넘고 아내가 남편을 업신여기는 것, 이것이 이치를 거스르고 떳떳함을 어지럽히는 일이라고 생각합니다. 그러므로 성인이 깊이 경계하라고 말씀하셨습니다.

『예기(禮記)』「교특생(郊特牲)」에서 말하였다.[16]

"부인은 남편을 따르니, 어릴 적에는 부형(父兄)을 따르고, 시집을 가면 남편을 따르고 남편이 죽으면 아들을 따른다. 남편[夫]이라는 것은 장부[夫]이니, 장부는 지혜로써 남을 거느리는 자다."

記郊特牲: "婦人, 從人者也. 幼從父兄, 嫁從夫, 夫死從子. 夫也者, 夫也. 夫也者, 以知帥人者也."

—(부(夫)는) 장부(丈夫)와 같다. 지(知)는 지혜[智]와 같다.—

『공자가어(孔子家語)』에서 말하였다.[17]

"여자라는 존재는 남자의 가르침을 따라서 그 이치를 키우는 자이니, 이 때문에 마음대로 제어하는 의리는 없고 삼종지도(三從之道)[18]만이 있다."

---

16 『예기(禮記)』「교특생(郊特牲)」에 나온다.

17 『공자가어(孔子家語)』 권6 「오제(五帝)」에 나온다.

18 『예기』에, "여자는 세 가지 따르는 길이 있으니, 집에서는 아비를 따르고, 남에게 시집

『家語』曰: "女子者, 順男子之教而長其理者也. 是故無專制之義, 而有三從之道."

—공자의 글이다.—

신은 이렇게 생각합니다. 아내는 곤도(坤道, 땅의 도리)이므로 유순함을 귀하게 여기고 마음대로 제어하는 의리는 없습니다. 남편은 건도(乾道, 하늘의 도리)이므로 강건함을 귀하게 여기고 남을 거느리는 지혜가 있습니다. 남을 거느리는 것은 그 굳세고 명철하며 과감히 결단하여 남을 거느리고 다스리는 것을 말함이니, 사대부(士大夫)는 한 집안을 거느려 다스리고, 제후는 한 나라를 거느려 다스리고, 천자는 천하를 거느려 다스리는 것이 두 가지의 도(道)가 있는 것이 아닙니다. 따라서 아내가 되어 굳세고 강하면 아내라 할 수 없고, 남편이 되어 유약하면 더 이상 남편이라 할 수 없습니다. 남편은 마땅히 장부의 도리를 다하는 사람을 말합니다.

맹자가 "남편을 어기지 말 것이니, 순종을 바른 길로 삼는다는 것이 아내와 첩의 도다. 천하의 넓은 집[仁]에 거하며 천하의 바른 자리[禮]에 서며 천하의 큰 도[義]를 행하는 것을 부귀(富貴)와 빈천(貧賤), 위무(威武)로 옮기거나 빼앗을 수 없는 사람이 된 후에 그를 일러 대장부라 한다."라고 하시니,[19] 여기에서 남편과 아내의 구분을 알 수 있습니다.

가서는 남편을 따르고, 남편이 죽으면 아들을 따른다.[女子有三從之道, 在家從父, 適人從夫, 夫死從子.]"라고 되어 있다.

19 『맹자』「등문공 하(滕文公下)」에 나온다.

이상 '천리와 인륜에 대한 바른 태도 3[天理人倫之正三]' 중 '부부의 분별[夫婦之別]'을 논하였습니다.

임금과 신하의 명분[君臣之名]

「대우모(大禹謨)」에서 말하였다.[20]

"임금이 그 임금 노릇을 정말 어렵게 여기고 신하가 그 신하 노릇을 정말 어렵게 여겨야, 정사를 잘 다스릴 것이고 백성들이 덕행에 민첩할 것이다."

「大禹謨」曰: "后克艱厥后, 臣克艱厥臣, 政乃乂, 黎民敏德."

—후(后)는 임금[君]이다. 간(艱)은 어려움[難]이다.—

정공(定公)[21]이 물었다.[22]

"한 마디 말로 나라를 흥하게 할 수 있다는데, 그런 말이 정말 있는가?"

공자가 대답하였다.

20 『서경(書經)』「우서(虞書)·대우모(大禹謨)」에 나온다. 부귀하여도 그 마음이 방탕하지 않고 빈천하여도 그 본분을 바꾸지 않으며 위세와 힘으로도 그 뜻을 굽히지 않는 자를 대장부라 한다.

21 주(周)나라 제후국인 노(魯)나라의 임금이다. 양공(襄公)의 아들이다.

22 『논어(論語)』「자로(子路)」에 나온다.

"말이란 그렇게 한 마디로 그 기대하는 바가 이루어진다고 수 없습니다. 사람들이 '임금 노릇 하기도 어렵고 신하 노릇 하기도 쉽지 않다.'라고 말합니다. 만일 임금 노릇 하기가 어렵다는 것을 안다면 그것이 바로 한 마디 말로 나라를 흥하게 하는 데에 가깝지 않겠습니까?"

정공(定公)이 말하였다.

"한 마디 말로 나라를 망하게 할 수 있다는데, 그런 말이 정말 있는가?"

공자가 대답하였다.

"말이란 그렇게 한 마디로 그 기대하는 바가 이루어진다고 할 수 없습니다. 사람들이 '나는 임금이 된다고 해서 즐거울 것이 없으나 오직 말을 하면 아무도 나를 거역하지 못한다'고 말합니다. 만일 임금의 말이 선하여 거역하는 사람이 없다면 역시 좋지 않겠습니까? 만일 임금의 말이 선하지 않는데도 거역하는 사람이 없다면 그것이 바로 한 마디 말로 나라를 망하게 하는 데에 가깝지 않겠습니까?"

定公問: "一言而可以興邦, 有諸?" 孔子對曰: "言不可以若是, 其幾也. 人之言曰: '爲君難, 爲臣不易.' 如知爲君之難也, 不幾乎一言而興邦乎?" 曰: "一言而喪邦, 有諸?" 孔子對曰: "言不可以若是, 其幾也. 人之言曰: '予無樂乎爲君, 唯其言而莫予違也.' 如其善而莫之違也, 不亦善乎? 如不善而莫之違也, 不幾乎一言而喪邦乎?"

—기(幾)는 기약[期]이다. 위(違)는 거스름[逆]이다.—

신은 이렇게 생각합니다. 대우(大禹)가 임금과 신하의 도(道)를 말하면서 '극히 어렵다[克艱]'는 하나의 말로 요약하시니, 지극하다고 말할 만합니다. 대개 어렵다고 여긴다면 공경하고 두려워하는 마음을 보존하고, 쉽다고 여긴다면 교만하고 방자한 뜻이 열리니, 여기가 치세와 난세, 안정과 위태로움이 구분되는 지점입니다.

공자가 정공(定公)에게 아뢴 말은 대우(大禹)와 같이 한결같은 법칙에서 나온 것 같으니, 만세토록 군신을 훈계하는 약석(藥石)[23]입니다. '그렇게 한 마디로 이와 같이 그 기대하는 바가 이루어진다고 할 수 없다'는 것은 이와 같이 반드시 그 기대하는 효과가 나타난다고 할 수 없다는 것을 말합니다. 그러나 임금 노릇 하기가 어렵다는 것을 안다면 나라가 반드시 흥하고, 오직 나의 말을 감히 거역할 수 없다면 나라가 반드시 망합니다. 이렇게 또한 반드시 나타나기 때문에 그래서 기대할 수 있다는 것입니다.

자사(子思)[24]가 위후(衛侯)[25]에게 아뢰기를, "임금의 국사는 날로 잘못될 것입니다. 임금이 스스로 옳다고 말하여도 경(卿)·대부(大夫)가 감히 그 잘못을 바로잡아 주지 못하고, 경(卿)·대부(大夫)가 스스로 옳다고 말하여도 선비와 서인(庶人)들이 감히 그 잘못을

23 정성으로 훈계하는 말을 말한다.

24 BC 483~BC 402. 전국시대 노(魯)나라 추읍(陬邑) 사람이다. 이름은 급(伋)이고, 자사는 자(字)다. 공자(孔子)의 손자이고, 『중용(中庸)』의 저자다. 주로 고향인 노나라에 살면서 증자(曾子)의 학문을 배워 유학의 전승에 힘썼다. 성(誠)과 중용(中庸)을 학문의 요체로 삼았고, 나중에 술성(述聖)으로 추존되었다. 맹자(孟子)는 그의 재전제자(再傳弟子)이며, 공자에서 증자, 자사, 맹자로 이어지는 이 학통은 송학(宋學)에서 특히 존중되었다.

25 춘추시대 위(衛)나라의 문공(文公)이다.

바로잡아 주지 못합니다."라고 하니,[26] 이것은 소위 '오직 말을 하면 아무도 나를 거역하지 못한다.'라는 것입니다. 진실로 이와 같다면 망하지 않는 경우는 없으니, 아! 경계하지 않을 수 있겠습니까?

「익직(益稷)」에서 말하였다.[27]

"순임금이 노래를 지어서 말하기를

'하늘의 명을 받들어 때마다 삼가고

기미마다 삼가야 한다.'

라고 하고, 이에 노래하기를

'믿을 만한 신하[股肱][28]가 기뻐하면

임금[元首]이 일어나고, 백공(百工)도 기뻐할 것이다.'

라고 하였다. 고요(皐陶)[29]가 배수계수(拜手稽首)[30]하며 큰 소리로 말하기를

'굽어 살피시옵소서.

신하를 거느리고 일을 흥하게 하시고

---

26 『자치통감』 권1 「주기(周紀)」 1에 나온다.

27 『서경(書經)』 「우서(虞書)·익직(益稷)」에 나온다.

28 다리와 팔, 곧 임금이 믿고 의지할 수 있는 신하라는 뜻이다.

29 순(舜)임금의 신하다. 법리(法理)에 통달하여 법을 세워 형벌을 제정하고, 옥(獄)을 만들었다.

30 배수(拜手)는 절을 할 때 무릎 꿇고 땅바닥에 두 손을 짚고 엎드린 상태이고 계수(稽首)는 머리가 땅 바닥의 두 손 손등에 닿아 한참 동안 머물러 있는 것을 의미하여, 배수계수는 신하가 임금에게 하는 가장 정중한 절이다.

신중하게 법령을 준수하여 공경하소서!

임금께서 이루신 일을 자주 살피시어 공경하소서!'

라고 하였다. 그리고 이어서 노래하기를

'임금[元首]이 밝으시면

믿을 만한 신하[股肱]가 현명해져서,

모든 일이 편안해질 것입니다.'

라고 하였다. 또 노래하기를

'임금[元首]이 좀스럽고 자질구레하면

믿을 만한 신하[股肱]가 태만해져서

만사가 무너질 것입니다.'

라고 하였다."

「益稷」: "帝庸作歌, 曰: 勅天之命, 惟時惟幾. 乃歌曰: 股肱喜哉, 元首起哉, 百工熙哉! 皐陶拜手稽首, 颺言, 曰: 念哉! 率作興事, 愼乃憲, 欽哉! 屢省乃成, 欽哉! 乃賡載歌, 曰: 元首明哉, 股肱良哉, 庶事康哉. 又歌曰: 元首叢脞哉, 股肱惰哉, 萬事墮哉!"

—(「익직(益稷)」은) 「우서(虞書)」의 편명이다. 칙(勅)은 경계함[戒]이다. 기(幾)는 기미[微]이다. 고굉(股肱)은 신하를 말하고, 원수(元首)는 임금을 말한다. 희(熙)는 넓힘[廣]이다. 배수(拜手)는 머리를 손에 대는 것이고, 계수(稽手)는 머리를 땅에 대는 것이니, 임금에게 경(敬)을 다하는 것을 말한다. 크고 높은 소리로 말하는 것을 양(颺)이라고 한다. 솔(率)은 모두 거느림[總率]이다. 헌(憲)은 법도(法度)이다. 흠(欽)은 공경함[敬]이다. 갱(賡)은 이음[續]이다. 재(載)는 이룸[成]이다. 총좌(叢脞)는 좀스럽고 자질구레함[煩碎]이다. 타(墮)는 무너짐[壞]이다.—

신은 이렇게 생각합니다. 이 장은 (순임금이) 기(夔)[31]에게 전악(典樂)을 명하신 후에 이어 쓰신 것이니, 대개 마땅히 이때에 다스림이 안정되고 사업이 완성되었으며 예(禮)와 악(樂)이 완벽하게 갖추어졌습니다. 그래서 하늘과 땅 사이에 따스한 기운이 널리 퍼지니, 봉황과 짐승이 춤을 추며 부르지 않아도 저절로 찾아왔습니다.

(그래도) 순임금이 "천명(天命)은 늘 일정하지 않으니, 경계할 일이지 자랑할 일은 아니다."라고 말하였으니, 순임금의 이러한 진정(眞情)이 나타난 곳은 노래하는 가사입니다. '때마다 삼가다[惟時]'는 것은 때마다 경계하지 않음이 없음을 말합니다. '기미마다 삼가다[惟幾]'는 것은 기미마다 경계하지 않음이 없음을 말합니다. 하늘의 도는 믿기 어려워서 잘 다스려짐과 어지러움[理亂], 안정과 위태로움[安危]이 서로 원인이 되어 일어나고 가라앉고 하니, 잠깐이라도 경외(敬畏)하는 마음을 가지지 못한다면 게으르고 해이한 것이 저절로 일어나고, 아주 작은 기미를 살피지 못한다면 재앙과 난리가 저절로 생길 것입니다.

순임금이 장차 노래를 지으면서 먼저 노래의 뜻을 말하였습니다. 순임금의 뜻은 신하들에게 책임감을 가지고 일을 성사시키려는 것입니다. 그러므로 '믿을 만한 신하[股肱]가 기뻐한 연후에 임금[元首]이 일어나고, 백관의 일이 빛난다.'라고 하였으니, 기뻐함[喜]은 유익한 일을 하는 것에서 즐거워함을 말하고, 일어남[起]은 흥하게 만드는 것이 있음을 말합니다.

고요(皐陶)의 뜻은, 임금을 중요하게 여겨, 일은 비록 백관이

---

31 전설에 나오는 원고(遠古) 때 사람이다. 요(堯)임금 때 기용되어 악정(樂正)을 맡았고, 순(舜)임금 때는 전악(典樂)이 되었다. 돌을 치거나 두드려서 상제(上帝) 옥경(玉磬)의 소리를 흉내 내자 온갖 짐승들이 나와 춤을 추었다. 오성(五聲)을 바르게 하고 육률(六律)을 조화롭게 만들었으며, 팔음(八音)을 고르게 하였다.

하더라도 모두를 거느리고 만들어 흥하게 하는 사람은 임금이라는 것입니다. 법도가 이미 정해진 것을 삼가 지키지 않을 수 없으며, 공적이 이미 이루어진 것을 자주 살피지 않을 수 없으니, 지키는 데에 삼가지 않으면 정해진 것이 무너지고 살피는 데에 자주하지 않으면 이루어진 것이 이지러져서, '공경하고 공경하여 소홀히 하지 말지어다.'라고 하니, 이 역시 먼저 노래를 통해서 말하고 싶은 뜻을 말한 것입니다.

이에 그 노래를 계속 이어서 하기를, "임금[元首]이 밝으시면 믿을 만한 신하[股肱]가 현명해져서, 모든 일이 편안해질 것입니다."라 하고, 또 노래하기를, "임금[元首]이 좀스럽고 자질구레한 명령을 내리면 믿을 만한 신하[股肱]가 태만해져서 만사가 어그러질 것입니다."라고 하였습니다.

범조우(范祖禹)[32]가 일찍이 "사람을 잘 알아보는 임금을 명군이라 하고, 직무를 잘 완수하는 신하를 양신(良臣)이라고 합니다. 임금이 사람을 알아본다면 현자가 그 배운 바를 행할 수 있고, 신하가 직분을 맡는다면 어질지 못한 자가 조정에서 구차하게 용납되지 못하니, 이것이 모든 일이 편안한 까닭입니다. 만약 임금이 신하의 직분을 행한다면 좀스럽고 자질구레한 것이고, 신하가 임금이 맡긴 일을 하지 않는다면 게으른 것이니, 이것은 모든 일이 어그러진 까

32 1041~1098. 북송 성도(成都) 화양(華陽) 사람이다. 자는 순보(淳甫) 또는 몽득(夢得)이다. 정호(程顥)와 정이(程頤)를 사사하였으며, 사마광의 학문을 추종하였다. 『중용(中庸)』을 중시하여 성(誠)과 성에 이르는 구체적인 방법인 충서(忠恕)를 강조하였다. 저서에 『논어설(論語說)』과 『당감(唐鑑)』이 있는데, 이정(二程)의 설을 수용한 것이 많다. 『당감』은 당나라 고조에서 소선제(昭宣帝)까지 삼백 년 동안의 정치적 득실을 논한 책이다. 그 밖의 저서에 『중용론(中庸論)』과 『범태사집(范太史集)』이 있다.

닭입니다."[33]라고 논하였으니, 이 말이 그것에 해당됩니다.

그러나 순임금의 노래는 본래 천명(天命)을 받들어 임금과 신하가 서로 한쪽에서 부르고 다른 쪽에서 화합하여 말을 한 마디도 하지 않아도 하늘에까지 이르게 하고자 하는 것입니다. 인사(人事)를 닦는 것은 천명(天命)을 받드는 방법이니, 후대의 임금들은 마땅히 깊이 체득해야 합니다.

정말 어렵게 여김[克艱]으로부터 이하의 이야기는 모두 임금과 신하의 도를 말하였습니다.

「홍범(洪範)」에서 말하였다.[34]

"오직 임금만이 경사[慶]와 상(賞)을 주관하고, 오직 임금만이 형벌을 만들고, 오직 임금만이 진귀한 음식을 주관한다. (신하는) 경상(慶賞), 형벌, 진귀한 음식을 주관하는 권한이 있지 않는다. 신하가 경상(慶賞)을 만들고 위엄을 만들고 진귀한 음식을 먹으면, 그 집에 해롭고 그 나라에 흉하여 사람이 기울어져서 편벽되며 백성이 참람하고 어긋난다."

「洪範」: "惟辟作福, 惟辟作威, 惟辟玉食. 臣無有作福、作威、玉食. 臣之有作福、作威、玉食, 其害于而家, 凶于而國. 人用側頗僻, 民用僭忒."

—(「홍범(洪範)」은) 「주서(周書)」의 편명으로 기자(箕子)가 지은 것이다. 유(惟)는 홀로

33 『당감(唐鑑)』 권3에 나온다.

34 『서경(書經)』 「주서(周書)·홍범(洪範)」에 나온다.

[獨]이다. 벽(辟)은 임금[君]이다. 복(福)은 경사[慶]나 상(賞)과 같은 부류를 말한다. 위(威)는 형벌의 종류를 말한다. 옥식(玉食)은 진귀한 음식을 말한다. 이(而)는 너[汝]이다. 인(人)은 지위에 있는 사람[有位之人]을 말한다. 측(側)·파(頗)·벽(僻)은 모두 불평과 부정의 뜻이다. 참(僭)은 참람함[僭上]을 말한다. 특(忒)은 어긋남[差]이다.—

신은 이렇게 생각합니다. 이것은 기자(箕子)가 무왕(武王)[35]을 위하여 만세토록 이어지는 임금과 신하의 근본이 되는 법에 대해 말한 것입니다. 복과 위엄은 윗사람이 아랫사람을 다스리는 것이요, 진귀한 음식은 아랫사람이 윗사람에게 올리는 것입니다. 오직 임금만이라고 말한 것은 그 권력을 아래로 이양하는 것이 불가함을 경계한 것이고, 있지 않음[無有]이라고 말한 것은 그 신하가 위를 범하는 것이 불가함을 경계한 것입니다.

대저 군신상하(君臣上下)의 구분은 하늘이 갓이고 땅이 신발이 되어 바꿀 수 없는 것과 같습니다. 신하이면서 복과 위엄을 갖추면 윗사람의 권력을 도적질한 것이고, 신하이면서 진귀한 음식을 먹으면 윗사람에게 바치는 것을 흉내 내는 것입니다. 대부가 이것을 하면 집에 해를 끼치고, 제후들이 이것을 하면 나라에 흉을 끼칩니다. 신하와 백성이 더욱 그것을 본받으면, 역시 장차 사악함에 기울어져서 망령됨이 일어나서, 의심함이 참람해져서 분수에 넘칩니다.

맹자(孟子)는 "빼앗지 않으면 만족하지 못하는 것은 당연한 이치다."[36]라고 하였습니다. 혹자가 말하길, 오(吳)나라와 초(楚)나라

---

35 ?~BC 1043. 성(姓)은 희(姬)이고 이름은 발(發)이다. BC 1046년 주왕(紂王)을 토벌한다는 명분으로 상(商)을 공격하여 멸망시켰다. 시안[西安] 부근인 호경(鎬京)으로 도읍을 옮기고, 아버지인 희창(姬昌)에게 문왕(文王)이라는 시호를 부여하였다.

36 『맹자(孟子)』「양혜왕 상(梁惠王上)」에 나온다.

는 일찍이 주제넘게 천자를 넘보고, 노(魯)나라의 세 가문은 일찍이 주제넘게 제후를 넘보면서도 그 해로움과 흉악함을 들어보지 못한 것은 무엇 때문입니까?[37]

(『서경』에) "순리를 따르면 길(吉)하고, 역(逆)을 따르면 흉하다[惠迪吉, 從逆凶]."라고 하였습니다.[38] 도(道)를 따르면 길(吉)하고, 도(道)를 역행하면 흉해집니다. 신하이면서 윗사람을 넘보는 것은 곧 해롭다고 할 수 있으며 곧 흉하다고 할 수 있습니다. 하물며 오나라와 초나라가 빼앗고 죽이는 것이 끊이지 않았고 계맹(季孟)[39]의 가신(家臣)이 대를 이어 배반하니, 또한 흉악함과 해로움이 아니고서 무엇이겠습니까?

아! 「홍범(洪範)」의 '구주(九疇)'를 기자(箕子)가 대우(大禹)에게서 받았고 대우(大禹)는 하늘로부터 받았습니다. 한두 마디 말이라도 천리(天理)가 아닌 것이 없으니, 어길 수 있겠습니까? 이 백성으로써 오히려 위복(威福)을 훔치고 희롱함을 제(齊)나라 전씨(田氏)[40]

---

37 노(魯)나라는 무왕의 동생 주공(周公) 단(旦)에게 분봉된 지역이다. 환공(桓公)의 자손 중에서 맹손(孟孫)·숙손(叔孫)·계손(季孫)의 3가(家), 즉 노나라의 삼환씨(三桓氏)가 성립되어 중심세력을 형성하였다. BC 6세기 후반 소공(昭公)은 삼환씨를 누르려다가 오히려 실패하여 제나라로 망명하였고, 애공(哀公)도 삼환씨에게 패하여 망명하였다. 공자도 삼환씨의 세력을 꺾고 군후(君侯)의 권력을 회복하게 하려고 하였으나 실패하였다.

38 『서경(書經)』「우서(虞書)·대우모(大禹謨)」에 나온다.

39 노(魯)나라의 권신(權臣)인 대부(大夫) 계손씨(季孫氏)와 맹손씨(孟孫氏)를 가리킨다. 계손씨가 노나라 문공(文公) 이후 대대로 집권하면서 권력을 마음대로 휘두르자, 소공(昭公)이 그들을 제거하려 하였지만 오히려 패하여 제(齊)나라로 쫓겨 갔다.

40 제(齊)나라는 주(周)나라의 문왕(文王)이 나라를 건국할 때 재상 태공망(太公望)에게 봉토로 내린 땅이다. 그러나 BC 386년에 전화(田和)가 제 강공을 폐하면서 제후의 성씨가 전(田)씨로 바뀌게 되었다.

와 같을 수 있게 하겠으며, 물자를 뽑아서 위로 바치고 자기 집으로 모두 돌리는 것을 한(漢)나라의 동현(董賢)[41]과 같이 하겠습니까?

『시경(詩經)』「탁혜(蘀兮)」는 홀(忽)을 풍자하는 말이다.[42] 임금이 약하고 신하가 강하면 선창이 있어도 화합이 없다.

"마른 잎이여 시든 나무여, 바람이 너희에게 불리라.
아우여, 형이여, 나를 불러 주면 나도 화답하겠다.
마른 잎이여 시든 나무여, 바람이 너희를 날리리라.
아우여, 형이여, 나를 불러 주면 나도 따르리라."

『詩』「蘀兮」刺忽也. 君弱臣强, 不倡而和也. "蘀兮蘀兮, 風其吹女. 叔兮伯兮, 倡予和女. 蘀兮蘀兮, 風其漂女. 叔兮伯兮倡予. 要女."

—(「탁혜(蘀兮)」는) 정(鄭)의 국풍(國風)이다. (홀(忽)은) 소공(昭公)[43]의 이름이다. 표(漂)는 바람 부는 모양[飄]과 같다. 요(要)는 본받음[法]이다.—

신은 이렇게 생각합니다. 『춘추전(春秋傳)』에서 '소공(昭公)의 즉위에 제중(祭仲)[44]이 힘을 다하였다.' 라고 하니, 소위 신하의 강함

41 전한(前漢) 애제(哀帝)가 총애하던 신하다.

42 『시경(詩經)』「정풍(鄭風)·탁혜(蘀兮)」에 나온다.

43 ?~BC 695. 춘추시대 정나라의 국군(國君)이다. 이름은 홀(忽)이고, 장공(莊公)의 아들이다. 대부(大夫) 제중(祭仲)이 옹립하였다. 즉위한 뒤 송(宋) 장공(莊公)이 제중을 협박하여 공자(公子) 돌(突, 厲公)을 다시 세우도록 하자 위(衛)나라로 달아났다. 나중에 돌이 역(櫟)으로 가자 제중이 맞이해 복위시켰다.

44 정(鄭) 장공(莊公)의 뛰어난 책사(策士)다. 원래 이름은 제족(祭足)이고, 자가 중족(仲

은 제중(祭仲)을 가리킵니다. 임금이 높고 신하가 낮은 것은 천하의 정해진 분수이니, 낮은 자는 마땅히 약해야 하지만 도리어 강한 것은 높은 자가 마땅히 강해야 하지만 도리어 약하기 때문입니다. 높은 자가 어찌 약하겠습니까? 힘없고 여려서 스스로 서지 못하고, 몹시 게을러서 스스로 떨치지 못하니, 이것이 (임금이) 약한 이유입니다. 임금이 이미 약하면 위엄과 복(福)을 내리는 권위가 반드시 (신하에게) 돌아가니, 이것이 신하가 강한 이유입니다.

임금과 신하가 서로 호흡이 맞는 것은 천하의 떳떳한 도리입니다. 임금이 이미 약하여 명령을 내리는 권한을 맡을 수 없다면, 그 신하는 자기들끼리 서로 호흡을 맞추고 임금에게 아뢰지 않습니다. '마른 잎이여 시든 나무여, 바람이 너희에게 불리라'는 여러 대부들이 권력이 강한 신하 가운데 있는 것이 마른 잎이 바람을 만나 위태롭게 떨어져서 스스로 보전할 수 없는 것과 같은 것입니다.

이때에 아우와 형이 서로 의논하여 스스로 선창하고 화답하며 스스로 당을 결성하여서 화(禍)를 피하는 계책으로 삼으니, 대개 임금이 신뢰받기에는 부족하다는 것을 알고 있기 때문입니다. 나라의 형편이 이 지경에 이르니, 내가 어떻게 해 볼 도리가 없을 뿐입니다. 임금 된 자는 하늘의 강건함[乾健]으로써 스스로 힘쓰지 않을 수 있겠습니까?

足)이라 제중(祭仲)이라고도 불린다. 대략 BC 720년대부터 BC 680년대까지 살았던 것으로 추정된다. 장공을 비롯해 소공과 여공, 자미, 자의 등 5명의 군주를 보좌하며 정나라의 국정을 좌지우지하였다. 당대 제후국의 세력 판도와 천하대세의 흐름을 간파하는 데에 유난히 비상한 능력을 지녔다.

「교동(狡童)」은 홀(忽)을 풍자하는 말이다.[45] 현명한 사람과 함께 일을 도모하지 못하여 권신이 제멋대로 명령한다.

"저 교활한 녀석, 너와는 말도 하지 않아.

너 때문에 나는 밥도 먹지 못한다.

저 교활한 녀석, 너와는 밥도 먹지 않아.

너 때문에 나는 편히 쉬지도 못한다."

「狡童」, 刺忽也. 不能與賢人圖事, 權臣擅命也. "彼狡童兮, 不與我言兮. 維子之故, 使我不能餐兮. 彼狡童兮, 不與我食兮. 維子之故, 使我不能息兮."

신은 이렇게 생각합니다. 「탁혜(蘀兮)」에서 풍자해서 말하기를 '신하가 강할 뿐이다'라고 하였는데, 이때에 이르러 온 나라의 권력이 모두 제중(祭仲)에게 돌아가서 생사여탈의 권한을 제중이 가지고 오로지 하였으니 그 강력함이 또한 더욱 심해졌습니다. 무릇 천하에 현인이 없는 것이 아니라서 비록 권신이 국정을 처리하는 때에도 또한 반드시 아부를 기꺼워하지 않는 사람이 있으니 임금이 곧바로 그것을 도모할 수 있다면 그 형세를 오히려 회복할 수 있는 이치가 있을 것입니다.

만약 제(齊)나라의 권력이 전씨(田氏)에게 있었지만 안영(晏嬰)도 있었으니, 경공(景公)이 안영과 더불어 그것을 도모할 수 있었다면, 전씨가 그 나라를 빼앗으려는 뜻을 반드시 이룰 수는 없었을 것입니다.[46] 노(魯)나라의 권력이 계씨(季氏)에게 있었으나 자가기

45 『시경』「정풍(鄭風)·교동(狡童)」에 나온다.

(子家羈)[47]도 있으니 소공(昭公)이 자가기와 함께 그것을 도모할 수 있었다면, 계씨가 군주를 쫓아내려는 모략은 반드시 성공할 수 없었을 것입니다. 두 나라의 권력을 되돌릴 수 없었던 것은 안영과 자가기, 두 신하의 말이 쓰이지 못하였기 때문입니다.

이 시는 대개 당시의 현자가 지은 것으로, 현자는 임금을 만나지 못한다고 그 뜻을 끊는 경우는 없습니다. 그러므로 비록 임금과 더불어 말하지 않고 더불어 먹지 않더라도 멀리서 걱정하고 분해하며 밥도 제대로 먹지 못하고 편히 쉴 수도 없는 지경에 이르니 그 충후한 마음이 어떠하겠습니까?

소공이 이 사람과 더불어 그것을 도모하게 할 수 있으면 반드시 장차 이렇게 되었을 것입니다. 그러나 소공이 할 수 없었으니 얼마 지나지 않아 제중이 자리를 폐하는 권력을 훔쳐서 하찮은 나무 버리듯이 소공(昭公, 忽)을 내쫓고, 바둑돌을 바꾸듯 여공(厲公, 突)을 두었으니, 그 진행이 하루아침에 일어난 것이 아닙니다.

선대의 유학자는 임금을 교활한 녀석[狡童]이라고 지목한 것은 예(禮)가 아니라고 하였으나, 신의 생각으로는 이것이 분노해서

---

46 중국의 전국시대 BC 386년에 제(齊)나라의 군주가 강성(姜姓) 여씨(呂氏)에서 규성(嬀姓) 전씨(田氏)로 바뀌며 새롭게 된 일을 말한다.

47 자가기(子家羈)는 자가의백(子家懿伯)으로도 불린다. 노 소공(昭公)의 신하다. 소공 25년(BC 517)에 계손씨 일족인 계공(季公) 약(若)과 후씨(郈氏)·장씨(臧氏)·기타 대부들이 계평자에게 원한을 품자, 함께 계평자를 공격하였다. 처음부터 계씨 공격을 반대한 자가의백(子家懿伯)은 계씨의 화의 요청을 받아들이도록 권하였으나 받아들이지 않았다. 숙손씨가 계씨를 구원하여 관군을 쳤고, 맹손씨도 계씨를 도와 소공의 군대를 공격하였다. 자가의백은 소공에게 남아 있으라고 권하였으나, 소공은 제나라로 달아났다. 제 경공은 소공을 위로하고, 제나라 땅 일부를 주었다.(『春秋左氏傳』 권25 「昭公 6」; 『史記』 권33 「魯禍公世家」)

욕하는 말이니 말이 비록 공손하지 않지만 그 마음은 지극히 간절합니다. 읽는 이가 말로써 뜻을 해치지 말아야 합니다.

공자가 말하였다.[48]

"천하에 도(道)가 있으면, 예악(禮樂)과 정벌(征伐)에 대한 명령이 천자에게서 나오고, 천하에 도가 없으면, 예악과 정벌에 대한 명령이 제후에게서 나온다. 명령이 제후에게서 나오면, 대체로 10대 안에 망하지 않는 경우가 드물고, 대부에게서 나오면 5대 안에 망하지 않는 경우가 드물고, 배신(陪臣)이 국권을 잡으면 3대 안에 망하지 않는 경우가 드물다. 천하에 도가 있으면 정권이 대부에게 있지 않고, 천하에 도가 있으면 서민[庶人]이 나라 일을 거론하지 않는다."

孔子曰: "天下有道, 則禮樂征伐自天子出. 天下無道, 則禮樂征伐自諸侯出. 自諸侯出, 蓋十世希不失矣. 自大夫出, 五世希不失矣. 陪臣執國命, 三世希不失矣. 天下有道, 則政不在大夫. 天下有道, 則庶人不議."

—희(希)는 드묾[少]이다. 배신(陪臣)은 대부(大夫)의 가신(家臣)이다.—

신은 이렇게 생각합니다. 이때에 계씨(季氏)가 대부로서 노나라의 정치를 제멋대로 하고, 양호(陽虎)가 가신으로 계씨의 정권을 제멋대로 하니 공자의 이 말은 대개 이를 서글피 여긴 것입니다.

---

48 『논어』「계씨(季氏)」에 나온다.

하늘에 두 태양이 없고, 나라에 두 왕이 없고, 높임에는 두 개의 대상이 없습니다. 천하의 일을 오직 천자만이 그것을 오로지할 수 있으니, 그러므로 천하에 도가 있으면 예악과 정벌이 천자로부터 나와서 제후가 감히 간여할 수 없습니다. 천하가 도가 없으면 천자가 그 권한을 가질 수 없어서 제후가 훔칠 수 있는 것입니다. 이럴 때 제후도 오히려 자기 마음대로 하지 못하는데 하물며 대부이겠습니까? 대부도 오히려 자기 마음대로 하지 못하는데 하물며 가신이겠습니까?

춘추시대에 제(齊)·진(晉)·진(秦)·초(楚)가 차례대로 돌아가며 맹약(盟約, 천자의 권위를 대신하는 연맹)을 주도하여 예악과 정벌이 천자에게서 나오지 못하니 세상의 변괴가 여기에 이르니 대개 서글퍼할 만합니다. 얼마 지나지 않아서 여러 나라의 대부가 권력을 오로지하고 제멋대로 사용하여 예악과 정벌이 또한 제후에게서도 나오지 않았습니다. 그러는 동안에 가신이 (권한을) 훔쳐서 농단하니 명령이 두 번 다시 대부로부터도 나오지 않게 되었습니다. 각기 지켜야 할 도리가 쇠퇴해져서 서로 어긋나고 거스르는 것이 날로 심해지니 그 서글퍼 하는 것도 더욱 심해졌습니다.

그러나 도(道)가 아닌 것으로 얻으면 또한 반드시 도가 아닌 것 때문에 잃습니다. 이치를 거스르는 것이 더욱 심해지면 더욱 빨리 잃게 되므로 제후가 천자의 권력을 훔치면 10대에 잃어버리지 않는 경우가 드물고 그 나머지도 혹은 5대, 혹은 3대에 잃어버리지 않는 경우가 드무니 이치로써 말하자면 대개 이와 같습니다. 어찌 삼대(三代)의 융성한 시절처럼 천자에서 가신에 이르기까지 각기 그 분수를 편안하게 여긴다면 수백 년을 지내는 동안 무슨 재앙이 있겠습니까?

이미 또 말하기를 "천하에 도가 있으면 정치가 대부에게 있지 않고, 천하에 도가 있으면 서인(庶人)이 (나라 일을) 거론하지 않는다."라고 하였습니다. 대개 이때에 제후의 정치가 대부에게 많이 있었으니 노(魯)나라의 세 가문과 진(晉)나라의 육경(六卿)과 제(齊)나라의 전씨(田氏)와 같은 이들이 모두 신하로서 국가를 마음대로 하여 나라 사람들의 공론이 모두 인정하지 않았습니다. 그러므로 거듭 (공자는) 그것을 말하여서 정사가 대부에게 있는 것이 결코 오래 갈 수 있는 도(道)가 아님을 보이셨습니다.

진(秦)나라 때부터 제후를 파하고 수령을 두어서 제후가 천자의 일을 제멋대로 할 수 없었으니, 마땅히 만약 국가의 세력이 하나의 지존에게 돌아가는 것 같았습니다. 그러나 안으로 힘이 집중되자 파당이 만들어져서 나라의 정무를 맡아서 일을 하는 신하가 또한 그 권력을 훔칠 수 있었습니다. 예를 들어 한(漢)의 왕망(王莽)과 조조(曹操), 위(魏)의 사마사(司馬師)와 사마소(司馬昭)는 국가를 찬탈하는 데 이르렀는데, 왕망의 화는 그 자신에게 미쳤고, 조조는 비로소 3대에 전하였으나 사마씨(司馬氏)가 그것을 훔쳐 취하였고, 사마씨가 2대에 전하였지만 제왕들과 다섯 오랑캐의 병난이 서로 이어져서 거의 망하였습니다. 여러 선대 성인의 말씀과 비추어 보면 거의 부합하니, 아! 경계로 삼을 만합니다.

공자가 말하였다.[49]

“녹을 주는 권한이 공실(公室)을 떠난 지도 오대[五世]요, 정권이 대부에게 들어간 지도 사대[四世]다. 그러므로 저 삼환(三桓)의 자손도 쇠잔해 가는 것이니라.”

孔子曰: “祿之去公室五世矣, 政逮於大夫四世矣, 故夫三桓之子孫微矣.”

—삼환(三桓)은 계씨·숙손씨·맹씨인데 모두 환공의 아들이다. 그래서 삼환(三桓)이라고 한다.—

신은 이렇게 생각합니다. 이 장은 오직 노(魯)나라에 대해서 말하였습니다. 노나라는 문공(文公)이 죽은 후로부터 공자 수(遂)가 적자인 아들을 죽이고 서자인 선공(宣公)을 세워서 임금이 그 정치를 잃어버리니 여기에서부터 다섯 임금[50]이 내려왔습니다. 계손숙(季孫宿)이 국정을 제멋대로 하여 4대가 지난 뒤인 계환자(季桓子)에 이르러서[51] 양호(陽虎)[52]가 권력을 잡게 되었습니다. 무릇 녹봉은 공실에서 떠나고 정치는 대부에게로 돌아가니 대부의 세력이 마땅히 더욱 강해졌으나 세 집안의 자손들이 도리어 미약해져서 떨치지 못한 것은 무엇 때문입니까? 대개 신하로서 임금을 넘어서는 것은 이치를

49 『논어』 「계씨(季氏)」에 나온다.

50 선공(宣公)·성공(成公)·양공(襄公)·소공(昭公)·정공(定公)을 말한다.

51 계손숙부터 계무자(季武子)·계도자(季悼子)·계평자(季平子)·계환자로 이어졌다.

52 춘추시대 말기 노(魯)나라 사람이다. 계씨(季氏)의 가신(家臣)으로, 계평자(季平子)를 섬겼다. 계평자가 죽자 권력을 장악하였고, 계환자(季桓子)를 잡아 강제로 동맹을 맺었다. 노(魯) 정공(定公) 8년에 삼환(三桓)을 제거하고 삼환의 적자(嫡子)들을 모두 죽이려다가 실패하여 양관(陽關)으로 달아났다. 다음 해 삼환이 양관을 공격하자 제(齊)나라로 달아났고, 다시 진(晉)나라로 달아났다. 조순(趙盾)에게 귀의하여 조간자(趙簡子)의 모신(謀臣)이 되었다.

거스르고 떳떳한 도리를 어지럽히는 일이니 오래갈 수 있겠습니까?

좋은 말이지 않습니까? 선대의 유학자 소식(蘇軾)이 말하기를 "강함은 안정에서 나오며, 안정은 상하가 나누어 정해진 데서 나오니, 지금 제후와 대부가 모두 그 윗사람을 능멸하면 그 아랫사람에게 명령할 수가 없다. 그러므로 모두 오래지 않아 그것을 잃어버릴 것이다."[53]라고 하니, 아! 그것이 또한 후세의 신하들 중에 그 나라를 제멋대로 하는 자들에게 경계가 될 만한 것입니다.

이상은 '임금과 신하의 명분[君臣之名]'을 말하니, 구분이 비록 엄하나 상하의 사귐에 예가 없어서는 안 됩니다. 그러므로 임금이 신하를 다루는 예로써 (사직을) 이어 가야 합니다.

임금과 신하의 교제하는 예[君臣交際之禮]

정공(定公)이 물었다.[54]

"임금이 신하를 부리고, 신하가 임금을 섬기는 것은 어떻게 해야 합니까?"

공자가 말하였다.

"임금은 예(禮)로써 신하를 부리고, 신하는 충(忠)으로써 임금을 섬긴다."

53 『논어(論語)』「계씨(季氏)」에 나온다.

54 『논어(論語)』「팔일(八佾)」 제19장에 나온다.

定公問: “君使臣, 臣事君, 如之何?” 子曰: “君使臣以禮, 臣事君以忠.”

신은 이렇게 생각합니다. 임금이 경(敬)으로써 그 신하를 대하는 것, 이것을 예라고 합니다. 신하가 성(誠)으로써 임금을 섬기는 것, 이것을 충(忠)이라고 합니다. 임금과 신하는 모두 직분이 마땅히 그러한 것이니, 서로 인위적으로 하는 것은 아닙니다. 그러나 임금이 신하를 예로써 대하면 신하가 임금을 충으로 섬기는 것 또한 반드시 그러한 이치입니다. 생각건대 정공이 신하를 부리는 데에 거동에 예(禮)를 다하지 못하였기 때문에 공자가 이렇게 고하였고, 말과 뜻이 섞여 일체가 되고 또 억지로 나온 것이 아니니, 이것은 그 성인의 말이 될 만합니다.

맹자(孟子)가 제(齊) 선왕(宣王)에게 고하여 말하였다.[55]

“임금이 신하 보기를 자기 손과 발같이 하면 신하는 임금을 대하기를 자기의 배나 심장같이 하고, 임금이 신하 보기를 개와 말 같이 하면 신하는 임금 대하기를 지나가는 사람같이 여기고, 임금이 신하 보기를 흙이나 풀같이 여긴다면 신하는 임금을 도적이나 원수같이 여길 것입니다.”

왕이 말하였다.

55 『맹자(孟子)』「이루 하(離婁下)」에 나온다.

"예(禮)에 옛 임금을 위해 상복을 입는다고 하였는데 어떻게 하여야 (신하들이) 상복을 입게 할 수 있겠는가?"

맹자가 말하였다.

"간하면 행하고, 말하면 들어서 그 은택이 백성에게 미치게 하고, (신하가) 일이 있어 떠나게 되면 임금이 사람을 시켜 그를 국경까지 안내하고 또한 그가 가는 곳에 먼저 가서 도와줍니다. 떠난 지 3년이 되어도 돌아오지 않은 후에야 그 전답과 가옥을 거두어들이니 이를 일러 세 가지 예(禮)가 있다고 하는 것입니다. 이와 같이 하면 임금을 위하여 상복을 입게 됩니다. 오늘날에는 신하가 간하여도 행하지 않고 말하여도 들어주지 않아서 은택이 백성에게 미치지 못합니다. 일이 있어 떠나게 되면 임금은 그를 붙잡고 또 그가 가는 곳에서 괴롭히기까지 합니다. 그가 떠나는 날에 벌써 전답과 가옥을 몰수하니, 이를 일러 도적과 원수라고 하는 것입니다. 도적과 원수를 위하여 어찌 상복을 입겠습니까?"

孟子告齊宣王曰: "君之視臣如手足, 則臣視君如腹心. 君之視臣如犬馬, 則臣視君如國人. 君之視臣如草芥, 則臣視君如寇讎." 王曰: "禮爲舊君有服, 何如? 斯可爲服矣." 曰: "諫行言聽, 膏澤下於民. 有故而去, 則君使人導之出疆, 又先於其所往, 去三年不反, 然後收其田里. 此之謂三有禮焉. 如此則爲之服矣. 今也爲臣諫則不行, 言則不聽, 膏澤不下於民. 有故而去則君搏執之, 又極之於其所往, 去之日遂收其田里, 此之謂寇讎, 寇讎何服之有?"

—시(視)는 대우(待遇)와 같다. 반(反)은 돌아옴[還]이다. 국경을 넘을 때 인도하는 것이 첫 번째다. 그 가려는 곳에 먼저 가는 것이 두 번째다. 3년이 지나도 돌아오지 않은 후에 그 전답과 가옥을 거두어들이는 것이 세 번째다. (박집지(搏執之)는) 붙잡아 메어두고 떠나는 것을 용납하지 않음을 말한다. 극(極)은 다함[窮]이다. 마치 진(秦)나라가 난영(欒盈)[56]을 가두고 여러 제후들과 함께 맹약을 할 때 그것을 받지 말고 그를 궁하

게 하여 돌아갈 바를 없게 한 것과 같다.—

신은 이렇게 생각합니다. 전국시대의 임금이 작위와 녹봉을 가지고 사대부들을 분주하게만 하지 신하를 대우하는 예(禮)를 회복하지 못하였고, 그 신하도 또한 이익을 생각하고 구차하게 따라서 임금을 섬기는 충(忠)을 회복하지 못하였습니다. 그러므로 맹자가 이것으로 제왕(齊王)을 몹시 깨우쳐 주고 있는 것입니다.

옛날 노(魯)나라 목공(穆公)이 자사(子思)에게 "옛 군주를 위해 돌아와서 상복을 입는 것은 옛날의 예인가?"라고 물었습니다. 자사가 "옛날의 군자(君子)는 사람을 등용할 때에는 예(禮)로써 맞이하고 사람을 물리칠 때에도 예로써 하였습니다. 그러므로 옛 임금을 위해서 돌아와서 상복을 입는 예가 있었습니다. 지금의 군자(君子)는 사람을 등용할 때에는 마치 장차 무릎 위에 올려놓는 것처럼 더욱 높이고 사람을 물리칠 때에는 마치 장차 깊은 연못에 떨어뜨리는 것처럼 더욱 추락시킵니다. 그러니 그들이 오랑캐의 우두머리가 되지 않는 것만도 또한 다행이지 않습니까? 또 어찌 돌아와 옛 임금을 위해 상복을 입겠습니까?"라고 대답하였습니다.[57] 맹자가 제나라 왕에게 말한 것은 자사가 목공에게 고한 것과 같은데 그

---

56 춘추시대 진(晉)나라 사람이다. 난령(欒逞)으로도 쓴다. 난염(欒黶)의 아들이고, 시호는 회자(懷子)다. 어머니는 범선자(范宣子)의 딸이었는데, 음행이 있는 것을 난영이 알까 두려워하여 아버지에게 난영이 범씨 집안을 원망해 나쁜 일을 꾸민다고 모함을 하였다. 평공 6년 범선자가 그를 쫓자 초(楚)나라로 도망을 갔다가, 다시 제(齊)나라로 갔다. 평공 8년 몰래 제나라 사신을 따라 진나라에 들어와 난을 일으켰지만 싸움에 져서 곡옥(曲沃)으로 달아났다가 죽임을 당하였다.

57 『예기(禮記)』「단궁(檀弓)」에 나온다.

말이 더욱 명확하고 절실합니다. 앞 장의 공자의 말과 비교해 보면 성인(聖人, 공자)과 현인(賢人, 자사) 간에도 기상의 차이를 볼 수 있습니다. 비록 그러하나 맹자가 제왕을 위하여 말한 것은 그러하였지만, 자기가 행한 바는 그렇지 않았습니다. 천 리를 다니며 왕을 뵙고자 하였으나 만나지 못하였으니, 그러므로 주(晝) 땅으로 가서 사흘을 묵고 나서 나왔지만 화나는 마음이 있었던 적은 없었으며, 오히려 임금이 한 번 깨달아서 자신을 쫓아오기를 바랐습니다. 어찌 그 임금을 원수처럼 보았겠습니까? 그러므로 "맹자가 제왕을 위해서 말한 것은 그러하였지만 자기가 행한 바는 그렇지 않다"고 말한 것입니다.—주(晝)는 제(齊)나라의 읍명(邑名)이다.—

이상 '임금과 신하의 교제하는 예[君臣交際之禮]'를 모두 말하였습니다.

천리와 인륜에 대한 바른 태도 4[天理人倫之正四]
—임금이 신하를 다루는 예[君使臣之禮]—

「녹명(鹿鳴)」은 (임금이) 여러 신하와 아름다운 손님을 위해 연회를 베푸는 것이다.[58] 그들이 먹고 마신 다음 또 돈과 비단 등을 광주리에 담아 주어 후한 뜻을 보이니 충신과 가빈이 그 마음을

58 『시경』「소아(小雅)·녹명(鹿鳴)」에 나온다.

다할 것을 얻는다. 그 1장에서 말하였다.

"유유(呦呦)히 우는 사슴 울음소리여,
들의 쑥을 뜯도다.
내 아름다운 손님이 있어,
비파를 타며 생(笙)을 부노라.
생(笙)을 불고 황(簧)을 두드리며,
광주리 채워 선물을 드리네.
나를 좋아하는 사람들은 나에게 큰 도리를 보여 주리라."

「鹿鳴」燕羣臣嘉賓也. 旣飮食之, 又實幣帛筐篚 以將其厚意, 然後忠臣嘉賓得盡其心矣. 其一章曰: "呦呦鹿鳴, 食野之苹. 我有嘉賓, 鼓瑟吹笙. 吹笙鼓簧, 承筐是將. 人之好我, 示我周行."

—(녹명(鹿鳴)은) 『시경(詩經)』「소아(小雅)」의 편명으로 주(周)나라 문왕(文王)과 무왕(武王) 때의 시다. 유유(呦呦)는 조화로운 소리[和聲]다. 평(苹)은 지금의 쑥[蔞蒿]이다. 슬(瑟)과 생(笙)은 함께 즐기는 것[燕樂]이다. 생(笙)을 불 때에 생(笙) 가운데의 황(簧)을 두드린다. 광(筐)은 광주리[篚]에 속하는 것으로 폐백을 할 때 쓴다. 받아서 풀어 놓았다가 광주리에 그것을 담는다. 주행(周行)은 큰 도(道)다.—

신은 이렇게 생각합니다. 『시경(詩經)』에서의 이른바 아름다운 손님은 함께 연회를 하는 여러 신하들을 가리킵니다. 조정에서는 임금과 신하라고 하고 연회에서는 손님과 주인이라 하니, 선왕(先王)이 예(禮)로써 신하에게 후하게 베푼 것이 이와 같았습니다. 사슴이 들쑥을 뜯는 것은 서로 유유히 울며 즐기는 것이니, 임금과 신하·손님과 주인이 서로 즐기는 것이 역시 이것과 같습니다.

대저 임금이 신하에게 도움 받고자 하는 것과 주인이 손님에게 도움 받고자 하는 것이 과연 무엇 때문이겠습니까? 도의(道義)를 듣고자 할 뿐입니다. 그러므로 음식으로 그들이 누리게 하고, 거문고와 비파로 그들이 즐기게 하고, 선물로 그들을 두텁게 하니 그들이 나를 좋아하고 사랑한다고 하고 도를 나에게 보여 준다는 것입니다. 어진 이가 어찌 음식과 선물로 기뻐하겠습니까? 혼인(婚姻)의 예의가 갖춰지지 않으면 정숙한 처녀[貞女]는 시집을 가지 않고, 예악(禮樂)이 갖춰지지 않으면 어진 이가 있을 곳이 없어지기 때문에 반드시 이와 같이 한 연후에 도를 나에게 보이고자 하는 것입니다.

이 시는 모두 세 장인데, 모두 연회를 즐겨서 손님을 기쁘게 하는 뜻을 서술하였습니다. 지금 우선 그 첫 장을 인용하여 선왕(先王)이 그 신하를 대우하는 것으로 보면 이와 같으니, 선비가 그 직분을 다하기 위하여 죽음을 감수하는 것이 마땅합니다. 『중용(中庸)』에 "여러 신하들의 마음을 내 몸과 같이 여기면 선비들의 보답하는 예가 중하다."[59]라고 하였으니, 어찌 믿지 않겠습니까?

---

59 『중용(中庸)』 20장에 "몸을 닦으면 도가 확립되고, 어진 이를 높이면 의혹되지 않고, 친척을 친하게 하면 제부(諸父)와 형제들이 원망하지 않고, 대신을 공경하면 혼란하지 않고, 여러 신하들의 마음을 체찰(體察)하면 선비들의 보답하는 예가 중하고, 여러 백성들을 사랑하면 백성들이 근면하고, 백공(百工)들을 오게 하면 재용(財用, 재정(財政))이 풍족하고, 먼 곳의 사람들을 회유하면 사방이 귀의하고, 제후들을 은혜롭게 하면 천하가 두려워한다.[修身則道立, 尊賢則不惑, 親親則諸父昆弟不怨, 敬大臣則不眩, 體群臣則士之報禮重, 子庶民則百姓勸, 來百工則財用足, 柔遠人則四方歸之, 懷諸侯則天下畏之.]"라고 하였다.

『예기(禮記)』에서 말하였다.[60]

"군자도 황발(黃髮)[61]의 노인에게는 수레의 가로대[式]에 기대어 절하고, 경(卿)의 자리를 지날 때에는 수레에서 내린다."

『禮記』曰: "君子式黃髮, 下卿位."

—군자는 임금을 말한다. 임금이 수레를 타고 가다가 공경하는 대상이 있으면 그 수레의 가로대[軾]에 기대었기 때문에 무왕(武王)은 상용(商容)[62]의 마을에서 황발의 노인에게 식(式)의 예를 행하였다. 경위(卿位)는 경(卿)의 조정에서의 자리다. 임금이 나갈 때에는 그곳을 지나서 수레에 오르고 들어올 때는 아직 이르기 전에 수레에서 내린다. —

신은 이렇게 생각합니다. 황발(黃髮)의 노인에게 식(式)의 예를 표하는 것은 노인을 공경하는 방법입니다. 경(卿)의 자리에 이른 사람에게는 수레에서 내리는 것이 어진 이를 존경하는 방법입니다. 옛날에 그 신하를 낮추지 않는 것이 이와 같았습니다. 한(漢)나라 때에 재상(宰相)을 대우함에 (임금이) 어좌(御座)에서 일어났고 수레에 있을 때는 내렸으니, 아마도 의미가 있었을 것입니다.

60 『예기(禮記)』「곡례(曲禮)」에 나온다.

61 나이가 매우 많은 노인을 지칭할 때 쓰는 말이다. 노인이 백발이 다하면 누런 머리카락, 즉 황발이 생기는 것을 감안한 것이다.

62 은나라 주왕(紂王)의 대부(大夫)로 주왕에게 직간하다가 면직당하였다. 『서경(書經)』「무성(武成)」에 나온다. 일설에는 노자(老子)의 스승이라고도 한다.

임금[國君]은 경로(卿老)와 세부(世婦)[63]의 이름을 부르지 않는다.[64]

國君不名卿老世婦.

—경로(卿老)는 상경(上卿)이다. 상경은 귀(貴)하기 때문에 '경로(敬老)'라고 한다. 세부(世婦)는 양잉(兩媵)이다.—

신은 이렇게 생각합니다. 임금의 귀함으로는 경로(敬老)와 세부(世婦)가 모두 그의 신하와 첩이지만 그 이름을 부르지 않았으니, 공경을 드러낸 것입니다. 한(漢)나라 때에 대신으로 공훈과 덕이 있는 자를 대우하여 찬배할 때 이름을 부르지 않으니 근본적인 뜻이 이와 같습니다.

다섯 관직의 장(長)을 백(伯)이라 부르니, 그가 천자를 맞이하면 천자의 이(吏)라 한다.[65] 천자와 같은 성(姓)이면 그를 백부(伯父)라 부르고, 다른 성(姓)이면 그를 백구(伯舅)라 부른다. 구주(九州)의 장(長)이 천자의 나라에 들어오면 목(牧)이라 부르니, 천자와 같은 성(姓)이면 그를 숙부(叔父)라 부르고, 다른 성(姓)이면 그를

63 『주례(周禮)』에는, 천자는 1명의 후(后) 외에 3부인(夫人), 9빈(嬪), 27세부(世婦), 81여어(女御: 女官) 등 모두 121명의 처첩을 둘 수 있도록 규정하였다.

64 『예기(禮記)』「곡례(曲禮)」에 나온다.

65 『예기(禮記)』「곡례(曲禮)」에 나온다.

숙구(叔舅)라 부른다.

五官之長曰伯, 其擯於天子也, 曰天子之吏, 天子同姓謂之伯父, 異姓謂之伯舅. 九州之長入天下之國曰牧, 天子同姓謂之叔父, 異姓謂之叔舅.

—(백(伯)은) 삼공(三公)이 된 자를 말한다. (천자의 이(吏)는) 빈상(擯相)을 말한다. (구(舅)는) 부(父)와 구(舅)로 그것을 칭하여 친한 이를 친히 하는 말이다. 매 한 주(州)마다 천자가 제후 중 어진 이를 뽑아서 목(牧)으로 삼는다.—

신은 이렇게 생각합니다. 옛날에 천자가 공(公)과 후(侯)를 대우하는 예(禮)가 그를 친하게 여기고 그를 존중하는 것이 이와 같은 데 이르렀습니다. 그 후세에 이르러서는 차이가 있습니다.

『예기』에서 말하였다.[66]

"경대부(卿大夫)가 아프면 임금이 수없이 위문을 하고, 사(士)에게는 한 번만 위문한다. 임금이 경대부에게는 장사 지낼 때까지 고기를 먹지 않으며, 졸곡(卒哭) 때까지 음악을 듣지 않는다. 사(士)에게는 염[殯]할 때까지 음악을 듣지 않는다."

『禮記』: "卿大夫疾, 君問之無算, 士壹問之. 君於卿大夫比葬, 不食肉, 比卒哭, 不擧樂. 爲士, 比殯, 不擧樂."

—(무산(無算)은) 여러 번 왕래하는 것이 셀 수 없음을 말한다. 비(比)는 미침[及]이다. 졸곡(卒哭)은 장례 후 제사다. 빈(殯)은 염함[斂]이다.—

---

66 『예기(禮記)』「잡기 하(雜記下)」에 나온다.

『의례(儀禮)』에서 말하였다.

"앉아서 시신을 어루만지는 마땅한 마음이 가장 중요한 부분이다."

『儀禮』: "坐撫當心, 要節而踊."

—이것은 임금이 신하의 초상[喪]에 임하는 의례(儀禮)다. 무(撫)는 그 주검[尸]을 어루만지는 것을 말한다.—

『춘추전(春秋傳)』에서 말하였다.[67]

"진(晉)나라의 순영(荀盈)[68]이 죽어서 장사 지내기 전에 진후(晉侯)가 술을 마시고 음악을 들었는데, 선재(膳宰, 술과 음식을 담당하는 관리) 도괴(屠蒯)가 달려 들어가 '임금의 경좌(卿佐)를 고굉(股肱)이라고 하니 넓적다리와 팔뚝 어느 하나라도 다치거나 하면 어떤 아픔이 그것과 같겠습니까?'라고 하였다."

『春秋傳』: "晉荀盈卒, 未葬. 晉侯飮酒樂, 膳宰屠蒯趨入, 曰, '君之卿佐, 是謂股肱, 股肱或虧, 何痛如之?'"

67 『춘추좌전(春秋左傳)』 소공(昭公) 9년에 나온다.

68 BC 565~BC 533. 중국 춘추시대 진(晉)나라의 정치가다. 씨는 순(荀) 혹은 지(知)여서 지영(知盈)이라고도 하며, 시호는 도(悼)로 지도자(知悼子)다. 진나라와 초나라의 동맹을 주관하였다. 그러나 동성 제후국인 정나라에 기근이 든 것을 돕지 않았으므로 제후들의 비난을 샀다. BC 533년, 제나라로 가서 제나라 여자를 맞이하여 돌아오다가 6월에 희양 땅에서 죽었다. 아들 지문자가 그 뒤를 이었다.

신은 이렇게 생각합니다. 옛날에 임금이 신하를 보기를 수족(手足)과 같이 하였습니다. 그러므로 신하가 병이 드니 지극히 염려하였고, 신하가 죽으니 넉넉히 장례 비용을 주었습니다. 『예기(禮記)』의 세 조목에서 그 대략을 볼 수 있고, 『논어』 「향당(鄕黨)」에 역시 임금이 병든 신하를 문안하여 보는 글이 있는데, "머리를 동쪽에 두고, 조복(朝服)을 몸에 걸치고 띠를 그 위에 걸쳐 놓았다."라고 하였으니,[69] 병이 걸렸을 때 임금을 보는 예입니다. 위(衛)나라에 태사(太史, 사관) 유장(柳莊)이 있었으니 나라의 안위를 맡은 중신[社稷之臣]이었습니다. 헌공(獻公)[70]이 그의 죽음을 듣고 후하게 제사를 지내게 하고 그를 조문하였습니다. 순영(荀盈)을 장사 지내기 전에 진후(晉侯) 평왕이 술을 마시고 음악을 즐기니, 도괴(屠蒯)가 잘못을 고치도록 하였습니다.[71] 춘추시대에도 임금과 신하의 사이가 사랑하고 또 존경하는 것이 오히려 이와 같았으니 삼대(三代)의 번성함을 이로 알 수 있습니다! 옛날의 도리가 이미 망해 이 예가 흔적이 없게 되었으나 당(唐)나라 태종(太宗)이 방현령(房玄齡)[72]·두

---

69 『논어(論語)』 「향당(鄕黨)」에 나온다.

70 진(晉)나라의 21대 군주다. 왕권을 위협하는 곡옥백(曲沃伯)과 그 자손을 죽이고, 곽(霍)·위(魏)·우(虞)·괵(虢)나라를 병합하였다. 말년에 첩인 여희(驪姬)를 총애하여 그의 소생인 해제(奚齊)를 즉위시키기 위해 다른 소생의 아들들을 탄압하였다. 이 때문에 진나라는 문공(文公)이 즉위할 때까지 혼란이 있었다.

71 장례가 끝나지 않았는데 평왕이 풍악을 울리자, 도괴가 악사에게 다가가 다리와 팔뚝(같은 신하)을 잃은 것만큼 슬픈 일이 없는데, 그래도 음악을 연주한다면 그대는 귀머거리라고 하였고 외폐(外嬖)에게 다가가 흉사(凶事)인데 마치 길사(吉事)인 것처럼 식을 진행하면 소경이라고 하여, 결국 연회를 계속하지 못하게 하였다.

72 578~648. 자는 교(喬)이고, 방언겸(房彦謙)의 아들이다. 태종이 즉위하자 정관(貞觀) 원년(627) 중서령(中書令)이 되고, 형국공(邢國公)에 봉해졌다. 15년 동안 재상직에 있으면서 성실하고 공평한 태도로 일관하였기 때문에 두여회(杜如晦)와 함께 현상(賢相)

여회(杜如晦)[73]·위징(魏徵)[74] 세 신하에게는 그들이 병들자 근심하고 가엾게 여겼고 그들이 죽자 극히 아파하고 슬퍼하였으니, 임금과 신하의 처음과 마지막의 예우가 지극합니다. 장공근(張公謹)[75]이 죽음에 비록 진일(辰日)이 되었으나 곡하는 것을 그만두지 않았습니다.[76] 옛날에 비추어 보아 거의 비슷하니, 태종 역시 어진 사람입니다!—두여회(杜如晦)의 병이 위독해지자 임금이 친히 가서 보았다. 이미 죽은 뒤에 임금이 매번 아름다운 물건을 얻으면 문득 두여회를 생각하여 그 집에 (물건을) 보냈다. 오랜 뒤에도 두여회를 언급하면 반드시 가슴을 치며 눈물을 흘렸다. 후에 홀연히 꿈에 두여회가 생전과 같이 나오자 어찬(御饌)을 내려서 제사를 지내게 하였다. 방현령의 병이 깊어지자 임금이 가마를 타고 전(殿)에 오르기를 명령하

이라는 칭송을 받았고, '방모두단(房謀杜斷)'이라 불렸다. 고구려 공격 때는 장안(長安)에 남아 성을 지키기도 하였다. 일찍이 황명을 받아 『진서(晉書)』를 중찬(重撰)하였다. 태종의 소릉(昭陵)에 배장(陪葬)되었다.

73 585~630. 자는 극명(克明)이다. 태종 정관(貞觀) 2년(628) 본관검교시중(本官檢校侍中)으로 이부상서(吏部尙書)를 겸직하였는데, 적임자라는 평을 들었다. 당나라의 법률제도와 인사행정을 정비하여, 방현령(房玄齡)과 더불어 '정관(貞觀)의 치(治)'를 구축하였다. 두 사람 모두 현신(賢臣)을 대표하는 인물로 거론된다.

74 580~643. 자는 현성(玄成)이고, 시호는 문정(文貞)이다. 태종의 부름을 받아 간의대부(諫議大夫) 등의 요직을 역임한 뒤 나중에 재상으로 중용되었다. 7년(633) 왕규(王珪)를 대신해 시중(侍中)이 되었다. 『주서(周書)』와 『수서(隋書)』를 편찬하였는데, 황명을 받아 찬정(撰定)하여 양사(良史)란 칭송을 들었다. 직간(直諫)을 거듭해 황제의 분노를 샀지만 조금도 흔들림이 없었다. 『유례(類禮)』와 『군서치요(群書治要)』 등의 편찬에도 큰 공헌을 하였다.

75 584~632. 자는 홍신(弘愼)이고, 위주(魏州) 번수(繁水) 사람이다. 현무문의 변이 일어났을 때 동궁과 제왕부(齊王府)의 병사를 홀로 막았다. 이후에 돌궐 정벌 때 부사령관으로 공을 세웠다.

76 이때 일을 맡은 관리가 음양서(陰陽書)에 따라 진일(辰日)에는 곡하지 않는다고 태종에게 진언하였으나, 태종이 '군신의 의리는 부자와 같아서 슬픔이 마음속에서 일어나는데 어찌 진일(辰日)이라고 피하겠느냐'며 거부하고 곡을 시작하였다. 『정관정요(貞觀政要)』에 나온다.

였는데, 어좌(御座) 옆에 이르자 내려가서 서로 붙잡고 눈물을 흘렸다. 궁중에 머무르면서 조금 나아져 희색이 만연하였는데, 더욱 극진히 하며 근심하였다. 갑자기 병이 위독해지자 임금이 몸소 가서 보았는데, 손을 잡고 결별하며 슬픔을 억누르지 못하였다. 위징(魏徵)이 병석에 눕자 임금이 태자와 함께 그 집에 이르러 그를 위무하며 눈물을 흘리며 하고 싶어 하는 말을 물었다. 며칠 뒤에 임금의 꿈에 위징이 생전과 같이 나왔는데, 아침이 되자 위징이 죽었다고 아뢰었다.—

한(漢) 문제(文帝) 때에 가의(賈誼)[77]가 상소하였다.[78]

"임금의 존귀함은 비유하자면 큰 집[堂]과 같고, 여러 신하는 섬돌과 같고, 여러 백성들은 땅과 같습니다. 그러므로 섬돌의 아홉 계단 위에 처마가 땅에서 멀면 당(堂)이 높습니다. 섬돌에 계단이 없고 처마가 가까우면 당(堂)이 낮습니다. 높은 것은 붙잡아 오르기 어렵고, 낮은 것은 업신여기기 쉬우니 이치와 형세가 그러합니다. 그러므로 옛날에 성왕(聖王)은 등급과 반열을 만들었으니, 안에는 공(公)·경(卿)·대부(大夫)·사(士)가 있고, 밖에는 공(公)·후(侯)·백(伯)·자(子)·남(男)이 있었습니다. 그런 후에 관사

77 BC 200~BC 168. 전한 하남(河南) 낙양(洛陽) 사람이다. 문제(文帝)의 총애를 받아 최연소 박사가 되었다. 진(秦)나라 때부터 내려온 율령(律令)과 관제(官制), 예악 등의 제도를 개정하고 전한의 관제를 정비하기 위한 많은 의견을 제시하였다. 문제의 막내아들 양회왕(梁懷王)의 태부가 되었지만 왕이 낙마하여 급서하자 애도한 나머지 한 해 뒤 33살로 죽었다. 저서에 『신서(新書)』 10권과 『가장사집(賈長沙集)』이 있다. 진(秦)나라가 망한 까닭을 논한 「과진론(過秦論)」은 널리 알려져 있다.

78 『전한서(前漢書)』 권48 「가의전(賈誼傳)」에 나온다.

(官師)와 소리(小吏)가 있어서 확대하여 서민(庶民)에까지 미치니 등급 간 차이가 분명하고 천자는 그보다 위에 있었으니 그 존귀함에 미칠 수 없는 것입니다. 속담[里諺]에 '쥐를 잡으러 던지려고 하나, 그릇 때문에 꺼려진다.'라 하였으니, 이것을 잘 비유하였습니다. 쥐가 그릇 가까이 있어도 오히려 꺼리어 던지지 않는 것은 그 그릇이 깨어지는 것을 두려워하는 것인데, 하물며 임금 가까이에 있는 귀한 신하에게서야 오죽하겠습니까! 염치와 예절로 군자를 다스리는 것이니, 죽이는 경우는 있으나 잔인하게 죽여 욕보이는 경우는 없었습니다. 이에 경형(黥刑, 죄인의 몸에 죄명을 새겨 넣던 형벌)과 의형(劓刑, 코를 베는 형벌)의 죄가 대부(大夫)에게는 미치지 않았던 것은 그 임금과 거리가 멀지 않았기 때문입니다. 예(禮)에 감히 임금의 수레를 끄는 말과 나란히 서지 않고, 그 꼴을 차는 자는 벌이 있고, 임금의 안석과 지팡이를 보면 일어나고 임금의 수레를 만나면 말에서 내리며 문에 들어갈 때는 재빨리 갑니다. 임금이 총애하는 신하는 비록 잘못이 있어도 형벌에 따라 죽이는 벌을 그 몸에 더하지 않는 것은 임금을 존중하기 때문입니다. 이것이 임금을 위하여 불경(不敬)한 것을 미리 멀리하는 방법이고, 대신을 예로써 대우해 그 절도를 엄하게 하는 것입니다. 지금 왕(王)부터 후(侯)·삼공(三公)의 귀함은 모두 천자가 얼굴빛을 고쳐 예우하는 바이고, 옛날에 천자가 백부(伯父)·백구(伯舅)라 말해 놓고 여러 서민(庶民)과 같이 경형(黥刑), 의형(劓刑), 머리를 깎이는 형벌, 월형(刖刑, 발꿈치를 베는 형벌), 태형(笞刑, 볼기를 치는 형벌), 꾸짖는 형벌, 기시(棄市, 죽여서 저자에 매다는 형벌)

의 형벌을 내린다면, 당(堂)에 섬돌이 없는 것이 아니겠습니까! 염치(廉恥)가 행하여지지 않으면 대신 가운데 중요한 권한을 쥔 이는 없고 대관(大官)이지만 염치없는 천한 무리만 남겠군요!"

또 말하였다.

"임금이 그 대신을 대우하기를 개와 말을 대우하는 것과 같이 하면 저들은 개와 말로 자처할 것입니다. 하급관리를 대우하는 것과 같이 하면 저들이 스스로 하급관리처럼 행동할 것입니다. 그러면 완악하고 우둔하여 부끄러움도 없어지게 되어 뜻과 절개가 없어지고 염치도 서지 않게 됩니다. 또 자중자애(自重自愛)하지 않고 대충 넘어가려고만 합니다. 그러므로 이익을 보면 달려가고 편리함을 보면 빼앗습니다. 임금에게 실패가 있으면 그것으로 인하여 그에게서 달아나고, 임금이 어려움이 있으면 '나는 구차하게 면할 뿐이다'라고 하여 서서 그것을 바라볼 뿐입니다. 내 몸에 편한 것이 있으면 속여 구해서 그것으로 이롭게 할 뿐입니다. 임금이 장차 이런 상황에서 어찌 편하겠습니까?"

또 말하였다.

"옛날에 대신이 청렴하지 않은 것에 연루되어 버려진 자를 청렴하지 않다고 말하지 않고 '보궤(簠簋)가 장식되지 않았다'라고 하고, 더럽고 음란하여 남녀 간의 분별이 없는 것에 연루된 자를 더럽다고 말하지 않고, '휘장과 발이 닦여지지 않았다'라고 하며, 둔하고 변변치 못하여 임무를 감당할 수 없는 것에 연루된 자를 둔하고 변변치 못하다고 말하지 않고 '아래 관원들이 직무를 다하지 못하였다'고 합니다. 그러므로 귀한 대신들은 그 죄가 있다고 정해지더라도 오히려 배척하지 않고 바로 그를 부르고, 오히려 억지로 맞춰 그를 위하여 피하게 하는 것이니, 만남에 예(禮)가 있는 것입니다. 그러므로 여러 신하들이 스스로 기뻐하여, 염치를 지녔기 때문에 사람들이 힘써 절의를 행하였습니다. 임금이 염치와 예의를 베풀어 그 신하를 만나는데, 신하가 절의로 행하여서 그 임금에게 보답하지 않으면 사람이 아닙니다. 그러므로 교화가 이루어지고 풍속이 안정되어지면 신하된 자는 임금만을 위해 몸을 잊고 나라만을 위해 가정을 잊고 공(公)만을 위해 사사로움[私]을 잊어서, 이익이 있다고 구차하게 나아가지 않고 해가 있다고 구차하게 떠나지 않으니, 오직 의(義)가 있는 것은 임금의 교화 때문입니다. 그러므로 부형(父兄)의 신하는 진실로 종묘(宗廟)를 위해 죽고, 법도(法度)의 신하는 진실로 사직(社稷)을 위해 죽고, 보익(輔翼)의 신하는 진실로 임금을 위해 죽고, 마구간을 지키고 적을 막는 신하는 진실로 성곽과 변경을 지키다 죽습니다. 그러므로 '성인이 견고한 철옹성[金城]을 소유하였다'라고 말한 것은 이 뜻을 물건에 비유한 것입니다. 신하들이 또 나를 위하여 죽고자 하니 내가 그들과 더불어 함께 살 수 있고, 신하들은 또 나를 위하여 죽으니, 그러므로 내가 함께 존속할 수 있는 것입니다. 대저 장차 나를 위하여 위험을 지고자 하니 내가 더불어 모두 편안함을 얻었습니다. (신하가) 행동을 돌아보고 이익을 잊으며, 절의(絶義)를 지키고 도리에 복종하므로 제어하지 못하는 권한[不御之權]을 부탁할 수 있고, 어려서 아버지를 잃은 임금[六尺之孤]도 맡길 수 있습니다. 이것이 염치(廉恥)에 엄하게 하고 예의(禮誼)를 행하는 까닭입니다."

漢文帝時 賈誼上疏曰: "人主之尊譬如堂, 羣臣如陛, 衆庶如地. 故陛九級上, 廉遠地, 則堂高; 陛亡級, 廉近地, 則堂卑. 高者難攀, 卑者易陵, 理勢然也. 故古者聖王制爲等列, 內有公卿大夫士, 外有公侯伯子男, 然後有官師小吏, 延及庶民, 等級分明而天子加焉, 故其尊不可及也. 里諺曰: '欲投鼠而忌器.' 此善諭也. 鼠近於器, 尙憚不投, 恐傷其器, 況於貴臣之近主乎! 廉恥節禮以治君子, 故有賜死而無戮辱. 是以黥劓之辠不及大夫, 以其離主上不遠也. 禮不敢齒君之路馬, 蹴其芻者有罰; 見君之几杖則起, 遭君之乘車則下, 入門則趨. 君之寵臣雖有過, 刑戮之辠不加其身者, 尊君之故也. 此所以爲主上豫遠不敬也, 所以體貌大臣而厲其節也. 今自王侯三公之貴, 皆天子之所改容而禮之也, 古天子之所謂伯父、伯舅也, 而令與衆庶同黥劓髡刖笞傌棄市之法, 然則堂不無陛乎! 廉恥不行, 大臣無迺握重權, 大官而有徒隸無恥之心乎!"[79] 又曰: "主上遇其大臣如遇犬馬, 彼將犬馬自爲也; 如遇官徒彼將官徒自爲也. 頑頓無恥, 集詬無節, 廉恥不立, 且不自好, 苟若而可, 故見利則逝, 見便則奪. 主上有敗, 則因而挻之矣; 主上有患, 則吾苟免而已, 立而觀之耳. 有便吾身者, 則欺賣而利之耳. 人主將何便於此?"[80] 又曰: "古者大臣有坐不廉而廢者, 不謂不廉, 曰'簠簋不飾'. 坐汙穢淫亂男女無別者, 不曰汙穢, 曰'帷薄不脩'. 坐罷軟不勝任者, 不謂罷軟, 曰'下官不職'. 故貴大臣定有其辠矣, 猶未斥然正以謼之也, 尙遷就而爲之諱也. 遇之有禮, 故羣臣自憙; 嬰以廉恥, 故人矜節行. 上設廉恥禮義以遇其臣, 而臣不以節行報其上者, 則非人類也. 故化成俗定, 則爲人臣者主耳. 忘身國耳, 忘家公耳, 忘私利不苟就, 害不苟去, 唯義所在, 上之化也. 故父兄之臣, 誠死宗廟; 法度之臣, 誠死社稷; 輔翼之臣, 誠死君上; 守圄扞敵之臣, 誠死城郭封彊. 故曰: '聖人有金城者', 此物此志也. 彼且爲我死, 故吾得與之俱生. 彼且爲我亡, 故吾得與之俱存. 夫將爲我危, 故吾得與之皆安. 顧行而忘利, 守節而伏義, 故可以託不御之權, 可以寄六尺之孤. 此厲廉恥行禮誼之所致也."

79 『한서(漢書)』 권48 「가의전(賈誼傳)」에 나온다.

80 『한서(漢書)』 권48 「가의전(賈誼傳)」에 나온다.

—급(級)은 계단[等]이다. 염(廉)은 측우(側隅)다. (돈(頓))의 음은 둔(鈍)이다. 집후(集詬)는 그 뜻[志分]이 없는 것을 말한다. 파(罷)의 음은 파(波)다.—

신은 이렇게 생각합니다. 고요(皐陶)가 (순임금의 노래에) 화답하여 노래를 부르자 순임금이 그에게 절하였고, 익(益)이 (우임금에게) 옳은 말을 올리자 우임금이 그에게 절하였고, 주공이 점괘를 올리자 성왕이 그에게 절하였으니, 옛날에 덕이 높고 지혜로운 임금이 그 신하에게 예우를 한 것이 대개 이와 같았습니다.

진(秦)나라 이후에 임금을 높이고 신하를 낮추는 예(禮)가 날로 더욱 심해졌습니다. 이에 임금이 신하를 대함에, 이름과 직위는 우롱하기에 충분한가이고 봉록과 이익은 그를 고무(鼓舞)시키기에 충분하고 직접 말하니, 신하는 임금에게 구하는 것이 없을 수 없는데도 임금이 신하에게 진정한 도움을 받았기 때문입니다. 임금이 거만하게 위에서 스스로를 높이는 것은 천지신명(天地神明)과 친할 수 없는 것과 같고, 신하가 물러나 아래에서 스스로 낮추는 것은 노비가 허리를 굽히고 빨리 걸어 오직 늦을까 두려워하는 것과 같아서 상하(上下)의 정(情)이 날로 서로 어그러지고 동떨어져서 어지러워져 망하는 화에 이르게 됩니다. 이는 『역경(易經)』의 이른바 "상하(上下)가 사귀지 못해서 천하에 나라가 없다."라는 말입니다.[81] 그러므로 공자의 "예(禮)로써 신하를 다룬다."라는 말로 인하여[82] 앞에서는 『시경(詩經)』을 인용하고 뒤에서는 가의(賈誼)의 논의까지

81 『주역(周易)』「비괘(否卦)」에 나온다.

82 『논어(論語)』「팔일(八佾)」에 나온다.

언급하여 임금이 신하를 대하는 것이 예(禮)로 하지 않을 수 없다는 것을 드러냈습니다.

이상 '천리와 인륜에 대한 바른 태도 4[天理人倫之正四]' 중 '임금이 신하를 다루는 예[君使臣之禮]'를 논하였습니다.

대학연의 권10

권10에서는 권9를 이어서 '신하가 임금을 섬기는 충성'과 '붕우의 사귐'에 대해 논하였다. 이로써 천리와 인륜의 바름을 논하는 내용 가운데 오륜에 해당하는 내용을 모두 다루었다. '신하가 임금을 섬기는 충성'에 대해서는 신하에게 충은 임금의 선을 증진하게 하고 악을 바로잡는 것이며, 임금을 섬김에 도로써 하고 속이지 않는 것이라고 하였다. 나아가 임금을 섬기는 것은 임금이 인에 뜻을 두고 이를 실행할 수 있게 돕는 것이 충이라고 하였다. 역사적으로 공자와 맹자, 급암(汲黯)의 일까지 예로 들어서 임금에게 곡진한 말과 극진한 의론을 알게 하여야 함을 강조하였다.

이어서 임금과 신하 사이에 붕우의 사귐이 있어야 함에 대해서 신하를 손님으로 삼는 것보다 벗으로 삼는 것이 더욱 공경하는 것이라고 하였다. 그래서 맹자가 현자를 벗하는 일을 서술하였고, 마침내 요임금조차도 벗을 의지하여 자신을 보완하고 벗을 존중하였던 점을 환기하였다.

더 나아가 임금은 신하를 벗으로 삼는 것이 아니라 스승으로 삼는 경우도 있다고 하였다. 이윤, 태공망, 주공 등은 모두 그에 해당한다고 보았다. 다만 후대의 임금은 신하를 벗으로조차 삼은 경우가 많지 않았고, 더욱이 스승의 예로 대접한 경우는 거의 없다고 하였다. 이 점이 바로 나라가 다스려지는 경우보다 혼란해졌던 이유라고 하였다.

이것으로 본다면 신하가 임금에게 충성을 바치는 것은 일방적이지 않으며, 임금이 신하를 오히려 벗으로 삼을 정도로 공경하는 예가 있을 때 국가가 올바로 다스려질 수 있음을 강조하였다.

천리와 인륜에 대한 바른 태도 4[天理人倫之正四]
—신하가 임금을 섬기는 충[臣事君之忠]—

공자(孔子)가 말하였다.[1]

"군자(君子)가 임금을 섬길 때에 나아가서는 충(忠)을 다할 것을 생각하고, 물러나서는 잘못을 고칠 것을 생각한다. 그 아름다움을 받들어 따르고 그 악을 바로잡으니, 그러므로 위아래가 서로 친할 수 있는 것이다."

子曰: "君子之事君也, 進思盡忠, 退思補過. 將順其美, 匡救其惡, 故上下能相親."

—장(將)은 받듦[承]과 같다. 광(匡)은 바로잡음[正]이다.—

신은 이렇게 생각합니다. 나아간다[進]는 것은 들어가 그 임금을 뵙는 것을 말하니, 나아가면 자신의 충(忠)을 다할 것을 생각하는 것입니다. 물러난다[退]는 것은 조정에서 나와서 자기 집[私室]에 들어가는 것이니 물러나면 임금의 잘못을 고칠 것을 생각함이니, (이는) 한순간도 하나의 생각도 늘 임금에게 있는 것입니다.

(임금에게) 선(善)이 있으면 그것을 받들어 따라서 그로 하여금 더욱 선(善)에 나아가게 하고, (임금에게) 악(惡)이 있으면 그것을 바로잡아 그로 하여금 그 악(惡)을 감춰서 없애게 합니다. 이것이

1 『효경(孝經)』「사군장(事君章)」에 나온다.

임금을 지극히 사랑하는 것입니다. 신하는 충애(忠愛)로써 그 임금을 친하게 대하며, 임금은 또한 그 충애를 믿고 그를 친하게 대하니, 옛날에 나라가 융성할 적에 신하와 임금이 모두 현명하지 않으면 이러한 기상은 없었을 것입니다. 후세의 신하들이 그 충애를 다하였으나 임금이 도리어 원수로 여기니, 아! 탄식할 만합니다.

자로(子路)가 임금 섬기는 것을 묻자 공자가 말하였다.

"속이지 말고 그 안색을 범하는 것이다."[2]

子路問事君. 子曰: "勿欺也, 而犯之."

―범(犯)은 안색을 범하는 것[犯顔]을 말하니, 업신여기고 침범하는 것[陵犯]의 범(犯)은 아니다.―

신은 이렇게 생각합니다. 거짓으로 말하고 정직하지 않은 것을 '속인다[欺]'라 하고, 곧게 말하고 숨김이 없는 것을 '범한다[犯]'라고 합니다. 속임[欺]과 범함[犯]은 바로 서로 반대되니, 그러므로 공자가 자로에게 말할 때에 속이지 말고 안색을 범하여 그 임금을 섬기는 곧음을 온전히 하게 하고 그 임금을 속이는 거짓을 경계한 것입니다. 『예기(禮記)』에 "임금을 섬길 때에는 범함이 있고 숨김은 없다[事君有犯而無隱]"[3]라고 하니, 이 내용과 대략 같습니다.

---

2 『논어(論語)』「헌문(憲問)」에 나온다.

공자가 말하였다.[4]

"이른바 대신(大臣)은 도(道)로써 임금을 섬기다가, 할 수 없으면 그친다."

子曰: "所謂大臣者, 以道事君, 不可則止."

신은 이렇게 생각합니다. 도(道)는 바른 이치입니다. 대신(大臣)은 바른 이치로써 임금을 섬겨서 임금이 행하는 바가 바른 이치에 부합하지 않는 것이 있다면 반드시 그것을 바로잡고 제거하여 구차하게 따르지 않습니다. 도(道)가 합하지 않는다면 떠나고 구차하게 머무르지 않습니다.

어떤 이가 "합하지 않으면 떠난다고 하니 임금을 사랑하는 뜻이 아니지 않은가?"라고 묻는다면, (저는) "이것이 임금을 사랑함이 되는 것이다. 임금과 신하가 사귐은 대개 도(道)로써 합하는 것이지 이익 때문에 하려는 것이 아니다. 도(道)가 합하지 않는데도 떠나지 않는다면 구차하게 이익을 따르는 뜻이 있는 것이니, 이는 임금으로 하여금 그 신하를 가볍게 보게 하여 이익으로써 그를 농락할 수 있음을 말한다. 임금이면서 그 신하를 가볍게 본다면 어디인들 이르지 못하겠는가? 오직 대신이어야 도(道)로써 거취를 결정할 수 있는 것이고, 그렇다면 그 임금을 경외하는 마음을 충분히 일으킬 수 있는 것이니, 경외하는 마음이 보존된 이후에 도에 나아갈 수

---

3 『예기(禮記)』「단궁 상(檀弓上)」에 나온다.

4 『논어(論語)』「선진(先進)」에 나온다.

있을 것이다."라고 대답할 것입니다. 신은 그러므로 합하지 않으면 떠나는 것이 임금을 사랑함이 되는 것이라 생각합니다.

맹자(孟子)가 제(齊) 선왕(宣王)을 뵈려고 할 적에, 선왕이 사람을 보내 말하였다.[5]

"과인이 나아가 뵈려고 하였는데, 감기[寒疾]가 있어서 바람을 쐴 수 없습니다. 아침에 조회를 열려고 합니다. 알지 못하겠습니다만 과인이 뵐 수 있겠는지요?"

맹자가 대답하였다.

"불행히도 병이 있어서 조회에 나갈 수 없습니다."

다음날 밖으로 나가 동곽씨(東郭氏)에게 조문하려는데, 공손추(公孫丑)가 말하였다.

"어제는 병으로 사양하시고 오늘은 조문하는 것을 사람이 옳지 않다고 할 것입니다."

그러자 맹자가 대답하였다.

"어제는 병이 있었고 오늘은 나았으니, 어찌 조문하지 않겠는가?"

선왕이 사람을 시켜 병을 물으시고 의원이 오자, 맹중자(孟仲子)가 대답하였다.

"어제 왕명이 계셨으나 땔나무를 할 수 없는 근심[採薪之憂][6]

5 『맹자(孟子)』「공손추 하(公孫丑下)」에 나온다.

이 있어 조회에 나가지 못하시더니, 오늘 병이 조금 나으셨으므로 조정에 달려 나가셨습니다. 제가 알지 못하겠습니다만 도착하셨는지요?"

그러고는 몇 사람으로 하여금 길목에서 지키고 있다가 아뢰게 하였다.

"반드시 돌아오시지 말고 조정에 나아가소서."

어쩔 수 없이 경추씨(景丑氏)에게 가서 묵었는데, 경추씨[景子]가 말하였다.

"안으로는 부자지간(父子之間)이요, 밖으로는 군신지간(君臣之間)이 인간의 큰 윤리입니다. 부자간에는 은혜를 주장하고 임금과 신하 사이에는 경(敬)을 주장하니, 저는 임금께서 선생을 공경하는 것은 보았지만 선생께서 임금을 공경하는 것은 보지 못하였습니다."

이에 맹자가 대답하였다.

"아! 이 무슨 말인가. 제(齊)나라 사람 중에 인의(仁義)를 가지고 임금과 더불어 말하는 이가 없는 것은 어찌 인의를 아름답지 않다고 여겨서이겠는가? 그 마음에 '이 어찌 더불어 인의를 말하기에 충분하겠는가'라고 여겨서일 것이니, 그렇다면 불경(不敬)함이 이보다 더 큰 것이 없다. 나는 요순(堯舜)의 도가 아니면 감히 임금 앞에서 말씀드리지 않으니, 그러므로 제나라 사람들 중 내가 임금을 공경하는 것만큼 하는 이가 없는 것이다."

---

6 땔나무 하러 가지 못하는 걱정을 말하니, 곧 자신의 병에 대한 겸칭이다.

孟子將朝王, 王使人來曰: "寡人如就見者也. 有寒疾, 不可以風, 朝將視朝, 不識可使寡人得見乎?" 對曰: "不幸而有疾, 不能造朝." 明日出吊於東郭氏, 公孫丑曰: "昔者辭以病, 今日吊, 或者不可乎?" 曰: "昔者疾, 今日愈, 如之何不吊?" 王使人問疾. 醫來, 孟仲子對曰: "昔者有王命, 有采薪之憂, 不能造朝. 今病少愈, 趨造於朝, 我不識能至否乎?" 使數人要於路曰: "請必無歸而造於朝." 不得已而之景丑氏宿焉. 景子曰: "內則父子, 外則君臣, 人之大倫也. 父子主恩, 君臣主敬, 丑見王之敬子也, 未見所以敬王也." 曰: "惡! 是何言也! 齊人無以仁義與王言者, 豈以仁義爲不美也. 其心曰何足與言仁義也云爾, 則不敬莫大乎是. 我非堯舜之道, 不敢以陳於王前, 故齊人莫如我敬王也."

—(왕은) 제(齊) 선왕(宣王)이다. 동곽씨(東郭氏)는 제나라 대부이니, 그 집에 초상이 있었으므로 맹자가 그를 조문하였다. (공손추는) 맹자의 제자다. (맹중자는) 맹자의 종형제(從兄弟)이니, 맹자에게 배우는 자다. 옛날에 병이 있으면 스스로를 일컬어 '땔나무를 할 수 없다'라고 하니, 겸사다. 경추씨(景丑氏)는 제나라 대부다. (경자는) 곧 경추씨다. 맹자의 말이다.—

신은 이렇게 생각합니다. 맹자가 이때에 빈사(賓師, 높은 사람에게 손님으로 대접을 받는 사람)의 지위에 있었기 때문에 그 임금이 나아가서 뵙는 예가 있었는데, 선왕(宣王)이 병을 핑계대면서 그가 조회에 나오기를 요구하니 이는 어진 이를 공경하는 마음이 돈독하지 못한 것입니다. 그러므로 맹자 또한 병을 핑계대면서 가지 않은 것입니다. 경자(景子)는 다만 왕명을 들으면 달려가는 것이 그 임금을 공경하는 것만을 알았고, 요순(堯舜)의 도(道)로써 그 임금에게 고하는 것이 바로 크나큰 공경인 것은 알지 못하였습니다. 몸종[僕隷]과 같은 신하가 '예예' 하면서 왕명을 받드니, 겉으로는 그 임금을 공경하는 듯하나 마음에는 진실로 그를 가볍게 여겨서 '이 어찌 더불어 인의(仁義)를 말하기에 충분하겠는가!'라고 한다면 이는 크게 불경스러운 일입니다. 제나라 사람이 임금을 공경하는 것은 겉모습이고 맹자가 임금을 공경하는 것은 마음이니, 그러므로 "제나라 사람이 내가 임금을 공경하는 것만 못하다."라고 말한 것입니다.

맹자(孟子)가 말하였다.[7]

"임금에게 어려운 일을 구하는 것을 공(恭)이라 말하고, 훌륭한 도[善道]를 말하여 사심(邪心)을 막는 것을 경(敬)이라 말하고, 우리 임금은 불가능하다고 여기는 것을 해침[賊]이라 말한다."

孟子曰: "責難於君謂之恭, 陳善閉邪謂之敬, 吾君不能謂之賊."

범조우(范祖禹)가 말하였다.

"신하가 (해결하기) 어려운 일에 대해 임금에게 구하여 그 임금으로 하여금 요순(堯舜)과 같은 성군(聖君)이 되게 하는 것은 임금을 크게 높이는 것이다. 훌륭한 도[善道]를 펼쳐 임금의 간사한 마음을 막아 행여나 그 임금이 잘못이 있는 곳에 빠질까 두려워하는 자는 임금을 지극히 공경하는 것이다. 임금이 훌륭한 도[善道]를 행할 수 없다고 생각하여 말하지

7 『맹자(孟子)』「이루 상(離婁上)」에 나온다.

않는 자는 군주를 심하게 해치는 것이다."

范祖禹曰: "人臣以難事責於君, 使其君爲堯舜之君者, 尊君之大也. 開陳善道, 以禁閉君之邪心, 唯恐其君或陷於有過之地者, 敬君之至也. 謂其君不能行善道, 而不以告者, 賊害其君者也."

맹자(孟子)가 말하였다.[8]

"(등용한) 사람을 (임금과) 더불어 비난할 수 없으며, (잘못된) 정사를 (임금과 더불어) 흠잡을 수 없다. 오직 대인이어야 임금의 나쁜 마음을 바로잡을 수 있으니, 임금이 인(仁)하면 인(仁)하지 않음이 없고, 임금이 의로우면 의롭지 않음이 없고, 임금이 바르면 바르지 않음이 없으니, 한 번 임금의 마음을 바로잡으면 나라가 안정된다."

孟子曰: "人不足與適也, 政不足間也. 惟大人爲能格君心之非. 君仁莫不仁, 君義莫不義, 君正莫不正, 一正君而國定矣."

—적(適)의 음은 적(讁, 꾸짖음)이니, 뜻이 또한 같다. 간(間)은 비난함[非]과 같다. 격(格)은 이름[至]이다.—

신은 이렇게 생각합니다. 정이(程頤)가 말하기를 "천하가 잘 다스려지거나 어지러워지는 것은 임금의 마음이 인(仁)한지 인하지 않은지에 달려 있을 뿐이다. 그릇된 마음은 곧 정사에 해를 끼치니,

8 『맹자(孟子)』「이루 상(離婁上)」에 나온다.

겉으로 드러나기를 기다리지 않는다. 옛날에 맹자께서 세 번 제나라 왕을 만나보시고도 정사를 말하지 않고 말하기를 '나는 먼저 그 간사한 마음을 다스리겠다'라고 하셨으니, 마음이 이미 바르게 된 뒤에야 천하의 일을 다스릴 수 있는 것이다.

지혜로운 자는 정사의 잘못과 인물 등용의 잘못을 고칠 수 있으며, 충직한 자는 그것을 간언할 수 있다. 그러나 (임금에게) 그릇된 마음이 남아 있으면 일마다 고치더라도 뒤에 다시 그러한 일이 있어서 장차 이루 다 고치지 못할 것이고, 사람마다 제거하더라도 뒤에 다시 그러한 인물을 등용하여 장차 이루 다 제거하지 못할 것이다. 이 때문에 보필하는 대신(大臣)의 직임은 반드시 임금의 그릇된 마음을 바로잡는 데에 있으니 그렇게 한 뒤에 바르지 않은 것이 없을 것이다. 임금의 그릇된 마음을 바로잡고자 하는 자는 대인(大人)의 덕이 있지 않으면 또한 이것을 할 수 없는 것이다."라고 하였습니다.

전 시강(侍講) 장식(張栻)[9]이 또 말하기를 "바로잡다[格]는 말은 느끼고 통하여 도달하는 것이다. 『서경(書經)』에 '상제(上帝)에 이르렀다[格于上帝]'라 하니,[10] 대개 임금의 그릇된 마음을 기력으로

9 1133~1180. 남송 한주(漢州) 면죽(綿竹) 사람이다. 자는 경부(敬夫) 또는 흠부(欽夫), 낙재(樂齋)고, 호는 남헌(南軒)이며, 시호는 선(宣)이다. 음보로 승무랑(承務郎)에 임명된 뒤 이부원외랑(吏部員外郎)과 우문전수찬(右文殿修撰) 등을 역임하였다. 가학을 계승하는 한편 호굉(胡宏)에게 이정(二程)의 학문을 배웠는데, 정호(程顥)에 가깝다는 평을 받았다. 주희(朱熹), 여조겸(呂祖謙)과 함께 '동남삼현(東南三賢)'으로 불렸다. 저서에 『논어해(論語解)』와 『맹자해(孟子解)』, 『남헌역설(南軒易說)』, 『남헌집(南軒集)』 등이 있다.

10 『서경(書經)』「주서(周書)·군석(君奭)」에 나온다.

이길 수는 없으니 반드시 느끼고 통하며 도달하여서 그로 하여금 스스로 없애게 하는 것이 이른바 '바로잡다[格]'는 것이다."라고 하였습니다.

신은 정이(程頤)와 장식(張栻)의 말이 맹자의 본뜻을 깊이 이해하였다고 생각합니다. 그러므로 그 대략을 여기에서 드러내었습니다.

맹자가 말하였다.[11]

"군자가 임금을 섬김에는 힘써 그 군주를 이끌어 도(道)에 맞게 하여 인(仁)에 뜻을 두게 할 뿐이다."

孟子: "君子之事君也, 務引其君以當道, 志於仁而已."

신은 이렇게 생각합니다. 맹자의 이 말은 대개 임금을 섬기는 것이 군사를 쓰고 땅을 넓히는 데에 있지 않고, 그 임금의 몸과 마음을 선하게 하는 데에 있음을 말한 것입니다. '도에 맞다[當道]'는 것은 그 움직임이 이치에 합하는 것을 말하고, 인에 뜻을 둔다는 것[志仁]은 마음이 인(仁)에 있음을 말한 것입니다.

임금이 행하는 것이 모두 이치에 부합하면서 그 마음이 항상 인에 있다면 비록 토지가 좁더라도 (나라가) 흥함을 방해하지 못하

11 『맹자(孟子)』「고자 하(告子下)」에 나온다.

니, 탕왕(湯王)과 문왕(文王)이 70리와 100리의 땅을 가지고서도 천하에 왕 노릇 할 수 있었던 이유입니다. 임금이 행하는 것이 이치에 부합하지 않으면서 그 마음이 인에 있지 않다면 비록 토지가 넓으나 그 소유한 것을 보존할 수 없으니, 초(楚)나라가 6,000리의 땅을 가지고서도 복수를 위하여 사람들을 부렸던 이유입니다.

그러나 도(道)와 인(仁)은 두 가지가 아닙니다. 일의 이치로써 말한다면 도이고, 마음의 덕으로써 말한다면 인이니, 맹자가 제(齊)나라와 양(梁)나라의 여러 임금에게 고할 적에 첫 번째도 인이요, 두 번째도 인(仁)이라고 말한 것이 바로 그들로 하여금 여기[仁]에 뜻을 두게 하려고 한 것입니다. 마음을 인에 보존한다면 그 행하는 것이 도(道)에 부합하지 않음이 없으니, 임금을 섬기는 자가 이것을 알지 않을 수 있겠습니까?

『춘추전』에서 말하였다.[12]

"제(齊) 경공(景公)[13]이 사냥에서 돌아와 안자(晏子)[14]가 모시

12 『춘추좌전(春秋左傳)』 소공(昭公) 20년조에 나온다.

13 ?~BC 490. 춘추시대 제나라의 국군(國君)으로 이름은 저구(杵臼)다. 제(齊) 장공(莊公)의 이복동생이다. 대부 최저(崔杼)가 장공을 살해하고 그를 세워 군주로 삼았고, 즉위한 뒤에 최저를 우상(右相), 경봉(慶封)을 좌상(左相)으로 삼았다. 재위하면서 대신들이 서로 죽이는 등 조정이 극히 혼란하였는데, 궁실 짓기를 좋아하였고, 사냥개와 말을 모아 길렀으며, 세금을 무겁게 매기고 혹형을 가하는 등 사치가 끝이 없어 백성들의 고통이 심하였다. 나중에 안영(晏嬰)을 정경(正卿)에 임명하면서 조금씩 나아졌다. 일찍이 노(魯) 정공(定公)과 협곡(夾谷)에서 만났다. 재위 기간은 58년이고, 시호는 경(景)이다.

14 ?~BC 500. 춘추시대 제(齊)나라 사람으로 이름은 영(嬰)이고, 자는 평중(平仲)이다.

고 있었는데, 그때 자유(子猶, 양구거)가 달려와 이르렀다. 경공이 '오직 양구거(梁丘據)[15]만이 나와 마음이 맞는구나.'라고 말하니, 안자가 '양구거는 역시 임금께 맞장구치는 사람이지 그가 어찌 임금의 마음을 맞추는 사람이라고 하겠습니까?'라고 대답하였다. 경공이 '마음을 맞춘다는 화(和)와 맞장구친다는 동(同)이 다른가?'라고 물으니, 안자가 대답하였다.

'다릅니다. 마음을 맞춘다는 화(和)는 국과 같습니다. 국은 물과 불과 식초[醯]와 젓갈[醢]과 소금[塩]과 매실[梅]로써 생선이나 고기를 삶는데 땔나무를 때고 음식 만드는 사람이 간(맛)을 맞춰 지나치면 덜어냅니다. 그리하여 군자가 그 국을 먹고 그 마음이 화평해지는 것입니다. 군주와 신하 사이도 또한 그러합니다. 군주가 좋다고 하더라도 혹 좋지 못한 점이 있으면 신하는 그 좋지 못한 점을 말씀드려서 바로잡고, 군주가 좋지 않다고 하더라도 좋은 점이 있으면 신하는 그 좋은 점을 말씀드려 그 좋지 않은 점을 제거하도록 하는 것입니다. 이 때문에 정치가 공평하게 되어 도(道)에서 어긋나지 않아 백성들이 다투는 마음이 없어지는 것입니다. 그러므로 『시경』에서

영공(靈公)과 장공(莊公), 경공(景公) 세 군주를 섬기면서 재상을 지냈다. 사령(辭令)에 뛰어났고, 백성들의 생활에 관심을 가졌으며, 근검절약을 실천하면서 충간(忠諫)을 올려 제후들 사이에서 명성이 높았다. 경공에게 세금을 경감할 것과 형벌을 줄일 것, 신하의 말에 귀를 기울일 것 등을 충고하였다. 근면한 정치가로 백성의 신망이 두터웠고, 관중(管仲)과 비견되는 재상이었다. 『안자춘추(晏子春秋)』가 그의 저서로 전해지는데, 후세 사람들이 그의 언행을 모아 편찬한 것이다.

15 춘추시대 제(齊)나라 사람으로 경공(景公) 때의 대부(大夫)이며, 자는 자유(子猶) 또는 자장(子將)이다.

'또 조화로운 국이
이미 갖춰지고 이미 조화로운데,
(조상신에게) 올림에 말씀이 없고, 때마다
다툼이 없다.'[16]

라고 하였던 것입니다. 지금 양구거는 그렇지 않아서 임금께서 좋다고 말하는 것을 양구거도 좋다고 말하고, 임금께서 좋지 않다고 하는 것을 그도 또한 좋지 않다고 말합니다. 만약 물로써 물의 맛을 낸다면 누가 그것을 맛있게 먹을 수 있으며, 만약 거문고나 비파의 어느 한 가지만을 같은 소리로 탄다면 누가 그 소리를 좋게 들을 수 있겠습니까? 맞장구친다는 동(同)이 옳지 않다는 것은 이와 같은 것입니다."

『春秋傳』: "齊景公至自田, 晏子侍. 子猶馳至造焉. 公曰: '唯據與我和夫?' 晏子對曰: '據亦同也. 焉得爲和?' 公曰: '和與同異乎?' 對曰: '異. 和如羹焉, 水火醯醢塩梅以亨魚肉, 燀之以薪, 宰夫和之, 以洩其過. 君子食之, 以平其心, 君臣亦然. 君所謂可而有否焉, 臣獻其否, 以成其可. 君所謂否而有可焉, 臣獻其可, 以去其否. 是以政平而不干, 民無爭心. 故『詩』曰: 亦有和羹, 旣戒旣平. 鬷假無言, 時靡有爭. 今據不然, 君所曰可據亦曰可, 君所曰否據亦曰否, 若以水濟水, 誰能食之? 若琴瑟之專一, 誰能聽之? 同之不可也如是.'"

—안자(晏子)의 이름은 영(嬰)이고 자(字)는 평중(平仲)이니, 제나라의 현명한 대부다. 자유(子猶)는 양구거(梁丘據)이니, 제나라의 총애 받는 신하로, 자(字)가 자유(子猶)이다. 형(亨)은 삶음[烹]과 같으니, 여섯 가지의 재료를 써서 어육을 삶아 음식 만드는 것을 말한다. 천(燀)의 음(音)은 전(戰)이니 불 땜[然]과 같다. 화(和)는 거성(去聲)이니, 조화로움[調]이다. 그 맛의 지나침을 빼서 제거하는 것을 말한다. 종(鬷)은 거느림[總]

16 『시경(詩經)』「상송(商頌)·열조(列祖)」에 나온다.

이다. 격(假)은 큼[大]이다. 이는 상송(商頌) 열조편이니, 본래 제사를 말한 것이다. 안자가 그것을 인용하여 만일 조화로운 국이 이미 갖춰지고 조화롭게 된다면 큰 정사를 거느리는 것이 말을 기다리지 않고도 때에 맞아서 사람들이 저절로 다툼이 없어지는 것이다. 단지 물만 쓰고 초[醯]와 육장[醢]과 소금[塩]과 매실[梅]로써 맛을 맞추지 않는다면 먹을 수 없음을 말한다. 금슬(琴瑟)은 모두 악기다. 반드시 오음(五音)과 십이율(十二律)이 있은 뒤에 소리가 조화로워서 들을 수 있다. 만약 한 가지의 음과 한 가지의 율만을 쓴다면 들을 수 없다.—

신은 이렇게 생각합니다. 옛날 도가 융성할 적에 명군(名君)과 양신(良臣)이 모여 있을 때 오직 찬성[都兪]도 있었을 뿐만이 아니라 반대[吁咈]도 있었습니다. 도(都, 탄미하는 소리)와 유(兪, 대답하는 소리)는 '서로 옳다고 여김'을 말하고, 우(吁, 탄식하는 소리)와 불(咈, 뜻을 어김)은 '서로 동의하지 않음'을 말하니, 오직 그 가부(可否)가 서로 도와주어 당우(唐虞)의 치세를 이룰 수 있었던 이유입니다. 위후(衛侯)가 어떤 일을 말함에 스스로를 옳다고 여기고 여러 신하들이 거기에 맞춰 주어 한 입에서 나오는 것 같았으니 어지러워지고 망하였던 이유입니다.

후세의 임금들이 자신이 하고자 하는 바를 관철하고자 자기와 의견이 다른 자들을 모아 '나와 다른 이야기는 나의 일을 막는 것이다'라고 하니, 반대하는 것[否]으로써 옳게 여기는 것[可]을 도와주는 것이 자신의 일을 이루는 것임을 알지 못한 것입니다. 어찌 막는다[沮]라고 말할 수 있겠습니까? 오직 가부(可否)의 사이를 짐작하고 재량함은 국을 조화롭게 만드는 것과 같습니다. 자기 입에 맞춰 주기만을 기대한다면 그 다른 것은 맞장구친다는 동(同)이 될 뿐이고, 그 거스르는 것이야말로 마침내 순함이 되는 것입니다. 아! 임금이 안자의 말을 깊이 음미하지 않을 수 있겠습니까?

한(漢)나라 급암(汲黯)[17]이 주작도위(主爵都尉)[18]가 되어서 구경(九卿)의 반열에 오르니, 그의 간언은 임금의 안색을 범하였다.[19] 임금이 바야흐로 문학유자(文學儒者)들을 불러 말하였다.

"나는 이러이러한 것을 하고자 한다."

그러자 급암이 대답하였다.

"폐하께서는 안으로는 하고자 하는 바가 많으시나 겉으로는 인의(仁義)를 베푸고자 하시니, 어떻게 요임금과 순임금의 다스림을 본받으려고 하십니까?"

임금이 노하여 안색이 변하면서 조회를 파하니, 공경(公卿)이 모두 급암을 염려하였다. 임금이 물러나서 사람들에게 말하였다.

"심하다. 급암의 우직함이여."

여러 신하들이 간혹 급암을 책망하였는데, 급암이 말하였다.

"천자는 공경을 두어 보필하는 신하로 삼으니, 어찌 그들이 아첨을 따르고 뜻을 받들어서 임금을 옳지 않은 데에 빠뜨리게 하는가? 또 내가 그 지위에 있으니 비록 내 몸을 아끼기는 하겠으나 그렇다고 하여 어찌 조정을 욕보이겠는가?"

---

17 ?~BC 112? 전한 복양(濮陽) 사람이다. 무제(武帝) 때의 간신(諫臣)으로, 자는 장유(長孺)다. 무제 때 주작도위(主爵都尉)가 되었고, 구경(九卿)의 한 사람이 되었다. 사람됨됨이가 충간을 좋아하고 정쟁(廷諍)을 거침없이 제기하였는데, 무제가 속으로는 욕심이 많았지만 겉으로 인의(仁義)를 많이 베푼 것도 그의 힘이 컸다. 무제가 그를 두고 사직(社稷)을 지탱하는 신하라 칭송하였다.

18 한 경제 중원(中元) 원년(BC 144) 주작중위를 개칭하여 설치하고 제후들의 봉작에 관한 일을 관장하였다. 녹봉은 이천석으로 9경 중의 하나다.

19 『전한서(前漢書)』 권50 「장풍급정전(張馮汲鄭傳)」에 나온다.

급암이 병이 들자 엄조가 휴가를 청하였는데, 임금이 물어보았다.

"급암은 어떠한 사람인가?"

엄조가 대답하였다.

"급암에게 직분을 맡기고 관직에 있게 하는 것은 남보다 나을 것이 없지만 어린 임금을 보좌하여 선왕의 업적을 지켜 이룬 것에 대해서는 비록 스스로를 맹분(孟賁)[20]과 하육(夏肉)[21]이라고 말하더라도 부정할 수 없습니다."

임금이 말하였다.

"그러하다. 옛날에 사직(社稷)을 지켜 내는 신하가 있었으니 급암과 같은 이가 그것에 가깝다."

漢汲黯爲主爵都尉, 列於九卿. 其諫, 犯主之顔色. 上方招文學儒者. 上曰吾欲云云, 黯對曰: "陛下內多欲而外施仁義, 奈何欲效唐虞之治乎?" 上怒, 變色而罷朝, 公卿皆爲黯懼. 上退謂人曰: "甚矣! 汲黯之戇也!" 君臣或數黯, 黯曰: "天子置公卿輔弼之臣, 寧令從諛承意, 陷主於不誼乎? 且已在其位, 縱愛身, 柰辱朝廷何?" 黯病, 嚴助爲請告. 上曰: "汲黯何如人也?" 曰: "使黯任職居官, 亡以瘉人, 然至其輔少主守成, 雖自謂賁育弗能奪也." 上曰: "然. 古有社稷之臣, 如汲黯近之矣."

—상(上)은 한(漢) 무제(武帝)다. 인의(仁義)를 베풀고자 함을 말한다. 당(戇)은 우직(愚直)함이다. 수(數)는 책망함[責]이다. 엄조(嚴助)는 또한 당시의 가까이 모시는 신하다. 유(瘉)와 유(愈)는 같으니, 나음[勝]이다. 맹분(孟賁)과 하육(夏育)은 옛 용사(勇士)다.—

---

20 전국시대 위(衛)나라 사람이며, 제(齊)나라 사람이라고도 한다. 맹열(孟說)이라고도 한다. 진(秦) 무왕(武王)의 사랑을 받던 역사(力士)라고도 한다.

21 주(周)나라 때 위(衛)나라 사람으로 맹분(孟賁)과 함께 불려 '분육(賁育)'으로 일컬어진다. 나중에 용사(勇士)의 범칭이 되었다.

신은 이렇게 생각합니다. 신하된 자의 의리는 충직(忠直)으로써 근본을 삼습니다. 그러므로 위로는 공자(孔子)와 맹자(孟子)의 말을 취하고, 아래로는 급암(汲黯)의 일에까지 예로 들어서 임금에게 곡진한 말과 극진한 의론을 알게 하고자 하는 자는 바로 임금을 높이는 것이며 윗사람을 친하게 여기는 것이니, 그들을 용납하여야 할 뿐만이 아니라 또한 마땅히 등용하여야 합니다. 아첨을 따르고 뜻을 받드는 자는 임금을 속이는 것이며 윗사람을 업신여기는 것이니, 그들을 잘 살펴야 할 뿐만이 아니라 또한 마땅히 멀리해야 합니다.

급암의 강직함을 무제가 옛날 사직의 신하와 비슷하다고 여겼으되 끝내 등용하지 않고, 공손홍(公孫弘)[22]의 무리를 시종일관 총애하고 직임을 맡겼습니다. 대개 황제의 마음은 아첨과 간사로써 자기에게 맞추는 경우에는 그것이 자신의 병을 더하는 것임을 알지 못하였고, 충직(忠直)으로써 자기에게 비판하는 경우에는 그것이 자신의 덕(德)을 이루어 줄 것임을 알지 못하였습니다. 신이 그러므로 이것을 드러내어 후세의 경계로 삼았습니다.

이상은 '천리와 인륜에 대한 바른 태도 4[天理人倫之正四]' 중 '신하가 임금을 섬기는 충[臣事君之忠]'을 논하였습니다.

---

22 BC 200~BC 121. 전한 치천(菑川) 설현(薛縣) 사람으로 자는 계(季) 또는 차경(次卿)이다. 무제(武帝) 건원(建元) 원년(BC 140) 현량(賢良)에 추천되어 박사(博士)에 올랐다가 흉노(匈奴)의 일 때문에 관직에서 물러났다. 원광(元光) 5년(BC 130) 현량대책(賢良對策)에 제일(第一)로 뽑혀 박사가 되고, 내사(內史)와 어사대부(御史大夫) 등을 역임하였다. 저서에 옥함산방집일서(玉函山房輯佚書)에 수록된 『공손홍서(公孫弘書)』가 있다.

천리와 인륜에 대한 바른 태도 5[天理人倫之正五]

—붕우의 사귐[朋友之交]—

「벌목(伐木)」은 붕우(朋友)·고구(故舊)와 함께 즐거워하는 시다. 천자로부터 백성에 이르기까지 벗에 의지하지 않고서 이룰 수 있는 자는 없다.[23] 친척과 화목하게 지내며, 어진 이를 벗 삼아 버리지 않으며, 오랜 친구를 잊지 않으면, 백성의 덕이 두터워질 것이다. 그 1장에서 말하였다.

"나무 베는 소리 정정하고,
새들 우는 소리 앵앵하네.
깊은 골짜기에서 훨훨 날아
높은 나무에 옮겨 앉네.
앵앵하는 그 울음소리여,
그의 벗을 부르는 소리로다.
저 새들을 보더라도 서로 벗을 부르거늘,
하물며 우리네 사람으로 벗을 구하지 않겠는가?
신령도 이 소리를 들으시면
마침내 화평하고 편안하리라."

「伐木」, 燕朋友故舊也. 自天子至於庶人, 未有不須友以成者. 親親以睦, 友賢不棄, 不遺故舊, 則民德歸厚矣. 其一章曰: "伐木丁丁, 鳥鳴嚶嚶. 出自幽谷, 遷于喬木. 嚶其鳴矣, 求其友聲. 相彼鳥矣, 猶求友聲. 矧伊人矣, 不求友生? 神之聽之, 終和且平."

---

23 『시경(詩經)』「소아(小雅)·벌목(伐木)」에 나온다.

—(「벌목(伐木)」은) 역시 「소아(小雅)」의 편명이고, 주 문왕과 무왕 때의 시다. 붕우(朋友)·고구(故舊)와 함께 즐거워하면서 이것을 지었다. 수(須)는 의지함[待]이다. 이 한 구절은 상편(上篇)의 「상체(常棣)」를 가리켜 말한 것이다. 벌목(伐木)은 서로 응하는 소리이고, 조명(鳥鳴)은 서로 화합하는 소리다. 교(喬)는 높음[高]이다. 상(相)은 봄[視]이다.—

신은 이렇게 생각합니다. 「녹명(鹿鳴)」[24]이라는 시에서는 여러 신하들·귀한 손님들과 함께 즐거워하는데, 이것은 신하를 손님으로 삼는 것입니다. 「벌목(伐木)」이라는 시에서는 붕우(朋友)·고구(故舊)와 함께 즐거워하는데, 이것은 신하를 벗으로 삼는 것입니다. 신하를 손님으로 삼는다는 것은 공경함이 이미 지극한 것이요, 신하를 벗으로 삼는다는 것은 공경함이 더욱 지극한 것입니다. 그러므로 서문에서 "비록 천자라 할지라도 반드시 벗에 의지하여 이룬다."라고 하니, 그 뜻을 얻은 것입니다.

벌목은 혼자의 힘으로 이룰 수 없어 '정정(丁丁)'이라 말하니, 그 소리는 서로 응하는 것입니다. 새는 혼자 소리를 내면 화합할 수 없어 '앵앵(嚶嚶)'이라 말하니, 그 소리는 서로를 구하는 것입니다. 나무를 베는 것[伐木]은 은미한 일이지만 또한 오히려 서로 응하는 것이니, 사람에게 벗이 없을 수 있겠습니까? 우는 새[鳴鳥]는 미미한 조류이지만 또한 오히려 서로를 구하는 것이니, 사람에게 벗이 없을 수 있겠습니까? 벗이 서로 의지하는 그 중요함이 이와 같으니, 신명(神明)에게 맹세하여 화평은 있고 어그러짐은 없기를 바라는 것입니다.

---

24 『시경(詩經)』「소아(小雅)」에 나오는 시다.

그 시를 완미함에 다만 사람이 벗을 구하는 것만 보았고, 임금이 신하를 구하는 것은 보지 못하였으니, 대개 선대의 왕이 도(道)를 즐기고 권세를 잊어서 다만 붕우(朋友)가 서로 의지하는 의리가 있는 것만을 알았고, 임금과 신하가 서로 엄격한 구분이 있다는 것을 보지 못하였기 때문입니다.

시는 모두 세 장이니 모두 함께 즐거워하는 올바름을 말합니다. 2장에서 "살찐 어린 양고기를 잡아 여러 백숙부들을 부르리라."라고 말하였습니다. 또한 "살찐 숫 짐승을 잡아 여러 외숙들을 부르리라." 라고 말하였습니다. 여러 백숙부라는 사람들은 동성(同姓)의 붕우(朋友)로 웃어른입니다. 여러 외숙이라는 사람들은 이성(異姓)의 붕우로 웃어른입니다. 3장에서 "가지런히 음식을 차려 놓으니 형제가 가까이 있다."라고 말하였습니다. 형제라는 사람들은 동등한 붕우입니다. 대저 천자의 귀함으로써 그 벗을 존중하여 '보(父)'라고 부르고 '구(舅)'라고 부르고, 그 벗과 친하여 '제(弟)'라고 부르고 '형(兄)'이라고 부르니, 이것이 지극하게 덕을 존중하고 도를 즐거워하는 것이군요! 이것이 주(周)나라가 성대(盛大)할 수 있었던 이유입니다!

만장(萬章)이 물었다.[25]

"벗을 사귀는 방법은 무엇입니까?"

맹자(孟子)가 대답하였다.

---

25 『맹자(孟子)』「만장 하(萬章下)」에 나온다.

"나이가 많은 것을 의지하지 않고, 신분이 귀한 것을 의지하지 않고, 형제에게 의지하지 않으면서 벗을 사귀어야 한다. 벗을 사귄다는 것은 그 덕을 사귀는 것이니, 의지하는 것이 있어서는 안 된다.

맹헌자(孟獻子)[26]는 백승(百乘, 대부)의 가문 사람으로 벗 다섯 명이 있었다. 악정구(樂正裘)와 목중(牧仲)이 있고, 그 다른 세 명은 내가 이름을 잊었다. 맹헌자(孟獻子)는 이들 다섯 명과 함께 벗하였는데, 이들 중 맹헌자와 같이 지체가 높은 가문은 없었다. 이 다섯 사람 역시 맹헌자의 가문 때문에 그와 벗한 것은 아니었다.

오직 백승(百乘)의 가문만이 그러하였던 것이 아니고, 비록 작은 나라의 임금이라도 또한 그러한 경우가 있었다. 비(費) 땅의 혜공(惠公)이 말하기를 '나는 자사(子思)를 스승으로 삼고, 안반(顔般)을 벗으로 삼고, 왕순(王順)과 장식(長息)을 나를 섬기는 사람으로 삼았다.'라고 하였다.

오직 작은 나라의 임금만이 그러하였던 것이 아니고, 비록 큰 나라의 임금이라도 또한 그러한 경우가 있었다. 진(晉) 평공(平公)[27]은 해당(亥唐)을 대할 때에 (해당이) 들어오라면 들어가고, 앉으라고 하면 앉고, 먹으라고 하면 먹었다. 비록 변변치 못한 음식과 나물국일지라도 결코 배부르게 먹지 않은 적이 없었으니,

26 춘추시대 노(魯)나라의 어진 대부(大夫) 중손멸(仲孫蔑)이다.

27 ?~BC 532. 춘추시대 진나라의 국군(國君)이다. 이름은 표(彪)이고, 도공(悼公)의 아들이다.

대개 감히 배부르게 먹지 않을 수 없었기 때문이다.

그러나 여기에서 그칠뿐이었다. (벗과) 함께 하늘이 준 자리를 함께하지 않았고, (벗과) 함께 하늘이 준 직책으로 다스리지 않았고, (벗과) 함께 하늘이 준 녹(祿)을 먹지도 않았다. 선비가 현자(賢者)를 존중하는 것이었지, 왕공(王公)이 현자를 존경하는 것이 아니었다. 순(舜)이 요임금을 뵈었을 때, 요임금은 사위 순을 이실(貳室)에 머무르게 하고 또한 순에게 잔치를 베풀어 주면서 번갈아 가며 손님이 되고 주인이 되니, 이것은 천자(天子)가 필부(匹夫)와 벗한 것이다.

아랫사람이 윗사람을 공경하는 것을 귀한 사람을 귀하게 여긴다고 하고, 윗사람이 아랫사람을 공경하는 것을 현자를 존중한다고 한다. 귀한 사람을 귀하게 여기고 현자를 존중하는 것은 그 의미가 같은 것이다."

萬章問曰: "敢問友?" 孟子曰: "不挾長, 不挾貴, 不挾兄弟而友. 友也者, 友其德也, 不可以有挾也. 孟獻子, 百乘之家也, 有友五人焉. 樂正裘, 牧仲, 其三人, 則予忘之矣. 獻子之與此五人者, 友也, 無獻子之家者也. 此五人者亦有獻子之家, 則不與之友矣. 非惟百乘之家爲然也, 雖小國之君亦有之. 費惠公曰: '吾於子思則師之矣, 吾於顏般則友之矣, 王順、長息則事我者也.' 非惟小國之君爲然也, 雖大國之君亦有之. 晉平公之於亥唐也, 入云則入, 坐云則坐, 食云則食. 雖蔬食菜羹, 未嘗不飽, 蓋不敢不飽也, 然終於此而已矣. 弗與共天位也, 弗與治天職也, 弗與食天祿也. 士之尊賢者也, 非王公之尊賢也. 舜尙見帝, 帝館甥于貳室, 亦饗舜, 迭爲賓主, 是天子而友匹夫也. 用下敬上, 謂之貴貴; 用上敬下, 謂之尊賢. 貴貴尊賢, 其義一也."

—만장(萬章)은 맹자(孟子)의 제자다. 협(挾)은 의지함[持]을 말한다. 장(長)은 나이[年]를 말한다. 귀(貴)는 명예와 지위의 높음[名位之尊]을 말한다. 맹헌자(孟獻子)는 노(魯)

나라의 현대부(賢大夫) 중손멸(仲孫蔑)이다. 백승(百乘)의 가문이란 대부(大夫)의 식읍(食邑)에서 수레 100대를 내놓을 수 있는 규모를 말한다. (樂正裘와 牧仲은) 두 현인의 이름이다. 비(費)는 작은 나라다. 혜(惠)는 시호다. 자사(子思)는 공급(孔伋)의 자(字)다. 안반(顔般)·왕순(王順)·장식(長息)은 모두 현인의 이름이다. 평공(平公)은 진(晉)나라 임금이다. 해당(亥唐)은 현신(賢臣)이다. 이 말(入云~則食)은 평공(平公)이 만든 것이다. 해당이 들어오라고 말하면 공이 들어갔고, 그 나머지도 같다. 해당이 음식을 차리면 공이 배부르게 그것을 먹었다. 종어차(終於此)는 그 그침이 이와 같은 것을 말한다. 상(尙)은 위[上]다. 관(館)은 집(舍)이다. 『예기(禮記)』에서 '처의 아버지는 장인이다.'라고 하는데, 나의 장인이라고 함은 내가 그의 사위라는 것이다. 요(堯)임금의 딸을 순이 처로 맞이하니, 그러므로 사위라고 할 수 있다. 이실(貳室)은 부궁(副宮)이다. 요(堯)임금은 순(舜)을 부궁(副宮)에 머무르게 하고 잔치를 하면서 그 음식을 먹었다.—

신은 이렇게 생각합니다. 맹자가 "천자에서 대부에 이르기까지 모두 현인과 벗하는 의리가 있다. 그러나 현인과 벗하는 것은 알지만 현인을 쓰는 것을 알지 못한다면 오히려 잘못된 것이다."라고 말하였습니다. 대개 자리[位]라는 것은 하늘이 준 자리이니 현자를 머물게 하는 것이요, 직(職)이라는 것은 하늘이 준 직책이니 현자에게 명한 것이요, 녹(祿)이라는 것은 하늘이 준 녹이니 현자를 봉양하는 것입니다. 이 세 가지는 모두 하늘이 현인을 대우하는 것이니, 하늘이 낸 백성을 다스리게 하려는 것입니다.

그러나 진(晉) 평공(平公)이 해당(亥唐)을 대함에 다만 겉으로 존중할 뿐이니, 일찍이 자리[位]를 주어 머물게 하며, 직(職)을 주어 명하고, 녹(祿)을 받게 한 적이 없습니다. 이것이 어찌 왕공(王公)이 현인을 존중하는 도리입니까! 반드시 요(堯)임금이 순(舜)임금을 대한 것처럼 한 연후에 현자와 벗하는 도리를 다할 수 있습니다. 대저 귀한 사람을 귀하게 여기고 현자를 존중하는 것은 그 이치가 본래 한 가지입니다.

그러나 전국(戰國)시대의 사람들은 다만 귀한 사람을 귀하게 여기는 것은 알지만 다시 현자를 존중하는 것은 알지 못하였으니, 그러므로 맹자(孟子)는 현자와 벗하는 일을 차례로 서술하여 마침내 요임금으로써 모범을 삼으려고 하셨습니다. 그러나 요임금의 성스러움으로도 오히려 오직 벗에 의지하여 스스로를 보완하고 벗을 존중함이 이와 같았으니, 「벌목(伐木)」 시의 벗을 구하는 뜻은 비록 진실로 천자라고 하더라도 잊어서는 안 됩니다.

만장(萬章)이 물었다.[28]

"서인(庶人)은 불러서 일을 시킨다면 가서 일을 하지만, 임금이 그를 보기를 원하여 불러도 가서 뵙지 않는 것은 어째서입니까?"

(맹자가) 말하였다.

"가서 일을 하는 것은 의(義)이지만, 가서 뵙는 것은 의가 아니다. 또한 임금이 그를 만나보고자 하는 것은 무엇 때문인가?"

(만장이) 말하였다.

"들은 것이 많고 어질기 때문입니다."

(맹자가) 말하였다.

"들은 것이 많은 것 때문이라면 천자(天子)도 스승을 부르지 않는데, 하물며 제후이겠는가? 어진 것 때문이라면 나는 아직 어

28 『맹자(孟子)』 「만장 하(萬章下)」에 나온다.

진 사람을 보기를 원해서 불렀다는 것을 듣지 못하였다.

노(魯)나라 목공(繆公)이 자사(子思)를 자주 만나서 말하기를 '옛날에 제후[千乘之國]가 선비[士]를 벗으로 사귀었다고 하는데, 어떠합니까?' 하니, 자사(子思)가 기뻐하지 않으면서 말하기를 '옛 사람의 말씀에 섬겼다고 할지언정 어찌 벗한다고 하겠는가라고 하였습니다.'라고 하였다.

자사가 기뻐하지 않은 것은 '지위로 보면 그대는 임금이고 나는 신하이니 내 어찌 감히 임금과 벗할 수 있으며, 덕(德)으로 보면 그대는 나를 섬기는 자이니 어찌 나와 벗할 수 있겠는가?'라고 말하려고 한 것이 아니겠는가? 제후가 그와 더불어 벗하기를 구하여도 될 수 없는데, 하물며 함부로 부를 수 있겠는가!"

萬章問曰: "庶人召之役, 則往役. 君欲見之, 召之則不往見之, 何也?" 曰: "往役, 義也. 往見, 不義也. 且君之欲見之也, 何爲也哉?" 曰: "爲其多聞也, 爲其賢也. 曰: 爲其多聞也, 則天子不召師, 而況諸侯乎? 爲其賢也, 吾未聞欲見賢而召之也. 繆公亟見於子思, 曰: '古千乘之國以友士, 何如?' 子思不悅, 曰: '古之人有言曰: 事之云乎, 豈曰友之云乎?' 子思之不悅也, 豈不曰: '以位, 則子君也, 我臣也, 何敢與君友也? 以德, 則子事我者也, 奚可以與我友?' 千乘之君, 求與之友而不可得也, 而況可召與!"

—가서 역(役)을 하는 것은 서인(庶人)의 직분이다. 가서 뵙지 않는 것은 선비의 예다. 목공(繆公)은 노(魯)나라 임금이다. 극(亟)은 자주[數]이다.—

신은 이렇게 생각합니다. 맹자의 이 장은 또한 현자(賢者)가 도(道)로써 자중하고, 제후가 벗을 얻지 못하는 뜻을 밝힌 것입니다.

천하에 공통되게 존경해야 할 것이 세 가지가 있으니 하나는 벼슬[爵]이요, 하나는 나이[齒]요, 하나는 덕(德)이다.[29] 조정에서는 벼슬만한 것이 없고, 향리에서는 나이만한 것이 없고, 세상을 돕고 백성을 기르는 데에는 덕(德)만한 것이 없으니, 어찌 그 하나만을 가지고 나머지 두 가지를 업신여길 수 있겠는가? 그러므로 장차 큰일을 하고자 하는 임금은 반드시 앉아서 불러서는 안 되는 신하가 있는 것이다. 도모하기를 원한다면 그에게 나아가야 한다. 덕을 존중하고 도를 즐거워하는 것이 이와 같지 않다면 함께 큰일을 하기에는 부족하다.

그러므로 탕왕(湯王)이 이윤(伊尹)을 대함에 그에게 배운 후에 (그를) 신하로 삼았기 때문에 힘들이지 않고 왕이 되었다. 환공(桓公)[30]은 관중(管仲)을 대함에 그에게 배운 후에 (그를) 신하로 삼았기 때문에 힘들이지 않고 패자가 되었다. 지금 천하는 영토가 비슷하고 덕도 고만고만하여 서로를 능가하지 못하는 것은 다름이 아니라 자기가 가르친 사람을 신하로 삼는 것을 좋아하고 자기가 가르침을 받은 사람을 신하로 삼기 좋아하지 않기 때문이다. 탕왕이 이윤에 대해서나 환공이 관중에 대해서 감히 (앉아서) 불러들이지 않았다. 관중도 또한 오히려 부를 수 없었는데, 하물며 관중과 같이 되려고 하지 않는 사람(맹자)이야 어떠하겠는가?

---

29 『맹자(孟子)』「공손추 하(公孫丑下)」에 나온다.

30 ?~BC 643. 춘추시대 제나라의 15대 왕이다. 이름은 소백(小白)이고, 양공(襄公)의 동생이다.

天下有達尊三: 爵一, 齒一, 德一. 朝廷莫如爵, 鄕黨莫如齒, 輔世長民莫如德, 惡得有其一以慢其二哉? 故將大有爲之君, 必有所不召之臣. 欲有謀焉, 則就之, 其尊德樂道不如是, 不足與有爲也. 故湯之於伊尹, 學焉而後臣之, 故不勞而王. 桓公之於管仲, 學焉而後臣之, 故不勞而覇. 今天下地醜德齊, 莫能相尙無他, 好臣其所敎, 而不好臣其所受敎. 湯之於伊尹, 桓公之於管仲, 則不敢召. 管仲且猶不可召, 而況不爲管仲者乎?

—환공(桓公)은 제(齊)나라 임금이다. 관중(管仲)은 제나라 재상이다. (배운 뒤에 신하로 삼는다는 것은) 먼저 학문을 배움에 나아가 그를 스승으로 삼은 후에 신하로 삼아서 그에게 맡긴다는 것이다. 추(醜)는 비슷한 무리[類]다. 가르친다는 것은 자기가 듣고 따르는 것이다. 가르침을 받는다는 것은 자기가 좇아서 배움을 받는 것이다. 관중(管仲)은 제후[伯]의 보좌임에도 오히려 부를 수 없었는데, 맹자(孟子)는 왕도(王道)를 배우는 사람이니 부를 수 있는가?—

「학기(學記)」에서 말하였다.[31]

"임금이 그 신하를 신하로 여기지 않는 두 가지 경우가 있다. 선군(先君)의 제사에 제주가 된 자에 해당하는 경우는 마땅히 신하로 여기지 않고, 스승으로 삼은 자에 해당하는 경우는 마땅히 신하로 여기지 않는다. 태학(太學)의 예(禮)에서는 비록 천자에게서 조칙을 받을 때에도 북면(北面)하지 않는 것은 스승을 존중하기 때문이다."

「學記」: "君之所不臣於其臣者二: 當其爲尸, 則弗臣也. 當其爲師, 則弗臣

31 『예기(禮記)』「학기(學記)」에 나온다.

也. 大學之禮, 雖詔於天子, 無北面, 所以尊師也."

— (「학기(學記)」는) 『예기(禮記)』의 편명이다. 시동[尸]은 제사의 주인[祭主]이니, 설명은 이미 앞에서 나왔다. 조(詔)는 고함[告]이다. 북면(北面)은 신하의 예(禮)이다. 스승이 되면 신하가 아니기 때문에 북면(北面)하지 않는다.—

신은 이렇게 생각합니다. 이 두 조목은 또한 임금에게 신하를 스승으로 삼는 의리가 있음을 밝혔으니, 단지 벗일 뿐만이겠습니까? 탕왕(湯王)이 이윤(伊尹)에 대하여, 문왕(文王)과 무왕(武王)이 태공망(太公望)에 대하여, 성왕(成王)이 주공(周公)에 대하여는 모두 스승으로 삼은 경우입니다. 그러므로 「중훼지고(仲虺之誥)」에서는 "스스로 스승을 얻을 수 있는 사람이 왕 노릇 한다."라고 하였습니다.[32] 전(傳)에는 또한 "스승 같은 신하[師臣]·친구 같은 신하[友臣]·종과 같은 신하[僕臣]의 구별이 있다"고 하였습니다.

후세의 임금들 중에서 신하를 벗으로 삼았던 경우는 많지 않습니다. 오직 한(漢) 고제(高帝)가 자방(子房)[33]에 대하여, 광무제(光武帝)가 엄자릉(嚴子陵)에 대하여, 소열제(昭烈帝)가 공명(孔明)에 대하여는 거의 신하를 벗으로 삼은 것에 가깝습니다. 한(漢) 명제(明

---

32 『서경(書經)』「상서(商書)·중훼지고(仲虺之誥)」에 나온다.

33 ?~BC 186. 자방(子房)은 장양의 자다. 진(秦)나라가 조국 한(韓)나라를 멸망시키자 진시황을 암살하려 하였지만 실패하였다. 유방이 군대를 이끌고 함양(咸陽)에 진군하였을 때 번쾌(樊噲)와 함께 유방에게 궁실의 부고(府庫)를 봉하고 패상(霸上)으로 철군할 것을 권하였다. 영포(英布)와 팽월(彭越)과 연대하고 한신(韓信)을 등용하는 등 계책을 올렸다. 또 항우(項羽)를 공격하여 완전히 궤멸시킬 것을 건의하였다. 고조(高祖) 6년(BC 201) 유후(留侯)에 봉해졌다.

帝)와 장제(章帝) 같은 사람은 비록 스승의 예로 그 신하를 대우하였으나 전수받은 바가 다만 장구(章句)의 해석일 뿐이었으니, 삼왕(三王)[34]과 사대(四代)[35]에서 말하는 스승의 예는 아닙니다. 종이나 노예와 같이 '예예' 하고 순종만 하는 신하가 세상에 있지 않았던 적은 없어서 임금이 날마다 교만하고 신하가 날마다 아첨하니, 이것이 바로 어지러워지는 경우는 많고 잘 다스려지는 경우는 드문 이유이군요!

이상 '천리와 인륜에 대한 바른 태도 5[天理人倫之正五]' 중 '붕우의 사귐[朋友之交]'을 논하였습니다.

---

34 삼왕(三王)은 하(夏)나라의 우(禹)임금, 상(商)나라의 탕(湯)왕, 주(周)나라의 문(文)왕이다.

35 사대(四代)는 우(虞)나라·하(夏)나라·은(殷)나라·주(周)나라다.

대학연의 권11

권11~12는 '격물치지의 요체[格物致知之要]' 가운데 '도술을 밝힘[明道術]'에 해당하는 부분에서 '우리 도의 원류에 대한 바른 이해[吾道源流之正]'에 대해 논하였다. 진덕수는 요·순·우·탕의 여러 성인들이 서로 전한 것은 오직 하나 중도(中道)라고 보았다. 임금은 표준을 세우는 존재로서 백성들이 이를 따르게 해야 함을 지적하였다. 「홍범」에 이러한 내용이 갖추어져 있음에도 불구하고 후세에 제대로 전해지지 않다가 주희가 이를 다시 설명하였다고 보았다.

이를 실천하기 위해서는 자신의 욕망을 이기고 이를 적극적으로 제거하여 인을 실현해야 한다고 하였다. 이를 위해 인을 어떻게 실현할 것인가에 관해서 공자와 정이, 주희의 말을 인용하였다. 충(忠)과 서(恕)는 대표적인 것이며, 치우치지 않고 기대지 않고, 지나치거나 모자람이 없는 중(中) 역시 중요하다고 하였다. 다만 중을 실천하는 것은 쉽지 않으며, 이를 제대로 실천하기 위해서 경(敬)을 늘 유지하여야 함을 강조하였다. 중은 어느 하나의 상태를 가리키는 것이 아니라 상황에 맞게, 혹은 사물마다 그러하지 않음이 없는 상태를 가리키는 것으로서 임금에게 세상을 다스리는 큰 기준이 됨을 지적하였다.

유학이 가지고 있는 도의 원류가 멀리 요·순에까지 소급되어 임금이 그 기준을 세우는 존재가 되어야 함을 역설하여 유학의 이상적인 정치가 임금이 성인이 되어 표준을 제시하는 데에 있다고 한 것이다. 물론 이렇게 되기 위한 방법은 쉽지 않은 것을 알 수 있다.

우리 도의 원류에 대한 바른 이해[吾道源流之正]

요임금이 제위를 순임금에게 물려줄 때에 말하였다.[1]

"아, 그대 순아, 하늘이 조화롭게 움직이는 것[曆數]이 그대의 몸에 있으니, 참으로 그 치우치지 않음[中道]을 잡도록 하라."

순임금이 또한 우임금에게 제위를 물려줄 때에 또한 이 말로 명하였다.

堯曰: "咨! 爾舜, 天之曆數在爾躬, 允執其中." 舜亦以命禹.

탕왕이 백성 가운데에 중도[中]를 세웠다.

湯建中于民.[2]

맹자가 말하였다.

"탕왕은 중도[中]를 잡았다."

孟子曰: "湯, 執中."[3]

1 『논어』「요왈(堯曰)」에 나온다.

2 『서경』「상서(商書)·중훼지고(仲虺之誥)」에 나온다.

3 『맹자』「이루 하(離婁下)」에 나온다.

신은 이렇게 생각합니다. 요임금·순임금·우임금·탕왕의 여러 성인들이 서로 전한 것은 오직 하나 중도(中道)입니다. 중(中)이라는 것은 무엇입니까? 그 명(命)이 하늘과 땅으로부터 나와서 백성이 그것을 받아서 생겨난 것입니다. 그 이치는 온갖 사물의 사이에 흩어져서 당연하고 일정한 법칙이 있지 않음이 없으니, 넘쳐서도 안 되고 부족해서도 안 되는 것, 이것이 이른바 중(中)입니다. 성인이 차례로 나와서 이것으로써 제도와 다스림의 표준을 삼았으니, 집(執)이라는 것은 그것을 잡아서 일을 헤아리는 것이고, 건(建)이라는 것은 그것을 세워서 백성에게 본보기로 삼는 것입니다. 그 본체는 천리의 바름을 지극히 하는 것이니, 이것이 바로 대중(大中)이라고 말합니다. 그 쓰임은 때에 맞는 마땅함을 선택하니, 이것이 바로 시중(時中)이라고 말합니다. 성현(聖賢)이 전수한 도통(道統)은 이것이 경전에 제일 먼저 드러납니다. 그러나 반드시 인심은 위태롭고 도심은 은미하니 오직 정밀하게 하고 한결같이 하는 것[危微精一]에 그 노력을 다 한 후에야 중도[中]를 잡는 근본이 될 수 있습니다. 오직 임금[聖明]께서는 이 말을 참고하고 완미하십시오.—앞의 권5에 나온다.—

이 장은 『서경(書經)』의 '중(中)'을 말하였습니다.

「홍범」 구주 중에 다섯 번째 범주인 황극(皇極)은 임금이 표준[極]을 세움이니, 오복(五福)을 거두어서 여러 백성들에게 이를 펴서 주면 이 백성들도 그대의 표준을 따라서 할 것이며 (그러면) 그대와

더불어 표준을 보존하게 될 것이다.[4]

무릇 서민들이 사악하지 않고 붕당을 짓지 않으며 지위에 있는 사람들이 사사롭게 서로를 비하함이 없는 것은 임금이 표준이 되기 때문이다.

무릇 서민들이 어떤 꾀함[猷]이 있고, 행함[爲]이 있고, 지킴[守]이 있는 것을 그대는 유념해야 한다. 표준[極]에 합하지 않더라도 죄에 걸리지 않거든 임금은 받아주어라. 얼굴빛을 편안히 하여 말하기를 '내가 좋아하는 바가 덕(德)이다.'라고 하거든 그대가 그에게 복을 주어라. 그러면 이 사람이 오직 임금만을 삶의 표준으로 삼을 것이다.

외롭거나 홀로 된 자[煢獨]를 학대하지 말고, 높은 지위를 가진 자[高明]를 두려워하지 말라. 사람 중에 재능이 있고 잘 하려고 하는 자를 정사를 행함에 나아가게 하면 나라가 번성할 것이다. 무릇 벼슬아치[正人]들은 부유하게 된 뒤에야 비로소 선해지니, 그대가 그들로 하여금 집에서 좋아함이 있게 하지 못하면 이 사람들은 죄에 빠질 것이다. 그리고 덕(德)을 좋아하지 않는 이에게 네가 비록 복을 주더라도 이는 그대가 허물이 있는 사람을 씀이 될 것이다.

치우침이 없고[無偏] 기울어짐이 없어[無陂] 왕의 의(義)를 따르며, 사사로이 좋아함을 만들지 않아 왕의 도(道)를 따르며, 사사로이 미워함을 만들지 않아 왕의 길을 따르라. 편벽됨이 없

4 『서경』「홍범(洪範)」에 나온다.

고 편당함이 없으면 왕의 도가 한없이 멀고 넓으며[蕩蕩], 편당함이 없고 편벽됨이 없으면 왕의 도가 평평(平平)하며, 상도(常道)에 위배됨이 없고 기욺이 없으면 왕의 도가 바르고 곧을 것[正直]이니, 그 표준으로 사람들의 삶이 모아질 것이고, 그 표준으로 돌아올 것이다.

임금이 표준으로 부연한 말이 이것이 바로 떳떳한 이치이고 가르침이니, 이는 상제(上帝)가 가르쳐 주신 것이다.

무릇 서민들이 표준으로 부연한 말을 교훈으로 삼고 행하면 천자의 빛을 가까이하여 말하기를 '천자가 우리들의 부모가 되시어 천하의 왕이 된다.'라고 할 것이다.

「洪範」: 五皇極. 皇建其有極, 斂時五福, 用敷錫厥庶民. 惟時厥庶民于汝極, 錫汝保極. 凡厥庶民, 無有淫朋, 人無有比德, 惟皇作極. 凡厥庶民, 有猷, 有爲, 有守, 汝則念之. 不協于極, 不罹于咎, 皇則受之. 而康而色, 曰予攸好德, 汝則錫之福, 時人斯其惟皇之極. 無虐煢獨而畏高明, 人之有能有, 爲使羞其行, 而邦其昌. 凡厥正人, 旣富方穀, 汝弗能使有好于而家, 時人斯其辜. 于其無好德, 汝雖錫之福, 其作汝用咎. 無偏無陂, 遵王之義. 無有作好, 遵王之道. 無有作惡, 遵王之路. 無偏無黨, 王道蕩蕩. 無黨無偏, 王道平平. 無反無側, 王道正直. 會其有極, 歸其有極, 曰: 皇極之敷言, 是彝是訓, 于帝其訓, 凡厥庶民, 極之敷言, 是訓是行, 以近天子之光. 曰: 天子作民父母, 以爲天下王.

—(「홍범」은) 「주서(周書)」의 편명이다. 「홍범」은 구주인데 황극은 다섯 번째에 있다. 황(皇)은 임금[君]이고, 극(極)은 지극함[至]이다. 오복(五福)은 수명[壽]·재물[富]·건강[康寧]·덕을 좋아하고 열심히 닦음[攸好德]·편안한 죽음[考終命]이다. 부(敷)는 펼침[布]이다. 석(錫)은 줌[與]이다. 서(庶)는 많음[衆]이다. 음(淫)은 사악함[邪]이다. 붕(朋)은 무리[黨]이다. 비(比)는 사사로이 서로 비방하는 것을 말한다. (유유(有猷)는) 도모하고 생각함이 있는 것이다. (유위(有爲)는) 베풀어 시행함이 있는 것이다. (유수(有守)는)

잡아서 지킴이 있는 것이다. 협(協)은 합함[合]이다. 이(罹)는 당함[遭]이다. 경독(煢獨)은 백성 가운데 미약하고 천한 자를 말하고, 고명(高明)은 지위가 높고 현달한 자를 말한다. 수(羞)는 나아감[進]이다. 곡(穀)은 착함[善]이다. 고(辜)는 죄[罪]이다. 구(咎)는 허물[過]이다. 편(偏)은 한 가운데 있지 않음[不中]이다. 피(陂)는 평평하지 않음[不平]이다. 당(黨)은 공정하지 않은 것이다. 탕탕(蕩蕩)은 넓고 멂[廣遠]이다. 평평(平平)은 평이함[平易]이다. 반(反)은 떳떳함에 위배됨[反常]이다. 측(側)은 평평하지 않음[不平]이다. 정직(正直)은 치우치고 사악하지 않음이다. 회(會)는 합하여 옴이다. 귀(歸)는 와서 이름이다. 부(敷)는 부연함[衍]이다. 제(帝)는 하늘[天]이다.—

주희가 말하였다.

"「낙서(洛書)」는 구수(九數)인데 오(五)가 그 가운데에 있고, 「홍범(洪範)」은 구주(九疇)인데 황극(皇極)이 다섯 번째 범주에 있으니, 한나라 때 공씨(孔氏, 공안국(孔安國)[5])가 황극이 '대중(大中)'이 된다고 풀이한 것으로부터 여러 유학자들이 모두 그의 설을 따랐다. 나는 일찍이 경전의 문장 뜻과 문맥으로써 그것을 구해서 그것이 반드시 그러하지 않다는 것을 알았다.

대개 황(皇)이라는 것은 임금을 말하는 것이고, 극(極)이라는 것은 지극하다[至極]는 의미이며 표준을 말하는 것이니, 항상 사물의 중앙에 있으면서 사방[四外]에서 바라보아서 바

---

5 전한 노국(魯國) 곡부(曲部) 출신으로 자(字)는 자국(子國), 공자의 12대 손이다. 무제 때 박사(博士)와 간의대부(諫議大夫)를 역임하고 임회(臨淮) 태수를 지냈다. 무제 말년에 노국의 공왕(恭王) 여(余)가 궁궐 확장을 위해 공자의 옛 집을 열었을 때 『상서』·『예기』·『논어』·『효경』 등 수십 편이 나왔는데, 공안국은 이를 금문과 대조·고증하여 주석을 붙였다. 특히 이때 발견된 『상서』는 진대 복생(伏生)이 전한 『금문상서(今文商書)』보다 16여 편이 많고, 『고문상서(古文商書)』라 부른다.

름을 취하는 것이다. 그러므로 극(極)을 가운데에 있는 표준[在中之準的]으로 삼으면 괜찮지만 극(極)을 가운데[中]라고 하는 것은 안 된다. 마치 북극성[北辰]이 하늘의 기준[天極]이 되며, 용마루[脊棟]가 집의 기준[屋極]이 되는 것은 그 뜻이 모두 그와 같으나, 『예기』에서 말한 '민극(民極)'과 『시경』에서 말한 '사방(四方)의 극(極)'은 황극(皇極)의 의미에 더욱 가깝다.

지금의 학설이라는 것을 돌아보면 모두 여기에서 잘못되어 아울러 저기까지 잘못되었다. 이 때문에 그 학설이 의혹과 오류를 되풀이해서 마침내 스스로 분명해질 수 없었다. 예전의 설[공안국의 설]과 같이 이해한다면 그 나머지는 물을 것도 없거니와 다만 경문(經文)에서 황(皇)을 대(大)로 읽고, 극(極)을 중(中)이라고 읽으면 무릇 이른바 '오직 대가 중을 만들고[惟大作中]'와 '대(大)하면 그것을 받는다[大則受之]'[6]라는 구절은 어떻게 말이 되는가?

지금 나[朱熹]의 설로 미루어 본다면 임금이 자신의 한 몸으로 지존의 자리에 있으면서 사방이 수레바퀴살과 같이 안쪽을 마주하고 도는 것을 바라보지만, 동쪽에서부터 보는 사람은 이것을 지나쳐 서쪽으로 보지 않으며, 남쪽에서부터 보는 사람은 이것[中]을 지나쳐 북쪽으로 보지 않으니 이것[중]이 바로 천하의 지극한 가운데다. 이미 천하의 지극한 가운데

---

6 『서경』「홍범(洪範)」에는 '유황작극(惟皇作極)'과 '황즉수지(皇則受之)'라는 구절이 있다. 주희는 공안국의 설을 따를 경우 이 구절이 '유대작중(惟大作中)'과 '대즉수지(大則受之)'가 되는 것을 지적하였다.

에 있더라도 반드시 천하의 비할 데 없는 덕(德)이 있은 후에야 지극한 표준을 세울 수 있다. 그러므로 반드시 오행(五行)[7]을 따르고 오사(五事)[8]를 삼가서 그 몸을 닦으며, 팔정(八政)[9]을 두텁게 하고 오기(五紀)[10]를 조화롭게 하여서 그 정사를 가지런하게 한 후에 지극한 표준이 천하의 지극한 가운데[至中]에 우뚝 서게 되는 것이다.

그러면 무릇 안쪽을 마주하고 둘러싸서 바라보는 자들로 하여금 이로부터 법칙을 얻지 않음이 없게 하는 것이니, 그 인(仁)으로 말한다면 천하의 인이 지극해져서 천하가 인을 행함에 더할 것이 없으며, 그 효로 말한다면 천하의 효가 지극해져서 천하가 효를 행함에 더할 것이 없으니, 이와 같다면 이른바 황극(皇極)인 것이다. 이로 말미암아 삼덕(三德)[11]으로 그것을 저울질하며, 복서(卜筮)로 그것을 살펴보며,[12] 하늘에게서

7 홍범구주의 첫 번째 범주로 물[水]·불[火]·나무[木]·쇠[金]·흙[土]을 지칭한다. 물은 흘러내리는 성질, 불은 올라가는 성질, 나무는 구부러지고 곧게 자라는 성질, 쇠는 자유롭게 변형하는 성질, 흙은 곡식을 길러 거두는 성질이다.

8 홍범구주의 두 번째 범주로 용모[貌]·말[言]·보는 것[視]·듣는 것[聽]·생각[思]이다. 진덕수는 이것을 '본연지성(本然之性)'이라 부르고 있다.

9 홍범구주의 세 번째 범주로 나라 정사(政事)의 여덟 가지 일이다. 곧 식(食, 식생활)·화(貨, 재화)·사(祠, 제사)·사공(司空, 농지 개간)·사도(司徒, 교육)·사구(司寇, 치안)·빈(賓, 외교)·사(師, 국방)다.

10 홍범구주의 네 번째 범주로 세(歲)·월(月)·일(日)·성신(星辰)·역수(曆數)를 통틀어 이르는 말이다.

11 바르고 곧은 덕인 정직(正直), 강함으로써 다스림[剛克], 부드러움으로 다스림[柔克]을 말한다. 홍범구주의 여섯 번째 범주다.

12 홍범구주의 일곱 번째 범주인 계의(稽疑)에 해당한다. 의혹에 대해 점을 쳐 결정하는 것이다.

그 길함[休]과 흉함[咎]을 징험하며,[13] 사람에게서 그 복(福)과 화(禍)를 헤아리면 가죽 옷의 옷깃을 당기는 것과 같으니, 어찌 한 터럭이라도 따르지 않음이 있겠는가?

이것이 「낙서(洛書)」의 구수(九數)가 비록 일(一)에서 시작하여 구(九)에서 마치더라도 반드시 오(五)가 그 중앙에 있으며, 「홍범(洪範)」의 구주(九疇)가 비록 오행(五行)에 근본 하더라도 복극(福極)[14]에서 다하니, 반드시 황극으로써 주인을 삼는 이유다.

기자(箕子)의 말에 '임금이 표준을 세운다'고 한 것은 임금이 그 자신의 한 몸으로 천하에 지극한 표준에 이르고 또 세우는 것을 말한다. 그의 말에 '오복(五福)을 거두어서 여러 백성들에게 복을 펴서 준다'고 한 것은 임금이 그 표준을 세울 수 있으면 오복이 거두어질 수 있고, 또 백성이 눈으로 보고 느껴서 교화되게 할 수 있으니 이것은 또 복을 널리 펴서 그 백성과 함께할 수 있다는 것을 말한다. 그의 말에 '이 백성들도 또한 그대의 표준[極]을 따라할 것이며 (그러면) 그대와 더불어 너에게 표준을 보존하게 될 것이다.'라고 한 것은 백성이 임금 보기를 지극한 표준이라고 여겨서 그 교화를 따르는 것이니, 이는 다시 이 복(福)을 임금에게 돌려주어서 오래도록

---

13 홍범구주의 여덟 번째 범주인 서징(庶徵)에 해당한다. 비[雨]·햇볕[暘]·더위[燠]·추위[寒]·바람[風]·제때[時]를 살피는 것이다.

14 홍범구주의 아홉 번째 범주로 오복(五福)과 육극(六極)이다. 오복은 수(壽)·부(富)·강녕(康寧)·유호덕(攸好德)·고종명(考終命)이고, 육극은 매우 불길하게 여기는 여섯 가지 일로 변사(變死)와 요사(夭死), 질(疾), 우(憂), 빈(貧), 악(惡), 약(弱)이다.

지극한 표준이 되게 하는 것을 말한다.

그의 말에 '무릇 서민들이 사악하지 않고 붕당을 만들지 않으며, 지위에 있는 사람들이 사사롭게 서로를 비하함[阿比]이 없는 것은 임금이 표준[極]이 되기 때문이다.'라고 한 것은 백성이 이 덕을 가질 수 있는 까닭이 모두 임금의 덕이 지극한 표준이 되기 때문임을 말한다.

그의 말에 '무릇 서민들이 꾀함[猷]이 있고 실천력[爲]이 있고 지킴[守]이 있는 것을 그대가 유념해야 하며, 표준에 합하지 않더라도 죄에 걸리지 않거든 임금은 받아 주어라'고 한 것은 임금이 이미 위에서 표준을 세우더라도 아래가 교화를 따름이 간혹 얕고 깊고 더디고 빠름이 고르지 않은 경우가 있으니, 꾀가 있는 자[有謀者]와 재주가 있는 자[有才者]와 덕이 있는 자[有德者]를 임금이 마땅히 유념하여 잊지 말라는 것이고, 혹은 완전히 부합하지는 못하나 그렇다고 크게 어그러지지는 않은 자들은 역시 마땅히 그들을 받아주고 거부하지 않는다는 것을 말한다.

그의 말에 '얼굴빛을 편안히 하여 말하기를 <내가 좋아하는 바가 덕(德)이다.>라고 하거든 그대가 그에게 복을 주어라. 그러면 이 사람이 오직 임금만을 삶의 표준으로 삼을 것이다.'라고 한 것은 사람이 겉모양만 고치고 임금을 따르면서 덕을 좋아한다고 스스로 말하는 것은 비록 그 실제 중심에서 나온 것은 아니지만, 임금도 역시 그가 스스로 말한 것을 진실로 그런 것처럼 당연하게 생각하고 임금을 표준으로 삼아서 그 실질에 힘쓰게 된다는 것을 말한다.

그의 말에 '의지할 데 없이 외로운 사람을 학대하지 말고, 높은 지위를 가진 이를 두려워하지 말라. 사람 중에 재능이 있고 실천력이 있는 자를 그 정사를 행함에 나아가게 하면 나라가 번성할 것이다.'라고 한 것은 임금이 백성을 대하는 데에 모두를 동등하게 보아 똑같이 사랑하여서[一視同仁] 무릇 재능이 있는 자를 모두 선(善)에 나아가게 하면 인재가 많아져서 거기에 힘입어서 나라가 흥해진다는 것을 말한다.

그의 말에 '무릇 벼슬아치[正人]들은 부유하게 한 뒤에야 비로소 선하니, 그대가 그로 하여금 집에서 좋아함이 있게 하지 못하면 이에 그 사람이 죄에 빠질 것이다. 그리고 덕(德)을 좋아하지 않는 이에게 그대가 비록 복(福)을 주더라도 이는 그대가 허물이 있는 사람을 씀이 될 것이다.'라고 한 것은 무릇 벼슬아치라는 자들은 반드시 먼저 부유해지기를 바라니, 그런 후에야 선을 받아들일 수 있다는 것이고 또 만약 자기 집에서 의지할 바가 없다면 이 사람은 반드시 장차 의롭지 못한 데 빠지게 될 것이니, 다시는 덕을 좋아하는 마음의 상태로 회복할 수 없는 지경에 이르게 되고 그 후에는 수신(修身)을 가르쳐서 복을 구하는 것을 권면하나 그 일에 미치지 못하고 그러면 그대에 대한 보답으로 나타나는 것은 오직 악(惡)만 있고 선은 없게 될 것이다. 대개 사람의 타고난 품성은 혹은 맑고 혹은 탁하고 혹은 순수하고 혹은 섞여서 한 가지로 가지런하게 할 수 없음이 있는 것이니 이 때문에 성인이 위에서 표준을 세움이 지극이 엄정하고 지극히 정밀하더라도, 아래에서 맞이해서 따르는 것이 지극히 크고 지극히 넓어서, 비록 저들이 이것으로 교화됨이 얕거나 깊고 느리거나 빨라 그 효과가 혹은 일정하지 않아도 내가 저들에게 대응하는 바는 기르고 함양하는 그 마음이 일찍이 오직 한 가지가 아니었던 적이 없음을 말하는 것이다.

그의 말에 '치우침이 없이 임금의 표준[極]을 따른다.'라고 한 것은 천하의 사람이 모두 감히 자기의 사사로움을 따르지 않고 위에서 하는 교화를 따라서 지극한 표준으로 회귀한다는 말이다. 대개 한쪽으로 치우치고 악을 좋아하는 자는 마음에서 이미 사사로움이 생겨나서 한쪽 무리로 치우치고 두 마음을 품는 자는 일을 사사롭게 보게 된다. 임금의 바름, 임금의 도리, 임금의 길은 위에서 교화하는 것이니 이른바 황극이다. 바름을 따르고, 도리를 따르고, 길을 따르는 것은 그 표준을 바야흐로 깨닫는 것이고, 어느 한쪽에도 치우치지 않고 바르고 곧음[蕩蕩平平]은 이미 표준[極]으로 돌아간 것을 말한다.

그의 말에 '임금이 표준[極]으로 부연한 말, 이것이 바로 떳떳한 이치이고 가르침이니 상제(上帝)가 가르쳐 주신 것이다.'라고 한 것은 임금이 몸소 표준을 세워서 아래에 널리 알리면 떳떳함이 되고 가르침이 되는 것이 모두 하늘의 이치여서 상제의 치우치지 않은 바른 덕과 다르지 않음을 말한다.

그의 말에 '무릇 백성들이 표준[極]으로 부연한 말을 교훈으로 삼고 이를 행하면 천자의 밝음에 가깝다.'라고 한 것은 천하의 사람이 임금이 명하는 것에 대해 모두 그 가르침을 받아서 삼가 그것을 행할 수 있으면 저절로 멀어지지 않고 그 도덕의 빛나는 기운을 입을 수 있음을 말한다.

그의 말에 '천자가 백성의 부모가 되어 천하의 왕이 된다.' 라고 한 것은 임금이 지극한 표준을 세울 수 있어서 만민의 부모가 되어서 천하의 왕이 되는 것이니 그렇지 않으면 그 자리만 있고 그 덕은 없기 때문에 만물의 첫머리에 나와서 천하 임금의 자리에 오르는 데에는 부족하다는 것을 말한다.

이 글은 하늘이 우(禹)임금에게 주는 것에서 비롯되니 비록 어둡고 희미하고 아득하고 멀어서 알지 못하는 바가 있었으나, 내용을 잘 아는 기자가 무왕에게 아뢴 바, 그 내용이 두루 갖추어지게 되었다. 그 말이 넓고 깊고 크고 아름다움을 돌아보건대 쉬운 말이 아닌 점이 있으나 항상 마음을 비우고 기운을 고르게 하여 두세 번 되풀이하면 너무나도 거리낌 없이 명백해서 한 글자도 의심할 것이 없다.

다만 선대 유학자가 임금이 수신해서 도를 세우는 근본이 되는 바를 고찰하지 않아서 이로 인해 황극(皇極)을 잘못 풀이해서 대중(大中)이라고 하고, 또 그 글을 보니 포괄적이고 관대한 표현이 많고, 이로 인하여 다시 중(中)을 인식하니 모호하고 구차해서 선악의 뜻이 분명하지 않았으니 자못 표준[極]이 비록 중에 있지만 중의 뜻에서 취하는 것만이 아님을 알지 못하였다. 또한 중의 의미는 지나치거나 미치지 못함이 없는 것으로써 지극히 정밀하고[至精] 지극히 마땅하여서[至

當] 털끝만큼의 차이도 없는 것이니 또 그 가리켜 말한 뜻과 같은 것은 아니다.

그래서 중을 잘못 인식한 것으로 표준[極]을 잘못 풀이하여 지극히 엄격하고 지극히 정밀한 본체에 삼가지 못하고, 지극히 너그럽고 지극히 넓은 도량[量]에 힘썼으니, 그 폐단은 장차 임금이 수신하여 정치를 세우는 것은 알지 못하게 되었다. 한(漢) 원제(元帝)가 어리석고, 당(唐) 대종(代宗)이 고지식한 데에 빠지게 되어서 마침내 심지어 옳고 그름이 전도되니 현명함과 어리석음이 무질서해져서 재난이 따랐다. 오히려 어떻게 복을 거두고 백성에게 베푸는 것을 바랄 수 있겠는가?"

朱熹曰: "「洛書」九數而五居中, 「洪範」九疇而皇極居五. 自漢孔氏訓皇極爲大中, 諸儒皆祖其說. 獨嘗以經之文義語脉求之, 而知其必不然也. 蓋皇者, 君之稱也. 極者, 至極之義, 標準之名, 常在物之中央而四外, 望之以取正者也. 故以極爲在中之準的則可, 而訓極爲中則不可. 若北辰之爲天極, 脊棟之爲屋極, 其義皆然. 而『禮』所謂'民極', 『詩』所謂'四方之極'者, 於皇極之義爲尤近. 顧今之說者, 旣誤於此, 而幷失於彼. 是以其說展轉迷謬, 而終不能以自明也. 卽如舊說, 姑亦無問其它, 但卽經文而讀皇爲大、讀極爲中, 則夫所謂'惟大作中, 大則受之', 爲何等語乎? 今以熹說推之, 則人君以一身, 履至尊之位, 四方輻湊, 面內而環觀之, 自東而望者, 不過此而西也; 自南而望者, 不過此而北也, 此天下之至中. 旣居天下之至中, 則必有天下之絶德, 而後可以立至極之標準. 故必順五行、敬五事以脩其身, 厚八政、協五紀以齊其政. 然後至極之標準, 卓然有以立乎天下之至中. 使夫面內而環觀者, 莫不於是而取則焉. 語其仁則極天下之仁, 而天下之爲仁者莫能加; 語其孝則極天下之孝, 而天下之爲孝者莫能尙, 是則所謂皇極者也. 由是而權之以三德, 審之以卜筮, 驗其休咎於天, 考其禍福於人, 如挈裘領, 豈有一毛之不順哉? 此「洛書」之數, 所以雖始於一終於九, 而必以五居其中, 洪範之疇, 所以雖本於五行, 而究於福極, 而必以皇極爲之主也. 若箕子之言有曰'皇建其有極'云者, 謂人君以其一身, 而立至極之標準於天下也. 其曰'斂時五福, 用敷錫厥庶民'者, 謂人君能建其極, 則爲五福之所聚, 而又有以使民觀感而化焉, 則是又能布此福而與其民也. 其曰'惟時厥庶民于汝極, 錫汝保極'云者, 則謂民視君以爲至極之標準而從其化, 則是復以此福還錫其君, 而使之長爲至極之標準也. 其曰'凡厥庶民, 無有淫朋, 人無有比德, 惟皇作極'云者, 則言民之所以能有是德者, 皆君之德有以爲至極之標準也. 其曰'凡厥庶民, 有猷, 有爲, 有守, 汝則念之. 不協于極, 不罹于咎, 皇則受之'云者, 則言君旣立極於上, 而下之從化, 或有淺深遲速之不同, 其有謀者、有才者、有德者, 人君固當念之而不忘, 其或未能盡合而未抵乎大戾者, 亦當受之而不拒也. 其曰'而康而色曰<予攸好德>, 汝則錫之福, 時人斯其惟皇之極'云者, 則謂人之有能革面從君, 而以好德自名, 則雖未必出於中心之實, 人君亦當因其自名, 而與之以善, 則是人者亦得以君爲極, 而勉其實也. 其曰'無虐煢獨而畏高明. 人之有能有爲, 使羞其行而邦其昌'云者, 則謂君之於民一視同仁, 凡有才能皆使進善, 則人材衆多而國賴以興也. 其曰'凡厥正人, 旣富方穀, 汝弗能使有好于而家, 時人斯其辜. 于其無好德, 汝雖錫之福, 其作汝用咎'云者, 則謂凡欲正人者, 必先有以富之, 然後可以納之於善. 若不能有所賴於其家, 則此人必將陷於不義, 至其無復更有好德之心, 而後姑欲教之以脩身, 勸之以求福, 則已無及於事, 而其起以報汝, 唯有惡而無善矣. 蓋人之氣稟, 或淸或濁, 或純或駁, 有不可以一律齊者. 是以聖人所以立極於上者, 至嚴至密; 而所以接引于下者, 至寬至廣, 雖彼之所以化於此者, 淺深遲速, 其效或有不同, 而吾之所以應於彼者, 長養涵育, 其心未嘗不一也. 其曰'無偏無陂, 至于歸其有極'云者, 則謂天下之人, 皆不敢徇其己私, 以從乎上之化, 而會歸乎至極之標準也. 蓋偏陂好惡者, 己私之生於心者也; 偏黨反側者, 己私之見於事者也. 王之義、王之道、王之路, 上之化也, 所謂'皇極'者也. 遵義、遵道、遵路, 方會其極也. 蕩蕩平平, 正直則已歸於極矣. 其曰'皇極之敷言, 是彝是訓, 于帝其訓'云者, 則言人君以身立極, 而布令于下, 則其所以爲常爲教者, 皆天之理, 而不異乎上帝之降衷也. 其曰'凡厥庶民, 極之敷言, 是訓是行, 以近天子之光'云者, 則謂天下之人, 於君所命, 皆能受其教而謹行之, 則是能不自絶遠, 而有以被其道德之光華也. 其曰'天子作民父母, 以爲天下王'云者, 則謂人君能立至極之標準, 所以作億兆之父母, 而爲天下之王. 不然則有其位無其德, 不足以首出庶物, 而履天下之極尊矣. 是書也, 原於天之錫禹, 雖其茫昧幽眇, 有不可得而知者. 然箕子之所以告武王者, 則已備矣. 顧其辭之宏深奧雅, 若有未易言者, 然常虛心平氣而再三反復焉, 則亦坦然明白, 而無一字之可疑. 但先儒不察乎人君所以脩身立道之本, 是以誤訓'皇極'作'大中', 又見其詞多爲含容寬大之言, 因復認中爲含胡苟且, 不分善惡之意. 殊不知極雖居中, 而非有取乎中之義. 且中之爲義, 又以其無過不及, 至精至當, 而無有毫釐之差, 亦非如其所指之云也. 乃以誤認之中, 爲誤訓之極. 不謹乎至嚴至密之體, 而務爲至寬至廣之量, 其弊將使人君不知修身以立政, 而墮於漢元帝之優游、唐代宗之姑息, 卒至於是非顚倒, 賢否貿亂, 而禍敗隨之, 尙何斂福錫民之可望哉?"

신은 이렇게 생각합니다. 「홍범」의 글은 한나라의 유학자들부터 황극(皇極)을 대중(大中)으로 삼았습니다. 후세 사람들은 그것으로 인하여 감히 번번이 논의를 하지 않았습니다. 그래서 기자가 본래 지적한 것이 이로부터 자취를 감춘 지가 수천 년입니다. 그런데 주희가 스스로 터득한 학문에 깊이 나아가서 비로소 홍범이 임금이 세우는 지극한 표준임을 설명하기 시작하였습니다. 천하를 소유한 사람들로 하여금 그 몸이 백성의 위에 있음을 알도록 하고 무릇 몸을 닦아 정치를 세움은 반드시 그 지극함을 다한 후에 그 지존(至尊)과 지극(至極)의 자리를 칭할 수 있게 하였으니, 비록 기자가 다시 살아오더라도 이 말을 바꿀 수 없을 것입니다. 이것이 바로 성학의 바름에 관련되고 임금의 도(道)의 큰 요체를 전하는 것이니 그 문장을 고루 갖추어서 감히 덜어낼 수 없으니 무릇 갖추어서 살펴보십시오.

이 장은 『서경(書經)』의 '황극(皇極)'을 말하였습니다.

안연(顔淵)이 인(仁)을 묻자 공자가 말하였다.[15]

"자신의 사사로운 욕심을 이겨 예에 돌아감[克己復禮]이 인을 하는 것이니, 하루라도 사사로운 욕심을 이겨 예에 돌아가면 천하가 인으로 돌아간다. 인을 하는 것은 자신에게 달려 있으니, 다른 사람에게 달려 있겠는가?"

안연이 말하였다.

"그 조목(條目)을 묻습니다."

공자가 말하였다.

"예가 아니면 보지 말며, 예가 아니면 듣지 말며, 예가 아니면 말하지 말며, 예가 아니면 움직이지 말아야 한다."

안연이 말하였다.

"제[顔回]가 비록 민첩하지 않으나 청컨대 이 말을 따르겠습니다."

顔淵問仁. 子曰: "克己復禮爲仁. 一日克己復禮, 天下歸仁焉. 爲仁由己, 而由人乎哉?" 顔淵曰: "請問其目." 子曰: "非禮勿視, 非禮勿聽, 非禮勿言, 非禮勿動." 顔淵曰: "回雖不敏, 請事斯語矣."

—극(克)은 이김[勝]이다. 기(己)는 몸의 사사로운 욕심을 말한다. 복(復)은 돌이킴[反]이다. 목(目)은 조목(條目)이다.—

15 『논어』「안연(顔淵)」에 나온다.

정이가 말하였다.

"예(禮)가 아닌 곳이 바로 사사로운 뜻이니, 이미 사사로운 뜻이라면 어떻게 인(仁)을 얻을 수 있겠는가? 모름지기 자기의 사사로움을 모두 이겨 내어 모두 예로 돌아가야 비로소 이것이 인이다."

程頤曰: "非禮處便是私意. 旣是私意, 如何得仁? 須是克盡己私, 皆歸於禮, 方始是仁."

또 말하였다.

"극기복례(克己復禮)를 하면 일마다 모두 인(仁)이니 그러므로 천하가 인으로 돌아갈 것이다."

사량좌(謝良佐)[16]가 말하였다.

"자신을 이기는 것은 모름지기 본성이 치우쳐 있어서 극복하기 어려운 곳부터 이겨 나가야 한다."[17]

又曰: "克己復禮, 則事事皆仁, 故曰天下歸仁." 謝良佐曰: "克己, 須從性偏難克處, 克將去."

---

16 1050~1103. 정호(程顥)와 정이(程頤)에게 학문을 배웠다. 그는 정좌(靜坐)와 거경(居敬)의 수양을 강조하였는데, 이것을 통해 인간 수양(修養)의 목적은 양심(良心)을 방해하는 인욕(人欲)을 버리고 천리(天理)를 밝히는 것이라고 하고, 이것이 곧 인(仁)의 구현이라고 하였다. 인이 곧 마음이고 천리이며 선천적인 양심이라고 주장함으로써, 사상의 근본을 인에다 놓았다.

17 성욕이 다른 욕구보다 특별히 강한 사람은 성욕으로 극복하고, 명예욕이 다른 욕구보다 특별히 강한 사람은 명예욕을 극복하는 것이 극기라고 할 수 있다.

주희가 말하였다.

“인(仁)이라는 것은 본심(本心)의 온전한 덕이다. 기(己)는 일신(一身)의 사욕을 말한다. 예라는 것은 천리(天理)의 절문(節文, 예에 관한 규정)이다. 인을 하는 것은 그 마음의 덕을 온전히 하는 것이다. 대개 마음의 온전한 덕은 천리가 아닌 것이 없으나, 또한 인욕(人欲)에 파괴되지 않을 수 없다. 그러므로 인을 하는 자가 반드시 사사로운 욕심을 이겨 예에 돌아가면 일마다 모두 천리여서 본심의 덕이 다시 나에게 온전하게 된다.”

朱熹曰: “仁者, 本心之全德, 己, 謂身之私欲, 禮者, 天理之節文, 爲仁者, 所以全其心之德也. 蓋心之全德, 莫非天理, 而亦不能不壞於人欲. 故爲仁者必有以勝私欲而復於禮, 則事皆天理, 而本心之德, 復全於我矣.”

또 말하였다.

“안연이 공자의 말을 듣고 천리와 인욕의 차이가 뚜렷함을 분명히 알게 되었다. 그래서 의혹을 더 이상 가지지 않고 곧바로 그 조목(條目)에 대해서 물은 것이다. 예가 아닌 것은 자신의 욕심이다. 물(勿)은 금지하는 말이니, 이것은 인심(人心)이 주가 되어서 사사로움을 이기고 예에 돌아가는 기틀이다. 사사로움이 극복된다면 행동과 차림새[動容]와 일에 힘쓰는 것[周旋]이 예에 맞지 않는 것이 없어서 일상에서 천리(天理)의 유행(流行)이 아닌 것이 없을 것이다. 사(事)는 일에 종사한다는 사(事)와 같다. ‘청컨대 이 말을 따르겠다[請事斯語]’라는 말은 안연이 묵묵히 그 이치를 알고 또 그 능력이 그것을 이겨 낼 수 있음을 스스로 알아서, 그러므로 곧바로 자신의 임무로 삼고 의심하지 않았다."

又曰: "顏淵聞夫子之言, 則於天理人欲之際, 已判然矣, 故不復有所疑問, 而直請其條目也. 非禮者, 己之欲也. 勿者, 禁止之辭. 是人心所以爲主, 而勝私復禮之機也. 私勝則動容周旋無不中禮, 而日用之間, 無非天理之流行矣. 事, 如事事之事. 請事斯語, 顏子默識其理, 又自知其力有以勝之, 故直以爲己任而不疑也."

정자가 말하였다.[18]

"안연이 극기복례(克己復禮)의 조목(條目)을 묻자 공자가 '예가 아니면 보지 말며, 예가 아니면 듣지 말며, 예가 아니면 말하지 말며, 예가 아니면 움직이지 말아야 한다.'라고 하였다. 네 가지는 몸의 쓰임[用]이라 중(中, 二心, 마음)에서 말미암아 외부에 대응하니, 밖에서 제어함은 그 마음을 기르는 것이다. 안연이 이 말을 일로 삼으니, 성인(聖人)으로 나아갈 수 있었던 이유다. 배우는 자들은 마땅히 가슴속에 두고 잃지 말아야 한다. 그래서 잠(箴, 경계의 말)을 지어서 스스로를 경계하노라.

그 「시잠(視箴)」에

'마음은 본래 허(虛)하니,

18 『이천문집(伊川文集)』 「사잠(四箴)」에 나온다. 또한 『논어집주』 「안연(顏淵)」에도 나온다.

사물에 대응함에 자취가 없다.
마음을 잡는 데는 요령이 있으니,
(보지 말 것을 보지 말고)
보아야 할 것을 보는 것이 그것이 된다.
어떤 것이 눈앞을 가리면
마음이 그곳으로 옮겨 가니,
이를 밖에서 제어하여야
그 안을 편안히 할 수 있다.
극기복례하려면
오래도록 성(誠)하게 할 일이다.'
그 「청잠(聽箴)」에
'사람이 지니고 있는 떳떳함은
천성(天性)에 근본한 것이지만,
지각이 (외물에게) 유혹되어 외물에 동화되면
마침내 그 바름을 잃게 된다.
드높으신 저 선각자(先覺者)들은
그칠 바를 알아 정(定)함이 있었으니
사(邪)를 막고 성(誠)을 보존하여
예가 아니면 듣지 않았다.'
그 「언잠(言箴)」에
'인심(人心)의 움직임은
말로 인하여 베풀어지니,
말을 낼 때에 조급함과 망령됨을 금하여야

안이 고요하고 오로지하게 된다.
하물며 이것은 몸의 중추[樞機]이니,
전쟁을 일으키기도 하고 평화를 부르기도 한다.
길함[吉]과 흉함[凶], 영화(榮華)와 치욕(恥辱)은
오직 말이 부르는 것이다.
말을 쉽게 하면 허황되고,
너무 번거롭게 하면 지리(支離)해지며,
자신이 함부로 하면 남도 거슬리게 하고,
나가는 말이 어그러지면 오는 말도 어그러진다.
법도가 아니면 말하지 않아서
훈계의 말을 공경할지어다.'
그 「동잠(動箴)」에
'철인(哲人)은 기미를 알아
생각할 때에 성실히 하고,
지사(志士)는 힘써 행하기 때문에
행동함에 지킴이 있다.
이치[理]를 따르면 넉넉하고
욕심[欲]을 따르면 위태로우니,
잠깐이라도 생각을 잘하여
조심스럽게 스스로를 지켜라.
습관이 본성[性]과 함께 완성된다면
성현(聖賢)과 같아지리라.'
라고 하였다."

(내[朱熹]가 살펴보건대)

“이 장의 문답은 곧 심법(心法)을 전수해 준 간절하고 요긴한 말이다. 지극히 총명한 사람이 아니면 그 기미를 살필 수 없고, 지극히 굳센 사람이 아니면 그 결단을 할 수 없으니, 그러므로 오직 안자(顔子)만이 그것을 들을 수 있었지만, 무릇 배우는 자들 역시 힘쓰지 않으면 안 될 것이다. 정자(程子)의 잠(箴)은 설명을 친절히 하였으니 배우는 자들은 더욱 깊이 음미하여야 한다.”[19]

程子曰: “顔子問克己復禮之目, 子曰 ‘非禮勿視, 非禮勿聽, 非禮勿言, 非禮勿動’, 四者身之用也. 由乎中而應乎外, 制於外, 所以養其中也. 顔淵事斯語, 所以進於聖人. 學者宜服膺而勿失也. 因箴以自警. 視箴曰: ‘心兮本虛, 應物無迹. 操之有要, 視爲之則. 蔽交於前, 其中則遷. 制之於外, 以安其內. 克己復禮, 久而誠矣.’ 聽箴曰: ‘人有秉彝, 本乎天性. 知誘物化, 遂亡其正. 卓彼先覺, 知止有定. 閑邪存誠, 非禮勿聽.’ 言箴曰: ‘人心之動, 因言以宣. 發禁躁妄, 內斯靜專. 矧是樞機, 興戎出好, 吉凶榮辱, 惟其所召. 傷易則誕, 傷煩則支, 己肆物忤, 出悖來違. 非法不道, 欽哉訓辭!’ 動箴曰: ‘哲人知幾, 誠之於思; 志士勵行, 守之於爲. 順理則裕, 從欲惟危; 造次克念, 戰兢自持. 習與性成, 聖賢同歸.’ 此章問答, 乃傳授心法切要之言. 非至明, 無以察其幾; 非至健, 無以致其決. 故惟顔子得聞之, 而凡學者亦不可以不勉也. 程子之箴, 發明親切, 學者尤宜深玩.”

혹자(或者)가 물었다.

19 『논어집주』「안연(顔淵)」에 나온다.

"안연이 인(仁)에 대해 묻자 공자께서 이것으로 대답하였는데 무엇입니까?"

주희가 말하였다.

"사람은 천지(天地)의 중(中)을 받고 태어나서 인(仁)·의(義)·예(禮)·지(智)의 성(性)이 그 마음에 갖추어져 있다. 인은 비록 사랑[愛]이 위주가 되나 실제로는 본심(本心)의 온전한 덕(德)이 되는 것이고, 예(禮)는 비록 경(敬)이 위주가 되나 실제로는 천리(天理)의 절문(節文)이 되는 것이다. 그러나 사람이 이 몸을 가지고 있으니 이(耳)·목(目)·구(口)·체(體)의 사이에 사사로운 욕심이 얽매임이 없을 수 없어서 예에 어긋나고 인을 해치게 된다. 그 한 몸의 주인 되는 것이 없으니 사물이 전도(顚倒)되고 착란(錯亂)하지 않는 것이 없다. 이것이 성현[聖門]의 학문이 인을 구하는 것에 골똘히 정신을 쏟는 이유이고, 안자(顔子)의 물음에 공자가 특별히 극기복례(克己復禮)로 그에게 알려 준 까닭입니다. 대개 그 자신의 사사로운 욕심을 제거하여서 천리의 본연으로 회복하고자 하는 것이니, 대저 본심의 온전한 덕이 장차 여기에서 떨어지지 않도록 다하지 않음이 없게 해야 한다."

或問: "顔淵問仁, 而夫子告之以此, 何也?" 朱熹曰: "人受天地之中以生, 而仁義禮智之性, 具於其心. 仁雖專主於愛, 而實爲本心之全德; 禮則專主於敬, 而實爲天理之節文也. 然人有是身, 則耳目口體之間, 不能無私欲之累, 以違於禮而害夫仁, 則自其一身莫適爲主, 而事物之間, 顚倒錯亂, 無所不至矣. 此聖門之學, 所以汲汲於求仁, 而顔子之問, 夫子特以克己復禮告之. 蓋欲其克去有己之私欲, 而復於天理之本然, 則夫本心之全德, 將不離乎此, 而無不盡也."

또 말하였다.

"기(己)라는 것은 인욕(人欲)의 사사로움이고, 예(禮)라는 것은 천리의 공(公)이다. 한 마음의 가운데 두 가지는 나란히 설 수 없으나, 그 서로간의 간격은 털끝만큼도 되지 않는다. 여기에서 나오면 저기로 들어가고 저기서 나오면 여기에 들어오니, 이것은 극(克)과 불극(不克), 복(復)과 불복(不復)이 손을 뒤집는 것과 같고, 팔뚝을 굽히고 펴는 것과 같다. 진실로 그것을 하고자 하면 그 기미는 진실로 자신에게 있을 뿐이니, 어찌 다른 사람이 관여할 수 있는 것이겠는가?"

又曰: "己者, 人欲之私也; 禮者, 天理之公也. 一心之中, 二者不容並立, 而其相去之間, 不能以毫髮. 出乎此則入乎彼, 出乎彼則入乎此, 是其克與不克、復與不復, 如手反覆, 如臂屈伸. 誠欲爲之, 其機固亦在我而已, 夫豈他人所得與哉?"

—여(與)의 발음은 예(預)다.—

또 말하였다.

"예가 아니면 보고 듣지 말라는 것은 그 밖에서 들어와 안에서 동(動)하는 것을 막고, 예가 아니면 말하고 움직이지 말라는 것은 안에서 나와서 밖에서 접하는 것을 삼가라는 것이다. 안팎에서 병행하여, 인(仁)을 행하는 공부에 여력을 남기지 않을 것이다. 그러나 성인의 말씀을 잘 음미하여 안자

(顔子)가 힘쓴 것을 구하니, 그 기미는 다만 하여야 하는지 말아야 하는지의 사이에 달려 있을 뿐이다. 이로부터 돌이키면 천리(天理)가 되고, 이로부터 흘러가면 인욕(人欲)이 되고, 이로부터 잘 생각하면 성인(聖人)이 되고, 이로부터 생각이 없어지면 광인(狂人)이 되니, 다만 지극히 작은 털끝만한 차이일 뿐이다. 배우는 자가 그 선택할 것을 삼가지 않을 수 있겠는가!"

又曰: "非禮而勿視聽者, 防其自外入而動於內也; 非禮而勿言動者, 謹其自內出而接於外也. 內外並進, 爲仁之功, 不遺餘力矣. 然熟味聖言, 以求顔子之所用力, 其機特在勿與不勿之間而已. 自是而反, 則爲天理自是而流則爲人欲, 自是而克念則爲聖, 自是而罔念則爲狂, 特毫忽之間耳. 學者其可不謹其所擇哉?"

또 말하였다.

"성정(性情)의 덕은 갖추어지지 않은 것이 없어서 한 마디 말로 그 오묘함을 충분히 다할 수 있으니, 그것은 인(仁)일 뿐이다. '인'을 구하는 것도 대개 또한 많은 방법이 있으나 한마디 말로 그 요체를 거론할 수 있으니, 그것은 극기복례(克己復禮)일 뿐이다. 대개 인이라는 것은 천지(天地)가 만물을 낳는 마음이어서 사람이 얻어서 마음으로 삼는 것이니, 오직 그 천지가 만물을 낳는 마음을 얻어서 마음으로 삼는 것이다. 이에 아직 발현하기 전에 네 가지 덕이 갖추어지니, 그것은 인의예지(仁義禮智)이며 '인'이 거느리지 않는 것이 없다. 이미 발현하는 사이에 네 가지 덕이 드러나니, 그것은 측은(惻隱)·수오(羞惡)·사양(辭讓)·시비(是非)이며 측은해하는 마음[惻隱之心]이 통하지 않은 것이 없다. 이것이 '인'의 본체와 작용이 기르고[涵育] 혼연히 전체를 이루는[渾全] 이유이며, 두루 흘러 꿰어 통하여 한 마음의 오묘함에 오로지하여 모든 선(善)의 우두머리[長]가 된다.

그러나 사람에게 이 몸이 있으니 귀·눈·코·입·사지(四肢)의 욕심이 있어 '인'을 해치는 것이 없게 할 수가 없다. 사람이면서 어질지 못하면 천리는 없어지고 인욕은 장차 이르지 않는 바가 없게 되니, 이것이 군자의 배움이 '인'을 구하는 것에 급급한 이유이며, 인을 구하는 요체는 역시 인을 해치는 원인을 제거하는 것이다. 대개 예(禮)가 아닌데도 보면 인욕(人欲)이 인을 해치고, 예가 아닌데도 들으면 인욕이 인을 해치고, 예가 아닌데도 또 말하고 움직이면 인욕이 인을 해친다. 인욕이 인을 해치는 이유가 여기에 있음을 알고, 이에 그 근본을 뽑고 그 근원을 막아서 그것을 이기고, 그것을 이기고 또 이기면 하루아침에 활연하여 사욕이 사라지고 이치는 순(純)해져서 그 가슴속에 보존된 것이 어찌 순연히 천지가 만물을 낳는 마음이며 애오라지 봄볕의 따뜻함과 같지 않겠는가! 묵묵히 그것을 알면 진실로 한 가지 이치가 갖춰지지 않음이 없고 한 가지 물건이 맞지 않음이 없다. 느끼고 통하면 일이 이치에 맞지 않음이 없고 사물이 그 사랑을 입지 않음이 없다."

又曰: "性情之德, 無所不備, 而一言足以盡其妙, 曰仁而已. 所以求仁者,蓋亦多術, 而一言足以擧其要, 日克己復禮而已. 蓋仁也者, 天地所以生物之心, 而人所得以爲心者也. 惟其得夫天地生物之心以爲心. 是以未發之前, 四德具焉, 日仁義禮智, 而仁無不統. 已發之際, 四端著焉, 日惻隱、羞惡、辭讓、是非, 而惻隱之心, 無所不通. 此仁之體用, 所以涵育渾全, 周流貫徹, 專一心之妙而爲衆善之長也. 然人有是身, 則有耳目鼻口四肢之欲, 而或不能無害夫仁. 人而不仁, 則其所以滅天理窮人欲者, 將無所不至, 此君子之學, 所以汲汲於求仁, 而求仁之要, 亦日去其所以害仁者而已. 蓋非禮, 而視人欲之害仁也; 非禮而聽, 人欲之害仁也; 非禮而言且動焉, 人欲之害仁也. 知人欲之所以害仁者在是, 於是有以拔其本塞其原, 克之而又克之, 以至於一旦[20]豁然欲盡而理純, 則其胸中之所存者, 豈不粹然天地生物之心, 而藹乎其若春陽之溫哉? 默而識之, 固無一理之不具, 而無一物之不該也. 感而通焉, 則無事之不得於理, 而無物之不被其愛矣."

신은 이렇게 생각합니다. 주희가 이 장에서 밝혀서 분석한 것이 다시 언급할 것이 없으니, 지금 그 글을 자세히 갖춘 것이 위와 같습니다. 이른바 귀[耳]·눈[目]·입[口]과 사지(四肢)의 욕망이라는 것은 눈은 미색[色]을, 귀는 아름다운 소리[聲]를, 입은 맛있는 음식[味]을, 코는 향기[臭]—옛날에는 향기[香]와 냄새[臭]를 함께 이름 붙여서 '취(臭)'라고 하였다. 지금 사람들이 전하여 더러운 것[臭]을 취(臭)라고 하는 것과는 같지 않다.—를 좇고 사지(四肢)는 안일함[安佚]에 기대기 마련입니다. 네 가지의 욕망을 이겨 내지 못하면 욕심이 이기고 이치가 없어지니 어찌 인(仁)이 있을 수 있겠습니까? 그래서 이긴다는 것

20 저본에는 '朝'로 되어 있지만 조선 태조 이성계의 이름 '단(旦)'을 피휘한 것이므로 원래대로 '旦'으로 바로잡았다.

이 귀한 이유입니다. 이긴다는 것[克]은 싸우면 이기고 공략하면 차지하는 것을 말합니다. 사사로운 욕심이 사람을 해치는 것이 도적보다 심하니, 그러므로 용감하게 나서서 힘써 행하여 그것을 이기고 제거해야 합니다.

원헌(原憲)이 "이기려 하고 자랑하고 원망하고 욕심내는 것을 행하지 않으면 '인'이라 할 수 있습니까?"라고 물으니, 공자께서 "어렵다고는 할 수 있으나, '인'인지는 내가 알지 못하겠다."라고 말씀하셨습니다.[21] 이기려 하고[克], 자랑하고[伐], 원망하고[怨], 욕심내는 것[欲] 네 가지는 모두 사사로운 뜻[私意]입니다.—원헌(原憲)의 이른바 욕심을 이기는 것[克欲]은 다른 사람을 이기는 것으로 자신을 이기는 것을 말하는 것과는 다르다.— 원헌(原憲)이 단지 그것을 제어하여 행하지 않는 것을 단지 인이라고 여기고자 하였으니, 공자께서 그것을 허락하지 않으신 이유입니다. 자신을 이기는 것[克己]과 같은 것은 떨쳐 일어나 결단하여 제거하는 것이지 막아 억눌러 행하지 않는 것을 이르는 것이 아닙니다. 나쁜 나무를 베어 낼 때 그 가지만을 자를 뿐만 아니라 반드시 그 근원이 되는 뿌리까지 뽑아내는 것과 같습니다. 안자(顔子)의 큰 용기가 아니라면 성인이 감히 경솔히 그것을 허락하시겠습니까!

인이라는 한 글자가 경전에서 보이는 것은 『서경(書經)』「중훼지고(中虺之誥)」[22]로부터 비롯되었으니, "능히 너그럽고 능히 어질

21 『논어(論語)』「헌문(憲問)」에 나온다.

22 탕(湯)이 군사를 일으켜 폭군 걸(桀)을 내쫓은 뒤 부끄러운 마음을 토로하자 신하인 중훼(仲虺)가 그를 변명하고 위로한 글로 '克寬克仁彰信非民'으로 나온다.

어 모든 백성(兆民)들의 믿음을 받으셨습니다."라고 하였습니다. 이윤이 그것을 이어서 "백성들은 항상 그리워하는 사람이 없어 인이 있는 이를 그리워한다."[23]라고 말하였습니다. 이보다 이전의 것은 『서경』「우서(虞書)」에서 이른바 "살려 주기를 좋아하는 덕[好生之德]"과 "백성을 편안하게 하면 은혜롭다[安民則惠]"[24]와 같은 것은 곧 이른바 인이면서 인이라는 명칭이 없다가, 「상서(商書)」에 이르러 이름이 비로소 드러났는데, 그 말은 무릇 모두 인의 용(用)이고, 안자의 물음과 공자의 대답은 곧 인의 체(體)입니다. 이제(二帝)와 삼왕(三王)은 비록 이겨 내야 할 사사로운 욕심이 없었으나, 순은 이른바 "인심(人心)은 위태롭고 도심(道心)은 은미하니, 정(精)하게 하고 한결같이 하여야 한다."[25]라고 하였고, 성탕(成湯)은 "음악과 여색을 가까이하지 않고 재화와 이익을 증식하지 않으며, 예로써 마음을 제재한다."[26]라고 한 것은 그 힘쓰는 것이 애초에 안자(顏子)와 다르지 않습니다. 대개 반드시 안자(顏子)의 '인'이 있어서 후에 이제(二帝)와 삼왕은 인이 있으니, 이것이 자신을 성취하고 사물을 성취하는 것이 서로 끝이 되고 시작이 되는 것입니다.

천하를 소유한 자가 어찌 인을 좋아하는 마음이 없겠습니까마는 인을 행하기 어려움이 도리어 배우는 것보다 심한 것은 물욕(物慾)으로 해가 되는 경우가 많기 때문입니다. 사인(詞人)이 부(賦)를 지어 곧 이것으로써 한(漢)나라 광무제(光武帝)에게 바쳐서 "자신을

---

23 『서경(書經)』「상서(商書)·태갑(太甲)」에 나온다.
24 『서경(書經)』「우서(虞書)·고요모(皐陶謨)」에 나온다.
25 『서경(書經)』「우서(虞書)·대우모(大虞謨)」에 나온다.
26 『서경(書經)』「우서(虞書)·중훼지고(中虺之誥)」에 나온다.

이겨서 예를 회복하고[克己復禮] 진실로 효문제(孝文帝)보다 공손하셨습니다."라고 하였습니다. 지금 그것을 보면 광무제는 진실로 어진 이입니다. 그러나 정후(正后)를 폐하고 태자(太子)를 바꾸었으니,[27] 모두 사사로운 욕심에서 한 것으로 그가 이 칭호를 얻을 수 있겠습니까? 당(唐)나라 태종이 세상을 구제하고 백성을 편안하게 한 것이 인(仁)을 잘 활용한 덕택이 아니라고는 말할 수 없지만, 원래 그 근본을 찾으면 간언을 따라서 잘못을 고쳤기 때문이지 스스로 이기는 것을 아는 바는 거칠었습니다. 그러므로 그의 공효는 가릴 수 없을 정도로 크지만 오직 그 스스로 이겨 이룩한 것은 적고 스스로 방종(放縱)하여 잃은 것은 많습니다. 때문에 겨우 당 태종의 인은 따라할 수 있지만, 이제(二帝)와 삼왕(三王)의 인은 따라할 수 없습니다.

오직 덕이 높고 슬기로운 임금[聖明之君]이 뜻을 세우고 배움에 힘쓰는 것을 이제(二帝)와 삼왕으로써 목표로 삼고 한(漢)·당(唐)에 안주하지 않으면서, 공문(孔門)의 극기복례(克己復禮)하는 공(功)에 바로 마땅히 그 힘을 쓰는 데에 힘쓴다면 반드시 천리(天理)가 온전해지고 인욕(人欲)이 없어지는 데에 이를 것입니다. 그렇게 되면 천하가 인으로 돌아오는 날이 얼마 남지 않을 것이니, 신은 간절하고 간절함을 이기지 못하겠습니다.

이 장은 『서경』의 '인(仁)'을 말하였습니다.

---

27 후한(後漢)의 광무제는 음여화(陰麗華)를 총애하였지만, 그녀가 아들을 낳지 못하자 곽성통(郭聖通)을 황후로 삼았다. 그러나 후에 음여화가 아들을 낳은 것을 곽씨가 질투하자 이를 구실로 곽씨를 폐하고 곽씨의 소생인 유강(劉强)도 태자에서 폐하였다. 이에 음여화의 소생인 유장(劉莊)이 태자가 되어 후에 명제(明帝)가 되었다.

공자(孔子)가 말하였다.[28]

"참[曾參]아! 우리의 도는 하나로 만 가지를 꿰뚫는다."

증자가 대답하였다.

"예."

공자가 나간 뒤 문인들이 물었다.

"무엇을 말한 것입니까?"

증자(曾子)가 대답하였다.

"선생님의 도는 충(忠)과 서(恕)일 뿐이다."

子曰: "參乎! 吾道一以貫之." 曾子曰: "唯." 子出. 門人問曰: "何謂也?" 曾子曰: "夫子之道, 忠恕而已矣."

—관(貫)은 통함[通]이다. 유(唯)는 빨리 대답하는 것이니, 의심이 없음이다. 이이의(而已矣)는 다하여 남음이 없다는 말이다.—

주희가 말하였다.

"성인의 마음은 혼연히 한 가지 이치[理]로써 넓게 응하면서도 빠짐없이 대처하니 그 쓰임[用]이 각기 같지 않다. 증자(曾子)는 그 쓰이는 곳[用處]에서는 대개 이미 일에 따라 정밀히 살피고 힘써 행하였으나, 다만 그 본체[體]는 하나임을 알지 못하였는데, 선생께서 그가 참[眞]을 쌓고 힘쓰기를 오래

28 『논어(論語)』 「이인(里仁)」에 나온다.

해서 장차 터득함이 있을 줄을 아셨다. 이 때문에 이름을 부르고 말씀해 주셨는데, 증자가 과연 묵묵히 그 뜻을 부합하여 빨리 대답하니 의심이 없었던 것이다."

또 말하였다.

"자신의 마음을 다하는 것을 충(忠)이라 말하고, 자신의 마음을 미루어 적용하는 것을 서(恕)라 말한다. 선생[孔子]의 한 가지 이치가 혼연하여 넓게 응하면서도 빠짐없이 대처하는 것을 비유하면 하늘과 땅이 지극히 성실하고 쉼이 없어서 만물이 각기 제자리를 얻음과 같은 것이다. 이 밖에는 진실로 다른 방법도 없고 미루어 적용하는 데에 기다릴 것도 없다.

증자가 여기에서 터득한 바가 있었으나 말하기가 어려웠다. 그러므로 학자들이 자신의 마음을 다하고[盡己, 忠] 자신의 마음을 미루어 적용하는[推己, 恕] 조목을 빌려서 드러내어 밝혔으니, 사람들이 쉽게 깨닫게 하려고 한 것이다.

대개 '지극히 성실하고 쉼이 없다[至誠無息]'는 말은 도(道)의 본체[體]이니 온갖 다름이 하나의 근본이 되는 이유이고, '만물이 각기 제자리를 얻다[萬物各得其所]'는 말은 도의 쓰임[用]이니 하나의 근본이 온갖 다름이 되는 이유다. 이것으로 살펴본다면 '하나로 만 가지를 꿰뚫음[一以貫之]'의 실제를 볼 수 있을 것이다. 어떤 이는 말하기를 '마음에 집중함[中心]이 충(忠)이 되고, 마음과 같이 함[如心]이 서(恕)가 된다.'라고 하니, 뜻이 또한 통한다."

朱熹曰: "聖人之心, 渾然一理, 而泛應曲當, 用各不同. 曾子於其用處, 蓋已隨事精察而力行之, 但未知其體之一爾. 夫子知其眞積力久, 將有所得. 是以呼而告之, 曾子果能默契其指, 卽應之速而無疑也." 又曰: "盡己之謂忠, 推己之謂恕. 夫子之一理, 渾然而泛應曲當, 譬則天地之至誠無息, 而萬物各得其所也. 自此之外, 固無餘法, 而亦無待於推矣. 曾子有見乎此而難言之, 姑借學者盡己推己之目, 以著明之, 欲人之易曉也. 蓋至誠無息者, 道之體也, 萬殊之所以一本也; 萬物各得其所者, 道之用也, 一本之所以萬殊也. 以此觀之, 則一以貫之之實可見矣. 或曰'中心爲忠, 如心爲恕', 於義亦通."

정이(程頤)가 말하였다.

"자기로 외물에 미침[以己及物]은 인(仁)이고 자기를 미루어 외물에 미침[推己及物]은 서(恕)이니, 이른바 '충과 서는 도와 거리가 멀지 않다'[29]는 것이 이것이다. 충과 서는 하나로 만 가지 일을 꿰뚫는 것이니[一以貫之], 충은 천도(天道)이고 서는 인도(人道)이며, 충은 망령됨이 없는 것이고 서는 충을 기반으로 행하는 것이며, 충은 본체이고 서는 쓰임이니, 큰 근본[大道]과 공통된 도[達道]다. 이것(정이가 말한 충과 서)이 '『중용』의 충과 서는 도와의 거리가 멀지 않다[違道不遠]'와 다른 점은 움직이기를 하늘[天]로써 하기 때문이다."

또 말하였다.

29 『중용』 13장에 "충과 서는 도와의 거리가 멀지 않으니, 자기 몸에 베풀어 보아 원치 않는 것을 나 또한 남에게 베풀지 않는 것이다."라고 하였다.

"'오직 하늘의 명이여,

아! 아름다움이 그치지 않는다'[30]

는 것은 충(忠)이고,

'건도(乾道)가 변화하여

각기 성명을 바르게 한다'[31]

는 서(恕)이다."

또 말하였다.

"성인이 사람을 가르치는 데에 각각 그 자질에 따랐다. '우리의 도는 하나로 만 가지를 꿰뚫는다[吾道一以貫之]'는 것을 오직 증자만이 이를 통달할 수 있었으니, 이것이 공자가 증자에게 말씀하신 까닭이다. 증자가 문인에게 말하기를 '선생의 도(道)는 충(忠)과 서(恕)일 뿐이다.'라고 하였으니, 이 또한 공자께서 증자에게 말씀하신 것과 같다. 『중용』의 이른바 '충과 서는 도와 거리가 멀지 않다'는 것은 바로 아래로는 인간의 일을 배우면서 위로는 천리(天理)에 통달하는 뜻이다."

또 말하였다.

"'충과 서는 도와 거리가 멀지 않으니, 자신에게 행하기를 원하지 않는 것을 또한 남에게 행하지 않음[施諸己而不願, 亦勿施諸人]'이 또한 나아가 남을 가르치는 것이다."

程頤曰: "以己及物, 仁也; 推己及物, 恕也, 違道不遠是也. 忠恕一以貫之. 忠者天道, 恕者人道; 忠者無妄, 恕者所以行乎忠也. 忠者體, 恕者

---

30 『시경(詩經)』「주송(周頌)·유천지명(維天之命)」에 나온다.

31 『주역(周易)』「문언(文言)」에 나온다.

用, 大本達道也. 此與違道不遠異者, 動以天爾.” 又曰: “‘維天之命, 於穆不已’, 忠也; ‘乾道變化, 各正性命’, 恕也.” 又曰: “聖人敎人, 各因其才, 吾道一以貫之, 惟曾子爲能達此, 此孔子所以告之也. 曾子告門人曰‘夫子之道, 忠恕而已矣’, 亦猶夫子之告曾子也. 『中庸』所謂‘違道不遠’是也, 斯乃下學上達之義.” 又曰: “忠恕違道不遠, 施諸已而不願, 亦勿施諸人, 此又就下敎人.”

주희가 또 말하였다.

“충(忠)은 근본(根本)이고, 서(恕)는 지엽(枝葉)이다. 하나[一]는 충이고 만 가지를 꿰뚫음[以貫之]은 서이니, 충은 서로 인하여 드러나고 서는 충을 말미암아 나온다.”

또 말하였다.

“하늘과 땅의 경우에는 무심(無心)한 충과 서이고, 성인(聖人)의 경우에는 인위가 없는 충과 서이며, 학자(學者)의 경우에는 인위적으로 하는 충과 서이다. 어떤 이가 묻기를 ‘성인의 충은 곧 성(誠)입니까?’라고 하니, 대답하기를 ‘그러하다.’라고 하였다. ‘성인의 서(恕)는 곧 인(仁)입니까?’라고 하니, 대답하기를 ‘그러하다.’라고 하였다. 배우는 자에게 말한다면 충은 성에 가깝고 서는 인에 가깝다.”

또 말하였다.

“충은 한 가지 근본[一本]이고 서는 온갖 다름[萬殊]이니, 한 가지 근본은 거느려 모으는 곳[統會處]이고 온갖 다름[萬殊]은 널리 퍼져 행해지는 곳[流行處]이다.”

또 말하였다.

"충과 서는 하나로 꿰뚫음[一貫]의 설명[注脚]이다."

朱熹又曰: "忠, 是根本; 恕, 是枝葉. 一者, 忠也, 以貫之者, 恕也. 忠因恕見, 恕由忠出." 又曰: "天地則無心之忠恕, 聖人是無爲之忠恕, 學者則有爲之忠恕. 或問'聖人之忠, 卽是誠否?', 曰'然'. '聖人之恕, 卽是仁否?', 曰'然'. 在學者言之, 則忠近誠, 恕近仁." 又曰: "忠, 一本; 恕, 萬殊. 一本, 是統會處; 萬殊, 是流行處." 又曰: "忠恕, 一貫之注脚也."

신은 이렇게 생각합니다. 하나로 꿰뚫음의 뜻은 주희가 그것을 다 풀이하였습니다. 이것이 어찌 오직 배우는 자만이 마땅히 알아야 하는 것이겠습니까? 대저 하늘이 여러 형태를 정할 적에 물건마다 조각하는 것이 아닙니다. 오직 하늘의 명(命)은 아름답고 그치지 않아서 넓고 가늚, 작고 큼이 각각 성명(性命)을 바르게 하는 것입니다. 그래서 임금이 자신의 몸으로써 천하의 일에 응하니, 만일 도(道)의 큰 근본을 알지 못하고 사물(事物)에 따라 응한다면 각각 그 이치를 감당하기는 어려울 것입니다. 그러므로 충과 서는 임금이 온갖 일에 대응하는 근본이니, 임금[聖明]께서 윗자리에 있으면서 진실로 선대의 유학자의 말에 나아가 깊이 그 뜻을 궁구하여서 그것을 힘써 행할 수 있다면, 한 가지 마음이 온갖 물건을 다스리며 한 가지 이치가 온갖 일을 꿰뚫어서 성인의 도[聖門]가 나에게 실현될 것입니다.

『중용(中庸)』

『中庸』

—공자(孔子)의 손자인 자사(子思)가 지었다.—

정이(程頤)가 말하였다.

"치우치지 않음[不偏]이 중(中)이고, 바뀌지 않음[不易]이 용(庸)이다."

程頤曰: "不偏之謂中, 不易之謂庸."

주희(朱熹)가 말하였다.

"중은 치우치지도 않고 기대지 않으며, 지나치거나 모자람이 없음을 말한다. 용(庸)은 평범하고 떳떳함[平常]이다.

어떤 이가 묻기를 '책에 이름을 붙인 뜻을 정자는 오로지 <치우치지 않음[不偏]>으로 말하였고, 여씨[呂大臨]는 오로지 <지나치거나 모자람이 없음[無過不及]>으로 말하여 두 사람의 말이 같지 않은데, 선생이 이를 합하여 말한 것은 어째서입니까?'라고 하였다.

대답하기를 '중(中)이란 하나의 이름에 두 가지 의미를 가지고 있는데, 정자가 이미 이에 대해 말한 바가 있다. 지금 그 풀이로써 미루어 보건대 <치우치지 않고 기대지 않음[不偏不倚]>이라 한 것은 정자가 이른바 <중에 있다[在中]>는 뜻이니, 감정이 발현하기 이전에 치우치거나 기대는 바가 없음을 말한다. <지나치거나 모자람이 없음[無過不及]>이라 한 것은 정자가 말한 <중의 도(道)>이니, 모든 일을 행함에 각각 중을 얻음을 말한다.

대개 <치우치지 않고 기대지 않음[不偏不倚]>은 마치 서 있으면서 사방 어느 곳에도 치우치지 않은 것과 같으니, 마음[心]의 본체[體]이며 땅[地]의 중(中)이다. <지나치거나 모자람이 없음[無過不及]>은 마치 길을 걸음에 앞서지도 뒤서지도 않는 것이니, 이치[理]의 마땅함[當]이며 일[事]의 중이다.

그러므로 감정이 발현하기 이전의 큰 근본에서는 <치우치지 않고 기대지 않음[不偏不倚]>이라는 이름을 취하여서 <지나치거나 모자람이 없음[無過不及]>이라는 본체로 삼은 이유가 진실로 여기에 있는 것이고, 감정을 발현하여 중(中)을 얻는 것에서는 비록 주로 하는 것이 어떤 한 가지 일에 치우치지 않을 수는 없으나, <지나치거나 모자람[過不及]>이 없는 이유는 곧 치우치거나 기대어 행하는 것이 없어서 한 가지 일의 가운데에 또한 일찍이 치우치거나 기댄 적이 없기 때문이다. 그러므로 정자는 또 말하기를 <화(和)를 말하면 중(中)은 그 가운데에 있고, 중(中)을 말하면 희로애락(喜怒哀樂)은 그 가운데에 있다>고 하였으며, 여씨[呂大臨] 또한 말하기를 <감정을 발현하기 이전에는 이 마음이 지극히 비어서 치우치거나 기대는 바가 없으므로 중(中)이라 하고, 이 마음으로써 모든 일의 변화를 대응하면 가는 곳마다 중이 아님이 없다.>라고 하였다. 이는 두 사람의 말뜻이 비록 다르지만 실제로는 서로 체(體)와 용(用)이 되는 것이다. 이는 내가 책에 이름을 <중용(中庸)>이라 붙인 뜻에서 어떤 것은 취하고 어떤 것은 버릴 수 없었던 이유다.'라고 하였다.

(어떤 이가) 묻기를 '용(庸)자의 뜻을 정자는 <바뀜이 없는 것[不易]>이라고 말하였는데, 선생은 <평범하고 떳떳함[平常]>이라고 말한 것은 어째서입니까?'라고 하였다. 대답하기를 '오직 평범하고 떳떳하기 때문에 일정하여 바꿀 수 없는 것이다. 만약 세상을 놀라게 하고 습속을 놀라게 하는 일이라면 순간일 수는 있으나 항상 일정할 수는 없다. 두 가지 해설이 비록 다르지만 그 뜻은 하나다.'라고 하였다."

朱熹曰: "中者, 不偏不倚、無過不及之謂. 庸, 平常也. 或問: '名篇之義, 程子專以不偏爲言, 呂氏專以無過不及爲說, 二說固不同矣, 子乃合而一之, 何也?' 曰: '中, 一名而有二義, 程子固言之矣. 今以其說推之, <不偏不倚>云者, 程子所謂<在中>之義, 未發之前, 無所偏倚之名也. <無過不及>者, 程子所謂<中之道>也, 見諸行事, 各得其中之名也. 蓋<不偏不倚>, 猶立而不近四旁, 心之體, 地之中也; <無過不及>, 猶行而不先不後, 理之當, 事之中也. 故於未發之大本, 則取<不偏不倚>之名, 而所以爲<無過不及>之本體, 固在於是, 及其發而得中也, 雖其所主不能不偏於一事, 然其所以無<過不及>者, 是乃無偏倚者之所爲, 而於一事之中, 亦未嘗有偏倚也. 故程子又曰<言和則中在其中, 言中則含喜怒哀樂在其中>, 而呂氏亦曰<當其未發, 此心至虛, 無所偏倚, 故謂之中, 以此心而應萬物之變, 無往而非中矣>. 是則二義雖殊, 而實相爲體用. 此愚於名篇之義, 所以不得取此而遺彼也.' 曰: '庸字之義, 程子以<不易>言之, 而子以爲<平常>, 何也?' 曰: '唯其平常, 故可常而不可易. 若驚世駭俗之事, 則可暫而不得爲常矣. 二說雖殊, 其致一也.'"

기쁨과 노함, 슬픔과 즐거움이 아직 발현하지 않은 것[喜怒哀樂之未發]을 중(中)이라 말하고, 발현하여 모두 절도에 맞는 것을 화(和)라고 말한다.[32] 중(中)은 천하의 큰 근본이고, 화(和)는 천하의 공통된 도(道)다. 중(中)과 화(和)를 다하면 하늘과 땅이 그 제자리를 편안히 하고 만물이 잘 생육된다.

喜怒哀樂之未發謂之中, 發而皆中節謂之和. 中者, 天下之大本也; 和者, 天下之達道也. 致中和, 天地位焉, 萬物育焉.

주희가 말하였다.

"희로애락(喜怒哀樂)은 정(情)이니, 그것이 발현하지 않은 것은 성(性)이다. 치우치거나 기대는 바가 없으므로 중(中)이라 말하고, 발현하여 모두 절도에 맞는 것은 정(情)의 바름[正]이니, 어그러지는 바가 없으므로 화(和)라고 말한다.

큰 근본[大本]은 하늘이 명하신 성(性)으로 천하의 이치가 모두 이로부터 나오니, 도(道)의 본체[體]다. 공통된 도[達道]는 성(性)을 따르는 것을 말하니, 천하가 예나 지금이나 함께 말미암는 바이니, 도의 쓰임[用]이다."

또 말하였다.

"치(致)라는 것은 미루어 끝까지 하는 것이다. 위(位)라는

32 『중용』에 나온다.

것은 그 자리를 편안히 함이고, 육(育)이라는 것은 그 삶을 이루는 것이다. 삼가고 두려워하여 단속하는 것[戒懼而約之]으로부터 지극히 고요한 중[至靜之中]에 이르기까지 조금도 치우치거나 기대는 바가 없어 그 지킴을 잃지 않는다면 그 중(中)을 지극히 하여 하늘과 땅이 제자리를 편하게 여길 것이다. 자신만이 아는 마음을 삼가고 정밀히 하는 것[愼獨而精之]으로부터 사물에 대응하는 곳[應物之處]까지 조금도 어긋남이 없어서 때마다 그렇지 않음이 없다면 그 화(和)를 지극히 하여 만물이 자라난다.

대개 천지만물(天地萬物)이 본디 나와 한 몸이니, 나의 마음[心]이 바르면 하늘과 땅의 마음[心]이 또한 바르고 나의 기(氣)가 순(順)하면 하늘과 땅의 기도 또한 순하다. 그러므로 그 효험이 이와 같은 경지에 이르는 것이니, 이는 학문의 지극한 공(功)이며 성인이 잘하는 일이므로 외물(外物)에 의지하는 바가 있지 않다."

朱熹曰; "喜怒哀樂, 情也. 其未發, 則性也, 無所偏倚, 故謂之中. 發而中節, 情之正也, 無所乖戾, 故謂之和. 大本者, 天命之性, 天下之理, 皆由此出, 道之體也; 達道者, 循性之謂, 天下古今之所共由, 道之用也." 又曰: "致, 推而極之也. 位者, 安其所也. 育者, 遂其生也. 自戒懼而約之, 以至於至靜之中, 無少偏倚, 而其守不失, 則極其中而天地位矣. 自愼獨而精之, 以至於應物之處, 無少差謬, 而無時不然, 則極其和而萬物育矣. 蓋天地萬物本吾一體, 吾之心正則天地之心亦正, 吾之氣順則天地之氣亦順. 故其效驗, 至於如此. 此學問之極功、聖人之能事, 而非有所待於外也."

어떤 이가 중화(中和)의 뜻을 묻자 주희가 대답하였다.

"하늘이 명한 성(性)은 모든 이치가 갖춰져 있다. 희로애락(喜怒哀樂)은 각기 마땅한 바가 있으니, 바야흐로 발현하지 않았을 때에는 혼연히 그 가운데에 있어 치우치거나 기대는 바가 중(中)이라 하고, 발현하여 모두 그 마땅한 바를 얻어서 어그러지거나 어긋나는 바가 없으므로 화(和)라고 한다.

중이라고 말한 것은 성(性)의 덕(德)을 형상화한 것이니, 도(道)의 본체[體]다. 그것은 천지 만물의 이치가 모두 갖추어져 있지 않은 바가 없으니, 그러므로 천하의 큰 근본이라 한다. 화(和)라고 말한 것은 정(情)의 바름[正]을 드러낸 것이니, 도의 쓰임[用]이다. 그것은 고금의 인물들이 모두 말미암는 바이니, 그러므로 천하에 공통되는 '도'라 한다.

대개 하늘이 명한 성(性)은 순수하고 지극히 선하여서 사람의 마음에 갖추어진 본체[體]와 쓰임[用]의 온전함이 본래 모두 이와 같다. 성인과 어리석은 자로 따지자면 더하거나 덜한 것이 있지 않으나, 고요하더라도 그것을 보존하는 바를 알지 못하면 하늘의 이치가 가려져서 큰 근본[大本]이 서지 못하는 경우가 있다. 움직이더라도 그것을 조절하는 바를 알지 못하면 사람의 욕심이 멋대로 하여 공통된 도[達道]가 행해지지 못하는 경우가 있다.

오직 군자는 보지 못하고 듣지 못하는 이전부터 삼가고 두려워하는 것을 더욱 엄격히 하고 더욱 공경[敬]하여 한 터럭만큼도 치우치거나 기대는 것이 없어서 항상 잃어버리지 않도록 지킨다면 그 중(中)을 다하여 큰 근본을 세움[大本之立]이 나날이 더욱 견고해질 수 있을 것이다. 더욱이 은미하고 그윽하며 홀로 있는 즈음에 그 선악의 기미를 삼감이 더욱 정밀하고 치밀하여 한 터럭의 어긋남도 없어서 매번 어기지 않게 행한다면 그 화(和)를 다하여 공통되는 도를 행함[達道之行]이 나날이 더욱 넓어질 것이다.

치(致)라는 것은 힘을 써서 그것을 미루어 다하여 그 지극함을 극한에 이르는 것을 말한다. 이를 다하여 그 지극함이 지극해져서 고요하여 한 번의 호흡도 맞지 않음이 없다면 내 마음이 바르고 천지의 마음도 또한 바를 것이다. 그러므로 음양(陰陽)과 동정(動靜)이 각기 그 마땅한 곳에 머물러서 하늘과 땅이 이에 그 자리를 편안히 여길 것이다.

움직여서 한 가지 일도 조화롭지 않음이 없다면 나의 기(氣)가 순하고 천지의 '기'도 또한 순할 것이다. 그러므로 가득 차고 빈틈이 없어서 기쁨이 서로 통하여 만물이 여기에서 자라난다."

(어떤 이가 물었다.)

"그렇다면 중화(中和)란 과연 두 가지의 일입니까?"

(주희가) 대답하였다.

"일체일용(一體一用)이라는 이름을 살펴보면 어찌 두 가지가 아니겠는가? 그 일체일용의 실제를 살펴보면 이것은 저것의 본체[體]가 되고 저것은 이것의 쓰임[用]이 된다. 이는 눈과 귀가 보고 들을 수 있으며, 보고 듣는 것이 눈과 귀를 통하는 것과 같으니, 또한 애초부터 두 가지가 있는 것은 아니다."

或問中和之義. 朱熹曰: "天命之性, 萬理具焉. 喜怒哀樂, 各有攸當, 方其未發, 渾然在中, 無所偏倚, 故謂之中. 及其發而皆得其當, 無所乖戾, 故謂之和. 謂之中者, 所以狀性之德, 道之體也, 以其天地萬物之理, 無所不該, 故曰天下之大本; 謂之和者, 所以著情之正, 道之用也, 以其古今人物之所共由, 故曰天下之達道. 蓋天命之性, 純粹至善, 而具於人心者其體用之全, 本皆如此. 不以聖愚而有加損也, 然靜而不知所以存之, 則天理昧而大本有所不立矣; 動而不知所以節之, 則人欲肆而達道有所不行矣. 惟君子自其不睹不聞之前, 而所以戒愼恐懼者愈嚴愈敬, 以至於無一毫之偏倚而守之, 常不失焉, 則爲有以致其中, 而大本之立, 日以益固矣; 尤於隱微幽獨之際, 而所以謹其善惡之幾者愈精愈密, 以至於無一毫之差謬而行之, 每不違焉, 則爲有以致其和, 而達道之行, 日以益廣矣. 致者, 用力而推致之, 以極其至之謂, 致焉而極其至, 至於靜而無一息之不中, 則吾心正而天地之心亦正. 故陰陽動靜, 各止其所, 而天地於此乎位矣. 動而無一事之不和, 則吾氣順而天地之氣亦順. 故充塞無間, 歡欣交通, 而萬物於此乎育矣." "然則中和, 果二事乎?" 曰: "觀其一體一用之名, 則安得不二? 察其一體一用之實, 則此爲彼體, 彼爲此用. 如耳目之能視聽, 視聽之由耳目. 亦初非有二也."

신은 이렇게 생각합니다. 중화(中和)를 다하여서 하늘과 땅이 제자리에 자리하고 만물이 자라남이, 이것이 곧 하늘과 땅이 변화시키고 자라게 하는 일에 참여하는 것이니 어렵다고 말할 만합니다. 그러나 그 공을 쓰는 것[用功]을 구한다면 경(敬)보다 더할 것이 없으니, 대개 보지 않고 듣지 않을 때에 삼가고 두려워하는 것이 '경'이고, 자기만이 홀로 알고 남은 아직 알지 못할 때에 지극히 삼가는 것이 또한 '경'입니다. 고요한 때에 '경'하지 않음이 없는 것이 곧 중(中)을 다하는 것이요, 움직일 때에 '경'하지 않음이 없는 것이 곧 화(和)를 다하는 것입니다. 임금 된 자가 다만 마땅히 한 번의 '경'을 삼가고 지켜서 고요한 때에는 이로써 함양하고 움직이는 때에는 이로써 성찰하여, 이로써 천리를 보존하며 이로써 인욕을 막아서 공부가 극처에 이르는 것이 곧 이른바 '중을 다하고 화를 다하였다[致中致和]'는 것이니, 자연히 하늘과 땅은 제자리를 편안히 여기고 만물이 자라납니다.

기자(箕子)가 「홍범(洪範)」에서 말한 '엄숙하고[肅] 조리가 있고[乂] 지혜롭고[哲] 헤아리고[謀] 성스러움[聖]에 비 내리며[雨] 날이 개이며[暘] 날이 따뜻하며[燠] 날이 추우며[寒] 바람이 부는 것[風]이 그것에 조응하는 것'과 같고, 동중서가 말한 '임금이 마음을 바르게 하여 조정이 바르게 되고 백관이 바르게 되고 만민이 바르게 된다면 음과 양이 조화롭고 바람과 비가 때에 맞아서 여러 복스러운 물건이 모두 이르지 않음이 없음'이 모두 이와 같은 이치입니다. 오직 임금[聖主]께서 깊이 체득하고 힘써 행하시어 그 어려움을 꺼려서 행하지 않음이 없다면 천하의 다행일 것입니다.

중니(仲尼, 孔子)가 말하였다.[33]

"군자(君子)는 중용(中庸)을 하고, 소인(小人)은 중용에 반대로 한다. 군자가 중용을 함은 군자이면서 때에 맞게 하기 때문이

33 『중용』에 나온다.

요, 소인이 중용에 반대로 함은 소인이면서 꺼리는 것이 없기 때문이다."

仲尼曰: "君子中庸, 小人反中庸. 君子之中庸也, 君子而時中. 小人之反中庸也, 小人而無忌憚也."

—왕숙본(王肅本)[34]에 반(反)자가 있으니, 주희가 그것을 따랐다.—

주희가 말하였다.

"중용이라는 것은 치우치지 않고 기대지 않으며 지나치거나 모자람이 없어서 평범하고 떳떳한 이치이니, 바로 천명(天命)에 마땅한 바이고 정미함의 극치다. 오직 군자만이 이를 체득하여 행할 수 있고, 소인은 이와 반대다."

朱熹曰: "中庸者, 不偏不倚、無過不及, 而平常之理, 乃天命所當然, 精微之極致也. 惟君子爲能體之, 小人反是."

또 말하였다.

"군자가 중용을 하는 까닭은 군자의 덕(德)이 있고 또 때에 따라 중(中)에 처할 수 있기 때문이요, 소인이 중용에 반대로 하는 까닭은 소인의 마음이 있는데다가 또 꺼리는 것이 없기 때문이다. 대개 '중'은 일정한 본체[體]가 없고 때에 따라

34 왕숙은 위(魏)나라 사람으로, 그가 주해한 『예기』「중용」을 가리킨다.

존재하니, 이것이 바로 평범하고 떳떳한 이치[理]다. 군자는 이것이 자신에게 있음을 안다. 그러므로 보지 않을 때에도 삼가고 듣지 않을 때에도 두려워하여 때마다 맞지 않음이 없고, 소인은 이것이 있음을 알지 못하니 욕심을 부리고 망령되이 행동하여 꺼리는 것이 없다."

又曰: "君子之所以爲中庸者, 以其有君子之德, 而又能隨時以取中也. 小人之所以反中庸者, 以其有小人之心, 而又無所忌憚也. 蓋中無定體, 隨時而在, 是乃平常之理也. 君子知其在我. 故能戒謹不睹、恐懼不聞, 而無時不中. 小人不知有此, 則肆欲妄行, 而無所忌憚矣."

정이가 말하였다.

"중용을 알고자 한다면 저울[權]만한 것이 없으니, 저울은 모름지기 때에 알맞아야 중(中)이 된다. 다만 손발에 굳은살이 박이는 것—우임금이다—과 문을 닫고 나가지 않는 것—안연이다— 두 가지[35] 사이에서 중을 취하려 한다면 곧 중이 아니다. 만약 손발에 굳은살이 박이도록 수고로워야 할 때를 만나면 곧 이 상황에서 '중'이 되고, 문을 닫고 나가지 않아야 할 때를 만나면 곧 이 상황에서 '중'이 되는 것이다. 권(權)이라는 말은 '저울[秤]'과 '저울추[錘]'라는 뜻이니, 무슨 물건이 저울이 되는가? 바로 의(義)다."[36]

35 우임금은 홍수를 대비하는 등 정치를 하느라 손발에 굳은살이 박힐 정도로 바빴고, 안연은 공부에 열중하느라 문을 닫고 세상에 나가지 않은 두 가지 상황을 말한다.

程頤曰: "欲知中庸, 無如權, 權須是時而爲中. 特以手足胼胝, 閉戶不出, 二者之間, 取中便不是中. 若當手足胼胝, 則於此爲中; 當閉戶不出, 則於此爲中. 權之爲言, 秤錘之義也, 何物爲權? 義也."

또 말하였다.

"중(中)이라는 글자가 가장 알기 어려우니, 모름지기 묵묵히 알고 마음으로 통달하여야 한다. 즉 예를 들면 하나의 대청[廳]으로 말하면 대청의 가운데가 '중'이 되고, 한 채의 집으로 말하면 대청의 가운데가 '중'이 아니라 당(堂)이 '중'이 되며, 하나의 나라로 말하면 당이 '중'이 아니라 나라의 가운데가 '중'이 되니, 이처럼 유추하면 알 수 있다. 또 처음 추워질 때는 얇은 갖옷이 '중'이 되고, 매우 추워졌는데도 처음 추워질 때의 갖옷을 입는다면 '중'이 아니다.

세 번이나 자기 집 문 앞을 지나가면서도 들어가지 않는 것[37]이 우(禹)와 직(稷)의 때에 있어서는 '중'이 되지만 만약 누추한 곳에 산다면 '중'이 아니며, 누추한 곳에 사는 것이 안자(顔子)의 때에 있어서는 중(中)이 되지만 만약 세 번이나 자기 집 문 앞을 지나가면서도 들어가지 않는다면 '중'이 아니다."

어떤 이가 말하였다.

---

36 『근사록』 권3 「치지」 64장에 나온다.

37 맡은 바 직무에 열중한다는 뜻으로, 중국 하(夏)나라의 우(禹)임금이 치수(治水)를 하느라 세 번이나 자기 집 앞을 지나면서도 들르지 않았다는 옛일에서 나온 말이다. 『맹자』 「이루 하(離婁下)」에 나온다.

"남녀가 주고받지 않는 것이 모두 그러합니까?"

(정이가) 대답하였다.

"옳다. 남녀가 주고받지 않음이 중(中)이지만 만약 상례(喪禮)와 제례(祭禮)라면 이와 같지 않다."[38]

又曰: "中字, 最難識, 須是默識心通. 且試言一廳, 則廳之中爲中, 一家則廳非中而堂爲中, 一國則堂非中而國之中爲中, 推此類可見矣. 且如初寒時則薄裘爲中, 如盛寒而用初寒之裘則非中也. 三過其門不入, 在禹稷之世爲中, 若居陋巷則不中矣. 居陋巷, 在顏子之時爲中, 若三過其門不入則非中也." 或曰: "男女不授受之類, 皆然?", 曰: "是也. 男女不授受, 中也, 若喪祭則不如此矣."

양시(楊時)[39]가 말하였다.

"'중(中)을 안다면 때에 맞는 기준[權]을 아니, 때에 맞는 기준을 알지 못한다면 중을 아는 것이 아니다.'[40] 한 자의 물건에 다섯 치인 가운데를 묶어 그것을 잡는 것을 앎이 '중'이고, 한 자이면서 두껍고 얇음, 작고 큼의 형체가 다르다면 잡는

---

38 『근사록』 권1 「도체」 30장에 나온다.

39 1053~1135. 북송 말기 검남(劍南) 장락(長樂) 사람으로 자는 중립(中立)이고, 호는 구산(龜山)이다. 신종(神宗) 희녕(熙寧) 9년(1076) 진사가 되었다. 정호(程顥)와 정이(程頤) 형제에게 사사(師事)하여, 후에 낙학(洛學)의 대종(大宗)이 되었고, 문하에서 주자(朱子)와 장식(張栻), 여조겸(呂祖謙) 등이 있다. 유초(游酢), 여대림(呂大臨), 사량좌(謝良佐)와 함께 정문사선생(程門四先生)으로 불린다. 시호는 문정(文靖)이다. 저서로 『구산집(龜山集)』 42권과 『구산어록(龜山語錄)』 4권, 『이정수언(二程粹言)』 2권 등이 있다.

40 『예기집설(禮記集說)』에 나온다.

것에 그 경중이 같지 않으니 다섯 치를 잡아 '중'이라고 한다면 이는 때에 맞는 기준[權]이 아니다. 대개 다섯 치를 잡는 것은 길고 짧음, 많고 적음의 '중'이지 두껍고 얇음, 작고 큼의 '중'이 아니니, 두껍고 얇음, 작고 큼의 '중'을 구하고자 한다면 다섯 치에 있는 묶음을 풀어서 가볍고 무거움을 알아야 그 '중'을 얻을 수 있으니, 그러므로 기준[權]은 '중'으로써 행하고 중(中)은 기준[權]으로 말미암아 선다. 『중용』에서 때에 맞는 기준[權]을 말하지 않았으니, '군자이면서 때에 맞게 하는 것이 대개 때에 맞는 기준을 말한 것이다.'라고 하였다."

楊時曰: "'知中則知權, 不知權則是不知中也'. 知一尺之物, 約五寸之中, 而執之中也. 一尺而厚薄、小大之體殊, 則所執者輕重不等矣, 猶執五寸以爲中, 是無權也. 蓋五寸之執, 長短、多寡之中而非厚薄、小大之中也. 欲求厚薄、小大之中, 則釋五寸之約, 而唯輕重之知, 而其中得矣. 故權以中行, 中因權立. 『中庸』之書, 不言權, 其曰'君子而時中, 蓋所以爲權也.'"

신은 이렇게 생각합니다. 정이가 때에 알맞은 '중'을 논함이 지극한데, 양시가 그 설로 인하여 미루어 밝혔으니 또한 보탬이 있습니다. 『역』의 도(道)는 때에 알맞은 마땅함[時義]으로써 주를 삼으니, 건괘(乾卦)의 육효(六爻)는 잠겨 있을 때에 잠겨 있음이 '중'이니 잠겨 있을 때에 드러나면 '중'이 아니고, 날아야 할 때에 낢이 '중'이니 날아야 할 때에 잠긴다면 '중'이 아닌 것과 같습니다. 다른 괘 또한 그러합니다.

「홍범(洪範)」의 세 가지 덕(德)에서 굳세어야 할 때에 굳셈[剛]이

'중'이니 굳세어야 할 때에 부드러우면[柔] '중'이 아니고, 정직해야 할 때에 정직함이 '중'이니 정직해야 할 때에 혹 굳세거나 혹 부드러움은 모두 '중'이 아닙니다. 그것을 사물마다 미루어 본다면 모두 그러하지 않음이 없습니다. 이것이 임금이 세상을 어루만지고 물(物)에 응하는 큰 기준[權]입니다. 그러나 반드시 앎을 이루는 것[致知]으로 근본을 삼아야 하니, 오직 임금[聖明]께서는 깊게 체득하십시오.

이상은 '우리 도의 원류에 대한 바른 이해[吾道源流之正]'를 논하였습니다.

대학연의 권12

권12는 권11에 이어서 '우리 도의 원류에 대한 바른 이해[吾道源流之正]'에 대해 논하였다.

진덕수는 임금의 덕 가운데서 성(誠)이 가장 중요하다고 보았다. 천하의 공통된 도인 군신, 부자, 부부, 형제, 친구 사이의 사귐과 공통된 덕인 지(知)·인(仁)·용(勇)을 잘 실현하는 것이 임금이 일이라고 보았다. 세 가지의 공통된 덕을 밝히면 수신과 치인의 도도 여기에서 벗어나지 않고 적용할 수 있다고 보았다.

사람과 물(物)이 마음을 고르게 소유하였음에도 불구하고 사람과 물이 차이가 나는 까닭은 마음을 보존하여 배움에 힘썼기 때문으로 보았다. 맹자가 말한 인(仁)·의(義)·예(禮)·지(智)·악(樂)은 바로 힘써야 할 대상을 보여 준 것이다. 또 진덕수는 인과 지는 서로 맞물려 있는 것이며, 인은 애(愛)와는 달리 먼저 백성을 사랑하고 나서, 이후 물에게까지 넓힐 수 있음을 말하였다.

따라서 맹자의 견해를 빌려서 임금이 가장 가슴에 새겨서 경계해야 할 것은 다름 아닌 인으로 보았다. 인한 사람만이 나라를 편안하게 다스리고 오래가도록 만들 수 있다고 보았다. 이렇게 하기 위해서 임금은 백성들이 좋아하는 것을 하고, 백성들이 싫어하는 것은 하지 말 것을 제안하였다. 양 혜왕이 사사로운 것을 탐하는 마음 때문에 천리를 없앴고, 한 무제나 당 명황도 사사로운 욕심 때문에 본심을 잃게 되어 망치게 된 경우이니 맹자가 말한 인이 임금의 도에서 가장 절실한 것임을 강조하였다.

우리 도의 원류에 대한 바른 이해[吾道源流之正]

성(誠)은 하늘의 도(道)요, '성'하려는 것은 사람의 '도'다.[1] '성'은 힘쓰지 않아도 '도'에 맞고, 생각하지 않아도 얻게 되어 조용히 '도'에 맞으니 성인(聖人)이다. '성'하려는 것은 선(善)을 택하여 굳게 잡는 것이다. 이것을 널리 배우며[博學], 자세히 물으며[審問], 신중히 생각하며[愼思], 밝게 분별하며[明辨], 독실하게 행하여야 한다[篤行].

배우지 않으면 몰라도 배우기로 한 이상, 잘하지 못하면 그만두지 않는다. 묻지 않으면 몰라도 묻기로 한 이상, 알지 못하면 그만두지 않는다. 생각하지 않으면 몰라도 생각하기로 한 이상, 얻지 못하면 그만두지 않는다. 분별하지 않으면 몰라도 분별하기로 한 이상, 분명하지 않으면 그만두지 않는다. 행하지 않으면 몰라도 행하기로 한 이상, 독실하지 못하면 그만두지 않는다. 남이 한 번에 잘하면 나는 백 번을 하며 남이 열 번에 잘하면 나는 천 번을 하니, 과연 이 '도'에 잘할 수 있다면 비록 어리석더라도 반드시 명철해지고 비록 유약하다 하더라도 반드시 강해질 것이다.

誠者, 天之道也. 誠之者, 人之道也. 誠者, 不勉而中, 不思而得, 從容中道, 聖人也. 誠之者, 擇善而固執之者也. 博學之, 審問之, 愼思之, 明辨之, 篤行之. 有弗學, 學之, 弗能弗措也. 有弗問, 問之, 弗知弗措也. 有弗思, 思之,

---

1 『중용(中庸)』에 나온다.

弗得弗措也. 有弗辨, 辨之, 弗明弗措也. 有弗行, 行之, 弗篤弗措也. 人一能之, 己百之; 人十能之, 己千之. 果能此道矣, 雖愚必明, 雖柔必强.

주희가 말하였다.

"성(誠)은 진실하고[眞實] 망령됨이 없음[無妄]을 이르니 천리(天理)의 본연(本然)이요, '성'하려는 것은 아직 진실하고 무망(無妄)함을 잘하지 못하여서 진실하고 무망하고자 하니, 사람 일의 당연함이다. 성인(聖人)의 덕(德)은 천리와 섞여서 구분되지 않는 것이니, 진실하고 무망하여 생각하거나 힘쓰지 않아도 조용히 도(道)에 맞으니, 또한 하늘의 '도'다. 성인에 미치지 못하면 인욕(人欲)의 사사로움이 없지 않으니 덕을 행하는 것이 모두 완전하지는 않다. 그러므로 생각하지 않고는 얻을 수 없기 때문에 반드시 선(善)을 택한 이후에야 '선'을 분명하게 할 수 있고, 힘쓰지 않고는 '도'에 맞을 수가 없기 때문에 반드시 굳게 잡은 뒤에야 몸을 '성'할 수 있으니, 이렇게 하면 이른바 사람의 '도'다. 생각하지 않고도 얻는 것은 태어나면서부터 아는 것이고, 힘쓰지 않고도 도에 맞음은 편안히 행하는 것이고, '선'을 택하는 것[擇善]은 배워서 아는 것 다음의 일이요, 굳게 잡음[固執]은 이롭게 여겨 행하는 것 다음의 일이다.

널리 배우며, 자세히 물으며, 신중히 생각하며, 밝게 분별하며, 독실이 행하는 것은 '성'하려는 것의 조목이다. 배우고 묻고 생각하고 분별함은 '선'을 택하는 것으로 앎[知]이 되고, 독실하게 행함은 굳게 잡는 것으로 인(仁)이 된다.

'배우지 않으면 몰라도 배우기로 한 이상, 잘하지 못하면 그만두지 않는 것' 이하는 용(勇)의 일이다. 군자(君子)의 학문은 하지 않으면 그만이지만 한다면 반드시 그 완성을 요구하니, 그러므로 항상 그 공력을 백배로 쓴다. 심지어 어리석더라도 명철해짐은 선을 택함[擇善]의 효과요, 유약하더라도 강해짐은 굳게 잡음[固執]의 효과다."[2]

朱熹曰: "誠者, 眞實無妄之謂, 天理之本然也. 誠之者, 未能眞實無妄, 而欲其眞實無妄, 人事之當然也. 聖人之德, 渾然天理. 眞實無妄, 不待思勉而從容中道, 則亦天之道也. 未至於聖, 則不能無人欲之私, 而其爲德, 不能皆實. 故未能不思而得, 則必擇善, 而後可以明善; 未能不勉而中, 則必固執, 而後可以誠身, 此則所謂人之道也. 不思而得, 生知也; 不勉而中, 安行也. 擇善, 學知以下之事; 固執, 利行以下之事也. 博學、審問、愼思、明辨、篤行, 此誠之之目也. 學問思辨, 所以擇善而爲知; 篤行, 所以固執而爲仁. '有弗學, 學之弗能, 弗措'以下, 則勇之事也. 君子之學, 不爲則已, 爲則必要其成, 故常百倍其功. 至於愚而明則擇善之效, 柔而强則固執之效也."

여대림(呂大臨)[3]이 말하였다.[4]

---

2 『중용(中庸)』에 나온다.

3 1046~1092. 북송 경조(京兆) 남전(藍田, 섬서성) 사람이다. 자는 여숙(與叔)이고, 여대균(呂大鈞)의 동생이다. 처음에 장재(張載)에게 배웠고 나중에 정이(程頤)에게 배웠는데, 사좌량(謝良佐), 유조(游酢), 양시(楊時)와 함께 '정문사선생(程門四先生)'으로 일컬어졌

"군자(君子)가 배우는 까닭은 기질(氣質)을 잘 변화시키기 위해서일 뿐이니, 덕(德)이 기질을 이기면 어리석은 자가 명철함에 나아갈 수 있고, 유약한 자가 강함에 나아갈 수 있다. (덕이 기질을) 이기지 못하면 비록 학문에 뜻을 두더라도 또한 어리석은 자가 명철해지지 못하고 유약한 자가 서지 못할 뿐이다. 대개 고르게 선(善)하고 악(惡)이 없는 것은 본성[性]이니, 사람은 누구나 똑같이 갖고 있는 것이다. 타고난 어리석음과 명철함, 강함과 유약함이 같지 않은 것은 자질[才]이니, 사람마다 다른 것이다.

성실[誠]하려는 것은 그 같음을 회복하고 그 다름을 변화시키는 것이다. 대저 아름답지 못한 자질을 변화시켜 아름다운 자질로 만들려면, 백배의 공력을 들이지 않으면 그것을 이루기 어렵다. 지금 학문을 대충 지리멸렬하게 배우다 말다 해서 아름답지 못한 자질을 변화시키기 원하면서도 변화시키지 못한 것을 '타고난 자질이 아름답지 못한 것은 배워서 변화시킬 수 있는 것이 아니다.'라고 말한다면, 이는 스스로 포기[自棄]함에 연유한 것이기 때문에 심하게 불인(不仁)한 상태가 되는 것이다."

呂大臨曰: "君子所以學者, 爲能變化氣質而已. 德勝氣質, 則愚者, 可進

다. 육경(六經)에 정통하였고, 특히 『예기(禮記)』에 밝았다. 정자의 예학을 계승하여 심성지학(心性之學)에 치중하였다. 저서 가운데 『고고도(考古圖)』와 『속고고도(續考古圖)』, 『석문(釋文)』이 사고전서(四庫全書)에 수록되어 있다. 문집에 『옥계집(玉溪集)』이 있다.

4 『중용(中庸)』에 나온다.

於明; 柔者, 可進於强. 不能勝之, 則雖有志於學, 亦愚不能明, 柔不能立而已矣. 蓋均善而無惡者, 性也, 人所同也; 昏明强弱之稟不齊者, 才也, 人所異也. 誠之者, 所以反其同而變其異也. 夫以不美之質, 求變而美, 非百倍其功, 不足以致之. 今以鹵莽滅裂之學, 或作或輟, 欲以變其不美之質, 及不能變, 則曰天質不美, 非學所能變. 是果於自棄, 其爲不仁, 甚矣!"

어떤 이가 물었다.[5]

"성(誠)이 무슨 뜻인지 상세하게 알려 주실 수 있겠습니까?"

(주희가) 답하였다.

"말로 하기 어렵다. 우선 그 이름[名]과 뜻[義]으로 말한다면, 그것은 진실하고 망령됨이 없는 것이라고 할 것이고, 만약 사물의 이치가 이 이름을 얻는다면 또한 그 지시하는 바의 대소에 따라서 다르겠지만 모두 진실하고 망령됨이 없음의 뜻에서 얻었을 뿐이다.

대개 자연(自然)의 이치로 그것을 말하자면, 하늘과 땅 사이에는 오직 천리(天理)만이 지극히 진실하고 망령됨이 없으므로 천리가 '성'이라는 이름을 얻은 것이니, 예를 들어 이른바 '하늘의 도와 귀신의 덕'이 바로 이것이다. 덕으로 말하면 생명이 있는 부류 가운데 오직 성인의 마음만이 지극히 진실하

5 『중용혹문(中庸或問)』에 나온다.

고 망령됨이 없으므로 성인이 성(誠)이라는 이름을 얻게 된 것이니, 예를 들어 이른바 '힘쓰지 않고서도 도(道)에 맞고 생각하지 않고서도 아는 것'이 바로 이것이다. 심지어 일에 따라 말한다면 한 가지 생각의 성실한 것[實]이 또한 '성'이며, 한 가지 일의 성실한 것[實]이 또한 '성'이며, 한 가지 행동의 성실한 것[實]이 또한 '성'이다. 성실함의 크고 작음이 같지 않다고 말할 수 있지만, 그 뜻의 근원을 따져보면 시종 실(實)에 있지 않은 적이 없었다."

그러자 또 어떤 이가 물었다.

"그렇다면 천리와 성인이 이처럼 성실[實]할 수 있는 까닭은 무엇입니까?"

(주희가) 대답하였다.

"하나이면 순수하고 둘이면 섞인 것이니, 순수하면 '성'하고 섞이면 망령되니 이는 보통 물[常物]의 큰 실정이다. 대저 하늘이 하늘이 되는 이유는 지극히 고요하여 아무런 조짐이 없는 상태로 모든 이치를 갖추고 있어서 온전하지 않은 바가 없기 때문이다. 그러나 그 본체는 하나일 뿐이니 처음부터 물(物)이 섞여 있던 것은 아니다. 이 때문에 소리도 없고 냄새도 없으며 생각함도 없고 행동함도 없지만 하나의 으뜸 되는 기운이 되어 봄·여름·가을·겨울과 낮·밤·어둠·밝음은 아직 한 순간의 오차도 없으며, 천하 만물의 넓고 좁은 것, 크고 작은 것, 나는 새와 헤엄치는 물고기, 동·식물 등이 역시 제각기 바른 성명(性命)을 얻어 태어나니, 일찍이 한 털끝만큼의 착오도 없다. 이것은 천리(天理)가 성실하여 망령됨이 없는 것이다.

무릇 사람과 만물이 태어남과 성명의 바름은 진실로 또한 천리의 성실[實]이 아님이 없지만, 다만 기질(氣質)이 이목구비(耳目口鼻) 및 사지(四肢)가 좋아하는 것에 치우쳐서 (성명이) 가려져서 사사로운 욕심이 나오게 된다. 이 때문에 마땅히 측은한 마음이 일어날 때 남을 해치려는 마음이 섞이는 것은 인(仁)을 행하는 것이 성실[實]하지 못한 점이 있는 것이고, 마땅히 부끄러워하고 미워하는 마음이 일어날 때 탐욕스러움과 어리석음이 섞이는 것은 의(義)를 행하는 것이 성실하지 못하기 때문이다. 이는 보통 사람의 마음으로는 비록 선(善)을 행하는 데에 힘쓰고자 하더라도 안팎으로 숨기거나 드러남이 항상 두 가지가 되는 것을 면치 못하는 것이다. 그 심한 경우 심지어 사기, 위선, 속임수로 마침내 소인으로 떨어지는 것은 바로 이 두 가지가 섞이기 때문이다.

오직 성인은 기질이 청순하고 천리와 뒤섞여 구분되지 않아서 처음부터 인욕(人欲)의 사사로움 때문에 병이 되는 경우가 없어서 이 때문에 인(仁)하면 안팎이 모두 '인'하여서 한 털끝만큼이라도 '인'하지 않음이 없으며, 의(義)를 하면 안팎이 모두 의롭게 되어서 한 털끝만큼의 의롭지 못함이 없다. 그 덕을 행함이 진실로 천하의 선을 실천하여 한 가지 일이라도 빠뜨리는 것이 없고, 그 선을 행함이 또한 천하의 성실[實]을 지극히 하여서 한 터럭만큼의 가득 차지 않음이 없으니, 이것이 힘쓰지 않고 생각하지 않아도 조용히 도에 맞아서 사람의 모든 행동이 예(禮)에 맞지 않음이 없는 것이다."

어떤 이가 물었다.

"그렇다면 보통 사람들이 사사로운 욕심을 버리지 못하여 그 덕을 진실하게 할 수 없는 것은 어째서입니까?"

(주희가) 대답하였다.

"성인이 이미 이에 대해서 언급한 바가 있으니, 이 또한 곧 선(善)을 택하여 굳게 잡으라고 하였을 뿐이다. 대저 천하의 일에서 모두 이와 같은 것이 '선'이 되는 것을 알고서 이를 잘 실행하고 이와 같은 것이 악(惡)이 되는 것을 알고서 이를 잘 제거한다면, '선'을 행하고 '악'을 제거하는 마음이 진실로 이미 독실한 것이다. 여기에 또 굳게 잡는 공력을 더하여서 비록 보이지 않고 들리지 않는 사이에 있다 하더라도 또한 반드시 삼가고 두려워하여 감히 게으르지 않으면 이른바 사사로운 욕심이 나오더라도 밖에서 시행될 곳이 없고, 들어가더라도 마음에 쌓아 둘 곳이 없어서 저절로 장차 없어지고 소멸되어서 나의 병이 될 수가 없으니, 나의 덕이 어찌 성실하지 않음을 근심하겠는가? 이것이 이른바 성하려는 것[誠之者]이다."

或問: "誠之爲義, 其詳可得聞乎?" 曰: "難言也. 姑以其名義言之, 則眞實無妄之云也; 若事理之得此名, 則亦隨其所指之大小, 而皆有得乎眞實無妄之意耳. 蓋以自然之理言之, 天地之間, 惟天理爲至實而無妄, 故天理得誠之名, 若所謂'天之道、鬼神之德', 是也. 以德言之, 則有生之類, 惟聖人之心, 爲至實而無妄, 故聖人得誠之名, 若所謂'不勉而中, 不思而得', 是也. 至於隨事而言, 則一念之實, 亦誠也; 一事之實, 亦誠也; 一行之實, 亦誠也. 是其大小雖曰不同, 然其義之所歸, 則未始不在於實也." 曰: "然則天理聖人之所以若是其實者, 何也?" 曰: "一則純, 二則雜; 純則誠, 雜則妄, 此常物之大情也. 夫天之所以爲天也, 冲漠無朕, 而萬理兼該, 無所不具. 然其爲體, 則一而已矣, 未始有物以雜之也. 是以無聲無臭, 無思無爲, 而一元之氣, 春秋冬夏、晝夜昏明, 未嘗有一息之謬; 天下之物, 洪纖巨細、飛潛動植, 亦莫不各得其性命之正以生, 而未嘗有一毫之差. 此天理之所以爲實而不妄者也. 若夫人物之生、性命之正, 固亦莫非天理之實, 但以氣質之偏口鼻耳目四肢之好, 得以蔽之, 而私欲生焉. 是以當其惻隱之發, 而忮害雜之, 則所以爲仁者, 有不實矣; 當其羞惡之發, 而貪昧雜之, 則所以爲義者, 有不實矣. 此常人之心, 所以雖欲勉於爲善, 而內外隱顯, 常不免於二致. 其甚至于詐僞欺罔, 而卒墮於小人之歸, 則以二者雜之故也. 惟聖人氣質淸純, 渾然天理, 初無人欲之私以病之, 是以仁則表裏皆仁, 而無一毫之不仁; 義則表裏皆義, 而無一毫之不義. 其爲德也, 固擧天下之善, 而無一事之或遺; 而其爲善也, 又極天下之實, 而無一毫之不滿. 此其所以不勉不思, 從容中道, 而動容周旋, 莫不中禮也." 曰: "然則常人未免於私欲, 而無以實其德者, 奈何?" 曰: "聖人固已言之矣, 亦曰擇善而固執之耳. 夫於天下之事, 皆有以知其如是爲善, 而不能不爲知其如是爲惡, 而不能不去, 則其爲善去惡之心, 固已篤矣. 於是而又加以固執之功, 雖其不睹不聞之間, 亦必戒謹恐懼而不敢懈, 則凡所謂私欲者出而無所施於外, 入而無所藏於中, 自將消磨泯滅, 不得以爲吾之病, 而吾之德, 又何患於不實哉? 是則所謂'誠之者'也."

또 (주희가) 말하였다.[6]

"자연스럽게 진실한 것은 하늘이며, 반드시 진실하려고 기약하는 것은 사람으로서 하늘이 되는 것이다."

---

6 『중용혹문(中庸或問)』에 나온다.

又曰: "自然而實者, 天也; 必期於實者, 人而天也."

성(誠)으로 말미암아 명철해지는 것[明]을 본성[性]이라 이른다.[7] 명철함[明]으로 말미암아 성(誠)하는 것을 교(敎)라 이른다. '성(誠)'하면 명철해지고 명철해지면 '성(誠)'해진다.

自誠明, 謂之性. 自明誠, 謂之敎. 誠則明矣, 明則誠矣.

—자(自)는 말미암음[由]이다.—

주희가 말하였다.[8]

"덕이 진실하지 않음이 없고 명철함이 비추지 않음이 없는 것은 성인의 덕이 본성[性]으로 되어 가진 것이니 하늘의 도이기 때문이다. 먼저 선(善)에서 밝아진 이후에 그 '선'을 성실히 하는 것은 현인의 배움을 가르침으로 인해 들어가는 것이니 사람의 도이다. 성(誠)하면 명철해지지 않음이 없고 명철해지면 '성(誠)'에 이를 수 있다."

朱熹曰: "德無不實而明無不照者, 聖人之德, 所性而有者也, 天道也. 先明乎善而後, 能實其善者, 賢人之學, 由敎而入者也, 人道也. 誠則無不明矣, 明則可以至於誠矣."

---

7 『중용(中庸)』에 나온다.

8 『중용(中庸)』에 나온다.

오직 천하에 지극한 '성(誠)'이어야 그 본성[性]을 다할 수 있으니, 그 본성[性]을 다할 수 있으면 사람의 본성[性]을 다할 수 있을 것이요, 사람의 본성[性]을 다할 수 있으면 물(物)의 본성[性]을 다할 수 있을 것이요, '물(物)'의 성(性)을 다할 수 있으면 천지가 만물을 만들어 기르는 것을 도울 것이요, 천지가 만물을 만들어 기르는 것을 도우면 천지와 더불어 참여할 수 있을 것이다.[9]

그다음은 지극히 곡진한 것이니 곡진함에 '성(誠)'이 있을 수 있으니, 성실하면 나타나고, 나타나면 드러나고, 드러나면 밝아지고, 밝아지면 움직이고, 움직이면 변하고, 변하면 교화할 수 있으니, 오직 천하에 지극한 성실함만이 교화할 수 있다.

唯天下至誠, 爲能盡其性. 能盡其性, 則能盡人之性. 能盡人之性, 則能盡物之性. 能盡物之性, 則可以贊天地之化育. 可以贊天地之化育, 則可與天地參矣. 其次致曲, 曲能有誠, 誠則形, 形則著, 著則明, 明則動, 動則變, 變則化, 唯天下至誠爲能化.

주희가 말하였다.[10]

"천하의 지극한 성(誠)은 성인의 덕의 성실함이 천하가 더할 수 없음을 이른다. 그 본성[性]을 다한다는 것은 덕(德)이 성실하지 않음이 없는 것이다. 그러므로 인욕(人欲)의 사사로

9 『중용(中庸)』에 나온다.

10 『중용(中庸)』에 나온다.

움이 없고, 천명(天命)이 나에게 있으니, 그것에서 말미암아서, 크고 작음과 세밀하고 거칢이 털끝만큼도 다하지 않음이 없다. 사람과 물(物)의 본성[性]이 또한 나의 본성[性]인데, 다만 부여받은 바의 형상과 기운이 같지 않기 때문에 다름이 있을 뿐이다. 다할 수 있다는 것은 앎이 밝지 않음이 없고 처함이 마땅하지 않음이 없음을 이른다. 찬(贊)은 도움[助]과 같다. '하늘과 땅과 더불어 참여한다'는 것은 하늘과 땅과 더불어 서서 셋이 됨을 이른다.

그다음은 큰 현인 이하 무릇 '성'에 이르지 못한 자를 통틀어 말한 것이다. 치(致)는 미루어 지극히 함[推致]이요, 곡(曲)은 한쪽[一偏]이다. 형(形)은 속에 쌓여 밖으로 나타남이요, 저(著)는 또한 더 드러남[加顯]이요, 명(明)은 또한 빛나서 겉으로 드러나는 성대함이 있는 것이요, 동(動)은 성실함이 물(物)을 움직이는 것이요, 변(變)은 물(物)이 따라서 변하는 것이요, 화(化)는 그렇게 된 까닭을 알지 못하는 바가 있는 것이다.

대개 사람의 본성[性]은 같지 않음이 없으나 기(氣)는 다름이 있으니, 그러므로 오직 성인이어야 그 본성[性]의 전체를 들어 다하고, 그다음은 반드시 선(善)의 단서가 치우쳐 발현되는 것으로부터 모두 미루어 지극히 하여서 각각 그 지극함을 지극히 하는 것이다. 한쪽이라도 다한다면 덕(德)이 성실하지 않음이 없어서 형저동변(形著動變, 모양이 나타나고 움직이고 변화하는 것)의 효과가 저절로 그치지 않을 것이니, 이것이 쌓여 교화함에 이르면 지극한 성(誠)의 오묘함이 애초에 성인과 다르지 않을 것이다."

朱熹曰: "天下至誠, 謂聖人之德之實, 天下莫能加也. 盡其性者, 德無不實. 故無人欲之私, 而天命之在我者, 察之由之, 巨細精粗, 無毫髮之不盡也. 人物之性, 亦我之性, 但以所賦形氣, 不同而有異耳. 能盡之者, 謂知之無不明而處之無不當也. 贊, 猶助也. '與天地參', 謂與天地並立爲三也. 其次, 通大賢以下凡誠有未至者而言也. 致, 推致也. 曲, 一偏也. 形者, 積中而形外. 著, 則又加顯矣. 明, 則又有光輝發越之盛. 動者, 誠能動物. 變者, 物從而變. 化, 則有不知其所以然者. 蓋人之性無不同, 而氣則有異. 故惟聖人能擧其性之全體而盡之. 其次則必自善端發見之偏, 而悉推致之, 以各造其極也. 曲無不致, 則德無不實, 而形著動變之效, 自不能已. 積而至於能化, 則其至誠之妙, 初不異於聖人也."

또 말하였다.[11]

"자신의 본성[性]을 다함은 부자(父子)에 있어서 친함과 군신(君臣)에 있어서 의(義)와 형제에 있어서 사랑이라는 것들을 이미 하나라도 다하지 않음이 없는 것이다. 사람의 본성[性]을 다함은 백성이 변하여 조화로워지는 것과 같고,[12] 물(物)의 본성[性]을 다함은 새나 짐승이나 물고기나 자라가 편안한 것과 같으니,[13] 이와 같다면 천지가 만물을 만들고 기르는 것을 도울 수 있으니 모두 성실한 일이고 사사로운 마음이

11 『주자어류(朱子語類)』에 나온다.

12 『서경(書經)』 「우서(虞書)·요전(堯典)」에 나온다[黎民於變時雍].

13 『서경(書經)』 「상서(商書)·이훈(伊訓)」에 나온다[鳥獸魚鼈咸若].

흉내 낼 수 있는 것은 아니다."

又曰: "盡己之性, 如在父子則親、在君臣則義、在兄弟則愛之類, 已無一之不盡. 盡人之性, 如黎民於變時雍; 盡物之性, 如鳥獸魚鼈咸若, 如此則可以贊天地之化育, 皆是實事, 非私心之倣像也."

또 말하였다.[14]

"사람이 하늘과 땅의 중간에 있는 것이 오직 다만 이 하나의 이치일 뿐이다. 그러나 하늘과 사람이 하는 일은 각각 저절로 구분이 있고, 사람은 할 수 있는 것을 하늘이 할 수 없는 것이 있으니, 하늘은 만물[物]을 낳을 수 있지만 농사는 반드시 사람이 하고, 물[水]은 만물을 적실 수 있지만 물 대는 것은 반드시 사람이 하는 것과 같고, 불은 만물을 태울 수 있지만 불을 붙이는 것은 반드시 사람이 하는 것과 같다. 천지(天地)의 도(道)를 마름질하여 이루고, 천지의 마땅함을 돕는 것은[15] 반드시 사람을 써서 하니, 사람이 돕지 않고서는 어떻게 할 수 있겠는가?"

又曰: "人在天地中間, 雖止是一理. 然天人所爲, 各自有分, 人所能爲者, 天有所不能爲, 如天能生物而耕種必用人, 水能潤物而灌漑必用人, 火能熯物而薪爨必用人, 財成輔相, 必用人爲, 非贊助而何?"

---

14 『주자어류(朱子語類)』에 나온다.

15 『주역』「태괘(泰卦)·대상전(大象傳)」에 나온다[財成輔相].

여대림(呂大臨)이 말하였다.[16]

"요(堯)임금이 희씨(羲氏)와 화씨(和氏)[17]에게 명하여 하늘을 공경하게 하였다. 백성이 들로 나가고, 옷을 벗고 일하고, 기뻐하고, 집 안으로 들어가는 것과 새와 짐승이 새끼를 낳고, 깃털을 갈고, (깃털이) 다시 나고, (깃털이) 많이 나는 것[18]과 같은 것들을 더불어 알지 않음이 없으니 도운 것을 알 수 있다. 돕는다는 것은 일 없는 바를 행하여 (그것을) 순하게 기르는 것일 뿐이다. 천지의 조화가 오히려 미치지 못하는 바가 있으면 반드시 사람이 도운 후에야 갖추어지니 하늘과 땅[天地]은 사람의 힘이 아니면 서지 못한다. 그러므로 사람과 하늘과 땅은 함께 서서 셋이 된다."

呂大臨曰: "堯命羲和, 欽若昊天, 若民之析因夷, 隩鳥獸之孳尾希革毛毨氄毛, 無不與知, 則所贊可知. 贊者, 行其所無事, 順以養之而已, 天地之化猶有所不及, 必人贊之而後備, 則天地非人不立. 故人與天地, 並立而爲三."

신은 이렇게 생각합니다. 만물을 만들고 기르는 것을 돕고 하늘과 땅에 참여하는 것이 지극한 성(誠)의 극진한 공(功)이지만, 그

16 『중용혹문(中庸或問)』에 나온다.

17 요(堯)임금의 신하인 희씨(羲氏)와 화씨(和氏)이다. 천문(天文)과 역법(曆法)을 맡은 관리들로 그들의 후손이 대대로 그 벼슬을 맡았기에 천문과 역법을 관장하는 관리들을 두루 말한다.

18 『서경(書經)』 「우서(虞書)·요전(堯典)」에 나온다.

근본은 자신의 본성[性]을 다하는 것뿐입니다. 이것은 성인이 배워서 이를 수 있는 것이고, 그다음 사소한 일에도 극진히 함은 즉 배움의 일입니다. 신이 곡(曲)이란 「곡례(曲禮)」[19]의 곡(曲)과 같다고 생각하는데, 대개 성인은 태어나면서부터 알아서 편안히 행하기 때문에 사소한 일에 극진히 행하지 않아도 스스로 본성[性]을 다할 수 있습니다. 큰 현인 아래로는 반드시 섬세하고 미묘하고 상세한 일에 그 공(功)을 사용해야 하니, 즉 앞 장(章)의 널리 배우며[博學], 자세히 물으며[審問], 신중히 생각하며[愼思], 밝게 분별하며[明辨], 독실하게 행하는[篤行] 뜻입니다. 안자(顔子)의 사물(四勿)[20]과 증자(曾子)의 삼성(三省)[21]은 모두 사소한 일에서부터 지극히 하는 것입니다.

성(誠)은 물(物)의 마침[終]과 시작[始]이니, '성'하지 않으면 사물

---

19 『예기(禮記)』의 편명으로, '자잘한 여러 예의'라는 뜻이다. 「곡례」편은 제도에 대한 내용으로 상·하로 되어 있다.

20 공자(孔子)가 안연(顔淵)에게 가르친 예(禮)에 경계해야 될 네 가지 조목이다. 『논어』 「안연」에 나온 것으로 공자가 극기복례(克己復禮)를 말하자 안연이 그 상세한 조목을 물었는데, 공자가 "예가 아니면 보지 말며, 예가 아니면 듣지 말며, 예가 아니면 말하지 말며, 예가 아니면 움직이지 말라.[非禮勿視, 非禮勿聽, 非禮勿言, 非禮勿動.]"라고 한 것이다.

21 증자(曾子)가 날마다 스스로에게 물었다는 '남을 위해 충심(忠心)을 다해서 도모하였는가, 벗과 사귀는 데 정성과 신의를 다하였는가, 전수(傳授)하는 일을 평소에 익히지 않아서 함부로 전하지는 않았는가?[爲人謀而不忠乎, 與朋友交而不信乎, 傳不習乎?]' 등의 세 가지 반성을 말한다. 『논어』 「학이(學而)」에 나온다.

이 없다. 그러므로 군자는 '성'하게 함을 귀하게 여긴다.[22]

誠者, 物之終始, 不誠無物. 是故君子誠之爲貴.

주희가 말하였다.

"성(誠)이라는 말은 실(實)일 따름이다. 그러나 이 편의 가운데에 이치의 실제로써 말하는 것이 있으니 '성(誠)은 가릴 수 없다'고 말하는 경우가 이것이다. 마음의 실제로써 말하는 것이 있으니 '그 몸에 돌이켜 성(誠)하지 않다.'라고 말하는 경우가 이것이다.

읽는 사람이 각자 글의 뜻이 가리키는 것을 따라서 그것을 찾으면 그 뜻[義]을 각기 얻을 것이다. 이른바 '성(誠)은 사물의 마침과 시작이니 성(誠)하지 않으면 물(物)이 없다'라는 것은 이치로써 말한다면 하늘과 땅의 이치가 지극히 성실하여서 한 번이라도 쉬는 망령됨이 없다. 그러므로 예로부터 지금까지 하나의 물(物)도 성실하지 않음이 없어서 하나의 '물'의 가운데에 처음부터 마칠 때까지가 모두 성실한 이치[實理]가 행하는 것이다. 마음으로 말한다면 성인의 마음이 또한 지극히 성실해서 한 번이라도 쉬는 망령됨이 없다. 그러므로 태어나서 죽을 때까지 하나의 일이라도 성실하지 않음이 없어서 하나의 일의 가운데에 처음부터 마칠 때까지가 모두 성실

22 『중용』 25장에 나온다.

한 마음[實心]이 행하는 것이다.

이것이 이른바 '성(誠)은 물(物)의 마침[終]과 시작[始]이다'라는 것이 그러한 것이요, 만일 성인(聖人)에 미치지 못해서 그 본래 마음의 성실함이 오히려 중간에 끊긴다면 그 성실함이 이 마음에 있었던 처음부터 중간에 끊기기 전까지 행하는 바가 모두 성실하다가 그 중간에 끊긴 후에 서로 이어지기 전까지 말하고 행하는 바가 모두 성실하지 않다고 말할 수 있으니, 비록 그 일이 있으나 또한 없는 것과 다름이 없다.

'3개월 동안 떠남이 없다[三月不違]'라고 말한 것과 같은 것은 3개월 동안 행하는 바가 모두 성실하였으나 3개월 후에는 성실하지 않았으니 대개 떠나지 않음의 종시(終始)는 곧 그 일의 종시이고, 하루나 한 달에 한 번 인(仁)에 이르는 것은 여기에 이르렀을 때에 행하는 바가 모두 성실하였으나 여기에서 떠난 후에는 성실하지 않으니 대개 여기에 이르렀다는 종시는 그 일의 종시이니, 이는 이른바 '성(誠)하지 않으면 물(物)이 없다.'는 말이 그러하다.

이것으로 말하면 하늘에 있는 것은 본래 성실하지 않은 이치는 없다. 그러므로 무릇 물(物)이 이치에서 생겨남은 반드시 이 이치가 있어야 바야흐로 이 '물'이 있으니 그 이치가 없으면서 다만 성실하지 않은 '물'이 있는 경우는 없다. 사람에게 있는 것은 간혹 성실하지 않은 마음이 있다. 그러므로 무릇 '물'이 마음에서 나오는 것이 반드시 이 마음의 성실함이 있어야 곧 이 '물'의 성실함이 있으니, 그 마음의 성실함이 없으면서 그 '물'의 성실함이 있을 수 있는 경우는 없다. 정자(程子)가 말한 '머리끝에서 발끝까지[徹頭徹尾]'[23]라는 말은 대개 이것과 같은 것이다."

朱熹曰: "誠之爲言實而已矣. 然此篇之中, 有以理之實而言者, 如曰'誠之不可揜'之類, 是也; 有以心之實而言者, 如曰'反諸身不誠'之類是也. 讀者, 各隨文意所指而尋之, 則其義各得矣. 所謂'誠者物之終始不誠無物'者, 以理言之, 則天地之理, 至實而無一息之妄. 故自古至今, 無一物之不實, 而一物之中, 自始至終, 皆實理之所爲也. 以心言之, 則聖人之心亦至實, 而無一息之妄, 故從生至死, 無一事之不實, 而一事之中, 自始至終, 皆實心之所爲也. 此所謂'誠者物之終始'者然也. 苟未至於聖人, 而其本心之實, 猶未免於間斷, 則自其實有是心之初, 以至未有間斷之前, 所爲無不實者, 及其間斷之後, 以至于未相接續之前, 凡所云爲, 皆無實之可言, 雖有其事亦不異於無有矣. 如曰'三月不違', 則三月之間所爲皆實, 而三月之後未免於無實, 蓋不違之終始, 卽事之終始也, 日月至焉, 則至此之時, 所爲皆實, 而去此之後, 未免于無實. 蓋至焉之終始, 卽其事之終始也, 是則所謂'不誠無物'者然也. 以是言之, 則在天者, 本無不實之理. 故凡物之生於理者, 必有是理, 方有是物, 未有無其理而徒有不實之物者也. 在人者, 或有不實之心. 故凡物之出于心者, 必有是心之實, 乃有是物之實, 未有無其心之實而能有其物之實者也. 程子所謂'徹頭徹尾'者, 蓋如此也."

신은 이렇게 생각합니다. 이 장의 의미는 상하가 모두 마땅히 알아야 하는 바입니다. 임금으로부터 말하자면 반드시 덕(德)을 닦는 성실한 마음이 있은 후에 덕을 닦는 실제의 일이 있고, 백성을

23 『이정유서(二程遺書)』 권18에 나온다[不誠無物誠者, 物之終始, 猶俗說, 徹頭徹尾, 不誠更有甚物也].

사랑하는 성실한 마음이 있은 후에 백성을 사랑하는 실제의 일이 있으니, 이 마음의 성실함이 없고서 그 일의 실제가 있을 수 있는 경우는 없습니다. 이것으로 미루어 보면 그 나머지는 그러하지 않음이 없으니, 이 때문에 군자는 성실함[實]을 귀하게 여깁니다.

천하의 공통된 도[達道]가 다섯 가지인데 이것을 행하는 것은 세 가지다.[24] 군신(君臣)·부자(父子)·부부(夫婦)·형제[昆弟]·친구[朋友] 사이의 사귐, 이 다섯 가지는 천하의 공통된 도다. 지(知)·인(仁)·용(勇), 이 세 가지는 천하의 공통된 덕[達德]이니 그것을 행하게 하는 것은 하나다.

天下之達道五, 所以行之者三. 曰: 君臣也、父子也、夫婦也、昆弟也、朋友之交也, 五者天下之達道也. 知、仁、勇, 三者天下之達德也. 所以行之者, 一也.

신은 이렇게 생각합니다. 군신·부자에서 친구까지의 사귐, 이 다섯 가지는 천하에서 함께 따라야 할 길이니, 그러므로 공통된 도[達道]라고 하였고, 지(知)·인(仁)·용(勇) 이 세 가지는 사람이 함께 얻은 것이니 그러므로 공통된 덕[達德]이라고 합니다.

도(道)는 비록 사람들이 함께 따라야 하는 바이지만 그 앎[知]이 충분히 그것에 미치지 않으면 임금이 마땅히 해야 하는 인(仁)과

24 『중용』 20장에 나온다.

신하가 마땅히 해야 하는 경(敬)과 자식이 마땅히 해야 하는 효(孝)와 어버이가 마땅히 해야 하는 자애[慈]에 대해 반드시 그러해야 할 이유에 어두워질 것입니다.

앎[知]이 비록 그것에 미쳤지만 '인'이 지킬 수 없으며 '인'이 비록 지킬 수 있으나 용(勇)이 결단할 수 없으면, 마땅히 행해야 할 이치에서 혹은 사사로운 욕심에 빼앗기고 혹은 이해(利害)에 가려지므로, 하늘의 떳떳한 도리[天常]를 더럽혀서 사람의 도리[人紀]를 손상시키는 데에 이르는 것이 많으니 그러므로 행하는 것이 세 가지입니다.

덕(德)은 비록 사람들이 모두 다 얻으려고 하는 바이지만 혹은 억지로 권하거나 혹은 거짓으로 꾸민다면 지혜[知]가 술수(術數)에서 나오며, 인(仁)은 임시변통에서 흘러나오며, 용(勇)은 강하고 난폭한데서 나오니, '덕'은 그 정당한 '덕'이 아닌 것입니다. 그러므로 행동은 반드시 성(誠)으로부터 비롯해야 하니, 한결같이 '성'입니다. 세 가지는 모두 진실하고 망령됨이 없는 것으로 이것을 일러 '성'이라고 하니 '덕'이 '성'에 이르면 이것으로써 임금 노릇을 함에 반드시 임금의 도(道)를 다하고, 이것으로써 신하노릇을 하면 반드시 신하의 도를 다하며 부부·형제·친구 사이에 처함에 그 도를 다하지 않음이 없습니다.

한(漢) 고제(高帝)는 첩을 총애하는 데에 빠져서 인체(人彘)라는 화(禍)의 빌미를 제공하였으니 사사로운 욕심이 그 지혜[知]를 가린 것입니다. 진(晉) 무제(武帝)는 부모의 명령을 어겨서 아우[介弟]의 은혜를 어그러뜨리니 참소하는 적이 그 '인'을 해친 것입니다. 당(唐) 태종(太宗)이 승건(承乾)을 폐하고 아들 치(治)를 후계로 세울 즈음에 결정하지 못하는 조짐이 있었으니, 사랑이 그 '용(勇)'을 방해하였기 때문입니다. 그러므로 임금의 세 가지 덕 가운데 하나라도 빠뜨릴 수 있겠으며, 하나라도 '성(誠)'에서 나오지 않으면 되겠습니까?—이상은 모두 성(誠)을 말하였다.—

공자가 말하였다.[25]

"배움을 좋아함은 지(知)에 가깝고, 힘써 행함은 인(仁)에 가깝고, 부끄러움을 아는 것은 용(勇)에 가깝다. 이 세 가지를 알면 몸을 닦는 바를 알 것이요, 몸을 닦는 바를 알면 남을 다스리는 바를 알 것이요, 남을 다스리는 바를 알면 천하와 국가[國]와 집안[家]을 다스리는 바를 알 것이다."

子曰: "好學近乎知, 力行近乎仁, 知恥近乎勇. 知斯三者, 則知所以修身. 知所以修身, 則知所以治人. 知所以治人, 則知所以治天下國家矣."

신은 이렇게 생각합니다. 앞 장에서 대개 세 가지 공통된 덕[達德]을 말하였는데 여기서도 또한 사람을 가르쳐서 덕(德)으로 들어가는 길을 말하고자 합니다. 대저 지혜[智]는 반드시 상지(上智), 인(仁)은 반드시 지인(至仁), 용(勇)은 대용(大勇)에 이르게 된 후에야 지극하게 되는 것인데, 어찌 쉽게 갑자기 도달할 수 있겠습니까?

진실로 학문을 즐거워하고 게을리하지 않으면 곧 지혜[智]에

25 『중용』 20장에 나온다.

가깝습니다. 힘써 행하고 그치지 않으면 역시 인(仁)에 가깝습니다. 남보다 못한 것으로써 부끄러움을 삼는다면 '용(勇)'에 가깝습니다. 대개 학문을 좋아함은 이치를 밝히는 방법이고, 힘써 행함은 도(道)에 나아가는 방법이고, 부끄러움을 앎은 뜻을 세우는 방법이니, 이 세 가지를 잘하는 데에 그 힘을 쓴다면 이른바 세 가지 공통된 덕[達德]을 서서히 이룰 수 있을 것입니다. 이 세 가지를 알면 수신(修身)과 치인(治人)의 도(道)가 여기에서 벗어나지 않으니, 집안으로부터 나라까지와 나라에서 천하까지 다만 이것을 적용할 따름입니다.—이 장은 지(智)·인(仁)·용(勇)을 말하였다.—

맹자가 양(梁) 혜왕(惠王)을 보았다.[26] 양 혜왕이 말하였다.

"선생께서 천리(千里)를 멀다하지 않고 찾아와 주셨으니 또한 장차 이 나라에 이익이 될 만한 방법이 있습니까?"

맹자가 대답하여 말하였다.

"임금께서는 하필이면 이익[利]을 말씀하십니까? 인의(仁義)가 있을 뿐입니다."

孟子見梁惠王. 王曰: "叟, 不遠千里而來, 亦將有以利吾國乎?" 孟子對曰: "王何必曰利? 亦有仁義而已矣."

신은 이렇게 생각합니다. 『맹자(孟子)』 7편 가운데 인의를 처

26 『맹자(孟子)』 「양혜왕 상(梁惠王上)」에 나온다.

음에 두니 이는 단서를 만들어서 시작으로 삼는 깊은 뜻입니다. 정이(程頤)가 말하기를 "공자가 인(仁)을 말하면서 의(義)를 겸하지 않고 그것만 홀로 말하였으나 『역(易)』에서는 따로 '사람을 세우는 도는 인과 의이다'라고 말하였고, 맹자가 인(仁)을 말함에 반드시 '의'로써 짝하였으니 성인(聖人)의 도(道)에 공이 있다고 할 만하다."라고 하였습니다. 「양혜왕(梁惠王)」 1장은 신이 이미 의리편(義利篇)에 드러내었습니다. 그러므로 모두 기록하지 않았습니다.

맹자가 말하였다.[27]

"인(仁)은 사람의 편안한 집이요, 의(義)는 사람의 올바른 길이라. 편안한 집을 비워 두고 거처하지 않으며, 올바른 길을 내버려두고 따라가지 않으니 슬프구나."

孟子曰: "仁, 人之安宅也. 義, 人之正路也. 曠安宅而弗居, 舍正路而不由, 哀哉!"

신은 이렇게 생각합니다. 인(仁)이라는 것은 마음의 덕(德)이니 마음이 '인'에서 보존되면 편안하고, 이와 반대이면 위태롭습니다. 의(義)라는 것은 마음의 제재이니 자신이 '의'에 말미암으면 바르고, 그 반대이면 사악합니다. 두 가지는 모두 내가 저절로 가지고 있는 것이지만 스스로 포기하는 것을 달갑게 여기니, 이것은 지극히 안

27 『맹자(孟子)』 「이루 상(離婁上)」에 나온다.

락한 집을 버리고 텅 빈 들판을 의지하며 지극히 올바른 길을 버리고 고난의 진흙탕을 쫓는 것입니다. 이것은 성현이 몹시 애석해하는 것입니다.

맹자가 말하였다.[28]

"사람이 짐승[禽獸]과 다른 점은 아주 조금 있지만, 보통 사람들은 그것을 놓치고 군자(君子)는 그것을 보존한다. 순임금은 사물에 밝고 인륜을 살폈는데, 이는 인의(仁義)에 따라 행한 것이요, 인의를 (억지로) 행한 것은 아니다."

孟子曰: "人之所以異於禽獸者幾希, 庶民去之, 君子存之. 舜明於庶物, 察於人倫, 由仁義行, 非行仁義也."

신은 이렇게 생각합니다. 사람이 물(物)과 서로 두고 있는 거리가 역시 멀지만 맹자가 거의 적다고 한 것은 대개 사람과 물이 다 같이 하나의 마음을 소유하였기 때문입니다. 사람은 보존할 수 있으나 물은 보존하지 못하니 같지 않은 것은 오직 이것일 뿐입니다. 사람 가운데에 무릇 백성들은 역시 이 마음은 있으나 보존할 수 없었으니 곧 짐승이고, 오직 군자만이 그것을 보존할 수 있으니 물(物)과 다른 것입니다.

순임금과 같은 성인은 물(物)이 물(物)이 된 까닭을 밝히며, 사

28 『맹자(孟子)』「이루 하(離婁下)」에 나온다.

람이 사람 된 까닭을 통찰하여서 그것을 보존하는 것에서 기다리지 않고 스스로 보존하는 것이니, 대개 보존한다는 것은 힘쓰기를 기다리는 것과 같지만 순임금은 자신이 곧 이치이고, 이치가 곧 자신이기 때문에 혼연히 틈이 없어서 힘쓰는 것을 기다리지 않으시니 이른바 태어나면서부터 알고 편안히 행하여 조용히 도에 맞는다는 것[生知安行, 從容中道]이 이것입니다.

인의(仁義)에 따라 행하면 자신과 이치가 하나이고 인의를 (억지로) 행하기만 하면 자신과 이치가 둘입니다. 그러나 순임금에 미치지 못하면 억지로라도 인의를 행하는 것이 바로 마땅히 힘써야 할 것이니, 행하여 오래되며, 오래되어 익숙하며, 익숙하여 편안해지면 인의에 따라 행동하는 것과 어찌 다르겠습니까? 이것이 탕왕과 무왕이 그것을 돌이킨 일이니 성인을 배우는 데에 뜻을 둔 사람이 힘쓰지 않을 수 없는 것입니다.

왕자 점(墊)이 물었다.[29]

"사(士)는 무엇을 일삼습니까?"

맹자가 말하였다.

"뜻을 숭상하는 것입니다."

(점이) 말하였다.

"뜻을 숭상하는 것은 무엇을 말하는 것입니까?"

---

29 『맹자(孟子)』「진심 상(盡心上)」에 나온다.

(맹자가) 말하였다.

"인(仁)과 의(義)입니다. 하나라도 죄 없는 사람을 죽이는 것은 '인'이 아니며, 자기의 소유가 아닌 것을 빼앗는 것은 '의'가 아닙니다. 머물 집이 어디에 있겠습니까? '인'이 바로 그 집이요, 갈 길이 어디에 있겠습니까? '의'가 바로 그 길입니다. '인'에 살고 '의'를 따라가면 대인(大人)의 할 일은 다 갖추는 것이 됩니다."

王子墊問曰: "士何事?" 孟子曰: "尙志." 曰: "何謂尙志?" 曰: "仁義而已矣. 殺一無罪, 非仁也. 非其有而取之, 非義也. 居惡在? 仁是也. 路惡在? 義是也. 居仁由義, 大人之事備矣."

신은 이렇게 생각합니다. 왕자 점(墊)은 응당 당시 국군(國君)의 아들이지만, 천자와 제후의 아들 가운데 명(命)을 받지 못한 자를 모두 '사(士)'라고 합니다. 그의 질문과 맹자의 답을 보면 그 사람은 반드시 뜻을 가진 사람입니다. 한 사람이라도 죄가 없는데 죽이면 '인(仁)'이 아니고, 자기의 소유가 아닌데 취하면 '의(義)'가 아닙니다. 바야흐로 이때 천하에서 다투는 나라가 일곱인데, 전쟁으로 땅을 다투면서 죽인 사람들이 들판에 가득하며 전쟁으로 성을 다투면서 죽인 사람이 성에 가득하니 죄 없이 죽은 사람이 많았습니다. 이것은 매우 심하게 '인'이 아닙니다. 국경을 침범하고 재화를 빼앗으니 자신의 소유가 아닌데도 취하는 것이 많았습니다. 이것은 매우 심하게 '의'가 아닙니다.

그러나 당시의 임금은 이것을 행하는 데에 익숙해서 그 불인(不仁)과 불의(不義)가 됨을 반드시 다 알지는 못하였습니다. 그러므로 맹자가 이를 지적하여 말하여서, 인(仁)이 아닌 것을 경계로 삼아 머무는 바가 항상 '인'에 있게 하였으며, 의(義)가 아닌 것을 경계로 삼아 말미암는 바가 항상 '의'에 있게 하였습니다. 이와 같이 한다면 대인(大人)이 일삼는 바가 갖추어질 것입니다. 맹자의 이 말은 제멋대로 흘러 일어나는 화(禍)를 구원하는 것이며, 생민(生民)의 목숨을 온전하게 하는 것이니 그 공로가 어찌 적다고 하겠습니까? 임금 된 자는 이 말을 음미해서 스스로 경계해야 합니다.

맹자가 말하였다.[30]

"사람은 모두 차마 하지 못하는 마음이 있으니, 이 마음을 그 차마 할 수 있는 바에까지 도달한다면 그것이 바로 '인'이다. 사람은 모두 하지 않는 바가 있으니 이것을 그 하려는 바에까지 도달한다면 '의'이다. 사람이 남을 해치려고 하지 않는 마음이 가득하다면 '인'을 이루 다 쓰지 못할 것이며, 사람이 담을 뚫거나 넘어가서 도둑질하지 않으려는 마음이 가득하다면 '의'를 이루 다 쓰지 못할 것이다. 사람이 멸시받지 않으려는 행실로 채울 수 있다면 가는 곳마다 의(義)가 아님이 없을 것이다."

孟子曰: "人皆有所不忍, 達之於其所忍, 仁也. 人皆有所不爲, 達之於其所爲, 義也. 人能充無欲害人之心, 而仁不可勝用也. 人能充無穿窬之心, 而義不可勝用也. 人能充無受爾汝之實, 無所往而不爲義也."

30 『맹자(孟子)』「진심 하(盡心下)」에 나온다.

신은 이렇게 생각합니다. 맹자의 이 장은 사람들에게 그 할 것을 잘 적용하는 방법을 가르친 것입니다. 대저 차마 하지 못하는 것이 있으며 하지 않는 바가 있는 것은 마음의 바름이니, 이 마음에 나아가서 그것을 미룰 수 있어서 비록 차마 할 수 있는 것이라도 또한 차마하지 못함이 곧 인(仁)이고, 비록 할 수 있는 것이라도 또한 하지 않으려는 것이 곧 의(義)입니다.

남을 해치고자 하지 않는 것과 같은 것이 이른바 차마 하지 못하는 것이니, 사사로운 욕심이 한번 움직이면 차마 하지 못하는 것을 때때로 하기도 합니다. 담을 뚫거나 넘어가서 도둑질하지 않으려는 것과 같은 것이 이른바 해서는 안 되는 것이지만, 사사로운 욕심이 한번 움직이면 해서는 안 되는 것을 때때로 하는 것입니다. 오직 이 마음에 나아가서 그것을 확충하면 남을 해치는 일이 원래는 진실로 하고 싶지 않았던 일이었기 때문에 그 남을 해치는 것에까지 이르지 않는 것도 또한 모두 하고자 하지 않을 것이니 '인'을 이루 다 쓸 수 있겠습니까? (또한) 담을 뚫거나 넘어가서 도둑질하는 일이 진실로 해서는 안 되는 것임을 알기 때문에 그 담을 뚫거나 넘어가서 도둑질하는 일에 이르지 않는 것도 또한 모두 하지 않을 것이니 '의'를 이루 다 쓸 수 있겠습니까?

너[爾汝]는 사람들이 가벼이 여기고 천시하는 칭호입니다. 부끄러움을 아는 사람이라면 기꺼이 받을 수는 없는 것입니다. 이것이 이른바 부끄러워하고 미워하는 마음[羞惡之心]입니다. 이로부터 그것을 채울 수 있다면 가는 곳마다 '의'가 아님이 없을 것입니다.

대저 사람의 본심이 선하지 않음이 없는데, 그 이익과 욕심에 빠지는 것으로 말미암아 그 본심을 잃어버립니다. 그러므로 앞으로 점점 나아갈수록 발을 헛디디어 넘어져서 드디어 선하지 않은 데로 흘러갑니다. 100보를 달려갔다면 그 부끄러움을 알지만 50보라면 부끄러워하지 않으니 어찌 50보를 아울러서 부끄러움이 없다고 하겠으며, 한 달에 닭 한 마리씩 훔치면 그 부끄러움을 알지만 해마다 닭 한 마리를 훔치면 부끄러워하지 않으니 어찌 해마다 훔치는 것을 아울러서 부끄럽지 않다고 할 수 있겠습니까? 이것을 안 이후에야 맹자가 그것을 확충하는 설을 알 것입니다.—이상 인의(仁義)를 겸하여 말하였다.—

맹자가 말하였다.[31]

"인(仁)의 실제는 어버이를 섬김이 이것이고, 의(義)의 실제는 형에게 순종함이 이것이다. 지(智)의 실제는 이 두 가지를 알아서 떠나지 않는 것이고, 예(禮)의 실제는 이 두 가지를 이치에 맞는 규범[節文]으로 만드는 것이며, 악(樂)의 실제는 이 두 가지를 즐거워하는 것이다. 즐거워하면 생겨날 것이니, 생겨나면 어찌 그만둘 수 있는가? 그만둘 수 없다면 자신도 모르게 발로 뛰고 손으로 춤추게 될 것이다."

孟子曰: "仁之實, 事親是也. 義之實, 從兄是也. 智之實, 知斯二者弗去是也. 禮之實, 節文斯二者是也. 樂之實, 樂斯二者. 樂則生矣, 生則惡可已也. 惡可已也. 則不知足之蹈之, 手之舞之."

31 『맹자(孟子)』「이루 상(離婁上)」에 나온다.

신은 이렇게 생각합니다. 이것은 맹자가 인(仁)·의(義)·지(智)·예(禮)·악(樂)을 실제 생활 속의 사례를 가리켜 말하여 사람으로 하여금 힘쓸 곳을 알게 한 것입니다. 인의(仁義)의 도리는 크지만 그것이 절실한 곳은 부모를 섬기고 형을 따르는 것입니다.

대개 두 가지는 사람이 본래 알고 있고 할 수 있는 것[良知良能]이며, 천성(天性)의 참된 모습이 여기에서 발현하니, 인의(仁義)를 행하고자 하는 자는 오직 여기에 힘을 다할 뿐입니다. 그렇지 않으면 멀고 아득하여서 근거할 만한 실제가 없습니다. 진실로 이 두 가지를 알아서 그것을 지키고 떠나지 않으니 지(智)의 실제이고, 이 두 가지를 지켜야 할 규범으로 만들되 이를 형편에 맞게 적절히 높이고 낮추니 예(禮)의 실제입니다. 이 두 가지를 행하고 즐겨서, 조용히 안정되어 억지로 강제하거나 자신의 생각을 거스르는 행위가 없는 것이 악(樂)의 실제입니다.

대개 천하의 선(善)은 부모를 섬기고 형을 따르는 것 외에 나오는 것이 없으니, 진실로 악(樂)에 이르면 마음속에서 피어올라 저절로 생의(生意)가 있어, 펴지고 통해져서 스스로 그칠 수 없습니다. 발이 뛰는 것과 손이 춤추는 것이 역시 장차 그렇게 되는 것을 알지 못하고도 그렇게 되는 것이 있습니다. 그러나 깊이 완상하여 실제로 그것을 체득하지 않으면 이 맛을 알 수 있겠습니까! —이 장은 인(仁)·의(義)·예(禮)·지(智)·악(樂)을 겸하여 말하였다.—

맹자가 말하였다.[32]

"인(仁)은 하늘의 높은 벼슬[尊爵]이고, 사람의 편안한 집[安宅]이다. 그것을 막는 것이 없는 데도 '인'하지 못하니, 이는 지혜롭지 못한 것이다."

孟子曰: "夫仁, 天地尊爵也, 人之安宅也. 莫之禦而不仁, 是不智也."

—어(禦)는 막는 것[止]이다.—

주희가 말하였다.

"인(仁)이라는 것은 천지가 만물을 내는 마음으로 얻기를 가장 먼저 하였고, 네 가지를 겸하여 통솔하니 이른바 '원(元)'은 선(善)의 으뜸이라는 것이다. 그러므로 '높은 벼슬[尊爵]'이라 하였다. 사람에 있어서는 본심(本心)의 전체(全體)의 덕(德)이 되어, 천리자연(天理自然)의 편안함이 있고, 인욕(人欲)에 빠지는 위태로움이 없으니, 사람들이 마땅히 항상 그 가운데 있어서 잠시라도 떠나서는 안 된다. 그러므로 '편안한 집[安宅]'이라고 하였다."

朱熹曰: "仁者天地生物之心, 得之最先, 而兼統四者, 所謂元者善之長也, 故曰尊爵. 在人則爲本心全體之德, 有天理自然之安, 無人欲陷溺之危. 人當常在其中, 而不可須臾離者也, 故曰安宅."

---

32 『맹자(孟子)』「공손추 상(公孫丑上)」에 나온다.

신은 이렇게 생각합니다. 인(仁)이라는 것은 내가 스스로 가지고 있는 것이니 진실로 그것을 하고자 하면 누가 그것을 막을 수 있겠습니까? 그런데 '인'하지 않은 것에 마음이 달가워한다면 어찌 지혜롭지 않은 것이 아니겠습니까? 그러므로 '인'과 '지(智)' 두 가지는 항상 서로 맞물려 있는 것이라서 '인'하지 않으면 지혜롭지 않고, 지혜롭지 않으면 '인'하지 않습니다.

맹자가 말하였다.[33]

"군자(君子)가 물(物)에 대해서 사랑하기만 하고 '인(仁)'하지 않으며, 백성에 대해서 '인'하기만 하고 친하지 않으니, 부모를 친하게 여겨야 백성을 '인'하게 하고, 백성을 '인'하게 하여야 '물'을 사랑하는 것이다."

孟子曰: "君子於物也, 愛之而弗仁. 於民也, 仁之而弗親. 親親而仁民, 仁民而愛物."

—물(物)은 금수(禽獸)와 초목(草木)을 말한다. 물(物)을 사랑한다는 것은 취함에 때가 있고 사용함에 절도가 있음을 말한다.—

신은 이렇게 생각합니다. 천하의 이치는 하나이나 나누어지면 다릅니다. 무릇 하늘과 땅 사이에서 생긴 것은 하늘과 땅의 자식이어서 나와 동기(同氣)가 아닌 것이 없으니, 이것을 일러 이치는 하

---

33 『맹자(孟子)』「진심 상(盡心上)」에 나온다.

나[理一]라고 합니다. 그러나 부모는 나의 동체(同體)이고, 백성은 나의 동류(同類)이지만, 물(物)은 다른 부류이니, 이것을 일러 나누어지면 다르다[分殊]고 합니다. 그 이치가 하나이기 때문에 인(仁)과 애(愛)의 마음을 두루 하지 않음이 없고, 나누어진 것이 다르기 때문에 '인'과 '애'를 베푸는 데에 차등이 있습니다.

만약 친한 이를 친히 여기는 도를 백성에게 베풀면 친하고 소원한 것에 다름이 없으니, 이는 곧 친한 이를 박하게 대하는 것입니다. 만약 백성을 '인'하게 하는 도(道)를 물(物)에게 베풀면 귀하고 천한 것에 차이가 없으니, 이는 곧 백성을 박하게 대하는 것입니다. 그러므로 부모에게 '친'하고, 백성에게 '인'하게 하고, '물'에게는 사랑하니, 합하여 그것을 말하면 모두 '인'이고, 나누어 그것을 말하면 차례[序]가 있습니다. 이것이 이제(二帝)와 삼왕(三王)의 '도'가 양주(楊朱)·묵적(墨翟)과 다른 까닭입니다.—이 장은 인(仁)의 베풂을 말하였다.—

맹자가 말하였다.[34]

"'인'하면 영화롭고, '인'하지 않으면 치욕을 받는다. 지금 치욕을 싫어하면서도 '인'하지 않음에 머무는 것은, 이는 마치 습한 것을 싫어하면서 낮은 곳에 거처함과 같다."

孟子曰: "仁則榮, 不仁則辱. 今惡辱而居不仁, 是猶惡濕而居下也."

---

34 『맹자(孟子)』「공손추 상(公孫丑上)」에 나온다.

장식(張栻)이 말하였다.[35]

"인이라는 것은 영화로움에 뜻을 둔 것이 아니라, 인이라는 것이 본디 영화로움이니, 자신에게 있으면 마음이 조화롭고 기가 평안하여 덕성이 높아지고 난폭하고 교만함이 멀어지며, 집에 있으면 부자가 친하며 형제가 화목하며 부부가 의로우며 장유(長幼)에 차례가 있다. 그것을 나라에 미루어서 나라가 다스려지고, 그것을 천하에 베풀어서 천하가 평안하여져서 가는 곳마다 영화롭지 않음이 없는 것이다. 인하지 않는 사람은 이치를 어기고 욕심을 따르니 한 몸조차도 스스로 보존하지 못하는데 하물며 다른 것이겠는가? 대저 사람의 정이 누가 그 욕됨을 싫어하지 않겠는가마는 스스로 불인에 처한다면 사욕이 그것을 가려서 영욕이 나누어지는 지점이 어두워지기 때문이다."

張栻曰: "仁者非有意於榮, 仁者固榮也. 在身則心和而氣平, 德性尊而暴慢遠, 在家則父子親, 兄弟睦, 夫妻義, 長幼序. 推之於國而國治, 施之於天下而天下平, 無往而不榮也. 若夫不仁之人咈理而狥欲, 一身且不自保, 況其它乎! 夫人之情, 孰不惟辱之惡, 而自處於不仁, 則以私欲蔽之, 而昧夫榮辱之幾故也."

맹자가 말하였다.[36]

35 『계사맹자설(癸巳孟子說)』 권2에 나온다.

36 『맹자(孟子)』 「이루 상(離婁上)」에 나온다.

"삼대(三代)가 천하를 얻은 것은 인(仁)하기 때문이고, 천하를 잃은 것은 '인'하지 않았기 때문이다. 나라가 폐하고 흥하고 보존되고 망하는 이유도 역시 그러하다. 천자가 '인'하지 않으면 사해(四海)를 보존하지 못하고, 제후가 '인'하지 않으면 사직(社稷)을 보존하지 못하고, 경대부(卿大夫)가 '인'하지 않으면 종묘(宗廟)를 보존하지 못하고, 사(士)·서인(庶人)이 '인'하지 않으면 사체(四體, 몸)를 보존하지 못한다. 지금 죽고 망하는 것을 싫어하면서도 '인'하지 않음을 즐기니, 이는 취하는 것을 싫어하면서 술을 억지로 마시는 것과 같다."

孟子曰: "三代之得天下也以仁, 其失天下也以不仁, 國之所以廢興存亡者亦然. 天子不仁, 不保四海. 諸侯不仁, 不保社稷. 卿大夫不仁, 不保宗廟. 士庶人不仁, 不保四體. 今惡死亡而樂不仁, 是猶惡醉而强酒."

신은 이렇게 생각합니다. 『맹자』의 이 장은 명백하고 준엄하니, 천자로부터 서인에 이르기까지 모두 마땅히 가슴에 새겨서 스스로 경계해야 합니다. 그러나 이른바 불인(不仁)이라는 것은 다름이 아니라 인욕(人欲)을 마음대로 하여 천리(天理)를 없애는 것일 뿐이니, 인욕이 풀어져서 천리가 없어지면 그 화가 심지어 여기에까지 이르게 되니 두려워하지 않을 수 있겠습니까?

맹자가 말하였다.[37]

"『시경(詩經)』에

'상(商)의 자손

그 수가 십만을 넘었지만,

상제(上帝)가 명하시니 주(周)에 복종하는구나.

주(周)에 복종하니 천명(天命)은 일정하지 않다.

은(殷) 땅의 선비로 아름답고 영민한 자들이

도읍에서 술을 부어 제사를 돕는다.'

라 하였다. 공자가 '인은 무리의 많음으로 이루어지는 것은 아니니, 나라의 군주가 인(仁)을 좋아하면 천하에 대적할 자가 없다.' 라고 하였다. 지금 천하에 대적할 자가 없기를 바라면서 어진 정치를 행하지 않으니, 이것은 뜨거운 물건을 손에 쥐고서 물로 열을 식히지 않는 것과 같다. 『시경(詩經)』에

'누가 뜨거운 물건을 쥐고서

물로 씻지 않겠는가?'

라고 하였다."

孟子曰: "『詩』云: '商之孫子, 其麗不億. 上帝旣命, 侯于周服. 侯服于周, 天命靡常. 殷士膚敏, 祼將于京.' 孔子曰: '仁不可爲衆也. 夫國君好仁, 天下無敵.' 今也欲無敵於天下, 而不以仁, 是猶執熱而不以濯也. 『詩』曰: '誰能執熱, 逝不以濯.'"

—여(麗)는 수(數)다. 억(億)은 십만(十萬)이다. (주(周)에 복종하는 것은) 주나라의 제후가 된 것을 말한다. 부(膚)는 아름다움[美]이다. 민(敏)은 빠른 것[速]이다. 관장(祼將)은 제사 지내는 일이다.—

37 『맹자(孟子)』「이루 상(離婁上)」에 나온다.

신은 이렇게 생각합니다. 이것은 『시경(詩經)』「대아(大雅)」편에 나오는 문왕(文王)의 시입니다. 상(商)나라의 자손이 주(周)나라의 제후가 되고, 은(殷)나라의 아름다운 선비들이 주나라의 종묘 제사에 분주하게 갔으니, 천명(天命)이 어찌 일정함이 있겠습니까? 성탕(成湯)은 오직 인(仁)하였기에 때문에 천명이 상나라에 돌아갔고, 주(紂)임금이 오직 '인'하지 않았기 때문에 천명이 옮겨져 주나라에 돌아갔습니다. 상나라의 자손은 그 수가 십만 명을 헤아리니 많다고 말할 수 있지만, 상나라를 보존시키지 못한 것은 주나라가 '인'하였기 때문이니 비록 많아도 쓸모가 없었습니다.

맹자가 이것을 들어 나라의 임금이 '인'을 좋아하면 천하에 대적할 자가 없다는 것을 밝혔으니, 당시가 그렇지 않았던 것을 탄식한 것입니다. 앞뒤의 세 장이 "습한 곳을 싫어하면서 낮은 곳에 있다.", "취하는 것을 싫어하면서 술을 억지로 마신다.", "뜨거운 것을 손에 쥐고서 물로 식히지 않는다."라는 세 가지 비유로 말하였으니, 세상의 임금께 경계함이 심오합니다.

맹자가 말하였다.[38]

"인(仁)하지 않은 자와 더불어 말할 수 있겠는가? 위태로움을 편안히 여기고 재앙을 이롭게 여겨 망하는 것을 즐기는 자들이다. 그러나 인(仁)하지 않지만 그와 더불어 말할 수 있다면 어찌

---

38 『맹자(孟子)』「이루 상(離婁上)」에 나온다.

나라를 망하게 하고 집안을 쓰러뜨리는 일이 있겠는가?"

孟子曰: "不仁者可與言哉? 安其危而利其菑, 樂其所以亡者. 不仁而可與言, 則何亡國敗家之有?"

신은 이렇게 생각합니다. 옛날부터 위태하고 어지러운 세상에서도 일찍이 충성스러운 말이 없지는 않았습니다. 조이(祖伊)[39]가 일찍이 주(紂)임금에게 간언하였고, 소목공(召穆公)이 일찍이 여왕(厲王)에게 간언하였고, 이사(李斯)가 일찍이 이세(二世) 황제에게 간언하였습니다. 그러나 세 임금이 (간언을) 듣지 않은 것은 대개 그 마음이 이미 '인'하지 않았기 때문에 위아래가 뒤집어져서 미혹되고 어그러져서 위태로움으로써 편안함으로 삼고, 재앙으로써 이로움으로 삼아, 망하는 방법을 취하여 즐거움으로 삼았습니다. 대저 어떤 임금이 편안하게 보존되기를 바라지 않으며 위태롭고 망하는 것을 싫어하지 않겠습니까마는 그 반대로 이 지경에 이른 것은 사사로운 욕심이 가려서 그 본심(本心)을 잃어버렸기 때문입니다. 무제(武帝)가 오랑캐를 물리치고 전천추(田千秋)의 말을 들을 수 있었기 때문에 한나라가 어지러운 데에 이르지 않았고, 덕종(德宗)이 도읍을 옮기고 육지(陸贄)의 말을 들을 수 있었기 때문에 당나라가 망하는

---

39 상(商)나라 때 사람으로 서백(西伯, 주 문왕)이 병사를 일으켜 기국(饑國)을 공격하여 그 땅을 차지하였다. 이에 재앙이 곧 닥칠 것을 알고 주(紂)에게 충간을 올렸지만, 주는 듣지 않고 "우리의 목숨은 하늘에 달려 있는 것이 아닌가?[我生不有命在天乎]"라고 말하였다. 그러자 "아아! 폐하의 죄가 하늘에 벌려져 있거늘 천명(天命)을 책할 수 있겠습니까? 은(殷, 商)나라가 곧 망하려고 하는 것은 바로 폐하께서 저지른 일 때문이니, 폐하의 나라에 죽음이 없겠습니까?"라고 꾸짖었다. 『서경(書經)』「서백감려(西伯戡黎)」에 나온다.

데에 이르지 않았습니다. 어질지 않지만 그래도 믿어 더불어 말할 만하다고 여기면, 그 나라를 보존할 수는 있지만 망하는 것을 겨우 면할 뿐입니다. 만약 어진 사람이 위에 있으면, 비록 다스려지고 편안한 때라고 하더라도 위태로움과 어지러움에 관한 (경고의) 말을 즐겨 들어 치세는 오래가고 평안함은 장구하여 뒷날의 걱정이 없게 됩니다. 아! 이것이 어찌 무제·덕종이 도달할 수 있는 것이겠습니까!

맹자가 말하였다.[40]

"걸(桀)과 주(紂)가 천하를 잃은 것은 백성을 잃었기 때문이니, 백성을 잃었다는 것은 그 마음을 잃은 것이다. 천하를 얻음에 길이 있으니, 그 백성을 얻으면 천하를 얻을 것이다. 백성을 얻음에 길이 있으니, 그 마음을 얻으면 그 백성을 얻을 것이다. 그 마음을 얻음에 길이 있으니 원하는 것을 함께하고 모으며, 싫어하는 것을 베풀어 주지 말아야 한다.

백성이 인에 귀의하는 것은 물이 아래로 내려가고 짐승이 들판으로 달려가는 것과 같다. 그러므로 못을 위하여 고기를 몰아주는 것은 수달이고, 나무숲을 위하여 참새를 몰아주는 것은 매이고, 탕(湯)과 무(武)를 위하여 백성을 몰아준 자는 '걸'과 '주'다. 지금 천하의 임금 가운데 인을 좋아하는 자가 있다면 제후가 모두 그를 위하여 몰아줄 것이니, 비록 왕 노릇을 하지 않으려고

40 『맹자(孟子)』「이루 상(離婁上)」에 나온다.

하여도 어쩔 수 없을 것이다."

孟子曰: "桀紂之失天下也, 失其民也. 失其民者, 失其心也. 得天下有道, 得其民, 斯得天下矣. 得其民有道, 得其心, 斯得民矣. 得其心有道, 所欲與之聚之, 所惡勿施爾也. 民之歸仁也, 猶水之就下, 獸之走壙也. 故爲淵敺魚者, 獺也, 爲叢敺爵者, 鸇也. 爲湯武敺民者, 桀與紂也. 今天下之君有好仁者, 則諸侯皆爲之敺矣, 雖欲無王, 不可得已."

—광(壙)은 넓은 들판이다. 달(獺)은 물고기를 먹는 짐승이다. 전(鸇)은 매의 종류로 참새를 공격한다.—

신은 이렇게 생각합니다. 이 장의 요체는 '원하는 것은 함께 하고 모아 두며, 싫어하는 것은 행하지 말라는 두 말에 있습니다. 『대학』에서 "백성이 좋아하는 것을 좋아하며, 백성이 싫어하는 것을 싫어하는 것을 일러 백성의 부모라고 한다."라고 하였습니다. 자식에게 부모는 마음으로 정성을 다해 그것을 구하고, 하고 싶어 하는 것을 더불어 하지 않음이 없고 하기 싫어하는 것을 제거하지 않음이 없으니, 임금이 백성을 대함에 어찌 홀로 그러하지 않겠습니까?

전국시대에 (임금이) 그 백성을 금수(禽獸)같이 대하여 때때로 싫어하는 것을 시행하니, 맹자가 맹렬히 그것을 성토하였습니다. 대저 어진 자가 어찌 천하가 자신에게 돌아오는 데에 마음을 두겠습니까? 물이 아래로 흐르며, 짐승이 들로 달려가는 자연의 이치는 저절로 그러함이니, 일부러 그렇게 하려고 한 것은 아닙니다.

그러므로 장식(張栻)이 말하기를 "천리(天理)를 따르고 천하를 이롭게 여기는 마음이 없는데 천하가 그에게 귀의한 것은 삼왕(三王)이 왕이 된 이유다. 이 도리를 빌려서 역시 천하를 얻은 자가 바로 한(漢)나라·당(唐)나라다. 그러므로 진(秦)나라는 한나라를 위하여 몰아준 것이고, 수(隋)나라는 당나라를 위하여 몰아준 것이다."라고 하니, 다른 사람의 위에 앉은 자가 여기에서 거울삼지 않을 수 있겠습니까?

맹자가 말하였다.[41]

"인(仁)하지 못하다. 양(梁) 혜왕(惠王)이여! '인'한 자는 그 사랑하는 것으로 그 사랑하지 않는 것에까지 미치고, '인'하지 못한 자는 사랑하지 않는 것으로 사랑하는 것에까지 사랑하지 않는 것이 미친다."

공손추(公孫丑)가 말하였다.

"무슨 말씀이십니까?"

(맹자가 말하기를)

"양 혜왕이 영토 때문에 그 백성의 살이 썩고 문드러지게 하였으나 전쟁에서 대패하였다. 다시 싸우려고 하되 이기지 못할까 두려워서 그 사랑하는 자제(子弟)를 내몰아서 희생시켰으니, 이를 일러 사랑하지 않는 것으로 사랑하는 것에 미친다고 하는 것이다."—태자(太子) 신(申)으로 하여금 제(齊)나라와 싸우게 하여 제나라의 포로가 된 것을 말한다—

孟子曰: "不仁哉! 梁惠王也. 仁者以其所愛及其所不愛, 不仁者以其所不愛及

---

41 『맹자(孟子)』「진심 하(盡心下)」에 나온다.

其所愛.” 公孫丑曰: “何謂也?” “梁惠王以土地之故, 糜爛其民, 而戰之大敗, 將復之, 恐不能勝, 故驅其所愛子弟以殉之, 是之謂以其所不愛及其所愛也.”

신은 이렇게 생각합니다. 사람의 정(情)으로 말하면 누군들 그 친한 것을 사랑하지 않겠습니까? 그러나 양 혜왕이 이를 거꾸로 바꾸었으니 이와 같이 된 것은 탐하여 얻으려는 마음이 이겼기 때문에 천리(天理)가 없어지고 인욕(人欲)이 제멋대로 흘러서 이 지경에 이르렀습니다.

주희가 “인(仁)한 자의 은혜는 안에서부터 밖으로 미치고, ‘인’ 하지 않은 자의 화는 소원한 곳에서부터 친한 이에게 미친다.”라고 하니, 이 말이 그것을 잘 표현한 것입니다. 아아! 양 혜왕이 영토를 넓히려는 욕심 때문에 자제(子弟)를 몰아 죽음에 이르게 하였으니 맹자가 그 인(仁)하지 않음을 비판하였습니다.

후세의 임금이 참소를 믿어 아들을 죽인 일이 있으니 한(漢) 무제(武帝)·당(唐) 명황(明皇, 현종)과 같은 경우는 그 일은 비록 다르나 그 마음은 같습니다. 대개 양 혜왕이 탐하고 얻으려고 하였기 때문에 그를 전쟁터로 몰아서 돌보지 않았고, 두 임금이 잃을까 걱정하였기 때문에 참소한 것으로 말미암아 그를 죽여 다시 변론하지 못하게 하였으니, 모두 사사로운 욕심이 가려서 그 본심(本心)을 잃은 까닭입니다. 맹자가 ‘인’을 말한 것이 임금의 도에 있어 더욱 절실합니다. 그러므로 이 편에서 갖추어 드러내었습니다.—이상은 인(仁)을 오로지 말하였다—

이상 ‘우리 도의 원류에 대한 바른 이해[吾道源流之正]’를 논하였다.

대학연의 권13

권13은 '격물치지의 요체 1[格物致知之要一]'의 도술을 밝히는 데에서 이단과 학술의 차이를 논하고 있다. 진덕수는 공자의 사후에 이단이 일어났다고 보았는데, 특히 양주와 묵적의 폐해가 심하였다고 보았다. 그래서 이를 물리친 맹자의 공적이 크다고 하였다. 한나라 때에도 신불해나 상앙, 한비자 등이 나와서 이단의 학설을 논하였는데 동중서가 이를 물리쳤음에도 불구하고 끝내 등용되지 않았음을 지적하였다.

다음으로 진덕수가 이단으로 크게 주목한 것은 노자 또는 신선의 설이다. 한 무제 역시 백성들을 패망하게 만든 이유가 이 때문이라고 하였다. 광무제 역시 참언을 끊지 못해서 문제가 되었음을 지적하였다.

그리고 불교의 폐단도 한나라 명제 때에 불교가 수입되면서 시작되었다고 하였다. 청담의 폐해 역시 적지 않았고 노장과 불교에 빠진 북위의 최호(崔浩)와 같은 경우도 있다고 하였다. 그러나 불교의 폐해는 심각하여 천자의 지위가 길지 못한 이유가 되었으며 복 대신 화를 입는 근원이 된다고 보았다.

이러한 문제에 대해 한유가 글을 지어서 석가와 노장의 도를 적절하게 비판하고 올바른 도를 지키는 공을 세웠다고 하였다. 다만 한유도 적절하게 밝히지 못한 도의 내용은 중(中)·인(仁)·성(誠)이며, 이것이 임금이 힘써야 할 것이라고 하였다.

전체적으로 보았을 때 양주와 묵적, 노자와 장자, 불교가 이단이며, 이들의 폐해를 논하며, 도를 지킬 방법을 제시하였다.

이단과 학술의 차이[異端學術之差]

공자가 말하였다.[1]

"이단(異端)만 다룬다면[2] 해로울 뿐이다."

子曰: "攻乎異端, 斯害也已."

—공(攻)은 오로지 하나만을 다룸[專治]이다. 쇠와 나무를 다루는 의미의 공(攻)과 같다.—

신은 이렇게 생각합니다. 이단(異端)이라는 이름이 처음 여기에서 비롯되었으니, 그것이 성인의 도(道)는 아니지만 별도로 하나의 계통[一端]을 이룬 것을 말합니다. 요임금·순임금·우임금·탕왕·문왕·무왕·주공의 학문에 군자가 마땅히 마음을 다하여야 하니, 만약 이것을 버리고 오로지 이단만을 다룬다면 어찌 해로움이 없겠습니까?

어떤 이가 의심하기를 "이때는 이단이 아직 일어나지 않았으니, 공자의 뜻하는 바가 무엇인지 알지 못하겠다."라고 하였습니다. 신이 생각하기로는, 노담(老聃)[3]과 양주(楊朱)[4], 묵적(墨翟)[5]이 모두

---

1 『논어(論語)』「위정(爲政)」에 나온다.

2 '攻'을 '공격'으로 번역하기도 하고 '공부'로 번역하기도 한다. 진덕수는 오로지 하나를 다루는 전문성을 강조하고 있는데, 攻에는 '익히다, 배우다' 등의 뜻이 있어서 이단(異端)만을 다루어 이것을 배우고 익히는 것으로 번역한다.

3 노자(老子)를 말한다. 춘추시대 말기 초(楚)나라 고현(苦縣) 사람으로 도가(道家)의 창시자다. 이름은 이이(李耳)이고, 자는 백양(伯陽)이다. 주나라가 쇠퇴해지는 것을 한탄하여 함곡관(函谷關)을 나가 은거하려고 하였을 때 관문지기의 요청으로 상하(上下)

공자와 같은 시기인데, 다만 수사(洙泗)[6]의 가르침만이 때마침 밝았기 때문에 다른 학설들은 더 퍼지지 못하였을 뿐이니, 공자의 이 말은 반드시 이유가 있어서 말한 것입니다.

공도자(公都子)가 말하였다.[7]

"바깥사람들이 모두 선생더러 변론하기를 좋아한다고 일컬으니, 감히 묻겠습니다. 어째서입니까?"

2편으로 된 책을 써 주었다고 한다. 이후 소식은 알 수 없다. 이 책을 『노자』 또는 『도덕경(道德經)』이라고 부르는데, 도가사상의 효시로 일컬어진다. 태사담(太師儋) 또는 노래자(老萊子)라고 보기도 한다.

4 BC 440?~BC 360? 전국시대 초기 위(魏)나라 사람으로 자는 자거(子居)라고 한다. 양생(楊生) 또는 양자(楊子), 양자거(楊子居)로도 불린다. 묵자의 겸애(兼愛)와 상현(尙賢)을 반대하고 "자신을 중시하고[重己]", "목숨을 귀하게 여길 것[貴生]"과 자기 혼자만이 쾌락하면 모든 게 좋다는 위아설(爲我說)을 주장하여 사물에 형체가 얽매이지 말 것과 터럭 하나를 뽑아 천하가 이롭더라도 하지 말라고 주문하였다. 저술이 전하지 않고, 그의 주장은 『맹자』나 『장자』, 『순자(荀子)』, 『한비자(韓非子)』, 『여씨춘추(呂氏春秋)』 등에서 산발적으로 발견된다.

5 BC 480?~BC 390? 전국시대 초기 노(魯)나라 사람이다. 일설에는 송(宋)나라 사람이라고도 한다. 묵가(墨家)의 창시자로, 일찍이 송나라의 대부(大夫)를 지냈다. 유가와 대립하면서 유묵현학(儒墨顯學)으로 병칭되었다. 자신을 돌보지 않고 세상을 위해 일할 것을 강조하였다. 묵자 및 그의 후학인 묵가(墨家)의 설을 모은 『묵자(墨子)』가 현존한다. 『묵자』의 중심이 되는 내용은 상현(尙賢)과 상동(尙同), 겸애(兼愛), 비공(非攻), 절용(節用), 절장(節葬), 천지(天志), 명귀(明鬼), 비악(非樂), 비명(非命)의 10론(論)을 풀이한 23편에 담겨 있다. 10론 외에 일종의 논리학을 설명하는 부분과 비공론(非攻論)에서 출발한 방어술과 축성술(築城術)에 관한 부분도 있다.

6 중국의 수수(洙水)와 사수(泗水)를 지칭한다. 공자가 이 근처에서 강학 활동을 하였다고 하는데, 이 때문에 이후로는 공자의 도(道)를 지칭하는 것으로 전칭되었다.

7 『맹자』 「등문공 하(滕文公下)」에 나온다.

맹자가 대답하였다.

“성왕(聖王)이 나타나지 않고 제후가 방자하며 처사(處士)들이 제멋대로 자기주장을 떠들어대어 양주(楊朱)와 묵적(墨翟)의 말이 천하에 가득하니, 천하의 말이 양주에게 돌아가지 않으면 묵적에게 돌아간다. 양씨(楊氏)는 자신만을 위하니[爲我] 이는 군주가 없는 것[無君]이요, 묵씨(墨氏)는 똑같이 사랑하니[兼愛] 이는 아버지가 없는 것[無父]이니, 아버지가 없고 군주가 없으면 이는 금수(禽獸)다.

공명의(公明儀)가 말하기를 ‘푸줏간에 기름진 고기가 있고 마구간에 살찐 말이 있는데도 백성들에게 굶주린 기색이 있으며 들판에 굶어 죽은 시체가 있다면 이는 짐승을 내몰아 사람을 잡아먹게 하는 것이다’라고 하였다. 양주와 묵적의 도(道)가 종식되지 않으면 공자의 도가 드러나지 못할 것이니, 이는 부정한 학설이 백성을 속여 인의(仁義)를 꽉 막는 것이다. 인의가 꽉 막히면 짐승을 내몰아 사람을 잡아먹게 하다가 사람들이 장차 서로 잡아먹게 될 것이다.

내가 이 때문에 두려워하여 선대 성인의 도(道)를 지켜서 양주와 묵적을 막으며 부정한 말을 추방하여 부정한 학설을 하는 자가 나오지 못하게 하는 것이다. 부정한 학설이 그 마음에서 생겨나면 그 일에 해를 끼치며, 일에서 그런 학설이 생겨나면 정사에 해를 끼치니, 성인이 다시 나와도 내 말을 바꿀 수 없을 것이다.

옛날에 우(禹)임금이 홍수를 억제하시자 천하가 평안해졌고, 주공(周公)이 오랑캐를 겸병하고 맹수를 몰아내시자 백성들이 편안하였고, 공자(孔子)께서 『춘추』를 완성하시자 난신적자(亂臣賊子)들이 두려워하였다.

『시경』에 이르기를

'융적을 이에 정벌하며

형(荊, 초나라)과 서(舒, 초나라 동맹국)가 이에 다스려져

우리를 감히 막을 자가 없다.'[8]

라고 하였으니, 아버지가 없고 군주가 없는 것은 주공(周公)도 응징하신 것이다.[9]

내가 또한 인심을 바로잡아 부정한 학설을 종식시키며 편벽된 행실을 막으며 음탕한 말을 추방하여 세 성인을 계승하려고 하는 것이니, 어찌 변론을 좋아해서였겠는가? 내 부득이해서이다. 그러므로 양주와 묵적을 막자고 말할 수 있는 사람은 성인의 무리다."

公都子曰: "外人皆稱夫子好辯, 敢問何也?" 孟子曰: "聖王不作, 諸侯放恣, 處士橫議, 楊朱、墨翟之言盈天下. 天下之言, 不歸楊, 則歸墨. 楊氏爲我, 是無君也. 墨氏兼愛, 是無父也. 無父無君, 是禽獸也. 公明儀曰: '庖有肥肉, 廐有肥馬, 民有饑色, 野有餓莩, 是率獸而食人也.' 楊墨之道不息, 孔子之道不著, 是邪說誣民, 充塞仁義也. 仁義充塞, 則率獸食人. 人將相食. 吾爲此懼. 閑先聖之道, 距楊墨, 放淫辭, 邪說者不得作. 作於其心, 害於其事. 作於其事, 害於其政. 聖人復起, 不易吾言矣. 昔者禹抑洪水而天下平, 周公兼夷狄、驅猛獸而百姓寧, 孔子成『春秋』而亂臣賊子懼. 『詩』云: '戎狄是膺, 荊

---

8 『시경(詩經)』「노송(魯頌)·비궁(閟宮)」에 나온다.

9 이 구절은 『맹자(孟子)』「등문공 상(滕文公上)」에도 나온다. 주희는 『시경』「비궁」의 시가 희공(僖公)의 송(頌)인데, 맹자가 이를 주공이라고 말한 것은 장을 잘라 뜻만을 취하였기 때문이라고 하였다.

舒是懲, 則莫我敢承.' 無父無君, 是周公所膺也. 我亦欲正人心, 息邪說, 距詖行, 放淫辭, 以承三聖者, 予豈好辯哉? 予不得已也. 故曰: 能言距楊墨者, 聖人之徒也."

—한(閑)은 막고 지킨다는 뜻이다. 거(距)는 막음[禦]과 같다. 방(放)은 몰아서 멀리가게 함이다.—

신은 이렇게 생각합니다. 공자(孔子)가 죽자 이단(異端)이 드디어 일어나서 맹자(孟子) 때에 이르기까지 성행하였습니다. 사마천(司馬遷)[10]이 기록하기를 "추연(鄒衍)[11], 순우곤(淳于髡)[12], 전병(田駢)[13]의 무리가 각 저서에서 치란(治亂)의 일을 말하여서 세상의 임

---

10 BC 145?~BC 86? 전한 좌풍익(左馮翊) 하양(夏陽) 사람으로 자는 자장(子長)이고, 사마담(司馬談)의 아들이다. 아버지가 죽으면서 『사기(史記)』의 완성을 부탁하였고, 이후 태사령이 되어 황실 도서에서 자료 수집을 시작하였다. 그러나 천한(天漢) 2년(BC 99) 저술에 몰두하던 중 흉노(匈奴)의 포위 속에서 부득이 투항하지 않을 수 없었던 친구 이릉(李陵)을 변호하다 황제의 노여움을 사 궁형(宮刑)을 받았다. 이후에 중서령(中書令)에 오르고 정화(征和) 3년(BC 90)에 『사기(史記)』를 완성하였다.

11 추연(騶衍)으로도 쓴다. 전국시대 제(齊)나라 사람으로 연(燕) 소왕(昭王)이 석궁(石宮)을 지어 맞아 그를 스승으로 섬겼다. 천문(天文)에 대해 논하기를 좋아해 '담천연(談天衍)'으로 불렸다. 음양오행설(陰陽五行說)을 제창하여, 세상의 모든 사상(事象)은 토목금화수(土木金火水)의 오행상승(五行相勝) 원리에 의해 일어나는 것이라 하였고, 이를 통해 역사의 추이나 미래에 대한 예견을 하였다. 『추자(鄒子)』 49편과 『추자시종(鄒子始終)』 56편 등의 저서가 있었지만 전하지 않는다.

12 BC 385~BC 305. 전국시대 때 제(齊)나라 직하(稷下) 출신의 변사다. 천한 신분 출신으로 학문이 깊었고, 익살과 다변(多辯)으로 유명하였다. 후에 대부(大夫)가 되었다. 그의 변론은 『전국책』과 『사기』의 「골계열전(滑稽列傳)」에 기록되어 있으며, 『맹자』 「이루 상(離婁上)」에도 맹자와의 논전이 수록되어 있다.

13 진병(陳駢)으로도 불린다. 전국시대 제(齊)나라 사람으로 황로지학(黃老之學)을 익혔다. 제(齊) 선왕(宣王) 때 직하(稷下)에 와서 강학(講學)하였는데, 논변이 뛰어나 '천구병(天口駢)'으로 불렸다. 『한서(漢書)』 「예문지(藝文志)」에 『전자(田子)』 25편이 저록

금들에게 영향을 준 것이 이루 다 헤아릴 수가 없다. 신불해(申不害)[14], 상앙(商鞅)[15]과 같은 무리들의 해로움이 더욱 심각하였지만, 맹자가 매우 멀리한 것이 오직 양주(楊朱)와 묵적(墨翟) 두 사람인 것은 어째서인가?"라고 하였습니다.

정이(程頤)가 일찍이 그것을 논하기를 "양주와 묵적의 폐해는 신불해와 한비자보다 심하니, 양주가 자신을 위한다는 것은 의(義)에 의심스럽고, 묵적이 사람을 똑같이 사랑하는 것은 인(仁)에 의심스러우며, 신불해와 한비자는 (학설의 수준이) 비루하여 알기가 쉽다. 그러므로 맹자가 다만 양주와 묵적을 배척하였으니, 이는 세상을 미혹시키는 것이 심하였기 때문이었다."라고 하였습니다.

대저 자신을 위하는 것이 의(義)에 의심스럽다는 것은 어째서 그렇습니까? '의'는 이치[理]를 담당하고 정(情)은 없고, 양주는 스스로 자기 한 몸 이외에는 끊어 버리고 사랑하지 않았기 때문에 그 자취가 '의'와 비슷합니다. 똑같이 사랑하는 것이 인(仁)에 의심스럽

되어 있는데, 도가(道家)에 속해 있다. 지금은 없어졌다.

14 ?~BC 337? 전국시대 정(鄭)나라 경(京) 사람이다. 법가(法家)를 대표하는 인물로, 한(韓)나라의 소후(昭侯)를 섬겨 재상으로 15년간 재직하였다. 황로(黃老) 사상을 기본으로 삼아 신하들을 통제하는 방식을 강조하였다. 저서로 『사기(史記)』에는 『신자(申子)』 2편, 『한서(漢書)』에서는 『신자』 6편이라 전하고 있지만, 송나라 때에는 모두 없어졌고, 현재는 『군서치요(群書治要)』와 『태평어람(太平御覽)』 등에 실린 글을 모은 책 『대체(大體)』 한 편이 남아 있다.

15 ?~BC 338. 전국시대 진(秦)나라 사람으로 위앙(衛鞅) 또는 공손앙(公孫鞅)이라고도 한다. 진(秦)나라로 가서 효공(孝公)에게 채용되어 부국강병의 계책을 세워 여러 방면에 걸친 대개혁을 단행함으로써[商鞅變法] 후일 진제국(秦帝國) 성립의 기반을 세웠다. 그 공적으로 열후에 봉해지고 상(商, 섬서성 상현)을 봉토로 받으면서 상앙이라 불렸다. 효공이 죽자 반대파에 의해 거열형(車裂刑)에 처해졌다. 『상군서(商君書)』를 썼다고 전한다.

다는 것은 어째서 그렇습니까? '인'은 은혜를 숭상하고 사랑함을 주로 하니, 묵적은 친하거나 먼 사이에 사랑하지 않음이 없었기 때문에 그 자취가 '인'과 비슷합니다.

다만 천하의 이치가 근본이 하나이지만 나누어지면 다르다는 것을 알지 못합니다. 그러므로 군자는 (부모와 형제 같은) 친한 이를 친히 하여서 백성들에게 '인'하고 백성들에게 '인'하여서 물(物)을 사랑하여, 마음이 넓지 않음이 없지만 그 베풂에 차례가 있습니다. 마음이 넓지 않음이 없으니 자신을 위하는 것이 아니고 그 베풂이 차례가 있으니 똑같이 사랑하는 것이 아닙니다. 양주는 오로지 자신만을 위하니, 이치가 하나인 것에 어두운 것이고, 묵적은 모두를 똑같이 사랑하니, 나누어진 것이 다름에는 어두운 것입니다. 이와 같이 하고서 인의(仁義)라고 하니, 바로 인의에 해로운 이유입니다.

대저 임금을 섬김은 그 몸을 다하는데 양주는 다만 자신을 사랑하는 것만을 알고 몸을 다하는 의(義)는 알지 못하니, 그러므로 임금이 없습니다. 사랑을 세움은 반드시 어버이로부터 시작되는데 묵적은 사랑에 차등이 없어서 그 지친(至親)을 봄에 뭇 사람들과 다름이 없으니, 그러므로 아버지가 없습니다. 아버지가 없고 임금이 없다면 인도(人道)는 없어지고 끊어지니, 이는 또한 금수(禽獸)일 뿐입니다. 대저 정도(正道)와 이단(異端)은 서로 성쇠에서 상대적인 관계이기 때문에 양주와 묵적의 도가 그치지 않는다면 공자의 도는 밝아지지 않습니다. 공자의 도가 밝아지지 않는다면 간사한 말과 사악한 학설이 백성들의 귀를 속이며 바른 이치를 막고 끊어 버릴 것이니, 바른 이치가 끊어지고 없어진다면 금수가 사람을 잡아먹을 뿐만이 아니라 사람 또한 장차 서로를 잡아먹을 것입니다. 이것이 맹자가 두려워하여 변론하지 않을 수 없는 이유입니다.

지킨다는 것[閑]은 방어하여 지킨다는 뜻이니, 양주와 묵적을 멀리하고 방자한 말[淫辭]을 추방하며 사악한 학설[邪說]을 물리치는 것들이 곧 선대 성인의 도를 지키는 방법입니다. 천하의 치란(治亂)은 그 근원이 진실로 사람의 마음에서 나오니, 사악한 학설이 한번 그 마음에 빠지면 마음에서 일어나 일에 해를 끼치며, 일에서 일어나 정사에 해를 끼치는 것이 대개 필연적인 추세입니다. 일[事]은 정사[政]의 조목[目]이고 정(政)은 일[事]의 강령[綱]이니, 한 가지 생각이 어긋나면 한 가지 일이 무너지고, 한 가지 조목이 무너지면 큰 강령도 또한 따라서 무너지니, 이것이 사악한 학설을 물리치지 않을 수 없는 이유이며 사람의 마음을 바로잡지 않을 수 없는 이유입니다.

우(禹)임금이 홍수를 다스렸고, 주공(周公)이 오랑캐를 겸병하고 맹수를 몰아내었고, 공자(孔子)가 『춘추』를 지었으니, 일이 비록 같지는 않으나 그 천하의 근심을 구원하며 백성[生民]의 표준을 세우는 것은 한가지이니, 맹자의 마음이 또한 세 성인(우임금·주공·공자)의 마음입니다.

말을 다 마치고서 다시 '양주와 묵적을 막자고 말할 수 있는 자는 성인의 제자들이다'라고 하니, 대개 천하의 학자들에게 권면하여서 모두 이단을 물리치고 바른 도(道)를 돕는 것으로 마음을 삼아서 거의 백성[生人]의 무리가 금수에 서로 빠지지 않게 한 것입니다. 이것이 맹자의 공적이 우임금의 아래에 있지 않은 이유입니다.

한(漢) 무제(武帝) 건원(建元) 원년(元年)에 동중서(董仲舒)가 대책문(對策文)에서 말하였다.[16]

"『춘추(春秋)』의 대일통(大一統)은 일정한 시간 동안 천지를 밝히는 경전[常經]이며, 예나 지금이나 공통되는 마땅함[通誼]입니다. 지금 스승은 도를 달리하며, 사람들은 논의를 달리하고, 온갖 사상가들은 방향을 달리하여 가리키는 뜻이 같지 않습니다. 이 때문에 위에서는 하나의 통일된 도리[一統]를 지키는 바가 없고, 법제(法制)가 자주 바뀌기 때문에 아래에서는 지켜야 할 것을 알지 못합니다.

신은 생각하기에, 여러 가지 육예(六藝)의 과목과 공자(孔子)의 저술에 있지 않은 것들은 모두 그 도(道)를 끊고 다시 나아가지 못하게 하여 사악하고 편벽된 학설이 없어져서 종식된 이후에야 통치의 기강[紀統]을 하나로 할 수 있고 법도를 밝힐 수 있어서 백성들이 따를 바를 알 것입니다."

漢武帝建元元年, 董仲舒對策曰: "『春秋』大一統者, 天地之常經, 古今之通誼也. 今師異道, 人異論, 百家殊方, 指意不同, 是以上亡以持一統. 法制數變, 下不不知所守. 臣愚以爲, 諸不在六藝之科、孔子之術者, 皆絶其道, 勿使復進. 邪辟之說滅息, 然後統紀可一, 而法度可明, 民知所從矣."

—『춘추공양전(春秋公羊傳)』에 "은공(隱公) 원년 봄 왕정월(王正月)이다. 왕정월(王正月)은 무슨 말인가? 대일통(大一統)이다."라고 하였다. 동중서가 대개 이 뜻을 차용해 말하여서 천하에 도술은 한 가지에 거느려져야 마땅함을 밝힌 것이다.—

16 『전한서(前漢書)』 권56 「동중서전(董仲舒傳)」에 나온다.

신은 이렇게 생각합니다. 이는 무제(武帝)가 처음 즉위한 초기의 일입니다. 이해에 승상 위관(衛綰)[17]이 '천거하는 현량이 간혹 신불해·상앙·한비자·소진·장의의 말을 익혀서 국정을 어지럽히니 모두 파직시키십시오.'라고 상소를 올려 청하자 황제가 허락하였는데, 본전(本傳)을 질정(質定)해 본다면 동중서가 진실로 그것을 말을 한 것입니다.

신불해·상앙·한비자는 모두 형명학(刑名學)[18]을 하고, 소진과 장의는 종횡학(縱橫學)[19]을 하는 자입니다. 상앙이 진(秦)나라의 승상이 되자 정전제(井田制)[20]를 폐지하고 천맥제(阡陌制)[21]를 열었으며, 술수로 이웃나라를 속이고 그 군대를 습격해 격파하였습니다. 칼·톱·각종 도끼 등을 사용하는 도거부월(刀鋸斧鉞)의 형벌을 죄가 없는 자에게까지 제멋대로 시행하였는데 위수(渭水)에 가서 죄수들을 논죄함에 물을 붉게 만들었으니, 그 조사함이 참혹하고 은혜가

---

17 ?~BC 131. 전한 대군(代郡) 대릉(大陵) 사람이다. 경제 때 오초칠국(吳楚七國)의 난이 일어나자 하간(河間)의 병사를 이끌고 출격하여 공을 세웠다. 후에 태자태부(太子太傅)가 되고, 어사대부로 옮긴 뒤 승상(丞相)에까지 올랐다. 무제(武帝)가 즉위하자 사직하고 물러났다.

18 법으로 나라를 다스려야 한다는 학문이다. 중국 전국시대에 신불해(申不害), 상앙(商鞅), 한비자 등이 제창하였다.

19 전국시대에 종횡가들이 주창하던 학문이다. 합종(合縱)과 연횡(連衡)에 의거해서 술책을 강구하고 변설(辯舌)을 농(弄)하며 유세를 시도하였다. 소진, 장의 등이 제창하였다.

20 본래 정전제란 중국의 하·은·주 3대에 걸쳐 시행되었다고 전하는 토지제도를 말한다. 1리를 '정(井)'자로 나누어 9등분해 중앙을 공전(公田)으로 하고 주위를 사전(私田)으로 한다. 공전을 공동 경작해 그 생산물을 세금으로 내고 사전의 생산물로 생활을 한다.

21 천맥제는 개간한 논밭의 남북(南北)으로 크게 난 도랑을 천(阡)이라 하고, 동서(東西)로 작은 도랑을 만들어 맥(陌)이라 하여 농지를 사유화시켜 나누어 주는 원전제(轅田制)의 바탕이 되었다.

적었음을 알 수 있습니다. 신불해와 한비자의 술수가 대저 이와 비슷하고, 소진과 장의는 변설(辯舌)로써 당시의 임금들을 들었다놨다하여[捭闔][22] 사람과 나라를 기울게 하고 어지럽게 하였으니, 이 다섯 사람은 모두 백성[生民]의 좀이고 바른 도(道)의 적입니다.

그들이 가지고 있는 것으로 때때로 한때의 부귀(富貴)를 얻었기 때문에 뒤에 오는 선비들도 도모하고 사모하였으니, 한나라 초의 유설하는 자들 가운데 괴통(蒯通)[23]·주건(朱建)[24]과 같은 무리들은 대저 장의와 소진의 옛 전철을 뒤쫓았으며, 유자(儒者)들 가운데 가의(賈誼)[25]·조조(晁錯)[26]는 또한 모두 신불해와 한비자의 학설에 밝았으니, 선왕의 도(道)가 암울하고 밝지 않아서 비록 통달한 선비

---

22 전국시대에 귀곡자(鬼谷子)가 주장한 변론술(辯論術)로, 그 변론의 개폐(開閉)·억양(抑揚)·허실(虛實)이 끝이 없으므로 이르는 말이다.

23 전한 탁군(涿郡) 범양(范陽) 사람으로 본명은 철(徹)이다. 한신(韓信)에게 모반하고 자립할 것을 권하였는데, 한신은 듣지 않다가 고조에게 죽임을 당하였다. 조참(曹參)이 제상(齊相)이 되었을 때 객(客)으로 불렀다. 『준영(雋永)』 81편을 지었는데, 지금은 없어졌다.

24 ?~BC 177. 전한 초의 정치가로, 초(楚)나라 사람이다. 회남왕(淮南王) 영포(英布)의 재상으로 있으면서 영포가 반란을 일으키려는 것을 말렸다. 결국 영포는 반란을 일으키다 진압되어 죽었으나, 주건은 사면되었다.

25 BC 200~BC 168. 전한 하남(河南) 낙양(洛陽) 사람이다. 가태부(賈太傅) 또는 가장사(賈長史), 가생(賈生)으로도 불린다. 시문에 뛰어나고 제자백가에 정통하였다. 문제(文帝)의 총애를 받아 약관의 나이로 최연소 박사가 되었다. 이후 많은 개혁을 건의하였으나, 주발(周勃)과 관영(灌嬰) 등 당시 고관들의 시기를 받아 장사왕(長沙王)의 태부(太傅)로 좌천되었다. 4년 뒤 복귀하여 문제의 막내아들 양회왕(梁懷王)의 태부가 되었지만 왕이 낙마하여 급서하자 애도한 나머지 한 해 뒤 33살로 죽었다. 저서로 『신서(新書)』 10권과 『가장사집(賈長沙集)』이 있다.

26 BC 200~BC 154. 성을 조(鼂)라고도 쓴다. 전한 영천(潁川) 사람이다. 신불해(申不害)와 상앙(商鞅)의 형명학(刑名學)을 익혔다. 제후의 영지를 삭감하도록 주장하였는데, 이것이 경제(景帝)에 의해 채용되었다. 그러나 이를 빌미로 오초칠국(吳楚七國)의 난이 일어나자 정적 원앙(袁盎) 등의 회유책으로 장안에서 관복(官服)을 입은 채 참형되었다. 저서에 『조조(晁錯)』가 있었지만 없어졌고, 편집본이 전한다.

들이라도 이단의 학문에 빠지는 것을 면치 못하였습니다.

당시에 동중서(董仲舒)가 그들을 옳은 말로 물리치지 않았다면 도술(道術)이 어디에서 하나가 될 수 있었겠습니까? 그러므로 선대의 유학자가 그 공을 추론하여 '맹자 아래에 있지 않다'라고 하였으니, 어찌 믿지 않겠습니까?

아쉽게도 무제는 비록 동중서의 말을 대략적으로 행하였으나 끝내 그를 승상[丞弼]의 지위에다 두어 세상의 교화를 다스리게 하지 못하였습니다. 엄조(嚴助)[27]·주매신(朱買臣)[28]의 무리들이 종횡(縱橫)의 설로 나아가고 장탕(張湯)[29]·두주(杜周)[30]의 무리들은 형명(刑名)의 설을 적용하였습니다. 만년에 무고(巫蠱)의 화에서 부자가 서로를 지켜 줄 수 없었던 것은 하나같이 강충(江充)이 진실로 그것

---

27 ?~BC 122. 전한 회계(會稽) 오현(吳縣) 사람이다. 원래 성은 장(壯)씨였지만 나중에 후한 명제(明帝)의 이름인 유장(劉壯)을 피해 엄으로 바꾸었다. 엄기(嚴忌)의 아들로, 일설에는 족자(族子)라고도 한다. 현량대책(賢良對策)에 천거되었고, 주매신(朱買臣), 사마상여(司馬相如), 오구수왕(吾丘壽王), 동방삭(東方朔) 등과 함께 무제를 측근에서 모셨다. 나중에 회남왕(淮南王) 유안(劉安)과 가깝게 사귀었는데, 유안이 반란을 일으키자 연좌되어 죽임을 당하였다.

28 ?~BC 115. 전한 회계(會稽) 오현(吳縣, 강소성 소주) 사람이다. 자는 옹자(翁子)다. 학문을 좋아하면서도 집안이 가난하여 나무를 팔아 생계를 유지하였다. 아내가 이를 부끄럽게 여겨 헤어졌다. 후에 회계태수(會稽太守)가 되어 고향에 돌아가 헤어진 아내와 그의 남편을 불러 도와주었는데, 그 아내는 부끄러워 자살하였다고 한다. 어사대부 장탕(張湯)과 평소 원한이 있었는데, 장탕이 승상의 일을 맡으면서 그를 능멸하자 비리를 파헤쳐 자살하게 하였다. 이 일로 무제의 분노를 사 그 역시 죽임을 당하였다.

29 ?~BC 115. 한(漢) 무제(武帝) 때 태중대부(太中大夫)로 조우(趙禹)와 함께 모든 법령을 제정하였고, 어사대부(御史大夫)가 되자 법문을 교묘히 환롱(幻弄, 무문舞文)하여 옥을 다스림이 너무 가혹해 혹리(酷吏)로 유명하였다.

30 ?~BC 94. 남양군 두연(杜衍) 사람이다. 두주는 장탕을 섬겼는데, 장탕이 수차례 그의 뛰어난 능력을 상주(上奏)하였다. 그 후 그는 어사로 임명되어 변경 지대의 손실 상황을 조사하라는 명령을 받았다. 당시 두주의 논고로 인해서 사형을 당한 자가 매우 많았다.

을 이렇게 만든 것이니,[31] 그 사람은 대개 문서기록[刀筆]과 언변[口舌]을 모두 잘하는 자였습니다. 아! 천하를 소유한 자가 이를 깊이 살피지 않을 수 있겠습니까?

사마천(司馬遷)이 말하였다.[32]

"세상에서 노자(老子)를 배우는 자는 유학(儒學)을 물리치고, 유학을 배우는 자는 또한 노자를 물리치니, 도(道)가 같지 않기 때문에 서로 도모할 수가 없다."

司馬遷曰: "世之學老子者則絀儒學, 儒學亦絀老子, 道不同, 不相爲謀."

―(사마천은) 무제(武帝) 때의 사람이니, 『사기(史記)』를 지었다.―

신은 이렇게 생각합니다. 제자백가(諸子百家)의 학문에는 오직 노씨(老氏)에게 영향을 받은 것이 많습니다. 지금 쉽게 알 수 있는

31 무고(巫蠱)의 화는 BC 91년 전한(前漢)의 무제(武帝) 때 여태자(戾太子) 유거(劉據)가 일으킨 난이다. 무고(巫蠱)는 무축(巫祝)의 주법(呪法)으로 사람을 죽이는 것을 말한다. BC 92년 병으로 눕게 된 무제는 그 원인이 무고 때문이라고 믿고, 강충(江充)에게 명하여 많은 사람을 옥사시켰다. 이때 강충과 반목하고 있던 황태자인 여태자는 화(禍)가 자신에게 미칠 것을 두려워하여, BC 91년 7월 먼저 강충을 체포하고 병사를 일으켜, 5일간 장안성(長安城)에서 시가전을 벌였으나 실패하여 자살하였다. 이때 황후 위씨(衛氏)도 함께 자살하였으며, 그 밖에 황손(皇孫) 2명이 살해되었다. 이듬해 무제는 차천추(車千秋)의 상소를 통해 태자의 잘못이 없음을 알고 태자를 죽게 한 것을 후회하여 강충 일족을 참형시켰다.

32 『사기(史記)』 권63 「노자한비열전(老子韓非列傳)」에 나온다.

것들을 들어서 말해 보겠습니다. 자애[慈]·검소[儉]·감히 천하를 우선하지 않음[不敢爲天下先]·억지로 하지 않으면 백성들이 저절로 교화됨[無爲民自化]·고요함을 좋아하면 백성들이 저절로 바르게 됨[好靜民自正]·일삼지 않으면 백성들이 저절로 부유하게 됨[無事民自富]·욕심이 없으면 백성들이 저절로 순박해짐[無欲民自樸]·정(情)이 없으면 백성들이 저절로 맑아짐[無情民自淸], 이것은 이치에 가까운 말입니다.

조참(朝參)[33]이 이것으로써 한(漢)나라의 재상이 되어서 나라가 안정되고 통일된 성과[寧壹之效][34]를 거두고 문제(文帝)가 그것으로써 한나라를 다스려서 부유하고 풍족해지는 공적을 이루니 비록 군자(君子)라도 취하는 바가 있습니다.

"현빈(玄牝)[35]의 문을 일러 천지(天地)의 근원이라 한다. 실낱같이 있는 듯 없는 듯 이어지니 그것을 씀에 다함이 없다."[36]라고 하니,

---

33 ?~BC 190. 전한 사수(泗水) 패현(沛縣) 사람이다. 원래 진(秦)나라의 옥리(獄吏)였지만, 소하(蕭何)가 주리(主吏)로 삼았다. 진나라 말 소하와 함께 유방(劉邦)을 따라 병사를 일으켜 한신(韓信)과 더불어 주로 군사 면에서 활약하였다. 제(齊)나라의 상(相)으로 있을 때 개공(蓋公)이 말한 황로지술(黃老之術)을 받아들여 청정무위(淸淨無爲)한 자세로 국정을 운영하여 나라가 안정되고 백성들이 모이게 되었다. 고조가 죽은 뒤 소하의 추천으로 상국(相國)이 되어 혜제(惠帝)를 보필하였다. 소하가 만든 정책을 그가 충실히 따라 '소규조수(蕭規曹隨)'라는 말이 나왔다. 즉 '소하가 제정한 규정을 조참이 따른다'는 말로 예전부터 내려오던 제도를 그대로 사용하거나 이어 가는 것을 말할 때 사용된다. 조참의 시호는 의(懿)다.

34 한나라 때 소하(蕭何)가 법을 만들자 정연하고 반듯하였는데, 조참(曹參)이 그 자리를 대신 이어서 그대로 지키고 잃지 않았으므로 백성들이 안정되고 통일되었다. 『사기』 권54 「조상국세가(曹相國世家)」에 나온다.

35 도교에서 새끼를 낳는 암컷, 만물을 생성하는 도(道)를 말한다. 현(玄)은 그 작용이 미묘하고 심오함을 나타내고, 빈(牝)은 암컷이 새끼를 낳듯 도가 만물을 냄을 뜻한다.

36 『노자(老子)』 6장에 나온다.

이것은 양생(養生)의 말이어서 방사(方士)들이 조종으로 삼았습니다.

"장차 움츠리게 하려면 반드시 먼저 다루고, 장차 빼앗으려고 하면 반드시 먼저 주어라."라고 하니,[37] 이는 음모(陰謀)의 말입니다. 범려(范蠡)는 이것을 활용하여 오(吳)나라를 취하였고, 장양(張良)이 그것에 근거하여 항우(項羽)를 멸하였으니, 병법을 말하는 자들이 이를 숭상하였습니다.

노자는 '큰 도(道)가 없어짐에 인의(仁義)가 생겨났다'라고 하며,[38] '도(道)를 잃은 이후에 덕(德)이요, 덕을 잃은 이후에 인(仁)이요, 인을 잃은 이후에 의(義)요, 의를 잃은 이후에 예(禮)다. 예라는 것은 충성과 신의가 박해진 것이요 어지러움의 시초다'라고 하니,[39] 이는 폐단을 바로잡기 위한 말인데, 방탕한 자들이 이것을 종주로 삼고, 그 사물(事物)은 드러난 자취[粗迹]로 삼고 공허(空虛)로써 묘용(妙用)을 삼았습니다. 몽장씨(蒙莊氏, 장주(莊周))가 그것으로 인하여 황당하고 잘못되며 아득한 말로써 세상을 떠들썩하게 하니, 청담(淸談)을 하는 자들이 그것을 본받았습니다.

비근한 이치부터 말해 보건대, 진실로 취할 만한 것은 있기는 하나 모두 우리 성인(聖人)이 소유한 것이고, 이보다 못한 것은 한쪽으로 치우치고 한쪽으로 왜곡된 학문입니다. 그 폐단은 이루 다 말할 수 없으니 양생(養生)의 설은 신선방약(神仙方藥)으로부터 나온 것이고, 음모(陰謀)의 술수는 신불해·상앙·한비자에 근본하는

37 『노자(老子)』 36장에 나온다.

38 『노자(老子)』 18장에 나온다.

39 『노자(老子)』 38장에 나온다.

것이며, 방탕(放蕩)의 해로움은 유영(劉伶)[40]·완적(阮籍)[41]에 이르러 심해졌고, 청담(淸談)의 화는 왕필(王弼)[42]·하안(何晏)[43]에 이르러 극심해졌습니다. 이는 모두 세상을 미혹시키고 임금을 어지럽히며 백성을 상하게 하였으니, 비록 노장의 학문이 처음부터 여기에 이른 것은 아니나 그 근본에서 한 번 어긋나게 됨에 따라 그 끝에는 반드시 심해지게 된 것입니다. 이러한 사례로 본다면 어찌 요·순·주공·공자의 도(道)로써 말미암는 것처럼 보이는 것이 폐단이 없겠습니까?

어떤 이가 "한(漢)나라 이래로 황로(黃老)의 명칭이 있으니 황제(黃帝)는 또한 성인이다. 그 도(道)가 노자와 더불어 같은가?"라고 말하였습니다. 대답하기를 "이는 의사(醫師)가 신농(神農)을 스승 삼은 것과 같으며, 무보(巫步)가 대우(大禹)를 조종으로 삼은 것과 같다. 그것은 올바르게 전하는 것이 아니다."라고 하였습니다.

어떤 이가 또 "문제(文帝)는 황로를 수용하여 천하를 편안하게

---

40 221?~300? 서진(西晉) 패국(沛國) 사람으로 자는 백륜(伯倫)이다. 죽림칠현(竹林七賢) 가운데 한 사람이다. 위(魏)나라 말에 건위장군(建威將軍)을 지냈다. 진(晉) 무제(武帝) 태시(泰始) 초에 대책(對策)을 올렸는데, 무위지화(無爲之化)에 대해 풍성하게 늘어놓았지만 쓸모가 없다 하여 파직되었다.

41 210~263. 삼국시대 위(魏)나라 진류(陳留) 울지(尉氏) 사람으로, 자는 사종(嗣宗)이고, 아버지는 후한 말의 명사이자 건안칠자(建安七子)의 한 사람인 완우(阮瑀)다. 혜강(嵇康)과 함께 죽림칠현(竹林七賢)의 중심인물이다. 저서로 후세 사람이 편집한 『완보병집(阮步兵集)』이 있다.

42 226~249. 삼국시대 위(魏)나라 산음(山陰) 사람으로, 자는 보사(輔嗣)이다. 하안과 함께 위진(魏晉) 현학(玄學, 老莊學)의 시조로 일컬어진다.

43 193?~249. 삼국시대 위(魏)나라 남양(南陽) 완현(宛縣) 사람으로, 자는 평숙(平叔)이고, 하진(何進)의 손자다. 왕필과 더불어 위진(魏晉) 시대 현학(玄學)의 시조로 받들어진다. 『논어』와 『역경(易經)』, 『노자(老子)』를 통하게 하여 유교의 도(道)와 성인관(聖人觀)을 노장풍(老莊風)으로 해석하였다.

하고, 무제는 유술(儒術)을 수용하여 국내[海內]를 어지럽게 하니, 유술이 과연 황로에 미치지 못하는 것인가?"라고 말하였습니다. 대답하기를 "아니다. 맑음[淸]과 고요[靜], 자애[慈]와 검소[儉]는 노씨(老氏)의 장점이니 문제(文帝)가 그것을 수용하였으므로 그 효과가 이와 같다. 그러나 또한 그것을 부(富)하게는 하였으나 가르침에는 미치지 못하였으니, 그들로 하여금 공자의 도(道)를 쓰게 하였다면 그 성공이 어찌 여기에 그쳤겠는가? 무제(武帝)가 유술에 대해서는 다만 그 이름만을 숭상하였을 뿐이고, 백성을 패망시켜 버린 이유는 신선(神仙)·형명(刑名)·병가(兵家)의 죄다. 유술(儒術)이 어찌 여기에 관여되었겠는가?"라고 하였습니다. 신이 변론하지 않을 수 없습니다.

한(漢)의 「교사지(郊祀志)」에서 말하였다.[44]

"제(齊) 위왕(威王)[45]·제(齊) 선왕(宣王)[46]과 연(燕) 소왕(昭王)[47] 때부터 사람을 시켜서 바다로 가서 봉래산(蓬萊山)·방장산

44 『전한서(前漢書)』 권25상(上) 「교사지(郊祀志)」에 나온다.

45 전국시대 중기 전제(田齊, 전씨가 다스린 제나라)의 제4대 왕(재위 BC 356~BC 320)으로 이름은 전인(田因)이다. 제나라는 원래 태공망 여상이 분봉 받아 강씨(姜氏)가 다스리던 나라였으나 29대 간공 때 전상(田尙)에게 권력을 찬탈 당하였고, BC 379년 32대 강공 때 멸망하였다.

46 BC 350~BC 301. 전국시대 중기 전제(田齊)의 제5대 왕(재위 BC 320~BC 301)으로 위왕을 이어 즉위하였으며, 맹자를 초빙해 제나라의 부국강병을 이루고자 하였다. 그러나 선왕은 맹자의 가르침이 시대에 맞지 않다고 생각해 결국 받아들이지 않았다.

47 BC 312~BC 279. 전국시대 연나라의 임금이다. 쾌(噲)의 아들이고, 이름은 평(平)이다. 곽외(郭隗)와 추연(鄒衍), 낙의(樂毅) 등 어진 선비를 초빙하여 부왕(父王) 때 잃었

(方丈山)·영주산(瀛洲山)을 찾도록 하였다. 이 세 개의 신산(神山)은 전설에 의하면 발해(渤海) 가운데 있는데, 여러 신선 및 불사(不死)의 약초가 모두 있다고 한다.

진시황(秦始皇)이 바닷가에 이르니 방사(方士, 신선의 술법을 닦는 사람)들이 그것을 다투어 말하였는데, 진시황은 이르지 못할까 염려하여서 사람을 시켜 어린 남녀들을 데리고 바다로 가서 찾아보도록 하였다. 배가 바다 가운데 이르렀다가 모두 비바람 때문에 흩어졌다. (누군가가) 말하기를 '그곳에 이르지는 못하였지만 멀리서는 보았습니다.'라고 하였다.

그다음 해에 진시황이 다시 바다로 갔고, 3년 후에 갈석산(碣石山)[48]에 이르러서야 바다로 갔던 방사(方士)들을 조사하였다. 5년 후에 진시황이 남쪽의 상산(湘山)[49]에 이르렀고 드디어 회계산(會稽山)[50]에 올랐고, 아울러 바다로 가서 바다에 있는 삼신산(三神山)의 신기한 약을 찾기를 원하였지만 얻지 못하였다. 돌아올 때 사구(沙丘)[51]에 이르러 죽었다."

던 땅을 제(齊)나라로부터 되찾았다.

48 산 이름이다. 북쪽 열하성(熱河省) 도원현(渡源縣)에 있어 남쪽의 소상(瀟湘)과 대비하여 남북으로 떨어져 있음에 비유한다.

49 호남성(湖南省) 악양현(岳陽縣) 서남쪽의 동정호(洞庭湖) 가운데에 위치한 산이다. 진시황(秦始皇)이 남쪽을 순수할 때 머물렀다고 해서 군산(君山)이라고도 부른다.

50 절강성(浙江省) 소흥(紹興) 남동쪽에 있는 산이다.

51 진시황(秦始皇)이 병에 걸려 죽은 곳이다. 진시황은 죽음에 임박하자 장자인 부소(扶蘇)에게 뒤를 잇도록 하는 유서를 남겼으나, 환관 조고(趙高)의 간사한 술수로 부소가 자결하고 막내 호해(胡亥)가 황제가 되었다. 신하의 간사한 술수로 대통(大統)을 이을 형이 죽고 아우가 왕위를 계승한다는 의미로 쓰인다.

漢「郊祀志」: "自齊威、宣、燕昭王使人入海求蓬萊、方丈、瀛洲. 此三神山者, 其傳在渤海中, 諸仙人及不死之藥皆在焉. 秦始皇至海上, 方士爭言之. 始皇如恐不及, 使人齎童男女入海求之. 船交海中, 皆以風雨爲解, 曰未能至, 望見之焉. 其明年, 始皇復游海上. 後三年, 游碣石, 考入海方士. 後五年, 始皇南至湘山, 遂登會稽, 竝海上, 幾遇海中. 三神山之奇藥不得, 還到沙丘, 崩."

한(漢) 무제(武帝)[52]가 즉위하고 더욱 공손히 귀신에게 제사를 지냈다.[53] 이소군(李少君)[54]은 부엌신[竈神]에게 제사를 드리면 늙음을 물리칠 수 있는 방술(方術)로 무제를 뵈었는데, 무제는 그를 존중하였다. 이소군은 항상 스스로를 70세라 하였는데, 사물을 부리고 늙음을 물리칠 수 있다고 하였으며, 교묘하게 꺼낸 말이 신기하게 잘 들어맞았다.

이소군(李少君)이 무제에게 아뢰었다.

"부엌신에게 제사를 지내면 어떠한 물건도 기이한 물건[鬼物]이 되는데, 그중에서 단사(丹砂)를 이용하여 황금을 만들 수도 있으니, 그것으로 음식 담는 그릇을 만든다면 장수할 수 있고,

---

52 BC 156~BC 87. 전한의 제5대 황제로 이름은 유철(劉徹)이다. 경제(景帝)의 둘째 아들로, 시호는 세종(世宗)이다. 오경박사(五經博士)를 두어 유학에 중점을 두고, 천삭(天朔) 2년(BC 127)부터 왕국을 분봉(分封)하여 중앙집권화를 마무리하였다. 동중서(董仲舒)의 방안을 채택해 유술(儒術)만을 존숭하면서 법술형명(法術刑名)도 겸용하여 봉건 지배를 강화시켰다. 봉선(封禪)을 행하고 신선(神仙)을 구하는 한편 토목 공사를 크게 벌여 요역이 많아졌다.

53 『전한서(前漢書)』 권25 「교사지(郊祀志)」에 나온다.

54 전한 제(濟) 사람으로, 신단(神丹, 신선이 되는 약)을 제조하는 비법을 전수받았다 하여 무제에게 등용되었다.

바다에 있는 봉래(蓬萊)의 선인을 만날 수 있습니다. 봉선(封禪)[55]을 하면 죽지 않게 되니, 황제(黃帝)[56]가 그러한 경우입니다."

이에 무제는 몸소 부엌신에게 제사 지내기 시작하였고, 방사(方士)를 보내 바다에서 봉래산(蓬萊山)을 찾게 하였으며, 단사(丹砂)와 여러 약초를 사용하여 황금을 만들었다. 오랜 시간이 흐른 후 이소군이 병으로 죽자 무제는 그가 죽지 않고 (신선이) 되어 떠났다고 하면서 사람들에게 그 방술을 받아들이게 하였고, 해안의 연(燕)나라와 제(齊)나라의 괴이하고 바르지 못한 방사(方士)들이 신선에 대하여 많이 말하였다.

다음 해 제나라 사람 소옹(少翁)이 방술로써 알현하여 문성장군(文成將軍)으로 제수되니 (무제는) 손님을 접대하는 예(禮)로 그를 예우하였다. 소옹[文成]이 아뢰었다.

"임금께서 신선과 통하기를 원하시는데 궁실과 복식을 신선이 사용하는 모양과 다르게 한다면 신선이 오지 않을 것입니다."

이에 갖가지 색의 구름무늬를 그린 마차를 만들고, 또한 감천궁(甘泉宮)[57]을 지어서 그 안에 대실(臺室)을 설치하고, (그 안에는) 천신(天神)과 지신(地神), 태일(泰一)[58] 등 여러 귀신(鬼神)들을

---

55 임금이 흙으로 단을 모아 하늘에 제사 지내고, 땅을 깨끗이 쓸어 산천에 제사 지내던 일이다.

56 중국에서 시조(始祖)로 섬기는 전설상의 임금이다. 오방신장(五方神將)의 하나이고, 중앙을 맡은 신이다.

57 원래 진시황이 함양(咸陽)의 북서쪽에 있는 감천산에 세운 궁전으로 한(漢) 무제가 확장하였다. 응문(應門), 전전(前殿), 자전(紫殿), 통천대(通天臺)를 비롯한 많은 건축물이 있고, 임광궁(林光宮), 장정궁(長定宮) 등 여러 궁이 있다.

58 천지(天地) 만물의 출현 또는 성립의 근원이고, 우주의 본체가 되는 것이다.

그려 넣고 제구(祭具)를 설치하여 천신(天神)을 불러들이고자 하였다. 1년여가 지나자 그 방술은 점점 쇠하여졌고 신선은 오지 않았다. 이에 (소옹은) 비단 위에 글을 써서 소에게 먹이고, 겉으로는 모르는 척 하면서 이 소의 뱃속에 기이한 글이 있다고 말하여서, 소를 죽여 그 글을 보게 하였다. 무제가 소옹[文成]의 필적을 알고 그를 죽이고 이를 은폐하였다. 그 후에 다시 측백나무 들보[栢梁]·구리 기둥[銅柱]·승로반(承露盤)[59]·선인장(仙人掌)[60] 등을 만들었다.

난대(欒大)라는 사람은 예전에 소옹과 같은 스승 밑에 있었는데 (무제를) 알현하고 방술을 말하고자 하였다. 무제는 이미 소옹을 죽여서 그 방술을 다하지 못한 것을 후회하였는데, 난대를 만나서 크게 기뻐하였다.

난대는 사람됨이 방략이 많아 감히 큰소리를 치면서 말하였다.

"신의 스승이 말하기를, '황금을 만들 수 있고 불사(不死)의 약도 구할 수 있으며, 신선도 불러올 수 있다.'라고 하였습니다."

이에 오리장군(五利將軍)으로 제수되었고, 한 달여가 지나자

---

59 하늘에서 내리는 장생불사의 감로수를 받아먹기 위하여 만들었다는 쟁반이다. 한(漢) 무제(武帝)가 건장궁(建章宮)에 설치한 구리 쟁반으로, 이 위에 선인장(仙人掌)을 두어 이슬을 받아 내려서 옥설(玉屑, 옥가루)을 타서 마셨다고 한다.

60 중국에서 천하태평의 표시로서 하늘에서 내려왔다는 감로를 받기 위한 그릇으로, 선인이 손바닥으로 쟁반을 바치고 있는 모습을 취하고 있어서 선장(仙掌)이라고도 한다. 한 무제 때, 건장궁(建章宮)에 높은 동주(銅柱)의 승로반을 만들고, 그 위에 선인장을 두어서 감로를 받았다고 전해진다.

사인(四印)[61]을 받았으며, 위(衛) 황후가 낳은 장공주(長公主)를 그에게 시집보냈다. 난대가 알현한 지 수개월 만에 부귀를 천하에 떨치자 바닷가에 있는 연(燕)나라와 제(齊)나라의 사이에 재주 있는 사람이 없지는 않은데, 자기에게도 신선이 될 수 있는 비밀스러운 방술이 있다고 말하였다.

제나라 사람 공손경(公孫卿)이 또한 말하였다.

"황제(黃帝)는 형산(荊山)에서 솥을 주조하여 완성하자 용 한 마리가 수염을 드리우고 내려와서 황제를 영접하였습니다. 후세에 그 일로 인하여 그곳을 정호(鼎湖)라고 이름하였습니다."

이에 무제가 말하였다.

"아! 진실로 황제(黃帝)와 같이 된다면 나는 처자(妻子)를 짚신 벗듯이 버리겠다."

난대[五利]가 감히 바다에 가지 못하고 태산(泰山)에 가서 제사만 지냈다. 무제가 사람을 보내어 따라가 증명하게 하니, 실제로 신선을 만난 적이 없었다. 난대[五利]가 그 스승을 보았다고 망령된 말을 하였지만 그 방술은 증명할 수 없는 것이 너무 많아 무제가 이에 난대[五利]를 죽였다.[62]

이해 겨울[63] 공손경(公孫卿)은 하남(河南)에서 신선을 기다리

---

61 난대(欒大)가 천사장군(天士將軍), 지사장군(地土將軍), 대통장군(大通將軍), 천도장군(天道將軍) 등 네 가지 관직을 받은 것이다.

62 중한 무제 원정(元鼎) 5년(BC 112)의 일이다. 이 일로 난대를 추천하였던 악성후(樂成侯) 정의(丁義)도 기시형에 처해졌다.

63 『자치통감』에서는 한 무제 원정 6년(BC 111)으로 기록되어 있다. 왕선겸(王先謙)도 다음 해 겨울이라고 주장하고 있다.

다가 신선의 자취를 구씨성(緱氏城)[64] 위에서 보았다고 말하였다. 무제가 친히 구씨성으로 와서 그 자취를 보고 공손경에게 물었다.

"소옹[文成]과 난대[五利]를 본받는 것은 아닌가?"

공손경이 말하였다.

"신선이 임금을 찾지 않으므로 임금이 신선을 찾아야 합니다. 그 도(道)가 너그럽지 않으면 그사이에는 신선은 오지 않을 것입니다. 신선을 말하는 일은 바르지 못하고 거짓말 같지만, 오랜 시간이 흘러야만 신선을 불러올 수 있는 것입니다."

이에 군(郡)과 국(國)에 도로를 만들고, 궁관(宮館)과 명산(名山)의 신사(神祠)를 보수하여 (신선이) 오기를 기다렸다.

후에 무제가 동쪽으로 순행하여 바다에 이르러 팔신(八神)[65]에게 제사를 지냈다. 제(齊)나라 사람이 상소하여 말하였다.

"신령하고 괴이하고 기이한 방술을 하는 자가 거의 만 명에 이릅니다."

그러자 (무제가) 배를 더 많이 내보내어 바다에 신산(神山)이 있다고 말하는 수천 명에게 봉래신인(蓬萊神人)을 찾으라고 명령하였다.[66] 봉고(奉高)에 돌아와 태산(泰山)에서 제사를 지내니 비

---

64 지금의 하남성 언사현(偃師縣) 남쪽에 있었던 성으로 주공(周公)의 여덟 번째 아들이 분봉 받았던 지역이다.

65 『사기(史記)』「서(序)」에 나온다. 첫째, 천주(天主)로 천제천(天齊泉)에게 제사 지낸다. 둘째, 지주(地主)로 태산과 양보산에서 제사 지낸다. 셋째, 병주(兵主)로 치우(蚩尤)에게 제사 지낸다. 넷째, 음주(陰主)로 삼산(三山)에서 제사 지낸다. 다섯째, 양주(陽主)로 지부산(之罘山)에서 제사 지낸다. 여섯째, 월주(月主)로 채산(萊山)에서 제사 지낸다. 일곱째, 일주(日主)로 성산(成山)에서 제사 지낸다. 여덟째, 4시주(四時主)로 낭야(琅邪)에서 제사 지낸다.

바람이 없어졌다. 그리고 방사(方士)들이 봉래산(蓬萊山) 등 여러 신산(神山)을 장차 찾을 수 있을 것이라고 다시 말하자, 이에 무제가 기뻐하여 거의 그것을 볼 수 있을 것이라고 믿었다. 다시 동쪽 바닷가에 이르러 멀리서 바라보고, 다시 방사(方士)를 보내어 신선과 약초를 찾으라고 하였는데, 수천 명에 이르렀다.

공손경(公孫卿)이 말하였다.

"신선을 볼 수는 있지만 임금께서 항상 조급하셨기 때문에 만나지 못하신 것입니다. 지금 폐하께서 구씨성(緱氏城)과 같이—그 제도에 의거해서— 관(館)을 만드시고 포와 대추를 두신다면 신선을 마땅히 불러올 수 있을 것입니다. 또한 신선은 루(樓)에 사는 것을 좋아합니다."

이에 무제가 명령을 내려서 장안(長安)에 비렴관(飛廉館)과 계관(桂館)—둘은 건물 이름이다—을 지었고, 감천(甘泉)에 익수관(益壽館)과 연수관(延壽館)을 지었으며, 공손경(公孫卿)에게 부절을 가지고 신선을 기다리게 하였다. 이에 통천대(通天臺)를 짓고 그 아래에 제구를 차려놓고 장차 신선의 무리들을 불러오기만을 기다렸다.

5년 후에 태산(泰山)에서 한 번 제사 지냈고, 12년 동안 오악(五嶽)[67]과 사독(四瀆)[68]에게 두루 제사 지냈다. 신선을 기다린 방

66 한 무제 원봉(元封) 원년(BC 110)의 일이다.

67 중악 숭산, 동악 태산, 북악 항산, 서악 화산, 남악 형산이다.

68 중국의 독류입해(獨流入海)하는 4대강을 가리키는 말로 장강(長江), 제수(濟水), 황하(黃河), 회하(淮河)를 말한다. 5악과 함께 신앙의 대상이 되었다.

사들은 바다로 들어가서 봉래신인(蓬萊神人)을 찾았지만 끝내 증명할 수 없었는데, 공손경이 오로지 대인(大人)의 자취를 (신선의 자취로) 설명하였다. 무제는 방사들의 굴레를 끊지 못하고 그 진실로 만나기를 원하였다.

漢武帝卽位, 尤敬鬼神之祀. 李少君以祀竈卻老方見上, 上尊之. 少君常自謂七十, 能使物卻老, 善爲巧發奇中. 言上: "祠竈皆可致物, 而丹砂可化爲黃金, 成以爲飮食器則益壽. 而海中蓬萊僊者, 迺可見之, 以封禪則不死, 黃帝是也." 於是天子始親祀竈, 遣方士入海求蓬萊, 而事化丹砂諸藥爲黃金矣. 久之, 少君病死, 天子以爲化去不死, 使人受其方, 而海上燕齊怪迂之方士多言神事矣. 明年, 齊人少翁以方見上, 拜爲文成將軍, 以客禮禮之. 文成言: "上卽欲與神通, 宮室被服非象神, 神不至." 迺作畵雲氣車, 又作甘泉宮, 中爲臺室, 畵天地泰一諸鬼神, 而置祭具以致天神. 居歲餘, 其方益衰, 神不至. 迺爲帛書以飯牛, 陽不知. 言此牛腹中有奇書, 殺視得書. 天子識其手, 於是誅文成, 隱之. 其後又作柏梁、銅柱, 承露僊人掌之屬. 欒大者, 故與文成同師. 求見言方. 天子旣誅文成, 後悔其方不盡, 及見欒大, 大說. 大爲人多方略, 敢爲大言. 言: "臣之師曰: 黃金可成, 不死之藥可得, 僊人可致." 迺拜爲五利將軍. 居月餘, 得四印. 以衛長公主妻之, 大見. 數月, 貴震天下. 而海上燕齊之間, 莫不搤掔, 自言有禁方能神仙矣. 齊人公孫卿又言: "黃帝鑄鼎荊山, 成, 有龍垂胡頾, 下迎黃帝, 後世因名其處曰鼎湖." 於是天子曰: "嗟乎! 誠得如黃帝, 吾視去妻子如脫屣耳." 五利使不敢入海. 而之泰山祠. 上使人隨驗, 實無所見. 五利妄言見其師, 其方盡, 多不讎, 上迺誅五利. 其冬, 公孫卿候神, 河南言見僊人迹緱氏城上. 天子親幸緱氏, 視迹, 問卿: "得無效文成、五利乎?" 卿曰: "僊者, 非有求人主, 人主者求之. 其道非寬暇, 神不來. 言神事, 如迂誕, 積以歲, 乃可致." 於是郡國各除道, 繕治宮館名山神祠, 所以望幸矣. 後上東巡海上, 行禮祠八神. 齊人之上疏言神怪奇方者以萬數, 迺益發船, 令言海中神山者數千人求蓬萊神人. 還至奉高, 封泰山, 無風雨, 而方士更言蓬萊諸神若將可得. 於是上欣然, 庶幾遇之, 復東至海上望焉, 復遣方士求神人采藥以千數. 公孫卿言: "僊人可見, 上往常遽, 以故不見. 今陛下可爲館如緱氏城, 置脯棗, 神人宜可致. 且僊人好樓居." 於是上令長安作飛廉、桂館, 甘泉作益壽、延壽館, 使卿持節設具而候神人. 迺作通天臺, 置祠具其下, 將招來神仙之屬. 後五年一祠泰山, 十二歲徧於五嶽四瀆. 方士之候神、入海求蓬萊者終無驗. 公孫卿猶以大人之迹爲解. 天子羈縻不絶, 幾遇其眞.

—물(物)은 귀신[鬼物]을 말한다. (기수(其手)는) 그가 쓴 필적을 말한다. 액(搤)은 잡음[扼]과 같고, 견(掔)은 재주[腕]와 같다. 불수(不讎)는 효험이 없다는 것이다. (봉고(奉高))는 태산(泰山)의 읍명(邑名)이다. 기(幾)는 바람[冀]과 같다.—

태시(太始) 4년[69]에 무제가 거정(鉅定)[70]에서 경작하고 태산(泰山)으로 돌아와 봉선(封禪)을 닦고, 명당(明堂)에서 제사를 지내고, 여러 신하들을 만났다.[71] 이에 말하였다.

"짐이 즉위한 이래로 행한 일들이 광패(狂悖)하여 천하(天下)를 힘들게 하였으니, 지난 일을 후회해서만은 안 된다. 지금 정사 중에 백성에게 손해를 끼치고 천하의 재물을 허비하는 것이 있으면 모두 없애라."

전천추(田千秋)[72]가 아뢰었다.

"방사(方士)들이 신선(神仙)을 말한 것이 매우 많으나 드러난

---

69 한 무제의 연호 중 하나로 BC 93년 2월 21일~BC 92년 2월 8일까지다.

70 한나라 때의 군현지명으로 중국 산동성 수광현(壽光縣) 서북쪽에 있으며 서쪽으로 광요현(廣饒縣)에 접해 있다. 인근에 큰 호수가 있어 거정호(鉅定湖)로 불리기도 한다.

71 『자치통감』 권22 「한기(漢紀)」 14에 나온다. 이 부분은 저본에서 앞부분에 연결되어 있었으나 편의상 나누었다.

72 ?~BC 77. 전한 풍익(馮翊) 장릉(長陵) 사람이다. 무제(武帝) 때 태자(太子) 유거(劉據)가 강충(江充)의 무고(誣告)를 받자 강충을 죽이고 자살하였다. 그 뒤 그가 태자의 원통한 상황을 무제에게 알렸고, 이 일로 재상에 임명되고 부민후(富民侯)에 봉해졌다.

공적은 없으니 청컨대 모두 파면하여 물리치소서."

그러자 무제가 말하였다.

"대홍려(大鴻臚)[73]의 말이 옳다."

그러고는 여러 방사(方士)들 가운데 신선을 기다리는 자들을 모두 파직시켰다. 그 후에 무제는 매번 여러 신하들을 대면할 때에 스스로 탄식하였다.

"지난날에 어리석고 미혹하여 방사에게 속임을 당하였다. 천하에 어찌 신선이 있겠는가? 모두 요망한 것일 뿐이다. 음식을 절제하고 약을 먹으면 자못 병이 적어질 수 있을 것이다."

太始四年, 上耕於鉅定, 還幸泰山, 脩封禪, 祀明堂, 見羣臣. 乃曰: "朕卽位以來, 所爲狂悖, 使天下愁苦, 不可追悔. 自今事有害百姓、糜費天下者, 悉罷之." 田千秋曰: "方士言神仙者甚衆, 而無顯功, 請皆罷斥遣之." 上曰: "大鴻臚言是也." 於是悉罷諸方士候神人者. 是後, 上每對羣臣自歎: "曏時愚惑, 爲方士所欺. 天下豈有仙人? 盡妖妄耳. 節食服藥, 差可少病而已."

신은 이렇게 생각합니다. 신선(神仙)의 설은 전국(戰國)시대부터 시작되었습니다. 연(燕)나라와 제(齊)나라의 임금이 일찍이 구하여 결과가 없었으나 진시황(秦始皇)이 다시 그것을 구하였고, 진시황이 구한 것도 결과가 없었으나 한 무제 때 그것을 다시 구하였습니다. 무제는 고상하고 현명하며 영웅호걸이었으나, 오래 살고 죽고 싶지 않는 욕망이 한 번 그 마음속에서 움직여서 마침내 방사에게 어리석게도 유혹되어서 마치 갓난아이가 품속에 있는 것과 같으

73 각국 사절의 접대(接對)와 외교(外交)를 맡은 관직으로 여기서는 전천추를 말한다.

니, 어찌 이것과 다르지 않겠습니까?

만년에 무고의 변[巫蠱之變]을 겪으며 마음에 품은 훌륭한 뜻이 꺾이고 무너져서 후회하는 마음이 싹트기 시작하였습니다. 이에 평소에 행동이 사납지 않음이 없고 방사들이 요사스럽고 망령되게 하니 다 알아서 모두 파직시켜 물리치셨습니다. 이때 거의 70세였는데, 나라 안은 이미 황폐한 후였습니다. 이에 그 잘못을 자책하기 시작하였으니, 역시 늦은 것이 아니겠습니까? 그러나 미혹됨을 돌이킬 수 있었던 것이 시황제가 끝내 깨닫지 못하였던 것보다는 나은 것 같습니다.

성제(成帝)[74]가 말년에 자못 귀신을 좋아하였다.[75] 글을 올려 방술(方術)하는 사람들이 모두 천자의 명령을 받았다고 말하였다. 곡영(谷永)[76]이 성제에게 말하였다.

---

74 BC 52~BC 7. 재위 BC 33~BC 7. 전한의 제9대 황제로 이름은 유오(劉驁)다. 자는 태손(太孫)이며, 원제(元帝)의 맏아들이다. 외척 왕씨(王氏)들이 정권을 잡아 외할아버지 왕봉(王鳳)과 왕숭(王崇), 왕상(王商), 왕근(王根) 및 외삼촌 왕망(王莽) 등이 모두 봉후(封侯)되어 고위직에 올랐다. 정치는 부패하고 백성들은 떠돌아다녀서 이로 인해 민중들의 항쟁이 야기되었다.

75 『전한서(前漢書)』 권25 「교사지(郊祀志)」에 나온다.

76 ?~BC 8. 전한 경조(京兆) 장안(長安) 사람이다. 본명은 병(並)이고, 자는 자운(子雲)이며, 곡길(谷吉)의 아들이다. 원제(元帝) 건소(建昭) 연간에 태상승(太常丞)에 올랐고, 여러 차례 상서하여 재이(災異)의 발생을 조정의 득실과 관련지어 추론하였다. 성제(成帝) 때 광록대부급사중(光祿大夫給事中)이 되었다. 황태후와 측근들은 곡영이 재이의 논리로 성제를 설득하자 그를 달갑지 않게 여겼다.

"신이 듣기에 천지(天地)의 본성을 훤히 알게 되면 신령스럽고 괴이한 것으로도 미혹할 수 없으며 만물의 사정을 알면 그릇된 것으로 속일 수 없습니다. 저 인의(仁義)의 정도(正道)를 등지고 오경(五經)의 법언(法言)을 따르지 않아서 기이하고 괴이한 귀신을 매우 칭찬하고, 제사 지내는 방술을 널리 알리고, 복이 없는 제사로 보답을 구하게 되어, 세상에 신선이 있고 먹으면 죽지 않는 약이 있다고 말하는 데에까지 이르렀습니다. 이는 모두 간사한 사람들이 무리를 미혹시켜서 나쁜 방법으로 사기와 거짓을 품고서 임금을 속이는 것이니, 그 말을 들으면 성대히 귀에 가득 차서 장차 만날 수 있을 듯하다가 그것을 구할 적에는 마치 바람을 잡아매고 그림자를 잡는 것과 같이 허황되어 끝내 얻을 수 없었습니다. 이 때문에 현명한 임금은 (방술을) 막고 듣지 않았으며, 성인(聖人)은 끊고 말하지 않았습니다. 오직 폐하께서는 이러한 부류를 막고 끊어서 간사한 사람들이 조정에 몰래 나오지 않도록 명하셔야 합니다."

성제가 그 말을 좋게 여겼다.

成帝末年, 頗好鬼神. 上書言方術者, 皆得待詔. 谷永說上曰: "臣聞明於天地之性, 不可惑以神怪. 知萬物之情, 不可罔以非類. 諸背仁義之正道, 不遵五經之法, 言而盛稱奇怪鬼神, 廣祭祀之方, 求報無福之祠, 及言世有僊人, 服食不終之藥者, 皆姦人惑衆, 挾左道, 懷詐僞, 以欺罔世主. 聽其言洋洋滿耳, 若將可遇求之, 盪盪如係風捕景, 終不可得. 是以明王距而不聽, 聖人絶而不語. 唯陛下距絶此類, 毋令姦人有以窺朝者." 上善其言.

신은 이렇게 생각합니다. 곡영(谷永)의 이 상소는 방사(方士)들이 속이는 사정을 충분히 다 말하였습니다. 만일 무제(武帝) 때에 이러한 말을 하는 자들이 있었으면 혹 황제의 의심이 시작될 수도 있었을 것입니다.

그렇다면 곡영이 말한 천지의 본성[性]과 만물의 현상[情]은 무엇이겠습니까? 천지가 비록 크고 만물이 비록 많으나 어긋날 수 없는 것은 음양(陰陽)뿐입니다. 그러므로 봄과 여름은 항상 봄과 여름일 수 없기에 가을과 겨울이 있으며, 아침과 낮은 항상 아침과 낮일 수 없기에 해질 무렵과 밤이 있습니다. 닫고 여는 것의 순환과, 오고 가는 것의 교대, 이것이 천지의 본성입니다. 꽃이 피면 반드시 시들게 되고 성하게 되면 반드시 쇠하는 것으로 이어지며, 끝이 있으면 시작이 있고 죽음이 있으면 낳음이 있는 것이 만물의 현상입니다. 천지는 본체[體]로써 말하였으니 성(性)이고, 만물은 쓰임[用]으로써 말하였으니 현상[情]이라고 합니다. 사람은 하늘과 땅 사이에 있으니 이 역시 하나의 물(物)일 따름입니다. 그러나 신선의 학문을 하는 사람들은 "나는 오래 살 수 있고 죽지 않는다."라고 말하니, 그런 이치가 있겠습니까?

양웅(揚雄)[77]의 설(說)은 좋습니다. 어떤 이가 "사람들이 말하는 신선이 될 수 있는가?"라고 물으니, 대답하기를 "내가 듣기로는 복희(宓犧)[78]와 신농(神農)[79]은 죽었고, 황제(黃帝)·요(堯)임금·순

---

77 BC 53~AD 18. 전한(前漢) 말기의 학자다. 촉군(蜀郡, 사천성) 성도(成都) 사람으로, 자는 자운(子雲)이다. 경학(經學)은 물론 사장(辭章)에도 뛰어났다. 성제 때에 조정에 불려 들어가, 나중에 왕망(王莽) 밑에서도 일하여 대부(大夫)가 되었다. 『역학(易學)』을 모방해 『태현경(太玄經)』을 지었고, 『논어(論語)』를 모방하여 『법언(法言)』을 지었다.

78 복희(伏犧)·복희(宓犧)·포희(庖犧)·복희(虙犧)·포희(炮犧) 등으로 쓰기도 한다. 진(陳)에 도읍을 정하고 150년 동안 제왕의 자리에 있었다고 한다. 삼황오제(三皇五帝) 중

(舜)임금도 목숨이 다하여 죽었다. 문왕(文王)은 필(畢)—지명으로, 문왕(文王)을 장사 지낸 곳이다.—에, 공자(孔子)는 노성(魯城)의 북쪽—공자(孔子)를 장사 지낸 곳이다.—에 장사 지냈다. 유독 그대만이 그들의 죽음을 애석해하는가? 사람이 도달할 바가 아니다."라고 하였습니다.[80]

곡영(谷永)과 양웅(揚雄)의 설을 합하면 오래 사는 것이 허망하고 거짓됨을 아는 것이 분명합니다. 그러나 뒤에 오는 사람들은 마음만을 만족시키려고만 하고 깨닫지 못하는 것 같으니 슬프군요.

한(漢) 광무제(光武帝)가 예언을 믿어서 미심쩍은 결정을 많이 하였다.[81] 의랑(議郎) 환담(桓譚)[82]이 상소하였다.

수위에 있어 중국 최고의 제왕으로 친다. 『역경(易經)』「계사전(繫辭傳)」에는 복희가 팔괘(八卦)를 처음 만들고 그물을 발명하여 어획·수렵(狩獵)의 방법을 가르쳤다고 전한다.

79 『제왕세기(帝王世紀)』 등에 의하면, 신농씨의 성은 강(姜)이며 그 어머니는 유교씨(有嬌氏)의 딸로 소전씨(小典氏)의 아내가 되어 신룡(神龍)에게서 영감(靈感)을 얻어 인신우수(人身牛首)의 신농씨를 낳았다고 한다. 신농씨는 화덕(火德)을 가지고 있었기 때문에 염제(炎帝)라 하였고, 백성에게 농경을 가르쳤으며, 약초를 찾아내 치병(治病)하였고, 오현금(五絃琴)을 만들었으며, 팔괘(八卦)를 겹쳐 육십사효(六十四爻)의 점(占)을 보는 점술을 고안해 냈고, 시장을 세워 교역을 가르쳤다고 한다.

80 『법언(法言)』「군자편(君子篇)」에 나온다.

81 『후한서(後漢書)』 권28 상(上) 「환담마행열전(桓譚馮衍列傳)」에 나온다.

82 BC 24~56. 후한 초기 패국(沛國) 상현(相縣) 사람이며, 자는 군산(君山)이다. 고학(古學)을 좋아하여 유흠(劉歆)과 양웅(楊雄)을 따라 의심스럽고 이상한 일들을 분석하는 방법을 배웠고, 속유(俗儒)들을 비판하는 일을 좋아하였다. 광무제가 참언(讖言)을 이용하여 정치를 하는 것을 저지하려다 죽임을 당할 뻔하였다. 육안군승(六安郡丞)으로

"무릇 사람의 정(情)이란 눈에 보이는 일은 소홀히 여기지만 기이한 소문은 귀하게 여깁니다. 선왕(先王)의 기술한 바를 살펴보니 모두 인의(仁義)의 정도(正道)로써 근본을 삼았기 때문에 기괴하고 허망한 일이 있지 않았습니다. 지금 저 교묘한 지혜와 작은 재주, 기예와 숫자에 밝은 사람들이 도서(圖書)를 더하여 늘려서 예언의 기록을 바로잡는다고 칭하여, 미혹하고 탐욕스럽고 사악함으로써 임금을 그릇되거나 잘못되게 하니, 어찌 물리치거나 내쫓지 않을 수 있겠습니까? 마땅히 잘 살펴들으시고 성스러운 뜻을 펼치시어 여러 소인(小人)들의 편벽되고 왜곡된 말을 막고 오경(五經)의 바른 뜻을 서술해야 합니다."

그러자 광무제가 기뻐하지 않았다.

그 후에 영대(靈臺)를 지을 곳에 대해 회의하라는 조서를 내리며 광무제가 물었다.

"나는 예언서로 결정하기를 원하니 어떠한가?"

환담(桓譚)이 아주 오랫동안 말없이 있다가 말하였다.

"신은 예언서를 읽어 본 적이 없습니다."

광무제가 그 이유를 물었는데, 환담은 다시 예언서가 경전이 아님을 강력히 말하였다. 광무제가 크게 화를 내며 말하였다.

"환담은 성인을 비난하고 법도를 무시한다."

그러고는 장차 그를 죽이려고 하였지만, 한참 지나서 풀어주었다.

좌천되어 부임하던 중에 죽었다. 저서로 『신론(新論)』 29편이 있었지만, 현재는 「형신(形神)」편만 남아 있다.

漢光武信讖, 多以決定嫌疑. 議郎桓譚上疏曰: "凡人情忽於見事而貴於異聞, 觀先王之所記述, 咸以仁義正道爲本, 非有奇怪虛誕之事. 今諸巧慧小才伎數之人, 增益圖書, 矯稱讖記, 以欺惑貪邪, 詿誤人主, 焉可不抑遠之哉! 宜垂明聽, 發聖意, 屛羣小人曲說, 述五經之正義." 帝不悅. 其後有詔, 會議靈臺所處, 帝曰: "吾欲讖決之, 何如?" 譚嘿然良久曰: "臣不讀讖." 帝問其故, 譚復極言讖之非經. 帝大怒曰: "桓譚非聖無法." 將下斬之, 良久乃解.

—도서(圖書)는 참위(讖緯, 예언책)와 부명(符命, 하늘이 제왕이 될 만한 사람에게 내리는 상서로운 징조)과 같은 부류를 말한다.—

신은 이렇게 생각합니다. 광무제가 중흥을 이루게 된 것은 먼저 적복부(赤伏符)[83]를 하늘에서 받았기 때문입니다. 광무제는 이것을 독실하게 믿었습니다. 처음에는 이것으로 삼공(三公)[84]에게 명하였고, 또한 이것으로 교사(郊祀)[85]를 정하였으며, 마지막에는 이것으로 봉선(封禪)을 중단하였습니다. 육경(六經)은 선왕(先王)의 격언이고, 참언은 말세(末世)의 사설(邪說)이라는 것을 알지 못하였습니다. 장형(張衡)[86]이 "참언은 애제(哀帝)[87]와 평제(平帝)[88] 시기에 일어났다."

83 후한(後漢) 광무제(光武帝)가 제위에 오를 때에 하늘로부터 받았다는 적색의 부절(符節)로서 광무제가 권력을 장악할 것을 예언하였다.

84 사도(司徒), 태위(太尉), 사공(司空)을 말한다.

85 천자(天子)가 수도의 100리 밖에서 행하던 제천의식(祭天儀式)이다.

86 72~139. 자는 평자(平子)다. 하남(河南) 남양(南陽) 사람으로 태사령(太史令)을 지냈다. 중국 고대의 우주구조에 관한 이론인 혼천설(渾天說)의 대표적 이론가이며, 당시 유행하던 속유(俗儒)들의 도참(圖讖) 신앙이 허위임을 강조하고 이를 금지하자는 상서를 올리기도 하였다.

87 BC 26~BC 1. 재위 BC 7~BC 1. 전한의 제10대 황제로 이름은 유흔(劉欣)이다. 즉위 초 외척 왕씨(王氏)의 권력을 박탈하고 왕망(王莽)과 왕근(王根)을 대사마(大司馬)에서 파직하였으며, 왕황(王況)을 서인(庶人)으로 만들었다. 공광(孔光)과 사단(師

라고 하니, 대체로 맞는 말입니다.—적복부(赤伏符)라는 것은 도참(圖讖)의 명칭이다.—

왕망[新莽]이 섭정할 때 임금의 명령을 대신한다고 칭하고 여러 사람들을 미혹시켜서 찬탈하여 훔치는 꾀를 행하였습니다. 광무제가 왕망의 신나라를 멸망시키고 한나라를 회복하니, 마땅히 그 참언서들을 없애 재앙이 되는 근본을 끊었어야 옳은데도, 적복(赤伏)의 징험이라 여겨서 숭배하여 믿고 그것을 드러내어 높였습니다. 대저 이단(異端)의 보잘것없는 무리들이 어찌 혹시라도 믿어서 보고 싶은 생각이 없겠습니까? 그 요점은 육경(六經)의 법언(法言)과 선왕(先王)의 정도(正道)가 아닙니다. 그러므로 유흠(劉歆)[89]이 참언서를 보고 이름을 바꾸었고, 공손술(公孫述)[90]이 참언서로 인해 참람하게

丹), 하무(何武) 등을 등용해 한전(限田)과 한노비(限奴婢) 제도를 실행하였다. 얼마 뒤 외척 부씨(傅氏)와 정씨(丁氏)를 기용해 정치를 보좌하도록 하고, 방사(方士)의 말을 들어 진성유태평황제(陳聖劉太平皇帝)로 이름을 고쳤다. 나중에 동현(董賢)을 총애해 포상을 끝도 없이 내려 조정이 날로 쇠퇴해 갔다.

88 BC 9～AD 5. 재위 1～5. 전한의 제11대 황제로 이름은 유간(劉衎)이다. 본명은 기자(箕子)이며, 원제(元帝)의 손자다. 3살 때 중산왕(中山王)이 되었다. 9세 때 애제(哀帝)가 죽자 태황태후(太皇太后) 왕씨(王氏)가 왕망(王莽)을 대사마(大司馬)로 삼고 황제로 옹립하였다. 태황태후가 임조(臨朝)하면서 왕망이 정권을 장악하였고, 결국 왕망에게 독살당하였다.

89 BC 53?～BC 23. 전한 말기 패현(沛縣) 사람이다. 자는 자준(子駿)인데, 나중에 이름을 수(秀), 자를 영숙(穎叔)으로 고쳤다. 유향(劉向)의 아들이다. 젊었을 때 『시경』과 『서경』에 정통하였고, 글을 잘 지었다. 왕망이 칭제(稱帝)한 뒤에는 국사(國師)가 되어 가신공(嘉新公)에 봉해졌다. 나중에 왕망을 죽이려다가 음모가 발각되자 자살하였다. 육예(六藝)의 여러 서적을 7종으로 분류한 『칠략(七略)』을 썼는데, 그 내용의 상당수가 『한서(漢書)』「예문지(藝文志)」로 편입되었다. 그 밖에 『삼통역보(三統曆譜)』, 『유자준집(劉子駿集)』이 있다.

90 ?～36. 후한 부풍(扶風) 무릉(茂陵) 사람으로 자는 자양(子陽)이다. 처음에는 왕망(王莽)을 섬겨 도강졸정(導江卒正)을 지냈고, 경시(更始) 2년(24) 면죽(綿竹)에서 녹림군

배반하였으니, 이는 한갓 난신적자(亂臣賊子)의 마음을 여는 데 충분하였을 뿐입니다. 과연 어찌 세상의 교화에 유익함이 있겠습니까?

광무제부터 그것을 좋아하였지만, 동한(東漢)의 유자(儒者)들은 전하여 익히지 않은 자가 드물었고 그것을 끌어서 경전을 해석하는 데에까지 이르렀으니, 이치나 도리에 맞지 않는 것이 심하였기 때문에 후에 뜻을 바로잡는 것으로 다시 시작되었습니다.

그러므로 선조(先朝)의 명신(名臣) 구양수(歐陽脩)[91]는 구경(九經)[92]에 대한 주소[注疏]를 모두 가져다가 참위(讖緯)의 글을 삭제하도록 명(命)하는 조서를 유신들에게 내려 주기를 청하였는데, 이는 참위(讖緯)의 글이 도(道)에 해(害)가 될까 우려하였기 때문입니다. 밝은 지혜를 가진 임금은 정도(正道)를 지키는 데에 뜻을 두니, 정성[誠]으로 구양수의 말을 취하여 그것을 시행하면 유익한 바가 많을 것입니다.

(綠林軍)을 저지하고 촉왕(蜀王)이 된 뒤 성도(成都)에 도읍을 정하였다. 촉(蜀)과 파(巴)를 평정하고, 다음 해 스스로 천자(天子)라 일컬으며 국호를 성가(成家)라 하였다. 후에 오한(吳漢)과 장궁(臧宮)에게 패한 뒤 부상당한 상처 때문에 죽었다.

91 1007~1072. 송나라 길주(吉州) 여릉(廬陵) 사람이다. 자는 영숙(永叔)이고, 호는 취옹(醉翁) 또는 육일거사(六一居士)이며, 시호는 문충(文忠)이다. 당송팔대가(唐宋八大家)의 한 사람으로 손꼽힌다. 인종(仁宗) 천성(天聖) 8년(1030) 진사가 되어 이후 여러 관직을 역임하였다. 영종(英宗) 초에 영종의 아버지 복왕(濮王)을 추존해 황(皇)으로 삼아야 한다는 복의지쟁(濮議之爭)을 일으켰다. 저서로 『구양문충공집(歐陽文忠公集)』 153권과 『육일사(六一詞)』, 『집고록(集古錄)』이 있고, 『신당서(新唐書)』와 『오대사기(五代史記)』의 편자이기도 하다.

92 『주역(周易)』, 『시전(詩傳)』, 『서전(書傳)』, 『예기(禮記)』, 『춘추(春秋)』, 『효경(孝經)』, 『논어(論語)』, 『맹자(孟子)』, 『주례(周禮)』다.

처음에 한나라 명제(明帝)[93]는 인도[西域]에 신(神)이 있으니 그 이름이 불(佛)이라는 말을 듣고 사신(使臣)을 천축(天竺)에 보내어 그 도를 구하여, 그 책과 승려[沙門]를 구하여 들여왔다.[94] 그 글은 대개 허무(虛無)를 으뜸으로 삼고, 자비(慈悲)와 살생(殺生)하지 않는 것을 귀하게 여겨 말하였다.

"사람은 죽어도 정신은 멸하지 않아서 다시 형체(形體)를 받아 태어나는데, 살아 있을 때에 선(善)하거나 악(惡)한 일을 한 바에 따라 다 상응하는 보답이 있다."

그러므로 정신을 수련하여 부처가 되는 것이 귀중하다고 하면서, 지나치게 크고 넓으며 특별하게 큰 말을 잘해서 어리석은 백성을 유혹하였는데, 그 도(道)에 정통(精通)한 사람을 사문(沙門)이라고 불렀다. 이때부터 중국에 그 술수[術]가 전해져서 그 형상(形像)을 그림으로 그렸다. 그런데 왕공(王公) 귀인(貴人)으로는 오직 초왕(楚王) 영(英)이 가장 먼저 그것을 좋아하였다.

初, 明帝聞西域有神, 其名曰佛. 因遣使之天竺求其道, 得其書及沙門以來. 其書大抵以虛無爲宗, 貴慈悲不殺, 以爲人死精神不滅, 隨復受形. 生時所

---

93 28~75. 재위 57~75. 후한의 2대 황제로 이름은 유장(劉莊)이다. 일찍이 낭중(郎中) 채음(蔡愔) 등을 천축(天竺)에 보내 불법(佛法)을 구하였고, 영평(永平) 10년(67) 채음(蔡愔)과 사문(沙門) 섭마등(攝摩騰), 축법란(竺法蘭) 등을 낙양(洛陽)에 오게 하여 백마사(白馬寺)를 세우고, 두 스님에게 『사십이장경(四十二章經)』을 편역하게 하면서, 중국에 처음으로 불교가 전파되도록 하였다. 형벌을 좋아해 법령이 엄격하고 냉혹하였고, 아울러 유술(儒術)을 좋아해 직접 벽옹(辟雍)에 나가 경서를 강독하였다. 대외적으로는 북쪽의 흉노를 평정하고, 무력과 회유책으로 중앙아시아에 대한 지배력을 확립하였다. 또 반초(班超)를 서역(西域)에 파견해서 친선을 도모하였다.

94 『자치통감(資治通鑑)』 권45 「한기(漢紀)」 27에 나온다.

行善惡皆有報應, 故所貴修鍊精神, 以至爲佛. 善爲宏闊勝大之言, 以勸誘愚俗. 精於其道者, 號曰沙門. 於是中國始傳其術, 圖其形像, 而王公貴人獨楚王英最先好之.

—(명제는) 현종(顯宗)이다.—

신은 이렇게 생각합니다. 이때가 불법(佛法)이 중국에 들어간 처음입니다. 이때에 얻은 불경 42장은 난대석실(蘭臺石室)에 봉함해 두었을 뿐이며, 불상은 청량대(淸涼臺)와 현절릉(顯節陵)에 그려 두었을 뿐입니다. 초왕 영(英)은 비록 그것을 좋아하였으나 행동을 삼가고 몸을 깨끗이 하여 제사 지내는 것에 불과하였을 뿐입니다. 영(英)은 죄로 죽임을 당하였으니 복과 이익으로 보답 받았다는 말은 듣지 못하였습니다.

그 후에 영제(靈帝)[95]가 처음으로 궁궐에다 사찰을 세웠고, 위진 이후에 그 법이 점점 왕성해져서 오호(五胡)의 임금으로는 석륵(石勒)[96]이 불도징(佛圖澄)[97]에 대해서, 부견(符堅)[98]이 승려 도안(道

---

95 156~189. 후한 12대 황제다. 자세한 것은 167쪽 각주 85를 참고할 것.

96 274~333. 자는 세룡(世龍)이고 시호는 명제(明帝)이고, 묘호는 고조(高祖)다. 산서성(山西省) 무향현(武鄕縣)에 들어와 살고 있던 흉노족(匈奴族) 갈종(羯種) 추장의 아들로 태어났다. 흉노의 유연(劉淵)이 한국(漢國)을 세우자 장군으로 임명되어, 산동·하남(河南)의 경영을 맡았다(307). 진(晉)의 장군 왕준(王浚)을 멸하여 왕위에 올라, 국호를 조(趙)라 하고, 양국(襄國, 邢臺)을 도읍으로 삼았다. 328년 전조(前趙)의 유요(劉曜)를 낙양(洛陽)에서 무찌르고, 329년 전조를 멸한 뒤 세력이 화북 일대에 미쳤다. 불승 불도징(佛圖澄)에 귀의하였다.

97 232~348. 중국 오호십육국(五胡十六國)시대에 활약한 서역(西域)의 승려다. 후조왕(後趙王) 석륵(石勒)의 신봉을 얻어 고문이 되었다. 폭군이었던 석륵과 석호를 교화시켜서, 그때까지 허용되지 않았던 한인(漢人)의 출가를 허락하도록 힘썼다. 중국 초기

安)[99]에 대해서, 도흥(姚興)이 구마라집(鳩摩羅什)[100]에 대해서 같이 종종 스승을 대하는 예로써 높였습니다. 북위[元魏]의 효문제는 현명한 군주[賢主]라고 칭하여졌지만 또 그 절에 행차하여 재(齋)를 지내고 강의를 들으니 이때부터 소(蕭)씨의 양(梁)나라에까지 이어져 불법(佛法)의 성대함이 극에 달하였습니다. 그러나 그 기원이 영평(永平)[101] 연간에서부터 시작되었으니 명제(明帝)의 책임이 아니

불교 발전의 중심이 되었으며, 수백 명의 문하생 가운데서 도안(道安)·축법태(竺法汰)·법화(法和)·법상(法常) 등 동진(東晉)시대를 대표하는 승려를 배출하였다.

98 338~385. 16국시대 전진(前秦)의 제3대 국군(國君, 재위 357~385)이다. 약양(略陽) 임위(臨渭) 사람으로 저족(氐族)이고, 일명 문옥(文玉)이며, 자는 영고(永固)고, 묘호는 세조(世祖)다. 부웅(苻雄)의 아들이다. 왕위에 오른 뒤, 저족(氐族)계 호족의 횡포를 누르고 왕맹(王猛) 등과 같은 한인(漢人)을 중용하였다. 왕맹의 보필에 힘입어 국세를 크게 떨쳐, 전연(前燕)·전량(前涼)·대(代) 등을 공격해 멸망시켜 북방 대부분을 통일하는 한편 동진(東晉)의 익주(益州)까지 장악하였다. 부견은 19년(383) 90만 대군을 거느리고 동진을 공략하였지만 비수(淝水) 싸움에서 대패하였다. 이 때문에 21년(385) 후진(後秦)의 요장(姚萇)에게 잡혀 살해당하였고 전진도 멸망한다.

99 314~385. 16국시대 전진(前秦) 때의 승려다. 흔히 석(釋)도안으로 불린다. 부류(扶柳) 사람이고, 속성(俗姓)은 위(衛)씨다. 초기 중국 불교의 기초를 닦은 대표적 학승(學僧)으로 『반야경(般若經)』 등의 경전에 주소(注疏)를 달았다, 양양에 단계사(檀溪寺)를 세웠다. 제자 가운데 정토종(淨土宗)을 창설한 혜원(慧遠)이 가장 유명하다.

100 344~413. 산스크리트어 kumārajīva의 음사이고, 동수(童壽)라고 번역한다. 인도 출신의 승려 구마라염(鳩摩羅炎)과 구자국왕(龜茲國王)의 누이동생 지바(jīva)를 어머니로 하여 구자국(龜茲國)에서 태어났다. 학문적 명성이 널리 알려져 중국에까지 미치게 되어, 382년에 전진왕(前秦王) 부견(苻堅)이 장군 여광(呂光)에게 구자국을 정벌토록 하고 구마라집을 데려오게 하였다. 여광은 구자국왕을 죽이고 그곳을 정복한 후, 구마라집을 데리고 돌아오던 중 양주(涼州)에서 전진이 멸망하였다는 소식을 듣고, 그곳에 후량(後涼)을 건국한다. 구마라집도 그곳에서 16~17년 동안 머물렀다. 후진(後秦)의 왕 요흥(姚興)은 401년에 군사를 후량에 파견하여 구마라집을 데려오게 하여 국사(國師)로 예우하고 서명각(西明閣)과 소요원(逍遙園)에서 경전을 번역하게 하였다. 그는 12년 동안 대품반야경(大品般若經)·법화경(法華經)·금강경(金剛經)·유마경(維摩經)·아미타경(阿彌陀經) 등 35종 294권을 번역하였다.

101 후한(後漢) 명제(明帝)의 연호(58~75)다.

고 누구의 책임이겠습니까?

위(魏)나라 정시(正始)[102] 연간에 상서 하안(何晏)[103]이 노장(老莊)의 글을 좋아해서 하후현(夏侯玄)[104], 순찬(荀粲)[105], 왕필(王弼)의 무리와 함께 청담(淸談)[106]을 다투어 행하고 허무(虛無)를 숭상해서 육경(六經)은 성인(聖人)의 찌꺼기[糟粕]라고 말하였다.[107] 이로 말미암아 천하의 사대부가 사모하고 본받아 드디어 풍류(風流)가 되니 다스림[制]을 회복할 수 없었다.

魏正始中, 尙書何晏好老、莊書, 與夏侯玄、荀粲、王弼之徒競爲淸談, 祖尙虛無, 謂六經爲聖人之糟粕. 由是天下士大夫慕效, 遂成風流, 不可復制.

102 삼국시대 위(魏)나라 애제(哀帝)의 연호(240~249)다.

103 193?~249. 삼국시대 위나라 남양(南陽) 완현(宛縣) 사람으로 자는 평숙(平叔)이고, 하진(何進)의 손자다. 왕필(王弼)과 주고받은 청담은 일세를 풍미하였고, '정시(正始)의 음(音)'으로 일컬어져 청담의 모범이 되었다. 왕필과 더불어 위진(魏晉)시대 현학(玄學)의 시조로 받들어진다. 유교의 도(道)와 성인관(聖人觀)을 노장풍(老莊風)으로 해석하였다. 저서에 『논어집해(論語集解)』가 있다.

104 209~254. 삼국시대 위나라 패국(沛國) 초현(譙縣) 사람으로 자는 태초(太初)고, 조상과는 이종사촌이다. 하안(何晏), 왕필(王弼) 등과 함께 초기 현학(玄學)의 영수로 한 시대를 풍미하였다. 작품으로 「시사의(時事議)」와 「낙의론(樂毅論)」, 「황윤부(皇胤賦)」 등이 『삼국지』 본전(本傳)과 『예문유취(藝文類聚)』 등에 실려 있다.

105 삼국시대 위나라 영천(潁川) 영음(潁陰) 사람으로 자는 봉천(奉倩)이고, 순욱(荀彧)의 아들이다. 도가(道家)의 말을 좋아하였다.

106 청언(淸言)·현언(玄言)이라고도 하며 세속의 명리(名利)를 떠난, 맑고 깨끗한 담화(談話)라는 의미다.

107 『자치통감(資治通鑑)』에 나온다.

—정시(正始)는 위(魏)나라 조방(曹芳)의 연호다. 이때 사마의(司馬懿)가 나라를 마음대로 하였다. 하안(何晏)은 대개 조상(曹爽)의 무리다.—

경원(景元)[108] 연간에 중산대부 혜강(嵇康)[109]이 노장(老莊)을 말하기를 좋아해서, 완적(阮籍), 완적의 형 완자함(阮子咸), 산도(山濤)[110], 향수(向秀)[111], 왕융(王戎)[112], 유영(劉伶)과 서로 사이가 좋으니, 죽림칠현(竹林七賢)이라고 불렀다.[113] 모두 허무(虛無)를 숭

---

108 삼국시대 위나라 원제(元帝)의 첫 번째 연호다. 260년 6월에서 264년 5월까지 5년 동안 사용하였다.

109 223~262? 삼국시대 위나라 초군(譙郡) 질현(銍縣) 사람으로 자는 숙야(叔夜)이고, 죽림칠현(竹林七賢)의 한 사람이다. 조방(曹芳) 정시(正始) 연간에 중산대부(中散大夫)로 승진하여 세칭 '혜중산(嵇中散)'으로 불린다. 후에는 은둔하여 벼슬을 하지 않았고, 완적(阮籍) 등과 교유하며 노장(老莊)을 숭상하였다. 저서로 『고사전(高士傳)』과 『성무애악론(聲無哀樂論)』, 『석사론(釋私論)』, 『혜강집(嵇康集)』 등이 있다.

110 205~283. 서진(西晉) 하내(河內) 회현(懷縣) 사람으로 자는 거원(巨源)이다. 어렸을 때부터 기량(器量)이 남달랐고, 성품이 호방하여 노장(老莊)의 학문을 즐겼으며, 죽림칠현(竹林七賢) 가운데 한 사람이 되었다. 만년에 후당(後黨)이 정권을 잡자 여러 번 풍간(諷諫)하였다. 관직은 사도(司徒)까지 올랐다. 시호는 강(康)이고, 저작 10권이 있었지만 없어졌다.

111 227?~272. 서진(西晉) 하내(河內) 회현(懷縣) 사람으로 자는 자기(子期)다. 황문시랑(黃門侍郎)과 산기상시(散騎常侍) 등을 지냈다. 죽림칠현(竹林七賢) 가운데 한 사람으로, 노장사상을 좋아하였다. 혜강(嵇康), 여안(呂安)과 가깝게 사귀었는데, 혜강이 죽임을 당하자 「사구부(思舊賦)」를 지어 애도하였다.

112 234~305. 서진(西晉) 낭야(琅邪) 임기(臨沂) 사람으로, 자는 준충(濬沖)이다. 왕혼(王渾)의 아들이고, 죽림칠현(竹林七賢) 가운데 한 사람이다. 어려서부터 영특하였고 풍채가 비범하였으며 청담(淸談)을 즐겼다. 무제(武帝) 때부터 여러 관직을 역임해 혜제(惠帝) 때에는 사도(司徒)에 이르렀다. 성품이 극히 탐욕스럽고 인색하여 전원(田園)이 여러 주(州)에 있었는데도 재물 모으기를 멈추지 않고 밤낮으로 직접 상아로 만든 주판을 들고 밤낮으로 계산하면서 늘 부족한 듯 행동하였다.

113 『자치통감(資治通鑑)』 권78 「위기(魏紀)」 10에 나온다.

상하고 예법을 경멸하며, 몸을 가누지 못할 만큼 술을 마시고 세상일을 내버려두었다. 완적(阮籍)은 초상 중에 술을 마시며 평소와 다름이 없었으니, 당시 사대부가 다투어 사모하고 그를 본받아서 '마음에 거리낌이 없다[放達]'고 말하였다.

景元中, 中散大夫嵇康好言老、莊, 與阮籍、籍兄子咸、山濤、向秀、王戎、劉伶相友善, 號竹林七賢. 皆崇尙虛無, 輕蔑禮法, 縱酒昏酣, 遺落世事. 籍居喪飮酒, 無異平日. 當時士大夫爭慕效之, 謂之'放達'.

—(경원(景元)은) 상도향공(常道鄕公)의 연호다. 얼마 안 되어서 위(魏)나라는 진(晉)나라에게 선위하였다.—

진(晉) 무제(武帝) 태강(太康) 연간에 왕융(王戎)이 사도(司徒)가 되고, 왕연(王衍)이 상서령(尙書令)이 되고, 악광(樂廣)[114]이 하남윤(河南尹)이 되었다.[115] 모두 청담(淸談)을 즐기고 세상일 밖에다가 마음을 두니 조정과 민간이 다투어 사모하여 그들을 본받았다. 왕연(王衍)이 아우 왕징(王澄)과 함께 사람을 품평하는 것을 좋아하며, 왕징과 완함(阮咸), 사곤(謝鯤), 필탁(畢卓) 등이 모두 거

---

114 ?~304. 서진(西晉) 초 때 남양(南陽) 육양(淯陽) 사람이다. 자는 언보(彦輔)다. 청언(淸言)을 잘해 위나라 정서장군(征西將軍) 하후현(夏侯玄)의 총애를 받았고, 왕연(王衍)과 함께 명성이 높았다. 일찍이 빈객(賓客)이 있었는데, 술잔 속에 어린 뱀 그림자를 보고 놀라 마시고는 병에 걸렸다. 그가 술잔을 이전 자리에 두고는 빈객을 다시 불러 보게 하니 원인을 알게 되어 병이 씻은 듯이 나은 일이 있었다.[배궁사영(杯弓蛇影)] 그의 사위 성도왕(成都王) 사마영(司馬穎)이 장사왕(長沙王) 사마의(司馬義)와 알력이 생기가 사마의의 의심을 받았는데, 그는 이를 근심하다 죽었다.

115 『자치통감(資治通鑑)』 권82 「진기(晉紀)」 4에 나온다.

리낌이 없어서 심하게 술에 취해 옷을 벗는 것을 그르게 여기지 않았다.

처음에 하안(何晏) 등이 노장(老莊)을 숭상해서, 논(論)을 세우기를 천지만물이 모두 무(無)를 근본으로 하니, 무(無)라는 것은 물(物)을 열고 일[務]을 이루어서 가는 곳마다 보존되지 않음이 없는 것이라고 하였다. 왕연(王衍) 등이 그것을 아끼고 중요하게 여기니 이로 말미암아 사대부가 모두 허황된 것을 숭상하여 직무와 일을 그만두었다. 배외(裴頠)가 『숭유론(崇有論)』을 지어서 그 폐해를 설명하였다. 그러나 그러한 습속(習俗)이 만연하여서 역시 구해 낼 수 없었다.

晉武帝太康中, 王戎爲司徒, 王衍爲尙書令, 樂廣爲河南尹, 皆善淸談, 宅心事外, 朝野爭慕效之. 衍與弟澄好題品人物, 澄及阮咸、謝鯤、畢卓等皆以任放爲達, 醉狂裸體, 不以爲非. 初何晏等祖述老、莊立論, 以爲天地萬物皆以無爲本. 無也者, 開物成務, 無往不存者也. 衍等愛重之, 由是士大夫皆尙浮誕, 廢職業. 裴頠著『崇有論』以釋其蔽, 然習俗已成, 亦不能救.

— 얼마 안 되어 혜제(惠帝)가 즉위하고 진(晉)나라 왕실이 크게 혼란하였고, 유청(劉聽)과 석륵(石勒)이 중원을 장악하였다.—

원제(元帝)[116]가 장강(長江)을 건넌 초기에 왕도(王導)가 정치를

116 276~322. 사마예(司馬睿)로 동진(東晉)의 황제다. 자는 경문(景文)이고, 사마의(司馬懿)의 증손이다. 유요(劉曜)가 장안(長安)을 함락하고 민제가 죽자 서진(西晉)은 망하였다. 이에 건강(建康)에서 즉위하니, 바로 동진이다. 당시 중원이 크게 어지러웠지만 강동(江東)은 비교적 안정되어 있었다. 왕돈이 조정을 끼고 전권을 휘두르자 근심과

맡고 있으니, 진군(陳頵)이 왕도에게 글을 남겨 말하였다.[117]

"중화가 기울어 넘어지게 되는 이유는 바로 장자(莊子)와 노자(老子)의 풍속이 조정을 한 쪽으로 치우치게 유혹하여서 (노장의 풍속을) 기르고 바라는 자들이 많아지고 정사에 종사하는 자들은 모두 속인(俗人)이 되었다. 지금 마땅히 고친 후에야 중흥(中興)을 바랄 수 있다."

그러나 왕도(王導)가 따를 수가 없었다.

元帝渡江初, 王導爲政. 陳頵遺導書曰: "中華所以傾覆者, 正以莊、老之俗傾惑朝廷. 養望者爲弘雅, 政事者爲俗人. 今宜改張, 然後中興可冀." 導不能從.

유량(庾亮)[118]이 무창(武昌)[119]을 정복하고 은호(殷浩)[120]를 불러서

울분 속에 죽었다. 6년 동안 재위하였고, 묘호는 중종(中宗)이다.

117 『자치통감(資治通鑑)』 권87 「진기(晉紀)」 9에 나온다.

118 289~340. 동진(東晉) 영천(潁川) 언릉(鄢陵) 사람이다. 자는 원규(元規)이고, 누이가 명제(明帝)의 황후다. 젊어서부터 명성이 있었다. 사마예(司馬睿, 元帝)가 불러 서조연(西曹掾)을 삼았다. 왕돈(王敦)이 반란을 일으키자 여러 장수들과 함께 전봉(錢鳳)에 대항하였다. 명제 태녕(太寧) 말에 왕도(王導) 등과 함께 성제(成帝)를 옹립하여 중서령(中書令)이 되고 정권을 장악하였다. 도간이 죽자 강형(江荊) 등 여섯 개 주(州)의 제군사(諸軍事)를 총괄하고, 정서장군(征西將軍)이란 호를 받았으며, 무창(武昌)으로 옮겨 주둔하면서 병권을 장악하였다.

119 중국(中國) 호북성(湖北省) 성도인 무한(武漢)의 한 지역이다. 무창, 한양(漢陽), 한구(漢口)를 무한삼진(武漢三鎭)이라 부른다.

120 ?~356. 동진(東晉) 진군(陳郡) 장평(長平) 사람이다. 자는 연원(淵源)인데, 당나라 사람들이 피휘(避諱)하여 심원(深源)이라 하였다. 특히 현언(玄言)을 잘하였다. 회계왕(會稽王) 사마욱(司馬昱)이 그가 명성이 높은 것을 흠모해 목제(穆帝) 영화(永和) 2년(346) 그에게 편지를 보내니 비로소 벼슬에 나가 건무장군(建武將軍)과 양주자사(揚州刺史)가 되면서 사마욱의 심복이 되어 조정의 일에 참여해 환온에게 저항하였다.

기실(記室)[121]로 삼았다.[122] 은호는 저부(褚裒), 두예(杜乂)와 함께 모두 맑고 고원한 것만을 알고 『노자』와 『주역』을 잘 말하는 것으로 강동에 이름이 났는데, 은호가 풍류(風流)의 종주가 되었다.

庾亮鎭武昌, 辟商浩爲記室. 浩與褚裒杜乂皆以識度淸遠, 善談老易, 擅名江東, 而浩尤爲風流所宗.

효무제(孝武帝) 때에 예장(豫章)의 태수 범녕(范甯)이 말하였다.[123]

"왕필(王弼)과 하안(何晏)의 죄는 걸주(桀紂)보다 심하다."

혹자가 그들을 폄하하는 것이 너무 지나치다고 하자 범녕이 말하였다.

"왕필과 하안은 경전에 나오는 문구를 멸시하고 버렸으며 인의(仁義)를 몰락에 빠뜨렸고, 허황된 말과 뜬소문으로 후생들을 크게 뒤흔들었다. 벼슬아치들[搢紳]이 번연히 진로를 바꾸게 해서 예악(禮樂)이 붕괴되고 중원이 기울어 뒤집어져서 남겨진 풍속이 오늘에까지 근심이 되었다. 걸주는 한때 방종하고 사나워서 자신을 잃어버리고 나라를 망하게 하기에 충분해서 후세에 경계가 되었다. 어찌 백성이 보고 듣는 것을 되돌릴 수 있겠는가? 그러므로 나는 한 시대에만 미치는 재앙은 가볍고 역대로 이어지

---

121 후한(後漢) 때에 태위(太尉, 삼공의 하나, 승상의 보좌관)의 속관(屬官)으로 기실영사(記室令史)가 있었고, 지방관인 태수(太守)의 속관으로서 기령사(記令史)가 있었으며, 공부(公府)·왕국(王國) 등의 관원으로 기실참군(記室參軍)이 있다가 원대(元代)에 폐지되었다.

122 『자치통감(資治通鑑)』 권95 「진기(晉紀)」 17에 나온다.

123 『자치통감(資治通鑑)』 권101 「진기(晉紀)」 23에 나온다.

는 환란은 무거우며, 자기 자신을 잃어버리는 악(惡)은 작고 많은 사람을 미혹하는 죄는 크다고 여긴다."

孝武帝時, 豫章太守范甯嘗謂: "王弼、何晏之罪深於桀紂." 或以爲貶之太過. 甯曰: "王、何蔑棄典文, 幽淪仁義, 游辭浮說, 波蕩後生. 使搢紳之徒翻然改轍, 以至禮壞樂崩, 中原傾覆. 遺風餘俗, 至今爲患. 桀、紂縱暴一時, 適足以喪身覆國, 爲後世戒, 豈能迴百姓之視聽哉? 故吾以爲一世之禍輕, 歷代之患重, 自喪之惡小, 迷衆之罪大也."

양(梁) 간문제(簡文帝)[124]는 태자가 되었을 때, 화림원(華林園)에서 『노자(老子)』를 강의하였으니 원첨사(園詹事) 하경용(何敬容)이 탄식해서 말하였다.[125]

"서진이 청허(淸虛)를 숭상하여 중원을 오랑캐[胡羯]에게 정복당하더니, 지금 동궁(東宮)이 다시 그렇게 하니 강남(江南)은 오랑캐[戎]가 될 것이다."

梁簡文帝爲太子時, 講『老子』於華林. 園詹事何敬容歎曰: "西晉尙淸虛, 使中原淪於胡羯. 今東宮復爾, 江南其爲戎乎?"

—얼마 안 되어 후경(侯景)이 난을 일으켜서 무제(武帝)가 굶어 죽고, 간문제(簡文帝)가 죽임을 당하였다.—

124 503~551. 재위 549~551. 양(梁)나라의 제2대 황제로 중국 역대 제왕 가운데 뛰어난 문재(文才)로 알려져 있다. 묘호는 태종(太宗)이고, 무제(武帝)의 3남이며, 『문선(文選)』의 편자인 소명(昭明)태자의 동생이다.

125 『자치통감(資治通鑑)』 권161 「양기(梁紀)」 17에 나온다.

신은 이렇게 생각합니다. 청담(淸談)의 폐해는 조(曹)씨의 위(魏)나라에서 시작되어 소(蕭)씨의 양(梁)나라에서 끝났습니다. 그 처음에는 대개 노장(老莊)을 근본으로 삼았고, 그 끝에는 노장의 역할을 하려고 하였으나 할 수 없는 자들이 있었으니, 저들은 노씨(老氏)를 보고서 '유(有)는 무(無)에서 생겨난다'라고 여겼습니다.

그러므로 하안과 왕필의 무리는 현허(玄虛)의 논의[126]를 학설로 삼아 형상이 있는 사물을 모두 헛된 것[芻狗]으로 보아서 옳고 그름[是非]·이루어지고 허물어지는 것[成壞]을 하나같이 염두에 두지 않았습니다. 이에 신하는 충성할 필요가 없고, 자식은 효도할 필요가 없고, 예법을 섬길 필요가 없고, 몸가짐을 갈고 닦을 필요가 없고, 오직 속이 텅 비고 마음을 비워서 사물을 탐내서 집착하지 않으면 도(道)를 알게 된다고 하였습니다. (이는) 진실로 선왕(先王)의 가르침에서도 허용되는 바가 아니고, 노씨(老氏)의 본뜻에 비추어 봐도 설명할 수 없는 것입니다.

대개 노씨는 천하의 물(物)은 유(有)에서 생겨나고 '유'는 무(無)에서 생겨난다고 하였습니다. 이는 처음에는 '무'였다가 지금은 '유'인데, 하안의 무리는 바로 모든 것이 '무'에 돌아가니, 이는 어찌 노씨의 본뜻이겠습니까?

우리 유학(儒學)으로 말해 보건데 형이상(形而上)은 이(理)이고, 형이하(形而下)는 물(物)이라서 이 '이'가 있기 때문에 이 '물'이

126 한(漢)나라에서 위진시대로 넘어가는 극도의 정치사회적 혼란시기에 등장한 현학(玄學)은 하안과 왕필이 주도하였다. 이들은 유는 모두 무에서 비롯되었고, 무가 전재하지 않는 유는 존재하지 않는다는 이무위본(以無爲本)론을 제창하였다.

있고, 이 '물'이 있으면 이 '이'를 갖추고 있으니, 이 두 가지는 서로 떨어진 적이 없습니다. 바야흐로 그 '물'이 아직 있지 않음에 '무'라고 말할 수 있는 것 같으나 '이'는 이미 갖추어져 있으니 그것을 '무'라고 말할 수 있겠습니까? 노씨의 논리는 이미 잘못되었고, 청담(淸談)을 행하는 자들도 더욱 잘못되었습니다.

우리 유학(儒學)의 도(道)는 그렇지 않으니 하늘[天]이 물(物)을 냄이 하나도 실제[實]가 아님이 없고, 이(理)가 사람에 있음이 또한 하나도 실제[實]가 아님이 없습니다. 그러므로 마음을 세움[立心]에서는 실의(實意)를 위주로 하며, 몸을 닦음[修身]에서는 실천(實踐)을 중요하게 여기며, 강론하고 배움[講學]에서는 실견(實見)을 옳다고 여기며, 일을 행함[行事]에는 실용(實用)을 공(功)으로 삼는 것, 이것이 요(堯)·순(舜)·주공(周公)·공자(孔子)가 서로 전수한 바른 법[正法]입니다.

하안(何晏)과 왕융(王戎), 왕연(王衍)[127]으로부터 은호(殷浩)[128]에 이르기까지 모두 공허[空]와 묘함[妙]을 큰 소리로 말하였습니다. 그러나 세상의 명예와 임금의 총애와 권세와 이익에 그 마음을 깊이 두지 않은 적이 없습니다. 하안(何晏)은 삼정승[台鼎]을 꾀하여 손에 넣었고, 왕융(王戎)은 상아로 만든 주판[牙籌]을 가지고 재물을 탐하

127 56~311. 서진(西晉) 낭야(琅琊) 임기(臨沂) 사람으로 자는 이보(夷甫)다. 왕융(王戎)의 종제(從弟)다. 의리(義理)가 일정하지 않아 상황에 따라 잘 바꿔 사람들이 구중자황(口中雌黃)이라 불렀다. 경국(經國)에는 관심이 없었고, 오로지 보신책에만 급급하였다. 회제(懷帝) 영가(永嘉) 5년(311) 사마월이 죽자 석륵(石勒)에게 사로잡혔는데, 그에게 칭제(稱帝)할 것을 권하면서 목숨을 구걸하다가 살해되었다.

128 ?~356. 동진(東晉) 진군(陳郡) 장평(長平) 사람으로 자는 연원(淵源)인데, 당나라 사람들이 피휘(避諱)하여 심원(深源)이라 하였다. 특히 현언(玄言)을 잘하였다.

였고,[129] 왕연은 삼굴(三窟)을 경영하였고, 은호는 공함(空函)을 구비해 두어서 천하고 추하고 탐욕하고 인색함이 몹시 비속하였으니, 하안의 무리가 명예·총애·권력·이익을 유(有)로 여긴 것인지 무(無)로 여긴 것인지 알지 못하겠습니다.

대저 이미 지나치게 좋아하여 그것을 깊이 구하니, 이는 반드시 유(有)로 여긴 것입니다. 대저 어찌 세상의 모든 유(有)를 일체 다 무(無)라고 하였으면서도 유독 이것만이 진짜 유(有)라고 합니까? 노씨(老氏)가 무위무욕(無爲無欲)하고 만물의 겉모습에 초연한 것과 장생(莊生)이 많은 돈과 삼공(三公)의 지위에서 대하여 초연한 것을 보았을 때 과연 어떻겠습니까? 이것은 이른바 노장씨(老莊氏)의 일을 하려고 해도 할 수 없는 것입니다.

처음에는 그것으로써 자신의 몸을 이롭게 할 욕심으로 시작하였으나, 그 끝에는 그것으로써 나라에 큰 해를 끼치게 하였습니다. 그러므로 환온(桓溫)[130]은 '신주(神州)가 망하여 백 년 동안 쓸쓸하니 왕연[王夷甫]과 여러 사람이 그 책임을 지지 않을 수 없다'고 하였고, 도홍경(陶洪景)의 시에는 '하안[平叔]은 거짓으로 흩어졌고, 왕연[夷甫]은 앉아서 공허한 말을 해서, 소양전(昭陽殿, 도교 상징)이 선우궁(單于宮, 오랑캐의 궁전)을 짓는 것을 알지 못하였다'라고 하였으며, 하경용(何敬容)은 강남이 융족이 되었다고 탄식하였습니다. 대개 진

---

129 왕융은 성질이 탐욕하고 인색하여 전국의 곳곳에 땅을 가지고 있으면서 밤낮으로 상아로 만든 주판을 끌어안고 계산에 여념이 없었다.

130 312~373. 동진(東晉) 초국(譙國) 용항(龍亢) 사람으로 자는 원자(元子)고, 환이(桓彝)의 아들이자 명제(明帝)의 사위다. 해서공 사마혁(司馬奕)을 폐위시키고, 간문제(簡文帝)를 세운 다음 대사마(大司馬)로 고숙(姑孰)에 주군하면서 정권을 장악하였다. 몰래 황위를 찬탈하려고 하다가 뜻을 이루지 못하고 병들어 죽었다.

나라부터 양나라까지 그 혼란하고 망하는 것이 같은 전철에서 나오는 것과 같으니 모두 노장씨를 배워서 잘못된 죄이나 그 근본을 헤아려 보면 이것 역시 노장(老莊)의 죄입니다. 그러므로 천하를 소유한 자는 위(魏)나라·진(晉)나라·소씨(蕭氏)의 양(梁)나라의 잘못을 경계해서 요·순·주공·공자의 도(道)를 스승으로 삼지 않을 수 있겠습니까?—이보(夷甫)는 왕연(王衍)의 자(字)다. 평숙(平叔)은 하안(何晏)의 자다.—

후위(後魏)의 세조(世祖) 때에 도사(道士) 구겸지(寇謙之)[131]가 말하였다.[132]

"일찍이 노자를 만났더니 곡식을 먹지 않고 몸을 가볍게 하는 방술[辟穀輕身之術]을 주었고, 신인(神人) 이군(李君)을 만났더니 도록진경(圖籙眞經)을 주어서 북방태평진군(北方太平眞君)을

131 ?~448. 북위(北魏) 상곡(上谷) 창평(昌平) 사람이다. 자는 보진(輔眞)이고, 도교의 대성자로 알려졌다. 젊어서부터 도술을 좋아하였는데, 일찍이 신선 성공흥(成公興)을 만나 숭산(嵩山)과 화산(華山)에서 10년 동안 수련하면서 교유하였다. 명원제(明元帝) 신서(神瑞) 2년(415) 스스로 태상노군(太上老君)에게 천사(天師)의 지위를 받고 『운중음송신과지계(雲中音誦新科之誡)』 24권을 받았다면서 도교를 정비하려고 하였다. 오두미도(五斗米道)의 방법을 없애고 신도들에게 곡물이나 돈을 받는 일, 남녀 간의 합기(合氣)하는 술수 등도 폐지하였다. 또 도관(道官)을 세습하는 제도도 없애고 재공(齋功)이 양생(養生)하고 신선을 구하는 가장 좋은 방법임을 강조하였다. 재상 최호(崔浩)의 주선으로 세조 태무제(太武帝)의 신임을 얻어 수도 평성(平城)의 동쪽과 서쪽에 신천사도(新天師道, 북천사도)가 세워졌고, 각 주진(州鎭)마다 도교 사원이 건립되었다. 스스로 태평진군(泰平眞君)이라 일컬으며 한때 불교를 금지시키고, 도교를 국교화하기도 하였다. 북위의 여러 황제들이 도교를 신봉하는 데 밑거름을 만들었다.

132 『자치통감(資治通鑑)』 권119 「송기(宋紀)」 1에 나온다.

보좌하게 하였고, 천궁정륜(天宮靜輪)의 법을 내니 그 가운데 여러 편은 이군(李君)이 직접 쓴 것이다."

구겸지가 위왕(魏王)에게 바치니 조정과 민간에 모두 믿지 못하는 자가 많았다.

최호(崔浩)[133]는 홀로 그를 스승으로 삼아서 글을 올려서 그 일을 증명하여 말하였다.

"임금께서 명을 받음에 반드시 하늘의 감응이 있었습니다. 하도(河圖)와 낙서(洛書)[134]는 모두 벌레와 짐승의 무늬에 의탁하여 말한 것이니 지금처럼 신(神)과 사람이 마주 대하여 글씨가 선명하고, 말의 뜻이 매우 오묘한 것만 같지 못하니 예로부터 비교할 것이 없습니다."

위왕[魏主]이 마침내 그것을 믿어서 신법(新法)을 높이 드러내고 천하에 선포하였다.

---

133 381~450. 북위(北魏) 청하(淸河) 동무(東武) 사람이다. 자는 백연(伯淵)이고, 어릴 때 이름은 도간(桃簡)이다. 젊어서 학문을 좋아하였고, 경사백가(經史百家)에 두루 통달하였으며, 천문과 역학(曆學)에 조예가 깊었다. 태무제(太武帝) 시광(始光) 중에 동군공(東郡公)에 올라 태상경(太常卿)으로 『오인원력(五寅元曆)』을 제정하고, 도사(道士) 구겸지(寇謙之)를 천거하여 도가를 숭상하고 불교를 억제하였다. 황제가 혁련창(赫連昌)을 공격해 궤멸하고 유연(柔然)을 물리치면서 북경(北京)을 차지할 때 대개의 전략이 그의 손에서 나왔다. 태종의 명으로 『효경』과 『논어』, 『시경』, 『상서』, 『춘추』, 『예기』, 『주역』을 주해(註解)하였고, 동생 최람(崔覽) 등과 『국어(國書)』를 지었다. 또 한(漢) 고조(高祖) 이래의 역법(曆法)은 모두 천도(天道)의 올바름을 얻지 못하였다고 주장하면서 『오인원력』을 제정하였다.

134 하도(河圖)는 복희씨(伏羲氏) 때 황하(黃河)에 나타난 용마(龍馬)의 등에 쓰여져 있었다는 그림을 말하고, 낙서(洛書)는 우(禹)가 홍수를 다스릴 때 낙수(洛水)에 나타난 신귀(神龜)의 등에 있었다는 글자를 말한다. 복희는 하도에 의해 팔괘를 그리고, 우는 낙서에 의해 홍범구주를 지었다고 전해진다.

後魏世祖時, 道士寇謙之自言: “嘗遇老子授以辟穀輕身之術, 又遇神人李君授以圖籙眞經, 使之輔佐北方太平眞君, 出天宮靜輪之法, 其中數篇李君手筆也.” 謙之獻於魏主, 朝野多未信, 崔浩獨師事之. 上書證明其事曰: “聖主受命, 必有天應. 河圖、洛書, 皆寄言於蟲獸之文. 未若今日神人接對, 手筆粲然, 辭旨深妙, 自古無比.” 魏主遂信之, 顯揚新法, 宣布天下.

—최호(崔浩)는 위(魏)나라의 대신이다.—

구겸지(寇謙之)는 정륜궁(靜輪宮)을 짓는 데 반드시 그 높이는 닭과 개소리가 들리지 않도록 해서 위로는 천신(天神)과 서로 맞닿도록 해야 한다고 아뢰었다.[135] 최호가 위왕[魏主]에게 그것을 따르도록 권하니 공사비용이 1만을 헤아리고 일 년이 지나도 완성되지 못하였다. 이에 태자 황(晃)[136]이 간언하였다.

“사람과 하늘이 도(道)가 다르며 낮고 높음이 나누어 정해졌기 때문에 서로 맞닿을 수 없음은 필연적인 이치입니다. 지금 헛되이 백성의 힘을 소모하여 장차 어디에 쓰려고 하십니까? 반드시 부득이하다면 청컨대 1만 길[仞]의 동산(東山)에다가 공을 들이면 거의 비슷하게 이룰 수 있을 것입니다.”

위왕[魏主]이 따르지 않았다.

---

135 『자치통감(資治通鑑)』 권124 「송기(宋紀)」 6에 나온다.

136 428～451. 북위(北魏) 태무제(太武帝)의 장남으로 본명은 탁발황(拓跋晃)이다. 태무제가 양주(涼州)를 정벌할 때 감국(監國)이 되어 농사를 권면하고 음주가무를 금지하였다. 경사(經史)에 밝았고 군국대사(軍國大事)에 대해 진언을 많이 하였으나 요절하였다. 후일 아들 탁발준(拓跋濬)이 즉위하자 경목황제(景穆皇帝)로 추존되었다.

寇謙之奏作靜輪宮, 必令其高, 不聞雞犬, 以上接天神. 崔浩勸魏主從之, 功費萬計, 經年不成. 太子晃[137]諫曰: "天人道殊, 卑高分定, 不可相接, 理在必然. 今虛耗民力, 將安用之? 必不得已, 請因東山萬仞之高, 庶爲功差易." 魏主不從.

—얼마 지나지 않아 최호(崔浩)가 이 일에 연루되어 죽임을 당하였고, 위왕[魏主] 도(燾) 역시 그 신하에게 시해되었다.—

신은 이렇게 생각합니다. 위왕[魏主] 도(燾)는 오랑캐의 임금이라서, 이교(異教)에 미혹된 것을 책망할 수는 없습니다. 최호는 경술(經術)를 정밀하게 연구하는 것으로 이름을 얻었고, 노장(老莊)과 불교(佛教)를 좋아하지 않았으나 끝내 한 도사(道士)의 말에 유혹되어서 허황된 말을 믿게 되었으니, 이 또한 노장(老莊)과 불교(佛教) 아래에서 나왔습니다.

선대의 유학자 호인(胡寅)[138]이 일찍이 논하여 "최호가 '하도(河圖)와 낙서(洛書)는 벌레와 짐승의 글자에 의탁해서 말하였다.' 라고 하였으니, 대저 하도와 낙서의 출현은 하늘과 땅의 이치가 저절로 드러난 것으로, 천문의 기상[垂象]이 그러한 것과 같으니 다른 것에 의탁하여 말하는 것은 아니다. 또 '신(神)과 사람이 마주

---

137 저본에는 '光'으로 되어 있으나 명백한 오자이기에 '晃'으로 바로잡는다.

138 1098~1156. 송나라 건녕(建寧) 숭안(崇安) 사람이다. 자는 명중(明仲)이고, 학자들은 치당선생(致堂先生)이라 부른다. 호안국(胡安國)의 조카다. 상서하여 금나라에 대항할 대책을 진술하고 구차하게 화의하는 것에 반대하였는데, 어조가 간절하고 강직하였다. 진회(秦檜)가 정권을 잡자 몹시 꺼려하여 조정을 비방하고 폄하하였다는 이유로 파직되어 신주(新州)에 안치되었다. 진회가 죽은 뒤 복직하였다. 시호는 문충(文忠)이다. 저서에 『논어상설(論語詳說)』과 『독사관견(讀史管見)』, 『비연집(斐然集)』이 있다.

대하여 글씨가 선명하고 말의 뜻이 매우 오묘하다'라고 하였으나, 이것도 또한 이치에 반드시 없는 것이다. 신(神)은 소리와 색과 모양이 없으니, 어찌 글을 쓸 수 있겠는가? 심지어 구겸지의 주장을 믿어서 궁궐을 짓는 데 위로 천신과 닿게 하려 하니 더욱 어리석다. 무릇 하늘은 땅이 형태가 있는 것과 같지 않아서 땅에서부터 위로는 하늘이 아닌 것이 없으니, 해와 달과 별이 하늘에 매달린 것은 풀과 나무와 산과 강이 땅에 붙어 있는 것과 같지 않다. 하늘이 밝게 빛나고 별들이 촘촘하게 늘어서 있어서 천체 운행의 움직임이 모두 기(氣)의 작용[機]에 따라 저절로 움직이는 것이지 그렇게 되도록 하라고 해서 그러한 것이 아니다. 의탁하는 바가 없는 것이니, 만약 그 의탁하는 바가 있으면 이것은 형태로 서로 속박되니 형태에 하나라도 붙어 있으면 무너지지 않을 수 있겠는가? 신(神)이라는 것은 만물을 신묘하게 함을 말한 것이니 조화의 자취는 가득하기도 하고 기울기도 하며, 돌기도 하고 멈추기도 하여 예측할 수 없는 것이다. 혹자는 허황하고 괴이한 말에 현혹되어서 혹은 그 말을 들었다고 하고 혹은 그 모습을 보았다 하고 혹은 그 알려 주는 징표를 받았다고 하니 어찌 이러한 것이 있겠는가?"라고 하였습니다.

신은 호인(胡寅)의 논의가 훌륭하다고 생각합니다. 그렇다면 임금이 하늘을 섬기는 것은 과연 무슨 도(道)입니까? 『시경(詩經)』에 "상제가 너에게 임하였으니, 너는 의심하지 말라.[上帝臨女, 無貳爾心]"라고 말하였고, 또 "두 마음을 가지고 근심하지 말라, 상제가 너에게 임하신다.[無貳無虞, 上帝臨女]"라고 하였습니다.[139] 무릇 두 마음을 품지 말라는 것은 한 가지이니 한 가지를 주로 하라는 것은 경(敬)이고, 한결같이 하는 것은 성(誠)입니다.

탕왕(湯王)은 하늘을 섬기는 바를 "하늘의 밝은 명을 뒤돌아보고 바로잡는다.[顧諟明命]"라고 하였을 뿐이고, 문왕(文王)은 하늘을 섬기는 바를 "전전긍긍한다[翼翼小心]"라고 하였을 뿐입니다. 대저 어찌 밖에서 구하겠습니까? 임금이 이것을 알면 반드시 토목공사를 숭상하지 않으며, 의식에 사용하는 물건을 사치할 필요가 없고, 늠연하게 자신을 지키면서 항상 천지신명께 제사 지내는 것[對越]과 같이 하면, 말을 듣고 모습을 보거나 징표를 받는 것을 기다리지 않고 왕에게서 흘러나오는 여러 가지 생각들이 천지신명이 주선하는 것과 같지 않음이 없을 것입니다.

양(梁) 무제(武帝)[140]가 중대통(中大通) 원년(529) 9월 동태사(同泰寺)[141]에 거둥하였다.[142] 사부무차대회(四部無遮大會)[143]를 열어 어

139 『시경(詩經)』 「대아(大雅)·대명(大明)」에 나온다.

140 464~549. 재위 502~549. 이름은 소연(蕭衍)으로 남조(南朝) 양(梁)의 초대황제다. 제(齊)의 옹주자사(雍州刺史)일 때 폭군 소보권(蕭宝卷)을 토벌하고 화제(和帝)를 옹립한 뒤, 양위를 받아 양(梁)을 세웠다. 내치와 외정에서 남조 국가 중 드물게 태평을 이룩하였다. 그러나 불교에 심취하여 많은 재화를 보시하였고, 자신이 지은 동태사(同泰寺)에는 세 번이나 출가하여 그때마다 그를 환속시키기 위해 엄청난 국고가 소모되었다. 동위(東魏)에서 투항한 후경(侯景)이 도리어 반란을 일으켜 도성이 함락당하고 무제는 궁궐에 유폐된 상황에서 굶어 죽었다.

141 남조(南朝) 양(梁)나라의 무제(武帝)가 지은 절로 건강(建康, 현재의 남경)에 세운 사찰이다. 521년에 공사를 시작하여 527년에 완공하였다.

142 『자치통감(資治通鑑)』 권153 「양기(梁紀)」 9에 나온다.

143 사부(四部)는 사중(四衆)과 같은 말로, 불문(佛門)의 네 가지 제자인 비구(比丘, 출가한

복(御腹)을 벗고 법의(法衣, 승려가 입는 가사와 장삼)를 입으며, 청정대사(淸靜大捨, 마음을 깨끗이 하고 번뇌와 사욕을 버리는 것)를 행하였다. 여러 신하들이 1억만 전(錢)으로 삼보(三寶)[144]에 빌고 대신 속죄하니 보살(菩薩)과 승려[僧衆]가 슬그머니 허락하여 곧 궁내로 돌아왔다.

梁武帝中大通元年, 九月, 幸同泰寺, 設四部無遮大會, 釋御腹, 持法衣、行淸靜大捨, 羣臣以錢一億萬祈白三寶, 奉贖皇帝. 菩薩、僧衆默許, 乃還內.

임금이 천감(天監, 502~519) 연간부터 불교[釋氏]의 방법을 사용하여 오랫동안 재계하고 고기를 먹지 않으며, 하루에 한 끼만 먹는데[長齋] 오직 나물국에 거친 밥뿐이었고, 탑을 많이 만들어서 공사(公私)의 비용이 많이 들었다.[145] 이때에 왕후(王侯)와 자제(子弟)들이 교만하고 음란하여 법을 어겼는데, 임금이 연로(年老)하여 온갖 정사[萬幾]에 염증을 느끼고 또 불가의 계율에만 오로지 정신을 다 쏟아서 매번 중죄(重罪)로 처단할 때는 종일토록 기뻐하지 않고, 혹시 반역을 모의하는 일이 발각되어도 또한 울면서 그것을 너그럽게 용서하였다. 이로 말미암아 왕후(王侯)가 더욱

남자)·비구니(比丘尼, 출가한 여자)·우바새(優婆塞, 출가하지 않고 불제자가 된 남자)·우바이(優婆夷, 출가하지 않고 불제자가 된 여자)를 말한다. 무차대회(無遮大會)는 성범(聖凡), 도속(道俗), 귀천, 상하의 구별 없이 일체의 평등으로 재시(財施)와 법시(法施)를 하는 대법회다.

144 불교에서 말하는 세 가지 보물로 불(佛)·법(法)·승(僧)을 말한다.

145 『자치통감(資治通鑑)』 권159 「양기(梁紀)」 15에 나온다.

횡포를 부려 혹은 대낮에 도성의 거리에서 사람을 죽이고, 혹은 으슥한 밤에 공공연히 남을 협박하여 약탈하며, 죄를 짓고 도주하여 왕가(王家)에 숨으면 유사(有司)가 감히 체포하지 못하였다. 임금이 그 폐단을 깊이 알았으나 자애(慈愛)에 빠져서 금지할 수 없었다.

上自天監中, 用釋氏法. 長齋斷肉, 日止一食, 惟菜羹糲飯而已. 多造塔, 公私費損. 時, 王侯子弟多驕淫不法, 上年老, 厭於萬機, 又專精佛戒, 每斷重罪, 則終日不懌.[146] 或謀反逆事覺, 亦泣而宥之. 由是王侯益橫, 或白晝殺人於都街, 或暮夜公行剽掠, 有罪亡命匿於王家, 有司不敢搜捕. 上深知其弊, 而溺於慈愛, 不能禁也.

중대동(中大同) 원년(546) 3월 경술(庚戌)일에 임금이 동태사에 거둥하여 드디어 절에 머물면서 삼혜경(三慧經)을 강하였는데 여름 4월 병술(丙戌)일에 강의를 끝마쳤다. 이날 밤에 동태사의 부도(浮圖)가 불타니, 임금이 말하였다.

"이것은 마귀이니 마땅히 불사[法事]를 크게 하라."

곧 조서를 내려 말하였다.

"도(道)가 높으면 마귀가 성하고, 선(善)을 행하면 장애가 생기니 마땅히 이 토목공사를 다하여 지난날의 배로 증가시켜라."

마침내 12층 부도(浮圖)를 세웠는데, 완성되려 할 때에 곧바

146 저본에는 '豫'로 되어 있으나 사고전서본에 근거하여 바로잡는다. '懌'는 조선 중종(中宗)의 휘다.

로 후경(侯景)[147]의 난이 일어나 중지되었다.

中大同元年三月庚戌, 上幸同泰寺, 遂停寺省講三慧經. 夏四月丙戌, 解講. 是夜, 同泰寺浮圖災. 上曰: "此魔也, 宜廣爲法事." 乃下詔曰: "道高魔盛, 行善障生, 當窮茲土木, 倍增往日." 遂起十二層浮圖, 將成, 直侯景亂而止.[148]

—이듬해에 후경은 하남(河南)에서 일어나 귀순하였다. 또 이듬해에 후경이 반란을 일으켜 대성(臺城, 건강(建康))을 함락시켰는데, 임금(양 무제)이 굶어 죽었다.—

신은 이렇게 생각합니다. 위(魏)나라와 진(晉)나라 이후에 임금으로 불교를 섬김이 양(梁)나라 무제(武帝)와 같이 깊이 믿은 자가 있지 않았습니다. 대저 천자[萬乘]의 존귀함이었지만 스스로 그 몸을 버려서 부처의 하인이 되었으니, 그 비굴하게 아첨한 것이 극심하다고 말할 수 있습니다. 나라의 관부에 저장한 것을 다 쓰고 백성의 고혈(膏血)을 덜어내어 탑묘(塔廟)의 비용으로 하였으니, 또 그 존경하고 받든 것이 극심하다고 말할 수 있습니다. 채소와 면(麪)을 먹음으로써 종묘의 희생(犧牲)과 바꾸었으니 그 저승[冥道]에 누가 될까 두려워해서입니다. 베를 짜는 관리들이 비단에 무늬를 놓는 데에 사람과 짐승의 형상이 있는 것 또한 금지하였으니, 그 자르고

147 ?~552. 자는 만경(萬景)이다. 본래 갈족(羯族)으로 북위(北魏)·동위(東魏)·양(梁)의 장군이었다. 동위에서 하남(河南) 13주의 태수였는데, 자신이 가진 군사력이 의심을 받자 양나라로 귀순하였다. 그 이후에 반란을 일으켜 양나라의 수도 건강(建康)을 함락시키고 무제(武帝)를 사로잡았다. 이후에 간문제(簡文帝)를 옹립하였다가 551년 간문제를 살해하였고, 예장왕(豫章王) 소동(蕭棟)을 제위에 올린 뒤 선양을 받아 한(漢)을 세웠다. 그러나 형주자사(荊州刺史) 소역(蕭繹)이 보낸 왕승변(王僧弁)과 싸워 패하였고, 전투 중에 사망하였다.

148 『자치통감(資治通鑑)』 권159 「양기(梁紀)」 15에 나온다.

재단할 때 어질고 인자한 것에 어그러짐이 있을까 두려워해서입니다. 신하가 비록 반역을 모의해도 방면하고 베지 않으며, 남을 협박하여 노략질하고 방자하게 행동하여도 역시 차마 금지하지 못하니, 무릇 부처의 계율을 미루어 넓히려는 것입니다.

시험 삼아 그것을 논하니, 만일 신선을 구할 수 있다고 한다면 한(漢)나라 무제(武帝)가 그것을 얻었을 것이고, 만일 부처를 구할 수 있다고 한다면 양나라 무제가 그것을 얻었을 것입니다. 그런데 두 임금이 얻은 것이 없으니 바로 그것은 구하여도 얻을 수 없는 것임을 명백하게 알 수 있습니다. 설령 그것을 구하여 얻었더라도 서쪽 오랑캐의 허황된 가르침으로는 중국[華夏]을 다스릴 수 없으며, 산림(山林)에서 고행[枯槁]하는 행실로는 국가를 다스릴 수 없는데, 하물며 구할 수 없는 것이야 어떻겠습니까?

한나라 무제는 신선을 탐하다가 끝내 (국고를) 헛되게 쓰는 재앙을 만들었고, 양나라 무제는 부처에게 아첨하여 마침내 위태롭고 망하는 재앙을 불렀으니 탐하고 아첨하는 것이 보탬이 되지 않음이 또한 명백합니다. 또 그 몸을 버려서 부처를 섬김이 어찌 속세의 번거로움을 싫어하고 텅 비고 쓸쓸한 것을 즐기는 것이 아니겠습니까?

만일 가유(迦維)[149]의 적자[嫡嗣]가 왕위(王位)를 헌신짝처럼 보고 옷을 걷어 올리고 간 것과 같이 한다면 거의 진실로 부처를 배우는 자라 하겠지만, 양(梁)나라 무제(武帝)는 이미 찬탈과 시해

149 석가모니가 태어난 나라를 음차하여 가유라위(迦維羅衛) 또는 가비라위(迦毘羅維)라고 하며, 가유(迦維)는 그 줄임말이다.

로써 남의 나라를 차지하였고 또 공격하고 무찌름으로써 남의 나라를 침입하였으며, 그 늙어서는 비록 자애와 효도가 태자 소통(蕭統)과 같아도 한 번 의심이 들면 죽을 때까지 그를 꺼려하였으니, 탐하는 데에서 헤어 나오지 못함이 이와 같으니 또 어찌 진실로 버릴 수 있는 자이겠습니까? 불가의 옷을 입고 도(道)에 들어가는 것은 이미 부처[浮圖]의 복을 바라는 것이며, 돈을 바쳐 속죄하여 돌아와서는 또 천자의 귀함을 잃지 않았으니 이는 비록 부처에게 아첨하였다고 이름 하였으나 실제로는 부처를 속인 것입니다. 또 그 직물의 무늬는 실물이 아니나 오히려 차마 그것을 없애지 못하면서 저 어리석고 어리석은 백성의 성명(性命)은 어찌 금수에 비교됩니까? 그러나 해마다 정벌하여 죽인 사람이 헤아릴 수가 없고, 산을 높이고 제방을 쌓아 적의 땅에 물을 대어 잠기게 하여 거의 십여 만 명이 고기와 자라가 되었어도 일찍이 조금도 불쌍히 여기지 않았으니, 이는 비록 작게는 인(仁)이라고 이름 할 수는 있으나 실제로는 크게 인(仁)하지 않은 것입니다.

또 나라가 유지되는 것은 오직 강상(綱常)인데, (양나라) 무제가 여러 아들에게 모두 번방(藩邦)을 맡기면서 예의(禮義)의 가르침이 없었기 때문에 소정덕(蕭正德)[150]이 흉악한 자질[梟獍之資][151]로 처

---

150 ?~549. 양(梁) 무제(武帝)의 조카로 임천왕(臨川王) 소굉(蕭宏)의 아들이다. 후경이 반란을 일으켰을 때 수도 건강(建康)을 지키는 책임자였지만, 황제 자리를 탐낸 소정덕은 오히려 후경군을 인도하였다. 무제가 죽자 황제 자리에 올랐으나, 후경은 쓸모가 없어진 그를 황제에서 내쫓았다. 격분한 소정덕은 파양왕(鄱陽王) 소범(蕭範)에게 밀서를 보냈다가 후경에게 들통 나 죽임을 당하였다.

151 자기 어미 새를 잡아먹는다는 올빼미[梟]와 자기 아비를 잡아먹는다는 짐승[獍]이라는 뜻으로, 은혜를 모르는 흉악한 사람을 비유하는 말이다.

음에는 아버지를 버리고 적국으로 달아났다가 끝내는 적을 이끌고 와서 종묘를 뒤집었으며, 같은 아들 소륜(蕭綸)·소역(蕭繹)은 혹은 웅장한 군사를 거느리거나 혹은 상유(上游)에 진을 치고 있었는데 마땅히 군부(君父)가 어려운 상황에 처해 있었으나 피를 뿌리고 소매를 떨쳐 일어날 뜻이 있다고는 듣지 못하였습니다. 바야흐로 그 형제가 서로 원수가 되고 삼촌과 조카가 서로 병사를 일으켜 인륜(人倫)의 악이 극심하였으니, 이것은 다름이 아니라 (양나라) 무제(武帝)가 배운 것이 불교이기 때문입니다. 불교는 천륜(天倫)에 거짓으로 합치되어 그러므로 신하는 그 임금을 임금으로 여기지 않고, 아들은 그 아버지를 아버지로 여기지 않아서 삼사십 년간에 풍속(風俗)이 서로 없어지고, 강상(綱常)이 땅에 떨어지니 마땅히 이렇게 극심한 데에 이르렀습니다. 만일 그가 요·순·삼왕(三王)을 스승으로 삼아 방외(方外, 불가(佛家)와 도가(道家)를 이르는 말)의 가르침에 섞이지 않고, 반드시 인의(仁義)를 근본으로 하며, 반드시 예법(禮法)을 숭상하며, 반드시 형정(刑政)을 밝혔으면 어찌 이럴 수 있었겠습니까?

—석가(釋迦)는 가유국(迦維國) 왕의 적자로 왕위를 버리고 산에 들어가 불성(佛性)을 배웠다. 무제(武帝)가 태자 소통(蕭統)이 태어나기 전에 임천왕(臨川王) 소굉(蕭宏)의 아들 소정덕(蕭正德)을 양자로 들여 아들로 삼았다. 소통이 태어나자 소정덕은 본가로 돌려보내고 서풍후(西豐侯)에 봉하였는데 (소정덕의) 뜻이 불평하게 되어 마침내 위(魏)나라로 달아났다. 조금 있다가 도망하여 돌아와 다시 그 봉작(封爵)을 주었고, 후에 임하왕(臨賀王)이 되었다. 후경(侯景)이 반란을 일으키자 소정덕이 먼저 내통하여 반란군을 이끌어 궁궐에 침범하였다. 또 후경과 승리하는 날에 양궁(兩宮)을 없애기로 약속하였는데, (양궁은) 황제와 태자 소강(蕭綱)을 말한다. 소릉왕(邵陵王) 소윤(蕭綸)은 모든 군대를 통솔하여 후경을 토벌하는 데에 힘써 싸우지 않았고, 상동왕(湘東王) 소역(蕭繹)은 제때에 원조하지 않아 후경이 도성을 함락시키는 데에 이르렀다. 무릉왕(武陵王) 소기(蕭紀)는 소역과 서로 공격하여 소역이 소기를 죽였다. 또 하동왕(河東王) 소예(蕭譽)를 상주(湘州)에서 공격하고, 악양왕(岳陽王) 소찰(蕭詧)을 양양(襄陽)에

서 공격하였다. 소찰·소예는 모두 상동(湘東) 무열세자(武烈世子)의 조카다. 그 후에 소찰이 왕의 위(魏)나라 병력을 이끌고 강릉(江陵)에서 소역을 죽였다.—

당(唐) 대종(代宗)[152]은 처음에 불교를 중요시하지 않았는데, 재상 원재(元載)·왕진(王縉)이 모두 불교를 좋아하였고, 원재는 더욱 심하였다.[153] 임금이 일찍이 물었다.

"부처가 인과응보(因果應報)를 말하였다고 하는데, 과연 그런 것이 있는가?"

원재 등이 대답하였다.

"국가의 천운(天運)이 영원한 것은 이전 세상에서 복업(福業)을 베풀어 놓은 것이 아니면 어떻게 그렇게 이르겠습니까? 복업(福業)이 이미 정해지면 비록 때에 따라 작은 재앙이 있어도 끝내 해가 되지는 않습니다. 안녹산(安祿山)과 사사명(史思明)이 모두 아들에게 화를 입었고, 복고회은(僕固懷恩)은 문을 나서자 병들어 죽었고, 두 오랑캐는 싸우지 않고 퇴각한 까닭입니다. 이것은 모두 사람의 힘으로 미친 것이 아니니 어찌 인과응보가 없다고 말할 수 있겠습니까?"

임금이 이로 말미암아 그것을 깊게 믿어서 항상 궁궐에서

---

152 726~779. 재위 762~779. 당(唐)의 8대 황제다. 황제가 된 이듬해에 안사의 난이 진압되었다. 그러나 같은 해에 토번이 공격해 와 장안이 잠시 동안 점령되기도 하였다. 불교에 심취하여 불교 사찰에 많은 토지와 면세혜택을 주었는데, 이 때문에 재정이 악화되었다.

153 『자치통감(資治通鑑)』 권224 「당기(唐紀)」 40에 나온다.

승려 백여 인에게 밥을 먹였다. 어떤 도적이 이르면 승려에게 인왕경(仁王經)을 강(講)하여 그것을 물리치게 하고, 도적이 물러나면 두텁게 상을 내리니 좋은 땅과 큰 이익이 승려와 절에 돌아가는 것이 많았다. 원재 등이 임금을 모시고 불교에서 행하는 일을 많이 이야기하니 정치와 형벌이 날로 문란해졌다.

唐代宗始末甚重佛, 宰相元載、王縉皆好佛, 縉尤甚. 上嘗問: “佛言報應, 果有之邪?” 載等對曰: “國家運祚靈長, 非宿植福業, 何以致之? 福業已定, 雖時有小災, 終不能爲害. 所以安史皆有子禍, 懷恩出門病死, 二虜不戰而退, 此皆非人力所及, 豈得言無報應也.” 上由是深信之, 常於禁中飯僧百餘人. 有寇, 至則令僧講仁王經以禳之. 寇去則厚加賞賜, 良田美利多歸僧寺. 載等侍上, 多談佛事, 政刑日紊矣.

신은 이렇게 생각합니다. 대종(代宗)이 인과응보를 질문하니, 만일 그때에 유자(儒者)가 재상의 자리에 있었으면, 반드시 선한 사람에게는 복이 오고 악한 사람에게는 재앙이 오는 이치와 오만하면 이지러지게 하고 겸손하면 채워 준다는 이치로 반복해서 아뢰어서 임금으로 하여금 삼가 조심해서 천도(天道)는 속일 수 없음을 반드시 알게 하고 덕을 닦는 데에 스스로 힘쓰게 하였을 것입니다. 원재 등이 일찍이 한 마디도 이를 언급하지 않았고 곧 복업(福業)을 심어 놓는 것으로 말하여 국가의 복이 영험하고 장구한 것이 모두 부처의 힘이라고 하니, 곧 천도(天道)를 심하게 속인 것이 아니겠습니까?

대저 당나라의 역사가 오래된 이유는 태종(太宗)이 세상을 구제하고 백성을 편안하게 한 공(功)이라는 것을 가릴 수가 없습니다.

어려움이 많았던 이유는 그 천하를 얻음이 인의(仁義)에 순수하지 못하였고, 강상(綱常)과 예법(禮法)에 부끄러워할 만한 덕이 있었고,[154] 대를 이은 임금 가운데 자신을 이기고 선에 힘쓴 자가 적고 성정대로 방자하게 이치를 어그러뜨린 자가 많았기 때문입니다. '하늘에 드러난 도(道)가 있어 그 유(類)가 밝다'라고 한 것[155]은 이것을 말한 것입니다.

원재 등이 천도(天道)를 버리고 불교의 인과를 말하니 이것은 재앙과 복을 내리는 것이 하늘에 있지 않고 부처에게 있다고 말하고, 다스리게 하는 도리가 덕을 닦는 데에 있지 않고 부처를 받드는 데에 있다고 말하는 것입니다. 대종(代宗)은 오직 배우지 못하였기 때문에 원재 등이 그를 미혹할 수 있었습니다.

대저 안사의 난은 양태진(楊太眞)[156]이 안에서 좀먹고 양국충(楊國忠)[157]·이임보(李林甫)[158]가 밖에서 도적질한 것이 빚어내어

---

154 당 태종이 즉위하기 전에 맏형 이건성(李建成)과 아우 이원길(李元吉)을 살해한 일이 있음을 지적한 것이다.

155 『서경(書經)』「주서(周書)·태서 하(泰誓下)」에 나온다.

156 719~756. 당나라 포주(蒲州) 영락(永樂) 사람으로 현종(玄宗)의 총애를 받던 황후 양귀비(楊貴妃)다. 이름은 태진(太眞)이고, 소자(小字)는 옥환(玉環)이다. 자태가 아름다웠고, 가무(歌舞)와 음률에 능하였으며, 지략과 계산에서도 남달랐다. 처음에 현종의 아들 수왕(壽王) 이모(李瑁)의 비로 들어왔는데, 나중에 입궁한 뒤 현종이 보고 사이를 갈라놓은 다음 일시 도관(道觀)에 머물게 하였다. 천보(天寶) 4년(745) 귀비(貴妃)에 책봉되었다. 천보 14년(755) 안녹산(安祿山)이 당형(堂兄) 양국충(楊國忠)을 주살(誅殺)한다는 명분으로 난을 일으켜 도성 장안(長安)이 함락되자 현종과 함께 달아나다가 마외역(馬嵬驛)에서 금군대장(禁軍大將) 진현례(陳玄禮)의 압박으로 불당(佛堂)에서 목을 매 자살하였다.

157 ?~756. 당나라 중기 포주(蒲州) 영락(永樂) 사람으로 본명은 쇠(釗)고, 양 귀비(楊貴妃)의 당형(堂兄)이다. 15사(使)를 지휘하면서 탁지(度支) 관련 일을 전담하였고, 금중(禁中)을 출입하면서 총애를 받았다. 이임보(李林甫)와 결탁, 재정적 수완을 발휘함으로써

일어난 것입니다. 그것을 평정할 수 있었던 이유는 곽자의(郭子儀)[159]·이광필(李光弼)[160] 등 여러 사람이 황실에 충성을 다하여 달려와 그것을 물리쳤기 때문입니다. 그들이 모두 아들에게서 화가 있었던 것의 이유는 안녹산(安祿山)[161]·사사명(史思明)[162]이 신하로

현종에게 중용되고, 국충(國忠)이란 이름도 이 무렵 현종이 하사하였다. 천보(天寶) 12년(752) 이임보가 죽자 우상(右相)으로서 40여 사(使)를 거느리는 최고 실권자가 되었다. 그러나 뇌물로 인사(人事)를 문란케 하고, 중앙정계를 자신의 일파로 메웠으며, 백성으로부터 재물을 수탈하는 등 부정과 불법을 자행하였다. 안녹산과의 반목으로 안사(安史)의 난을 자초하였다. 14년(754) 안녹산이 양국충을 주살(誅殺)한다는 명분으로 난을 일으키자 현종을 따라 사천(四川) 지방으로 달아나다가 마외역(馬嵬驛)에서 살해되었다.

158 ?~752. 당나라 종실(宗室)로 현종 때의 재상이다. 사람 됨됨이가 겉과 속이 달라 친한 듯이 보이지만 갖은 음모와 중상모략을 일삼아 '구밀복검(口蜜腹劍)'이라 불렸다. 교활하고 권술(權術)에 능하였다. 환관이나 비빈들과 친해 황제의 동정을 일일이 살피고 주대(奏對)에 응해 유능하다는 평을 들었다. 조정에 있는 19년 동안 권력을 장악해 멋대로 정책을 시행해 사람들이 눈을 흘기며 꺼렸다.

159 697~781. 당나라 화주(華州, 하남성) 정현(鄭縣) 사람으로 분양왕(汾陽王)에 봉해져서 곽분양(郭汾陽)이라고도 한다. 현종(玄宗) 때 삭방절도사(朔方節度使)가 되어 안녹산의 난을 토벌하여 하북의 10여 군을 회복하였고, 하북(河北)에서 사사명(史思明)을 격파하였다. 숙종(肅宗)이 즉위하자 관내하동부원수(關內河東副元帥)가 되어 회흘군(回紇軍)과 연합하여 장안과 낙양을 수복하였다. 그 공으로 중서령(中書令)에 발탁되고, 나중에 분양군왕(汾陽郡王)에 봉해졌다. 부귀공명과 다복(多福)을 누렸다고 하여, 팔자 좋은 사람을 '곽분양 팔자'라고 한다.

160 708~764. 당나라 영주(榮州) 유성(柳城) 사람으로 아버지는 거란(契丹)의 추장이었다. 숙종(肅宗)이 즉위하자 호부상서에 올랐고, 동중서문하평장사 겸 절도사를 지냈다. 안사(安史)의 난을 평정하였고, 곽자의(郭子儀)와 함께 '이곽(李郭)'으로 불렸다. 대종(代宗) 때 임회군왕(臨淮郡王)에 봉해졌다. 태보(太保)에 추증되었고, 시호는 무목(武穆)이다.

161 703?~757. 당나라 영주(營州) 유성(柳城) 호(胡) 사람으로 돌궐계의 잡호(雜胡) 출신이다. 유주절도사(幽州節度使) 장수규(張守珪)가 남다르게 여겨 편장(偏將)에 발탁하고 양자로 삼았다. 전공을 세워 현종(玄宗)과 양 귀비(楊貴妃)의 총애를 받아 평로(平盧)와 범양(范陽), 하동(河東)의 세 절도사(節度使)를 겸하였다. 재상 양국충(楊國忠)과 반목하여 천보(天寶) 14년(755) 겨울 범양에서 반란을 일으켜 이후 낙양(洛陽)과 장안

서 임금에게 반역하였기 때문에 안경서(安慶緖)[163]·사조의(史朝義)[164]가 자식으로서 아버지를 시해하게 하였으니, 이것이 천도가 그 부류에 따라 응하는 까닭입니다.

회흘(回紇)과 토번(吐蕃)이 싸우지 않고 스스로 물러난 것은 또 곽자의가 자신의 몸을 이끌어 오랑캐를 보고 서로 이간질하는 계책을 세우는 데에 힘썼기 때문입니다. 본말(本末)을 미루어 고찰하면 모두 사람의 일에서 말미암은 것인데, 원재 등은 곧 이것은 사람의 힘으로 미친 것이 아니라고 말하였으니, 그 기만하고 또 속이는 것이 도리어 심하지 않겠습니까!

(長安)을 함락하였다. 다음 해 나라 이름을 대연(大燕)이라 하고 자칭 웅무황제(雄武皇帝)라 부르면서 성무(聖武)란 연호를 썼다. 아들 안경서(安慶緖)에게 피살되었는데, 나이 50여 살이었다.

162 ?~761. 당나라 영이주(寧夷州) 돌궐족(突厥族) 사람으로 처음 이름은 솔간(窣干)인데, 현종(玄宗)이 '사명'이라는 이름을 내렸다. 안녹산이 반란을 일으키자 행동을 같이해 하북(河北) 지방을 평정하고 요양(饒陽)을 공략하였다. 지덕(至德) 2년(757) 안경서가 안녹산을 죽이고 칭제(稱帝)하자 당나라로 귀순해서 범양장사(范陽長史)와 하북절도사(河北節度使)를 지냈다. 건원(乾元) 원년(758) 숙종(肅宗)이 살해하려 하였는데, 일이 누설되어 다시 반기를 들었다. 다음 해 위주(魏州)에서 대성연왕(大聖燕王)이라 일컫고 연호는 순천(順天)이라 하였다. 얼마 뒤 안경서 등을 죽이고 그 무리를 병합하였다. 범양으로 돌아와 대연황제(大燕皇帝)라 칭하였다. 아들 사조의(史朝義)에게 섬(陝)을 공격하게 하였지만 패하고 주살을 당하려다가 석방되었는데, 나중에 사조의와 그 부하들에게 살해되었다.

163 ?~759. 당나라 영주(營州) 유성(柳城) 호(胡) 사람으로 초명은 인집(仁執)이고, 안녹산의 둘째 아들이다. 안녹산이 난을 일으켜 대연황제(大燕皇帝)를 칭하자 진왕(晉王)에 봉해졌다. 안녹산이 동생 안경은(安慶恩)을 편애하자 불안을 느껴 숙종(肅宗) 지덕(至德) 2년(757) 안녹산을 죽이고 반란군을 통솔하면서 재초(載初)로 연호를 바꾸었다. 당나라 군대가 낙양과 장안을 수복하자 호남(湖南)의 업(鄴)으로 달아나 안녹산의 부장 사사명(史思明)에게 구원을 요청하였는데, 오히려 살해되었다.

164 사사명(史思明)의 아들로, 사사명이 반란을 일으키고 범양에서 대연황제가 오른 뒤에 사사명의 명으로 섬(陝)을 공격하였다. 이후 사사명을 죽였다.

바야흐로 이때에 곽자의가 여러 차례 큰 공을 세우자 환관 어조은(魚朝恩)이 시기하였다. 원재 등이 적을 물리쳐 돌아가게 한 것은 부처의 힘이라고 하였으니, 이것은 곽자의를 배척하기에 충분하고 또 어조은에게 아첨하기에 충분하니, 간사한 정황이 어찌 분명하지 않겠습니까? 그런데도 대종은 이를 살피지 않고 도적이 이르자 승려에게 밥을 대접하고는 승려에게 불경을 강하게 하면서 그것을 물리치려 하였고, 도적이 물러나자 두텁게 상을 주었습니다. 조아(爪牙, 매우 쓸모 있는 사람)의 공적을 옮겨 승려[髠髟] 무리들에게 돌아가게 하였으니 이것이 장군과 병사들을 격하게 분노케 하여 나라를 빨리 위태롭고 망하게 하지 않는다면, 바로 요행일 뿐입니다!

그 후에 우리 조정[宋]에서 병사를 일으켜 남쪽을 정벌하시니, 잔약한 군주 이욱(李煜)[165] 역시 전철을 본받아서 범패(梵唄)[166]가 끝나지 않았으나 성첩(城堞)을 지키지 못하였습니다. 아! 이것이 어찌 천 년의 경계가 되기에 부족하겠습니까?

당(唐) 헌종(憲宗)[167]이 재상과 함께 대화하다가 신선(神仙)이야기

165 937~978. 재위 961~975. 오대십국(五代十國) 중에서 남당(南唐)의 마지막 황제다. 남당의 수도는 금릉(金陵)으로 10국 중에서는 가장 강력한 세력이었고, 경제와 문화가 번성하였으나 후주(後周)와 송(宋)의 압박을 받아서 쇠퇴하였다. 이욱은 송에 맞서서 나라를 보존하기 위해 노력하였으나, 끝내 송 태조(太祖)에게 멸망하였다.

166 석가여래의 공덕을 찬미하는 노래를 말한다. 또는 경을 읽을 때 곡조에 맞춰서 읽는 소리를 말한다.

에 이르자 이번(李藩)이 대답하였다.[168]

"진(秦)나라 시황제(始皇帝)와 한(漢)나라 무제(武帝)가 신선의 효험을 배우고자 한 것은 모두 전사(前史)에 실려 있고, 태종(太宗)께서 천축(天竺, 인도)의 승려가 만든 오래 사는 약을 드시고 병에 걸리셨는데, 이것은 옛날과 지금의 분명한 경계입니다. 폐하께서는 춘추(春秋)가 한창이라 혈기 왕성하시어 태평의 뜻에 힘쓰고 마땅히 방사(方士)들의 설을 막아 끊어야 합니다. 진실로 도(道)가 성하고 덕(德)이 충만하여 백성들이 편안하고 나라가 다스려지면, 어떻게 요(堯)임금과 순(舜)임금의 장수가 없다는 것을 근심하겠습니까?"—이때는 원화(元和) 5~6년(810~811)간이다.—

唐憲宗與宰相語及神仙, 李藩對曰: "秦皇漢武學仙之效具載前史, 太宗服天竺僧長年藥致疾, 此古今明戒也. 陛下春秋鼎盛, 勵志太平, 宜拒絶方士之說, 苟道盛德充, 人安國理, 何憂無堯舜之壽乎?"

원화(元和) 13년(818)에 산인(山人) 유필(柳泌)을 태주자사(台州刺史)로 삼았다.[169] 임금이 신선을 좋아하여 천하에 방사(方士)를 구

167 778~820. 재위 805~820. 당(唐)의 11대 황제다. 아버지인 순종(順宗)의 양위를 받아 즉위하였다. 순종을 퇴위시킨 환관을 견제하고, 지방의 번진에도 환관을 감군(監軍)으로 파견하여 적극적인 통제를 실시하였다. 저항하는 번진은 무력으로 토벌하여 당 왕조의 일시적인 안정을 가져왔다. 그러나 불교와 도교에 심취하고, 금단(金丹)을 남용하다가 조급증과 빠져 자주 화를 내고 주변의 환관을 벌주다가 환관 왕수징(王守澄)과 진홍지(陳弘志)에게 시해되었다.

168 『자치통감(資治通鑑)』 권238 「당기(唐紀)」에 나온다.

169 『자치통감(資治通鑑)』 권240 「당기(唐紀)」에 나온다.

하는 조서를 내리니, 황보박(皇甫鎛)이 유필을 오래 사는 약을 만들 수 있다고 천거하였다. 유필이 천태산(天台山)에 영약(靈藥)이 많아서 진실로 그곳의 태수[長吏]가 된다면 거의 구할 수 있다고 말하여 임금이 유필에게 영약을 구해 오라고 관직을 주었다.

간관(諫官)이 주(奏)를 올려 임금이 방사(方士)를 좋아해도 그에게 백성을 다스리게 한 적은 있지 않았다고 논박하자 임금이 말하였다.

"한 주(州)의 힘을 번거롭게 하여 임금이 오래 살도록 할 수 있는데, 신하들은 또한 무엇을 아끼는가!"

이로 말미암아 여러 신하들이 감히 말할 수 없었다. 유필이 태주에 이르러 백성들을 내몰아 약을 캐는데, 1년 남짓 동안에 얻은 것이 없으니 (유필이) 도망가서 산속으로 들어갔다. 절동관찰사(浙東觀察使)가 체포하여 경사(京師, 수도)로 보내니 황보박 등이 그를 보호하였다. 임금이 다시 대조한림(待詔翰林)[170]에게 시켜서 그 약을 복용하니, 날이 갈수록 조급해지고 갈증이 났다.

기거사인(起居舍人) 배린(裴潾)이 상언(上言)하여 말하였다.

"약은 병을 낫게 하는 것이지 아침저녁으로 항상 맛보는 물건이 아닙니다. 하물며 금석(金石)은 매우 혹독하고 독이 있고, 또 화기(火氣)를 더하니 거의 오장(五臟)이 견딜 수 있는 것이 아닙니다. 옛날에 임금이 약을 마시면 신하가 먼저 그것을 맛보았

170 한림학사(翰林學士) 또는 한림공봉(翰林供奉)이라고도 한다. 당 현종(玄宗)이 개원(開元, 713~741) 연간에 처음으로 설치되었고, 표(表), 소(疏)에 답하거나 황제의 조서(詔書) 꾸미는 일을 담당하였다.

으니, 약을 바친 자에게 먼저 일 년 동안 먹여서 진짜와 가짜를 분변할 수 있기를 비옵나이다."

임금이 노하여 배린을 강릉(江陵) 현령(縣令)으로 내쫓았다. 임금이 금단(金丹)을 복용하고 조급해하고 노하는 일이 많았고, 좌우의 환관(宦官)이 때때로 죄를 얻어 죽는 경우가 있었으니, 사람들이 스스로 위태롭게 여겼다. 원화(元和) 15년(820) 정월에 갑자기 붕어하니, 사람들이 내시(內侍) 진홍지(陳弘志)가 임금을 죽였다고 말하였다.

元和十三年, 以山人柳泌爲台州刺史. 上好神仙, 詔天下求方士. 皇甫鎛薦泌能合長生藥. 泌言天台多靈藥, 誠得爲彼長吏, 庶幾可求, 上以命泌. 諫官論奏, 以爲人主喜方士, 未有使之臨民者. 上曰: "煩一州之力而能爲人主致長生, 臣子亦何愛焉!" 由是羣臣莫敢言. 泌至台州, 驅吏民采藥, 歲餘無所得, 逃入山中. 浙東觀察使捕送京師, 皇甫鎛等保護之. 上復使待詔翰林, 服其藥, 日加躁渴. 起居舍人裵潾上言: "藥以愈疾, 非朝夕常餌之物, 況金石酷烈有毒, 又益以火氣, 殆非五藏所能勝也. 古者君飮藥, 臣先嘗之, 乞今獻藥者先餌一年, 則眞僞可辨矣." 上怒, 貶潾爲江陵令. 上服金丹多躁怒, 左右宦官往往獲罪有死者, 人人自危. 十五年正月暴崩, 人謂內侍陳弘志弑逆.

신은 이렇게 생각합니다. 이번의 대답과 배린의 간언은 모두 충성스러운 말이며 지극한 논의입니다. 헌종(憲宗)이 그 한 가지도 살피지 못하고 끝내 금단(金丹)을 복용하여 그 몸을 죽였으니, 예로부터 임금이 약으로 그르치게 된 자가 많았습니다.

신은 유독 헌종을 예로 들었는데, 그 영명(英明)한 군주로 미혹함에 응하지 않아야 하는데 응하였기 때문에 그것을 심히 안타까워한 것입니다. 이때부터 이후에 약으로써 병에 걸린 자가 또 세 임금이 있습니다. 경종(敬宗)[171]은 어리석은 아이라 비웃을 만한 것도 없으나, 무종(武宗)[172]과 선종(宣宗)[173]은 모두 영명(英明)한 임금이었지만 역시 다시 그것을 뒤집어서 잘못된 전철(前轍)을 비교하여 서로 경계로 삼는 것을 알지 못하였으니, 미혹되는 것이 심하고 가려지는 것이 심하지 않습니까!

원화(元和) 14년(819)에 부처의 사리[佛骨]를 경사(京師) 장안(長安)에 맞아들였다.[174] 이보다 먼저 공덕사(功德使)가 임금에게 말하였다.

"봉상사(鳳翔寺)의 탑에 부처의 손가락뼈[指骨]가 있는데, 전해 내려오기를 '30년에 한 번 탑문을 여는데 열면 그해에 풍년이라 사람들이 편안하다'고 합니다. 내년에 마땅히 여니 그것을 맞이하기를 청합니다."

---

171 809~826. 재위 824~826. 당(唐)의 13대 황제다. 목종(穆宗)의 죽음으로 갑자기 즉위하였는데, 어려 철이 들지 않아 정사에 태만하였다. 황제가 된 지 2년 만에 환관에게 살해되었다.

172 814~846. 재위 841~846. 당(唐)의 15대 황제다. 경종(敬宗)과 문종(文宗)의 이복동생으로 문종이 환관에게 살해되자 황제가 되었다. 도교를 좋아하였고, 회창(會昌) 5년(845)에는 불교 억제책을 전국적으로 실시하였다. 장수를 도와주는 단약을 지나치게 먹다가 중독으로 사망하였다.

173 810~859. 재위 847~859. 당(唐)의 16대 황제다. 목종(穆宗)의 이복동생으로, 경종(敬宗)·문종(文宗)·무종(武宗)의 숙부다. 불교를 포용하고, 환관을 견제하였으며, 이덕유(李德裕)와 우승유(牛僧孺) 일패를 견제하여 정쟁을 유도하였다. 말년에 도교를 심취하여 불로장생을 추구하다 중독으로 사망하였다.

174 『자치통감(資治通鑑)』 권240 「당기(唐紀)」에 나온다.

임금이 그 말을 따랐다. 이때에 부처의 사리가 경사(京師)에 이르러 궁궐에 3일 동안 머무르고 여러 절에 보내어 돌렸는데, 왕공(王公)과 사민(士民)이 보고 시주를 바치는 것이 (다른 사람들보다) 미치지 못할까 염려하였다.

형부시랑(刑部侍郎) 한유(韓愈)가 표(表)를 올려 간언(諫言)하였다.

"불교라는 것은 오랑캐의 한 법도일 뿐입니다. 황제(黃帝)부터 우(禹)임금, 탕(湯)·문(文)·무(武)왕에 이르기까지 모두 수명을 누렸고, 백성들이 편안하게 즐겼습니다. 그 당시에는 부처라는 것은 있지 않았습니다.

한(漢)나라 명제(明帝) 때에 비로소 불법(佛法)이 들어왔는데, 그 후에 어지럽고 망함이 서로 이어져 천자의 지위가 길지 못하였고, 송(宋)·제(帝)·양(梁)·진(陳)·북위(北魏) 이하로는 부처를 섬기는 것을 점점 더 정성스럽게 하였지만 재위 기간은 더욱 줄어들었습니다. 오직 양나라 무제(武帝)만이 48년 동안 재위하여 전후(前後)로 세 차례나 그 몸을 희사(喜捨)하였으나 마침내 후경(侯景)에게 핍박받아 대성(臺城)에서 굶어 죽었습니다. 부처를 섬겨 복을 구하였으나 도리어 화를 입었습니다. 이것에서 미루어 보면 부처는 믿기에 부족하다는 것을 역시 알 수 있습니다.

부처는 본래 오랑캐 사람으로 중국과는 언어가 통하지 않고, 의복을 다르게 만들고 군신(君臣)의 의(義)와 부자의 정(情)을 알지 못합니다. 가령 그 몸이 아직 살아 있어서 경사(京師)에 와서 배알하더라도 폐하께서 그를 용납하여 접대하는 데에 그저 선정전(宣政殿)[175]에서 한 번 보고 손님으로 접대하는 예를 한 번 베풀고 옷을 한 벌 주고는 호위하여 내보내면 충분할 것이며, 여러 사람들을 미혹(迷惑)하게 해서는 안 될 것입니다. 하물며 그 몸이 죽은 지 이미 오래되어 마르고 썩은 뼈를 어찌 궁궐에 들어오게 하는 것이 마땅하겠습니까? 유사에게 맡겨 물과 불에 던져 화의 근본을 영원히 끊기를 바랍니다."

임금이 크게 노하여 극형(極刑)을 가하려고 하였는데, 재상 배도(裴度)와 최군(崔群)이 말하였다.

"한유는 비록 경솔하기는 하나 충심에서 한 말입니다. 마땅히 관용을 베푸시어 언로(言路)를 열어 두소서."

이에 (한유를) 조주자사(潮州刺史)로 내쫓았다.

元和十四年, 迎佛骨至京師. 先是, 功德使上言鳳翔寺塔有佛指骨, 相傳三十年一開, 開則歲豐人安. 來年應開, 請迎之, 上從其言. 至是, 佛骨至京師, 留禁中三日. 曆送諸寺, 王公士民膽舍施恐弗及. 刑部侍郎韓愈上表諫曰: "佛者, 夷狄之一法耳. 自黃帝至禹、湯、文、武, 皆享壽考, 百姓安樂. 當是時, 未有佛也. 漢明帝時始有佛法. 其後亂亡相繼, 運祚不長, 宋、齊、梁、陳、元魏已下, 事佛漸謹, 年代尤促. 惟梁武帝在位四十八年, 前後三捨身, 竟爲侯景所逼, 餓死臺城. 事佛求福, 乃更得禍, 由此觀之佛不足信亦可知矣. 佛本夷狄之人, 與中國言語不通, 衣服殊製, 不知君臣之義、父子之情. 假如其身尙在, 來朝京師, 陛下容而接之, 不過宣政一見, 禮賓一設, 賜衣一襲, 衛而出之, 不令惑衆也. 況其身死已久, 枯朽之骨, 豈宜以人宮禁? 乞付有司投諸水火. 永絶禍本." 上大怒將加極刑. 宰相裴度、崔羣言: "愈雖狂, 發於忠懇. 宜寬容, 以開言路." 乃貶潮州刺史.

175 당나라 장안에 있던 대명궁(大明宮)의 정전이다.

신은 이렇게 생각합니다. 후세의 임금으로 부처를 섬긴 자는 대저 복전(福田)[176]의 이익으로 보답받기를 구하는 것이니, 이른바 이익을 바라는 마음으로 그것을 하는 자입니다. 그러므로 한유가 간언으로 옛날 제왕(帝王)의 시대에는 부처가 있지 않아도 장수하였는데, 후세의 임금이 부처를 섬겨도 일찍 죽음을 두루 말하였으니, 깊고 절실하게 잘 드러내어 밝힌 것이라고 할 수 있습니다. 그러나 헌종(憲宗)이 그것을 깨우치지 못하고 바야흐로 이때에 금단(金丹)[177]을 먹고 또 부처의 사리를 맞이하여, 신선을 구하고 부처에게 아첨하여 두 가지를 번갈아 가면서 다 썼으나 이미 일 년이 되지 않아 그 효과가 이에 그쳤습니다. 복으로 보답하는 것이 과연 어디에 있습니까? 신이 그러므로 아울러 그것을 드러내어 임금이 신선과 부처에 빠지는 것에 대한 경계로 삼았습니다.

한유가 또한 이전에 「원도(原道)」편을 지었는데 대략 다음과 같다.

"무릇 내가 이른바 도(道)나 덕(德)이라고 말하는 것은 인(仁)과 의(義)를 합하여 말하는 것이니, 천하의 공적인 말이다. 노자(老子)가 이른바 도나 덕이라고 말하는 것은 인과 의를 떠나서 말하는 것이니, 한 사람의 사사로운 말이다."

176 공양을 받을 만한 법력이 있는 사람에게 공양하고 선행을 쌓아서 내생의 복을 마련하는 일을 말한다. 여기서 공양을 받을 만한 사람은 부처, 승려, 부모 등을 가리킨다.

177 신선이 만든다는 장생불사의 영약이다. 선단(仙丹), 단약(丹藥), 선약(仙藥)이라고도 한다.

또 말하였다.

"옛날에 백성이 된 자는 (사·농·공·상) 네 부류인데, 지금은 백성이 된 자가 (불교 신도와 도교 신도가 추가된) 여섯 부류이니, 농민의 집은 하나인데 곡식을 먹는 집은 여섯이고, 공인의 집은 하나인데 그릇을 쓰는 집은 여섯이고, 상인의 집은 하나인데 재물을 쓰는 집은 여섯이니, 어떻게 백성들이 곤궁하지 않고 또 도둑질하지 않겠는가?"

또 말하였다.

"옛날에 이른바 마음을 바르게 하고 뜻을 성실하게 하는 자는 장차 의미 있는 행동을 하려고 하였다. 지금은 그 마음을 다스리고자 하면서도 천하와 국가를 도외시하고 하늘의 도리를 없애어 아들이면서 그 아버지를 아버지로 여기지 않고, 신하이면서 그 임금을 임금으로 여기지 않고, 백성이면서 그 일을 자신의 일로 여기지 않는다."

또 말하였다.

"공자가 『춘추(春秋)』를 지음에 제후가 오랑캐의 예를 쓰면 오랑캐라 여기고 오랑캐이면서 중국에 나아가면 그를 중국으로 여겼다. 지금 오랑캐의 법을 들어 선왕(先王)의 가르침 위에 더하니 얼마 지나지 않아 어찌 모두 오랑캐가 되지 않겠는가?"

또 말하였다.

"대저 이른바 선왕의 가르침이라는 것은 무엇인가? 널리 사랑하는 것을 인(仁)이라 말하고, 행하여 그 마땅한 것을 의(義)라고 말하고, 이로 말미암아 가는 것을 도(道)라 말하고, 자신에게 충족하여 밖에서 기대하지 않는 것을 덕(德)이라 말한다.

그 글은 『시(詩)』·『서(書)』·『역(易)』·『춘추(春秋)』이고, 그 법은 예(禮)·악(樂)·형(形)·정(政)이고, 그 백성은 사(士)·농민[農]·공인[工]·상인[賈]이고, 그 위차(位次)는 임금과 신하[君臣]·아버지와 아들[父子]·스승과 벗[師友]·손님과 주인[賓主]·형제[昆弟]·부부[夫婦]이다. 그 옷은 명주[絲]와 베[麻]이고, 그 거처는 궁궐[宮]과 집[室]이고, 그 음식은 조[粟]·쌀[米]·과일[果]·채소[蔬]·어물[魚]·고기[肉]이니, 그 도(道)는 밝히기가 쉽고, 그 가르침[敎]은 행하기가 쉬운 것이다.

이 때문에 그것으로 자신에게 적용하면 순응하면서도 상서로우며, 그것을 다른 사람에게 적용하면 사랑하고 공정하며, 그것으로 마음에게 적용하면 조화롭고 평화로우며, 그것으로 천하국가에 적용하면 처하는 곳마다 적당하지 않음이 없다. 이 때문에 살아 있을 때는 정(情)을 얻고, 죽어서는 그 떳떳함[常]을 다한다. 교제[郊]를 지내 천신(天神)이 이르며, 묘제를 지내 인귀가 흠향하니, 이 도(道)는 무슨 도(道)인가? 이것은 내가 말한 도(道)다. 앞에서 말한 노자(老子)와 불가(佛家)의 도(道)는 아니다. 요(堯)임금이 이것으로 순(舜)임금에게 전하고, 순임금이 이것으로 우(禹)임금에게 전하고, 우임금이 이것으로 탕왕(湯王)에게 전하고 탕왕이 이것으로 문왕(文王)·무왕(武王)·주공(周公)에게 전하고, 문왕·무왕·주공이 공자(孔子)에게 전하고, 공자가 맹가(孟軻)에게 전하였는데, 맹가가 죽자 그것이 전해지지 않았다. 순자(荀子)와 양웅(揚雄)[178]은 가리기는 하였으나 정밀하지 못하고 말하기는 하였으나 상세하지 못하였다."

愈又嘗著「原道」篇, 略曰: "凡吾所謂道德云者, 合仁與義言之也, 天下之公言也. 老子所謂道德云者, 去仁與義言之也, 一人之私言也." 又曰: "古之爲民者四, 今之爲民者六, 農之家一而食粟之家六, 工之家一而用器之家六, 賈之家一而資焉之家六, 奈之何民不窮且盜也." 又曰: "古之所謂正心誠意者, 將以有爲也. 今也欲治其心而外天下國家, 滅其天常, 子焉而不父其父, 臣焉而不君其君, 民焉而不事其事." 又曰: "孔子之作『春秋』也, 諸侯用夷禮則夷之, 夷而進於中國則中國之. 今也擧夷狄之法, 而加之先王之敎之上, 幾何其不胥爲夷也!" 又曰: "夫所謂先王之敎者何也? 博愛之謂仁, 行而宜之之謂義, 由是而之焉之謂道, 足乎己無待於外之謂德. 其文『詩』、『書』、『易』、『春秋』, 其法禮樂刑政, 其民士農工賈, 其位君臣、父子、師友、賓主、昆弟、夫婦, 其服絲麻, 其居宮室, 其食粟米蔬果魚肉, 其爲道易明而爲敎易行也. 是故以之爲己則順而祥, 以之爲人則愛而公, 以之爲心則和而平, 以之爲天下國家無所處而不當, 是故生則得其情, 死則盡其常. 郊焉而天神假, 廟焉而人鬼饗. 曰: 斯道, 何道也?" 曰: "斯吾所謂道也, 非向所謂老與佛之道也. 堯以是傳之舜, 舜以是傳之禹, 禹以是傳之湯, 湯以是傳之文、武、周公, 文、武、周公傳之孔子, 孔子傳之孟軻, 軻之死不得其傳焉. 荀與揚也, 擇焉而不精, 語焉而不詳."

—사(士)·농민[農]·공인[工]·상인[賈]이다. 네 가지 부류의 백성 외에 또 불교신도[釋]·도교신도[老]가 있다.—

신은 이렇게 생각합니다. 한유의 글은 석가(釋迦)와 노장(老莊)을 매우 배척하였으니, 도(道)를 지키는 데에 공이 있다고 말할 수 있습니다. 그러므로 그 대략을 잘라내어 편(篇)에서 드러내었습니

178 BC 53～AD 18. 자는 자운(子雲)이다. 전한(前漢)의 학자로 성제(成帝) 대에 궁정 문인이 되어 성제의 사치를 풍자하기도 하였으나, 후에 왕망(王莽)의 글을 찬미하여 비난을 받았다. 『법언(法言)』, 『태현(太玄)』, 「감천부(甘泉賦)」, 「하동부(河東賦)」를 지었다.

다. 그러나 한유가 말한 "요임금이 순임금에게 전하고, 순임금이 우임금에게 전한 것이 맹자가 죽는 데에 이르러 전해지지 않았다"고 한 것은 역시 그 대략을 말한 것뿐으로 서로 전해 준 방법이 상세하지 않았습니다.

그렇다면 서로 전해 준 방법이란 과연 어떠한 도(道)입니까? 요임금·순임금·우임금·탕왕의 중(中)과 공자·안자(顔子)의 인(仁)과 증자(曾子)의 충서(忠恕)와 자사(子思)의 중지성(中之誠)과 맹자의 인의(仁義), 이것이 이른바 서로 전해 준 도[相傳之道]입니다. 우리 성현(聖賢)께서 서로 전해 준 바름을 안다면 저 이단의 잘못을 변론하지 않아도 명백히 드러낼 수 있습니다. 그런데 이 여러 가지 가운데 중(中)이라 말하고 인(仁)이라 말하고 성(誠)이라 말한 것은 모두 도(道)의 전체이니, 이 세 가지는 과연 한 가지이겠습니까? 과연 두 가지이겠습니까?

신이 일찍이 이것을 논하였습니다. 중(中)이라는 것은 그 천리(天理)의 바름으로써 치우치는 것이 없는 것입니다. 인(仁)이라는 것은 그 천리의 공정함으로 사사로운 욕심에 가려지지 않은 것입니다. 성(誠)이라는 것은 그 천리의 실제로서 거짓과 아첨이 섞이지 않는 것입니다. 비록 말이 비롯된 것이 같지 않으나 그 도(道)는 하나일 따름입니다.

『우서(禹書)』에서 중(中)은 말하였으나 인(仁)에는 미치지 않았고, 『논어(論語)』에서 '인'은 말하였으나 성(誠)에는 미치지 않았으니, 대저 어찌 한 가지에만 치우치겠습니까? '중'하면 '인'하지 않은 것이 없고, '인'하면 '성'하지 않은 것이 없으니, 저 높아서 공허에 빠지고, 낮아서 공리(功利)에 빠진 것이 어찌 중이라고 이를 수 있겠으며, 참혹하고 엄하고 각박한 것에 어찌 이른바 '인'이 있겠으며, 속이고 헐뜯고 기만하고 현혹하는 것에 어찌 이른바 '성'이 있겠습니까? 이것으로 저것을 헤아려 보건대 오랑캐[夷]와 중국[夏]의 차이이며 하늘과 땅만큼의 격차인 것입니다. 임금이 두 가지를 분별하는 데 밝지 않을 수 있겠습니까?

이상 '이단과 학술의 차이[異端學術之差]'를 논하였습니다.

대학연의 권14

권14는 '격물치지의 요체 1[格物致知之要一]'의 도술을 밝히는 데에서 마지막으로 '왕도(王道)와 패술(覇術)의 다름'을 내용으로 하였다.

진덕수가 대표적인 사례로 들고 있는 것은 제 선왕이 희생으로 쓰일 소가 두려워하는 것을 보고 양으로 바꾼 사례다. 왕도가 높거나 행하기 어려운 것이 아니라 제 선왕의 사례와 같이 자신도 깨닫지 못하는 것이지만 인을 행하는 방법을 깨닫게 하는 것처럼 쉬운 것이라고 하였다. 다만 깨닫지 못하고 있다고 하였다. 왕도와 패술을 분별하는 것은 덕과 힘이며, 덕으로 남을 복종하는 것이 진정으로 복종시키는 것임을 말하였다. 왕도는 도덕에 순수하여 인의에서 나온 것이며, 반대로 패술은 의로운 것 같으면서도 의롭지 않은 것으로서 공리(功利)가 섞인 것이라고 하였다.

맹자 이후로는 패술을 물리친 이로서 동중서(董仲舒)를 높이 평가하였다. 송나라의 정호(程顥) 역시 천리의 바름을 얻고 인륜의 지극함을 다하는 것이 요순의 도이며, 왕도이고, 반대로 사사로운 마음을 써서 인의의 편벽된 것에 의지하는 것이 패자의 일임을 지적하였음을 예로 들기도 하였다. 따라서 왕도는 인정(仁情)에 근본하며 예의에서 나오고, 패술은 멀리 돌아가거나 머뭇거려서 요순의 길에 들어가지 못한다고 보았다.

현실에서 왕도보다는 패술을 행한 임금들이 공적을 이루는 듯 보이지만 실제로 부국강병일 뿐이며, 진심으로 복종하게 만들지는 못한다고 보았다. 맹자와 동중서의 견해를 존중하였으며, 정호의 견해도 마찬가지였음을 밝혔다.

왕도와 패술의 다름[王道覇術之異]

제(齊) 선왕(宣王)[1]이 물었다.[2]

"제(齊) 환공(桓公)[3]과 진(晉) 문공(文公)[4]의 일을 들을 수 있겠습니까?"

맹자가 대답하였다.

"공자[仲尼]의 문도들은 제 환공과 진 문공의 일을 말한 자가 없습니다. 이 때문에 후세에 전해진 것이 없습니다. 그러하니 왕도(王道)에 대해 말씀드릴까요?"

제 선왕이 물었다.

---

1 ?~BC 301. 전벽강(田辟疆)이다. 전국시대 제나라의 국군(國君)으로 위왕(威王)의 아들이다. 초(楚)나라와 연합해 진(秦)나라와 한(韓)나라, 위(魏)나라에 대항하여 전쟁을 벌였지만 복수(濮水)에서 대패하였다. 아버지 위왕의 뒤를 이어 직하(稷下)에 학궁(學宮)을 설치하여 학자를 초빙하고 강학하도록 하였다. 맹자(孟子)가 천하를 주유(周遊)할 때 만나 정치를 토론하였으나, 받아들이지 않았다.

2 『맹자(孟子)』「양혜왕 상(梁惠王上)」에 나온다.

3 ?~BC 643. 춘추시대 제나라의 국군(國君)이다. 성은 강(姜)씨고, 이름은 소백(小白)이다. 춘추시대 최초의 패주(霸主)다. 처음에 거(莒)로 달아났다가 양공이 피살되자 거에서 귀국해 즉위하였다. 관중(管仲)을 재상에 등용하여 개혁을 통해 부국강병을 시도하였다. 북쪽으로 융적(戎狄)을 정벌하고 그들이 중원을 넘보는 것을 막았고, 남쪽으로는 초(楚)나라를 억제하여 소릉(召陵)에서 회맹하도록 하였다. 여러 차례 제후들을 회합하여 맹약을 세우는 등 위망(威望)을 떨쳤다.

4 BC 697~BC 628. 춘추오패(春秋五覇)의 한 사람으로, 이름은 중이(重耳)이다. 헌공(獻公)의 둘째 아들이다. 아버지가 총희(寵姬) 여희(驪姬)의 참소를 믿고 태자 신생(申生)을 죽이자, 19년 동안 떠돌았다. 진 목공(秦穆公)의 도움으로 귀국해서 즉위하였다. 호언(狐偃)·조쇠(趙衰)·선진(先軫) 등 어진 신하를 등용해서 난국을 수습하고 국력을 강화시켰다. 성복(城濮) 전투에서 초(楚)·진(陳)·채(蔡) 세 나라의 군대를 대파하고, 천토(踐土)에서 제후를 회합해 패주(霸主)로 자리하였다.

"덕(德)이 어떠해야 왕 노릇 할 수 있습니까?"

맹자가 대답하였다.

"백성을 보호하면서 왕 노릇 하면 이것을 막을 자가 없을 것입니다."

제 선왕이 물었다.

"과인과 같은 자도 백성을 보호할 수 있습니까?"

맹자가 대답였다.

"가능합니다."

제 선왕이 물었다.

"어떤 이유로 나의 가능함을 아십니까?"

맹자가 대답하였다.

"신이 다음과 같은 내용을 호흘(胡齕)에게 들었습니다. '왕께서 당상(堂上)에 앉아 계시는데, 소를 끌고 당하(堂下)로 지나가는 자가 있었습니다. 왕께서 이를 보시고 <소가 어디로 가는가?>라고 물으시자, 대답하기를 <장차 종(鍾)의 틈에 피를 칠하는 데[釁鍾] 쓰려고 해서입니다.>[5]라고 하였습니다. 왕께서 <놓아 주어라. 나는 그 소가 두려워 벌벌 떨며 죄 없이 사지(死地)로 나아가는 모습을 차마 볼 수 없다.>라고 하시자, 대답하기를 <그렇다면 종의 틈에 피를 칠하는 것을 그만두시겠습니까?>라고 하니, 왕께서 <어찌 그만둘 수 있겠는가? 양으로 바꾸어 쓰라.>라고 하셨다'라고 하였습니다. 알지 못하겠습니다만 이러한 일이 있었습니까?"

---

5 이것은 주희의 해석이지만 왕부지(王夫之)는 종의 틈에 피를 칠하는 것이 아니라 건물을 낙성할 때 희생을 잡아 생피를 뿌리는 제사 자체를 의미한다고 해석하고 있다.

제 선왕이 말하였다.

“그러한 일이 있었습니다.”

맹자가 말하였다.

“이 마음으로 충분히 왕 노릇 하실 수 있습니다. 백성들은 모두 왕께서 재물을 아끼는 마음에서 그러하였다고 하지만 신은 진실로 왕께서 차마 하지 못하신 것을 알고 있습니다.”

제 선왕이 말하였다.

“그러합니다. 진실로 그렇게 생각하는 백성들이 비난하는 자가 있습니다마는 제나라가 비록 좁고 작으나 내 어찌 한 마리 소를 아끼겠습니까? 다만 그 소가 죽기를 두려워하면서 죄 없이 사지(死地)에 나아가는 모습을 차마 볼 수 없었습니다. 그러므로 양으로 바꾸게 한 것입니다.”

맹자가 말하였다.

“왕은 백성들이 왕께서 재물을 아꼈다고 말하는 것을 이상하게 여기지 마소서. 작은 양을 가지고 큰 소와 바꾸었으니, 저들이 어찌 이것을 알겠습니까? 왕께서 만일 그 죄 없이 사지(死地)로 나아가는 것을 측은히 여기셨다면 (둘 다 같은 생명인데) 소와 양을 어떻게 구별하셨습니까?”

제 선왕이 웃으며 말하였다.

“이 진실로 무슨 마음이었던가? 내가 재물을 아껴서 양으로 바꾸게 한 것은 아니지만은 백성들이 나더러 재물을 아꼈다고 말하는 것이 당연하겠습니다.”

맹자가 말하였다.

"근심할 것은 없습니다. 이것이 바로 인(仁)을 하는 방법이니, 소는 보았고 양은 보지 못하였기 때문입니다. 군자(君子)는 금수에 대해서 산 것을 보고 차마 그 죽는 것을 보지 못하며, 소리를 듣고는 차마 그 고기를 먹지 못합니다. 이 때문에 군자는 푸줏간을 멀리하는 것입니다."

제 선왕이 기뻐하며 말하였다.

"『시경(詩經)』에 이르기를

'다른 사람이 품고 있는 마음을

내가 헤아려 안다'[6]

라고 하였으니, 선생을 두고 말한 것이군요. 내가 행하고서 바로 돌이켜 구하였으나 내 마음을 알지 못하였는데, 선생께서 말씀해 주시니 내 마음에 흔들림[戚戚]이 있습니다. 이 마음이 왕도(王道)에 부합되는 이유는 무엇입니까?"

맹자가 물었다.

"왕에게 아뢰는 자가 말하기를 '내가 힘으로는 충분히 3,000근을 들 수 있으나 깃털 하나를 들 수 없으며, 눈의 시력으로는 아주 가는 터럭의 끝도 살필 수 있으나 수레에 실은 땔감을 볼 수 없다.'고 한다면 왕께서는 이것을 인정하시겠습니까?"

제 선왕이 대답하였다.

"아닙니다."

맹자가 말하였다.

6 『시경』「소아(小雅)·교언(巧言)」에 나온다.

"지금 은혜가 금수에게도 충분히 미치는데, 공효(功效)가 백성에게 이르지 않는 것은 유독 어째서입니까? 그렇다면 한 깃털을 들지 못함은 힘을 쓰지 않기 때문이며, 수레에 실은 땔감을 보지 못함은 시력을 쓰지 않기 때문이며, 백성들이 보호받는 것을 보지 못함은 은혜를 쓰지 않기 때문입니다. 그러므로 왕께서 왕 노릇하지 못함은 하지 않는 것이지 할 수 없는 것이 아닙니다.

내 부형(父兄)을 부형으로 섬겨서 남의 부형에게까지 미치며, 내 자제(子弟)를 자제로 사랑해서 남의 자제에게까지 미친다면 천하를 손바닥에 놓고 움직일 수 있습니다. 『시경(詩經)』에 이르기를

'과처에게 모범이 되어서
형제에 이르러 집과 나라를 다스린다.'[7]

라고 하였으니, 이 마음을 들어서 저기에 더할 뿐임을 말한 것입니다. 그러므로 은혜를 미루어 넓히면 충분히 사해(四海)를 지킬 수 있고, 은혜를 미루어 넓히지 않는다면 처자(妻子)도 지킬 수 없을 것이니, 옛날 사람들 가운데 남보다 크게 뛰어난 사람은 다름이 아니라 그 행할 바를 잘 미루어 넓혔을 따름입니다.

지금 왕께서 정사를 일으켜 인(仁)을 베푸신다면 천하의 벼슬하는 자들이 모두 왕의 조정에 서고자 할 것이고, 밭을 가는 자들이 모두 왕의 들판에서 밭을 갈고자 할 것이고, 상인들이 모

---

7 『시경』「대아(大雅)·사제(思齊)」에 나온다. 과처는 예법에 따라 맞이한 본처로서, 문왕의 부인 태사(太姒)를 가리킨다.

두 왕의 시장에 저장해 두고자 할 것이고 여행객들이 모두 왕의 길에 나오고자 할 것이고, 천하에 자신의 임금을 미워하는 자들이 모두 왕에게 달려가 하소연하고자 할 것이니, 이와 같다면 누가 그것을 막을 수 있겠습니까?”

齊宣王問曰: “齊桓、晉文之事, 可得聞乎?” 孟子對曰: “仲尼之徒無道桓、文之事者, 是以後世無傳焉. 無以則王乎?” 曰: “德何如則可以王矣?” 曰: “保民而王, 莫之能禦也.” 曰: “若寡人者, 可以保民乎哉?” 曰: “可.” 曰: “何由知吾可也.” 曰: “臣聞之胡齕曰, ‘王坐於堂上, 有牽牛而過堂下者, 王見之曰: <牛何之?> 對曰: <將以釁鍾.> 王曰: <舍之, 吾不忍其觳觫, 若無罪而就死地.> 對曰: <然則廢釁鐘與?> 曰: <何可廢也! 以羊易之.>’ 不識有諸?” 曰: “有之” 曰: “是心足以王矣, 百姓皆以王爲愛也, 臣固知王之不忍也.” 王曰: “然, 誠有百姓者. 齊國雖褊小, 吾何愛一牛? 卽不忍其觳觫若無罪而就死地, 故以羊易之也.” 曰: “王無異於百姓之以王爲愛也. 以小易大, 彼惡知之? 王若隱其無罪而就死地, 則牛羊何擇焉?” 王笑曰: “是誠何心哉? 我非愛其財而易之以羊也. 宜乎百姓之謂我愛也.” 曰: “無傷也, 是乃仁術也, 見牛未見羊也. 君子之於禽獸也, 見其生不忍見其死, 聞其聲不忍食其肉. 是以君子遠庖廚也.” 王說曰: “『詩』云: ‘他人有心, 予忖度之.’ 夫子之謂也. 夫我乃行之反以求之不得吾心. 夫子言之, 於我心有戚戚焉. 此心之所以合於王者, 何也?” 曰: “有復於王者曰, 吾力足以擧百鈞[8], 而不足以擧一羽; 明足以察秋毫之末, 而不見輿薪. 則王許之乎?” 曰“否.” “今恩足以及禽獸, 而功不至於百姓者, 獨何與? 然則一羽之不擧, 謂不用力焉; 輿薪之不見爲不用明焉; 百姓之不見保, 爲不用恩焉. 故王之不王不爲也, 非不能也. 老吾老, 以及人之老; 幼吾幼, 以及人之幼, 天下可運於掌. 『詩』云: ‘刑于寡妻, 至于兄弟, 以御于家邦.’ 言擧斯心加諸彼而已. 故推恩足以保四海, 不推恩無以保妻子. 古之人所以大過人者, 無他焉, 善推其所爲而已矣. 今王發政施仁, 使天下仕者皆欲立於王

8 ‘鈞’은 조선 선조(宣祖)의 휘여서 저본에서 ‘匀’으로 바꾼 듯하다. 사고전서본에 입각하여 ‘鈞’으로 바로잡았다.

之朝，耕者皆欲耕於王之野，商賈皆欲藏於王之市，行旅皆欲出於王之塗，天下之欲疾其君者，皆欲赴愬於王，其若是，孰能禦之?”

—제(齊)는 나라 이름이다. 선(宣)은 시호이니, 제후가 주제넘게 왕을 칭한 것이다. 제(齊) 환공(桓公)은 이름이 소백(小白)이고, 진(晉) 문공(文公)은 이름이 중이(重耳)이니, 모두 춘추시대의 패자(覇者)다. 왕(王)은 왕이 행해야 하는 도(道, 王道)를 말한다. 어(禦)는 그침[止]이다. 새로운 종(鍾)이 완성되면 희생물을 죽여서 피를 그 틈[郤]에다가 바르는 것을 흔(釁)이라고 한다. (곡속(觳觫)은) 소가 두려워하는 모습이다. 애(愛)는 재물을 아낌[愛物]이다. 실제로 백성들이 비판하는 경우가 있었다. 양은 작고 소는 크다. 오(惡)의 음은 오(汙)이니, 백성들이 어찌 왕의 뜻을 알겠는가라는 말이다. 은(隱)은 아파함[痛]이다. 열(說)은 기쁨[喜]이다. '타인유심(他人有心) 여촌탁지(予忖度之)'는 『시경(詩經)』「소아」편에 나오는 말이다. 척척(戚戚)은 마음이 움직이는 모습이다. 30근(斤)은 1균(鈞)이다. (추호(秋毫)는) 털이 가을이 되어서 가늘어진 것이다. (여신(輿薪)은) 수레에 땔감이 실린 것이다. (왕(王)의) 음은 왕(旺)이다. 내 노인[吾老]은 나의 부형(父兄)이고, 내 어린이[吾幼]는 나의 자제(子弟)다. 질(疾)은 미워함[惡]이다. 소(愬)는 하소연함[訴]과 같다.—

신은 이렇게 생각합니다. 오패(五覇) 가운데에 제(齊) 환공(桓公)과 진(晉) 문공(文公)이 강성하니, 그러므로 선왕(宣王)이 그 일을 듣고자 하였습니다. 맹자가 공자[仲尼]의 무리들 가운데에 말한 자가 없다고 바로 언급한 것은 선왕이 패공(覇功)을 부러워하고 사모하는 뜻을 깊이 막고 왕도(王道)에 나아가게 하고자 하였기 때문입니다. 세상에서는 왕도가 매우 높아서 행하기 어렵다고 여겼는데, 맹자가 한 마디 말로 단언하기를 "백성을 보호하는 것이 왕도입니다."라고 하였습니다.

보호한다는 것은 사랑하고 지키며 길러준다는 뜻이니, 『서경(書經)』에 이른바 '갓난아이를 지키는 듯하다[若保赤子]'가 이것입니다. 왕도는 백성을 보호하는 것에서 벗어나지 않으며, 백성을 보호하는 것은 또한 이 마음에서 벗어나지 않습니다. (맹자가) 선왕(宣王)이 소를 아껴 차마 죽이지 못하는 마음을 보고 그것이 백성을 보호하는 데에 어려움이 없다는 것을 알았습니다.

어떤 이가 선왕(宣王)이 소를 양으로 바꾸는 것을 보고는 (재물을) 탐내고 아끼는 마음에서 나왔다고 하였는데, 맹자만이 "이 마음이 왕 노릇 하기에 충분하다"고 하였습니다. 선왕을 경계하고 깨닫게 하여 단지 이 한 마음이 곧 천하에 왕 노릇 하기에 충분하다는 것을 알게 하였으니, 그 가리켜 보여 주는 바가 또한 자세하고 간절합니다.

선왕(宣王)이 아직도 본심(本心)이 그렇게 된 까닭을 깨닫지 못하자, 이에 맹자가 다시 말하기를 "속상해하지 마소서. 이것이 바로 인(仁)을 행하는 방법[仁術]입니다."라고 하였으니, 이 또한 선왕을 경계하고 깨닫게 하여 전날에 소를 양으로 바꾸었던 것이 인(仁)을 행하는 방법[仁術]임을 알게 하였습니다. 술수[術]는 교묘한 방법입니다. 대개 일을 처리하는 데에는 방법이 없을 수 없으니, 비록 이 마음이 있더라도 아무 방법 없이 그것을 처리한다면 또한 한갓 선(善)일 뿐입니다.

주희가 말하기를 "사람이 금수(禽獸)와 살아 있다는 것은 같으나 종류가 다르다. 그러므로 예(禮)에 맞게 그것을 써서 차마 하지 못하는 마음이 보고 듣는 곳에 베풀어지는 것이다. 푸줏간을 멀리하는 까닭은 또한 미리 이 마음을 길러서 인(仁)을 하는 방법을 넓히려고 해서이다."라고 하였습니다.

선왕이 이것을 듣고 처음에는 맹자가 그 마음을 알아주는 것은 기뻐하였지만 또한 왕도가 여기에서 벗어나지 않는다는 것은 아직 알지 못하였습니다. 맹자가 다시 한 깃털과 수레의 땔감에 비유하여 만물을 사랑함이 어려우나 백성들에게 인(仁)을 베푸는 것은 쉽다는 것을 밝혔습니다. 선왕이 이미 그 어려운 바를 할 수 있었고 이에 그 쉬운 바를 할 수 없었던 것은 어째서이겠습니까?

장식(張栻)[9]의 말이 좋습니다. 그의 말에 "바야흐로 그 소를 보고서 차마하지 못하는 것은 그것을 가리는 바가 없어서 물(物)을 사랑하는 단서가 드러난 것이고, 그것이 백성에게 은혜로 미루어질 수 없었던 것은 그것이 가리는 바가 있어서 백성에게 인(仁)을 행하는 이치가 드러나지 않았기 때문입니다."라고 하니, 이 말이 선왕의 병폐에 들어맞았다고 하기에 충분합니다.

'부형을 부형으로 섬기고 자제를 자제로 사랑한다[老老親親]' 이하는 선왕(宣王)에게 '인'을 행하는 차례를 고한 것입니다. 성인이 천하를 봄이 자신의 '인'으로 돌아가고자 하지 않는 것이 없으니, 그것을 행하는 것은 가까운 곳으로부터 시작합니다. 그러므로 친한 이를 친히 하여서 백성에게 '인'을 행하고 백성에게 인을 행하여서 물(物)을 사랑하니 그 차례를 어지럽힐 수 없습니다. 나의 아버지와 형을 공경하며 나의 자식과 동생에게 자애롭게 하는 것은 이른바 친한 이를 친히 하는 것[親親]이고, 그것을 미루어서 남의 아버지와

9 1133~1180. 남송 한주(漢州) 면죽(綿竹) 사람이다. 자는 경부(敬夫) 또는 흠부(欽夫), 낙재(樂齋)이고, 호는 남헌(南軒)이며, 시호는 선(宣)이다. 장준(張浚)의 아들이다. 가학을 계승하는 한편 호굉(胡宏)에게 이정(二程)의 학문을 배웠는데, 정호(程顥)에 가깝다는 평을 받았다. 주희(朱熹), 여조겸(呂祖謙)과 함께 '동남삼현(東南三賢)'으로 불렸다. 저서에 『논어해(論語解)』와 『맹자해(孟子解)』, 『남헌역설(南軒易說)』, 『남헌집(南軒集)』 등이 있다.

아들, 자식과 동생에게 미치는 것은 이른바 백성에게 '인'을 행하는 것입니다. 이로 말미암아 천하에 도달하여 비록 곤충과 초목이더라도 그 혜택을 입지 않음이 없는 것은 자신의 마음을 들어 저기에 적용하는 것에 불과할 뿐입니다.

'은혜를 미루어 사해를 충분히 보호할 수 있다'는 것은 이 마음이 두루 통하여 비록 멀지만 반드시 미치는 것이고, '은혜를 미루지 않아 처자를 보호할 수 없다'는 것은 이 마음이 가려지고 막혀서 비록 가까워도 두루 통하지 않은 것입니다. 친한 이로부터 백성에게 미치고 백성으로부터 물(物)에 미치는 것은 옛 사람들이 잘 미루어 적용한 것이고, '물'에는 미치지만 백성에게 미치지 못하는 것은 선왕이 잘 미루어 적용하지 못한 것입니다.

'정사를 일으켜 인을 시행한다[發政施仁]' 이하는 선왕(宣王)에게 백성을 보호하는 실질적인 방법을 고한 것입니다. 그 조목은 현명한 자들에게 맡겨서 선비들로 하여금 조정에서 즐겁게 벼슬하게 하는 데 불과하며, 그 세금을 가볍게 하여서 농부들로 하여금 즐겁게 밭을 갈게 하는 데 불과하며, 그 자릿세를 줄여서 상인들로 하여금 시장에 즐겁게 저장하는 데 불과하며, 여행객으로 하여금 즐겁게 길에 다니게 하는 데에 불과할 뿐이니, 이른바 왕도(王道)라는 것은 대체로 이와 같습니다. 어찌 매우 고원(高遠)하고 행하기 어려운 것이 있겠습니까? 선왕이 끝내 깨닫지 못한 것이 애석합니다.

—오패(五霸)는 제(齊) 환공(桓公), 진(晉) 문공(文公), 진(秦) 목공(穆公), 초(楚) 장공(莊公), 송(宋) 양공(襄公)이니, 모두 춘추 열국의 임금이면서 제후들의 패자가 된 자다.—

공손추(公孫丑)가 물었다.[10]

“선생이 제(齊)나라에서 국정(國政)을 담당하신다면 관중(管仲)[11]과 안자(晏子)[12]의 공적을 다시 기대할 수 있겠습니까?”

맹자가 대답하였다.

“그대는 진실로 제나라 사람이구나. 관중과 안자만을 알 뿐이구나. 어떤 이가 증서(曾西)에게 묻기를 ‘그대는 자로(子路)와 비교해서 누가 더 어진가?’라고 하니, 증서가 불안해하면서 말하기를 ‘자로는 우리 선친(先親)께서도 존경하신 분이다.’라고 하였다. ‘그렇다면 그대는 관중과 비교해서 누가 더 어진가?’라고 하니, 증서가 발끈해서 기뻐하지 않고 말하기를 ‘네 어찌 나를 관중에게 비교하는가? 관중은 군주의 신임을 저와 같이 독차지하였고, 국정을 저와 같이 오래 시행하였는데도 업적[功烈]이 저와 같이 왜소하니, 네 어찌 나를 이 사람에게 비교하는가?’라고 하였다. 관중은 증서도 비교하지 않은 자인데 그대가 나에게 그렇게 하기를 원한단 말인가?”

---

10 『맹자(孟子)』 「공손추 상(公孫丑上)」에 나온다.

11 ?~BC 645. 춘추시대 제(齊)나라 사람이다. 이름은 이오(夷吾)이고, 자는 중(仲)이다. 처음에 공자규(公子糾)를 섬겼다가 제(齊) 양공(襄公)이 피살되자 투옥되었다. 그때 포숙아가 관중을 추천하자, 환공이 발탁하여 경(卿)에 올랐다. 군사력을 강화하고, 상업과 수공업의 육성을 통하여 부국강병을 꾀하였다. 대외적으로는 제후와 아홉 번 회맹(會盟)하여 환공에 대한 제후의 신뢰를 얻게 하였고, 초(楚)나라를 누르려고 하였다. 저서에 『관자(管子)』가 있는데, 후세 사람들에 의해 가필된 것으로 여겨진다.

12 ?~BC 500. 춘추시대 제나라 사람이다. 이름은 영(嬰)이고, 자는 평중(平仲)이다. 영공(靈公)과 장공(莊公), 경공(景公) 세 군주를 섬기면서 재상을 지냈다. 근면한 정치가로 백성의 신망이 두터웠고, 관중(管仲)과 비견되는 훌륭한 재상이었다. 『안자춘추(晏子春秋)』가 그의 저서로 전해지는데, 후세 사람들이 그의 언행을 모아 편찬한 것이다.

공손추가 말하였다.

"관중(管仲)은 그 임금을 패자(覇者)가 되게 하였고 안자(晏子)는 그 임금을 드러나게 하였으니, 관중과 안자로도 오히려 부족합니까?"

맹자가 말하였다.

"제나라를 가지고 왕 노릇 함은 손을 뒤집는 것과 같이 쉬운 것이다."

公孫丑問曰: "夫子當路於齊, 管仲、晏子之功可復許乎?" 孟子對曰: "子誠齊人也, 知管仲、晏子而已矣. 或問乎曾西曰'吾子與子路孰賢?' 曾西蹴然曰'吾先子之所畏也.' 曰'然則吾子與管仲孰賢?' 曾西艴然不悅曰'爾何曾比予於管仲? 管仲得君, 如彼其專也; 行乎國政, 如彼其久也, 功烈如彼其卑也. 爾何曾比予於是!' 曰'管仲、曾西之所不爲也, 而子爲我願之乎?'" 曰: "管仲以其君覇, 晏子以其君顯, 管仲、晏子猶不足爲與?" 曰: "以齊王, 猶反手也."

—(공손추(公孫丑)는) 맹자의 제자다. 부자(夫子)는 맹자를 말한다. 당로(當路)는 경상(卿相)이 되어 국정(國政)을 행하는 것이다. (관중은) 제(齊) 환공(桓公)의 재상이다. (안자는) 이름이 영(嬰)이니 제(齊) 경공(景公)의 재상이다. (증서는) 증참(曾參)의 아들이다. 중유(仲由)는 자가 자로(子路)이니, 공자의 제자다. (축연(蹴然)은) 편안하지 않은 모양이다. 선자(先子)는 증참(曾參)을 말한다. 증(曾)은 곧[則]이다. 맹자다. (왕(王)의) 음은 왕(旺)이다.—

신은 이렇게 생각합니다. 제(齊) 선왕(宣王)이 이미 제(齊) 환공(桓公)과 진(晉) 문공(文公)을 사모하였고, 공손추(公孫丑)가 다시 관중(管仲)과 안영(晏嬰)를 사모하였으니, 대개 패자(覇者)와 공리(功利)의 설이 사람들의 마음에 깊이 들어간 것이 이미 오래되었습니다. 그러므로 당시의 임금들이 그것을 사모하였을 뿐만이 아니라 학자들도 또한 사모하였습니다.

맹자가 증서의 말을 인용하여 그것을 꺾었으니, 대개 자로가 비록 훌륭한 업적을 남기는 것에는 미치지 못하였으나 그 배운 것이 진실로 성현의 큰 학문입니다. 만약 관중에게 견주어 본다면 환공(桓公)이 40여 년 동안 전임하였는데 그 성취한 바가 부국강병에 지나지 않았을 뿐이니, 이것이 공자[孔氏]의 문하에서 언급하기를 부끄러워한 것입니다. 그러므로 비록 증서라도 그것을 달갑게 여기지 않았는데, 하물며 맹자는 세 성인을 받든다고 자임하였는데, 기꺼이 그들과 더불어 짝하겠습니까?

선대의 유학자 양시(楊時)[13]의 말에 "공자가 자로의 재주를 말하기를 '제후의 나라에 그 부세(賦稅)를 다스리게 할 만하다'[14]라고 하였으니, 그가 베풀고 행하는 것을 보게 하더라도 이와 같을 뿐이다. 그가 제후를 규합하며 하나로 천하를 바로잡는 것은 진실로 미치지 못하는 것이다. 그렇다면 증서가 자로를 미루어 높여서 관중에게 비교한 것을 부끄러워함은 어째서인가? 말 타는 것으로 비유하자면 자로는 법식대로 말을 몰았으나 하나도 잡지 못한 자이고, 관중의 공은 속임수를 써서 짐승을 잡았을 뿐이다."라고 하였으니,

---

13 1053~1135. 북송 말기 검남(劍南) 장락(長樂) 사람으로 자는 중립(中立)이고, 호는 구산(龜山)이다. 정호(程顥)와 정이(程頤) 형제에게 사사(師事)하였는데, 특히 형 정호의 신임을 받았다. 이정(二程, 정호와 정이)의 도학을 발전시켜 낙학(洛學)의 대종(大宗)이 되었고, 문하에서 주자(朱子)와 장식(張栻), 여조겸(呂祖謙) 등 뛰어난 학자가 많이 배출되었다. 유초(游酢), 여대림(呂大臨), 사량좌와 함께 정문사선생(程門四先生)으로 불렸다. 시호는 문정(文靖)이다. 저서에 『구산집(龜山集)』 42권과 『구산어록(龜山語錄)』 4권, 『이정수언(二程粹言)』 2권 등이 있다.

14 『논어(論語)』 「공야장(公冶長)」에 나온다.

이 말이 그것을 다하였습니다. 맹자에게 제나라의 국정을 담당하게 한다면 반드시 왕도(王道)를 행할 것이니, 그가 제나라를 가지고 왕노릇 함이 진실로 손바닥을 뒤집는 것처럼 쉬울 것입니다.

어떤 이가 "안자는 제나라에 진실로 업적이 없다고는 말할 수 있지만 관중과 같은 자는 공자가 대개 그것이 인(仁)과 같다고 칭찬하였다. 맹자는 공자에게 배운 자인데, 어째서 그 말이 다른가?"라고 말하였습니다. (신은) 대답하기를 "공자의 칭찬은 그가 오랑캐를 물리치고 중국[中夏]을 높인 것을 칭찬한 것이고, 맹자가 그를 비판한 것은 그가 왕도(王道)를 버리고 패술(覇術)을 썼음을 비판한 것이니, 뜻하는 바가 진실로 같지 않습니다. 그러나 공자가 비록 그 공을 칭찬하였으나 그릇이 작음을 비판한 것과 예를 알지 못한다고 비판한 것을 진실로 간략하게 한 적이 없습니다. 하물며 세상이 변하고 날이 지났다고 하여서 맹자를 시켜서 다시 왕도를 버리고 패술을 쓰는 죄를 거론하지 않는다면 사람들은 장차 우르르 패술로 달려 나갈 것이니, 파도와 같이 변해 가는 세상의 풍조를 누가 바로잡고 돌이킬 수 있겠습니까? 이 마을의 백성이라도 상앙(商鞅)[15]과 신불해(申不害)[16]의 무리들이 거짓 힘으로 나라를 강

---

15 ?~BC 338. 전국시대 진(秦)나라 사람으로 위앙(衛鞅) 또는 공손앙(公孫鞅)이라고도 한다. 위(衛)나라 공족(公族) 출신으로 일찍부터 형명학(刑名學)을 좋아하여 조예가 깊었다. 진(秦)나라로 가서 효공(孝公)에게 채용되었고, 후일 진 제국(秦帝國) 성립의 기반을 세웠다. 그 공적으로 열후에 봉해지고 상(商, 섬서성 상현)을 봉토로 받으면서 상앙이라 불렸다. 재상으로 있으면서 엄격한 법치주의 정치를 펴 많은 사람들의 원한을 샀는데, 효공이 죽자 반대파에 의해 거열형(車裂刑)에 처해졌다. 그가 썼다고 하는 『상군서(商君書)』는 각 편마다 성립연대가 달라 전국시대 말기 법가(法家)들의 손으로 이루어졌다는 설도 있다.

16 ?~BC 337?. 전국시대 정(鄭)나라 경(京, 하남성 형양현) 사람이다. 법가(法家)를 대표

하게 하여 즐거이 패자의 아래에 처하는 자들과 같을 것입니다."라고 하였습니다.

맹자가 말하였다.[17]

"힘으로써 인(仁)을 빌리는 자는 패자[霸]이니 패자는 반드시 큰 나라를 소유하고, 덕(德)으로써 인(仁)을 행하는 사람은 왕도를 행하는 자[王]이니, 왕도를 행하는 자는 큰 나라를 필요로 하지 않는다. 탕왕(湯王)이 70리의 땅으로 다스렸고 문왕(文王)은 100리의 땅으로 다스렸다.

힘으로 남을 복종시키는 것은 마음으로 복종하는 것이 아니라 그 사람이 힘이 넉넉하지 못해서이고, 덕으로 남을 복종시키는 것은 그 사람이 속마음으로 기꺼이 진실로 복종하는 것이니, 70명의 제자가 공자에게 마음으로 복종함과 같은 것이다. 『시경(詩經)』에서

'서쪽에서, 동쪽에서,

하는 인물로, 정나라에서 하급관리로 일하다가 한(韓)나라의 소후(昭侯)를 섬겨 나라를 태평하게 다스렸다. 황로(黃老) 사상을 기본으로 삼아 신하들을 통제하는 방식을 강조하였다. 즉 신하에게 관직을 맡기되 명분에 맞게 실효를 책임지게 하고, 군주는 신하를 감독하면서 생사여탈권(生死與奪權)을 쥐어 군주 전제 정치를 강화한다는 것이었다. 저서에 『사기(史記)』에 『신자(申子)』 2편, 『한서(漢書)』에서는 『신자』 6편이라 전하고 있지만, 송나라 때 모두 없어졌고, 현재는 『군서치요(群書治要)』와 『태평어람(太平御覽)』 등에 실린 글을 모은 책 『대체(大體)』 1편이 남아 있다.

17 『맹자(孟子)』 「공손추 상(公孫丑上)」에 나온다.

남쪽에서, 북쪽에서
복종하지 않는 이가 없다.'
라고 하였으니 이런 경우를 말한 것이다."

孟子曰: "以力假仁者覇, 覇必有大國; 以德行仁者王, 王不待大. 湯以七十里, 文王以百里. 以力服人者, 非心服也, 力不贍也; 以德服人者, 中心悅而誠服也, 如七十子之服孔子也. 『詩』云: '自西自東, 自南自北, 無思不服,' 此之謂也."

신은 이렇게 생각합니다. 선대의 유학자가 "예로부터 왕도(王道)와 패술(覇術)을 논한 자가 많았지만, 이 장과 같이 깊이 드러내고 간절하게 밝힌 것은 없었다."[18]라고 말하였습니다. 대개 왕도(王道)와 패술(覇術)을 분별하는 것은 덕(德)과 힘[力]일 뿐입니다. 힘[力]이라는 것은 부국강병(富國强兵)을 말하니, 처음에는 인(仁)을 행하는 데에 마음이 없다가 그 이름만을 빌려 그 일을 이루는 것입니다. 덕(德)은 몸소 행하고 마음으로 터득함을 말하니, 그 인(仁)이 본래 자신에게 갖추어져서 그것을 확대하여 남[物]에게까지 미치는 것입니다.

패술(覇術)은 힘으로 하기 때문에 반드시 큰 나라여야 할 수 있는 것이고, 왕도(王道)는 덕으로 하고 힘으로 하지 않으니, 어찌 큰 나라가 되기를 기다리겠습니까?

힘으로 남을 복종시키는 사람은 남을 복종시키는 데에 뜻이 있으니 남이 (그렇게 하고 싶지는 않지만) 감히 복종하지 않을 수 없도록 하고, 덕으로 남을 복종시키려는 사람은 남을 복종시키는

18 추호(鄒浩)의 말이다. 『맹자집주(孟子集註)』 「공손추 상(公孫丑上)」에 나온다.

데에 뜻이 없으나 남이 (그렇게 하고 싶어서) 복종하지 않을 수 없습니다. 여기가 천리(天理)와 인욕(人欲)이 나누어지고, 왕도와 패술이 다른 지점입니다.

대저 공자가 필부로서는 지위를 얻지 못하였으나 70명의 제자들이 종신토록 그를 따랐으니, 이것이 누가 그들을 시킨 것이겠습니까? 이른바 마음이 기뻐하여 진실로 복종한 것입니다. 왕도를 행하는 임금이 남을 복종시키는 것이 또한 이와 같습니다.

『춘추(春秋)』에서 그것을 상고해 보겠습니다. 제(齊)나라 환공(桓公)이 위(衛)나라를 정벌하는 것은 주나라 왕을 높이는 듯하지만 마음은 뇌물을 취하는 데에 있었고,[19]—노(魯) 장공(莊公) 27년이다. 주왕(周王)이 소백(召伯) 요(廖)를 사신으로 보내어 제후(齊侯)에게 후백(侯伯)의 명을 내리고 위(衛)나라를 토벌하라고 청하였으니, 위나라가 왕자 퇴(頹)를 주왕(周王)으로 세웠기 때문이다. 노 장공 28년이다. 제후(齊侯)가 위나라를 토벌하였다. 전쟁을 하여 위나라 군사를 패퇴시키고 뇌물을 받고 돌아왔다.— 제나라가 노(魯)나라의 어려움을 살펴 준 것은 이웃나라를 구원하는 듯하지만 마음은 노나라를 점령하는 데에 있었습니다.—민공(閔公) 원년이다. 제(齊)나라 중손추(仲孫湫)가 와서 난리를 살피고 돌아가자 제 환공이 "노나라를 취할 수 있겠는가?"라고 물으니, 제나라 중손(仲孫)이 말하기를 "취할 수 없습니다."라고 하였다. 선대의 유학자들이 그가 계략을 가진 선비를 시켜 허실을 엿보고 어지러움을 틈타 나라를 취하려는 마음이 있음을 비판하였다.— 그 명분과 의리를 가장 올바

---

19 춘추시대를 거치면서 주 왕실의 권위와 힘은 점차 약화되었고, 제후들은 독립적인 국가를 건설하여 서로 겨루게 되었다. 때로는 경쟁하고 때로는 동맹을 하면서 지배적인 영향력을 행사하는 패권적인 제후국가가 나타났는데, 제(齊), 진(晉), 초(楚), 진(秦) 등이 번갈아 패자(霸者)의 역할을 담당하였다.

른 것으로 삼아 형(邢)나라를 구원하고 위(衛)나라를 봉하여 주었으며—민공 원년이다. 제나라 사람들이 형(邢)나라를 구원하였다. 희공(僖公) 2년이다. 초구(楚丘)에 성을 쌓았다.— 수지(首止)와 규구(葵丘)의 회맹(會盟)을 주도하였습니다.—희공 5년이다. 수지(首止)에서 왕세자를 만나 세자의 자리를 정하였다.[20] 9년에 규구(葵丘)에서 제후들과 회맹하였다.— 그러나 그 마음은 의(義)에 의지하여 제후를 복종시켜 자신의 패권을 이루는 것이니, 이와 같은 것들은 모두 이른바 인을 가장한 것[假仁]입니다.

제나라가 소국(小國)에 대해서 한 것을 살펴보면, 담(譚)나라를 멸하고—장공(莊公) 10년이다.— 수(遂)나라를 멸하고—(장공) 12년이다.— 장(鄣)나라를 항복시키고—(장공) 30년이다. 장(鄣)은 기(紀)나라의 부용국(附庸國)이다.— 양(陽)나라를 옮겼으니—민공(閔公) 2년이다. 양(陽)은 나라 이름이니, 제(齊)나라 사람들이 핍박하여 천도하였다.— 모두 힘으로 복종시킨 것입니다. 그러나 수(遂)나라가 이미 멸망한 이후에 망한 나라의 유민들이 오히려 제나라 군사를 죽였으니,—제나라 사람들이 수(遂)나라를 멸하고 주둔하였다. (장공) 17년에 제나라 군사가 수(遂)에서 죽임을 당하였다. 전(傳)에 말하기를 수인씨(遂因氏)·함씨(頷氏)·공루씨(工婁氏)·수수씨(須遂氏)가 제나라의 병사들에게 잔치를 베풀어 취하게 한 다음 죽였다고 한다.— 사람의 마음은 복종시킬 수 없음을 알 수 있습니다.

제나라가 대국에 대해서 한 것을 살펴보면, 초(楚)나라에게는 비록 많은 제후들에 의지하기도 하였으나 천자의 제사[王祭]를 명분으로 잡고 소릉(召陵)에서 회맹을 받아낼 수 있었습니다.—노나라

20 혜왕이 혜후 때문에 태자 정을 폐하고 왕자 대를 태자로 세우려 하였다. 제 환공이 제후를 거느리고 왕태자와 회합하여 그 위치를 안정시킨 것이다.

희공 4년 제 환공이 제후(齊侯)·송공(宋公)·진후(陳侯)·위후(衛侯)·정백(鄭伯)·허남(許男)·조백(曹伯)과 연합하여 채(蔡)나라를 공격하였다. 채(蔡)나라 군사가 무너지자 드디어 초나라를 정벌하고자 형(陘) 땅에 주둔하였다. 초나라 굴완(屈完)이 결맹을 위해 제후들이 모여 있는 곳으로 와서 소릉(召陵)에서 회맹하였다. 『춘추좌씨전』에 그 초나라를 꾸짖는 말로 "너희 초나라는 포모[21]를 바치지 않아 축주(縮酒)할 수 없게 하니 천왕(天王)의 제사를 지내지 못한다."라고 하니, (초나라 사자가) "공물을 바치지 않은 것은 우리 임금의 죄이니, 감히 바치지 않을 수 있겠는가?라고 대답하였다.— 몇 년 지나지 않아 (초나라가) 우리와 함께하는 황(黃)나라를 치고 멸망시켰으되 제나라가 끝내 구원하지 않았고, 이미 또 (초나라가) 우리와 함께하는 서(徐)나라를 정벌하자 제나라가 비록 그것을 구원하였으나 패하는 것을 막지 못하였다.—(희공) 11년이다. 초나라 사람이 황(黃)을 공격하였다. (희공) 12년이다. 초나라가 황을 멸하였다. (희공) 15년이다. 초나라 사람이 서(徐)나라를 치니, 제후들이 서나라를 구원하였으나 초나라 사람이 누림(婁林)에서 서나라를 패퇴시켰다.— 진(晉)나라에 한 것을 살펴보면 일찍이 한 번도 회맹에 참여하도록 한 적이 없었고, 일찍이 괵(虢)과 우(虞)를 취하였으되 같은 성(姓)의 나라를 멸망시키는 것을 물었다고는 이야기를 듣지 못하였다.—희공 5년이다.— 또 일찍이 태자 신생(申生)을 죽였으니 적자를 그렇게 바꾸어 바로잡는다는 이야기를 듣지 못하였다.—희공 5년이다.— 규구(葵丘)의 회맹에 장래에는 와서 참석하고 돌아가겠다고 하였으나 모두 그것을 꾸짖었다는 것을 듣지 못하였다.—희공 9년이다.— 대개 그 힘이 미치

21 포모(包茅)는 제사를 모실 때, 모사(茅沙) 그릇의 모래 위에 술을 거르도록 묶어 꽂아 놓은 띠[茅草]를 말한다.

는 곳이면 그것을 복종시킬 수 있고, 힘이 미치지 못하는 곳이면 그것을 복종시킬 수 없습니다.

그 말년에 이르러서는 연릉(緣陵)에 성을 쌓았으나 제대로 되지 않았다.—희공 10년이다. 제후들이 연릉에 성을 지었다. 전(傳)에 이르기를 "산사(散辭)[22]이니, 환공(桓公)의 덕(德)이 쇠한 것이다.— 증(鄫)나라를 위해 성을 쌓았는데, 완성하지 못하였습니다.—희공 16년이다. 증나라를 위해 성을 쌓았는데, 역부들이 괴로워서 어떤 자가 밤중에 언덕에 올라가 "제(齊)나라에 난리가 났다."라고 고함치니, 성 쌓는 것을 완성하지 못하고 돌아갔다.—오랑캐[狄]가 위(衛)나라를 침범하고 또 정(鄭)나라를 침범하였는데—희공 13년에 위나라를 침범하였다. 14년에 정나라를 침범하였다.— 막을 수 없었고, 노(魯)나라가 항(項)나라를 멸망시킴에 비록 그 죄를 토벌하였으나 끝낼 수는 없었으니, 이는 무릇 쉽게 복종하는 자는 또한 복종함이 없는 것을 말합니다.—희공 17년에 노나라가 항나라를 멸망시켰다. 제나라 사람은 (희공이 명해) 토벌한 것으로 여기고 희공을 잡아두었다. 성강(聲姜)이 희공의 일로 변(卞)에서 제후(齊侯)를 만났다. 회합에서 돌아왔다.— 더욱 심한 것은 자신(제 환공)이 죽은 지 얼마 되지 않아 조(曹)·위(衛)·주(邾)나라의 군사에게 이미 공격을 당하였습니다.—희공 17년 12월에 제후(齊侯) 소백(小白)이 죽었다. (희공) 18년 정월에 송공(宋公)·조백(曹伯)·위인(衛人)·주인(邾人)이 제(齊)나라를 정벌하였다. 5월에 송(宋)나라 군사와 제(齊)나라 군사가 언(甗)에서 싸웠는데, 제나라 군사들이 크게 패배하였다.—

진 문공의 속임수를 제 환공의 바름에 비교해 보면 못합니다. 본래 의(義)가 없다고 하면 한 가지 일을 빌려 '의'를 보여 주고, 본

---

22 한 사람에게 통솔되지 않고 제각각 행동하는 것을 나타내는 말이다.

래 신의[信]가 없다고 하면 한 가지 일을 빌려 믿음을 보여 주고, 본래 예(禮)가 없다고 하면 한 가지 일을 빌려 예를 보여 주었으니,—진후(晉侯, 문공)가 처음으로 들어가서 그 백성을 구원하였다. 2년 만에 그들을 이용하여 (전쟁을 하려고 하니), 자범(子犯)이 말하기를 "백성들이 아직 의(義)를 몰라서 그 생활을 편안하게 여기고 있습니다."라고 하였다. 이에 (문공은) 출병하여 양왕의 위치를 안정시키고 환국하여 백성을 이롭게 하는 정치에 힘을 쓰니, 백성들이 생활을 편안하게 여겼다. (문공이) 장차 또 그들을 이용하여 (전쟁을 하려고 하니), 자범(子犯)이 말하기를 "백성들이 아직 신의[信]를 몰라 시행할 방법을 분명하게 알지 못합니다."라고 하였다. 이에 (문공은) 원(原)을 쳐서 백성들에게 신의를 보이니 물자를 교역하는 백성들이 많은 이익을 구하지 않고 약속한 말을 분명한 증거로 삼았다. 문공이 말하기를 "이제 이용해도 되겠는가?"라고 하자 자범(子犯)이 말하기를 "백성들이 아직 예를 몰라 공경하는 마음이 생기지 않습니다."라고 하였다. 이에 (문공은) 군사훈련을 대대적으로 거행하여 예(禮)를 보였다.— 보여 준다고 말한 것은 겉으로 드러내어 여러 사람들에게 자랑한 것입니다. 그러므로 하루아침에 왕이 기울자 갑자기 따르기를 청하였으니,—희공 14년 왕자 대(帶)가 난리를 일으켰다. 천왕(天王)이 바깥으로 몽진하였다. 희공 25년 호언(狐偃)이 진후(晉侯)에게 말하기를 "제후의 패자가 되기를 구하려면 왕사(王事)[23]에 진력하는 것만 한 게 없습니다."라고 하였다. 드디어 태숙(太叔)을 죽였다. 문공(文公)이 양왕(襄王)에게 수장(隧葬)[24]을 청하였는데 왕은 허락하지 않았다.— 이는 겉으로는 천자에게 충성을 다한다고 하지만 실제로는 큰 이득

23 왕사는 왕을 경사로 들여보내는 일이다.

24 땅에 굴을 파서 통로를 만드는 것을 '수(隧)'라고 하는데, 이는 왕의 장례다. 제후는 모두 영구(靈柩)를 밧줄에 매달아 하관한다.

을 엿보는 것입니다. 양번(陽樊)이 복종하지 않으면 에워싸고,—왕이 양번(陽樊)·온(溫)·원(原)·찬모(攢茅) 등의 땅을 주었다. 양번인(陽樊人)이 복종하지 않자 진나라 군사가 포위하니, 창갈(倉葛)이 고함치기를 "이곳의 백성 중에 왕의 친척이 아닌 자가 누가 있기에 우리를 포로로 잡으려고 하는가"라고 하였다.— 원(原)이 복종하지 않거늘 또 포위하니, 명분은 비록 왕에게 땅을 받았으나 실제로는 힘으로 취한 것입니다.

오패(五覇) 가운데 제(齊) 환공(桓公)과 진(晉) 문공(文公)보다 강성한 자가 없으나, 모두 힘[力]으로 인(仁)을 빌리고 덕(德)에 근본하지는 않았습니다. 그러므로 사람들을 힘으로 굴복시킬 수는 있었으나 그 마음으로 복종하게 할 수는 없었으니, 옛날 성탕(成湯)의 흥성함에 동쪽을 정벌하면 서쪽이 원망하는 것과 문왕(文王)이 일으킴에 큰 것을 두려워하고 작은 것을 품어 주는 것과 비교해 본다면 어떠하겠습니까? 신이 그러므로 대략 그 일을 서술하여 맹자(孟子)의 설을 증명하였습니다.

순자(荀子)가 말하였다.[25]

"순수하면 왕도(王道)요, 섞이면 패술(覇術)이다."

荀子曰: "粹而王, 駁而覇."

—수(粹)는 순수하고 온전함[純全]을 말한다. 박(駁)은 섞임[雜]이다.—

---

25 『순자(荀子)』 권7 「왕패편(王覇篇)」에 나온다.

신은 이렇게 생각합니다. 순경(荀卿)이 순수[粹]와 섞임[駁] 두 글자로 왕도(王道)와 패술(覇術)을 구분하였으니, 또한 말을 아는 사람이라고 할 만합니다. 대개 순수하게 인의(仁義)에서 나온 것이 왕도(王道)이고, 인(仁)하면서 인(仁)하지 않음이 섞이고, 의(義)로우면서 의(義)롭지 않음이 섞인 것이 패술(覇術)입니다. 왕도는 도덕에 순수하고 패술은 공리(功利)가 섞였으니, 이것이 다른 이유입니다. 순경이 왕도와 패술을 논한 것이 하나가 아니지만 유독 이것만이 이치에 마땅한 것이 됩니다. 기타 예를 높임[隆禮]·어진 이를 높임[尊賢]·법의 엄중함[重法]·백성을 사랑하는 것의 분별[愛民之別]·날을 공경함[敬日]·때를 공경함[敬時]의 구분은 모두 옳지 않으니, 그러므로 취할 것이 없습니다.

동중서(董仲舒)가 말하였다.

"대저 인한 사람[仁人]은 그 마땅함을 바로하나 그 이익을 도모하지 않고, 그 도를 밝히나 그 공은 계산하지 않습니다. 이 때문에 공자의 문하에서는 오척(五尺)의 동자도 오패를 일컫는 것을 부끄러워하였으니, 거짓 힘을 먼저 하고 인의(仁義)를 뒤로 하였기 때문입니다."

董仲舒曰: "夫仁人者, 正其誼不謀其利, 明其道不計其功. 是以仲尼之門, 五尺童子羞稱五伯, 爲其先作力而後仁義也."

—백(伯)은 패(覇)라고 읽는다.—

신은 이렇게 생각합니다. 맹자 이후에 오패(五霸)를 깊이 물리친 자는 오직 동중서(董仲舒)만이 그러하였습니다. 대개 어진 사람은 의(義)를 바로 하는 것만 알고 이익의 유무는 논하지 않으며, 도(道)를 밝히는 것만 알고 공(功)이 이루어지는지의 여부는 계산하지 않습니다. 의(義)는 천하의 적합한 이치이고, 도(道)는 천하에서 두루 행해야 하는 길이니, 그 실체는 하나입니다. 패술(霸術)은 오직 이익만을 도모하고 의(義)는 돌아볼 겨를이 없으며, 오직 공(功)을 계산하고 도(道)에는 도울 겨를이 없으니, 이것이 공자[孔氏]의 문하에서 배척당하였던 이유입니다.

송(宋, 本朝)에 이르러 정호(程顥)가 또 말하기를 "천리의 바름을 얻고, 인륜의 지극함을 다하는 것이 요순(堯舜)의 도(道)다. 그 사사로운 마음을 써서 인의(仁義)의 편벽됨에 기대는 것은 패자(霸者)의 일이다. 왕도(王道)는 숫돌과 같아서 인정(仁情)에 근본하며 예의(禮義)에서 나와 대로를 따라가면서 다시 되돌아가거나 멀리 돌아감이 없는 것과 같다. 패술(霸術)은 멀리 돌아가거나 지름길의 가운데에서 어려움을 겪으며 뒤척거려 끝내 요순의 도에 들어갈 수 없다."라고 하였습니다. 정호의 말이 맹자(孟子), 동중서(董仲舒)와 더불어 참으로 서로 표리(表裏)가 되니, 그러므로 여기에 기록하였습니다.

이상 '왕도와 패술의 다름[王道霸術之異]'을 논하였습니다.

■해제■

중국의 제왕학과 조선의 정치사상
-『대학연의(大學衍義)』를 중심으로-

정재훈

1. 『대학연의』와 조선

한국의 역사는 외래 사상을 끊임없이 수입하여 이를 소화하면서 주체적인 한국의 사상을 만들어 온 역사로 볼 수 있다. 우리 역사에서 고유의 무속사상도 있지만, 불교나 유교, 기독교 사상 등은 중국이나 서구로부터 선진적인 요소를 갖고 수입된 외래 사상으로 분류할 수 있다. 한국의 역사는 이러한 외래에서 온 사상이나 종교를 무비판적으로 수용하기만 한 것이 아니라 끊임없는 이해와 적용이라는 '자기화(自己化)' 과정을 거쳐서 늘 한국의 여건에 맞는 새로운 사상과 종교로 재탄생시켰다는 점에서 특징이 있다. 이러한 외래 사상과 종교의 한국화 과정은 곧 한국의 역사를 풍부하게 하면서도 독립적으로 유지하는 데에도 큰 도움이 되었다고 할 수 있다.

흔히 조선시대는 유학, 그 가운데서도 성리학이 대세를 이루었다고 일반적으로 알려져 있다. 그리고 보통의 경우 성리학이 중국에서 유래하였고, 조선은 성리학을 지나치게 '신봉'하여 단지 따라하였을 뿐이라고 알려져 있다. 경우에 따라서는 조선이 망한 이유를 성리학에 골몰하여 현실을 돌보지 않았다는 데서 찾기도 하였다. 이와 같은 인식은 조선시대나 성리학에 대한 진지한 연구와 천착을 통해 어느 정도 극복되고는 있지만 성리학의 철학적인 방면에서의 해명만으로는 한계가 있다.

따라서 한국사 혹은 한국학 연구자들의 경우, 성리학이 공리공담이라는 주장에 반대하여 설정한 '실학(實學)'을 통해 당대의 현실에서 마주하였던 문제를 해결하였다고 설명하기도 하였다. 그러나 이러한 설명 역시 조선 500년의 역사를 놓고 본다면 18세기 이후에 국한된 부분적인 설명이기는 마찬가지다. 왜냐하면 조선이 건국된 이후 조선의 역사를 근본적으로 움직여 온 동력 가운데 가장 중요한 요소는 성리학이었기 때문이다. 따라서 어떤 형태로든 조선의 역사를 정면으로 마주하기 위해서는 우리는 성리학이 어떤 측면에서 현실과 관계를 맺었는지에 대해 살펴보지 않을 수 없다.

그런 관점에서 볼 때 동아시아에서 중세의 사상을 집대성한 주희가 이루어 낸 현실과 관련된 대표적인 성과로서 『의례경전통해(儀禮經傳通解)』와 함께 『대학연의』가 꼽히게 되었던 데에는 그 나름의 이유가 있었던 것이다. 주자학이 현실세계를 총체적으로 설명하면서 이를 어떻게 하면 현실에서 응용할 수 있는지에 대한 대책을 제시하는 대표적인 사례 가운데 하나가 『대학연의』였기 때문이다.

고려 말 새로운 사상으로서 성리학을 받아들였던 한국에서 성리학적 정치사상과 현실정치의 사례를 절묘하게 조화시켰던 책인 『대학연의』를 적극적으로 받아들인 것은 매우 자연스러운 현상이었다. 이후 조선에서 끊임없이 『대학연의』를 읽고, 이 책을 재편집하거나 재해석하려는 작업이 이어진 것도 같은 맥락에서 당연한 것이었다. 심지어 『대학연의』의 정신을 완전하게 재창조하여 조선화하기도 하였다. 어떻게 보면 조선은 성리학을 단순히 따라하였던 것이 아니라 최대한 활용하여, 더 이상 활용할 수 없을 정도로까지 이용하였는지도 모르겠다. 조선후기의 '실학'은 조선후기에만 있었던 것이 아니라 조선 초부터 성리학이 현실과 만나면서, 현실과 관계하면서 계속 존재하였던 것이다.

2. 『대학』과 중국의 제왕학

『대학연의(大學衍義)』는 남송의 진덕수(眞德秀)가 지은 『대학』의 해석서이다. 『대학』의 경문은 단지 205자에 불과하지만, 삼강령과 팔조목이 담긴 『대학』의 내용은 천하를 다스리는 원리가 담겨 있었다. 이에 정이천은 『예기』에서 이를 뽑아내었고, 주자는 이를 『대학장구』와 『대학혹문』으로 만들어서 경전으로 독립시켰다. 이로써 『대학』은 성리학의 대표적인 경전인 사서(四書) 가운데서도 전체적인 체계를 알려 주는 핵심적인 서적이 되었다.

진덕수가 『대학』의 내용을 확대하여 경전의 말을 인용하고, 이에 해당하는 역사적 사례를 모아 『대학연의』 43권을 지은 것은 『대학』이 가지는, 수기에서 치인에 이르는 광범위한 영역을 아우르는 전체성에 기인하는 것이었다. 일찍부터 『대학』이 주목된 이래, 『대학』은 현실에서 황제에게 나라를 다스리는 치국의 원리를 설명하는 교재로 활용되었다. 북송(北宋) 때에 경세(經世)의 관점에서 주목되면서 황제를 가르치는 경연(經筵)의 교재로 채택되었던 것이다.

사마광의 제자인 범조우(范祖禹, 1041~1098)는 이런 방향에서 아예 『대학』과 관련하여 황제의 학문이라는 『제학(帝學)』을 저술하였다. 범조우가 경연에서 필요한 제왕학의 기초를 위해 자료를 수집하고 책으로까지 만든 것은, 북송대 활발하였던 경연을 통한 황제의 교육이 가능해진 상황이 전제된 것이었다. 또한 이러한 배경에는 『대학』의 팔조목이 교육론으로 기능하여 천자라도 교육을 받아야 된다는 인식이 형성되었던 것이 결정적인 이유라고 할 수 있겠다.[1]

진덕수는 이러한 『대학』을 아예 제왕학의 교과서로 삼아 새로운 교재를 만들었다. 진덕수는 『대학연의』에서 『대학』의 논리인 팔조목(八條目: 格物·致知·誠意·正心·修身·齊家·治國·平天下)을 순서에 따라 제가까지 나열하고 역사적 사례를 인용한 다음 자신의 의견을 덧붙여 설명하였다. 그러므로 원문 자체는 지극히 간략한 『대학』의 내용을 보완할 뿐만 아니라 풍부한 사례를 제시함으로써 쉽게 참고할 수 있다는 강점이 있었다. 따라서 이 책의 성격은 제왕이 정치를 해 나가는 데 필요한 실제적인 사례를 일목요연하게 파악하는 데에 대단히 유용하여 가히 제왕의 '정치지침서'라고 여겨질 만하였다.

이와 같이 『대학연의』는 그 성격상 '제왕학'을 목표로 저술되었기 때문에 실제 정치를 해 나갈 때에 곧바로 참고하기에 용이하였다. 이런 성격은 목차에서도 짐작되는데, 제왕이 정치하는 순서[帝王爲治之序], 제왕이 학문하는 근본[帝王爲學之本], 격물치지의 요체[格物致知之要: 明道術·辨人才·審治體·察民情], 성의·정심의 요체[誠意正心之要: 崇敬畏·戒逸欲], 수신의 요체[修身之要]·제가의 요체[齊家之要: 重妃匹·嚴內治·定國本·教戚屬]에서도 알 수 있듯이 인재를 분별하는 일이나 친척을 교

1 송대(宋代) 이전에는, 예를 들어 한대(漢代)의 경우 유학(儒學)이 음양오행설과 결합하여 황제의 위상이 지나치게 높은 경우 그를 교육하는 것은 사실상 어려웠다. 이에 대해서는 權延雄(1987) 참조.

화하는 등 국왕의 입장에서 실제 필요한 덕목들로 구성된 것에서도 현실 정치에서 이 책의 응용가능성을 확인할 수 있다.

이러한 이유 때문에 『대학연의』는 원(元)나라에서부터 경연의 교재로 채택이 되기도 하였다.[2] 원 인종(仁宗, 1312~1320)의 경우 『대학연의』를 요약하여 번역하게 하였고, 인종은 이것을 보고 여러 신하들에게 '『대학연의』의 논의가 참으로 좋다'라고 하였다. 또 영종(英宗, 1320~1323)도 이 책을 가리켜서 '몸을 닦고 나라를 다스림에 관해서는 이 책을 비교할 것이 없다'라고 하고 즐거이 받아들여 인쇄하고 이를 여러 신하들에게 나누어 주었다. 그리고 진종(晋宗, 1323~1328)은 경연에서 학사(學士) 오징(吳澄) 등에게 명하여 『제범(帝範)』·『자치통감(資治通鑑)』·『정관정요(貞觀政要)』 등과 함께 『대학연의』를 진강(進講)하게 하였던 것이다.[3]

이런 분위기는 원말까지 이어져서 지정(至正) 16년(1356) 한림학사 이호문(李好文)이 황태자에게 올리는 글 중에 『정관정요』와 『대학연의』를 참조하여 일일이 행하면 태평스런 정치를 행하는 데 아무런 문제가 없을 것이라고 한 것에서도 확인할 수 있다.[4] 이 때문에 원에서 진덕수는 유학의 본지를 선양한 인물로 양시(楊時)·이동(李侗)·호안국(胡安國)·채침(蔡沈) 등과 함께 존중되었다.

『대학연의』가 제왕학의 교과서로 인정되었던 원대의 분위기는 그

---

2 李焯然(1987)에서 『원사(元史)』에 관련되는 내용이 참고되며, 국내연구로는 지두환(1993: 339)과 김인호(1998: 90~91) 참조.

3 『원사』 권29 「泰定帝本紀 一」.

4 『원사』 권183 「李好文傳」, "臣之所言 卽前日所進經典之大意也 殿下宜以所進諸書 參以貞觀政要·大學衍義等篇 果能一一推而行之 則萬機之政 太平之治 不難致也."

대로 명나라에 이어졌다. 이 책이 명나라에서 제왕학의 모범이 되었던 것은, 주원장(朱元璋)이 제왕의 학문[帝王之學]에 가장 중요한 책을 명나라 초기의 유명한 유학자인 송염(宋濂)[5]에게 물으니 진덕수의 『대학연의』라고 답하였던 사실에서 확인된다. 이에 명 태조는 『대학연의』를 제왕학의 지침서로 인정하여 묘당(廟堂)의 벽에 써 놓기도 하였다.[6] 이후에 『대학연의』에 대한 보완 작업으로 중국에서는 명나라 때 구준(丘濬)의 『대학연의보(大學衍義補)』(1487)나 양염(楊廉)의 『대학연의보절략(大學衍義補節略)』 등이 저술되었고, 『성학격물통(聖學格物通)』도 『대학연의보』의 예에 따라 저술되기도 하였다.[7]

다만 원대에 체제교학화된 주자성리학의 상황을 고려한다면 『대학연의』의 성격에서도 단순히 도덕적인 군주상(君主像)만을 추구하였던 것은 아니었다. 기본적으로는 주희의 이념에 기반하면서도 한나라와 당나라의 의의를 인정하고 당 태종을 극찬한 것처럼 정치적 현실을 끌어안으려는 성격을 가지고 있었다.(李範鶴, 1997) 오히려 이런 점이 원대 이래로 체제교학화된 성리학의 틀 안에서도 『대학연의』가 지속적으로 애호를 받을 수 있었던 원인이 될 수 있다.

이상 위에서 살펴본 것처럼 『대학연의』는 남송의 진덕수가 저술한 이래 제왕학에서는 더 이상의 교재가 없다고 할 만큼 중요하게 인정되었다고 할 수 있다. 그렇기 때문에 원대에서 번역되거나 경연의 교재

---

5 송염(宋濂)은 금화학파(金華學派)의 주자학을 전수한 인물로서 김이상(金履祥)-유관(柳貫)으로 연결되는 유관에게 배웠다. 흔히 금화학파의 마지막 인물로 명초(明初)의 이학(理學)에 지대한 영향을 끼쳤다.

6 이에 대해서는 明 世宗, 1527, 「御製重刊大學衍義序」, 『大學衍義』, 민창문화사: 高令印·陳其芳(1986: 133) 참조.

7 湛若水(明) 編, 『聖學格物通』(奎中4849).

로까지 인정받기도 하였던 것이다. 이런 분위기에서 명대와 청대까지도 인정을 받을 수 있었던 것이다. 이와 같다면 주희의 『의례경전통해(儀禮經傳通解)』와 함께 『대학연의』는 주자성리학의 이념, 특히 『대학』의 이념을 현실화한 대표적인 경세상의 성과였다고 할 수 있을 것이다. 따라서 중국의 대표적인 제왕학 교과서로 인정받았던 『대학연의』는 성리학이 수입되면서 한국에도 깊은 영향을 미쳤던 것이다.

3. 고려 말 『대학연의』의 수입과 조선 초 정치 현실에의 영향[8]

고려는 불교를 정신적 지주로 삼아 움직였던 사회였다. 이에 비해 조선은 성리학이 그 역할을 대신하여 사회의 각 방면에서 성리학적 원리가 관철되는 사회였다. 물론 고려에서도 정치사상에 국한하여 살펴본다면 유학사상을 정치이념화하여 현실에 적용하기도 하였다. 고려 초 성종 대에 최승로에 의해 유교적인 정치이념이 채택된 이래 예종 대(1105~1122)에 궁중에 청연각(淸讌閣)을 설치하는 등 북송의 신유학을 소화하여 이에 입각한 유교적 지치주의(至治主義)에 관심을 기울였다.[9]

하지만 고려후기에 성리학이 도입되어 새로운 사회로 개혁하려는 사상으로 기능하기 전까지 유교정치이념은 독자적인 영역을 가지고 고려사회를 이끌어 가는 주도이념이 되기에는 부족한 점이 많았다. 특히 무신정권시기에는 문인들이 무신정권을 보좌하는 보조자 역할에

8 3~5절의 내용은 정재훈(2005)의 내용을 요약하여 정리한 것이다.

9 文喆永(2000) 참조.

만족하였기 때문에 정치이념화와는 더욱 거리가 멀었다.

고려후기에 도입된 성리학에서 가장 주목되는 영역 중에 하나는 새로운 군주론이 등장한 것이었다. 이것은 성리학의 영향으로 변화된 천명론(天命論)과 관련이 있는데, 이전까지의 군주가 한(漢)·당(唐) 유학에서 뒷받침되었던 것처럼 절대적인 군주였다면 성리학의 군주론에서는 끊임없이 수양(修養)할 것을 요구받는 존재로서의 군주상이 새로이 제시되었던 것이다.

즉 하늘을, 인격을 지닌 주재자로서 보는 한·당과 같은 인식에서는 군주는 하늘을 대신하는 절대적인 대리자로 볼 수밖에 없었다.[10] 이에 비해 하늘을, 하늘의 법칙인 도리로 파악하는 송대 성리학에서는 군주도 하늘의 도리를 알고 이에 맞추기 위해 끊임없이 노력하는 존재로 인정될 수밖에 없었던 것이다. 이에 따라 군주는 재이(災異)가 일어나면 두려워하고 삼가며, 자신을 닦고 반성하는 것을 통해 자신을 끊임없이 채찍질하여 하늘의 명을 따르려는 노력을 하지 않을 수 없었다.[11]

고려후기에 나타난 새로운 군주론은 바로 이런 흐름 속에서 출현하였던 것인데, 그 가운데 성리학적 제왕론을 설파하는 핵심적인 교재가 『대학연의』였다. 고려 공민왕 때 최초로 국왕에게 『대학연의』를 진

---

10 한대(漢代)의 천론(天論)을 대표할 수 있는 동중서의 '천인감응론(天人感應論)'의 경우 이를 통해 군권(君權)을 제한하려는 의도가 없었던 것은 아니다. 하지만 이것조차도 '천자(天者) 백신(百神)의 대군(大君)'이라고 표현하였듯이 일정하게 천(天)을 기반으로 한 군권이 전제된 상황 아래서 가능한 것이었다고 볼 수 있다. 이에 대해서는 向世陵·馮禹(199: 86～103) 참조.

11 조선초기의 천관(天觀)과 재이설(災異說)과의 관계에 대해서는 李泰鎭(1997)과 李碩圭(1996) 참조.

강한 사람은 윤택(尹澤)이었다. 윤택은 공민왕 6년(1357)에 경연에서 강독의 교재로 「최승로상서문(崔承老上書文)」과 함께 이 책을 추천하였던 것이다.[12]

이러한 영향 때문인지 그의 손자였던 윤소종(尹紹宗) 역시 공양왕대에 『대학연의』의 진강을 청하였다.[13] 그런데 이때 윤소종이 『대학연의』의 진강을 주장하면서 이 책을 읽어야만 하는 이유로 내세운 것은 바로 이를 통해 이제삼왕(二帝三王)의 이상적인 유교정치를 실현하기 위한 것이라고 하였다는 점이다. 또 이제삼왕과는 대비되는 제왕으로 당 태종을 설정하여 그에게서는 본받을 것이 없다고 한 점도 주목이 된다. 이러한 입장은 『정관정요』의 진강을 반대하는 것에서도 분명하게 드러난다.

이렇게 본다면 『대학연의』의 진강은 『정관정요』로 대표되는 당 태종과 같은 식의 정치를 지양하고 이제삼왕의 법을 본받을 수 있다는 점에서 주목되었던 것이다. 경연에서 진강되었던 교재인 『정관정요』와 『대학연의』가 이와 같이 대립적으로 인식되었던 것은 사실 성리학적인 제왕상이 도입된 것과 무관하지 않았다.

즉 『대학연의』에서 평가된 당 태종은 부정적인 제왕상으로 제시된 것보다 오히려 혼란을 제거하여 탕(湯)·무(武)에 가깝다거나[14] 덕을 존중하는 제왕으로 묘사되었다.[15] 그러나 다른 한편 이 책에서는 인군

---

12 『高麗史』 권106 「尹諧傳 附 尹澤傳」; 『고려사절요』 권26, 恭愍王 6년 5월조.

13 『고려사』 권106 「尹紹宗傳」, "王欲覽貞觀政要 命鄭夢周講之 紹宗進曰 殿下中興 當以二帝三王爲法 唐太宗不足取也 請講大學衍義 以闡帝王之治 王然之."

14 『대학연의』 권25 唐太宗條.

15 『대학연의』 권26 唐太宗條.

은 격치성정(格致誠正)을 통해 수신하는 것을 최우선으로 삼아서, 수신이 되면 나머지 제가·치국·평천하는 자연스레 될 것이라고 하여 다른 무엇보다도 군주가 도덕성을 수양할 것을 주장하였다.[16] 바로 이런 점 때문에 『정관정요』로 대표되는 당 태종과 같은 형태의 패도정치를 지양하고 『대학연의』를 통해 왕도정치를 지향하였던 것이라 할 수 있다.[17]

고려 말에 이어 조선에 들어와서는 이렇게 제왕학의 교과서로서 『대학연의』의 위상이 더욱 높아져 태조 때부터 경연에서 활용된다. 군주의 학문과 관련하여 주목되는 경전 가운데는 『상서(尙書)』도 자주 인용되는 편이었다. 그러나 이 책의 경우에는 군주의 학문으로 주목되기는 하였으나 글이 난삽하여 읽기 어려우니 반드시 진강할 필요는 없다는 것이 조선 초의 인식이었다.[18]

그러면 실제로 조선전기에 『대학연의』가 어떻게 인용되었는지 살펴보면 다음과 같다. 태조·태종 대에는 빈번하지는 않았지만 『대학연의』가 강독되었다. 특히 이 시기에 특징적으로 지적할 수 있는 것은 먼저 이 책이 세자(世子) 교육의 기준이 되었다는 사실이다. 사실 세자 교육은 당시로서는 사상이나 교육의 기준이 되는 문제로서 세자가 곧 다음 대의 왕이 되므로 여기에 적용되는 내용은 당시로서는 가장 최선의 의미를 가지는 것이었다. 이러한 경향은 고려 말에 『정관정요』가

16 『대학연의』 卷首 「御製重刊大學衍義序」, "皆本於修身 格致誠正 皆所以修其身也 修身則教成於家矣 然其中謹言行正威儀二語 尤爲親切 盖君身萬化之原 一言一動 關繫匪輕 自聽政臨朝 至於祭祀燕享之時 不可毫髮忽慢 言行謹而威儀正 則四海從焉."

17 池斗煥(1993) 참조.

18 『定宗實錄』 권4, 정종 2년 신축조.

경연의 교재였던 것에 비해 『대학연의』는 서연(書筵)의 교재로 설정되었던 예에서 이미 관례화된 것이기도 하였다.[19] 그래서 태조 때부터 세자에게는 『대학연의』를 공부시켰고 정종 이후 태종이나 세종의 경우에도 『대학연의』를 세자 때부터 공부하였다.

태조에게 이 책의 강독을 권한 것은 정도전이었다. 정도전은 진덕수와 『대학연의』의 영향을 많이 받았다. 그는 재상(宰相)의 역할[相業]에 대해서 '임금을 바르게 하고, 자신을 바르게 하며, 사람을 알아보는 것과 일을 처리하는 것'이라고 하고 임금을 바르게 하는 것[格君]은 자신을 바르게 하는 것에서 가능하다고 논하였다.[20] 또한 그가 지은 「불씨잡변(佛氏雜辨)」에서는 『대학연의』에 나오는 구절을 그대로 인용하였다. 즉 『대학연의』 권13에 있는 이단학술(異端學術)의 차이를 논한 내용을 「불씨잡변」 '불법이 중국에 들어옴[佛法入中國]', '불교를 섬겨 화를 얻음[事佛得禍]', '하늘의 도를 버리고 불교를 믿는 결과를 말함[舍天道而談佛果]', '불교를 섬기는 데 열심히 할수록 왕조의 연대는 더욱 짧아짐[事佛甚謹季代尤促]'에서 그대로 베껴서 인용하였다.[21]

정도전은 『조선경국전(朝鮮經國傳)』에서 태조가 즉위한 후에 "제왕이 정치를 하는 순서와 학문을 하는 근본은 진덕수의 책보다 나은 것이 없다."[22]라고 한 태조의 말을 빌려서 경연에서 이 책을 강독할

---

19 『太祖實錄』 권2, 1년 12월 임술조.

20 『三峯集』 권4 「高麗國新作都評議使司廳記(1389)」(문집총간 5-348가), "必若先儒眞西山之論相業 曰格君曰正己曰知人曰處事 然後可也 夫格君者 亦自正而已 身旣正矣 須有知人之明 處事之方 乃可濟也."

21 「불씨잡변」에서 주(註)로 표기된 진서산(眞西山)의 말뿐만이 아니라 역사적인 예화(例話)를 예로 들은 본문까지도 그대로 『대학연의』를 옮겼다. 『대학연의』 권13, 「格物致知之要一」, '明道術' 참조. 이에 대해서는 김인호(1998: 96~97)에서도 지적되었다.

것을 권하였다. 이에 경연의 강독교재로 채택되었고 태조는 이를 열심히 보았던 것으로 추정된다.[23]

태조 대에는 기록이 많지 않아 자세하지 않지만 경연을 정례화하고, 비록 경연이 아니더라도 『대학연의』를 항상 강독하였다는 사실은 중요하다.[24] 태조 대에 『대학연의』의 진강에 주로 활동하는 인물은 대사성 유창(?~1421)과 도승지 한상경(1360~1423)이다. 태조 대에 진강한 기록을 포함해 『대학연의』가 언급되는 것은 총 12회다. 실록의 기록이 영성하기도 하지만 이때의 진강에서 내용에 대해 상세히 검토하는 수준까지는 미치지 못하였던 것으로 보인다.

국왕이 경연에서 『대학연의』를 공부한 것이 태조 대에는 상징적으로 몇 번 언급되는데 그치는 데 반해 태종 대에는 보다 구체적으로 강독이 시행되었다. 『대학연의』에서 인용되는 사례를 하나씩 예로 들어 이것을 바로 구체적인 실천의 장으로 끌어들인다든가 혹은 정치논리화하기도 하였다.

사복시에서 신참들에게 말도 주지 않으면서 말값을 받는 문제에 대해 『대학연의』에서 배연령이 탁지가 되었던 것과 관련하여 예를 들고 있는 것[25]이나 태종이 사냥을 하여 종묘에 바치는 의례를 자세히

---

22 『三峯集』 권7 「朝鮮經國典 上」 禮典 經筵條(문집총간 5-428다), "殿下卽位 首置經筵官 以備顧問 常曰大學爲人君立萬世之程 眞西山推廣其意作大學衍義 帝王爲治之序·爲學之本 蔑以加矣 每於聽政之暇 或親自觀覽 或使人講論 雖高宗之時敏 成王之日就 無足多讓 猗歟盛哉."

23 『태조실록』 권1 「總序」. 이 기사에는 태조가 유경(劉敬)과 경사(經史)를 토론하였고 특히 『대학연의』를 보기를 좋아하여 밤늦도록 자지 않았다고 한다.

24 『태조실록』 권2, 태조 원년 11월 기축조.

25 『태종실록』 권1, 태종 1년 3월 임자조.

정하려고 하니 장령 이관이 반대할 때 "유관(遊觀)은 기체(氣體)를 기르는 것"이라는 『대학연의』의 구절을 인용하여 사냥을 합리화시켰던 예[26]는 전자의 예에 해당하는 것이다.

반면 태종이 세자 때 이미 『대학연의』에서 사병(私兵) 혁파의 논리를 인용하는 것[27]이나 김과(金科)가 태종의 명에 따라 『대학연의』를 새로이 편찬하면서 척속(戚屬)에 대한 편을 일부러 빼낸 것에 대해 태종이 경계하는 것[28]은 『대학연의』의 논리를 이미 정치에까지 깊이 인용하였음을 보여 준다.

특히 태종의 외척이었던 민무구가 세자 이외의 여러 왕자들을 제거하려고 하였던 일에 대해 민무구 형제에게 죄를 주라는 상소가 빗발치자, 태종은 『대학연의』를 은근하게 인용하여, 김과가 세자를 위해 『대학연의』에서 경계가 될 만한 일을 뽑을 때 척속에 대한 사항을 생략한 것에 대한 책임을 물었다.[29] 곧 김과가 민무구 형제를 두려워하여 『대학연의』에서 친척들의 겸손하고 삼가서 받는 복과 교만하고 마음대로 해서 받는 화에 대한 내용[30]이 세자가 마땅히 강습해야 하는 내용임에도 불구하고 이를 뽑지 않은 것을 책망한 것이었다. 그리고 이의 연장선상에서 세자가 읽을 『대학연의』를 편찬할 때 국본(國本, 후계자)

---

26 『태종실록』 권5, 태종 3년 5월 정유조.

27 『정종실록』 권4, 정종 2년 6월 계축조. 태종이 세자로 있으면서 『대학연의』를 읽다가 좌보덕 서유(徐愈)와 함께 병권을 잡는 폐단을 논하였는데 이때 태종은 당(唐) 숙종(肅宗)의 예를 들면서 병권이 흩어져 있는 것에 대해 강하게 비판한다.

28 『태종실록』 권18, 태종 9년 9월 4일.

29 『태종실록』 권18, 太宗 9년 9월 계유조.

30 『대학연의』 권43, 「齊家之要 四」 '敎戚屬'의 외가가 겸손하고 근신할 때 복이 생김[外家謙謹之福]과 외가가 교만할 때 화가 있음[外家驕恣之禍]의 내용을 가리킨다.

을 정하고 적서의 분수를 분변하는 문제[31]에서도 대체로 부자형제에게 해를 입혔던 환공(桓公)·양공(襄公)·한漢) 성제(成帝)·오(吳) 손권(孫權)·당(唐) 태종(太宗)의 예를 들어서 세자에게 부정적인 인식을 심게 하였다고 비판하였다.[32]

이와 같은 사례는 곧 이 시기 외척에 대한 일정한 기준이 필요하다는 현실을 반영하는 예로서 이미 민무구 형제가 정치적으로 문제가 되는 상황에서 『대학연의』의 사례를 활용하여 일정한 기준을 마련하겠다는 암시였다. 실제 조선왕조에서는 건국 초에는 부마(駙馬)와 외척이 대개 군(君)에 봉해졌으나, 민무구 형제와 관련하여 『대학연의』를 인용한 지 5일이 지난 태종 9년 9월에 외척을 봉군(封君)하지 않는 법을 만들어서 외척의 입사(入仕)에 제한을 두었다.[33]

> 외척은 봉군하지 말라고 명하였다. 의정부에서 아뢰기를, "예조의 정문(呈文)에 의거하여, '(본조에서) 왕지(王旨)를 받들어 외척에 대해 봉군하는 여부를 옛 문헌에 상고하여 정부에 보고해 계문(啓聞)합니다. 삼가 고전을 상고하면, 한나라 성제(成帝) 때에 간대부(諫大夫) 양흥(楊興)과 박사(博士) 사승(駟勝) 등이 말하기를, <고조(高祖)의 약속에 공신이 아니면 후(侯)가 되지 못한다고 하였는데, 지금 태후의 여러 아우가 모두 공이 없이 후가 되었으니, 외척에 일찍이 없었던 일이라.> 하였습니다. 본조에서 생각건대, 한나라 이래로 외척으로 후를 봉하여 국가의 근심이 된 것이 심히 많으니, 고조의 약속이 진실로 만세의 어진 법입니다. 우리 왕조의 법도가 반드시 옛것을 따르는데, 외척에 대한 한 가지 일만은 오히려 역대의 잘못을 따르는 것이 괜찮겠습니까? 원컨대, 이제부터 한 고조의 약법(約法)을 본받아, 공신이 아니면 중궁의 부친을 제

31 『대학연의』 권41·42, 「齊家之要 三」 '定國本'.

32 『태종실록』 권18, 태종 9년 9월 계유조.

33 『태종실록』 권18, 태종 9년 9월 무인조.

외하고는 봉군을 허락하지 말고, 그 재품(才品)에 따라 등용하거나 등용하지 않아서 국가의 아름다운 법을 이루소서.' 하였습니다. 본부에서 의논하여 정하기를, '후척(后戚)의 집에 비록 재능이 쓸 만한 사람이 있다 하더라도, 중요한 관직을 제수하는 것을 허락하지 말아서 후세에 법으로 남기소서.' 하였습니다." 라고 하니, 그대로 따랐다.

이때 인용된 한 성제 때의 사례는 곧 『대학연의』의 내용을 그대로 인용한 것이다.[34] 이후 태종 14년(1414)에는 돈녕부를 두고 부마 외의 왕실 친인척을 속하게 하였던 사례[35]나 세종 26년(1444) 부마 등의 봉군을 없애면서 부마의 산계(散階)를 따로 정하고 이성제군부(異姓諸君府)를 부마부(駙馬府)로 개칭한 사례[36] 등은 왕실과 그 친인척을 관료일반과 구분하는 것으로서 모두 왕실 이외의 관료체계의 공적인 성격을 강화하는 내용을 지닌 것이었다.(南智大, 1993)

이 밖에도 많이 인용되었던 것은 궁 내부의 기준으로 적용되는 예였다. 비빈들의 생활을 위해 『대학연의』에서 본받을 것을 초록해 익히게 한 것[37]이나 환관과의 관계[38]에 대해 어떻게 처신할 것인가는 사

34 『대학연의』 권43, 「齊家之要四」 '敎戚屬', "成帝建始元年春正月 封舅諸吏光祿大夫關內侯王崇爲安成侯 賜舅譚商立根逢時爵關內侯 夏四月 黃霧四塞 詔博問公卿大夫 無有所諱 諫大夫楊興博士駟勝等對 皆以爲陰盛侵陽之氣也 高祖之約 非功臣不侯 今太后諸弟皆以無功爲侯 外戚未曾有也 故天爲見異 於是大將軍鳳懼 上書乞骸骨辭職 上優詔不許."

35 『태종실록』 권27, 태종 14년 1월 계묘조.

36 『世宗實錄』 권105, 세종 26년 7월 무신조.

37 『태종실록』 권18, 태종 9년 9월 병술조.

38 환관들과의 관계를 나타내는 예는 성종 25년 3월에 환관과 의관을 가자(加資)한 것에서 보이는데 이때에는 『대학』의 '그 친애하는 바에 치우치게 된다'는 구절을 인용하여 경계로 삼기도 하나 대체적으로 단편적인 사례로서, 역시 역사적인 사례를 따로 예시하여 한(漢) 고조(高祖)가 태자를 바꾼 예를 들고 있다. 이에 비해 『대학연의』는 원칙과 사례가 하나로 통합되어 편리한 점이 있다. 후대의 기록이기는 하나 문종은 『대학

실 제왕의 중요한 관심사였다. 이들을 효과적으로 제어하는 것은 제왕의 능력으로 작용할 가능성이 큰 문제들인 만큼 원칙과 실제적인 역사적 사례 등의 정보를 『대학연의』보다 많이 제공하는 책도 없었다.

이에 비해 세종 대에는 기록상에 나타난 바로는 상대적으로 『대학연의』에 대한 관심이 적다. 그러나 이것은 『대학연의』에 대한 경전과 역사서의 종합서로서의 이해를 보다 심화하기 위해서는 경사(經史) 양면으로 각각 보다 깊이 있는 재검토를 해야 하는 시대적 요청 때문에 오히려 현상적으로는 많이 언급되지 않은 듯하다.[39] 그래서 세종은 즉위 후 다음 해 7월까지 두 차례 『대학연의』를 진강한 후 『논어』·『맹자』 등의 기본 경전과 『자치통감강목』·『춘추』 등 역사서를 주로 강론하였다. 이러한 결과로 세종 대에는 『대학연의』에 토를 달고 본격적인 이해를 할 수 있는 토대를 마련할 수 있었다.[40]

이것은 세종이 『대학연의』를 늘 보아 외기까지 할 정도로 열성적이었다는 후대의 평가[41]가 뒷받침해 준다. 문종 대에 최항(1409~1474)에게 맡겨 『대학연의』에 대한 상세한 주석작업을 할 수 있었던 것은 세종 대의 이런 토대 위에서 가능할 수 있었다.[42]

세조대에는 무단적인 정치로 인해 『대학연의』의 참고 횟수가 급

연의』에서 역대 환관의 충근한 행실을 모아 책으로 묶어 『내신전(內臣傳)』을 만들었던 예가 태종 대에 있었다고 하였다. 『文宗實錄』 권8, 문종 원년 6월 임오조 참조.

39 지두환(1993: 343~345) 참조.

40 『문종실록』 권5, 문종 즉위년 12월 정해조. 문종이 세자로 있을 때 서연관(書筵官)에게 명하여 『대학연의』에 한글[諺字]로 토를 달고 종실(宗室) 가운데 문리(文理)가 통하지 않는 자를 가르쳤다고 하였다. 지두환(1993) 참조.

41 『睿宗實錄』 권7, 예종 원년 9월 기해조.

42 『문종실록』 권8, 문종 원년 7월 무신조.

격히 줄어들었지만 예종 대에는 중추부 지사 봉조하 정척(1390~1475)의 상서에서 『대학연의』의 대지(大旨)를 분명히 파악하고 있는 것을 볼 수 있다.

> 신이 가만히 생각해 보건대, 예로부터 제왕이 나라를 다스리고 천하를 평정하는 도가 『대학』에 갖추어져 있는데, 서산 진덕수가 편찬한 『대학연의』에서는 맨 먼저 도술을 밝히고 인재를 분변하며 세상을 다스리는 방법을 살피고 민정(民情)을 살피는 것을 임금의 격물치지의 요지로 삼았고, 공경하고 두려워함을 숭상하고 안일과 물욕을 경계함을 성의·정심의 요지로 삼았으며, 언행을 삼가고 위의(威儀)를 바르게 함을 수신하는 요지로 삼았고, 배필을 중히 하고 내치(內治)를 엄하게 하며 국본을 정하고 척속을 가르치는 것을 제가하는 요지로 삼아, 네 가지 요지를 얻으면 나라를 다스리고[治國] 천하를 평정하는 것[平天下]은 그 가운데 있다고 하였습니다.[43]

이후 성종 대에는 다시 『대학연의』에 대한 관심이 높아져 『대학연의』가 『소학』이나 『대학』·『중용』·『성리군서(性理群書)』와 함께 항상 보아야 할 책으로 자리를 잡은 것을 확인할 수 있다. 풍속교정의 지침, 후궁 선발이나 천거의 기준 및 후(后)를 폐하는 문제의 구체적인 교훈을 『대학연의』에서 얻었던 것이다.

그런데 이 시기에는 『대학연의보(大學衍義補)』가 수입되어(성종 25) 읽혀지기 시작하였다. 『대학연의보』는 명의 구준(丘濬, 1421~1495)이 지은 것으로, 『대학연의』가 개인의 수양덕목에 해당하는 격물·치지·성의·정심·수신·제가의 항목을 중심으로 경세관을 펼친 데에 비해 『대학연의보』는 치국·평천하의 덕목까지 자세히 기술하여 제왕이 통

---

43 『예종실록』 권4, 예종 원년 3월 정유조.

치를 행하는 데 참고가 되도록 편찬되었다. 이러한 『대학연의보』의 성격은 명대(明代) 학술의 한 방향을 보여 주는 것으로 성리학의 사변화(思辨化)에 대한 반발로 양명학이 등장하는 이면에 정통 성리학이 기술적인 세부문제에까지 경세치용(經世致用)의 관심을 확대해 가는 이원화되는 경향을 반영하는 것으로 볼 수 있다.[44]

또 『대학연의』에 대한 활발한 이해는 곧 『대학연의』를 조선식으로 이해하려는 요구로 발현되어 이석형(李石亨, 1415~1477)은 『대학연의집략(大學衍義輯略)』을 저술하게 되었다.[45] 이석형은 이 책에서 『대학연의』의 일부를 인용하고 고려사의 사실을 덧붙여 감계로 삼으려고 하였다. 대체로 『대학연의』에서 인용한 것은 역사서를 출전으로 한 예들로서 그 예를 바탕으로 다시 고려사의 사실을 덧붙인 형태로 만들었다.

그러나 이러한 노력은 당시 공감대를 얻지 못하고 시독관 최숙정과 검토관 안양생으로부터 오히려 성인(聖人)의 책을 함부로 변개하였다는 비난을 들었다.[46] 하지만 『대학연의』를 주체적으로 이해하고 조선의 역사와 관련시켜 해석하려던 시도에 대한 평가가 있어야 한다.[47] 한편 이러한 분위기는 당시 성리학에 대한 이해의 한 단면을 보여 주

44 尹貞粉(1992) 참조. 이 논문에서도 『대학연의보』의 등장을 명초(明初)의 정주학(程朱學) 즉 정통(正統) 이학(理學)이 심학(心學)의 도전을 받고 더하여 '거자지학(擧子之學)'으로 전락하는 것에 대한 정통 이학의 대응으로 보았다.

45 『成宗實錄』 권17, 성종 3년 4월 임오조.

46 『성종실록』 권43, 성종 5년 6월 병자조. 그래서 『대학연의집략』은 진상(進上)한 5건 외에는 인쇄하지 말라는 성종의 명이 있게 된다.

47 『대학연의집략』에 대해서는 본격적인 분석이 아직 이루어지지 않았다. 그러나 고려사의 사실을 어떤 형태로 인용하고 적용하였는지에 대해서는 다음 절에서 분석한다.

는 것으로서, 『대학연의』에서 기술적으로 '단장취의(斷章取義)'하는 것보다는 『대학연의』의 근본취지를 이해하는 것이 당시의 선결과제였음을 보여 준다.

이러한 분위기는 '제왕은 모두 태어날 때부터 알고 자연스럽게 행하는[生知安行] 성인(聖人)이므로 격물치지의 공부가 필요없다'고 주장한 지경연사 구종직(1424~1477)을 탄핵하는 주장에서도 충분히 읽혀진다. 대사간 김수녕(1437~1473)은 상소에서 구종직을 비판하며,

> (전략) 선대 유학자 진덕수가 『대학연의』를 편찬할 때 『대학』의 격물치지의 요체를 논하였는데, 첫째는 도술(道術)을 밝히는 것이요, 둘째는 인재를 변별하는 것이요, 셋째는 치체(治體)를 살피는 것이라 하여, 군자와 소인의 정상(情狀)과 국가가 다스려지고 어지러워지는 것과 안전하고 위태한 자취를 모두 격물치지에서 논하였습니다. (후략)[48]

라고 하여 『대학연의』의 본래 뜻을 충분히 인식하고 이를 발현할 것을 주장하였던 것이다.

이에 따라 성종 대에는 이전에 비해 경연에서 『대학연의』를 인용하여 정치적인 논의를 하는 경우가 빈번해졌다.[49] 이와 관련된 경연에서의 논의는 성종 8년 4월의 경연에서의 진강과 성종 9년 11월에서 성종 10년 10월까지의 진강, 성종 25년 8월의 진강이 있게 되는데, 그

48 『성종실록』 권9, 성종 2년 3월 임진조.

49 성종 대의 경연에 대해서는 權延雄(1981)을 참조하였다. 이 논문에서는 경연관이나 경연 강의 등 제도적인 부분에 대해 고찰하였고 경연을 통해 여러 정치적인 논의가 이루어졌음을 주목하여 '경연정치'라고까지 강조하였다. 성종의 재위 기간(25년)에 비해 『대학연의』의 인용 빈도가 높은 것은 아니지만 이러한 '경연정치'의 중요한 부분을 구성한 것이 진덕수의 『대학연의』임은 분명하다.

중에서도 성종 9~10년 사이의 진강에서는 『대학연의』를 중심으로 한 논의가 이전에 볼 수 없을 정도로 활발히 진행되었다.

이는 당시 훈구와 사림의 대립을 보여 주는 사례로서 충성스러운 간언에 대한 강조,[50] 불(佛)·선(仙)의 무익함에 대한 역사적인 사례,[51] 후궁 선발에 대한 반대[52]뿐만 아니라 왕후를 폐하는 문제에서도 직접적인 교훈을 얻으려고 하였다.[53]

이러한 결과로 성종은 재위 10년에 야대(夜對)를 폐하는 근거를 야대에서 자주 논의되던 『대학연의』에서 찾던 태도가,[54] 성종 25년이 되면 『대학연의』를 석강(夕講)에서 진강토록 하여 주기적으로 강론이 되도록 하는 전교를 내리는 것[55]으로 바뀌는 등 확실히 변모된 것을 확인할 수 있다.

성종 대의 변모는 연산군 대에도 지속되었다. 연산군은 즉위한 다음 해 경연에서 집중적으로 『대학연의』를 강론하게 되는데, 국왕이 가져야 하는 태도로서 바르게 일생을 마감하는 방법이나,[56] 백성의 고난을 항상 생각해야 한다는가,[57] 심지어는 대비의 분부를 이유로 재를

50 『성종실록』 권106, 성종 10년 7월 임술조.
51 『성종실록』 권106, 성종 10년 7월 경오조.
52 『성종실록』 권106, 성종 10년 7월 경오조.
53 『성종실록』 권109, 성종 10년 10월 병오조. 이해 6월에 폐비(廢妃) 윤씨(尹氏)의 문제가 있었다. 이 대목은 『대학연의』의 '후(后)를 폐하여 소대궁(昭臺宮)에 두었다'는 부분으로 윤씨는 당해 6월 2일에 폐비가 되어 사가(私家)에 있는 처지였다. 따라서 이러한 논의는 폐비 윤씨를 염두에 두고 나온 것이다. 『성종실록』 권105, 성종 10년 6월 임진조, 8월 기해조 참조.
54 『성종실록』 권104, 성종 10년 5월 경오조.
55 『성종실록』 권293, 성종 25년 8월 임오조.
56 『燕山君日記』 권11, 연산군 원년 12월 병인조.
57 『연산군일기』 권11, 연산군 원년 12월 경오조.

지낸 것에 대해 시정을 청하는 예[58]를 『대학연의』에서 직접 인용하여 준거로 삼았다.

이 밖에도 지속적으로 『대학연의』에 대한 진강과 인용이 반복되는데, 특히 연산군 2년 4월에는 『대학연의』 가운데 양 무제의 일을 읽고 감개하여 불교를 쇠하게 하고 유학을 장려하라고까지 하였다.[59]

그러나 연산군이 점차 자의적으로 국정을 운영해 나가는 것에 대한 비판은 『대학연의』를 통해서도 드러나니 간언을 강조한다든가,[60] 외척에 대한 강한 경계라든가,[61] 가후(賈后)의 흉악과 질투에 대한 경계[62] 등을 인용하며 점차 간접적인 비판의 수위를 높여 갔다.

이상으로 『대학연의』가 15세기에 인용된 사례들을 검토하였다. 이를 통해 제왕학에 대한 관심은 다른 어느 경전보다도 『대학』이나 『대학연의』에 의지하여 해석된 예가 많았음을 알 수 있었다.

즉 『대학』은 성리학의 전체 체계를 제시하면서 군왕으로서 해야 할 기초를 제공한다는 데 의미가 있었고, 또 일부 구절은 직접 정치에 인용되어 응용되기도 하였다.

그러나 제왕이 해야 될 일과 관련지어 보다 주목이 된 책은 『대학』의 체계를 유지하고 있으면서도 실제 사례를 역사 속에서 풍부히 제시해 주던 『대학연의』였다. 따라서 『대학연의』는 건국 초에 새로운 정치 방향의 제시와 현실적인 응용이 절실하던 때 어느 책보다도 각광을

58 『연산군일기』 권12, 연산군 2년 1월 임인조.
59 『연산군일기』 권14, 연산군 2년 4월 무자조.
60 『연산군일기』 권28, 연산군 3년 10월 기축조.
61 『연산군일기』 권47, 연산군 8년 12월 경술조.
62 『연산군일기』 권47, 연산군 8년 12월 임자조.

받게 되었으며 현실적으로 많이 인용되는 대상이 되었다.

그 가운데 무엇보다도 특징적인 것은 왕실 관련의 여러 가지 사실에 기준을 제공해 주었다는 점이다. 특히 왕실에 공적인 원칙을 적용하여 왕실(종실)과 부마·외척을 분리시켜 관료체계의 공적 성격을 강화하는 데 이용되거나 사병 혁파의 이론적 준거가 되었던 점은 조선초기 성리학이 지녔던 특성을 반영하는 측면이었다.[63] 이 점은 『대학연의』가 지니는 특징인 성리학의 심학화(心學化)된 측면을 반영하는 것이라기보다는 오히려 다른 특성이라고 이해할 수 있다. 조선 초의 상황 속에서는 군주 주도의 체제교학적인 형식을 반영하는 특징을 보여주는 것으로서 『대학연의』를 활용하였던 하나의 단면으로 볼 수 있다.[64] 역시 『대학연의』의 심학화된 측면에 대한 이해는 중종 대 이후에나 본격적으로 가능해지게 되었다.

---

63 왕실의 공적 성격을 강화하는 데 기여하였던 『대학연의』의 한 측면은 다른 한편 조선전기 왕권의 위상에도 관련이 된다. 즉 조선초기의 왕권은 대체로 강력하였다는 것이 근래 연구의 경향인데, 이런 강력한 왕권은 사실 체제교학화된 성리학으로 뒷받침되었던 것이며 『대학연의』가 이론적 전제의 기반이었다고 할 수 있다. 이에 대해서는 崔承熙(1985, 1991, 1994, 1995) 참조.

64 『대학연의』의 문제의식은 제왕의 정심(正心)과 수신(修身)을 통해 올바른 정치를 이룰 수 있다는 입장이다. 따라서 이와 관련되어 제가(齊家)를 다루고는 있지만 본래의 취지는 무엇보다 제왕의 마음을 바로 하는 것이 최우선의 과제였다. 이에 비해 『정관정요』는 제왕에게 납간(納諫)의 중요성을 강조하였는데, 이를 받아들이는 여부가 곧 어진 군주에게 갖추어야 할 덕목의 큰 것으로 파악하였다. 따라서 제왕 중심적인 사고로 제왕의 변화 여부보다는 이미 갖추어진 제왕의 덕(德)에 기대는 경향이 강하였다. 이렇게 본다면 15세기에 인용된 『대학연의』의 사례 중 왕실과 관련된 것은 이미 존재하는 제왕 중심적인 사고의 연장에서 된 것으로 보이므로 『대학연의』의 내용이 모두 구현되었다고 보기는 힘들다.

4. 『대학연의』 논리의 재구성과 발전

위에서 『대학연의집략(大學衍義輯略)』이 성종 대에 이석형(李石亨, 1415~1477)에 의하여 찬술된 것을 언급하였다. 이 책은 『대학연의』를 이해하는 방식을 살펴보려 할 때 매우 주목되는 책이다. 이 책이 어떤 목적과 내용으로 써졌는지에 대해 검토하면 조선 초에 『대학연의』를 바탕으로 한 정치사상의 한 단면을 이해하는 데도 도움이 될 수 있을 것이다.

이 책의 찬자인 이석형은 김반(金泮)의 문인으로 세종 대에 사마시에 합격하고 이어 식년문과에 장원으로 급제한 이후 집현전학사로 14년을 재직한다. 이때 이석형은 『고려사』 등의 편찬에 관여하였지만 특히 세종 27년에 완성된 『치평요람』의 편찬에도 참여하였다.[65] 후술하겠지만 『치평요람』은 송대에 편찬된 『자경편(自警編)』이 가언선행(嘉言善行)을 찾아보기 쉽게 하였던 것처럼 역대 역사 서적에서 치평(治平)에 도움이 되는 것을 뽑아 정리하여 참고하기 쉽게 하려는 목적에서 만든 책이다.[66]

그런데 150권의 거질로 구성된 이 책은 역대 중국사를 1권에서 147권까지 주(周)나라에서 원(元)나라까지의 역사를 정리하고 147권에서 150권까지는 고려의 역사를 정리하였다. 이는 바로 이석형이 『고려사』의 편찬에 참여하여 고려의 역사를 정리하였던 경험에서 『대학연의집략』에 고려사의 예를 접합할 수 있었던 것으로 추정된다.

---

65 『치평요람』에 대한 개략적인 소개에 해당하는 연구로는 金慶洙(1994) 참조.

66 『세종실록』 권93, 세종 23년 6월 계사조.

특히 『치평요람』의 경우 주로 역사를 다루기는 하지만 본래의 목적이 치평에 도움을 주려고 하였던 것에서, 단순한 역사서가 아니라 국왕의 정치감계서의 역할을 할 목적으로 편찬된 것을 알 수 있다. 이것은 한편 『대학연의』가 제왕의 격물(格物)에서 제가(齊家)의 영역까지를 다루고 치국(治國)·평천하(平天下)의 영역은 앞의 것을 잘하면, 다시 말하면 군주가 수양을 잘하면 자연스레 이루어질 것이라고 한 점을 보완한 것이라고 할 수 있다.

이석형은 『대학연의집략』의 서문에서, 일동(一動)·일정(一靜)·일호(一號)·일령(一令)을 반드시 이 책에 있는 것으로써 준칙으로 삼으면 성학에 크게 도움이 될 것이라고 하였다.[67] 또한 이석형의 후손인 이정구(李廷龜, 1564~1635)도 이 책을 인조 12년(1634)에 올리면서 쓴 차자(箚子)에서 정치적인 감계로서 절실한 것은 우리나라 역사보다 더한 것이 없다면서 이 책을 지은 뜻이 여기에 있음을 간접적으로 말하였다.[68]

또 이석형이 이 책을 지은 목적으로 내세운 것은 『대학연의』가 너무 분량이 많아 참고하기 쉽지 않다는 점이다.[69] 실제 『대학연의』는

67 『大學衍義輯略』 卷首 「大學衍義輯略序」, "一玩好必思之 曰得無逸欲之萌歟 一興作必思之 曰得無奢侈之漸歟 一任用 必思小人之或進 而君子之或退也 一聽納 必思讒佞之見售 而忠讜之見斥也 以至一動一靜一號一令 必以是書 而準則焉 則其有益於聖學 而有補於治道 可勝言哉."

68 『大學衍義輯略』 권21 「進大學衍義輯略箚」, "李石亨遭遇世宗大王右文之治 連魁三榜 文望冠世 曾與集賢諸學士 同撰治平要覽 至成宗朝 特兼成均知事 命與數三儒老 輪坐學宮 講讀經史 居常尊信大學衍義 沈潛研究 未嘗釋卷 只慮卷秩浩穰論說叢積 萬機之暇 披閱未易 白於筵中 刪其繁復 又以爲鑑戒之切近 莫如東史 乃取麗朝五百年事蹟 編入於各條之下 名之曰 大學衍義輯略."

69 앞의 주 참조.

43권의 분량으로 완독하기가 쉽지 않았던 문제가 있었다. 이에 따라 『대학연의집략』은 43권에서 21권으로 권수는 반 정도로 줄였으나 실제 분량으로는 약 2/3 정도만 줄였다.[70]

『대학연의집략』은, 『대학연의』의 내용 가운데 경서에서 인용한 일반론은 생략하고 사서에서 인용한 사실(史實)들을 중심으로 제왕에게 가장 절실한 내용들로 구성되었다고 할 수 있다.[71] 또 이런 내용들은 철저하게 제왕 중심적인 일화가 대부분을 차지할 수밖에 없으며, 군신 관계에서도 신하들이 주로 잘못하였던 예들을 주로 다루었다.

이는 신하를 선택할 때 조심할 수밖에 없는 군왕의 입장을 반영하는 것이며 동시에 군신 관계에서도 신하를 상대화하여 군주를 위협하는 요소로 파악하는 『대학연의』의 군신관(君臣觀)을 그대로 계승한 것이었다. 이에 따라 고려사에서 주로 부정적인 인물들을 예로 들어 인용하였던 것이다. 이 밖에 왕실에 대한 입장에서도 군왕을 위협하는 후비(后妃)·환관(宦官)·외척(外戚) 등에 대한 경계가 주류를 이루었다.

『대학연의집략』에 제시된 제왕상(帝王像)은, 이런 여러 예들로써 판단해 보면 대단히 현실적인 제왕상을 그린 것으로 해석할 수 있다. 즉 주자성리학에서 제시된 군주상은 도덕적인 이상을 현실에서 실현하는 성학 군주의 상이라고 할 수 있고, 끊임없는 수양을 통해 자연스

70 이러한 분량은 대체적으로 추산한 것인데 다음을 참조하였다. 『대학연의』의 영인본(1994, 민창문화사 간)과 『대학연의집략』의 영인본(1989, 『韓國經書資料集成』 성균관대학교출판부 간)의 비교결과 『대학연의』는 1,652쪽이고 『대학연의집략』은 1,100쪽 정도다.

71 이러한 평가는 서거정(徐居正)의 다음과 같은 언급에서 이미 확인된다. 『海東文獻總錄』 「大學衍義輯略」, "筆苑雜記曰 李文安嘗因眞德秀大學衍義 刪其經書之言 約其諸史之文 添入麗史之可爲勸戒者 爲一書."

럽게 여러 신하와 백성을 인도하는 모습이었다고 할 수 있다. 이에 비해 『대학연의』를 바탕으로 『대학연의집략』에서 제시된 제왕상은 신하들을 끊임없이 분별하고 경계하여 살피며, 왕권을 위협하는 내외의 여러 요소에 대해 적절하게 대처하는 방법을 염두에 둔 현실적인 군주의 상이라고 할 수 있다.

바로 여기에서 『대학연의집략』이 널리 유포되어 강독되지 않은 이유를 짐작할 수 있다. 이 책은 성종 3년 4월에 찬진되었으나 2년이 지난 성종 5년 6월에 이 책의 인쇄를 반대하는 의견이 경연에서 시독관 최숙정(崔淑精)과 검토관 안양생(安良生)에 의해 제기되고 성종이 이를 받아들여 진상한 5건 이외에는 더 이상 인쇄하지 못하게 하였던 것이다.[72] 이후에도 인조 12년과 숙종 34년에 이석형의 후손인 이정구와 이정신(李正臣)이 각각 이 책을 바쳐서 경연에서 참고할 것을 요청하였으나 참고하였다는 기록은 거의 확인되지 않는다.[73]

따라서 『대학연의집략』이 『대학연의』를 소화하여 우리나라에 맞는 제왕학을 구성하려고 하였으나 그다지 성공적이지는 못하였던 것으로 볼 수 있다. 이렇게 된 이유에는 먼저 방대한 『대학연의』의 분량을 줄였다고는 하나 실제로는 경서에서 인용된 일부만을 줄였기에 『대학연의』에서 차지하는 많은 분량을 조절하는 데는 적절하지 못하였던 점을 들 수 있다. 이 같은 맥락에서 차라리 『대학연의』를 참고하는 것이 더 낫다는 의견이 제시될 수 있었고 이후 실제로 『대학연의』가 참고되었던 것이다.

---

72 『성종실록』 권43, 성종 5년 6월 병자조.

73 『仁祖實錄』 권29, 인조 12년 7월 계사조; 『肅宗實錄』 권46, 숙종 34년 5월 경진조.

또『대학연의』의 군신관을 보다 극대화한 현실적인 군주상은, 원칙적인 삼대의 제왕을 이상으로 삼는 사림들의 관점에서 볼 때 불만스러운 대상일 수 있었다. 이 점이『대학연의집략』이 보급되지 않았던 보다 근본적인 이유라고 할 수 있다.

그러나『대학연의집략』은『대학연의』를 우리식으로 소화하려는 시도였다는 점에서 나름대로의 의미가 있다고 할 수 있다.『대학연의』가 격물치지에서 제가까지의 영역에서 제왕학을 재구성하였다면, 치국·평천하의 영역에서 부족한 부분을『치평요람』을 편찬하였던 경험을 되살려서 고려사의 예들을 접합하는 것을 통해 보완하려고 시도하였던 점이 이 책이 지닌 특성이었다. 비록 그것이 적극적으로 활용되지 않았다고 하더라도 여기에서 15세기 체제교학화된 성리학에서 추구하였던 제왕상의 일단을 확인할 수 있는 것이다.

그렇다면『치평요람』의 경우 어떤 맥락에서 출현한 것일까? 조선초기 세종 대에 편찬된 여러 책 중에서도 특별히 주목되는 저술인『치평요람』과『자치통감강목훈의(資治通鑑綱目訓義)』는 모두『대학연의』와 일정한 관련이 있었다.[74] 즉『치평요람』은 '치국평천하'에 필요한 요람이라고 할 수 있는데, 이것이『대학연의』에서는 격물에서 제가까지의 영역만 설명하고 그친 것에 비해 제왕의 궁극적 목표라고 할 수 있는 치평영역을 보완하고자 하는 의도에서 만들어진 것이라고 할 수 있다.

또한『자치통감강목』의 경우『자치통감』의 정치사상을 정리한 책인데,『대학연의』의 모본에 해당하는 책으로서 폭넓은 역사 속에서 정치적 감계의 역할을 하였다. 따라서 조선초기의 경연에서 끊임없이

---

74 세종 대 편찬서적은 다음의 표를 참조할 것. 최승희(1982)와『세종실록』참조.

진강되어 그 사례들을 현실정치에 반영하였던 것이다.

『치평요람』은 세종 23년(1441) 3월 정인지(鄭麟趾, 1396~1478)에게 명하여 편찬하게 하였다. 세종은 정인지에게 다음과 같이 말하였는데,

> 무릇 잘된 정치를 하려면 반드시 이전시대 다스림과 어지러움의 사적을 보아야 할 것이요, 그 사적을 보려면 오직 역사의 기록을 상고하여야 할 것인데, 주(周)나라 이래 대대로 역사가 있으나 편찬한 것이 방대하여 쉽게 두루 상고할 수 없다. 내가 근래에 송나라 유학자가 편찬한 『자경편(自警編)』을 보니 가언(嘉言)과 선행(善行)을 절(節)로 나누어서 종류에 따라 편찬하였는데, 간단하게 요약하는 데에 힘썼으니, 예전의 서적을 저작한 자가 사람들이 즐겨 보도록 하려고 한 것을 알 수 있다. 진실로 사람마다 학문에 대하여 널리 보기가 어려운 것인데, 하물며 임금이 만기(萬機)를 보살피는 여가에 박람할 수 있겠는가? 경이 역사책을 상고하여 열람해서 그 선하고 악한 것에 권하고 징계함이 될 만한 것을 뽑아내어 하나의 서적으로 편찬하여, 보기에 편하게 하여 후세 자손의 영원한 거울이 되게 하라. 또 동방도 건국한 것이 오래되었으니 흥폐존망을 역시 알지 않을 수 없을 것이다. 아울러 편입시키되 번다하거나 간략한 데에 치우치

편찬연도	편찬서명	편찬연도	편찬서명
세종 10년	孝行錄	세종 22년	國語補正
11년	農事直說	23년	明皇誡鑑
13년	太宗實錄	24년	絲綸全集
14년	三綱行實	25년	杜詩諸家註解
	八道地理志	26년	韻會諺譯
15년	無冤錄註解		五禮儀注
	鄕約集成方		七政算內外篇
16년	資治通鑑訓義	27년	治平要覽
19년	通鑑博義所在諸將事實		龍飛御天歌
20년	韓柳文註解		龍飛御天歌註解
	資治通鑑綱目訓義		醫方類聚

게 하지 말라.[75]

라고 하고, 책이름을 직접 내려 『치평요람』이라고 정하게 하였다. 이어 문학하는 선비를 집현전에 모아서 분과(分科)하여 일을 추진하게 하였다. 이 기사에서 곧 『치평요람』이 편찬된 취지를 짐작해 볼 수 있다. 즉 중국 역대의 역사 서적에서 선악의 거울이 될 만한 일을 가려서 군주가 바쁜 틈에도 참고할 수 있게 하는 것이 목적이었고, 우리나라의 일도 간략하게 참조할 수 있게 하라는 것이 세종이 이 책을 편찬한 의도였다.[76]

그리고 이 책의 범본이 되는 책은 송대에 편찬된 『자경편』이었음을 밝혔다. 『자경편』은 송 영종(寧宗) 때에 조선료가 편찬한 책으로 자기 자신을 경계[自警]하는 데 도움이 되는 송나라의 여러 신하들의 언행을 3년 정도 모은 것이다.[77]

이 책은 『대학』의 팔조목(八條目, 格物·致知·誠意·正心·修身·齊家·治國·平天下)의 순서와 비슷하게 학문(學問)·조수(操修)·제가(齊家)·접물(接物)·출처(出處)·사군(事君)·정사(政事) 등의 순서로 구성되어 있다. 이런 점은 『대학』을 통해 성리학에서 제시하는 대로 수기와 치도를 달성하려는 송대 사대부의 이념을 반영하는 것이다.

특히 이 책은 사대부의 입장에서 출처의 문제, 사군의 문제, 정사

75 『세종실록』 권93 세종 23년 6월 계사조.

76 기왕에 『치평요람』에 대한 연구로는 해제와 연구논문 약간, 참조 정도가 전부다. 오항녕(2006), 김순희(2006), 박현모(2013), 김가람(2014, 2015), 李佑成(1994, 1995), 金慶洙(1994) 참조.

77 『自警編』(奎古1341-5) 「趙善璙序」, "(前略) 集我朝諸公言行 越三年而成編 名以自警 蓋警飭予之所不能 而庶幾古人萬一云耳."

표 1. 『치평요람』 목차와 내용

권수	내용	권수	내용	권수	내용
1~14	주(周)	59~64	양(梁)	99~100	후진(後晉)
14~15	진(秦)	64~67	진(陳)	100~101	후한(後漢)
15~40	한(漢)	67~70	수(隋)	101~102	후주(後周)
40~52	진(晉)	70~95	당(唐)	102~142	송(宋)
52~56	송(宋)	95~97	후량(後梁)	142~147	원(元)
56~59	제(齊)	97~99	후당(後唐)	147~150	국조(國朝)

의 문제를 다룸으로써 제왕이 직접 참고하기 위해 만들었다기보다는 사대부의 입장에서 치도를 완성하려는 목적이 있었던 것이라고 할 수 있다. 그래서 『자경편』의 목록 뒤에는 송나라의 명신 240명의 이름을 일일이 기록하였던 것이다.

그리고 조선에서도 이 책이 몇 번 출간이 되었는데, 특히 현재 남아 있는 규장각한국학중앙연구원 소장본(奎古1341-5)의 경우 현종 5년(1664)에 간행된 책에는 송시열이 발문을 썼는데, 정자(程子)의 예를 들어 이 책이 비록 신도(臣道)를 논하였지만 인군도 이런 예에서 벗어나지 않는다는 점을 지적하였다.[78] 이 점은 『자경편』이 편찬된 의도를 정확하게 지적한 것이라고 할 수 있으며, 조선에서 관심을 가진 부분이 어떤 것인지도 알 수 있게 해 주는 사례다.

한편 『자경편』의 분류가 지나치게 혼잡하다는 이유로 박세채(朴世采, 1631~1695)는 숙종 10년(1684)에 이 책을 개편하여 『신수자경편(新修

78 『자경편』(奎古1341-5) 「新刊自警編跋」, "(前略) 昔有問程子者曰 坤者臣道 人君亦有用乎 程子曰 如厚德載物 豈非人君之用乎 今見於此編者 如韓富之宏深范馬之正大 苟聖上俱收 而並取焉 則如地負海涵 萬物畢具 其爲盛德之助 豈不大乎 況時有程朱格言 則豈非聖學之根柢耶."

自警編)』 20권 10책으로 만들었다.[79] 이 책은 기존 『자경편』의 분류나 목차를 거의 따르고 있으나 편차를 조금 고치고 내용도 줄였다. 그리고 『이락연원록(伊洛淵源錄)』·『명신언행록(名臣言行錄)』·『정주어록(程朱語錄)』 등에서 내용을 더 보태었으나[80] 대체적으로 『자경편』과 대동소이하여 큰 차이는 없다고 할 수 있다.

이상에서 우리는 『자경편』이 제왕보다는 '천신대부(薦紳大夫)'의 입장, 즉 신하인 사대부의 입장에서 치도를 논하는 특징을 지닌 것을 알 수 있다. 이에 비해 『자경편』을 범본으로 삼아 만들어진 『치평요람』은 세종의 명으로 만들어진 것에서도 알 수 있듯이 제왕의 입장에서 시작되었다는 점에서 『자경편』과는 성격이 약간 달랐다고 할 수 있다.

『치평요람』의 내용은 정인지의 전(箋)에서도 제시되었듯이 중국은 주나라에서부터 명나라까지, 우리나라는 기자에서 고려까지의 사실 중에서 임금[人君]으로서 나라를 다스리는 데에 도움이 될 만한 것들을 모아 놓았다. 여기에는 국가의 흥망과 군신의 사정(邪正), 정치의 잘잘못과 풍속·습관의 좋고 궂음이며, 아래로 필부로부터 밖으로는 사방의 오랑캐까지 인륜과 정치에 관계되는 것이라면 모두 수록하였고 이에 더해 제가(諸家)들의 해석과 선대 유학자들의 논의를 덧붙였다.[81]

---

79 『新修自警編』(奎古1341-4) 「跋」, "東人有言 自警編學問古文眞寶文章 盖謂用功近而收效多也 (中略) 第惟此編 門類不祥 意義頗雜多 未盡正者 竊不自揆 輒爲手加增刪 而疏瀹之 以附晦翁名臣錄之餘義 庶幾觀者心開眼明益進實功."

80 『신수자경편』(奎古1341-4) 「凡例」, "一 此書實爲薦紳大夫持身處事之規範 誠不可一日而廢者 第有重疊者有冗瑣者有遺落者 玆不得不更加修整 乃輒刪其重疊冗瑣 而兼取伊洛淵源錄名臣言行錄小學日記故事及程朱語錄等書 事跡議論以就完粹."

81 『치평요람』 卷首, 「治平要覽箋」, "(前略) 稽諸往古 起周家而迄國朝 至于東方 始箕子而終麗代 徧剟舊史之錄 旁採小說之文 國家興衰與君臣之邪正 政教臧否及風俗之汚隆 下而匹夫之微 外而四夷之遠 若關彛倫 則雖小而悉記 有補治體者 必錄而不遺 間以諸家之

실제 『치평요람』은 150권 중에서 147권까지 주(周)나라에서 원(元)나라까지의 역사를 다루고, 147권에서 150권까지는 우리나라의 역사를 다루었다.

중국에서는 명나라가 빠지고 우리나라에서도 대부분의 내용이 고려 때의 역사를 대상으로 하여서 전문(箋文)의 내용과는 약간 차이가 있지만 대체로 중국사를 위주로 하고 우리나라 역사를 보완하는 형태가 되었다. 특히 우리나라의 역사는 기자에서부터 다룬다고 하였던 것에 비해 주로 고려의 기사를 인용하였고, 그것도 고려 후반기나 고려 말에 해당되는 내용이 대부분을 차지하였다.

세부내용에서도 『자경편』과는 달리 일단은 군주 주도의 역할에서 교훈을 삼을 것을 주로 다루었다. 물론 이 책이 군주만을 대상으로 한 것은 아니었다.[82] 하지만 세종의 편찬의도에서도 그러하거니와 실제 편찬된 내용에서도 존왕적인 시각으로 편찬되었다고 할 수 있다.

이런 내용은 중국사보다도 우리나라의 역사로 다룬 고려의 사례에서 집중적으로 부각되었다. 즉 고려 말 폐주(廢主)들의 문제를 지적하여 새로운 왕조를 세워야 하는 당위성을 집중적으로 부각하였다. 147권에서부터 시작되는 고려의 역사는 공민왕·우왕·창왕·공양왕 때의 기록이 대부분이다.

이때 공민왕은 고려왕 기(祺, 나중에 개명하여서는 전(顓)으로 바꿈), 우왕과 창왕은 각각 폐주 우(禑)와 폐주 창(昌)으로 기록되었고 공양왕

釋音 附以先儒之論議 廣博該備 誠君上爲治之大經 明白謹嚴 寔史外傳心之要典."

82 『치평요람』 卷首, 「治平要覽序」, "(前略) 爲人君而觀此 則有以識興替安危之機 爲人臣而觀此 則有以知忠佞邪正之分 至於爲父子爲夫婦爲兄弟爲朋友者 亦得有以知其所當止焉."

은 고려왕 요(瑤)로 기록되었다. 이렇게 고려왕의 이름을 기록하고 또 우왕과 창왕의 경우 폐주로 규정하여 조선초기의 입장을 계승하였는데, 이는 조선왕조 건국의 정당성을 합리화하는 한편 고려 말의 혼란한 상황에 잘못 대처한 것에서 교훈을 얻으려는 목적이 있었다고 할 수 있다.

즉 왕권 측에서 해야 할 일을 제대로 하지 못한 사례를 고려 말의 예를 통해 지적하고 이를 통해 역사적 교훈을 유도하였다. 일례로 국가에서 필요한 공적 기준을 강조하였던 것은 고려 말의 혼란된 상황을 비판하는 동시에 새 왕조의 정당성을 확보하기 위한 예로 들은 것이다. 조준의 상소에서 사전(私田)을 억제하고 공적인 전제(田制)의 기준을 마련하자는 주장을 실은 것[83]이나 제왕에게 경(敬)이나 공(公)을 강조한 것 등은 바로 그러한 입장에서 나온 예였다.[84] 이외에도 조선 태조가 고려 말의 왜구를 방어하고 안변책(安邊策)을 제시하였다는 사실 역시 태조가 왕조를 건국한 당위를 부각시킨 것이었다.[85]

또 권147의 국조(國朝) 부분에서는 명 태조 고황제에게서 온 새서(璽書) 1통, 조서(詔書) 4통 등을 실어서 명나라와의 연결을 고려하였던 것은 역시 당시 대외관계에서 명나라와의 관계를 정당화시키려는 의도로 배치된 것이었다.

---

83 『치평요람』 권150, “高麗大司憲趙浚等上疏略曰 竊惟私田利於私門 而無益於國 公田利於公室 而甚便於民 利於私門 則兼幷以之而作用度 由是而不足 利於公室 則倉廩實而國用足 爭訟息而生民安矣 有國家者 當二經界爲仁政之始.”

84 『치평요람』 권150, “高麗大司憲趙浚等上疏略曰 敬之一字 帝王所以作聖之基 公之一字 帝王所以致治之本 請殿下上畏皇天之鑑臨 下外億兆之瞻仰 衆悅而後命賞 衆棄而後加刑 勤咨訪以廣聰明 好學問以崇德業 接群下以禮奉毋(後略).”

85 『치평요람』 권148, 149 참조.

그리고 다른 한편으로 국왕에 대한 기준을 명확하게 제시하였던 점도 특기할 만한 일이었다. 고려 때의 『정관정요』를 대신하여 새롭게 성리학적 제왕상을 제시하였는데, 권근이 성학을 권고한 사례[86]나 고려에서 서연이 행해진 것을 지적한 예[87] 등은 이를 염두에 둔 것이었다.

이러한 사례들은 인군의 수양이라는 측면에서 고려 말 성리학의 효용을 극대화하여 제시한 것인데, 특히 대표적인 예가 윤소종의 상소에 나타나 있다.[88] 이 밖에도 고려 말에 경연과 대간을 강조하였던 여러 사례들을 든 것도 인군의 수양과 견제라는 측면을 고려한 것이었다.[89]

이와 같이 살펴본다면 『치평요람』은 우리나라와 관련된 기록만으로는 고려 말의 혼란된 상황에서 조선 건국의 당위성과 또 역사적 감계를 목적으로 쓰여졌다고 할 수 있다. 이 과정에서 고려 말의 혼란에 제대로 대처하지 못한 왕권 측의 잘잘못을 정리하여 왕권의 입장에서 추구해야 할 기준을 제시하였다. 그 안에 인군의 수양과 이를 위한 제도적 장치인 경연이나 대간 등의 사례를 적극적으로 제시하였던 것이다.

---

86 『치평요람』 권149, "高麗左司議大夫權近等上書曰 (中略) 故自古聖賢之君 未有不學而能理萬機之政者也 殿下卽位之初 有志于學 首開書筵 國人相慶以望大平."

87 『치평요람』 권148, "高麗憲府上疏曰 我國家歷代明王 皆說書筵 講論理道 涵養氣質 薰陶德性 以爲理國之本."

88 『치평요람』 권150, "高麗大司成尹紹宗上書."

89 이와 관련하여 『치평요람』에 제시된 정치사상을 분석한 것은 金慶洙, 1994, 앞 논문 참조. 그러나 위 논문에서는 왜 『치평요람』에서 경연론(經筵論)이나 대간론(臺諫論) 등이 나오게 되었는지에 대해, 혹은 그 전제에 대해서 설명이 부족하다.

이와 같이 『치평요람』은 『대학』의 치국평천하 이념을 역사적인 관점, 특히 정치적인 감계라는 면에서 정리하였다는 데서 의의가 있다. 이것은 『대학연의』가 격물에서 제가까지 예로 든 것을 이어서 왕권의 입장에서 치국평천하에 해당하는 내용을 보완하여 쓴 것이었다. 따라서 『치평요람』은 송대의 『자경편』을 참고하였으나 그 취지는 조금 달라졌다고 할 수 있다. 기본적인 틀은 『대학연의』의 정치적 입장을 그대로 이어서 존왕과 인군의 수양이라는 관점을 완성시킨 것이었다.

조광조 이후 『대학』에 기초한 새로운 성리학에 주목하여 이를 정치사상으로 집대성한 사람은 이언적(李彦迪, 1491~1553)이었다. 이언적은 『대학』에 대한 재해석을 본격적으로 시도하여 『대학장구보유(大學章句補遺)』(59세)와 『속대학혹문(續大學或問)』을 저술하였다.[90] 이 두 책의 내용에 대해서는 어느 정도 분석이 이루어졌고,[91] 또 두 책의 관계에 대해서도 『대학장구보유』의 부족한 부분을 『속대학혹문』으로 보충하는 표리의 관계에 놓여 있음이 지적되었다.[92]

이언적은 또한 이를 기반으로 『대학』과 『중용』에 대한 이해를 유기적으로 시도하여 『중용구경연의(中庸九經衍義)』를 작성하였다. 『중용구경연의』는 이언적이 『대학연의』를 염두에 두고 쓴 것으로[93] 『대학』에 대한 재해석의 결과이며 제목에서 언급된 『중용』은 오히려 『대학』에 대한 보완의 의미를 지니는 것이었다.[94] 이 책은 당시 명나라의

---

90 『대학장구보유』에 대해서 노수신(盧守愼, 1515~1590)은 이 저술이 명대의 채청(蔡淸)과 같다고 하면서 이언적이 『대학』에 대해 주희보다는 이정(二程)의 설에 중점을 두어 수정하였다고 하였다. 『穌齋集』 권7, 「晦齋先生大學補遺後跋」 참조.

91 李丙燾(1987)과 李東熙(1988) 참조.

92 이병도(1987) 참조.

93 金烋, 『海東文獻總錄』 柳成龍 跋文, 328쪽.

하양승(夏良勝, 1480~1536)이 찬한 『중용연의(中庸衍義)』와 일정한 관계가 있을 것으로 추측되는데,[95] 목차에서 권10~12의 구경지의(九經之義)가 이미 제시된 것에서 짐작할 수 있다.[96]

하양승의 『중용연의』는 서문에서도 밝히고 있듯이, 진덕수가 『대학』의 뜻을 널리 해설한 것[衍義]처럼 『중용』을 해설하겠다고 한 것에서 『대학연의』의 후속편인 것을 알 수 있다.[97] 그러나 실제 내용에서는 『대학연의』보다는 구준의 『대학연의보』에서 많은 내용을 채용하여 구

---

94 李泰鎭(1987: 166). 한편 김준석(金駿錫)은 『중용구경연의』에서 삼친(三親)을 중심으로 한 가(家)와 국가(國家)와의 관계를 지적하면서 『대학』의 제가치국론(齊家治國論)이 된다고 하였다. 金駿錫(1981: 175) 참조. 『중용구경연의』에 대한 개괄적인 검토는 이미 金容坤(1994)에서 이루어진 바가 있다.

95 하양승(夏良勝)은 명나라 태조인 주원장이 송염(宋濂)에게 제왕지학(帝王之學)에 가장 중요한 책을 묻자 『대학연의』라고 답한 내용을 『하씨문집(夏氏文集)』「대학연의서(大學衍義序)」에 기록한 것으로 보아 그 역시 『대학연의』에 대한 관심은 각별하였다고 할 수 있다. 이에 대해서는 高令印·陳其芳, 『福建朱子學』(1986, 福建人民出版社) 133쪽 참조. 한편 『중용연의(中庸衍義)』가 조선에 수입되어 있었던 것은 비록 뒷 시기의 기록이기는 하지만 효종 5년 차왜(差倭) 평성정(平成政)이 요구한 서책목록에 들어있던 것에서 확인된다. 『孝宗實錄』 권13, 孝宗 5년 11월 계사조 참조.

96 『중용연의』(文淵閣四庫全書 子部 21, 제715책(臺灣 商務印書館 發行))의 목차는 다음과 같다. 권1 天命之性(正性之源, 論性之弊), 권2 率性之道之義(傳道之統, 體道之要, 衍道之實, 明道之功, 害道之防, 雜道之辨), 권3 修道之敎之義(立敎之本, 敦敎之則, 垂敎之典, 章敎之風, 尊敎之制, 異敎之流), 권4 致中和之義(中和之極, 協和之徵, 修和之誠, 戾和之咎), 권5 達道之義(君臣之常, 君臣之變, 君臣之戒), 권6 達道之義(父子之常, 父子之變, 父子之戒), 권7 達道之義(夫婦之法, 夫婦之戒), 권8 達道之義(兄弟之法, 兄弟之戒, 朋友之法, 朋友之戒), 권9 達德之義(臨知之法, 任知之戒, 施仁之法, 賊仁之戒, 昭勇之法, 矜勇之戒), 권10 九經之義(修身, 尊賢, 親親), 권11 九經之義(敬大臣, 體群臣, 子庶民), 권12 九經之義(來百工, 柔遠人, 懷諸侯), 권13 誠明之義(治己之誠, 應物之誠, 自知之明, 知人之明), 권14 三重之義(因革之禮, 郊祀之禮, 宗廟之禮, 朝廷之禮, 正樂之禮), 권15 三重之義(命官之制, 審刑之制, 田賦之制, 兵戎之制, 崇勳之制), 三重之義(經濟之文, 詞翰之文).

97 『중용연의』「中庸衍義原序」, "眞德秀衍大學義 而程朱之說大備 臣自知學 每惜中庸尙或缺義 竊有志焉."

준의 책에 가깝다는 비평을 들었다.[98]

이에 비해 이언적의 『중용구경연의』는 그 서문에서 『대학』은 수기치인지도(修己治人之道)를 가르치는 책이어서 진수(進修)의 공은 있지만 위치지목(爲治之目)은 소략하다고 인식하였다. 또 진덕수의 『대학연의』는 치도의 요체를 천명하였지만 치평의 2개 조항을 빠뜨렸고, 구준의 『대학연의보』는 『대학연의』에서 빠진 것을 보완하여 경세의 시무(時務)를 갖추었으나 배천(配天)·경천(敬天)의 설에는 미비한 점이 있다고 하였다.[99] 또한 국가의 헌장법도(憲章法度) 등은 도체(道體)에 해당하는 것이어서 임금이 강구하여 유의하는 바이지만 궁극적으로는 유사(有司)의 일이라고 하였다.[100] 바로 이 점에서 『중용구경연의』에는 치평의 두 조항을 중심으로 하되 국가의 제도적인 부분보다는 천을 중심으로 한 임금의 심학(心學)적인 내용에 보다 관심을 기울였던 것을 알 수 있다.

이러한 내용구성은 『중용연의』와는 상당히 다른 구성으로 그 실제 내용은 독창적인 것을 알 수 있다. 또한 『중용연의』의 권10에 해당하는 수신(修身)·존현(尊賢)·친친(親親)의 내용만 가지고서 비록 미완성이기는 하지만 『중용구경연의』의 방대한 분량으로 재구성한 것은

---

98 『중용연의』「提要」, "中頗採邱濬大學衍義之說 考良勝於正德嘉靖間 兩以鯁直杖謫 風節凜然 爲當世所重 其書雖近于濬書 至其人品則非濬所可企及矣."

99 『중용구경연의』序(『韓國經學資料集成』9, 中庸1) 21쪽, "(前略) 先儒眞德秀衍大學之義 闡明治道之要 而尙遺治平之二條 近世丘濬補衍義之闕略 以備經世之務 而又未及於配天敬天之說 是乃智者之千慮一欠(後略)."

100 『중용구경연의』序 22쪽, "(前略)曾子言君子所貴乎道者 三籩豆之事 則有司存焉 帝王爲治之道 亦猶是也 國家憲章法度 無非道體之所該 爲治之切務 人主所當講究而留意 然此皆有司之事(後略)."

나름의 독창적인 구성이라고 할 수 있다. 그리고 한편으로 굳이 『대학연의』의 방식으로 이해를 시도하였던 것은 하나의 특징으로 삼을 수 있겠다.[101]

이언적의 『중용구경연의』와 하양승의 『중용연의』는 『중용』 구경의 뜻을 풀었다는 기본적인 성격의 유사성에도 불구하여 실제 관심을 두고 있는 부분은 차이가 있었다고 할 수 있다.

『중용구경연의』의 경우 류성룡이 발문에서 지적한 것처럼 진덕수의 『대학연의』와 같이 『대학』의 뜻을 풀은 것을 염두에 두고, 『중용』의 뜻을 풀어서 성현이 말한 치도의 긴요한 부분을 해설한 것이었다.[102] 류성룡의 이 지적은 매우 적절한 것으로 이 책에 인용된 것 중에 진덕수의 의견이 실제로 가장 많이 인용되어서 마치 『대학연의』를 보는 것과 비슷할 정도였다. 물론 이 책에는 진덕수 외에도 송대의 학자로 주자가 빈번하게 인용되고, 그 밖에 정자, 범조우, 채침, 여조겸, 사마광, 호인, 소옹 등이 자주 인용되었다.

그러나 이언적 자신이 서문에서 『대학연의』와 『대학연의보』 두 책의 예를 모방한다고 언급한 지적과는 달리 구준의 의견은 거의 반영되지 않아 극히 일부에서만 인용하였다.[103]

---

101 『중용구경연의』에 대한 류성룡의 발문에서도 류성룡은 치도(治道)를 말하는 자는 『대학』보다 상세한 것이 없고 (중용)구경(연의)보다 중요한 것이 없다고 하면서 서산(西山, 진덕수)이 앞에서 부연하고 선생이 뒤에서 폈다고[暢之] 하였다. 『海東文獻總錄』「中庸九經衍義」조 참조.

102 『중용구경연의』 跋, "嗚呼 自古聖賢 言治道者 莫詳於大學 莫要於九經 西山衍之於前 先生暢之於後 而治天下國家之道 大備無餘蘊矣."

103 『중용구경연의』「序」, "先儒眞德秀 衍大學之義 闡明治道之要 而尙遺治平之二條 近世丘濬 補衍義之闕略 以備經世之務 而又未及於配天敬天之說 是乃智者之千慮一欠 盖亦有待於後人也 臣之孤陋管窺 有見於此 乃敢不撥愚淺 竊倣二書之例 推本先聖之訓 參以

『중용연의』의 경우에는 위의 내용에 대한 분석에서도 알 수 있듯이 군신관계에 유의하여 국왕의 수기와 존현의 문제를 다루는 면도 있으나 전체적으로는 국왕(황제) 주도의 성격을 강하게 내포하였다는 특징이 있다. 이러한 특징은 이 책에 대한 평가에서 실제 구준의 책, 즉 『대학연의보』에 가깝다고 한 지적과 맥락을 같이한 것으로 볼 수 있다.[104]

『대학연의보』는 구준이 『대학연의』의 부족한 부분이었던 치국·평천하의 영역을 보완하였던 책이다. 일부 연구에서는 국왕 개인의 전권(專權)을 반대하고 사대부와의 공치(共治)를 강조하기 위해 만들었다고 평가하기도 하나(尹貞粉, 1992) 이러한 설명은 15세기 명나라의 사정을 고려하지 않은 측면이 강하다고 할 수 있다.

오히려 이 책은 기본적으로 정치의 기초를 도덕적 수양에서 구하려는 방식에서 벗어난 점이 큰 특징이라고 할 수 있다. 이는 체와 용의 구분에서 용에 집중하는 방식으로 치국·평천하의 문제를 접근한 것이 아니라 체를 군주가 장악한 상황에서 용의 부분에 대하여 군주를 보완하는 상세한 해설서 역할로서 작성된 것이었다고 할 수 있다. 따라서 어느 정도 군주에 대한 도덕적 수양을 온전히 요구하는 것을 포기한 것이라고 할 수 있다.[105]

바로 이런 점 때문에 이언적은 경연에서 다음과 같이 『대학연의

諸賢之論 及諸史百氏之說微臣一得之愚 亦竊附焉 隨其條目 而推廣其義 名之曰 九經衍義."

104 『중용연의』「提要」, "中頗採邱濬大學衍義之說 考良勝於正德嘉靖間 兩以鯁直杖謫 風節凜然 爲當世所重 其書雖近于濬書 至其人品則非濬所可企及矣."

105 드 베리(1998: 157~8) 참조.

보』에 대해 비판하였다.

… 신은 늘 전하께서 요순의 도에 뜻을 두시면서 경연에서 삼대 이상의 성경현전(聖經賢傳)으로 진강의 근본을 삼지 않으시고, 항상 후세에서 편집한 질(帙)이 많다고 하여 끝까지 연구하기가 쉽지 않은 책(『대학연의보』)을 취하여 읽으시는 것을 괴이하게 여겨 왔습니다. 이런 책들은 번다한 사물과 제도에 대해서는 상세하지만 성인의 심술을 밝히고 정성스럽게 하는 뜻과 정밀히 하고 한결같이 하는 방법 등은 대체적으로 갖추어져 있지 않습니다. 따라서 군주가 다만 옆에 두고 한가할 적에 때때로 펴보면서 고금의 제작(制作) 규모의 장단점을 연구하면 될 것이요, 경연에서 오로지 그것에 정신을 집중시켜 강론하고 궁구할 필요는 없는 것입니다.[106]

따라서 문제의식의 면에서 『중용구경연의』는 구준의 『대학연의보』에 가까웠던 명대의 『중용연의』보다는 진덕수의 『대학연의』의 연장선상에 놓여 있는 책이라고 할 수 있다. 그렇다면 이와 같이 『대학연의』의 관점을 이은 것은 어떤 의미가 있는 것일까.

앞에서 진덕수의 『대학연의』는 군주의 주도권을 인정한 후 군주의 수양을 요구하였다는 특징이 있다고 지적하였다. 이런 특성에 비추어 본다면 『중용구경연의』에서는 군주주도의 현실은 인정하되 『대학연의』의 단계보다도 한 걸음 더 나아가 군주의 수양론을 본격적으로 정리하였다는 데서 의미를 찾을 수 있겠다.

이런 점은 『중용구경연의별집(中庸九經衍義別集)』에서 군주의 수양에 도움이 되는 것을 다시 상세하게 논한 것에서 보완되었다. 천도를 본받거나 천덕(天德)을 체득하는 것이 결코 멀리 있는 것이 아니라

106 『중종실록』 권92, 중종 34년 10월 갑신조.

지극히 가까운 곳에서 실천할 수 있는 문제라고 지적하고 이를 따라서 할 것을 이언적은 권고하였다.[107] 그리고 또 천명을 두려워하고 재이(災異)의 경계를 삼가야 함을 지적하고 게으르거나 사치에 빠지지 않는 구체적인 방도를 지적하였다. 이런 논의들은 모두 군주의 수양을 구체적으로 보완하는 지적들로 역시 수양에 초점을 맞춘 논의들이었다.

이와 같이 살펴보면 이언적은 16세기 전반에 문제가 되었던 이학(理學)의 심학화 경향에 대해 주자성리학에 입각하여 문제해결을 시도하였던 것으로 볼 수 있다. 이 과정에서 이언적은 명나라 학문의 영향을 받았는데, 명나라 학문의 영향대로라면 심학에 대한 강조는 사실 군주가 주도하여, 군주 스스로가 심학의 주체가 되는 쪽으로 귀결될 수 있었다. 하지만 이언적은 그러한 방향으로 가지 않고 군주에게 수양을 요구하고, 이를 통해 현명한 신하들을 등용하게 하는 쪽으로 방향을 설정하였던 것이다.

이런 특징들은 『중용구경연의』의 인용에서 단적으로 드러난다. 즉 군주의 수양을 어느 정도 요구하였던 『대학연의』의 저자 진덕수의 말이 많이 인용되고, 이에 비해 『대학연의보』의 저자 구준은 훨씬 적게 인용되었던 사실에서도 확인된다.

---

107 『中庸九經衍義別集』 권2, 爲天下國家之要, 體天道二, "通書曰 天以陽生萬物 (中略) 臣按 此言聖人配天理物之道也 天下之本在於君 君之道在於心 心之術在仁義 其道至近而非遠 其術至簡而不多 後世人主 皆以聖王之道爲高遠 而不知求之至簡至近之地 故數千載以來無復劉熙皥之治 可勝嘆哉 人主誠能體至近之道 而行至簡之術 以施奉天之政 則可以盡參贊之功 而唐虞三代之治 復見於今日矣 深有望於聖明之朝."

5. 조선적 논리와 『성학집요(聖學輯要)』

16세기 전반에 활발히 이루어진 『대학』에 대한 관심은 곧 『대학』의 최종 목표인 성인의 학문, 즉 성학(聖學)에 대한 체계적인 이론을 낳는 바탕이 되었다. 16세기 후반에 집중적으로 조명된 성학에 대한 논의는 바로 이러한 조건을 전제할 때만이 의미를 지니는데, 이 가운데 이황의 『성학십도(聖學十圖)』와 이이의 『성학집요(聖學輯要)』가 대표적인 예가 되겠다.[108]

물론 15세기에도 상소문이나 각종 기록에서 성학이 언급되지 않는 것은 아니나 대개 국왕의 학문을 염두에 두고 하나의 체계를 일관하여 제시하게 된 것은 이 시기에 이르러서야 가능해진 것이다. 본래 성학이란 유학에서 성인의 학문을 뜻한다. 바로 이 성인이 등장하였던 시기인 삼대는 동양의 이상으로 자주 등장하는 이상정치가 실현되었던 시기로서 성인이 바로 왕이 되어 통치한 시기였다. 그러나 이러한 상태는 곧 변화되어 성인이 왕이 되지 못하는 상태, 즉 현실에서의 군주는 성인이 아닌 상황이 벌어지면서 성인의 전수(傳受)인 '도통(道統)'은 '왕통(王統)'에서 분리되는 상태가 되었다.

이러한 모순을 해결하기 위하여 주자성리학에서 설정한 성학은 '성인이 되는 것을 배우는 학문'으로 그 의미가 확대되었다. 또한 이것은 현실적으로는 왕이 배우는, 또는 배워야 할 학문이라는 뜻으로 자

---

108 이에 관해 기존에 연구된 한국철학계나 동양철학계의 성과는 매우 많으나 성학(聖學)을 보편적인 인간을 대상으로 하여 제시된 이론으로 본 경우가 많았다. 그러나 『성학십도』나 『성학집요』의 경우 모두 국왕에게 제시되었다는 측면에서, 『대학』의 논리를 기반으로 한 정치사상의 관점으로 파악하는 시각이 필요하다.

주 쓰이기도 하였다. 이럴 때의 성학은 왕의 학문을 지칭하여 곧 제왕지학으로 이해되기도 하였다.

15세기에 실록 등에서 쓰인 성학의 용례를 보면 이에서 크게 어긋나지 않는다. 그래서 성학은 성인의 학문, 곧 유학-성리학을 가리키는 것이었고 이를 지향해야 하는 왕의 학문으로 쓰인 것이 통례였다.

— 왕의 학문으로 쓰인 경우

의정부에서 노비변정조건(奴婢辨正條件)을 올렸다. 상소는 이러하였다. "(전략) 공경히 생각건대 전하는 천성(天性)이 밝고 지혜롭고 성학이 즙희(緝熙)하여 무릇 시위(施爲)하는 바를 중용에 맞도록 힘쓰니 오로지 이는 요임금, 순임금의 마음 쓰심입니다.[109]

— 유학 일반을 지칭하는 경우

(전략) 전하께서는 총명예지하신 성인으로 성학의 육경(六經)과 사적(史籍)을 강구하지 않으심이 없으셨고, 세상의 유학자들이 보통 말하는 부처의 화복인과(禍福因果)의 말에도 이미 싫도록 들으시와 밝게 알으실 것이오매 어찌 신 등의 말을 기다리오까?[110]

— 성인의 학문과 왕의 학문을 동시에 가리키는 경우

(전략) 전하께서 장차 성학을 크게 밝히시고 세도를 바로잡아 조선 억만년 무궁한 복이 되게 함이었습니다. 전하께서 즉위하신 뒤로 경연을 열고 성학을 강명하여 정치와 교화가 바르고 밝으시니(후략)[111]

(전략) 전하께 미치어서도 밝고 넓으신 성학으로 이전 성인의 도통을 이어서, 불교에 대하여 날카로운 뜻으로 배척하여, 도성 안에 양종(兩宗)만 두고 나머지는 모두 파하여 없애었으니(후략)[112]

---

109 『태종실록』 권27, 태종 14년 4월 기미조.

110 『세종실록』 권94, 세종 23년 11월 정축조.

111 『세종실록』 권94, 세종 23년 12월 신축조.

이상의 예에서 살펴보았듯이 15세기에 제시된 성학은 국왕의 학문이라는 의미가 컸고 이때의 국왕의 학문이란 요순의 성학을 내포하는 것이었다. 즉 군주 자신에게 성학을 이룬 요순과 같은 품성을 요청하는 것이었으며, 국왕이 성학의 담당자이면서 정치의 주체로 설정된 것이 특징적이었다.

물론 성학은 국왕에게만 적용되는 것은 아니었다. 다음의 예에서는 신하들에게도 성학은 이루어야 할 대상으로 여겨졌음을 알 수 있다.

> (전략) 그대들 대부들은 성학에 마음을 쓴 지가 세월이 이미 오래 되니, 만일 시무가 오늘에 급한 것이 있거나 혹은 과실을 내가 들어 알지 못하는 것이 있거든 마땅히 마음을 다하여 말하고 숨기지 말라[113]

> (전략) 생각하건대, 경(필자 주: 李季甸을 가리킴)은 집안에서 훌륭한 예를 전하고 대대로 문장이 뛰어나서, 일찍이 대과에 급제하여 성학에 잠심하였다. 경연에 자리잡게 되자, (후략)[114]

이와 같이 성학은 비단 왕의 학문뿐만이 아니라 성인이 되기 위한 학문으로서 보편성을 지닌 대상으로 상정되었던 것이다. 그러나 성학이 주로 언급되는 대상은 국왕의 성인됨을 요구하는 것이 가장 보편적인 용례였다. 이에 따라 이러한 측면으로 국왕에게 성학을 요청할 때 가장 많이 지적되는 책이 바로 『대학』과 『대학연의』였는데, 16세기에

112 『세종실록』 권121, 세종 30년 7월 갑진조.

113 『단종실록』 권1, 단종 즉위년 5월 계축조.

114 『세조실록』 권13, 세조 4년 6월 을유조.

들어서면 새로이 '성학'으로 이론적 체계가 재정리되었던 것이다.[115]

특히 『성학집요』의 경우 그 성격이 『대학연의』의 뒤를 잇는다고 하면서 『대학연의보』가 상대적으로 주목되지 않는 경향이 있다. 이러한 경향은 『대학연의』와 『대학연의보』의 내용에 대한 상세한 비교 검토를 통해 천착되어야 할 문제인데, 다만 『대학연의』가 심학화된 경향을 드러내면서 수신에 치중하여 무엇보다 군주의 일심(一心)을 잘 수양함으로써 치국·평천하의 문제는 수신의 연장으로 파악한 것에 비해, 『대학연의보』는 보다 구체적인 통치의 기술적인 문제들까지 염두에 두어 찬술된 차이에서 일단의 원인을 찾을 수 있겠다.

이와 같은 경향은 두 책이 지어진 시기의 특성을 반영하는 것이기도 한데[116] 두 책은 전술하였듯이 16세기 조선 사대부들에게 심대한 영향을 주었는데 하필 『대학연의보』보다는 『대학연의』에 주목하는 경향은 시기적 특성이라고 할 수 있다. 즉 『대학』과 제왕학에 대한 많은

---

115 국왕에게 성학(聖學)을 요청하기 위해 15세기에 『대학』·『대학연의』가 인용되는 것과 관련하여 『대학』의 논리로써 많은 상소문과 진덕문(進德文) 등이 지어지는데, 이것을 모은 책이 이희조(1655～1724)의 『동현주의(東賢奏議)』(奎1681)이다. 이 책에는 문묘에 종사된 9현(賢)의 상소문과 기타 책들을 수록하였다. 내용을 보면 제1책에 정몽주, 김굉필, 정여창, 조광조, 이언적 등의 상소문이 실려 있고, 제2책에는 이언적의 상소문과 『중용구경연의』가 실려 있으며, 제3책에는 『중용구경연의』, 『중용구경연의별집』이 실려 있고, 제4책에는 『구경연의별집』, 문순공(文純公) 이황의 상소문과 『성학십도』가 실려 있으며, 제5책에는 이이의 상소문과 『동호문답(東湖問答)』 및 시폐소(時弊疏)가, 제6책에는 「만언봉사(萬言封事)」, 『성학집요』가 실려 있으며, 제7책에는 『성학집요』와 상소문이 실려 있다. 제8책에는 성혼의 상소문과 김장생의 상소문이 실려 있다. 이것을 통해 15세기에는 주로 상소의 형태로 군덕(君德)을 논술하던 것에서 16세기에 들어와서 본격적으로 제왕학에 대해 논하게 되어 성학으로 이론화되었음을 알 수 있다.

116 이작연(李焯然)의 경우 『대학연의』는 체(體)에 해당하고 『대학연의보』는 용(用)에 해당한다고 파악하였다. 李焯然(1987) 참조.

저술들이 이 두 책을 경세의 중요한 참고 서적으로 활용하였음에도 불구하고 사실 『대학연의보』의 내용에는 아직 접근을 하지 않은 것은 단지 이해의 문제만은 아니었던 것이다. 16세기 전반에 이루어진 『대학』의 이해와 이를 기반으로 한 사단칠정 논쟁, 혹은 심학에 대한 관심 등 심성에 대한 토론은 전반적으로 심학화된 정주학을 반영하는 것이었고 적어도 군주학에서는 『대학연의』가 이러한 경향을 대표하는 것이었다. 따라서 『대학연의보』보다는 『대학연의』에서 군주학의 모범을 찾을 수밖에 없었다.

이러한 경향은 『대학연의』와 『대학연의보』의 군신론을 살펴보아도 분명해진다. 『대학연의』에서는 『정관정요』식의 군주관에서 완전히 탈피하지 못하고 심학적인 내용으로 군주를 설득하려고 하였던 것이 그 구성에서도 드러나는 바 격물에서 제가까지만 언급함으로써 마치 수기가 제대로 되면 치인은 그것의 공효로써 저절로 되는 것으로 이해하고 있다.[117]

결국 『대학연의』는 본말론적 관점으로 본다면 본을 우선시하여 본에 해당되는 '내성(內聖)'이 달성되면 말에 해당하는 '외왕(外王)'은 자연히 달성될 수 있다는 관점이었다.[118] 그러나 『대학연의』에서 강조된 내성(內省)철학의 수립을 통한 심성학(心性學)과 경세학(經世學)의 통합을 지향하는 관점은 단지 심성만을 강조하는 데서 그치는 것이

117 『大學衍義』「眞西山讀書記乙集上大學衍義序」, "蓋明道術辨人才審治體察民情者 人君格物致知之要也 崇敬畏戒逸欲者 誠意正心之要也 謹言行正威儀者 修身之要也 重妃匹嚴內治定國本教戚屬者 齊家之要也 四者之道 得則治國平天下 在其中矣."

118 이와 같은 이해는 시론(試論) 형식으로 발표된 중국의 연구에서도 동일하게 지적되었다. 이에 대해서는 李焯然(1987) 참조.

아니었다. 이 책에는 한의 광무제(光武帝)나 당 태종에 대한 평가에서도 알 수 있듯이 경세경륜(經世經綸)의 통치술과 정명파의 명분론 그리고 주자 이학(理學) 등이 종합, 절충되어 구성되어 있었던 것이다.[119]

이에 비해 『대학연의보』는 주로 '치국평천하지요(治國平天下之要)'에 해당하는 내용으로 강(綱)을 삼고 그 아래로 12개의 목(目)과 다시 119사(事)의 자목(子目)으로 구성되어 있다. 이를 열거하면 위와 같다.[120] 위와 같은 분류에서도 알 수 있듯이 『대학연의보』는 『대학연의』가 가지고 있는 한계, 즉 지나치게 본(本)의 관점, 혹은 군주 심학에 주목하는 관점을 탈피하여 보다 구체적인 방안을 제시함으로써 『대학연의』의 빠진 부분을 보충하려는 의도가 있었다.

이에 따라 임금은 내성외왕의 절대자로서, 그리고 천명을 받은 자로서 이상화되지만 실제로는 치자라는 현실적인 인간으로 파악하여 도덕적 능력에 한계가 있다는 사실을 중시한다는 점에 차이가 있다.[121] 즉 군주의 도덕적 수양만으로 치국 평천하가 자연스럽게 달성되는 것이 아니라 치국 평천하의 구체적인 항목에 군주의 개입이 요청되는 현실을 반영하는 것이었다. 따라서 군주의 수양 덕목인 수기와 치인이 실질적으로 분리된다는 점이 이전의 성리학에서 제시한 제왕관과는

---

119 李範鶴(1997: 162～175) 참조.

120 『大學衍義補』(文淵閣四庫全書本, 儒家類 18-19) 참조.

121 『대학연의보』에서 군주관이 변한 것은 이 책이 저술되던 시대적 배경과 역시 관계가 있다. 즉 명(明) 중기에 이르러서 주자학이 고답적인 '성명지학(性命之學)'으로 흐르거나 개인의 이익을 위한 '거자지학(擧子之學)'으로 전락해 버리자 이에 대한 반발로 일부에서는 심학(心學)으로 편향되는 경향성이 나타난 것과 관련이 깊다. 특히 구준(丘濬)이 생존하였던 시기의 진헌장(陳獻章)을 중심으로 한 심학의 유행은 크나큰 도전이었다. 윤정분(1992) 참조.

다른 점이었다.[122]

그러므로 『대학연의보』는 『대학연의』의 제목과 형식, 내용까지지도 상당히 계승함에도 불구하고 당시 처해 있던 시대적 상황을 반영하면서 군신론에서도 군주의 심학을 강조하는 것과는 달리 군주의 관심범위를 구체적인 현실로 확대하게 한 데서 차이가 있었다.

그러면 조선에서 정리한 성학의 내용에는 이 두 책이 어떻게 반영되었을까. 우선 성학이란 이름 아래 체계적으로 정리된 최초의 저술은 이황(李滉, 1501~1570)의 『성학십도』다. 이것은 당시의 국왕이었던 선조에게 올린 것으로, 이미 지치(至治) 구현의 방법으로 올린 여섯 가지 조목에 걸친 상소인 「무진육조소(戊辰六條疏)」(1568)[123]의 내용을 도설(圖說)로 다시 정리한 것으로 이황의 학문적 성과가 집약되어 있다고 볼 수 있다.

무진육조소의 내용은 여섯 가지 조항으로 제1조가 계통을 중시하여 인과 효를 온전히 함[重繼統以全仁孝], 제2조가 참언과 이간을 막아서 양궁을 친하게 함[杜讒間以親兩宮], 제3조가 성학을 돈독하게 하여 다스리는 근본을 세움[敦聖學以立治本], 제4조가 도술을 밝혀서 인심을 바르게 함[明道術以正人心], 제5조가 복심을 미루어서 이목을 통하게 함[推服心以通耳目], 제6조가 수신하고 반성함을 성실하게 하여 하

---

122 윤정분(1992: 307~317) 참조. 이 논문에서는 제왕의 수양 덕목인 수기(修己)와 치인(治人)이 실질적으로 분리되고, 이에 따라 사대부의 역할이 증대되면서 관료에 의한 분치(分治)의 가능성까지 있다고 보았다. 하지만 이때 사대부 관료의 역할은 단지 제왕의 충실한 보조자로서 관료로서의 성격이 강하였다고 보아야 할 것이며, 오히려 황제권이 구체적인 항목까지 개입하는 논리는 역으로 신하들의 위상이 낮아진 증거였다고 파악해야 한다.

123 『퇴계집』 권6 「戊辰六條疏」.

늘의 사랑을 이음[誠修省以承天愛]이다. 이러한 내용은 무엇보다도 왕실의 안정을 위한 대목을 강조하고 있으며 기실 『대학연의』의 내용을 중요하게 참조한 흔적이 보인다. 물론 당대의 과제였던 중종 이래의 계속된 사화와 또 권간의 처치를 위해 제시된 것이지만 국왕의 관점에서 필요한 계통(繼統)이나 내치(內治)의 문제, 그리고 『대학연의』의 격물치지지요에서 인용한 명도술의 문제는 『대학연의』의 문제의식을 그대로 반영한 것이었다. 특히 도술을 밝혀서 인심을 바르게 하는 제4조의 경우 본말, 선후의 차이가 있으므로 군주가 솔선하여 본을 우선시하지 않으면 안 된다고 하였다.[124] 이러한 바탕 위에서 군주는 성학을 돈독히 하여 다스림의 본체를 세우고 복심인 대신(大臣)을 미루어 이목인 대간(臺諫)을 통하게 하는 것을 이룰 수 있다고 하였다.

『성학십도』(1568)는 이 무진육조소의 연장으로 제1도의 『태극도(太極圖)』와 태극도설(太極圖說)에서 제10도의 「숙흥야매잠도(夙興夜寐箴圖)」와 숙흥야매잠까지 10개의 도설로 구성되어 있다. 그 자세한 내용은 제1 태극도, 제2 서명도(西銘圖), 제3 소학도(小學圖), 제4 대학도(大學圖), 제5 백록동규도(白鹿洞規圖), 제6 심통성정도(心統性情圖), 제7 인설도(仁說圖), 제8 심학도(心學圖), 제9 경재잠도(敬齋箴圖), 제10 숙흥야매잠도다. 그런데 이 10개의 그림에서 이황이 직접 만든 그림은 「소학도」·「백록동규도」·「숙흥야매잠도」 등 3개뿐이다. 나머지 그림은 주돈이(「태극도」), 권근(「대학도」), 주희(「인설도(仁說圖)」), 왕백(「경재잠도」)과 정복심(「서명도」·「심통성정도」·「심학도」)이 이미

124 『퇴계집』 권6 「戊辰六條疏」, “本乎人君窮行心得之餘 而行乎民生日用彜倫之教者 本也 追蹤乎法制 襲美乎文物 革今師古 依倣比較者 末也 本在所先而急 末在所後而緩也.”

작성하였던 그림을 인용하였던 것이다. 이 중 특히 원대의 학자였던 정복심의 그림이 적극적으로 인용된 것이 주목을 끈다.

이러한 10개의 도설은 다시 크게 천도와 인도로 나누어질 수 있는데, 특히 이 중에서도 천명과 천도를 실천하는 공부로 천명을 다루는 「태극도」와 인간의 심성을 다루는 「심통성정도」인 제1도와 제6도가 핵심을 이루고 있다.[125] 이황은 「태극도」와 「서명도」에서는 근원을 구하여 그 근원을 넓히고, 하늘을 근본으로 하여 도를 다하는 극치로서 『소학』과 『대학』의 표준으로 삼았다.[126] 그리고 다음에 나오는 나머지 여섯 개의 도는 이러한 근본을 풀어 가는 것으로 선(善)을 밝히고 몸을 성실히 하며 덕을 높이고 일을 넓혀 가는 데 힘쓰는 내용이라고 하였다.[127] 이렇게 파악하였으므로 『소학』과 『대학』의 내용은 근원을 밝히는 내용과 이를 풀어서 일상생활에서 실천하게 하는 내용의 중간에 위치하여 이를 연결하는 중요성을 다시 한 번 입증하는 것으로서 그 의미가 크다고 할 수 있다. 특히 『소학도』의 경우에는 본래 없었던 것인데 『대학도』와 대조하여 서로 보완하는 관계로 설명하기 위해 특별히 만든 것이라고 하였다.[128] 그런데 이때 이황은 경(敬)에 대해 형상(形上)과 형하(形下)를 통하게 하는 것이어서 충분히 터득할 것을 요구

---

125 『퇴계집』 권7 「進聖學十圖箚」. 『성학십도』를 천인합일사상(天人合一思想)에 입각하여 제1도와 제6도를 주목한 것에 대해서는 허남진, 1984, 「聖學十圖와 聖學輯要의 硏究」, 『空士論文集』 18 참조.

126 『퇴계집』 권7 「大學經」, “右孔氏遺書之首章(中略) 蓋上二圖 是求端擴充體天盡道極致之處 爲小學大學之標準本原.”

127 『퇴계집』 권7 「大學經」, “下六圖 是明善誠身崇德廣業用力之處 爲小學大學之田地事功.”

128 『퇴계집』 권7 「小學題辭」, “右小學 古無圖 臣謹依本書目錄爲此圖 以對大學之圖 又引朱子大學或問通論大小之說 以見二者用功之梗槩 蓋小學大學相待而成 所以一而二 二而一者也 故或問得以通論 而於此兩圖 可以兼收相備云.”

하여 공부를 함에 특별히 경을 강조하고, 주돈이의 『태극도설』에서는 정(精)만을 말하고 경을 말하지 않았는데, 주희가 그 주에서 경을 보완한 것을 지적하였다.[129] 심지어 제9도에서는 경재잠(敬齋箴)을 설정하여 경을 공부하는 구체적인 방법까지 제시하기까지 하였다.

경을 주목하는 과정에서 중요한 것은 이 경이 심법을 구현하는 수단의 하나라는 점이다. 이 점에 대해 이황은

> 배우는 사람은 진실로 경의 태도를 계속 지니는 데 전념하여 이치와 욕망의 분별을 확실히 할 것이고, 본성이 발현되지 않았을 때 존양하는 공부를 충실히 할 것이고 발현되었을 때에는 반성하고 살펴보는 습성에 익숙해야 할 것입니다. 그러면 (『서경』에서 말한) 진실된 길로 오로지 감으로써 가장 알맞은 도리를 잘 지킬 수 있는 성학과 그 본체를 현실에 충분히 응용할 수 있는 심법(心法)을 다른 곳에서 구하려고 하지 않아도 여기에서 얻을 수 있게 될 것입니다.[130]

라고 하여 경이 성학과 심법을 구현하는 중요한 방법임을 지적하였다. 이것은 곧 「심통성정도」에서 제시되었는데 그만큼 이황이 심(心)을 중요하게 파악하였음을 알 수 있다. 이런 경향은 주자성리학 내이기는 하나 일정하게 심학의 영향을 받았던 점을 증명해 준다.

『성학십도』 10개의 그림에 정복심의 도가 3개나 대폭 반영된 것은 비록 정복심이 이학에 관심을 가졌던 인물인 것을 고려하여도 원대

---

129 『퇴계집』 권7 「大學經」, "(前略) 敬者 又徹上徹下 著工收效 皆當從事而勿失者也 故朱子之說如彼 而今玆十圖 皆以敬爲主焉-太極圖說 言靜不言敬 朱子註中 言敬以補之."

130 『퇴계집』 권7 「心統性情圖說」, "(前略) 學者誠能一於持敬 不昧理欲 而尤致謹於此 未發而存養之功深 已發而省察之習熟 眞積力久而不已焉 則所謂精一執中之聖學 存體應用之心法 皆可不待外求而得之於此矣."

성리학의 영향을 일정하게 반영하는 것이었다. 정복심은 원대의 성리학자로서 이학에 심취하여 여러 사람의 설을 절충하여 『사서장도(四書章圖)』를 완성하여 호평을 받았다.[131]

또 이황은 나흠순(羅欽順)의 입장을 비판하기는 하였으나 영향을 받았던 일면도 있었다. 이황이 『곤지기(困知記)』를 쓴 나흠순에 대해 『송계원명이학통록(宋季元明理學通錄)』에서 명대의 인물로서 나흠순을 넣을 것인가에 대해 고민하였고, 결국 만년에는 나흠순의 학설을 받아들일 수 없었기 때문에 명대에 기록할 수 없었다는 조목(趙穆)의 지적[132]은 이황이 나흠순에 대해 나중까지 어찌하지 못하다가 최종적으로 비판하고 배척하는 입장을 취하였던 것을 보여 준다. 이러한 사실은 곧 이황 역시 심학에 대해 심취하여 상당히 영향을 받았던 간접적인 증거라고 할 수 있다.[133]

또한 경(敬)과 더불어 인(仁)을 강조하여 성학, 곧 심학을 설명하고 있다.[134] 이황의 이 같은 설명은 사실 그의 현실 정치경험과 학문적

---

131 『퇴계전서』 권10 『宋季元明理學通錄』 「程林隱」, "公諱復心 字子見 號林隱 ○一統志婺源人 自幼沈潛理學 會輔氏黃氏之說 而折衷之章 爲之圖 圖爲說 著成名 曰四書章圖 總要仕元 爲徽州牧 授 後以母老辭職."

132 『퇴계전서』 『宋季元明理學通錄』 卷末 跋, "(前略) 只如曺月川羅整庵二公 則記諸別紙非在錄中 然以先師手錄 不無其意 故不敢遺棄 並附于後 但整庵則其所著困知記一書 名爲尊尙程朱 而於其的確已定之論 一切致疑 或以爲小有未合 或以爲未定于一 至以道心爲寂然不動之體 人心爲感而遂通之用 曰太極圖說 自與通書 不類曰叔子之論 不若伯子之論 至詆朱子 爲終身誤認理氣爲二物 常若有未滿之意紛紛 此類非止一二顯 然自以所見爲透得程朱未到之地 而反以程朱所見爲猶隔一重膜愚 未知其信矣乎否也 竊恐其蔽不但知之不明信之不篤而已 殆亦出於陽尊陰壞 務已傲賢之意而然邪 故先師晩年所論甚不取 以是推之 則假使當時並成本朝錄 如羅整菴當別有所處矣 後之覽者詳之."

133 일부 연구에서는 이황의 이러한 심학의 성격을 '주리적(主理的) 심학'이라고 정의하기도 하였다. 李東熙(1988a) 참조.

134 이 부분에 대한 연관은 김용곤(1994)에서 이미 지적되었다.

입장을 조화시킨 것으로 이해할 수 있는데, 주지하다시피 이황은 지치(至治)의 구현 방법으로 국왕이 심학(心學)을 체득하는 것이 어느 것보다도 중요하다는 것을 거듭된 사화를 통해 절감하고 있었기 때문에 무엇보다도 군주의 심학을 거듭 요청한 것이었다. 또한 이러한 관점은 그가 책을 접한 이후부터 절대적으로 신봉하던 『심경(心經)』에 대한 관심과 깊이 연결되어 있었다.[135] 그리고 내용적으로는 『대학연의』의 관점인 군주의 심학, 즉 수신을 통해 이것이 해결되어야 자연히 치국·평천하의 문제가 해결된다는 논점이 반영되어 있었던 것이다.

그런데 이러한 논점은 『대학연의』의 내용인 '존왕'과 '수양'의 두 관점에서 존왕보다는 수양의 문제를 집중적으로 정리한 것이었다. 즉 제왕의 학문은 그 규범의 내용이 비록 보통 학자들이 지켜야 하는 규범과 다 같을 수는 없다고 하더라도, 이륜(彛倫)에 근거를 두고 궁리하며 열심히 실천하여 심법의 중요한 곳을 구하는 것은 다를 것이 없다고 하였다. 이것은 곧 제왕의 학문이 따로 있는 것이 아니라 학자들이 일반적으로 지켜야 할 규범에 따라 궁리하고 실천할 것을 요구하였던 것으로 '존왕'보다는 '수양'을 요청하는 데 더 큰 비중을 둔 것이었다.[136] 이러한 『성학십도』는 선조 대에 병풍으로 제작되어 선조가 반성하는 데에 참조되었다.[137]

따라서 이황의 학문은 16세기 중반 양명학이나 불교 등의 이단으

---

135 李俸珪(1995)와 金允濟(1996) 참조.

136 『퇴계집』 권7 「洞規後敍」, "(前略) 且帝王之學 其規矩禁防之具 雖與凡學者有不能盡同者 然本之彛倫 而窮理力行 以求得夫心法切要處 未嘗不同也 故幷獻是圖 以備朝夕瞽御之箴."

137 『선조실록』 권202, 선조 39년 8월 기미조; 같은 책, 권221 附錄 宣祖誌文.

로부터 성리학을 정리하여 주자성리학으로 방향을 지운 것에 그 특징이 있다고 할 수 있다. 그 대표적인 저술이 『성학십도』로서 이는 그의 학문과 정치사상을 압축적으로 보여 주는 것이다. 이황이 제시한 성학은 주자성리학을 조선의 상황에서 새롭게 읽어 내어 주체적으로 이해한 것으로 보아야 한다. 단지 주희의 성리학을 그대로 옮긴 것은 아니었다. 따라서 성학이란 이런 당시 상황에서 15세기 성리학과 이단학문에 대한 대칭개념으로 우선 군주에게 적용하는 형태로 제시되었다. 이 과정에서 성리학의 이론체계에 대한 관심을 종합적으로 설명할 수 있는 『대학』의 이론과 밀접하게 관련을 가지게 되었던 것이다.

이황에 비해 이이(李珥, 1536~1584)의 『성학집요』 단계에 가면 성학의 개념을 더욱 확실하게 정리하고 있다. 『성학집요』는 기묘사림 이래 사류들이 제시한 성리학적 경세론의 결실로서 그 바탕은 역시 『대학연의』에 두고 있다.[138]

『성학집요』는 조선중기의 군주학을 집대성하여 조선적인 정치사상의 모범을 제시하였다는 점에서 의미가 있다.[139] 그런데 그중에서도 '조선 제왕학의 꽃'에 해당하는 『성학집요』와 관련하여 풀리지 않는 의문은 이 책이 『대학연의』를 모본으로 하여 다시 찬술되었음에도 불구하고 『대학연의』와 어떤 관련이 있는지가 분명하게 밝혀지지 않은

---

138 이이가 쓴 『성학집요』의 서문에는 저술목적으로 『대학연의』의 권수가 너무 많고[卷帙太多] 문장이 한만하여[文辭汗漫] 이 책을 짓게 되었음을 밝히고 있다. 『율곡전서』 권19 『聖學輯要』 序, "西山眞氏 推廣是書 以爲衍義 博引經傳 兼援史籍 爲學之本 爲治之序 粲然有條 而歸重於人主之身 誠帝王入道之指南也 但卷帙太多 文辭汗漫 似紀事之書 非實學之體 信美而未能盡善焉."

139 『성학집요』에 대한 이러한 평가는 기존의 연구 성과에서 여러 번 확인된다. 이와 관련하여서는 金恒洙(1981, 1994)와 文喆永(1991) 등을 참조.

점이다.

이와 관련하여 『성학집요』의 서문에서는 『대학연의』가 단지 권수가 너무 많고 문장이 한만(汗漫)하여 이를 경계하여 줄인다고만 되어 있다.[140] 따라서 이 책은 『대학연의』를 염두에 두고 저술된 것이 분명하다. 하지만 이러한 겸손한 표현과는 달리 전체적인 분량을 조정하는 것만이 이이의 목표였던 것은 아니었다. 오히려 이이는 『대학연의』가 제시하는 제왕학의 체계를 전면적으로 개편하여 조선의 '제왕학'을 제창한 것이 이 책을 저술한 실제적인 목적이었다. 따라서 과연 『성학집요』와 『대학연의』와의 차이는 무엇인지, 어떤 내용을 배제하고 어떤 내용을 그대로 인용하였는지 확인할 필요가 있다.

이를 통해 우리는 이 시기 사림들이 구상하였던 경세(經世)의 종합적인 틀을 확인할 수 있다. 단지 중국의 제왕학을 그대로 반복하는 것이 아니라 조선의 현실에 맞게 중국의 제왕학을 재구성하면서 조선의 군주학으로 창조적인 발전을 성취하였던 점을 확인할 수 있다.

기존의 『성학집요』에 대한 연구는 주로 철학적인 측면에서 주목되었는데, 이러한 연구에서는 성학을 '군주의 성학'으로 이해하기보다는 모든 사람에게 보편적으로 통용되는 논리로 이해하여 현재적인 교훈을 얻으려는 시도가 대부분이었다. 이러한 연구는 대체로 서문의 "이 책은 비록 인군의 학문에 주로 하였으나 실제로는 상하에 통한다.[此書雖主於人君之學而實通乎上下]"라는 서술을 근거로 기본적인 연구

140 『聖學輯要』 권1 「序」, "西山眞氏, 推廣是書, 以爲衍義, 博引經傳, 兼援史籍, 爲學之本, 爲治之序, 燦然有條, 而歸重於人主之身, 誠帝王入道之指南也. 但卷帙太多, 文辭汗漫, 似紀事之書, 非實學之體, 信美而未能盡善焉."

시각을 설정하고 있는데, 장숙필이나 뚜웨이밍의 연구가 대표적이라고 할 수 있다.(張淑必, 1992; 杜維明, 1984) 물론 『성학집요』에서 보편적 가치로 '성학'을 상정하여 이를 바탕으로 현대인에게도 소통될 수 있는 의미 있는 내용을 확보하는 작업도 중요하지만 이러한 작업은 역사적인 문맥을 고려해 볼 때는 일정한 거리가 있는 것이다. 오히려 당대의 의미까지 충분히 고려할 때 더욱 힘써서 밝혀야 할 부분은 『성학집요』의 문제의식, 즉 어떠한 목적으로 무엇을 개선하기 위해 『성학집요』가 써졌는가의 문제다.

이러한 문제의식에서 볼 때 중요한 점은 『성학집요』에서 조선초기 이래로 내려오던 제왕학·군주학을 기반으로 한 정치사상이 종합적으로 정리되면서 새로운 체계를 제시하였다는 점이다. 이러한 관련을 분명히 밝히기 위한 사전 기초 작업으로 『성학집요』 저술의 모본으로 여겨지는 『대학연의』와의 비교가 필요하다.

『대학연의』의 논리체계는 위에서 살펴본 바와 같이 제왕의 다스리는 순서와 학문하는 근본을 가장 먼저 살피고 이어서 『대학』의 논리체계인 격물치지, 성의정심, 수신, 제가의 순서대로 제왕과 관련된 사실을 경전과 사서에서 인용하여 재구성하고 진덕수의 의견을 덧붙인 것이다.

본래 『대학연의』는 남송대 진덕수가 경연에서의 경험을 토대로 하여 제왕에게 경세에 도움이 될 만한 것을 추려서 만든 책이다. 이 책은 가까이는 주희에 의해 정리된 정주 이학의 성과와 심성론에 기초하여 군주를 이상적인 군주로 만들기 위한 여러 장치들이 고안되어 실려 있었는데, 삼대의 이상적인 군주가 모범으로 상정되었다.

그러나 『대학연의』에는 사마광과 범조우로 대표되는 북송대의 정명파를 계승하는 존군 논리 또한 함께 내포되어 있었다. 이 책이 제목에서 표방한 『대학』의 연의(衍義)라는 성격과는 달리 실제로는 제왕이 주체로 놓이고 『대학』의 논리를 이용하였던 것은 대표적인 예라고 할 수 있다. 또한 삼대의 제왕뿐만이 아니라 한·당·송대까지 역대 제왕의 역사적인 선례를 폭넓게 인용하면서 현실 정치에서 유의할 것을 지적한 것은 정치 논리를 배제하지 않으면서 '존군'적인 성격을 그대로 유지한 예라고 할 수 있다.

이에 비해 『성학집요』는 군주의 학문으로 저술된 점에서는 동일하지만 군주학을 위해 『대학』의 논리를 적용한 것이 아니라 『대학』에서 제시된 논리를 충분히 설명하고 그 가운데 군주학을 위치시키고 있다. 이러한 특징 때문에 『성학집요』는 사대부 일반, 혹은 철학계에서 설명하듯이 지금까지도 보편적 인간에게 적용시킬 수 있는 성리학의 논리로 확대될 수 있는 특징을 지니게 되었던 것이다.

『성학집요』에서 제시된 군주관은 군주를 군주 홀로의 독존적인 존재로 이해한 것이 아니었다. 『대학연의』에서와 같이 심학의 충분한 수련을 통해 끊임없이 성인, 성왕이 될 것을 요구받는 존재로 군주를 설정하였다. 그러나 『대학연의』에서 제시된 성학이 군주 개인의 수신에 대한 논리로 그치고 한·당대를 포함한 역사적인 사례를 통해 정치적인 논리를 보완함으로써 완성되는 데 비해 『성학집요』는 철저히 군주에게 적용되는 논리를 사대부의 논리에 귀속시켰다.

즉 『성학집요』는 존군 논리의 고취가 아니라 군주를 사대부의 일원으로 위치지어 사대부 논리의 실현자로 설정하고 그 안에서 사대부의 논리를 따라야 하는 존재로 만들었던 것이다. 그렇기에 군주권의 일정한 제한이 아니라 군주권의 원초적인 한계를 분명히 설정함으로써 자의적인 군주권 행사를 애초에 방지하는 의미가 있다고 할 수 있다. 따라서『대학연의』의 군권제한에 비해 단계를 달리하는 측면이 있다고 할 수 있다.

이러한 점은 군신관계의 측면에서도 나타난다.『대학연의』에서는 일방적으로 신하를 군주에게 선택당하는 존재로 파악하게 됨에 따라 제왕이 신하를 선택할 때 유의해야 할 점을 격물치지의 대상으로 하여서 '인재를 분별함[辨人才]'의 항목에서 치밀하게 분석하였던 것이었다.

이에 비하여『성학집요』에 나타난 군신관계에서는 신하는 일방적인 선택의 대상이 아니었다. 오히려 군주는 자신의 수기를 통해 성취한 인격으로 훌륭한 신하를 등용할 수 있는 안목[用賢]을 키우는 것이 중요하다고 하면서 군주와 신하를 상보(相補)적인 관계로 설정하였던 것이다.

이상에서 살펴본 바와 같이『성학집요』는『대학연의』에서 많은 암시를 받았음에도 불구하고 논리전개의 방식이나 설정하고 있는 관점은 전혀 다른 것이었다. 이것은 애초부터 제왕의 관점에서 출발한『대학연의』에 비해 신하의 입장, 보다 넓게는 사대부의 입장에서 출발하는 것이기에 출발점과 지향 자체가 다른 논리로 파악된다. 따라서『성학집요』에 나타난 정치사상은 중국의 제왕학을 재구성하되 사림들이 설정한 '조선의 군주학'으로 변용한 것이라고 할 수 있다.

후대의『성학집요』에 대한 평가를 보면 분명 제왕학의 관점에서 이 책의 특징을 이해하였던 것을 알 수 있다.『국조보감(國朝寶鑑)』에는 부제학 이이가 올린『성학집요』의 핵심이 차자(箚子)에 수록되어 있는 기질을 변화시키는 공부와 성심으로 어진 이를 쓰는 실상에 있음을 지적하여서 이 책의 핵심이 '기질을 변화함[變化氣質]'과 '어진 이를 등용함[用賢]'에 있음을 분명하게 밝혔다.[141] 이에 따라 조선후기에서도 경연에서 이 책을 인용하여 제왕학의 교과서로 자주 강독하였던 사례를 볼 수 있다. 즉 조선후기 경연에서 국왕이 반드시 읽어야만 하는 책으로 『성학집요』가 채택되므로 『성학집요』는 국왕의 정치지침서로 원론을 제시하는 역할을 충분히 감당하였던 것이다.[142]

또한 조선후기에는 『성학집요』에서 제시된 논리체계가 사대부들에게도 일반화되어 이와 비슷한 논리로 지어진 책들이 적지 않았다. 아예 『성학집요삼십삼찬(聖學輯要三十三贊)』(1첩 14면)과 같이 『성학집요』의 절목에 따라 찬을 붙인 책이 저술되기도 하였다.[143] 또한 인조대에 유학 박대상(朴大相)이 『성학요어(聖學要語)』(4권 1책)를 지어 올렸는데, 이 책도 편목을 나눈 것을 살펴보면 『성학집요』의 예를 따라 제1권은 위학지요로서 경을 지적하고, 제2권은 독서에 관한 것을 뽑고, 제3권은 변화기질에 관한 것을, 제4권은 격물을 논하였던 것이다.[144]

---

141 『國朝寶鑑』 권26 宣祖朝三, "副提學李珥進聖學輯要 仍上箚子 極論爲學爲治之道 而末又別白變化氣質之功 推誠用賢之實 持陳上躬過失 剴切懇惻 累數千言."

142 『성학집요』가 조선후기에 경연에서 읽혀지는 시기는 다음과 같다. 숙종 23년(丁丑) 4월~27년(辛巳) 6월, 영조 7년(辛亥) 6월~8년(壬子) 1월, 영조 45년(己丑) 1월~동년 8월, 영조 50년(甲午): 세손(正祖) 進講.

143 이 책은 『순조실록』에는 홍문관에서 홍의영(洪儀永) 등이 올린 것으로 되어 있는데, 33찬(贊)의 절목이 그대로 『성학집요』의 순서를 따라 되어 있다. 1 통설(統說), 2 통설수기(修己), 3 입지(立志), 4 수렴(收斂), 5 궁리(窮理), 6 성실(誠實), 7 교기질(矯氣質), 8 양기(養氣), 9 정심(正心), 10 검신(檢身), 11 회덕량(恢德量), 12 보덕(輔德), 13 돈독(敦篤), 14 공효(功效), 15 통론제가(統論齊家), 16 효경(孝敬), 17 형내(刑內), 18 교자(教子), 19 친친(親親), 20 근엄(謹嚴), 21 절검(節儉), 22 정가공효(正家功效), 23 총론위정(摠論爲政), 24 용현(用賢), 25 취선(取善), 26 식시무(識時務), 27 법선왕(法先王), 28 근천계(謹天戒), 29 입기강(立紀綱), 30 안민(安民), 31 교민(敎民), 32 위정공효(爲政功效), 33 도통(道統)이 그것이다. 『聖學輯要三十三贊』(奎9955) 참조.

따라서 이 책은 비록 글이 거칠고 천착된 말이 많아 사람들로부터 비웃음을 샀다고는 하나 『성학집요』의 논리가 일반 사대부들에게도 깊이 침잠되었던 점을 알 수 있다.[145] 숙종 대에도 이와 비슷한 책으로 『보민편(保民篇)』(1책)이 지어져서 숙종에게 올려졌는데,[146] 이 책은 고성의 진사인 신무(愼懋)가 응지(應旨)하여 올린 것으로 인정(仁政)의 시행을 위해 군덕(君德)·인재(人才)·보민(保民)으로 크게 세 부분으로 나누어 상세하게 해설하면서 가장 먼저 드는 항목으로 입지(立志)와 교유기질(矯柔氣質)을 들어서 역시 『성학집요』의 논리에서 영향을 받았음을 알 수 있다.[147]

6. 『대학유의(大學類義)』의 출현과 『국조대학연의(國朝大學衍義)』

조선중기에 『대학연의』를 조선적인 논리로 변화시킨 『성학집요』는 군왕관과 군신관계의 논리는 곧 조선중기에 현실에서 전개된 붕당정치의 전제가 되었다고 볼 수 있다. 성리학적 국왕을 염두에 두고, 이를 도와서 현실을 장악해 가려고 하였던 의도는 바로 사림들이 정치를 하려고 하였던 근본적인 전제에 해당하였다. 붕당의 논리, 나아가 산림정치까지 등장할 수 있었던 조선의 정치현실을 해명할 수 있는 중요한 열쇠라고 할 수 있다.

---

144 『聖學要語』(奎33) 참조.

145 『인조실록』 권46, 인조 23년 7월 신미조.

146 『숙종실록』 권18, 숙종 13년 12월 갑술조.

147 『保民篇』(奎9883) 참조.

그러나 주지하다시피 선조 대에 발생한 붕당은 이후 현종 대까지 변화를 거듭하면서 붕당 간의 정치적 다툼, 즉 정쟁을 피할 수는 없었다. 붕당 간의 쟁투인 당쟁은 숙종 대에 최고조에 이르러 국왕인 숙종은 환국(換局)이라는 비상한 방법으로 당쟁을 조정할 수밖에 없는 상태에 이르기도 하였다. 붕당에 대신할 수 있는 탕평(蕩平)의 논리가 숙종 대에 제기될 수밖에 없는 상황이 된 것이다.

영조와 정조시기에 본격화된 탕평의 정치논리는 이전까지 신하들에 의해 주도된 정치의 질서에 대신하여 국왕의 정치주도권을 보다 확고하게 하려는 시도였다. 이러한 시도에 걸맞게 제왕학의 교과서에 해당하였던 『대학』과 『대학연의』에 대해 새로운 해석을 제기하게 되었으니 이것이 『대학유의』가 출현하게 된 배경이다.

영조는 탕평의 논리를 찾기 위해 이전의 정치질서와 관련된 모든 책들을 경연에서 검토하였다. 영조는 경연에서 검토한 책들은 종래 국왕들이 경연에서 진강하였던 책들을 모두 포함하였을 뿐만 아니라 종래에는 경연에서 진강되지 않았던 책까지 모두 검토함으로써 새로운 정치사상을 모색하였다.[148]

---

148 예를 들어 영조 대의 경연에서 검토한 책은 다음과 같다. 법강으로 이루어진 삼강이 비교적 경서 위주로 공식적인 진강책자에서 벗어나지 못하였던 것에 비해서 소대와 야대로 이루어진 양대에서는 훨씬 다양한 종류의 서적들이 경사(經史)에 걸쳐 선정되어 진강되었던 것이다. 그 가운데는 『심경』과 『근사록』·『주자어류』 등 주자학에 가까운 유가의 경서류도 있었지만 경우에 따라서는 주자학과 거리가 있던 책도 적지 않았다. 특히 경사가 합쳐져서 제왕학을 논하는 저서에서 그런 경향이 나타났는데, 『제범』이나 『정관정요』와 같은 책들은 종래에는 경연에서 거의 읽혀지지 않던 교재들이었다. 또 다른 한편의 경향으로 신하들이 올렸던 주의류(奏議類)의 저서로 『육선공주의』나 『이충정공주의』·『역대명신주의』와 같은 책들도 종래에는 진강되지 않았던 책들이었다. 여기에 더해 조선에서 만들어진 책들이 새롭게 경연의 교재로 채택된 경우도 적지

그 가운데 하나가 『대학연의보』의 강독이다. 이 책에 대해서는 이미 중종 대에 경연의 교재로 사용될 것인지의 여부에 대해 논란이 있었지만, 영조는 이 책을 소대에서 진강하도록 하였다. 이는 신하들이 요구하였던 성학에서 벗어나 군주가 새로운 제왕학을 제시하려는 노력의 하나였다.

정조 역시 이러한 할아버지 영조의 영향을 받아서 정조 23년(1799)에 『대학유의』를 편찬, 간행하게 된 것이다. 정조는 「제대학유의(題大學類義)」에서, "이제까지 무수한 저술과 주석서가 많은 학자들에 의해 이루어져 전해지나 이것이 하도 번다(繁多)하고 망연(茫然)해서 하루아침에 다 읽어 연구할 수 없는 것"이라 하였다. 여기서 정조 자신이 제일 충실하게 내용을 갖추고 있다고 본 『대학연의』와 『대학연의보』 두 책을 채택하여 수십여 년을 연구 궁진하여 가장 절요하고 경계할 만한 것으로만 채집·주비(朱批)한 것이다.

정조는 『대학연의』와 『대학연의보』 두 책에 대하여 "진 문충공의 연의, 구 문장공의 『연의보』는 전체대용을 구비하고 경사자집을 모은 것이어서 천고에 모범이 되고 모든 임금에게 거울이 되니…"라고 하여 이 두 책의 범위와 내용의 모범됨을 말하고 있다.

이 책은 목차에서 나타난 바와 같이 『대학』의 해석범위를 크게 확대하여 사람의 마음가짐에서부터 평천하하는 경세지학에까지 구체적으로 정리하여 놓았다고 하겠다. 그래서 전통적인 경사자집 전체에

않았다. 숙종 대부터 이어진 현상이기는 한데, 『성학집요』나 『절작통편』과 『주자봉사』가 이에 해당하였다. 나아가 영조 자신이 만든 책인 『어제자성편』이나 『어제심감』 등이 경연에서 진강될 채비를 하기도 하였으니 이 역시 종래에 없던 현상이었다. 이상의 내용은 정재훈(2015) 참조.

걸쳐 관련시키지 않은 전적이 없고 시대적으로는 삼황(三皇) 시대 이래로 송대와 명대에 이르기까지 이 대학의 '격물·치지·성의·정심·수신·제가·치국·평천하'하는 소위 대학의 3강령 8조목의 논리에 충실하여 전체적인 일관성을 기하고 있는 책이라고 할 수 있다. 정조는 그의 서제에서 "임금으로서 이 책을 읽으면 크게 태평하는 변화를 기초할 수 있고, 신하로서 이 책을 읽으면 도와 이루는 공을 만들 수 있으니 이 때문에 대학유의라고 이름 지었다."라고 하여 치세에 필수적인 책임을 강조하고 있다.

이와 같이 정조는 『대학유의』를 통해 『대학』과 『대학연의』, 『대학연의보』를 합하여 제왕학의 총결산을 시도하였다. 그러나 이 가운데 정조의 뜻은 어디에 있었을까? 아마 아래와 같은 도식으로 이해할 수 있겠다.

『대학』(經) + 『대학연의』(經史, 尊君적 요소) + 『대학연의보』(經史, 尊君적 요소 극대화)

한편 유교지식이나 의례의 경우 19세기에 대중화, 세속화되는 양상이 보인다. 이러한 점은 앞으로 자세하게 살펴볼 필요가 있는 문제이다. 다만 여기에서는 이 문제와 연관하여 19세기에 간행된 권상신(權常愼)의 『국조대학연의(國朝大學衍義)』를 주목할 수 있다. 『국조대학연의』는 제왕학의 관점에서 써진 『대학연의』를 완전히 조선의 사례로 내용을 바꾼 경우에 해당한다.

우선 『국조대학연의』는 규장각제학 정원용(鄭元容, 1783~1873)이 쓴 서문(1861, 철종 12)에 의하면 우리나라의 선례는 『국조보감』·『갱장록(羹墻錄)』·『대동야승』 등의 책을 읽고 참고하였으며, 진덕수의 『대학연의』나 구준의 『대학연의보』의 뜻도 참조하였다고 하였다.[149] 그러나 목차와 내용을 비교해 보면 『대학연의보』를 참조하였던 흔적은 많지 않고 대체적으로 『대학연의』의 목차를 주로 따랐다.

진덕수의 『대학연의』는 『대학』의 뜻을 부연하여 설명하면서 역대 제왕의 사례를 예로 들어서 『대학』의 차례에 맞추어 제왕이 지켜야 하는 덕목을 기술한 책으로서 제왕학에 관련되어 주목되었던 책이었다. 『대학연의』는 조선초기부터 경연의 교재로 사용됨으로써 제왕학의 교과서로 활용되었고, 이이는 『대학연의』의 내용이 지나치게 많으므로 조선의 실정에 맞는 새로운 책으로 『성학집요』를 찬하여 선조에게 올리기도 하였다.[150]

『국조대학연의』는 『대학연의』의 목차를 대체로 준용하여서 역사적인 사례를 대거 인용하여 『대학』의 순서에 맞추어 나열하였다. 다만 『대학연의』에서는 중국 역대 제왕의 선례를 인용한 것에 비하여 『국조대학연의』에서는 조선 역대 국왕들의 선례를 인용하고 중국의 사례는 전혀 인용하지 않음으로써 내용 면에서 『대학연의』의 조선판이라고 할 수 있다.

『국조대학연의』의 내용으로 볼 때 『국조대학연의』는 진덕수의 『대학연의』(43권)와 비교해 보면 여러 부분에서 기존의 『대학연의』와

149 『국조대학연의』 「序」(鄭元容) "『대학』은 마음을 바르게 하여 나라를 다스리는 근본이 되므로 옛날부터 군왕의 귀감이 되었기에 중국에서는 『대학연의(大學衍義)』·『대학연의보(大學衍義補)』가 있었다. 우리나라에서는 권상신의 우국충군(憂國忠君)의 정성으로 모든 국사서(國史書)와 입강열조(立綱列條) 등에서 발췌한 사실을 명덕(明德)·신민(新民)의 교본(教本)으로 삼아 나라의 근본을 굳건하게 하고자 한 것이다."라고 하였다.

150 정재훈(2005) 참조.

는 다른 면이 적지 않음을 알 수 있다. 권1과 권2의 위학지서(爲學之序)와 위학지본(爲學之本)의 부분은 두 책이 동일하지만 권3에서 권9에 이르는 격물치지지요의 명도술 부분과 권10에서 권13에 이르는 격물치지지요의 변인재 부분, 그리고 권14에서 권20에 이르는 격물치지지요의 심치체의 부분은 원래의 내용을 조선의 현실에 맞게 바꾸어서 상당히 달라졌다.

명도술 부분은 『대학연의』에는 천심인심지정(天性人心之正), 천리인륜지정(天理人倫之正: 人子之孝·帝王事親之孝·長幼之序·夫婦之別·君使臣之禮·臣事君之忠·朋友之交), 오도원류지정(吾道源流之正), 왕도패술지이(王道覇術之異) 등으로 구성되어 있다. 이에 비해 『국조대학연의』에는 명도술 부분이 명심성지선(明心性之善), 명학교지교(明學校之敎), 명이단지차(明異端之差), 명이륜지정독효(明彛倫之正篤孝), 명이륜지정돈친(明彛倫之正敦親), 명이륜지정접하(明彛倫之正接下), 명이륜지정무공(明彛倫之正懋功) 등으로 구성되어 전체적으로는 비슷하다.

하지만 내용에는 학교지교를 밝히는 것이 새로 추가되고 국왕의 해야 할 일로서 효와 친을 강조하였으며, 신하들에 대해서도 접하의 관점에서 서술함으로써 오륜의 체계 내에 국왕의 위상을 설정하였다. 이런 점은 격물치지지요의 변인재 부분에서도 동일하다. 『대학연의』에는 변인재의 항목을 성현관인지법(聖賢觀人之法), 제왕지인지사(帝王知人之事), 간웅절국지술(姦雄竊國之術), 섬사망상지정(憸邪罔上之情: 姦臣·讒臣·佞幸之臣·聚斂之臣)으로 구성하였던 것에 비해 『국조대학연의』에는 변경술지재(辨經術之才), 변임용지술(辨任用之術), 변간쟁지직(卞諫諍之直), 변숙특지분(卞淑慝之分)으로 구성하여 10권에서 4권으로 분량을 대폭 줄였다. 그뿐만 아니라 내용에서도 신하에 대해 나라를 뺏거나 혹은 어지럽히는 존재로 이해하는 것에서 국가를 경영하는 재주를 가진 인재이기에 등용의 대상으로 파악하는 등 변화된 내용을 실었다.

『대학연의』에서 2권에 불과하였던 격물치지지요의 심치체(審治體: 德刑先後之分·義利重輕之別) 부분은 『국조대학연의』에는 모두 7권으로 늘어났는데, 그 내용은 심덕형지분(審德刑之分), 심사전지체(審祀典之禮), 심법제지상(審法制之常), 심힐융지정(審詰戎之政), 심절의지명(審節義之名), 심습속지오(審習俗之奧), 심리재지도(審理財之道) 등 덕과 예를 우선하여 다스리고 이외에 법제와 절의·습속·이재 등 구체적으로 군주가 살펴야 하는 항목을 추가하여 치체를 살피는 데 미비한 점을 보완하였다. 나머지 부분에 해당하는 성의정심지요의 찰민정 부분이나 성의정심지요의 숭경외, 계일욕 부분, 수신지요의 근언행, 정위의 부분, 제가지요의 중비필, 엄내치, 정국본, 교척속 등은 모두 두 책에서 내용상 큰 차이는 없다.

이와 같이 『국조대학연의』에서는 『대학연의』의 내용 중에서 특히 격물치지지요에 해당하는 명도술, 변인재, 심치체에 해당하는 내용이 상당히 달라졌다. 그 차이는 국왕의 위상을 오륜의 체계 내에 위치시켜 국왕의 독자적인 영역 대신에 사대부와의 동일한 질서를 강조하며, 동시에 신하들과의 관계에서도 신하를 적대적인 대상으로 파악하기 보다는 공치의 동반자로 이해하는 경향이 강하였다고 할 수 있다. 이러한 차이는 이미 『대학연의』를 조선화하려고 만들어진 『성학집요』에서 이론적으로는 시도된 것이었다. 그러나 그 구체적인 역사적 선례를 조선의 역대 군왕에서 취함으로써 실질적인 내용과 이론을 갖춘 조선판 『대학연의』로서 『국조대학연의』를 만들었던 것이다.

7. 조선의 정치사상과 『대학연의』

조선은 주지하다시피 유교 정치사상, 그 가운데서도 성리학의 정치사상을 바탕으로 하여 정치를 운용하였다. 유교 정치사상에서는 어떻게 하면 통치의 안정성을 확보하는 것인가의 여부가 중요한 문제였다. 이는 다시 말하면 백성들로 하여금 만족스러운 정치를 느끼게 하는 것과 연관되는 것이었다. 유교정치사상에서 어떻게든 통치자, 즉 군주를 설득하여 백성들을 위한 정치를 펴게 만들려고 시도하였던 것은 모두 이러한 목적을 구현하기 위한 것이었다.

그런데 주지하다시피 중국의 송대에 이르러서 성리학이 등장하면서 이러한 정치사상은 보다 구체적인 형태로 제시되었고, 황제에게도 이를 요구하게 되었다. 『대학연의』는 성리학의 기본적인 요소인 격물에서 평천하까지의 세계를 제시하면서 여기에 역대 제왕들의 성공사례와 실패사례를 연결하여 예로 들어서 성리학의 원칙과 정치적인 현실의 조화를 꾀한 독특한 책이다. 매우 적은 분량의 『대학』에 역사적 사례를 결합함으로써 경(經)과 사(史)의 조화를 구현함으로써 제왕에게 가장 필요한 책이 되었다.

사대부의 정치를 앞세워 황제와의 조화로운 '함께 다스림[共治]'을 구현하려고 하였던 이상(理想)은 중세의 유교정치사상에서 구현하려던 가장 높은 차원의 정치형태였다. 명·청대까지 이어진 이러한 정치형태는 유럽에서 온 마테오리치에 의해 '공화정 같은 군주정'이라는 호평을 듣기까지 하였다. 황제 일개인에 의한 자의적인 통치를 제어하고자 하였던 동아시아의 유교정치사상은 황제에 대한 사대부 관료의 끊임없는 견제와 합의에 의한 정치 형태를 가능하게 하였고, 결과적으로 군주정치이기는 하였지만 과정에서는 공화적인 요소를 충분히 수용하는 것이었다.

이러한 정치, 곧 황제에 의한 통치이기는 하지만 신하들의 적극적인 참여를 끊임없이 수용한 정치는 곧 송대에서부터 시작되었다. 주희의 정치사상은 이러한 점을 잘 보여 준다. 하지만 주희 자신은 황제와 중앙정부에 대해 그다지 많은 비중을 두어 주장하지는 않았다. 진덕수는 바로 이러한 주자의 정치사상을 발전시켜 제왕학의 교과서에 해당하는 『대학연의』를 저술하였던 것이다. 그래서 남송 때 저술된 이 책은 원, 명과 청을 거치면서도 제왕학과 관련된 최고의 저술로 인정받아 현실에서 끊임없이 읽혀지고, 적용되었던 것이다.

고려 말에 성리학이 수입되어 발전하면서 『대학연의』는 조선에서 가장 많이 읽히는 정치사상서가 되었다. 특히 제왕을 위해 지어진 책인 만큼 국왕들에게는 제왕학의 교과서와 같은 역할을 한 것이다. 『대학연의』에서 제시된 '도덕의 제도화'라는 거대한 목표는 성리학에 기반하여 국왕을 이끌고자 하였던 조선에서는 매우 매력적인 목표였다.

그래서 조선전기에는 이를 적극적으로 수용하여 실천하려고 하였다. 그러나 시간이 지나면서 『대학연의』의 논리는 성리학에 대한 재인식이 심화되면서 비판되거나 재구성되었다. 『대학연의』의 논리는 조선에서 더욱 정교화되고 치밀해져서 국왕을 성학으로 이끄는 전체상을 제시하는 성학 관련 저서가 조선중기에 사림들에 의해 제시될 정도였다. 이황의 『성학십도』와 이이의 『성학집요』는 국왕을 성학의 세계로 이끌어 왕도정치를 구현하려는 조선중기 사림의 새로운 구상이었다. 조선전기를 이끌었던 왕정에 대한 총체적인 반성이 결국 새로운 성학으로『대학연의』의 변화를 이끌어 조선적 논리의 성학을 제시하였던 것이다. 조선중기의 사림정치와 산림정치로 대표되는 정치 형태는 이러한 변화가 전제되어서 나타났다고 할 수 있다.

그러나 사림정치, 붕당정치가 한계가 드러나자 역시 제왕학에 대한 관심 속에서 기존의『대학』,『대학연의』의 논리에 더해『대학연의보』까지 더한『대학유의』가 탕평국왕인 정조에 의해 제시된 것은 우연이 아니었다. 정조는 성리학의 국가인 조선에서 성리학에 기반한 정치논리를 부정할 수 없었지만 국왕이 주도하는 형태의『대학연의보』까지 포괄함으로써 성리학의 논리를 놓치지 않으면서도 국왕주도의 새로운 형태의 상을 제시하였던 것이다. 이후『대학연의』의 논리를 그대로 적용하여 조선적인 사례로 내용을 채운『국조대학연의』까지 나오게 되었다.

이와 같이 살펴보면 조선의 정치가 변화할 때마다, 또 새로운 정치사상이 제시될 때마다『대학연의』는 조선의 정치사상에 깊은 영향을 미쳤던 것을 알 수 있다. 때로 일방적 수용의 대상이 되거나, 비판의 대상이 되거나, 혹은 극복의 대상이 되기도 하였지만 조선에서『대학연의』의 체계와 논리, 사상에서 멀어진 적은 없었다고 할 수 있다.

참고문헌

『高麗史』
『高麗史節要』
『舊唐書』
『국역 홍재전서』
『國朝寶鑑』
『論語集註』
『論語』
『唐書』
『大明律直解 名例律』
『大學衍義』
『大學衍義補』(正德本, 東京大學 所藏)
『大學衍義輯略』
『大學章句』
『東坡全集』
『類選』
『孟子』
『毛詩』
『文選』
『保民篇』(奎9883)
『史記』
『三國志』
『三峯集』
『尙書精義』
『書經』
『成宗實錄』
『聖學格物通』(奎中4849)
『聖學要語』(奎33)
『宋史』
『宋史紀事本末』
『肅宗實錄』
『新唐書』
『新五代史』
『晏子春秋』
『呂氏家塾讀詩記』
『易傳』
『燕山君日記』
『列仙傳』
『禮記』
『禮記集說』
『元史』
『儀禮經傳通解』
『二程粹言』
『仁祖實錄』
『資治通鑑』
『戰國策』
『前漢書』
『貞觀政要』
『定宗實錄』

『周易』
『朱子大全』
『中庸九經衍義』
『中庸九經衍義別集』
『中宗實錄』
『晉書』
『眞西山讀書記乙集上大學衍義』(奎中505)
『春秋』
『春秋穀梁傳』
『春秋臣傳』
『春秋左氏傳』
『春秋左傳』
『春秋胡傳附錄纂疏』
『太祖實錄』
『太宗實錄』
『退溪集』
『韓非子』
『漢書』
『翰苑集』
『海東文獻總錄』
『皇極經世書』
『淮南子』
『孝經』

강지은, 2007, 「서계 박세당의 「대학사변록(大學思辨錄)」에 대한 재검토: 『대학장구대전(大學章句大全)』의 주자주(朱子註)에 대한 비판적 고찰의 의미를 중심으로」, 『한국실학연구』 13(0): 303～331.

곽덕환, 2016, 「태평천국의 난에서 나타난 공상적 평등사상 연구」, 『東亞人文學』 35: 375～396.

국민대통합위원회, 2016, 「2016년도 국민통합에 관한 국민의식조사」.

권상우, 2014, 「주자학에서 '도덕적 경영'에서 '경영적 도덕'으로 패러다임의 전환에 관한 연구: 진덕수의 『대학연의』에서 구준의 『대학연의보』로」, 『유교사상문화연구』 55: 67～94.

權延雄, 1981, 「朝鮮 成宗朝의 經筵」, 『韓國史의 諸問題』, 시사영어사.

______, 1987, 「宋代의 經筵」, 『東亞史의 比較硏究』, 일조각.

금장태, 2001, 『『성학십도』와 퇴계철학의 구조』, 서울대학교출판부.

김가람, 2014, 「『治平要覽』의 편찬 및 그 목적」, 『한국사학사학보』 29: 105～139.

______, 2015, 「『치평요람』의 한국사에 대한 접근」, 『한국사학사학보』 31: 5～36.

金慶洙, 1994, 「『治平要覽』에 대한 研究」, 『湖西史學』 21·22: 1～48.

김광민, 2016, 「수기와 치인」, 『道德敎育硏究』 28(1): 1～20.
김광웅, 2017, 『이승만 정부 그리고 공유정부로 가는 길』, 서울: 기파랑.
김광일, 2015, 「환관과 지식인: 진덕수 『대학연의』 「엄내치」의 구조와 의미」, 『중어중문학』 60: 43～73.
김기주, 2009, 「이상사회에서의 일(working)과 노동(labour)」, 『철학연구』 111: 99～120.
김도일, 2014, 「주자(朱子)의 『대학(大學)』 해석에 있어서의 실천의 문제: 왜 지어지선(止於至善)은 독립된 강령인가?」, 『퇴계학보』 136: 289～318.
김문조 등, 2015, 「한국형 사회 갈등 실태 진단」, 국민대통합위원회 연구보고서.
김미영, 2004, 「'인심도심설'을 둘러싼 주자학과 양명학의 공공성 확보논쟁」, 『철학』 79: 5～28.
김병섭, 2015, 「대항해시대의 국가지도자 이순신」, 김병섭 편저, 『대항해시대의 국가지도자 이순신』, 서울대학교출판문화원.
김병섭·최성주·최은미, 2015, 「국민행복, 삶의 질, 공공서비스 관계 연구」, 『한국행정학보』 49(4): 97～122.
金鐸民, 2009, 「後漢의 尙書와 外戚·宦官」, 『中國古中世史硏究』 제21집: 235～284.
김성윤, 2004, 「조선시대 대동사회론의 수용과 전개」, 『조선시대사학보』 30: 5～59.
김세정, 2004, 「왕양명의 유기체적 대동사회와 친민정치론」, 『동서철학연구』 34: 227～251.
金昭姬, 2007, 「중국본 『大學衍義』의 판본학적 연구」, 『서지학보』 31: 245～282.
김순희, 2016, 「『治平要覽』考」, 『서지학연구』 33: 189～215.
김영수, 2012, 『난세에 답하다: 사마천의 인간 탐구』, 알마(문학동네).
김영우, 2014, 「율곡 사상에 대한 다산의 이해와 비판적 계승」, 『율곡학연구』 28: 59～86.
金容坤, 1994, 『朝鮮前期 道學政治思想硏究』, 서울대학교 박사학위논문.
金庾坤, 2016, 「이상 사회 구현을 위한 정조의 경전 해석학」, 『儒敎思想文化硏

究』 65: 107～128.
김인곤, 2004, 「플라톤 『국가』」, 『철학사상』 별책 제3권 제8호, 서울대학교 철학사상연구소.
김인호, 1998, 「여말선초 군주수신론과 『대학연의(大學衍義)』」, 『역사와 현실』 29: 72～107.
김재경, 2015, 「서(恕)와 죄수의 딜레마」, 『동양철학연구』 83: 9～40.
김종열, 1986, 「중국의 '천하사상': 그 철학적 기초와 역사적 전통의 형성」, 『중국학논총』 3: 5～38.
金鍾錫, 2013, 「星湖 李瀷의 公共哲學과 그 實踐」, 『철학논총』 72: 47～62.
金駿錫, 1981, 「朝鮮前期의 社會思想」, 『동방학지』 29.
김진성, 2006, 「『大學』의 經典 解釋學的 研究」, 『유교사상문화연구』 25: 125～160.
김철운, 2001, 『유가가 보는 평천하의 세계』, 철학과 현실사.
金恒洙, 1981, 「16세기 士林의 性理學 理解」, 『한국사론』 7.
______, 1994, 「조선 전기의 성리학」, 『한국사』 8, 한길사.
南智大, 1993, 『朝鮮初期 中央政治制度研究』, 서울대학교 박사학위논문.
杜維明, 1984, 「栗谷의 聖學」, 『제3회 국제학술회의 논문집』, 한국정신문화연구원.
드 베리 지음, 표정훈 옮김, 1998, 『중국의 '자유'전통』, 이산출판사.
柳浚炯, 2012, 「唐代 宦官 문제의 재인식」, 『中國史研究』 제77집: 283～326.
리 슈에청(Li Xuecheng) 저, 정세경 역, 2015, 『최고의 리더는 어떻게 사람을 움직이는가: 14억 중국의 마음을 사로잡은 인문학 리더십』, 라의눈.
明 世宗, 1527, 「御製重刊大學衍義序」, 『大學衍義』, 민창문화사.
文喆永, 1991, 「朝鮮前期 儒學思想의 歷史的 特性」, 『韓國思想史大系』 4, 한국정신문화연구원.
______, 2000, 『高麗中·後期 儒學思想 研究』, 서울대학교 박사학위논문.
미타무라 타이스케, 하혜자 역, 1995, 『환관: 측근정치의 구조』, 나루.
민홍석, 2013, 「묵자(墨子)의 이상사회론」, 『인문학연구』 90: 139～163.
朴吉洙, 2015, 「性命의 관점에서 본 선진 유학의 행복 관념」, 『유교사상문화연구』 61: 129～160.

박병련, 1999, 「朝鮮朝 '修己治人'論의 思想史的 變容과 實學思想」, 『한국행정학보』 32(4): 173~187.

박성규, 2004, 「대학」, 『철학사상』 별책 제3권 1호, 서울대학교 철학사상연구소.

박세일, 2017, 『지도자의 길』, 미발행 유고.
http://www.sundayjournal.kr/news/articleView.html?idxno=14550

박정원, 2008, 「修己와 治人 개념을 통한 철학교육적 인간상 탐구」, 『철학윤리교육연구』 24(40): 29~50.

박종목, 2013, 「다산(茶山) 사회개혁론의 철학적 기반」, 『법철학연구』 16(3): 207~248.

박준, 2013, 『한국 사회갈등 현주소』, 『제2차 국민대통합 심포지엄』, 전국경제인연합회.

박평선, 2015, 「孔子 大同思想의 實現 主體와 方法」, 『동양고전연구』 61: 439~470.

朴漢濟, 1994, 「後漢末·魏晉時代 士大夫의 政治的 指向과 人物評論」, 『역사학보』 143: 67~148.

박현모, 2013, 「세종의 『치평요람』 편찬의 정치사상」, 『한국정치학회보』 47: 5~27.

배병삼, 1997, 「조선시대 정치적 리더십론: 수기치인과 무위이치론을 중심으로」, 『한국정치학회보』 34(4): 49~68.

______, 2013, 「유교의 공과 사」, 『동서사상』 14: 95~120.

백준철, 2014, 「최한기의 이상사회론에 대한 고찰: 『대학』 팔조목 중 수신, 제가, 치국, 평천하를 중심으로」, 『한국철학논집』 40: 127~150.

사마광 지음, 권중달 옮김, 2011, 『자치통감』, 푸른역사.

徐根植, 2008, 「『大學』 解釋을 통해 본 朱子의 格物致知論」, 『동양고전연구』 33: 359~384.

______, 2016, 「주자의 『대학장구』를 통해 본 平天下의 세계」, 『동양고전연구』 63: 169~193.

서신혜, 2011, 『조선인의 유토피아』, 문학동네.

서영조, 2002, 「맑스의 이상사회론」, 『정치사상연구』 7: 135~156.

소진형, 2015, 「『대학』의 평천하(平天下) 개념과 성리학적 정치공동체의 기초」,

『한국정치연구』 24(1): 1~26.

송양섭, 2013, 「반계 유형원의 "公" 이념과 이상국가론」, 『조선시대사학보』 64: 45~79.

宋榮培, 1999, 「儒敎의 '理想的 社會'觀과 平和의 倫理」, 『儒敎思想研究』 11: 5~26.

______, 2013, 「강유위(康有爲) 인(仁)의 철학과 대동(大同) 유토피아」, 『철학연구』 48: 91~119.

순자·한비자, 안외순 역해, 2005, 『순자·한비자』, 타임기획.

슈미트, 카를 저, 김황 역, 2010, 『정치신학』, 그린비.

시라카와 시즈카 지음, 고인덕 옮김, 2008, 『漢字의 世界: 중국문화의 원점』, 솔.

신운용, 2005, 「安重根의 '東洋平和論'과 伊藤博文의 '極東平和論'」, 『역사문화연구』 23: 131~177.

신창호, 2009, 「治人의 차원에서 본 『大學』에서 『聖學輯要』로의 학문적 심화」, 『동양고전연구』 36: 375~402.

신춘호, 2015, 「덕치의 목적과 난점: 주희와 진량의 왕패논쟁에 관한 고찰」, 『도덕교육연구』 27(1): 69~91.

안외순, 2009, 「『대학』의 정치철학: 자기성찰과 혈구행정의 정치」, 「한국철학논집」 27: 327~361.

안중근, 1910, 「동양평화론」, 국가보훈처(1996) 발간, 『21세기와 동양평화론』, 47~57.

양방주, 2004, 「원시儒家의 평화 사상: '大同'과 '平天下'」, 『東아시아研究論叢』, 15(1): 161~181.

오상무, 1996, 「『노자』 '小國寡民'에 대한 새로운 이해」, 『동양철학』 제7집: 85~118.

吳錫源, 1999, 「儒敎의 大同社會와 平和精神」, 『유교사상문화연구』 11: 61~75.

오세근, 2013, 「동원의 정치 리더십에서 감응의 정치 리더십으로의 프레임 전화: 유교적 정치 리더십 구상과 전망을 중심으로」, 『사회사상과 문화』 28: 81~136.

오세진, 2013, 「『大學衍義』에서 修養論과 經世論의 관계 연구」, 연세대학교 대학원 석사학위논문.

오은영, 2017, 「심리적이면서 가치평가적인 행복개념」, 『철학논집』 50: 137~163.
오항녕, 2006, 「조선초기 『治平要覽』 편찬 배경과 성격」, 『한국사학사학보』 13: 5~33.
유지기 저, 오항녕 역, 2012, 『사통』, 역사비평사.
윤대식, 2005, 「맹자의 왕도주의에 내재한 정치적 의무의 기제」, 『한국정치학회보』 39(3): 7~32.
윤사순, 2012, 「다산 정약용의 탈성리학적 실학의 대성」, 『공자학』, 한국공자학회, 5~51.
尹貞粉, 1990, 「15세기 관료층의 국가관: 「大學衍義補」의 "正朝廷"편을 중심으로」, 『德成女大論文集』 19: 47~66.
______, 1992, 『大學衍義補硏究: 15世紀 中國經世思想의 한 分析』, 연세대학교 박사학위논문.
윤지원·김원명, 2014, 「莊子의 幻想: 그가 꿈꾸는 無何有之鄕」, 『哲學論叢』 75: 439~454.
이경무, 2004, 「『대학』에 있어서 '선후'와 '지'의 의미」, 『범한철학』 35: 191~214.
이광률, 2003, 「주자철학에 있어 '경, 지, 행' 공부의 구조적 이해」, 『범한철학』 31: 5~35.
이규상, 2009, 「『노자』 '小國寡民'의 정치철학적 지향」, 『대동철학』 46: 25~46.
이기동, 1997, 「율곡 수기론의 인성교육적 의미」, 『율곡학연구』 3: 253~275.
______, 2013, 「욕심 버리고 본심 찾아 明明德 행복세상 만들기」, 『신동아』 3월호.
李東熙, 1988a, 「王陽明과 李退溪」, 『東洋哲學硏究』 9: 59~90.
______, 1988b, 「晦齋 李彦迪의 經學思想」, 『朝鮮朝 儒學思想의 探究』, 여강신서.
이두찬, 2005, 「율곡 '수기론'의 사회철학적 의미」, 『한국사상사학』 24: 313~343.
李範鶴, 1997, 「眞德秀 經世理學의 成立과 그 背景: 남송후기 이학의 관학화와 그 의의」, 『韓國學論叢』 20.

李丙燾, 1987,『韓國儒學史』, 아세아문화사.

이부형, 2016,「사회적 갈등의 경제적 효과 추정과 시사점」,『한국경제주평』 2016.11.11.

이삼성, 2011,「'제국'개념의 고대적 기원」,『한국정치학회보』 45(1): 5～33.

______, 2014,「제국 개념의 동아시아적 기원 재고」,『국제정치논총』 54(4): 37～74.

이상호, 2007,「유교의 悅樂에 관한 硏究」,『동양철학연구』 49: 115～150.

李碩圭, 1996,「朝鮮初期의 天人合一論과 災異論」,『진단학보』 81: 89～106.

이연도, 2012,「근현대 중국 이상사회론의 철학적 탐구」,『인문과학연구』 33: 401～421.

李永慶, 1997,「栗谷 大同社會論의 倫理的 性格」,『儒教思想研究』 9: 331～356.

李佑成, 1994,「『治平要覽』 解題」,『治平要覽』(栖碧外史海外蒐佚本), 亞細亞文化社.

______, 1995,「治平要覽」,『韓國古典의 發見』, 한길사.

이종성, 2016,「율곡 대동사회론의 철학적 지향과 해석의 전환」,『동서철학연구』 81: 55～81.

李泰鎭, 1987,「李晦齋의 聖學과 仕宦」,『韓國思想史學』.

______, 1997,「고려·조선중기 天災地變과 天觀의 변천」,『韓國思想史方法論』.

張淑必, 1992,『栗谷 李珥의 聖學研究』, 高大民族文化研究所.

장원태, 2008,「군자와 소인, 대체와 소체, 인심과 도심」,『철학연구』 81: 1～21.

장현근, 1994,「先秦政治思想에서 '法'의 의미」,『한국정치학회보』 27(2): 75～96.

______, 1995,「동양사상과 세계시민: 중국 天下思想과 儒家의 大同論」,『유럽연구』 3: 231～260.

______, 2012,「초기유가 '화동(和同)' 논의의 정치철학적 의미」,『동양정치사상사』 11(1): 7～29.

______, 2014,「덕의 정치인가, 힘의 정치인가: 맹자 왕패(王霸)논쟁의 정치 기획」,『정치사상연구』 20(1): 65～86.

全樂熙, 1990,「東洋政治思想의 論理와 理想: 儒家를 중심으로」,『한국정치학회보』 23(2): 121～137.

전병욱, 2015a, 「生死에 대한 원초적 욕망을 넘어서: 鄭道傳의 유교적 행복론」, 『동양철학연구』 84: 7～38.

______, 2015b, 「“혈구지도”에 대한 해석을 통해 본 주자의 공동체 윤리」, 『동양철학연구』, 83: 187～219.

전인갑, 2012, 「제국에서 제국성(帝國性) 국민국가로(1): 제국의 구조와 이념」, 『中國學報』 65: 161～183.

정상봉, 2015, 「개인과 공동체의 관계에 대한 유가적 성찰: 和而不同을 중심으로」, 『통일인문학』 61: 523～545.

정영호·고숙자, 2014, 「사회갈등지수 국제비교 및 경제성장에 미치는 영향」, 보건사회연구원 연구보고서.

정예지·김문주·이수정, 2012, 「윤리적 리더십과 진성 리더십에 대한 이론적 고찰」, 『리더십연구』 3(3): 85～108.

정재훈, 1998, 「朝鮮前期 『大學』의 이해와 聖學論」, 『진단학보』 86: 101～136.

______, 2005, 『조선전기 유교정치사상 연구』, 태학사.

______, 2015, 『영조의 독서와 학문』, 한국학중앙연구원 출판부.

정해식 외, 2016, 「사회통합지수 개발 연구」, 보건사회연구원 보고서.

정해왕, 2012, 「朱熹의 三綱領·八條目의 의미와 문제」, 『한국민족문화』 45: 171～203.

정혜진, 2013, 「『大學』에서의 삼강령과 팔조목: 교육과 정치의 관련」, 『道德教育研究』 25(3): 195～210.

趙南旭, 2005, 「세종의 정치이념과 『大學衍義』」, 『유교사상문화연구』 23: 27～55.

______, 2009, 「공맹(孔孟)의 정치론(政治論)과 그 의의(意義)」, 『퇴계학논총』 15: 189～218.

______, 2011, 「孔孟의 國際平和 理論」, 『유교사상문화연구』 45: 199～225.

주경철, 2015, 『유토피아: 농담과 역설의 이상사회』, 사계절.

池斗煥, 1993a, 「朝鮮前期 君子 小人 論議: 『大學衍義』 王安石論 중심으로」, 『泰東古典研究』 9: 3～36.

______, 1993b, 「朝鮮前期 『大學衍義』 이해과정」, 『泰東古典研究』 10: 337～364.

지준호, 2011,「성리학의 발전에 있어서 대학연의의 사상사적 위치」,『동양고전연구』 45: 391～418.

______, 2014,「공자의 도덕교육론: 인격과 정치의 문제를 중심으로」,『한국철학논집』 40: 203～224.

眞德秀, 1983,『大學衍義』(朝鮮影印), 正文社.

眞德秀 저, 辛承云·李霜芽·張喜成·趙埈㖑 역, 2015,『譯註 大學衍義』(1～3), 전통문화연구회.

진덕수 저, 이한우 역, 2014,『대학연의』(상·하), 해냄.

崔錫起, 2002,「貞山 李秉休의『大學』解釋과 그 意味」,『南冥學研究』 14: 349～387.

______, 2010,「창강 김택영의『대학』해석」,『한문학보』 22: 484～486.

崔承熙, 1982,「世宗朝의 文化와 政治」,『世宗朝 文化의 再認識』.

______, 1985,「朝鮮 太祖의 王權과 政治運營」,『震檀學報』 60.

______, 1991,「太宗朝의 王權과 政治運營體制」,『國史館論叢』 30.

______, 1994,「世宗朝의 王權과 政治運營體制」,『韓國史研究』 87.

______, 1995,「개국초 왕권의 강화와 국정운영체제」,『한국사』 22, 국사편찬위원회.

최정묵, 2011,「『대학』의 삼강령 팔조목을 통해 본 유학의 체계」,『동서철학연구』 62: 5～31.

최진묵, 2015,「고대 중국의 '제국'적 특성: 이념적 측면에서의 고찰」,『인문논총』 72(3): 13～44.

피쉬, 외르크·디터 그로·루돌프 발터 저, 황승환 옮김, 2010,「'제국주의' 형성기까지의 '임페리움'」, 오토 브루너·베르너 콘체·라인하르트 코젤렉 엮음,『코젤렉의 개념사 사전』, 푸른역사.

하병주, 1984,「알, 파라비(Abu Nasr al Farabi)의 '이상국가론'」,『한국중동학회논총』 5: 89～113.

한완상, 2013,『한반도는 아프다』, 한울.

함성득, 2017,『제왕적 대통령의 종언』, 서울: 섬앤섬.

허남진·신정근, 2000,「고대 유가에 나타난 인간의 특성과 이상사회: <고립>에서 <참여>로 이르는 기나긴 여정」,『동아문화』 38: 39～68.

홍승표, 2005, 「유교 정치사상과 새로운 정치의 모색」, 『한국학논집』 32: 115~148.

환관(桓寬) 저, 김한규 외 역, 2002, 『염철론(鹽鐵論)』, 소명출판사.

황갑연, 2009, 「'恕'를 중심으로 한 유가철학의 이상사회」, 『양명학』 23: 431~459.

황금중, 2013, 「대학의 공부 강목(綱目)에 대한 주희(朱熹)의 이해」, 『한국교육사학』 35(1): 209~245.

高令印·陳其芳, 1986, 『福建朱子學』, 福建人民出版社.

歐陽修, 1987, 『新五代史』, 北京: 中華書局.

歐陽修·宋祁, 1975, 『新唐書』, 北京: 中華書局.

金正明 編, 1964, 「伊藤特派大使內謁見始末」, 『日韓外交資料集成』 6 上, 國學資料院.

方詩銘, 2007, 『中國歷史紀年表』, 上海: 上海人民出版社.

范曄, 1987, 『後漢書』, 北京: 中華書局.

范祖禹, 1985, 『唐鑑』, 北京: 中華書局.

司馬光, 1989, 『資治通鑑』 北京: 中華書局.

司馬遷, 1959(1999), 『史記』, 北京: 中華書局.

沈德符, 1619, 『萬曆野獲編』. 「章楓山封事」. http://blog.csdn.net/iammerryz/article/details/8800645.

余華青, 1993, 『中國宦官制度史』, 上海: 上海人民出版社.

李焯然, 1987, 「聖人之學與帝王之學」, 『儒學國際學術討論會論文集』, 齊魯書社.

張撝之·沈起煒·劉德重 主編, 1999, 『中國歷代人名大辭典』, 上海: 上海古籍出版社.

朱鴻林, 1985, 「理論型的經世之學—眞德秀《大學衍義》之用意及其著作背景」, 『食貨月刊』(復刊) 15: 16~27.

眞德秀, 1983~1986, 『大學衍義』(文淵閣四庫全書 影印本), 臺灣: 臺灣商務印書館.

眞德秀, 孔子文化大全編輯部 編輯, 1991, 『大學衍義』(元刻本影印), 濟南: 山東友誼書社.

眞德秀, 朱仁求 點校, 2010, 『大學衍義』, 上海: 華東師範大學出版社.
向世陵·馮禹, 1991, 『儒家的天論』, 濟南: 齊魯書社.

三田村泰助, 1963, 『宦官: 側近政治の構造』, 東京: 中央公論社.

Acemoglu, Daron & James A. Robinson, 2012, *Why Nations Fail: The Origins of Power, Prosperity, and Poverty*, Crown Business. 최완규 옮김, 『국가는 왜 실패하는가』, 시공사.

Ahlquist, John S. & Margaret Levi, 2011, "Leadership: What It Means, What It Does, and What We Want to Know About It," *Annual Review of Political Science* 14: 1~24.

Alderfer, C. P., 1969, "An Empirical Test of a New Theory of Human Needs," *Organizational Behavior and Human Performance* 4(2): 142~175.

Alessandro, M., M. Lafuente, & Carlos Santiso, 2013, "The Role of the Center of Government," *A Literature Review*, Inter American Development Bank.

Ball, R. & K. Chernova, 2008, "Absolute Income, Relative Income, and Happiness," *Social Indicators Research* 88(3): 497~529.

Bass, B. M., 1985, *Leadership and Performance beyond Expectations*, NY: Free Press.

Brown, M. E. & L. K. Treviño, 2006, "Ethical Leadership: A Review and Future Directions," *The Leadership Quarterly* 17(6): 595~616.

Burns, J. M., 1978, *Leadership*, NY: Harper & Row.

Collins, Jim, 2001, *Good to Great: Why Some Companies Make the Leap, and Others Don't*. 『좋은 기업을 넘어 위대한 기업으로』, 이무열 역, 김영사.

Gardner, W. L., C. C. Cogliser, K. M. Davis, & M. P. Dickens, 2011, "Authentic Leadership: A Review of the Literature And Research Agenda," *Leadership Quarterly* 22(6): 1120~1145.

Goffee, Rob & Gareth Jones, 2005, "Managing Authenticity: The Paradox of Great Leadership," *Harvard Business Review* 83(12): 86~94.

Easterlin, R. A., 1974, "Does Economic Growth Improve the Human Lot?

Some Empirical Evidence," P. A. David & M. W. Reder (eds.), *Nations and Households in Economic Growth: Essays in Honour of Moses Abramovitz*, New York: Academic Press Inc.

______, 2001, "Income and Happiness: Towards a Unified Theory," *Economic Journal* 111(473): 465～484.

Hagerty, M. R. & R. Veenhoven, 2003, "Wealth and Happiness Revisited: Growing National Income Does Go with Greater Happiness," *Social Indicators Research* 64(1): 1～27.

Harrer, G. A., 1918, "Cicero on Peace and War," *The Classical Journal* 14(1): 26～38.

Helliwell, John, Richard Layard, & Jeffrey Sachs, 2016, *World Happiness Report 2016*, vol. I, United Nation.

Hodgson, G. M., 1995, "The Political Economy of Utopia," *Review of Social Economy* 53(2): 195～214.

Kelley, R. E., 1988, "In Praise of Followers," *Harvard Business Review* 66: 142～148.

Kernis, M. H. & B. M. Goldman, 2006, "A Multicomponent Conceptualization of Authenticity: Theory and Research," M. P. Zanna (ed.), *Advances in Experimental Social Psychology* 38: 283～357.

Klijn, E-H. & C. Skelcher, 2007, "Democracy and Governance Networks: Compatible or not?," *Public Administration*, 85(3): 587～608.

Klosko, George, 1981, "Implementing the Ideal State," *Journal of Politics* 43(2): 365～389.

Maslow, A. H., 1987, *Motivation and Personality*, 3rd ed., New York: Harper & Row.

OECD, 2017, *How's Life?*, 2017 Measuring Well-being: Measuring Well-being.

Smart, Geoff & Randy Street, 2008, *Who: The A Method for Hiring*, Random House Publishing Group.

Swiss Federal Department of Defence, Civil Protection and Sports (DDPS), 2004, *Swiss Neutrality*, 4th edition.

Veenhoven, R., 1991, "Is Happiness Relative?," *Social Indicators Research* 24(1): 1~34.

Welsch, Heinz, 2008, "The Social Costs of Civil Conflict: Evidence from Surveys of Happiness," *Kyklos* 61(2): 320~340.

주요 등장인물

가연지(賈捐之): 한(漢)나라 사람으로 자는 군방(君房)이다. 전한(前漢) 말기의 관직자로, 유명한 정치가이자 시인인 가의(賈誼)의 증손자다. 원제(元帝) 때 주애(珠厓)의 반란을 제압하였다. 그는 황제에게 여러 번 조언하였으나 황제는 그의 말을 무시하였고, 양흥(楊興)의 지원으로 다시 관직에 진출하려고 하였지만 이루지 못하였다.

가의(賈誼, BC 200~BC 168): 전한 하남(河南) 낙양(洛陽) 사람이다. 가태부(賈太傅) 또는 가장사(賈長史), 가생(賈生)으로도 불린다. 시문에 뛰어나고 제자백가에 정통하였다. 문제(文帝)의 총애를 받아 약관의 나이로 최연소 박사가 되었다. 진(秦)나라 때부터 내려온 율령(律令)과 관제(官制), 예악 등의 제도를 개정하고 전한의 관제를 정비하기 위한 많은 의견을 제시하였다. 이후 많은 개혁을 건의하였으나, 주발(周勃)과 관영(灌嬰) 등 당시 고관들의 시기를 받아 장사왕(長沙王)의 태부(太傅)로 좌천되었다. 4년 뒤 복귀하여 문제의 막내아들 양회왕(梁懷王)의 태부가 되었지만 왕이 낙마하여 급서하자 애도한 나머지 한 해 뒤 33살로 죽었다. 저서에 『신서(新書)』 10권과 『가장사집(賈長沙集)』이 있다. 진(秦)나라가 망한 까닭을 논한 「과진론(過秦論)」은 널리 알려져 있다.

감반(甘盤): 상나라의 임금 고종 때의 현신(賢臣)이다. 고종이 즉위하기 전에 그에게 글을 배운 일이 있었다. 나중에 즉위해 등용해서 정승으로 삼았다는 고사가 있어 사제(師弟) 관계를 말할 때 자주 등장한다.

강숙(康叔): 주나라 문왕의 아들로 무왕의 동생이다.

강총(江總, 江揔, 江摠, 519~594): 남조 진(陳)나라 제양(齊陽) 고성(考城) 사람으로 자는 총지(總持)고, 강부(江紑)의 아들이다. 학문에 열중해 문재가 있었고, 양(梁) 무제(武帝)의 칭송을 들었다. 진(陳) 후주(後主)가 즉위하자 상서령(尙書令)이 되었다. 그러나 정무는 돌보지 않고 후주와 함께 후원에서 연회에만 골몰하면서 염정시를 써내 압객(狎客)으로 불렸다. 수나라 때 상개부(上開府)직에 있다가 강도(江都)에서 죽었다. 세칭 강령(江令)으로 불린다. 문집 30권이 있었지만 없어졌고, 명나라 때 만들어진 『강령군집(江令君集)』이 전한다.

강태공(姜太公): 본명은 강상(姜尙)이다. 그의 선조가 여(呂)나라에 봉하여졌으므로 여상(呂尙)이라 불렸고, 태공망(太公望)이라고 불렸지만 강태공(姜太公)이라는 이름으로 알려져 있다. 주나라 문왕(文王)의 초빙을 받아 그의 스승이 되었고, 무왕(武王)을 도와 상(商)나라 주왕(紂王)을 멸망시켜 천하를 평정하였으며, 그 공으로 제(齊)나라 제후에 봉해져 그 시조가 되었다.

걸(桀): 하나라의 마지막 군주로, 포악하고 사치스러웠다. 걸이 현재의 산동성 쪽에 있는 유시(有施)를 공격하자, 유시의 사람들은 걸의 공격을 돌리기 위해 말희(妹喜)라는 아름다운 여자를 진상하였다. 말희는 걸의 여자가 되어 유시 사람들의 복수를 위해서 걸의 사치를 부추겼다. 하루는 걸이 전국에서 잡아들인 소녀들과 춤판을 벌인 후 술을 한 잔씩 하사하였는데, 여자들이 매우 많았으므로 술을 따르는 데 시간이 많이 들었다. 이에 말희는 일일이 술을 따르는 것을 기다리는 것이 지루하므로, 술로 연못을 만들고, 연못 둘레에 고기의 숲을 만들어 즐기자고 제안하였다. 여기에서 주지육림이라는 성어가 생겼다. 공사가 끝난 후 걸은 말희와 함께 술로 만든 연못에 배를 띄운 후, 나무에 고기가 매달려 있는 모습을 보며 무희들의 춤을 구경하였다고 한다.

계강자(季康子, ?~BC 468): 춘추시대 말기 노(魯)나라 사람으로 계손비(季孫肥)로도 불린다. 애공(哀公) 7년 노나라가 오(吳)나라와 증(鄫)에서 회합을 가졌는데, 오나라 왕 부차(夫差)가 백뢰(百牢)를 쓰라고 강요하면서 준행을 요구하였다. 그가 거절하고 회합에 나가지 않았다. 오나라 태재(太宰) 백비(伯嚭)가 부르자 자공(子貢)을 보내 거절하였다. 제(齊)나라가 여러 차례 노나라를 공격하였는데, 염유(冉有)를 재(宰)로 삼고 좌사(左師)를 이끌고 나가 싸워 공을 세웠다. 나중에 공자(孔子)를 맞아 위(衛)나라에서 노나라로 돌아오게 하였지만 등용하지는 못하였다. 시호는 강(康)이다. 그가 공자에게 정치에 대해 물은 내용이 『논어(論語)』「안연(顔淵)」편에 나온다.

계로(季路) → 자로(子路)

계손숙(季孫宿, ?~BC 535): 춘추시대 노(魯)나라 사람으로 계손행보(季孫行父)의 아들이다. 아버지를 이어 대부(大夫)가 되었다.

고역사(高力士, 684~762): 본명(本名)은 풍원일(馮元一)으로 고주(高州) 양덕(良德) 출신이다. 698년에 환관이 되었고, 환관(宦官) 고연복(高延福)의 양자(養子)가 되어 고역사(高力士)로 개명하였다. 이후 현종(玄宗)이 임치왕(臨淄王)이던 시절부터 심복(心腹)이 되었고, 현종이 즉위한 후에는 권세(權勢)를 누렸다. 숙종(肅宗)이 즉위하자 이보국의 탄핵을 받아 무주(巫州)로 유배되었다가 현종이 죽은 뒤에 사면되었다. 그러나 현종의 죽음 소식을 듣고 7일 동안 음식을 끊고 슬퍼하다가 죽었다.

고요(皐陶): 순(舜)임금의 신하다. 법리(法理)에 통달하여 법을 세워 형벌을 제정하고, 옥(獄)을 만들었다.

고자(告子): 전국시대 제(齊)나라의 사상가로 이름은 불해(不害)다. 맹자와 동시대 사람으로 맹자와 인성(人性)에 관한 논쟁으로 유명하다.

곡영(谷永, ?~BC 8): 전한 경조(京兆) 장안(長安) 사람이다. 본명은 병(並)이고, 자는 자운(子雲)이며, 곡길(谷吉)의 아들이다. 원제(元帝) 건소(建昭) 연간에 태상승(太常丞)에 올랐고, 여러 차례 상서하여 재이(災異)의 발생을 조정의 득실과 관련지어 추론하였다. 성제(成帝) 때 광록대부급사중(光祿大夫給事中)이 되었다. 황태후와 측근들은 곡영이 재이의 논리로 성제를 설득하자 그를 달갑지 않게 여겼다.

곤(鯀): 『설문(說文)』에서는 곤이 물고기의 이름으로 되어 있지만, 『서경(書經)』과 『사기(史記)』에는 하(夏)나라 우임금의 아버지로 요임금의 명령을 받고 홍수를 다스리려고 하였으나 실패하여, 순임금에 의해 우산(羽山)으로 추방당하여 죽은 것으로 되어 있다.

『좌씨전(左氏傳)』에 의하면 곤은 죽어서 그 혼(魂)이 황웅(黃熊)이 되어 우연(羽淵)에 가라앉았다고 한다.

공공(共工): 요(堯)임금의 때의 악인(惡人)이다. 공사(工師)를 맡았고, 환두(驩兜), 삼묘(三苗), 곤(鯀) 등과 함께 사흉(四凶)으로 불렸다. 순(舜)임금이 유주(幽州)로 유배를 보냈다. 일설에는 소호씨(少昊氏)의 못난 아들로, 신의를 저버리고 충성을 무너뜨리며 악언(惡言)을 숭상하여 사람들이 그를 궁기(窮奇)라 불렀다고 한다.

공명고(公明高): 춘추시대 때 사람이다. 일찍이 전손자막(顓孫子莫)에게 군자(君子)의 예에 대해 물었다. 전손자막이 설명하였지만 이해를 하지 못하고 그 뜻을 증자(曾子)에게 물으니, 증자가 상세하게 일러주었다고 한다. 증자의 제자다.

공범(孔範): 남조 진(陳)나라 회계(會稽) 산음(山陰) 사람으로 자는 법언(法言)이다. 진(陳) 후주(後主)가 즉위하자 도관상서(都官尙書)가 되었다. 경서와 역사서를 두루 섭렵하여 강총(江總) 등과 함께 압객(狎客)으로 대우받았다. 후주가 자신의 잘못에 대해 따지는 것을 싫어하는 줄 알고 적당히 말치레를 하여 칭찬과 찬양을 아끼지 않았다. 그때 공귀인(孔貴人)이 총애를 독차지하고 있었는데, 그녀와 형매(兄妹) 관계를 맺었다. 신임이 더욱 두터워지자 황제까지 좌우하게 되어 조정의 신하들이 모두 그를 두려워하였다. 진나라가 망한 뒤 수(隋) 문제(文帝)가 간첨(奸諂) 네 죄인 가운데 한 사람으로 지목해 원방(遠方)으로 추방시켰다.

공손술(公孫述, ?~36): 후한 부풍(扶風) 무릉(茂陵) 사람으로 자는 자양(子陽)이다. 처음에는 왕망(王莽)을 섬겨 도강졸정(導江卒正)을 지냈고, 경시(更始) 2년(24) 면죽(綿竹)에서 녹림군(綠林軍)을 저지하고 촉왕(蜀王)이 된 뒤 성도(成都)에 도읍을 정하였다. 촉(蜀)과 파(巴)를 평정하고, 다음 해 스스로 천자(天子)라 일컬으며 국호를 성가(成家)라 하였다. 후에 오한(吳漢)과 장궁(臧宮)에게 패한 뒤 부상당한 상처 때문에 죽었다.

공손추(公孫丑): 맹자(孟子)의 제자다. 부동심(不動心)과 호연지기(浩然之氣) 등에 대한 맹자와의 문답이 『맹자』「공손추장구」에 기록되어 있다.

공손홍(公孫弘, BC 200~BC 121): 전한 치천(菑川) 설현(薛縣) 사람으로 자는 계(季) 또는 차경(次卿)이다. 무제(武帝) 건원(建元) 원년(BC 140) 현량(賢良)에 추천되어 박사(博士)에 올랐다가 흉노(匈奴)의 일 때문에 관직에서 물러났다. 원광(元光) 5년(BC 130) 현량대책(賢良對策)에 제일(第一)로 뽑혀 박사가 되고, 내사(內史)와 어사대부(御史大夫) 등을 역임하였다. 저서에 옥함산방집일서(玉函山房輯佚書)에 수록된 『공손홍서(公孫弘書)』가 있다.

공안국(孔安國, BC 156?~BC 74): 전한 노국(魯國) 곡부(曲部) 출신으로 자(字)는 자국(子國), 공자의 12대 손이다. 무제 때 박사(博士)와 간의대부(諫議大夫)를 역임하고 임회(臨淮) 태수를 지냈다. 무제 말년에 노국의 공왕(恭王) 여(余)가 궁궐 확장을 위해 공자의 옛 집을 열었을 때 『상서』·『예기』·『논어』·『효경』 등 수십 편이 나왔는데, 공안국은 이를 금문과 대조·고증하여 주석을 붙였다. 특히 이때 발견된 『상서』는 진대 복생(伏生)이 전한 『금문상서(今文商書)』보다 16여 편이 많고, 『고문상서(古文商書)』라 부른다.

공우(貢禹, BC 124~BC 44): 전한 낭야(琅邪) 사람으로 자는 소옹(少翁)이다. 선제(宣帝)

때 명경결행(明經潔行)으로 명성을 얻어 박사(博士)가 되었다. 여러 차례 상서하여 궁중의 사치에 대해 건의하고 요역(徭役)을 줄일 것과 어질고 유능한 사람을 기용할 것, 창악(倡樂)을 없애고 상업을 경시할 것 등을 주청하였다. 동중서(董仲舒)의 제자 영공(嬴公)에게 『춘추공양전(春秋公羊傳)』을 배웠고, 나중에는 영공의 제자인 휴맹(眭孟)을 사사하였다.

공자(孔子, BC 551~BC 479): 노나라 사람으로 본명은 공구이며, 유학의 창시자다. 아버지는 숙량흘이고 어머니는 안징재다. 가난하고 천하게 자란 공자는 키가 9척 6촌이나 될 정도로 키가 컸다. 20살 때부터 계(季)씨 가문 창고지기로 일하였고 가축 사육일도 맡았지만 주나라 관제와 예법을 꾸준히 공부하면서 예(禮) 전문가로 유명해지기 시작하였다. 35살 때 노나라에서 내란이 일어나 소공이 제나라로 망명하자 공자도 제나라로 떠났다가 2년 뒤 귀국하였다. 공자가 48살 때 계손씨의 가신 양호가 정권을 잡자 공자는 정치에서 물러나 본격적으로 제자를 가르치기 시작하였다. 공자는 사공(司空)과 대사구(大司寇)를 지내기도 하였지만 삼환씨 세력을 타도하려다가 실패하여 제자들과 함께 고국을 떠났다. 이후 공자는 여러 나라를 돌아다녔지만 등용되지 못하고 14년 만인 68살 때 노나라로 귀국하여 악(樂)을 정비하고 제자를 가르치며 문헌을 정리하는 데 전념하였다. 가장 아끼는 제자 안연을 떠나보낸 슬픔 가운데에서도 공자는 BC 481년 『춘추(春秋)』를 완성하였다. 72살 때는 역시 아끼던 제자 자로가 위나라에서 일어난 정변에 휘말려 피살되었다. 공자는 노나라 성 북쪽 사수(泗水) 가에 묻혔다. 제자들이 모두 3년 동안 복을 입었다. 자공은 홀로 무덤가에 여막을 짓고 다시 3년이 지난 후에야 떠나갔다.

곽자의(郭子儀, 697~781): 당나라 화주(華州, 하남성) 정현(鄭縣) 사람으로 분양왕(汾陽王)에 봉해져서 곽분양(郭汾陽)이라고도 한다. 현종(玄宗) 때 삭방절도사(朔方節度使)가 되어 안녹산의 난을 토벌하여 하북의 10여 군을 회복하였고, 하북(河北)에서 사사명(史思明)을 격파하였다. 숙종(肅宗)이 즉위하자 관내하동부원수(關內河東副元帥)가 되어 회흘군(回紇軍)과 연합하여 장안과 낙양을 수복하였다. 그 공으로 중서령(中書令)에 발탁되고, 나중에 분양군왕(汾陽郡王)에 봉해졌다. 부귀공명과 다복(多福)을 누렸다고 하여, 팔자 좋은 사람을 '곽분양 팔자'라고 한다.

관숙(管叔, ?~BC 114?): 서주(西周) 때의 사람이다. 성은 희(姬)고, 이름은 선(鮮)이다. 문왕(文王)의 셋째 아들이자 주공(周公) 단(旦)의 형이며, 무왕(武王)의 동생이다. 무왕이 은(殷)나라를 멸하고 동생들을 봉하였을 때 채숙(蔡叔) 도(度)와 함께 은나라 주왕(紂王)의 아들 무경(武庚)을 감시하여 하남(河南)을 다스렸다. 채숙, 무경과 함께 반란을 일으켰지만 함께 죽음을 당하였다.

관중(管仲, ?~BC 645): 춘추시대 제(齊)나라 사람이다. 이름은 이오(夷吾)이고, 자는 중(仲)이다. 처음에 공자(公子) 규(糾)를 섬겼다가 제(齊) 양공(襄公)이 피살되자 투옥되었다. 그때 포숙아가 관중을 추천하자, 환공이 발탁하여 경(卿)에 올랐다. 군사력을 강화하고, 상업과 수공업의 육성을 통하여 부국강병을 꾀하였다. 대외적으로는 제후와 아홉 번 회맹(會盟)하여 환공에 대한 제후의 신뢰를 얻게 하였고, 초(楚)나라를 누르려고 하였다. 저서에 『관자(管子)』가 있는데, 후세 사람들에 의해 가필된 것으로 여겨진다.

광형(匡衡): 전한 동해군(東海郡) 승현(承縣) 사람으로 자는 치규(稚圭)다. 집안은 가난하였지만 공부하기를 좋아하였다. 후창(後蒼)을 좇아 『제시(齊詩)』를 배웠고, 문학에 능하였으며 『시(詩)』에 정통하였다. 글을 올려 시정(時政)을 논하였는데, 경의(經義)와 잘 맞았다. 육경(六經) 외에도 『논어』와 『효경』을 숭상하였다. 사단(師丹)과 복리(伏理), 만창(滿昌) 등에게 학문을 전수하여 광씨제시학(匡氏齊詩學)을 개창하였다.

괴통(蒯通): 전한 탁군(涿郡) 범양(范陽) 사람으로 본명은 철(徹)이다. 한신(韓信)에게 모반하고 자립할 것을 권하였는데, 한신은 듣지 않다가 고조에게 죽임을 당하였다. 조참(曹參)이 제상(齊相)이 되었을 때 객(客)으로 불렀다. 『준영(雋永)』 81편을 지었는데, 지금은 없어졌다.

구겸지(寇謙之, ?~448): 북위(北魏) 상곡(上谷) 창평(昌平) 사람이다. 자는 보진(輔眞)이고, 도교의 대성자로 알려졌다. 젊어서부터 도술을 좋아하였는데, 일찍이 신선 성공흥(成公興)을 만나 숭산(嵩山)과 화산(華山)에서 10년 동안 수련하면서 교유하였다. 명원제(明元帝) 신서(神瑞) 2년(415) 스스로 태상노군(太上老君)에게 천사(天師)의 지위를 받고 『운중음송신과지계(雲中音誦新科之誡)』 24권을 받았다면서 도교를 정비하려고 하였다. 오두미도(五斗米道)의 방법을 없애고 신도들에게 곡물이나 돈을 받는 일, 남녀 간의 합기(合氣)하는 술수 등도 폐지하였다. 또 도관(道官)을 세습하는 제도도 없애고 재공(齋功)이 양생(養生)하고 신선을 구하는 가장 좋은 방법임을 강조하였다. 재상 최호(崔浩)의 주선으로 세조 태무제(太武帝)의 신임을 얻어 수도 평성(平城)의 동쪽과 서쪽에 신천사도(新天師道, 북천사도)가 세워졌고, 각 주진(州鎭)마다 도교 사원이 건립되었다. 스스로 태평진군(泰平眞君)이라 일컬으며 한때 불교를 금지시키고, 도교를 국교화하기도 하였다. 북위의 여러 황제들이 도교를 신봉하는 데 밑거름을 만들었다.

구마라집(鳩摩羅什, 344~413): 산스크리트어 kumārajīva의 음사이고, 동수(童壽)라고 번역한다. 인도 출신의 승려 구마라염(鳩摩羅炎)과 구자국왕(龜玆國王)의 누이동생 지바(jīva)를 어머니로 하여 구자국(龜玆國)에서 태어났다. 학문적 명성이 널리 알려져 중국에까지 미치게 되어, 382년에 전진왕(前秦王) 부견(苻堅)이 장군 여광(呂光)에게 구자국을 정벌토록 하고 구마라집을 데려오게 하였다. 여광은 구자국왕을 죽이고 그곳을 정복한 후, 구마라집을 데리고 돌아오던 중 양주(涼州)에서 전진이 멸망하였다는 소식을 듣고, 그곳에 후량(後涼)을 건국한다. 구마라집도 그곳에서 16~17년 동안 머물렀다. 후진(後秦)의 왕 요흥(姚興)은 401년에 군사를 후량에 파견하여 구마라집을 데려오게 하여 국사(國師)로 예우하고 서명각(西明閣)과 소요원(逍遙園)에서 경전을 번역하게 하였다. 그는 12년 동안 대품반야경(大品般若經)·법화경(法華經)·금강경(金剛經)·유마경(維摩經)·아미타경(阿彌陀經) 등 35종 294권을 번역하였다.

구양수(歐陽脩, 1007~1072): 송나라 길주(吉州) 여릉(廬陵) 사람이다. 자는 영숙(永叔)이고, 호는 취옹(醉翁) 또는 육일거사(六一居士)이며, 시호는 문충(文忠)이다. 당송팔대가(唐宋八大家)의 한 사람으로 손꼽힌다. 인종(仁宗) 천성(天聖) 8년(1030) 진사가 되어 이후 여러 관직을 역임하였다. 영종(英宗) 초에 영종의 아버지 복왕(濮王)을 추존해 황(皇)으로 삼아야 한다는 복의지쟁(濮議之爭)을 일으켰다. 저서로 『구양문충공집(歐

陽文忠公集)』 153권과 『육일사(六一詞)』, 『집고록(集古錄)』이 있고, 『신당서(新唐書)』와 『오대사기(五代史記)』의 편자이기도 하다.

권만기(權萬紀): 당(唐) 태종 때 사람이다. 정관 10년(636) 선주(宣州)와 요주(饒州)에서 은광(銀鑛)을 채굴할 것을 상소하였으나 태종은 본인이 이익을 좋아하지 않는다며 권만기를 삭탈관작하였다.

급암(汲黯, ?~BC 112?): 전한 복양(濮陽) 사람이다. 무제(武帝) 때의 간신(諫臣)으로, 자는 장유(長孺)다. 무제 때 주작도위(主爵都尉)가 되었고, 구경(九卿)의 한 사람이 되었다. 사람 됨됨이가 충간을 좋아하고 정쟁(廷諍)을 거침없이 제기하였는데, 무제가 속으로는 욕심이 많았지만 겉으로 인의(仁義)를 많이 베푼 것도 그의 힘이 컸다. 무제가 그를 두고 사직(社稷)을 지탱하는 신하라 칭송하였다.

기(夔): 요(堯)임금 때 기용되어 악정(樂正)을 맡았고, 순(舜)임금 때는 전악(典樂)이 되었다. 그가 돌을 치거나 두드려서 상제(上帝) 옥경(玉磬)의 소리를 흉내 내자 온갖 짐승들이 나와 춤을 추었다고 한다. 또한 그는 오성(五聲)을 바르게 하고 육률(六律)을 조화롭게 만들었으며, 팔음(八音)을 고르게 하였다는 칭송을 받았다.

기자(箕子): 상(商)의 28대 군주인 문정(文丁)의 아들로 주왕(紂王)의 숙부(叔父)다. 농사(農事)와 상업(商業), 예법(禮法) 등에 두루 능통하였다.

나종언(羅從彦, 1072~1135): 송나라 검주(劍州) 검포(劍浦, 복건성 南平) 사람으로 자는 중소(仲素)이고, 호는 예장(豫章)이며, 시호는 문질(文質)이다. 양시, 이동(李侗)과 함께 '남검삼선생(南劍三先生)'으로 불렸다. 양시의 학문을 계승하여 이동에게 전하였고, 이동은 다시 주희에게 전하였다.

난영(欒盈, ?~BC 550): 춘추시대 진(晉)나라 사람이다. 난령(欒逞)으로도 쓴다. 난염(欒黶)의 아들이고, 시호는 회자(懷子)다. 어머니는 범선자(范宣子)의 딸이었는데, 음행이 있는 것을 난영이 알까 두려워하여 아버지에게 난영이 범씨 집안을 원망해 나쁜 일을 꾸민다고 모함을 하였다. 평공 6년 범선자가 그를 쫓자 초(楚)나라로 도망을 갔다가, 다시 제(齊)나라로 갔다. 평공 8년 몰래 제나라 사신을 따라 진나라에 들어와 난을 일으켰지만 싸움에 져서 곡옥(曲沃)으로 달아났다가 죽임을 당하였다.

남송(南宋) 영황(寧皇, 1168~1224): 남송의 영종(寧宗)으로 본명은 조확(趙擴)이다. 남송 제3대 황제 광종(光宗)의 둘째 아들이다. 1194년 광종이 재상 조여우(趙汝愚)·한탁주(韓侂冑) 등과 고종(高宗)의 황후 오(吳)씨에 의해 퇴위 당하자 제4대 황제 영종으로 즉위하였다.

노(魯) 애공(哀公, ?~BC 468, 재위 BC 494~BC 468): 춘추시대 노나라 임금으로 정공(定公)의 아들이다. 노나라는 국내적으로는 삼환(三桓)이라고 하는 공족3가(公族三家)의 세력이 강하였고, 대외적으로는 오(吳)·제(齊)나라의 공격으로 국력을 펴지 못하였다. 공자가 위(衛)나라에서 노나라로 돌아와서 그에게 좋은 방책을 권하였으나 듣지 않았다. 월(越)나라의 도움으로 삼환씨를 제거하려다 오히려 임금에서 쫓겨나 유산지(有山氏)에서 죽었다.

노 정공(定公, ?~BC 495): 춘추시대 노나라의 제26대 임금으로 이름은 송(宋)이다. 공자(孔子)를 재상으로 기용하였고, 제(齊) 경공(景公)을 협곡(夾谷)에서 만났다. 15년 동안 재위했다.

노담(老聃): 노자(老子)를 말한다. 춘추시대 말기 초(楚)나라 고현(苦縣) 사람으로 도가(道家)의 창시자다. 이름은 이이(李耳)이고, 자는 백양(伯陽)이다. 주나라가 쇠퇴해지는 것을 한탄하여 함곡관(函谷關)을 나가 은거하려고 하였을 때 관문지기의 요청으로 상(上)·하(下) 2편으로 된 책을 써 주었다고 한다. 이후 소식은 알 수 없다. 이 책을 『노자』 또는 『도덕경(道德經)』이라고 부르는데, 도가사상의 효시로 일컬어진다. 태사담(太師儋) 또는 노래자(老萊子)라고 보기도 한다.

노회신(盧懷愼, ?~716): 당나라 활주(滑州) 영창(靈昌) 사람이다. 조적(祖籍)은 유주(幽州) 범양(范陽)이다. 청렴하고 영리를 좇지 않았으며, 복식이나 기물에도 금옥 장식을 전혀 하지 않았다. 받은 봉록도 그때마다 나눠 주어 집안에 남겨 두지 않아 처자들마저 궁핍하게 살았다. 시호는 문성(文成)이다.

담계(聃季): 주나라 문왕의 아들로 무왕의 동생이다. 무왕이 상나라를 무찌른 후, 무왕의 아들인 성왕 때 심(沈)에 봉해졌다.

당(唐) 경종(敬宗, 809~826, 재위 824~826): 당나라 제13대 황제다. 목종(穆宗)의 죽음으로 갑자기 즉위하였는데, 어려 철이 들지 않아 정사에 태만하였다. 황제가 된 지 2년 만에 환관에게 살해되었다.

당 고종(高宗, 628~683, 재위 649~683): 당나라 제3대 황제다. 이름은 이치(李治)이며, 자는 위선(爲善)이고, 태종의 아홉 번째 아들이다. 즉위한 뒤 태종의 옛 제도를 많이 계승하였다. 서돌궐(西突厥)을 평정하였고, 고구려를 공격하였다. 나중에 왕 황후(王皇后)를 폐하고 무측천(武則天)을 황후에 임명하였다. 34년 동안 재위하였고, 시호는 천황대제(天皇大帝)다.

당 대종(代宗, 726~779, 재위 762~779): 당나라 8대 황제다. 황제가 된 이듬해에 안사의 난이 진압되었다. 그러나 같은 해에 토번이 공격해 와 장안이 잠시 동안 점령되기도 하였다. 불교에 심취하여 불교 사찰에 많은 토지와 면세혜택을 주었는데, 이 때문에 재정이 악화되었다.

당 덕종(德宗, 742~805, 재위 779~805): 당나라 제9대 황제다. 이름은 이괄(李适)이며, 대종(代宗)의 장자다. 안사(安史)의 난으로 천하병마총수로서 사조의(史朝義)를 토벌하고 764년에 황태자가 되었다. 779년 황제로 즉위하였고, 그 이듬해 재상 양염(楊炎)의 의견을 받아들여 종래의 조용조제(租庸調制)를 폐지하고 양세법(兩稅法)을 시행하여 재정충실을 꾀하였다.

당 무종(武宗, 814~846, 재위 841~846): 당나라 제15대 황제다. 경종(敬宗)과 문종(文宗)의 이복동생으로 문종이 환관에게 살해되자 황제가 되었다. 도교를 좋아하였고, 회창(會昌) 5년(845)에는 불교 억제책을 전국적으로 실시하였다. 장수를 도와주는 단약을 지나치게 먹다가 중독으로 사망하였다.

당 문종(文宗, 809~840, 재위 826~840): 당나라 제14대 황제다. 이름은 이앙(李昻)으로 목종(穆宗)의 둘째 아들이자 경종(敬宗)의 동생이다. 환관 왕수징(王守澄) 등이 옹립하여 제위에 올랐다. 처음에는 올바른 정치를 하고자 고민하여 궁녀 3천 명을 출궁(出宮)하고, 오방응견(五坊鷹犬)을 방출하며, 불필요한 관료 1,200여 명을 내보내 정치가 청명하다는 소리를 들었다. 나중에 환관이 정권을 쥐고 흔들자 이훈(李訓)과 정주(鄭注) 등을 등용하여 감로사변(甘露事變)을 발동시켜 환관들을 모두 죽일 계획을 세웠다. 그러나 일이 실패하여 이훈과 정주 등은 피살되고, 황제 역시 연금되었다. 14년 동안 재위하였고, 시호는 원성소헌황제(元聖昭獻皇帝)다.

당 선종(宣宗, 810~859, 재위 847~859): 당나라 제16대 황제다. 목종(穆宗)의 이복동생으로, 경종(敬宗)·문종(文宗)·무종(武宗)의 숙부다. 불교를 포용하고, 환관을 견제하였으며, 이덕유(李德裕)와 우승유(牛僧孺) 일패를 견제하여 정쟁을 유도하였다. 말년에 도교를 심취하여 불로장생을 추구하다 중독으로 사망하였다.

당 숙종(肅宗, 711~762): 당나라 제7대 황제다. 안사의 난으로 영무로 가는 도중 금군의 추대로 황제에 올랐다.

당 태종(太宗, 599~649, 재위 626~649): 당나라 제2대 황제로 이름은 이세민이다. 실질적으로 당나라를 세운 영웅이나, 태자의 견제에 현무문의 변을 일으켜 형과 동생을 죽이고 왕위에 올랐다. 뛰어난 장군이자, 정치가와 전략가와 예술가이기까지 하였으며, 중국 역대 황제 중 최고의 성군으로 불리어 그가 다스린 시기를 정관의 치라고 일컫는다.

당 헌종(憲宗, 778~820, 재위 805~820). 당나라 제11대 황제로 순종(順宗)의 양위를 받아 즉위하였다. 순종을 퇴위시킨 환관을 견제하고, 지방의 번진에도 환관을 감군(監軍)으로 파견하여 적극적인 통제를 실시하였다. 저항하는 번진은 무력으로 토벌하여 당 왕조의 일시적인 안정을 가져왔다. 그러나 불교와 도교에 심취하고, 자주 화를 내고 주변의 환관을 벌주다가 환관 왕수징(王守澄)과 진홍지(陳弘志)에게 시해되었다.

당 현종(玄宗, 685~762): 당나라 제6대 황제로 별호는 명황(明皇)이며, 본명은 이융기(李隆基)다. 당 태종 이세민 이후 전반기에는 번영을 이끌었으나, 후반기에는 양 귀비에 빠져서 안사의 난을 당하여 당나라의 쇠퇴를 가져온 황제다.

도안(道安, 314~385): 16국시대 전진(前秦) 때의 승려다. 흔히 석(釋)도안으로 불린다. 부류(扶柳) 사람이고, 속성(俗姓)은 위(衛)씨다. 초기 중국 불교의 기초를 닦은 대표적 학승(學僧)으로 『반야경(般若經)』 등의 경전에 주소(注疏)를 달았다, 양양에 단계사(檀溪寺)를 세웠다. 제자 가운데 정토종(淨土宗)을 창설한 혜원(慧遠)이 가장 유명하다.

독고씨(獨孤氏, 543~602): 문헌황후 독고씨(文獻皇后 獨孤氏)이며, 수나라 최초의 황후다. 원래 이름은 독고가라(獨孤伽羅)이다. 질투심이 강하여 수 문제로 하여금 후궁을 셋 이상 두지 못하게 하였고, 첩을 총애하는 대신들에게 벌을 내리거나 파직시킬 것을 건의하기도 하였다. 또한 아들들이 첩을 두는 것도 싫어하였다. 말을 잘 듣지 않는 장남 양용 대신 차남 양광을 태자로 세우는 데 기여했다. 영안궁에서 한질로 사망하였다.

동중서(董仲舒, BC 176?~BC 104): 전한 신도(信都) 광천(廣川) 사람이다. 젊어서 『춘추공양전(春秋公羊傳)』을 공부하였다. 경제(景帝) 때 박사(博士)가 되었다. 무제(武帝) 때 현량대책(賢良對策)으로 백가(百家)를 몰아내고 유술(儒術)만을 존중할 것을 주장하였는데, 무제가 받아들여 이후 2천 년 동안 유학(儒學)이 정통 학술로 자리하는 계기를 만들었다. 학문은 유학을 중심으로 하면서도 음양오행(陰陽五行)과 천인감응(天人感

應)이 같은 신학적 체계를 갖추고 있었다. 천도(天道)와 인사(人事)가 서로 부응한다고 하여 군신(君臣)과 부자(父子), 부부(夫婦)의 도도 모두 천의(天意)에서 나온다고 하면서 "하늘이 바뀌지 않으면 도도 바뀌지 않는다.[天不變 道亦不變]"라고 주장하였다. 저서에 『동자문집(董子文集)』과 『춘추번로(春秋繁露)』 등이 있다.

동진 원제(元帝, 276~322): 사마예(司馬睿)로 동진(東晉)의 황제다. 자는 경문(景文)이고, 사마의(司馬懿)의 증손이다. 유요(劉曜)가 장안(長安)을 함락하고 민제가 죽자 서진(西晉)은 망하였다. 이에 건강(建康)에서 즉위하니, 바로 동진이다. 당시 중원이 크게 어지러웠지만 강동(江東)은 비교적 안정되어 있었다. 왕돈이 조정을 끼고 전권을 휘두르자 근심과 울분 속에 죽었다. 6년 동안 재위하였고, 묘호는 중종(中宗)이다.

동현(董賢): 전한(前漢) 애제(哀帝)가 총애하던 신하다.

두여회(杜如晦, 585~630): 자는 극명(克明)으로 당 태종 정관(貞觀) 2년(628) 본관검교시중(本官檢校侍中)으로 이부상서(吏部尙書)를 겸직하였는데, 적임자라는 평을 들었다. 당나라의 법률제도와 인사행정을 정비하여, 방현령(房玄齡)과 더불어 '정관(貞觀)의 치(治)'를 구축하였다. 두 사람 모두 현신(賢臣)을 대표하는 인물로 거론된다.

두주(杜周, ?~BC 94): 전한 남양군 두연(杜衍) 사람이다. 두주는 장탕을 섬겼는데, 장탕이 수차례 그의 뛰어난 능력을 상주(上奏)하였다. 그 후 그는 어사로 임명되어 변경 지대의 손실 상황을 조사하라는 명령을 받았다. 당시 두주의 논고로 인해서 사형을 당한 자가 매우 많았다.

등(滕) 문공(文公): 춘추전국시대 등나라의 군주다. 성은 희(姬)이고, 시조인 착숙(錯叔)은 주공의 14번째 아들이다. 맹자는 등나라와 그의 정치를 칭찬하였다.

마회소(馬懷素, 659~718): 당나라 윤주(潤州) 단도(丹徒) 사람으로 자는 유백(惟白)이다. 젊어서 이선(李善)에게 배워 경사(經史)에 박통(博通)하였다. 현종(玄宗) 개원(開元) 초에 호부시랑(戶部侍郎)이 되고, 상산현공(常山縣公)에 봉해졌다. 세 번 비서감(秘書監)으로 옮겼고, 소문관학사(昭文館學士)를 겸하였다. 나이 60살에 죽었다. 시호는 문(文)이다.

만장(萬章): 전국시대 제(齊)나라 사람으로 맹자(孟子)의 제자다. 『맹자(孟子)』에 그가 맹자에게 도(道)를 묻고 대화한 기록이 나온다.

맹분(孟賁): 전국시대 위(衛)나라 사람이며, 제(齊)나라 사람이라고도 한다. 맹열(孟說)이라고도 한다. 진(秦) 무왕(武王)의 사랑을 받던 역사(力士)라고도 한다.

맹의자(孟懿子): 춘추시대 노(魯)나라 대부(大夫)로 공자(孔子)에게 효(孝)에 대해 물은 일이 『논어(論語)』 위정편(爲政篇)에 실려 있다.

맹자(孟子, BC 372?~BC 289?): 전국시대 추(鄒)나라 사람으로 이름은 맹가(孟軻), 자는 자여(子輿)이며, 노(魯)나라 공족(公族)인 맹손씨(孟孫氏)의 후예다. 공자의 뒤를 이어 유가사상을 정립하였다. 제(齊)나라와 송(宋)·등(滕)·위(魏)나라 등을 다니며 당시의 제후들에게 왕도(王道)와 인정(仁政)을 설파하였다. 백성은 귀하고 군주는 가볍다[民貴君輕]고 주장하였다. 성선설(性善說)과 혁명론(革命論)을 내세워 어지러운 시대를 바로잡으려고 하였지만 뜻을 이루지 못하였다. 말년에 제자 공손추(公孫丑)·만장(萬章) 등과 함께 『맹자』 7편을 저술하였다.

맹헌자(孟獻子): 춘추시대 노(魯)나라의 어진 대부(大夫) 중손멸(仲孫蔑)이다.

명(明) 가정제(嘉靖帝, 1507~1567, 재위 1522~1567): 명나라 제11대 황제로 이름은 주후총(朱厚熜)이며, 헌종(憲宗)의 손자이고, 흥헌왕(興獻王) 주우원(朱祐杬)의 아들이다. 정덕(正德) 16년(1521) 대신들의 상의를 거쳐 무종(武宗)의 종제(從弟)라는 신분으로 황위를 계승하였다. 다음 해 가정(嘉靖)으로 연호를 고쳤다.

명 고황제(高皇帝, 1328~1398, 재위 1368~1398): 이름은 주원장(朱元璋)이다. 명나라의 개국 황제로, 호주(濠洲, 현재 안휘성) 종리(鐘離) 사람이다. 재위하는 동안 엄격하고 탐욕스러우며 조급하여 원람(寃濫)이 많았다. 여러 차례 대옥(大獄)을 일으켰고, 호유용(胡惟庸)과 남옥(藍玉) 사건 때는 관련되어 죽은 사람만 수만 명에 이르렀다. 개국공신 대부분이 비참한 최후를 맞았고, 문인 학사로 문자옥(文字獄)에 걸려 죽은 이가 상당수에 달하였다.

명 문황제(文皇帝, 1360~1424): 태조 홍무제(洪武帝) 주원장의 넷째 아들이며 묘호는 태종(太宗)이다. 후에 성조(成祖)로 개칭하였으며, 연호에 따라 영락제(永樂帝)라 일컬어졌다. 처음에는 연왕(燕王)으로 봉해졌으나, 홍무제가 죽은 뒤 적손(嫡孫)인 건문제(建文帝)가 즉위하여 삭봉책(削封策)을 취하자 1399년에 거병(擧兵)하였다. 남경을 함락하여 황제의 제위에 올랐다. 1421년 북평으로 수도를 옮겨 북경이라 고쳤으며, 주변지역을 대규모로 정벌하여 명나라 국경을 확보하였다. 내정 면에서는 문화정책에 『영락대전(永樂大典)』(1408) 외에 『사서대전(四書大全)』, 『오경대전(五經大全)』, 『성리대전(性理大全)』을 편찬하여 주자학의 국가교학으로서의 지위를 굳혔다.

목중(牧仲): 춘추시대 노(魯)나라 사람으로 악정(樂正) 구(裘) 등 다섯 사람과 함께 노나라 대부(大夫) 맹헌자(孟獻子)의 친구가 되었다.

무강(武姜): 춘추시대 정나라 장공의 어머니로 첫째인 오생(장공)을 미워하고 둘째인 단(段)을 편애하였다. 그런데 기대와 달리 단이 왕이 되지 못하자 장공에게 졸라 나라에서 가장 큰 성을 주게 하였다.

무경(武庚): 상나라 마지막 임금인 주왕의 아들이다. 상이 멸망한 뒤 주(周) 무왕(武王)은 무경에게 상의 도읍인 은(殷)을 다스리게 하였다. 성왕(成王) 때에 무왕의 형제들인 관숙(管叔)과 채숙(蔡叔), 곽숙(霍叔)은 무경과 연합하여 반란을 일으켰는데, 이를 '삼감(三監)의 난(亂)'이라고 한다. 무경은 주살되었으며, 관숙과 희선(姬鮮)도 처형되었다. 채숙은 유배되었고, 곽숙은 모든 지위에서 물러났다.

무왕(武王, ?~BC 1043): 성(姓)은 희(姬)이고 이름은 발(發)이다. 문왕(文王)의 아들로 서백(西伯)의 직위를 이었다. 상나라를 정벌하여 목야(牧野) 전투에서 대승을 거두어 주왕조를 건설하였다. 호(鎬)를 도읍으로 정하고, 아버지인 희창(姬昌)에게 문왕(文王)이라는 시호(諡號)를 부여하였다. 또한 상(商)의 유민(遺民)을 통제하기 위해 주왕(紂王)의 아들인 무경(武庚)을 상의 수도였던 은(殷)에 머무르게 하였다. 그리고 이를 통제하기 위해 그 주위에 자신의 3명의 아우들을 분봉(分封)하였다. 무왕은 주(周)를 건국한 지 3년 만에 병사하였다.

무 재인(武才人, 624~705): 무후(武后)로 당나라 제3대 황제 고종(高宗)의 황후다. 이름은 조(曌)고, 병주(幷州) 문수(文水) 사람이다. 14살 때 태종(太宗)의 후궁이 되었지만 황제가 죽자 비구니가 되었는데, 고종의 눈에 띄게 되어 다시 총애를 받았다. 그 후 간계를 써서 황후 왕씨(王氏)를 모함하여 쫓아내고 영휘(永徽) 6년(655) 황후가 되었다. 몇 년 뒤 고종의 건강을 핑계로 스스로 정무를 맡아보며 독재 권력을 휘둘렀고, 홍도(弘道) 원년(683) 고종이 죽자 자신의 아들 중종(中宗)과 예종(睿宗)을 차례로 즉위시켰다. 천수(天授) 원년(690) 스스로 성신황제(聖神皇帝)라 칭하며 나라 이름도 주(周)로 고치고 16년 동안 재위하였다. 신룡(神龍) 원년(705) 재상 장간지(張柬之) 등의 주장대로 중종에게 황위를 선양(禪讓)하였고, 그해 병에 걸려 죽었다. 시호는 측천황후(則天皇后)다.

묵적(墨翟, BC 480?~BC 390?): 춘추(春秋) 말 전국(戰國) 초기의 송나라 사람으로서 묵가(墨家) 사상의 창시자다. 겸상애(兼相愛)와 교상리(交相利)를 통해서 사회적 혼란을 바로잡을 수 있다고 보았다. 간단히 말해 공자가 통치 계층의 도덕성 제고에 관심을 가졌다면, 묵적은 백성의 민생 문제에 관심을 가지고 있었다고 할 수 있다. 묵적의 사상은 51편으로 이루어진 『묵자(墨子)』에 담겨져 있다.

문왕(文王, BC 1152~BC 1056): 주(周)나라의 첫 번째 임금이다. 성(姓)은 희(姬)씨고, 이름은 창(昌)이다. 고공단보(古公亶父)의 손자이자 무왕(武王)의 아버지이고, 계력(季歷)의 아들이다. 섬서성 기산(岐山)에서 장안(長安) 부근 풍읍(豊邑)으로 도읍을 옮겼다. 현인(賢人)과 인재를 널리 받아들여 동해의 여상(呂尙)과 초인(楚人) 자웅(鬻熊), 고죽국(孤竹國)의 백이(伯夷)·숙제(叔齊), 은신(殷臣) 신갑(辛甲) 등이 찾아왔다. 50년 동안 재위하였다. 덕으로 만민(萬民)을 다스려 제후와 천하의 백성들이 모두 그를 따랐다고 한다.

방현령(房玄齡, 578~648): 자는 교(喬)이고, 방언겸(房彦謙)의 아들이다. 당 태종이 즉위하자 정관(貞觀) 원년(627) 중서령(中書令)이 되고, 형국공(邢國公)에 봉해졌다. 15년 동안 재상직에 있으면서 성실하고 공평한 태도로 일관하였기 때문에 두여회(杜如晦)와 함께 현상(賢相)이라는 칭송을 받았고, '방모두단(房謀杜斷)'이라 불렸다. 고구려 공격 때는 장안(長安)에 남아 성을 지키기도 하였다. 일찍이 황명을 받아 『진서(晉書)』를 중찬(重撰)하였다. 태종의 소릉(昭陵)에 배장(陪葬)되었다.

배도(裴度, 765~839): 당나라 하동(河東) 문희(聞喜) 사람이고 자는 중립(中立)이다. 덕종(德宗) 때 진사에 올라 헌종(憲宗) 때 사봉원외랑(司封員外郎)과 중서사인(中書舍人), 어사중승(御史中丞)을 지냈고, 번진(藩鎭)을 없앨 것을 강력하게 주장하였다. 절도사를 억압하고, 환관에 대해서도 강경책을 취하여 헌종과 목종, 경종(敬宗), 문종의 4조에 걸쳐 활약하였다.

배외(裴頠, 267~300): 서진 하동 문희 사람으로 자는 일민(逸民)이고 배수의 막내 아들이이며 부인은 왕융의 딸이다. 어사중승 주필이 배외를 만나자 감탄하면서 배외는 무기고 같아 다섯 가지 무기가 움직이듯이 한 시대의 걸물이 될 것이라고 평하였다. 300년에 팔왕의 난으로 조왕 사마윤이 가남풍과 이에 연루된 조정의 고관들을 죽일 때 상서좌복야로 있던 배외도 살해되었다. 사상가로서 하안이 주장한 천지 만물은 무를 근본으로 삼는다는 것을 반박하는 숭유론을 주장하였다.

번지(樊遲, BC 515~?): 춘추시대 노(魯)나라 사람으로 제(齊)나라 사람이라고도 한다. 공자(孔子)의 제자로, 이름은 수(須)이고, 자는 자지(子遲)다. 공자보다 36살 연하로, 비교적 공자의 측근으로 일을 하였던 것으로 보인다. 일찍이 계씨(季氏)에게 벼슬하였다. 공자의 수레를 몰았다는 기록이 『논어(論語)』「위정편(爲政篇)」에 나온다. 그가 관심을 가졌던 분야는 앎[知]과 어짊[仁]의 문제였던 것 같은데, 그다지 총명한 제자는 아니어서 엉뚱한 질문, 예컨대 농사짓는 법이나 채소 가꾸는 법 따위를 공자에게 물어 소인(小人)이라는 비난을 듣기도 하였다. 재치는 없었어도 비교적 성실하고 순박한 성격의 소유자였다.

범녕(范甯 339?~401): 동진(東晋)의 경학가다. 진서곤이주자사(晉徐兗二州刺史)인 범왕(范汪)의 아들로서 일찍이 예장태수(豫章太守)를 지냈다. 『후한서』를 지은 범엽(范曄)의 조부다.

범저(范雎, ?~BC 255): 전국시대 위(魏)나라의 변설가(辨說家)로 범차(范且) 또는 범수(范睢)라고도 한다. 위상(魏相) 위제(魏齊)를 위해 일하다가 모함으로 쫓겨난 후 진(秦)나라에 가서 상국(相國)을 지냈다. 원교근공(遠交近攻) 정책을 제안하였는데, 이것은 후에 진나라가 육국(六國)을 통일하게 되는 기초가 되었다.

범조우(范祖禹, 1041~1098): 북송 성도(成都) 화양(華陽) 사람이다. 자는 순보(淳甫) 또는 몽득(夢得)이다. 정호(程顥)와 정이(程頤)를 사사하였으며, 사마광의 학문을 추종하였다. 『중용(中庸)』을 중시하여 성(誠)과 성에 이르는 구체적인 방법인 충서(忠恕)를 강조하였다. 저서에 『논어설(論語說)』과 『당감(唐鑑)』이 있는데, 이정(二程)의 설을 수용한 것이 많다. 『당감』은 당나라 고조에서 소선제(昭宣帝)까지 삼백 년 동안의 정치적 득실을 논한 책이다. 그 밖의 저서에 『중용론(中庸論)』과 『범태사집(范太史集)』이 있다.

복담(伏湛, ?~37): 후한 낭야(琅邪) 동무(東武) 사람이고, 자는 혜공(惠公)이다. 아버지 복리(伏理)에게 『제시(齊詩)』를 전수받아 당대의 명유(名儒)가 되었다. 성제(成帝) 때 박사제자(博士弟子)가 되었고, 신망(新莽) 때 수의(繡衣)로 법을 집행하였다. 후한 광무제(光武帝) 때 부름을 받아 상서(尙書)에 임명되었고, 사직(司直)과 대사도(大司徒)를 지낸 뒤 양도후(陽都侯)에 봉해졌다.

복희(伏羲): 중국 고대 전설상의 임금이다. 『역』의 8괘를 만들었으며, 그물을 발명하여 고기 잡는 법과 사냥을 가르쳤다. 복희(伏羲)와 신농(神農)은 수인(燧人)과 함께 삼황(三皇)으로 불린다. 복희(伏戲, 伏犧)·복희(宓羲)·포희(庖犧)·복희(虙犧)·포희(炮犧) 등으로 쓰기도 한다. 몸은 뱀과 같고 머리는 사람의 머리를 하고 있어서 해·달과 같은 큰 성덕을 베풀었다 하여 대호(大昊) 또는 대공(大空)이라고도 한다.

봉덕이(封德彝): 당(唐) 태종(太宗) 때 사람이다. 태종이 처음 치국의 방침을 세울 때 여러 신하와 의논하니 위징(魏徵)은 인의(仁義)로, 봉덕이는 형법으로 정치하기를 주장하였다. 태종은 인의로써 정치하여 천하가 태평하게 되니 태종이 "지금 천하가 이렇게 태평한 것은 위징의 힘인데, 봉덕이는 이미 죽어 그에게 오늘의 태평을 보도록 하지 못함이 한이로다."라고 하였다.

부견(符堅, 338~385, 재위 357~385): 16국시대 전진(前秦)의 제3대 국군(國君)이다. 약양(略陽) 임위(臨渭) 사람으로 저족(氐族) 출신이다. 자는 영고(永固)이고, 묘호는 세조

(世祖)다. 황제에 오른 뒤, 저족(氐族)계 호족의 횡포를 누르고 왕맹(王猛) 등과 같은 한인(漢人)을 중용하였다. 왕맹의 보필에 힘입어 국세를 크게 떨쳐, 북방 대부분을 통일하는 한편 동진(東晉)의 익주(益州)까지 장악하였다. 부견은 19년(383) 90만 대군을 거느리고 동진을 공략하였지만 비수(淝水) 싸움에서 대패하였다. 이 때문에 21년(385) 후진(後秦)의 요장(姚萇)에게 잡혀 살해당하였고 전진도 멸망한다.

부열(傅說, BC 1335?~BC 1246?): 은나라 22대 임금 무정(武丁), 즉 고종(高宗)의 현신(賢臣)이다. 『서경』「열명 하(說命下)」는 전체적으로 고종에게 경계할 것을 건의한 부열의 글을 모아 놓은 것이다. 이 중, 부열이 "임금이시여, 견문이 많은 사람을 구하는 목적은 이 사업을 세우기 위함입니다. 그런데 옛 가르침을 배워야 얻음이 있을 것이니, 옛일을 본받지 않고서 장구하게 하는 것은 제가 들은 바가 아닙니다.[王! 人求多聞, 時惟建事, 學于古訓, 乃有獲. 事不師古, 以克永世, 匪說攸聞.]"라고 한 말이 나오는데, '학(學)'이라는 용어가 쓰이는 초기의 모습을 볼 수 있다.

부진(富辰, ?~BC 636): 주(周) 양왕(襄王) 때의 대부(大夫)였다.

불도징(佛圖澄, 232~348): 오호십육국(五胡十六國)시대에 활약한 서역(西域)의 승려다. 후조왕(後趙王) 석륵(石勒)의 신봉을 얻어 고문이 되었다. 폭군이었던 석륵과 석호를 교화시켜서, 그때까지 허용되지 않았던 한인(漢人)의 출가를 허락하도록 힘썼다. 중국 초기불교 발전의 중심이 되었으며, 수백 명의 문하생 가운데서 도안(道安)·축법태(竺法汰)·법화(法和)·법상(法常) 등 동진(東晉)시대를 대표하는 승려를 배출하였다.

비간(比干): 상나라 말기의 충신으로 주왕에게 충간하다가 살해당하였다. 이름은 비(比)이고, 간(干)이라는 나라에 봉(封)해져 비간(比干)이라고 불린다.

사곤(謝鯤): 서진 말 동진 초기의 사람으로 사안(謝安)의 백부(伯父)다. 마음이 곧고 언행이 활달고상하고 식견이 높았으나 위의(威儀)를 차리지 않는 성격이었다.

사량좌(謝良佐, 1050~1103): 정호(程顥)와 정이(程頤)에게 학문을 배웠다. 그는 정좌(靜坐)와 거경(居敬)의 수양을 강조하였는데, 이것을 통해 인간 수양(修養)의 목적은 양심(良心)을 방해하는 인욕(人欲)을 버리고 천리(天理)를 밝히는 것이라고 하고, 이것이 곧 인(仁)의 구현이라고 하였다. 인이 곧 마음이고 천리이며 선천적인 양심이라고 주장함으로써, 사상의 근본을 인에다 놓았다.

사마유(司馬攸, 248~283): 사마소(司馬昭)의 둘째 아들이다. 현인(賢人)을 좋아하고 시사(施捨)와 전적(典籍)을 즐기고 글을 잘 하였으나 특히 척독문(尺牘文)에 통달, 세상 사람들의 모범이 되었다. 위(魏)나라에 벼슬하여 위장군(衛將軍)이 되었으며, 그의 형 무제(武帝)가 나라를 세우자 제왕(齊王)에 봉해지고, 276년에 사공(司空)이 되었다. 무제 만년 분원(憤怨)으로 발병하여 죽였다.

사마천(司馬遷, BC 145?~BC 86?): 전한 좌풍익(左馮翊) 하양(夏陽) 사람으로 자는 자장(子長)이고, 사마담(司馬談)의 아들이다. 아버지가 죽으면서 『사기(史記)』의 완성을 부탁하였고, 이후 태사령이 되어 황실 도서에서 자료 수집을 시작하였다. 그러나 천한(天漢) 2년(BC 99) 저술에 몰두하던 중 흉노(匈奴)의 포위 속에서 부득이 투항하지 않을 수 없었던 친구 이릉(李陵)을 변호하다 황제의 노여움을 사 궁형(宮刑)을 받았다. 출옥한 뒤 중서령(中書令)에 오르고 정화(征和) 3년(BC 90)에 『사기』를 완성하였다.

사사명(史思明, ?~761): 당나라 영이주(寧夷州) 돌궐족(突厥族) 사람으로 처음 이름은 솔간(窣干)인데, 현종(玄宗)이 '사명'이라는 이름을 내렸다. 안녹산이 반란을 일으키자 행동을 같이해 하북(河北) 지방을 평정하고 요양(饒陽)을 공략하였다. 지덕(至德) 2년(757) 안경서가 안녹산을 죽이고 칭제(稱帝)하자 당나라로 귀순해서 범양장사(范陽長史)와 하북절도사(河北節度使)를 지냈다. 건원(乾元) 원년(758) 숙종(肅宗)이 살해하려 하였는데, 일이 누설되어 다시 반기를 들었다. 다음 해 위주(魏州)에서 대성연왕(大聖燕王)이라 일컫고 연호는 순천(順天)이라 하였다. 얼마 뒤 안경서 등을 죽이고 그 무리를 병합하였다. 범양으로 돌아와 대연황제(大燕皇帝)라 칭하였다. 아들 사조의(史朝義)에게 섬(陜)을 공격하게 하였지만 패하고 주살을 당하려다가 석방되었는데, 나중에 사조의와 그 부하들에게 살해되었다.

사조의(史朝義, ?~763): 사사명(史思明)의 아들로, 사사명이 반란을 일으키고 범양에서 대연황제가 오른 뒤에 사사명의 명으로 섬(陜)을 공격하였다. 이후 사사명을 죽였다.

산도(山濤, 205~283): 서진(西晉) 하내(河內) 회현(懷縣) 사람으로 자는 거원(巨源)이다. 어렸을 때부터 기량(器量)이 남달랐고, 성품이 호방하여 노장(老莊)의 학문을 즐겼으며, 죽림칠현(竹林七賢) 가운데 한 사람이 되었다. 만년에 후당(後黨)이 정권을 잡자 여러 번 풍간(諷諫)하였다. 관직은 사도(司徒)까지 올랐다. 시호는 강(康)이고, 저작 10권이 있었지만 없어졌다.

상(商) 고종(高宗): 상나라의 20대 국군(國君)이다. 소을(小乙)의 아들이고, 묘호는 고종(高宗)이다. 『사기(史記)』에 따르면 철저하게 현명한 재상에게 정치를 맡겼다고 한다. 탕왕(湯王)을 제사할 때 꿩이 정(鼎)의 귀에 올라가서 우는 이상한 일이 발생하자 현신(賢臣) 조기(祖己)의 충고를 받아들여 정치를 고치고 덕을 행하여 온 나라를 기쁘게 하였다는 등 재상과 신하를 존중하고 신뢰한 것으로 유명하다. 부열(傅說)을 얻어 재상으로 삼아 대치(大治)를 이루었다.

상앙(商鞅, ?~BC 338): 전국시대 진(秦)나라 사람으로 위앙(衛鞅) 또는 공손앙(公孫鞅)이라고도 한다. 위(衛)나라 공족(公族) 출신으로 일찍부터 형명학(刑名學)을 좋아하여 조예가 깊었다. 진(秦)나라로 가서 효공(孝公)에게 채용되었고, 후일 진 제국(秦帝國) 성립의 기반을 세웠다. 그 공적으로 열후에 봉해지고 상(商, 섬서성 상현)을 봉토로 받으면서 상앙이라 불렸다. 재상으로 있으면서 엄격한 법치주의 정치를 펴 많은 사람들의 원한을 샀는데, 효공이 죽자 반대파에 의해 거열형(車裂刑)에 처해졌다.

상용(商容): 은나라 주왕(紂王)의 대부(大夫)로 주왕에게 직간하다가 면직당하였다. 『서경(書經)』「무성(武成)」에 나온다. 일설에는 노자(老子)의 스승이라고도 한다.

상종(商宗): 중국 상(商)나라 중종(中宗)의 약칭으로, 곧 상나라의 제9대 임금인 태무(太戊)다. 상종은 20대에 즉위한 후, 3년간 정사를 재상에게 맡기고 국풍(國風)을 살폈으며 뒤에 현신(賢臣) 부열(傅悅)을 재야에서 얻어 정치를 행하여 천하의 환호를 받았다. 어진 사람을 등용하여 나라를 다스린 임금의 대명사로 널리 쓰인다.

석륵(石勒, 274~333): 후조(後趙)의 시조로 자는 세룡(世龍)이고 시호는 명제(明帝)이고, 묘호는 고조(高祖)다. 산서성(山西省) 무향현(武鄕縣)에 들어와 살고 있던 흉노족(匈奴族) 갈종(羯種) 추장의 아들로 태어났다. 흉노의 유연(劉淵)이 한국(漢國)을 세우자 장군으로 임명되어, 산동·하남(河南)의 경영을 맡았다. 진(晉)의 장군 왕준(王浚)을 멸하여 왕위에 올라, 국호를 조(趙)라 하고, 양국(襄國, 邢臺)을 도읍으로 삼았다. 328년 전조(前趙)의 유요(劉曜)를 낙양(洛陽)에서 무찌르고, 329년 전조를 멸한 뒤 세력이 화북 일대에 미쳤다. 불승 불도징(佛圖澄)에 귀의하였다.

선왕(宣王, ?~BC 782): 주나라 여왕(厲王)의 아들이다. 여왕이 나라 사람들에 의해 쫓겨났을 때 소공(召公)의 호가(虎家)에 숨어 있다가 여왕이 죽자 귀국하여 즉위하였다. 소목공(召穆公)과 방숙(方叔), 윤길보, 중산보(仲山甫) 등에게 안팎의 정치를 맡기자 왕의 교화(敎化)가 크게 일어나 주나라 초기의 성대한 모습을 회복하였다고 한다.

설(契): 상나라의 시조로 전해지는 전설상의 인물이다. 건(乾)으로 쓰기도 한다. 황제(黃帝)의 증손으로, 제곡(帝嚳)의 두 번째 부인인 간적(簡狄)이 현조(玄鳥, 제비)의 알을 삼키고 설을 낳았다고 하여 현왕(玄王)이라고도 한다. 우(禹)임금의 치수(治水)를 도와준 공이 있어 순임금은 설에게 사도(司徒)라는 벼슬을 주고 백성을 다스리게 하고, 상(商)에 봉하여 자(子)라는 성(姓)을 주었으므로 은나라를 자성(子姓)의 나라라고도 한다. 설의 정치로 백성은 평화를 되찾았고, 성탕(成湯) 시대에 상나라는 하(夏)나라를 멸하고 천하를 통일하였다.

설광덕(薛廣德): 전한 패군(沛郡) 상현(相縣) 사람으로 자는 장경(長卿)이다. 대승(戴勝), 대사(戴舍) 등에게 『노시(魯詩)』를 가르쳤다. 선제(宣帝) 때 소망지(蕭望之)의 천거로 경학박사(經學博士)가 되고, 일찍이 석거각(石渠閣) 회의에 참여하였다. 간의대부(諫議大夫)와 장신소부(長信少府), 어사대부(御史大夫) 등을 역임하였다. 사람됨이 온아하고 침착하였는데, 삼공(三公)에 올라서도 직언으로 간쟁(諫爭)하여, 결국 나중에 사직하고 귀향하였다.

설도형(薛道衡, 540~609): 수나라 하동(河東) 분음(汾陰) 사람으로 자는 현경(玄卿)이고, 설효통(薛孝通)의 아들이다. 시문을 잘 지었고, 문장과 재능으로 당시 이름이 높았다. 양제(煬帝)가 즉위하자 『고조문황제송(高祖文皇帝頌)』을 올렸는데, 지난 왕조를 찬미하여 현 왕조를 헐뜯는 뜻이 숨어 있다고 하여 몹시 미워하였다. 규정(閨情)에 관한 시와 변새시(邊塞詩)를 많이 썼다. 저서에 후세 사람이 편집한 『설사례집(薛司隷集)』이 있다.

성왕(成王): BC 11세기 무렵의 사람으로 이름은 송(誦)이며, 무왕(武王)의 아들이다. 무왕이 죽었을 때 성왕이 어렸으므로 무왕의 아우 주공(周公) 단(旦)이 섭정(攝政)이 되었다. 이를 계기로 상나라 왕족 무경(武庚)과 무왕의 아우인 관(管)·채(蔡) 형제의 반란이 일어났다. 주공은 이를 진압하고 다시 성왕과 함께 동이(東夷)로 원정하였다. 주공은 섭정 7년에 성왕에게 정사를 넘겨주었다. 미자(微子) 계(啓)를 송(宋)나라에, 강숙(康叔)을 위(衛)나라에 봉하는 등 주나라의 기초를 다지고, 주공 단과 소공(召公) 석(奭)의 보좌를 받아 치세에 힘썼다.

성탕(成湯) → 탕왕(湯王)

소강(少康): 하(夏)나라 제6대 국군(國君)이다. 상(相)의 아들이고, 저(杼)의 아버지다. 한착(寒浞)이 사람을 보내 상을 살해한 뒤 상의 비(妃)가 달아나 소강을 낳았다. 하나라의 유신(遺臣) 미(靡)가 나중에 병사를 이끌고 한착을 죽이고 소강을 세워 국군으로 삼았다. 역사에서는 소강중흥(少康中興)이라 부른다.

소정덕(蕭正德, ?~549): 양(梁) 무제(武帝)의 조카로 임천왕(臨川王) 소굉(蕭宏)의 아들이다. 후경이 반란을 일으켰을 때 수도 건강(建康)을 지키는 책임자였지만, 황제 자리를 탐낸 소정덕은 오히려 후경군을 인도하였다. 무제가 죽자 황제 자리에 올랐으나, 후경은 쓸모가 없어진 그를 황제에서 내쫓았다. 격분한 소정덕은 파양왕(鄱陽王) 소범(蕭範)에게 밀서를 보냈다가 후경에게 들통 나 죽임을 당하였다.

소하(蕭何, ?~BC 193): 한(漢) 고조 때의 명재상(名宰相)이다. 장양(張良)·한신(韓信)·조참(曹參)과 함께 고조의 공신(功臣) 중의 한 사람으로 재상 때에 진의 법률을 버리고 『율구장(律九章)』을 만들었다.

송(宋) 양공(襄公, ?~BC 637): 춘추시대 송나라의 왕이다. 이름은 자부(玆父)이고, 환공(桓公)의 아들이다. 초나라가 정나라를 구하기 위해 송나라와 전쟁을 할 때, 양공은 초나라 군대가 강을 건너고 대열을 정비할 때까지 기다렸다가 싸워서 결국 패하였다.

수(隋) 문제(文帝, 541~604, 재위 581~604): 수나라의 초대 황제로 이름은 양견(楊堅)이고, 묘호는 고조(高祖)다. 후한의 학자 양진(楊震)의 자손으로, 수국공(隋國公) 양충(楊忠)의 아들이다. 북주(北周) 정제(靜帝)의 선양을 받아 수나라를 세우고 장안(長安)을 수도로 정하여 대흥성(大興城)이라 하였다. 587년 후량(後梁)을 멸망시키고, 2년 뒤 진(陳)나라를 멸망시켜 서진(西晉) 말년 이후 3백여 년에 걸친 분열을 마감하고 천하통일을 이루었다.

수 양제(煬帝, 569~618, 재위 604~618): 수나라의 제2대 황제로 이름은 양광(楊廣)이고, 연호는 대업(大業)이며, 수 문제의 둘째 아들이다. 개황(開皇) 2년(582) 진왕(晉王)에 봉해지고, 9년(589) 군대를 이끌고 가 진(陳)나라를 멸망시켰다. 인수(仁壽) 4년(604) 아버지의 병이 중해지자 살해하고 제위에 올랐다. 즉위한 뒤 만리장성을 수축하였고, 낙양에 동경(東京)을 조영하였으며, 남북을 연결하는 대운하를 완성하는 등 큰 토목공사를 자주 벌였고, 서원(西苑)을 조성하고 이궁(離宮)을 건설하는 등 백성에게 과중한 부담을 주었다. 대업(大業) 9년(613) 고구려에 2차 침공을 하다가 양현감(楊玄感)의 반란이 일어나 철수하였다. 단순한 폭군만은 아니어서 대업례(大業禮)와 대업율령(大業律令)의 정비와 대운하의 완성 같은 업적을 남기기도 하였다. 만년에 사치스런 생활이 극에 달해 백성들의 원망은 높아 갔고, 전국에서 군웅들이 봉기하였다. 강도(江都)를 남순(南巡)하던 중 신하 우문화급(宇文化及)에게 살해되었다. 14년 동안 재위하였다.

숙손통(叔孫通, ?~BC 194?): 전한(前漢) 설현(薛縣) 출신의 유생으로 호는 직사군(稷嗣君)이다. 한나라의 고조를 섬겨 조의(朝儀)를 제정(制定)하였다. 혜제(惠帝) 때, 봉상경(奉常卿)으로서 종묘(宗廟) 등의 의법(儀法)을 정하고, 태자(太子) 태부(太傅)가 되었다.

순(舜)임금: 우(虞) 또는 유우(有虞)라 불리고, 이름은 중화(重華)이다. 『사기(史記)』에 의하면, 순이 어린 나이에 어머니가 죽자 아버지 고수(瞽瞍)가 후처를 얻었는데, 순은 계모와 이복동생 상(象)의 미움을 사 여러 가지 방법으로 살해당할 뻔한 사건들을 슬기롭게 극복하며 효행의 도를 다하였다. 당시 요임금은 순의 평판을 듣고 자신의 두 딸인 아황(娥皇)과 여영(女英)을 순에게 출가시켜 등용하였다. 요가 죽자 순은 요의 아들 단주(丹朱)를 즉위시키려 하였으나 천하의 인심이 순에게 기울어졌기 때문에 마침내 순이 제위에 올랐다. 요와 마찬가지로 순이 통치하였던 치세에도 태평성대를 누렸으며 치수사업을 성공시켜 홍수 피해를 막았다. 순에게는 상균(商均)이라는 아들이 있었는데 현명하지 못해 아들에게 제위를 물려주지 않고 치수사업에 공적이 큰 우(禹)에게 이양하였다. 그 후 순은 지방을 순행하다가 병을 얻어 죽었다고 한다.

순영(荀盈, BC 565~BC 533): 춘추시대 진(晉)나라의 정치가다. 성씨는 순(荀) 혹은 지(知)여서 지영(知盈)이라고도 하며, 시호는 도(悼)로 지도자(知悼子)다. 진나라와 초나라의 동맹을 주관하였다. 그러나 동성 제후국인 정나라에 기근이 든 것을 돕지 않았으므로 제후들의 비난을 샀다. BC 533년, 제(齊)나라로 가서 제나라 여자를 맞이하여 돌아오다가 6월에 희양 땅에서 죽었다. 아들 지문자가 그 뒤를 이었다.

순우곤(淳于髡, BC 385~BC 305): 전국시대 때 제(齊)나라 직하(稷下) 출신의 변사다. 천한 신분 출신으로 학문이 깊었고, 익살과 다변(多辯)으로 유명하였다. 후에 대부(大夫)가 되었다. 그의 변론은 『전국책』과 『사기』의 「골계열전(滑稽列傳)」에 기록되어 있으며, 『맹자』의 「이루 상(離婁上)」에도 맹자와의 논전이 수록되어 있다.

순자(荀子, BC 298?~BC 238?): 전국시대(戰國時代) 유가 사상가로 이름은 황(況)이며, 순경(荀卿) 또는 손경자(孫卿子) 등으로 존칭된다. BC 238년 춘신군이 암살되자 벼슬에서 물러나 그곳에서 문인교육과 저술에 전념하며 여생을 마쳤다. 공자의 사상 중에서 특히 예(禮)를 강조하여 발전시켰다. 맹자의 성선설(性善說)에 반대하여, 악한 본성을 예(禮)를 통해 변화시켜 선하게 만들어야 한다는 성악설(性惡說)을 주장하였다. 순자는 한(漢)대에는 정통적인 유가의 인물로 여겨졌으나, 송(宋)대 이후 성리학이 성악설이 비판받으면서 정통 유학의 계보에서 배제되었다. 『순자』 20권이 있다. 현존하는 『순자』 20권 32편은 유향(劉向)이 당시 있었던 322편을 편집하여 『손경신서(孫卿新書)』 32편으로 편찬한 것을, 당나라 양량(楊倞)이 순서를 바꾸고 주를 붙여 『손경자(孫卿子)』라 하였고, 나중에 간단히 『순자』라 불리게 된 것이다.

순찬(荀粲): 삼국시대 위나라 영천(穎川) 영음(穎陰) 사람으로 자는 봉천(奉倩)이고, 순욱(荀彧)의 아들이다. 도가(道家)의 말을 좋아하였다.

신농(神農): 중국 고대 전설상의 임금이다. 신농씨는 화덕(火德)을 가지고 있었기 때문에 염제(炎帝)라 하였는데, 나무를 잘라 구부려서 뇌사(耒耜)를 만들어 백성에게 농경을 가르쳤으며, 백초(百草)를 맛보아 약초를 찾아내 병을 치료하였고, 팔괘(八卦)를 겹쳐 육십사효(六十四爻)의 점(占)을 보는 점술을 고안해 냈고, 시장을 세워 백성들에게 교역을 가르쳤다고 한다. 『제왕세기(帝王世紀)』 등에 의하면, 신농씨의 성은 강(姜)이며 그 어머니는 유교씨(有嬌氏)의 딸로 소전씨(小典氏)의 아내가 되어 신룡(神龍)에게서 영감(靈感)을 얻어 인신우수(人身牛首)의 신농씨를 낳았다고 한다.

신불해(申不害, ?~BC 337?): 전국시대 정(鄭)나라 경(京, 하남성 형양현) 사람이다. 법가(法家)를 대표하는 인물로, 정나라에서 하급관리로 일하다가 한(韓)나라의 소후(昭侯)를 섬겨 나라를 태평하게 다스렸다. 황로(黃老) 사상을 기본으로 삼아 신하들을 통제하는 방식을 강조하였다. 즉 신하에게 관직을 맡기되 명분에 맞게 실효를 책임지게 하고, 군주는 신하를 감독하면서 생사여탈권(生死與奪權)을 쥐어 군주 전제 정치를 강화한다는 것이었다. 저서에 『사기(史記)』에는 『신자(申子)』 2편, 『한서(漢書)』에서는 『신자』

6편이라 전하고 있지만, 송나라 때 모두 없어졌고, 현재는 『군서치요(群書治要)』와 『태평어람(太平御覽)』 등에 실린 글을 모은 책 『대체(大體)』 1편이 남아 있다.

신원평(新垣平): 한(漢) 문제(文帝) 때의 방사로, 문제 16년(BC 164)에 보기(寶氣)로 문제를 현혹하였다가 그다음 해에 죽었다.

심이기(審食其, ?~BC 177): 전한 초의 정치가로 패(沛) 사람이다. 개국공신으로 벽양후(辟陽侯)에 봉해졌다. 유방이 패공(沛公)이 되었을 때, 유방의 형 유희(劉喜)와 함께 유방의 아버지 유태공(劉太公)을 보좌하였다.

악광(樂廣, ?~304): 서진(西晉) 초 때 남양(南陽) 육양(淯陽) 사람이다. 자는 언보(彦輔)다. 청언(淸言)을 잘해 위나라 정서장군(征西將軍) 하후현(夏侯玄)의 총애를 받았고, 왕연(王衍)과 함께 명성이 높았다. 일찍이 빈객(賓客)이 있었는데, 술잔 속에 어린 뱀 그림자를 보고 놀라 마시고는 병에 걸렸다. 그가 술잔을 이전 자리에 두고는 빈객을 다시 불러 보게 하니 원인을 알게 되어 병이 씻은 듯이 나은 일이 있었다. 여기서 배궁사영(杯弓蛇影)의 고사가 생겼다. 그의 사위 성도왕(成都王) 사마영(司馬穎)이 장사왕(長沙王) 사마의(司馬義)와 알력이 생기자 사마의의 의심을 받았는데, 그는 이를 근심하다 죽었다.

안경서(安慶緖, ?~759): 당나라 영주(營州) 유성(柳城) 호(胡) 사람으로 초명은 인집(仁執)이고, 안녹산의 둘째 아들이다. 안녹산이 난을 일으켜 대연황제(大燕皇帝)를 칭하자 진왕(晉王)에 봉해졌다. 안녹산이 동생 안경은(安慶恩)을 편애하자 불안을 느껴 숙종(肅宗) 지덕(至德) 2년(757) 안녹산을 죽이고 반란군을 통솔하면서 재초(載初)로 연호를 바꾸었다. 당나라 군대가 낙양과 장안을 수복하자 호남(湖南)의 업(鄴)으로 달아나 안녹산의 부장 사사명(史思明)에게 구원을 요청하였는데, 오히려 살해되었다.

안녹산(安祿山 703?~757): 당나라 영주(營州) 유성(柳城) 호(胡) 사람으로 돌궐계의 잡호(雜胡) 출신이다. 유주절도사(幽州節度使) 장수규(張守珪)가 남다르게 여겨 편장(偏將)에 발탁하고 양자로 삼았다. 전공을 세워 현종(玄宗)과 양 귀비(楊貴妃)의 총애를 받아 평로(平盧)와 범양(范陽), 하동(河東)의 세 절도사(節度使)를 겸하였다. 재상 양국충(楊國忠)과 반목하여 천보(天寶) 14년(755) 겨울 범양에서 반란을 일으켜 이후 낙양(洛陽)과 장안(長安)을 함락하였다. 다음 해 나라 이름을 대연(大燕)이라 하고 자칭 웅무황제(雄武皇帝)라 부르면서 성무(聖武)란 연호를 썼다. 아들 안경서(安慶緖)에게 피살되었는데, 나이 50여 살이었다.

안자(晏子, ?~BC 500): 춘추시대 제(齊)나라 사람으로 이름은 영(嬰)이고, 자는 평중(平仲)이다. 영공(靈公)과 장공(莊公), 경공(景公) 세 군주를 섬기면서 재상을 지냈다. 사령(辭令)에 뛰어났고, 백성들의 생활에 관심을 가졌으며, 근검절약을 실천하면서 충간(忠諫)을 올려 제후들 사이에서 명성이 높았다. 경공에게 세금을 경감할 것과 형벌을 줄일 것, 신하의 말에 귀를 기울일 것 등을 충고하였다. 근면한 정치가로 백성의 신망이 두터웠고, 관중(管仲)과 비견되는 재상이었다. 『안자춘추(晏子春秋)』가 그의 저서로 전해지는데, 후세 사람들이 그의 언행을 모아 편찬한 것이다.

양(梁) 혜왕(惠王): 전국시대 위(魏)나라의 왕이다. 말년에 서쪽의 진(秦)나라가 상앙의 부국강병책으로 강성해져 위협하자 수도를 대량(지금의 개봉)으로 옮기고 양(梁)나라라고 하였다.

양(梁) 간문제(簡文帝, 503~551, 재위 549~551): 양나라의 제2대 황제로 중국 역대 제왕 가운데 뛰어난 문재(文才)로 알려져 있다. 묘호는 태종(太宗)이고, 무제(武帝)의 3남이며, 『문선(文選)』의 편자인 소명(昭明)태자의 동생이다.

양 무제(武帝, 464~549, 재위 502~549): 남조(南朝) 양(梁)의 초대황제로 이름은 소연(蕭衍)이다. 제(齊)의 옹주자사(雍州刺史)일 때 폭군 소보권(蕭宝卷)을 토벌하고 화제(和帝)를 옹립한 뒤, 양위를 받아 양(梁)을 세웠다. 내치와 외정에서 남조 국가 중 드물게 태평을 이룩하였다. 그러나 불교에 심취하여 많은 재화를 보시하였고, 자신이 지은 동태사(同泰寺)에는 세 번이나 출가하여 그때마다 그를 환속시키기 위해 엄청난 국고가 소모되었다. 동위(東魏)에서 투항한 후경(侯景)이 도리어 반란을 일으켜 도성이 함락당하고 무제는 궁궐에 유폐된 상황에서 굶어 죽었다.

양 원제(元帝, 508~554): 남조 양(梁) 무제(武帝)의 일곱 번째 아들로 이름이 소역(蕭繹)이다. 자는 세성(世誠)이고, 소자(小字)는 칠부(七符)다. 승성(承聖) 3년(554) 서위의 군대가 공격해 오는데도 용광전(龍光殿)에서 『노자』를 강독하였는데, 백관들은 군복을 입고 들었다. 위나라 군대가 도착해도 시부(詩賦) 읊기를 그치지 않았다. 성이 함락되자 위나라 사람에게 살해되었다. 3년 동안 재위하였고, 묘호는 세조(世祖)다. 원래 문집이 있었지만 없어졌고, 지금은 『금루자(金樓子)』와 『양원제집(梁元帝集)』 편집본만 남아 있다.

양구거(梁丘據): 춘추시대 제(齊)나라 사람으로 경공(景公) 때의 대부(大夫)이며, 자는 자유(子猶) 또는 자장(子將)이다.

양국충(楊國忠, ?~756): 당나라 중기 포주(蒲州) 영락(永樂) 사람으로 본명은 쇠(釗)고, 양귀비(楊貴妃)의 당형(堂兄)이다. 15사(使)를 지휘하면서 탁지(度支) 관련 일을 전담하였고, 금중(禁中)을 출입하면서 총애를 받았다. 이임보(李林甫)와 결탁, 재정적 수완을 발휘함으로써 현종에게 중용되고, 국충(國忠)이란 이름도 이 무렵 현종이 하사하였다. 천보(天寶) 12년(752) 이임보가 죽자 우상(右相)으로서 40여 사(使)를 거느리는 최고 실권자가 되었다. 그러나 뇌물로 인사(人事)를 문란케 하고, 중앙정계를 자신의 일파로 메웠으며, 백성으로부터 재물을 수탈하는 등 부정과 불법을 자행하였다. 안녹산과의 반목으로 안사(安史)의 난을 자초하였다. 14년(754) 안녹산이 양국충을 주살(誅殺)한다는 명분으로 난을 일으키자 현종을 따라 사천(四川) 지방으로 달아나다가 마외역(馬嵬驛)에서 살해되었다.

양 귀비(楊貴妃, 719~756): 당나라 포주(蒲州) 영락(永樂) 사람으로 현종(玄宗)의 총애를 받던 황후다. 이름은 태진(太眞)이고, 소자(小字)는 옥환(玉環)이다. 자태가 아름다웠고, 가무(歌舞)와 음률에 능하였으며, 지략과 계산에서도 남달랐다. 처음에 현종의 아들 수왕(壽王) 이모(李瑁)의 비로 들어왔는데, 나중에 입궁한 뒤 현종이 보고 사이를 갈라놓은 다음 일시 도관(道觀)에 머물게 하였다. 천보(天寶) 4년(745) 귀비(貴妃)에 책봉되었다. 천보 14년(755) 안녹산(安祿山)이 당형(堂兄) 양국충(楊國忠)을 주살(誅殺)한다는 명분으로 난을 일으켜 도성 장안(長安)이 함락되자 현종과 함께 달아나다가 마외역(馬嵬驛)에서 금군대장(禁軍大將) 진현례(陳玄禮)의 압박으로 불당(佛堂)에서

목을 매 자살하였다.

양시(楊時, 1053~1135): 북송 말기 검남(劍南) 장락(長樂) 사람으로 자는 중립(中立)이고, 호는 구산(龜山)이다. 신종(神宗) 희녕(熙寧) 9년(1076) 진사가 되었다. 정호(程顥)와 정이(程頤) 형제에게 사사(師事)하여, 후에 낙학(洛學)의 대종(大宗)이 되었다. 문하로 주자(朱子)와 장식(張栻), 여조겸(呂祖謙) 등이 있다. 유초(游酢), 여대림(呂大臨), 사량좌(謝良佐)와 함께 정문사선생(程門四先生)으로 불린다. 시호는 문정(文靖)이다. 저서로 『구산집(龜山集)』 42권과 『구산어록(龜山語錄)』 4권, 『이정수언(二程粹言)』 2권 등이 있다.

양왕(襄王, ?~BC 619): 춘추시대 주(周)나라의 국군(國君)이다. 성은 희(姬)씨고, 이름은 정(鄭)이며, 혜왕(惠王)의 아들이다. 재위 3년 동생 숙대(叔帶)가 융적(戎狄)과 함께 왕성을 공격해 왔지만 물리쳤다. 재위 16년 적후(狄后)를 쫓아내자 적인(狄人)들이 쳐들어왔을 때 패해 정(鄭)나라로 달아났다. 다음 해 진(晉) 문공(文公)의 도움으로 숙대를 죽이고, 다시 주나라로 돌아왔다.

양웅(揚雄, BC 53~AD 18): 전한 촉군(蜀郡) 성도(成都) 사람으로 자는 자운(子雲)이다. 사부(辭賦)에 뛰어났다. 성제(成帝) 때 궁정문인이 되어, 성제의 여행에 수행하며 「감천부(甘泉賦)」과 「하동부(河東賦)」, 「우렵부(羽獵賦)」, 「장양부(長楊賦)」 등을 썼다. 저술로 각 지방의 언어를 집성한 『방언(方言)』과 『역경(易經)』에 기본을 둔 철학서인 『태현경(太玄經)』, 『논어』의 문체를 모방한 『법언(法言)』, 『훈찬편(訓纂篇)』 등이 있다.

양자(揚子, BC 53~AD 18): 전한 촉군(蜀郡) 성도(成都) 사람으로 이름은 웅(雄)이고 자는 자운(子雲)이다. 선배인 사마상여(司馬相如)의 작품을 통해 배운 문장력을 인정받아, 성제(成帝) 때 궁정문인의 한 사람이 되었다. 학자로서 각 지방의 언어를 집성한 『방언(方言)』과 『역경(易經)』에 기본을 둔 철학서 『태현경(太玄經)』, 『논어』의 문체를 모방한 『법언(法言)』·『훈찬편(訓纂篇)』 등을 저술하였다.

양주(楊朱, BC 440?~BC 360?): 전국시대 초기 위(魏)나라 사람으로 자는 자거(子居)라고 한다. 양생(楊生) 또는 양자(楊子), 양자거(楊子居)로도 불린다. 묵자의 겸애(兼愛)와 상현(尙賢)을 반대하고 '자신을 중시하고[重己]', '목숨을 귀하게 여길 것[貴生]'과 자기 혼자만이 쾌락하면 모든 게 좋다는 위아설(爲我說)을 주장하여 사물에 형체가 얽매이지 말 것과 터럭 하나를 뽑아 천하가 이롭더라도 하지 말라고 주문하였다. 저술이 전하지 않고, 그의 주장은 『맹자』나 『장자』, 『순자(荀子)』, 『한비자(韓非子)』, 『여씨춘추(呂氏春秋)』 등에서 산발적으로 발견된다.

양호(陽虎): 춘추시대 말기 노(魯)나라 사람이다. 계씨(季氏)의 가신(家臣)으로, 계평자(季平子)를 섬겼다. 계평자가 죽자 권력을 장악하였고, 계환자(季桓子)를 잡아 강제로 동맹을 맺었다. 노(魯) 정공(定公) 8년에 삼환(三桓)을 제거하고 삼환의 적자(嫡子)들을 모두 죽이려다가 실패하여 양관(陽關)으로 달아났다. 다음 해 삼환이 양관을 공격하자 제(齊)나라로 달아났고, 다시 진(晉)나라로 달아났다. 조순(趙盾)에게 귀의하여 조간자(趙簡子)의 모신(謀臣)이 되었다.

어조은(魚朝恩): 당 숙종 때 환관 이보국이 죽자 그는 환관 동수를 매수하여 황제의 밀지를 열람하는가 하면 전횡을 일삼았던 환관이다.

엄자릉(嚴子陵, BC 37～AD 43): 본성(本姓)은 장(莊) 씨이며, 후한 회계군(會稽郡) 여요현(餘姚縣) 사람으로 자는 자릉(子陵)이고 이름은 광(光) 또는 준(遵)이다. 소싯적에 유문숙(劉文叔)과 함께 공부를 하였다. 유문숙이 바로 후한을 세운 광무제다.

엄조(嚴助, ?～BC 122): 전한 회계(會稽) 오현(吳縣) 사람이다. 원래 성은 장(壯)씨였지만 나중에 후한 명제(明帝)의 이름인 유장(劉壯)을 피해 엄으로 바꾸었다. 엄기(嚴忌)의 아들로, 일설에는 족자(族子)라고도 한다. 현량대책(賢良對策)에 천거되었고, 주매신(朱買臣), 사마상여(司馬相如), 오구수왕(吾丘壽王), 동방삭(東方朔) 등과 함께 무제를 측근에서 모셨다. 나중에 회남왕(淮南王) 유안(劉安)과 가깝게 사귀었는데, 유안이 반란을 일으키자 연좌되어 죽임을 당하였다.

여대림(呂大臨, 1040～1092): 북송 경조(京兆) 남전(藍田, 섬서성) 사람으로 자는 여숙(與叔), 여대균(呂大鈞)의 동생이다. 처음에 장재(張載)에게 배웠고 나중에 정이(程頤)에게 배웠는데, 사좌량(謝良佐)·유조(游酢)·양시(楊時)와 함께 '정문사선생(程門四先生)'으로 일컬어졌다. 육경(六經)에 정통하였고, 특히 『예기(禮記)』에 밝았다.

여의(如意): 한 고조가 총애하던 척희(戚姬)의 소생이다. 고조가 태자를 폐하고 여의를 태자로 삼으려 하였으나, 여후(呂后)가 장양의 계책을 써서 태자가 되지 못하였다. 고조가 죽자 여후가 짐독(鴆毒)으로 암살하였다.

여조겸(呂祖謙, 1137～1181): 남송 무주(婺州) 금화(金華) 사람이다. 조적(祖籍)은 수주(壽州)이고, 자는 백공(伯恭)이며, 호는 동래선생(東萊先生)이다. 임지기(林之奇)와 왕응진(汪應辰) 등에게 사사하였으며, 주희(朱熹), 장식(張栻) 등과 사귀며 폭넓은 학식을 갖추었다. 저서에 『여씨가숙독시기(呂氏家塾讀詩記)』 32권과 『동래선생좌씨박의(東萊先生左氏博議)』 25권, 『여동래선생문집(呂東萊先生文集)』 40권, 『역대제도상설(歷代制度詳說)』 등이 있으며, 주희와의 공저(共著)인 『근사록(近思錄)』은 특히 유명하다.

연(燕) 소왕(昭王, BC 312～BC 279): 전국시대 연나라의 임금이다. 쾌(噲)의 아들이고, 이름은 평(平)이다. 곽외(郭隗)와 추연(鄒衍), 낙의(樂毅) 등 어진 선비를 초빙하여 부왕(父王) 때 잃었던 땅을 제(齊)나라로부터 되찾았다.

오숙(五叔): 주 무왕의 동모제(同母弟) 8명 중 주공·강숙·담계 이외에 벼슬하지 못한 다섯 명이다. 관숙 선(鮮)·채숙 도(度)·성숙 무(武)·곽숙 처(處)·모숙 담(聃)을 말한다. 주공은 태재(大宰), 강숙은 사구, 담계는 사공이 되었다.

완우(阮瑀, 165?～212): 후한 말기 진류(陳留) 울지(尉氏) 사람으로 건안칠자의 한 사람이고, 자는 원유(元瑜)다. 어려서 채옹(蔡邕)에게 수학하였다. 음률에 정통하였으며 금(琴)을 잘 탔다. 헌제(獻帝) 건안시기에 조조의 사공군모좨주(司空軍謀祭酒)가 되었고 기실(記室)을 관장하여 서찰과 격문(檄文), 공문 등을 기초하였으며, 나중에 창조연속(倉曹椽屬)이 되었다. 원래 5권의 문집이 있었지만 없어졌고, 명나라 사람이 『완원유집(阮元瑜集)』을 편집하였다. 장(章), 표(表), 서기(書記)를 잘 지었으며 진림(陳琳)과 더불어 유명하였다. 당시 군국(軍國)의 서찰과 격문은 대부분 이 두 사람의 손에서 나왔다.

완적(阮籍, 210～263): 삼국시대 위(魏)나라 진류(陳留) 울지(尉氏) 사람으로, 자는 사종(嗣

宗)이고, 아버지는 후한 말의 명사이자 건안칠자(建安七子)의 한 사람인 완우(阮瑀)다. 혜강(嵇康)과 함께 죽림칠현(竹林七賢)의 중심인물이다. 저서로 후세 사람이 편집한 『완보병집(阮步兵集)』이 있다.

왕계(王季): 고공단보(古公亶父)의 막내아들이며 문왕 창(昌)의 아버지다. 태백(太伯)과 우중(虞仲)이라는 두 형이 있었으나, 뛰어난 인덕(人德)을 인정받아 고공단보의 후계자가 되었다. 아들 창(昌)과 손자인 무왕 발(發)에 이르러 주 왕조를 세웠다.

왕길(王吉, ?~BC 48): 전한 낭야(琅邪) 고우(皐虞, 산동성 제성(諸城)) 사람. 자는 자양(子陽)이다. 오경(五經)에 정통하였다. 창읍왕이 음란한 행동으로 위기에 빠졌을 때 그가 간언하여 죽음에서 구하였다. 선제(宣帝) 때 익주자사(益州刺使)와 박사(博士), 간대부(諫大夫)가 되었다. 글을 올려 시정의 득실을 논하였지만 황제가 현실과는 어긋난다고 여겨 채택되지 않았다. 나중에 병으로 귀향하였다. 원제(元帝)가 즉위하자 다시 간대부로 불렀는데, 경사(京師)에 닿기도 전에 죽었다. 춘추추씨학(春秋騶氏學)과 양씨역학(梁氏易學)에 능하였고, 『시경(詩經)』과 『논어(論語)』를 가르쳤다. 그의 학문은 아들 왕준(王駿)이 계승하였다.

왕망(王莽, BC 45~AD 25): 전한의 관료이자 신(新)나라의 황제로, 자는 거군(巨君)이며 위군(魏郡) 원성현(元城縣) 사람이다. 황제 즉위 전의 작위는 안한공(安漢公)이며, 원후(元后)의 성씨가 왕씨여서 이를 계기로 정계에 진출하기 시작하였다. 선양을 받아 신나라를 건국했으나 장안(長安)의 미앙궁(未央宮)에서 부하에게 찔려 죽음으로써 건국한 지 15년에 멸망하고, 광무제에 의해 후한이 건국되었다.

왕연(王衍, 56~311): 서진(西晉) 낭야(琅琊) 임기(臨沂) 사람으로 자는 이보(夷甫)다. 왕융(王戎)의 종제(從弟)다. 의리(義理)가 일정하지 않아 상황에 따라 잘 바뀌 사람들이 구중자황(口中雌黃)이라 불렀다. 경국(經國)에는 관심이 없었고, 오로지 보신책에만 급급하였다. 회제(懷帝) 영가(永嘉) 5년(311) 사마월이 죽자 석륵(石勒)에게 사로잡혔는데, 그에게 칭제(稱帝)할 것을 권하면서 목숨을 구걸하다가 살해되었다.

왕융(王戎, 234~305): 서진(西晉) 낭야(琅邪) 임기(臨沂) 사람으로, 자는 준충(濬沖)이다. 왕혼(王渾)의 아들이고, 죽림칠현(竹林七賢) 가운데 한 사람이다. 어려서부터 영특하였고 풍채가 비범하였으며 청담(淸談)을 즐겼다. 이후 무제(武帝) 때부터 여러 관직을 역임해 혜제(惠帝) 때에는 사도(司徒)에 이르렀다. 성품이 극히 탐욕스럽고 인색하여 전원(田園)이 여러 주(州)에 있었는데도 재물 모으기를 멈추지 않고 밤낮으로 직접 상아 주판을 들고 밤낮으로 계산하면서 늘 부족한 듯 행동하였다. 죽림칠현으로 대표되었던 당시 청류파들의 위선적인 면모를 고스란히 보여 주는 인물이라고도 볼 수 있다.

왕주(王胄, 558~613): 자는 승기(承基)니, 낭야(琅琊) 임기인(臨沂人)이다. 수(隋) 양제(煬帝)보다 시가 낫기 때문에 늘 미움을 받다가 그로 하여 해침을 당하였다.

왕찬(王粲, 177~217): 후한 말기 산양(山陽) 고평(高平) 사람으로 자는 중선(仲宣)이고, 귀족 집안에서 태어났다. 초평(初平) 원년(190) 헌제(獻帝)가 동탁(董卓)의 강요에 못 이겨 장안(長安)으로 천도하였을 때 배종(陪從)하였다. 얼마 후 동탁이 암살되어 장안이 혼란에 빠지자 형주(荊州)로 몸을 피해 유표(劉表)에게 의지하였다. 건안(建安) 18년

(208) 유표가 죽자 그의 아들 유종(劉琮)을 설득하여 조조(曹操)에게 귀순시키고 자신도 승상연(丞相椽)이 되어 관내후(關內侯)의 작위를 받았다. 건안칠자(建安七子)의 한 사람이자 대표적 시인으로, 표현력이 풍부하고 유려하면서도 애수에 찬 시를 남겼는데, 「종군시(從軍詩)」 5수와 「칠애시(七哀詩)」 3수, 「등루부(登樓賦)」가 유명하다. 저서에 『왕시중집(王侍中集)』이 있다.

왕필(王弼, 226~249): 삼국시대 위(魏)나라 산음(山陰) 사람으로, 자는 보사(輔嗣)다. 하안과 함께 위진(魏晉) 현학(玄學, 老莊學)의 시조로 일컬어진다.

요(堯)임금: 전설상의 성군으로, 이름은 방훈(放勳)이다. 처음에 도(陶)에서 살다가 나중에 당(唐)으로 옮겨 살아 도당씨(陶唐氏)로 불리며, 역사에서는 당요(唐堯)라 부른다. 관청을 설치해 시령(時令)을 관장하게 하고 역법(曆法)을 정하였다고 한다. 곤(鯀)에게 명령해 홍수를 다스리게 하였지만 성공하지 못하였다. 사악(四嶽)에 물어보아 순(舜)을 선발하고 후계자로 정하였다. 순의 행실을 3년 동안 지켜보다가 순에게 섭정(攝政)하게 하였다. 요가 죽은 뒤 순이 자리를 이었다.

우(禹)임금: 중국 전설상의 하(夏) 왕조 시조다. 성은 사(姒)씨고, 이름은 문명(文命)이다. 『사기(史記)』 하본기(夏本記)에 따르면, 전욱(顓頊)의 손자이며 곤(鯀)의 아들이다. 요(堯)임금의 치세에 대홍수가 발생하여 순(舜)이 그에게 치수(治水)를 명령하였다. 13년 동안의 치수 사업에 성공해 천하를 9주(州)로 나누고 공부(貢賦)를 정하였다. 순이 죽자 제위를 계승하였는데, 나라 이름을 하(夏)로 고치고 안읍(安邑)에 도읍하였다. 치세(治世) 10년 만에 회계(會稽)에서 죽자 제후(諸侯)의 추대로 아들 계(啓)가 천자가 되었는데, 이때부터 천자 자리를 세습화하여 하 왕조가 시작되었다.

우문사(宇文士, ?~642): 당나라 장안(長安) 사람이다. 자는 인인(仁人)이고, 우문술(宇文述)의 셋째 아들이다. 수(隋) 문제(文帝) 개황(開皇) 말에 신성현공(新城縣公)에 올랐으며, 양제(煬帝)의 사위다. 나중에 당나라로 귀순하여 왕세충(王世充) 등을 토벌하는 데 따라갔고, 영국공(郢國公)으로 진작(進爵)되었다. 태종 때 중서령(中書令)에 오르고, 검교양주도독(檢校涼州都督)을 거쳐 포주자사(蒲州刺史)를 지냈는데, 정치가 관대하고 간결하였다.

우세기(虞世基): 수(隋)나라 사람으로 호는 무세(懋世)다. 양제(煬帝) 때에 재상이 되어 정국을 주도하였다. 전국 각지에서 반란이 일어나는 데에도 간언을 하지 않다가 결국 수나라의 멸망을 초래하였다.

원건요(源乾曜, ?~731): 당나라 상주(相州) 사람으로, 중종, 예종 대에 관직을 역임하다 현종 개원 연간에 재상이 되었다. 개원 17년(729)에 장열과 함께 현종의 45세 생일을 기념하여 천추절(千秋節)로 삼기를 주청하였다.

원결(元結, 723~772): 당나라 하남(河南) 노산(魯山) 사람으로 자는 차산(次山)이고, 자칭 낭사(浪士)라 하였다. 호는 의간자(猗玕子) 또는 만랑(漫郎), 만수(漫叟), 오수(聱叟) 등을 썼다. 현종(玄宗) 천보(天寶) 13년(754) 진사에 급제하였다. 숙종(肅宗) 건원(建元) 2년(759)에 우금오병조참군(右金吾兵曹參軍)이 되어 안사의 난 진압에 공을 세웠다.

원앙(袁盎, ?~BC 148): 전한 초(楚)나라 사람으로 자는 사(絲)고, 원앙(爰盎)이라고도 불린다. 성품이 강직하여 직간을 자주 하니 조정에 오래 있지 못하고 외직으로 나가 농서도

위가 되었다. 나중에 관직을 버리고 집에 머물고 있었지만 경제는 때때로 사람을 시켜 계책을 묻곤 했다. 그때 황제의 동생 양왕(梁王)이 황제의 뒤를 잇고자 하는 뜻이 있었지만 원앙이 진언을 하자 그 일은 없던 일로 되었다. 그 일로 인해 양왕이 보낸 자객에게 죽었다.

위관(衛綰 ?~BC 131): 전한 대군(代郡) 대릉(大陵) 사람이다. 경제 때 오초칠국(吳楚七國)의 난이 일어나자 하간(河間)의 병사를 이끌고 출격하여 공을 세웠다. 후에 태자태부(太子太傅)가 되고, 어사대부로 옮긴 뒤 승상(丞相)에까지 올랐다. 무제(武帝)가 즉위하자 사직하고 물러났다.

위징(魏徵, 580~643): 자는 현성(玄成)이고, 시호는 문정(文貞)이다. 당 태종의 부름을 받아 간의대부(諫議大夫) 등의 요직을 역임한 뒤 나중에 재상으로 중용되었다. 7년(633) 왕규(王珪)를 대신해 시중(侍中)이 되었다. 『주서(周書)』와 『수서(隋書)』를 편찬하였는데, 황명을 받아 찬정(撰定)하여 양사(良史)란 칭송을 들었다. 직간(直諫)을 거듭해 황제의 분노를 샀지만 조금도 흔들림이 없었다. 『유례(類禮)』와 『군서치요(群書治要)』 등의 편찬에도 크게 공헌하였다.

위현성(韋玄成, ?~BC 36): 전한 노국(魯國) 추현(鄒縣, 산동성) 사람으로 자는 소옹(少翁)이고, 위현(韋賢)의 막내아들이다. 젊어서부터 학문을 좋아하였고, 항상 겸손하였다. 선제의 명으로 제유(諸儒)들과 석거각(石渠閣)에서 오경(五經)의 동이(同異)를 의논하였다. 경학에 밝아 원제(元帝)가 즉위하자 소부(少府)가 되고, 태자태부(太子太傅)를 거쳐 어사대부(御史大夫)까지 올랐다.

유강(劉彊): 광무제의 첫째 아들로 처음에는 태자가 되었으나, 스스로 태자 자리에서 물러나서 동생 유장(劉莊)이 태자를 물려받았다. 번국(藩國)으로 물러나서 동해왕(東海王)이 되었다.

유량(庾亮, 289~340): 동진(東晉) 영천(潁川) 언릉(鄢陵) 사람이다. 자는 원규(元規)이고, 누이가 명제(明帝)의 황후다. 젊어서부터 명성이 있었다. 사마예(司馬睿, 元帝)가 불러 서조연(西曹掾)을 삼았다. 왕돈(王敦)이 반란을 일으키자 여러 장수들과 함께 전봉(錢鳳)에 대항하였다. 명제 태녕(太寧) 말에 왕도(王導) 등과 함께 성제(成帝)를 옹립하여 중서령(中書令)이 되고 정권을 장악하였다. 도간이 죽자 강형(江荊) 등 여섯 개 주(州)의 제군사(諸軍事)를 총괄하고, 정서장군(征西將軍)이란 호를 받았으며, 무창(武昌)으로 옮겨 주둔하면서 병권을 장악하였다.

유영(劉伶, 221?~300?): 서진(西晉) 패국(沛國) 사람으로 자는 백륜(伯倫)이다. 죽림칠현(竹林七賢) 가운데 한 사람이다. 위(魏)나라 말에 건위장군(建威將軍)을 지냈다. 진(晉) 무제(武帝) 태시(泰始) 초에 대책(對策)을 올렸는데, 무위지화(無爲之化)에 대해 풍성하게 늘어놓았지만 쓸모가 없다 하여 파직되었다.

유흠(劉歆, BC 53?~BC 23): 전한 말기 패현(沛縣) 사람이다. 자는 자준(子駿)인데, 나중에 이름을 수(秀), 자를 영숙(穎叔)으로 고쳤다. 유향(劉向)의 아들이다. 젊었을 때 『시경』과 『서경』에 정통하였고, 글을 잘 지었다. 왕망이 칭제(稱帝)한 뒤에는 국사(國師)가 되어 가신공(嘉新公)에 봉해졌다. 나중에 왕망을 죽이려다가 음모가 발각되자 자살하였다. 육예(六藝)의 여러 서적을 7종으로 분류한 『칠략(七略)』을 썼는데, 그 내용의 상당수가 『한서(漢書)』 「예문지(藝文志)」로 편입되었다. 그 밖에 『삼통역보(三統曆譜)』, 『유자준집(劉子駿集)』이 있다.

육가(陸賈, BC 240?~BC 170?): 전한 초기 초(楚) 사람으로, 고조(高祖) 유방(劉邦)을 좇아 천하를 통일하는 데 크게 공헌하였다. 사신으로 남월(南越)에 가서 남월왕 조타(趙佗)로 하여금 칭신(稱臣)하도록 하였다. 돌아와 태중대부(太中大夫)에 임명되었다. 『신어』는 12편으로 구성되었는데 덕에 의한 왕도정치를 존중하고, 힘에 의한 패도정치를 배격하여 정치의 요체는 수신(修身)에 있다고 주장하였다.

육견(陸堅): 당나라 현종 때 낙양 사람으로 본명은 우제(友悌)다. 서화에 뛰어났다. 중서사인(中書舍人), 우상시 등을 지냈다.

육지(陸贄, 754~805): 당나라 소주(蘇州) 가흥(嘉興) 사람이다. 자는 경여(敬輿)다. 대종(代宗) 대력(大曆) 6년(771) 진사(進士)가 되고, 박학홍사과(博學鴻詞科)에 올랐고, 덕종(德宗)이 즉위하자 한림학사가 되었다. 건중(建中) 4년(783) 주체(朱泚)가 반란을 일으키자 덕종을 따라 봉천(奉天)으로 달아나 조서(詔書)를 지었는데, 문장이 간절하였다. 저서에 『육씨집험방(陸氏集驗方)』 50권이 있고, 『시문별집(詩文別集)』 15권이 있었지만 전하지 않는다. 『한원집(翰苑集)』 등도 있다.

윤길보(尹吉甫): 주(周) 선왕(宣王) 때 대신이었다. 성은 혜(兮)씨고, 이름은 갑(甲)이며, 자는 백길보(伯吉父)다. 윤(尹)은 벼슬 이름이다. 선왕 때 험윤(玁狁)이 침략하여 괴롭히자 그에게 명해 군사를 이끌고 반격하게 하였는데, 험윤을 태원(太原)까지 추격하였다가 돌아왔다. 훌륭한 재상의 전형으로 손꼽힌다.

은호(殷浩, ?~356): 동진(東晉) 진군(陳郡) 장평(長平) 사람이다. 자는 연원(淵源)인데, 당나라 사람들이 피휘(避諱)하여 심원(深源)이라 하였다. 특히 현언(玄言)을 잘하였다. 회계왕(會稽王) 사마욱(司馬昱)이 그가 명성이 높은 것을 흠모해 목제(穆帝) 영화(永和) 2년(346) 그에게 편지를 보내니 비로소 벼슬에 나가 건무장군(建武將軍)과 양주자사(揚州刺史)가 되면서 사마욱의 심복이 되어 조정의 일에 참여해 환온에게 저항하였다.

이고(李翺, 772~841): 자는 습지(習之), 시호는 문공(文公)이고, 농서(隴西) 출생이다. 스승 한유(韓愈)를 따라 고문(古文)을 배웠다. 스승 한유는 불교를 배척하였지만, 그는 불교사상을 채택하여 심성(心性) 문제에 대한 새로운 이해를 보였다. 「복성서(復性書)」는 한유의 「원성(原性)」과 더불어 인간의 본성을 논한 것으로 송대(宋代) 성리학의 선구가 되었다. 그 밖에 『이문공집(李文公集)』 18권이 있다.

이광필(李光弼, 708~764): 당나라 영주(榮州) 유성(柳城) 사람으로 아버지는 거란(契丹)의 추장이었다. 숙종(肅宗)이 즉위하자 호부상서에 올랐고, 동중서문하평장사 겸 절도사를 지냈다. 안사(安史)의 난을 평정하였고, 곽자의(郭子儀)와 함께 '이곽(李郭)'으로 불렸다. 대종(代宗) 때 임회군왕(臨淮郡王)에 봉해졌다. 태보(太保)에 추증되었고, 시호는 무목(武穆)이다.

이보국(李輔國, 705~763): 당나라 때의 환관으로 본명은 정충(靜忠)이다. 처음에는 고역사(高力士)를 섬기다가 나중에 동궁(東宮, 후의 숙종(肅宗))의 시중을 들었다. 양국충(楊國忠)을 주살하는 데 참여하였다. 숙종 즉위 후에는 원수부행군사마(元帥府行軍司馬)에 발탁되고, 호국(護國)이란 이름을 하사받았는데, 나중에 보국으로 이름을 고쳤다. 지덕(至德) 연간에 성국공(郕國公)에 봉해지고, 대종(代宗) 즉위 후에는 상보(尙父)로 받들어지고 박릉군왕(博陵郡王)에 봉해졌다. 이후 횡포를 부리다가 대종이 자객에게 살해되었다. 태부(太傅)에 추증되었고, 시호는 추(醜)다.

이봉길(李逢吉, 758~835): 당나라 농서(隴西) 적도(狄道, 지금 감숙성 임조현(臨洮縣)) 사람이고 자는 허주(虛舟)다. 이현도(李玄道)의 증손이다. 헌종(憲宗), 목종(穆宗), 경종(敬宗) 연간에 재상을 지낸 당대의 관료이다. 전통적으로 정적을 제거하는 데 능숙했던 교활하고 비열한 인물로 묘사된다.

이부인(李夫人): 전한 중산(中山) 사람이다. 이연년(李延年)의 누이로, 아름답고 춤을 잘 춰 한(漢) 무제(武帝)의 총애를 받았다. 평양주(平陽主)가 이연년에게 누이가 있다는 말을 듣고 불러 만났는데, 미모와 춤 솜씨를 보고 총애하게 되어 창읍애왕(昌邑哀王)을 낳았다. 일찍 죽자 황제가 그녀의 모습을 그림으로 그려 감천궁(甘泉宮)에 걸어두고 항상 그리워하였다. 『전한서(漢書)』 권97 상(上) 「외척전(外戚傳)」 효무이부인(孝武李夫人)조에 나온다.

이사(李斯, ?~BC 208): 전국시대 말기 초(楚)나라 사람이다. 순자(荀子)에게 배웠다. 진(秦)나라의 승상 여불위(呂不韋)에게 발탁되었고, 진시황 26년 천하를 통일하자 승상(丞相)에 올랐다. 시황제가 죽은 뒤 환관 조고(趙高)와 공모하여 조서를 고쳐 막내아들 호해(胡亥)를 황제로 옹립하고 시황제의 맏아들 부소(扶蘇)와 장군 몽염(蒙恬)을 자살하게 하였다. 조고의 참소로 투옥되어 요참형(腰斬刑)에 처해졌고, 삼족(三族)이 죽임을 당하였다.

이성기(李成器): 당 예종(睿宗)의 첫째 아들로 송왕 이헌(李憲)이고, 나중에 양황제(讓皇帝)로 추승되었다. 황제가 되지 못하였고 자신의 셋째 동생 이융기(李隆基)가 당(唐) 현종(玄宗)으로 황위를 이었다.

이소군(李少君): 전한 제(濟) 사람으로, 신단(神丹, 신선이 되는 약)을 제조하는 비법을 전수받았다 하여 무제에게 등용되었다.

이욱(李煜, 937~978): 오대십국(五代十國) 중에서 남당(南唐)의 마지막 황제(재위 961~975)다. 남당의 수도는 금릉(金陵)으로 10국 중에서는 가장 강력한 세력이었고, 경제와 문화가 번성하였으나 후주(後周)와 송(宋)의 압박을 받아서 쇠퇴하였다. 이욱은 송에 맞서서 나라를 보존하기 위해 노력하였으나, 끝내 송 태조(太祖)에게 멸망하였다.

이윤(伊尹): 상(商)나라 사람으로 이름이 이(伊)고, 윤(尹)은 관직 이름이다. 일명 지(摯)라고도 한다. 노예였다가 유신씨(有莘氏)의 딸이 시집갈 때 잉신(媵臣)으로 따라갔다가 탕(湯)왕의 인정을 받아 등용되었다. 하(夏)나라를 멸하고 상나라를 건국하는 데 큰 공을 세워서 재상이 되었다. 탕왕이 죽은 뒤 외병(外丙)과 중임(仲壬) 두 임금을 보좌하였다. 태갑(太甲)이 왕위에 올라 정사를 돌보지 않고 탕왕의 법을 따르지 않자 그를 동(桐)으로 축출하고 잠깐 섭정하다가 태갑이 잘못을 뉘우치자 다시 왕위에 올렸다.

이임보(李林甫, ?~752): 당나라 종실(宗室)로 현종 때의 재상이다. 사람 됨됨이가 겉과 속이 달라 친한 듯이 보이지만 갖은 음모와 중상모략을 일삼아 '구밀복검(口蜜腹劍)'이라 불렸다. 교활하고 권술(權術)에 능하였다. 환관이나 비빈들과 친해 황제의 동정을 일일이 살피고 주대(奏對)에 응해 유능하다는 평을 들었다. 조정에 있는 19년 동안 권력을 장악해 멋대로 정책을 시행해 사람들이 눈을 흘기며 꺼렸다.

이정(李靖, ?~649): 당나라 능연각 24공신 중 한 명으로 자는 약사(藥師)다. 당 태종 휘하에서 돌궐과 토욕혼을 정벌하는 등 많은 전공을 세웠다. 시호는 경무(景武)다.

자가기(子家羈): 자가의백(子家懿伯)으로도 불린다. 노 소공(昭公)의 신하다. 소공 25년(BC 517)에 계손씨 일족인 계공(季公) 약(若)과 후씨(郈氏)·장씨(臧氏)·기타 대부들이 계평자에게 원한을 품자, 함께 계평자를 공격하였다. 처음부터 계씨 공격을 반대한 자가의백(子家懿伯)은 계씨의 화의 요청을 받아들이도록 권하였으나 받아들이지 않았다.

자로(子路, BC 542~BC 480): 춘추시대 노나라 변(卞) 사람으로 이름은 중유(仲由)이고, 계로(季路)라고 부르기도 한다. 공자의 제자로 위나라에서 벼슬하던 중 내란이 일어났을 때 전사하였다. 자로가 공자에게 옳은 것을 들으면 실천해야 하는지를 물었을 때 공자는 "부형이 계시는데 어찌 실천하겠는가?"라고 대답하였으나, 염구가 물었을 때는 "실천해야 한다."라고 말하였다. 공서화(公西華)가 각기 다르게 답변한 이유를 묻자 공자는 "염구는 물러나는 성향이 있기 때문에 나아가게 한 것이고, 자로는 너무 나아가려 하므로 물러나게 한 것이다."라고 하였다.

자사(子思, BC 483~BC 402): 전국시대 노(魯)나라 추읍(陬邑) 사람이다. 이름은 급(伋)이고, 자사는 자(字)다. 공자(孔子)의 손자이고, 사서(四書)의 하나인 『중용(中庸)』의 저자로 알려져 있다. 주로 노나라에 살면서 증자(曾子)의 학문을 배워 유학의 전승에 힘썼고, 노(魯) 목공(穆公)의 스승을 지냈다. 성(誠)과 중용(中庸)을 학문의 요체로 삼았고, 나중에 술성(述聖)으로 추존되었다. 맹자(孟子)는 그의 재전제자(再傳弟子)이며, 공자에서 증자, 자사, 맹자로 이어지는 이 학통은 송학(宋學)에서 특히 존중되었다.

자영(子嬰, ?~BC 206): 진나라 이세 황제인 호해를 살해한 환관 조고가 추대한 진왕(秦王)이다. 환관 조고는 호해의 조카인 자영을 추대하면서 황제의 호칭을 폐지하고 진왕의 호칭을 사용하도록 하였다. 자신의 아들 둘과 함께 환관 조고를 칼로 찔러 죽였다. 진왕이 된 지 46일 만에 유방의 군대가 수도 함양 가까이 진격해 오자, 옥새를 바치고 투항하였다. BC 206년 뒤늦게 함양에 들어온 항우의 손에 왕실 자제 및 귀족들과 함께 살해되었다.

장공근(張公謹, 584~632): 자는 홍신(弘愼)이고, 위주(魏州) 번수(繁水) 사람이다. 현무문의 변이 일어났을 때 동궁과 제왕부(齊王府)의 병사를 홀로 막았다. 이후에 돌궐 정벌 때 부사령관으로 공을 세웠다.

장손무기(長孫無忌, ?~659): 당나라 초기 하남(河南) 낙양(洛陽) 사람으로 자는 보기(輔機)다. 장손성(長孫晟)의 아들이고, 태종 장손후(長孫后)의 오빠다. 경사(經史)를 널리 섭렵하여 일찍이 『수서(隋書)』의 여러 지(志)를 편찬하였다. 고조 무덕(武德) 9년(626) 이세민(李世民)의 제위 찬탈에 공로가 있었고, 나중에 조국공(趙國公)에 봉해졌다. 정관(貞觀) 말에 황명을 받들어 고종(高宗)을 옹립하였다. 다시 황명으로 율학

(律學)을 전공한 관리들과 함께 『당률』의 조목을 해석하여 『당률소의(唐律疏義)』를 편찬하였다. 무측천(武則天)을 황후로 삼으려는 고종의 뜻에 반대하다 검주(黔州)로 추방되었고, 이후 목매 자살하였다.

장식(張栻, 1133~1180): 남송 한주(漢州) 면죽(綿竹) 사람이다. 자는 경부(敬夫) 또는 흠부(欽夫), 낙재(樂齋)이고, 호는 남헌(南軒)이며, 시호는 선(宣)이다. 장준(張浚)의 아들이다. 가학을 계승하는 한편 호굉(胡宏)에게 이정(二程)의 학문을 배웠는데, 정호(程顥)에 가깝다는 평을 받았다. 주희(朱熹), 여조겸(呂祖謙)과 함께 '동남삼현(東南三賢)'으로 불렸다. 저서에 『논어해(論語解)』와 『맹자해(孟子解)』, 『남헌역설(南軒易說)』, 『남헌집(南軒集)』 등이 있다.

장양(張良, ?~BC 186): 전한(前漢) 창업(創業)의 공신(功臣)으로 자는 자방(子房)이다. 유방(劉邦)의 모신(謀臣)으로 공을 세우고 유후(留侯)에 책봉(冊封)되었다. 유방이 군대를 이끌고 함양(咸陽)에 진군하였을 때 번쾌(樊噲)와 함께 유방에게 궁실의 부고(府庫)를 봉하고 패상(覇上)으로 철군할 것을 권하였다. 영포(英布)와 팽월(彭越)과 연대하고 한신(韓信)을 등용하는 등 계책을 올렸다. 또 항우(項羽)를 공격하여 완전히 궤멸시킬 것을 건의하였다. 소하(蕭何)·한신(韓信)과 함께 한(漢)나라 창업(創業)의 삼걸(三傑)이라 불렸다.

장열(張說, 667~731): 당나라 하남(河南) 낙양(洛陽) 사람으로 자는 도제(道濟) 또는 열지(說之)다. 중종(中宗) 때 황문시랑(黃門侍郎)이 되었고, 현종(玄宗) 개원(開元) 연간에 중서령(中書令) 및 삭방군절도사(朔方軍節度使) 등을 역임하고, 연국공(燕國公)에 봉해졌다. 문사(文辭)에 뛰어나 허국공(許國公) 소정(蘇頲)과 함께 연허대수필(燕許大手筆)로 불렸다. 후에 이임보(李林甫)에게 견제를 받아 재상에서 파직되었다.

장재(張載, 1020~1077): 북송(北宋) 사람이다. 자는 자후(子厚)이고, 호는 횡거선생(橫渠先生)이며, 시호는 명공(明公)이다. 송나라 이학(理學)을 창시한 오현(五賢) 가운데 한 사람이다. 정호(程顥)·정이(程頤) 형제와 함께 『주역』을 강론하였고, 신유학의 기초를 세웠다. 기일원론(氣一元論)은 왕정상(王廷相)·왕부지(王夫之)·대진(戴震) 등에 의해 발전되었고, 인성론(人性論)은 주희(朱熹)에 의해 발전되었다. 저서에 『정몽(正蒙)』과 『횡거역설(橫渠易說)』, 『경학이굴(經學理窟)』, 『장자전서(張子全書)』가 있다.

장탕(張湯, ?~BC 115): 한(漢) 무제(武帝) 때 태중대부(太中大夫)로 조우(趙禹)와 함께 모든 법령을 제정하였고, 어사대부(御史大夫)가 되자 법문을 교묘히 환롱(幻弄)·무문(舞文)하여 옥을 다스림이 너무 가혹해 혹리(酷吏)로 유명하였다.

장형(張衡, 72~139): 자는 평자(平子). 하남(河南) 남양(南陽) 사람으로 태사령(太史令)을 지냈다. 중국 고대의 우주구조에 관한 이론인 혼천설(渾天說)의 대표적 이론가이며, 당시 유행하던 속유(俗儒)들의 도참(圖讖) 신앙이 허위임을 강조하고 이를 금지하자는 상서를 올리기도 하였다.

재아(宰我): 자(字)는 자아(子我)이고 이름은 예(豫)로 노(魯)나라 사람이다. 특히 어학에 뛰어나, 제(齊)나라의 임묘 대부(臨苗大夫)가 되었다. 낮잠을 자다가 공자(孔子)에게 꾸지람을 듣던 것이 『논어(論語)』에 보인다. 자공(子貢)과 함께 언어에 뛰어나다고 일컬어진다.

저무량(楮無量, 645(646)~719(720)): 당나라 항주(杭州) 염관(鹽官) 사람으로 자는 홍도(弘度)다. 명경(明經)으로 발탁되어 국자사업(國子司業)과 수문관학사(修文館學士)를 지냈다. 심자정(沈子正)에게 수학하였으며, 삼례(三禮)에 정통하였다. 현종이 즉위하자 좌산기상시(左散騎常侍) 겸 국자좨주(國子祭酒)가 되고, 서국공(舒國公)에 봉해졌다. 시호는 문(文)이다.

전병(田駢): 진병(陳駢)으로도 불린다. 전국시대 제(齊)나라 사람으로 황로지학(黃老之學)을 익혔다. 제(齊) 선왕(宣王) 때 직하(稷下)에 와서 강학(講學)하였는데, 논변이 뛰어나 '천구병(天口駢)'으로 불렸다. 『한서(漢書)』「예문지(藝文志)」에 『전자(田子)』 25편이 저록되어 있는데, 도가(道家)에 속해 있다. 지금은 없어졌다.

전욱(顓頊): 전설에 나오는 중국의 다섯 성군인 오제(五帝) 가운데 한 사람으로 황제(黃帝)의 손자이고, 창의(昌意)의 아들이며, 우임금의 할아버지라고도 하는데, 천하를 잘 다스려 명군(明君)으로 이름이 높다. 10살 때 소호(少昊)를 보좌하였고, 20살 때 제위에 올라 고양씨(高陽氏)로 불렸다. 제구(帝丘)에 살았다. 소호 때 구려(九黎)가 덕을 어지럽혀 민간의 신들이 뒤섞이게 되었다. 그가 제위를 이어 중(重)을 남정(南正)에 임명해 하늘을 맡아 신을 속하게 하고, 여(黎)에게 화정(火正)을 맡겨 땅을 다스려 백성들이 속하게 해 신과 사람이 서로 침해하지 못하게 하니, 이를 '절지천통(絶地天通)'이라고 불렀다. 78년 동안 재위하였다고 한다.

전천추(田千秋, ?~BC 77): 전한 풍익(馮翊) 장릉(長陵) 사람이다. 무고(誣告)한 강충(江充)을 죽이고 자살한 위 태자(衛太子) 유거(劉據)의 원통한 상황을 무제(武帝)에게 알려 깨우쳐 준 공로로 재상에 임명되고 부민후(富民侯)에 봉해졌다. 만년에 연로하여 작은 수레[小車]를 타고 궁궐에 들어오는 특전을 입어 차 승상(車丞相)이라고 칭해졌으므로, 흔히 차천추(車千秋)라고 부른다. 기회를 잘 이용하여 임금의 뜻에 영합함으로써 재상과 같은 고위관직에 올라 부귀영화를 누리는 사람, 혹은 무능한 재상을 비유하는 말로 쓰인다.

정(鄭) 무공(武公, ?~BC 744): 춘추시대 정나라의 제2대 군주다. 무공에게는 두 명의 아들이 있었는데, 첫째가 장공(莊公)이 된 오생(寤生)이고 둘째 아들이 단(段)이었다.

정 소공(昭公, ?~BC 695): 춘추시대 정나라의 국군(國君)이다. 이름은 홀(忽)이고, 장공(莊公)의 아들이다. 대부(大夫) 제중(祭仲)이 옹립하였다. 즉위한 뒤 송(宋) 장공(莊公)이 제중을 협박하여 공자(公子) 돌(突, 厲公)을 다시 세우도록 하자 위(衛)나라로 달아났다. 나중에 돌이 역(櫟)으로 가자 제중이 맞이해 복위시켰다.

정이(程頤, 1033~1107): 낙양(洛陽) 출신의 송(宋)나라 유학자로, 주돈이(周敦頤)의 제자다. 18세에 태학(太學)에서 '안자호학(顔子好學)'을 논한 것으로 유명하다. 사서(四書)를 유학을 연구하는 표지(標指)로 삼고, 육경에 통달하였으며, 궁리(窮理)를 학문의 본위로 삼았다.

정이(程异, ?~819): 자(字)는 사거(師擧)로 장안 사람이다. 당 헌종 시절의 동중서문하평장사를 역임하였다.

제(齊) 경공(景公, ?~BC 490): 춘추시대 제나라의 국군(國君)으로 이름은 저구(杵臼)다. 제(齊) 장공(莊公)의 이복동생이다. 대부 최저(崔杼)가 장공을 살해하고 그를 세워 군주로 삼았고, 즉위한 뒤에 최저를 우상(右相), 경봉(慶封)을 좌상(左相)으로 삼았다. 재위하면서 대신들이 서로 죽이는 등 조정이 극히 혼란하였는데, 궁실 짓기를 좋아하였고, 사냥개와 말을 모아 길렀으며, 세금을 무겁게 매기고 혹형을 가하는 등 사치가 끝이 없어 백성들의 고통이 심하였다. 나중에 안영(晏嬰)을 정경(正卿)에 임명하면서 조금씩 나아졌다. 일찍이 노(魯) 정공(定公)과 협곡(夾谷)에서 만났다. 재위 기간은 58년이고, 시호는 경(景)이다.

제 환공(桓公, ?~BC 643): 춘추시대 제나라의 국군(國君)이다. 성은 강(姜)씨고, 이름은 소백(小白)이다. 춘추시대 최초의 패주(霸主)다. 처음에 거(莒)로 달아났다가 양공이 피살되자 거에서 귀국해 즉위하였다. 관중(管仲)을 재상에 등용하여 개혁을 통해 부국강병을 시도하였다. 북쪽으로 융적(戎狄)을 정벌하고 그들이 중원을 넘보는 것을 막았고, 남쪽으로는 초(楚)나라를 억제하여 소릉(召陵)에서 회맹하도록 하였다. 여러 차례 제후들을 회합하여 맹약을 세우는 등 위망(威望)을 떨쳤다.

제(齊) 선왕(宣王, ?~BC 301, 재위 BC 320~BC 301): 전국시대 중기 전제(田齊)의 제5대 왕으로 위왕을 이어 즉위하였으며, 맹자를 초빙해 제나라의 부국강병을 이루고자 하였다. 그러나 선왕은 맹자의 가르침이 시대에 맞지 않다고 생각해 결국 받아들이지 않았다.

제 위왕(威王, ?~BC 320, 재위 BC 356~BC 320): 전국시대 중기 전제(田齊)의 제4대 왕으로 이름은 전인(田因)이다.

제중(祭仲): 정(鄭) 장공(莊公)의 뛰어난 책사(策士)다. 원래 이름은 제족(祭足)이고, 자가 중족(仲足)이라 제중(祭仲)이라고도 불린다. 대략 BC 720년대부터 BC 680년대까지 살았던 것으로 추정된다. 장공을 비롯해 소공과 여공, 자미, 자의 등 5명의 군주를 보좌하며 정나라의 국정을 좌지우지하였다. 당대 제후국의 세력 판도와 천하대세의 흐름을 간파하는 데에 유난히 비상한 능력을 지녔다.

조고(趙高, ?~BC 207): 진(秦)나라의 환관이다. 시황제(始皇帝)가 순시 중 사망하자 승상 이사(李斯)와 함께 유소를 위조하여 시황제의 장남인 부소(扶蘇)와 장군 몽염(蒙恬)을 죽이고 막내 호해(胡亥)를 이세 황제(二世皇帝)로 앉혔다. 이후 이사마저 죽이고 권력을 농단하였다. 그 후 전국에서 반란이 일어났는데, 반란군이 수도로 쳐들어오자 이세를 죽이고 부소의 아들인 자영(子嬰)을 황제로 세우려다가 자영에게 도리어 살해되었다.

조교(曹交): 조기(趙岐)의 주에 의하면 조(曹)나라 임금의 아우로 맹자(孟子)와 동시대 사람이다.

조기(趙岐, 108?~201): 후한 경조(京兆) 장릉(長陵, 섬서성 咸陽) 사람. 초명은 가(嘉)고, 자는 빈경(邠卿) 또는 대경(臺卿)이다. 환관 당형(唐衡)에 대해 비판하다가 가속과 친척들이 살해당하자 화를 피해 변성명하고 북해(北海)에서 떡을 팔며 생활했다. 당형이 죽자 다시 나와 병주자사(并州刺史)에 올랐는데, 당파에 연좌되어 면직되었다. 영제(靈帝) 때 당고(黨錮)를 당해 10여 년을 보냈다. 헌제(獻帝) 때 형주의 유표(劉表)에게 의탁하기도 하였다. 저서에 『맹자장구(孟子章句)』가 십삼경주소(十三經注疏)에, 『삼보결록(三輔決錄)』이 묘반림(茆泮林)의 십종고일서(十種古逸書)에 각각 수록되어 있다.

조이(祖伊): 상(商)나라 때 사람으로 서백(西伯, 주 문왕)이 병사를 일으켜 기국(饑國)을 공격하여 그 땅을 차지하였다. 이에 재앙이 곧 닥칠 것을 알고 주(紂)에게 충간을 올렸지만, 주는 듣지 않고 "우리의 목숨은 하늘에 달려 있는 것이 아닌가?[我生不有命在天乎]"라고 말하였다. 그러자 "아아! 폐하의 죄가 하늘에 벌려져 있거늘 천명(天命)을 책할 수 있겠습니까? 은(殷, 商)나라가 곧 망하려고 하는 것은 바로 폐하께서 저지른 일 때문이니, 폐하의 나라에 죽음이 없겠습니까?"라고 꾸짖었다고 한다. 『서경(書經)』 「서백감려(西伯戡黎)」에 나온다.

조조(晁錯, BC 200~BC 154) 성을 조(鼂)라고도 쓴다. 전한 영천(潁川) 사람이다. 신불해(申不害)와 상앙(商鞅)의 형명학(刑名學)을 익혔다. 제후의 영지를 삭감하도록 주장하였는데, 이것이 경제(景帝)에 의해 채용되었다. 그러나 이를 빌미로 오초칠국(吳楚七國)의 난이 일어나자 정적 원앙(袁盎) 등의 회유책으로 장안에서 관복(官服)을 입은 채 참형되었다.

조참(曹參, ?~BC 190): 전한 사수(泗水) 패현(沛縣) 사람이다. 원래 진(秦)나라의 옥리(獄吏)였지만, 소하(蕭何)가 주리(主吏)로 삼았다. 진나라 말 소하와 함께 유방(劉邦)을 따라 병사를 일으켜 한신(韓信)과 더불어 주로 군사 면에서 활약하였다. 제(齊)나라의 상(相)으로 있을 때 개공(蓋公)이 말한 황로지술(黃老之術)을 받아들여 청정무위(淸淨無爲)한 자세로 국정을 운영하여 나라가 안정되고 백성들이 모이게 되었다. 고조가 죽은 뒤 소하의 추천으로 상국(相國)이 되어 혜제(惠帝)를 보필하였다. 소하가 만든 정책을 그가 충실히 따라 '소규조수(蕭規曹隨)'라는 말이 나왔다. 즉 '소하가 제정한 규정을 조참이 따른다'는 말로 예전부터 내려오던 제도를 그대로 사용하거나 이어가는 것을 말할 때 사용된다. 조참의 시호는 의(懿)다.

주(紂): 제신(帝辛), 주신(紂辛), 주왕(紂王)이라 불리며, 은나라의 제31대 왕으로 마지막 군주다. 이름은 수(受)이다. 제을(帝乙)의 아들로, 제을의 뒤를 이어 왕위를 계승하였으나 폭군으로 기록되었다. 33년간 재위하였으며, 나라가 망하자 조가성(朝歌城) 녹대(鹿台)에서 분신 자살하였다.

주건(朱建, ?~BC 177): 전한 초의 정치가로, 초(楚)나라 사람이다. 회남왕(淮南王) 영포(英布)의 재상으로 있으면서 영포가 반란을 일으키려는 것을 말렸다. 결국 영포는 반란을 일으키다 진압되어 죽었으나, 주건은 사면되었다.

주돈이(周敦頤, 1017~1073): 북송 도주(道州) 영도(營道, 호남성 도현(道縣)) 사람이다. 본명은 돈실(敦實)이었지만 영종(英宗)의 이름 때문에 '돈이'로 고쳤다. 자는 무숙(茂叔)이고, 호는 염계(濂溪)이며, 시호는 원공(元公)이다. 나중에는 여산(廬山) 연화봉(蓮花峰) 아래 집을 정하였다. 『주역』에 정통하였고, 명리(名理)를 논하기 좋아하였으며, 무극(無極)과 태극(太極), 이기(理氣), 심성명(心性命) 등의 철학 범주를 제안하는 등 도학(道學)을 창시한 사람이 되었다. 정호(程顥)·정이(程頤)·소옹(邵雍)·장재(張載)와 함께 '북송오자(北宋五子)' 중 한 사람이다. 저서에 『태극도설(太極圖說)』과 『통서(通書)』 등이 있으며, 청나라 사람이 편찬한 『주자전서(周子全書)』가 있다.

주매신(朱買臣, ?~BC 115): 전한 회계(會稽) 오현(吳縣, 강소성 소주) 사람이다. 자는 옹자(翁子)다. 학문을 좋아하면서도 집안이 가난하여 나무를 팔아 생계를 유지하였다. 아내가 이를 부끄럽게 여겨 헤어졌다. 후에 회계태수(會稽太守)가 되어 고향에 돌아가 헤어진 아내와 그의 남편을 불러 도와주었는데, 그 아내는 부끄러워 자살하였다고 한다. 어사대부 장탕(張湯)과 평소 원한이 있었는데, 장탕이 승상의 일을 맡으면서 그를 능멸하자 비리를 파헤쳐 자살하게 하였다. 이 일로 무제의 분노를 사 그 역시 죽임을 당하였다.

주이(朱异): 남조 양(梁)나라 사람으로 자는 언화(彦和)다. 양(梁) 무제(武帝)는 그를 총애한 나머지 후경(侯景)이 수도로 공격해 오는 데도 알지 못하다가 폐위되었다.

주희(朱熹, 1130~1200): 송나라 휘주(徽州) 무원(婺源) 사람이다. 자는 원회(元晦) 또는 중회(仲晦)이고, 호는 회암(晦庵)과 회옹(晦翁) 등이다. 존칭하여 주자(朱子)라 한다. 불교와 노자의 학문에도 흥미를 가졌지만, 24살 때 이동(李侗)을 만나 사숙하면서 유학에 복귀하여 그의 정통을 계승하게 되었다. 정호(程顥)와 정이(程頤)의 학문을 계승하고 주돈이(周敦頤)와 장재(張載) 등의 학설을 차용하여 북송 이래 이학을 집대성하였다. 백록동서원(白鹿洞書院)과 악록서원(岳麓書院)에서 50여 년 동안 강학하였다. 그 학파를 민학(閩學) 또는 고정학파(考亭學派), 정주학파(程朱學派)라 부르는데, 한탁주(韓侂胄)에 의해 위학(僞學)이라 하여 금지 처분을 받기도 하였다. 저서에 『사서장구집주(四書章句集注)』, 『이락연원록(伊洛淵源錄)』, 『명신언행록(名臣言行錄)』, 『자치통감강목(資治通鑑綱目)』, 『시집전(詩集傳)』, 『초사집주(楚辭集注)』 등이 있다. 이후 후세 학자들이 『주자어류(朱子語類)』와 『주문공문집(朱文公文集)』을 정리하였다.

증공(曾鞏, 1019~1083): 증역점(曾易占)의 아들로 송나라 건창군(建昌軍) 남풍(南豊) 사람이다. 자는 자고(子固)이고, 남풍선생(南豊先生)으로도 불린다. 당송팔대가(唐宋八大家)의 한 사람으로, 산문에 뛰어났다. 『전국책』과 『설원(說苑)』, 『신서(新序)』, 『열녀전(列女傳)』 등의 전적을 교정하였고, 저서로는 『금석록(金石錄)』 5백 권과 시문집 『원풍유고(元豊類稿)』가 있다. 시호는 문정(文定)이다.

진(晉) 문공(文公, BC 697~BC 628): 춘추오패(春秋五覇)의 한 사람으로, 이름은 중이(重耳)이다. 헌공(獻公)의 둘째 아들이다. 아버지가 총희(寵姬) 여희(驪姬)의 참소를 믿고 태자 신생(申生)을 죽이자, 19년 동안 떠돌았다. 진(秦) 목공(穆公)의 도움으로 귀국해서 즉위하였다. 호언(狐偃)·조쇠(趙衰)·선진(先軫) 등 어진 신하를 등용해서 난국을 수습하고 국력을 강화시켰다. 성복(城濮) 전투에서 초(楚)·진(陳)·채(蔡) 세 나라의 군대를 대파하고, 천토(踐土)에서 제후를 회합해 패주(覇主)로 자리하였다.

진 소공(昭公, ?~BC 526): 춘추시대 진나라의 임금으로 이름은 이(夷)고, 평공(平公)의 아들이다. 재위하는 중에 진나라의 육경(六卿, 한(韓)·조(趙)·위(魏)·범(范)·중행(中行)·지씨(智氏)) 등이 강해지고 공실(公室)은 약화되었다. 6년 동안 재위하였다.

진 평공(平公, ?~BC 532): 춘추시대 진나라의 임금으로 이름은 표(彪)이고, 도공(悼公)의 아들이다.

진(晉) 무제(武帝, 236~290, 재위 266~290): 이름은 사마염(司馬炎)으로 사마소(司馬昭)의 아들이다. 종실(宗室) 사람들을 두루 제후에 봉하고 사족(士族) 문벌제도를 강화시키는 한편 새로 만든 율령(律令)을 반포하고 제도를 제정하면서 관품(官品)의 등급과 점전(占田) 수량 등을 정하였다. 만년에는 일락(佚樂)에 빠져 멍청한 아들 사마충(司馬衷)을 태자로 삼는 등 죽은 뒤에 벌어질 화근을 양성하였다. 묘호는 세조(世祖)다.

진관(陳瓘, 1057~1124): 송나라 남검주(南劍州) 사현(沙縣) 사람으로 자는 형중(瑩中)이고, 호는 요옹(了翁) 또는 요재(了齋), 요당(了堂)이며, 시호는 충숙(忠肅)이다. 유안세(劉安世)의 학문을 종주로 하고, 사마광(司馬光), 소옹(邵雍), 이정(二程)의 학문도 사숙하였다.

진덕수(眞德秀, 1178~1235): 송나라 건녕부(建寧府) 포성(浦城) 사람이다. 자는 경원(景元) 또는 희원(希元)인데, 나중에 경희(景希)로 고쳐 불렀다. 호는 서산(西山)이고, 시호는 문충(文忠)이다. 영종(寧宗) 경원(慶元) 5년(1199) 진사(進士)가 되고, 개희(開禧) 원년(1205) 박학굉사과(博學宏詞科)에 합격하였다. 이종(理宗) 때 예부시랑(禮部侍郎)에 발탁되어 직학사원(直學士院)에 올랐다. 사미원(史彌遠)의 탄핵을 받고 파직되었지만, 나중에 천주(泉州)와 복주(福州)의 지주(知州)를 지냈다. 단평(端平) 원년(1234) 입조하여 호부상서(戶部尙書)에 오르고, 한림학사(翰林學士)와 지제고(知制誥)가 되었다. 다음 해 참지정사(參知政事)에 이르렀는데 얼마 뒤 죽었다. 시정(時政)에 대해 자주 건의하였고, 주소(奏疏)는 수십만 자에 이르렀다. 주자학파(朱子學派)의 학자로, 『대학연의(大學衍義)』는 『대학장구(大學章句)』에 비견한다는 평을 들었다. 경원당금(慶元黨禁) 이후 정주(程朱)의 이학(理學)이 다시 성행하는 데 공헌한 바가 컸다. 그 밖의 저서에 『당서고의(唐書考疑)』와 『독서기(讀書記)』, 『문장정종(文章正宗)』, 『서산갑을고(西山甲乙稿)』, 『서산문집(西山文集)』 등이 있다.

진숙보(陳叔寶, 553~604): 남조 진나라 선제(宣帝)의 맏아들로, 진나라의 마지막 군주다. 재위할 때 궁실을 크게 짓고 종일 총비(寵妃) 사신(詞臣)들과 연회를 열면서 정치는 등한시하였다. 염사(艶詞)를 짓고 새로운 음률을 입히면서 「옥수후정화(玉樹後庭花)」와 「임춘락(臨春樂)」 등과 같은 곡을 지었다. 스스로 장강(長江)이 견고한 것을 믿어 수나라의 대군이 남하하였을 때도 술을 마시고 시를 짓는 일을 멈추지 않았다. 수나라 군대가 건강(建康)으로 돌입하자 포로로 잡혀 장안(長安)으로 압송되었는데, 그래도 시주(詩酒)를 그치지 않아 수(隋) 문제(文帝)가 "정말 배알도 없다.[全無心肝]"라고 말하였다. 낙양(洛陽)에서 병사하였다. 저서에 명나라 사람이 편집한 『진후주집(陳後主集)』이 있다.

진평(陳平, ?~BC 178): 전한의 정치가로 하남(河南) 사람이다. 황로(黃老)의 술(術)을 배워 한나라 고조를 섬겼다. 공(功)으로 혜제(惠帝) 때 좌승상이 되어 주발(周勃)과 함께 여씨(呂氏) 일족을 죽여 한실(漢室) 부흥에 공을 이루었다.

진현례(陳玄禮): 당(唐) 현종(玄宗) 때의 장군이다. 현종이 안녹산(安祿山)의 난을 피해 서울에서 100여 리 떨어진 마외파(馬嵬坡)에 도착하였을 때, 양국충(楊國忠)과 양 귀비(楊貴妃)를 죽여야 한다고 주장하여 사사(賜死)토록 하였다.

채숙(蔡叔): 서주(西周) 때의 사람이다. 문왕(文王)의 다섯째 아들이고, 이름은 도(度)다. 무왕(武王)의 동생이고, 채(蔡)에 봉해졌다. 관숙(管叔), 무강(武康)과 함께 연합하여 주왕(紂王)의 아들 무경(武庚)을 받들어 모반하였다가 주공에게 쫓겨나 죽었다. 나중에 성왕이 그의 아들 호(胡)를 채에 봉하였는데, 채나라의 시조가 되었다.

채의(蔡義, BC 150 이전~BC 71): 하내군 온현 사람이다. 조자(趙子)에게서 『시경』을 배웠다. 한시를 지을 수 있는 자를 찾을 적에 부름을 받아 임관을 기다렸으나, 아무리 기다려도 배알할 기회가 오지 않자 직접 알현을 요구하는 상소문을 바쳐 무제를 만났다. 무제는 채의를 불러 『시경』을 강의케 하고 매우 기뻐하였다. 광록대부급사중이 되어 소제에게도 강의하였다. 80이 넘어 승상이 되었다.

척희(戚姬, ?~BC 194?): 전한 제음(濟陰) 도정(陶定) 사람이다. 한(漢) 고조(高祖)가 총애하던 부인으로, 조왕(趙王) 여의(如意)를 낳았다. 고조가 죽자 여후(呂后)에게 수족(手足)이 잘리고, 눈알을 뽑히고는 측소(厠所)에 감금되어 인체(人彘, 인간돼지)라 모욕을 당하다가 죽었다.

최호(崔浩, 381~450): 북위(北魏) 청하(清河) 동무(東武) 사람이다. 자는 백연(伯淵)이고, 어릴 때 이름은 도간(桃簡)이다. 젊어서 학문을 좋아하였고, 경사백가(經史百家)에 두루 통달하였으며, 천문과 역학(曆學)에 조예가 깊었다. 태무제(太武帝) 시광(始光) 중에 동군공(東郡公)에 올라 태상경(太常卿)으로 『오인원력(五寅元曆)』을 제정하고, 도사(道士) 구겸지(寇謙之)를 천거하여 도가를 숭상하고 불교를 억제하였다. 황제가 혁련창(赫連昌)을 공격해 궤멸하고 유연(柔然)을 물리치면서 북경(北京)을 차지할 때 대개의 전략이 그의 손에서 나왔다. 태종의 명으로 『효경』과 『논어』, 『시경』, 『상서』, 『춘추』, 『예기』, 『주역』을 주해(註解)하였고, 동생 최람(崔覽) 등과 『국어(國書)』를 지었다. 또 한(漢) 고조(高祖) 이래의 역법(曆法)은 모두 천도(天道)의 올바름을 얻지 못하였다고 주장하면서 『오인원력』을 제정하였다.

추양(鄒陽, BC 206~BC 129): 한(漢) 경제(景帝) 때의 사람이다. 양효왕(梁孝王)을 섬겼는데, 양승과 공손궤의 참소를 받고 옥에 갇혔으나 글을 올려 풀려났다.

추연(鄒衍): 추연(騶衍)으로도 쓴다. 전국시대 제(齊)나라 사람으로 연(燕) 소왕(昭王)이 석궁(石宮)을 지어 맞아 그를 스승으로 섬겼다. 천문(天文)에 대해 논하기를 좋아해 '담천연(談天衍)'으로 불렸다. 음양오행설(陰陽五行說)을 제창하여, 세상의 모든 사상(事象)은 토목금화수(土木金火水)의 오행상승(五行相勝) 원리에 의해 일어나는 것이라 하였고, 이를 통해 역사의 추이나 미래에 대한 예견을 하였다. 『추자(鄒子)』 49편과 『추자시종(鄒子始終)』 56편 등의 저서가 있었지만 전하지 않는다.

탁발규(拓跋珪, 371~409, 재위 386~409): 북위(北魏)의 초대 황제로 묘호는 태조(太祖)이고, 시호는 도무제(道武帝)다. 전진(前秦)이 비수(淝水) 전투에서 동진(東晉)에 패해 국세가 쇠약해지자 이 틈을 타 우천(牛川)에서 옛 탁발부 선비족을 규합하여 탁발부 대왕(代王)의 지위에 올랐고, 이어서 성락(盛樂)에 도읍을 정하고 국호를 위(魏)라 고쳤다(386). 중국식의 국가 체제를 채용하여 예교(禮敎)와 관제(官制)를 정비하고, 한인(漢人) 명사를 임용하여 신국도(新國都) 평성(平城, 대동(大同))을 경영하였다. 황시(皇始) 원년(396) 황제라 칭하고 군림하였지만, 만년에 가서 광폭해져 둘째 아들 탁발소(拓跋紹)에게 살해되었다.

탕왕(湯王): 상(商)나라를 창건한 왕으로, 성탕(成湯)이라고도 한다. 이름은 이(履) 또는 천을(天乙), 태을(太乙)이고, 탕은 자(字)다. 하(夏)나라 걸왕(桀王)이 학정(虐政)을 하자 제후 대부분이 유덕(有德)한 탕왕에게 복종하게 되었다. 걸왕은 탕왕을 하대(夏臺)에 유폐시켜 죽이려 하였지만, 돈을 받고 용서하였다. 탕왕은 이윤(伊尹) 등의 도움을 받아 걸왕을 유융(有娀)과 명조(鳴條)에서 격파하고 패사(敗死)시켰다. 그리고 박(亳)에 도읍하여 제도와 전례(典禮)를 정비하였다.

태갑(太甲): 상나라 제3대 임금인 태종(太宗)의 이름으로 성탕(成湯)의 손자이고, 태정(太丁)의 아들이다. 중임(仲壬)을 이어 즉위하였다. 즉위한 뒤 법을 어기고 방탕하고 포악하게 생활하여 이윤(伊尹)에 의해 쫓겨났다. 3년 뒤 자신의 잘못을 반성하자 이윤이 다시 복위시켰다. 일설에는 이윤이 태갑을 내쫓고 왕위에 올랐는데, 7년 뒤에 몰래 들어와 이윤을 죽이고 다시 등극하였다고도 한다. 복위한 뒤 정치에 힘써 제후들이 상나라로 귀의하였고, 백성들도 안정을 되찾았다.

태백(泰伯): 상나라 때 사람이다. 성은 희(姬)씨고, 주(周)나라 고공단보(古公亶父)의 큰아들이다. 자기 대신 동생 계력(季歷)에게 지위를 넘기려는 아버지의 뜻을 알아채고 동생 중옹(仲雍)과 함께 강남(江南)으로 달아나 스스로 구오(句吳)라 불렀다. 태백이 아들 없이 죽자 동생 중옹이 부족의 수령이 되어 뒷날 오(吳)나라의 개창자가 되었다. 일설에는 우(虞)에 나라를 세웠다고도 한다.

풍담(馮紞): 풍회의 동생으로 진(晉) 무제(武帝)의 총애를 받았다.

평왕(平王, BC 781?~BC 720): 춘추시대 주나라의 임금으로 성은 희(姬)씨고, 이름은 의구(宜臼) 또는 의구(宜咎)다. 유왕(幽王)의 태자(太子)로, 어머니는 신후(申后)다. 유왕이 포사(褒姒)가 낳은 아들 백복(伯服, 또는 백반(伯盤))을 태자로 삼으려고 하자 신(申)으로 달아났다. 외할아버지 신후(申侯)가 증(繒), 견융(犬戎)과 연합하여 유왕을 살해하니, 이로써 서주(西周)는 멸망하였다. 제후들이 신후의 뜻을 좇아 의구를 왕으로 세우고 낙읍(洛邑)으로 도읍을 옮긴 뒤 진(晉)나라와 정(鄭)나라 등의 보좌를 받아 나라를 세우니, 이것이 동주(東周)다.

하안(何晏, 193?~249): 삼국시대 위나라 남양(南陽) 완현(宛縣) 사람으로 자는 평숙(平叔)이고, 하진(何進)의 손자다. 왕필(王弼)과 주고받은 청담은 일세를 풍미하였고, '정시(正始)의 음(音)'으로 일컬어져 청담의 모범이 되었다. 왕필과 더불어 위진(魏晉)시대 현학(玄學)의 시조로 받들어진다. 유교의 도(道)와 성인관(聖人觀)을 노장풍(老莊風)으로 해석하였다. 저서에 『논어집해(論語集解)』가 있다.

하육(夏肉): 주(周)나라 때 위(衛)나라 사람으로 맹분(孟賁)과 함께 '분육(賁育)'으로 일컬어진다. 나중에 용사(勇士)의 범칭이 되었다.

하후현(夏侯玄, 209~254): 삼국시대 위나라 패국(沛國) 초현(譙縣) 사람으로 자는 태초(太初)이고, 조상과는 이종사촌이다. 하안(何晏), 왕필(王弼) 등과 함께 초기 현학(玄學)의 영수로 한 시대를 풍미하였다. 작품으로 「시사의(時事議)」와 「낙의론(樂毅論)」, 「황윤부(皇胤賦)」 등이 『삼국지』 본전(本傳)과 『예문류취(藝文類聚)』 등에 실려 있다.

한(漢) 고조(高祖, BC 247?~BC 195, 재위 BC 206~BC 195): 전한의 초대 황제로 패(沛) 사람이다. 진말에 진승(陳勝)이 반란을 일으키자 이에 호응해 거병하고 패공(沛公)으로 불렸다. 처음에 항량(項梁)에 속하였다가 항우(項羽)와 함께 반진(反秦) 세력의 주력이 되었다. 얼마 뒤 항우와 피나는 결전 끝에 한(漢)을 건설하였다. 진나라의 제도를 받아들여 중앙집권제를 채택하였고 8년 동안 재위하였다.

한 광무제(光武帝, BC 6~AD 57, 재위 25~57): 후한의 초대 황제로 이름은 유수(劉秀)다. 남양(南陽) 채양(蔡陽) 사람으로 자는 문숙(文叔)이고, 고조(高祖) 유방(劉邦)의 9세손이다. 건무(建武) 원년(25) 제위에 올라 낙양(洛陽)에 도읍을 정하였으며, 36년에 천하를 완전히 통일하였다. 조정에서는 상서(尙書)의 직권을 강화하고, 지방에서는 군권(軍權)을 장악한 도위(徒尉)를 폐지하는 등 중앙집권을 강화시켰다. 유학을 장려하고, 명분과 절의를 존중하였고, 선비를 우대하는 등 후한의 예교주의적(禮敎主義的)인 정치 방침을 확립하였다.

한 명제(明帝, 28~75, 재위 57~75): 후한의 제2대 황제로 이름은 유장(劉莊)이다. 일찍이 낭중(郎中) 채음(蔡愔) 등을 천축(天竺)에 보내 불법(佛法)을 구하였고, 영평(永平) 10년(67) 채음(蔡愔)과 사문(沙門) 섭마등(攝摩騰), 축법란(竺法蘭) 등을 낙양(洛陽)에 오게 하여 백마사(白馬寺)를 세우고, 두 스님에게 『42장경(章經)』을 편역하게 하면서, 중국에 처음으로 불교가 전파되도록 하였다. 형벌을 좋아해 법령이 엄격하고 냉혹하였고, 아울러 유술(儒術)을 좋아해 직접 벽옹(辟雍)에 나가 경서를 강독하였다. 대외적으로는 북쪽의 흉노를 평정하고, 무력과 회유책으로 중앙아시아에 대한 지배력을 확립하였다. 또 반초(班超)를 서역(西域)에 파견해서 친선을 도모하였다.

한 무제(武帝, BC 156~BC 87, 재위 BC 141~BC 87): 전한의 제5대 황제로 이름은 유철(劉徹)이다. 경제(景帝)의 둘째 아들로, 시호는 세종(世宗)이다. 오경박사(五經博士)를 두어 유학에 중점을 두고, 천삭(天朔) 2년(BC 127)부터 왕국을 분봉(分封)하여 중앙집권화를 마무리하였다. 동중서(董仲舒)의 방안을 채택해 유술(儒術)만을 존숭하면서 법술형명(法術刑名)도 겸용하여 봉건 지배를 강화시켰다. 봉선(封禪)을 행하고 신선(神仙)을 구하는 한편 토목 공사를 크게 벌여 요역이 많아졌다.

한 선제(宣帝, BC 91~BC 49): 전한의 제7대 황제로 이름은 유순(劉詢)이다. 할아버지 여태자(戾太子) 유거(劉據)가 무고(巫蠱)의 일에 걸려 자살하고 부모가 모두 해를 당하자 민간에서 길러졌다. 이 때문에 민심의 동정을 잘 알았다. 소제(昭帝)가 죽자 곽광(霍光)이 창읍왕(昌邑王) 유하(劉賀)를 영입하였지만 얼마 뒤 황음(荒淫)하다는 이유로 폐위하고 그를 맞아 옹립하였다. 즉위한 뒤 통치에 마음을 쏟아 현능(賢能)한 사람을 기용하고 이치(吏治)를 중시하여 패도(覇道)와 왕도(王道)를 적절하게 사용해 명실상부한 정치를 꾀하였다. 25년 동안 재위하였다.

한 성제(成帝, BC 52~BC 7, 재위 BC 33~BC 7): 전한의 제9대 황제로 이름은 유오(劉驁)다. 자는 태손(太孫)이며, 원제(元帝)의 맏아들이다. 외척 왕씨(王氏)들이 정권을 잡아 외할아버지 왕봉(王鳳)과 왕숭(王崇), 왕상(王商), 왕근(王根) 및 외삼촌 왕망(王莽) 등이 모두 봉후(封侯)되어 고위직에 올랐다. 정치는 부패하고 백성들은 떠돌아다녀서 이로 인해 민중들의 항쟁이 야기되었다.

한 소제(昭帝, BC 94~BC 74): 전한의 제6대 황제로 무제(武帝)의 아들이다. 어린 나이로 즉위하여 13년의 통치 기간 동안 곽광(霍光)이 정치를 보필하였다. 무제의 정책을 이어받아 둔전(屯田)으로 주민을 이주시키고, 여러 차례 흉노(匈奴)와 오란(烏蘭)에 병력을 보내 공격하였다.

한 애제(哀帝, BC 26~BC 1, 재위 BC 7~BC 1): 전한의 제10대 황제로 이름은 유흔(劉欣)이다. 즉위 초 외척 왕씨(王氏)의 권력을 박탈하고 왕망(王莽)과 왕근(王根)을 대사마(大司馬)에서 파직하였으며, 왕황(王況)을 서인(庶人)으로 만들었다. 공광(孔光)과 사단(師

丹), 하무(何武) 등을 등용해 한전(限田)과 한노비(限奴婢) 제도를 실행하였다. 얼마 뒤 외척 부씨(傅氏)와 정씨(丁氏)를 기용해 정치를 보좌하도록 하고, 방사(方士)의 말을 들어 진성유태평황제(陳聖劉太平皇帝)로 이름을 고쳤다. 나중에 동현(董賢)을 총애해 포상을 끝도 없이 내려 조정이 날로 쇠퇴해 갔다.

한 영제(靈帝, 156~189): 후한(後漢)의 제12대 황제로 이름은 유굉(劉宏)이다. 해독정후(解瀆亭侯) 유장과 동 태후의 아들이다. 당숙인 제11대 황제 환제(桓帝) 유지(劉志)가 슬하에 자식이 없자 후계자로 지목되어 13세의 나이로 168년에 제위에 올랐다. 시호는 효령황제(孝靈皇帝)다. 즉위하였을 때 환관 십상시(十常侍)들이 황제의 귀와 눈을 막고 국정을 멋대로 처리하여 곳곳에서 반란의 조짐이 보였다. 결국 184년에 황건적의 난이 발발하였다. 얼마 안 가서 이 반란은 진정되었으나 어머니 동 태후와 부인 하황후(何皇后), 하 황후 오빠 대장군 하진(何進) 간의 암투에 휘말리다가 사망하였다. 영제의 재위기간이 끝남과 동시에 군웅할거시대가 열리게 되고 삼국시대로 이어졌다.

한 원제(孝元帝, BC 75~BC 33): 전한의 제8대 황제이자 선제(宣帝)의 맏아들로 이름은 유석(劉奭)이다. 성격이 부드럽고 어질어 유학(儒學)을 좋아하였다. 일찍이 선제 때 형벌이 너무 엄격하자 유생(儒生)을 등용할 것을 건의하였다. 즉위한 뒤 소망지(蕭望之)와 공우(貢禹), 설광덕(薛廣德) 등 유생을 기용해 승상(丞相)으로 삼았다. 또 외척 허씨(許氏)와 사씨(史氏), 환관 홍공(弘恭)과 석현(石顯) 등을 등용해서 환관과 외척이 번갈아 정권을 장악하는 정국을 만들었다. 통치하는 동안 부역과 세금이 많으며, 변방이 불안하고 백성들은 유리걸식하였다. 재위 기간은 16년이다.

한 장제(章帝, 57~88, 재위기간은 75~88): 이름은 유달(劉炟), 묘호는 숙종(肅宗)이다. 정식 시호는 효장황제(孝章皇帝)다. 후한의 제2대 황제 명제(明帝)의 아들로 태어났다. 세금을 감면하고 유교를 진흥시켰으며, 정부 지출을 줄임으로써 문화를 발달시켰다. 명제에 이어 후한의 황금 시기를 이루었다고 한다.

한 평제(平帝, BC 9~AD 5, 재위 1~5): 전한의 제11대 황제로 이름은 유간(劉衎)이고, 본명은 기자(箕子)이며, 원제(元帝)의 손자다. 3살 때 중산왕(中山王)이 되었다. 9세 때 애제(哀帝)가 죽자 태황태후(太皇太后) 왕씨(王氏)가 왕망(王莽)을 대사마(大司馬)로 삼고 황제로 옹립하였다. 태황태후가 임조(臨朝)하면서 왕망이 정권을 장악하였고, 결국 왕망에게 독살 당하였다.

한신(韓信, ?~BC 196): 전한 초기 회음(淮陰) 사람이다. 진(秦) 이세(二世) 2년(BC 208) 항량(項梁)과 항우를 따라 낭중(郎中)이 되었지만 중용되지 못하였다. 한왕(漢王) 유방에게 망명하여 소하(蕭何)에게 인정을 받아 그의 추천으로 대장군(大將軍)에 올랐다. 유방에게 동쪽으로 향해 천하를 도모할 것을 건의하고, 군대를 이끌고 위(魏)와 대(代)를 격파한 뒤 연(燕)을 함락시키고 제(齊)를 취하였다. 한나라 4년(BC 203) 상국(相國)에 임명되고, 다음 해 제왕(齊王)이 되었다. 이어 유방과 함께 해하(垓下)에서 항우를 포위해 죽였다. 전한이 성립되자 초왕(楚王)이 되고, 하비(下邳)에 도읍을 정하였다. 그러나 한제국(漢帝國)의 권력이 확립되자 차차 밀려나, 누군가 그가 모반을 꾀한다고 고발하니 한(漢) 고조(高祖, 劉邦)가 운몽(雲夢)으로 외유(外遊)를 나온 것처럼 꾸며 그를 체포하여 6년(BC 201) 회음후(淮陰侯)로 강등시켰다. 고조 10년(BC 197) 진희

(陳豨)가 반란을 일으키자 몰래 내통하여 호응하려고 하였는데 사인(舍人)이 그가 병사를 일으켜 여후(呂后)와 태자(太子)를 습격하려 한다고 고발해 버렸다. 여후와 상국 소하의 계략에 걸려 장락궁(長樂宮)으로 유인당한 뒤 살해되었다.

한영(韓嬰): 한생(韓生)이라고 한다. 전한 연(燕) 사람이다. 문제(文帝) 때 박사(博士)를, 경제(景帝) 때 상산왕(常山王) 유순(劉舜)의 태부(太傅)를 지냈다. 한시학(韓詩學)의 개창자로, 『시경』과 『주역』을 깊이 연구하였다. 저서에 『한시내전(韓詩內傳)』과 『한시외전(韓詩外傳)』이 있었지만, 남송 이후부터 『한시외전』만 전한다.

한유(韓愈, 768~824): 당나라 하남(河南) 하양(河陽) 사람이다. 자는 퇴지(退之), 창려선생(昌黎先生)으로도 불렸다. 사문박사(四門博士)를 거쳐 이부시랑(吏部侍郎)과 경조윤(京兆尹)까지 두루 관직을 역임하였다. 유가의 사상을 존중하고 도교와 불교를 배격하였으며, 송나라 이후 도학(道學)의 선구자가 되었다. 저서에 『창려선생집(昌黎先生集)』 40권과 『외집(外集)』 10권, 『유문(遺文)』 1권 등이 있다.

항왕(項王, BC 232~BC 202): 항우(項羽)로 진나라 말기에 유방(劉邦)과 진나라를 멸망시키고 중국을 차지하기 위해 다툰 무장이다. 진나라가 혼란에 빠지자 봉기하여 진군을 도처에서 무찌르고 관중으로 들어갔다. 진을 멸망시킨 뒤 서초 패왕이라 칭하였으나 해하에서 한왕 유방에게 패배하자 자살하였다.

향수(向秀, 227?~272): 서진(西晉) 하내(河內) 회현(懷縣) 사람으로 자는 자기(子期)다. 황문시랑(黃門侍郎)과 산기상시(散騎常侍) 등을 지냈다. 죽림칠현(竹林七賢) 가운데 한 사람으로, 노장사상을 좋아하였다. 혜강(嵇康), 여안(呂安)과 가깝게 사귀었는데, 혜강이 죽임을 당하자 「사구부(思舊賦)」를 지어 애도하였다.

혜강(嵇康 223~262?): 삼국시대 위나라 초군(譙郡) 질현(銍縣) 사람으로 자는 숙야(叔夜)이고, 죽림칠현(竹林七賢)의 한 사람이다. 조방(曹芳) 정시(正始) 연간에 중산대부(中散大夫)로 승진하여 세칭 '혜중산(嵇中散)'으로 불린다. 후에는 은둔하여 벼슬을 하지 않았고, 완적(阮籍) 등과 교유하며 노장(老莊)을 숭상하였다. 저서로 『고사전(高士傳)』과 『성무애악론(聲無哀樂論)』, 『석사론(釋私論)』, 『혜강집(嵇康集)』 등이 있다.

호굉(胡宏, 1106~1161): 남송 건녕(建寧) 숭안(崇安, 복건성) 사람으로 자는 중인(仲仁)이고, 호는 오봉(五峰)이다. 호안국(胡安國)의 아들이고, 남송 호상학파(湖湘學派)의 개창자다. 어린 시절 양시(楊時)와 후중량(侯仲良)에게 배웠다. 아버지의 이학사상(理學思想)을 계승하여 도학 진흥을 평생의 임무로 여겼다. 형산(衡山) 아래에서 20여 년을 지냈는데, 장식(張栻)이 사사하였다. 이(理)를 우주의 본체로 본 정주학파와 심(心)을 우주의 본체로 본 육구연파(陸九淵派)와는 달리, 성(性)을 우주의 본체로 보았다. 저서에 『지언(知言)』과 『오봉집(五峰集)』, 『황왕대기(皇王大紀)』 등이 있다.

호안국(胡安國, 1074~1138): 송나라 건주(建州) 숭안(崇安) 사람으로 자는 강후(康侯)이고, 시호는 문정(文定)이다. 철종(哲宗) 소성(紹聖) 4년(1097) 진사가 되어 태학박사(太學博士)와 제거호남(提擧湖南), 성도학사(城都學事) 등을 역임하였다. 고종(高宗)이 즉위하자 급사중(給事中)과 중서사인(中書舍人)을 거쳤다. 「시정론(時政論)」 21편을 올리면서 국세를 회복할 방책을 제시하였다. 얼마 뒤 병을 이유로 사직하였지만 거절되고, 시독(侍讀)을 겸하면서 『춘추』를 전강(專講)하였다. 나중에 주승비(朱勝非)의 등용을 반대하다가 파직되었다. 왕안석(王安石)이 『춘추』를 폐하여 학관(學官)에 끼지 못해 『춘추』의 학문이 쇠퇴한 것을 탄식하고, 20년을 연구하여 『춘추호씨전(春秋胡氏傳)』 30권을 저술하였다. 그 밖의 저서에 『자치통감거요보유(資治通鑑擧要補遺)』 100권과 『문집』 15권이 있다.

호인(胡寅, 1098~1156): 송나라 건녕(建寧) 숭안(崇安) 사람이다. 자는 명중(明仲)이고, 학자들은 치당선생(致堂先生)이라 불렀다. 호안국(胡安國)의 조카이며, 휘종(徽宗) 선화(宣和) 3년(1121) 진사(進士)가 되었다. 흠종(欽宗) 정강(靖康) 초에 교서랑(校書郞)이 되고, 좨주(祭酒) 양시(楊時)에게 공부하였다. 관직은 예부시랑겸직학사원(禮部侍郞兼直學士院)까지 올랐다. 진회(秦檜)가 정권을 잡자 몹시 꺼려하여 조정을 비방하고 폄하하였다는 이유로 파직되어 신주(新州)에 안치되었다. 진회가 죽은 뒤 복직하였다. 시호는 문충(文忠)이다. 저서에 『논어상설(論語詳說)』과 『독사관견(讀史管見)』, 『비연집(斐然集)』이 있다.

환담(桓譚, BC 24~56): 후한 초기 패국(沛國) 상현(相縣) 사람이며, 자는 군산(君山)이다. 고학(古學)을 좋아하여 유흠(劉歆)과 양웅(楊雄)을 따라 의심스럽고 이상한 일들을 분석하는 방법을 배웠고, 속유(俗儒)들을 비판하는 일을 좋아하였다. 광무제가 참언(讖言)을 이용하여 정치를 하는 것을 저지하려다 죽임을 당할 뻔하였다. 육안군승(六安郡丞)으로 좌천되어 부임하던 중에 죽었다. 저서로 『신론(新論)』 29편이 있었지만, 현재는 「형신(形神)」편만 남아 있다.

환두(驩兜): 요임금 때의 악인(惡人)이다. 이때의 악인으로 공공(共工), 환두, 삼묘(三苗), 곤(鯀) 등 네 사람이 있었는데, 순임금에 의해 각각 유주(幽州)와 숭산(崇山)으로 내쫓겼다. 일반적으로 악인이나 소인(小人)의 무리를 가리킨다. 공공(共工)과 함께 공환(共驩) 또는 공두(共兜)라고도 불린다.

환영(桓榮, BC 17?~AD 59): 후한 패군(沛郡) 용항(龍亢) 사람이고, 자는 춘경(春卿)이다. 젊어서 『구양상서(歐陽尙書)』를 익혔고, 박사 주보(朱普)를 사사하여 상서구양씨학(尙書歐陽氏學)을 배웠다. 스승의 『상서』가 너무 번다하다 여겨 대폭 줄이고 이를 『환군대태상장구(桓君大太常章句)』라 불렀다. 광무제(光武帝)가 『상서』를 강독하게 하였고, 의랑(議郞)에 임명하였고, 태자소부(太子少傅)를 거쳐 태상(太常)을 지냈다. 광무제는 조회 때마다 그에게 경서(經書)에 대해 아뢰게 하였다. 명제(明帝)가 즉위하자 그를 스승의 예로 모시면서 오경(五更)에 임명하고, 관내후(關內侯)에 봉하였다.

환온(桓溫, 312~373): 동진(東晉) 초국(譙國) 용항(龍亢) 사람으로 자는 원자(元子)고, 환이(桓彝)의 아들이자 명제(明帝)의 사위다. 해서공 사마혁(司馬奕)을 폐위시키고, 간문제(簡文帝)를 세운 다음 대사마(大司馬)로 고숙(姑孰)에 주군하면서 정권을 장악하였다. 몰래 황위를 찬탈하려고 하다가 뜻을 이루지 못하고 병들어 죽었다.

황보박(皇甫鎛): 당 헌종(憲宗) 연간에 환관 토돌승최(吐突承璀)와 결탁하여 재상의 지위에 올랐다. 역대 사가들로부터 간신으로 평가되었다. 816년 최군(崔羣)을 모함하여 폄적시켰고, 이로 인해 공분을 샀다. 목종(穆宗)이 즉위하고 난 뒤, 재상에서 애주사호(崖州司戶)로 폄적되었다.

황제(黃帝): 중국 고대 전설상의 임금이다. 성은 공손(公孫) 또는 희수(姬水)에 살아서 희

(姬)라 하였으며, 헌원의 언덕에서 살아서 헌원씨(軒轅氏)라고도 한다. 염제(炎帝) 때 제후들 사이에 분쟁이 일어나자 병사들에게 무기 사용법을 가르쳐 판천(阪泉) 들에서 함귀(咸歸)를 물리쳐 해결하였고, 배와 수레를 고안하여 교통을 편리하게 하였다. 당시 지남거(指南車)를 만들어 탁록(涿鹿)의 벌판에서 치우(蚩尤)를 쳐서 평정하자, 제후들이 천자로 받들어 신농씨(神農氏)의 뒤를 이었다. 토덕(土德)의 서기(瑞氣)가 있다고 해서 황제(黃帝)로 일컬어진다. 세상 사람들에게 집을 짓고 배와 수레를 만드는 법과, 양잠과 직면(織綿)을 가르쳤고, 간지법(干支法)·역산(曆算)·문자를 발명하고, 음률을 제정하였다고 한다.

후경(侯景, ?~552): 자는 만경(萬景)이다. 본래 갈족(羯族)으로 북위(北魏)·동위(東魏)·양(梁)의 장군이었다. 동위에서 하남(河南) 13주의 태수였는데, 자신이 가진 군사력이 의심을 받자 양나라로 귀순하였다. 그 이후에 반란을 일으켜 양나라의 수도 건강(建康)을 함락시키고 무제(武帝)를 사로잡았다. 이후에 간문제(簡文帝)를 옹립하였다가 551년 간문제를 살해하였고, 예장왕(豫章王) 소동(蕭棟)을 제위에 올린 뒤 선양을 받아 한(漢)을 세웠다. 그러나 형주자사(荊州刺史) 소역(蕭繹)이 보낸 왕승변(王僧弁)과 싸워 패하였고, 전투 중에 사망하였다.

후위(後魏) 태조 → 탁발규

후위 효문제(孝文帝, 467~499): 북위의 제6대 황제로 이름은 탁발굉(拓跋宏)이고 묘호 고조(高祖)다. 471년에 제위에 올라 원(元)이라는 중국식 성을 사용하고, 귀족들에게 중국식 복장과 성을 사용하도록 하는 등 한족 문화와 동화하는 정책을 추진하여 북위의 문화는 크게 발전하였으나 고유의 상무 정신은 사치와 문약으로 바뀌게 되었다. 485년에는 균전제(均田制)를 실시하여 기존 토지제도의 모순을 해소하였다.

후직(后稷): 주(周) 왕조의 전설적 시조다. 농경신(農耕神)으로, 오곡(五穀)의 신이기도 하다. 성(姓)은 희(姬)씨고, 이름은 기(棄)다.『사기(史記)』주본기(周本記)에 따르면 유태씨(有邰氏)의 딸로 제곡(帝嚳)의 아내가 된 강원(姜原)이 거인의 발자국을 밟고 잉태하여 아들을 낳았다고 한다. 그것이 불길하다 하여 세 번이나 버렸지만 그때마다 구조되었다고 한다. 나중에 요제(堯帝)의 농관(農官)이 되고 태(邰, 섬서성 무공현(武功縣) 부근)에 책봉되어 후직이 되었다.

후패(侯霸, ?~37): 자가 군방(君房)이며 하남 밀현 사람이다. 왕망 때 회평태윤이 되었는데, 고을을 잘 다스려 이름을 알렸다. 광무제가 후패를 불렀는데, 노인과 어린애를 가리지 않고 서로 이끌면서 울면서 사신의 수레를 가로막고 길에 누워 후패를 1년 동안 더 유임시켜 주기를 청하였다고 한다.

힐리가한(頡利可汗, ?~634): 동돌궐의 제11대이자 마지막 가한이다. 620년에 처라가한이 죽자 아들인 아사나오사가 추하고 약하다는 이유로 의성공주가 폐위시키면서 가한으로 옹립되었으며, 10월 26일에 사자를 파견해 당나라에 처라가한이 죽은 것을 알렸다. 힐리가한은 부형들의 자산을 계승해 강성해지자 중국을 공격할 생각을 가졌으며, 의성공주를 처로 삼았고 왕문소가 양정도를 받들어 당을 공격해야 한다고 하자 이에 수긍하였다. 당 정관 4년(630), 이정의 공격을 받아 사로잡혀 항복하여 울분 속에 장안에서 사망했다.

찾아보기

인명

[ㄴ]

[ㄷ]

[ㅁ]

[ㅂ]

[ㅅ]

[ㅇ]

[ㅎ]

사항

[ㄱ]

[ㄴ]

편명

발간사

서울대학교 국가리더십연구센터는, 우리나라가 국민들이 바라고 전 세계가 부러워하는 '모범국가'로 발전하는 데 기여하기 위해서 2013년 3월 설립되었다.

어떤 조직, 어떤 사회, 어떤 국가의 흥망과 성쇠는 지도자에 달려 있다고 해도 과언이 아니다. 한 나라가 모범국가로 발전하는 과정의 핵심도 국가의 지도자다. 국가지도자의 비전과 역량에 따라 모범국가로 나아가기도 하고, 형편없는 국가로 머물러 있거나 또는 추락하기도 한다. 그들이 무엇을 시대적 과제로 인지하고 어떤 국가의 비전을 설정하며, 그것을 달성하는 과정에서 어떻게 국민의 지지를 확보하면서 동시에 여러 가지 어려움과 저항을 극복하는지에 따라 모범국가로 나아갈 수도 있고 그렇지 않을 수도 있다. 그것도 한 세대가 아니라 세대를 이어 가면서 각 시대의 국가적 과제를 국가지도자들이 어떻게 설정하고 이를 추진하는지가 중요하다. 각 세대를 책임지는 국가지도자들이 계속해서 보다 나은 국가에 대한 비전을 설계하고 이를 잘 성취할 수 있는 지혜를 가진다면, 우리나라는 그야말로 전 세계가 부러워하는 모범국가로 우뚝 설 수 있을 것이다.

국가리더십연구센터는 바로 그러한 지혜를 연구하고 이를 미래의 지도자들에게 전수하여, 지금부터 70년 뒤에는 우리가 광복 70년 동안 이룩해 왔던 것보다 더 많은 발전을 이룩하고, 그로부터 다시 70년 뒤에는 그야말로 전 세계가 부러워하는 모범국가로 우뚝 서는 데 기여하고자 한다.

이를 위한 사업으로 국가리더십연구포럼, 역사리더십연구포럼, 정책리더십연구포럼을 각각 추진하고 있다. 첫째, 국가리더십연구포럼은 대한민국정부 수립 이후 국가의 발전과 국민의 행복에 기여한, 생존하고 있는 국가지도자들을 초청하여 이들이 격변의 과정에서 무엇을 국정목표와 가치로 설정하고, 이를 달성하기 위해서 어떤 전략과 수단을 사용하였는지, 특히 여러 가지 저항과 어려움을 어떻게 극복하였는지 그 생생한 리더십의 경험을 청취, 정리, 연구하는 동시에 이를 역사적 사료로 후세에 전달하고자 하는 사업이다. 둘째, 역사리더십연구포럼은 중요한 역사적 전환시점에 나라의 발전을 위해 헌신한 역사적 인물을 대상으로 이들이 그 시대를 어떻게 이해하고 무엇을 시대적 비전으로 설정하였으며 이를 어떤 리더십으로 달성하였는지를 연구하는 사업이다. 셋째, 정책리더십연구포럼은 각 정책분야별 역사적 변화의 궤적을 추적하고 향후 전망을 제시하는 사업이다. 대한민국이 '모범국가'로 나아가기 위해서는 우리가 어디에서 와서 현재 어디에 있으며 또 앞으로 어디로 갈지를 파악하는 것이 필요하다. '모범국가'라는 것이 고정된 것이 아니라 전 세계라는 공간과 역사라는 시간에 따라 변화되는 국가의 모양이라고 볼 때, 각 정책영역별 역사적 변동과 전망을 정리함으로써 보다 구체적인 국가발전의 방향을 설정할 수 있을 것이다. 그래서 각 정책분야별로 의미 있는 발전과 개혁이 무엇인지, 이러한 변화가 이루어지는 과정에서 추진세력은 저항세력을 어떻게 극복하는지 정치·경제·사회적 제약조건과 이를 극복하는 전략과 수단을 탐색하는 사업이다.

이러한 세 가지 포럼의 연구 성과를, 동시대와 공유하는 한편 후세에 전해 주기 위해서, 국가리더십연구총서의 형태로 지속적으로 발간하고자 한다. 많은 분들의 관심과 비판, 그리고 격려를 통하여 모범국가로 나아가는 데 조금이라도 기여를 할 수 있으면 하는 마음 간절하다.

국가리더십연구센터 소장 김병섭

저자

진덕수(眞德秀, 1178~1235)

송나라 건녕부(建寧府) 포성(浦城) 사람으로 호는 서산(西山)이고, 시호는 문충(文忠)이다. 영종(寧宗) 경원(慶元) 5년(1199) 진사(進士)가 되고, 개희(開禧) 원년(1205) 박학굉사과(博學宏詞科)에 합격하였다. 이종(理宗) 때 예부시랑(禮部侍郎)에 발탁되어 직학사원(直學士院)에 올랐다. 사미원(史彌遠)의 탄핵을 받고 파직되었지만, 나중에 천주(泉州)와 복주(福州)의 지주(知州)를 지냈다. 단평(端平) 원년(1234) 입조하여 호부상서(戶部尙書)에 오르고, 한림학사(翰林學士)와 지제고(知制誥)가 되었다. 다음 해 참지정사(參知政事)에 이르렀는데 얼마 뒤 죽었다. 시정(時政)에 대해 자주 건의하였고, 주소(奏疏)는 수십만 자에 이르렀다. 주자학파(朱子學派)의 대표적 학자로, 『대학연의(大學衍義)』는 『대학장구(大學章句)』에 비견한다는 평을 들었다. 경원당금(慶元黨禁) 이후 정주(程朱)의 이학(理學)이 다시 성행하는 데 공헌한 바가 컸다. 그 밖의 저서에 『당서고의(唐書考疑)』와 『독서기(讀書記)』, 『문장정종(文章正宗)』, 『서산갑을고(西山甲乙稿)』, 『서산문집(西山文集)』 등이 있다.

편집·서론

김병섭(서울대학교 행정대학원 명예교수)

서울대학교에서 경제학사, 행정학석사 학위를 취득하고, 미국 조지아 대학교에서 행정학박사 학위를 받았다. 한국행정학회 회장, 대통령 직속 정부혁신 지방분권위원회 위원장, 서울대학교 행정대학원 원장, 서울대학교 평의회의장, 청렴사회민관협의회 공동의장, 국가리더십연구센터장 등을 역임하였으며 현재 서울대학교 행정대학원 명예교수이다. 저서로 『편견과 오류 줄이기: 조사연구의 논리와 기법』, 『정책수단론』, 『휴먼조직론』, 『대항해시대의 국가지도자, 이순신』 등이 있다.

역주

정재훈(경북대학교 사학과 교수)

서울대학교 국사학과를 졸업하고 동 대학원에서 박사 학위를 받았으며, 경북대학교 사학과 교수로 재직 중이다. 현재 조선의 사상과 문화의 정체성과 특성, 동아시아에서의 위상 등에 관심이 많으며 주로 조선의 국왕(國王), 연행(燕行), 인물과 사상 등에 관한 글을 쓰고 있다. 저서로 『조선전기 유교정치사상연구』, 『조선시대의 학파와 사상』, 『조선의 국왕과 의례』, 『영조의 독서와 학문』, 『조선 국왕의 상징』 등과 역서로 『동호문답』, 『동사』, 『용헌집』이 있고, 조선시대의 인물과 사상 등에 대한 다수의 논문이 있다.

오항녕(전주대학교 사학과 교수)

고려대학교 사학과를 졸업하고 동 대학원에서 박사 학위를 받았으며, 지곡서당(태동고전연구소)에서 사서삼경(四書三經) 등 한학을 공부하였다. 한국사상사연구소 연구원, 국가기록원 팀장, 국가기록관리위원회 전문위원을 지냈다. 현재 전주대학교 사학과(대학원) 교수로 재직 중이며, 국가와 공동체, 기억과 기록, 역사와 정치, 제도와 인간이라는 주제를 조선 문명 속에서 연구하고 있다. 저서로 『호모 히스토리쿠스』, 『조선의 힘』, 『기록한다는 것』, 『광해군: 그 위험한 거울』, 『밀양 인디언, 역사가 말할 때』, 『유성룡인가 정철인가』, 『경연』, 『한국사관제도성립사』, 『조선초기 성리학과 역사학』 등이 있고, 역서로 『사통』, 『율곡의 경연일기』, 『문곡집(文谷集)』 등이 있다.

정호훈(서울대학교 규장각한국학연구원 교수)

연세대학교 사학과를 졸업하고 동 대학원에서 박사 학위를 받았으며, 서울대학교 규장각한국학연구원의 교수로 재직 중이다. 현재 조선 사람들이 추구하였던 보편 가치가 형성되고 변화하는 양상을 정치사상사, 법사상사의 측면에서 해명하는 것을 과제로 연구하고 있다. 저·역서로는 『조선후기(朝鮮後期) 정치사상연구(政治思想研究)』, 『경민편(警民編): 교화와 형벌의 이중주로 보는 조선』, 『조선의 소학(小學): 주석과 번역』, 『주서백선(朱書百選)』(공역), 『주자봉사(朱子封事)』(공역), 『선각』 등이 있다.

김광일(서울시립대학교 중국어문화학과 교수)

서울대학교 중어중문학과를 졸업하고 중국 복단대학(復旦大學)에서 박사 학위를 받았으며, 서울시립대학교 중국어문화학과 교수로 재직 중이다. 현재 '중국 고대 문헌의 전승과 유통'이라는 관점에서 중국문화를 연구하고 있다. 논문으로는 「사라진 중국책, 일본에서 살아남다」, 「문헌학적 관점에서 본 노화(盧和) 『식물본초(食物本草)』」, 「밀양본(密陽本) 『신간명본치가절요(新刊明本治家節要)』의 문헌가치」 등이 있다.